HEYNE FILMBIBLIOTHEK

FILM-JAHRBUCH 1995

Herausgegeben von Lothar Just

Originalausgabe

WILHELM HEYNE VERLAG
MÜNCHEN

HEYNE FILMBIBLIOTHEK
Nr. 32/216

Herausgeber: Bernhard Matt

BILDNACHWEIS:

Amazonas, ARD, Arsenal, Ascot, Atlas, Buena Vista, CIC Video, Columbia TriStar, Concorde, Edition Salzgeber, Endfilm, Filmverlag der Autoren, Filmcooperative, Filmwelt, Filmfest München, Int. Forum des Jungen Films, Impuls, Jugendfilm, Kinowelt, Neue Constantin, NIL, Pandora, Prokino, Senator, Scotia, Tobis, Twentieth Century Fox, VCL/Carolco Video, VMP Video, Viennale Warner-Bros., Warner Home Video, ZDF

Umschlagfoto-Vorderseite: Mit freundlicher Genehmigung von UIP, Frankfurt
Rückseitenfoto: Film-Archiv Lothar Just, München
Printed in Germany 1995
Umschlaggestaltung: Atelier Ingrid Schütz, München
Herstellung: H+G Lidl, München
Satz: Satz & Repro Grieb, München
Druck und Verarbeitung: Ebner Ulm

ISBN 3-453-08130-7

Inhalt

Das Filmjahrbuch 1995 6
Die Filme des Jahres 7
Erläuterungen 8
Das Filmjahr 1994 in Deutschland · Österreich · Schweiz 9
Lexikon der Filme von A–Z 23
Internationale Filmpreise 377
The Academy Awards »Oscar« 1994 · Golden Globes 1994 · BAFTA British Academy Awards · Europäischer Filmpreis »Felix« 1994 · 19. Französischer Filmpreis »César« · 8. Spanischer Filmpreis »Goya«
Internationale Filmfestivals und Filmtage 384
44. Internationale Filmfestspiele Berlin · 47. Filmfestival in Cannes · 29. Filmfestival Karlovy Vari/Karlsbad · 47. Filmfestival Locarno · Filmfest Puerto Rico · 23. Internationales Filmfestival Rotterdam · 42. Filmfest San Sebastián
Filmfestivals und Filmtage in Deutschland 392
10.Tage des unabhängigen Films Augsburg · 4. Bamberger Kurzfilmtage · 7. Internationales Frauenfilmfestival »Feminale« Dortmund · 5. Dresdner Filmfest · 18. Duisburger Dokumentarfilmwoche · 5. FilmFest Emden · 20. Kinderfilmfestival Frankfurt/Main · Filmfest Hamburg · 10. Internationales Hamburger Kurzfilmfestival · 28. Internationale Hofer Filmtage · 37. Leipziger Festival für Dokumentations- und Animationsfilme · 36. Nordische Filmtage Lübeck · 1. Filmfest Ludwigsburg · 5. Kinofest Lünen · Filmfestival Mannheim/Heidelberg · 12. Münchner Filmfest · 14. Internationales Festival der Filmhochschulen München · 9. Dokumentarfilm-Festival München · 40. Internationale Kurzfilmtage Oberhausen · 5. Filmfestival Potsdam · 15. Max-Ophüls- Preis Saarbrücken 1994 · Diagonale Salzburg · 2. Internationale Trickfilmtage Schorndorf · 4. FilmKunstFest Schwerin · 17. Internationale Grenzland-Filmtage Selb · 29. Solothurner Filmtage · 7. Internationales Trickfilm-Festival Stuttgart · 11. Französische Filmtage Tübingen · 14. Internationales Festival der Filmkomödie in Vevey · Österreichische Filmtage Wels · 32. Viennale Internationale Filmfestwochen Wien · 20. Internationales Filmwochenende Würzburg
Deutsche Filmpreise und Auszeichnungen 409
OCIC-Preis in Amiens · Preis der Arthur Brauner Stiftung · 15. Bayrischer Filmpreis · Bosten Society of Film Critics · Silberner Hugo Chicago und der Emmy International New York · Deutscher Filmpreis 1994 · Deutscher Kritikerpreis · Deutscher Kamerapreis 1994 · Drehbuchpreis des Bundesinnenministers · Edinburgh Film Festival · Vereinigung der französischen Filmkritik · Frauenfilmfestival Montreal · Gilde-Filmpreis · Golden-Gate-Preis San Francisco · Hessischer Filmpreis · Preis der katholischen Filmarbeit · Konrad-Wolf-Preis · L. A. Film Critics Association · Film Society of Lincoln Center · Filmpreis der Stadt München · National Board of Reviews (Griffith Awards) · National Film Board Canada Montreal · New York Film Critics Circle Award · Förderpreis der Filmstiftung Nordrhein-Westfalen · Preis der Stiftung Bibel und Kultur · Studenten-Oscar · 5. Festival du Film d'Action et d'Aventure Valenciennes
Filmliteratur 414
Hit-Box: Die 100 erfolgreichsten Filme 420
Verstorbene Filmschaffende 1994 422
Fremdsprachige Originaltitel 470
Personenregister 484

Das Filmjahrbuch 1995

Herausgeber: Lothar Just.
Redaktion: Peter Koberger (Die Toten des Jahres), Rolf Selas (Filmliteratur), Andreas Dörr (Festivals, Preise und Auszeichnungen), W.O.P. Kistner (Video)
Mitarbeit: Brita Geisler, Ursula Hecker, Angelika Schaffer.
Herstellung: Computergestützte Datenverarbeitung in Zusammenarbeit mit Filmdata.

Kritiken

Die abgedruckten Kritiken und Texte stammen hauptsächlich aus den Zeitungen und Zeitschriften:
Abendzeitung, München; multimedia, Wien; tip, Berlin; Zoom, Zürich; Zitty, Berlin.

Wir danken den Redaktionen und Autoren, die uns erlaubten, ihre Kritiken und Texte abzudrucken:

Lars-Olaf Beier, Wolf Donner, Angie Dullinger, Alfred Holighaus, Margret Köhler, Alexander Musik, Ponkie, André Simonoviescz, Frank Schnelle, Christoph Terhechte, Ralph Umard und den vielen anderen, die namentlich unter den Kritiken stehen.

Danksagung

Die umfangreiche Arbeit an diesem Jahrbuch wäre nicht zu leisten gewesen ohne vielseitige Hilfe. Deshalb einen herzlichen Dank an alle, die uns dabei unterstützten:

Silvia Andresen, Sabine Bachmann, Elisabeth Berg, Unifrance, Christel Drawer, Klaus Eder, Thomas Engel, Ralph Eue, Redaktion und Verlag Filmecho/Filmwoche, Deutsches Institut für Filmkunde, Robert Fischer, Bodo Fründt, Freiwillige Selbstkontrolle der Filmwirtschaft (FSK), Filmbewertungsstelle Wiesbaden (FBW), Leonhard Gmür, Werner Gondolf, Frauke Hanck, Birgit Hermes, Kerstin Hinze, Daniel Just, Jakobine Just, Jochen Kahn, Horst Kling, Hans Kohl, Virgilio Lafrate, Christoph Meinusch, Marlies Messinger, Michael Mues, Josef Nagel, Hans-Joachim Neumann, Nathalie Newman, Matthias Peipp, Carsten Pfaff, Thomas Reinhardt, Detlef Schaller, Uta Schitthelm, Rolf Thissen, Rudy Tijo, Attila Wiebe, Wolfgang W. Werner, Werkstatt-Kino, Anke Zindler, Meinolf Zurhorst.

Ein weiterer Dank an alle Mitarbeiter in den Presseabteilungen der Verleih- und Videofirmen sowie in den Fernsehanstalten und allen, die mit Informationen und Material zum Gelingen dieses Jahrbuches beitrugen.

DIE FILME DES JAHRES 1994

AMATEUR
Regie Hal Hartley
*
DREI FARBEN: ROT
Regie Krzysztof Kieslowski
*
EXOTICA
Regie Atom Egoyan
*
FORREST GUMP
Regie Robert Zemeckis
*
GILBERT GRAPE
Regie Lasse Hallström
*
IM NAMEN DES VATERS
Regie Jim Sheridan
*
NATURAL BORN KILLERS
Regie Oliver Stone
*
PULP FICTION
Regie Quentin Tarantino
*
SCHINDLERS LISTE
Regie Steven Spielberg
*
SHORT CUTS
Regie Robert Altman
*
SNAKE EYES
Regie Abel Ferrara
*
SPEED
Regie Jan De Bont

Erläuterungen

Die Sternchenbewertung dient zur schnellen Einschätzung des Films. Dabei ist es durchaus möglich, daß die Bewertung im Gegensatz zur Meinung des Autors oder auch der FBW steht. Sie gibt Vorlieben der Mitarbeiter wieder, bemüht sich aber um eine objektive Beurteilung. Der Film wird beurteilt im Vergleich zu anderen Filmen seines Genres. Die Sternchen besagen:

* = Schrott, vergessen, ärgerlich	**** = Sehenswert, sollte man sehen
** = Zwiespältig, uninteressant	***** = Spitzenklasse, muß man sehen
*** = Annehmbar, kann man sehen	□ = Keine Bewertung

Stab und Besetzung Regie, Drehbuch, Kamera, Musik und Schnitt werden in der Regel genannt. Die Schauspieler, soweit das festzustellen ist, mit ihren Rollen. Produzent, Produktion, Herkunftsland und Entstehungsjahr werden in einem Eintrag zusammengefaßt. Bei der Jahresangabe wird das Jahr der ersten öffentlichen Vorführung genannt. In Ausnahmen, bei denen Fertigstellung und Erstaufführung erheblich abweichen, auch das Herstellungsjahr.

Längenangabe Die Aufgaben dazu sind häufig widersprüchlich. Wir haben bei den meisten Filmen die gemessene Länge der FSK wiedergegeben. Wenn die nicht vorlag, Längenangaben aus Festivalkatalogen oder Int. Filmzeitschriften. Bei großen Abweichungen wurden beide Angaben abgedruckt.

Verleihangaben Es wird der Verleih in der BRD, Österreich und der Schweiz in dieser Reihenfolge angegeben, danach folgt der Videovertrieb für den deutschen Markt. Lief der Film bis Redaktionsschluß noch nicht oder nur ausschließlich in einem Land, so ist dies durch die Gedankenstriche ersichtlich. Der Verleih »Freunde der deutschen Kinemathek« wird als »Freunde« wiedergegeben.

TV/Video Die Längenangaben beziehen sich häufig auf die Kinolänge des Films, durch die unterschiedliche Bildgeschwindigkeit verliert ein auf Video oder im Fernsehen abgespielter Film pro 25 Minuten Laufzeit eine Minute. Erfaßt wurden alle Kino- und amerikanische TV-Filme, die bei uns als Spielfilme annonciert werden, sowie Pilotfilme zu neuen Fernsehserien. Weil Filme auf Video nicht immer sofort zu beurteilen sind, wurden auch noch welche aufgenommen, die gegen Ende des Jahres 1993 erschienen sind. Um möglichst vollständig zu sein, wurden auch nicht bewertete Filme mitaufgenommen. (KK = Kaufkassette)

Literaturangaben Im Anschluß an die Kritik wird, soweit das möglich ist, auf die Veröffentlichung in anderen Zeitungen und Zeitschriften hingewiesen. Diese Kritiken sind im Bedarfsfall über das Institut für Filmkunde, Frankfurt/Main zu beziehen.

Abkürzungen Nach Möglichkeit sind Abkürzungen vermieden worden, bis auf jene Zeitungsnamen, die allgemein bekannt sind:

AZ = Abendzeitung München	FR = Frankfurter Rundschau
FAZ = Frankfurter Allgemeine Zeitung	SZ = Süddeutsche Zeitung

Abkürzungen bei der FSK (Freiwillige Selbstkontrolle der Filmwirtschaft) – Freigabe: FBW = Filmbewertungsstelle Wiesbaden, o. A. = ohne Altersbeschränkung, d. h. auch Kleinstkinder können diesen Film sehen.

Das Filmjahr 1994 in Deutschland

Pannen, Blessuren und Diskussionen: die Filmwirtschaft 1994

Selten war die deutsche Filmwirtschaft zu Beginn eines Jahres derart in Aufruhr versetzt worden wie im Januar 1994. Nahezu unbemerkt von allen Lobbyisten des Films konnte der deutsche Bundestag ein Steuer-Gesetz beschließen, daß für alle Filme ab 18 Jahren bzw. ohne FSK-Freigabe den Verlust der Mehrwertsteuerpräferenz von 7% bedeutete; für diese galt von nun an der volle Steuersatz von 16%. Der Schock saß tief in der deutschen Filmwirtschaft. Denn die Bonner »Lex Porno« traf eben nicht nur Sex und Gewalt, sondern jede Menge künstlerisch wertvolle Filme, die nie durch die FSK-Prüfung gegangen waren. Ein Steuergesetz wieder rückgängig zu machen, ist so ziemlich das schwierigste, was es im politischen Leben überhaupt gibt. Gott sei Dank, erkannten einflußreiche Politiker, daß es sich bei diesem Gesetz, mit dem man Pornofilme höher belasten wollte und die Kunst traf, um eine regelrechte Bonner Panne gehandelt hatte. Und es konnte noch im Sommer 94 im Bundestag und auch im Bundesrat in modifizierter Form verabschiedet werden.
Ist im Zug der Bonner Sparpläne, die Filmwirtschaft noch einmal mit einem blauen Auge davon gekommen, so mußte sie an anderer Stelle Blessuren hinnehmen. In erster Linie rangelte man sich mit den privaten Sendeveranstaltern um die Filmförderung. Die Privaten wollten lange einer freiwilligen Zahlung, wie es vom Bundestag bei der letzten Novellierung des Gesetzes als Entschließung verabschiedet wurde, nicht nachkommen. Dann hieß es, sie wären schon zu einer freiwilligen Zahlung bereit. Aber! Kurz bevor es zu einem Abschluß mit der FFA kommen sollte, war wiederum Kehrtwende angesagt und der VPRT erklärte auf einem öffentlichen Hearing während der Berlinale, die Sender wollten den Film zwar fördern, das Geld aber nicht in die FFA zahlen, sondern die Mittel in eine eigene Stiftung nach dem Modell von NRW geben. Als Scheinargument diente der Vorwurf, der langjährigen Erfolgslosigkeit der FFA (sie fördere mit der Gieskanne Filme für die Blindenanstalt).

Medienpolitik des Privat-Fernsehens

Freilich war selbst für den naivsten Beobachter zu durchschauen, daß die privaten Sender die Filmförderdebatte nur vorschoben, um ihre medienpolitischen Forderungen durchzusetzen, zunächst noch versteckt und ein paar Monate später völlig offen. Als es im Herbst schließlich zu einer Einigung mit der FFA kam, nicht zuletzt auf persönliches Intervenieren des Bundeswirtschaftsministers hin, hieß es in dem Abkommenstext, die Privaten zahlen in die FFA, wenn die Landesrundfunkanstalten bei den Werbeeinschaltungen zum Bruttoprinzip zurückkehren. Außerdem fordern die Privaten eine weitere Novellierung des Filmfördergesetzes. Beide Bedingungen sind so in den Präambel-Text eingegangen. Unter diesen Voraussetzungen zahlen die Privaten jeweils 10,5 Mio DM für 1994 und 1995. Mit diesem Abkommen, so viel steht heute schon fest, ist es für die FFA und die deutsche Film-Lobby nicht einfacher geworden, die Filmförderung zusammenzuhalten, ohne die es ja bei aller Erfolgslosigkeit

nicht geht. Ist das bundesdeutsche Mischsystem aus föderaler Förderung und FFA eh schon zu parzelliert ausgerichtet, dürften die Trends zu weiterer Dezentralisierung nicht mehr aufzuhalten sein. Eine gescheite Spitzenförderung, die ihre Mittel konzentriert und nicht zersplittert, ist nach diesem Abkommen wieder in weite Ferne gerückt.
Die öffentlich-rechtlichen Sender haben ihrerseits öffentlich verlautbart, daß sie nach Ablauf des Film/Fernsehabkommens Ende 1995 nicht daran denken, dieses um weitere 5 Jahre zu verlängern. Wieder darf vermutet werden, geht es um medien- und rundfunkpolitische Zusammenhänge und nicht um die Filmförderung. Während die ARD darum kämpft, als Verbund weiter bestehen zu bleiben, kämpft ZDF Intendant Stolte mehr oder weniger offen um die Ausdehnung der Werbezeiten der Sender nach 20.00 Uhr. Und das muß er auch, denn der Mainzer Riese fährt genau wie die ARD Sender Jahr für Jahr beträchtliche Defizite ein.
Die FFA, vielfach gescholten und kritisiert, setzte sich ihrerseits zur Wehr. Und es kann in der Tat nicht geleugnet werden, daß eine Änderung der Vergabepolitik mehr Mittel für weniger Filme stattgefunden hat. Und auch die vom Gesetz her angebrachten neuen Akzente können sich ja erst in diesem und nächsten Jahr in ihrer Wirkung erweisen. Eine Kursänderung im gesteckten Rahmen bei der Förderung ist nicht zu übersehen.

Was ist von Europa zu erwarten?

Die Weichen der Film- und Medienpolitik werden künftig verstärkt in Brüssel gestellt. Aber was ist von Europa wirklich zu erwarten? Einmal sind die Interessen einzelner Staaten derart verschieden, was schon vergangenes Jahr eindrucksvoll bei dem Tauziehen um das Freihandelsabkommen Gatt verdeutlicht wurde und sich jetzt bei der Diskussion um die Verschärfung der EU-Fernsehrichtlinien noch weiter fortsetzen wird. Frankreich, Großbritannien oder Deutschland ziehen an verschiedenen Strängen. Zum anderen ist der Rahmen für Europa mit den Maastrichter Verträgen eng abgesteckt. Eine europäische Fördermaßnahme muß sich nach dem Prinzip der Subsidiarität ausrichten: das heißt Förderungen nur dort, wo sie länderintern nicht geleistet werden kann. Dennoch war sich die Europäische Kommission Ende des Jahres weitgehend über eine Neuauflage des Media-Programms einig, und daß ein solches Programm schlanker und effizienter aussehen muß. Die Bundesregierung macht sich für einen abgespeckten Katalog an Maßnahmen stark, will diese aber effizienter ausgestalten. Eine Verschärfung der Fernsehrichtlinie lehnt sie ebenso strikt ab, wie die Förderung eines mit EU-Steuergeldern gefütterten europäischen Verleihriesen, wie es im Zuge der Media-Diskussionen vorgeschlagen wurde. Am wahrscheinlichsten ist, daß eine stärkere Unterstützung der EFDO-Förderung sich durchsetzen wird und daß die Brüsseler Hilfsprogramme zusammengefaßt werden. Daß Ende des Jahres 94 die Brüsseler Kommission noch nicht ihre Pläne bekannt gegeben hat, hängt allein von der Tatsache ab, daß auch in der Kommission selbst die Verschärfung der Fernsehrichtlinie umstritten ist. Vom Zeitplan her, schließlich müssen alle Beschlüsse noch durchs Europäische Parlament und durch den Europäischen Rat, ist mit einem Ergebnis vor Ende 1995 nicht zu rechnen.

Die Filme

Als Film des Jahres 94 ist ohne Zweifel Spielbergs *Schindlers Liste* zu nennen; wer hätte das voraussagen können, daß ausgerechnet ein Film mit dem Thema der Judenvernichtung in den KZs des Dritten Reiches in Deutschland über 6 Mio Besucher erreichen würde. War es vielleicht tief verwurzeltes Schuldgefühl, was die Deutschen zu diesem Film ins Kino trieb? In einem Land, wo abermals neonazistische Parolen an öffentliche Wände gesprüht werden, wo Jugendliche wieder Ausländerheime und Obdachlosen-Asyle angreifen, wo Rassismus sich erneut unverblümt ausbreitet, war der Spielfilm *Schindlers Liste* ein Signal zur rechten Zeit. Über 6 Mio Besucher! Dies schafften außer ihm nur noch Unterhaltungsfilme wie *Die Flintstones* und Disneys *König der Löwen*. Als Independent-Hit des Jahres erwies sich die Komödie *4 Hochzeiten und ein Todesfall* von Mike Newell. Der deutsche Film konnte einmal mehr kaum Akzente setzen. Am erfolgreichsten schnitt die Beziehungskomödie *Der bewegte Mann* von Sönke Wortmann ab, der in Deutschland 4 Mio Besucher erreichte und auch Anfang 1995 noch erfolgreich in den Kinos lief. Filme wie *Asterix* oder *Die unendliche Geschichte Teil 3* oder auch der Comic *Felidae* wurden alle im High Budget Bereich produziert, konnten aber die in sie gesetzten Erwartungen nicht erfüllen.
Es war wohl jedem klar, daß nach den Superzahlen 1993 ein annäherndes Ergebnis für 94 wohl kaum noch möglich war. Und so freute man sich über einen nur leichten Rückgang. An den Marktanteilen hat sich nichts wesentliches geändert. Der US-Film liegt bei 80%. Immerhin konnte der deutsche Film wieder einen leichten Zuwachs erzielen. Er erreichte laut Filmecho- Statistik rund 10% (genaue Zahlen liegen zum Redaktionsschluß noch nicht vor).

Thema Filmförderung: eine unendliche Geschichte

Quer durchs ganze Land wurde auf zahlreichen Podien über das Thema Nummer 1 diskutiert: die Filmförderung und der deutsche Film. Auf einen Nenner gebracht: vielfach wird gefordert, daß eine stärkere und wenn irgendwie möglich länderübergreifende Förderung realisiert wird. Und daß sich die Filmemacher wieder mehr an dem Markt und sein Publikum ausrichten sollten. Der SPD Politiker und Bundestagsabgeordnete Peter Conradi bemerkte in einem Referat anläßlich des europäischen Theaterkongresses in Wiesbaden: »Wenn sich ein Film für den Produzenten schon mit der Produktion gelohnt hat, unabhängig davon, wieviele Zuschauer ihn später sehen, dann stimmt etwas nicht an unserem Filmfördersystem.«
Die Vorstellung von mehr Koordination und Konzentration der Mittel wird Wunschtraum bleiben, solange Länder und Regionen im Wettbewerb miteinander stehen. Insbesondere der Standort-Wettbewerb der führenden deutschen Produktionszentren NRW, München, Hamburg und Berlin-Brandenburg hat sich 94 noch verschärft. Gekämpft wird mit allen Mitteln und mittlerweile um jede Soap-Serie.

Deutschlands erster Film-Intendant

Prof. Klaus Keil wurde als Geschäftsführer der neugegründeten Filmboard-Berlin Brandenburg GmbH Deutschlands erster Film-Intendant. Zwar konnte er in den wenigen Monaten seit seinem Amtsantritt der Produktionsszene wohl kaum Impulse geben, denn mehr als Verteilen des Etats war wohl noch nicht drin. Keil stellte seine Politik auf mehreren Veranstaltungen vor und er machte kein Hehl daraus, daß er sich nicht scheue, wirtschaftliche Akzente zu setzen. So tritt er für einen publikumsorientierten Film ein, der sich am Markt behaupten kann. L'art pour L'art lehnt der Hochschulprofessor, der selbst Filme produziert hat, ab. Keil versteht sich auch, wie er mehrfach betonte, eher als Coproduzent denn als Förderpolitiker. Insofern weht in Berlin-Brandenburg ein neuer Wind. Das Prinzip eines Geschäftsführers, der faktisch nur den Aufsichtsräten verantwortlich ist, hat sich auch in der Hamburger Bürgerschaft durchgesetzt. Die Hamburger Filmförderung, bis dato in eine wirtschaftliche und in eine kulturelle getrennt, soll auch zu einer Filmförder GmbH zusammengefaßt werden.
Ein Geschäftsführer wird frühestens Februar 1995 bekannt gegeben. Dieser tritt auf jeden Fall auch kein leichtes Amt an. Denn das Gerangel in der Hansestadt um die Filmkompetenz wird auch nach Gründung einer Film GmbH weiter gehen, wie die Konstruktion und proportionale Besetzung des Aufsichtsgremiums vermuten läßt.

Babelsberg und Bavaria

Einiges tut sich auf dem Gelände des Babelsberger Studios. Der französische Konzern CIP hat seine Ankündigungen wahr gemacht. Auf einer 45 Hektar großen Fläche wird eine riesige Medienstadt aus Büros und Hotels hochgezogen. Derzeit ebenfalls im Bau ein Hig-Tech Center, das unter der Leitung des Filmemachers Peter Fleischmann steht, sowie ein Entertainment-Center mit Multiplex-Kino. Laut Geschäftsplan soll das Studio Babelsberg im Jahr 2000 etwa 900 Mitarbeiter beschäftigen und 30 Mio DM Umsatz erwirtschaften. Geplant sind dann etwa 10 Spielfilme und Serien pro Jahr, darunter 2 Großproduktionen im High-Budget-Bereich. 1994 kam das Studio langsam in Fahrt, allerdings noch lange nicht aus den roten Zahlen. Die Muttergesellschaft reagierte und stellte das Filmstudio mit einer Kapitalerhöhung von 50 Mio DM auf solide Beine.
Studio-Chef Volker Schlöndorff hat im Management-Bereich neue Kräfte geholt, auch um sich selbst zu entlasten. Erste Erfolge sind bereits zu verzeichnen. Zunächst verspricht die Zusammenarbeit mit dem Medienriesen Bertelsmann einiges an Fernseh- und Kinofilmen. Außerdem hat die Nähe zum französischen Kino Babelsberg schon einige größere Produktionen beschert. Für das Jahr 95 konnte sogar eine große Science-Fiction Serie fürs Fernsehen ans Land gezogen werden, *High Command*, die zusammen mit dem Major-Studio Paramount produziert wird.
Die Bavaria in München hat insbesondere nach dem Ausscheiden des langjährigen Studiochefs Günter Rohrbach, leichte Akzentverschiebungen vorgenommen. Aber Großproduktionen wie *Das Boot* oder *Die unendliche Geschichte*

sind vorerst nicht mehr im Programm. Die Verantwortlichen setzen hauptsächlich aufs tägliche Brot des Fernsehens, was als WDR-Tochter auch kaum verwundert; und wenn schon Kinoproduktionen dann nur im mittleren Budget-Bereich. Geschäftsführer Thilo Kleine sieht keine ausreichende Amortisationsbasis auf dem deutschen Markt für Filme, die über 10 Mio DM und mehr kosten. Auch der Bavaria eigne Verleih wurde wieder eingestellt, nachdem man leider feststellen mußte, daß auf dem Verleihmarkt eine steife Brise weht. Mit Vilsmaiers »Doppelte Lottchen«-Verfilmung *Charlie und Louise* hatte man keine Chance, weitere waren nicht in Sicht.

Eisiger Wind auf dem Verleihmarkt

Überhaupt zeigt sich auf dem bundesdeutschen Verleihsektor die größte Dynamik. Die mittleren deutschen Verleihunternehmen mußten alle nach mehreren erfolglosen Jahren und angesichts der schier erdrückenden Marktdominanz der fünf amerikanischen Majorfirmen Federn lassen; ja, mehr noch: es geht schlicht um die Existenz. Firmen wie Jugendfilm und Senator schlossen ihre Filialen und gaben ihren Verleih sowie die Disposition an die neu gegründete Berliner Zentralfilm ab. Auch Sam Waynbergs Scotia Film trat die Vermietung seiner Filme an einen starken Partner ab; daß der deutsche Verleih ausgerechnet zum amerikanischen Disney-Verleiher Buena Vista ging, wurde in der Branche als sehr zweifelhafter Schritt gewertet. Schließlich schaffte es auch der Verleih nicht, den Cannes-Gewinner *Pulp Fiction* von Quentin Tarantino auf Erfolgskurs zu bringen.
In der Regel ist es für deutsche oder europäische Filme schier unmöglich sich gegen die starken Major-Firmen aus den USA durchzusetzen und in ein entsprechendes Haus zu kommen. Die Konzentration ist erdrückend.

Die Großen bestimmen die Politik

Und natürlich hat das Konsequenzen auf dem Kinomarkt. Große Konzerne und größere deutsche Theaterunternehmer investieren Mio. in Multiplex-Theater. Es werden immer weniger Filme von immer mehr Theatern gespielt, was eine Nivellierung des Geschäftes zur Folge hat. Unternehmer, die ihre Häuser technisch und in Sachen Ambiente brillant ausstatten können, setzen sich durch. Der Filmtheaterpark in Deutschland erfährt einen Innovations- und Modernisierungsschub wie selten zuvor. Freilich hat das Aussterben der Repertoirefilme im Kino den Prozeß noch beschleunigt. Kommt hinzu, daß die Disposition der bis zu 10 bis 12 Kinos umfassenden großen Multiplex-Theater auch an den qualitativen und ambitionierten Filmen nicht vorbei geht. Dies bekommen wiederum die Nischentheater zu spüren. Können sie als Einzeltheater betriebswirtschaftlich eh schon nicht mithalten, so bekommen sie die Filme auch nicht mehr exklusiv. Der Kinomarkt wird künftig, selbst wenn verbandspolitisch noch starke Mittelstands-Akzente gesetzt werden, von den Konzernen auf beiden Seiten bestimmt.

Bernd Jetschin,
Chefredakteur Filmecho/Filmwoche

Das Filmjahr 1994 in Österreich

Die große Illusionsmaschine Kino funktioniert wieder. Nach Jahrzehnten des Niedergangs und nach Jahren der Stagnation hat sich auch im kleinen Kinoland Österreich das Blatt gewendet. Angepeilt wurde 1994 die 13 Millionen Besucher-Marke und ein Jahresumsatz von 900 Millionen Schilling (130 Mio DM ca.). Ob das Ziel erreicht wurde, stand zu Jahresende noch nicht fest, auf jeden Fall übertraf das Jahr '94 die hohen Erwartungen, die nach dem guten Geschäftsgang 1993 (12 Millionen Besucher) in der Kinobranche herrschten, auch wenn die knapp 18 Millionen-Marke der frühen 80er Jahre noch lange nicht wieder erreicht ist.

Internationale und heimische Erfolge

Jede Rückschau auf kontinentale oder heimische Kinoerfolge muß vor dem Hintergrund der gigantischen Geldmaschine Hollywood gesehen werden, die selbst in Frankreich, der Hauptstadt des europäischen Filmadels, triumphale Erfolge verzeichnet: 1994 lockte *Der König der Löwen* 7,5 Mio Franzosen in die Kinos, und nach dem britischen Überraschungshit *Vier Hochzeiten und ein Todesfall* mit 5,3 Mio Besuchern folgte auf Platz drei *Mrs. Doubtfire* mit 5 Mio Besuchern. Erst an vierter Stelle stand 1994 der französische Thriller *Leon* von Luc Besson, den vergleichsweise bescheidene 3,3 Millionen Franzosen im Kino sahen.
Auch in Österreich gehörte Disneys *Der König der Löwen* im Verleih der Buena Vista das Kinojahr 1994. Er überrundete knapp vor Jahresende den UIP-Platzhalter *The Flintstones* mit 760.000 Besuchern (den Jahresrekord hält allerdings seit 1991 *Pretty Woman* mit 900.000 Besuchern). Ein amerikanischer Film, über dessen Erfolg mit über 600.000 Besuchern wirklich erfreulich ist, war Steven Spielbergs *Schindlers Liste* (UIP), der nach der vorjährigen *Yurassic-Park*-Hysterie bewies, daß Vergangenheitsbewältigung durchaus ein Thema für das ›große Kino‹ sein kann. Die Wien-Premiere des Films, zu der Steven Spielberg persönlich angereist kam, gehörte zu den absoluten Topevents des Jahres und geriet abseits der für Österreich so typischen Kultur-Klatsch-Berichterstattung sogar zum politisch ernstgenommenen Medien-Ereignis.
Erstaunlicherweise fand auch *Mrs. Doubtfire* in Österreich über 600.000 Zuschauer, gefolgt von *Forrest Gump*, das so wie der gemächliche Überraschungshit *Vier Hochzeiten und ein Todesfall* auf über 400.000 Zuschauer kam. *Philadelphia, True Lies, Speed* und *Natural Born Killer* reihen sich noch in die Erfolgsliste ein, ebenso wie *Asterix in Ameria, Das Kartell, Die Maske, Junior, Der Klient, Pulp Fiction* oder *Der bewegte Mann*. Den größten heimischen Kassenerfolg des Jahres '94 verzeichnete die Reinhard Schwabenitzky-Komödie *Ein echter Wiener geht nicht unter* mit 80.000 Zuschauern. Die endgültige Reihung, welchem Film sie durch ihren Kartenkauf den wievielten Platz in ihrer Gunst verschafft haben, können heimische Zuschauer immer nur mit einem halben Jahr Verspätung erfahren – wenn der heimische Lichtspielverband offizielle Zahlen bekanntgibt.

Die österreichische Kinoszene

Die Eröffnung des ersten österreichischen UCI-Multiplex im Süden der Bundeshauptstadt verursachte in der Branche schon Monate vorher Aufregung und hochgeschraubte Erwartungen. Von den Amerikanern wegen der steigenden Häuserknappheit sehnsüchtig erwartet, halten sich die Erfolge des UCI-Centers mit seinen neun Sälen und 2200 Sitzplätzen deutlich in Grenzen. Genehmigungsprobleme mit lokalen Behörden und ein unerfahrenes, dem weit entfernten deutschen UCI-Sitz Bochum weisungspflichtiges Personal sorgte für erhebliche Anlaufschwierigkeiten, zu denen sich noch eine falsche Werbestrategie gesellte. Selbst mit Bombendrohungen sah man sich in den Eröffnungswochen konfrontiert.

Nach der ersten Erstarrung regte sich in der Branche bald wieder Konkurrenzlust: Das von den Wiener Verleihern Constantin und Kiba gemeinsam geführte »Apollokino« soll zu seinen bisher sieben Sälen mit 1400 Sitzplätzen gleich fünf neue Säle dazubekommen. Konkrete Baupläne gibts es auch in den Landeshauptstädten Graz und Linz, wo die engagierte Damenriege Michaela Richter-Trummer vom Grazer »Annenhof« und Ingrid Hueber-Purner vom Innsbrucker »Metropol« (Mitbegründerinnen des »Ring der Unabhängigen Kinos«) viel Privatkapital in Großprojekte nach Multiplex-Vorbild stecken will. In Graz wird außerdem ernsthaft über ein IMAX-Erlebniskino im berühmten Schloßberg nachgedacht.

Während sich die wenigen noch verbliebenen privaten Kleinbetriebe mit Investitionen in technische Ausstattung und attraktive Programme schwerer denn je tun, ist das runde Dutzend österreichweit verstreuter Programmkinos heute flott kommerzialisiert. Die einstigen Weihestätten zelebrierter Filmkunst lassen sich nur mehr in Ausnahmefällen auf schwierige Filme ein, meist wird eine schicke Melange aus subventionierter Sonderschau, g'schmackiger Festivalkost und imageträchtigen Regienamen geboten. Größter unter den kleinen Verleihen ist nach wie vor der Wiener »filmladen«, dessen Zusammenarbeit mit Constantin sich in den letzten zwei Jahren gut eingespielt hat, wodurch für die Konsumenten Abwechslung im grellen Blockbusters-Alltag garantiert ist.

Entscheidend verändert hat sich, zumindest in der Bundeshauptstadt Wien, das Verhältnis der Österreicher zum originalsprachigen Kino. Zwar ist ›originalsprachig‹ in den meisten Fällen immer noch gleichbedeutend mit ›englisch‹, doch immerhin bietet eine wachsende Anzahl von technisch gut ausgestatteten Lichtspieltheatern Spitzenfilme und kommerzielle Hits mit Untertiteln an. Wer allerdings japanischen, afrikanischen oder gar europäischen Zungenschlag im Kino hören will, muß immer noch auf subventionierte Sonderveranstaltungen und Festivals wie die »Viennale« oder die seit 1994 mit einem neuen – europäischen – Konzept durchgeführten »Österreichischen Film Tage« hoffen.

Für eine Kinokarte bezahlte der Zuschauer 1994 in Österreich zwischen 80 und 105 Schilling (11 bis 15 Mark), also etwa gleichviel wie sein deutscher Nachbar. Nicht nur kosten-, auch komfortmäßig hat man sich dem internationalen Standard inzwischen genähert, nach dem Marktleader Constantin entschloß sich 1994 mit der »Kiba« die zweite große Kinokette des Landes, ein kundenfreundliches »Kinoticket« anzubieten. Zu einer gemeinsamen Aktion mit

Constantin konnte man sich trotz programmiermäßiger Zusammenarbeit nicht aufraffen, folglich herrscht bei Kinofans heftige Verwirrung über Art und Vielzahl von Ermäßigungen. Auch die wenigen großen Privatbetreiber im Land, die sich zum »Ring der unabhängigen Kinos« zusammengeschlossen haben, kochen ihr eigenes Werbesüppchen mit Aktionen und Ermäßigungen aller Art.

Die österreichische Film- und Festivalszene

Generell ist die österreichische Filmszene seit der 1993 erfolgten Installierung der staatlichen Filmschau »Diagonale« in Salzburg gespalten; einerseits existiert das hochsubventionierte ›offizielle‹ Filmgeschehen, das neben der staatlichen Filmschau auch ein 1994 feierlich eröffnetes »Filmhaus« in Wien umfaßt – eine Verwaltungszentrale, in der alle für die Förderung relevanten Institutionen untergebracht sind –, andererseits gibt es nach wie vor eine Reihe von freien Initiativen, die einen wichtigen Markt und, wie die »Österreichischen Film Tage«, ein internationales Aushängeschild für den heimischen Film darstellen. Die seit zehn Jahren in der oberösterreichischen Messestadt Wels durchgeführten »Film Tage«, die seit 1992 zugunsten der staatlichen Diagonale ohne finanzielle Unterstützung durch das Kulturministerium – und daher mit drastischen Budgetkürzungen – auskommen müssen, boten im Juni unter dem Motto **»Film Fest Wels '94«** ein völlig neues Konzept. In dessen Mittelpunkt stand die gemeinsame Präsentation von österreichischen mit europäischen Filmen: Ein heimischer Regisseur präsentierte seinen aktuellen Film und stellte dem Publikum am selben Abend eine europäische Produktion seiner persönlichen Wahl vor.
Als eindrucksvolle Talentproben erwiesen sich in Wels Dieter Haspels Spielfilmdebüt *Michelle* und Nikolaus Geyrhalters Dokumentaressay *Angeschwemmt*. Den mit 150.000 Schilling (ca. 21.000 DM) dotierten *Preis der Österreichischen Film Tage 1994* vergab eine internationale Jury an Peter Zach für sein extravagantes Musikerporträt *Malli – Artist in Residence*, der *Dokumentarfilmpreis der Stadt Wels 1994*, dotiert mit 50.000 Schilling (ca. 7000 DM) ging an Astrid Ofner für die experimentelle Dokumentation *Jetzt und alle Zeit*.
Die staatliche Filmschau **»Diagonale«** fand vom 1. bis 8. Dezember 1994 in Salzburg statt, und konnte sich mit einem vielfach höheren Gesamtbudget als die Film Tage Wels dem Abspiel der heimischen Filmernte widmen; konzeptionell bewegte man sich dabei, wie schon 1993, auf den jahrelang bewährten Pfaden von Wels. Zur Eröffnung stellte Wolfram Paulus seinen Spielfilm *Du bringst mich noch um* vor, eine Annäherung des Salzburger Regisseurs an seine private Familiensituation als Ehemann und Vater, dessen seelisches Gleichgewicht durch einen Seitensprung gefährdet wird. *Radetzkymarsch*, das filmische Vermächtnis des Ende 1993 so früh an Krebs verstorbenen österreichischen Regisseurs Axel Corti, mußte zum Teil harsche Kritik hinnehmen. Neben einer Länderschau mit Beiträgen aus Dänemark wurde auch eine Willi Forst-Retrospektive geboten.
Wiens 32. Internationales Filmfest **»Viennale«** stand vom 14. bis 26. Oktober unter dem Motto »Hot & Cool«, ein Motto, das einerseits die stark unterschied-

liche Programmqualität, und andererseits das gespannte Verhältnis der Direktoren Ainberger und Horvat trefflich symbolisierte. Während die jahrelang halbherzige Festivalpolitik der Wiener Kulturadministration schmerzhafte Blessuren im Viennale-Image hinterließen, wurde das Programm in den letzten zwei Jahren immer stärker zwischen Gefälligkeitspremieren und anspuchsvoller Filmkunst polarisiert. Zum festlichen Auftakt der 32. Viennale gönnte man dem Wiener Publikum einen kleinen Blick auf das Elend der albanischen Boots-Flüchtlinge in Gianni Amelios' *Lamerica*.
Insgesamt wurden während der 12tägigen Veranstaltung in vier Kinos 207 Filme, davon 78 im Hauptprogramm, gezeigt, sowie im »Filmmuseum« die Retrospektive »Cool« mit 60, zumeist B-Picture-Filmen aus den 60er Jahren. Programmhöhepunkte lieferten Venedig-Sieger *Before the Rain* von Milcho Manchevski und Cannes-Gewinner *Pulp Fiction* von Quentin Tarantino sowie neue Filme von Oliver Stone, Alan Parker, Spike Lee, Abel Ferrara, Ken Loach und Jon Jost. Schwerpunkte setzen Filme aus Frankreich, Südamerika und Japan, sowie »Tributes« des italienischen Politclowns Nanni Moretti und des japanischen Einzelkämpfers Mitsuo Yanagimachi.

Die österreichische Produktion

Die kleine österreichische Produzentenszene – und mit ihr die rund drei- bis viertausend heimischen Filmschaffenden vom Drehbuchautor bis zum Beleuchter, war 1994 heftig blockiert, weil der ORF als größter Auftraggeber im Alpenland um eine neue Führungsspitze rang. Während sich die Intendantenwahl über Monate hinzog, mußte mit teilweise noch konjunkturbedingt schmalen Werbebudgets Überlebenstraining praktiziert werden, und dementsprechend blieb die Stimmung bis zur endgültigen Bestellung Gerhard Zeilers zum Generalintendanten düster; immerhin geht es um einen Auftragskuchen von 500 Millionen Schilling (71,5 Mio DM), der noch von weiteren 60 Mio Schilling (8,6 Mio DM) an ORF-Förderung im Rahmen des Film- und Fernsehabkommens aufgeputzt wird.
Neue, eine zeitlang wahrscheinlich sogar chaotische Umstrukturierungen werden in der österreichischen Produktionsbranche nicht nur deshalb erwartet, weil die neue ORF-Linie eine härtere Gangart in Sachen Auftragsvergabe und damit den Zwang zu größerer Eigeninitiative der Produzenten in Aussicht gestellt hat, sondern auch, weil das Gewerberecht liberalisiert wurde und damit eine Schar von Klein- und Kleinstunternehmern in das Geschäft drängen wird.
Jene Handvoll eingeführter Produktionsfirmen, die sich bisher an die – ausschließlich subventionierte – Herstellung von wenigen Spiel- und unzähligen Dokumentarfilmen wagte, wird also noch heftiger kämpfen müssen. Und dies vor dem frustrierenden Hintergrund, daß es selbst nach Erfolgen wie *Indien, Verlassen Sie bitte Ihren Mann* oder *Muttertag* und *Ein echter Wiener geht nicht unter* immer wieder die kleinen Produktionen sind, die in der Publikumsgunst punkten: Von den bis zu zwölf Kinofilmen pro Jahr, die den Vermerk »made in Austria« tragen, kommen seit Jahren immer nur ein oder zwei auf nennenswerte Zuschauerzahlen.
Einer davon war 1993 der Hit *Indien* von Paul Harrather, der auch im ersten Halbjahr '94 noch Tausende in die Kinos lockte und damit auf für Österreich

schon wirklich beachtliche 150.000 Zuschauer kam. Der erfolgreichste österreichische Kinofilm des Jahres 1994 war Reinhard Schwabenitzkys pointenreiche Komödie *Ein echter Wiener geht nicht unter*, die bis Jahresende '94 auf 80.000 Zuschauer kam und Anfang '95 noch in vielen Kinos lief.
Mit dem Film *Ein echter Wiener geht nicht unter* gelang Regisseur Schwabenitzky nach *Ilona & Kurti* und *Verlassen Sie bitte Ihren Mann* das Kunststück, eine fast 20 Jahre alte TV-Legende im Kino zum Leben zu erwecken. Aus der in den 70er Jahren für den ORF gedrehten gleichnamigen Serie setzte er die Erfolgsepisoden *Stille Nacht* und *Jahreswende* zu einem abendfüllenden Kinofilm zusammen, in dessen Mittelpunkt der polternde und trinkfeste Wiener Arbeiter Edmund »Mundl« Sackbauer steht. Die haarsträubend köstliche Milieustudie der besonderen Art war seinerzeit höchst umstritten, heute gilt sie als Pioniertat des Österreichischen Fernsehens und ihr Erfolg im Kino war damit fast schon vorprogrammiert.
Im Herbst '94 lieferte auch Regisseur Houchang Allahyari seine neue Arbeit ab: *Höhenangst* ist nach *I Love Vienna* wieder ein typisches Allahyari-Thema: Ein junger Strafentlassener auf der Suche nach einer neuen Existenz landet bei einer um Jahre älteren Bäuerin und lernt tiefes Empfinden, ja Liebe, kennen. Obwohl kein Kassenhit, errang *Höhenangst* einen Achtungserfolg im Kino und viel Lob bei den Kritikern. Traditionsgemäß nur Insider sahen Michael Hanekes neuen Film *71 Fragmente einer Chronologie des Zufalls*, in dem sich der Regisseur ein weiteres Mal mit seinem Lieblingsthema, der Einsamkeit des einzelnen und der sozialen Entfremdung aller, auseinandersetzt.
Umstritten wie Hanekes Film ist auch der neue Kinostreifen *Ich gelobe* von Wolfgang Murnberger, der nach seinem vielbeachteten Erstling *Himmel und Hölle* zu den hoffnungsvollsten Nachwuchsregisseuren Österreichs zählt. Mit dem Werbespruch »Lieber zwei Stunden Kino als neuen Monate Bundesheer« lockte Murnberger seine Fans ins Kino, wo sie wie der junge Held zwischen schwärmerischem Erwachsenwerden und knallhartem Kasernenalltag heftig hin und her geschüttelt wurden.
Die größten Festivalerfolge gelangen 1994 dem Welser Regisseur Andreas Gruber *(Shalom General)* mit dem bemerkenswerten Spielfilm *Vor lauter Feigheit gibt es kein Erbarmen*. Er führt zurück in die Februartage des Jahres 1945, in denen über 500 halbverhungerte junge sowjetische Gefangene den Ausbruch aus einem Todesblock des KZ Mauthausen wagten. In einer mörderischen Hetzjagd, an der sich die Mühlviertler Bevölkerung beteiligte, wurden fast alle Flüchtigen umgebracht. Grubers Film erzählt von der Courage einer Bauernfamilie, die zwei Häftlinge bei sich versteckte und damit vor dem sicheren Tod rettete. Beim Festival in San Sebastian 1994 wurde der Film mit dem Preis der Jury ausgezeichnet.

Susanna Pyrker

Das Filmjahr 1994 in der Schweiz

Das Schweizer Filmjahr 1994 ist, wie schon das 1993, ein Jahr der Diskrepanz: Für die Verleiher und Kinobetreiber war es erneut sehr erfolgreich, für die Schweizer Filmschaffenden jedoch enttäuschend. Erneut sind in der Schweiz mehr Menschen ins Kino gegangen, aber es sind weniger Karten für Schweizer Filme gekauft worden: Das Kino erfreut sich großer Beliebtheit, der Schweizer Film jedoch wird immer weniger beachtet.
Die Verschärfung der Krise im Schweizer Film war denn auch eines der Hauptthemen der filmpolitischen Diskussion in der Schweiz. An einer gesamtschweizerischen Versammlung im Juli, den »Assisen von Locarno«, wurden neue Filmförderungsmodelle diskutiert, die aber vorerst zu keinen praktischen Resultaten geführt haben, so daß an eine Neuregelung der Filmförderung in der Schweiz im Moment nicht gedacht werden kann. Immerhin wurde eine Arbeitsgruppe eingesetzt, die bis Frühling erste Resultate vorlegen will.

Nivellierung nach unten

Bei den zahlreichen realisierten oder zumindest angedrohten Sparmaßnahmen erstaunt es nicht, daß die Kulturschaffenden in resignatives Leiden verfallen oder, im besseren Fall, in wütenden Protest ausbrechen. Das kann, wiederum im besseren Fall, entweder zu kreativen Hochleistungen führen, oder aber, weit häufiger, zu einer Nivellierung der Kulturtaten hin zu sicheren Werten.
Der Schock sitzt in der Schweiz jedenfalls tief: Vom Nein zum Europäischen Wirtschaftsraum (EWR) im Dezember 1992, der daraus resultierenden zunehmenden Isolierung in Europa bis zum abgelehnten Kulturartikel und den neuerlichen Kürzungen bei der Filmförderung reicht die unrühmliche Reihe von Maßnahmen, mit denen sich die Schweiz kulturell vom restlichen Europa ausgeklinkt hat. An vielen europäischen Kulturinitiativen kann die Schweiz inzwischen de jure nicht mehr teilnehmen, und von vielen Kulturprogrammen ist sie de facto ausgeschlossen, weil das Vertrauen der europäischen Partner in die Schweiz fehlt.
Besonders die Filmproduzenten klagten über die immer größer werdenden Schwierigkeiten, eine Koproduktion mit dem europäischen Ausland überhaupt noch auf die Beine stellen zu können. Da die offiziellen Kontakte unterbrochen sind, gestaltet sich auch die Aufrechterhaltung der bestehenden privaten Beziehungen immer problematischer, lautet das Credo der wegen in der Schweiz beschränkt vorhandenen öffentlichen Geldmittel häufig international tätigen Schweizer Produzenten. Zu der noch Anfang des Jahres erhofften bilateralen Annäherung zwischen der EU und der offiziellen Schweiz ist es auch 1994 nicht gekommen.

Krise des Schweizer Spielfilms

Daß gegen die andauernde Krise im Schweizer Film – die sich in erster Linie in den fehlenden Zuschauern für das einheimische Filmschaffen ausdrückt, die aber auch eine kreative Krise ist – endlich wirksame Maßnahmen ergriffen werden müssen, ist in der politischen Diskussion inzwischen unbestritten: Das

vom Schweizer Innenministerium in Auftrag gegebene Weißbuch zum Stand der Dinge im Schweizer Film, das Mitte des Jahres hätte veröffentlicht werden sollen, kam jedoch nicht zustande. Und wie es mit der Schweizer Filmförderung überhaupt weitergeht, kann im Moment noch niemand sagen: Mit dem Rücktritt der Filmchefin Yvonne Lenzlinger Ende Oktober hat sich die Lage nur noch weiter verschärft.
Die Schweizer Filmproduktion des Jahres 1994 kann sich, zumindest quantitativ, trotzdem sehen lassen. Mit rund 20 langen Spielfilmen und einem guten Dutzend langer Dokumentarfilme liegt die Produktion im Rahmen der Vorjahre. Trotz der erneut großen Jahresproduktion war der Schweizer Spielfilm jedoch an den wichtigen internationalen Festivals auch 1994 einmal mehr nicht vertreten. In der Schweiz sind die meisten Filme zwar ins Kino gekommen, allerdings bei den Spielfilmen mit enttäuschend wenig Besuchern. Dafür liefen einige Schweizer Dokumentarfilme mit Erfolg.
Der Anteil der Schweizer Filme im Kinojahr 1994 liegt insgesamt unter zwei Prozent. Die wenigsten Filme schafften mehr als einige tausend Zuschauer. Einzig die schweizerisch-deutsche Koproduktion *Tschass* (Jazz) von Daniel Helfer verbuchte mit etwas über 13.000 Zuschauern einen Achtungserfolg. Mit etwas über 5000 Besuchern ist *Wachtmeister Zumbühl* von Urs Odermatt, mit den beiden Deutschen Michael Gwisdek und Anica Dobra in den Hauptrollen, immerhin der zweitplazierte Schweizer Spielfilm in der Jahresbestenliste. Der erfolgreichste deutsche Film im Schweizer Kino war 1994 die Bernd Eichinger-Produktion *Das Geisterhaus* mit rund 75.000 Besuchern.
Einmal mehr bestätigte sich jedoch, daß die Stärke des Schweizer Films nicht in der Fiktion, sondern im Dokumentarischen liegt: Mit 45.000 Zuschauern ist Hans-Ulrich Schlumpf mit seinem märchenhaften Dokumentarfilm *Der Kongress der Pinguine*, der auch in Deutschland angelaufen ist und in München mit dem Media Net Award in Gold ausgezeichnet wurde, der im Kino erfolgreichste Schweizer Filmschaffende des Jahres 1994. Und mit 25.000 Kinobesuchern liegt der Musikfilm *Ur-Musig* von Cyrill Schläpfer, ebenfalls ein Dokumentarfilm, auf Platz zwei der Liste der erfolgreichsten Schweizer Filme.

Kinobesuche gestiegen

Für die Filmwirtschaft war 1994 ein erfolgreiches Jahr. Die Eintritte in den Schweizer Kinos sind, nach einem mit 15 Prozent Steigerung sensationell erfolgreichen Jahr 1993, auch 1994 erneut leicht gestiegen. Einige wenige sehr erfolgreiche Filme, die fast ausschließlich aus den USA kommen, haben das Erfolgsjahr möglich gemacht. Damit ist deutlich geworden, was sich schon in den letzten Jahren abgezeichnet hat: Der Geschäftsgang des Kinojahres wird von den USA bestimmt, das nationale Filmschaffen hingegen ist filmwirtschaftlich praktisch ohne Bedeutung. Und das europäische Kino – in der Schweiz das Filmschaffen aus Frankreich, Deutschland, Großbritannien und Italien – kann allenfalls Achtungserfolge erzielen.
Wie schon letztes Jahr liegt der Anteil der US-Filme in Kinoeintritten über 80 Prozent. Auf den ersten 25 Rängen der Jahreshitliste liegen ausschließlich US-Produktionen, mit Ausnahme der britischen Erfolgskomödie *Vier Hochzei-*

ten und eine Beerdigung, die auf dem sensationellen dritten Platz als einziger Film die US-Vormacht im Jahr 1994 zu durchbrechen vermochte.
Erfolgreichster Film des Jahres ist, mit deutlichem Vorsprung auf alle anderen Produktionen, Walt Disneys *The Lion King*, der sich zum Jahresanfang noch in Auswertung befand. Der Film hat in sechs Wochen nicht nur das Weihnachtsgeschäft für sich entschieden, sondern in der Jahreswertung zudem alle anderen Konkurrenten hinter sich gelassen. Erstaunlich ist jedoch, daß sich mit *Vier Hochzeiten und ein Todesfall* nicht nur eine gelungene europäische Komödie einen Ehrenplatz geholt hat, sondern daß sich neben so harmlosen Filmen wie *The Lion King* oder *Mrs. Doubtfire* (Platz 2) auch kritische Produktionen wie Spielbergs Auschwitz-Dokument *Schindler's List* (Platz 4) oder das Aids-Drama *Philadelphia* (Platz 6) unter den erfolgreichsten Filmen des Jahres befinden.

Teurere Kinokarten

Die absoluten Zahlen zeigen die erfolgreiche Entwicklung der letzten Jahre: Nachdem die Besucherzahl in der Schweiz massiv von 15,4 Millionen im Jahr 1991 auf 14 Millionen Besucher im Jahr 1992 zurückging und gleichzeitig der Umsatz der Kinos von 164 Millionen (1991) auf 157 Millionen Franken (1992) sank, steigen die Zahlen seither sprunghaft: Mit 15,9 Millionen Besuchern und 180 Millionen Franken Umsatz war 1993 ein eigentliches Rekordjahr, und für 1994 dürften über 16 Millionen Kinobesucher den Kinos zu einem Umsatz von gegen 200 Millionen Franken verholfen haben (die definitiven Zahlen sind jeweils erst im Laufe des Jahres erhältlich. Ein Franken hat Ende 1994 einen Wert von etwa DM 1,20).
Nicht nur bei den Kinos in den wichtigen Städten, sondern auch bei den in der Schweiz noch immer relativ breit gestreuten Landkinos herrscht Zufriedenheit. Die Landkinos haben insofern profitiert, als die US-Majors ihre großen Filme dieses Jahr erneut mit mehr Kopien gestartet haben. Dadurch konnten auch Kinos in mittleren und kleineren Städten von Anfang an mitstarten, was, wie Untersuchungen zeigen, in peripheren Orten zu drei- bis vierfachen Eintrittszahlen führt als beim Nachspielen der Filme. Bei großen Major-Filmen sind inzwischen bis zu 60 Startkopien üblich – im Fall von *The Lion King* waren sogar 80 Kopien im Einsatz: eine enorme Zahl bei insgesamt 400 Leinwänden in der Schweiz.
Während in der Kinobranche, also auch bei den rund 100 Landkinos, große Zufriedenheit über diese neue Strategie der Major-Companies herrscht, wird die Lage der restlichen Verleiher immer kritischer. Die rund 20 Schweizer Verleiher haben, weil sie ihre Filme nicht von einem Stammhaus beziehen, immer größere Schwierigkeiten, für ihre Filme überhaupt noch Kinos zu finden. Der Ruf nach staatlichen Schutzmaßnahmen ist bei den unabhängigen Verleihern jedenfalls erneut lauter geworden.

Erfolg für Schweizer Festivals

Erfolgreiche Ausgaben meldeten die verschiedenen Schweizer Filmfestivals. Das Internationale Filmfestival in **Locarno**, das größte und wichtigste Filmer-

eignis auf Schweizer Boden, konnte mit über 130.000 Besuchern in zehn Tagen erneut einen deutlichen Besucherzuwachs verzeichnen. Mit insgesamt 315 Filmen in rund 700 Vorführungen ist das Festival weiter deutlich gewachsen. Die beiden Hauptpreise gingen an das iranische Filmschaffen, dem das Festival eine Sonderreihe gewidmet hatte: *Khomreh (Der Krug)* von Ebrahim Foruzesh erhielt den Goldenen Leoparden, *Abadani-ha (Die Leute von Abadan)* von Kiyânush Ayyâri als zweiten Preis den Silbernen Leoparden. Die weiteren Preise gingen an das neue französische Kino: Ausgezeichnet wurden *Rosine* von Christine Carrière, *Personne ne m'aime (Keiner liebt mich)* von Marion Vernoux und *Emmène moi* (Führe mich fort) von Michel Spinosa.
Auch die **Solothurner Filmtage**, das jährliche Schaufenster des Schweizer Films, verzeichnete mit 27.000 Besuchern erneut einen leichten Besucherzuwachs. Obschon die Filmtage keinen Wettbewerb veranstalten, haben einige Filmschaffende Spezialpreise erhalten. Die beiden Zürcher Hedi Bäbler und Rudolph Jula sowie François Rossier aus Vevey, die an ausländischen Filmhochschulen studieren, waren die Träger der Stanley-Thomas-Johnson-Förderpreise. Beim Trickfilm-Publikumswettbewerb wurden die beiden Arbeiten *Robert Creep* von Claude Luyet und Thomas Ott sowie *Pictures of an Exhibition* einer Zürcher Zeichenklasse ausgezeichnet.
Ebenfalls mit einem Publikumsrekord ist das 15. Internationale Film- und Videofestival **Luzern** »Viper '94« zu Ende gegangen, das inzwischen wichtigste Videofestival in Europa. 12.000 Personen besuchten die Veranstaltungen und Vorführungen, die erstmals in mehreren Schweizer Städten stattfanden. Ohne einen Ausbau der Infrastruktur vertrage das Festival nicht noch mehr Besucher, sagten die Festivalmacher zum Abschluß.
Das gleichzeitig wie »Viper« im Oktober stattfindende Filmfestival in **Genf**, das junge Darsteller und Darstellerinnen fördern will, vergab seine Preise an Schauspieler aus Rumänien, Rußland, Kasachstan, Italien und Frankreich. Die ersten Preise gingen an die 28jährige Rumänin Irina Movila für ihre Rolle im Film *Pepe und Fifi* von Dan Pita und den 25jährigen Wahlitaliener Kim Rossi Stuard im Beitrag *Senza Pelle* von Alessandro d'Alatri. Eine Besondere Erwähnung wurde an *71 Fragmente einer Chronologie des Zufalls* des Österreichers Michael Haneke ausgesprochen. Die Pressejury hat ihren Preis der 31jährigen deutschen Schauspielerin Nina Petri für ihre Rolle im Beitrag *Die tödliche Maria* von Tom Tykwer zugesprochen.
In **Nyon** am Genfersee, wo seit 25 Jahren das Dokumentarfilmfestival unter der Leitung von Erika de Hadeln stattgefunden hat, gab es 1994 kein Festival. Frau de Hadeln war im Frühling aus Protest gegen massive Subventionskürzungen zurückgetreten. Inzwischen ist der Genfer Journalist Jean Perret zum neuen künstlerischen Direktor gewählt worden. Er will im Herbst 1995 einen Neuanfang machen. Das erste Festival unter der neuen Direktion findet vom 18. bis 24. September 1995 statt. Das 26. Dokumentarfilmfestival soll zeitlich und im Programmumfang leicht redimensioniert werden, dafür ein größeres Raumangebot erhalten. Nyon will ein internationales Festival mit Wettbewerb bleiben, daneben aber auch dem Schweizer Dokumentarfilm den ihm gebührenden Platz einräumen.

Beat Glur, Chef der Kulturredaktion
der Schweizerischen Nachrichtenagentur SDA

Ab nach Tibet!

1
****

Regie: Herbert Achternbusch
Darsteller: Herbert Achternbusch (Hick), Judith Tobschall (Su), Dagmar Sachse (Valentina), Annamirl Bierbichler (Schwester), Christian Lerch (Lui), Eva-Maria Viertbauer (Evi), Elisabeth Blonzen (Paula), Barbara de Koy (Fremdenführerin), Tshamano Sebe (Christus), Franz Baumgartner (Polizist)
Drehbuch: Herbert Achternbusch
Kamera: Adam Olech (Farbe)
Musik: Herbert Achternbusch
Schnitt: Micki Joanni
Produktion: Achternbusch Filmprod./ Kuchenreuther Film, BRD 1993
Uraufführung: 16.2.1994, Int. Forum des Jungen Films, Berlinale
Verleih: Filmwelt/Einhorn/-
Kinostart: 7.4.1994
Länge: 128 Min.
FSK: ab 16, ffr.

Von Hick, dem arbeitslosen Kaminkehrer, hat die Klosterschwester ein uneheliches Kind, ihre Tochter Sue, die Hick liebt und vom gemeinsamen Leben in Tibet träumt. Die verrückte Liebesgeschichte endet tragikkomisch: Hick wird von einem Blitz getroffen, Sue von ihrer Mutter erstochen. Sie finden sich in Tibet anno 1662 wieder.

(...) Am Anfang tut's natürlich noch ein bißchen weh. Kaminkehrer Hick leidet an der engen Münchner Welt und unter desolaten Familienverhältnissen. Vor dem Klammergriff der resoluten Gattin und Nonne, die Hicks Liebesbeziehung mit der imaginären Tochter Su notfalls mit Mord endigen will, flieht der kluge Naive erstmal in den naheliegenden Wirtshaus-Suff und dann nach Tibet.

Dort und im Jahr 1662 finden Hick und Su zu einer Liebe, so schön weil »unausweichlich«, und mittles Versenkung in den Buddhismus zur Erleuchtung. Das Leben kann wunderbar sein, sagt uns Achternbusch, wenn man Seelenwunden und den Wut-Krampf überwindet. Die surrealistisch-assoziativen Bildkompositionen der Tibet-Sequenz machen diesen Film zum unausweich-

Auf der Suche: Herbert Achternbusch und Mitverschwörer in ›Ab nach Tibet‹.

lich schönsten, den uns Achternbusch bisher gegeben hat.

Angie Dullinger, AZ, 7.4.94

(...) Schön fotografierter Film, in dem sich der Maler, Dichter und Filmemacher Achternbusch als Dummgescheiter selber spielt. Nur für Anhänger des bayerischen Originals, die einige Geduld mitbringen. *multimedia*

Alice Agnes Agneskirchner in: Der Tagesspiegel, 17.2.94; Fritz Göttler in: SZ, 7.4.94; Peter W. Jansen in: tip, 12/94; Rupert Koppold in: Rheinische Post, 20.5.94; Josef Schnelle in: FR, 1.7.94; Helmut Schödel in: Die Zeit, 7.1.94

Die Abenteuer des Brisco County jr. 2

THE ADVENTURES OF BRISCO COUNTY JR. ** Video

Regie: Bryan Spicer
Darsteller: Bruce Campbell (Brisco County. Jr.) Christian Clemenson (Socrates Poole), Billy Drago (John Bly), Julius Carry, Dan Gerrity
Drehbuch: David Simkins, Jeffrey Boam, Carlton Cuse
Kamera: Jack N. Green (Farbe)
Musik: Randy Edelman
Schnitt: Russell Denove
Produktion: Jeffrey Boam, Carlton Cuse für Warner Bros.TV, USA 1993
Verleih: -/-/-/Warner Home Video
Videostart: 21.1.1994
Länge: 90 Min.
FSK: ab 12 J.

Revolverheld County soll eine Bande dingfest machen, die einen Überfall auf einen Zug plant. Aufwendiger FernsehWestern, Pilotfolge einer US-TV-Serie.

Frank Klubertz in: film-dienst, 2/94

Abgründe des Lebens 3

UNSPEAKABLE ACTS *** TV

Regie: Linda Otto
Darsteller: Jill Clayburgh (Dr. Laurie Braga), Brad Davis (Dr. Joseph Braga), Sam Behrens, Gary Frank, James Handy, Mark Harelik, Season Hubley, Terence Knox, Valerie Landsburg, Maureen Mueller
Drehbuch: Alan Landsburg, nach dem Buch von Jan Hollingsworth und einer wahren Begebenheit
Kamera: Steven Shaw (Farbe)
Musik: Mike Post
Produktion: Joan Barnett für Landsburg Co., USA 1989
Uraufführung: 16.1.1990, ABC-TV
Sendetermin: 14.3.1994, VOX, 20.10; 14.6.1994, VOX, 20.10
Länge: 120 Min.

Eine Mutter bemerkt entsetzt, daß ihre Tochter in der privaten Kindertagesstätte von Illana und Frank mit Drogen vollgepumpt wurde. Als die Eltern erfahren, daß Frank wegen Kindesmißbrauchs vorbestraft ist, kommt eine Lawine ins Rollen, und ein unglaublicher Skandal wird aufgedeckt. Das Psychologenehepaar Dr. Laurie und Dr. Joseph Braga behandelt die Kleinen sehr behutsam und beginnt, die Vorfälle um den sexuellen Mißbrauch zu untersuchen.

Abracadabra 4

ABRACADABRA ****

Regie: Harry Cleven
Darsteller: Philippe Volter (Phil), Clémentine Célarié (Martha), Thierry Frémont (Chris), Thierry van Werveke (Naze), Jean-Henri Compere (Rex), Sabrina Leurquin (Lucie)
Drehbuch: Harry Cleven
Kamera: Remon Fromont (Farbe)
Musik: Robbie Kelman, Brian James
Schnitt: Susanna Rossberg
Produktion: Pierre Drouot, Dany Geys für PDG & Partners/Les Prod. Dussart/FR3/ Samsa mit RTL/Canal plus, Luxemburg/Frankreich/Belgien 1992
Uraufführung: 26.9.1992, Filmfestival Köln
Erstaufführung: Max Ophüls Preis, Saarbrücken 1993
Verleih: -/filmladen, OmU/-
Kinostart: Juli 1994
Länge: 74 Min.

Ein Dieb sieht sich während seines Hafturlaubs für das Begräbnis der Mutter mit den Problemen seiner Brüder und dem Mann seiner Geliebten konfrontiert. All seinen Vorsätzen zum Trotz endet das Wochenende in einer Tragödie. Sozialtristesse, inszeniert zwischen lakonischem Realismus und Anklängen einer mythischen Tragödie. Ein eindrucksvoller, spröder Film für reflexionsbereite Zuschauer. *multimedia*

Der Abschiedsbrief 5
VIA PARADISO □ TV

Regie: Luciano Odorisio
Darsteller: Michele Placido, Angela Molina, Guido Celano, Coralina C. Tassoni
Produktion: Italien 1988
Sendetermin: 16.5.1994, Premiere, 20.15
Länge: 103 Min.

Die Abservierer 6
ANOTHER STAKEOUT ***

Regie: John Badham
Darsteller: Richard Dreyfuss (Chris Lecce), Emilio Estevez (Bill Reimers), Rosie O'Donnell (Gina Garrett), Dennis Farina (Brian O'Hara), Marcia Strassman (Pam O'Hara), Cathy Moriarty (Lu Delano), John Rubinstein (Thomas Hassrick), Miguel Ferrer (Tony Castellano), Sharon Maughan (Barbara Burnside), Madeleine Stowe (Maria)
Drehbuch: Jim Kouf
Kamera: Roy H. Wagner (Technicolor)
Musik: Arthur B. Rubinstein
Schnitt: Frank Morris
Produktion: Jim Kouf, Cathleen Summers, Lynn Bigelow für Touchstone, USA 1993
Uraufführung: 23.7.1993, New York
Verleih: Buena Vista/dto./dto./Buena Vista Home Video
Kinostart: 13.1.1994
Länge: 108 Min.
FSK: ab 12, ffr.
FBW: Wertvoll

Zwei Detektive aus Seattle sind zur Beobachtung eines Ehepaares, das mit einem Mordanschlag in Verbindung gebracht wird, eingesetzt. Da Krimispannung und komische Passagen gut dosiert sind, und der Film über zwei ausgezeichnete Hauptdarsteller verfügt, ist eine gelungene Unterhaltungsmischung entstanden. *multimedia*

Heiko R. Blum in: Rheinische Post, 14.1.94; Fritz Göttler in: SZ, 17.1.94; Rupert Koppold in: Stgt. Zeitung, 13.1.94; Milan Pavlovic in: Kölner Stadt-Anzeiger, 15.1.94

Die Abwesenheit 7
***

Regie: Peter Handke
Darsteller: Jeanne Moreau (Frau des Schriftstellers), Alex Descas (Der Soldat), Bruno Ganz (Der Spieler), Sophie Semin (Die junge Frau), Eustaquio Barjau (Der Schriftsteller)
Drehbuch: Peter Handke
Kamera: Agnès Godard (Farbe)
Musik: Josep-Maria Bargadi
Schnitt: Peter Przygodda
Produktion: Ulrich Felsberg, Wim Wenders, Paulo Branco für Road Movies/Gemini Films/Marea Filmes mit WDR, BRD 1992
Uraufführung: Int. Filmfestspiele Venedig 1992
Verleih: Basis/-/-
Kinostart: 24.2.1994
Länge: 112 Min.

Peter Handkes Bücher sind Wegbeschreibungen, Erzählungen von der Distanz und von der Suche. In seinem Film »Die Abwesenheit« durchwandern ein Soldat, ein Spieler, eine junge Frau und ein Schriftsteller auf der Suche nach Stille zuerst Vorstädte und Randbezirke, dann Täler und Auen, um schließlich in der pyrenäischen Berglandschaft anzukommen. Nachdem der Schriftsteller spurlos verschwindet, hält Jeanne Moreau einen Nekrolog auf ihn, und Hubschrauber zerstören die Stille. Ein sehr ruhiger Film mit vielen bedeutsamen Landschaftsaufnahmen.
tip, 5/94

»Die Abwesenheit« läßt an Filme von Marguerite Duras, Straub-Huillett, Bresson und Wenders denken, scheint voller Anleihen bei Antonioni und Ozu zu stecken und hat es schwer, sich als eigener Gedanke zu behaupten. Am Lido ist er der ungewöhnlichste unter allen, die lyrische Intarsie im groben Holz des Kinos der dramatischen Ereignisse, Feinmechanikerarbeit neben der epischen Wucht und Bravour der »Zweiten Heimat«.
Peter W. Jansen, Der Tagesspiegel, 9.9.92

Norbert Grob in: Die Zeit, 4.3.94; Andreas Kilb in: Die Zeit, 18.9.92; Thomas Koebner in: Kölner Stadt-Anzeiger, 4.6.94; Rainer Merkel in: Zitty, 4/94; Veit Mölter in: AZ, 7.9.92; H.G. Pflaum in: Feuilleton, Filmfestspiele Venedig, 10.9.92

Ace Ventura – Ein tierischer Detektiv 8
ACE VENTURA: PET DETECTIVE **

Regie: Tom Shadyad
Darsteller: Jim Carrey (Ace Ventura),

Courteney Cox (Melissa), Sean Young (Lt. Einhorn), Tone Loc (Emilio), Dan Marino (Dan Marino), Noble Willingham (Riddle), Troy Evans (Podacter), Raynor Scheine (Woodstock), Udo Kier (Camp), Frank Adonis (Vinnie)
Drehbuch: Jack Bernstein, Tom Shadyac & Jim Carrey, nach einer Story von Jack Bernstein
Kamera: Julio Macat (Farbe)
Musik: Ira Newborn
Schnitt: Don Zimmerman
Produktion: James G. Robinson für Morgan Creek Prod., USA 1993
Verleih: Warner Bros./dto./Rialto/Warner Home Video
Kinostart: 26.5.1994
Länge: 86 Min.
FSK: ab 12, ffr.

Das Maskottchen einer Footballmannschaft, der Delphin Snowflake, wird Opfer einer Entführung. Der Haustierdetektiv Ace Ventura nimmt die Spur der Kidnapper auf. Die Comedy um Football und Haustiere nutzt jede gute und jede schlechte Gelegenheit, einen Witz zu reißen, wobei sich die Drehbuchautoren des öfteren vergaloppieren. Ein gefundenes Fressen für bekennende Tierfreunde, für Hunde- und Katzenhasser ein eher befremdliches Vergnügen. *Volker Gunsken, tip, 11/94*

Albert Baer in: Rheinische Post, 27.5.94

Ach du meine Liebe 9

**

TV

Regie: Georgi Kissimov
Darsteller: Jaecki Schwarz (Detlev Korf), Marianne Wünscher (Hilde Korf), Karin Ugowski (Ute Schöbel), Simone von Zglinicki (Katrin Kurz), Franziska Troegner (Karin Sickert), Martina Wilke (Norma Goldbach)
Drehbuch: Kurt Belicke
Kamera: Otto Hanisch (Farbe)
Musik: Karl-Ernst Sasse
Produktion: Deta TV, DDR 1983
Sendetermin: 12.3.1994, RTL2, 8.30
Länge: 90 Min.

Das ruhige Leben des etwas unbeholfenen Versicherungsvertreters ändert sich drastisch, nachdem er eine Heiratsanzeige aufgegeben hat. Biedere Fernsehkost.

Act of Revenge 10

LA PURITANA ☐

Video

Regie: Nini Grassia
Darsteller: Helmut Berger, Mattias Bragia, Margie Newton, Gabriele Tinti, Carlo Mucari, Dario Casalini, Roby Ceccacci, Cinzia Sacalzi, Annamaria Clementi, Francesca Guidato
Drehbuch: Nini Grassia
Kamera: Luigi Ciccarese (Farbe)
Musik: Tamborrelli, Nini Grassia
Schnitt: Nini Grassia
Produktion: Roberto De Maio, Raffaele Ravieri für P.A.G. Film Int., Italien 1990
Verleih: -/-/-/Highlight Video
Videostart: 12.4.1994
Länge: 91 Min. – *FSK:* ab 18 J.; gekürzte Fass. 79 Min. ab 16 J.

Eine verführerische Anwältin bringt die Männerwelt eines Provinznestes mit ihrem aufreizenden Körper und ausschweifenden Sexspielen in Aufruhr. Keiner weiß, daß sie einen privaten Rachefeldzug gegen die Mörder ihrer Mutter und ihres Bruder führt.
Werbetext

Adam – Sein Schicksal weist den Weg 11

ADAM: HIS SONG CONTINUES ☐

TV

Regie: Robert Markowitz
Darsteller: Daniel J. Travanti (John Walsh), JoBeth Williams (Reve Walsh), Richard Masur, Martha Scott, Paul Regina
Produktion: Landsburg Prod., USA 1986
Sendetermin: 7.10.1994, Kabelkanal, 20.15; 11.1.1994, Pro7, 20.15
Länge: 120 Min.

Das Ehepaar John und Reve Walsh kämpft nach dem Verschwinden ihres kleinen Sohnes Adam für ein neues Gesetz, das die Suche nach vermißten Kindern erleichtern soll. Durch ihr Engagement gegen die gesellschaftlichen Mißstände entstehen viele Probleme.

Adam Bede – Schicksal und Leidenschaft 12

ADAM BEDE ☐

TV

Regie: Giles Foster
Darsteller: Iain Glen (Adam Bede), Patsy

Kensit (Hetty Sorrel), James Wilby (Arthur Donnithorne), Susannah Harker (Dinah Morris)
Drehbuch: Maggie Wadey
Produktion: GB 1992
Sendetermin: 8.11.1994, RTL2, 20.15
Länge: 102 Min.

Ein angesehener Tischler liebt eine Frau, die von dem Sohn des örtlichen Gutsherrn verführt wird und ihr uneheliches Kind tötet. *Pressetext RTL2*

Adams Rippe 13

REBRO ADAMA □ TV

Regie: Wjatschesláw Krischtófowitsch
Darsteller: Inna Tschúrikowa (Nina), Jeléna Bogdánowa, Swetlána Rjábowa (Lida), Máscha Golúbkina (Nastja)
Drehbuch: Vladimir Kounine, nach dem Roman von Anatole Kourtchatkin
Kamera: Pavel Lebedev (Farbe)
Musik: Vadim Khrzapatchew
Schnitt: Inna Brozhowskaja
Produktion: Mosfilm, RITM Studio, UdSSR/Rußland 1990
Sendetermin: 28.2.1994, Südwest 3, 21.45
Länge: 72 Min.

Vier Frauen unterschiedlichen Alters aus drei Generationen leben in einer ärmlichen Wohnung in Moskau auf engstem Raum zusammen. Die Wohnungsinhaberin Nina kümmert sich sowohl um ihre alte und bettlägerige Mutter als auch um ihre beiden erwachsenen Töchter Lida und Nastja. Es entstehen Probleme untereinander, auch mit Männern, es gibt aber auch die Hoffnung auf ein persönliches Lebensglück.

Adamski 14

***

Regie: Jens Becker
Darsteller: Steffen Schult (Adamski), Nadja Engel (Lili), Axel Werner (Wolf), Petra-Maria Cammin (Erika), Lotte Loebinger (Oma), Deborah Kaufmann (Frl. Ziglinski), Daniel Morgenroth (Milchgesicht), Udo Kroschwald (Barsch), Frank Lienert, Petra Kelling
Drehbuch: Bettina Zielke
Kamera: Aicke Fricke (Farbe)
Musik: Rainer Böhm
Schnitt: Ines Bluhm
Produktion: Senso Film mit BR/MDR/WDR/HR, BRD 1992
Verleih: Sputnik/-/-
Kinostart: 12.5.1994
Länge: 89 Min.
FSK: ab 6, ffr.
FBW: Wertvoll

Als Bühne voller Nebendarsteller zeichnet Jens Becker einen deprimierenden Kaufhauskäfig am Berliner Alexanderplatz, in dem der schüchterne Ladendetektiv Adamski den Lauf der Dinge zwischen Rolltreppe und Wühltisch ergründet. Zurückhaltend folgt die Kamera den Wegen des ungeschickten Ladenhüters, nebenbei entstehen Mini-Psychogramme der Menschen im Konsumgewimmel. Leider bleibt Becker nicht beim lakonischen Blick auf die Warenwelt, sondern läßt »Adamski« in einer angekitschten Liebesgeschichte verläppern. *tip, 11/94*

Rupert Koppold in: Stgt. Zeitung, 1.6.94; Holger Kreitling in: Der Tagesspiegel, 19.5.94; Thomas Reinhardt in: Saarbrücker Zeitung, 8/94; Angela Schmitt-Gläser in: FR, 4.6.94

Die Addams Family in verrückter Tradition 15

ADDAMS FAMILY VALUES ***

Regie: Barry Sonnenfeld
Darsteller: Anjelica Huston (Morticia Addams), Raul Julia (Gomez Addams), Christopher Lloyd (Fester Addams), Joan Cusack (Debbie Jellinsky), Christina Ricci (Wednesday Addams), Carol Kane (Großmutter), Jimmy Workman (Pugsley Addams), Kaitlyn und Kristen Hooper (Pubert Addams), Carel Struykken (Lurch), David Krumholtz (Joel Glicker)
Drehbuch: Paul Rudnick, nach den Charakteren von Charles Addams
Kamera: Donald Peterman (Deluxe)
Musik: Marc Shaiman
Schnitt: Arthur Schmidt, Jim Miller
Produktion: Scott Rudin für Paramount, USA 1993
Uraufführung: 19.11.1993, New York
Verleih: UIP/UIP/UIP/CIC Video
Kinostart: 13.1.1994
Länge: 93 Min.
FSK: ab 12, ffr.
FBW: Wertvoll

Die zweite Kinogeschichte mit der durch Comics und Fernsehserie berühmt gewordenen Familie Addams. Der Haussegen gerät in die Schieflage, weil Bruder Fester in die Fänge einer Gattenmörderin gerät und sich von der Familie lossagt. Zugleich müssen die Kinder ihren angeborenen Grimm gegen die zwanghafte Fröhlichkeit eines Feriencamps behaupten. Der seltene Fall einer Fortsetzung, die ihre Vorgängerin in den Schatten stellt: Die besser durchdachten Handlungsstränge geben Anlaß zu vielerlei Boshaftigkeiten gegen des Scheinidyll der bürgerlichen Familie und gegen amerikanische Ikonen aller Art. Darstellerisch bestechend die junge Christina Ricci.

Zoom

Otto Heuer in: Rheinische Post, 14.1.94; Sabine Horst in: FR, 14.1.94; Thomas Klingenmaier in: Stgt. Zeitung, 13.1.94; Milan Pavlovic in: Kölner Stadt-Anzeiger, 15.1.94

Affären

16
**

Regie: Jacques Breuer
Darsteller: Sophie von Kessel (Nora Prinz), Daniela Lunkewitz (Charlotte Kirsch), Gedeon Burkhard (Thomas Prinz), Thomas Kretschmann (Andi), Birge Schade (Sabine), Wilfried Hochholdinger (Stefan), Ralph Schicha (Peter)
Drehbuch: Ben Taylor, Helena Winke
Kamera: Klaus Merkel (Farbe)
Musik: Dittmar Becker
Schnitt: Vera Burnus
Produktion: Uwe Schott für Atlantis Film, BRD 1994
Verleih: Columbia TriStar/dto./-/Columbia TriStar Home Video
Kinostart: 29.9.1994
Länge: 86 Min. – *FSK:* ab 12, ffr.
FBW: Wertvoll

Um seine zerrüttete Ehe mit der pampigen Nora zu retten, engagiert Thomas eine Haustherapeutin, die das streitsüchtige Paar Tag und Nacht beobachtet. Das gibt den Anlaß für ganz alte Psychologenwitze und andere schlechte Scherze. Schließlich finden die Therapeutin und Nora bei Kerzenschein zueinander und besiegeln das Ende der Ehe. Auf der Leinwand wird zwar ausgiebig gelacht, aber der Funke springt einfach nicht über. Auch beim zehnten Augenkulllern, bei der 20. Grimasse oder bei dem x-ten Versuch, eine Pointe zu landen. Bemühte Komödie auf unterstem Boulevardtheaterniveau.

Volker Gunske, tip, 20/94

H.G. Pflaum in: SZ, 29.9.94; Ponkie in: AZ, 29.9.94; Ulli Tückmantel in: Rheinische Post, 3.10.94

Against the Wall

17
AGAINST THE WALL ****
Video

Regie: John Frankenheimer
Darsteller: Kyle MacLachlan (Michael Smith), Samuel L. Jackson (Jamaal), Clarence Williams III (Chaka), Frederic Forrest (Lt. Weisbad), Philip Bosco (Russell Oswald), Tom Bower (Ed), Anne Heche (Sharon Smith), Carmen Argenziano (Mancusi), Peter Murnik (Jess), Harry Dean Stanton (Hal Smith)
Drehbuch: Ron Hutchinson
Kamera: John Leonetti (Farbe)
Musik: Gary Chang
Schnitt: Lee Percy
Produktion: Steven McGlothen für Producers Ent. Group, USA 1994
Erstaufführung: 27.6.1994, Filmfest München
Verleih: -/-/-/Starlight Video
Videostart: Oktober 1994
Länge: 110 Min. – *FSK:* ab 16 J.

Wenn es um handwerklich gut gemachte, packende Thriller geht, beweist der 64jährige New Yorker Regisseur immer wieder, wo seine Stärken liegen. Das auf wahren Ereignissen beruhende Knastdrama um die blutige Niederschlagung einer Gefangenenrevolte Anfang der 70er Jahre besticht durch seine Darsteller und den kraftvoll gezogenen Spannungsbogen.

Schorsch Müller, AZ, 27.6.94

Hans Schifferle in: SZ, 21.12.94

Aileen Wuornos: The Selling of a Serial Killer

18
AILEEN WUORNOS: THE SELLING OF A SERIAL KILLER ***

Regie: Nick Broomfield
Drehbuch: Nick Broomfield
Kamera: Barry Ackroyd (Duart)
Musik: David Bergeaud
Schnitt: Richard M. Lewis, Rick Vick
Produktion: Nick Broomfield für Lafayette Films für Channel 4, GB 1992

Uraufführung: 17.11.1992, London Film Festival
Länge: 82 Min.

Ihre Heimat waren die Highways Floridas, ihr Leben ein einziger Teufelskreis aus Alkohol und Einsamkeit. Sie hing in den Treffs der Hell's Angels herum, aber für die Liebe hielt sie nach Frauen Ausschau.
Aileen Wuornos, genannt die Spinnenfrau wegen ihrer schwarzen Lederkleidung, haßte die Männer als Ursache aller ihrer Probleme und lockte sie in den Tod.
Der Film ist eine Dokumentation über die Vermarktung des »ersten weiblichen serial killers«.
Der Regisseur Nick Broomfield sollte ursprünglich für den britischen Sender Channel 4 eine Serie über 'serial killers' drehen. Dieses Angebot schlug er ab, willigte aber dann ein, den Fall Aileen Wuornos zu dokumentieren, da man gerade hier den schwungvollen Handel mit Informationen – noch bevor der eigentliche Täter entdeckt wurde – verfolgen konnte.
Werkstatt Kino, München

(...) Doch trotz seines Titels zeigt der Film vor allem, wie der Regisseur immer wieder in seiner Arbeit behindert wird: weil erstmal ein paar Tausender auf den Tisch gelegt werden sollen, bevor jemand spricht, weil das Gefängnispersonal sich querlegt, die Verurteilte gerade eine Krise hat oder die Ermittlungsbehörden offenbar mehr zu vertuschen haben als nur ihren bereits abgeschlossenen Deal mit Hollywood. Um aber zu sehen, wie der Filmemacher mit seiner Arbeit nicht recht vorankommt, gehen wir eigentlich nicht ins Kino. *Jan Gympel, Zitty, 5/94*

Airborne
AIRBORNE

19
**
Video

Regie: Rob Bowman
Darsteller: Shane McDermott (Mitchell), Seth Green (Wiley), Brittney Powell (Nikki), Chris Conrad (Jack), Patrick O'Brien (Onkel Loule), Edie McClurg
Drehbuch: Bill Apablasa
Kamera: Daryn Okada (Farbe)
Musik: Stewart Copeland
Schnitt: Harry B. Miller III.
Produktion: Bruce Davey, Stephen McEveety für World Icon, USA 1993
Verleih: -/-/-/VMP Video
Videostart: 12.7.1994
Länge: 85 Min. – *FSK:* ab 12 J.

Rollerblade-Crack Mitchell, den es von Kalifornien nach Pittsburgh verschlägt, muß sich an der neuen Schule Respekt verschaffen. Ganz auf jugendliches Publikum zugeschnittenes, romantisches Teenie-Action-Drama ohne nennenswerte handwerklichen Qualitäten.

Airheads
AIRHEADS

20
**

Regie: Michael Lehmann
Darsteller: Brendan Fraser (Chazz Darby), Steve Buscemi (Rex), Adam Sandler (Pip), Joe Mantegna (Ian), Chris Farley (Wilson), Michael McKean (Milo), Amy Locane (Kayla), Ernie Hudson (O'Malley), Michael Richards (Doug Beech), Judd Nelson (Jimmie Wing)
Drehbuch: Rich Wilkes
Kamera: John Schwartzman (Deluxe)
Musik: Carter Burwell
Schnitt: Stephen Semel
Produktion: Robert Simonds, Mark Burg für Island World/Robert Simonds Prod., USA 1994
Uraufführung: 5.8.1994, New York
Verleih: 20th Century Fox/dto./dto.
Kinostart: 10.11.1994
Länge: 91 Min. – *FSK:* ab 12, ffr.

Die »Lone Rangers« sind eine unbekannte Rockgruppe, die mit (scheinbarer) Waffengewalt einen Radiosender zwingen, ihr Demoband abzuspielen. Dies steigert sich nach technischen Problemen bis zur Geiselnahme, klingt aber harmlos aus. Eine recht müde, halb lustige Handlung und schwache Schauspieler ergeben nur mäßige Unterhaltung. *multimedia*

(...) Schrille Komödie mit viel Musik, die – ohne recht in Schwung zu kommen – ihre Gags aneinanderreiht und den Themenschatz der Jugendkultur gedankenlos plündert, ohne sich mit ihr oder ihrer Vermarktung auseinanderzusetzen. *Zoom*

Bodo Fründt in: SZ, 10.11.94; Rupert Koppold in: Rheinische Post, 10.11.94

Die Akte 21
THE PELICAN BRIEF ***

Regie: Alan J. Pakula
Darsteller: Julia Roberts (Darby Shaw), Denzel Washington (Gray Grantham), Sam Shepard (Thomas Callahan), John Heard (Gavin Verheek), Tony Goldwyn (Fletcher Coal), Robert Culp (Präsident), James B. Sikking (Denton Voyles), William Atherton (Bob Gminski), Stanley Tucci (Khamel), John Lithgow (Smith Keen)
Drehbuch: Alan J. Pakula, nach dem gleichn. Roman von John Grisham
Kamera: Stephen Goldblatt (Technicolor)
Musik: James Horner
Schnitt: Tom Rolf, Trudy Ship
Produktion: Alan J. Pakula, Pieter Jan Brugge für Warner Bros., USA 1993
Uraufführung: 17.12.1993, New York
Verleih: Warner Bros./dto./dto./Warner Home Video
Kinostart: 10.3.1994
Länge: 141 Min. – *FSK:* ab 12, ffr.

Eine aufgeweckte Jurastudentin deckt eher zufällig die Hintergründe des Mordes an zwei hohen Richtern auf und wird fortan von Killern, der CIA und dem FBI gejagt. Die – nach der »Firma« – zweite Verfilmung eines Romans von John Grisham hat einen weniger interessanten Plot als ihre Vorgängerin, dafür aber mehr Spannung und einen besser geeigneten Regisseur. Pakula gelingt es zwar nicht rundum, Grashams waghalsige Story glaubwürdig umzusetzen, insgesamt aber besticht er durch erzählerische Ökonomie und Präzision. Julia Roberts ist in ihrem »Comeback« haarscharf fehlbesetzt, dafür glänzt Denzel Washington wie immer. *Frank Schnelle, tip, 6/94*

Paragraphen-Liebe: Julia Roberts und ihr Jura-Professor Sam Shepard in ›Die Akte‹.

(...) Trotz prominenter Namen nur eine gefällig polierte Ansammlung von Klischees, die weder in ihren unausgearbeiteten inhaltlichen Bezügen noch in ihren ausgelaugten Action-Elementen zu interessieren vermag. Ein bedeutungsloser Star-Vehikel, nur für bedingungslose Julia Roberts-Fans lohnend. *multimedia*

(...) Spannender Thriller in glattem Bestseller-Design, dem Stil und Stars wichtiger sind als die in der Romanvorlage von John Grisham zu größerer Wirkung gebrachten politischen Bezüge. *Zoom*

Michael Althen in: Die Zeit, 11.3.94; Peter W. Jansen in: Der Tagesspiegel, 10.3.94

Aktion Mutante 22
ACCION MUTANTE **

Regie: Alex de la Iglesia
Darsteller: Antonio Resines (Ramon Yarritu), Fréderique Feder (Patricia Orujo), Alex Angulo (Alex), Juan Viadas (Juanito), Saturnino Garcia (Quimicefa), Fernando Guillén (Orujo), Enrique San Francisco (Luis Maria), Karra Elejalde (Manitas), Jon Gabella (Chepa), Teodore Atkine
Drehbuch: Alex de la Iglesia, Jorge Guerricaechevarria
Kamera: Carlos Gusi (Fujicolor)
Musik: Juan Carlos Cuello
Schnitt: Pablo Blanco
Produktion: Agustin und Pedro Almodóvar für El Deseo/Ciby 2000 mit TVE, Spanien 1993
Verleih: Kinowelt/-/-/VCL/Carolco Video
Kinostart: 3.3.1994
Länge: 95 Min. – *FSK:* ab 18, nffr.

Eine Terrortruppe mißgestalteter Mutanten kidnappt die Tochter eines Industriemagnaten, um Propaganda gegen die Gesellschaft zu machen und Lösegeld zu erpressen. Auf dem Raumflug zum Planeten Axturias, wo der Austausch Geld gegen Geisel stattfinden soll, dezimieren sich die Entführer aus Mißtrauen und Mißgunst gegenseitig. Am Ende kommt es zum Showdown zwischen den überlebenden Terroristen, den Leuten des erpreßten Papas sowie extraterrestrischen Kolonisten und der Polizei in dieser nur selten witzigen, kaum spannenden und mit schlecht inszenierten Actioneinlagen wenig unterhaltsamen Sci-fi-Horror-Groteske. *Ralph Umard, tip, 5/94*

Otto Heuer in: Rheinische Post, 4.3.94; Thomas Klingenmaier in: Stgt. Zeitung, 17.3.94

Alicia im Ort der Wunder 23

ALICIA EN EL PUEBLO DE MARAVILLAS ****

Regie: Daniel Diaz Torres
Darsteller: Thais Valdéz (Alicia), Reinaldo Miravalles, Alberto Pujois, Carlos Cruz, Raul Pomares, Alina Rodriguez, Jorge Martinez, Enrique Molina
Drehbuch: Gruppe Nos-y-otros, Daniel Diaz Torres, Jesus Diaz
Kamera: Raul Pérez Ureta (Farbe)
Musik: Frank Delgado
Schnitt: Jorge Abello
Produktion: Humberto Hernandez für Instituto Cubano de Arte y Industria Cinematograficos, Cuba 1991
Uraufführung: 19.1.1991, Int. Forum des Jungen Films, Berlin
Verleih: -/Cinematograph/-
Kinostart: Mai 1994
Länge: 93 Min.

In Anlehnung an Lewig Carolls »Alice im Wunderland« führt uns diese »Phantastische Satire« an einen skurrilen, hintergründig magischen Ort – ein schäbiges kubanisches Dorf, wo sich Alicia, die junge, engagierte Beraterin der örtlichen Theatergruppe, geradezu teuflischen Machenschaften ausgesetzt sieht –, als Zerrspiegel für die triste soziale Realität Kubas. Temperamentvoll, pointiert und witzig gemacht, stimmt dieser eigenwillige Film über die Bedeutung der positiven Entfaltung des Individuums zur Vermeidung gesellschaftlicher Fehlentwicklungen oft eher nachdenklich als heiter. *multimedia*

Allein in der Wildnis 24

CURSE OF THE VIKING GRAVE □ TV

Regie: Michael Scott
Darsteller: Cedric Smith, Nicholas Shields, Evan Tiesla Adams, Michelle St. John, Evan Adams, Lee J. Campbell
Produktion: Kanada 1992
Sendetermin: 1.1.1994, ZDF, 14.50
Länge: 89 Min.

Zwei Jungen kämpfen sich quer durchs Gestrüpp und erleben viele Abenteuer.

Allein mit Dad & Co. 25

GETTING EVEN WITH DAD **

Regie: Howard Deutch
Darsteller: Macaulay Culkin (Timmi), Ted Danson (Ray), Glenne Headly (Theresa), Saul Rubinek (Bobby), Gailard Sartain (Carl), Sam McMurray (Alex), Hector Elizondo (Lt. Romayko), Sydney Walker (Mr. Wankmüller), Kathleen Wilhoite (Kitty), Dann Florek (Wayne)
Drehbuch: Tom S. Parker, Jim Jennewein
Kamera: Tim Suhrstedt (Farbe)
Musik: Miles Goodman
Schnitt: Richard Halsey
Produktion: Katie Jacobs, Pierce Gardner für MGM, USA 1994
Verleih: UIP/UIP/UIP/Warner Home Video
Kinostart: 7.7.1994
Länge: 109 Min. – *FSK:* ab 6, ffr.
FBW: Wertvoll

Ein elfjähriger Junge, der nach dem Tod seiner Mutter bei einer Tante aufgewachsen ist, hilft seinem gerade aus dem Gefängnis entlassenen, wieder rückfälligen Vater auf den rechten Weg und sucht sich auch eine neue Mutter. Familien-Komödie, die ganz auf ihren Kinderstar zugeschnitten ist, der aber schauspielerisch nicht einmal die bescheidenen Vorgaben von Buch und Regie bewältigt; voll von aufgesetztem Pathos, verlogener Moral und billigem Humor. *Zoom*

Ein Outfit, das sprachlos macht: Christiane Hörbiger, Detlev Buck und Harald Juhnke in ›Alles auf Anfang‹.

(...) aber der Regisseur inszeniert das sterile, völlig gagfreie Drehbuch adäquat wie ein ohnmachtartiges Mittagsschläfchen: vielleicht wollte er uns, wer weiß, am Ende die absolute Leere des verwaisten Kinderlebens vermitteln.

Thomas Klingenmaier, Stgt. Zeitung, 9.7.94

Neue Runde mit Macaulay »Kevin« Culkin. Diesmal ist sein Dad ein Krimineller, und der Sprößling engagiert sich im Kampf um einen Münzschatz und die Liebe des Erzeugers.

Fritz Göttler, SZ, 7.7.94

Albert Baer in: Rheinische Post, 8.7.94; Milan Pavlovic in: Kölner Stadtanzeiger, 9.7.94

Allein und ausgeliefert 26

UNA DONNA SENZA NOME □

TV

Regie: Luigi Russo
Darsteller: Lisbeth Hummel (Elize), Giulia Orso (Vivian), Pierangelo Pozzato (Angelo), Beatrice Palme (Giulia)
Produktion: Italien 1989
Sendetermin: 23.5.1994, SAT.1, 22.35
Länge: 91 Min.

Die wohlhabende Elize ist an den Rollstuhl gefesselt und lebt einsam in ihrem Landhaus, nur von ihrem Personal umsorgt. Um sich das Erbe der alleinstehenden, schwächlichen Frau zu sichern, schmieden der Chauffeur Angelo und das Dienstmädchen Vivian einen teuflischen Plan. *Pressetext SAT.1*

Alles auf Anfang 27

***

Darsteller: Christiane Hörbiger (Lore Kuballa), Harald Juhnke (Georg Kuballa), Katharina Thalbach (Riki Rote), Udo Samel (Viktor Rote), Theresa Hübchen (Nina Piel), Florian Martens (Richard Rote), Detlev Buck (Chauffeur), Ruth Glöss, Barbara Rosenberg, Violetta Gräfin Tarnowska-Bronner
Drehbuch: Reinhard Münster, Pamela Katz
Kamera: Axel Block (Agfa)
Musik: Brynmor Llewelyn Jones
Schnitt: Tanja Schmidbauer
Produktion: Joachim von Vietinghoff für Von Vietinghoff Filmprod./WDR, BRD 1993

Uraufführung: 14.2.1994, Int. Filmfestspiele Berlin
Verleih: Kinowelt/dto./-/Arthaus Video (KK)
Kinostart: 26.5.1994
Länge: 84 Min. – *FSK:* ab 6, ffr.
FBW: Wertvoll

Eine clevere deutsche Screwball comedy mit allem, was dazugehört – ein rasantes Tempo, spitzzüngige Dialoge und ein entsprechend exzentrisches Personal. Ein hoffnungsvolles Starlet verkracht den Regisseur mit seinem Star, die Millionenerbin mit dem Produzenten, den Autor mit seinem Bruder, bis ein roter Jaguar als handliches Paket endet, einige Millionen den Besitzer wechseln und ausgerechnet der Chauffeur plötzlich im Rampenlicht steht.

Christoph Terhechte, tip, 11/94

Michael Althen in: SZ, 3.6.94; Sebastian Feldmann in: Rheinische Post, 20.5.94; Frauke Hartmann in: FR, 27.5.94; Verena Kern in: Zitty, 11/94; Thomas Klingenmaier in: Stgt. Zeitung, 26.5.94; Thomas Reinhardt in: Saarbrücker Zeitung, 94; Ralf Schenk in: Der Tagesspiegel, 28.5.94

Alptraum ohne Erwachen 28

NIGHTMARE IN THE DAYLIGHT □
TV

Regie: Lou Antonio
Darsteller: Jaclyn Smith (Megan Lambert), Christopher Reeve (Sean Farrell), Tom Mason (Peter Lambert), Eric Bell (Jamie Lambert), Wren T. Brown, Christina Pickles, Glynnis O'Connor (Sloan Evans), John Ingle, Jim Antonio
Drehbuch: Frederick Hunter
Kamera: Gayne Rescher (Farbe)
Musik: David Shire
Produktion: Henry Colman für Smith/Richmond mit Saban/Sherick, USA 1992
Uraufführung: 22.9.1992, CBS
Sendetermin: 11.3.1994, ARD, 20.15
Länge: 120 Min.

Der paranoide Anwalt Sean Farrell verfolgt Megan ständig, als sie mit Mann und Kind eine Reise nach San Francisco macht. Er glaubt, sie sei seine bei einem Erdbeben tödlich verunglückte Frau Jeanie. Wie ein Besessener drängt Sean Megan, zu ihm zurückzukehren. Als Megan ihn zurückweist, versucht Frank, sie und ihren Sohn zu entführen.

Am Ufer des Flusses 29

VALE ABRAAO ****

Regie: Manoel de Oliveira
Darsteller: Leonor Silveira (Ema), Luis Miguel Cintra (Carlos de Paiva), Cecile Sanz de Alba (junge Ema), Rui de Carvalho (Paulino Cardeano), Luis Lima Barreto (Pedro Lumiares), Micheline Larpin (Simona), Diogo Doria (Fernando Osório), José Pinto (Caires), Filipe Cochofel (Fortunato)
Drehbuch: Manoel de Oliveira, nach dem Roman von Agustina Bessa-Luis
Kamera: Mario Barroso (Farbe)
Schnitt: Manoel de Oliveira, Valérie Loiseleux
Produktion: Paulo Branco für Madragoa Filmes/Gemini/Light Night, Portugal/Frankreich/Schweiz 1993
Uraufführung: 20.5.1993, Int. Filmfestspile Cannes, »Directors Fortnight«
Erstaufführung: Filmfest München 1993
Verleih: Prokino/Stöbergasse/-
Kinostart: 3.2.1994
Länge: 187 Min. – *FSK:* ab 6, ffr.

Ausgehend vom Romanstoff der Madame Bovary von Flaubert inszeniert Manoel de Oliveira eine subtil poetische und zart ironische wechselseitige Durchdringung von Literatur und Film: Ema kann mit ihrem Mann nicht glücklich werden, was sie auf die lebenslange Flucht in und vor Beziehungen treibt. Das Bild-Textverhältnis, der eindringliche Rhythmus des Films und seine rigorose formale Strenge laden kraftvoll zum reflektierenden Blick hinter die dargestellten Motive ein. Ein Filmkunstwerk von seltener Stringenz und Geschlossenheit. *mutlimedia*

Ein Film wie ein Stück große Literatur – weit ausholend, episch, von einem Off-Erzähler in reflektierende Distanz gerückt: Altmeister Manoel de Oliveira schwelgt in der Unvereinbarkeit weiblicher und männlicher Gefühle. Eine junge Frau, ein ungeliebter Ehemann und desillusionierende Romanzen sind nicht ohne Ironie gebettet in opulente Bilder prächtigen Lebensstils und grandioser Landschaften. Oliveira nimmt sich wie immer viel Zeit für seine Geschichte – sein Film dauert drei schöne Stunden und sieben Minuten.

Frauke Hanck, AZ, 26.6.93

Auf der Flucht vor Sex und Gewalt: Elina Lowensohn in ›Amateur‹.

Daniel Blum in: FR, 3.2.94; H.G. Pflaum in: SZ, 10.2.94; Ponkie in: AZ, 10.2.94; Markus Rothe in: SZ, 9.2.94 (Interview mit Oliveira); Josef Schnelle in: Kölner Stadt-Anzeiger, 16.4.94

Amateur 30

AMATEUR ****

Regie: Hal Hartley
Darsteller: Isabelle Huppert (Isabelle), Martin Donovan (Thomas), Elina Lowensohn (Sofia), Damian Young (Edward), Chuck Montgomery (Jan), David Simonds (Kurt), Pamela Stewart (Officer Melville), Erica Gimpel (Irate Woman), Jan Leslie Harding (Bedienung), Terry Alexander
Drehbuch: Hal Hartley
Kamera: Michael Spiller (Farbe)
Musik: Jeff Taylor, Ned Rifle
Schnitt: Steven Hamilton
Produktion: Ted Hope, Hal Hartley für A Zenith/True Fiction Pic. mit UGC, American Playhouse Theatrical Films/La Sept Cinema and Channel Four, USA 1994
Erstaufführung: Filmfest Hamburg; Int. Hofer Filmtage
Verleih: Impuls, CI/-/Monopole Pathé
Kinostart: 10.11.1994
Länge: 105 Min. – *FSK:* ab 16, ffr.
FBW: Besonders wertvoll

Eine Ex-Nonne, die sich ihre Brötchen als Porno-Autorin verdient, ein früherer Zuhälter mit Gedächtnisverlust und eine Pornodarstellerin werden in einen dubiosen Kriminalfall verwickelt. Von gnadenlosen Killern gehetzt, kämpfen sie ums Überleben.
In dieser Mischung aus Action, Liebesfilm und Komödie zeichnet Hal Hartley wüste Seelenlandschaften und garniert den philosophischen Ansatz um Sex, Religion und Moneten mit Absurditäten. Ein Mann ohne Gedächtnis, eine Ex-Nonne ohne sexuelle Erfahrungen, eine frühere Pornodarstellerin und ein Steuerberater werden von zwei Killern verfolgt. Im Rahmen einer skurillen Mischung aus Actionfilm, Komödie und Melodram entfaltet Hartley ein abstraktes Spiel mit Figuren, Farben und Formen, das über weite Strecken vergnüglich ist, manchmal aber auch seine Längen hat.

Lars Olav Beier, tip, 23/94

(…) Als tragikomische Thriller-Romanze angelegt, entwickelt der perfekt inszenierte und getimte Film in der Frage nach der Bestimmung seiner Personen nahezu philosophische Weitungen. Ein selten gewordenes Kinovergnügen, das geschickt mit den Erwartungshaltungen des Publikums spielt und dessen Darsteller(innen) in ihren Rollen aufzugehen scheinen. *Zoom, 11/94*

(…) Witzig, lakonisch, sehr pointiert, auf jeden Fall aber ganz und gar unpathetisch verknüpft Harley Handlungsstränge, die so ganz und gar nicht zusammenzupassen scheinen. (…)

Daniel Blum, FR, 10.11.94

(…) Hal Hartley, der hochbegabte Autor-Regisseur mit wenig Budget und viel kreativer Schubkraft, komponiert hier wieder ein hintersinniges Spiel der verlorenen Seelen. Beinahe jede Einstellung hat eine überraschende Auflösung. Lakonisch treffend der Witz in Dialogen und Situationen, stimmig und sarkastisch die Dramaturgie, anrührend das Finale – ein Film für humorvolle Zweifler. *Angie Dullinger, AZ, 10.11.94*

Peter Buchka in: SZ, 10.11.94; Otto Heuer in: Rheinische Post, 11.11.94; Thomas Klingenmaier in: Stgt. Zeitung, 10.11.94; Milan Pavlovic in: Kölner Stadt-Anzeiger, 12.11.94; Christiane Peitz in: Die Zeit, 11.11.94

American Eiskrem 3 1/2 31

MEATBALLS 4 **

Video

Regie: Bob Logan
Darsteller: Corey Feldman (Ricky Wade), Jack Nance (Neil Peterson), Sarah Douglas (Monica), Bojesse Christopher (Wes), Johnny Cocktails (Victor), J. Trevor Edmond (Howie), Paige French, John Mendoza, Bentley Mitchum, Christy Thom
Drehbuch: Bob Logan
Kamera: Vance Burberry (Film House color)
Musik: Steve Hunter
Schnitt: Peter H. Verity
Produktion: Donald P. Borchers für Moviestore Ent., USA 1992
Verleih: -/-/-/VCL/Carolco Video
Videostart: 20.6.1994
Länge: 86 Min. – *FSK:* ab 6 J.

Abgeschmackte Teenie-Plotte um ein Feriencamp, das von bösen Konkurrenten bedrängt wird und dessen Schicksal bei einem Wasserskiwettbewerb besiegelt werden soll.

American Karate Tiger 32

SHOWDOWN (1993) *

Video

Regie: Robert Radler
Darsteller: Billy Blanks (Billy Grant), Ken McLeod (Tom), Kenn Scott (Ken), Linda Dona (Kate), Patrick Kilpatrick (Lee), Christine Taylor (Julie), Mike Genovese
Drehbuch: Stuart Gibbs
Kamera: Bryan Duggan (Farbe)
Musik: Steve Edwards
Schnitt: Forent Retz
Produktion: Ash R. Shah, Alan Schechter für Tilford Prod., USA 1993
Verleih: -/-/-/VCL/Carolco Video
Videostart: 25.7.1994
Länge: 94 Min. – *FSK:* ab 18 J.; gekürzte Fass. 86 Min. ab 16 J.

Student verliebt sich auf dem Campus in die Freundin eines Martial-Arts-Champs und muß selbst Kickboxen lernen, um sie erobern zu können. Die übliche Kampfsportsoße mit talentlosen Darstellern und reichlich Gewalt.

American Samurai 2 33

LIVE BY THE FIST *

Video

Regie: Cirio H. Santiago
Darsteller: Jerry Trimble, George Takei, Ted Markland
Produktion: USA 1992
Verleih: -/-/-/Splendid Video
Videostart: 15.12.1993
Länge: 74 Min.
FSK: ab 18 J.

Blonder Kampfsportler gerät unschuldig in den asiatischen Knast. Primitiver Haudrauf-Streifen.

American Yakuza 34

AMERICAN YAKUZA **

Video

Regie: Frank Cappello
Darsteller: Viggo Mortensen (Nick Davis), Ryo Ishibashi (Shuji Sawamoto), Michael Nouri (Campanelo), Franklyn Ajaye (Sam), Yuji Okumoto (Kazuo)
Drehbuch: Max Strom, John Allen Nelson
Kamera: Richard Clabaugh (Farbe)
Musik: David C. Williams
Schnitt: Sonny Baskin
Produktion: Michael Leahy, Aki Komine für Neo Motion Pic., USA 1993
Verleih: -/-/-/Ascot Video
Videostart: 4.7.1994
Länge: 89 Min. – *FSK:* ab 16 J.

Nicht gerade mit Brutalität geizender, routiniert inszenierter Action-Thriller: Undercover-Agent läßt sich in Yakuza-Kreise einschleusen und erliegt der Faszination von deren Moralkodex.

Amoklauf 35

**

Regie: Uwe Boll
Darsteller: Michael Rasmussen (Kellner), Birgit Stein (Nachbarin), Martin Armknecht, Christian Kahrmann, Susanne Leutenegger
Drehbuch: Uwe Boll
Kamera: Richard Eckes (Farbe)
Musik: Uwe Spies
Produktion: Uwe Boll für BOLU, BRD 1993
Verleih: Bolu/-/-
Kinostart: 19.2.1994
Länge: 65 Min.

Außer einer Aneinanderreihung billigster Klischees ist dem Regisseur nichts zu seinem Amokläufer eingefallen. Der Protagonist ist ein Mann im frisch gebügelten Hemd, der, von Schuldgefühlen geplagt, ein Taschentuch beim Onanieren unter sich legt. Zudem wohnt er in einem anonymen Hochhaus und schaut zuviel »Der Preis ist heiß«-Sendungen. Solch ein demütigendes Schicksal kann nur im Amoklauf enden. *tip, 2/94*

Amos & Andrew 36

AMOS & ANDREW ***

Video

Regie: E. Max Frye
Darsteller: Samuel L. Jackson (Andrew Sterling), Nicolas Cage (Amos Odell), Dabney Coleman (Chief Tolliver), Michael Lerner (Phil Gillman), Margaret Colin (Judy Gillman), Brad Dourif (Officer Donaldson), Giancarlo Esposito (Rev. Brunch), Bob Balaban (Dr. Fink), I.M. Hobson, Chelcie Ross
Drehbuch: E. Max Frye
Kamera: Walt Lloyd (Technicolor)
Musik: Richard Gibbs
Schnitt: Jane Kurson
Produktion: Gary Goetzman für Castle Rock Ent. mit New Line Cinema, USA 1993
Verleih: -/-/-/VMP Video
Videostart: 18.11.1994
Länge: 92 Min.
FSK: ab 12 J.

Erfolgreicher schwarzer Autor wird in der ersten Nacht in seinem neu erworbenen Haus für einen Einbrecher gehalten und erlebt zusammen mit einem kleinen Gauner ein haarsträubendes Abenteuer. Schräge, aber originelle und mit sozialkritischen Spitzen ausgestattete Komödie.

An der Seite von Antonin Artaud 37

EN COMPAGNIE D'ANTONIN ARTAUD ****

TV

Regie: Gérard Mordillat
Darsteller: Sami Frey (Antonin Artaud), Marc Barbé (Jacques Prevel), Julie Jézéquel, Valerie Jeannet
Drehbuch: Gerard Mordillat, Jerome Prieur, nach dem gleichn. Roman von Jacques Prevel
Kamera: Francois Catonne
Musik: Jean-Claude Petit
Schnitt: Sophie Rouffio
Produktion: Denys Freyd für Archipal 33/ Laura/La Sept-Arte/France 2, Frankreich 1993
Sendetermin: 26.2.1994, Arte, 22.05, OmU
Länge: 90 Min.

Porträt des 1948 verstorbenen, drogenabhängigen französischen Lyrikers, Schriftstellers und Malers Antonin Artaud, der auch durch seine kompromißlos-exzessive Art berühmt wurde. In der Nachkriegszeit kehrte er nach langer Zwangsinternierung nach Paris zurück und fand in seinem Schüler Jacques Prevel einen Gefährten.

Eine andere Geschichte 38

***

Regie: Tula Roy
Darsteller: Liliane Heimberg
Drehbuch: Tula Roy
Kamera: Christoph Wirsing (Farbe)
Musik: Julia Müller, Cornelie Müller
Schnitt: Christoph Wirsing
Produktion: Tula Roy für SF DRS, Schweiz 1993
Verleih: -/-/Filmcooperative
Kinostart: März 1994
Länge: 3 x 60 Min.

Dreiteiliger Dokumentarfilm, der – hauptsächlich anhand von Interviews mit politisch aktiven Frauen – den Kampf der Frauen und ihre Rechte zwischen 1910 (erster internationaler Frauentag am 8. März) und 1991 (erster nationaler Frauenstreik) darzustellen versucht. Dank der Fülle von Bild- und Tondokumenten vermittelt der Film – trotz erheblicher Lücken – mit didaktischem Geschick eine anregende, facettenreiche Schweizer Geschichte aus weiblicher Betroffenheit und vermag dadurch den damit weniger Vertrauten einige Wissens- und Bewußtseinslükken aufzufüllen. *Zoom, 3/94*

Angel of Destruction 39

ANGEL OF DESTRUCTION *

Regie: Charles Philip Moore
Darsteller: Maria Ford, Charlie Spradling, Bob McFarland, Chanda, Jessica Mark, Jimmy Broome (Kell)
Drehbuch: Charles Philip Moore, nach einer Story von Paul Maslak

Musik: Miguel Elliott
Produktion: Cirio H. Santiago für New Horizons, USA 1994
Länge: 88 Min. – *FSK:* ab 18 J.

Rocksängerin wird von einem psychopathischen Fan ermordet. Schwesterlein spielt Racheengel.
Wohl nur für Genre-Freaks genießbare, weitgehend handlungsfreie Mischung aus Action-und Sex-Sequenzen.

Angel of Fury 40

ANGEL OF FURY *
Video

Regie: David Worth
Darsteller: Cynthia Rothrock (Susan Morgan), Billy Drago (Diego), Sam Jones (Rab), Greg Stuart (Jack), Bella Espercance (Sari), George Rudy (Sonny Sumarto)
Drehbuch: Clifford Mohr
Kamera: David Worth (Farbe)
Musik: Jim West
Produktion: Gope T. Samtani für Rapi Films, Indonesien 1992
Verleih: -/-/-/New Vision Video
Videostart: 8.3.1994
Länge: 85 Min. – *FSK:* ab 18 J.; gekürzte Fassung 77 Min. ab 16 J.

Fußballer Sonny und seine kampfsporterprobte Gattin werden von Gaunern ohne ihr Wissen zum Diamantenschmuggel mißbraucht. Nur mit Handlungsrudimenten ausgestatteter Kickbox-Actioner.

Anselm Jungeblodt in: film-dienst, 6/94

The Angelic Conversation 41

THE ANGELIC CONVERSATION ***

Regie: Derek Jarman
Darsteller: Paul Reynolds, Philip Williamson;
Kamera: Derek Jarman (Farbe)
Musik: Coil (John Balance, Peter Christoffersen)
Produktion: James MacKay für British Film Institute, GB 1985
Uraufführung: 18.2.1985, Int. Filmfestspiele Berlin, »special screenings«
Verleih: Salzgeber/-/-
Kinostart: 19.5.1994
Länge: 78 Min.

Brennpunkt in Brooklyn: Geena Davis als ›Angie‹.

Nach der Shakespeare-Verfilmung »The Tempest« (1979) hat der bekannteste britische Avantgarde-Filmer Sonette von Shakespeare homoerotisch umgedeutet. Eine Liebesaffäre zwischen zwei Männern führt durch eine Traumlandschaft, vom industriellen Ödland der Isle of Grain zu den Höhlen von Dancing Ledge in Südengland. Der Film steht in der Tradition von Super-8-Homemovies, die Jarman seit 1970 zusammen mit Freunden und mit wenig Geld dreht, eine Art optisches Tagebuch, dessen Bildstruktur sich teilweise bis zur Abstraktion auflöst. *Zoom*

(...) Vierzehn Shakespeare-Sonetten macht Jarman zum Ausgangspunkt einer aufregenden Collage aus Bildern und Musik. Dabei verdankt sich die Faszination des Films vor allem einem schlichten technischen Trick: Jarman hat fast das gesamte Material mit Zeitraffer auf Super 8 aufgenommen und schließlich in verlangsamter Geschwindigkeit mit Video abgefilmt, so daß der Zuschauer nun das Gefühl hat, eine

Serie bewegter Dias vor sich zu haben. (…) *Verena Kern, zitty, 8/94*

»Mein strengster Film, und gleichzeitig der, der mir am meisten am Herzen liegt.« *Derek Jarman*

Angie, I says 42

ANGIE ***

Regie: Martha Coolidge
Darsteller: Geena Davis (Angie Scacciapensieri), Stephen Rea (Noel Riordan), James Gandolfini (Vinnie), Aida Turturro (Tina), Philip Bosco (Frank), Jenny O'Hara (Kathy), Michael Rispoli (Jerry), Betty Miller (Joanne)
Drehbuch: Todd Graff, nach dem gleichn. Roman von Avra Wing
Kamera: Johnny E. Jensen (Technicolor)
Musik: Jerry Goldsmith
Schnitt: Steven Cohen
Produktion: Larry Brezner, Patrick McCormick für Hollywood Pic./Caravan Pic. für Morra-Brezner-Steinberg-Tenenbaum Prod., USA 1994
Uraufführung: 4.3.1994, New York
Verleih: Buena Vista/dto./dto.
Kinostart: 16.6.1994
Länge: 107 Min. – *FSK:* ab 12, ffr.
FBW: Wertvoll

Angie wird schwanger, trennt sich von ihrem langjährigen Freund, beginnt eine neue Affäre, bringt ihr Kind zur Welt und findet auf spektakuläre Weise zu sich selbst. Dem handwerklich sauber ausgearbeiteten Film gelingt es, eine Unzahl ideologisch wirksamer Topoi anzustreifen, ohne sie auch nur ansatzweise reflektierend zu vertiefen. Passable Unterhaltung an der Grenze zwischen Harm- und Belanglosigkeit. *multimedia*

Nach der Geburt ihres behinderten Sohnes macht sich eine junge alleinerziehende Frau auf die Suche nach der Mutter, die vor über 20 Jahren die Familie verlassen hatte. Daß sie selbst ihr Kind im Stich läßt, begreift sie erst, als sie ihrer mittlerweile geistig umnachteten Mutter gegenübersteht. Ein als melancholische Komödie angelegter Film voller Sentimentalitäten, der sich in jedes erdenkliche Klischee hineinsteigert. Die Inszeniering ist fahrig und setzt auf die reaktionären Aspekte der Geschichte, die Schauspieler enttäuschen auf Grund mangelnder Führung völlig. *Zoom*

Albert Baer in: Rheinische Post, 18.6.94; Fritz Göttler in. SZ, 20.6.94; W.O.P. Kistner in: AZ, 16.6.94; Rupert Koppold in: Stgt. Zeitung, 16.6.94; Angela Schmitt-Gläser in: FR, 20.6.94; Christiane Peitz in: Die Zeit, 1.7.94

Angst 43

*** TV

Regie: Bernd Schadewald
Darsteller: Christian Redl (Herwig Seitz), Renate Krößner (Claudia Seitz), Antje Westermann (Tanja Seitz), Jürgen Vogel (Andy Demski), Günter Lamprecht (Oskar Demski), Ulrike Kriener (Sozialarbeiterin), Albert Kitzl (Branco)
Drehbuch: Fred Breinersdorfer, Bernd Schadewald
Kamera: Klaus Eichhammer (Farbe)
Musik: FM Einheit
Produktion: filmpool Film- und Fernsehproduktion, BRD 1994
Uraufführung: 1.7.1994, Filmfest München
Sendetermin: 24.7.1994, ZDF, 22.10
Länge: 90 Min.

Einer von den redlichen, simpel plakativen Fernsehfilmen, die mit wahren Geschichten am Sozialgewissen feilen. Inzesttragödie vom gewalttätigen Biersuff-Vater, der die Tochter mißbraucht und die Ehefrau duckt – bis ihn die ganze Familie gemeinsam umbringt, als er wieder mal aus dem Knast entlassen wird. Tatort-Dramaturgie, nicht ohne den voyeuristischen Schlagzeilen Horror am Verbrechen hinter verschlossenen Wohnungstüren. *Ponkie, AZ, 1.7.94*

Animal Crimes 44

ANIMAL CRIMES **

Video

Regie: Alexander Gregory Hippolyte
Darsteller: John Saxon, Jan Michael Vincent, Delila Sheppard, David Carrachine, Maxwell Caulfield
Drehbuch: Jon Robert Samsel
Kamera: Paul Desatoff (Farbe)
Musik: Joseph Smith
Produktion: Andrew Garroni für Wilshire Film Ventures, USA 1992

Verleih: -/-/-/Splendid Video
Videostart: Nov. 1993
Länge: 94 Min.
FSK: ab 18 J.;
gekürzte Fass. 82 Min. ab 16 J.

Dessous-Thriller um eine wilde Ehefrau, die sich ihr Vergnügen nimmt und nicht merkt, daß der gehörnte Mann ein erpresserisches Geschäft daraus macht.

Anklage: Abgetrieben 45

SILENT VICTIM □ TV

Regie: Menahem Golan
Darsteller: Michele Greene (Bonnie Jackson), Ely Pouget (Lauren McKinley), Kyle Secor (Jed Jackson), Alex Hyde-White (Carter Evans), Ralph Wilcox (C. Ray Thompson), Leann Hunley (Chrissy Lee), Rosemary Newcott (Emily), Dori Brenner (Hilda Pollack), Dan Biggers (Judge Tucker)
Drehbuch: Nelly Adnil, Jonathan Platnick, nach einer Story von Bob Spitz
Kamera: David Max Steinberg (Cine-Film/Deluxe)
Musik: William T. Stromberg
Schnitt: Bob Ducsay
Produktion: Menahem Golan für Wells Co., USA 1992
Uraufführung: 7.3.1993, Santa Barbara Film Festival
Sendetermin: 12.4.1994, Pro7, 20.15
Länge: 104 Min.

Der Bauunternehmer Jed Jackson quält seine Frau Bonnie seelisch und körperlich, weil er endlich einen Sohn von ihr haben möchte. Bonnie beginnt in ihrer Verzweiflung ein Verhältnis mit ihrem Apotheker Thompson. Nach einer Liebesnacht mit ihm wird sie schwanger. Bei einem mißlungenen Selbstmordversuch wird das ungeborene Kind getötet, und Jed klagt sie in rasender Wut wegen illegaler Abtreibung an.

Ankunft Dienstag 46

ARRIVING TUESDAY □ TV

Regie: Richard Riddiford
Darsteller: Judy McIntosh (Monica), Peter Hayden (Nick), Rawiri Paratene (Riki), Heather Bolton, Lee Grant, Te Paki Cherrington, Sarah Peirse
Drehbuch: Richard Riddiford, David Copeland
Kamera: Murray Milne (Farbe)
Musik: Scott Calhoun
Schnitt: John McWilliams
Produktion: Don Reynolds, Chris Hampson für Cinepro mit New Zealand Film Commission, Walker Films, Neuseeland 1986
Sendetermin: 20.6.1994, MDR3, 23.50; 16.5.1994, ORB3, 11.00
Länge: 90 Min.

Zwei junge Leute reisen nach Neuseeland, um sich nach einem Trennungsjahr über ihre Gefühle endgültig klar zu werden. Die herzliche Art der Maori und die herrliche Umgebung helfen ihnen, ihre Krise zu überwinden.

Antonios Freundin 47

LA PETITE AMIE D'ANTONIO ****

Regie: Manuel Poirier
Darsteller: Hélène Foubert (Claudie), Sergi Lopez (Antonio), Florence Giorgetti (Die Mutter), Corine Darman (Evelyne), Guy Pierre Mineur (Der Vater), Laurent Arnal (Marc)
Drehbuch: Manuel Poirier
Kamera: Nara Keo Kosal (Farbe)
Musik: Charlélie Couture
Schnitt: Hervé Schneid
Produktion: Jean-Christophe Colson, Anne Ruscio für Cinq et Cinq Films/Ahora Film, Frankreich 1992
Uraufführung: 28.10.1992, Paris
Erstaufführung: 16.2.1993, Int. Forum des Jungen Films, Berlin
Verleih: -/Stadtkino/-
Kinostart: Juni 1994
Länge: 108 Min.

In seinem Spielfilmdebüt erzählt der französische Regisseur von der schwierigen Beziehung einer jungen Frau, die sich immer wieder ihrer Umwelt verweigern muß, zu einem Mann, der sie verstehen möchte, das aber nicht sofort kann. Auf eigenständige Weise zwischen Realismus und diskreter Poesie angesiedelt inszeniert der Film genau beobachtete emotionale Verschiebungen zwischen seinen Figuren.

multimedia

(...) Im Hin und Her von Verweigern und Vergessen, Verletzen und Vergeben entwikkelt der Film einen Tonfall, der irgendwo zwischen Rohmer und Pialat liegt, in jener Gegend also, wo der Alltag manchmal die reinste Zauberei ist, weil die einfachsten Dinge plötzlich eine magische Aura bekommen. Das Schwere wirkt ganz leicht bei Poirier, aber mitunter machen die leichtesten Sachen die größten Schwierigkeiten.

Peter Buchka, SZ, 23.2.94

Christoph Terhechte in: Berlinale tip, 1/93

Der Anwalt 48
UN CRIME ***
Video

Regie: Jacques Deray
Darsteller: Alain Delon (Charles Dunand), Manuel Blanc, Sophie Broustal, Francine Berge, Maxime Leroux
Drehbuch: Alain Delon, Jean Curtelin, Jacques Deray, nach dem Roman »Le Derapage« von Gilles Perrault
Kamera: Robert Fraisse (Farbe)
Musik: Frederic Botton
Schnitt: Henri Lanoe
Produktion: Alain Sarde für Les Films Alain Sarde/France 2 Cinema/Canal +, Frankreich 1993
Verleih: -/-/-/New Vision Video
Videostart: 7.6.1994
Länge: 83 Min. – *FSK:* ab 12 J.

Vor Gericht erwirkt der Staranwalt für seinen Klienten einen Freispruch, doch danach gesteht ihm der junge Mann den Mord – und liefert eine Fülle von Versionen, wie es dazu kam. Kammerspielartiges Duell für zwei exzellente Schauspieler, trotz fehlender Action mit beträchtlicher Spannung.

Apex 49
APEX **
Video

Regie: Phillip J. Roth
Darsteller: Richard Keats (Nicholas Sinclair), Mitchell Cox (Shepherd), Lisa Ann Russell (Natasha Sinclair), Marcus Aurelius (Taylor), Adam Lawson (Rashad), David Jean Thomas (Dr. Elgin), Brian Richard Peck, Anna B. Choi, Kristin Norton, Jay Irwin
Drehbuch: Phillip J. Roth, Ronald Schmidt, nach einer Story von Phillip J. Roth und Gian Carlo Scandiuzzi
Kamera: Mark W. Gray (FotoKemColor)
Musik: Jim Goodwin
Schnitt: Daniel Lawrence
Produktion: Talaat Captan für Grenn Communications mit Republic, USA 1993
Verleih: -/-/-/EuroVideo
Videostart: 20.9.1994
Länge: 98 Min. – *FSK:* ab 16 J.

Wissenschaftler unternimmt im Jahr 2073 eine der im Science-Fiction-Genre so beliebten Zeitreise hundert Jahre in die Vergangenheit und richtet damit eine Katastrophe an. Effekt- und actionreicher Low-Budget-Actioner.

Armed for Action – Kronzeuge im Kreuzfeuer 50
ARMED FOR ACTION *
Video

Regie: Max Raven
Darsteller: Joe Estevez (Mafiosi), David Harrod (Cop Howard), Rocky Patterson (Killer), J. Scott Guy (Alex), Barri Muphy (Sarah)
Drehbuch: Ted Prior
Kamera: David Blood (Farbe)
Musik: Ron Dijulio
Schnitt: Blue Thompson
Produktion: Bret McCormick, Sadie Winters für A.I.P. Inc., USA 1992
Verleih: -/-/-/Columbia TriStar Home Video
Videostart: 20.12.1994
Länge: 90 Min.
FSK: ab 18 J.

Polizist und Mafia-Kronzeuge geraten in einem texanischen Kaff in einen Hinterhalt. Die Rettung gelingt durch einen verrückten Waffensammler der seine gesamte Feuerkraft zur Verfügung stellt. Nur für Pyromanen.

Arztin unter Verdacht 51
THE RAPE OF DOCTOR WILLIS □
TV

Regie: Lou Antonio
Darsteller: Jaclyn Smith (Dr. Kate Willis), Lisa Jakub (Carrie Willis), Holland Taylor (Dr. Greenway), Robin Thomas (Wally Shaw), Dan Butler (Mr. Styvesant), Sarah Hunley (Frances), Tina Lifford (Officer Rollins), Lonny Chapman (Dr. McMahon), J.C. Quinn (Detektiv Porter), Maureen Mueller (Mrs. Styvesant)
Drehbuch: Steven Gethers, Anne Gerard
Kamera: Russell J. Lyster (Farbe)
Musik: Mark Snow
Schnitt: Gary Griffin
Produktion: Interprod., USA 1991
Uraufführung: 3.11.1991, CBS
Sendetermin: 4.2.1994, ARD, 20.15
Länge: 120 Min.

Die junge Chirurgin Dr. Kate Willis wird in einer amerikanischen Provinzstadt von einem Unbekannten vergewaltigt. Als die Polizei ihn aufspürt und festnehmen will, wird er bei einem Fluchtversuch angeschossen und schwerverletzt ins Krankenhaus eingeliefert. Dort erkennt die Ärztin ihn auf dem Operationstisch wieder und versucht, sein Leben zu retten; er stirbt jedoch unter ihren Händen und bringt sie dadurch in dringenden Mordverdacht. *Pressetext ARD*

Aspen 52

ASPEN EXTREME **

Video

Regie: Patrick Hasburgh
Darsteller: Paul Gross (T. J. Burke), Peter Berg (Dexter Rutecki), Finola Hughes (Bryce Kellogg), Teri Polo (Robin Hand), William Russ (Dave Ritchie), Trevor Eve (Karl Stall), Martin Kemp (Franz Hauser), Stewart Finley-McLennan (Rudy Zucker), William McNamara (Todd Pounds), Nicolette Scorsese (Tina)
Drehbuch: Patrick Hasburgh
Kamera: Steven Fierberg, Robert Primes (Technicolor)
Musik: Michael Convertino
Schnitt: Steven Kemper
Produktion: Hollywood Pic. mit Touchwood Pacific Partners I Prod.: Leonard Goldberg, USA 1993
Uraufführung: 22.1.1993, New York
Verleih: -/-/-/Buena Vista Home Video
Videostart: April 1994
Länge: 117 Min. – *FSK:* ab 12 J.

Zwei Prolo-Boys ziehen von Detroit ins Ski-Dorado Aspen – der eine reüssiert, der andere scheitert. Schneeglatte Dutzendware mit ebenso penetranter wie simpler Moral.

Asterix in Amerika 53

***

Regie: Gerhard Hahn
Darsteller: Sprecher: Peer Augustinski (Asterix), Ottfried Fischer (Obelix), Jochen Busse (Troubadix), Ralf Wolter (Miraculix), Andreas Mannkopf (Centurio), Thomas Reiner (Cäsar), Michael Habeck (Lucullus), Jürgen Scheller (Majestix), Christiane Backer (Ha-Tschi), Tommy Piper (Medizinmann)
Drehbuch: Thomas Platt, Ralph Rooster mit Pierre Tchernia und Albert Uderzo

Zwei Supernasen: Obelix mit Widersacher in ›Asterix in Amerika‹.

Kamera: Barry Newton, Thorsten Falke (Farbe)
Musik: Harold Faltermeyer
Produktion: Jürgen Wohlrabe für Extrafilm, BRD 1994
Uraufführung: 29.9.1994, Berlin, Zoo Palast
Verleih: Jugendfilm/Constantin/Buena Vista
Kinostart: 29.9.1994
Länge: 85 Min. – *FSK:* o.A., ffr.
FBW: Besonders wertvoll

Cäsar läßt den Druiden nach Amerika entführen, um so die Gallier von ihrem Zaubertrank abzuschneiden und besiegbar zu machen. Asterix und Obelix müssen rettend eingreifen. Ein weiterer Animationsfilm mit den beiden beliebten Comic-Figuren, der zwar nicht der beste dieser Reihe ist, die Fans der ulkigen Gallier aber wohl durchaus zufriedenstellen wird.

Michael Althen in: SZ, 29.9.94; Heiko R. Blum in: Rheinische Post, 1.10.94; Ottmar Röhrig in: Die Zeit, 14.10.94

Aswang 54

ASWANG **

Video

Regie: Barry Poltermann, Wrye Martin
Darsteller: Norman Moses (Peter Null), Tina Ona Paukstelis (Katrina), John Kishline (Dr. Roger Harper), Flora Coker (Olive Null), Victor Delorenzo (Sheriff), Mildred Nierras (Cupid), Jamie Jacobs Anderson (Claire Null),

John Garekis (Lawyer), Daniel DeMarco (Paul)
Drehbuch: Barry Poltermann, Wrye Martin
Kamera: Jim Zabilla (Farbe)
Musik: Ken Brahmstedt
Schnitt: Barry Poltermann
Produktion: Barry Poltermann, Wrye Martin für Young American Films mit Purple Onion Prod., USA 1993
Uraufführung: 23.1.1994, Sundance Film Festival, Park City
Verleih: -/-/-/VPS Video
Videostart: 28.4.1994
Länge: 82 Min.
FSK: ab 18 J.

Junge Schwangere heiratet zum Schein den Abkömmling einer bizarren Sippe, die teuflische Rituale pflegt. Von wenig Einfällen getrübter, effektversessener Horrorfilm.

Atemlose Flucht 55

MURDER ON THE RIO GRANDE □ TV

Regie: Robert Iscove
Darsteller: Victoria Principal (Maggie), Peter Onorati (Kim), Sean Murray (Matthew), David Beecroft (Eric), Gary Grubbs (C. R. Hardgrave), Ari Meyers (Rancy), Lee Garlington (Janice), Dirk Blocker (Sheriff Mapes), Raymond Baker, Sal Lopez
Drehbuch: Michael Norrell
Kamera: Stephen L. Posey (Farbe)
Musik: Joseph LoDuca
Produktion: USA 1993
Sendetermin: 23.9.1994, ARD, 20.15
Länge: 90 Min.

Eine junge Frau erlebt ein alptraumhaftes Abenteuer, als sie mit ihrem Freund eine Wildwasserfahrt macht. Der Freund wird von einem psychopathischen Drogenhändler erschossen, sie selber gerät in die Gewalt des Killers, der sie zwar immer wieder freiläßt, dann aber mit seinen Kumpanen erbarmungslos jagt. *Pressetext ARD*

Auf brennendem Eis 56

ON DEADLY GROUND **

Regie: Steven Seagal
Darsteller: Steven Seagal (Forrest Taft), Joan Chen (Masu), Michael Caine (Michael Jennings), John C. McGinley (MacGruder), R.Lee Ermey (Stone), Shari Shattuck (Liles), Billy Bob Thornton (Homer Carlton), Richard Hamilton (Hugh Palmer), Chief Irvin Brink (Silook)
Drehbuch: Robin U. Russin, Ed Horowitz
Kamera: Ric Waite (Technicolor)
Musik: Basil Poledouris
Schnitt: Robert Ferretti, Don Brochu
Produktion: Steven Seagal, Alex Kitman Ho, Julius R. Nasso für Seagal/Nasso Prod., USA 1994
Verleih: Warner Bros./dto./dto./ Warner Home Video
Kinostart: 31.3.1994
Länge: 99 Min.
FSK: ab 16, ffr.

Feuerlöschspezialist einer Ölgesellschaft in Alaska kommt einer Schurkerei eines geldgierigen Präsidenten auf die Spur. Er schlägt sich auf die Seite der ökologisch bedrohten Eskimos, überlebt einen Mordanschlag und vernichtet die Einrichtung einer Bohrinsel samt Besatzung im Alleingang. Technisch ansehnliches Actionspektakel, das das maßlose Töten und Sprengen als einzige Lösung des ökologischen Konfliktes darstellt. *multimedia*

Albert Baer in: Rheinische Post, 2.4.94; Holger Kreitling in: Der Tagesspiegel, 10.4.94

Auf den Spuren der Trekker 57

**** TV

Regie: Michael Hammon
Kamera: Michael Hammon (Farbe)
Schnitt: Mona Bräuer
Produktion: BRD 1993
Sendetermin: 15.2.1994, ZDF, 23.30 »Das kleine Fernsehspiel«
Länge: 91 Min.

Eine sehenswerte afrikanische Dokumentation über südafrikanische Farmer, Nachkommen der Buren-Einwanderer von 1835: »Auf den Spuren der Trekker« gab Einblick in die unterschiedlichen Zukunftsbilder in einem rassistisch geprägten Land. Sendezeit? Von Mitternacht bis halb zwei Uhr früh! *Ponkie, AZ, 17.2.94*

Auf Leben und Tod 58

ANYTHING TO SURVIVE ** TV

Regie: Zale Dalen
Darsteller: Robert Conrad (Eddie Barton),

Matthew LeBlanc (Billy Barton, sein Sohn), Ocean Hellman (Wendy), Emily Perkins (Krista), Tom Heaton, William B. Davis
Drehbuch: Jonathan Rintels, nach dem Buch »Almost Too Late« von Elmo Wortman
Kamera: Ron Orieux (Farbe)
Musik: Michael Conway Baker
Produktion: Nick Gillott für ATL/B.C. Films, USA 1990
Uraufführung: 5.2.1990, ABC-TV
Sendetermin: 24.6.1994, Vox, 20.10
Länge: 120 Min.

Eddie Barton gerät mit seinen drei Kindern während einer Segelfahrt in einen Orkan. Als sie auf einer entlegenen Insel stranden, beginnt ein dramatischer Kampf ums Überleben.

Auf Wiedersehen Amerika 59 ***

Regie: Jan Schütte
Darsteller: Otto Tausig (Isaak Aufrichtig), Jakov Bodo (Moshe Lustgarten), Zofia Merle (Genovefa Lustgarten), Christa Berndl (Zofia Steinmann), Ben Lang (Perlmutter), Josh Mostel (Abe), George Tabori (Ziffer), Aleksander Bardini (Pfarrer Ladislaus), Henryk Bista (Wohnungsmakler), Manny Jacobowitz
Drehbuch: Thomas Strittmatter, Jan Schütte
Kamera: Thomas Mauch (Fujicolor)
Musik: Claus Bantzer
Schnitt: Renate Merck
Produktion: Ted Hope, Martin Hagemann, Piotr Lazarkiewicz für Novoskop Film/Pandora Film/Arte/Casting S.F./WDR, BRD/Polen 1993
Uraufführung: 6.4.1994, Int. Filmfestspiele Cannes, »Directors Fortnight«
Verleih: Pandora/-/-
Kinostart: 18.4.1994
Länge: 86 Min.
FSK: o.A., ffr.
FBW: Wertvoll

Zwei New Yorker Juden und eine polnische Katholikin machen sich auf die Reise in ihre alte Heimat Europa. Über Hamburg und Berlin geht es nach Polen, wo die drei unverhofft auseinandergehen und ebenso unverhofft wieder zueinanderfinden. Am Ende stellt das Trio fest, daß Danzig nicht viel anders aussieht als Brighton Beach in New York, und zieht daraus seine Konsequenzen. Schüttes Film, der vom jüdischen Witz seiner Hauptdarsteller Jakov Bodo und Otto Tausig profitiert, beschreibt die absurden Bahnen, die das Leben geht, in einer umwerfenden Kombination aus Irrwitz und Understatement. *Christoph Terhechte, tip, 10/94*

Danzig oder Brighton Beach: Jan Schüttes ›Auf Wiedersehen Amerika‹.

Brigitte Desalm in: Kölner Stadt-Anzeiger, 30.4.94; W.O.P. Kistner in: AZ, 1.6.94; Rupert Koppold in. Stgt. Zeitung, 4.5.94; Rheinische Post, 27.5.94; H.G. Pflaum in: SZ, 4.6.94; Harry Rowohlt in: Die Zeit, 29.4.94; Angela Schmitt-Gläser in: FR, 29.4.94

Aufbruch 60

***

Regie: Norbert Wiedmer
Drehbuch: Norbert Wiedmer; Peter J. Betts (Textbearbeitung)
Kamera: Norbert Wiedmer, Barbara Blum (Farbe)
Musik: Felix Hochuli
Schnitt: Regina Bärtschi
Produktion: Norbert Wiedmer für Biograph Film, Schweiz 1989/94
Verleih: -/-/Biograph Film
Kinostart: Januar 1994
Länge: 75 Min.

Eine Frau flieht vor ihrem gewalttätigen Mann. Ihr wird das Sorgerecht für die beiden Töchter zugesprochen. Der Vater holt sich die ältere Tochter und setzt sich mit ihr nach Bangkok ab. Mit ihrem gescheiterten Versuch der Rückschaffung der Tochter beginnt Norbert Wiedmers filmische »Lanzeitbeobachtung«, der die weiteren mühseligen Versuche der Mutter, mit ihrer Tochter in Kontakt zu treten, festhält. Am extremen Einzelfall thematisiert der Dokumentarfilm den an der Abschottung des Ex-Mannes sowie an juristischen und diplomatischen Schwierigkeiten beinahe scheiternden Kampf einer Mutter um ihr Kind. Problematisch wird der Film dort, wo die Kamera den Gesprächspartnern geradezu aufgezwungen wird. *Zoom, 2/94*

Das Auge von Vichy 61

L'ŒIL DE VICHY

****

TV

Regie: Claude Chabrol
Darsteller: Michel Bouquet
Drehbuch: Jean-Pierre Azéma, Robert O. Paxton
Kamera: Jean-Claude Boukriss
Schnitt: Frédéric Lossignol, Sophie Cerda
Produktion: Frankreich 1992
Sendetermin: 6.6.1994, West3, 23.00
Länge: 110 Min.

(...) Chabrols Montage gelingt es, den Propagandabildern die absurden und ideologisch finsteren Züge des Vichy-Regimes zu entreißen. Aber das Grauen der Judenverfolgung wie der politischen Repression bleibt der blinde Fleck des Materials. *Dietrich Leder, Kölner Stadtanzeiger, 6.6.94*

Augen des Todes 62

VISIONS OF MURDER

□

TV

Regie: Michael Rhodes
Darsteller: Barbara Eden (Jesse Newman), James Brolin (Lt. Hal Sloan), Anita Finlay (Gloria), Terry O'Quinn (Truman Hager), Erika Flores (Kimberly)
Drehbuch: Julie Moskowitz, Gary Stephens
Produktion: USA 1993
Sendetermin: 15.12.1994, RTL2, 20.15
Länge: 86 Min.

Eine Therapeutin ahnt den Tod einer Patientin voraus. Als diese tatsächlich stirbt, wird sie als Mörderin verdächtigt.

Aura 63

TRAUMA

***

Video

Regie: Dario Argento
Darsteller: Christopher Rydell (David), Asia Argento (Aura), Piper Laurie (Adriana), Frederic Forrest (Judd), Laura Johnson, James Russo, Brad Dourif
Drehbuch: Dario Argento, T.E.D. Klein, nach einer Story von Franco Ferrini, Giovanni Romoli, Dario Argento
Kamera: Raffaele Mertes (Eastmancolor)
Musik: Pino Donaggio
Schnitt: Conrad Gonzalez
Produktion: Dario Argento für ADC Prod., USA 1993
Uraufführung: 15.5.1993, Int. Filmfestspiele Cannes (Markt)
Erstaufführung: Dez. 1993 »Film des Monats« Filmmuseum München (OF)
Verleih: -/-/-/VPS Video
Videostart: 5.1.1994
Länge: 102 Min.
FSK: ab 18 J.

Optisch elegant umgesetzter Horror-Thriller um eine rumänische Emigrantin, die von Visionen und Bildern verfolgt wird. Sie stehen im Zusammenhang mit einem Massenmörder, der seinen Opfern stets den Kopf abtrennt. Ungewöhnliche, spannende Unterhaltung – und für den Regisseur erstaunlich blut- und gewaltarm.

Fritz Göttler in: SZ, 1.12.93

Aus dem Zeitalter des Übermuts (Dichtung und Wahrheit) 64

***

Regie: Klaus Wyborny
Darsteller: Tanjy O'Brian, Patricia Hightower, Rosalie van Dülmen, Gabriele Leidloff, Carola Regnier, Veronika Trissenahr, Martin Kukulla, Martin Frank
Drehbuch: Klaus Wyborny
Kamera: Klaus Wyborny (Farbe)
Musik: Klaus Wyborny
Schnitt: Klaus Wyborny
Produktion: Klaus Wyborny für Wyborny Filmprod., BRD 1994
Uraufführung: 11.2.1994, Int. Forum des Jungen Films, Berlin
Länge: 80 Min.

Die Komödie einer Biographie – die Biographie einer Komödie! (...)
Diese Weltansicht begann mit Baudelaire und Rimbaud, verfeinerte sich bei den Snobs der Jahrhundertwende zu Lebensart und wurde durch die Beatniks zu voller Blüte gebracht – um sich freiwillig gleich danach in der Hippiebewegung zu Tode zu vulgarisieren.
Vierter Teil einer fünfteiligen Serie über erlebte europäische Geistesgeschichte. *Klaus Wyborny*

Ausgerechnet Zoé 65

***
TV

Regie: Markus Imboden
Darsteller: Nicolette Krebitz (Zoé), Henry Arnold (Mike), Caroline Redl (Pat), André Jung (Martin), Nicole Heesters (Mutter), Siegfried Schwienteck (Fritz), Albert Kitzl (Ricci)
Drehbuch: Markus Imboden
Kamera: Rainer Klausmann (Farbe)
Musik: Detlef Petersen
Schnitt: Annemarie Bremer
Produktion: Richard Schöps für Studio Hamburg für NDR/SF DRS mit Vega-Film, BRD/Schweiz 1994
Sendetermin: 21.9.1994, ARD, 20.15
Länge: 90 Min.

Der TV-Film müht sich um den Seelenaufruhr, den das »HIV-positiv« nach dem Aids-Test bei der Studentin Zoé zwangsläufig auslöst: Der Freund hat sich nicht angesteckt – und in dem neuen Verzweiflungstrotz der Isolation können ihr auch Freundin, Mutter und Zufallsgeliebter nicht helfen. Als Studie einer existentiellen Nervenkrise oft langatmig, doch durch die Darsteller eindrucksvoll. *Ponkie, AZ, 23.9.94*

K.W. in: Stgt. Zeitung, 21.9.94; Kro in: Stgt. Zeitung, 23.9.94

Ausgetrickst 66

STRUL

□
TV

Regie: Jonas Frick
Darsteller: Björn Skifs (Conny), Gunnel Fred (Susanne), Gino Samil (Hjelm), Johan Ulveson (Pege), Magnus Nilsson (Gränges), Mikael Druker (Norinder), Kare Sigurdson, Stefan Sauk
Drehbuch: Bengt Palmers, Björn Skifs
Kamera: Stefan Kullänger (Eastmancolor)
Schnitt: Christjan Persson, Leon Flamholc
Produktion: Waldemar Bergendahl, Jan Marnell für Svensk Filmindustri, Schweden 1991
Sendetermin: 12.1.1994, BR3, 21.45
Länge: 96 Min.

Der junge Chemielehrer Conny wird wegen des Verdachs, Amphetamine herzustellen und zu vertreiben, in Haft genommen. Seinen Beteuerungen, er sei unschuldig, glaubt keiner. Im Gefängnis gerät er in die Hände einer »Gang«, deren Methoden alles andere als sanft sind. Als er zufällig einen Weg ins Freie findet, wird seine Lage noch schlimmer, denn die Gang zwingt ihn, bei ihren Beutezügen mitzumachen. Doch Conny wehrt sich, so gut er kann. *Pressetext BR3*

Autumn Moon 67

QIUYUE / AUTUMN MOON

****

Regie: Clara Law
Darsteller: Masatoshi Nagase (Tokio), Li Pui Wai (Wai), Choi Siu Wan (Großmutter), Maki Kiuchi (Miki), Sun Ching Hung (Freund)

Drehbuch: Fong Ling Ching
Kamera: Tony Leung (Farbe)
Musik: Lau Yee Tat, Tats
Schnitt: Fong Ling Ching
Produktion: Clara Law, Fong Ling Ching für Right Staff/Eizo Tanteisha/Trix Films, Hongkong/Japan 1992
Erstaufführung: Filmfest München 1993, Int. Filmfestspiele Locarno 1993
Verleih: Freunde/Stöbergasse/-
Kinostart: Januar 1994
Länge: 108 Min.

Ein junger Japaner trifft in Hongkong auf ein junges Mädchen, das ihm die noch vorhandenen Reste einer in Auflösung befindlichen Kultur erschließt. Clara Law reflektiert in ihrem Film den von keinerlei Aufbruchstimmung getragenen großen Abschied, der durch das politische Datum 1997 hervorgerufen wird und alle Bereiche des Lebens prägt. Kein ganz großer Film, aber das stimmige Bild einer politisch wie privat wirksamen Grundbefindlichkeit.

multimedia

Verena Kern in: Zitty, 8/94; Thomas Klingenmaier in: Stgt. Zeitung, 28.5.94; Frank Noack in: Der Tagesspiegel, 15.4.94; Christ. Terhechte in: tip, 8/94

Avenging Angels 68

THE AVENGING QUARTET *

Video

Regie: Siu Wing
Darsteller: Cynthia Khan, Moon Lee, Cynthia Luster, Nishiwaki Michiko, Waise Lee, Chin Ka Lok, James Ha, Hang Su Lam, Jim Bin Hay
Drehbuch: Chow Hoi Kwong
Kamera: Lau King Man (Farbe)
Musik: Chow Kam Cheung, Yeung Ki Cheong
Schnitt: Cheng Wing Keung
Produktion: Mandarin Films, Hongkong 1992
Verleih: -/-/-/VPS Video
Videostart: 14.7.94
Länge: 88 Min. – *FSK:* ab 18 J.

Auf die Flucht von China nach Hongkong geht der zwielichtige Hank mit einem wertvollen Gemälde, das bald zum Objekt der Begierde noch zwielichtigerer Gestalten wird. Gewalttätiger Hongkong-Actioner.

B

Bab El Oued City
69
BAB EL OUED CITY
□
TV

Regie: Merzak Allouache
Darsteller: Nadia Kaci (Yamina), Mohamed Ourdache (Said), Hassan Abdou (Boualem), Mourad Khen (Rachid), Mabrouk Ait Amara (Mabrouk), Messaoud Hattou (Mess'), Michel Such (Paulo), Simone Vignote (La tante)
Drehbuch: Merzak Allouache
Kamera: Jean-Jacques Mréjen (Farbe)
Musik: Rachid Bahri
Produktion: Algerien 1993
Sendetermin: 14.6.1994, ZDF, 0.20, »Das kleine Fernsehspiel«
Länge: 93 Min.

Bab el oued ist ein berühmtes historisches Stadtviertel von Algier, das wie andere Stadtteile von der wirtschaftlichen Krise und den politischen Veränderungen arg gebeutelt ist und doch durch seine soziale Vielschichtigkeit und seine Kontraste seinen Charme bewahrt hat. Die Jugend Algiers schwankt zwischen der Flucht in den Fundamentalismus und den Idealen der westlichen Kultur hin und her. (...)

Pressetext ZDF

Baby Blood II
70
UNBORN II – BORN AGAIN
*
Video

Regie: Rick Jacobson
Darsteller: Michele Greene (Catherine Moore), Robin Curtis (Linda Holt), Scott Valentine (John Edson), Darryl Henriques (Artie Philips), Carole Ita White (Marge Philips), Britney Powell (Sally Anne Philips), Leonard O. Turner (Lt.Briggs), Anneliza Scott (Off. Craig), Michael McDonald, Sheila Travis
Drehbuch: Mark Evan Schwartz, Daniella Percell
Kamera: Mike Gallagher (Farbe)
Musik: John Graham
Schnitt: John Gilbert
Produktion: Mike Elliott für New Horizon, USA 1994
Verleih: -/-/-/VPS Video
Videostart: 25.8.1994
Länge: 81 Min.
FSK: ab 18 J.

Baby Joey ist gar kein Säugling, sondern Produkt gewissenloser Genmanipulationen und mit einem Killerinstinkt erster Güte ausgestattet. Bluttriefende Produktion aus dem Splatter-Genre.

Ein Baby von der Bank
71
FROZEN ASSETS
**
Video

Regie: George Miller
Darsteller: Shelley Long, Corbin Bernsen, Larry Miller, Dody Goodman, Matt Clark, Gloria Comben, Gerrit Graham, Jeanne Cooper, Paul Sand
Drehbuch: Don Klein, Tom Kartozian
Kamera: Ron Latoure, Geza Sinkovies (Eastmancolor)
Musik: Michael Tavera
Schnitt: Larry Bock
Produktion: Don Klein für Frozen Assets Prod., USA 1992
Verleih: -/-/-/Splendid Video
Videostart: 15.12.1993
Länge: 93 Min. – *FSK:* ab 12 J.

Der neue Direktor einer Provinzbank muß entdecken, daß dort keine Geldgeschäfte abgewickelt werden, sondern ein wenig lukrativer Handel mit menschlichem Sperma. Um den Laden in Schwung zu bekommen, schreibt er einen Spenderwettbewerb aus. Leider nur mäßig originelle Komödie mit ein paar darstellerischen Highlights.

Babylon 2
72
***

Regie: Samir
Mitwirkende: Michel Hüttner, Alexandra Prusa, Roger Nydegger, Georg Radanowicz
Drehbuch: Samir
Kamera: Samir, Pierre Mennel (Farbe)
Musik: Felix Haug
Schnitt: Samir, Ronnie Wahli
Produktion: Samir für Arte/SF DRS, Schweiz 1993
Verleih: -/-/Filmcooperative
Kinostart: Februar 1994
Länge: 90 Min.

Fragt man nach dem Bild der Stadt im Schweizer Film, so wird man künftig »Babylon 2« nicht unterschlagen können. Der aus dem Irak stammende Samir dokumentiert anhand von Vertre-

tern der zweiten und dritten Einwanderergeneration deren zwischen Daheimsein und Fremde schwankendes Leben in den Agglomerationen des Mittellandes, läßt dabei die Einheimischen nur scheinbar aus, bilden diese doch den soziografischen Hintergrund, auf dem die Welt der Emigranten sich spiegelt. Ein formal wie technisch informativer Dokumentarfilm, der mit überzeugender Konsequenz darlegt, daß Heimat nicht an einen bestimmten Raum gebunden ist, sondern im Kopf stattfindet.
Zoom, 2/94

Back in Action – Die Vergeltung 73

BACK IN ACTION *

Video

Regie: Steve Dimarco
Darsteller: Billy Blanks (Billy), Roddy »Rowdy« Piper (Frank Rossi), Bobbie Phillips (Helen), Kai Soremekun (Tara), Matt Birman (Charles »Chakka« Bender), Nigel Bennett (Mr. Kasanjian), Damon D'Oliveira (Gantry), Robert Steffaniuk (Jerry Gitano), Sam Mulkin (Lieutenant Burns), David Ferry
Drehbuch: Karl Schiffman
Kamera: Gilles Corbeil (35mm)
Musik: Varouje
Schnitt: Marvin Lawrence
Produktion: George Flak für Performance Pic., USA/Kanada 1994
Verleih: -/-/-/VPS Video
Videostart: 22.9.1994
Länge: 78 Min. – *FSK:* ab 18 J.

Glückwunsch! Eine Idee im trüben Martial-Arts-Genre: Jetzt fighten ein Kickboxer und ein Wrestler gegen böse Gangster. Mehr Einfälle sind freilich nicht zu vermelden.

Backbeat 74

BACKBEAT ***

Regie: Iain Softley
Darsteller: Stephen Dorff (Stuart Sutcliffe), Sheryl Lee (Astrid Kirchherr), Ian Hart (John Lennon), Gary Bakewell (Paul McCartney), Chris O'Neill (George Harrison), Scot Williams (Pete Best), Kai Wiesinger (Klaus Voormann), Jennifer Ehle (Cynthia Powell)
Drehbuch: Iain Softley, Michael Thomas, Stephen Ward
Kamera: Ian Wilson (Farbe)

Duett zu dritt: Stephen Dorff, Sheryl Lee und Ian Hart in ›Backbeat‹.

Musik: Don Was (score), Bob Last (supervisor)
Schnitt: Martin Walsh
Produktion: Stephen Woolley, Finola Dwyer für Polygram Ent./Scala mit Channel Four/Forthcoming Prod., GB 1993
Uraufführung: Sundance Film Festival 1994
Verleih: Senator/Constantin/Rialto
Kinostart: 14.4.1994
Länge: 100 Min. – *FSK:* ab 12, ffr.
FBW: Wertvoll

1960 traten die Beatles einige Monate lang im Hamburger Kaiserkeller auf. Der Film heftet sich an ihre Spuren und bringt Fakten über den unbekannten fünften Beatle, Stuart Sutcliffe, der an einer Hirnblutung starb. Im Mittelpunkt steht Sutcliffes Liebe zur Fotografin Astrid Kirchherr und die enge Freundschaft zu John Lennon. Ein subtiler, gründlich recherchierter Film, der dem

Nachwuchs Chancen gibt und dank des eigenständigen Soundtracks (Größen der Rock- und Grunge-Szene coverten alte Rock'n Roll-Klassiker) einen Bogen zur Gegenwart schlägt. *tip, 8/94*

Hans Hoff in: Rheinische Post, 11.4.94; W.O.P. Kistner in: AZ, 14.4.94; Patrick Rössler in: Stgt. Zeitung, 14.4.94; Hans Schifferle in: SZ, 19.4.94

Backstreet Justice 75

BACKSTREET JUSTICE ***

Video

Regie: Chris McIntyre
Darsteller: Linda Kozlowski (Keri Finnegan), Paul Sorvino (Polizeichef), Hector Elizondo (Steve), John Shea (Nick), Tommy Grimes (Mr. Finnegan)
Drehbuch: Chris McIntyre
Kamera: Frnak E. Johnson (Farbe)
Musik: Dennis Michael Tenney
Schnitt: Neil Kirk
Produktion: Tom Kuhn, Fred Weintraub für Weintraub/Kuhn Prod., USA 1993
Verleih: -/-/-/Columbia TriStar Video
Videostart: 20.12.1994
Länge: 98 Min.
FSK: ab 18 J.

Ansehnlicher Thriller um eine Privatdetektivin, die ihre hübsche Nase allzu tief in einen Polizisten-Doppelmord steckt. Die Inszenierung überspielt temperamentvoll die Logiklöcher und glänzt mit einer vorzüglichen Hauptdarstellerin.

Bad Boy Bubby 76

BAD BOY BUBBY ***

Regie: Rolf de Heer
Darsteller: Nicholas Hope (Bubby), Claire Benito (Mama), Ralph Cotterill (Papa), Carmel Johnson (Angel), Natalie Carr (Cherie the Salvo), Norman Kaye (Wissenschaftler), Rachel Huddy (Rachael), Bridget Walters (Angels Mutter), Graham Duckett (Angels Vater), Celine O'Leary (Mercedes Frau)
Drehbuch: Rolf de Heer
Kamera: Ian Jones (Farbe)
Musik: Graham Tardif
Schnitt: Suresh Ayyar
Produktion: Domenico Procacci, Giorgio Draskovic, Rolf de Heer für Bubby/ South Australia Film Corp./Fandango, Australien/Italien 1994
Erstaufführung: 2.7.1994, Filmfest München
Verleih: Concorde/-/Filmcooperative
Kinostart: 27.10.1994
Länge: 114 Min. – *FSK:* ab 16, ffr.
FBW: Wertvoll

Bubby wird seit 35 Jahren von seiner Mutter in einer heruntergekommenen Wohnung gefangengehalten. Als er dem mütterlichen Gefängnis durch Elternmord entkommt, lernt er in der Welt da draußen brutale Bullen und freundliche Musiker, aggressive Autorowdys und liebenswerte Behinderte kennen. Die Klischees und die Entdeckungsfahrt des naiven Bubby durch die moderne Welt wollen einfach kein Ende nehmen. Zusammengehalten wird die wahllose Nummernrevue durch viel Küchenpsychologie, Klippschulexistentialismus und einen apokalyptisch gefärbten Hermann-van-Veen-Touch. *Volker Gunske, tip, 22/94*

(...) Bald wird aber klar, daß Bubby selbst eine bizarre Christusfigur ist: einer, der die Gebrechlichen versteht, einer, der vielleicht Wunder vollbringen kann. Denn de Heers Film ist nicht nur ein makabres Narrendrama, sondern auch ein fröhliches Passionsspiel. *Hans Schifferle, SZ, 27.10.94*

(...) Daß der Film – ungeachtet seines of penetranten Stilwillens – dann doch nicht nur Widerwillen, sondern auch Interesse weckt, liegt an den einunddreißig beteiligten Kameramännern, die, auch lauter gute Jungs, sich konsequent auf die subjektive Sicht- und Hörweise Bubbys eingelassen haben. *jau, Stgt. Zeitung, 27.10.94*

Frauke Hanck in: AZ, 28.10.94

Bad Girls 77

BAD GIRLS ***

Regie: Jonathan Kaplan
Darsteller: Madeleine Stowe (Cody Zamora), Andie MacDowell (Eileen Spenser), Drew Barrymore (Lilly Laronette), Mary Stuart Masterson (Anita Crown), James Russo (Kid Jarrett), James LeGros (William Tucker), Robert Loggia (Frank Jarrett), Dermot Mulroney (Josh McCoy), Jim Beaver, Nick Chinlund
Drehbuch: Ken Friedman, Yolande Finch,

Fürchten und Lieben: Andie MacDowell, Mary Stuart Masterson, Madeleine Stowe und Drew Barrymore sind die ›Bad Girls‹.

nach einer Story von Albert S. Ruddy, Charles Finch, Gray Frederickson
Kamera: Ralf Bode (CFI/Deluxe)
Musik: Jerry Goldsmith
Schnitt: Jane Kurson
Produktion: Albert S. Ruddy, Andre E. Morgan, Charles Finch für Ruddy Morgan Prod., USA 1994
Uraufführung: 22.4.1994, New York
Verleih: 20th Century Fox/-/dto./ Fox Video
Kinostart: 28.7.1994
Länge: 100 Min.
FSK: ab 12, ffr.
FBW: Wertvoll

Vier Prostituierte kommen im Wilden Westen mit dem Gesetz in Konflikt und rotten sich gegen eine schießwütige Männerwelt zusammen. Ein einfallslos inszenierter »Frauenwestern«. Die schlichte Fernsehdramaturgie und mangelnde eigenständige Rolleninterpretation nehmen der Geschichte ihren Reiz.
Zoom, 6/94

(...) So eifrig der Regisseur sich auch bei den Großen des Genres zu bedienen versucht, es will und will halt einfach keine interessante Geschichte herauskommen.
Rupert Koppold, Stgt. Zeitung, 4.8.94

Frauke Hanck in: AZ, 28.7.94; Frauke Hartmann in: FR, 30.7.94; Natascha Plankermann in: Rheinische Post, 29.7.94

Balagan 78

****

Regie: Andres Veiel
Darsteller: Madi Maayan, Khaled Abu Ali, Moni Yosef, David Maayan, Miri Zemach, Naama Mamber, Anat Kirschner, Nurit Tzur und Schauspieler
Drehbuch: Andres Veiel und Schauspieler des Theaterzentrum Akko, Israel, mit dem Theaterstück »Arbeit macht frei« von David Maayan Kamera: Hans Rombach
Schnitt: Bernd Euscher
Produktion: Klaus Volkenborn für Journal-Film mit ZDF/Arte, BRD 1993
Uraufführung: 28.11.1993, Int. Leipziger Dokumentarfilmwoche
Erstaufführung: 17.2.1994, Int. Forum des jungen Films, Berlin
Verleih: Arsenal/-/Robert Richter
Kinostart: 14.4.1994
Länge: 95 Min.
FBW: Besonders wertvoll

Der provozierende Dokumentarfilm porträtiert drei Schauspieler einer israelischen Theatergruppe, ihren Alltag, ihre politischen Ansichten, ihre bekannteste Produktion, das fünfstündige Stück »Arbeit macht frei« über ein Konzentrationslager. Die Intellektuelle Madi, der »arabische Israeli« Khaled, der fromme Jude Moni: drei zerrissene Menschen in einem zerrissenen Land. Ihr vehementer Protest gegen den Holocaust-Kult der »Berufsüberlebenden« macht deutschen Zuschauern schmerzhaft klar, daß es Dokumente vergleichbar radikaler Fragen der zweiten an die erste Generation hier nicht gibt. *Wolf Donner, tip, 9/94*

Anne Frederiksen in: Die Zeit, 29.4.94; Verena Kern in: Zitty, 8/94; W.O.P. Kistner in: AZ, 5.5.94; Daniel Kothenschulte in: Rheinische Post, 18.6.94; Stefan Reinecke in: FR, 29.4.94; Patrick Rössler in: Stgt. Zeitung, 11.5.94

Bando und der goldene Fußball 79

LE BALLON D'OR ****

Regie: Cheik Doukouré
Darsteller: Aboubacar Sidiki Soumah (Bandian), Salif Keita (Karim), Agnès Soral (Isabelle), Habib Hammoud (Bithar), Aboubacar Koita (Bouba), Mariam Kaba (Fanta), Alama Keita (Bandos Vater)
Drehbuch: Cheik Doukouré, David Carayon, Martin Brossolet
Kamera: Alain Choquart (Farbe)
Musik: Loy Erlich, Ismael Isaac
Schnitt: Michèle Robert-Lauliae
Produktion: Monique Annaud für Chrysalide Films/Le Studio Canal Plus/France 2 Cinéma/Bako Prod., Frankreich/Guinea 1993
Erstaufführung: Int. Filmfestspiele Berlin, 1994, »Kinderfilmfest«
Verleih: Atlas/Einhorn/-/Atlas Video
Kinostart: 6.10.1994
Länge: 93 Min.
FSK: ab 6, ffr.

Nachdem Bando einen richtigen, nämlich ledernen, Fußball geschenkt bekommt, ist er nicht mehr zu halten: Er bemalt ihn mit goldener Farbe, versammelt seine Freunde zum ersten Spiel und schießt; leider trifft der Ball nicht das Tor, sondern einen Dorfbewohner am Kopf. Dieser unglücklich plazierte Treffer verändert sein Leben. Cheik Doukouré erzählt sehr humorvoll die spannende Abenteuergeschichte von einem kleinen Jungen, dessen sehnlichster Kinderwunsch in Erfüllung geht. *tip, 21/94*

Reinhard Kleber in: KinderJugendFilm Korrespondenz, 58/94

Bank Robber 80

BANK ROBBER ***

Video

Regie: Nick Mead
Darsteller: Patrick Dempsey (Billy), Lisa Bonet (Priscilla), Olivia D'Abo (Selina), Forest Whitaker (Officer Battle), Judge Reinhold (Officer Gross), Mariska Hargitay (Marisa Benoit), Michael Jeter, Joe Alaskey
Drehbuch: Nick Mead
Kamera: Andrzej Sekula (Fotokem)
Musik: Stewart Copeland
Schnitt: Richard E. Westover, Maysie Hoy
Produktion: Lila Cazès für I.R.S. Media/ Initial Group, USA 1993
Verleih: -/-/-/VMP Video
Videostart: 20.9.1994
Länge: 89 Min.
FSK: ab 16 J.

Glückloser Nachwuchs-Bankräuber taumelt von einer Katastrophe in die nächste. Stilistisch nicht einheitliche, aber halbwegs originelle und gut besetzte Krimikomödie mit kauzigem Briten-Touch.

Die Bartholomäusnacht 81

LA REINE MARGOT ***

Regie: Patrice Chéreau
Darsteller: Isabelle Adjani (Margot), Daniel Auteuil (Henri de Navarre), Jean-Hugues Anglade (Charles IX), Vincent Perez (La Mole), Virna Lisi (Catherine de Médicis), Dominique Blanc (Henriette de Nevers), Pascal Greggory (Anjou – der spätere Henri III.), Jean-Claude Brialy (Coligny), Miguel Bosé (Guise), Asia Argento (Charlotte de Sauve)
Drehbuch: Danièle Thompson, Patrice Chéreau, nach dem gleichn. Roman von Alexandre Dumas
Kamera: Philippe Rousselot (Farbe)
Musik: Goran Bregovic
Schnitt: François Gédigier, Hélène Viard
Produktion: Claude Berri für NEF/Degeto für ARD/WMG/Renn Prod./France 2/Cinema D. A. Films/RCS Films & TV mit CNC/Canal plus, Frankreich/BRD/Italien 1994

Uraufführung: Int. Filmfestspiele Cannes 1994
Verleih: Tobis/Constantin/Monopole Pathé
Kinostart: 29.9.1994
Länge: 144 Min. – *FSK:* ab 16, ffr.
FBW: Besonders wertvoll

Leichen liegen zuhauf in dieser ambitionierten Verfilmung des gleichnamigen Historien-Romans von Alexandre Dumas, und man denkt beim Massenmord an den Hugenotten gleich auch an Auschwitz, Kambodscha und Bosnien. Am besten ist der Film, wenn er seine Darsteller Auteuil, Anglade und die ewig 19jährige Adjani ihr ganzes Talent ausspielen läßt. Virna Lisi wirkt in der Rolle der Katharina von Medici dagegen wie eine Knallcharge, der man auch in der deutschen Synchronisation noch einen harten italienischen Akzent verpaßt hat. Um gut 20 Minuten kürzer als die Originalfassung, ist auch das deutsche Double noch zu lang.

Peter W. Jansen, tip, 20/94

Der Film ist weder ein Hit noch ein großes Kunstwerk geworden, sondern ein Mischmasch aus Kostümkino und Schauspielertheater, großen Auftritten und Kulissenschieberei – von allem zuwenig, von jedem zuviel.

Andreas Kilb, Die Zeit, 27.5.1994

(...) In der Folge konzentriert sich der Film auf die Beziehungen und Intrigen innerhalb der Königsfamilie, die von der machtbesessenen Katharina Medici manipuliert wird. Trotz des Aufwandes kein üblicher Historienfilm, sondern der zwiespältige Versuch, die verheerenden Folgen des – auch in der Gegenwart wirksamen – Mechanismus von Religionshaß, Ideologie und Machtgier aufzuzeigen. *Zoom*

Brigitte Desalm in: Kölner Stadt-Anzeiger, 1.10.94; Angie Dullinger in: AZ, 29.9.94; Fritz Göttler in: SZ, 29.9.94; Thomas Klingenmaier in: Stgt. Zeitung, 29.9.94; Rupert Koppold in: Rheinische Post, 30.9.94; Heike Kühn in: FR, 29.9.94; Christiane Peitz in: Die Zeit, 30.9.94

Batman: The Mask of Phantasm 82

BATMAN: THE MASK OF PHANTASM **
Video

Frankreichs Kinokönigin Isabelle Adjani als zwangsverheiratete Margot in ›Die Bartholomäusnacht‹.

Regie: Eric Rodomski, Bruce W. Timm
Darsteller: Mit den Stimmen von: Kevin Conroy (Batman), Dana Delany (Andrea Beaumont), Hart Buchner (Arthur Reeves), Mark Hamill (The Joker), Stacy Keach jr. (Phantasm/Carl Beaumont), Efrem Zimbalist jr. (Alfred), Abe Vigoda (Sal Valestra), Dick Miller (Chuckie Sol), John P. Ryan (Buzz Bronski)
Drehbuch: Alan Burnett, Paul Dini, Martin Paso, Michael Reaves, nach einem Comic von Alan Burnett
Musik: Shirley Walker
Produktion: Benjamin Melniker, Michael Uslan für Warner Bros./DC Comics, USA 1993
Verleih: -/-/-/Warner Home Video
Videostart: Juni 1994
Länge: 76 Min.

Neue, aber nur variierte Abeneuer des Comic-Helden Batman, so wie es sich gehört als Zeichentrickfilm im Stil der 40er Jahre.

Der Baum, der Bürgermeister und die Mediathek 83

L'ARBRE, LE MAIRE ET LA MEDIATHEQUE ****

Regie: Eric Rohmer
Darsteller: Fabrice Luchini (Marc Rossignol), Pascal Greggory (Julien Dechaumes), Arielle Dombasle (Bérénice Beaurivage), Clémentine Amouroux (Blandine Lenoir), Francois-Marie Banier (Régis Lebrun-Blondet), Michel Jaouen (Antoine Pergola), Jean Parvulesco (Jean Walter), Francoise Etchegaray (Frau Rossignol), Galaxie Barbouth (Zoé Rossignol), Jessica Schwing (Véga Dechaumes)
Drehbuch: Eric Rohmer
Kamera: Diane Baratier (Farbe)
Musik: Sébastian Erms
Schnitt: Mary Stephen
Produktion: Françoise Etchegaray für La Compagnie Eric Rohmer, Frankreich 1993
Erstaufführung: 11.2.1994, Int. Forum des jungen Films, Berlin
Verleih: Prokino/filmladen/Sadfi
Kinostart: 3.3.1994
Länge: 111 Min.
FSK: ab 6, ffr.

In einem Bauerndorf der Vendée will der Bürgermeister auf einer Wiese mitten im Dorf ein Kulturzentrum errichten. Weil dem Prachtbau ein Baum geopfert werden müßte, leistet der Lehrer erbitterten Widerstand. Eine Journalistin und eine Schriftstellerin mischen sich ein, es wird endlos debattiert, kommentiert und intrigiert. Den gesundesten Menschenverstand beweist schließlich die zehnjährige Lehrerstochter, die eine allen am besten dienende Lösung findet. Eine verschmitzt-spielerische Politparabel, über den Zufall, Interessenkonflikte, den Gegensatz von Stand und Land, Alltag und Kultur, Tradition und Moderne und anders mehr. *Zoom, 3/94*

Rohmer-Engel: Arielle Dombasle.

Michael Althen in: SZ, 12.3.94; Angie Dullinger in: AZ, 11.3.94; Sebastian Feldmann in: Rheinische Post, 4.3.94; Christiane Peitz in: Die Zeit, 4.3.94; Helmut Schmitz in: FR, 3.3.94

Bedlam – Jenseits des Wahnsinns 84

BEYOND BEDLAM ***

Video

Regie: Vadim Jean
Darsteller: Craig Fairbrass (Terry Hamilton), Elizabeth Hurley (Stephanie Lyell), Keith Allen (Gilmour), Anita Dobson (Judith), Jesse Birdsall (Scott), Craig Kelly (Matthew Hamil-

ton), Faith Kent (Miss Coope), Georgina Hale, Samantha Spiro
Drehbuch: Rob Walker, Vadim Jean, nach einem Roman von Adam Knight
Kamera: Gavin Finney (Technicolor)
Musik: David Hughes, John Murphy
Schnitt: Liz Webber
Produktion: Paul Brooks für Metrodome Films, GB 1993
Verleih: -/-/-/VPS Video
Videostart: 27.10.1994
Länge: 84 Min. – *FSK:* ab 18 J.

Die Therapie an einem Massenmörder im Hochsicherheitstrakt eines Londoner Gefängnisses schlägt fehl: Seit er ein neues Serum injiziert bekommt, häufen sich die Morde mit seiner Handschrift. Nicht gerade zimperlicher Horror-Thriller, optisch gut umgesetzt.

Die Begegnung der Inseln 85
***

Regie: Uwe Bolius
Darsteller: Sprecher: Viktor Cousyn, Bettina Barth-Wehrenalp, Uwe Bolius
Drehbuch: Uwe Bolius
Kamera: Chris Valentin (Farbe)
Musik: Christian Fennesz
Schnitt: Stephan Krumbiegel
Produktion: Aichholzer Filmprod., Österreich 1994
Verleih: -/filmladen/-
Kinostart: April 1994
Länge: 76 Min.

Sehr anschauliche, realistische, sachlich-nüchterne, aber dennoch von Engagement und Sympathie getragene Dokumentation über österreichische Entwicklungshilfeprojekte auf den Kapverdischen Inseln. *multimedia*

Begegnungen 86
INTERSECTION
***

Regie: Mark Rydell
Darsteller: Richard Gere (Vincent Eastman), Sharon Stone (Sally Eastman), Lolita Davidovich (Olivia Marshak), Martin Landau (Neal), David Selby (Richard Quarry), Jenny Morrison (Meaghan Eastman), Ron White (Charlie), Matthew Walker (Surgeon), Scott Bellis, Patricia Harras
Drehbuch: David Rayfiel, Marshall Brickman, nach dem Roman von Paul Guimard und dem Drehbuch von Paul Guimard, Jean-Loup Debadie, Claude Sautet
Kamera: Vilmos Zsigmond (Deluxe)

Fremde, wenn sie sich begegnen: Sharon Stone und Richard Gere.

Musik: James Newton Howard
Schnitt: Mark Warner
Produktion: Mark Rydell, Bud Yorkin für Bud Yorkin Prod. mit Frederic Golchan, USA 1994
Verleih: UIP/UIP/UIP/CIC Video
Kinostart: 14.4.1994
Länge: 95 Min. – *FSK:* ab 12, ffr.
FBW: Wertvoll

Nach längerer Zeit tiefer Verunsicherung, in der ein erfolgreicher Architekt zwischen Ehefrau und Tochter und seiner Geliebten hin- und hergerissen ist, trifft er endlich eine Entscheidung – zu spät, denn er kommt durch einen Autounfall ums Leben, Das Remake des Caude-Lelouch-Films »Les chosese de la vie« (1969) ist ein in Rückblenden erzähltes, oberflächliches und steriles Melodram, das im schicken Milieu der Oberklasse spielt und trotz beachtlichem Spiel der Hauptdarsteller nie wirklich zu packen vermag. *Zoom*

Fritz Göttler in: SZ, 20.4.94; Frauke Hanck in: AZ, 16.4.94; Otto Heuer in: Rheinische Post, 15.4.94; Thomas Klingenmaier in: Stgt. Zeitung, 14.4.94

Begierde der Unschuld 87
LA BAMBOLA
☐
Video

Regie: Nini Grassia
Darsteller: Deborah Cali, Serena Bennato, Marcello Montana, Piero Di Carlo, Katryn

Davies, Livia Gugliotti, Patrizia Biagini, Massimilliano Calo, Gaetano Capozzoli, Gianfilippo Conte
Kamera: Luigi Ciccarese (Farbe)
Musik: Tamborrelli, Nini Grassia
Schnitt: Nini Grassia
Produktion: P.A.G. Film Int., Italien 1990
Verleih: -/-/-/Highlight Video
Videostart: 8.3.1994
Länge: 82 Min. – *FSK:* ab 18 J.

Marca geht noch zur Schule – doch als sie dem Geliebten ihrer Mutter verfällt, absolviert sie nachmittags ein anderes Pensum im Bordell.

The Beginning 88

IN THE LINE OF DUTY – THE BEGINNING *

Video

Regie: Chris Lee
Darsteller: Cynthia Khan, Simon Yam, Wang Rong, Tsang Kong, Shum Wai
Drehbuch: Kong Heung Sang, Shum Wa
Kamera: Lau Hung Chuen (Farbe)
Musik: Richard Lee
Schnitt: Mak Chi Sin
Produktion: Wang Sai Kuen für L. Metropole Org., Hongkong 1991
Verleih: -/-/-/Highlight Video
Videostart: Mai 1994
Länge: 79 Min.
FSK: ab 18 J.

Die Geschichte zweier verfeindeter Unternehmerfamilien, die sich gegenseitig zu dezimieren versuchen. Auch für Martial-Arts-Freunde gänzlich uninteressanter Langweiler.

Bekenntnis an Laura 89

CONFESION A LAURA ***

Regie: Jaime Osorio Gómez
Darsteller: Maria Cristina Gálvez (Josefina), Gustavo Londono (Santiago), Vicky Hernández (Laura)
Drehbuch: Alexandra Cardona Restrepo
Kamera: Adriano Moreno, Ernesto Granados (Farbe)
Musik: Gonzalito Rubalcaba
Schnitt: Nelson Rodriguez
Produktion: Méliès Prod. Cinematografics ICAIC/TVE, Kolumbien/Spanien/Cuba 1990
Uraufführung: 8.12.1990 Festival Huelva, Spanien; 30.10.1991, Bogota
Erstaufführung: 20.2.1992, Int. Forum des Jungen Films, Berlin
Verleih: Freunde/-/-
Kinostart: Mai 1994
Länge: 90 Min.

(...) Der kleine Regierungsangestellte Santiago, der von seiner Ehefrau Josefina ständig gegängelt wird, sieht sich durch die Straßenkämpfe im gegenüberliegenden Haus bei der Nachbarin Laura, einer unverheirateten Lehrerin, gefangen. Unter den Augen der Ehefrau, die ihn vom gegenüberliegenden Wohnungsfenster aus beobachtet und antelephoniert, entwickelt sich zwischen Santiago und Laura eine Romanze mit überraschender Schlußpointe. Das urkomische Kammerspiel lebt sehr von seinen beiden Hauptdarstellern Vicky Hernández und Gustavo Londono. *Bodo Fründt, SZ, 30.11.91*

Clara Scura in: Der Tagesspiegel, 22.2.92

Bekenntnisse eines Ehemannes 90

CONFESSIONS OF A MARRIED MAN □

TV

Regie: Steven Gethers
Darsteller: Robert Conrad (Walter Price), Jennifer Warren (Pat Price), Mary Crosby (Ellen Price), Ann Dusenberry (Jennifer), Lance Guest (Arthur Price), John Shepherd (Tom), Betty Ackerman, Don Gordon
Drehbuch: Steven Gethers
Kamera: Paul Lohmann (Farbe)
Musik: Bill Goldenberg
Schnitt: Paul LaMastra
Produktion: Charles A. Pratt für Comworld, USA 1983
Uraufführung: 31.1.1983, ABC
Sendetermin: 14.6.1994, RTL2, 22.25
Länge: 90 Min.

Ein verheirateter Mann in der Midlife-Crisis verläßt Frau und Kinder und sucht seine Bestätigung, Stimulation und Abwechslung bei einer viel jüngeren Frau.

Belagerung der Shaolin 91

DEADEND OF BESIEGERS **

Video

Regie: Zhang Siu Wai
Darsteller: Cynthia Khan, Yu Rong Guang, Dale »Apollo« Cook, Jin De Mao, Yu Hai, Ji Chun Hua, Yang Li Qing

Drehbuch: Lin Xiang Bei, Ba Tong
Kamera: Zhou Bai Ling, Li Ming (Farbe)
Musik: Zhang Shao Tong, Chen Yong Tie
Schnitt: Gu Zhi Hui
Produktion: Chen Xin Hua für Sil-Metropole/ Rising Fortune Films, Hongkong 1992
Verleih: -/-/-/Eagle Pictures Video
Videostart: Mai 1994
Länge: 81 Min.
FSK: ab 16 J.

Einer der besseren Kampfsport-Filme aus Hongkong-Produktion.

Belinda 92

BELINDA □ TV

Regie: Pamela Gibbons
Darsteller: Deanne Jeffs (Belinda), Mary Regan (Crystal), Kaarin Fairfex (Sandra), Joy Smithers (Liz), Nicos Lathouris (Benny), Hazel Phillips (Doreen), John Jarratt, Elizabeth Lord, Gerda Nicholson, Alan Cassell
Drehbuch: Pamela Gibbons
Kamera: Malcolm McCullogh (Farbe)
Schnitt: David Huggett
Produktion: Bedrich Kabriel für Fontana, Australien 1987
Sendetermin: 18.9.1994, MDR, 1.15
Länge: 95 Min.

Die hübsche Belinda hat das Zeug zu einer Ballerina, doch Glanz und Glimmer eines zweifelhaften Nachtklubs in Sydney ziehen die 16jährige magisch an. Aber hinter den Kulissen des Tingeltangelmilieus ist die Welt natürlich kalt und unbarmherzig.

Benjamin 93

AUJOURD'HUI PEUT-ETRE... *** TV

Regie: Jean-Louis Bertuccelli
Darsteller: Giuletta Masina (Bertille), Véronique Silver, Eva Darlan, Jean Benguigui, Jean-Paul Muel, Muni, Maxime Leroux
Drehbuch: Isabelle Mergault, Jean-Louis Bertuccelli
Kamera: Bernard Lutic (Farbe)
Schnitt: Nicolas Barachin
Produktion: Agepro Cinéma/MF/Sedpa/Citi/SGGC, Frankreich 1990
Sendetermin: 2.3.1994, Premiere, 22.35
Länge: 90 Min.

Die 70jährige Bertille hat zu einem Familientreffen eingeladen. Alle Familienmitglieder kommen – nur ihr Sohn Raphael nicht.

Benno Besson – der fremde Freund 94

***

Regie: Philippe Macasdar
Darsteller: Benno Besson, Ursula Karusseit, Katharina Thalbach, Wolf Biermann, Heiner Müller, Erwin Strittmatter, Peter Palitzsch, Manfred Wekwerth, Dimiter Gotscheff, Werner Strub
Drehbuch: Philippe Macasdar, Georg Janett, Jürg Bohlen
Kamera: Axel Brandt (Farbe)
Musik: Stephan Weber
Schnitt: Elizabeth Waelchli
Produktion: Apsara Prod./Metropolis/TSR, Schweiz/BRD 1993
Verleih: Unidoc/-/Apsara
Kinostart: 19.10.1993/Febr. 1994
Länge: 106 Min.

Berlin 1992: Benno Besson 70, einer der bedeutendsten Theaterregisseure der deutschen Nachkiegszeit probt am Schiller-Theater Coline Serreaus Stück »Hase Hase«. Bertold Brecht hatte den Schweizer 1949 in die damalige Ostzone von Berlin geholt, wo er bis 1978 blieb und für legendäre Aufführungen sorgte. Sieben Jahre (1982–1989) hielt es ihn später in Genf an der Comédie, bevor er wieder zu neuen Herausforderungen aufbrach. Der Dokumentarfilm vermittelt durch seine spannende Montage von historischen Dokumenten, Interviews und Probeaufnehmen lebendige Theater- und Zeitgeschichte.
Zoom

Berlin in Berlin 95

****

Regie: Sinan Çetin
Darsteller: Hülya Avsar (Dilber), Cem Özer (Mürtüz), Armin Block (Thomas), Aliye Rona (Ugu), Esref Kolçak (Ekber), Volkan Akabali (Yücel), Nilüfer Aydan (Zehra), Zafer Ergin (Mehmet), Clemens-Maria Haas (Olaf), Cüneyet Türel (Orban)
Drehbuch: Sinan Çetin, Ümit Ünal
Kamera: Rebekka Haas (Farbe)
Musik: Clemens-Maria Haas
Schnitt: Ömer Sevinç

Produktion: Cemalettin Çetin für Cetis-Film/ Plato Film Prod., BRD/Türkei 1993
Erstaufführung: Filmfest München 1993
Verleih: Wild Okapi/-/-/Media Service
Kinostart: 12.5.1994
Länge: 99 Min.
FSK: ab 12, ffr.

Wie Mißverständnisse Mißtrauen auslösen, das wiederum Gewaltreaktionen hervorruft, die Schuldgefühle und neue Mißverständisse zu einem fatalen Kreislauf in Gang setzen – das zeigt Çetin in ebenso klaren wie beunruhigenden Bildern vom Zusammenprall zweier Kulturen. Die Konfrontation eines deutschen Fotografen mit einer türkischen Arbeiterfamilie wird zur Parabel für die Notwendigkeit von Toleranz. *Frauke Hanck, AZ, 26.6.93*

Ein Deutscher, als Mörder eines Türken verdächtigt, flüchtet ausgerechnet in die Kreuzberger Wohnung des Toten und ist nach altem anatolischem Gesetz im Hoheitsbereich des Familienclans unantastbar. Das Mißtrauen, der Haß und heißblütige Morddrohungen gegen den Eindringling weichen langsam verstohlenen Sympathien, und am Ende zieht er mit der schönen Witwe ins Glück. Der wilde, krude Film steigert jede Nuance zum ästhetischen Powertrip. *Wolf Donner, tip, 10/94*

Claudia Freytag in: Kölner Stadt-Anzeiger, 14.5.94; Thomas Klingenmaier in: Stgt. Zeitung, 21.4.94; Harald Martenstein in: Der Tagesspiegel, 13.5.94; Stefan Reinecke in: FR, 20.5.94

Bermuda Cops 96

BERMUDA GRACE □
TV

Regie: Mark Sobel
Darsteller: William Sadler (Sam Grace), David Harewood (Trevor Watkins), Leslie Philips (Sir Philip Harding), Tracey Cook (Lady Harding), Serena Scott Thomas (Kathy Madeira), George Harris (Kommissar), Trevor Byfield (Sergeant Rodney Miller), Cliff Parisi (Gary Foster), Richard Fitzpatrick (Jack O'Brien), Andrew Jackson
Drehbuch: Will Davies, Wil Osborne
Produktion: USA/GB 1993
Sendetermin: 1.10.1994, RTL2, 20.15
Länge: 90 Min.

Pilotfilm zu einer noch zu produzierenden Serie: Eine aufwendige Inszenierung mit humorvollen Untertönen und abenteuerlichem Ambiente zu einem alten Thema: Stadtpolizist und Landpolizist kämpfen gemeinsam gegen wohlsituierte Gangster.

Beruf Mörder 97

KOROSHI NO RAKUIN ***
TV

Regie: Seijun Suzuki
Darsteller: Jo Shishido (Goro Hanada), Mariko Ogawa (Mami Hanada), Annu Mari (Misako Nakano), Koji Nanbara (Killer Nr. 1), Isao Tamagawa (Michihiko Yabuhara), Hiroshi Minami (Gihei Kasuga)
Drehbuch: Hachiro Guryu
Kamera: Kazue Nagatsuka
Musik: Naozumi Yamamoto
Produktion: Nikkatsu, Japan 1967
Erstaufführung: Int. Hofer Filmtage 1988
Sendetermin: 22.2.1994, WEST3, 23.00, OmU
Länge: 91 Min.

Hanada Goro ist ein erfahrener Killer, in der Branche auch Nr. 3 genannt. Er lebt mit der geradezu pathologischen Angst, nicht als Profi anerkannt zu werden. Bei einem neuen Mord-Auftrag verfehlt er durch einen Zufall sein Ziel. Der Versuch, das Bild wieder herzustellen, das er von sich verbreitet wissen möchte, wird zu einem tödlichen Finale: das Duell mit Nr. 1.
Pressetext WEST3

Die Beverly Hillbillies sind los! 98

THE BEVERLY HILLBILLIES **

Regie: Penelope Spheeris
Darsteller: Diedrich Bader (Jethro/Jethrine), Dabney Coleman (Mr. Drysdale), Erika Eleniak (Elly May), Cloris Leachman (Granny), Rob Schneider (Woodrow Tyler), Lea Thompson (Laura Jackson), Lily Tomlin (Miss Hathaway), Jim Varney (Jed Clampett), Linda Carlson (Tante Pearl), Penny Fuller (Margaret Drysdale)
Drehbuch: Lawrence Konner, Mark Rosenthal, Jaim Fisher, Jim Staahl, nach einer Story von L. Konner, M. Rosenthal, nach einer TV-Serie von Paul Henning
Kamera: Robert Brinkmann (Deluxe)

Musik: Lalo Schifrin
Schnitt: Ross Albert
Produktion: Ian Bryce, Penelope Spheeris für 20th Century Fox, USA 1993
Uraufführung: 15.10.1993, New York
Verleih: 20th Century Fox/dto./dto./ Fox Video
Kinostart: 7.7.1994
Länge: 93 Min.
FSK: ab 6, ffr.
FBW: Wertvoll

Eine Hillbilly-Familie stößt in den Wäldern von Arkansas auf Öl, schwimmt fortan in Geld, kauft sich in Beverly Hills ein Anwesen und treibt dort ihr Unwesen. Erneut erzählt Penelope Spheeris von zwei Lebenswelten, die aufeinanderprallen, doch ist der Humor dieses Films – ähnlich wie bereits in »Wayne's World« – oft genauso begrenzt wie die Intelligenz der Hauptfiguren. Und selbst die Hillbillies wären wohl problemlos in der Lage, die Überraschungsmomente dieser jederzeit vorhersehbaren Geschichte zu zählen. *Lar-Olav Beier, tip, 14/94*

(...) Auf vordergründige, abgegriffene Gags setzende Situationskomödie nach dem Vorbild einer US-Fernsehserie aus den sechziger Jahren. Was sich damals noch als Aufbegehren gegen soziale Verkrustungen nachvollziehen ließ, wirkt in der nun dargebotenen Form schal und anachronistisch. *Zoom*

Michael Althen in: SZ, 13.7.94; Otto Heuer in: Rheinische Post, 8.7.94

Beverly Hills Cop III 99

BEVERLY HILLS COP III **

Regie: John Landis
Darsteller: Eddie Murphy (Axel Foley), Judge Reinhold (Billy Rosewood), Hector Elizondo (Flint), Theresa Randle (Janice), Bronson Pinchot (Serge), Timothy Carhart (Ellis DeWald), Stephen McHattie (Steve Fulbright), John Saxon (Sanderson), Alan Young (Onkel Dave), Al Green
Drehbuch: Steven E. de Souza, nach den Charakteren von Danilo Bach und Daniel Petrie jr.
Kamera: Mac Ahlberg (Deluxe)
Musik: Nile Rodgers
Schnitt: Dale Beldin
Produktion: Mace Neufeld, Robert Rehme für

Hat seine Munition verschossen: Eddie Murphy.

Neufeld/Rehme Prod. mit Eddie Murphy Prods., USA 1994
Uraufführung: 25.5.1994, New York
Verleih: UIP/UIP/UIP/CIC Video
Kinostart: 4.8.1994
Länge: 104 Min.
FSK: ab 16, ffr.

Ein schwarzer Polizist wird in Detroit Zeuge eines Mordes und verfolgt den Täter bis nach Beverly Hills, wo er ihn als Sicherheitschef eines Vergnügungsparks entdeckt und auch seine Hintermänner entlarvt. Ganz auf den Star Eddie Murphy zugeschnittene einfallslose Action-Komödie, die weder vom Sprachwitz noch vom Tempo der Inszenierung her an die ersten beiden Folgen der Serie anknüpfen kann. *Zoom*

(...) Wie immer bei Landis gibt es exzellente Nebendarsteller: Stephen McHattie als Geheimdienstagent, Timothy Carhart und Oldtimer John Saxon als Bösewichte. Und wie immer gibt es Gastauftritte. Wo im großen Wunderland Kalifornien sind George Lucas, Barbet Schroeder, Ray Harryhausen, Joe Dante und John Singleton zu finden? Beverly Hills Cop III ist ein kleines Suchbild des Showbiz.
Hans Schifferle, SZ, 10.8.94

Rupert Koppold in: Rheinische Post, 4.8.94

Der bewegte Mann

100
***

Regie: Sönke Wortmann
Darsteller: Til Schweiger (Axel), Katja Riemann (Doro), Joachim Król (Norbert), Rufus Beck (Walter), Armin Rohde (Metzger), Nico van der Knaap (Fränzchen), Antonia Lang (Elke Schmidt), Martina Gedeck (Jutta), Judith Reinartz (Claudia), Kai Wiesinger (Gunnar)
Drehbuch: Sönke Wortmann, nach den Comics »Der bewegte Mann« und »Pretty Baby« von Ralf König
Kamera: Gernot Roll (Farbe)
Musik: Torsten Breuer; Songs: Palast Orchester
Schnitt: Ueli Christen
Produktion: Bernd Eichinger für Neue Constantin/Olga Film, BRD 1994
Uraufführung: 12.10.1994, Maxx, München
Verleih: Neue Constantin/Constantin/Focus/VCL/
Carolco Video
Kinostart: 13.10.1994
Länge: 94 Min. – *FSK:* ab 12, ffr.
FBW: Wertvoll

Nachdem Axel von seiner Freundin Doro vor die Tür gesetzt wurde, erregt er die Aufmerksamkeit zweier homosexueller Freunde. Er zieht bei einem vorläufig ein, was bei Doro dramatische Mißverständnisse verursacht, als diese ihn sucht, weil sie von ihm schwanger ist. Flott inszenierte Situationskomödie, die zwar zunächst ihre Typen karikiert, aber sehr wohl auch Aufforderungen zum Verständnis durchscheinen läßt. *multimedia*

(...) In der Screwball-Komödie spielt Sönke Wortmann ständig mit den Erwartungen des Publikums und hintertreibt sie, wann immer die Situation günstig ist. *tip, 21/94*

Michael Althen in: SZ, 6.10.94; Albert Baer in: Rheinische Post, 7.10.94; Ponkie in: AZ, 6.10.94; Angela Schmitt-Gläser in: FR, 13.10.94

Beyond Justice

101
BEYOND JUSTICE
☐
Video

Regie: Richard W. Munchkin
Darsteller: Cynthia Rothrock, Daniel McVicar, Lydia Denier
Kamera: Richard Pepin
Produktion: Richard Pepin, Joseph Merhi für PM Ent., USA 1994
Verleih: -/-/-/Allround Video

Damenwahl – Männerqual: Rufus Beck, Kai Wiesinger und Til Schweiger in ›Der bewegte Mann‹. Erfolgreichster deutscher Film 1994.

Videostart: 14.11.1994
Länge: 92 Min.
FSK: ab 18 J.,
gekürzte Fass. 86 Min. ab 16 J.

Neuer Rachefeldzug des aktivsten weiblichen Karatestars.

Das Biest 102

THE CRUSH **

Regie: Alan Shapiro
Darsteller: Cary Elwes (Nick Eliot), Jennifer Rubin (Amy Maddik), Alicia Silverstone (Darian Forrester), Amber Benson (Cheyenne), Kurtwood Smith (Cliff Forrester), Gwynyth Walsh (Liv Forrester), Matthew Walker (Michael)
Drehbuch: Alan Shapiro
Kamera: Bruce Surtees (Technicolor)
Musik: Graeme Revell
Schnitt: Ian Crafford
Produktion: James G. Robinson für Morgan Creek Prod., USA 1993
Verleih: Warner Bros./dto./dto./ Warner Home Video
Kinostart: 23.6.1994
Länge: 88 Min.
FSK: ab 16, ffr.

Nick Eliot zieht in eine Vorstadt um, wo ihm die 14jährige Tochter der Hausbesitzer schöne Augen macht. Obwohl ihrem Charme nicht ganz unzugänglich, weist er ihre Avancen ab, worauf sie sich an ihm und seiner Freundin zu rächen sucht. Die »Lolita«-Story entwickelt sich zum Psychothriller, der mehr oberflächliche Spannung als Hirn aufweist, keine Klischees ausläßt und Schockeffekte aufeinander häuft.

Zoom

Albert Baer in: Rheinische Post, 24.6.94; Patrick Rössler in: Stgt. Zeitung, 25.6.94

Bio Creature 103

BIOHAZARD II *

Video

Regie: Steve Latshaw
Darsteller: Steve Zurk, Susan Fronsoe, Tom Ferguson, Patrick Moran, John Maynard, Catherine Walsh, Dorothy Best, John Alexander, Katheryn Culliver, Christopher Mitchum (Brady)
Drehbuch: Steve Latshaw, Patrick Moran
Kamera: Maxwell J. Beck (Farbe)
Musik: Jeffrey Walton
Schnitt: Clare Doyle
Produktion: Patrick Moran für Smaran Prod., USA 1993
Verleih: -/-/-/New Vision Video
Videostart: 18.10.1994
Länge: 88 Min.
FSK: ab 18 J.

Skandalreporter entlarvt Wissenschaftlerin, die die Menschheit mit bösartigen Killermutanten beglückt. Horror auf allerunterstem Level, alles schon mal besser dagewesen.

Bis daß der Tod euch scheidet 104

DEMASIADO CORAZON ***

TV

Regie: Eduardo Campoy
Darsteller: Victoria Abril (Ana/Clara), Manuel Bandera (Antonio), Pastora Vega (Charo), Monica Molina, Manuel Gil, Borja Gonzalez
Drehbuch: Agustin Diaz Yanes
Kamera: Alfredo Mayo (Farbe)
Musik: Mario de Benito
Produktion: Mario Pedraza für Sogetel/ Cartel/ Flamenco Films/Idea, Spanien 1992
Sendetermin: 18.6.1994, RTL2, 20.15
Länge: 96 Min.

Zwischen den Zwillingsschwestern Ana und Clara kommt es wegen eines Mannes zum Streit, da beide in den zwielichtigen, aber attraktiven Antonio verliebt sind. Doch dann nimmt die Liebesgeschichte kriminelle Züge an, denn eine der beiden Schwestern verschwindet spurlos.

Bitter und süß 105

DOUX AMER **

TV

Regie: Franck Apprederis
Darsteller: Véronique Jeannot (Anne), Niels Arestrup (Jean), Francois Duval (Marc), Thierry Fortineau, Tanya Lopert
Produktion: Frankreich 1988
Sendetermin: 12.2.1994, 0.30, ORB3; 10.2.1994, MDR3, 23.00
Länge: 97 Min.

Die 30jährige Architektin Anne geht nach der Geburt ihres Kindes erst für das Kind und dann in ihrer beruflichen Karriere auf. Sie verschreckt mit ihrer Unabhängigkeit den Kindesvater, der auf einer Abtreibung bestanden hatte.

Black Spot 106

BLACK SPOT *

Video

Regie: Bruce Le
Darsteller: Cheng Yu Man, Kong Tao, Susana, Rossieo Badin, Andre Koob, Le Shiao Lung, Fanny Hill, Lo Lick, Wang Hak, Elizabeth Gordon
Kamera: Ho Hak Wai (Farbe)
Musik: Zeng Guang Hua
Schnitt: Cheng Keung
Produktion: Lim Kim Hui für Golde Horse, Hongkong 1991
Verleih: -/-/-/Condor Video
Videostart: 28.11.1994
Länge: 87 Min. – *FSK:* ab 16 J.

Interpolagent versucht von innen heraus einen gefährlichen Drogenring unschädlich zu machen. Inakzeptable Billig-Film-Ware.

Blackout – Ein Detektiv sucht sich selbst 107

CLEAN SLATE ***

Video

Regie: Mick Jackson
Darsteller: Dana Carvey (Pogue), Valeria Golino (Sarah/Beth), James Earl Jones (Dolby), Kevin Pollak (Rosenheim), Michael Gambon (Cornell), Michael Murphy (Dr. Doover), Jayne Brook (Paula), Vyto Ruginis (Hendrix), Olivia D'Abo (Judy), Barkley
Drehbuch: Robert King
Kamera: Andrew Dunn (DeLuxe)
Musik: Alan Silvestri
Schnitt: Priscilla Nedd-Friendly
Produktion: Richard D. Zanuck, Lili Fini Zanuck für MGM, USA 1994
Verleih: -/-/-/Warner Home Video
Videostart: 30.9.1994
Länge: 103 Min. – *FSK:* ab 12 J.

Nach einem Unfall verliert Detektiv Pogue an jedem Morgen sein Gedächtnis aufs Neue, dabei soll er doch als Kronzeuge gegen einen Mafioso aussagen. Das Buch verfängt sich zum Teil in den zahlreichen Genre-Zitaten und einigen Albernheiten, doch als harmloses Krimikomödienleichtgewicht funktioniert's.

Blast Heroes 108

HEROES SHED NO TEARS **

Video

Regie: John Woo
Darsteller: Eddy Ko, Lam Ching Ying, Chen Yue Sang, Lau Chau Sang, Lee Hoi Suk, Jang Soo Hee, Kum Ho Kon, Phillip Loffredo, Cecile Bailly
Drehbuch: John Woo
Kamera: Naragawa Kenichi (Farbe)
Musik: Chung Yiu Fung
Schnitt: Cheung Yiu Chung
Produktion: Raymond Chow, Leonard Ho für Paragon Films, Hongkong 1986
Verleih: -/-/-/New Vision Video
Videostart: Mai 1994
Länge: 73 Min.
FSK: ab 18 J.

Sondereinheit kämpft im »Goldenen Dreieck« zwischen Burma, Kambodscha und Thailand gegen die Drogenmafia. Zynisches, gewaltverherrlichendes Frühwerk des zum Kultfilmer hochgejubelten Action-Inszenator Woo.

Der blaue Drachen 109

LAN FENGZHENG ****

TV

Regie: Tian Zhuangzhuang
Darsteller: Yi Tian (Tietou als Kleinkind), Zhang Wenyao (Tietou als Kind), Chen Xiaoman (Tietou als Teenager), Lu Liping (Mutter), Pu Quanxin (Vater), Li Xuejian (Li Guodong), Guo Baochang (Stiefvater), Zhong Ping (Chen Shusheng), Chu Quanzhong (Chen Shuyan), Song Xiaoying (Sis)
Drehbuch: Xiao Mao
Kamera: Hou Yong (Farbe)
Musik: Otomo Yoshihide
Schnitt: Qian Lengleng
Produktion: Longwick Prod., Hongkong/China 1993
Erstaufführung: Filmfest München 1993
Sendetermin: 1.6.1994, ARD, 23.15
Länge: 138 Min.

In welche absurden fundamentalistischen Alleinseligmacher-Ideologien sich das maoistische Revolutions-China der fünfziger Jahre verrannt hatte, spiegelt sich immer wieder in den Familientragödien der Verbannten, in Umerziehungslagern Verschollenen. Und nach alter Weise sind solche Aufarbeitungsfilme in China verboten: Der Aufwasch im eigenen Haus ist unerwünscht. Das Familiendrama läßt das

Madeleine Stowe und ihr materialisierter Alptraum in ›Blink‹.

Peking der Mao-Revolution aus dem Blickwinkel eines Kindes erleben, das gegen die eigenen Eltern aufgehetzt werden soll – eine ausweglose Zerreißprobe der Seele. Ein bewegender, melancholischer Kindheitsfilm.

Abendzeitung München

Blauer Himmel 110

BEAU FIXE ***

TV

Regie: Christian Vincent
Produktion: Frankreich 1992
Sendetermin: 29.6.1994, Premiere, 20.15
R: Christian Vincent1992
TV: 29.6.1994, Premiere, 20.15

Lief bereits 1993 unter dem Originaltitel in der Schweiz im Kino. Deshalb vollständige Angaben und Kritik im Heyne Filmjahrbuch 1994.

Blindfold 111

BLINDFOLD *

Video

Regie: Lawrence L.Simeone
Darsteller: Shannen Doherty (Madeleine), Judd Nelson (Dr. Jennings), Kristian Alfonso (Chris Madigan), Michael Woods (Mike Dalton), Drew Snyder (Alex Saunders)
Kamera: Thomas L. Callaway (Farbe)
Musik: Shuki Levy
Schnitt: Lawrence Simeone
Produktion: Ronnie Hadar für Libra Films, USA 1993
Verleih: -/-/-/VMP Video
Videostart: 18.11.1994
Länge: 87 Min.
FSK: ab 18 J.

Vom Psychiater ermuntert, versucht Ehefrau ihren Mann mit Sexspielchen wieder auf Trab zu bringen. Und ein Serienkiller treibt auch noch sein Unwesen.

Blindness 112

BLINDSIDED **

Video

Regie: Tom Donnelly
Darsteller: Jeff Fahey (Frank McKenna), Mia Sara (Chandler Strange), Rudy Ramos (Jesse Bruna), Brad Hunt (Lee), Jack Kehler (Waco Dean), Ben Gazzara (Ira Gold)
Drehbuch: Tom Donnelly
Kamera: Jacek Laskus (Farbe)
Musik: David Michael Frank
Schnitt: Dough Ibold
Produktion: Oscar L. Costo für MTE Prod., USA 1992

Verleih: -/-/-/CIC Video
Videostart: 19.10.1994
Länge: 89 Min. – *FSK:* ab 16 J.

Ex-Polizist klaut Mafiaboß Geld und erblindet nach einem Kopfschuß für kurze Zeit, bis er – wieder gesundet – Rache schwören kann. Äußerst sprunghafter und uneinheitlicher Erotikthriller.

Blink 113

BLINK ***

Regie: Michael Apted
Darsteller: Madeleine Stowe (Emma Brody), Aidan Quinn (Det. John Hallstrom), James Remar (Thomas Ridgely), Laurie Metcalf (Candice), Peter Friedman (Dr. Ryan Pierce), Bruce A. Young (Lt. Mitchell), Matt Roth (Crowe), Paul Dillon (Neal Booker), Michael P. Byrne (Barry), Anthony Cannata (Ned)
Drehbuch: Dana Stevens
Kamera: Dante Spinotti (Farbe)
Musik: Brad Fiedel
Schnitt: Rick Shaine
Produktion: David Blocker für New Line Prod., USA 1994
Verleih: Tobis/Constantin/Elite/VMP Video
Kinostart: 5.5.1994
Länge: 106 Min. – *FSK:* ab 16, ffr.

Eine junge Musikerin, die nach einer Augenoperation langsam ihre Sehkraft zurückgewinnt, trifft auf einen Polizisten, der bei der Aufklärung eines Serienmordes lange Zeit im Dunklen tappt. Am Schluß stellt sie für ihn den Mörder, und er textet für sie ein Lied. Nun sehen beide die Welt mit anderen Augen – und die Zuschauer das Ende eines hervorragenden Thrillers.

Lars-Olav Beier, tip, 10/94

Eine Frau, der operativ das Augenlicht zurückgegeben wurde, leidet unter Halluzinationen. Nachdem sie einen Mord beobachtet hat, wird sie vom Täter verfolgt. Ein Exkurs über die Bedeutung des Sehens und die Relativität der Wirklichkeitserfahrung. Ästhetisch interessant, doch als Thriller nicht funktional. *Zoom*

Albert Baer in: Rheinische Post, 6.5.94; Norbert Grob in: Die Zeit, 20.5.94; W.O.P. Kistner in: AZ, 5.5.94

Blood Run 114

BLOOD RUN **

Video

Regie: Boaz Davidson
Darsteller: Anna Thomson, Steven M. Gagnon, Ashley Laurence, William Boyett, Robert Lasardo, Jennifer Anglin, David Bradley
Drehbuch: Dennis Dimster-Denk, Boaz Davidson
Kamera: Avi Karpick (Farbe)
Musik: Blake Leyh (Score)
Schnitt: Bruria Davidson
Produktion: Avi Lerner, Danny Dimbort für Nu Image, USA 1994
Verleih: -/-/-/New Vision Video
Videostart: 28.11.1994
Länge: 90 Min.
FSK: ab 16 J.

Tougher Bulle, nymphomane Zeugin, Drogendealer-Milieu – Zutaten zu einem lieb- und leblos inszenierten Erotikthriller.

Blood Warriors 115

BLOOD WARRIORS *

Video

Regie: Sam Firstenberg
Darsteller: David Bradley (Wes Healey), Frank Zagarino (Keith Stone), Jennifer Campbell (Karen Stone), Frans Tumbuan (Captain Ramsey), Dicky Zulkarnaen (Jurgen)
Drehbuch: Rami Alon, David Bradley
Kamera: Gideon Porath (Farbe)
Musik: Jim West
Schnitt: Norman Benny
Produktion: Gope T. Samtani für Rapi Film, USA 1993
Verleih: -/-/-/Highlight Video
Videostart: 15.2.1994
Länge: 90 Min.
FSK: ab 18 J.

Der Freund eines Vietnamveterans entpuppt sich auf den Philippinen als Drogenbaron. Handlungsarmer Martial-Art-Schnellschuß.

Bloody Morning 116

BLOODY MORNING ***

Regie: Li Shaohong
Produktion: VR China 1990

Int. Verleihtitel für: Siehe: Ein blutroter Morgen → »Xuese Qing Chen«

Blue 117
BLUE ***

Regie: Derek Jarman
Darsteller: Mit den Stimmen von: John Quentin, Nigel Terry, Derek Jarman, Tilda Swinton
Drehbuch: Derek Jarman
Musik: Simon Fisher Turner
Produktion: James Mackay, Takashi Asai für Basilisk Comm./Uplink Prod. für Channel 4 mit The Arts Council of Great Britain/Opal/BBC Radio 3, GB 1993
Erstaufführung: 10.2.1994, Volksbühne Berlin
Verleih: Salzgeber/Stadtkino/-
Kinostart: 10.3.1994
Länge: 79 Min.
FSK: ab 12, ffr.

Die Leinwand bleibt 79 Minuten lang blau. Dazu hört man Glocken, Chöre, Musik, Alltagsgeräusche, Stimmen (auch die Jarmans). Ausgehend von einem Krankenhaus-Tagebuch des totkranken Regisseurs, lesen sie Notizen über seine Erblindung, die medizinischen Behandlungen, Zustände, Stimmungen, Erinnerungen, über Kunst, Politik, Poesie. Die asketische Form und die kühle Text- und Toncollage haben Methode. Jarman will kein Mitleid, er lädt ein zu einer Meditation über Leben und Film, Realität und Kultur, Aids, Tod. Ein Epitaph als Rekurs auf die reine Form. *Wolf Donner, tip, 4/94*

In seinem filmischen Testament konfrontiert Derek Jarman das Publikum mit nichts als einer blau leuchtenden Leinwand. Um so facettenreicher, lebendiger gestaltet sich die Tonspur, auf der Stimmen – an einer Stelle auch die von Derek Jarman – durch die Erlebniswelt vom Leben und Sterben mit Aids führen. Die Anekdoten schwanken zwischen lyrischen Passagen des Erinnerns und Lakonisch-Makabrem, das die medizinische Behandlung der Krankheit mit sich bringt. An keiner Stelle gerät der Film zum Rührstück, sondern zeugt vom Mut und der Entschlossenheit des Autors, in radikaler Weise sein Sterben öffentlich zu machen.
Zoom, 5/94

Michael Althen in: Die Zeit, 18.2.94; Rupert Koppold in: Stgt. Zeitung, 4.3.94; Rheinische Post, 10.6.94; Wolfram Schütte in: FR, 10.3.94; Christian Seebaum in: Kölner Stadt-Anzeiger, 12.3.94

Blue Chips 118
BLUE CHIPS ***
Video

Regie: William Friedkin
Darsteller: Nick Nolte (Pete Bell), Mary McDonell (Jenny), Ed O'Neill (Ed), J.T. Walsh (Happy), »Penny« Hardaway (Butch), Alfre Woodard (Lavada McRae), Bob Cousy (Vic), Matt Nover (Ricky), Shaquille O'Neal (Neon), Louis Gossett jr. (Father Dawkins)
Drehbuch: Ron Shelton
Kamera: Tom Priestley jr. (Technicolor)
Musik: Nile Rodgers, Jeff Beck, Jed Leiber
Schnitt: Robert K. Lambert, David Rosenbloom
Produktion: Michele Rappaport für Michele Rappaport Prod., USA 1994
Uraufführung: 18.2.1994, New York
Verleih: -/-/-/CIC Video
Videostart: 18.11.1994
Länge: 103 Min.
FSK: ab 6 J.

Fanatischer Basketballtrainer mit chaotischem Privatleben manövriert sich, ohne dies zu merken, ins sportliche Aus. Eine ernsthafte, zuweilen auch spannende Auseinandersetzung mit den sich schleichend verschlimmernden Korruptionsmethoden im (Amateur-) Sport.

Blue Tiger 119
BLUE TIGER **
Video

Regie: Noberto Barba
Darsteller: Virginia Madsen (Gena Hayes), Toru Nakamura (Seiji), Ryo Ishibashi (Gan), Harry Dean Stanton (Smith), Sal Lopez (Luis), Dean Hallo (Henry Soanes), Lewis Arquette, Yuji Okumoto, Henry Mortensen
Drehbuch: Joel Soisson, nach einer Story von Taka Ichise
Kamera: Christopher Walling (Farbe)
Musik: David C. Williams
Schnitt: Caroline Ross
Produktion: Michael Leahy, Aki Komine für Mew Motion/Ozla Pic., USA/Japan 1994
Uraufführung: 14.5.1994, Int. Filmfestspiele Cannes (Markt)
Verleih: -/-/-/Marketing Video
Videostart: 9.11.1994
Länge: 85 Min. – *FSK:* ab 18 J.

Junge Frau will den Mörder ihres kleinen Jungen finden, der aus dem Milieu der Yakuza stammt und erlebt eine schicksalhafte Begegnung. Holprig inszenierter Action-Thriller mit erfreulich wenig Stereotypen.

Blueberry Hill 120

BLUEBERRY HILL – A LOVE STORY FROM THE FIFTIES □ TV

Regie: Robbe de Hert
Darsteller: Michael Pas (Robin), Babette van Veen (Cathy), Frank Aendenboom (Schuldirektor), Myriam Meszières (Claessens), Hilde Heynen (Jeannie), Ronny Coutteure (Hausmeister Valere), Frank Dingenen (der Stier), Gert Nevens (Eddy), Oliver Windross (Rudy)
Drehbuch: Walter van den Broeck, Robbe de Hert
Kamera: Jean-Claude Neckelbrouck (Farbe)
Musik: Jan Leyers
Schnitt: Ludo Troch, Chris Verbiest
Produktion: Favourite Films/Man's Films/ Multimedia, Belgien 1989
Sendetermin: 22.4.1994, Arte, 23.10
Länge: 86 Min.

Belgien, Ende der 50er Jahre. Der 17jährige Robin hat laufend Ärger mit den Eltern wegen schlechter Zensuren und mit den prüden und autoritären Erziehungsmethoden in der katholischen Berufsschule. Zudem hat er Liebeskummer wegen des Mädchens Cathy. Einzig die Lehrerin Claessens gewinnt mit ihrer offenen Art sein Vertrauen und das der Schüler – sehr zum Entsetzen des strengen Schulleiters, der um seine Autorität fürchtet. Um sich auf das Abschlußexamen vorzubereiten, steigen Robin und seine Klassenkameraden eines Nachts ins Schulsekretariat ein und kopieren die Prüfungsaufgaben. (...) *Pressetext Arte*

Blutige Ernte 121

BITTER HARVEST □ TV

Regie: Duane Clark
Darsteller: Patsy Kensit (Jolene Leder), Stephen Baldwin (Travis Graham), Jennifer Rubin (Kelly Ann Welsh), Adam Baldwin (Bobby), M. Emmet Walsh (Sheriff Bob)
Drehbuch: Randall Fontana
Kamera: Adam Kane (Foto-Kem)
Musik: Michael Tavera
Schnitt: Paul M. Petschek
Produktion: Steven Paul, Gary Binkow für Crystal Sky Comm., USA 1992
Sendetermin: 22.10.1994, RTL2, 22.30
Länge: 98 Min.

Travis Graham ist ein eher vertrottelt wirkender und naiver junger Mann. Als sein Vater stirbt, spielt er mit dem Gedanken, sein Farmland zu verkaufen. Eine attraktive Immobilien-Maklerin, die plötzlich im Ort auftaucht und ihm sehr nahe kommt, ermuntert ihn dazu. Doch Travis lernt auch eine hübsche Tramperin kennen, die sich sehr für sein Problem zu interessieren scheint. Der junge Mann holt schließlich beide Frauen zu sich auf die Farm. (...) *Pressetext RTL2*

Blutige Ernte 122

THE HARVEST ** Video

Regie: David Marconi
Darsteller: Miguel Ferrer (Charlie Pope), Leilani Sarelle Ferrer (Natalie Caldwell), Harvey Fierstein (Bob Lakin), Henry Silva (Det. Topo), Anthony John Denison (Noel Guzman), Tim Thomerson (Steve Mobley), Matt Clark (Hank)
Drehbuch: David Marconi
Kamera: Emmanuel Lubezki (CFI)
Musik: Dave Allen, Rick Boston
Schnitt: Hubert C. de la Bouillerie; Carlos Puente
Produktion: Jason Clark, Morgan Mason für Curb Musikfilm für RCA/Columbia TriStar Home Video, USA 1992
Uraufführung: 17.10.1992, Chicago Intl. Film Festival
Verleih: -/-/-/VPS Video
Videostart: August 1994
Länge: 95 Min.
FSK: ab 18 J.

Auf der Suche nach neuem Stoff zieht es den Drehbuchautor Charlie nach Mexiko, wo er zunächst einer aufreizenden Schönheit verfällt und später auch noch Opfer eines Organdiebstahls wird. Absurder Plot, überforderte Darsteller, stilwütige Regie.

Blutige Tränen und Liebesrache 123

XUE LEI QUIN CHOU □ TV

Regie: Li Wenhua
Darsteller: Yu Rongguang (Yue Feng/Donghua), Chen Xiaoyi (Song Liyuan), Bao Laifu (Huang Xuanfeng), Han Shanxu (Song Xiaoxian), Chen Kaiming (Oberster Leibwächter)
Drehbuch: Xue Cifu, Chen Kaiming
Kamera: (Farbe)
Produktion: Hongkong 1990
Sendetermin: 17.7.1994, ZDF, 23.55
Länge: 95 Min.

Die wechselvolle Geschichte zweier Brüder, die nach jahrzehntelanger Trennung wieder zueinanderfinden, verbindet Elemente des Kostümfilms mit Westernmotiven und melodramatischen Momenten. (...) *Pressetext ZDF*

Blutige Vergeltung 124

DEADMEN'S REVENGE ** Video

Regie: Alan J. Levi
Darsteller: Bruce Dern (Tom Hatcher), Tobin Bell (Bullock), Doug McClure (Granger)
Drehbuch: Jim Byrnes, David Chisholm
Kamera: (Farbe)
Produktion: Ed Lahti für MTE, USA 1993
Verleih: -/-/-/CIC Video
Videostart: 19.12.1994
Länge: 88 Min.
FSK: ab 12 J.

Kleiner Farmer legt sich mit expansionswütigem Großgrundbesitzer an. Passabler Neo-Western.

Ein blutroter Morgen 125

XUESE QING CHEN ****

Regie: Li Shaohong
Darsteller: Hu Yajie, Zhao Jun, Kon Lin, Xie Yan
Drehbuch: Xiao Mao, Li Shaohong, frei nach dem Roman »Chronik eines angekündigten Todes« von Gabriel Garcia Márquez
Kamera: Zeng Nianping (Farbe)
Musik: Meng Weidong
Produktion: Bejing Film Studio/China Film Export & Import, VR China 1990
Uraufführung: 14.8.1992, Locarno
Erstaufführung: 12.2.1993, Int. Forum des Jungen Films, Berlin
Verleih: -/Cinematograph/trigon
Kinostart: April 1994 (Österreich)
Länge: 102 Min.

Ein Lehrer wird von zwei Brüdern ermordet, die ihn verdächtigen, ihre Schwester entehrt zu haben. Das ganze Dorf weiß von dem Vorhaben, verhindert es aber nicht. Aus der Sicht des Ermittlers werden in kunstvollen Rückblenden die vielschichtigen Hintergründe des Ereignisses zusammengesetzt. Überholte Traditionen führen zu einem Tod, der auch als »Opfer« sinnlos bleibt, da diese Gesellschaft stagniert und mit ihren neuen Spannungen nur mehr mühsam in der alten Balance gehalten wird. In diesem Mikrokosmos reflektiert die Regisseurin sehr differenziert die aktuelle Situation ihres Landes und beeindruckt außerdem durch die ausgezeichnete Inszenierung. *multimedia*

In ihrem zweiten Spielfilm rekonstruiert die 1955 geborene Li Shaohong den Mord an einem jungen Lehrer in einem armen nordchinesischen Dorf. In einer kunstvoll strukturierten Reihe von Rückblenden entsteht das Bild einer sowohl archaischen als auch defekten Gesellschaft, deren Stagnation sich darin spiegelt, daß sie einen aufgrund sinnentleerter Traditionen »angekündigten Tod« nicht zu verhindern vermag. *Zoom, 8/93*

Eberhard von Elterlein in: Berliner Morgenpost, 15.2.93

Blutwind 126

CONTRA EL VIENTO □ TV

Regie: Paco Perinán
Darsteller: Antonio Banderas (Juan), Emma Suarez (Ana), Bruce McGuire (Petersen), Rosario Flores (Rosario), Francisco Guijar (Direktor), Rafael Diaz (Colorado), Germán Cobos (Antonio), Patricia Palacios (Mari), Patricia Palacios (Mari), Queta Claver (Anas Mutter)
Drehbuch: Paco Perinán
Kamera: Gerard de Battista (Eastmancolor)
Musik: Ramón Ferran
Schnitt: Carmen Frias
Produktion: Francisco Perinán/Maestranza Films mit Productora Andaluza de Programes

S.A./Cartel, Spanien 1990
Uraufführung: 24.9.1990, Filmfestspiele San Sebastian
Sendetermin: 25.9.1994, RTL2, 22.10
Länge: 95 Min.

Eine Geschichte über ein Geschwisterpaar, das eine inzestuöse Beziehung unterhält. Um sich von seiner Schwester Ana zu befreien, nimmt Juan einen Job im südlichen Spanien als Schweißer in einem nuklearen Entsorgungszentrum an. Doch nach einem Jahr hält Ana die Trennung nicht mehr aus. Sie schnürt ihren Rucksack und reist zu ihrem Bruder, der für sie nach wie vor die einzige große Liebe ist. Juan hat inzwischen eine Freundin. Doch auch Rosario kann nicht verhindern, daß seine alten Gefühle wieder neu entflammen. (…) *Pressetext RTL2*

Bodies, Rest and Motion 127

BODIES, REST & MOTION ***

Regie: Michael Steinberg
Darsteller: Phoebe Cates (Carol), Bridget Fonda (Beth), Tim Roth (Nick), Eric Stoltz (Sid), Alicia Witt (Elizabeth), Sandra Lafferty, Jon Proudstar, Sidney Dawson, Scott Johnson, Kezbah Weidner
Drehbuch: Roger Hedden, nach seinem gleichn. Schauspiel
Kamera: Bernd Heinl (Deluxe)
Musik: Michael Convertino
Schnitt: Jay Cassidy
Produktion: Allan Mindel, Denise Shaw, Eric Stoltz für Fine Line Features/August Ent., USA 1992
Uraufführung: 23.1.1993, Sundance Film Festival, Park City, Utah
Verleih: Tobis/-/-/VMP Video
Kinostart: 16.6.1994
Länge: 93 Min.
FSK: ab 12, ffr.

(…) Der Regisseur hat sich mit dem kleinen Umzugs-Chaos der Unbehausten eine von jenen Selbsterfahrungs- und Selbsterforschungsträumereien gegönnt, die später nahtlos in die Midlife Crisis übergehen. Aber trotz des unsentimentalen Spinner-Charmes dieser lässigen, selbstsicheren Endzwanziger mit ihrer vagen Sehnsucht nach irgendwas ist das nur mäßig unterhaltsam: Couch-

Bridget Fonda in ›Bodies, Rest and Motion‹.

Phantasien der Neunziger – ein amerikanischer Generations-Flop. *Ponkie, AZ, 16.6.94*

Body Bags 128

JOHN CARPENTER PRESENTS – BODY BAGS **

Video

Regie: John Carpenter, Tobe Hooper
Darsteller: »Morgue«: John Carpenter (Leichenbeschauer), Tom Arnold, Tobe Hooper;
Drehbuch: Billy Brown, Dan Angel
Kamera: Gary Kibbe (Farbe)
Musik: John Carpenter, Jim Lang
Schnitt: Edward A. Warschilka
Produktion: Sandy King für Showtime Networks, USA 1993
Uraufführung: 8.8.1993, Showtime TV
Verleih: -/-/-/Ascot Video

Videostart: Juni 1994
Länge: 94 Min. – *FSK:* ab 18 J.; gekürzte Fassung 85 Min. ab 16 J.

Fürs US-Fernsehen gefertigter, mühsam von einer Rahmenhandlung zusammengehaltener Episodenfilm, der statt Gänsehaut nur Kopfschütteln verbreitet: Immerhin führten John Carpenter und Tobe Hooper Regie, doch sie scheinen angesichts der primitiven Skripts keine rechte Lust gehabt zu haben.

Body of Influence 129

BODY OF INFLUENCE *
Video

Regie: Alexander Gregory Hippolyte
Darsteller: Nick Cassavetes, Djon Swayze, Shannon Wherry
Produktion: Andrew Garroni für Axis Films, USA 1993
Verleih: -/-/-/Splendid Video
Videostart: 25.8.1994
Länge: 93 Min. – *FSK:* ab 18 J.

Ein fauler Erotikthriller-Zauber auf der Psychater-Couch.

Body Shot 130

BODY SHOT **
Video

Regie: Dimitri Logothetis
Darsteller: Robert Patrick (Mickey Dane), Michelle Johnson (Chelsea/Danielle), Jonathan Banks (Simon), Ray Wise (Dwight)
Drehbuch: Robert Ian Strauss
Kamera: Nicholas von Sternberg (Farbe)
Produktion: Dimitri Logothetis, Gene Margoluis für Eternity Pic., USA 1993
Verleih: -/-/-/VMP Video
Videostart: 21.2.1994
Länge: 91 Min.
FSK: ab 16 J.

Müder Krimi mit Fleischbeilage um einen Photographen, der in den Verdacht gerät, einen weiblichen Rockstar ermordet zu haben und auf eigene Faust Jagd auf den Täter machen muß.

Bodyguard für heiße Nächte 131

NIGHT EYES III – ON GUARD **
Video

Regie: Andrew Stevens
Darsteller: Andrew Stevens (Will Griffith), Shannon Tweed (Zoe Clairmont), Tracy Tweed (Dana), Daniel McVicar (Thomas Cassidy), Tristan Rogers (Jim Stanton), Todd Curtis (Dan Everett)
Drehbuch: Andrew Stevens, Michael W. Potts, nach einer Story von Andrew Stevens
Kamera: James Mathers (Farbe)
Musik: Terry Plumeri
Schnitt: Marcy Hamilton, Terry J. Chiappe
Produktion: Ashok Amritraj für Sequel Prod., USA 1993
Verleih: -/-/-/Columbia TriStar Home Video
Videostart: 12.04.1994
Länge: 97 Min.
FSK: ab 16 J.

Heiße Affäre zwischen Schauspielerin und ihrem Bodygard sorgt für Aufregung. Erotik-Thriller ohne Anspruch.

Joe Hill in: film-dienst, 9/94

Bodyguards im Visier der Angst 132

LA SCORTA ***

Regie: Ricky Tognazzi
Produktion: Italien 1993

Videotitel für: → »Die Escorte«

Der böhmische Knoten 133

***

Regie: Pavel Schnabel
Darsteller: Mitwirkende: Peter Becher, Johann Bertlwieser, Marie Gahlerová, Bozena Hryzáková, Barbara König, Horst Löffler, Marie Macku, Jiri Krystof Podstatzky-Lichtenstein, Günther Rücker, Jaroslava und Jan Seda
Drehbuch: Pavel Schnabel
Kamera: Pavel Schnabel (Farbe)
Musik: Dvorák, Eben, Janácek, Jezek, Smetana
Schnitt: Eva Voosen
Produktion: Pavel Schnabel für Pavel Schnabel Filmprod. im Auftrag des HR/Arte, BRD 1994
Uraufführung: 12.2.1994, Int. Forum des Jungen Films, Berlin
Verleih: Eigenverleih/-/-
Kinostart: 19.5.1994
Länge: 98 Min.

Der Film schildert die Geschichte von Menschen, die heute erneut mit ihrer Vergangenheit konfrontiert werden: von dem Nachkommen eines Adelsgeschlechts, dem die »samtene Revolution« den Paß zurückgab, den er nun wieder verlieren soll, damit er keine Eigentumsansprüche mehr stellen kann; von den Böhmerwäldlern, die es immer wieder in ihre einst zerstörten Dörfer zieht; und von den Reichenberger Tschechen, die sich nach früheren, besseren Zeiten sehnen.

tha in: FR, 30.12.94

Boiling Point 134

BOILING POINT ***

Regie: James B. Harris
Darsteller: Wesley Snipes (Jimmy), Dennis Hopper (Red Diamond), Lolita Davidovich (Vikki), Viggo Mortensen (Ronnie), Dan Hedaya (Brady), Seymour Cassel (Virgil Leach), Jonathan Banks (Max), Christine Elise (Carol), Tony LoBianco (Tony Dio), Valerie Perrine (Mona)
Drehbuch: James B. Harris, nach dem Roman »Money Men« von Gerald Petievich
Kamera: King Baggot; David Butler, Rexford Metz (aerial) (Foto-Kem/Technicolor)
Musik: Cory Lerios, John D'Andrea
Schnitt: Jerry Brady
Produktion: Marc Frydman, Leonardo de la Fuente für Hexagon Films, USA/Frankreich 1993
Verleih: Scotia/-/-/Ufa Video
Kinostart: 13.1.1994
Länge: 93 Min.
FSK: ab 16, ffr.

Dennis Hopper spielt einen frisch aus dem Zuchthaus entlassenen, kriminellen Lügner mit einer Schwäche für Swingmusik, der mit Hilfe eines jungen, gutgläubigen Schrotflintenfreundes vergeblich versucht, alte Rechnungen zu begleichen und neue aufzumachen in diesem mit Wesley Snipes als frustrierten Kripomann und Seymor Cassel als abgewichsten Falschgeld-Hehler hervorragend besetzten und stimmungsvoll inszenierten Verliererdrama. *Ralph Umard, tip, 3/94*

Jimmy, ein Beamter des Schatzamtes, macht Jagd auf einen Gangster, der, wie sich herausstellt, Jimmy nicht unähnlich ist. Dadurch ist eigentlich der Grundtopos des Gangsterfilms schlechthin angesprochen, er wird allerdings nicht reflektiert, sondern auf vorhersehbare Weise reproduziert. Ein zwar mit prominenten Gesichtern bestückter, ansonsten allerdings reichlich dürftiger Film. *multimedia*

Frauke Hartmann in. FR. 18.1.94; Milan Pavlovic in: Kölner Stadt-Anzeiger, 22.1.94

Book of Death 135

TALES FROM THE DARKSIDE **

Video

Regie: David Odell
Darsteller: Tony Carbone, Phil Dondacavo
Drehbuch: Donald Wollner
Kamera: Steve Ross (Farbe)
Musik: Chris Stein
Schnitt: Kristina Boden
Produktion: Anthony Santa Croge für Laurel Prod., USA 1988
Verleih: -/-/-/Allround Video
Videostart: 28.3.1994
Länge: 104 Min.
FSK: ab 16 J.

Fünf Folgen der US-TV-Serie »Tales from the Darkside«.

Rainer Heinz in: film-dienst, 12/94

Ein Boot auf dem Ganges 136

BOATMAN ***

TV

Regie: Gianfranco Rosi
Drehbuch: Gianfranco Rosi
Kamera: Gianfranco Rosi
Produktion: USA/Italien 1993
Sendetermin: 25.7.1994, WDR, 23.00, OmU
Länge: 54 Min.

Dokumentarfilm über den Ganges, den heiligen Fluß Indiens – und Benares, die Stadt Shivas: Ein Ort der Kasten, der Badenden, der Pilger, der Touristen und der Toten.

Bopha! – Der Kampf um Freiheit 137

BOPHA! ***

Video

Regie: Morgan Freeman
Darsteller: Danny Glover (Micah Mangena), Malcolm McDowell (De Villiers), Alfre Woodard (Rosie Mangena), Marius Weyers (Van Tonder), Maynard Eziashi (Zweli Mangena), Malick Bowens (Pule Rampa), Michael Chinyamurindi (Solomon), Christopher John Hall (Naledi Machikano), Grace Mahlaba

(Thokozile Machikano), Robin Smith (Reteif)
Drehbuch: Brian Bird, John Wierick, nach dem Bühnenstück von Percy Mtwa
Kamera: David Watkin (Deluxe)
Musik: James Horner
Schnitt: Neil Travis
Produktion: Lawrence Taubman für Arsenio Hall Comm. mit Taubman Ent., USA 1993
Erstaufführung: Int. Filmfestspiele Berlin, 1994
Verleih: -/-/-/CIC Video
Videostart: Mai 1994
Länge: 121 Min. – *FSK:* ab 12 J.

Unzufriedenheit in der Bevölkerung führt zur Entsendung von Sicherheitsbeamten in eine kleine südafrikanische Gemeinde, womit der Konflikt nur noch weiter eskaliert. Anhand einer gut entwickelten Vater-Sohn-Problematik gelang dem Schauspieler Morgan Freeman bei seinem Regiedebüt ein unprätentiöser, realistischer und anrührender Film.

Born To Run 138

BORN TO RUN **

Video

Regie: Albert Magnoli
Darsteller: Richard Grieco (Nicky), Joe Cortese (Phil), Shelli Lether (Sally), Jay Acovone (Richie), Ken Kerzinger (Torch), Martin Cummins (Art), Brent Stait
Drehbuch: Randall M. Badat, Frank Bitetto
Kamera: Tobias Schliessler (Farbe)
Musik: Simon Franglen
Schnitt: David Codron
Produktion: Peter McAlevey, Bruce Binkow für Fox West Pic., USA 1993
Uraufführung: 2.8.1993, FBC TV
Verleih: -/-/-/VCL/Carolco Video
Videostart: 25.7.1994
Länge: 93 Min. – *FSK:* ab 18 J.; gekürzte Fassung 82 Min. ab 16 J.

Nicky tobt sich gern bei nächtlichen, illegalen Autorennen aus, doch nach einem tragischen Unfall will er dieses Hobby an den Nagel hängen. Lauwarmes Richard-Grieco-Vehikel in gefälliger Optik und mit einfallslosem Drehbuch.

Das Böse III 139

PHANTASM III ***

Video

Regie: Don Coscarelli
Darsteller: Reggie Bannister (Reggie), A. Michael Baldwin (Mike), Bill Thornbury (Jody), Gloria Lynne Henry (Rocky), Kevin Connors (Tim), Cindy Ambuehl (Edna), John Chandler (Henry), Brooks Gardner (Rufus), Robert Beecher, Angus Scrimm
Drehbuch: Don Coscarelli
Kamera: Chris Chomyn (Farbe)
Musik: Frederic Myrow, Christopher L. Stone
Schnitt: Norman Buckley
Produktion: Don Coscarelli für Starway Int., USA 1993
Verleih: -/-/-/VPS Video
Videostart: 8.9.1994
Länge: 86 Min. – *FSK:* ab 18 J.

Der »Tall Man« rekrutiert auf der Erde frische Leichen, um sie in eine andere Dimension zu verfrachten. Drei mutige Menschen stellen sich ihm entgegen. Nicht allzu plumpe Variation von Horror-Elementen, die tatsächlich mit einigen Einfällen gesegnet ist.

Böse Schatten 140

LOVE CHEAT & STEAL **

Video

Regie: William Curran
Darsteller: John Lithgow (Paul Harrington), Eric Roberts (Reno Adams), Mädchen Amick (Lauren Harrington), Donald Moffat (Paul's Vater), David Ackroyd, Dan O'Herlihy, Richard Edson
Drehbuch: William Curran
Kamera: Kent Wakeford (Farbe)
Schnitt: Monte Hellman
Produktion: Brad Krevoy, Steve Stabler für Brad Krevoy/Steve Stabler Prod., USA 1994
Verleih: -/-/-/VCL/Carolco Video
Videostart: 19.12.1994
Länge: 90 Min. – *FSK:* ab 16 J.

Eine Frau, ein Gangster und ein Bankdirektor versuchen sich gegenseitig aufs Kreuz zu legen. Trotz der erstklassigen Besetzung nur mäßig unterhaltsame Thrillerkost mit Erotik-Garnierung.

Boxing Helena 141

BOXING HELENA **

Video

Regie: Jennifer Chambers Lynch
Darsteller: Julian Sands (Dr. Nick Cavanaugh), Sherilyn Fenn (Helena), Bill Paxton (Ray O_Malley), Art Garfunkel (Dr. Lawrence Augustine), Kurtwood Smith (Dr. Alan Palmer), Betsy Clark (Anne), Nicolette Scorsese
Drehbuch: Jennifer Chambers Lynch, nach einer Story von P. Caland

Kamera: Frank Byers (Technicolor)
Musik: Graeme Revell
Schnitt: David Finfer
Produktion: Carl Mazzocone, Philippe Caland für Main Line Pic., USA 1993
Uraufführung: 23.1.1993, Sundance Film Festival, Park City, Utah, 3.9.1993, New York
Verleih: -/-/-/Starlight Video
Videostart: 20.6.1994
Länge: 101 Min. – *FSK:* ab 16 J.

Psychisch instabiler Chirurg steigert sich in aussichtslose Liebe: Er lockt die Angebetete an, überwältigt sie und befreit sie peu à peu von ihren Gliedmaßen. Eine gepflegte Unwucht im Hirn scheint der gesamten Familie Lynch zu eigen zu sein: Hier durfte die Tochter von David Lynch ihren abseitigen Phantasien freien Lauf lassen – bis weit über die Grenzen der Lächerlichkeit hinweg. Ein allenfalls optisch akzeptabler Erotik-Krimi, bei dem Kim Basinger und Madonna gut beraten waren, die Hauptrollen abzulehnen.

Anselm Jungeblodt in: film-dienst, 15/94

Brain Smasher – Der Rausschmeißer 142

BRAIN SMASHER *

Video

Regie: Albert Pyun
Darsteller: Andrew Dice Clay (Ed Malloy), Teri Hatcher (Sam Crain), Yuji Okumoto, Deborah von Valkenburgh, Brion James, Tim Thomerson, Charles Rocket, Nicholas Guest
Drehbuch: Albert Pyun
Kamera: George Mooradian (Farbe)
Musik: Tony Riparetti
Schnitt: Lauren Schaffer
Produktion: Tom Karnowski für Kings Road Prod., USA 1993
Verleih: -/-/-/Ufa Video
Videostart: 26.9.1994
Länge: 84 Min. – *FSK:* ab 18 J.

Mißlungener Versuch einer Martial-Arts-Film-Parodie in die sich Mega-Macho Andrew Dice Clay wohl aus Geldmangel verlaufen hat.

Brief an einen Engel 143

SURAT UNTUK BIDADARI ***

Regie: Garin Nugroho
Darsteller: Lewa (Windy), Berlian Merah (Nurul Arifin), Kuda Liar (Adi Kurdi), Guru (Viva Westi), Malaria Tua (Fuad Idris), Kakek Jepang (Hotalili), Pak Pos (Ibrahim Ibnu), Jaksa (Jajang Pamoncak)
Drehbuch: Garin Nugroho
Kamera: Winaldha E. Melalatao (Farbe)
Musik: Tony Prabowo
Schnitt: Arturo G. Pradjawisastra
Produktion: Budiati Abiyoga, Dr. A. Alatas Fahmi, Robert S. Semendap, Benny V. Aboebakar, Amoro Katamsi für Jakarta Institute of the Arts-Faculty of Film and Television, Indonesien 1993
Uraufführung: 15.12.1993, Jakarta
Verleih: Freunde, OmU/Filmhaus Stöbergasse, OmU/-
Kinostart: Sept. 1994
Länge: 118 Min.

Film, der sich mittels der Geschichte eines nach Wahrheit suchenden Knaben offensichtlich mit den kulturellen Zuständen seines volkreichen, muslimischen Landes auseinandersetzt. Vordergründig eine Räuberballade mit oft kraß realistischen Bildern vermittelt der Film den Eindruck der Unterdrückung der Frauen und Kinder in einer männerbündischen Gesellschaft.

multimedia

Broken Chain 144

THE BROKEN CHAIN ***

Video

Regie: Lamont Johnson
Darsteller: Eric Schweig, Wes Studi, Buffy Saint-Marie, Pierce Brosnan, J.C. White Shirt, Floyd Red Crow Westerman, Elaine Bilstad, Kim Snyder, Graham Greene, Michael Spears
Drehbuch: Earl W. Wallace
Kamera: William Wages (Farbe)
Musik: Charles Fox
Schnitt: Susan B. Browdy
Produktion: Cleve Landsberg, Lamont Johnson, Hanay Geigamah, Phill Lucas, Richard Hill für Von Zerneck/Sertner Films für TNT, USA 1993
Uraufführung: 12.12.1993, TNT
Verleih: -/-/-/Deutscher Videoring
Länge: 89 Min.
FSK: ab 12 J.

Handwerklich und schauspielerisch solider US-Fernsehfilm, der die Rolle der Indianer im Krieg zwischen den Franzosen und den Engländern im ausgehenden 18. Jahrhundert am Beispiel eines jungen Kriegers thematisiert.

Brooklyn Story 145

KAMARAD DO DESTE II – PRIBEH Z BROOKLYNU □

TV

Regie: Jaroslav Soukup
Darsteller: Lukás Vaculik (Tomás), Sagvan Tofi (Michal), Simona Krainová (Ivana), Marek Vasut (George), Karel Augusta (Kadlec), Andrej Hryc (Bures), Milos Vávra (Himl)
Drehbuch: Jaroslav Soukup, M. Vaic, Jaroslav Vokral
Kamera: Vladimir Smutny (Farbe)
Musik: Zdenek Bartok
Produktion: Renatafilm/Riopress/Krátky Film/ JS Film, Tschechoslowakei 1992
Verleih: -/-/-/
Sendetermin: 30.4.1994, RTL2, 20.15
Länge: 83 Min.

Tomás und Michal sind seit Jahren befreundet und eröffnen in Prag eine Diskothek mit dem Namen »Brooklyn«. Als Kellnerin heuern sie die attraktive Studentin Ivana an. Doch schon bald bekommen sie Ärger. In dem Lokal taucht Kadlec auf, mit dem sie einst befreundet waren, der aber dank ihrer Mithilfe im Gefängnis gelandet war. Kadlec kann nicht vergessen, was Tomás und Michal ihm damals angetan hatten und schwört Rache.

Das Buch der Liebe 146

TO MY DAUGHTER □

TV

Regie: Larry Shaw
Darsteller: Rue McClanahan (Laura Carlston), Michele Greene (Julie Carlston), Samantha Mathis (Anne Carlston), Ty Miller (Bobby Carlston)
Drehbuch: William Schwartz
Produktion: USA 1990
Verleih: -/-/-/
Sendetermin: 28.6.1994, RTL2, 20.15
Länge: 90 Min.

Die Literaturprofessorin Laura Carlston zerbricht am Krebstod ihrer ältesten Tochter, die an einem Buch arbeitete. Später vollendet sie das Lebenswerk ihrer Tochter und schreibt das Buch zu Ende.

Bucks größtes Abenteuer 147

BUCK AT THE EDGE OF HEAVEN **

TV

Regie: Anthony Richmond
Darsteller: John Savage (Wintrop), David A. Hess (Dan), Jennifer Youngs (Corinne), Rik Battaglia (Baumann), Mino Sferra (Hunk), Jesse Alexander (Tim), William Berger (Opa)
Drehbuch: Tito Carpi, Sheila Goldberg
Produktion: Italien 1991
Sendetermin: 19.11.1994, RTL2, 8.45
Länge: 85 Min.

Ein Junge lebt mit Vater und Großvater in der Wildnis Amerikas. Ihren Lebensunterhalt bestreiten sie mit Fallenstellen und Pelzhandel. Eines Tages überfallen Verbrecher den Opa, der alleine im Lager ist, und rauben alle Pelze, die Arbeit eines Jahres. Dan und Tim machen sich mit dem Vater auf die Suche nach den Verbrechern, die für den Tod ihres Opas verantwortlich sind. (...) *Pressetext RTL2*

Bullet Down Under 148

BULLET DOWN UNDER *

Video

Regie: Rob Stewart
Darsteller: Christopher Atkins (Martin Bullet), Mark »Jacko« Jackson (Jack Moran), Virginia Hey (Toni), Richard Carter (Frankie), Maureen O'Shannessy (Charlene), Alfie Ball (Doug), Laurie Moran (Bazza)
Drehbuch: Karl Shifferman
Kamera: Martin McGrath (Farbe)
Musik: Art Phillips
Schnitt: Tony Kavanagh
Produktion: Phillip Avalon für Canealien Prod., Australien 1993
Verleih: -/-/-/VPS Video
Videostart: 24.11.1994
Länge: 90 Min.
FSK: ab 18 J.

Polizist rächt den Mord an seinem Partner. Fazit: Auch in Australien werden schlechte Filme gedreht.

Burning Life 149

***

Regie: Peter Welz
Darsteller: Anna Thalbach (Lisa), Maria Schrader (Anna), Max Tidof (Paul), Jaecki Schwarz (Brehme), Andreas Hoppe (Jung), Dani Levy (Neuss), Michael Klobe (Lohmann), Gojko Mitic (Tankwart), Peter Kern, Johanna Karl-Lory

Roberta Hoods im Doppelpack: Maria Schrader und Anna Thalbach in ›Burning Life‹.

Drehbuch: Stefan Kolditz
Kamera: Michael Schaufert (Eastmancolor)
Schnitt: Helga Wardeck
Produktion: Alexander Gehrke für Antaeus Film, BRD 1994
Erstaufführung: 30.6.1994, Filmfest München
Verleih: TiMe/-/-
Kinostart: 17.11.1994
Länge: 110 Min. – *FSK:* ab 16, ffr.

Die Wessi-Raffgier in der Ex-DDR (Planierung für Golfplatz!) als Ausgangspunkt für einen Lebensfrust, der sich in Bankraub umsetzt: Die Anarcho-Anna und ihre Zufallskumpanin Lisa als Robin-Hood-Gangsterpaar mit Spielzeugpistole, das den Armen die Beute spendiert – bis der Staatsschutz eine Terroristenfahndung draus macht. Samt tragischer Reißerkurve: Romantisch-pathetischer Action-Krimi.
Ponkie, AZ, 30.6.94

(...) Statt in einer amerikanischen Geschichte deutsche Wirklichkeit zu spiegeln, verbreitet der Film über die Verhältnisse im Beitrittsgebiet allerdings nur Banalitäten. Für Lichtblicke sorgen nur Maria Schrader und Anna Thalbach. Mit Macht spielen sie gegen einen Film an, der sie zu Abziehbildern zu degradieren versucht.
Christoph Terhechte, tip, 24/94

(...) Schlimm ist nicht, daß Welz frech und direkt anknüpft an Scotts »Thelma & Louise«, bedauerlich ist nur, daß er seine abenteuerliche Geschichte dermaßen schlicht und holprig zusammenstrickt. *Norbert Grob, Die Zeit, 25.11.94*

H.G. Pflaum in: SZ, 17.11.94; Ponkie in: AZ, 17.11.94; Angela Schmitt-Gläser in: FR, 19.11.94; Ruprecht Skasa-Weiß in: Stgt. Zeitung, 17.11.94

Bush Pilots 150

BUSH PILOTS □
TV

Regie: Michael Craig
Darsteller: Ashlyn Gere, Lauren Brice, Rayne (Melody)
Kamera: (Farbe)
Produktion: USA 1991
Sendetermin: 17.2.1994, Premiere, 2.00
Länge: 75 Min.

Melody und ihre blonde Co-Pilotin fliegen für den Hotelbesitzer Armstrong.

Cage II – The Arena of Death
151

CAGE II

*

Video

Regie: Lang Elliott
Darsteller: Lou Ferrigno (Billy), Shannon Lee (Mi Lo), Reb Brown (Scott), Leo Fong (Tanaka), Masahura Sakiukai (Ohgami), James Shigeta (Tin Lum Yin), Yamashita Tadashi (Wang), Gerald Okamura (Dr. Wu), Thor Edgell (Mitchell), James Lew
Drehbuch: Hugh Kelley
Kamera: Sandra Chandler (Farbe)
Musik: Kevin Connal
Produktion: Matt Devlen für Rocket Pic., USA 1994
Verleih: -/-/-/VPS Video
Videostart: 8.12.1994
Länge: 101 Min. – *FSK:* ab 18 J.

Zwei leicht angeschlagene Muskelmänner machen einer Bande böser Kampfsportveranstalter den Garaus. Einfallslose Karate-Action.

Calendar Girl
152

CALENDAR GIRL

**

Video

Regie: John Whitesell
Darsteller: Jason Priestley (Roy Darpinian), Gabriel Olds (Ned Bleuer), Jerry O'Connell (Scott Foreman), Joe Pantoliano (Harvey Darpinian), Steve Railsback (Roy's Vater), Kurt Fuller (Arturo Gallo), Stephen Tobolowsky (Antonio Gallo), Emily Warfield (Becky O'Brien), Stephanie Anderson (Marilyn Monroe), Cortney Page
Drehbuch: Paul W. Shapiro
Kamera: Tom Priestley (Technicolor)
Musik: Hans Zimmer
Schnitt: Wendy Greene Bricmont
Produktion: Debbie Robins, Gary Marsh für Parkway Prod., USA 1993
Uraufführung: 3.9.1993, New York
Verleih: -/-/-/Columbia TriStar Home Video
Videostart: 6.12.1994
Länge: 90 Min. – *FSK:* ab 12 J.

Drei US-Jungs brechen 1962 aus und auf, in Hollywood Marilyn Monroe zu treffen.
Höchst harmlose Teenie-Unterhaltung mit Jason Priestley, dem zur Imageverbesserung ein Langweiler und ein Junge mit Holzbein zu Seite gestellt wurden.

Carlito's Weg
153

CARLITO'S WAY

****

Regie: Brian de Palma
Darsteller: Al Pacino (Carlo Brigante), Sean Penn (David Kleinfeld), Penelope Ann Miller (Gail), Luis Guzman (Pachanga), John Leguizamo (Benny Blanco), Ingrid Rogers (Steffie), James Rebhorn (Norwalk), Joseph Siravo (Vinnie Taglialucci), Viggo Mortensen (Lalin), Richard Foronjy (Pete Amadesso)
Drehbuch: David Koepp, nach den Romanen »Carlito's Way« und »After Hours« von Edwin Torres
Kamera: Stephen H. Burum (Eastmancolor)
Musik: Patrick Doyle
Schnitt: Bill Pankow, Kristina Boden
Produktion: Martin Bregman, Willi Bär, Michael S. Bregman für Universal/Epic, USA 1993
Erstaufführung: 20.2.1994, Int. Filmfestspiele Berlin
Verleih: UIP/UIP/UIP/CIC Video
Kinostart: 24.2.1994
Länge: 144 Min. – *FSK:* ab 16, ffr.
FBW: Besonders wertvoll

Warten auf den Tod: Al Pacino in ›Carlito's Way‹.

Ein Drogenhändler versucht nach seiner vorzeitigen Entlassung aus dem Milieu auszusteigen, wird jedoch von seinem zwielichtigen Anwalt erneut hineingezogen. Der dicht inszenierte Film verliert an Interesse durch die ausschließliche Konzentration auf sattsam bekannte Gangsterfilm-Klischees, woran auch die furiose und zugleich vertiefende Schlußszene nichts mehr ändern kann. *Zoom*

(...) In seinem besten Film seit Jahren verzichtet De Palma weitgehend auf inszenatorische Extravaganzen, widmet sich statt dessen seinen Figuren und schafft auf diese Weise etwas, was man ihm nicht zugetraut hätte: er rührt uns. *Lars-Olav Beier, tip, 4/94*

Heiko R. Blum in: Rheinische Post, 25.2.94; Sabine Horst in: FR, 25.2.94; Milan Pavlovic in: Kölner Stadt-Anzeiger, 26.2.94; Anke Sterneborg in: SZ, 24.2.94

Casablanca, Casablanca 154

CASABLANCA, CASABLANCA ***

TV

Regie: Francesco Nuti
Darsteller: Giuliana de Sio (Chiara), Francesco Nuti (Francesco), Novello Novelli (Merlo), Marcello Lotti (Der Schwarze), Carlo Monni (Carlo), Alfred Thomas (Daniel), Daniel Olbiychski
Drehbuch: Sergio Donati, Luciano Vincenzoni
Kamera: Franco DiGiacomo (Farbe)
Produktion: Gianfranco Piccioli für Union P.N., Italien 1984
Sendetermin: 14.4.1994, BR3, 21.45
Länge: 98 Min.

Francesco ist ein äußerst begabter Billardspieler. Seine Freundin, die hübsche Saxophonistin Chiara, ist oft auf Tournee, wobei sie möglichst von Francesco begleitet wird. Nach einem Eifersuchtsanfall von Francesco kommt es zwischen dem Liebespaar zu einer Auseinandersetzung, die zur Trennung führt. Bei der Billardweltmeisterschaft in Casablanca begegnen sich Francesco und Chiara, und ihre Liebe entbrennt von Neuem. Skurril amüsante Liebeskomödie.

Cat & Mouse 155

CAT & MOUSE □

TV

Regie: Michael Craig
Darsteller: Jeanna Fine, Brandy Alexandre, Mike Horner, Chrissy Ann, Scott Irish
Produktion: USA 1992
Sendetermin: 25.6.1994, Premiere, 0.45
Länge: 69 Min.

Ein Ehepaar wird von einer Bekannten auf eine Überraschungsparty eingeladen, auf der die Gäste erotische Abenteuer erleben wollen.

CB 4 156

CB 4 **

Video

Regie: Tamra Davis
Darsteller: Chris Rock (Albert), Allen Payne (Euripides), Deezer D (Otis), Chris Elliott (A. Whithe), Phil Hartman (Virgil Robinson), Charlie Murphy (Gusto), Khandi Alexander (Sissy), Arthur Evans (Albert Sr.), Theresa Randle (Eve), Williard E. Pugh (Trustus)
Drehbuch: Chris Rock, Nelson George, Robert Lo Cash
Kamera: Karl Walter Lindenlaub (Deluxe)
Musik: John Barnes
Schnitt: Earl Watson
Produktion: Nelson George für Universal, USA 1993
Verleih: -/-/-/CIC Video
Videostart: April 1994
Länge: 84 Min.
FSK: ab 18 J.

Drei schwarze Jungs gründen Rapband und führen sie zum Erfolg. Blöde Sprüche, wirre Bilder, lächerliches Skript: Schnipselunterhaltung für die MTV-Generation.

Center of the Web 157

CENTER OF THE WEB **

Video

Regie: David A. Prior
Darsteller: Robert Davi (Richard Morgan), Charlene Tilton (Kathryn Lockwood), Ted Prior (John Phillips), Bo Hopkins (Frank Allesandro), Tony Curtis (Stephen Moore), William Zipp (Tony), Charles Napier
Drehbuch: David A. Prior
Kamera: Andrew Parke (Farbe)
Musik: Greg Turner
Schnitt: Tony Malanowski
Produktion: Ruta K. Aras für Winters Group

mit Sovereign Investment Group, USA 1992
Uraufführung: 25.4.1992, World Fest, Houston
Verleih: -/-/-/UFA Video
Videostart: Mai 1994
Länge: 84 Min.
FSK: ab 16 J.

Schauspiellehrer wird von Gangstern mit Auftragskiller verwechselt und in ein Verbrechen verwickelt. In diesem preiswert inszenierten Action-Thriller ist nichts so, wie es zu sein scheint. Das gilt leider auch für den ganzen Film, denn er scheint nur anfangs spannend zu sein, verheddert sich dann aber im konfusen Skript.

Jochen Rack in: film-dienst, 11/94

Chain of Command 158

CHAIN OF COMMAND **

Video

Regie: David Worth
Darsteller: Michael Dudikoff (Merill Ross), Todd Curtis (Rawlings), Keven Tishman (Maya), R. Lee Ermey (Brewster)
Drehbuch: Christopher Applegate, Ben Jonson Handy
Kamera: Avi Koven (Farbe)
Musik: Greg King, David Trevis
Schnitt: Alain Jakubowicz
Produktion: Allan Greenblatt, Asher Gat für Cannon Pic., USA 1993
Verleih: -/-/-/Warner Home Video
Videostart: Juni 1994
Länge: 93 Min.
FSK: ab 18 J.; gekürzte Fassung Min. ab 16 J.

Aufgedonnertes Actionfilmchen, in dem ein Amerikaner und eine Agentin des israelischen Geheimdiensts ein arabisches Land retten wollen. Schauspieler, Story, Inszenierung – alles ziemlich simpel.

Changing our Minds 159

CHANGING OUR MINDS: THE STORY OF DR. EVELYN HOOKER ***

Regie: Richard Kurt Schmiechen
Drehbuch: J. Harrison, Richard Kurt Schmiechen
Kamera: Joan Churchill, T. Adair, B. Megalos, C. Zkeuttin (Farbe und s/w)
Musik: Absolute Music
Schnitt: R.K. Schmiecher, Gail Yasunaga
Produktion: Intrepid Prod., USA 1991
Uraufführung: Int. Filmfestspiele Berlin 1992, »Panorama«
Verleih: Salzgeber, OF/-/-
Kinostart: 16.6.1994
Länge: 75 Min.

Der Film schildert Leben und Arbeit der amerikanischen Psychoanalytikerin Evelyn Hooker, die in den fünfziger Jahren lautstark gegen die Diskriminierung Homosexueller als »psychisch Kranke« protestierte.
(...) Richard Schmiechen, Produzent und Co-Regisseur von »The Times of Harvey Milk«, hat Kollegen und Testpersonen von Evelyn Hooker sowie die alte Dame selbst besucht und die Entstehung dieser epochalen Arbeit nachgezeichnet. Er setzte damit nicht nur der Wissenschaftlerin ein Denkmal, sondern erinnert auch an finstere, allgemein vergessene Zeiten und zeigt das ermutigende Beispiel ihrer Überwindung. *Jan Gympel, Zitty, 4/92*

Chaos in Palm Springs 160

ROUND TRIP TO HEAVEN □

TV

Regie: Alan Roberts
Darsteller: Corey Feldman (Larry), Ray Sharkey (Stoneface), Zach Gilligan (Steve), Julie McCullough (Lucille), Rowanne Brewer (April), Lloyd Battista (Mike), John Stewart (Erster Mann), Sandy Doll (Melanie), Bernd Corman (Brandon), Michael Fosberg (Erster Polizist)
Drehbuch: Shuki Levy, Winston Richard
Produktion: USA 1992
Sendetermin: 6.9.1994, RTL2, 20.15
Länge: 93 Min.

Larry ist ein junger Mann wie es viele in Palm Springs gibt. Er hat ein Auge auf ein Fotomodell geworfen, und setzt alles daran, seiner Angebeteten näher zu kommen. (...) Die Schöne ist zunächst alles andere als erpicht auf den leicht schusselig wirkenden Mann. Aber Larry hat eine List auf Lager, mit der er unweigerlich zum Ziel kommt.

Pressetext RTL2

Chaos Kings 161

REVENGE OF THE NERDS IV – NERDS IN LOVE *

Video

Regie: Steve Zacharias
Darsteller: Curtis Armstrong (Booger), Corinne Bohrer (Jeannie), Robert Carradine (Lewis), Julia Montgomery (Betty), Joseph Bologna (Aaron), Christina Pickles (Tippy), Stephen Davies (Chip), Jessica Tuck (Gaylord), Brian Tochi (Takashi), John Pinette
Drehbuch: Gary Karr
Kamera: Zoran Hochstatter (Farbe)
Musik: Garry Schyman
Produktion: Fox West Prod. mit Zacharias/Buhai Prod., USA 1993
Verleih: -/-/-/Fox Video
Videostart: 20.10.1994
Länge: 88 Min.
FSK: ab 12 J.

Neureicher Unternehmer engagiert Yuppie, um die Heirat seiner Tochter mit einem »Nerd« zu hintertreiben. Teenie-Klamotte einfachster Bauart.

Charlie & Louise – Das doppelte Lottchen 162

***

Regie: Joseph Vilsmaier
Darsteller: Fritzi Eichhorn (Charlotte Palfy, gen. Charlie), Floriane Eichhorn (Louiselotte Kröger, gen. Louise), Corinna Harfouch (Sabine Kröger), Heiner Lauterbach (Wolf Palfy), Hanns Zischler (Dr. Dieter Reich), Hans Werner Meyer (Reiseleiter Jochen), April Hailer (Sunny), Albert Kitzl (Sülo)
Drehbuch: Stephan Reinhart, Klaus Richter, nach dem gleichn. Roman von Erich Kästner
Kamera: Joseph Vilsmaier (Farbe)
Musik: Norbert J. Schneider
Schnitt: Hannes Nikel
Produktion: Günter Rohrbach, Joseph Vilsmaier für Luna Film/Bavaria/Perathon Film, BRD 1993
Uraufführung: 16.2.1994, München, Sendlinger Tor Lichtspiele
Verleih: Bavaria/Constantin/Monopole Pathé/Warner Home Video
Kinostart: 17.2.1994
Länge: 96 Min.
FSK: o.A., ffr.
FBW: Wertvoll

Neuverfilmung des Erich Kästner-Romans um zwei zehnjährige Zwillingsschwestern, die sich durch einen Zufall kennenlernen und entdecken, daß sie als Babys bei der Scheidung der Eltern getrennt wurden. Heimlich nehmen sie bei Vater und Mutter jeweils die Rolle der anderen ein, was schließlich dazu führt, daß sie wieder eine Familie werden. In der Inszenierung eher glanzlos, überzeugt der Film vor allem durch seine sympathischen Darsteller, dank derer er doch manches von Kästners liebenswerter Utopie von harmonischem Familienleben vermittelt.

Zoom

(…) Und weil Vilsmaier, wie Kästner, die beiden Kinder in den Mittelpunkt des Films stellt und keinen transvestierenden Vater, ist der Film nicht nur schöner, sondern auch ehrlicher als »Mrs. Doubtfire«. Es bleibt dabei. Ob der Zuschauer sie nun teilen mag oder nicht – Vilsmaier kann Gefühle filmen.

Alfred Holighaus, tip, 4/94

Heiko R. Blum in: Rheinische Post, 18.2.94; H.G. Pflaum in: SZ, 21.2.94; Ponkie in: AZ, 18.2.94; Mirko Weber in: Stgt. Zeitung, 19.2.94

Charlie Dingo – Der Gestrandete 163

CHARLIE DINGO □

TV

Regie: Gilles Béhat
Darsteller: Guy Marchand (Charlie Dingo), Caroline Cellier (Georgia), Laurent Malet (Mathieu), Niels Arestrup (William Wolski), Brigitte Rouan (Marie), Jean-Claude Dauphin (Jupin)
Drehbuch: Gilles Béhat, Jean Vautrin
Kamera: Pierre Lhomme (Fujicolor)
Musik: Christian Chevalier
Schnitt: Geneviève Vaury
Produktion: Jean Nainchrik für Septembre Prod./Cofimage/Sofica Créations, Frankreich 1987
Uraufführung: 7.10.1987, Paris
Sendetermin: 27.1.1994, MDR3, 23.00; 18.2.1994, ORB3, 22.45
Länge: 105 Min.

Charlie Dingo kehrt nach zwei Jahren in seine Heimatstadt St. Malo zurück und findet seinen Namen auf einem Grabstein. Seine Frau Georgia ist inzwischen mit einem Polizisten verheiratet und hatte bei Charlies Toterklärung nur seine Lebensversicherung im Sinn. Der Heimgekehrte möchte aber unbedingt sein früheres Leben wieder

Freundschaft, die zum Mord führt: Mária Balogh und Barnabás Tóth in ›Childmurders‹.

aufnehmen und will sich für Georgias Untreue rächen.

Chasers 164
CHASERS ***

Regie: Dennis Hopper
Darsteller: Tom Berenger (Rock Reilly), Erika Eleniak (Toni Johnson), William McNamara (Eddie Devane), Crispin Glover (Howard Finster), Matthew Glave (Rory Blanes), Grand L. Bush (Vance Dooly), Dean Stockwell (Verkäufer Stig), Bitty Schram (Flo), Gary Busey (Sgt. Vince Banger), Seymour Cassel (Master Chief Bogg)
Drehbuch: Joe Batteer, John Rice, Dan Gilroy
Kamera: Ueli Steiger (Cinefilm Lab/ Technicolor)
Musik: Dwight Yoakam, Peter Anderson
Schnitt: Christian A. Wagner
Produktion: James G. Robinson für Morgan Creek, USA 1994
Erstaufführung: 27.6.1994, Filmfest München
Verleih: Warner Bros./-/-/Warner Home Video
Kinostart: 14.7.1994
Länge: 101 Min. – *FSK:* ab 12, ffr.

Zwei Offiziere der Navy-Militär-Polizei sollen einen Gefangenen zur Basis transportieren. Dabei entpuppt sich der angeblich gemeingefährliche Häftling als äußerst attraktive Frau, die überhaupt nicht daran denkt, ihr Leben im Gefängnis abzusitzen.

(...) Chasers ist nicht die große Symphonie, sondern ein kleines Scherzo. Und da paßt dann ganz herrlich Hoppers Kurzauftritt mit angeklebter Knubbelnase als geiler Wäschevertreter hinein. Er hat sichtlich Spaß an dieser Nummer, so wie auch Frederic Forrest. (...) *Bodo Fründt, SZ, 11.7.94*

Der Chef kehrt zurück 165
RETURN OF IRONSIDE **
Video

Regie: Gary Nelson
Darsteller: Raymond Burr (Robert T. Ironside), Don Galloway (Ed), Barbara Anderson (Susan), Elizabeth Baur (Katherine), Don Mitchell (Mike), Cliff Gorman (Mc Manus)
Drehbuch: Rob Hedden, William Read Woodfield
Kamera: Neil Roach (Farbe)
Musik: John Cacavas
Schnitt: Marc Laub
Produktion: Richard Brams für M.T.E. Inc., USA 1993
Verleih: -/-/-/CIC Video
Videostart: Sept.1994
Länge: 89 Min. – *FSK:* ab 12 J.

Ach hätte uns der Chef doch seine Rückkehr erspart, wir hätten ihn in guter Erinnerung behalten können. Auf Spielfilmlänge gequältes TV-Serienmaterial.

Childmurders / Kindermorde 166

****

GYEREKGYILKOSSAGOK

Regie: Ildikó Szabó
Darsteller: Barnabas Tóth (Zsolt Balogh), Ilona Kallai (Bizsu, die Großmutter), Péter Andorai (Bela Andor), Maria Balogh (Juli), Eszter Csakanyi (Mädchen), Dóra Köves, Hédi Temessy
Drehbuch: Ildikó Szabó, nach einer Idee von Zsuzsa Tóth
Kamera: Tamas Sas
Musik: Janos Masik
Schnitt: Anna Kornis
Produktion: Istvan Kardos, Pal Erdöss, Gerd Haag, Istvan Darday, Marton Ledniczky für Hétföi Mühely Studió Alapitvány, Ungarn/BRD 1993
Erstaufführung: 2.7.1993, Filmfest München
Verleih: MFA/Stöbergasse/-
Länge: 78 Min.

(...) In »Childmurders« bleibt nur die hilflose Sympathie für einen zwölfjährigen Mörder, ein Kind, das keins mehr sein darf – und das Ufer der Donau, die turmhohen Fabrikruinen, der verlassene Eisenbahnwaggon, in schwarz und weiß.
Ein ungarischer Film, der direkt aber behutsam auf den Spuren seelischer und sozialer Zusammenhänge von der Logik der Gefühle und des Verhaltens erzählt. *AZ, 1.7.93*

Claudia Freitag in: Kölner Stadt-Anzeiger, 18.6.94; Frauke Hanck in: AZ, 3.11.94; H.G. Pflaum in: SZ, 3.11.94; Josef Schnelle in: FR, 17.6.94; Ralf Schenk in: Der Tagesspiegel, 21.6.94

Ein chinesisches Schlitzohr 167

CHINA HAND

□
TV

Regie: Jerry London
Darsteller: David Soul (Harry Petros), Mike Preston (Max Trumble), Mel Harris (Fay Salerno), Jan Gan Boyd (Sally Cheng), Lisa Lu (Rose), Julia Nickson (Mei Ling), David Hemmings (Jack Roarke), James Hong (Mr. Yu), Rosanna Huffman (Mrs. Hamilton)
Produktion: USA 1986
Sendetermin: 16.4.1994, ZDF, 0.40
Länge: 92 Min.

Nachdem die Leiche seines ehemaligen Bekannten und Ex-Polizisten Jack Roarke gefunden wurde, wird der zwielichtige Geschäftsmann Harry Petros der Unterschlagung verdächtigt. Harry hatte seinem Freund Roarke, der sich aus Hongkong absetzen wollte, vor einiger Zeit geholfen, acht Millionen Hongkong-Dollar, mit denen dieser von einem Syndikat bestochen wurde, in Gold umzutauschen. Sowohl die Polizei als auch der Syndikatsboß Mr. Yu fordern die verschwundene Summe innerhalb von zwei Tagen von Harry zurück. (...) *Pressetext ZDF*

Circuitry Man II 168

PLUGHEAD REWIRED: CIRCUITRY MAN II

*
Video

Regie: Steven Lovy, Robert Lovy
Darsteller: Vernon Wells, Tracy Lords, Deborah Shelton, Jim Metzler, Paul Wilson, Dennis Christopher, Nicholas Worth, Tom Kenny, George Murdock
Kamera: Stephen Timberlake (Farbe)
Produktion: TransAtlantic Ent./I.R.S. Media, USA 1993
Verleih: -/-/-/Starlight Video
Videostart: 9.11.1994
Länge: 95 Min.
FSK: ab 18 J.

Endzeitspektakel in dem die Welt von einer FBI Amazone und einem Bio-Roboter gerettet werden soll. Science-Fiction plus Action plus Horror: Allerweltsfutter für Genrefreunde.

City Hunter 169

CITY HUNTER

**
Video

Regie: Wong Zing
Darsteller: Jackie Chan, Richard Norton, Gary Daniel
Produktion: Golden Harvest, Hongkong 1993
Verleih: -/-/-/Splendid Video
Videostart: 9.2.1994
Länge: 92 Min.
FSK: ab 18 J., gekürzte Fass. 88 Min. ab 16 J.

Terroristen kapern Luxusliner und werden mit einem cleveren Privatdetektiv als Gegner konfrontiert. Actionreiche, aber wenig komische Parodie auf »Alarmstufe: Rot«.

City Slickers 2: Die goldenen Jungs 170

***

CITY SLICKERS II: THE LEGEND OF CURLY'S GOLD

Regie: Paul Weiland
Darsteller: Billy Crystal (Mitch Robbins), Daniel Stern (Phil Berquist), Jon Lovitz (Glen Robbins), Jack Palance (Duke Washburn), Patricia Wettig (Barbara Robbins), Pruitt Taylor Vince (Bud), Bill McKinney (Matt), Lindsay Crystal (Holly Robbins), Noble Willingham (Clay Stone), David Paymer (Ira Shalowitz)
Drehbuch: Billy Crystal, Lowell Ganz, Babaloo Mandel, nach den Charakteren von Lowell Ganz und Babaloo Mandel
Kamera: Adrian Biddle (Technicolor)
Musik: Marc Shaiman
Schnitt: William Anderson
Produktion: Billy Crystal für Castle Rock Ent./Face Prod., USA 1994
Uraufführung: 10.6.1994, New York
Verleih: Columbia TriStar/dto./20th Century Fox/Columbia TriStar Home Video
Kinostart: 3.11.1994
Länge: 116 Min. – *FSK:* ab 12, ffr.

Drei Männer in mittleren Jahren wiederholen ihren Ausritt in den Wilden Westen, um erfolglos nach einem Schatz von Goldbarren zu suchen. Äußerst matte Fortsetzung der Midlifecrisis-Komödie »City Slickers«, die nicht unterhalten kann. *multimedia*

(...) Leider haben sie dafür auch diesmal viel zu viel Selbstmitleid und Sentimentalität aufgeladen, doch zum Glück gibt Crystal dem Film stets im rechten Moment mit einem guten Gag die Sporen. *Lars Olav Beier, tip, 24/94*

Rupert Koppold in: Stgt. Zeitung, 3.11.94

Class of 1999, Part II 171

*

CLASS OF 1999 II – THE SUBSTITUTE

Video

Regie: Spiro Razatos
Darsteller: Sasha Mitchell (John Bolan), Nick Cassavetes (Emmet Grazer), Caitlin Dulany (Jenna McKensie), Jack Knight (Sheriff Tom Yost), Gregory West (Sanders), Rick Hill (G.D.Ash)
Drehbuch: Mark Sevi
Kamera: Dean Lent (Farbe)
Musik: Andrew Keresztes
Schnitt: David Kern
Produktion: Russell Markowitz für Schools Out Prod./Cinetel Film, USA 1993
Verleih: -/-/-/Highlight Video
Videostart: 12.4.1994
Länge: 90 Min.
FSK: ab 18 J.

Kampfroboter sorgt an heruntergekommener Highschool für Zucht und Ordnung. Abstoßend brutal und stümperhaft inszeniert.

The Club 172

**

THE CLUB

Video

Regie: Brenton Spencer
Darsteller: Joel Wyner, Andrea Roth, Rino Romano, Zack Ward, Kelly Taylor, Matthew Ferguson, Kim Coates
Drehbuch: Robert C. Cooper
Kamera: Curtis Petersen (Farbe)
Musik: Paul Zaza
Schnitt: Michael McMahon, Nick Rotundo
Produktion: Ilona Frank für Norstar Ent., Kanada 1993
Verleih: -/-/-/Highlight Video
Videostart: 28.11.1994
Länge: 93 Min.
FSK: ab 18 J.
(gekürzte Fass. ab 16 J.)

Die Aufnahmeprüfung in einen exclusiven Club gestaltet der mit übernatürlichen Kräften ausgestattete Student John besonders hinterhältig: Nacheinander lockt er seine Kommilitonen in die Falle. Ansehnlicher, selten origineller Gruselfilm.

Codename 7700 – Das finale Experiment 173

**

THE FINAL MISSION

Video

Regie: Lee Redmond
Darsteller: Billy Wirth (Tom »Outlaw« Waters), Steve Railsback (Colonel Glen Anderson), Elizabeth Ward Gracen (Caltlin Cole), Richard Bradford (Maurice Vick), Corbin Bernsen (General Morgan Breslaw), Tim Moran (David »Hound Dog« Matthews), Timothy Dale Agee (Daniel »Cowboy« Riley), Frank Zagarino (Frank »Flash« Tate), Anthony Dean Fileds, Patricia Sill
Drehbuch: Sam Montgomery, Lee Redmond, Earnest Sheldon jr. (auch Ass.-Prod.), Virginia Gilbert
Kamera: Eric Goldstein (Farbe)
Musik: Rick Marvin

Schnitt: Barry Zetlin
Produktion: Kevin M. Kallberg, Oliver G. Hess für Hess/Kallberg Prod., USA 1993
Verleih: -/-/-/VPS Video
Videostart: 3.2.1994
Länge: 87 Min.
FSK: ab 16 J.

Mehrere tödliche Unfälle bringen eine Elitegruppe der US-Air-Force in Aufruhr. Mit den Mitteln moderner Technik aber wenig Originalität ausgestatteter Actioner aus dem Fliegermilieu.

Klaus Brühne in: film-dienst, 4/94

Cognacq-Jay 174

COGNACQ-JAY □ TV

Regie: Laurent Heynemann
Darsteller: Mathieu Carrière (Kurt Heyzmann), Roland Blanche (Millien), Jeanne Marine (Martine), Julian Benedict (Kleischter), Alain Fromager (Josselin), Isabel Karajan (Bertie), Brigitte Catillon (Rita Kelly), Isabelle Maltese (Marie Lilette), Christian Charmettant (Marcellin), Jean-Marie Galey (Orcel)
Drehbuch: Pierre Fabre, Thierry Bourcy, nach dem Buch »Cognacq-Jay 1940« von Emmanuel Lemieux, Thierry Kubler
Kamera: Jacques Guérin (Farbe)
Musik: Bruno Coulois
Schnitt: Catherine Gabrielidis, Dora Mantzorov
Produktion: La Sept-Arte/SFP/Image & Compagnie/France 2, Frankreich 1993
Sendetermin: 8.4.1994, Arte, 20.40
Länge: 90 Min.

In den Studios der ehemaligen Music-Hall in der Rue Cognacq-Jay in Paris wird noch vor Kriegsende ein deutscher Fernsehsender etabliert. Kurz vor dem Einmarsch der amerikanischen Truppen, in der letzten großen Show, werden die unterschiedlichen Schicksale der Betroffenen deutlich.

Combat Zone 175

SPENSER: CEREMONY ** Video

Regie: Andrew Wild
Darsteller: Robert Urich (Spenser), Avery Brooks (Hawk), Barbara Williams (Susan), Daniel Parker
Drehbuch: Robert Parker, Joan Parker
Kamera: (Farbe)
Produktion: Lifetime, USA 1993
Verleih: -/-/-/VMP Video
Videostart: 4.10.1994
Länge: 87 Min.
FSK: ab 16 J.

Auf der Suche nach einer verschwundenen Politikertochter werden Detektiv und Psychologin auf dem Bostoner Babystrich fündig. Langweiliger Pilotfilm zu zwei (!) TV-Serien.

Coneheads 176

CONEHEADS **

Regie: Steve Barron
Darsteller: Dan Aykroyd (Beldar Conehead), Jane Curtin (Prymaat Conehead), Michelle Burke (Connie Conehead), Michael McKean (Gorman Seedling), Jason Alexander (Larry Farber), Lisa Jane Persky (Lisa Farber), Chris Farley (Ronnie), David Spade (Eli Turnull), Phil Hartman (Marlax), Dave Thomas
Drehbuch: Tom Davis, Dan Aykroyd, Bonnie und Terry Turner
Kamera: Francis Kenny (Farbe)
Musik: David Newman
Schnitt: Paul Trejo
Produktion: Lorne Michaels für Paramount, USA 1993
Uraufführung: 23.7.1993, New York
Verleih: Endfilm/Filmladen/Rialto/CIC Video
Kinostart: 28.7.1994
Länge: 88 Min. – *FSK:* ab 6, ffr.

Die Besatzung eines in New York notgelandeten Raumschiffs wird 16 Jahre lang von der US-Einwanderungsbehörde gejagt, schafft es aber trotz ihrer unübersehbaren konusförmigen Köpfe durch konsequente Anpassung unauffällig inmitten der Erdbevölkerung zu leben. Als die Außerirdischen schließlich auf ihren Heimatplaneten zurückgeholt werden, sind sie längst »amerikanisiert« und entscheiden sich für die Rückkehr in die USA. Alberne Fantasy-Komödie um die bizarren Charaktere eines uralten Fernseh-Sketches, die ihr aktuelles Thema zugunsten flauer und mißverständlicher Scherze verschenkt. *Zoom*

Michael Althen in: SZ, 8.8.94; Albert Baer in: Rheinische Post, 5.8.94; W.O.P. Kistner in: AZ, 4.8.94; Manfred Sanck in: Neue Presse, 4.8.94

Confusion 177

DAZED AND CONFUSED ***

Regie: Richard Linklater
Produktion: USA 1993

Deutscher Videotitel für → »Dazed and Confused«

Cool Runnings 178

COOL RUNNINGS ***

Regie: Jon Turteltaub
Darsteller: Leon (Derice Bannock), Doug E. Doug (Sanka Coffie), Rawle D. Lewis (Junior Bevil), Malik Yoba (Yul Brenner), John Candy (Irv), Raymond J. Barry (Kurt Hemphill), Peter Outerbridge (Josef Grool), Paul Coeur (Roger), Larry Gilman (Larry), Charles Hyatt (Whitby Bevil
Drehbuch: Lynn Siefert, Tommy Swerdlow, Michael Goldberg, nach einer Idee von Lynn Siefert und Michael Ritchie und der wahren Begebenheit des Bobteams 1988 aus Jamaica
Kamera: Phedon Papamichael (Technicolor)
Musik: Hans Zimmer
Schnitt: Bruce Green
Produktion: Dawn Steel für Walt Disney Pic., USA 1993
Uraufführung: 1.10.1993, New York
Verleih: Buena Vista/dto./dto.
Kinostart: 10.2.1994
Länge: 97 Min.
FSK: o.A., ffr.
FBW: Wertvoll

Vier junge Jamaikaner versuchen sich erfolgreich auf ungewohntem sportlichen Terrain, dem Bobsport. Mitreißender und kameratechnisch hervorragender Sportfilm, dessen unverblümte Naivität allerdings nicht allzu große Ansprüche an sein Publikum stellt.

Zoom

Wäre diese Geschichte frei erfunden, müßte man sie als absurd abtun, aber sie beruht auf einer wahren Begebenheit, der Teilnahme eines jamaikanischen Bobteams an den olympischen Winterspielen in Calgary. Turteltaub schafft das Kunststück, die Lächerlichkeit der Situation zwar weidlich auszunutzen, seine skurrilen Figuren aber nie der Lächerlichkeit preiszugeben. Nebenbei mausert sich die flotte Komödie zu einem exzellenten Sportfilm.

Frank Schnelle, tip, 4/94

Rupert Koppold in: Rheinische Post, 11.2.94; Frank Noack in: Der Tagesspiegel, 19.2.94

Jamaica on ice: Bob-Novizen Doug E. Doug und Leon beschwatzen John Candy, den Guru des Eiskanals in ›Cool Runnings‹.

Cop am Abgrund 179
FROM THE FILES OF JOSEPH WAMBAUGH: A JURY OF ONE □ TV

Regie: Alan Metzger
Darsteller: John Spencer (Det. Mike Mulick), Eddie Velez, Dan Lauria, Rachel Ticotin, Cheryl Paris, Eugene Clark, Sal Lopez, Red West, Ronald William Lawrence, Julian Reyes
Drehbuch: David J. Kinghorn
Kamera: Geoffrey Erb (Farbe)
Musik: David Michael Frank
Produktion: Joseph Wambaugh für Grossbart/Barnett/TriStar TV, USA 1992
Uraufführung: 29.11.1992, NBC
Sendetermin: 26.4.1994, Premiere, 20.15
Länge: 120 Min.

Detective Mike Mulick hat im Einsatz einen Kollegen getötet. Er verkraftet das tragische Unglück nicht, wird zum Alkoholiker und von seiner Frau verlassen. Durch Christine und einen »Routinefall« bekommt er neuen Lebensmut.

A Corps Perdu 180
A CORPS PERDU ***

Regie: Léa Pool
Darsteller: Matthias Habich (Pierre Kurwenal), Johanne-Marie Tremblay (Sarah), Michel Voita (David), Jean François Pichette (Quentin), Kim Yaroshevskaya (Noémie), Jacqueline Bertrand (Mutter)
Drehbuch: Léa Pool, Marcel Beaulieu, nach der Erzählung »Kurwenal« von Yves Navarre
Kamera: Pierre Mignot (Farbe)
Musik: Osvaldo Montes
Schnitt: Michel Arcand
Produktion: Denise Robert, Robin Spry für Xanadu/Telefilm/SOGIC, Kanada/Schweiz 1988
Erstaufführung: 3.9.1988, Int. Filmfestspiele Venedig
Verleih: -/-/Filmcooperative Zürich
Kinostart: Sept. 1988
Länge: 92 Min.

Der Filmjournalist Pierre wird in Nicaragua Zeuge zweier brutaler Hinrichtungen. Kaltblütig und scheinbar unbeteiligt fotografiert er die Greuel. Als zuhause in Montréal angekommen auch seine zehnjährige Beziehung zu Sarah und David auseinandergegangen ist, holen ihn die Erlebnisse von Nicaragua ein. Selbsttherapeutisch setzt er sich mit seiner Vergangenheit, seiner Beziehung und seiner Heimatstadt auseinander. Die Collage-Montage des Films folgt einer narrativen Erzählform und macht mit ausgesprochen großer Sensibilität äußere Bilder zum Spiegel einer gebrochenen Innenwelt. *Zoom*

Dominik Slappning in: Zoom, 19/88

Corps Perdus – Verlorene Körper 181
CORPS PERDUS □ TV

Regie: Eduardo de Gregorio
Darsteller: Laura Morante (Laura Canetti/ Letizia Fiume), Tchéky Karyo (Eric Desange/ Juan Bax), Georges Claisse (Rafael Braun), Gerardo Romano (Carlos Mateoli), Lucrecia Capello (Mutter), Osvaldo Bonet, Maria Vaner
Drehbuch: Eduardo de Gregorio, Suzanne Schiffman, Charles Tesson mit José Pablo Feinman, Roberto Scheuer
Kamera: Maurice Giraud, José Maria Hermo (Eastmancolor)
Musik: Gustavo Beytelman
Schnitt: Nicole Lubtchansky
Produktion: Ricardo Freixa für Films de l'Atalante/DB Films/La Sept/SGGC/Jorge Estrada Mora Prod., Frankreich/Argentinien 1990
Uraufführung: 17.1.1990, Paris
Sendetermin: 10.1.1994, MDR3, 22.45
Länge: 92 Min.

Die junge Architektin Laura findet in Buenos Aires ein verschollenes Gemälde des argentinischen Malers Juan Bax, das ihre Großmutter darstellt. Als der französische Kunstexperte Eric Desagne es restauriert, kommt mit den Farben des Gemäldes eine tragische Geschichte hoch. Laura ist davon gefesselt und wird in den Bann dieser Geschehnisse gezogen, während eine übersinnliche Gewalt sie zu Eric hinzieht.

Corrina, Corrina 182
CORRINA, CORRINA ***

Regie: Jessie Nelson
Darsteller: Whoopi Goldberg (Corinna Washington), Ray Liotta (Manny Singer), Tina Majoriono (Molly Singer), Wendy Crewson (Jenny Davis), Larry Miller (Sid), Erica Yohn (Großmutter Eva), Jenifer Lewis (Jevina),

Joan Cusack (Jonesy), Harold Sylvester (Frank), Steven Williams
Drehbuch: Jessie Nelson
Kamera: Bruce Surtees (Film House/ Foto-Kem)
Musik: Rick Cox
Schnitt: Lee Percy
Produktion: Paul Mazur, Steve Tisch, Jessie Nelson für Steve Tisch Prod., USA 1994
Uraufführung: 12.8.1994, New York
Verleih: Tobis/Constantin/Elite
Kinostart: 20.10.1994
Länge: 112 Min.
FSK: o.A., ffr.

Ein Werbetexter, dessen Frau frühzeitig verstorben ist, engagiert als Kindermädchen nach einigen mißglückten Versuchen die Schwarze Corrina, welche die seit dem Todesfall verstummte Tochter wieder zum Sprechen bringt und ihr auch sonst sehr zugetan ist, was natürlich nach manchen Hindernissen auch zu einem Happy-End mit ihrem Vater führt. Einzig Whoopi Goldberg belebt das etwas langamtige Rührstück.
multimedia

Bodo Fründt in: SZ, 27.10.94; Thomas Klingenmaier in: Stgt. Zeitung, 27.10.94; Milan Pavlovic in: Kölner Stadtanzeiger, 29.10.94

Crazy Instinct 183

FATAL INSTINCT – A BASIC ATTRACTION ****

Regie: Carl Reiner
Darsteller: Armand Assante (Ned Ravine), Sherilyn Fenn (Laura), Kate Nelligan (Lana Ravine), Sean Young (Lola Cain), Christopher McDonald (Frank Kelbo), James Remar (Max Shady), Tony Randall (Richter Skanky)
Drehbuch: David O'Malley
Kamera: Gabriel Beristain (Deluxe)
Musik: Richard Gibbs
Schnitt: Bud Molin, Stephen Myers
Produktion: Katie Jacobs, Pierce Gardner für MGM, USA 1993
Uraufführung: 29.10.1993, New York
Verleih: -/-/Focus/Warner Home Video
Kinostart: Mai 1994
Länge: 88 Min.
FSK: ab 12 J.

Ein Polizist und ein Anwalt, seine frustrierte Ehefrau und deren Liebhaber, seine traummatisierte Sekretärin und eine undurchsichtig-skrupellose Klientin in mörderischer Verstrickung von Leidenschaft, Habgier, Rachsucht und Immoralität. Eine verschiedene Filmgenres geistvoll ausschöpfende Parodie. Mit hintergründigem Witz bereitet sie ein nachdenklich machendes Schmunzelvergnügen, weil sie indirekt zeitkritisch auf das Phänomen des allgemeinen ethisch-seelischen Wertezerfalls innerhalb der modernen Gesellschaft verweist, der als Ursache für das Gefallen an harten Genres ihren Erfolg erst ermöglicht.
Zoom

Criminal 184

CRIMINAL ***

Regie: David Jacobson
Darsteller: Ralph Felicielleo (Gus), Liz Sherman (Gina), Sheila York (Marjorie), Eric Reid (John), Franco Piras (Tim), Tim Miller (Vertreter), Jim Myers (Marjories Freund), Mikki Le Moine (Phyllis), Thomas Crouch (Jim), John Baker (Türsteher)
Drehbuch: David Jacobson, nach einer Vorlage von David Jacobson und Wolfgang Held
Kamera: Wolfgang Held
Schnitt: David Jacobson, Eva Ilona Brzeski
Produktion: David Jacobson für Mallan Film, USA 1994
Uraufführung: 16.2.1994, Int. Forum des Jungen Films, Berlin
Verleih: Silver Cine/-/-
Kinostart: 20.10.1994
Länge: 80 Min.

Der Buchhalter Gus unterschlägt 100.000 Dollar, um seiner Frau Marjorie ein Haus im Grünen zu kaufen. Als er sie kurz darauf mit einem Liebhaber unter der Dusche erwischt, flieht er kopflos. »Criminal« von Regisseur Jacobson und seinem deutschen Kameramann Held ist eine Hommage an den Ulmer-Klassiker »Umleitung«. Verfremdende Kameraspielchen und eine verquaste Pseudo-Philosophie verderben manchmal die Stimmung dieser banalen, aber immer realistischen Geschichte.
Andre Simonoviescz, tip, 22/94

Gerald Jung in: Zitty, 21/94; Thomas Klingenmaier in: Stgt. Zeitung, 12.11.94

Nur im Film kennt der Tod eine Wiederkehr: Brandon Lee in seinem letzten Vermächtnis ›The Crow – Die Krähe‹.

Crossing the Bridge 185

CROSSING THE BRIDGE **

Video

Regie: Mike Binder
Darsteller: Stephen Baldwin (Danny), Josh Charles (Mort), Jason Gedrick (Tim), Rita Taggart (Kate), Cheryl Pollak (Carol), Jeffrey Tambor, Hy Anzell, Richard Edson
Drehbuch: Mike Binder
Kamera: Tom Sigel (Deluxe)
Musik: Peter Himmelmann
Schnitt: Adam Weiss
Produktion: Jeffrey Silver, Robert Newmyer für Outlaw Prod., USA 1992
Uraufführung: 3.9.1992, Montreal World Film Festival
Verleih: -/-/-/VMP Home Video
Videostart: 25.5.1994
Länge: 99 Min.
FSK: ab 16 J.

Mitte der 70er feiern drei US-Boys ihren Highschool-Abschluß, räsonieren über das Leben, die Liebe und die Frauen – und lassen sich als Drogenkuriere mißbrauchen. Ohne erkennbaren Spannungsbogen taumelt dieses rühr- und saumselige Teenie-Drama übers Erwachsenwerden seinem wenig überraschenden Ende entgegen.

The Crow – Die Krähe 186

THE CROW ****

Regie: Alex Proyas
Darsteller: Brandon Lee (Eric), Ernie Hudson (Albrecht), Michael Wincott (Top Dollar), David Patrick Kelly (T-Bird), Angel David (Skank), Rochelle Davis (Sarah), Bai Ling (Myca), Lawrence Mason (Tin Tin), Michael Massee, Bill Raymond
Drehbuch: David J. Schow, John Shirley, nach der Comic-Buchserie und den Comics von James O'Barr
Kamera: Dariusz Wolski (Deluxe)
Musik: Graeme Revell
Schnitt: Dov Hoenig, Scott Smith
Produktion: Edward R. Pressman mit Jeff Most für Entertainment Media, USA 1994
Uraufführung: 11.5.1994, New York
Verleih: Buena Vista/-/-
Kinostart: 21.7.1994
Länge: 101 Min.
FSK: ab 18, ffr.
FBW: Wertvoll

Rock-Musiker Eric Draven wird samt seiner Braut ermordet. Eine Krähe führt seine Seele zurück in seinen Körper, so daß er als unverwundbarer Rächer Vergeltung üben kann. Was als alttestamentarischer Rachefeldzug beginnt, verwandelt sich schließlich in eine Art Martyrium. Visuelle eindrucksvolle und atmosphärische Inszenierung einer Horror-Comic-Geschichte um ewige Liebe und schmerzlichen Verlust, mörderische Schuld und gnadenlose Sühne, angereichert mit indianischen und biblischen Motiven. *Zoom, 8/94*

(...) So entpuppt sich das Ganze allenfalls als drittklassiges Fantasy-Filmchen, bei dem sich die Kluft zwischen Inhalt und Verpackung drastisch offenbart und dem es trotz einer eindrucksvollen Ausstattung, am wichtigsten überhaupt mangelt: an Spannung. Brandon Lee hätte ein besseres Vermächtnis verdient gehabt.
Albert Baer, Rheinische Post, 30.7.94

Brigitte Desalm in: Kölner Stadt-Anzeiger, 30.7.94; Hans Schifferle in: SZ, 1.8.94

Curacao – Tödliches Paradies 187

CURACAO **

Video

Regie: Carl Schultz
Darsteller: George C. Scott (Wettering), William Petersen (Guerin), Julie Carmen (Julia), Alexei Sayle (Seemüller), Trish van Devere (Rose)
Drehbuch: James David Buchanan, nach seinem Roman
Kamera: Ellery Ryan (Farbe)
Musik: Colin Towns
Schnitt: Malcolm Cooke
Produktion: Art Levinson für Circling Curaçao/Lenox, USA 1993
Verleih: -/-/-/Warner Home Video
Videostart: Mai 1994
Länge: 89 Min.
FSK: ab 16 J.

Der eine erschoß seinen Kollegen, der andere ließ 35 Seeleute ertrinken – beide treffen sich auf der Antilleninsel Curacao, werden bald darauf Freunde und eines Tages von der Vergangenheit eingeholt.
Fürs US-Fernsehen gedrehter Thriller, der sich passagenweise von der Dutzendware entfernt.

Cyber Tracker 188

CYBER-TRACKER *

Video

Regie: Richard Pepin
Darsteller: Don »The Dragon« Wilson, Richard Norton, Stacie Foster
Produktion: Richard Pepin, Joseph Merhi für PM Ent., USA 1993
Verleih: -/-/-/Allround Filmverleih Video
Videostart: 22.8.1994
Länge: 87 Min.
FSK: ab 18 J.; (gekürzte Fass. 75 Min. ab 16 J.)

Spekulative Billigproduktion um einen Kampfroboter, der Verbrecher fangen und zur Strecke bringen soll.

Cyborg Agent 189

RUNNING DELILAH **

Video

Regie: Richard Franklin
Darsteller: Kim Cattrall (Delilah), Billy Zane (Paul), Diana Rigg (Judith), Francois Guétary, Yorgo Voyagis
Drehbuch: Ron Koslow, Robert Avrech
Kamera: Ellery Ryan (Farbe)
Musik: Lee Holdridge
Schnitt: Andrew London
Produktion: Mel Efros für Sea Change mit ABC, USA 1992
Verleih: -/-/-/VCL/Carolco Video
Videostart: 24.5.1994
Länge: 85 Min.
FSK: ab 16 J.

Schwerverletzte Polizei-Agentin wird mit technischen Ersatzteilen zum weiblichen »Robocop« ausgerüstet und sagt internationalem Waffenhändlerring den Kampf an. Fürs US-Fernsehen entstandener Techno-Thriller der anspruchslosen Sorte.

Cyborg Cop 190

CYBORG COP **

TV

Regie: Sam Firstenberg
Darsteller: David Bradley (Jack Ryan), John Rhys-Davies (Joachim Kessel), Alonna Shaw (Cathy), Todd Jensen (Phillip Ryan), Rufus Swart
Drehbuch: Greg Latter
Kamera: Joseph ›Yossi‹ Wein (Farbe)
Schnitt: Alan Patillo
Produktion: Danny Lerner für Nu World Prod., USA 1992

Uraufführung: 9.2.1994
Verleih: -/-/-/
Sendetermin: 2.12.1994, RTL, 0.10
Länge: 87 Min.

Der teuflische Wissenschaftler Kessel wandelt auf einer Karibikinsel Menschen in Cyborgs um, die auf Kommando töten. Als Ex-Cop Jack Ryan einen Hilferuf seines Bruders Phillip bekommt, ahnt er nicht, daß er ebenfalls in die Hände von Kessel gefallen ist. Gemeinsam mit der Reporterin Cathy macht Jack sich auf die Suche nach seinem Bruder.

Cyborg Cop 2

191
CYBORG COP II
**
Video

Regie: Sam Firstenberg
Darsteller: David Bradley (Jack Ryan), Morgan Hunter (Jesse Starkraven), Jill Pierce (Liz McDowell)
Drehbuch: Jon Stevens, nach einer Story von Sam Firstenberg
Kamera: Joseph ›Yossi‹ Wein (Farbe)
Musik: Bob Mithoff
Schnitt: Marcus Manton
Produktion: Danny Lerner für Nu Image, USA 1993
Verleih: -/-/-/Highlight Video
Videostart: 18.10.1994
Länge: 97 Min. – *FSK:* ab 18 J.

Polizeiagent im Kampf gegen eine ganze Armee von Killer-Robotern. Unansehnliche Massenware, in der ein martial-arts-gewandter Polizist gegen eine Armada von Robotern fightet.

Cyborg Warriors

192
KNIGHTS
**

Regie: Albert Pyun
Darsteller: Kris Kristofferson (Gabriel), Kathy Long (Nea), Lance Henriksen (Job)
Drehbuch: Albert Pyun
Kamera: George Mooradian (Farbe)
Musik: Tony Riparetti
Schnitt: Dean Goodhill
Produktion: Tom Karnowski für Kings Road Prod., USA 1994
Verleih: 20th Century Fox/-/-/Ufa Video
Kinostart: 25.8.1994
Länge: 87 Min. – *FSK:* ab 16, ffr.

In einer verödeten Zukunftswelt versuchen böse, menschenähnliche und Menschenblut trinkende Roboter – »Cyborgs« – die Herrschaft zu erlangen. Ihnen stellen sich Gabriel (Kris Kristofferson in seinem definitiven Karrieretal) und Nea (die fünfmalige Kickbox-Weltmeisterin Kathy Long) entgegen. Nach dem Motto: Wofür braucht man eine Handlung, wenn es Schlägereien gibt, darf Kathy Long an einigen Dutzend Männern ihr Können demonstrieren, während die Dialoge in den Kampfpausen die Gefahr der Hirnerweichung in sich bergen.

Christian Seebaum,
Kölner Stadtanzeiger, 27.8.94

D

Da Vinci's War – In den Fängen der CIA 193
DA VINCI'S WAR **

Video

Regie: Raymond Martino
Darsteller: Michael Nouri (China Smith), Joey Travolta (Frank Da Vinci), Vanity (Lupe), James Russo (Mintz), Sam J. Jones (Jim Holbrook)
Drehbuch: Raymond Martino
Kamera: F. Smith Martin (Farbe)
Musik: Jeff Lass
Schnitt: Stephen L. Johnson
Produktion: Joey Travolta, Stephen Rockmael für Baby Dica Prod., USA 1992
Verleih: -/-/-/Columbia TriStar Video
Videostart: 18.1.1994
Länge: 92 Min. – *FSK:* ab 18 J.; gekürzte Fassung 88 Min., ab 16 J.

Obwohl er brav ein Heim für Vietnamveteranen führt, wollen aus dem dunkel agierende, böse Hintermänner den Ex-Elitesoldaten Frank Da Vinci töten. Gebrauchsfilmchen mit Action und Agenten, aber wenig Überzeugungskraft.

Hans Jörg Marsilius in: film-dienst, 4/94

Daddy Cool 194
MY FATHER THE HERO ***

Regie: Steve Miner
Darsteller: Gérard Depardieu (André), Katherine Heigl (Nicole), Dalton James (Ben), Lauren Hutton (Megan), Faith Prince (Diana), Stephen Tobolowsky (Mike), Ann Hearn (Stella), Robyn Peterson (Doris), Frank Renzulli (Fred), Manny Jacobs (Raymond)
Drehbuch: Francis Veber, Charlie Peters, nach »Mon Père, ce Héros« von Gérard Lauzier
Kamera: Daryn Okada (Technicolor)
Musik: David Newman
Schnitt: Marshall Harvey
Produktion: Jacques Bar, Jean-Louis Livi für Cité Films/Film Par Film/D.D. Prod. mit The Edward S. Feldman Comp., USA 1994
Verleih: Buena Vista/dto./dto./Buena Vista Home Video
Kinostart: 21.4.1994
Länge: 90 Min. – *FSK:* ab 6, ffr.
FBW: Wertvoll

Ein Vater verbringt mit seiner Tochter Ferien in der Karibik, wobei sie ihn für ihren Liebhaber mit wüster Vergangenheit ausgibt. Ein Remake von »Mein Vater, der Held«, wieder mit Gérard Depardieu, aber sonst ein sehr bescheidenes Vergnügen. *multimedia*

Frank Arnold in: Zitty, 8/94; Rupert Koppold in: Rheinische Post, 22.4,94

Daens 195
DAENS ***

Regie: Stijn Coninx
Darsteller: Jan Decleir (Adolf Daens), Gérard Desarthe (Charles Woeste), Antje De Boeck (Nette Scholliers), Michael Pas (Jan De Meeter), Johan Leysen (Schmitt), Idwig Stéphane (Eugène Borremans), Linda Van Dijck (Elisabeth Borremans), Wim Meuwissen (Pieter Daens), Jappe Claes (Ponnet), Julien Schoenarts (Eveque Stillemans)
Drehbuch: François Chevallier, Stijn Coninx, nach dem Roman von Louis Paul Boon
Kamera: Walther Vanden Ende (Technicolor)
Musik: Dirk Brosse
Schnitt: Ludo Troch
Produktion: Dirk Impens für Favourite Films/Films Derive/Titane/Shooting Star, Belgien/Frankreich/NL 1992
Erstaufführung: Filmfest München 1993
Verleih: MFA/-/-
Kinostart: 1.9.1994
Länge: 138 Min. – *FSK:* ab 12, ffr.

Katherine Heigl mit ihrem ›Daddy Cool‹, Gérard Depardieu.

Der aufsässige Pater Daens schlägt sich im Belgien des Jahres 1893 auf die Seite der Arbeiterinnen und ihrer Kinder und wird von der Kirche ausgestoßen. Regisseur Coninx idealisiert weder den Kampf der Arbeiter, noch dämonisiert er die bürgerlichen Politiker, die mit Gewalt und Bestechung ihre Macht bewahren. Die lebendige Inszenierung vermeidet einen didaktischen Historienschinken und weist Parallelen zu aktuellen Konflikten auf.

André Simonoviescz, tip, 14/94

Manfred Hobsch in: Zitty, 18/94

Dallas Doll 196

DALLAS DOLL ***

Regie: Ann Turner
Darsteller: Sandra Bernhard (Dallas), Victoria Longley (Rosalind), Frank Gallacher (Stephen), Jake Blundell (Charlie), Rose Byrne (Rastus), Jonathon Leahy (Eddy), Douglas Hedge (Bürgermeister Tonkin), Melissa Thomas (Margaret), Elaine Lee, Walter Sullivan
Drehbuch: Ann Turner
Kamera: Paul Murphy (Farbe)
Musik: David Hirschfelder
Schnitt: Michael Honey
Produktion: Ross Matthews für Dallas Doll mit Australian Broadcasting/ BBC Films, Australien/GB 1993
Verleih: TiMe/-/-
Kinostart: 3.11.1994
Länge: 104 Min.
FSK: ab 16, ffr.

Maßgeschneidert für das wandelnde Chamäleon Sandra Bernhard ist die erste Hälfte des Films. Unbekümmert lebt die amerikanische Entertainerin, Sängerin und Schauspielerin auch auf Zelluloid polymorphe Triebe und grelle Exzentrik aus. Ihre erotische Ambiguität sorgt für Unruhe in der biederen Familie Summer. Doch auch das gigantische Mundwerk der Bernhard vermag die wildwuchernden Haupt- und Nebenstränge nicht zusammenzuhalten.

Anke Leweke, tip, 23/94

Frauke Hanck in: AZ, 17.11.94; Thomas Klingenmaier in: Stgt. Zeitung, 3.11.94; Hans Schifferle in: SZ, 10.11.94

Dancing with Danger 197

DANCING WITH DANGER *

Video

Regie: Stuart Cooper
Darsteller: Cheryl Ladd (Mary Dannon), Ed Marinaro (Oerek Lidor), Miguel Sandoval
Produktion: Christopher Griffin für Fast Track Films, USA 1994
Verleih: -/-/-/CIC Video
Videostart: 12.12.1994
Länge: 89 Min.
FSK: ab 16 J.

Alle, die der Eintänzerin Mary zu nahe kommen, werden mittels Schere aufgeschlitzt. Auch diesem preiswerten Erotikthriller hätte die Begegnung mit einer Schere nicht geschadet.

Danger Touch 198

DANGEROUS TOUCH **

Video

Regie: Lou Diamond Phillips
Darsteller: Kate Vernon (Amanda), Lou Diamond Phillips (Mick), Max Gail (Jasper), Belinda Tolbert (Sasha), Mitch Pileggi (Vince)
Drehbuch: Kurt Voss, Lou Diamond Phillips
Kamera: James Lemmo (Farbe)
Musik: Terry Plumeri
Schnitt: Christopher Rouse
Produktion: Lisa M. Hansen für Trimark mit Cinetel/Facet, USA 1993
Verleih: -/-/-/Starlight Video
Videostart: 23.2.1994
Länge: 97 Min. – *FSK:* ab 18 J.; gekürzte Fassung 80 Min. ab 16 J.

Zum wiederholten Male steht eine sehr attraktive Radiosexberaterin im Mittelpunkt einer verhängnisvollen Affäre. Kaum erwähnenswerter, wirrer Billig-Thriller, außer, daß es sich hierbei um das Regiedebüt des Schauspielers Lou Diamond Phillips (»Young Guns«) handelt.

Dangerous Heart – Eine Affäre mit dem Tod 199

DANGEROUS HEART **

Video

Regie: Michael Scott
Darsteller: Tim Daly (Angelo), Lauren Holly (Carol), Jeffrey Nordling (Lee), Alice Carter (Mai), Joe Pantoliano (Barcley), Bill Nunn (Mulkey), Robert P. Lieb (Onkel Ed)
Drehbuch: Patrick Cirillo
Kamera: Lauro Escorel (Farbe)

Musik: Philip Giffin
Schnitt: Anita Brandt-Burgoyne
Produktion: Harvey Frand, Patrick Cirillo für Point of View, USA 1993
Verleih: -/-/-/CIC Video
Videostart: Juni 1994
Länge: 90 Min. – *FSK:* ab 16 J.

Auf der Suche nach verschwundenen Drogendollars macht sich ein Dealer an die Witwe des Diebes heran – und verliebt sich in sie. Altbekannte Story, unbekannte Darsteller, passable Inszenierung.

The Dark 200

THE DARK **

Video

Regie: Craig Pryce
Darsteller: Stephen McHattie (Hunter), Cynthia Belliveau, Jaimz Woolvett, Neve Campbell, Dennis O'Connor, Brion James (Buckner)
Drehbuch: Robert Cooper
Kamera: Michael Storey (Farbe)
Musik: Guy Zerafa, Alun Davies
Schnitt: Michael Todd
Produktion: Robert Bergman für Northstar Ent., Kanada 1993
Verleih: -/-/-/Highlight Video
Videostart: 16.12.1994
Länge: 86 Min. – *FSK:* ab 16 J.

Urzeitmonster terrorisiert einen Friedhof und zwei Überschlaue wollen es vernichten. Horrorschund.

Dark Passion 201

THE WRONG MAN **

Video

Regie: Jim McBride
Darsteller: Rosanna Arquette (Missy Mills), Kevin Anderson (Alex Walker), John Lithgow (Phillip Mills), Jorge Cervera jr. (Captain Diaz), Ernesto Laguardia (Det. Ortega), Robert Harper (Felix Crawley), Ted Swanson, Delores Heredita, Paco Morayta
Drehbuch: Michael Thoma, nach einer Story von Roy Carlson
Kamera: Affonso Beato (CFI color)
Musik: Los Lobos
Schnitt: Lisa Churgin
Produktion: Alan Beattie, Chris Chesser für Beattie/Chesser Prod., USA 1993
Uraufführung: Int. Filmfestspiele Cannes 1993, »Un Certain Regard«
Verleih: -/-/-/VCL/Carolco Video
Videostart: Juni 1994
Länge: 104 Min. – *FSK:* ab 16 J.

Mordverdächtiger Matrose schlüpft im Wagen eines ominösen Pärchens unter, das quer durch Mexiko kutschiert. Uninteressantes Roadmovie.
Aber der tip meinte: »Die nächtlichen Exzesse sind so lebensecht gespielt und atmosphärisch dicht inszeniert, daß man beim Zuschauen schwüle Hitze und den Geruch von Schweiß und Fusel zu verspüren meint.«

Dark Secret 202

STRIKE A POSE *

Video

Regie: Dean Hamilton
Darsteller: Robert Eastwick, Michelle Lamothe, Margie Peterson, Michele Garrin, Clark Katz
Drehbuch: Riley Hays
Produktion: Moving Forward Films, USA 1993
Verleih: -/-/-/Splendid Video
Videostart: 9.2.1994
Länge: 85 Min.
FSK: ab 18 J.

Simple Mixtur aus Krimi und Softporno angesiedelt in der Schicki-Micki Szene von Los Angeles.

Dark Universe 203

DARK UNIVERSE *

Video

Regie: Steve Latshaw
Darsteller: Joe Estevez (Rod Kendrick), Blake Picketok (Kim Masters), Cherie Scott (Judy Lawson), Bently Tittle (Tom Hanning), John Maynard (Frank Norris), Paul Austin Sanders (Jack Reese), Steve Barkett (Steve Thomas), Patrick Moran, Tom Ferguson
Drehbuch: Patrick Moran
Kamera: Maxwell J. Beck (Farbe)
Musik: Jeffrey Walton
Schnitt: Don Patrie
Produktion: Patrick Moran, Steve Latshaw für American Independent/Sharan Prod., USA 1993
Verleih: -/-/-/Empire Video
Videostart: 3.3.1994
Länge: 83 Min. – *FSK:* ab 16 J.

Unbeschreiblich dilletantisches Science-Fiction-Abenteuer um einen Astronauten, der sich beim Absturz seines Raumschiffes in den Sümpfen Floridas in eine menschenfressende Riesenechse verwandelt.

Klaus Brühne in: film-dienst, 6/94

Däumeline 204

THUMBELINA / HANS CHRISTIAN ANDERSEN'S THUMBELINA ***

Regie: Don Bluth
Stimmen: Gino Conforti, Wolfgang Ostberg (Jacquimo), Barbara Cook, Sonja Deutsch, -Angelika Milster, Gesang- (Mutter), Jodi Benson, Dorette Hugo -Sprache-, Jana Werner -Gesang- (Däumeline), Maro von Jascheroff (Hero)
Drehbuch: Don Bluth, nach dem Märchen »Däumelinchen« von Hans Christian Andersen
Musik: Barry Manilow, William Ross; Barry Manilow, Jack Feldman, Bruce Sussman (Songs)
Schnitt: Thomas V. Moss
Produktion: Don Bluth, Gary Goldman, John Pomeroy für Don Bluth Prod., USA 1994
Verleih: Warner Bros./dto./dto./ Warner Home Video
Kinostart: 7.7.1994
Länge: 91 Min. – *FSK:* o.A., ffr.

Das Märchen von der kleinen Däumeline, die auf der Suche nach ihrem geliebten Elfenprinz durch den Wald irrt und viele Abenteuer erlebt, in einer schwülstig-kitschigen Zeichentrickversion, die ihre Geschichte ohne jede ironische Brechung erzählt. *Zoom*

Otto Heuer in: Rheinische Post, 8.7.94

Dazed and Confused 205

DAZED AND CONFUSED ***

Regie: Richard Linklater
Darsteller: Jason London (Pink), Michelle Burke (Jodi), Wiley Wiggins (Mitch), Joey Lauren Adams (Simone), Milla Jovovich (Michelle), Shawn Andrews (Pickford), Rory Cochrane (Slater), Adam Goldberg (Mike), Anthony Rapp (Tony), Sasha Jenson (Don)
Drehbuch: Richard Linklater
Kamera: Lee Daniel (Farbe)
Musik: Alice Cooper, Kiss, ZZ Top, Bob Dylan, Aerosmith
Schnitt: Sandra Adair
Produktion: James Jacks, Sean Daniel, Richard Linklater für Alphaville mit Detour Films, USA 1993
Uraufführung: 4.6.1993, Seattle FilmFestival; Viennale 1993
Erstaufführung: 25.6.1994, Filmfest München
Verleih: -/Polyfilm/-/CIC Video, Titel: »Confusion«
Kinostart: Oktober 1994
Länge: 101 Min.

1976, irgendwo in Amerika, die High School ist zu Ende, die Ferien beginnen. Richard Linklater beobachtet 24 Stunden lang eine Gruppe Jugendlicher, ihre Spiele und Kämpfe auf dem Weg in Richtung Erwachsenwerden. Einfallsreiche, sorgfältig gearbeitete und unterhaltsame, aber durchwegs harmlose Variation des College- und High School-Genres. *multimedia*

Deadfall 206

DEADFALL **

Video

Regie: Christopher Coppola
Darsteller: Nicolas Cage (Eddie), Michael Biehn (Joe Donan), James Coburn (Mike), Talia Shire, Peter Fonda, Charlie Sheen, Sarah Trigger
Drehbuch: Christopher Coppola, Nick Vallelonga
Produktion: Trimark Pic., USA 1993
Verleih: -/-/-/VMP Video
Videostart: 18.10.1994
Länge: 94 Min.
FSK: ab 16 J.

Konfuser Action-Thriller um einen Gangster, der versehentlich seinen Vater erschießt, dann auf dessen Zwillingsbruder stößt und schließlich ein Eifersuchtsdrama auslöst. Der Regisseur hat von seinem berühmten Onkel Francis offenbar nicht das Talent geerbt, dafür dreht sein Bruder, der Hauptdarsteller, richtig auf.

Deadly Exposure 207

LETHAL EXPOSURE **

Video

Regie: Lawrence Motroff
Darsteller: Robby Benson (Max), Laura Johnson (Rita), Cliff Bemis, Jeff East, Bentley Mitchum, Andrew Prine, Richard Redlin, Paul Hampton (Senator Klein), Isaac Hayes (Lt. Johanson)
Drehbuch: Asher Brauner
Kamera: Russ Brandt (Farbe)
Musik: Gary Thomas Griffin, Taso Kotsos
Schnitt: James D.R. Hickox
Produktion: Lawrence Motroff für Crystal Sky Comm., USA 1993
Verleih: -/-/-/Highlight Video
Videostart: Juni 1994
Länge: 91 Min. – *FSK:* ab 16 J.

Der jüdische Journalist Max will den Tod seines ermordeten Vaters klären und stößt bei seinen Nachforschungen auf eine skrupellose Nazibande. Politthriller, der sein Sujet nicht ernst nimmt, und nur bescheiden unterhält.

Deadly Heroes 208

DEADLY HEROES **

Video

Regie: Menahem Golan
Darsteller: Michael Paré (Brad Cartowski), Claudette Mink (Marcy Cartowski), Jean-Michael Vincent (Cody Grant), Billy Drago (Jose Maria Carlos), Alon Aboutboul (Patrick), John Phillips (General)
Drehbuch: Damian Lee, Gregory Lee
Kamera: Yelhiel Hilik Neeman (Farbe)
Musik: Lawrence Schragge
Schnitt: Carolle Alain
Produktion: Menahem Golan, Damian Lee für Trimark Pic., USA 1994
Verleih: -/-/-/VPS Video
Videostart: 13.10.1994
Länge: 98 Min. – *FSK:* ab 18 J.

Auf dem Athener Flughafen entführen Top-Terroristen die Frau eines Top-Elitekriegers, der mit seinem Kumpel zum Gegenschlag ausholt. Spult die üblichen Klischees und Stereotypen minderwertiger Actionfilme ab.

Deadworks 209

THE DALLAS CONNECTION *

Video

Regie: Drew Sidaris
Darsteller: Bruce Penhall, Mark Barriere, Julie Strain, Samantha Phillips, Rodrigo Obregon, Gerald Okamura, Julie Strain (Black Widow), Samantha Phillips, Julie Smith, Wendy Hamilton
Drehbuch: Christian Sidaris
Produktion: Wess Rahn, Brian Bennos für Skyhawks Films, USA 1994
Verleih: -/-/-/Starlight Video
Videostart: 23.11.1994
Länge: 90 Min.
FSK: ab 18 J.

Zwei verfeindete Agentengruppen üben sich im Niedermetzeln. Notdürftig mit etwas Handlung, dafür mit umso mehr Silikon-Belegschaft ausgestatteter Action der anspruchslosesten Sorte.

Death Dreams 210

DEATH DREAMS **

Video

Regie: Martin Donovan
Darsteller: Christopher Reeve (George Westfield), Marg Helgenberger (Crista), Fionnula Flanagan, Taylor Fry, George Dickerson, Conor O'Farrell, Cec Verrell, Jim Jarrett, Jan Devereaux, Pat Atkins
Drehbuch: Robert Glass, nach einer Novelle von William Katz
Kamera: James Chressanthis (Farbe)
Musik: Gerold Gouvet
Schnitt: John Martinelli
Produktion: Roni Weisberg für Ultra Ent., USA 1991
Uraufführung: 25.6.1991, Lifetime TV
Verleih: -/-/-/VMP Video
Videostart: 9.8.1994
Länge: 90 Min. – *FSK:* ab 16 J.

Mittels übersinnlicher Kräfte entpuppt sich der tragische Tod der kleinen Jennie als Mord. Mäßig spannender Horror-Thriller.

Death Wish V 211

DEATH WISH V – THE EACE OF DEATH **

Video

Regie: Allan A. Goldstein
Darsteller: Charles Bronson (Paul Kersey), Lesley-Anne Down (Olivia), Michael Parks (Tommy O'Shea), Robert Joy (Freddie Flakes), Chuck Shamata (Sal Paconi), Ken Welsh (Lt. King), Saul Rubinek
Drehbuch: Allan Goldstein, Michael Colleary
Kamera: Curtis Peterson (Farbe)
Musik: Terry Plumeri
Schnitt: Patrick Rand
Produktion: Damian Lee für 21st Century Film Corp., USA 1992
Verleih: -/-/-/New Vision Video
Videostart: 12.4.1994
Länge: 90 Min. – *FSK:* ab 18 J.

Charles Bronson muß wieder einmal rot sehen und die Morde an ihm nahestehenden Personen rächen. Nichts Neues an der Rächerfront.

Anselm Jungeblodt in: film-dienst, 9/94

Deep Red 212

DEEP RED *

Video

Regie: Craig R. Baxley
Darsteller: Michael Biehn (Joe Keyes), John de Lancie (Thomas Newmeyer), Lindsey Haun (Gracie Rickman), Lisa Collins

(Mrs.Rickman), Tobin Bell (Warren Rickman), Chayse Dacoda (Lydia), Joanna Pacula (Monica)
Drehbuch: D. Brent Mote
Kamera: Joao Fernandes (Farbe)
Musik: Gary Chang
Schnitt: Jeff Freeman
Produktion: Timothy Marx für M.T.E., USA 1994
Verleih: -/-/-/CIC Video
Videostart: 21.9.1994
Länge: 81 Min.
FSK: ab 16 J.

Völlig abstruser Science-Fiction-Film um rote, außerirdische Zellen, die Menschen unverwundbar, beliebig verwandelbar und auch noch unsterblich machen können.

Dem Vater entrissen 213

I LIVE WITH ME DAD ☐ TV

Regie: Paul Moloney
Darsteller: Peter Hehir (Sid McCall), Haydon Samuels (Christopher »Crispy« McCall), Rebecca Gibney (Jill Harkness), Robyn Gibbes (Della), Gus Mercurio (Waldo), Dennis Miller (Joe Kazzirak), Nigel Bradshaw (Mr. Ross), Tony Hawkins (Major Briggs), Anne Phelan (Mrs. Jones), Murray Fahey
Drehbuch: Tony Cavanaugh, nach einer Vorlage von Derry Moran und einer wahren Begebenheit
Produktion: Ross Jennings, Australien 1985
Sendetermin: 17.8.1994, SAT.1, 20.15
Länge: 90 Min.

Der kleine Crispy und der alkoholabhängige Sid sind ein ungewöhnliches Paar. Ihr Zuhause ist die Straße, die Kneipe oder eine Baustelle. Hauptsache, der Junge ist mit seinem Vater zusammen. Als Crispy sieben Jahre alt wird und eingeschult werden soll, nimmt sich das Jugendamt, d. h. die Sozialarbeiterin Jill, seiner an. Das Vater-Sohn-Gespann hat nun eine harte Probe zu bestehen.

Dens – Die eigentlich nicht sind 214

***

Regie: Carsten Lippstock
Darsteller: Gerd Jensch, Georg Heyer, Else und Wolfgang Schoenwald, Wolfgang Herold, Bärbel Marsch
Drehbuch: Carsten Lippstock
Kamera: Lars Barthel, Matthias Fuchs (Farbe)
Musik: F.M. Einheit, Alexander Hacke
Schnitt: Uwe Klimmeck
Produktion: Alexander Nolte für Hammer Film, BRD 1993
Uraufführung: 17.10.1993, München, Theatiner
Erstaufführung: Int. Hofer Filmtage 1993; 13.2.1994, Int. Forum des Jungen Films
Verleih: Unidoc/-/-
Kinostart: 28.4.1994
Länge: 85 Min.

(...) Der Dokumentarfilmer Lippstock drehte sein klammes Berber-Bild mit deren Unterstützung und spart sich jedwede Clochard-Sentimentalitäten. Dementsprechend kompromißlos handelt er das Überleben rund um den Kölner Hauptbahnhof ab: Eine Odyssee von einem Abgrund zum nächsten. Da wieder rauszukommen, ist hart – aber nicht unmöglich, wie »Dens« klar macht. Interviews mit Wohnungsbauexperten, Vertretern des Kölner Hausbesitzervereins oder dem Manager eines Shopping Centers untermauern Lippstocks These, daß alles immer noch schlimmer wird im reichen Deutschland. Aber das weiß ohnehin jeder, der sich für derartige Dokumentarstreifen ins Kino begibt. *Zitty, 8/94*

Deutschfieber 215

**

Regie: Niklaus Schilling
Darsteller: Tilo Prückner (Willi Busch), Christiane Paul (Sascha), Heike Schroetter (Carla), Christian von Richthofen (Rudi Gehl), Dorothea Moritz (Adelheid Busch), Karin Frey (Helga), Matthias Wiebalck (West-Bürgermeister), Rüdiger Evers (Ost-Bürgermeister), Frank-Michael Köbe, Frider Venus
Drehbuch: Niklaus Schilling, Oskar Roehler
Kamera: Frank Grunert (Fujicolor)
Musik: Joh. Seb. Bach; Christian Graupner
Schnitt: Niklaus Schilling
Produktion: Visual/Defa Studio Babelsberg/ Peter Goedel Filmprod. mit ZDF, BRD 1992
Uraufführung: Int. Hofer Filmtage 1992
Verleih: Basis/-/-
Kinostart: Juni 1994
Länge: 126 Min.

Mit »Deutschfieber« drehte Schilling eine Fortsetzung seines wunderbaren

Willi-Busch-Reports, in dem Tilo Prückner vor 13 Jahren als kauziger Lokalreporter an der deutsch-deutschen Grenze die Schlagzeilen selber fabrizierte. Jetzt wird er von der Öffnung der Grenze überrascht und in einen Strudel von Ereignissen hineingezogen. Daß der Zuschauer dabei ebenso schnell die Übersicht verliert wie der Held der Geschichte, liegt an zahlreichen Nebenhandlungen des über zweistündigen Films; an Hysterie, die nicht komisch, sondern nur lähmend ist; an aus dem Rahmen fallenden Stop-Motion-Tricks; aber auch an der Hektik schnell montierter Großaufnahmen, die das Ansehen zur Qual machen. *Zitty, 24/92*

(...) Auch daß die Puzzle-Teile, die Schilling ausbreitet, kein ganzes Bild mehr ergeben können, ist noch nachvollziehbar, aber daß der Regisseur dabei keiner Figur mehr Luft zum Atmen läßt, ist auf Dauer nur noch ärgerlich. Er zieht sein Konzept um jeden Preis durch, auch um den der völligen Leblosigkeit. Der Film ist nicht mehr an Menschen interessiert, sondern nur noch an sich selbst. (...)
Michael Althen, SZ, 3.11.92

(...) Den Fieber-Zustand von damals fängt der Film authentisch ein, als wäre er eine vor Ort gedrehte Reportage. Da er das allerdings auf über zwei Stunden Dauer tut, kommt man sich als Zuschauer ähnlich verloren vor wie Tilo Prückner. Bombadiert mit einer Kakophonie von Tönen plappernder und schreiender Leute, von Hektik und Lärm, entzogen sich bei der Premiere des Films vor anderthalb Jahren bei den Hofer Filmtagen nicht wenige Zuschauer dieser Tortur durch Flucht aus dem Kinosaal. Wer durchhält, bekommt nicht zuletzt ein echsenähnliches (stomotion-) Geschöpf namens »Goliath« zu sehen, das angeblich in einem DDR-Labor erschaffen wurde, um das Müllproblem des real existierenden Sozialismus zu beseitigen. Klamauk und Komik und eine unbedarfte Hauptdarstellerin lassen mich die Augen schließen und die Beschaulichkeit des Willi-Busch-Reports zurückwünschen. Aber die Historie hat uns nun einmal überrollt. *Frank Arnold, Zitty, 12/94*

Devil Dance 216

RAVEN DANCE **

Video

Regie: Jimmy Lifton
Darsteller: Tracy Wells (Marlee), Roddy McDowall (Dr. Lasky), Sally Kellerman (Roslyn), Lois Nettleton (Marion), Veronica Cartwright (Aja), William Sanderson (Roger Brandy), Carlton Beener, Mark Ruffalo, Sarah Douglas
Drehbuch: Jimmy Lifton, Virginia Perfili, nach einer Idee von Gina und Annette Cascone
Kamera: Troy Cook (Farbe)
Musik: Jimmy Lifton
Produktion: Jimmy Lifton für Orphan Film Partners, USA 1993
Verleih: -/-/-/VPS Video
Videostart: 23.6.1994
Länge: 87 Min. – *FSK:* ab 16 J.

In einem Kloster spricht zu einem verwaisten Geschwisterpaar der Teufel aus einem Spiegel und greift nach ihren Seelen. Wenig originelle Variation sattsam bekannter Horrorfilm-Klischees.

The Diamond Killing 217

ICE *

Video

Regie: Brook Yeaton
Darsteller: Traci Lords (Ellen), Phillip Troy (Charley), Zach Galligan (Rick), Jorge Rivero (Malta), Jaime Alba (Det. Little), Floyd Levine (Det. Prince), Michael Bailey-Smith, Jean Flieger, Eddie Wilde
Drehbuch: Sean Dash
Musik: Paul G. Volk (Supervisor)
Produktion: Richard Pepin, Joseph Merhi für PM Ent. Group, USA 1993
Verleih: -/-/-/VMP Video
Videostart: 23.8.1994
Länge: 90 Min. – *FSK:* ab 18 J.

Konfuser, siebtklassiger Action-Thriller um ein Gaunerpärchen, das der Mafia millionenschwere Klunkern mopst.

Diamond Queen 218

DIAMOND QUEEN ***

Regie: Homi Wadia
Darsteller: Fearless Nadia, Sardar Mansoor,

John Cavas, Sayani »Atish«, Nazira, Fatma
Drehbuch: Jamshed B.H. Wadia
Kamera: R.P. Master
Musik: Madhulal D. Master
Schnitt: S.R. Gaekwar
Produktion: Wadia Movietone, Indien 1940
Erstaufführung: 11.2.1994, Forum des jungen Films, Berlin
Verleih: Freunde OmeU/-/-
Länge: 155 Min.

In diesem Film schließen sich Fearless Nadia als Dame von Welt und John Cavas als Gangster zusammen, um Ruhe und Ordnung in der von Kriminalität und Korruption bedrohten Diamantenstadt wiederherzustellen. Die faszinierendsten Stunts sind in der Wasserfall-Sequenz sowie in der Kampfszene in der Kutsche zu sehen.

Dick van Dyke: Der Tod kam weich wie Watte 219

DICK VAN DYKE: TWIST OF THE KNIFE ☐ TV

Regie: Jerry London
Darsteller: Dick Van Dyke (Dr. Marc Sloane), Suzanne Pleshette (Dr. Rachel Walters), Stephen Caffrey, Cynthia Gibb, Barry Van Dyke (Steve), Ben Masters
Produktion: USA 1992
Sendetermin: 11.5.1994, Pro7, 20.15
Länge: 90 Min.

Kurz nach seiner geglückten Herzoperation stirbt Senator Jason Cabot überraschend an einer Infektion. Der Hobby-Detektiv Dr. Marc Sloane findet heraus, daß es zwischen der Ärztin Dr. Rachel Walters und dem verstorbenen Senator eine geheimnisvolle Verbindung gab.

Dinner für Sechs 220

MARRIED TO IT ***
Video

Regie: Arthur Hiller
Darsteller: Beau Bridges (John Morden), Stockard Channing (Iris Morden), Robert Sean Leonard (Chuck Bishop), Mary Stuart Masterson (Nina Bishop), Cybill Shepherd (Claire Laurent), Ron Silver (Leo Rothenberg), Donna Vivino (Lucy Rothenberg)
Drehbuch: Janet Kovalcik
Kamera: Victor Kemper (Farbe)
Musik: Henry Mancini
Schnitt: Robert C. Jones
Produktion: Thomas Baer für Three Pair Prod. für Orion, USA 1991
Uraufführung: 11.9.1991 Toronto Film Festival
Erstaufführung: Filmfest München 1993
Verleih: -/-/-/Columbia TriStar Home Video
Videostart: 8.2.1994
Länge: 109 Min.
FSK: ab 6 J.

Man nehme je ein Pärchen der Marke »Yuppie«, »Ex-Hipie« und »Youngsters« und schneidere ein pfiffiges Skript um diese potentiell witzige Konstellation – kein schlechtes Rezept. Aber leider fehlte es hier an Esprit und Einfällen, aus diesem Konzept die nötigen Funken zu schlagen. Immerhin die Besetzung brilliert.

Dino Kids 2 221

PREHYSTERIA! 2 **
Video

Regie: Albert Band
Darsteller: Kevin R. Connors (Brandan), Jennifer Harte (Naomi), Dean Scofield (Mr. Wellington), Bettye Ackerman (Mrs. Winters), Greg Lewis (Ivan), Michael Hagiwara (Mr. Hiro), Larry Hankin, Owen Bush
Drehbuch: Brent Friedman, Michael Paul Davis, nach einer Idee von Peter von Sholly
Kamera: James Lawrence Spencer (Farbe)
Musik: Richard Band
Schnitt: Paul Petschek
Produktion: Albert Band für Moonbeam Ent., USA 1994
Verleih: -/-/-/CIC Video
Videostart: 26.10.1994
Länge: 78 Min. – *FSK:* ab 6 J.

Fünf Zwergdinosaurier als Belegschaft in einem »Jurassic-Park«-Surrogat für die Krabbelgeneration. Spekulativ zwar, aber wenigstens ansehnlich.

Direct Hit 222

DIRECT HIT **
Video

Regie: Joseph Merhi
Darsteller: William Forsythe (Hatch), Jo Champa (Savannah), Richard Norton (Rogers), John Aprea (Terry Daniels), George Segal (James Tronson), Juliet Landau (Shelly)
Drehbuch: Jacobsen Hart
Kamera: Ken Blakey (Farbe)
Musik: Neftali Santiago

Schnitt: Paul G. Volk, Chris Worland
Produktion: Joseph Merhi, Richard Pepin für PM Ent., USA 1993
Verleih: -/-/-/VPS Video
Videostart: 31 März 1994
Länge: 85 Min. – *FSK:* ab 18 J.

Mit halbwegs oder ehemals bekannten Namen aufgepeppter Actionfilm um einen Killer, der im Auftrag der CIA arbeitet und sich weigert, einen Unschuldigen auf Weisung zu töten. Für Genrefans ein Vergnügen.

Dispara! 223

DISPARA! ***

Video

Regie: Carlos Saura
Darsteller: Francesca Neri (Anna), Antonio Banderas (Marcos), Walter Vidarte (Manuel), Eulalia Ramon (Mutter)
Drehbuch: Carlos Saura, Enzo Monteleone, nach einer Kurzgeschichte von Giorgio Scerbanenco
Kamera: Javier Aguirresarobe (Technicolor)
Musik: Alberto Iglesias
Schnitt: Juan Ignacio San Mateo
Produktion: Galliano Juso, Jaime Comas für Arco Films/Metrofilms, Spanien/Italien 1993
Uraufführung: Int. Filmfestspiele, Venedig 1993
Verleih: -/-/-/VMP Video
Videostart: Mai 1994
Länge: 100 Min. – *FSK:* ab 16 J.

Anna, Scharfschützin in einem Zirkus, wird in dieser italienisch-spanischen Co-Produktion aufs brutalste von drei halbwüchsigen Jungen vergewaltigt. Die selbstbewußte und unabhängige Frau, die gerade eine Liebesaffaire mit einem Journalisten begonnen hat, schlägt brutal zurück. Sie erschießt kurzerhand alle drei Männer. Von da an verliert sich Saura, der bereits die Vergewaltigung aus der falschen Perspektive der männlichen Aggression filmt, in einer immer unglaubwürdigeren Story voll spektakulärer Gewalt.

Bodo Fründt, SZ, 6.9.93

Distant Justice – Das Recht des Stärkeren 224

DISTANT JUSTICE *

Video

Regie: Toru Murakawa
Darsteller: George Kennedy, David Carradine, Bunta Sugawara
Produktion: Sun Stripe Pic., USA 1992
Verleih: -/-/-/Columbia TriStar Video
Videostart: 7.12.1993
Länge: 94 Min.
FSK: ab 18 J.

In Boston wird die Frau eines japanischen Polizeiinspektors ermordet, seine Tochter entführt – er sinnt auf Rache. Schludriger gänzlich anspruchsloser Genrefilm, der alles wiederholt, was schon sattsam bekannt ist.

Domenica 225

**

Regie: Peter Kern
Darsteller: Andrèa Ferreòl (Anna, Domenicas Mutter), Sandra Molik (Domenica als Kind), Nicolette Krebitz (Domenica als Mädchen), Domenica Niehoff (Domenica), Max Kellermann (Amando, ihr Bruder), Daniela Rametta (Angelina, ihre Schwester als Kind), Rita Lengyel (Angelina)
Drehbuch: Peter Kern, nach Motiven und Erzählung von Domenica Niehoff
Kamera: Manfred Scheer (Kodak)
Musik: Iwan Harlan
Schnitt: Helga Borsche
Produktion: Axel Glittenberg für Corazon Filmprod. mit Lisa Film/Cine Images Horst Knechtel, BRD 1993
Verleih: Corazon, Unidoc/-/-
Kinostart: 7.4.1994
Länge: 93 Min.

(...) Ein dreist und wirr vor sich hin dilettierender Peter Kern hat nun mit Domenicas Mitwirkung eine grauenhafte Kolportage über deren Leben zusammengestottert, in der die Heldin von einer schweren Kindheit und Jugend – im Heim schneiden fiese Nonnen drohende Grimassen, später prügeln böse Männer, und dazu üble Polizisten, nun, man kennt das ja – irgendwie hineingeführt wird ins Puff. Was uns nur recht sein kann, weil die Sache dann vollbracht und dieser grauenhaft öde Film zu Ende geht, ohne daß wir ein Loch aus der Rückenlehne unseres Vordermannes gebissen hätten. (...)

Rupert Koppold, Stgt. Zeitung, 23.4.94

Alice Agneskirchner in: Der Tagesspiegel, 12.4.94; Bodo Fründt in: SZ, 2.8.94; Otto Heuer in: Rheinische Post, 8.4.94

Don't Do It 226

DON'T DO IT ***

Regie: Eugene Hess
Darsteller: Heather Graham (Suzanna), James LeGros (Dodger), Sheryl Lee (Michelle), James Marshall (Robert), Esai Morales (Charles), Sarah Trigger (Alicia), Balthazar Getty (Jake), Alexis Arquette (Dave), Elizabeth Barondes (Letticia), Steven Brill (Anthony)
Drehbuch: Eugene Hess
Kamera: Ian Fox (Farbe)
Musik: Hal Lindes
Schnitt: Marc Grossman
Produktion: Randy Lippert, Eugene Hess für Hess/Lippert Films/Julian R. Films, USA 1994
Uraufführung: 25.6.1994, Filmfest München
Verleih: Concorde/-/-
Kinostart: 10.11.1994
Länge: 86 Min. – *FSK:* ab 12, ffr.
FBW: Wertvoll

Gelungenes Spielfilmdebüt des Ex-Videoclip-Produzenten Eugene Hess. In einer modernen Variante von Arthur Schnitzlers »Reigen« verheimlichen drei junge Paare ihre jeweils noch bestehende, nicht richtig beendete oder neu begonnene Beziehung, bis sie sich zufällig in einem Nachtcafé treffen. Trotz Situationskomik und Dialogwitz tritt »Don't do it« für persönliche Werte wie Wahrhaftigkeit, Vertrauen und Treue ein. Der beste Beweis für amerikanisches Autorenkino jenseits von Woody Allen.

Marc Hairapetian, tip, 23/94

(...) Aufregen kann diese brave jugendliche Perspektive auf das ewige Problem wahrscheinlich aber nur Teenager, die gerade mitten im ersten Liebesdrama stehen. Aus der Fülle der Love-Stories, die uns das Kino Woche für Woche beschert, ragt »Don't do it« weder durch formalen Mut noch durch inhaltliche Überraschungen hervor. Am Ende findet sich für den Pott der richtige Deckel. *Bodo Fründt, SZ, 10.11.94*

(...) Unglücklicherweise erschöpft sich dieses Beziehungs-Karussell in peinigend banalem Geschwätz, das die größten Selbstverständlichkeiten zu wichtigtuerischen Schein-Philosophien aufbläht. (...)
So packt den Zuschauer angesichts derart geballter Ereignislosigkeit schnell das große Gähnen. (...)

Otto Heuer, Rheinische Post, 11.11.94

Rupert Koppold in: Stgt. Zeitung, 10.11.94; Angela Schmitt-Gläser in: FR, 12.11.94

Donusa 227

***

Regie: Angeliki Antoniou
Darsteller: Christina Papamichou (Eleni), André Hennicke (Stefan), Eva Kotamanidou (Niki, Elenis Mutter), Christos Tsagas (Tassos, Elenis Vater), Dimitris Poulikakos (Stelios), Tasso Kavadia (Sofia), Gerassimos Skiadaressis (Petros), Eleni Kaligerou
Drehbuch: Angeliki Antoniou, unter Mitarbeit von Christos Antoniou, Peter Eisenstein, Andrea Kuhn
Kamera: Pio Corradi (Farbe)
Musik: Nikos Kipourgos
Schnitt: Yannis Tsitsopoulos
Produktion: Joachim von Vietinghoff für Von Vietinghoff Filmprod./Kyros Film/Flash Film/Greek Film mit WDR/SWF, BRD/Schweiz/Griechenland 1992
Uraufführung: Int. Hofer Filmtage 1992
Verleih: Basis/-/Look Now
Kinostart: Sept. 1993 (CH)
Länge: 87 Min.

Ein junger deutscher Fotograf besucht eine winterlich verlassene Insel in der Ägäis. Vom Wirt, einem deutschsprechenden Griechen, wird er nett aufgenommen. Die restliche Inselbevölkerung steht dem Fremden eher distanziert gegenüber. Zwischen dem Fotografen und einer jungen Griechin entwickelt sich eine kleine Liebe, die aber durch den Inzest ihres Vaters brutal beendet wird. Ein Drama, das sich vor den abgewendeten Augen der Inselgesellschaft abspielt und patriarchalische Strukturen solcher Gesellschaften verurteilt. *Zoom*

H.G. Pflaum in: SZ, 18.4.94

El Dorado – Gier nach Gold 228

EL DORADO ***

TV

Regie: Carlos Saura
Darsteller: Omero Antonutti (Aguirre), Lambert Wilson (Pedro de Ursúa), Eusebio Poncela (Guzmán), Gabriela Roel (Inés), Inés Sastre (Elvira), José Sancho (La Bandera), Patxi Bisquert (Pedrarias), Francisco Algora (Llamoso), Feodor Atkine (Montoya), Abel Vitón

Drehbuch: Carlos Saura
Kamera: Teo Escamilla (Agfa Gevaert)
Musik: Alejandro Masso
Schnitt: Pedro del Rey
Produktion: Andrés Vicente Gómez für Iberoamericana de TV mit Chrysalide Films/Canal Plus/FR 3 Films/Quinto Centenario/TVE/RAI-Sacis, Spanien/Frankreich 1988
Uraufführung: 20.4.1988, Filmfestspiele Cannes
Sendetermin: 10.9.1994, ARD
Länge: 151 Min.

Eine Expedition versucht 1560 im Auftrag des spanischen Königs das sagenhafte El Dorado in Peru zu finden. Das Expeditionscorps unter der Führung von Copez de Aguirre vernichtet sich aus menschlicher Unzulänglichkeit fast vollständig. Farbenprächtiges Epos, daß sich zuviel vornimmt und wenig davon einlöst.

Double Suspicion 229
DOUBLE SUSPICION **
Video

Regie: Paul Ziller
Darsteller: Gary Busey (Dwight Meadows), Kim Cattrall (Allison Meadows), Darlanne Fluegel (Dana Preston/Molly Carpenter), Jeff Griggs (Greg Pike), Blu Mankuma (Marv Lokkhart), Leam Blackwood
Drehbuch: Michael Berlin, Eric Estrin
Kamera: Peter Wunstorf (Farbe)
Musik: Graeme Colman
Produktion: Robert Vince für Trimark Pic., USA 1993
Verleih: -/-/-/VMP Home Video
Videostart: 21.3.1994
Länge: 92 Min. – *FSK:* ab 18 J.; gekürzte Fassung 86 Min. ab 16 J.

Man nehme einen abartigen Killer (durchtrennt den weiblichen Opfern das Rückenmark), einen reaktivierten Polizisten und einen Stripteasetänzer – fertig ist das Rezept für einen spekulativen und völlig spannungslosen Krimi, dem nur die Darsteller kleinste Reize abringen können.

Double Threat – Tödliches Verlangen 230
DOUBLE THREAT **
Video

Regie: David A. Prior
Darsteller: Sally Kirkland (Monica Martell), Andrew Stevens (Eric Cline), Sherrie Rose (Lisa Shane), Chick Vennera (Ross), Garry Swanson (Coleman), Richard Lynch (Fenich), Anthony Franciosa (Crocker Scott), Monique Detraz, Ted Prior
Drehbuch: David A. Prior
Kamera: Gerald B. Wolfe (Image Transform)
Musik: Christopher Farrell
Schnitt: Tony Malanowski
Produktion: Kimberley Casey für Souvereign, USA 1992
Verleih: -/-/-/Warner Home Video
Videostart: Juni 1994
Länge: 92 Min.
FSK: ab 16 J.

Ungeschickt auf Erotik getrimmter Krimi mit merkwürdigen Wendungen um einen abgehalfterten Gigolo, der seine Frau, eine alternde Filmdiva, beseitigen will. Nicht der Rede wert, spielte Sally Kirkland nicht eine Hauptrolle.

Dragon Angel 231
DRAGON ANGEL *
Video

Regie: Newton Wang, Lee Ying Chiu
Darsteller: Cynthia Luster, Ben Lim, Ko Hung, Chan Man, Cheung Min Tin, Fung Sue Fan, John Lam, David Koh
Drehbuch: Wong Si Ki
Produktion: Che Ng Min Tin, Li Chu für Gold Lion, Hongkong/USA 1993
Verleih: -/-/-/Madison Video
Videostart: 27.2.1994
Länge: 87 Min. – *FSK:* ab 18 J.; gekürzte Fassung 80 Min. ab 16 J.

Erstaunlicher als die Wiederholung der immer gleichen Konzentration an Prügelszenen in dieser Sorte von Kampfsportfilmen ist, daß die Verleihe dafür stets noch Titel finden.

Anselm Jungeblodt in: film-dienst, 8/94

Dragon Fire 232
DRAGON FIRE *
Video

Regie: Rick Jacobson
Darsteller: Dominic Labanca (Laker), Pamela Runo (Marta), Kisu (Slick), Harold Hazeldine (Eddie), Charles Philip Moore, Dennis Keifer, Rod Kei, Val Michailovic, Hyung Lee, Michael Blanks (Kickboxer)
Drehbuch: Beverly Gray, Kevin Ingram
Kamera: Mike Gallagher (Farbe)
Musik: John Graham
Schnitt: John Gilbert

Produktion: Mike Elliott für Pacific Trust, USA 1993
Verleih: -/-/-/Starlight Video
Videostart: 13.4.1994
Länge: 90 Min. – *FSK:* ab 18 J.

Kickbox-Action diesmal im Science-Fiction-Gewand, was das dürftige Budget dieses Filmchens erst recht zum Vorschein bringt. Der tip meinte: »Knochenbrechen und Schädelknacken nonstop, lautet die Devise, die Handlung spielt eine absolut untergeordnete Rolle. So ist es nur konsequent, wenn Regisseur Jacobsen hier seinen früheren Film «Full Contact» einfach noch einmal neu nachgestellt und lediglich die Prügelknaben ausgetauscht hat.«

Dragon Force

233

DEATH TRIANGLE

*

Video

Regie: Albert Lai
Darsteller: Cynthia Khan (Yang), Cynthia Luster (Coco), Moon Lee (Li)
Produktion: Hongkong 1993
Verleih: -/-/-/Splendid Video
Videostart: 16.3.1994
Länge: 92 Min. – *FSK:* ab 18 J.

Drei weibliche Kickbox-Stars auf der Besetzungsliste dürften genügen, die Fans dieser Hongkong-Ware zu überzeugen.

Dragonworld

234

DRAGONWORLD

**

Video

Regie: Ted Nicolaou
Darsteller: Sam Mackenzie (Johnny McGowan), Brittney Powell (Beth Armstrong), John Calvin (Bob Armstrong), John Woodwine (Lester McIntyre), Andrew Keir (Angus McGowan), Lila Kaye (Mrs. Cosgrove)
Drehbuch: Suzanne Glazener Naha, Ted Nicolaou
Kamera: Alan Trow (Farbe)
Musik: Richard Band
Schnitt: Gregory Sanders
Produktion: Albert Band für Moonbeam Ent., USA 1994
Verleih: -/-/-/CIC Video
Videostart: Nov. 1994
Länge: 83 Min. – *FSK:* o.A.

Abenteuer mit Drachen auf einer Burg in Schottland.

Dream Girls

235

DREAM GIRLS

***

Regie: Kim Longinotto, Jano Williams
Drehbuch: Kim Longinotto, Jano Williams
Kamera: Kim Longinotto
Musik: Takarazuka Revue
Schnitt: John Mister
Produktion: Jano Williams für 20th Century Vixen, GB 1993
Verleih: -/DV 8-Film, OmU/-
Kinostart: September 1994
Länge: 50 Min.

Der Dokumentarfilm gewährt Einblicke in ein einzigartiges Segment des japanischen Entertainments: In den berühmten Takarazuka-Revues werden sämtliche Rollen von Frauen verkörpert. Die widersprüchliche Mischung aus inszenierter Erotik und militärischem Drill während der Ausbildung ermöglicht eine originelle Perspektive auf die aktuelle Diskussion rund um die Konstruktion von Geschlechterrollen und diesbezüglichen Wunschphantasien. *multimedia*

Dream Rider – Ohne fremde Hilfe

236

DREAMRIDER

**

TV

Regie: Bill Brown
Darsteller: Mathew Geriak (Bruce Jennings), James Earl Jones (Mr. Perry), Heather D. Haase (Sarah), Jay Richardson (Roy), Murray Rose (O'Gorman), Stacy Bell (Mary), Criss Freeman (Rick), Leigh Taylor-Young (Dr. Kawai), E.J. Peaker (Ruth)
Drehbuch: Bill Brown
Produktion: Gary Schmoeller für Bell Tower/Moviestore, USA 1992
Sendetermin: 6.1.1994, RTL2, 20.15
Länge: 88 Min.

Bruce Jennings, gefeierter Star der College-Fußballmannschaft, verliert bei einem tragischen Motorradunfall ein Bein.
Nach dem anfänglichen Schock findet er sich mit der neuen Situation ab, resigniert aber nicht, trainiert hart und wird erfolgreich im Radrennsport. Typisches TV-Sozialmärchen.

Dreamland of the Moonless Nights 237

***

Regie: Ellen Umlauf
Darsteller: Ashwini Singh (Niru), Alexander Soqosoqo (Lagani), Ratu Manoa Rasigatele (Laganis Vater), Ledua Tuivaga (Laganis Mutter), Anandi Lal Amin (Nirus Vater), Nutan Sagar (Nirus Mutter), Inoke Raikuna, Ratu Kini Tuivonovono, Mereia Buna Drove, Marave Soqosoqo
Drehbuch: Ellen Umlauf
Kamera: Horst Schier (Farbe)
Musik: Jacques Pineau
Schnitt: Charly Fugunt, Gudrun Brand
Produktion: Mana Movie Prod. mit BR, BRD 1994
Verleih: Globus/-/-
Kinostart: 1.9.1994
Länge: 98 Min. – *FSK:* ab 6, ffr.

Seit ihrer Kindheit lieben sich Lagani und Niru. Er ist Fidschianer, sie Inderin. Ihre traditionsbewußten Familien erlauben diese Liebe nicht. Zu verschieden sind die Lebensgewohnheiten und die Mentalität der beiden Rassen.
(Verleihprogramm)

Dreams of Death 238

SEARCH FOR GRACE

*

Video

Regie: Sam Pillsbury
Darsteller: Lisa Hartmann-Black (Ivy Grace), Ken Wahl (Johnny Jake), Richard Masur (Dr. Randolph)
Drehbuch: Alex Ayres
Produktion: Vanessa Greene für CBS Ent., USA 1994
Verleih: -/-/-/Fox Video
Videostart: 17.11.1994
Länge: 89 Min. – *FSK:* ab 12 J.

Scheinbar unmotiviert verläßt die hübsche Ivy ihren Freund und buhlt um einen dubiosen Zocker. Grund: eine gespaltene Persönlichkeit. Lahm, lasch und unlogisch.

Die drei besten Dinge im Leben 239

DE DRIE BESTE DINGEN IN HET LEVEN

***

TV

Regie: Ger Poppelaars
Darsteller: Loes Wouterson (Sacha van Eden), Victor Löw (Caspar), Jack Wouterse (Maarten), Gerard Thoolen (Otto), Gijs Scholten van Aschat (Thomas), Michel van Dousselaere (Jawek Vitebsk), Pierre Bokma (Ben de Kadt), Eric van der Donk (Vater), Emannuelle Maridjan-Koop (Mutter), Adrian Brine (Hotelbesitzer)
Drehbuch: Ger Poppelaars
Kamera: Lex Wertwijn (Eastmancolor)
Musik: Henny Vrienten
Schnitt: Wim Louwrier, Michael Reichwein
Produktion: René Scholten für Studio Nieuwe Gronden/NOS Televisie, Niederlande 1992
Uraufführung: Holländische Film Tage 1992
Erstaufführung: 18.2.1993, Int. Filmfestspiele Berlin, »Panorama: art & essai«
Sendetermin: 8.10.1994, Arte, 22.00
Länge: 103 Min.

Ger Poppelaars erzählt eine gewöhnlich ungewöhnliche Geschichte, die leider irgendwo zwischen erstem Einfall und letztem Schnitt verendet. (...) Eine Frau, Geigerin eines Starquartetts, fährt schwanger zu ihrem Freund nach Amsterdam. Der läßt sich von seinem Anrufbeantworter vertreten. So trifft die Geigerin in Amsterdam die tollkühnen Clochards des Glücks. In Caspar, ohne Geld, aber natürlich mit unendlich viel Phantasie, Sensibilität, Ambitionen, verliebt sich unsere Heldin, und der bisherige Freund, Makroökonom, fällt, trotz intensiven Börsenkontakts, im Kurs. Damit die Spannung nicht gleichfalls fällt, müssen ein paar Osteuropäer versuchen, der Geigerin eine geheimnisvolle Gans abzujagen. (...)
Arpe Caspary, Der Tagesspiegel, 23.2.93

Drei Farben: Rot 240

TROIS COULEURS: ROUGE

****

Regie: Krzysztof Kieslowski
Darsteller: Irène Jacob (Valentine), Jean-Louis Trintignant (Der Richter), Frédérique Feder (Karin), Jean-Pierre Lorit (Auguste), Samuel Lebihan (Fotograf), Marion Stalens (Tierärztin), Teco Celio (Barmann), Bernard Escalon (Plattenveräufer), Jean Schleger (Nachbar), Elzbieta Jasinska
Drehbuch: Krzysztof Piesiewicz, Krzysztof Kieslowski
Kamera: Piotr Sobocinski (Farbe)
Musik: Zbigniew Preisner; gespielt von der Sinfonia Varsovia, Leitung: Wojciech Michniewski
Schnitt: Jacques Witta

Irène Jacob in der Hand des Zufalls.

Produktion: Marin Karmitz für MK2 Prod./France 3 Cinéma/CAB Prod./»TOR« Prod. mit Canal plus, Frankreich/Schweiz/ Polen 1994
Uraufführung: Int. Filmfestspiele Cannes 1994
Verleih: Concorde/Constantin/Rialto
Kinostart: 8.9.1994
Länge: 99 Min. – *FSK:* ab 6, ffr.
FBW: Besonders wertvoll

Ein Fotomodell in Genf lernt einen pensionierten Richter kennen, der die Telefonate seiner Nachbarn abhört, und bringt ihn durch ihre Hinwendung dazu, sich von der bloßen Information über seine Mitmenschen abzuwenden und ihnen persönlich zu begegnen. Meisterhaft gestaltetes Filmkunstwerk, das zum Nachdenken über die Wahrhaftigkeit in der mitmenschlichen Beziehung anregt. *multimedia*

(...) Die existentialistischen Gespräche der beiden in der düsteren Villa des Alten werfen schließlich die Frage auf, wie und warum der Mensch zu solidarischem Handeln gelangt: durch wahres Mitgefühl oder aus einer Art moralischen Bequemlichkeit?
Christoph Terhechte, tip, 18/94

Peter Buchka in: SZ, 8.9.94; Andreas Kilb in: Die Zeit, 9.9.94; Ulrich Lössl in: Zitty, 18/94; Ponkie in: AZ, 8.9.94; Thomas Reinhardt in: Saarbrücker Zeitung, 9.9.94; Patrick Rössler in: Stgt. Zeitung, 8.9.94; Josef Schnelle in: FR, 8.9.94; Christian Seebaum in: Kölner Stadt-Anzeiger, 10.9.94;

Drei Farben: Weiß 241

TROIS COULEURS: BLANC / TRZY KOLORY: BIALY ***

Regie: Krzysztof Kieslowski
Darsteller: Zbigniew Zamachowski (Karol Karol), Julie Delpy (Dominique), Janusz Gajos (Mikolaj), Jerzy Stuhr (Jurek), Grzegorz Warchol (Der Elegante), Jerzy Nowak (Der alte Bauer), Aleksander Bardini (Der Notar), Cezary Harasimowicz (Der Inspektor), Jerzy Trela, Cezary Pazura
Drehbuch: Krzysztof Piesiewicz, Krzysztof Kieslowski
Kamera: Edward Klosinski (Farbe)
Musik: Zbigniew Preisner
Schnitt: Urszula Lesiak
Produktion: Marin Karmitz für MK2/France 3 Cinéma/CAB/Studio TOR Filmowe Prod. mit Canal plus, Frankreich 1933
Erstaufführung: 15.2.1994, Int. Filmfestspiele Berlin
Verleih: Concorde/Constantin/Rialto/ Concorde Video
Kinostart: 24.3.1994
Länge: 92 Min. – *FSK:* ab 12, ffr.
FBW: Besonders wertvoll

Polnischer Friseur wird von seiner französischen Frau davongejagt, erlangt in Warschau rasch großen Reichtum und rächt sich an ihr, indem er sie durch Vortäuschung seines Todes ins Gefängnis bringt. Zweiter Teil der Trilogie über die Farben der Trikolore, der dem Thema Gleichheit gewidmet ist. Meisterhaft inszenierte und gespielte schwarze Komödie über die Ungleichheiten im menschlichen Leben und unter den Nationen. *multimedia*

(...) Magische Gegenstände, Talismane, skurrile Leitmotive und Kieslowski-Selbstzitate strukturieren die Fallstudie, unterstreichen das Generelle im Besonderen. Der Chefmystiker des europäischen Autorenfilms spielt mit den Versatzstücken seines düsteren Kosmos. *Wolf Donner, tip, 7/94*

Sebastian Feldmann in: Rheinische Post, 25.3.94; Bodo Fründt in: SZ, 25.3.94; Christiane Peitz in:

Die Zeit, 1.4.94; Thomas Reinhardt in: Saarbrücker Zeitung, 25.3.94; Patrick Rössler in: Stgt. Zeitung, 24.3.94; Josef Schnelle in: FR, 31.3.94; Christian Seebaum in: Kölner Stadtanzeiger, 26.3.94

Drei Frauen in Palästina 242

THROUGH THE VEIL OF EXILE ***

Regie: David Benchetrit
Darsteller: Marie Chass, Dalal Abu Kamar, Umm Mohammed
Drehbuch: David Benchetrit
Kamera: David Benchetrit (Farbe)
Musik: Elias Taissir; Rim Bana (Gesang)
Schnitt: Sini Bar-David
Produktion: David Benchetrit, Sini Bar-David, Israel 1992
Verleih: -/-/trigon-film
Kinostart: März 1994
Länge: 86 Min.

Der israelische Dokumentarfilm porträtiert zwei Palästinenserinnen und eine mit einem Palästinenser verheiratete Israelin christlicher Herkunft. In ihren Lebensberichten erhält der palästinensisch-israelische Konflikt und das von ihm verursache Leiden ein konkretes menschliches Gesicht. Ein ruhiges, fast intimes Werk, das sich von polemisch-agitatorischen Filmen beider Seiten grundsätzlich unterscheidet und auf eindrückliche Weise an politischen Tabus rüttelt und offiziellen Feindbildern widerspricht. *Zoom, 3/94*

Die drei Musketiere 243

THE THREE MUSKETEERS ***

Regie: Stephen Herek
Darsteller: Charlie Sheen (Aramis), Kiefer Sutherland (Athos), Chris O'Donnell (D'Artagnan), Oliver Platt (Porthos), Tim Curry (Kardinal Richelieu), Rebecca De Mornay (Milady), Gabrielle Anwar (Königin Anne), Michael Wincott (Rochefort), Paul McGann (Girard), Julie Delpy (Constance)
Drehbuch: David Loughery, nach dem gleichn. Roman von Alexander Dumas
Kamera: Dean Semler (Technicolor)
Musik: Michael Kamen
Schnitt: John F. Link
Produktion: Joe Roth, Roger Birnbaum für Walt Disney mit Caravan Pic., USA 1993
Verleih: Buena Vista/dto./dto./Walt Disney Home Video

Alte Helden mit jungen Gesichtern: ›Die drei Musketiere‹ und ein Grünschnabel aus der Gascogne und ein Titelsong von Bryan Adams, Rod Stewart und Sting.

Kinostart: 27.1.1994
Länge: 105 Min.
FSK: ab 12, ffr.
FBW: Besonders wertvoll

Wieder einmal eine amerikanische Verfilmung des klassischen Abenteuerromans von Alexandre Dumas um die vier jungen Männer, die unter König Ludwig XIII. das Leben ihres Monarchen gegen die Intrigen von Kardinal Richelieu retten. Im traditionellen Stil des Mantel- und Degenfilms gehalten, bietet der Film actionreiche Unterhaltung von durchschnittlicher Qualität.
multimedia

(...) Aber bei Walt Disney hat man sich alle Mühe gegeben, der wilden Kolportage jeden Schwung, jeden Witz und jede Unmoral zu nehmen, damit es familiengerecht, und das heißt in diesem Fall kindgerecht, auf der Leinwand zugeht. *Volker Gunske, tip, 3/94*

Josef Schnelle in: FR, 1.2.94

Drei Ninjas Kids 244

3 NINJA KIDS **
Video

Regie: Jon Turteltaub
Darsteller: Victor Wong (Großvater), Michael Treanor (Rocky), Max Elliott Slade (Colt), Chad Power (Tum Tum), Randy Kingsley (Snyder), Alan McRae (Sam Douglas), Margarita Franco (Jessica Douglas), Kate Sargeant (Emily), Torn Tanaka
Drehbuch: Edward Emanuel, nach einer Story von Kenny Kim
Kamera: Richard Michalak, Chris Faloona (Technicolor)
Musik: Rick Marvin
Schnitt: David Rennie
Produktion: Martha Chang für Touchstone/Global/Venture Hollywood, USA 1992
Verleih: -/-/-/VPS Video
Videostart: 16.12.1993
Länge: 92 Min.
FSK: ab 16 J.

Drei Brüder, Söhne eines Polizisten, lernen Ninjakampf, werden entführt und können ihre neuen Fähigkeiten einsetzen. Regisseur Turteltaub. Der film-dienst resümierte: »Aus der interessanten und kindergerechten Anlage des Films wird so ein ödes Schwerter-Opus, das sich in Stunteinlagen gefällt und den Unterschied zwischen kindlicher Wunschphantasie und Realität bedenkenlos verwischt.«

Josef Lederle in: film-dienst, 11/94

Drei Wochen in Jerusalem 245

DOUBLE EDGE □
TV

Regie: Amos Kollek
Darsteller: Faye Dunaway (Faye Milano), Amos Kollek (David), Mohammad Bakri (Mustafa), Makhram Khouri, Michael Schneider, Shmuel Shiloh, Anat Atzmon, Ann Belin
Drehbuch: Amos Kollek
Kamera: Amnon Salomon (Farbe)
Musik: Mira J. Spektor
Schnitt: David Tour, Vicki Hiatt
Produktion: Amos Kollek, Rafi Reibenbach, Israel/USA 1992
Sendetermin: 25.3.1994, Arte, 20.40
Länge: 81 Min.

Die amerikanische Journalistin Faye Milano, die für ihre Zeitung über die israelisch-palästinensische Konfrontation recherchieren soll, lernt in Israel den jüdischen Schriftsteller David und Mustafa, den Palästinenserführer der »Infada«, kennen. Dadurch wird sie mit der Tragik des Nahostkonfliktes unmittelbar berührt und in ihrem Verständnis für die beiden Männer in Konflikte gestürzt.

Dreisam 246

THREESOME ***

Regie: Andrew Fleming
Produktion: USA 1994

Siehe → »Einsam, Zweisam, Dreisam«

Das dritte Ufer des Flusses 247

A TERCEIRA MARGEM DO RIO ***

Regie: Nelson Pereira dos Santos
Darsteller: Ilya Sao Paulo (Liojorge), Sonjia Saurin (Alva), Maria Ribeiro (Liojorges Mutter), Barbara Brandt (Nhinhinha), Chico Diaz (Rigério), Mariane Vicentini (Rosário), Henrique Rovira (Herculinao Dagobé), Waldir Onofre (Dismundo Dagobé), Gilson Moura (Doricao Dagobé), Jofre Soares
Drehbuch: Nelson Pereira dos Santos, nach dem Erzählband »Primeiras estorias« von Joao Guimaraes Rosa

Kamera: Gilberto Azevedo, Fernando Duarte (Farbe)
Musik: Milton Nascimento
Schnitt: Carlos Alberto Camuirano, Luelane Correa
Produktion: Ney Sant' Anna, Dora Sverner für Regina Filmes/Centro de Producao/Cultural e Educativa da Universidade Brasilia/Instituto Brasileiro de Arte e Cultura/Secretaria de Cinema do Ministério da Cultura, Brasilien 1993
Uraufführung: 20.2.1994, Int. Filmfestspiele Berlin
Verleih: Confilm, OmU/-/-
Kinostart: Okt.1994
Länge: 98 Min.

Ein Mann verläßt seine Frau und Kinder, um fortan allein auf dem nahen Fluß zu leben. Sie werden ihn nie wiedersehen, aber es gibt Lebenszeichen: Jeden Morgen ist das Essen, das sein Sohn Liojorge ans Ufer bringt, verschwunden. Jahre vergehen. Rosario, die Tochter, heiratet und zieht mit ihrem Mann in die Stadt, Liojorge versorgt weiterhin täglich den Vater. (...)

Katalog Filmfestspiele Berlin

Du lügst! 248

LIAR LIAR □ TV

Regie: Jorge Montesi
Darsteller: Art Hindle, Rosemary Dunsmore, Vanessa King, Kate Nelligan
Produktion: Kanada 1992
Sendetermin: 31.5.1994, Südwest 3, 21.15
Länge: 90 Min.

Die 11jährige Kelley Farrows vertraut ihrer Lehrerin an, daß ihr Vater sie sexuell mißbraucht. Damit beginnt für Kelley ein Leidensweg, denn niemand glaubt ihr so recht, auch nicht ihre Mutter und ihre beiden Schwestern.

Duke Ellington: Reminiscing in Tempo 249

DUKE ELLINGTON: REMINISCING IN TEMPO *** TV

Regie: Robert S. Levi
Darsteller: Sprecher: Julian Bond; Mitwirkende: Mercedes Ellington, Marian Logan, Mercer Ellington, Herb Jeffries
Drehbuch: Geoffrey C. Ward, Robert S. Levi
Kamera: Neil Reichline (Farbe und s/w)
Musik: Duke Ellington
Schnitt: Ken Eluto, Ken Levis
Produktion: Robert S. Levi für Robert Levi Films, USA 1992
Erstaufführung: 1.7.1992, Filmfest München
Sendetermin: 23.5.1994, West3, 23.10; 26.5., BR3, 23.20; 6.6.1994, ORB3, 23.45
Länge: 90 Min.

Eine animierende dokumentarische Hommage an den großen Musiker Duke Ellington im Rhythmus seines Stückes »Reminiscing in Tempo« von 1935. Unterlegt mit 40 Ellington-Kompositionen wird an das zwiespältige Leben des leidenschaftlichen Jazzers und Entertainers in Interviews, persönlichen Erinnerungen und geschickt arrangiertem Archivmaterial erinnert.

Angie Dullinger, AZ, 2.7.92

Die dunkle Seite des Herzens 250

EL LADO OSCURO DEL CORAZON ****

Regie: Eliseo Subiela
Darsteller: Dario Grandinetti, Sandra Ballesteros, Nacha Guevara, Jean-Pierre Reguerraz, André Melancon, Inés Vernengo
Drehbuch: Eliseo Subiela
Kamera: Hugo Colace (Farbe)
Musik: Osvaldo Montez
Schnitt: Marcela Saénz
Produktion: Eliseo Subiela für CQ2/Max Films, Argentinien/Kanada 1992
Uraufführung: Montreal Filmfestival 1992
Verleih: -/-/trigon-Film
Kinostart: Januar 1994
Länge: 127 Min.

Eliseo Subielas dritter Spielfilm ist ein Poem zum Thema Liebe, Erotik und Tod. Oliverio, ein Dichter um die Dreißig, huldigt der Suche nach dem Absoluten in der Liebe – ob eine Frau schön oder häßlich ist, kümmert ihn nicht, nur fliegen muß sie im Liebesakt können. Ana, eine Dirne, ist schließlich die Frau, die sich emanzipatorisch seiner Unreife annimmt. Ein Film der fraglos ernstgenommenen Gefühle, schön in dieser poetischen Unbedingtheit, in keinem Augenblick anstößig, obgleich auch Obszönes sehr gegenständlich vorhanden ist. *Zoom*

Eat Drink Man Woman 251
EAT DRINK MAN WOMAN ****

Regie: Ang Lee
Darsteller: Sihung Lung (Mr. Chu), Kuei-Mei Yang (Jia Jen), Chien-Lien Wu (Jia Chin), Yu-Wen Wang (Jia Ning), Ah-Leh Gua (Frau Liang), Sylvia Chang (Jin-Rong), Winston Chao (Li Kai), Chin-Cheng Lu (Ming Dao), Chao-Jung Chen, Lester Chen
Drehbuch: Hui-Ling Wang, James Schamus, Ang Lee
Kamera: Jong Lin (Farbe)
Musik: Mader
Schnitt: Tim Squyres
Produktion: Li-Kong Hsu für Central Motion/Ang Lee Prod./Good Machine, Taiwan/USA 1994
Erstaufführung: 26.6.1994, Filmfest München
Verleih: Pandora/-/Filmcooperative
Kinostart: 15.9.1994
Länge: 123 Min. – *FSK:* ab 6, ffr.

Ein Meisterkoch ohne Geschmackssinn, seine drei rebellischen Töchter und über hundert Köstlichkeiten der chinesischen Küche sind die Hauptdarsteller in diesem vom taiwanesischen Meisterregisseur Ang Lee brillant in Szene gesetzten Augenschmaus, in dem es um Probleme des Älterwerdens sowie um Generationskonflikte in einer chinesischen Familie geht. Auf der Höhe seiner Kunst präsentiert Lee mit beeindruckender Geschmackssicherheit eine perfekte Mischung aus Melancholie und Humor, aus tiefen Gefühlen und flottem Entertainment, aus sozialem Realismus und hoffnungsvoller Wunschvorstellung.

Ralph Umard, tip, 18/94

Angie Dullinger in: AZ, 15.9.94; Ulrich Herrmann in: Die Zeit, 16.9.94; Heike Kühn in: FR, 16.9.94; Oliver Rahayel in: Kölner Stadt-Anzeiger, 17.9.94; Ruprecht Skasa-Weiß in: Stgt. Zeitung, 15.9.94

Eight Seconds 252
EIGHT SECONDS ***
Video

Regie: John G. Avildsen
Darsteller: Luke Perry (Lane Frost), Stephen Baldwin (Tuff Hedeman), James Rebhorn (Clyde Frost), Carrie Snodgress (Elsie Frost), Red Mitchell (Cody Lambert), Ronnie Claire Edwards (Carolyn Kyle), Linden Ashby (Martin Hudson), Cynthia Geary, Dustin Mayfield, Cameron Finley
Drehbuch: Monte Merrick
Kamera: Victor Hammer (Foto-Kem)
Musik: Bill Conti
Schnitt: J. Douglas Seelig
Produktion: Michael Shamberg für Jersey Films, USA 1994

Film- und Kochkunst delikat serviert: Ang Lees ›Eat, Drink, Man, Woman‹.

Verleih: -/-/-/VMP Video
Videostart: 6.9.1994
Länge: 100 Min.
FSK: ab 12 J.

Authentische Lebensgeschichte des Rodeoreiters Lane Frost, der 1989 mit nur 26 Jahren in der Arena tödlich verunglückte. Netter, etwas zu rührseliger Western-Heimatfilm.

Einer meiner ältesten Freunde 253

***

TV

Regie: Rainer Kaufmann
Darsteller: Maria Schrader (Marion), Richy Müller (Michael), Peter Lohmeyer (Charley), Dani Levy (Zeto), Jochen Nickel (Manuel), Wolfgang Hinze (Herr Hauser), Karl Kaufmann, Nele Müller-Stöfebn, Eva Jaegers, Jürgen Vogel
Drehbuch: Kathrin Richter, Ralf Hertwig, nach der Erzählung von F. Scott Fitzgerald
Kamera: Klaus Eichhammer (Farbe)
Musik: Joachim J. Gerndt
Produktion: Jakob Claussen, Thomas Wöbke für Claussen + Wöbke Filmprod., BRD 1994
Uraufführung: 29.6.1994, Filmfest München
Sendetermin: 13.11.1994, ARD, 23.00
Länge: 81 Min.

Sensible Verfilmung einer Erzählung von F. Scott Fitzgerald: Die Frau zwischen zwei Kontrast-Freunden, dem treuen ehrlichen Spießer und dem egozentrischen windigen Künstler. Ein Dreiecks-Balanceakt von subtiler Beziehungspsychologie und diskreter Darstellerbrillanz – ein leises, sanftes Gift. *Ponkie, AZ, 28.6.94*

Einfach nur Liebe 254

**

Regie: Peter Timm
Darsteller: Benno Fürmann (Mamba), Regula Grauwiller (Nadja), Uwe Ochsenknecht (Pilgrim), Steffen Wink (Thommy), Moritz Bleibtreu (Yüksel), Eva Hassmann (Lydia), Dennenesch Ninnig (Myriam), Lambert Hamel (Dr. Schulze), Peter Roggisch (Staatsanwalt), Ingrid van Bergen (Richterin)
Drehbuch: Peter Timm, Michael Arnal, Xao Seffcheque
Kamera: Fritz Seemann (Farbe)
Musik: Detlef Petersen, Fresh Familee
Schnitt: Helga Borsche
Produktion: Alena Rimbach, Heike Wiehle-Timm für Avista/Relevant mit WDR, BRD 1994
Verleih: Jugendfilm/-/-
Kinostart: 14.7.1994
Länge: 95 Min.
FSK: ab 12, ffr.
FBW: Wertvoll

Schulalltag in Leverkusen: Im Lehrerzimmer mahlen bärtige Studienräte verträumt Müsli, der fiese Direktor fährt aufmüpfigen Referendarinnen mit rassistischen Sprüchen über den Mund, kleinen Türkinnen werden die Zöpfe abgeschnitten, Lehrer krankenhausreif geschlagen und Mitschülerinnen vergewaltigt. Auftritt Uwe Ochsenknecht, der in Pretoria gestählte neue Deutschlehrer. Flott und engagiert versucht er, aufkeimende Gewalt und Leidenschaften in die lehrplangerechte Form von Shakespeare's »Romeo und Julia« zu lenken. Nun kämpfen Mamba als Romeo und Thommy als Tybalt um die Gunst der schönen Nadja. Neben diesem nicht gerade originellen Drehbucheinfall speisen uns Timm & Co. hemmungslos mit aufgesetzten Gesten, markigen Sprüchen und billigstem Ami-Imitat ab. Leverkusen-High meets German Graffiti – ein bestürzend plattes Werk, das nicht einmal unsere Unterstufler überzeugen dürfte.
Gerald Jung, Zitty, 14/94

Bodo Fründt in: SZ, 16.7.94; Ponkie in: AZ, 14.7.94; Stephan Schmidt in: Rheinische Post, 9.7.94

Einsam, Zweisam, Dreisam 255

THREESOME

***

Regie: Andrew Fleming
Darsteller: Lara Flynn Boyle (Alex), Stephen Baldwin (Stuart), Josh Charles (Eddy), Alexis Arquette (Dick), Martha Gehman (Renay), Mark Arnold (Larry), Michele Matheson (Kristen), Jennifer Lawler (Nachbarin), Jack Breschard (Priester)
Drehbuch: Andrew Fleming
Kamera: Alexander Gruszynski (Farbe)
Musik: Thomas Newman
Schnitt: Willian C. Carruth
Produktion: Brad Krevoy, Steve Stabler für Motion Picture Corp. of America, USA 1994
Uraufführung: 28.1.1994, Sundance Film Festival, Park City, Utah; 8.4.1994, New York

Sie liebt mich, er liebt mich nicht: Josh Charles (links) und seine Optionen Lara Flynn Boyle und Stephen Baldwin.

Erstaufführung: 28.6.1994, Filmfest München
Verleih: Columbia TriStar/-/20th Century Fox/Columbia TriStar Home Video
Kinostart: 28.7.1994
Länge: 92 Min.
FSK: ab 16, ffr.

Eine Frau, zwei Männer, drei Möglichkeiten. Andrew Fleming »Einsam-Zweisam-Dreisam« experimentiert in seinem zweiten Spielfilm mit dem sexuellen Erwachen dreier unzertrennlicher Freunde, die sich schwören, keinen Sex miteinander zu haben (doch mit Schwüren ist das so eine Sache...). Ein unterhaltsamer Ausflug in das Beziehungsgeflecht einer neuen Generation – frisch, unschuldig und authentisch. Das macht eine ganze Menge Spaß – musikalisch (General Public, Apache Indian, New Order, Human Sexual Response oder The The) wie filmisch. *AZ, 29.6.94*

Zwei völlig unterschiedliche Studenten und eine Kommilitonin versuchen, ihre Freundschaft zu einer Liebe zu dritt umzuwandeln, doch stellt sich rasch Katerstimmung ein. Ein an großen Kinovorbildern orientierter Versuch, einen alternativen Lebensentwurf zu beschreiben, der jedoch über Oberflächenreize selten hinauskommt. Frivol, mitunter sprachlich derb, reiht der Film atemlos prekäre Situationen aneinander, stellt jedoch nie die Gefühle der Protagonisten, sondern ausschließlich ihre Bedürfnisse in den Mittelpunkt. *Zoom*

Daniel Blum in: FR, 29.7.94; Peter Buchka in: SZ, 3.8.94; Rupert Koppold in: Rheinische Post, 29.7.94; Milan Pavlovic in: Kölner Stadt-Anzeiger, 30.7.94

71 Fragmente einer Chronologie des Zufalls 256

****

Regie: Michael Haneke
Darsteller: Gabriel Cosmin Urdes (rumänischer Junge), Lukas Miko (Student Max), Otto Grünmandl (Tomek, der Alte), Anne Bennent (Inge Brunner), Udo Samel (Paul Brunner), Branko Samarovski (Hans), Claudia Martini

(Maria), Georg Friedrich (Soldat Bernie), Alexander Pschill (Hanno)
Drehbuch: Michael Haneke
Kamera: Christian Berger (Farbe)
Musik: J.S. Bach
Schnitt: Maria Homolkova
Produktion: Veit Heiduschka für Wega-Film, Österreich/BRD 1994
Uraufführung: Int. Filmfestspiele Cannes 1994
Erstaufführung: 27.6.1994, Filmfest München
Verleih: -/Stadtkino/-
Kinostart: Sept. 1994
Länge: 96 Min.

Im abschließenden Teil seiner Trilogie über die Vergletscherung der Seele liefert Michael Haneke die titelgebenden 71 Fragmente, die Aufschlüsse darüber abgeben sollen, warum ein neunzehnjähriger Student am Vorweihnachtstag des Jahres 1993 Amok lief. Expliziter als viele seiner Regiekollegen weist Haneke in seinem Film darauf hin, daß sicherheitsversprechende Kausalzusammenhänge ein Konstrukt des Rezipienten sind. *multimedia*

Ponkie in: AZ, 30.6.94 (über Haneke)

Emil, der Versager 257

□
TV

Regie: Georgi Kissimov
Darsteller: Dieter Mann (Emil), Juliane Koren (Elfriede), Willi Schrade (Heinz), Barbara Zinn (Manuela), Hannelore Erle
Drehbuch: Hans-Albert Pederzani, nach der Erzählung »Emil Bierstedt« von Ludwig Turek
Kamera: Franz Ritschel (Farbe)
Produktion: Defa TV, DDR 1981
Sendetermin: 30.1.1994, RTL2, 7.35
Länge: 69 Min.

Im Mittelpunkt des Films steht ein Mann, der immer nur das Beste will, aber bei seinen Bemühungen immer wieder scheitert.

Das Ende der Unschuld 258

LA CORSA DELL' INNOCENTE **

Regie: Carlo Carlei
Darsteller: Manuel Colao (Vito), Francesca Neri (Marta Rienzi), Jacques Perrin (Davide Rienzi), Federico Pacifici (Scarface), Sal Borgese (Vitos Vater), Giusi Cataldo (Giovanna), Lucio Zagaria (Orlando), Anita Zagaria (Vitos Mutter), Massimo Lodolo (Rocco), Sandro Barletta (Simone)
Drehbuch: Carlo Carlei, Gualtiero Rosella
Kamera: Raffaele Mertes (Farbe)
Musik: Carlo Siliotto
Schnitt: Carolo Fontana, Claudio Di Mauro
Produktion: Franco Cristaldi, Domenico Procacci, Massimo Cristaldi für Christaldifilm/ Fandango für Raitre/Fildebroc, Italien/Frankreich 1992
Verleih: Delta/-/-
Kinostart: 6.1.1994
Länge: 106 Min.

Nachdem die Familie des zehnjährigen Vito brutal ermordet wurde, wird der Kleine quer durchs Land von bösen Buben gejagt. Für einen Actionfilm in Hollywood-Manier beutet der italienische Regisseur die reale Situation im Süden seines Landes aus, wo Bandenkriege zur Tagesordnung gehören und Unschuldige immer wieder dran glauben müssen. *tip, 1/94*

Steffen Jacobs in: Der Tagesspiegel, 6.1.94

Engel aus Eis 259

BLUE CHILL **
TV

Regie: Bruno Gaburro
Darsteller: Dalila di Lazzaro (Eva), Gerard Manzetti (Chris), Donald Burton (Senator Vrandi), Gino Concari (Luca)
Produktion: Italien 1989
Sendetermin: 30.4.1994, SAT.1, 0.05
Länge: 90 Min.

Der Musiker Chris ist zufällig Augenzeuge eines Mordes geworden. Obwohl er sie für mitschuldig halten muß, verliebt er sich in die junge Senatorengattin Eva. Die fatale Leidenschaft, die er für die verführerische Schöne empfindet, zieht ihn selbst in den Dunstkreis des Verbrechens.

Entführung in Kairo 260

AUHER EL REGAL EL MONTARA MEEN **
TV

Regie: Samir Seef
Darsteller: Noor Al-Sharif (Prof. Fergany), Ali Al-Sharif, Ahmed Rateb, Pnossy
Produktion: Ägypten 1984

Sendetermin: 26.3.1994, ORB3, 0.30; 13.3.1994, MDR3, 1.05
Länge: 100 Min.

Der Dorfschullehrer Professor Fergany, der die ihm anvertrauten Kinder liebt, macht mit seinen Schülern einen Klassenausflug nach Kairo. Beim Besuch eines Zoos verschwindet die 7jährige Nessmah und wird verzweifelt von ihrem Lehrer gesucht.

Die Entscheidung 261

THAT MAGIC MOMENT □ TV

Regie: Daryl Duke
Darsteller: Jace Alexander (Alex), Lindsay Frost (Paige), Cynthia Gibb (Ellen), Jane Krakowski (Linda), Eric La Salle (Virgil), Grant Show (Michael), Charles Hunter Walsh (Lee), Steven Weber (Ben), Ronny Cox (Matthew Farrell)
Drehbuch: Richard Shapiro, Esther Shapiro
Produktion: USA 1990
Sendetermin: 12.11.1994, RTL2, 11.20
Länge: 118 Min.

1959 in der Eisenhower-Ära in einer nordkalifornischen Kleinstadt. Die Leute geben sich zuversichtlich und unschuldig. Acht junge Erwachsene bekommen auf der Highschool feierlich ihre Abschlußzeugnisse überreicht. Der Film schildert, was sie in den kommenden zehn Jahren erleben. (...)
Pressetext RTL2

Epstein in Hollywood – Julius J. Epstein Talks 262

***

Regie: Eckhart Schmidt
Kamera: Johannes Kirchlechner (Farbe)
Schnitt: Raoul Sternberg (= Eckhart Schmidt)
Produktion: Eckhart Schmidt für Raphaela Film, BRD 1994
Uraufführung: 26.6.1994, Filmfest München
Verleih: Raphaela/-/-
Kinostart: Sept. 1994
Länge: 75 Min.

Julius J. Epstein, eine der Hollywood-Legenden, seit er 1942 das Drehbuch zu »Casablanca« schrieb, wurde in diesem Jahr 85 Jahre alt. In diesem Film, der kommentarlos und ohne visuelle Aufbereitung durch Filmausschnitte ausschließlich auf die Persönlichkeit des Interviewten setzt, blickt Epstein auf das alte Hollywood zurück und analysiert das neue Hollywood.

Erdbeer und Schokolade 263

FRESA Y CHOCOLATE ****

Regie: Tomas Gutiérrez Alea, Juan Carlos Tabio
Darsteller: Jorge Perugorria (Diego), Vladimir Cruz (David), Mirta Ibarra (Nancy), Francisco Gattorno (Miguel), Jorge Angelino (Germán), Marilyn Solaya (Vivian)
Drehbuch: Senel Paz, Tomás Guitiérrez Alea
Kamera: Mario Garcia Joya (Farbe)
Musik: José Maria Vitier
Schnitt: Mirium Talavera, Osvaldo Donatién
Produktion: Instituto Cubano del Arte e Industria Cinematograficos (CAIC) mit IMCINE/Telemadrid/SGAE/Tabasco Films, Kuba/Mexiko/Spanien 1993
Uraufführung: Int. Filmfestspiele Havanna, 1993
Erstaufführung: 12.2.1994, Int. Filmfestspiele Berlin; 2.7.1994 Filmfest München
Verleih: Kinowelt/Top/Monopole Pathé
Kinostart: 6.10.1994
Länge: 110 Min.
FSK: ab 12, ffr.

Die hinreißende und charmante Dreiecksgeschichte zwischen einem Schwulen, einem naiven Soziologiestudenten und einer reifen Frau überzeugt als präziser Spiegel der kubanischen Gesellschaft. Es ist ein später Appell an die Toleranz einer rigiden, durch die 35jährige Geschichte der Revolution immer stärker in eine Sackgasse manövrierten Gesellschaft. Die Kritik an Fidel Castros Revolution ist eine Kritik von innen, mit der Utopie einer Erneuerung von innen, ohne Zerstörung der Gesellschaft. *Zoom, 10/94*

(...) ein satirisch funkelndes, amüsantes und anrührendes Lernstück, wie die Revolution ihre Kinder frißt. Und selten war ein Appell für mehr Toleranz zwischen Rassen, Systemen und Geschlechtern so unaufdringlich und eingängig wie in diesem Film, der »klein« ist in produktionstechnischem Aufwand und groß (mütig) in der Aussage. (...) *Angie Dullinger, AZ, 14.2.94*

Albert Baer in: Rheinische Post, 7.10.94; Fritz Göttler in: SZ, 6.10.94; Heike Kühn in: FR, 7.10.94; Oliver Rahayel in: Kölner Stadt-Anzeiger, 8.10.94; Karsten Witte in: Die Zeit, 14.10.94

Erdgeschoß 264

PERVII ETAGE □

TV

Regie: Igor Minaiev
Darsteller: Eugenia Dobovolskaja (Nadja), Maxim Kisilev (Sergej), Nicolai Tokar, Svetlana Kruchkova, Ludmila Davidova
Drehbuch: Olga Michailova
Kamera: Vladimir Pankov
Musik: Anatoli Dergachev
Schnitt: Polina Roudikh
Produktion: Odessa Film Studios, UdSSR 1990
Uraufführung: 16.5.1990, Int. Filmfestival Cannes
Sendetermin: 10.5.1994, West3, 23.00, OmU
Länge: 70 Min.

Dieser Film aus Moskau verbindet die klassische Konstellation mit einem sehr persönlichen Ton, der an die »Nouvelle Vague« erinnert. Spielerisch der Umgang mit Institutionen und Zwängen des Alltags: Bürokratie und Rote Armee werden karikiert, autoritäre Erziehung und Wohnungsnot werden von dem jungen Paar lustvoll unterlaufen. (...) *Pressetext West3*

Ermordet am 16. Juli 265

WHEN THE BOUGH BREAKS ***

Video

Regie: Michael Cohn
Darsteller: Ally Walker (Audrey Macleah), Martin Sheen (Police Capt. Swaggert), Tara Subkoff (Jordan/Jenny), Ron Perlman (Dr. Eben), Robert Knepper (Creedmore), Scott Lawrence, John P. Conolly, Dick Weishacker, Ron Recasne, Jimmy Medina
Drehbuch: Michael Cohn
Kamera: Michael Bouvillain (Farbe)
Musik: Ed Tomney
Schnitt: Stephen Butler
Produktion: Barry Vollier, Patrick Peach für Prism Pic./Osmosis, USA 1993
Verleih: -/-/-/Columbia TriStar Video
Videostart: 11.10.1994
Länge: 98 Min.
FSK: ab 16 J.

Junge Polizistin verfolgt hartnäckig die Spur eines Mörders, der jedes Jahr am gleichen Tag ein Kind entführt und tötet. Spannender Thriller mit Atmosphäre, einigen originellen Ideen und einer (manchmal etwas zu) mysteriösen Story.

Ernesto »Che« Guevara, das bolivianische Tagebuch 266

ERNESTO »CHE« GUEVARA, LE JOURNAL DE BOLIVIE ****

Regie: Richard Dindo
Darsteller: Sprecher: Klaus Knuth, Susanne Marie Wagner; Jean-Louis Trintignant, Christine Boissol
Drehbuch: Richard Dindo
Kamera: Pio Corradi (Farbe)
Schnitt: Richrd Dindo, Georg Janett, Catherine Poitevin
Produktion: Robert Boner, Richard Copans, Bernard Lang, Schweiz/Frankreich 1994
Uraufführung: Int. Filmfestspiele Locarno 1994 »Semaine de la Critique«
Verleih: -/-/Filmcooperative
Kinostart: Oktober 1994
Länge: 94 Min.

1966 versucht Che Guevara in Bolivien, einem der ärmsten Länder Lateinamerikas, zu wiederholen, was in Kuba gelungen ist: den Sturz eines Diktators durch einen Guerillakrieg. Dindos Film dokumentiert das Scheitern und die Passion dieses Versuchs, sucht die Orte der einstigen Ereignisse auf, folgt anhand des Bolivien-Tagebuchs den Spuren des Revolutionärs, läßt Augenzeugen über die Kämpfe und ihre Begegnungen mit ihm berichten. Die Vergangenheit wird lebendig und mit ihr jener ungewöhnliche Mensch, der nach seiner Gefangennahme von den Militärs 1967 ermordet worden ist. Bewegende filmische Erinnerungs- und Trauerarbeit. *Zoom, 9/94*

Die erotischen Abenteuer der drei Musketiere 267

THE EROTIC ADVENTURES OF THE THREE MUSKETEERS *

Video

Regie: Norman Apstein
Darsteller: Larry Paciotti (König), Martine

Helene (Königin), Chet Anuszek (Kardinal Fallwell), Nina Hartley (Prudence), Steve Drake, Dean Alba, Marc Goldberg
Drehbuch: Catherine Tavel
Kamera: Tom Frazier (Farbe)
Musik: Tom Gimbel
Schnitt: Elliott Michaels
Produktion: Norman Apstein, David R. Kravis, Britannia C. Paris, David M. Goldstein für Norman Apstein Films, USA 1992
Verleih: -/-/-/UFA Video
Videostart: 14.2.1994
Länge: 96 Min.
FSK: ab 18 J.

Der Hollywood-Reaktivierung der Musketiere hat es dieses erbärmliche Sexlustspielchen zu verdanken, wenigstens auf Video erscheinen zu dürfen.

Klaus Brühne in: film-dienst, 4/94

Es geschah am 1. April 268

APRIL ONE □ TV

Regie: Murray Battle
Darsteller: Stephen Shellen (David Maltby), Djanet Sears (Jane Briscoe), David Strathaim (Don McCowan), Gordon Clapp (Gordon Davies), Pierre Curzi
Drehbuch: Murray Battle
Produktion: Kanada 1993
Sendetermin: 9.5.1994, ZDF, 19.25
Länge: 88 Min.

Am 1. April 1986 dringt David Maltby in Ottawa als Priester verkleidet in die Botschaft der Bahamas ein, nimmt die Vizebotschafterin Jane Briscoe als Geisel und fordert die Freilassung seines ehemaligen Zellengenossen. Während Jane ihn von der Sinnlosigkeit seines Vorhabens überzeugen will, beginnt für Polizeichef McCowan ein Wettlauf mit der Zeit.

Die Eskorte 269

LA SCORTA ***

Regie: Ricky Tognazzi
Darsteller: Claudio Amendola (Angelo), Enrico Lo Verso (Andrea), Carlo Cecchi (Francesco), Ricky Memphis (Fabio), Leo Gullotta (Polizist), Tony Sperandeo (Raffaele), Angelo Infanti (Baresi), Ugo Conti, Francesca D'Aloja, Lorenza Indovina
Drehbuch: Graziano Diana, Simona Izzo
Kamera: Alessio Gelsini (Farbe)
Musik: Ennio Morricone
Schnitt: Carla Simoncelli
Produktion: Claudio Bonivento für Istituto Luce/Italnoleggio Cinematografico, Italien 1993
Uraufführung: Int. Filmfestspiele Cannes 1993
Verleih: Ascot/Constantin/Elite/Warner Home Video, Titel: »Bodyguards im Visier der Angst«
Kinostart: 13.1.1994
Länge: 93 Min.
FSK: ab 12, ffr.

Von Bodyguards handelt dieser Film, und da es ihr Job ist, einen sizilianischen Staatsanwalt vor Mordanschlägen der »ehrenwerten Gesellschaft« (Mafia) zu schützen, hat er wenig mit der Romantik einschlägiger Genre-Filme à la »Someone Watch over Me« oder »Bodyguard« zu tun. Und doch erzählt auch »La Scorta«, hinter der Fassade eines grimmigen Politthrillers im Stil von Francesco Rosi, eine Geschichte von tapferen Männern in gepanzerten Westen, ihrer Einsamkeit und Angst – und da gleichen sich die Bilder wieder. *Zoom*

W.O.P. Kistner in: AZ, 13.1.94; Rupert Koppold in: Stgt. Zeitung, 8.1.94

Even Cowgirls get the Blues 270

EVEN COWGIRLS GET THE BLUES **

Regie: Gus Van Sant
Darsteller: Uma Thurman (Sissy Hankshaw), John Hurt (Gräfin), Rain Phoenix (Bonanza Jellybean), Noriyuki »Pat« Morita (The Chink), Lorraine Bracco (Delores Del Ruby), Keanu Reeves (Julian), Angie Dickinson (Miss Adrian), Sean Young (Marie Barth), Crispin Glover (Howard Barth), Udo Kier
Drehbuch: Gus Van Sant, nach dem gleichn. Roman von Tom Robbins
Kamera: John Campbell, Eric Alan Edwards (Farbe)
Musik: k.d.lang, Ben Mink
Schnitt: Curtiss Clayton
Produktion: Laurie Parker für New Line Int., USA 1993
Uraufführung: 2.9.1993, Int. Filmfestspiele Venedig
Verleih: Impuls/polyfilm/-
Kinostart: 20.10.1994
Länge: 96 Min.
FSK: ab 12, ffr.

29jährige Tramperin mit übergroßen Daumen wird auf einer Schönheitsfarm in Oregon Zeugin einer blutigen Militäraktion gegen eine Gruppe von Cowgirls, die Kraniche durch Verabreichung von Drogen am Abflug hindern. Gus van Sant's Hommage an den Zeitgeist der 70er Jahre in den USA nach dem gleichnamigen Kultbuch von Tom Robbins. *multimedia*

Die größte Enttäuschung dagegen bisher ist der neue Film des Amerikaners Gus Van Sant, der mit einer vielversprechenden Besetzung ein Kultbuch der 70er Jahre, von Tom Robbins, verfilmt hat. Die Hymne auf den Feminismus und das Lesbierinnen-Dasein zerfasert in einem Inszenierungsstil, der immer wieder die Standards des Bauerntheaters unterschreitet und die Geschichte der unfreiwilligen Lächerlichkeit preisgibt. Am Ende der Vorstellung saß das hoffnungsvolle Fachpublikum wie erstarrt im Festspielsaal am Lido von Venedig.

Bodo Fründt, SZ, 6.9.93

Peter Buchka in: SZ, 20.10.94; Fritz Göttler in: Kölner Stadtanzeiger, 22.10.94; Sabine Horst in: FR, 9.12.94; Rupert Koppold in: Stgt. Zeitung, 27.10.94; Christiane Peitz in: Die Zeit, 21.10.94

Exitus 271
THE SUBSTITUTE **
Video

Regie: Martin Donovan
Darsteller: Amanda Donohoe (Laura Ellington/Gail Richards), Dalton James (George), Natasha Gregson Wagner (Jenny), Marky Mark (Westerburg), Eugene Glazes
Drehbuch: Cynthia Verlaine
Kamera: Glen MacPherson (Farbe)
Musik: Gerald Gouriet
Schnitt: Luise Innes
Produktion: Matthew O'Connor für Wilshire Court., USA 1993
Verleih: -/-/-/CIC Video
Videostart: April 1994
Länge: 84 Min. – *FSK:* ab 16 J.

Unausgewogener Psychothriller um eine neurotische Aushilfslehrerin mit zwei Gesichtern: eiskalte Mörderin und engagierte Pädagogin. Hauptrolle bestens besetzt, teilweise recht spannend, doch nicht immer genre- und stilgerecht engagiert.

Exotica 272
EXOTICA ****

Regie: Atom Egoyan
Darsteller: Bruce Greenwood (Francis), Mia Kirschner (Christina), Don McKellar (Thomas), Arsinee Khanjian (Zoe), Elias Koteas (Eric), Sarah Polley (Tracey), Victor Garber (Harold), Calvin Green (Zollbeamter)
Drehbuch: Atom Egoyan
Kamera: Paul Sarossy (Farbe)
Musik: Mychael Danna
Schnitt: Susan Shipton
Produktion: Atom Egoyan, Camelia Frieberg für Ego Film Arts Prod., Kanada 1994
Uraufführung: Int. Filmfestspiele Cannes, 1994
Erstaufführung: Int. Hofer Filmtage 1994
Verleih: TiMe/polyfilm/Cinétell
Kinostart: 22.12.1994
Länge: 104 Min. – *FSK:* ab 16, ffr.

Der sechste Spielfilm des jungen kanadischen Regisseurs stellt fest: Nichts ist exotischer als das eigene Dasein. In einem Striplokal laufen die Fäden der verworrenen Handlung zusammen. Hinter der augenscheinlich perversen Beziehung, die ein traumatisierter Steuerinspektor zu der Stripperin Christina pflegt, stehen weitere, kompliziertere, exotischere Manien, ein Netz psychischer Abhängigkeiten und Spannungen. Ein schwüler Thriller, der sich zwischen gewolltem Kitsch und ironischer Selbstbespiegelung bewegt.

Christoph Terhechte, tip, 25/94

Robin Detje in: Die Zeit, 23.12.94; Angie Dullinger in: AZ, 22.12.94; Sebastian Feldmann in: Rheinische Post, 23.12.94; Hans Joachim Neumann in: Zitty, 25/94; Hans Schifferle in: SZ, 22.12.94; Wolfram Schütte in: FR, 22.12.94

Explosiv – Blown Away 273
BLOWN AWAY ***

Regie: Stephen Hopkins
Darsteller: Jeff Bridges (Jimmy Dove), Tommy Lee Jones (Ryan Gaerity), Lloyd Bridges (Max O'Bannon), Forest Whitaker (Anthony Franklin), Suzy Amis (Kate), Stephi Lineburgh (Lizzi), John Finn (Capt. Roarke), Caitlin Clarke, Chris de Oni
Drehbuch: Joe Batteer, John Rice

Kamera: Peter Levy (Deluxe)
Musik: Alan Silvestri
Schnitt: Timothy Wellburn
Produktion: John Watson, Pen Densham, Richard Lewis für Trilogy Ent. für MGM, USA 1994
Uraufführung: 1.7.1994, New York
Verleih: UIP/UIP/UIP/Warner Home Video
Kinostart: 8.9.1994
Länge: 121 Min.
FSK: ab 16, ffr.
FBW: Wertvoll

Bombenexperte Jimmy Dove wird von seiner Vergangenheit in der Gestalt des irischen Terroristen Ryan Gaerity eingeholt. In einer Reihe von Konfrontationen muß er die Schritte des Bombenlegers vorausahnen, um das Leben seiner Freunde und Familie zu retten. Gutes amerikanisches Action-Kino mit einigen innovativen Einfällen.
multimedia

Brigitte Desalm in: Kölner Stadt-Anzeiger, 10.9.94; Otto Heuer in: Rheinische Post, 9.9.94; W.O.P. Kistner in: AZ, 9.9.94; Angela Schmitt-Gläser in: FR, 9.9.94; Anke Sterneborg in: SZ, 8.9.94

Ein explosiver Sommer 274
A DANGEROUS SUMMER ***
TV

Regie: Quentin Masters
Darsteller: Tom Skerritt (Howard Anderson), Ian Gilmour (Steve Adams), James Mason (George Engels), Wendy Hughes (Sophie McCann), Ray Barrett (Webster), Guy Doleman (Julian Fane), Kim Deacon (Maggie Anderson), Shane Porteous (Sgt. Goodwin)
Drehbuch: David Ambrose, Quentin Masters
Kamera: Peter Hannan (Farbe)
Schnitt: Ted Otten
Produktion: James McElroy für McElroy & McElroy, Australien 1982
Sendetermin: 1.6.1994, ZDF, 19.25
Länge: 100 Min.

US-Architekt will in Australien mit einem alten Freund ein Ferienzentrum errichten. Der aber plant das schnelle Geld mittels Brandstiftung und Versicherungsbetrug.

kdh in: Augsburger Allgemeine, 3.6.94

Eyes of the Beholder 275
EYES OF THE BEHOLDER *
Video

Regie: Lawrence Simeone
Darsteller: Joanna Pacula, Matt McCoy, George Lazenby, Charles Napier
Drehbuch: Lawrence Simeone
Produktion: Vision Int., USA 1993
Verleih: -/-/-/VMP Video
Videostart: 29.11.1994
Länge: 85 Min.
FSK: ab 16 J.

Psychopath entwischt aus Nervenklinik, um sich an seinem gewissenlosen Arzt zu rächen. Horror der einfachen Art.

Falsch 276
FALSCH ***
TV

Regie: Jean-Pierre Dardenne, Luc Dardenne
Darsteller: Bruno Cremer (Joe Falsch), Jacqueline Bollen (Lilli), Nicole Colchat (Mina), Christian Crahay (Gustav), Christian Maillet (Jacob), Bérangère Dautun
Drehbuch: Jean-Pierre Dardenne, nach dem Theaterstück von René Kallsky
Kamera: Walther van den Ende
Musik: Jean-Marie Billy, Jan Franssen
Schnitt: Denise Vindevogel
Produktion: Dérives/RTBF, Belgien 1987
Sendetermin: 12.2.1994, Arte, 22.10
Länge: 79 Min.

Der Jude Joe Falsch floh vor 40 Jahren vor den Nazis nach New York. Jetzt ist er als letztes lebendes Familienmitglied zurückgekehrt. In der Flughafenhalle stehen ihm plötzlich seine im Lager umgekommenen Verwandten und jene Angehörigen, die mit ihm fortgegangen waren, gegenüber.

Ein Fall für den Mörder 277
A CASE FOR MURDER ***
Video

Regie: Duncan Gibbins
Darsteller: Jennifer Gray (Kate Weldon), Peter Berg (Jack Hammett), Belinda Bauer (Joanna Gaines), Eugene Roche (Alan Nugent), Samantha Eggar (Ellen Danvers)
Drehbuch: Pablo F. Fenjves, Duncan Gibbins, nach einer Story von Pablo F. Fenjves
Kamera: Anthony B. Richmond (Farbe)
Musik: Randy Miller
Produktion: Michael S. Murphy für Universal, USA 1993
Verleih: -/-/-/CIC Video
Vidoostart: Jan. 1994
Länge: 90 Min. – *FSK:* ab 12 J.

Ehrgeiziger Junganwalt soll die Frau seines Kanzleipartners verteidigen, die im Verdacht steht, ihren Gatten ermordet zu haben. Nach anfänglicher Schwerfälligkeit recht annehmbarer Justizthriller mit Schlußpointe.

Familie in Nöten 278
APPEARANCES □
TV

Regie: Win Phelps
Darsteller: Scott Paulin, Wendy Phillips, Casey Biggs, Matt McGrath, Heather Hopper, Ernest Borgnine, Penny Fuller
Produktion: USA 1990
Sendetermin: 21.6.1994, Premiere, 20.15
Länge: 90 Min.

Geschichte einer Großfamilie in einer Provinzstadt im Mittleren Westen. Lange unterdrückte Spannungen kommen zur Sprache, als der gealterte Gründer des Familienclans eine uneheliche Affäre beginnt. Ihm wird vorgeworfen, Mitschuld am frühen Tod eines der Familienmitglieder zu haben.

Familienporträt 279
SISHI BUHUO ***

Regie: Li Shaohong
Darsteller: Li Xuejian, Song Dandan, Ye Jing
Drehbuch: Liu Heng
Kamera: Zeng Nieping (Farbe)
Musik: Hou Muren
Schnitt: Zhou Xinxia
Produktion: Beijing Film Studio/Era/ China Film, China/Hongkong 1992
Verleih: -/-/trigon
Kinostart: Juli 1994
Länge: 90 Min.

(...) Eine emotional dichte, realistische, aber auch mit Humor und stellenweise mit einer ins Ironische verspielten Menschenbeobachtung erzählte Familiengeschichte aus dem modernen China.
Zoom

Family Affairs – Mein Vater der Spieler 280
FAMILY PRAYERS ***
Video

Regie: Scott Rosenfelt
Darsteller: Joe Mantegna (Martin Jacobs), Anne Archer (Rita Jacobs), Tzvi Ratner-Stauber (Andrew Jacobs), Patti LuPone (Tante Nan), Allen Garfield (Kantor), Paul Reiser (Dan Linder), Conchata Ferrell
Drehbuch: Steven Ginsberg
Kamera: Jeff Jur (Farbe)
Musik: Steve Tyrell
Schnitt: Susan R. Crutcher
Produktion: Mark Levinson, Bonnie Sugar für Arrow Ent., USA 1992
Verleih: -/-/-/Columbia TriStar Home Video

Videostart: 18.1.1994
Länge: 104 Min. – *FSK:* ab 12 J.

Kleiner Junge muß entdecken, daß sein Vater der Spielsucht verfallen ist, der er immer und immer wieder erliegt. Schwerfälliges Familienmelodram, das sich nur durch gute Darsteller und passable Regie über die Runden rettet.

Fannys Farm 281

ÄNGLAGARD / HOUSE OF ANGELS ****

Regie: Colin Nutley
Darsteller: Helena Bergström (Fanny), Rikard Wolff (Zac), Sven Wollter (Axel Flogfalt), Viveka Seldahl (Ruth Flogfalt), Ernst Günther (Gottfried Pettersson), Reine Brynolfsson (Fleming Collmert), Per Oscarsson (Erik Zander), Tord Petterson (Ivar Pettersson), Ing-Marie Carlsson (Eva Agren)
Drehbuch: Colin Nutley
Kamera: Jens Fischer (Farbe)
Musik: Björn Isfält, Göran Martling
Schnitt: Perry Schaffer
Produktion: Lars Jönsson für Memfis Film mit TV2 Göteborg/Schwedisches Filminstitut/ Danmarks Radio/Norsk Rikskringkastning/ Nordisk Film & TV Fund, Schweden/Dänemark/Norwegen 1992
Verleih: /-/Columbus/NGP Video
Kinostart: Mai 1993 (CH)
Länge: 125 Min.
FSK: ab 6, ffr.
FBW: Wertvoll

In einem westschwedischen Dorf taucht nach dem Tod eines kurligen Gutsbesitzers ein junges Paar, Showartisten, aus Deutschland auf, das berechtigterweise Erbansprüche anmahnt: Die junge Frau ist die Enkelin des Verblichenen. Sofort beginnt es im Kaff zu brodeln, es kommt ob dem flotten, weltoffenen Lebensstil der Neuzuzügler zu Intrigen, Eifersüchteleien. Den Dörflern wird so unverhofft ein Spiegel ihres wahren Wesens vorgehalten. Am Ende steht eine Versöhnung mit Fragezeichen. Eine heitere, sauber inszenierte, gut gespielte Sozialkomödie mit tragisch-ironischen Seitenblicken.
Zoom, 11/93

Heiko R. Blum in: Rheinische Post, 8.7.94; Fritz Göttler in. SZ, 5.8.94; Rupert Koppold in: Stgt. Zeitung, 7.7.94

Ein fast perfektes Verhältnis 282

MONA MUST DIE **

Regie: Donald Reiker
Darsteller: Marianne Sägebrecht (Mona von Snead), Uwe Ochsenknecht (Eddie von Snead), Sheila Kelley (Rachel McSternberg), Dick Miller (Vater Stilicato), Debbie Allen (Betty), Norman Nixon (Irv von Snead), John Shaner (Dr. Shaner), Adam Stradlin, Tracey Walters, Steve White
Drehbuch: Patricia Jones, Donald Reiker
Kamera: Russ Alsobrook (Farbe)
Musik: Greg O'Connor
Schnitt: Nathaniel Burr Smidt
Produktion: Robert Caplain für Rhino/VCL Carolco/Jugendfilm, USA 1994
Uraufführung: 12.3.1994, Santa Barbara Film Festival
Verleih: Jugendfilm/-/-/VCL Carolco Video
Kinostart: 12.5.1994
Länge: 92 Min. – *FSK:* ab 12, ffr.

Er fühlt sich den überdimensionalen Rundungen seiner Gemahlin nicht mehr gewachsen. Trotz zahlreicher Beseitigungsversuche taucht das Wesen immer wieder auf. Klassische B-Movie-Einlagen (überdrehte Schauspieler, hanebüchene Widerlichkeiten, dünne Handlung) versüßen die Nulldiät. *tip, 10/94*

Sebastian Feldmann in: Rheinische Post, 14.5.94; W.O.P. Kistner in: AZ, 11.5.94; Angela Schmitt-Gläser in: FR, 17.5.94

Fatal Inheritance 283

FATAL INHERITANCE **
Video

Regie: Gabrielle Beaumont
Darsteller: Emma Samms (Brigid), Kevin Davis, David McCallum, Corbin Bernsen
Drehbuch: Kevin Davis
Kamera: Michael Davis (Farbe)
Musik: Michael Lloyd
Schnitt: Roy Watts
Produktion: Paul Heller für Smart Egg Pic., GB 1991
Verleih: -/-/-/Highlight Video
Videostart: 15.2.1994
Länge: 87 Min. – *FSK:* ab 12 J.

Eine Erbschaft macht nicht immer glücklich. Das muß auch Timothy erkennen, der kurze Zeit nachdem ihm Jack die 3 Mio. $-Erbschaft überbracht hat, ermordet wird. Doch da seine Ver-

Jeff Bridges als lebender Toter in ›Fearless‹.

lobte Brigid ein Kind von ihm erwartet, das nun Anspruch auf das Erbe hat, beginnt eine dramatische Verfolgungsjagd. Wohin sie auch gehen, der Tod ist dicht hinter ihnen.

Fausto
284
FAUSTO
****

Regie: Rémy Duchemin
Darsteller: Jean Yanne (Mietek), Ken Higelin (Fausto), François Hautesserre (Raymond), Florence Darel (Tonie), Maurice Bénichou (Lucien), Bruce Myers (Roger), Marianne Groves (Myriam), Maité Nahyr (Rivka), Arthur H. (Max the Cat)
Drehbuch: Richard Morgiève, Rémy Duchemin, nach einem Roman von Richard Morgiève
Kamera: Yves Lafaye (Farbe)
Musik: Denis Barbier
Schnitt: Maryline Monthieux
Produktion: Joel Foulon, Daniel Daujon für Lili Prod./BBD/France 2 Cinéma mit Soficas Investimage 4/Sofinergie 3 und Centre National de la Cinématographie/Canal Plus, Frankreich 1993
Uraufführung: Int. Filmfestspiele Cannes, 1993
Verleih: Concorde/Constantin/-/VCL/Carolco Video, Titel: Der Geschmack der Frauen
Kinostart: 23.6.1994
Länge: 81 Min. – *FSK:* ab 12, ffr.
FBW: Besonders wertvoll

Romantische Lebens- und Liebesgeschichte eines jungen Mannes, der im Paris der Dreißigerjahre zu einem jüdischen Schneider in die Lehre kommt und dort beruflich und privat Glück und Zufriedenheit findet. Ein großer kleiner Film des langjährigen Assistenten berühmter französischer Regisseure Remy Duchemin, der durch gelungenen Erzählstil, präzise Charakterisierung und feinsinnigen Humor das Gefühl von Romantik, Glück und menschlicher Güte zu vermitteln vermag.
multimedia

Otto Heuer in: Rheinische Post, 28.6.94; Frauke Hartmann in: FR, 24.6.94; Rupert Koppold in: Stgt. Zeitung, 23.6.94; Carla Rhode in: Der Tagesspiegel, 23.6.94; Anke Sterneborg in: SZ, 27.6.94

Fearless – Jenseits der Angst
285
FEARLESS
****

Regie: Peter Weir
Darsteller: Jeff Bridges (Max Klein), Isabella

Rossellini (Laura Klein), Rosie Perez (Carla Rodrigo), John Turturro (Dr. Bill Perlman), Tom Hulce (Brillstein), Benicio del Toro (Manny Rodrigo), Deirdre O'Connell (Nan Gordon), John de Lancie (Jeff Gordon), Spencer Vrooman (Jonah Klein), Daniel Cerny
Drehbuch: Rafael Yglesias, nach seinem gleichn. Roman
Kamera: Allen Daviau (Technicolor)
Musik: Maurice Jarre
Schnitt: William Anderson
Produktion: Mark Rosenberg, Paula Weinstein für Spring Creek Prod., USA 1993
Uraufführung: 10.10.1993, New York
Erstaufführung: 11.2.1994, Int. Filmfestspiele Berlin
Verleih: Warner Bros./dto./dto./Warner Home Video
Kinostart: 17.2.1994
Länge: 122 Min.
FSK: ab 12, ffr.

Ein erfolgreicher Architekt überlebt die Folgen eines Flugzeugabsturzes. Während er in der Öffentlichkeit als Held gefeiert wird, steht er selbst seinem früheren Leben, in das er sich erneut zu integrieren versucht, wie ein Fremder gegenüber. Eher eine Exegese über die verwandelnde Kraft des Todeserlebnisses als ein Katastrophenfilm, schließt Peter Weirs neues Werk am kompromißlosesten an die Anfänge seiner Karriere an: ein ins Spirituelle überhöhtes Drama, das die scheinbaren Gewißheiten des modernen Lebens in Frage stellt. *Zoom, 5/94*

Brigitte Desalm in: Kölner Stadt-Anzeiger, 19.2.94; Angie Dullinger in: AZ, 17.2.94; Bodo Fründt in: SZ, 17.2.94 (Interview Weir); Fritz Göttler in: SZ, 18.2.94; Otto Heuer in: Rheinische Post, 25.2.94

Fearless Nadia – The Hunterwali Story 286

FEARLESS NADIA – THE HUNTERWALI STORY ***

Regie: Riyad Vinci Wadia
Drehbuch: Riyad Vinci Wadia
Kamera: R.M. Rao, Anil Mehta (Farbe)
Musik: Shiv Mathur
Schnitt: Arunabha Mukherjee
Produktion: Wadia Movietone PVT, Indien 1993
Erstaufführung: 15.2.1994, Forum des jungen Films, Berlin
Verleih: Freunde/-/-
Kinostart: 14.4.1994
Länge: 62 Min.

Der Film erzählt die Geschichte von Fearless Nadia, der legendären Schauspielerin des indischen Kinos, deren Filme in den 30er und 40er Jahren die Kassen füllten. In mehr als fünfzig von den Gebrüdern Wadia produzierten Filmen spielte sie die Hauptrolle. Bereits ihre erste große Rolle in »Hunterwali« (1935) machte sie zur Legende. Ihre faszinierenden Stunts und die subtile Komik ihrer Darstellung sicherten ihr einen besonderen Platz in der Filmgeschichte. (...) *Katalog Forum*

Feingold – Winzer, Weine und Intrigen 287

FINE GOLD □
TV

Regie: José Antonio de la Loma
Darsteller: Ted Wass, Jane Badler, Andrew Stevens, Ray Walston, Lloyd Bochner, Stewart Granger
Drehbuch: José Anthonio de la Loma
Kamera: Alejandro Ullca (Farbe)
Musik: Vladimir Horunzky
Produktion: Golden Sun, USA 1988
Sendetermin: 16.4.1994, Kabelkanal, 18.30
Länge: 97 Min.

Der spanische Winzer Don Pedro möchte die Konkurrenz ausstechen. Der Weg dorthin ist sehr intrigenreich, und die Leidenschaft für gute Weine bringt zwei Familien heftig gegeneinander auf.

Felidae 288

***

Regie: Michael Schaack
Sprecher: Ulrich Tukur (Francis), Maria Adorf (Blaubart), Klaus Maria Brandauer (Pascal/Claudandus), Uwe Ochsenknecht (Archie), Helge Schneider (Jesaija), Gerhard Garbers (Preterius), Ulrich Wildgruber (Joker), Wolfgang Hess (Kong),
Michael Habeck (Deep Puple), Christian Schneller (Mendel)
Drehbuch: Martin Kluger, Akif Pirinçci, nach dem gleichn. Roman von Akif Pirinçci
Kamera: Werner Loss (Farbe)
Musik: Anne Dudley
Schnitt: Klaus Basler

Produktion: Hanno Huth für Senator Film/Trikkompany/Fontana Prod., BRD 1994
Verleih: Senator/Constantin/Focus
Kinostart: 3.11.1994
Länge: 85 Min.
FSK: ab 12, ffr.
FBW: Wertvoll

Morde im Katzenmillieu führen durch ein detektivisch begabtes Tier zu einer überraschenden Aufklärung. Trotz des großen Aufwands und namhafter Sprecher nur ein mäßig gelungenes Produkt des Grenres Zeichenfilm für Erwachsene. *multimedia*

(...) »Felidae« nimmt sich schlicht zu ernst, dem Film mangelt es eindeutig an Witz und Pfiff, seinen vierbeinigen »Charakteren« an Ausstrahlung. Schaacks Umsetzung geriet zu phantasielos, um die gezeichneten Geschöpfe im Geiste des Zuschauers zu Fleisch werden zu lassen. (...)
Patrick Rössler, Stgt. Zeitung, 5.11.94

Albert Baer in: Rheinische Post, 4.11.94; Hans-Joachim Neumann in: Zitty, 22/94; Ponkie in: AZ, 4.11.94; Hans Schifferle in: SZ, 3.11.94; Angela Schmitt-Gläser in: FR, 5.11.94; Ulli Tückmantel in: Rheinische Post, 17.12.94

Felix und der Außerirdische 289
GAWIN □ TV

Regie: Arnaud Selignac
Darsteller: Jean-Hugues Anglade (Nicolas), Bruno (Felix), Wojtek Pszoniak (Xerkes, Wunderheiler), Catherine Samie (Marthe), Yves Afonso
Drehbuch: Alexandre Jardin, Arnaud Selignac
Kamera: Jean-Claude Larrieu (Farbe)
Musik: Jerome Soligny
Schnitt: Emmanuelle Castro
Produktion: Locco Films/Corfo/Int. Prod./TF1, Frankreich 1991
Uraufführung: 17.4.1991
Sendetermin: 24.12.1994, Sat1, 14.00
Länge: 95 Min.

Der sechsjährige Felix leidet an Leukämie. Sein Vater Nicolas glaubt, daß nur noch ein Wunder den Jungen retten kann, und er setzt auf Felix' Begeisterung für Science Fiction: Als Außerirdischer verkleidet, entführt Nicolas seinen Sohn zu einem Wunderheiler in die französischen Alpen. (...)

Ferien auf Saltkrokan 290
VI PA SALTKRAKAN ***

Regie: Olle Hellbom
Darsteller: Torsten Lilliecrona, Louise Edlind, Björn Söderbäck, Urban Strand, Stephen Lindholm, Bengt Eklund, Eva Stiberg
Drehbuch: Astrid Lindgren, nach ihrem gleichn. Roman
Kamera: Kalle Bergholm (Farbe)
Musik: Ulf Björlin
Schnitt: Bengt Scholdström
Produktion: Olle Nordmar, Schweden 1962
Verleih: Amazonas/Stöbergasse/-
Kinostart: 3.2.1994
Länge: 91 Min.

Die kleine schwedische Insel Saltkrokan ist im Sommer beliebtes Ziel für Urlauber. Die Kinder der Feriengäste schließen Freundschaft mit den Kindern, die auf der Insel leben. Gemeinsam unternehmen sie eine Menge. Dargestellt wird eine friedliche, paradiesische Ferienidylle, die durch fast nichts erschüttert werden kann: kleine und große Probleme werden schnell und erfolgreich aus dem Weg geräumt. *multimedia*

Silvia Hallensleben in: Der Tagesspiegel, 25.1.94; Manfred Hobsch in: Zitty, 19.1.94

Ferien in Amerika 291
VACANCE IN AMERICA ***

Regie: Carlo Vanzina
Produktion: USA/Italien 1984

Weiterer TV-Titel für → »Straps und Stripes – Ferien in Amerika«

Fesseln des Schweigens 292
TRAPPED IN SILENCE □ TV

Regie: Michael Tuchner
Darsteller: Marsha Mason (Jennifer Hubbell), Kiefer Sutherland, John Mahoney, Stephen Pearlman, Ron Silver
Produktion: USA 1986
Sendetermin: 15.3.1994, VOX, 20.10
Länge: 120 Min.

Die engagierte Psychotherapeutin Jennifer Hubbell behandelt den 16jähringen stummen Kevin, um ihm seine durch einen entsetzlichen Schock ausgelöste Sprachlosigkeit zu nehmen. Sie findet heraus, daß sein gewalttätiger Stiefvater Kevin als Kind bedroht und seine kleine Schwester ermordet hat, woraufhin Kevin seine Sprache verloren hat.

Feuer am Himmel 293

FIRE IN THE SKY (1993) ***

Video

Regie: Robert Lieberman
Darsteller: James Garner (Lt. Frank Watters), Robert Patrick (Mike Rogers), D.B. Sweeney (Travis Walton), Henry Thomas (Greg Hayes), Craig Sheffer (Allan Dallis), Peter Berg (David Whitlock), Bradley Gregg (Bobby Cogdill), Kathleen Wilhoite (Katie Rogers), Georgia Emelin (Dana Rogers), Noble Willingham (Blake Davis)
Drehbuch: Tracy Thormé, nach dem Buch »The Walton Experience« von Travis Walton
Kamera: Bill Pope (Deluxe)
Musik: Mark Isham
Schnitt: Steve Mirkovich, Stephen E. Rivkin
Produktion: Todd Black, Joe Wizan für Joe Wizan/Todd Black Prod., USA 1993
Verleih: -/-/-/CIC Video
Videostart: 9.2.1994
Länge: 106 Min.
FSK: ab 16 J.

Gruppe von Waldarbeitern hat unheimliche Begegnung der 3. Art. Einer von ihnen verschwindet, der Rest gerät unter Mordverdacht. Recht ansprechende Verfilmung einer wahren Begebenheit, die Sicence-Fiction-Effekte gegen Schluß sind Geschmackssache.

Das Feuer der Sühne 294

BACKSLIDING ***

TV

Regie: Simon Target
Darsteller: Jim Holt (Jack Tyson), Odile le Clezio (Alison Tyson), Tim Roth (Tom Whitton), Ross McGregor (Pastor)
Drehbuch: Simon Target, Ross Wilson
Kamera: Tom Cowan (Eastmancolor)
Musik: Nigel Westlake
Schnitt: Nicholas Holmes
Produktion: Sue Wild für Target mit Film Four Int./Itel/Australian Film Finance Corp., Australien/GB 1991
Sendetermin: 31.5.1994, RTL2, 20.15
Länge: 91 Min.

Ein aus dem Gefängnis entlassener Mann versucht, mit Hilfe einer Frau ein neues Leben zu beginnen. Sein Versuch scheitert jedoch, er wird rückfällig.

Pressetext RTL2

Feuersturm über Kalifornien 295

FIRESTORM: 72 HOURS IN OAKLAND □

TV

Regie: Michael Tuchner
Darsteller: LeVar Burton (J. Allan Mather), Jill Clayburgh (Anneliese Osborn), Michael Gross (Matt Brenner), Eva Gholson (Betty Mather), Roger Bearde (Bürgermeister), Keith Coulouris (Jerry Osborn), Galyn Gorg (Denise Kukuczka), Keone Young (Gerald Chong), Jodi Long (Linda Chong), Richard Yniguez (Frank DeLuna)
Drehbuch: John McGreevey, nach einer wahren Begebenheit
Kamera: Eyal Gardin (Farbe)
Musik: Misha Segal
Produktion: Marcy Gross, Ann Weston, Gloria Morrison, Diane Walsh für Gross-Weston Prod., USA 1993
Sendetermin: 24.3.1994, RTL, 21.15
Länge: 90 Min.

Im Oktober 1991 brauste ein Feuersturm über den Ort Oakland in Kalifornien hinweg. Der Film orientiert sich an den wahren Begebenheiten und schildert die dramatischen Ereignisse sowie die Versuche der Feuerwehr, die Flammenhölle unter Kontrolle zu bringen. Das Feuer in Oakland zählt zu den schlimmsten Bränden in der Geschichte der USA.

Fieber des Bösen 296

FEVER □

TV

Regie: Larry Elikann
Darsteller: Sam Neill (Elliott), Armand Assante (Ray), Marcia Gay Harden (Lacy), Joe Spano (Junkman), Gregg Henry (Dexter), Vic Polizos (Charlie), Tim Ransom (Zeke), Jonathan Gries (Bobby), Mark Boone Junior (Leonard)
Drehbuch: Larry Brothers
Kamera: Bojan Bazelli (Farbe)
Musik: Michel Colombier
Schnitt: Eric Sears
Produktion: Nick Gillott für Saban/ Scherick Prods., USA 1991
Uraufführung: 11.5.1991, HBO, Sat

Sendetermin: 5.12.1994, ZDF, 22.15
Länge: 104 Min.

Nachdem Ray auf Bewährung aus dem Knast entlassen wurde, macht er sich auf die Suche nach seiner früheren Geliebten Lacy. Lacy, inzwischen eine engagierte Sozialarbeiterin, lebt jetzt in Los Angeles mit dem arrivierten Anwalt Elliott zusammen. Ray möchte Lacy unbedingt zurückgewinnen und läßt auch Elliott über seine Absichten nicht im Zweifel. Lucy fühlt sich zwischen den beiden grundverschiedenen Männern hin- und hergerissen. (...)

Pressetext ZDF

The Fighting Connection 297

INTERPOL CONNECTION *

Video

Regie: Philip Ko
Darsteller: Cynthia Luster, Robin Shou, Philip Ko, Simon Yim, Iwanbeo Leung, King Kong
Drehbuch: Cindy Chow
Kamera: Johnny Lee (Farbe)
Musik: Stephen Tsang
Schnitt: Vincent Leung
Produktion: Jenny Lai für Regent Film, Hongkong 1993
Verleih: -/-/-/Madison Video
Videostart: 25.4.1994
Länge: 85 Min.
FSK: ab 18 J.; gekürzte Fass. 80 Min. ab 16 J.

Hongkong-Inspektor soll von den Philippinen gefährlichen Drogenboß abholen, was natürlich nicht so einfach gelingt. Mit geringem Budget, keinerlei Intelligenz und nach großen Hollywood-Vorbildern inszenierter Eastern.

Final Combination 298

LIGHTS OUT **

Video

Regie: Nigel Dick
Darsteller: Michael Madsen (Matt Dickson), Lisa Bondet (Catherine Briggs), Clarence Landry (Ike »Point Man« Pointer), Gary Stretch (Richard Welton)
Drehbuch: Larry Golin, nach dem Buch von Jonathan Tydor
Kamera: David Bridges (Farbe)
Musik: Rolfe Kent
Schnitt: Jonathan Shaw, Henry Richardson
Produktion: Steve Golin, Gregg Fienberg für Propaganda Film, USA 1993
Verleih: -/-/-/Concorde Video
Videostart: 18.6.1994
Länge: 89 Min.
FSK: ab 16 J.

Polizeidetektiv nimmt die Fährte eines Serienkillers auf, der es auf hübsche Frauen abgesehen hat, und bekommt Unterstützung von einer Journalistin. Unterdurchschnittlicher Instant-Thriller nach bekannter Rezeptur.

Final Verdict – Berufung ausgeschlossen 299

FINAL VERDICT **

TV

Regie: Jack Fisk
Darsteller: Treat Williams (Earl Rogers), Glenn Ford (Reverend Rogers), Olivia Burnette (Nora Rogers), Lance Kerwin (Harry Johnson), Ashley Crow (Belle Rogers), Raphael Sbarge (Al Boyd), Barton Hayman (Bill Jory), Dana Hill (Francey)
Drehbuch: Lawrence Roman
Produktion: USA 1991
Sendetermin: 9.8.1994, RTL2, 20.15
Länge: 90 Min.

Aus dem Leben des prominenten Strafverteidigers Earl Rogers, der in den 20er Jahren mit »aussichtslosen« Fällen brillierte. Diese Verhandlung wird aus der Sicht der kleinen Tochter erzählt.

Finist – Heller Falke 300

FINIST – JASNI SOKOL **

Video

Regie: Gennadi Wassiljew
Darsteller: Wjatscheslaw Woressenski (Finist), Swetlana Orlowa (Aljonuschka), Michail Pugowkin (Woiwode), Michail Kononow (Jaschka), Lew Potjomkin (Kartáus Spinnewitsch Rotbart)
Drehbuch: Alexander Rou, Lew Potjomkin
Kamera: Wladimir Okunew, Juri Malinowski (Farbe)
Musik: Wladimir Schainski
Produktion: Zentrales Studio für Kinder- und Jugendfilme Maxim Gorki, UdSSR 1975
Verleih: -/-/-/EuroVideo
Videostart: Sept. 1994
Länge: 75 Min.
FSK: ab 6 J.

Scherenschnittartiger, pathetischer Kostümfilm aus Rußland, der, in der Zeit des 12. und 13. Jahrhunderts angesiedelt, mit viel Gesang und alten Mythen aufwartet.

Fireline – Die große Chance 301

THE NOVEMBER MEN **

Video

Regie: Paul Williams
Darsteller: Paul Williams (Arthur Gwenlyn), James Andronica (Vincent Duggo), Leslie Bevis (Elizabeth), Beau Starr (Granger), Robert Davi, Coralissa Gines (Lorina), Rod Ellis (Clancy), Lexie Shine
Drehbuch: James Andronica
Kamera: Susan Emerson (Foto-Kem)
Musik: Scott Thomas Smith
Schnitt: Chip Brooks
Produktion: Rodney Bryon Ellis, Paul Williams für Rohdhouse Invest/Sun Lion Film, USA 1993
Uraufführung: 20.10.1993, Chicago Int. Film Festival
Verleih: -/-/-/VCL/Carolco Video
Videostart: 25.4.1994
Länge: 96 Min.
FSK: ab 16 J.

Mit sichtbar geringen Mittel realisierter, skurriler Thriller um die Verhinderung eines Attentats, der vom Videotitel auf der Erfolgswelle von »In the Line of Fire« mitschwimmen möchte, dem aber schon nach wenigen Minuten die Puste ausgeht.

Dieter Krusche in: film-dienst, 8/94

Flambierte Herzen 302

FLAMBEREDE HJERTER ***

TV

Regie: Helle Ryslinge
Darsteller: Kirsten Lehfeldt (Henriette), Peter Hesse Overgaard (Ole Berg), Sören Östergaard (Bent), Anders Hove (Finn), Torben Jensen (Lowe), Anders Hove (Finn), Ingolf David (Mr. Holm), Lillian Tillegren, Kirsten Peuliche, Aage Haugland
Drehbuch: Helle Ryslinge
Kamera: Dirk Bruel, Sören Berthelin (Eastmancolor)
Musik: Peer Raben
Schnitt: Birger Möller-Jensen
Produktion: Per Holst für Dänische Filminstitut, Dänemark 1986
Sendetermin: 10.2.1994, BR3, 21.45
Länge: 112 Min.

Die Krankenschwester Henriette ist auf der Suche nach ihrem persönlichen Standpunkt im Leben und ein bißchen Glück. Nach einigen bizarren Fehlschlägen, bei denen sich auf ironische Weise die Not der heutigen »Beziehungskisten« erweist, findet sie ihr Glück: Sie bleibt vorläufig allein.

Flanell Nr. 5 303

BASED ON AN UNTRUE STORY **

Video

Regie: Jim Drake
Darsteller: Morgan Fairchild (Satin Chau), Michael St. Gerard (Crack), Dyan Cannon (Varda Gray), Dan Hedaya (Petrowitz), David Byron (Neal), Ricky Lake (Velour), Viktoria Jackson (Schurwolle), Harvey Korman (Dr. Meir), Joshua Boyd, Gabrielle Boni
Drehbuch: George McGrath
Kamera: Frank Byers (Farbe)
Musik: Laura Karpman
Schnitt: Korman Hollyn
Produktion: Kevin Reidy für CBS Ent., USA 1993
Verleih: -/-/-/Fox Video
Videostart: Febr. 1994
Länge: 90 Min. – *FSK:* ab 12 J.

Bei dem Versuch, sich neue Geruchsnerven transplantieren zu lassen, entdeckt eine Parfumdesignerin, daß ihre Familie aus lauter Psychopathen besteht. Niemals wirklich komische US-Fernsehkomödie.

Jochen Rack in: film-dienst, 6/94

Flashfire 304

FLASHFIRE **

Video

Regie: Elliot Silverstein
Darsteller: Louis Gossett jr., Billy Zane, Tom Mason
Produktion: USA 1994
Verleih: -/-/-/Ascot Video
Videostart: 7.11.1994
Länge: 85 Min.
FSK: ab 16 J.

Der gewaltsame Tod eines Polizisten führt seinen Kollegen bei den Ermittlungen in ein finsteres Komplott. X-te Wiederaufbereitung alter Action-Genre-Versatzstücke, die nur durch die annehmbare Besetzung nicht allzu langweilt.

Flecki, mein Freund 305
DEAR FRIEND ***
Video

Regie: Yukihiro Sawada
Darsteller: Tomokazu Miura (Massao), Midori Kanazawa (Eiko), Teppei Yamada (Kenichi), Ayako Onishi (Sayaka), Takuzo Kawatani (Taro), Yoshiko Miyazaki (Yoshimi), Mayumi Wakamura (Haruko)
Drehbuch: Takahisa Katsume, Yukihiro Sawada
Kamera: Akira Shiizuka (Farbe)
Musik: Jyo Hisaishi
Produktion: Nikkatsu Corp., Japan 1990
Verleih: -/-/-/VPS Video
Videostart: 16.12.1993
Länge: 89 Min. – *FSK:* o.A.

Kleiner Junge entdeckt im Wald ein mutterloses Kitz, versteckt es in einem stillgelegten Bahnhof und zieht es heimlich groß. Liebenswerter Kinderfilm, der zum Teil interessante Einblikke in das japanische Alltagsleben gewährt.

Anselm Jungeblodt in: film-dienst, 3/94

Flesh and Bone 306
FLESH AND BONE ****
Video

Regie: Steve Kloves
Darsteller: Dennis Quaid (Arlis Sweeney), Meg Ryan (Kay Davies), James Caan (Roy Sweeney), Gwyneth Paltrow (Ginnie), Scott Wilson (Elliot), Christopher Rydell (Reese Davies)
Drehbuch: Steve Kloves
Kamera: Philippe Rousselot (Deluxe)
Musik: Thomas Newman
Schnitt: Mia Goldman
Produktion: Paula Weinstein, Mark Rosenberg für Mirage/Spring Creek Prod., USA 1993
Verleih: -/-/-/CIC Video
Videostart: 14.9.1994
Länge: 124 Min. – *FSK:* ab 16 J.

Gelegenheitsstripperin Kay will sich aus ihrer chaotischen Ehe befreien und benutzt dazu die Zufallsbekanntschaft mit dem Automatenaufsteller Arlis. Die Lebenspfade der beiden steuern aufeinander zu – nicht zum erstenmal, wie tragischerweise bald zur Gewißheit wird. Ein komplizierter und dennoch klarer Film von Steve Kloves (»Die fabelhaften Baker Boys«), der die beiden Hauptdarsteller in Höchstform zeigt

Eine amerikanische Tragödie: ›Flesh and Bone‹ mit Dennis Quaid und Meg Ryan.

und von Kamera bis Musik beste Unterhaltung für anspruchsvolle Filmfreunde zeigt. Daher bekam er auch keine Chance in deutschen Kinos und fiel an amerikanischen Kassen durch.

Die fliegenden Kinder 307
***
TV

Regie: Torsten Fischer
Darsteller: Nichola Tomasoni, Heinz Weixelbraun, Irm Hermann, Hans Neuenfels
Kamera: Benedict Neuenfels (Farbe)
Produktion: BRD 1992
Uraufführung: Max Ophüls Presi 1992
Sendetermin: 7.2.1994, ORB3, 23.00
Länge: 65 Min.

Aus drei Szenen bestehende Geschichte einer kurzen, intensiven Beziehung zwischen einem jungen Mann und einem Mädchen, die sich abends in einem Café kennenlernen und schon am nächsten Morgen endgültig getrennt werden.

Flintstones – Die Familie Feuerstein 308
THE FLINTSTONES **

Regie: Brian Levant
Darsteller: John Goodman (Fred Feuerstein), Elizabeth Perkins (Wilma Feuerstein),

Rick Moranis (Barney Geröllheimer), Rosie O'Donnell (Betty Geröllheimer), Kyle MacLachlan (Cliff Vandercave), Halle Berry (Miss Stone), Elizabeth Taylor (Pearl Slaghoople), Dann Florek (Mr. Slate), Richard Moll (Hoagie), Irwin »88« Keyes
Drehbuch: Tom S. Parker & Jim Jennewein, Steven E. de Souza, nach der Zeichentrickserie von Hanna-Barbera Prods.
Kamera: Dean Cundey (Farbe)
Musik: David Newman
Schnitt: Kent Beyda
Produktion: Bruce Cohen für Universal, USA 1994
Uraufführung: 27.5.1994, New York
Verleih: UIP/UIP/UIP/CIC Video
Kinostart: 21.7.1994
Länge: 91 Min.
FSK: o.A., ffr.
FBW: Wertvoll

In einem Neandertalerkaff stolpert Fred Feuerstein, der sich bisher in einem Steinbruch abrackerte, die Karriereleiter hinauf, was ihm die Sympathien von Freund, Frau und Tochter kostet. Tricktechnisch aufwendig realisierte, in einer unserer hektischen Zivilisation überaus ähnlichen Steinzeit spielende, inhaltlich dürfige Geschichte. (...)

Zoom

(...) Mittlerweile ist die Technik dreißig Jahre weiter, aber Regisseur Brian Levant tut vornehmlich so, als sei seit der Steinzeit alles beim alten geblieben. Dabei standen den 14 Drehbuchschreibern auch noch 18 Gagschreiber zur Seite, die allerdings nicht annährend soviel Gags beigesteuert haben. Im Grunde beschränkt sich der Witz des Films auf jene Idee, eine Zeichentrickserie real nachzustellen. (...) Und bei allem Respekt sehen diese Effekte nicht nur mäßig aus, sondern sorgen auch noch dafür, daß das Filmmaterial teilweise so unscharf ist wie eine schlechte Videokopie. Die digitalen Wunder, von denen immer die Rede ist, haben jedenfalls noch mit allerlei analogen Widrigkeiten zu kämpfen.

Michael Althen, SZ, 23.7.94

Heiko R. Blum in: Rheinische Post, 22.7.94; Holger Jenrich in: Kölner Stadt-Anzeiger, 9.7.94; Thomas Klingenmaier in: Stgt. Zeitung, 21.7.94; Frank Noack in: Der Tagesspiegel, 23.7.94

Fluch der Erinnerung 309

LANDSLIDE □ TV

Regie: Jean-Claude Lord
Darsteller: Anthony Edwards (Bob Boyd), Tom Burlison (Howard Matterson), Melody Anderson (Clare Trinavant), Joanna Cassidy (Lucy Matterson), Lloyd Bochner (Bull Matterson), Ronald Lacey (Red Donner), Ken James, William Colgate
Drehbuch: Peter Palliser
Produktion: GB 1992
Sendetermin: 3.9.1994, RTL2, 20.15
Länge: 94 Min.

Der Geologe Bob Boyd verliert bei einem mysteriösen Autounfall Teile seines Gedächtnisses. Durch seine Arbeit an einem Staudamm kehrt er in jene Stadt zurück, in der die Katastrophe geschah. Er versucht, seine Erinnerung wiederzufinden, während er mehr und mehr in die örtlichen Intrigen und Rivalitäten hineingezogen wird. (...)

Pressetext RTL2

Flucht aus Absalom 310

ESCAPE FROM ABSALOM **

Regie: Martin Campbell
Darsteller: Ray Liotta (Robbins), Lance Henriksen (Vater), Stuart Wilson (Marek), Kevin Dillon (Casey), Kevin J. O'Connor (Stephano), Don Henderson (Killian), Ian McNeice (King), Jack Shepherd (Dysart), Michael Lerner (Gefängnisdirektor), Rusell Kiefel
Drehbuch: Michael Gaylin, Joel Gross, nach dem Roman »Die Strafkolonie« von Richard Herley
Kamera: Phil Meheux (Farbe)
Musik: Graeme Revell
Schnitt: Terry Rawlings
Produktion: Gale Ann Hurd für Pacific Western/Allied Filmmakers, USA 1994
Verleih: Columbia TriStar/-/20th Century Fox/ Columbia TriStar Home Video
Kinostart: 14.7.1994
Länge: 118 Min.
FSK: ab 18, ffr.

Auf einer von einer privaten Gesellschaft illegal geführten fluchtsicheren Insel leben zwei verfeindete Gruppen von zu lebenslänglicher Haft Verurteilten. Ein cleverer, charismatischer Neuankömmling besiegt die »Bösen« und kann von der Insel fliehen, um die Außenwelt von ihrer Existenz zu informieren. Aus einschlägigen Genre-Vorbildern zusammengeschusterte Action-Geschichte, die mehr auf ausgespielte Grausamkeiten setzt als auf Glaubwürdigkeit der Story und Charaktere. Überzeugend: die Darsteller der Nebenrollen. *Zoom*

W.O.P. Kistner in: AZ, 14.7.94; Patrick Rössler in: Stgt. Zeitung, 16.7.94

Flucht aus der Vergangenheit 311

DYING TO REMEMBER **

Video

Regie: Arthur Allan Seidelman
Darsteller: Ted Shakelford (Mark Gage), Melissa Gilbert (Lynn Matthews), Scott Plank (Det. Jeff Roberts), Cristopher Stone (Daniel Corso), Jay Robinson
Drehbuch: George Schenck, Frank Cardea, Brian L. Ross
Kamera: Glen MacPherson (Farbe)
Musik: Jay Gruska
Schnitt: Bert Glatstein
Produktion: Tom Rowe für Pacific Motion/ Wilshire Court Prod., USA 1993
Verleih: -/-/-/CIC Video
Videostart: Juli 1994
Länge: 86 Min.
FSK: ab 16 J.

Eine junge Frau erfährt durch ihre Alpträume, daß sie in einem früheren Leben ermordet wurde. Der Mörder versucht es jetzt erneut. Psychothriller, teils sehr konventionell, teils zu unglaubwürdig.

Norbert Herwig in: film-dienst, 19/94

Flucht in den Abgrund 312

EFFRACTION ***

Video

Regie: Daniel Duval
Darsteller: Marlène Jobert (Kristine), Bruno Cremer (Pierre), Jacques Villeret (Val), Jean-Pierre Dravel (Kommissar), Robert Darame (Adjudant), Robert Kramer (Kellner), François Lafarge (Bankdirektor)
Drehbuch: Francis Ryck, Daniel Dural, nach dem gleichn. Roman von Francis Ryck
Kamera: Michel Cenet (Farbe)
Musik: Maurice Vander
Schnitt: Eva Zora
Produktion: Benjamin Simon für A.T.C. 3000, Frankreich 1983
Uraufführung: 30.3.1983, Paris
Verleih: -/-/-/Sauerland Kunststoffe
Länge: 90 Min.
FSK: ab 16 J.

Kriminalfilm: Ein psychopathischer Bankräuber und Mörder nimmt nach einem Banküberfall zwei Menschen als Geiseln und versucht mit ihnen die Flucht.

Fluchtpunkt 313

LE FIL DE L'HORIZON ****

Regie: Fernando Lopes
Darsteller: Claude Brasseur (Spino), Andréa Ferréol (Francesca), Antonio Valero (Alvaro), Ana Padrao (Sängerin/Prostituierte/ Schülerin), Miguel Guilherme (Fausto), Nicolaus Breyner (Gerichtsmediziner), Luis Santos (Bogossian), Fernando Heitor (Barkeeper), José Gomes, Joaquim Leitao
Drehbuch: Christopher Frank, Jean Nachbaur, nach dem Roman »Der Rand des Horizonts« von Antonio Tabucchi
Kamera: Javier Aguirresarobe (Farbe)
Musik: Zbigniew Preisner
Schnitt: Jacques Witta
Produktion: Maria Joao Mayer für Companhia de Filmes Principe Real mit C.T.N. Prod. und Cameras Continentales/Origen-Prod. Cinematograficas, Portugal/Frankreich/ Spanien 1993
Verleih: TiMe, OmU/-/-/E.A.T. Medien, OmU
Kinostart: 30.6.1994
Länge: 92 Min. – *FSK:* ab 6, ffr.

Ein suggestiver Film noir um Identität, das Motiv des Doppelgängers und den Tod. Der Pathologe, ein stoischer Mittfünfziger, arbeitet im Leichenschauhaus von Lissabon. Ein namenloser Toter, durch zwei Schüsse im Hafenviertel ermordet, bringt Spinos Leben urplötzlich in Verwirrung. Nicht nur, daß dieser Tote Spino zum Verwechseln ähnlich sieht, wenn auch in erheblich jüngeren Jahren – er hat unter seinen Habseligkeiten den Ehering von Spinos Mutter. Parallel zu den polizeilichen Ermittlungen geht auch Spino auf Spurensuche. (...) *Frauke Hanck, AZ, 1.9.94*

Thomas Klingenmaier in: Stgt. Zeitung, 30.6.94; Anke Sterneborg in: SZ, 2.9.94

The Force
314
THE FORCE
□
Video

Regie: Mark Rosman
Darsteller: Jason Gedrick, Kim Delaney, Gary Hudson, Cyndi Pass, Dennis Lipscomb, Lyman Ward
Produktion: Pierre David für Image Org./Republic Pic., USA 1994
Verleih: -/-/-/Ascent Video
Videostart: August 1994
Länge: 94 Min. – *FSK:* ab 16 J.

Im Zwielicht eines dunklen abgelegenen Gebäudes wird Detective Desmond Flynn brutal ermordet. Ein paar Tage später, als der junge Cop Cal Warner in demselben Gebäude schwer verwundet wird, geht der Geist von Desmond in seinen Körper über. Durch dieses phantastische Ereignis kann Cal überleben, doch der Geist des Toten zwingt ihn auf tragische Weise, seinen Mörder zu finden und mit ihm abzurechnen.

Forced to Kill
315
FORCED TO KILL
**
Video

Regie: Russell Solberg
Darsteller: Corey Michael Eubanks (Johnny), Michael Ironside (Sheriff Wilson), Rance Howard (Rance), Kari Whitman (Heather), Don Swayze (Dwayne), Mickey Jones (Neil), Clint Howard (»The Drifter«)
Drehbuch: Corey Michael Eubanks
Kamera: Arthur R. Botham (Farbe)
Musik: Martin D. Bolin
Schnitt: John L. Price
Produktion: Corey Michael Eubanks für PM Ent., USA 1993
Verleih: -/-/-/VPS Video
Videostart: 14.4.1994
Länge: 87 Min. – *FSK:* ab 18 J.

Nahkampf-Crack Johnny wird von gieriger Bande entführt und zu tödlichen Duellen gezwungen, auf die hohe Wetten abgeschlossen werden. Actionfilm mit schlichtem Zuschnitt.

Jochen Rack in: film-dienst, 11/94

Foreign Affairs
316
FOREIGN AFFAIRS
***
Video

Regie: Jim O'Brien
Darsteller: Joanne Woodward (Vinnie Miner), Brian Dennehy (Chuck Mumpson), Eric Stoltz (Fred), Stephanie Beacham (Rosemary), Ian Richardson, Robert Hands, Susan Bovell, Robert Oates, Desmond Callum-Jones, Maggie Wells
Drehbuch: Chris Bryant, nach einer Novelle von Alison Lurie
Kamera: Michael Coulter (Farbe)
Musik: Cynthia Millar
Schnitt: Susan B. Browdy
Produktion: Patricia Clifford für Stagescreen Prod./Interscope Comm., USA 1993
Uraufführung: 17.3.1993, TNT TV
Verleih: -/-/-/VMP Video
Videostart: 18.11.1994
Länge: 93 Min. – *FSK:* ab 6 J.

US-Professorin lernt in London scheinbar groben Landsmann kennen und später auch lieben. Der trägt immer einen häßlichen Regenmantel ist aber ganz pfiffig. Weder bebt die Story vor Spannung noch werden die beiden Hauptdarsteller von den Dialogen sonderlich gefordert, aber durch ihre Ausstrahlung gewinnt der eher gemächliche US-TV-Film an Format.

Forrest Gump
317
FORREST GUMP
****

Regie: Robert Zemeckis
Darsteller: Tom Hanks (Forrest Gump), Robin Wright (Jenny Curran), Gary Sinise (Lt. Dan Taylor), Mykelti Williamson (Bubba Blue), Sally Field (Mrs. Gump), Michael Conner Humphreys (Forrest, jung), Hanna R. Hall (Jenny, jung)
Drehbuch: Eric Roth, nach dem gleichn. Roman von Winston Groom
Kamera: Don Burgess (DuArts)
Musik: Alan Silvestri; Joel Sill (producer)
Schnitt: Arthur Schmidt
Produktion: Wendy Finerman, Steve Tisch, Steve Starkey für Paramount, USA 1994
Uraufführung: 6.7.1994, New York
Verleih: UIP/UIP/UIP/CIC Video
Kinostart: 13.10.1994
Länge: 142 Min. – *FSK:* ab 12, ffr.
FBW: Besonders wertvoll

Geistig etwas langsamer Junge bringt es durch seine Schnelligkeit im Laufen und im Ping-Pongspielen zum populären Millionär und findet erst am Ende in seinem Sohn das wahre Lebensglück. Hervorragend gespielt durchmißt diese märchenhafte Geschichte

Am Zenit ihrer Karrieren: Regisseur Robert Zemeckis und Tom Hanks am Set von ›Forrest Gump‹.

zwei Jahrzehnte amerikanischer Geschichte, die er durch die Figur eines Erfolgsmenschen humorvoll-kritisch kommentiert. *multimedia*

(...) Tom Hanks ist der reine Tor Forrest Gump, an dem weder Elivs Presley noch Richard Nixon vorbeikommen können. Ein Film, in dem die Special Effects kein Spektakel machen, sondern soviel Sinn, daß man von der buchstäblichen Herzlichkeit des Werkes geradezu überwältigt wird.
Alfred Holighaus, tip, 21/94

Brigitte Desalm in: Kölner Stadt-Anzeiger, 15.10.94; Sebastian Feldmann in: Rheinische Post, 14.10.94; W.O.P. Kistner in: AZ, 13.10.94; Peter Kürte in: FR, 13.10.94; Thomas Reinhardt in: Saarbrücker Zeitung, 13.10.94; Hans Schifferle in: SZ, 13.10.94; Ruprecht Skasa-Weiß in: Stgt. Zeitung, 13.10.94; Willi Winkler in: Die Zeit, 14.10.94

Fortunes of War 318

FORTUNES OF WAR **
Video

Regie: Thierry Notz
Darsteller: Michael Ironside, S. Haing Ngor, Michael Nouri, Martin Sheen
Produktion: New Moon Prod., USA 1993
Verleih: -/-/-/Warner Home Video
Videostart: 14.10.1994
Länge: 102 Min.
FSK: ab 16 J.

Die Bekehrung eines opportunistischen Ex-Entwicklungshelfers, der im kambodschanischen Dschungel zu seiner wahren Berufung findet. Gesichtslose Action, denen zwei halbwegs prominente Namen auf der Besetzungsliste zu Erfolg verhelfen sollen.

Frankie, Johnny und die anderen 319

***

Regie: Hans-Erich Viet
Darsteller: Detlef Kuper (Frankie), Paul Herwig (Jonny), Marco Meulenkamp (Max), Holger Möhlenkamp Kuiper (Witus), Kai Kinting (Ralle), Claudia Meyer (Alice), Ingo Naujoks (Ingo), Wolfgang Finck (Vater), Gesa Badenhorst (Mutter), Gerhard de Vries (Opa)
Drehbuch: Hans-Erich Viet
Kamera: Sophie Maintigneux (Farbe)
Musik: Kambiz Giahi
Schnitt: Petra Heymann

Produktion: TransFilm/Viet Filmprod./WDR/SWF/BR, BRD 1992
Uraufführung: 22.1.1993, Max Ophüls Preis, Saarbrücken
Verleih: Wild Okapi/-/-/Media Service
Kinostart: 2.6.1994
Länge: 89 Min.
FSK: ab 6, ffr.
FBW: Wertvoll

Fünf Freunde durchbrechen das tägliche Einerlei eines ostfriesischen Nests, indem sie in einen Spielwarenladen einbrechen, Ninja-Uniformen klauen und eine Kampfgruppe gründen. Dabei geht es ihnen nicht um politische Ziele, sondern um die Suche nach einem tieferen (Lebens-)sinn. Eingebettet ist das Ganze in eine impressionistische, detailgenaue Schilderung des ostfriesischen Alltags: Nachrichten aus der Provinz. Viet erzählt lakonisch und knochentrocken, so spröde, daß es schon wieder komisch wird. Ein wenig mehr Geradlinigkeit aber hätte seinem Film nicht geschadet. *Frank Schnelle, tip*

Frank Noack in: Der Tagesspiegel, 4.6.94

Die französische Cousine 320

MIGNON E PARTITA ****

TV

Regie: Francesca Archibugi
Darsteller: Stefania Sandrelli (Mama), Jean-Pierre Duriez (Federico), Massimo Dapporto (Aldo), Céline Beauvallet (Mignon), Leonardo Ruta (Giorgio), Francesca Antonelli (Chiara), Mecheline Presle (Miss Girelli), Lorenzo de Pasqua (Cacio)
Drehbuch: Francesca Archibugi, Gloria Malatesta, Claudia Sbarigia
Kamera: Luigi Verga (Farbe)
Musik: Roberto Gatto, Battista Lena
Schnitt: Alfredo Muschietti
Produktion: Raitre/Ellepi Film, Italien/Frankreich 1988
Uraufführung: Int. Filmfestspiele San Sebastian, 1988
Sendetermin: 13.3.1994, ZDF, 15.25
Länge: 105 Min.

Die Familie Forbicioni mit ihren fünf Kindern zwischen 2 und 17 Jahren freut sich, daß die 15jährige französische Cousine bei ihnen ihren Urlaub verbringt. Das Mädchen entzieht sich jedoch bald weitgehend dem Kontakt mit den Verwandten. Als der 13jährige Giorgio sich in sie verliebt, erfährt sie Angst und Sehnsucht des Erwachsenwerdens.

Die Frauen des Mr. Love 321

MR. LOVE □

TV

Regie: Roy Battersby
Darsteller: Barry Jackson (Donald Lovelace), Maurice Denham (Theo), Margaret Tyzack, Linda Marlowe, Christina Collier, Helen Cotterill, Donald McCann, Marcia Warren
Drehbuch: Kenneth Eastaugh
Kamera: Clive Tickner (Farbe)
Musik: Willy Russell
Schnitt: Alan J. Cummer-Price
Produktion: Susan Richards, Robin Douet für Enigma, GB 1985
Sendetermin: 3.5.1994, VOX, 20.10
Länge: 90 Min.

Der Gärtner Donald Lovelace verunglückt bei einem Autounfall tödlich, während ihm eine Verehrerin eine Liebeserklärung macht. Sein Leben wird zu einer Legende verherrlicht, und zu dem Denkmal des Verstorbenen pilgern von nun an Liebespaare in Scharen.

Frauen sind was wunderbares 322

***

Regie: Sherry Hormann
Darsteller: Barbara Auer (Kim), Thomas Heinze (Arthur), Kai Wiesinger (Zeno), Doris Kunstmann (Kims Mutter), Saskia Vester (Kiki), Natalia Woerner (Ria), Timo Rathjens (Benny), Schiwa Zarindast (Paula), Keta Burowa (Tatjana), Anica Dobra (Michelle)
Drehbuch: Sherry Hormann
Kamera: Benedict Neuenfels (Farbe)
Musik: Dominik Graf, Helmut Spanner
Schnitt: Norbert Herzner
Produktion: Kirsten Hager, Eric Moss für Hager Moss/Maran/SR, BRD 1993
Uraufführung: 13.4.1994, Maxx, München
Verleih: Nil/filmladen/Stamm-Film
Kinostart: 14.4.1994
Länge: 87 Min.
FSK: ab 6, ffr.
FBW: Wertvoll

Eine attraktive Lehrerin kann sich nur mit Mühe zwischen zwei grundverschiedenen Männern entscheiden. Verhalten inszenierte Komödie, die zu künstlich wirkt, um überzeugen zu können. Das verwickelte Ausleben widersprüchlicher Gefühle könnte witzig sein, ist es hier aber nicht. Durch den Verzicht auf Elemente der Screwball-Comedy-Sprachspiele, Rededuelle, Dialogpointen verschenkt der perfekt fotografierte Film einen Teil seiner beabsichtigten Wirkung. *Zoom*

(...) Vielleicht gerade deshalb ist »Frauen sind was Wunderbares« kein ernster deutscher Liebesfilm, sondern eine manchmal fast amerikanisch anmutende, leichte Romanze geworden.
Angela Schmitt-Gläser, FR, 16.4.94

(...) Zwar wirkt die Handlung, in der es vor komischen bis unwahrscheinlichen Zufällen nur so wimmelt, mitunter arg konstruiert. Aber das frische Spiel der Darsteller-Crew und eine gute Portion Wortwitz wie Situationskomik halten das ganze Gefühlschaos um Liebeslust und -frust im Dreierpack auf gefälligem Unterhaltungsniveau. Und das ist im deutschen Kino ja immer noch selten genug.
Albert Baer, Rheinische Post, 15.4.94

Michael Althen in: SZ, 14.4.94; Wolf Donner in: tip, 8/94; Angie Dullinger in: AZ, 14.4.94; Andreas Kilb in: Die Zeit, 22.4.94; Oliver Rahayel in: Kölner Stadt-Anzeiger, 16.4.94

Free Willy 323
FREE WILLY ****

Regie: Simon Wincer
Darsteller: Jason James Richter, Lori Petty, Michael Madsen, Jayne Atkinson, August Schellenberg
Drehbuch: Keith A. Walker, Corey Blechman
Kamera: Robbie Greenberg (Technicolor)
Musik: Basil Poledouris
Schnitt: O. Nicholas Brown
Produktion: Jennie Lew Tugend, Lauren Shuler-Donner für Warner Bros. mit Le Studio Canal plus/Regency/Alcor, USA 1993
Uraufführung: 16.7.1993, New York
Verleih: Warner Bros./dto./dto./ Warner Home Video
Kinostart: 10.2.1994
Länge: 112 Min.
FSK: o.A., ffr.
FBW: Wertvoll

Ein bei Pflegeeltern aufwachsender 12jähriger Junge schließt in einem Vergnügungspark Freundschaft mit einem Killer-Wal und verhilft ihm schließlich zur Freiheit im Meer. Aufwendig insze-

Was ich noch zu sagen hätte, dauert eine Zigarette: Barbara Auer und Kai Wiesinger in ›Frauen sind was Wunderbares‹.

nierter Familienfilm, der sich Zeit für seine Geschichte und die Personen nimmt. Durch die überzeugenden darstellerischen Leistungen wird die gegen Ende aufkommende Rührseligkeit aufgefangen. *Zoom*

Claudia Freytag in: Kölner Stadt-Anzeiger, 12.2.94; Frauke Hanck in: AZ, 10.2.94; Rupert Koppold in: Stgt. Zeitung, 10.2.94; Rheinische Post, 11.2.94

Freefall 324

FREE FALL ***

Video

Regie: John Irvin
Darsteller: Eric Roberts (Grant Orion), Jeff Fahey (Dex Dellum), Pamela Gidley (Katy Mazur), Ron Smerzcak (John Horner), Warrick Grier (Albino), Leslie Fong (Hustler), Lukky Shabangu (Nivu), Anthony Fridjohn (Raul), James Whyle (Francisco), Terri Norton (Susan)
Drehbuch: David Zito, Les Weldon
Kamera: Yossi Wein (Farbe)
Musik: Lee Holdridge
Schnitt: Graham Walker
Produktion: David Zito, Les Weldon für Nu World Prod., USA 1993
Verleih: -/-/-/VMP Video
Videostart: 26.7.1994
Länge: 92 Min. – *FSK:* ab 18 J.; gekürzte Fass. 87 Min. ab 16 J.

Amerikanische Photographin lernt in Afrika attraktiven Abenteurer kennen, der sich als starke Konkurrenz zu ihrem Verlobten entwikkelt und sie in einen Kriminalfall verstrickt. Annehmbarer, gut besetzter und routiniert inszenierter Agententhriller.

Ein Fremder im Spiegel 325

A STRANGER IN THE MIRROR **

Video

Regie: Charles Jarrott
Darsteller: Christopher Plummer (Clifton Lawrence), Perry King (Toby), Lori Laughlin (Josie), Paula Shaw (Mrs. Czinski), Jamie Woods-Morris (Mrs. Kenyon), Juliet Mills, Geordie Johnson
Drehbuch: Stirling Silliphant, nach einem Roman von Sidney Sheldon
Kamera: Hugh K. Gagnier (Farbe)
Musik: Amin Bhatia
Schnitt: Stephen Lawrence
Produktion: Sidney Sheldon Prod./Paragon Ent., USA 1993
Verleih: -/-/-/Madison Video
Videostart: 25.7.1994
Länge: 91 Min.
FSK: ab 12 J.

Notizen aus dem US-Showbusiness nach Sheldon-Art: Erst harte Arbeit ohne Erfolg, dann Ruhm mit Einsamkeit. Solide besetztes amerikanisches Fernsehspiel um die Romanze zwischen einem Komiker und einer Schauspielerin, deren Aufstieg und Fall.

Fritz lebt – Geheimtäter und Viehlosoph 326

***

Regie: Elke Baur
Drehbuch: Peter Faecke
Kamera: Niels Chr. Bolbrinker (Farbe)
Musik: Hansi Reffert
Schnitt: Christiane Schmied
Produktion: Tiger TV, BRD 1994
Uraufführung: 19.5.1994, Jever
Verleih: Tiger/-/-
Kinostart: Sept. 1994
Länge: 98 Min.
FSK: o.A., ffr.
FBW: Wertvoll

Rekonstruktion der Lebensgeschichte von Fritz Levy (1901–1982), der bis 1938 und ab 1950 als »Geheimtäter, Viehlosoph, Stabsdirektor und Berufsverbrecher« die Gemeinde Jever beschäftigte.
(...) »Fritz lebt« ist mehr als das Porträt eines »Spökenkiekers«. Levy steht für viele Menschen, die mit ihrem Witz, ihren Träumen und ihrem Anderssein anecken, auf Widerstand und Ablehnung stoßen. Typen wie ihn gab und gibt es überall. Daß Levy in Jever lebt, ist ein Zufall.
»Fritz lebt« – der Film sagt viel über Stimmungen, Strömungen und Neigungen der Nation – vor und nach 1945.
Klaus-Dieter Heimann, Jeversches Wochenblatt, 20.5.94

Fromme Lügen 327

MENTIRAS PIADOSAS ****

TV

Regie: Arturo Ripstein
Darsteller: Alonso Echanove (Israel Ordonez), Delia Casanova (Clara Zamudio), Ernesto Yanez (Matilde), Luisa Huertas (Pilar),

Fernando Palavicini (Ramiro), Leonor Llausás (Esmerelda), Mario de Jésus Villers (Nico), César Arias (Mislaya), Ulises Juárez, Ana Venus
Drehbuch: Paz Alicia Garciadiego
Kamera: Angel Goded (Farbe)
Musik: Lucia Alvarez
Schnitt: Carlos Puente
Produktion: Jacobo Feldman, Marcos Salane für Universität Guadalajara (DICSA-CIEC)/STPC/ANDA/Jaime Arcos/Armando Ayala Anguiano, Mexiko 1988
Uraufführung: 26.6.1989, Filmfest München »Werkschau«
Sendetermin: 12.5.1994, WDR 3, 14.00 (OmU)
Länge: 100 Min.

Arturo Ripsteins Film erzählt die Geschichte einer verrückten Liebe zwischen einem Kräuterhändler und einer molligen Inspektorin in Mexiko heute. Aus der ungewöhnlichen Liebesbeziehung entwickelt sich ein Drama der Eifersucht, der Lügen, gegenseitigen Beschuldigungen. Und am Ende beginnt alles von vorn.

Ein Frosch, der Kuß, zwei Könige 328

***

Regie: Norbert Wiedmer, Monika Demenga, Hans Wirth
Darsteller: Mitwirkende: Monika Demenga, Hans Wirth, Regula Büsser, Carla Wiedmer
Drehbuch: Norbert Wiedmer, Monika Demenga, Hans Wirth
Kamera: Norbert Wiedmer (Farbe)
Musik: Jiri Ruzicka (Puppentheater), Felix Hochuli (Film)
Schnitt: Regina Bärtschi
Produktion: Biograph Film und Puppenbühne Demenga/Wirth, Schweiz 1994
Verleih: -/-/Biograph
Kinostart: März 1994
Länge: 78 Min.

Der Dokumentarfilm, der Vorbereitung und Aufführung des Puppenspiels »Dr. Zanggi« zeigt, vermittelt nicht nur einen Blick hinter die Puppenbühne, sondern auch den Zauber dieses Spiels, dessen Figuren sogar außerhalb der Aufführung ein eigenes Leben besitzen.
Zoom

Full Eclipse 329

FULL ECLIPSE *

Video

Regie: Anthony Hickox
Darsteller: Mario van Peebles (Max Dire), Patsy Kensit (Casey Spencer), Anthony John Denison (Jim Sheldon), Jason Beghe (Doug Crane), Bruce Payne (Adam Garou), Victoria Rowell (Anna), John Verea, Paula Marshall
Drehbuch: Richar Christian Matheson, Michael Reaves
Kamera: Sandi Sissel (Farbe)
Musik: Gary Chang
Schnitt: Peter Amundson
Produktion: Peter Abrams, Robert L. Levy für HBO Pic./No Moon, USA 1993
Verleih: -/-/-/Marketing Video
Videostart: 24.6.1994
Länge: 97 Min.
FSK: ab 18 J.

Als der Partner und Freund des renommierten Polizisten Max bestialisch ermordet wird, bekommt er Kontakt zu einer illegalen Killereinheit, die durch die Einnahmen von Drogen zeitweise zu Werwölfen mutiert. Klingt nicht nur hanebüchen, sondern ist es auch. Eine blutige, unappetitliche, gewalttätige Produktion des US-Kabelfernsehens.

Für immer Alexandria 330

ISKINDIRIAH KAMAN OUE KAMAN ****

TV

Regie: Youssef Chahine
Darsteller: Youssef Chahine (Yehia), Yousra (Nadia), Amr Abdel Guelil (Amr), Zaki Abdel Wahab (Guindi), Menha Batraoui, Hussein Fahmy
Drehbuch: Youssef Chahine
Kamera: Ramses Marzouk (Farbe)
Musik: Mohamed Nouh
Schnitt: Rachida Abdelsalam
Produktion: Mist/Paris Classics mit La Sept, Ägypten/Frankreich 1990
Uraufführung: 30.8.1990, Montreal World Film Festival
Sendetermin: 30.1.1994, ZDF, 23.50
Länge: 103 Min.

Der autobiographische Film des international bekanntesten Regisseurs der Arabischen Welt, Youssef Chahine, fühlt sich keiner Form mehr verpflichtet. Virtuos zitiert er darin alle erdenklichen Filmstile, vom Stummfilm bis zum Musical und jagt den Zuschauer in

Arturo Ripstein (rechts) bei den Dreharbeiten zu ›Fromme Lügen‹.

einem atemberaubenden Tempo durch das facettenreiche Geschehen. (…)

Pressetext ZDF

Future City – Stadt der Überlebenden 331

*

ISLAND CITY

Video

Regie: Jorge Montesi
Darsteller: Kevin Conroy, Brenda Strong, Eric McCormack, Pete Koch, Constance Marie
Drehbuch: Jonathan Glassner
Kamera: Laszlo George (Farbe)
Musik: Peter Bernstein
Schnitt: Drake Silliman
Produktion: PTN Concortium, USA 1994
Verleih: -/-/-/Warner Home Video
Videostart: 24.6.1994
Länge: 91 Min.
FSK: ab 12 J.

Eine böse Droge verwandelt den Großteil der Menschheit in sinistre Mutanten, der immune Rest kämpft ums Überleben. Wer's mag…

Game of Seduction 332
GIOCO DI SEDUZIONE **
Video

Regie: Andrea Bianchi
Darsteller: Moana Pozzi, Marina Lotar, Battista Fiore, Luciano Bonci, Rodolfo Licari, Francoise Perrot, Red Martin, Carmine Zarillo, Giulio Baraghini
Kamera: Angelo Lanutti
Musik: Ubaldo Continiello
Produktion: Francesco Vitulano für TeleFilm Audio, Italien 1990
Verleih: -/-/-/MPC Video
Videostart: 15.2.1994
FSK: ab 16 J.

In »Game of Seduction« schafft sich Peppino, Verwalter eines abgelegenen Schlößchens, einen netten Nebenverdienst: Ein Fototeam hat sich angesagt. Die phantastische Kulisse der verwunschenen Gemäuer ist genau das Richtige für ihre erotische Fotostory. Und für Angelina, Peppinos Tochter, eine recht erfrischende erotische Abwechslung. Bald spielt sie eine recht bewegte Rolle in dieser Komödie und weitet ihren Zimmerservice auf Bereiche aus, von denen ihr Vater besser nichts erfährt. Zimmerservice der besonderen Art!

Gasser und »Gasser« 333
***

Regie: Iwan Schumacher
Darsteller: Kommentar: Manfred Züfle
Drehbuch: Iwan Schumacher
Kamera: Erich Schmid; Peter Indergand (Farbe)
Musik: Stephan Wittwer
Schnitt: Georg Janett
Produktion: Iwan Schumacher für Filmkollektiv Zürich mit SF DRS/Teleclub, Schweiz 1994
Verleih: -/-/Look Now!
Kinostart: April 1994
Länge: 90 Min.

Interessante Dokumentation über eine schweizer Politaffäre und deren Folgen für den Basler Polizisten Gasser und den verdeckt arbeitenden Polizeibeamten mit dem Decknamen »Gasser«.

Gebot des Schweigens 334
A STONING IN FULHAM COUNTY □
TV

Regie: Larry Elikann
Darsteller: Ken Olin (Sandler), Jill Eikenberry (Sarah), Ron Perlman (Jacob), Maureen Mueller, Olivia Burnette, Brad Pitt
Produktion: USA 1988
Sendetermin: 11.5.1994, VOX, 20.15
Länge: 120 Min.

Die Geburt der Liebe 335
LA NAISSANCE DE L'AMOUR **

Regie: Philippe Garrel
Darsteller: Lou Castel (Paul), Jean-Pierre Léaud (Marcus), Johanna Ter Steege (Ulrika), Dominique Reymond (Helene), Marie-Paul Laval (Fanchon)
Drehbuch: Philippe Garrel, Muriel Cerf, Marc Cholodenko
Kamera: Raoul Coutard
Musik: John Cale
Schnitt: Sophie Coussein, Yann Dedet
Produktion: Why Not/La Sept Cinema/Vega/ Canal Plus/SACEM/SSR/RTS1, Frankreich/Schweiz 1993
Verleih: -/filmladen, OmU/-
Kinostart: Okt. 1994
Länge: 91 Min.

Seit den sechziger Jahren gilt Philippe Garrel als Garant für ein eigenwilliges, stark autobiografisch geprägtes Kino der Gefühle. In Form gefühlspsychologisch aneinandergereihte szenischer Momentaufnahmen beleuchten seine Filme mit fast schmerzhafter Eindringlichkeit die innersten Winkel seiner von Einsamkeit und Verlorenheit heimgesuchten Figuren.
Mit dem vorliegenden Film knüpft Garrel an Jean Eustaches pessimistisch gestimmten Post-68er-Film »La maman e la putain« (1973) an und bilanziert ernüchternd das Leben zweier alternder Künstler, die – von Existenzangst und selbstgewählter Einsamkeit getrieben – im Alltag und in ihren Beziehungen scheitern. *Zoom*

Gefährliche Instinkte 336
BARRIOS ALTOS ***
TV

Regie: JoséLuis Garcia-Berlanga
Darsteller: Victoria Abril (Verónica), Juamjo Puigcorbe (Luis), Carmen Comesa (Ana), Lorenzo Santamaria, Mario Gas
Produktion: Spanien 1986
Sendetermin: 12.8.1994, VOX, 22.30; 18.2.1994, VOX, 22.15
Länge: 90 Min.

Verónica hat ein Verhältnis mit Luis, dem Geschäftspartner ihres reichen Ex-Ehemannes.
Als ihr Masseur und Freund unter merkwürdigen Umständen stirbt, stellt sie auf eigene Faust Nachforschungen an und wird selbst von der Jägerin zur Gejagten.

Ein gefährliches Paar 337
SHADOWS OF THE PAST □
TV

Regie: Gabriel Pelletier
Darsteller: Erika Anderson (Jackie Delaney), Nicholas Campbell (Sean MacFern), Richard Berry (Daniel Martin), Dennis O'Connor (Banner), Jacques Herlin (Insp. Grenier), Lorne Brass (Haaring), Heidi von Palleske (Sara Davis), Pierre Leblanc (Empfangschef), Jean L'Italien (Polizist), Pierre Auger (Polizist)
Drehbuch: David Preston
Kamera: Karol Ike (Farbe)
Musik: Jean Francois Lèon
Produktion: Cleo 24/Audience/GMT/ Hachette TV USA/Frankreich/Kanada 1991
Sendetermin: 27.12.1994, ARD, 0.30
Länge: 92 Min.

Die amerikanische Fotoreporterin Jackie Delaney hat weitgehend ihr Gedächtnis verloren, als sie in Montreal mit einem Auto in einen Fluß stürzte und sich nur mit knapper Not retten konnte. In nächtlichen Alpträumen formen sich bei ihr bruchstückhafte Erinnerungen, die darauf hindeuten, daß der vermeintliche Autounfall ein Mordversuch war. Als sie mit einem jungen Polizei-Detektiv versucht, die Hintergründe des mysteriösen Geschehens herauszubekommen, gerät sie erneut in tödliche Gefahr.

Der Gefangene der Teufelsinsel 338
PRISONERS OF HONOR ***
TV

Regie: Ken Russell
Darsteller: Richard Dreyfuss (Oberst George Picquart), Kenneth Colley (Hauptmann Alfred Dreyfus), Oliver Reed (General Boisdeffre), Peter Firth (Major Henry), Jeremy Kemp (General de Pelifeux), Brian Blessed (General Glonse), Peter Vaughan (General Mercier), Lindsay Anderson (Minister)
Drehbuch: Ron Hutchinson
Kamera: Mike Southon (Farbe)
Musik: Barry Kirsch
Produktion: Judith Rutherford James, Richard Dreyfuss für Etude, GB 1991
Sendetermin: 17.8.1994, ARD, 23.30
Länge: 84 Min.

Hauptmann Alfred Dreyfus wird 1894 von einem Militärgericht in Frankreich wegen angeblichen Landesverrats lebenslänglich auf die Teufelsinsel verbannt. Oberst Picquart, der neue Chef der Spionageabwehr, findet heraus, daß es keine Beweise für die Schuld des Verurteilten gibt und strengt einen neuen Prozeß an. Interessante Neuverfilmung von Frankreichs berühmtesten Justizskandals.

Geh aufrecht! 339
ZHANZHI LUO BIE PAXIA ****
TV

Regie: Huang Jianxin
Darsteller: Feng Gong (Gao), Niu Zhenhua (Zhang), Da Shi-Chang (Liu), Zhang Lu (Gaos Frau), Fu Lili (Zhangs Frau), Liu Xiaohui (Lius Frau), Ma Shuangang
Drehbuch: Huang Xin, nach einer Story von Deng Gang
Kamera: Zhang Xiaoguang (Farbe)
Musik: Zhang Dalong
Schnitt: Zhang Xiaodong
Produktion: Xian Film Studio, China 1992
Uraufführung: Hongkong Film Festival 1993
Sendetermin: 11.5.1994, ARD, 23.35
Länge: 111 Min.

In dieser chinesischen Sozialkomödie tobte sich das neue China in einem Mietshaus aus: Hier der Saubermann-Parteifunktionär, der immer der bessere Mensch sein will – dort der rabiate Geschäftsmacher-Nachbar, der den Parteitypen schikaniert, seine Bestechungsgeschenke abfängt und die Mitmieter zu Vollzugsgehilfen seines Kleinkriegs macht. Bizarre Polit-Psychofarce im China-Hinterhof. *Ponkie, AZ, 13.5.94*

Der geheime Garten 340
THE SECRET GARDEN ***

Regie: Agnieszka Holland
Darsteller: Maggie Smith (Mrs. Medlock), Kate Maberly (Mary Lennox), Heydon Prowse (Colin Craven), Andrew Knott (Dickon), Laura Crossley (Martha), John Lynch (Lord Craven), Walter Sparrow (Ben Weatherstaff), Irene Jacob
Drehbuch: Caroline Thompson, nach dem gleichn. Roman von Frances Hodgson Burnett
Kamera: Roger Deakins (Technicolor)
Musik: Zbigniew Preisner
Schnitt: Isabelle Lorente
Produktion: Fred Fuchs, Fred Roos, Tom Luddy für American Zoetrope, USA 1993
Uraufführung: 13.8.1993, New York
Verleih: Warner Bros./dto./dto./ Warner Home Video
Kinostart: 24.3.1994
Länge: 101 Min.
FSK: o.A., ffr.

Ein alter, verwildeter Garten wird für die zehnjährige Mary, die als Waise in das düstere Schloß ihres Onkels nach England kommt, zum magischen Anziehungspunkt. Zusammen mit einem Bauernjungen erweckt sie den Garten zu neuem Leben, was seine heilsamen Auswirkungen nicht nur auf ihren dahinkränkelnden Cousin hat, sondern auch auf die erstarrten Gefühle der Menschen in ihrer Umgebung. Agnieszka Holland inszenierte diesen mit märchenhaften Elementen durchsetzten Stoff mit sensibler Hand und hervorragenden Kinderdarstellern – obgleich eine weniger buchstabengetreue Umsetzung des gleichnamigen Kinderbuchklassikers mehr gewesen wäre. *Zoom*

(...) Landschaft und Licht sind so grün, blank und frisch, als kämen sie aus der chemischen Reinigung. *Peter W. Jansen, tip, 7/94*

(...) Kein revolutionärer Film, aber einer, der Lust aufs Leben macht. *Frauke Hanck, 24.3.94*

Michael Althen in: SZ, 28.3.94; Heiko R. Blum in: Rheinische Post, 25.3.94; Rupert Koppold in: Stgt. Zeitung, 24.3.94; Carla Rhode in: Der Tagesspiegel, 25.3.94

Das Geheimnis der schwarzen Schnecke 341
LES DOSSIERS DE L'INSPECTEUR LAVARDIN: L'ESCARGOT NOIR ☐ TV

Regie: Claude Chabrol
Darsteller: Jean Poiret (Insp. Lavardin), Roger Dumas (Pierre), Catherine Rouvel (Florence), Stéphane Audran (Catherine), Mario David (Mario)
Produktion: Frankreich 1988
Sendetermin: 27.10.1994, ZDF, 23.55
Länge: 87 Min.

In der französischen Kleinstadt Chinon werden kurz hintereinander drei Frauen mittleren Alters ermordet. Am Tatort wird jeweils eine schwarze Schnecke zurückgelassen. Mario, der lokale Kriminalkommissar, bekommt einen erfahrenen Mitarbeiter: Interpol-Kommissar Lavardin, einen alternden Bonvivant mit unkonventionellen Methoden. Lavardin und der tolpatschige Mario verstehen sich auf Anhieb und versuchen gemeinsam, Licht in die nebulösen Fälle zu bringen. (...) Meisterregisseur verwertet seinen Inspektor Lavardin jetzt auch im Fernsehen. *Pressetext ZDF*

Das Geheimnis um Linda 342
LINDA) **
Video

Regie: Nathaniel Gutman
Darsteller: Richard Thomas (Paul Cowley), Virgina Madsen (Linda Cowley), Ted McGinley (Jeff Jeffries), Laura Harrington (Stella Jeffries), T.E. Russell, J. Don Ferguson, Richard K. Olson, David Dwyer
Drehbuch: N.D. Schreiner, nach einer Story von John D. MacDonald
Kamera: Bryan England (Farbe)
Musik: David Michael Frank
Schnitt: Karen Stern
Produktion: Bob Roe; Nathaniel Gutman,

N. D. Schreiner für Linda Prod. mit Wilshire Court, USA 1993
Uraufführung: 8.10.1993, USA Network
Verleih: -/-/-/CIC Video
Videostart: Mai 1994
Länge: 85 Min.
FSK: ab 12 J.

Eintöniger US-TV-Krimi um das Mordkomplott einer Ehefrau, die ihre reiche Freundin tötet und zusammen mit deren Ehemann den Verdacht auf den eigenen Gatten lenkt.

Ein Geist zum Küssen 343
LOVE CAN BE MURDER □
TV

Regie: Jack Bender
Darsteller: Jaclyn Smith (Elizabeth Bentley), Corbin Bernsen (Nick Peyton), Anne Francis (Maggie), Cliff De Young (Brad), Tom Bower, Nicholas Pryor, Susan Brown, Elaine Kagan, John Carter
Drehbuch: Rob Gilmer
Musik: Steven Bramson
Produktion: Frank Königsberg, Larry Sanitsky für Königsberg/Sanitsky Prod., USA 1992
Sendetermin: 10.2.1994, RTL, 21.15
Länge: 120 Min.

Die erfolgreiche Rechtsanwältin Elizabeth Bentley hängt ihrem Job an den Nagel und zieht in ein schäbiges Büro, um eine Privatdetektei zu eröffnen. Ihr erster Kunde ist Nick Peyton, ein Kollege – und Geist. Elizabeth soll einen Fall aus dem Jahre 1948 klären, dem Jahr, in dem Nick ermordet wurde.
Pressetext RTL

Ein genialer Freak 344
WITH HONORS ***
Video

Regie: Alek Keshishian
Darsteller: Joe Pesci (Simon), Brendan Fraser (Monty), Moira Kelly (Courtney), Patrick Dempsey (Everett), Josh Hamilton (Jeff), Gore Vidal (Pitkannan)
Drehbuch: William Mastrosimone
Kamera: Sven Nykvist (Technicolor)
Musik: Patrick Leonard
Schnitt: Michael R. Miller
Produktion: Paula Weinstein, Amy Robinson für Spring Creek Prod., USA 1994
Verleih: -/-/-/Warner Home Video
Videostart: 11.11.1994
Länge: 100 Min.
FSK: ab 12 J.

Weil ihm eine Promotionsarbeit in die Hände fällt, hält ein dubioser Penner Einzug in eine Studenten-WG. Doch der nicht mehr Obdachlose entpuppt sich als Lebenskünstler. Leider hält Regisseur Keshishian (»In Bed with Madonna«) die sympathische Frische des ersten Teils nicht durch, sondern läßt sein Werk immer mehr in Sentimentalität und Pathos gleiten. Ein Trumpf: Joe Pesci, wenngleich etwas zügellos, in der Titelrolle.

Les Gens normaux n'ont rien d'exceptionnel 345
LES GENS NORMAUX N'ONT RIEN D'EXCEPTIONNEL ***

Regie: Laurence Ferreira Barbosa
Darsteller: Valeria Bruni-Tedeschi, Melvil Poupaud, Marc Citti, Claire Laroche
Drehbuch: Laurence Ferreira Barbosa, Santiago Amigorena, Berroyer, Cedric Kahn
Kamera: Antoine Heberle (Farbe)
Musik: Cesaria Evora, Cuco Valoy, Melvil Poupaud
Schnitt: Emmanuelle Castro
Produktion: Paulo Branco für Gemini/BC Films/BVF mit CNF/Canal plus, Frankreich 1993
Verleih: -/-Cinétell
Kinostart: Febr. 1994
Länge: 103 Min.

Die von ihrem Freund verlassene 25jährige Martine verliert etwas die Kontrolle über sich und wird als Notfall auf eine psychiatrische Station gebracht, wo sie sich einrichtet, um sich »auszuruhen«. Sie versteht sich überraschend gut mit den Hospitalisierten und beginnt mit erstaunlicher Energie und Ausdauer, Beziehungen zwischen ihnen und denen »draußen« aufzubauen. Der bemerkenswerte, ebenso spontan und subtil inszenierte und gespielte erste lange Spielfilm der Regisseurin handelt unter anderem von der Verwirrung und Rückgewinnung der Gefühle, von denen die Liebe das Lebensnotwendigste ist. *Zoom, 9/93*

George Romero's Book of Death 346

GEORGE ROMERO'S BOOK OF DEATH ***

Produktion: USA 1988

Weiterer Verleihtitel für → ›Book of Death‹

Geraubtes Leben 347

REQUIEM PRO PANENKU □ TV

Regie: Filip Renc
Darsteller: Anna Geislerová (Marika), Barbora Hrzánová (Johanka), Sona Valentová (Volfová), Eva Holubová (Kuncová), Jaroslava Hanusová (Procházková), Jan Schmid (Direktor), Eduar Cupák (Arzt), Filip Renc (Viki), Lenka Pakárková (Katuska)
Drehbuch: Filip Renc, Igor Chaun
Produktion: Tschechoslowakei 1991
Sendetermin: 2.8.1994, RTL2, 22.00
Länge: 94 Min.

Das 14jährige Mädchen Marika soll in ein Kinderheim geschickt werden, landet aber durch einen Behördenirrtum in einer Anstalt für geistig Behinderte. Weil sie zunehmend gegen die durch nichts begründete harte Ordnung in der Anstalt aufmuckt, durchleidet sie physische und psychische Mißhandlungen.
Pressetext RTL2

Germinal 348

GERMINAL **

Regie: Claude Berri
Darsteller: Gérard Depardieu (Maheu), Renaud (Etienne Lantier), Miou Miou (Maheude), Jean Carmet (Bonnemort), Judith Henry (Catherine Maheu), Jean-Roger Milo (Chaval), Laurent Terzieff (Souvarine), Bernard Fresson (Deneulin), Jacques Dacqmine (M. Hennebeau), Anny Duperery (Mme. Hennebeau), Jean-Pierre Bisson, Pierre Lafont, Annik Alane
Drehbuch: Claude Berri, Arlette Langmann, nach dem gleichn. Roman von Emile Zola
Kamera: Yves Angelo (Farbe)
Musik: Jean-Louis Roques
Schnitt: Hervé de Luze
Produktion: Renn Prod. mit France 2 Cinema/ D.D. Prod./Alternative Films/Nuova Artisti Ass., Frankreich 1993
Uraufführung: Sept. 1993
Verleih: Tobis/Constantin/Monopole Pathé
Kinostart: 13.1.1994
Länge: 158 Min.
FSK: ab 16, ffr.
FBW: Wertvoll

In »Germinal« hatte Emile Zola 1885 die unmenschlichen Lebensbedingungen der nordfranzösischen Bergwerksarbeiter enthüllt. Mit einem einmaligen Riesenbudget (172 Millionen Francs) rekonstruierten Claude Berri und seine Ausstatter die detailgenauen Milieubeschreibungen Zolas. Viel weiter als zur Bebilderung der Leidensgeschichte um Hunger, Streik und Liebe in und um ein Bergwerk reicht die Verfilmung jedoch nicht. Aufwendig in Szene gesetzt, solide abgefilmt und maßvoll dramatisiert entgeht dieser Prolet-Kostüm-Schinken dank den darstellerischen Leistungen von Miou-Miou und Dépardieu dem Schicksal einer bloß dürren Geschichtslektion. *Zoom, 1/94*

(...) Rollende Augen, flammende Reden, monumentale Gesten. So wurde die teuerste französische Produktion der Geschichte ein rührend altmodischer Film, der weder die Parallele zu akuten Arbeitskämpfen in Europa sucht, noch eine zwingende ästhetische Konzeption findet.
Wolf Donner, tip, 2/94

Michael Althen in: SZ, 15.1.94; Henri Beyle in: Kölner Stadt-Anzeiger, 15.1.94; Sebastian Feldmann in: Rheinische Post, 14.1.94; Karsten Witte in: Die Zeit, 14.1.94

Geronimo 349

GERONIMO: AN AMERICAN LEGEND ****

Regie: Walter Hill
Darsteller: Jason Patric (Lt. Charles Gatewood), Gene Hackman (Brig. General George Crook), Robert Duvall (Al Sieber), Wes Studi (Geronimo), Matt Damon (Lt. Britton Davis), Rodney A. Grant (Mangas), Kevin Tighe (Brig. General Nelson Miles), Steve Reevis (Chaot), Carlos Palomino (Sgt. Turkey), Victor Aaron (Ulzana)
Drehbuch: John Milius, Larry Gross, nach einer Story von J. Milius
Kamera: Lloyd Ahern, Michael D. O'Shea

(2nd unit) (Technicolor)
Musik: Ry Cooder
Schnitt: Freeman Davies, Carmel Davies, Donn Aron
Produktion: Walter Hill, Neil Canton für Hill/Canton Prod., USA 1993
Uraufführung: 10.12.1993, New York
Verleih: Columbia TriStar/dto./20th Century Fox/Columbia TriStar Video
Kinostart: 16.6.1994
Länge: 115 Min.
FSK: ab 12, ffr.

Während seine Stammesgenossen sich resigniert der Reservats-Pflicht unterzogen, führte der Apachen-Häuptling Geronimo im Südwesten der USA bis in die achtziger Jahre des 19. Jahrhunderts hinein einen eigentlichen Guerilla-Krieg. Action-Regisseur Walter Hill hält sich weitgehend an die historischen Fakten, legt allerdings den Akzent seiner Erzählung auf den Respekt, den Kavalleristen und Indianerkrieger einander entgegenbrachten. Trotz einer gewissen Fixierung auf Männertugenden besticht der Film dadurch, daß er ein historisches Unrecht zur Sprache bringt und für die Achtung einer fremden Kultur eintritt. *Zoom, 6/94*

Heiko R. Blum in: Rheinische Post, 18.6.94; Frauke Hanck in: AZ, 16.6.94; Sabine Horst in: FR, 14.6.94; Andreas Kilb in: Die Zeit, 1.7.94; Milan Pavlovic in: Kölner Stadt-Anzeiger, 18.6.94; Hans Schifferle in: SZ, 17.6.94

Geschäft mit dem Leben 350

BABY GIRL SCOTT □
TV

Regie: John Korty
Darsteller: John Lithgow, Mary Beth Hurt, Linda Kelsey, Ronny Cox, Mimi Kennedy
Produktion: USA 1987
Verleih: -/-/-/
Sendetermin: 25.5.1994, VOX, 20.15
Länge: 100 Min.

Geschichten aus dem Knast 351

DREAMERS **
TV

Regie: Robert F. Lyons
Darsteller: Charles Durning (Ozzie), John Astin (Raleigh), Michael D. Roberts, Lea Dedrick
Produktion: USA 1991
Sendetermin: 23.1.1994, Premiere, 20.15
Länge: 86 Min.

Ozzie und Raleigh, zwei Ex-Yuppies, haben schon 15 Ausbruchsversuche hinter sich. Nun scheint es ihnen an der Zeit, die Vergangenheit näher aufzuarbeiten. Sie kommen zu dem überraschenden Ergebnis, daß die Zeit im Gefängnis beschaulicher ist als das Leben in der Freiheit.

Geschichten aus Hollywood 352

TALES FROM HOLLYWOOD □
TV

Regie: Christopher Hampton
Darsteller: Jeremy Irons (Ödon von Horváth), Alec Guinness (Heinrich Mann), Charles Durning, Elizabeth McGovern, Sinead Cusack (Nelly), Robin Bailey, Jack Shepherd, Mike McShane, Alison Fiske, Jan Chappell
Drehbuch: Christopher Hampton, nach seinem gleichn. Schauspiel
Musik: Dominic Muldowney
Produktion: Simon Curtis für BBC-TV/American Playhouse, GB 1992
Uraufführung: 19.10.1992, PBS TV
Sendetermin: 21.4.1994, VOX, 0.15
Länge: 115 Min.

Im 2. Weltkrieg fliehen jüdische Literaten vor den Nazis nach Hollywood ins Exil, treffen dort eine kleine Kolonie deutscher Schriftsteller und reden über ihre Ängste, Hoffnungen und Schuldgefühle.

Geschichten und Geschäfte auf dem Hof 353

CONTES ET COMPTES DE LA COUR ***

Regie: Eliane de Latour
Kamera: Eliane de Latour (Farbe)
Schnitt: Monique Dartonne
Produktion: Cameras Continentales mit La Sept, Frankreich 1992
Verleih: Freunde/-/-
Kinostart: März 1994
Länge: 96 Min.

Der Ethnologin Eliane de Latour ist es gelungen, neun Wochen lang in einem

Harem im Niger zu drehen, in dem die Frauen eines Provinzfürsten eingesperrt sind. Sie hat mit den Frauen hinter den Mauern zusammengelebt. Ihr Film ist ein intimer Bericht aus einer abgeschlossenen Welt, in der aber auch starke menschliche Bindungen bestehen, die den Frauen Kraft geben, gegen Abstumpfung und Sinnlosigkeit anzukämpfen. *Uli Maas*

Der geschlagene Mann 354

MEN DON'T TELL □ TV

Regie: Harry Winer
Darsteller: Peter Strauss (Ed McCaffrey), Judith Light (Laurie McCaffrey), Ashley Johnson, Michael Rand, James Gammon
Produktion: USA 1993
Sendetermin: 14.6.1994, Pro7, 20.15
Länge: 93 Min.

Ed McCaffrey wird von seiner Frau Laurie geschlagen. Als sie in einem Anfall von maßloser Wut auch auf die gemeinsame Tochter Cindy einprügeln will und Ed dazwischen geht, stürzt sie und verletzt sich schwer. Ed wird wegen schwerer Körperverletzung verhaftet, aber niemand glaubt ihm seine Geschichte.

Der Geschmack der Frauen 355

FAUSTO ***

Regie: Rémy Duchemin
Produktion: Frankreich 1993

Videotitel für → »Fausto«

Die Gesichter der Frauen 356

VISAGES DES FEMMES □ TV

Regie: Désiré Ecaré
Darsteller: Eugénia Cissé Roland (Fischverkäufer), Véronique Mahlie, Carmen Levry, Désiré Bamba, Kouadio Brou (Brou), Sidiki Bakaba (Koiassi), Einwohner des Dorfes Adioukrou
Drehbuch: Désiré Ecaré
Kamera: Francois Migeat (Farbe)
Produktion: Désiré Ecaré für Lagune Prod., Elfenbeinküste 1985
Uraufführung: 9.5.1995, Int. Filmfestspiele Cannes, »Semaine de la Critique«
Sendetermin: 20.8.1994, WDR, 4.00 (OmU)
Länge: 106 Min.

Geschichte einer Frau, die um einen angemessenen Platz, also um einen besseren Platz in der Gesellschaft kämpft. Ein kurzweiliger und vergnüglicher Film über lauter ernste Sachen: Ein Land in der Unabhängigkeit und noch geprägt von der Kolonisation; eine Liebesgeschichte, aber ausgerechnet zwischen Schwägerin und Schwager; die alten Regeln des Familienlebens und der Männer; die neue Rolle des Geldes; die großen Wünsche der Frauen und der tägliche Ärger. Und nicht zuletzt viel Musik. *Pressetext WDR*

Gestrandet 357

GOD ON THE ROCKS □ TV

Regie: Ross Cramer
Darsteller: Rebecca Edwards (Margaret), Minnie Driver, Sinead Cusack (Elinor), Bill Paterson (Kenneth Marsh)
Drehbuch: Nach einem Roman von Jane Gardam
Produktion: GB 1991
Sendetermin: 31.5.1994, ZDF, 23.15
Länge: 91 Min.

In einer englischen Küstenstadt gibt um 1936 der Bankfilialleiter Kenneth Marsh nicht nur in einer christlichen Sekte den Ton an, auch in seiner Familie sorgt er streng für die Einhaltung der christlichen Gebote. Während sich seine attraktive Frau Elinor mit diesem Leben bereits abgefunden hat, rebelliert seine 11jährige Tochter Margaret gegen das Regiment des Vaters.

Getaway 358

GETAWAY **

Regie: Roger Donaldson
Darsteller: Kim Basinger (Carol McCoy), Alec Baldwin (Doc McCoy), Michael Madsen (Rudy Travis), James Woods (Jack Benyon), David Morse (Jim Deer Jackson), Jennifer Tilly (Fran Carvey), James Stephens (Harold Carvey), Richard Farnsworth (Slimn), Philip Hofmann (Frank Hansen)

Attraktiv auch in einem Thriller: Kim Basinger in ›Getaway‹.

Drehbuch: Walter Hill, Amy Jones, nach dem gleichn. Roman von Jim Thompson
Kamera: Peter Menzies jr. (Farbe)
Musik: Mark Isham
Schnitt: Conrad Buff
Produktion: David Foster, Lawrence Turman, John Alan Simon für Largo Ent./JVC, USA 1994
Verleih: Tobis/Constantin/Monopole Pathé/VMP Video
Kinostart: 14.4.1994
Länge: 115 Min.
FSK: ab 16, ffr.

Um ihren Mann, Doc McCoy, einen Einbruch- und Sprengstoffspezialisten, aus einem mexikanischen Gefängnis zu holen, läßt sich seine schöne Ehefrau Carol mit einem skrupellosen Gangsterboß ein. Seine Befreiung muß Doc mit der Durchführung eines Raubüberfalls bezahlen. Zwischen den McCoys und den Komplizen entwickelt sich eine mörderische Verfolgungsjagd, bevor das Paar sich und die Millionenbeute in Mexiko in Sicherheit bringen kann. Das mit einer widerlichen Mischung aus Sex und brutalster Gewalt »aufgeladene« Remake von Sam Peckinpahs gleichnamigen Roadmovie-Thriller von 1972 sucht vergeblich, echte Spannung durch eine Unzahl von Schießereien zu erzeugen. *Zoom*

Heiko R. Blum in: Rheinische Post, 15.4.94; Angie Dullinger in: AZ, 16.4.94; Fritz Göttler in: Kölner Stadt-Anzeiger, 16.4.94; Rupert Koppold in: Stgt. Zeitung, 14.4.94

The Getaway Coup 359

FAST GETAWAY II **

Video

Regie: Oley Sassone
Darsteller: Corey Haim (Nelson Potter), Leo Rossi (Sam Potter), Cynthia Rothrock (Lily), Sarah G. Buxton (Patrice), Ken Lerner (Tony Bush), Michelle Mann (Nelson's Chef), Wally Bujak (Bankpräsident), Pete Liapis (Rankin)
Drehbuch: Mark Sevi, nach den Charakteren von James Dixon
Kamera: Mark Parry (FotoKem)
Musik: David Robbins
Schnitt: Glenn Garland
Produktion: Russell D. Markowitz für CineTel Films, USA 1994
Uraufführung: 13.5.1994, Int. Filmfestspiele Cannes (Markt)
Verleih: -/-/-/VPS Video
Videostart: 23.6.1994
Länge: 91 Min.
FSK: ab 16 J.

Bankraubserie bringt ehrlich gewordenes Vater-&-Sohn-Verbrecher-Gespann in Verdacht, das seine Unschuld selbst unter Beweis stellen muß. Temporeicher, doch filmisch unbefriedigender Fließband-Actioner.

Gilbert Grape – Irgendwo in Texas 360

WHAT'S EATING GILBERT GRAPE ****

Regie: Lasse Hallström
Darsteller: Johnny Depp (Gilbert Grape), Juliette Lewis (Becky), Mary Steenburgen (Betty Carver), Leonardo DiCaprio (Arnie Grape), Darlene Cates (Momma), Laura Harrington (Amy Grape), Mary Kate Schellhardt (Ellen Grape), Kevin Tighe (Mr. Carver),

John C. Reilly (Tucker Van Dyke), Crispin Glover (Bobby McBurney)
Drehbuch: Peter Hedges, nach seinem gleichn. Roman
Kamera: Sven Nykvist (Technicolor/Deluxe)
Musik: Alan Parker, Bjorn Isfalt
Schnitt: Andrew Mondshein
Produktion: Meir Teper, Bertil Ohlsson, David Matalon für Matalon Teper Ohlsson Prod., USA 1993
Verleih: Buena Vista/dto./dto./Buena Vista Home Video
Kinostart: 28.4.1994
Länge: 118 Min. – *FSK:* ab 6, ffr.
FBW: Besonders wertvoll

Gilbert kümmert sich in einem Provinznest um seine dicke Mutter, seine zwei Schwestern und seinen geistig zurückgebliebenen Bruder. Die Liebe zu einer durchreisenden Fremden läßt ihn entdecken, daß er auch an sein eigenes Glück denken darf. Sensibel, mit zärtlichem Humor und verständnisvollem Blick zeichnet Hallström Personen und Beziehungen. Durchgehend hervorragend gespielt, faszinierend in der Bildgestaltung und die Fülle unaufdringlicher Einfälle zur Charakterisierung von Menschen, Beziehungen und Ereignissen, ist der Film ein seltenes und auch spannendes Plädoyer für alltägliche Menschlichkeit, ohne je in einen falschen Tonfall oder Sentimentalität abzurutschen. Ein fast unauffälliges hervorragendes Kunstwerk. *Multimedia*

(...) Der zweite US-Film des schwedischen »Oscar«-Preisträgers Lasse Hallström (»Mein Leben als Hund«, 1985) ist handwerklich sauber inszeniert, schildert eindrücklich das Provinzmilieu, zerfasert aber dramaturgisch und verliert zusehends an Spannkraft.
Zoom

Bodo Fründt in: SZ, 30.4.94; Otto Heuer in: Rheinische Post, 29.4.94; Peter Körte in: FR, 29.4.94; Patrick Rössler in: Stgt. Zeitung, 28.4.94; Frank Schnelle in: tip, 9/94

Ginevra 361

**

Regie: Ingemo Engström
Darsteller: Amanda Ooms (Cecilia Linné

Nur wenige Jahre auseinander, doch durch Welten getrennt. Leonardo DiCaprio und Johnny Depp in ›Gilbert Grape‹.

Ginevra), Serge Maggiani (Luc/Lancelot), Michèle Addala (Nélida), Diego Wallraff (Manuel), Zacharias Preen (Jan), Christian Koch (Produzent), Gerhard Theuring (Artus), Eliane Tondut, Muriel Theuring, Sonia Saouchi
Drehbuch: Ingemo Engström
Kamera: Gérard Vandenberg (Eastmancolor)
Musik: Fauré, Purcell
Schnitt: Gerhard Theuring
Produktion: Theuring-Engström Prod. mit ZDF, BRD 1992
Uraufführung: 16.2.1992, Int. Filmfestspiele Berlin, Reihe »Panorama«
Verleih: Basis/-/-
Kinostart: April 1994
Länge: 152 Min.

Von der Suche nach Identität handelt dieser Film; vom Kampf, das Bild der Frau mit der Wirklichkeit in Einklang zu bringen. In »Ginevra« macht sich eine junge Filmschauspielerin von Skandinavien aus auf den Weg nach Süden. In Frankreich wirft sie alle Dokumente ihrer Identität weg und nennt sich nur noch Ginevra. Die Männer, die ihr begegnen, entsprechen den Figuren aus der Artus-Sage. Es wimmelt von Zitaten in Ingemo Engströms Film, die von Godard bis Dante reichen. Ingemo Engström läßt kein Klischee des Kunstfilms aus, ihr Film ist prätentiös, unklar und ausufernd. Und doch oder gerade deswegen gelingen ihr großartige Momente cineastischer Theatralik. *SZ, 26.2.92*

Jochen Metzner in: Der Tagesspiegel, 17.2.93; Oliver Rahayel in: Kölner Stadt-Anzeiger, 30.4.94

Girls Wanna Have Fun 362
OLD ENOUGH □
TV

Regie: Marisa Silver
Darsteller: Sarah Boyd (Lonnie Sloan), Rainbow Harvest (Karen Bruckner), Neil Barry (Johnny Bruckner), Danny Aiello (Mr. Bruckner), Fran Brill (Mrs. Sloan), Roxanne Hart (Carla), Susan Kingsley (Mrs. Bruckner)
Drehbuch: Marisa Silver
Kamera: Michael Ballhaus (Farbe)
Musik: Julian marshall
Schnitt: Mark Burns
Produktion: Dina Silver für Silverfilm, USA 1983
Uraufführung: 20.5.1994, Int. Filmfestspiele Cannes »Directors Fortnight«
Sendetermin: 16.11.1994, RTL2, 18.20
Länge: 87 Min.

Ihre Herkunft könnte unterschiedlicher nicht sein, aber Lonnie und Karen sind zwei Mädchen, die sich im Großstadtdschungel kennengelernt haben und durch dick und dünn gemeinsam gehen. (...) *Pressetext RTL2*

Glaube, Liebe, Hoffnung 363
***

Regie: Andreas Voigt
Drehbuch: Andreas Voigt
Kamera: Sebastian Richter
Schnitt: Angela Wendt
Produktion: Jutta Garbas für A Jour/DokFilm, BRD 1994
Uraufführung: Int. Forum des Jungen Films, Berlinale
Verleih: Basis/-/-
Kinostart: 24.3.1994
Länge: 88 Min.
FBW: Wertvoll

Sorgfältig aufbereitete Langzeitstudie (1992/93) über ausgewählte Interviewpartner aus der rechten und linken Szene Leipzigs.

Patrick Rössler in: Stgt. Zeitung, 19.5.94; Ralf Schenk in: Der Tagesspiegel, 30.3.94

Die goldenen Jungs 364
CITY SLICKERS II: THE LEGEND OF CURLY'S GOLD ***

Regie: Paul Weiland
Produktion: USA 1994

siehe → »City Slickers 2: Die goldenen Jungs«

Good Cop Bad Cop 365
GOOD COP BAD COP *
Video

Regie: David A. Prior
Darsteller: David Keith, Pamela Denise Anderson, Robert Hays, Leo Rossi, Stacy Keach, Charles Napier
Produktion: USA 1993
Verleih: -/-/-/Splendid Video
Videostart: 25.5.1994
Länge: 90 Min.
FSK: ab 18 J.

Ex-Polizist auf der Jagd nach einem ruchlosen Mörder, der die Tochter eines Geschäftsmannes auf dem Gewissen hat. Klingt nicht nur langweilig – ist es auch.

A Good Man in Africa 366

A GOOD MAN IN AFRICA **

Regie: Bruce Beresford
Darsteller: Sean Connery (Alex Murray), Colin Friels (Morgan Leafy), Sarah Jane Fenton (Priscilla), Joanne Whalley-Kilmer (Celia Adekunle), John Lithgow (Arthur Fanshawe), Louis Gossett, jr. (Sam Adekunle), Diana Rigg
Drehbuch: William Boyd, Bruce Beresford, nach dem gleichn. Roman von William Boyd
Kamera: Andrzej Barktkowiak (Farbe)
Musik: John du Prez
Schnitt: Jim Clark
Produktion: John Fiedler, Mark Tarlov für Polar Ent./Capitol Films, USA 1994
Verleih: Concorde/Constantin/Monopole Pathé/VCL/Carolco Video
Kinostart: 14.7.1994
Länge: 94 Min.
FSK: ab 12, ffr.

Ein junger englischer Kolonialbeamter in einem gerade unabhängig gewordenen Staat Afrikas bleibt neben seinem arroganten Chef ziemlich frustriert und spricht dafür mehr dem Alkohol und den Frauen zu, daneben wird er ein wenig mit politischer Korruption konfrontiert. Ein handlungsmäßig überfrachteter Film, dem es zur anvisierten Satire an Esprit fehlt. Trotz prominenter Besetzung mangelt es auch an profilierten Figuren. *multimedia*

Fritz Göttler in: SZ, 27.7.94; Josef Schnelle in: FR, 15.7.94

Ein Gott für gewisse Gelegenheiten 367

PART TIME GOD □
TV

Regie: Paul Cohen
Drehbuch: Paul Cohen
Kamera: Paul Cohen (Farbe)
Musik: Henny Vrienten
Schnitt: Sytse Kramer
Produktion: Rolf Orthel für DNU Film/ VPRO TV, Niederlande 1993
Uraufführung: 7.10.1993, Vancouver Int. Film Festival
Sendetermin: 21.5.1994, Südwest 3, 22.00
Länge: 80 Min.

Spekulationen über Gott und die Welt als Computer-Collage.

Das Grauen des Himmels 368

**

Regie: Ralph Werner
Darsteller: Anica Dobra, Ulrich Gebauer, Daniele Legler, Rolf Illig
Drehbuch: Ralph Werner
Kamera: Gisela Mautner
Musik: Michael Mautner
Schnitt: Daniele Padalewski
Produktion: Erich Lackner für Lotus-Film, Österreich 1993
Verleih: -/filmladen/-
Kinostart: April 1994
Länge: 76 Min.

Ein Unwetter zwingt drei Personen, den Abend in einem einschichtigen Gasthof zu verbringen; einer der beiden Männer könnte ein geisteskranker Mörder auf der Flucht sein, die junge Frau erscheint als potentielles Opfer. Ein nur in Ansätzen – z. B. durch seine stimmungsvollen Schwarzweiß-Bilder und die (trotz der wenig überzeugenden Charakterzeichnung) guten Darstellerleistungen – interessanter Pseudothriller, dem es vom Drehbuch her an wesentlichen mitreißenden und spannungserzeugenden Elementen mangelt. *multimedia*

Das grüne Ding aus dem Sumpf 369

THE RETURN OF THE SWAMP THING ***
Video

Regie: Jim Wynorski
Darsteller: Hether Locklear (Abigail), Louis Jordan (Dr. Arcane), Sarah Douglas (Dr. Lana Zurell), Dick Durock (»Das Ding aus dem Sumpf«), Joey Sagal (Gunn), Ace Mask (Dr. Rochelle), Monique Gabrielle (Miss Poinsettia), Ronreaco Lee (Omar), Daniel Taylor (Darryl), Ralph Pace
Drehbuch: Derek Spencer, Grant Morris, nach den DC Comics
Kamera: Zoran Hochstatter (Deluxe)
Musik: Chuck Cirino
Schnitt: Leslie Rosenthal
Produktion: Benjamin Melniker, Michael E. Uslan für Lightyear Ent., USA 1989

Verleih: -/-/-/Fox Video
Videostart: 25.8.1994
Länge: 87 Min. – *FSK:* ab 16 J.

Mutantenschicksal in den Everglades. Völlig überflüssige Variation des Films »Das Ding aus dem Sumpf«, diesmal in grün und mit besonders dümmlicher Synchronisation.

Gunmen 370

GUNMEN **

Regie: Deran Sarafian
Darsteller: Christopher Lambert (Dani Servigo), Mario van Peebles (Cole Parker), Denis Leary (Armor O'Malley), Patrick Stewart (Loomis), Kadeem Hardison (Izzy), Sally Kirkland (Bennett), Richard Sarafian (Chief Chavez), Robert Harper (Rance), Brenda Bakke (Maria), James Chalke (Java)
Drehbuch: Stephen Sommers
Kamera: Hiro Narita (Deluxe)
Musik: John Debney
Schnitt: Bonnie Koehler
Produktion: Laurence Mark, John Davis, John Flock für Laurence Mark Prod., USA 1993
Verleih: Columbia TriStar/-/-/Columbia TriStar Home Video
Kinostart: 8.12.1994
Länge: 91 Min. – *FSK:* ab 16, ffr.

Christopher Lambert und Mario van Peebles metzeln schlagend und schießend massenweise Drogenkrieger im südamerikanischen Dschungel nieder und töten dabei dem Zuschauer mit ihrem unablässigen saublöden Geschwätz den letzten Nerv. Ein abgeschmacktes, regressives Action-Spektakel von Filmemachern, die offenbar bereits vor Drehbeginn einen Kopfschuß abbekommen haben.

Ralph Umard, tip, 25/94

Frank Arnold in: Zitty, 25/94; Angie Dullinger in: AZ, 8.12.94; Otto Heuer in: Rheinische Post, 9.12.94; Hans Schifferle in: SZ, 6.12.94

Guns of Dragon 371

GUNS OF DRAGON *

Video

Regie: Tony Leung
Darsteller: Ray Lui (Ching), Yvonne Yung (Chings Frau), Mark Cheng (Prince), Alex Fong (Boss), Patrick Lung (Der »General«), Steven Darrow (Tom), Nascarella, John Shan, Ling Tse
Drehbuch: James Yuen
Kamera: David Choi (Farbe)
Musik: John Wong
Schnitt: Hung Poon
Produktion: Alan Chan, Henry Fong für Madarin Films, Hongkong/USA 1993
Verleih: -/-/-/VPS Video
Videostart: 11.5.1994
Länge: 86 Min. – *FSK:* ab 18 J.

Hongkonger Polizeiinspektor muß sich auch in New York mit einen fiesen Drogenboß herumschlagen. Stumpfsinnige Hongkong-Action bis zum Abwinken.

Gunsmoke – The long Ride 372

GUNSMOKE IV – THE LONG RIDE **

Video

Regie: Jerry Jameson
Darsteller: James Arness (Matt Dillon), Amy Stock-Poynton (Beth), James Brolin (Will), Ali McGraw, Christopher Bradley, Patrick Dollaghan, Don McManus, Marco Sanchez
Drehbuch: Bill Stratton
Kamera: Ross A. Maehl (Farbe)
Musik: Artie Kane
Produktion: Norman Powell für CBS Ent., USA 1992
Verleih: -/-/-/Fox Video
Videostart: 25.8.1994
Länge: 95 Min. – *FSK:* ab 12 J.

Überflüssige Wideraufbereitung der US-TV-Serie »Rauchende Colts« – aufgebläht zu einem spannungsarmen Spielfilm.

Gunsmoke V – Er ist das Gesetz 373

GUNSMOKE V – ONEMAN'S JUSTICE **

Video

Regie: Jerry Jameson
Darsteller: James Arness (Matt Dillon), Bruce Boxleitner (Davis Healy), Amy Stock-Poynton (Beth), Christopher Bradley (Josh), Alan Scarfe (Sean Devlin), Kelly Morgan (Lucas Miller), Apesanahkwat, Mikey Lebeau, Hallie Foote, Clark Brolly
Drehbuch: Harry und Renee Longstreet
Kamera: Ross A. Maehl (Farbe)
Musik: Artie Kane
Produktion: Norman Powell, Jerry Jameson für CBS Ent., USA 1993
Verleih: -/-/-/Fox Video
Videostart: 25.8.1994
Länge: 88 Min. – *FSK:* ab 12 J.

Marshall Matt Dillon kann seine Rente auf seiner Ranch nicht ganz genießen, denn er wird in einen brutalen Postkutschenüberfall mit hereingezogen.

Gut drauf, schlecht dran 374

***

Regie: Lothar Lambert
Darsteller: Dagmar Beiersdorf, Dorothea Moritz (Mitten auf dem Kurfürstendamm), Stephanie Hofmeister, Klaus Redlich (Versuch macht klug), Renate Soleymany (Die letzte Verabredung), Baduri, Lothar Lambert (Man kennt sich), Doreen Heins, Stefan Menche (Jagdgründe), Bernd Lubowski
Drehbuch: Lothar Lambert
Kamera: Albert Kittler (Farbe)
Musik: Albert Kittler
Schnitt: Lothar Lambert
Produktion: Lothar Lambert für Lothar Lambert Filmprod., BRD 1993
Uraufführung: Int. Filmfestspiele Berlin, 1994, Panorama »art & essai«
Verleih: Eigenverleih/-/-
Kinostart: 28.7.1994
Länge: 70 Min.

Lothar Lamberts neuestes Werk vereint eine Reihe kürzerer Episoden aus den – vor allem sexuellen – Abgründen des Berliner Alltags, wobei wir lauter altbekannten Mitgliedern der »Lambert-Familie« begegnen. (...) Meistens witzig, manchmal schräg, sind dies in ihrem Kern fast immer düstere und nahezu verzweifelte Geschichten von Einsamkeit und psychischer Deformation, wie sie so genau nur Lambert auf den Punkt bringt. *Jan Gympel, Zitty, 3/94*

Guyver – Dark Hero 375

GUYVER

*

Video

Regie: Steve Wang
Darsteller: David Hayter (Sean Barker/ »Guyver«), Kathy Christopherson (Cori), Bruno Gianotta (Crane), Christopher Michael (Atkins), Stuart Weiss (Marcus), Billy Lee (Mitzky)
Drehbuch: Nathan Long, nach einer Story von Steve Wang, basierend auf den Charakteren von Yoshiki Takayo
Kamera: Michael Wojciechowski (Farbe)
Musik: Les Claypool III
Schnitt: Russ Kingston
Produktion: Steve Wang für BioMorphus/ L. A.Hero, USA 1993
Verleih: -/-/-/New Vision Video
Videostart: 27.9.1994
Länge: 93 Min. – *FSK:* ab 16 J.

Menschliche Kampfmaschine will sich seines bösen Aliens entledigen. Unzumutbarer Action-Horror-Science-Fiction-Brei in blutroter Soße.

Hadley's letzter Kampf 376
HADLEY'S REBELLION □ TV

Regie: Fred Walton
Darsteller: Griffin O'Neal (Hadley Hickman), William Devane (Coach Ball), Charles Durning (Sam Crawford), Adam Baldwin (Bob McKenzie), Lisa Lucas (Linda Johnson), Eric Boles (Mr. Stevens), Dennis Hauge (Joe Forster), Israel Juarbe (Manual Hernandez), Chas McQueen (Rick Stanton)
Drehbuch: Fred Walton
Kamera: David Golia (CFI)
Musik: Mike Post
Schnitt: Sam Vitale
Produktion: Steve Feke für East India Trading Co. Prod., USA 1983
Sendetermin: 31.3.1994, RTL2, 20.15
Länge: 96 Min.

Ein begabter Ringer verschenkt seine große Chance, weil er mit den Auffassungen der Offiziellen nicht einverstanden ist und offenen Protest anmeldet.

Halloween Twins – Jetzt hexen sie doppelt 377
DOUBLE DOUBLE TOIL AND TROUBLE ** Video

Regie: Stuart Margolin
Darsteller: Mary-Kate Olsen (Lynn), Ashley Olsen (Kelly), Cloris Leachman (Agatha/Sophie), Merhach Taylor (Mr. N), Phil Fondacaro
Drehbuch: Jürgen Wolff
Kamera: Richard Leiterman (Farbe)
Musik: Richard Bellis
Schnitt: George Appleby
Produktion: Adria Later, Mark Bacino für Dualstar/Green-Epstein, USA 1993
Verleih: -/-/-/Warner Home Video
Videostart: 22.4.1994
Länge: 93 Min. – *FSK:* ab 6 J.

Ehepaar mit Zwillingstöchtern besucht entfernte Verwandte, die sich als Hexe entpuppt. Plumper, konfuser Horror-Märchenfilm

Dieter Krusche in: film-dienst 8/94

Hard Drive 378
HARD DRIVE ** Video

Regie: James Merendino
Darsteller: Leo Damian (Will), Christina Fulton (Dana/Delilah), Edward Albert Jr. (Examiner), Matt McCoy (Jack), Belinda Waymouth (Laura), Stella Stevens (Susan), Jane Damian (Dominatrix), Angela Davis, Jessica Hopper, Michael Kastenbaum
Drehbuch: James Merendino, nach einer Originalstory von Leo Damian
Kamera: Sead Muhtarevic (FotoKem)
Musik: Nels Cline
Schnitt: Ethan Holzman
Produktion: Leo Damian, Michael Kastenbaum für Destree Film Corp., USA 1993
Verleih: -/-/-/Ascot Video
Videostart: März 1994
Länge: 89 Min.
FSK: ab 18 J.;
gekürzte Fassung 78 Min. ab 16 J.

Leicht beeinflußbarer zu Vermögen gekommener ehemaliger Kinderstar wird das Opfer einer raffinierten Frau. Dramaturgisch unglaubwürdige Story mit mehr Wendungen als nottut.

Hard To Die 379
CRIME STORY (1993) ** Video

Regie: Kirk Wong
Darsteller: Jackie Chan, Kent Cheng, Christine Ng
Produktion: Golden Harvest, Hongkong 1993
Verleih: -/-/-/Ascot Video
Videostart: 4.10.1994
Länge: 100 Min.
FSK: ab 18 J.;
gekürzte Fassung 94 Min. ab 16 J.

Eine »ganz neue« Idee: Die bösen Buben sitzen in den Reihen der Polizei. Bis der Held, Detective Eddie Chan, das merkt, muß er die Entführer eines Millionärs von Hongkong bis Rotchina jagen. Actiongeladene und handwerklich wenigstens zuweilen solide Mainstream-Ware.

The Hard Truth 380
THE HARD TRUTH *** Video

Regie: Kristine Peterson
Darsteller: Eric Roberts (Dr. Chandler Etheridge), Michael Rooker (Jonah Mantz), Lysette Anthony (Lisa Kantrell), Ray Baker (Hamilton Nichols), Don Yesso (Luis Gisors)
Drehbuch: Jonathan Tydor
Kamera: Ross Berryman (Farbe)

Musik: Daniel Licht
Schnitt: Kert van der Meulen
Produktion: Brad Southwick, Gary DePew für Force Majeure, USA 1994
Verleih: -/-/-/Starlight Video
Videostart: 25.8.1994
Länge: 96 Min.
FSK: ab 16 J.

Gefrusteter Polizist läßt sich von seiner gierigen Freundin in einen Millionen-Coup verwikkeln, den ein Experte planen soll. Doch der muß dazu erst genötigt werden... Dieser Actionthriller braucht sich hinter den sonst üblichen Vertretern des Genres nicht zu verstecken: Das wendungsreiche Script entfaltet viel Spannung.

Oliver Rahayel in: film-dienst, 19/94

Haus der Engel 381
HOUSE OF ANGELS / ÄNGLAGARD ***

Regie: Colin Nutley
Produktion: Schweden/Dänemark/Norwegen 1992
JR: 1992
R: Colin Nutley

Weiterer Verleihtitel für: → »Fannys Farm«

Ein Häuschen aus Kristall 382
CORSA DI PRIMAVERA □
TV

Regie: Giacomo Campiotti
Darsteller: Alessandro Borelli (Isacco), Roberto Citran (Isaccos Vater), Giusi Cataldo (Isaccos Mutter), Federico Campiotti (Gabriele), Massimo Filimberti (Fiorello), Chiara Campiotti, Ernesto Giorgetti
Drehbuch: Giacomo Campiotti, Lucia Maria Zei
Kamera: Carlo Tafani (Farbe)
Musik: Stefano Caprioli
Schnitt: Roberto Missiroli
Produktion: Giovanni di Clemente für Clemi Cinematografica, Italien 1989
Uraufführung: 15.9.1989, Int. Filmfestspiele Venedig
Sendetermin: 6.3.1994, Premiere, 8.00
Länge: 98 Min.

Der kleine Isacco zieht mit seiner Mutter in eine Kleinstadt, in der er sich mit Fiorello anfreundet. Die beiden Jungen erleben aufregende Abenteuer, auch mit einem wilden Löwen.

Heart to Kill 383
MURDER IN THE HEARTLAND ***
Video

Regie: Robert Markowitz
Darsteller: Tim Roth (Charles Starkweather), Fairuza Balk (Caril Ann Fugate), Randy Quaid (Elmer Scheele), Rondi Reed (Jonette Fox), Brian Dennehy (John McArthur), Milo O'Shea (Clem Gaughan), John Davies (Merle Karnopp), Tom Bower (Marion Bartlett), Jennifer Griffin (Velda Bartlett), Kate Reid (Pansy Street)
Drehbuch: Michael O'Hara
Kamera: Ron Garcia (Farbe)
Musik: Patrick Williams
Schnitt: David Beatty, Scott Vickrey
Produktion: Bryan Hickox für New World Int., USA 1993
Verleih: -/-/-/VCL/Carolco Video
Videostart: 19.12.1994
Länge: 150 Min.
FSK: ab 18 J.

Neben reichlich Hämoglobin kommt in diesem Thriller auch die Psychologie des Täters, eines psychopathischen Massenmörders, zum Zuge. Sichtlich nicht nur um Action, sondern auch um Atmosphäre bemüht, vermag der Film, der in den 50er Jahren in einem kleinen Nest im Mittelwesten spielt, auch wegen seiner guten Darsteller weitgehend überzeugen.

Heißer Mond 384
LUNA CALIENTE □
TV

Regie: Roberto Denis
Darsteller: Federico Lupi (Ramiro Bernardez), Humberto Zurita, Olga Zubarra (Araceli), Noelle Balfour
Produktion: Argentinien 1986
Sendetermin: 24.3.1994, MDR3, 23.00
Länge: 90 Min.

Zur Zeit der Militärdiktatur verstrickt sich der aus dem französischen Exil nach Argentinien zurückgekehrte Ramiro Bernardez in eine Kette verhängnisvoller Ereignisse, nachdem er sich in die Nymphomanin Araceli verliebt hat.

Heißes Eis 385
MURDER SO SWEET □
TV

Regie: Larry Peerce
Darsteller: Harry Hamlin (Steve Catlin), Faith

Ford, Helen Shaver (Edie), Eileen Brennan, Daphne Ashbrook, Terence Knox
Produktion: USA 1992
Sendetermin: 28.3.1994, VOX, 20.10
Länge: 95 Min.

Als plötzlich die vierte Frau des »Lady-Killers« Steve Catlin stirbt, verdächtigt Catlins frühere, dritte Ehefrau Edie ihren Ex-Ehemann und will den vermeintlichen Frauenmörder auf eigene Faust überführen.

Ein Held mit kleinen Fehlern 386

SPOONER □ TV

Regie: George Miller
Darsteller: Robert Ulrich (Harry Spooner/ Michael Norlon), Jane Kaczmarek (Gail Archer), Paul Gleason (Roland Hyde), Keith Coogan (D. B. Reynolds), Barry Corbin (Bennett Haskin), Eric Christmas (Joe Settles), Rick Lenz (Sheriff Reynolds), John Wesley (Marshall Ed Weston)
Drehbuch: Dave Wollert, Peter Baloff
Kamera: Tim Suhrstedt (Farbe)
Musik: Anthony Marinelli, Brian Banks
Produktion: Walt Disney, USA 1989
Sendetermin: 6.2.1994, ARD, 15.05
Länge: 94 Min.

Der junge Michael Norlon entkommt aus einer Haftanstalt in Montana, wo er eine Strafe wegen Urkundenfälschung verbüßt. An einer High School in Utah versucht er einen neuen Anfang als Lehrer und erweist sich dabei als ein pädagogisches Naturtalent. Als er auf dem besten Wege ist, das Ringer-Team der Schule zur Meisterschaft zu führen, holt ihn seine Vergangenheit ein.

Pressetext ARD

Hellbound 387

HELLBOUND ** Video

Regie: Aaron Norris
Darsteller: Chuck Norris (Shatter), Calvin Levels (Jackson), Sheree J. Wilson (Leslie), David Rob (King Richard), Cherie Franklin (Captain Hull)
Drehbuch: Brent Friedman, Donald C. Thompson
Kamera: Jaoa Fernandes (Farbe)
Musik: George S. Clinton
Schnitt: Michael J. Duthie
Produktion: Anthony Ridiod, Dean Ferrandini für Cannon Pic., USA 1993
Verleih: -/-/-/Warner Home Video
Videostart: 8.4.1994
Länge: 91 Min.
FSK: ab 18 J.

Bösewicht aus dem 12. Jahrhundert ermordet in Chicago einen Rabbi und bekommt es mit einem unerschrockenen Cop-Duo zu tun. Albern auf »Psy« getrimmter Schlägerfilm.

Hello Hemingway 388

HELLO HEMINGWAY ***

Regie: Fernando Pérez
Darsteller: Laura de la Uz (Larita), Raul Paz, Herminia Sanchez, José Antonio Rodriguez, Marta del Rio, Micheline Calvert
Drehbuch: Mayda Royero
Kamera: Julio Valdés (Farbe)
Musik: Edesio Alejandro
Schnitt: Jorge Abello
Produktion: Richardo Avila für ICAIC, Kuba 1990
Verleih: -/-/trigon-film
Kinostart: Juni 1994
Länge: 90 Min.

Die junge Larita bemüht sich im Havanna der fünfziger Jahre um ein Stipendium für ein Studium in den USA – und entdeckt im Roman »Der alte Mann und das Meer« ihres unerreichbaren Nachbarn Hemingway Parallelen zu ihrer eigenen Situation. Stimmig und einfühlsam erzähltes karibisches Jugendschicksal, meilenweit von US-Teenie-Movies entfernt. Ein großer Stoff der Weltliteratur wird nicht illustrierend verfilmt, sondern äußerst geglückt umgesetzt und in einer eigenen, autobiografisch geprägten parallelen Geschichte erlebbar gemacht.

Zoom, 7/94

Bodo Fründt in: SZ, 30.11.91 (Festivalbericht)

Herbstmond 389

AUTUMN MOON ***

Regie: Clara Law
Produktion: Hongkong/Japan 1992

Fernsehtitel für: → »Autumn Moon«

Herkules und die Sandlot-Kids 390

THE SANDLOT ****

Regie: David Mickey Evans
Darsteller: Tom Guiry (Scotty), Mike Vitar (Benny Rodriguez), Patrick Renna (Hamilton »Hamburger« Porter), Chauncey Leopardi (Michael »Brille« Palledorous), Marty York (Alan »Ja-Ja« McClennan), Brandon Adams (Kenny DeNunez), Grant Gelt (Bertram Grover Weeks), Shane Obedzinski (Tommy Timmons), Victor DiMattia (Timmy Timmons), Art La Fleur (»The Babe«)
Drehbuch: David Mickey Evans, Robert Gunter
Kamera: Anthony B. Richmond (Deluxe)
Musik: David Newman
Schnitt: Michael A. Stevenson
Produktion: Dale de la Torre, William S. Gilmore für Island World, USA 1993
Verleih: 20th Century Fox/-/-/ Fox Video
Kinostart: 21.7.1994
Länge: 101 Min.
FSK: ab 6, ffr.
FBW: Wertvoll

Ein nicht nur für kleine Jungens unterhaltsamer nostalgischer Ausflug in eine romantisch verklärte Kindheitsidylle zur Zeit der frühen 60er Jahre in einer amerikanischen Vorstadt. Aus der oft subjektiv verzerrten Perspektive der vorpubertären Protagonisten – neun Jungs, deren Lieblingsbeschäftigung das Baseballspiel ist – erlebt man seelische, sexuelle und sportliche Konflikte sowie den trickreich ausgetragenen Kampf gegen einen riesenhaften Hofhund, dessen Hobby das Sammeln von Basebällen ist. *Ralph Umard, tip, 15/94*

Albert Baer in: Rheinische Post, 22.7.94; Christian Seebaum in: Kölner Stadt-Anzeiger, 23.7.94

Herr des Wassers 391

LOCH POBEDRITEL WODY **
TV

Regie: Arkadij Tegay
Darsteller: Sergej Kurechin, Larissa Borodina, Vladimir Eremen
Kamera: (Farbe)
Produktion: Sowjetunion 1991
Sendetermin: 17.5.1994, WEST 3, 23.00
Länge: 85 Min.

Der Film handelt vom Kampf eines versponnenen Computerfreaks gegen eine bewaffnete Gangsterbande. Der Tüftler nimmt es mit der russischen Mafia auf.

Ein Herz für Pferde 392

WSJE MY NJEMNOSHKO LOSCHADI □
TV

Regie: Muchtar Aga-Mirsajew
Darsteller: Schoira Amanowa, Schuchrat Igraschow
Produktion: UdSSR 1988
Sendetermin: 5.6.1994, MDR3, 14.30
Länge: 71 Min.

Nach einer Verletzung entscheidet sich die 15jährige Ballettschülerin Rano für den Pferdesport und schenkt ihrem Schimmel ihre ganze Liebe. Nach einigen Schwierigkeiten wird sie eine tüchtige Sportlerin.

Hexerei 393

STREGATI □
TV

Regie: Francesco Nuti
Darsteller: Francesco Nuti (Lorenzo), Ornella Muti (Anna), Novello Novelli, Alessandro Partexano, Mirta Pepe, Sergio Solli
Drehbuch: Vincenzo Cerami, Giovanni Veronesi, F. Nuti
Kamera: Giuseppe Ruzzolini (Farbe)
Musik: Giovanni Nuti
Schnitt: Sergio Montanari
Produktion: Gianfranco Piccioli für Union P. N./C. G. Silver Film, Italien 1986
Sendetermin: 22.4.1994, Premiere, 22.25
Länge: 92 Min.

Kurz vor ihrer Hochzeit trifft die schöne Anna den Moderator Lorenzo, der sich Hals über Kopf in sie verliebt. Ist es Schicksal oder Hexerei?

Heya – Das Zimmer 394

HEYA ***

Regie: Sion Sono
Darsteller: Akaji Maro (Mörder), Yoriko Doguchi (Immobilienhändlerin), Shiro Sano (Sterbender), Sayoko Takahashi (Fremde im Café), Masao Matsuda (Toter), Eiichi Uchida (Toter), Yuko Terashima, Momochan
Drehbuch: Sion Sono
Kamera: Yuichiro Otsuka, Shigenori Miki

Musik: Kosei Yamamoto, Hiroki Okano
Schnitt: Kunihiko Ukai, Sion Sono
Produktion: Takaharu Yasuoka, Takayuki Nakano, Ryo Matsuoka für Anchors Prod., Japan 1993
Uraufführung: 14.2.1993, Int. Forum des Jungen Films, Berlin
Verleih: Freunde/-/-
Kinostart: Januar 1994
Länge: 92 Min.

Ein japanischer Berufskiller sucht ein behagliches Zimmer in diesem Lichtspiel, das wie ein Geduldsspiel beginnt, aber für den, der sich darauf einläßt, allmählich zu einer faszinierenden, (be-) sinnlichen Erfahrung werden kann. Ein Film über die Unwirtlichkeit der Städte, über Isolation und Entfremdung des Menschen, über die Suche nach innerem Frieden, über die Relativität der Zeit. Ein Film, der alles Wesentliche, was es über das menschliche Dasein zu sagen gibt, ausdrückt – wie die Werke von Samuel Beckett, deren Geist er verströmt. *Ralph Umard, tip, 2/94*

The Hidden II – The Spawning 395

THE HIDDEN II – THE SPAWNING *
Video

Regie: Seth Pinsker
Darsteller: Raphael Sbarge (Mac Lachlan), Kate Hodge (Juliet), Jovin Montanaro (Stanton), Christopher Murphy (Tony Thompson), Michael Weldon (Detective Beck), Michael A. Nickles, Tony Di Benedetto, Tom Tayback
Drehbuch: Seth Pinsker, nach den Charakteren von Bob Hunt
Kamera: Bryan England (Farbe)
Musik: David McHugh
Schnitt: Christoper Cibelli
Produktion: Michael Meltzer, David Helpern für New Line Prod., USA 1992
Verleih: -/-/-/Highlight Video
Videostart: Mai 1994
Länge: 88 Min. – *FSK:* ab 18 J.; gekürzte Fassung 86 Min. ab 16 J.

Brutale und filmisch mehr als fragwürdige Fortsetzung eines Horror-Schokkers um die sattsam bekannte Species von Aliens, die von Mensch zu Mensch schlüpfen.

Anselm Jungeblodt in: film-dienst, 11/94

High Boot Benny 396

HIGH BOOT BENNY ****

Regie: Joe Comerford
Darsteller: Marc O'Shea (Benny), Frances Tomelty (Schulleiterin), Alan Devlin (Pater Manley), Fiona Nicholas (Die Stumme), Annie Farr (Dorothy), Seamus Ball (Pater Bergin), David McBlain (Geheimpolizist), Robert Taylor (Armeefeldwebel), Schüler der St. Joseph Secondary School Greggan, Derry
Drehbuch: Joe Comerford
Kamera: Donal Gilligan (Farbe)
Musik: Gaye McIntyre
Schnitt: Elen Pierce Lewis
Produktion: David Kelly für Sandy Film/ ZDF mit Arte/La Sept/RTE/Televisio de Catalunya/Channel 4, Irland/BRD 1993
Uraufführung: 2.9.1993, Int. Filmfestspiele Venedig
Erstaufführung: 17.2.1994, Int. Forum des Jungen Films, Berlin
Verleih: Freunde/-/-
Kinostart: April 1994
Länge: 82 Min.

In einer unabhängigen Privatschule nahe der nordirischen Grenze wird der Hausmeister, ein Militärspitzel, von der IRA ermordet. Dadurch gerät die Schule, die weder bei den Militärtruppen noch der IRA gut gelitten ist, ins Visier der beiden Kriegsparteien. Joe Comerford ist Realist genug, die Kriegslogik triumphieren zu lassen, der die Schule zum Opfer fällt. Mit prägnanten Bildern beschreibt er seine Verzweiflung über die irischen Zustände.
Volker Gunske, tip, 9/94

Verena Kern in: Zitty, 9/94

High Crusade – Frikassee im Weltraum 397

**

Regie: Holger Neuhäuser, Klaus Knoesel
Darsteller: John Rhys-Davies (Bruder Parvus), Rick Overton (Sir Roger), Michael des Barres (Monsieur Louee), Catherine Punch (Lady Catherine), Patrick Brymer (Red John), Debbie Lee Carrington (Branithar), Rinaldo Talamonti (Alien-Kommandeur), Frank Kanakusen (Alien-Assistent), Tahareh Becker (2. Alien-Assistent), Ray Cokes (Der Bote)
Drehbuch: Jürgen Egger, Robert G. Brown, nach dem gleichn. Roman von Poul Anderson
Kamera: Wolfgang Aichholzer (Farbe)

Der Gesichtsausdruck zum Film: Ray Cokes in ›High Crusade‹.

Musik: 4. Stock
Schnitt: Ueli Christen
Produktion: Jakob Claussen, Thomas Wöbke, Ute Emmerich für Centropolis/Claussen + Wöbke, BRD 1993
Verleih: Senator/Schikaneder/-
Kinostart: 2.6.1994
Länge: 91 Min.
FSK: ab 6, ffr.

Der erste lange Film der Monty-Python-geschulten Kurzfilmtüftler aus München läßt die britischen Vorbilder ein bißchen zu heftig grüßen. Ein Raumschiff landet auf einer mittelalterlichen Burg voller so vertrottelter wie sympathischer Ritter. »Time Bandits« auf Schloß Stolberg. Das ist anständig produziert, hervorragend gespielt, aber leider nicht originell genug. Das Vergnügen bleibt auf der Strecke. Knoesel, und Neuhäuser können selbst komische Filme machen und müssen darum nicht andere komische Filme imitieren.
Alfred Holighaus, tip, 12/94

Albert Baer in: Rheinische Post, 4.6.94; Steffen Jacobs in: Der Tagesspiegel, 4.6.94; W.O.P. Kistner in: AZ, 1.6.94; Thomas Klingenmaier in: Stgt. Zeitung, 4.6.94

Higher Education – Erziehung Nebensache 398 □

HIGHER EDUCATION TV

Regie: John Sheppard
Darsteller: Kevin Hicks (Andy Cooper), Isabelle Mejias (Carrie Hansen), Stephen Black (Dean Roberts), Lori Hallier (Nicole Hubert), Richard Monette (Robert Blery), Jennifer Inch, Emmanuel Mark, Alan Rose, Maury Chaykin (Guido)
Drehbuch: John Sheppard, Dan Nathanson
Kamera: Brenton Spencer (Farbe)
Musik: Paul Zaza
Schnitt: Stephan Fanfara
Produktion: Peter Simpson für Simcon, Kanada 1987
Sendetermin: 22.5.1994, MDR3, 1.10; 3.4.1994, RTL2, 20.15
Länge: 92 Min.

Der kanadische Sexkomödiant und Popsänger Kevin Hicks in der Rolle eines Kleinstadtjungen, der in einer großen Universität Kunst studieren will und dabei sehr spezielle Erfahrungen macht. *Pressetext RTL2*

Highway Heat 399

THE CHASE **

Regie: Adam Rifkin
Darsteller: Charlie Sheen (Jack Hammond), Kristy Swanson (Natalie Voss), Henry Rollins (Officer Dobbs), Josh Mostel (Officer Figus), Wayne Grace (Chief Boyle), Rocky Carroll (Byron Wilder), Miles Dougal (Liam Segal), Ray Wise (Dalton Voss), Marshall Bell (Ari Josephson)
Drehbuch: Adam Rifkin
Kamera: Alan Jones (Film House)
Musik: Richard Gibbs
Schnitt: Peter Schink
Produktion: Brad Wyman, Cassian Elwes für Capitol Films, USA 1994
Verleih: Concorde/-/-/Concorde Video
Kinostart: 15.9.1994
Länge: 88 Min.
FSK: ab 12, ffr.

Charlie Sheen brettert Richtung Mexiko, mit einer Millionärstochter als Geisel. Je weiter sie fahren, desto näher kommen sie sich. Kurz vor der Grenze gibt die Geisel Vollgas, und die beiden schlafen miteinander – ohne anzuhal-

ten, versteht sich. Sex am Steuer – ob es dafür wohl Punkte in Flensburg gäbe?
Lars-Olav Beier, tip, 19/94

Otto Heuer in: Rheinische Post, 9.9.94; W.O.P. Kistner in: AZ, 10.9.94

Hilfe – Buschmann entlaufen 400
CRAZY HONG KONG **

Regie: Wellson Chin
Darsteller: Gaco C'oma (N!Xau), Carina Lau (Shirley), Cecilia Yip (Winnie), Lau Ching Wan (John), Conrad Janis (Jack), Law Lan (Mutter), Paul Che (Chewie), Sze Kai Keung (Stewie), James Pax (Tony), Michael Chow (Lastwagenfahrer)
Drehbuch: Edwin Kong, Lawrence Lau
Kamera: Kwen Park Huen (Farbe)
Musik: Lau Yee Tak, Wai Kai Leung
Schnitt: Ng Fai
Produktion: Peter Shepherd, Po-Chih Leong für Edko Classics/Golden Flare, Hongkong 1994
Verleih: 20th Century Fox/-/dto./VPS Video
Kinostart: 30.6.1994
Länge: 93 Min. – *FSK:* ab 6, ffr.

Zum vierten Mal gerät ein afrikanischer Buschmann durch eine Cola-Flasche mit den Tücken der Zivilisation in Berührung. Diesmal bringt er mit seiner Ruhe und Gelassenheit das berufliche und private Chaos einer Hongkonger Werbefilm-Regisseurin wieder ins Lot. Simple Komödie, die mehr auf Slapstick als auf Ironie setzt, aber trotz einiger technischer und dramaturgischer Holprigkeiten auf einem bescheidenen Niveau sympathisch unterhält.
Zoom

Rupert Koppold in: Stgt. Zeitung, 2.7.94

Hilfe, jeder ist der Größte 401
LIFE WITH MIKEY **

Regie: James Lapine
Darsteller: Michael J. Fox (Michael Chapman), Christina Vidal (Angie Vega), Nathan Lane (Ed Chapman), Cyndi Lauper (Geena Briganti), David Krumholtz (Barry Corman), David Huddleston (Mr. Corcoran), Victor Garber (Brian Spiro)
Drehbuch: Marc Lawrence (auch Co.-Prod.)
Kamera: Rob Hahn (Film House/Technicolor)
Musik: Alan Menken
Schnitt: Robert Leighton
Produktion: Teri Schwartz, Scott Rudin für Touchstone, USA 1993
Uraufführung: 4.6.1993, New York
Verleih: Buena Vista/-/-
Kinostart: 4.8.1994
Länge: 91 Min.
FSK: o.A., ffr.

Altkinderstar Mikey betreibt, mittlerweile erwachsen geworden, eine Agentur für angehende Kinderstars. Eines Tages trifft er auf ein freches kleines Mädchen, das ihn bestiehlt, jedoch wirklich schauspielerisches Talent hat. Mikey wird zum Ersatzvater und Manager.

Jan Gympel in: Zitty, 16/94; Otto Heuer in: Rheinische Post, 5.8.94

Himmel und Hölle 402
**** TV

Regie: Hans-Christian Schmidt
Darsteller: Katja Riemann (Birgit), Hannelore Hoger (Frau Singer), Wolfgang Hinze (Herr Drexler), Aline Metzner (Nina), Shirli Volk (Miriam), Michael von Au
Drehbuch: Hans-Christian Schmidt
Kamera: Peter Aichholzer (Farbe)
Musik: Norbert Jürgen Schneider
Produktion: BR/SWF, BRD 1994
Uraufführung: Int. Hofer Filmtage 1994
Sendetermin: 20.12.1994, BR3, 22.40
Länge: 80 Min.

Ein bemerkenswertes Regiedebüt: Der Film beschreibt die Aufnahmebereitschaft eines nach der Scheidung der Eltern im neuen Wohnort vereinsamten Kindes für die Gruppenwärme sektiererischer Religiosität.
Die böse Nähe des Films liegt in der Zurückhaltung: hier wird katholische Kindererziehung genau auf jender Kippe erfahren, die vom scheinbar Edlen und Guten in die fanatische, abergläubische Verteufelung der »Unkeuschen« übergeht. Hannelore Hoger ist brillant in dieser beschützenden »Güte«, die die Kinder mit pfadfinder-ähnlichen Ritualen zusammenschweißt: Marienverehrung als Sektenwahn im Kirchenmäntelchen. Sanfte Gewalt. (...)
Ponkie, AZ, 22.12.94

Michael Bitala in: SZ, 8.11.94

Hochzeitsfieber 403

WEDDING DAY BLUES □ TV

Regie: Paul Lynch
Darsteller: Mark Linn-Baker (Norman), Michele Greene (Margo), Scott Valentine (Jeff), Wendy Kilbourne (Alice), Cloris Leachman (Buff), Eileen Brennan (Maude), Jennifer Savidge (Tina), Dick van Patten (Rick), Max Wright (Howard)
Drehbuch: Erik Tarloff
Kamera: Chuck Arnold (Farbe)
Produktion: USA 1988
Sendetermin: 27.7.1994, ZDF, 19.25
Länge: 91 Min.

(...) Genau beobachtend, gleichermaßen liebevoll und ironisch, voll skurrilem Wortwitz schildert der Film den Countdown einer Eheschließung, der alle schmunzeln läßt: Die, die es schon hinter oder noch vor sich haben, aber auch die, die glauben, es erwischt sie nie – das Hochzeitsfieber.
Pressetext ZDF

Hochzeitsnacht 404

HOCHZÄITSNUECHT **** TV

Regie: Pol Cruchten
Darsteller: Myriam Muller, Thierry van Werveke, Ender Frings, Paul Scheuer, Marie-Paule von Roesgen
Drehbuch: Pol Cruchten, Marc Giraud, nach dem Theaterstück »Hochzeitsnacht« von Ernst M. Binder
Kamera: Daniel Barrau (Farbe)
Musik: André Mergenthaler
Produktion: Luxemburg 1992
Erstaufführung: Filmfestival Max Ophüls Preis, Saarbrücken 1993
Sendetermin: 25.1.1994, SWF, 22.45
Länge: 104 Min.

Eine Hochzeit in Industriellenkreisen. Die reiche Catherine hat gerade Christian geheiratet, der außer seiner Liebe nichts mit in die Ehe bringen wird. Für seine Mutter die Gelegenheit, an Geld zu kommen: Eine gefälschte Lebensversicherung soll helfen. Catherine und Christian haben eines gemeinsam – Drogen. Nach der Feier verläßt Catherine die gemeinsame Wohnung, um wieder Stoff zu holen. Sie kommt jedoch nicht zurück. Auf der Suche nach ihr beginnt für Christian die längste Nacht seines Lebens.
Katalog Filmfest Max Ophüls Preis 1993

Hocus Pocus 405

HOCUS POCUS **

Regie: Kenny Ortega
Darsteller: Bette Midler (Winifred), Sarah Jessica Parker (Sarah), Kathy Najimy (Mary), Omri Katz (Max), Thora Birch (Dani), Vinessa Shaw (Allison), Sean Murray (Thackery), Larry Bagby III (Ernie »Ice«), Tobias Jelinek (Jay), Stephanie Faracy (Jenny)
Drehbuch: Mick Garris, Neil Cuthbert, nach einer Story von David Kirschner und Mick Garris
Kamera: Hiro Narita (Technicolor)
Musik: John Debney
Schnitt: Peter E. Berger
Produktion: David Kirschner, Steven Haft für Walt Disney Pic.,
USA 1993
Uraufführung: 16.7.1993, New York
Verleih: Buena Vista/dto./dto./Buena Vista Home Video
Kinostart: 6.1.1994
Länge: 93 Min.
FSK: ab 6, ffr.

Dreihundert Jahre nach ihrer Hinrichtung erwachen drei Hexen ausgerechnet im Halloween-Rummel des Dorfes Salem zu neuem Leben. Nur drei Kinder erkennen die finsteren Pläne der Hexen, die noch vor Tagesanbruch den Lebensodem von Kindern zum weiteren Überleben brauchen. Mitunter turbulenter Teenager-Grusel, handwerklich solide und tricktechnisch beachtlich, aber ohne erkennbares stilistisches und dramaturgisches Profil. Für kleinere Kinder wegen des Tempos und der teilweise recht happigen Gruseleffekte weniger geeignet. *Zoom*

(...) Klischeehafte und langweilige Disney-Produktion, angereichert mit uninteressanten Spezialeffekten. Bette Midlers schauspielerische Leistung kann den Film auch nicht mehr retten.
WP, tip, 1/94

Albert Baer in: Rheinische Post, 7.1.94; W.O.P. Kistner in: AZ, 5.1.94; Ralf Schenk in: Der Tagesspiegel, 7.1.94

Hoffnungslose Liebe 406
CATTIVA ***
TV

Regie: Carlo Lizzani
Darsteller: Julian Sands (Gustav), Giuliana de Sio (Amelia), Erland Josephson (Dr. Bruckner), Milena Vukotic, Flaminia Lizzani, Francesca Ventura, Arian Nijborg
Drehbuch: Furio Scarpelli, Francesca Archibugi, nach der Story von Furio Scarpelli
Kamera: Daniele Nannuzzi (Cinecittà)
Musik: Armando Trovaioli
Schnitt: Franco Fraticelli
Produktion: PAC, Italien 1991
Sendetermin: 9.1.1994, Kabelkanal, 18.00
Länge: 93 Min.

Der junge engagierte Mediziner Gustav versucht mit einer neuartigen psychoanalytischen Methode von Dr. Freud aus Wien, seine schöne Patientin Amelia aus ihrer geistigen Verwirrung zu befreien.

Höhenangst 407
***

Regie: Houchang Allahyari
Darsteller: Fritz Karl (Mario), Dolores Schmidinger (Frau Gusenleitner), Leon Askin (Vater Gusenleitner), Michael Niavarani (Paul), Hanno Pöschl (Marios Vater), Hans Peter Hofman (Nachbar), Petra Allahyari, Sigrid Hauser
Drehbuch: Darius Allahyari, Reinhard Jud, Houchang Allahyari
Kamera: Helmut Pirnat (Farbe)
Musik: Martin Lichtenwallner
Schnitt: Charlotte Müllner
Produktion: Epo-Film, Österreich 1994
Uraufführung: 15.10.1994, Viennale, Wien
Verleih: -/filmladen/-
Kinostart: Nov. 1994
Länge: 105 Min.
FBW: Wertvoll (Österreich)

Ein junger Mann flieht nach einem Gefängnisaufenthalt aufs Land und findet dort Zuflucht und menschliche Wärme bei einer um vieles älteren Bäuerin. Der Psychiater Houchang Allahyari erweist sich auch in seinem fünften Langfilm als starke künstlerische Persönlichkeit, der ein aktuelles und menschlich bewegendes Thema mit ausgezeichneten Darstellern engagiert zu vermitteln weiß.

multimedia

Hol' die Mama aus dem Sarg 408
***
BON APPETIT, MAMA
Video

Regie: Jonathan Wacks
Darsteller: Ned Beatty (Onkel Benny), Steve Buscemi (Ed Chilton), John Glover (A. J. Pattle), Miriam Margolyes (Mutter), Sam Jenkins
Drehbuch: Chuck Hughes
Kamera: Francis Kenny (Farbe)
Musik: Mason Daring
Schnitt: Lisa Day
Produktion: WM. Christopher Gorog für ITC Prod., USA 1992
Verleih: -/-/-/VCL/Carolco Video
Videostart: 19.12.1994
Länge: 86 Min. – *FSK:* ab 16 J.

Nach dem Tod der über alles geliebten Mutter läßt sich der verschrobene Ed auf ein Angebot ein, die alte Dame für 1000 $ wieder aus dem Jenseits zurückzuholen. Leider nicht konsequent makaber und dicht, aber ungewöhnliche Unterhaltung für Freunde etwas anderen Humors.

Die Hölle 409
L' ENFER ****

Regie: Claude Chabrol
Darsteller: Emmanuelle Béart (Nelly), François Cluzet (Paul), Marc Lavoine (Martineau), Nathalie Cardone (Marylin), Andre Wilms (Dr. Arnoux), Christiane Minazzoli (Mme. Vernon), Dora Doll (Mme. Chabert), Mario David (Duhamel), Jean-Pierre Cassel (M. Vernon), Sophie Artur
Drehbuch: Claude Chabrol, nach dem Original-Drehbuch von Henri-Georges Clouzot, mit zusätzlichen Dialogen von Jose-Andre Lacour
Kamera: Bernard Zitzermann (Farbe)
Musik: Matthieu Chabrol
Schnitt: Monique Fardoulis
Produktion: Marin Karmitz für MK2/CED/France 3 Cinema/Cinemanuel Prod. mit Canal Plus, Frankreich 1993
Uraufführung: 14.7.1993, Paris
Verleih: Prokino/Stadtkino/Filmcooperative/Arthaus Video (KK)
Kinostart: 28.4.1994
Länge: 102 Min. – *FSK:* ab 18, ffr. (OmU ab 16, ffr.)

Basierend auf einem Originaldrehbuch von Henri-Georges Clouzot erzählt Claude Chabrol die Geschichte einer

Emmanuelle Béart – ein Engel in ›Die Hölle‹.

Eifersuchtstragödie zwischen dem Hotelier Paul und seiner Frau Nelly. In einem präzisen formalen Konzept reflektiert der Regisseur unter gekonnter Miteinbeziehung des Publikums die vergebliche Suche nach einem endgültigen, sinnstiftenden »Beweis« für wahrnehmbare Veränderungen.
multimedia

Grundlos steigert sich ein Hotelbesitzer in eine derartige Eifersucht gegenüber seiner Frau hinein, daß sie seine Ehe zerstört und für ihn in psychotischen Schüben endet. Ein nur teilweise gelungener Film, der die dämonische Seite der »Krankheit« Eifersucht nur ungenügend auslotet und sie mit überzogenen dramaturgischen Mitteln der Lächerlichkeit preisgibt. *Zoom, 5/94*

(...) Claude Chabrol ist nach langer Zeit hier mal wieder auf dem Höhepunkt seiner messerscharfen und böse schillernden Bourgeoisie-Analysen. Das hinterhältige Wechselspiel der Obsessionen, Leidenschaften, berechenbaren und unberechenbaren Verhaltensweisen steigert sich in atemberaubend schönen und gefährlichen Bildern zu einer spannenden Psycho-Spirale. An deren Spitze gibt es zum Schluß eine delikate, wunderbar konsequente, unendliche Perspektive, mit der man voller Thrill das Kino verläßt. (...)
Frauke Hanck, AZ, 5.5.94

Sebastian Feldmann in: Rheinische Post, 29.4.94; Andreas Kilb in: Die Zeit, 29.4.94; Peter Körte in: FR, 28.4.94; Hans-Joachim Neumann in: Zitty, 9/94; Carla Rhode in: Der Tagesspiegel, 28.4.94

Hölle ohne Helden 410

GHOSTS ... OF THE CIVIL DEAD ****

TV

Regie: John Hillcoat
Produktion: Australien 1988
Sendetermin: 17.4.1994, ZDF, 0.05

Lief bereits 1989 im Kino unter dem Originaltitel. Deshalb vollständige Angaben und Kritik im Heyne Filmjahrbuch 1990.

Höllenglut 411

LW BRASIER □

TV

Regie: Eric Barbier
Darsteller: Maruschka Detmers (Alice), Jean-Marc Barr (Victor), Wladimir Katliarov »Tolsty« (Pavlak), Thierry Fortineau (Emile), Francois Hadji-Lazaro, Serge Merlin, Jean-Paul Roussillon, Arkadiusz Smolarczyk
Drehbuch: Eric Barbier, Jean-Pierre Barbier
Kamera: Thierry Arbogast (Farbe)
Musik: Frederic Talgorn
Produktion: Jean-Francois Lepetit für Flach Film/Films A2, Frankreich 1990
Sendetermin: 13.3.1994, Premiere, 21.55
Länge: 124 Min.

Anfang der 30er Jahre verliebt sich in Frankreich der polnische Bergarbeiter Victor in Alice, die aber Emile heiraten muß. Jahre später kommt es zum Aufstand der Polen, der einiges verändert.
Pressetext

A Home of our own 412

A HOME OF OUR OWN **

Regie: Tony Bill
Darsteller: Kathy Bates (Frances Lacey), Edward Furlong (Shayne Lacey), Soon-Teck Oh (Mr. Munimura), Tony Campisi (Norman), Clarissa Lassig (Lynn Lacey), Sarah Schaub (Faye Lacey), Miles Feulner (Murray Lacey), Amy Sakasitz (Annie Lacey), T. J. Lowther (Craig Lacey)
Drehbuch: Patrick Duncan
Kamera: Jean Lepine (Deluxe)
Musik: Michael Convertino
Schnitt: Axel Hubert
Produktion: Dale Pollock, Bill Borden für Gramercy Pic., USA 1993
Verleih: -/-/Elite Film
Kinostart: 31.3.1994
Länge: 102 Min.

1962: Eine Witwe mit sechs Kindern verläßt Los Angeles. Sie hat genug vom Fließband-Job und von geilen Mannsbildern, die ihr nachstellen. In einem gottverlassenen Kaff in Idaho baut sie ein Hauswrack zur gemütlichen Heimstätte um, macht den skeptischen Grundstücksbesitzer (einen Einwanderer aus Japan) bald zum guten Freund. Der frühere Schauspieler Tony Bill rührt keck die melodramatische Trommel, beschwört nicht zu knapp auch den Weihnachtskitsch. *Zoom*

Hotel zur Unsterblichkeit 413

WINGS OF FAME ***

TV

Regie: Otakar Votocek
Darsteller: Peter O'Toole (Valentin), Colin Firth (Smith), Marie Trintignant (Bianca), Andréa Ferréol (Theresa), Maria Becker (Dr. Frisch), Gottfried John (Ziatogorski), Walter Gotell (Empfangchef)
Drehbuch: Otakar Votocek
Kamera: Alex Thomson (Farbe)
Musik: Paul M. van Brugge
Schnitt: Hans van Dongen
Produktion: Laurents Geels, Dick Maas für First Floor Prod., Holland 1990
Sendetermin: 12.1.1994, Premiere, 22.20
Länge: 116 Min.

Eine etwas überzogene und schrullig-phantastische Satire um verstorbene Berühmtheiten, die solange in einem Hotel auf einer Insel weilen dürfen, wie ihr Ruhm auf Erden währt, wobei es zu interessanten Begegnungen kommt; gleichwohl bezwingend und auch oft witzig, mit erstklassiger Besetzung und feinem Gespür für Rhythmus und Bilder.

A House in the Hills 414

A HOUSE IN THE HILLS **

Video

Regie: Ken Wiederhorn
Darsteller: Helen Slater (Alex Weaver), Michael Madsen (Mickey), James Laurenson (Ronald Rankin), Elyssa Davalos (Sondra Rankin), Jeffrey Tambor (Willy), Toni Barry (Susie)
Drehbuch: Ken Wiederhorn, Miguel Tejada-Flores
Kamera: Josep Civit (Eastmancolor CFI)
Musik: Richard Einhorn
Schnitt: Peter Teschner
Produktion: Patricia Foulkrod, Ken Wiederhorn für Live Ent./Delux Prod./Seraglio Films, USA 1993
Verleih: -/-/-/VPS Video
Videostart: 17.2.1994
Länge: 87 Min.
FSK: ab 16 J.

Arbeitslose Schauspielerin verdingt sich als Housesitter und wird von dubiosem Kammerjäger überfallen. Simple Dialoge, mäßige Darsteller in einem spannungslosen Krimi-Kammerspiel.

Oliver Rahayel in: film-dienst, 6/94

Hudsucker – Der große Sprung 415

THE HUDSUCKER PROXY ***

Regie: Joel Coen
Darsteller: Tim Robbins (Norville Barnes), Paul Newman (Sidney J. Mussburger), Jennifer Jason Leigh (Amy Archer), Charles Durning (Waring Hudsucker), Jim True (Buzz), John Mahoney (Chief), John Seitz (Benny), Joe Grifasi (Lou), Roy Brocksmith (Stillson), I.M. Hobson (Addison)
Drehbuch: Joel Coen, Ethan Coen, Sam Raimi (auch 2nd unit Regie)
Kamera: Roger Deakins (Farbe)
Musik: Carter Burwell
Schnitt: Thom Noble
Produktion: Ethan Coen für Silver Pic. mit Working Title Films, USA 1994
Uraufführung: 27.1.1994, Sundance Film

Festival, Park City, Utah; Int. Filmfestspiele Cannes 1994
Verleih: Concorde/Constantin/Elite Film/ Concorde Video
Kinostart: 9.6.1994
Länge: 113 Min.
FSK: ab 6, ffr.
FBW: Besonders wertvoll

Ein frischgebackener Collegeabgänger wird in einer New Yorker Firma als Postangestellter eingestellt und sitzt kurz darauf auf dem Präsidentenposten. Als Marionette der wirklichen Drahtzieher soll der vermeintliche Tolpatsch die Aktien in den Keller treiben, damit der Vorstand dieselben günstig aufkaufen kann. Entgegen aller Erwartungen erfindet er einen Knüller: den Hula-Hoop-Reifen. Eine rasante Komödie im Stil der Screwball Comedies der dreißiger und vierziger Jahre, die vor erfrischendem Wortwitz sprüht. Unerwartete Ideen, imposante Kulissen und eine optisch außergewöhnliche Bildkraft erzeugen eine unterhaltende Mischung, die manchmal ans Absurde grenzt.
Zoom, 5/94

(...) Ungezügelt und mit viel Lust am Diebstahl haben die Coen-Brüder eine überschäumende Mischung aus Zitaten und liebevollen Genreparodien inszeniert, mit der sie sich vor den amerikanischen Screwball comedies der 30er verbeugen. Eine aberwitzige, übermütige, technisch brillante Komödie, die vor keiner Extravaganz zurückschreckt. *Volker Gunske, tip, 12/94*

(...) Jede gute Gesellschaftskomödie hat auch Züge des Melodrams, jede politische Satire hat eine Moral. Kein noch so pfiffig digital generierter Fall aus dem 44. Stock kann das ersetzen. Nach ein paar Minuten sind die schönen Bilder vergessen, wenn sie nicht mehr ausdrücken, als man sieht. Ohne »Liebe, Schmerz und all das verdammte Zeug« ist das Kino grau und leer.
Josef Schnelle, FR, 10.6.94

Michael Althen in: Die Zeit, 10.6.94; Heiko R. Blum in: Rheinische Post, 11.6.94; Rupert Koppold in: Stgt. Zeitung, 9.6.94; Daniel Kothenschulte in: Kölner Stadt-Anzeiger, 11.6.94; Hans-Joachim Neumann in: Zitty, 12/94; H.G. Pflaum in: SZ, 9.6.94; Carla Rhode in: Der Tagesspiegel, 12.6.94

Stürze, Höhenflüge und ein filmischer Gipfelsturm: ›The Hudsucker Proxy‹ mit Tim Robbins und Paul Newman.

Hugo und der liebe Gott 416

**

Regie: Walter Davy
Darsteller: Towje Kleiner (Hans/Hugo Stiefel), Niki Schmid, Ulli Fessl-Junek, Martha Marboe, Axel Corti (Stimme Gottes), Silvia Reize (Irene), Ossy Kohlmann (Hollerer), Simone Brahmann (Angelika)
Drehbuch: Walter Davy
Kamera: Walter Kindler (Farbe)
Musik: Markus Davy
Schnitt: Erika Krasa
Produktion: Robert Siepetz für Schönbrunn-Film, Österreich 1988
Verleih: -/Constantin/-
Kinostart: 1989
Länge: 82 Min.

Sechsjähriger wird auf seine Bitte hin vom »lieben Gott« zum Erwachsenen gemacht, kehrt aber nach zunehmenden Problemen gern in die Kindheit zurück. Seichtes Lustspiel, das leider auch Sex and Crime einbezieht.

Walter Aulehla, mutlimedia

Hugo, das Dschungeltier 417

JUNGLEDYRET ****

Regie: Flemming Quist Möller, Stefan Fjeldmark
Darsteller: Sprecher: Lutz Riedel, Björn Schalla, Inken Sommer, Bettina Weiss, Jan Spitzer, Klaus Lochthove, Melanie Haggege, Michael Bauer, Barbara Adolph, Margot Nagel
Drehbuch: Flemming Quist Möller, nach seinem gleichn. Kinderbuch
Musik: Anders Koppel
Produktion: Per Holst für A. Film/Per Holst Film, Dänemark 1993
Verleih: Impuls/Einhorn/-/VMP Video
Kinostart: 18.8.1994
Länge: 73 Min. – *FSK:* o.A., ffr.
FBW: Wertvoll

Hugo, das kuschelige Dschungeltier, wird von einer alternden Schauspielerin begehrt, in der Großstadt verfolgt und zeitweilig in einen Zoo eingesperrt, aus dem er sich selbst befreit. Sympatischer Zeichentrickfilm für Kinder.

Steffen Jacobs in: Der Tagesspiegel, 17.8.94

Human Target 418

BLOODFIST V – HUMAN TARGET **

Video

Regie: Jeff Yonis
Darsteller: Don »The Dragon« Wilson (Jim Stanton), Denice Duff (Candy/Michelle), Steve James (Markus/Drew Washington), Don Stark (Cory Blake), Yuji Okumoto (Tommy), Michael Yama (Quan)
Drehbuch: Rob Kerchner, Jeff Yonis
Kamera: Michael G. Wojciechowski (Farbe)
Musik: David Wurst, Eric Wurst
Schnitt: Brian Chambers
Produktion: Mike Elliot für Concorde, USA 1993
Verleih: -/-/-/CIC Video
Videostart: 21.9.1994
Länge: 80 Min. – *FSK:* ab 18 J.

Kampfsportkrimi nicht nur für Fans, sondern ein etwas differenzierter entwickelter Vertreter seiner Spezies: Nach einem Gedächtnisverlust gerät Jim in ein Komplott, bei dem sich erst allmählich der Nebel über der Front zwischen Gut und Böse lichtet.

I Love Trouble – Nichts als Ärger 419

I LOVE TROUBLE ***

Regie: Charles Shyer
Darsteller: Julia Roberts (Sabrina Peterson), Nick Nolte (Peter Brackett), Saul Rubinek (Sam Smotherman), James Rebhorn (Der dünne Mann), Robert Loggia (Matt Greenfield), Kelly Rutherford (Kim), Olympia Dukakis (Jeannie), Marsha Mason (Senatorin Gayle Robbins), Eugene Levy (Friedensrichter), Charles Martin Smith (Rick Medwick)
Drehbuch: Nancy Meyers, Charles Shyer
Kamera: John Lindley (Farbe)
Musik: David Newman
Schnitt: Paul Hirsch, Walter Murch, Adam Bernardi
Produktion: Nancy Meyers für Touchstone/Caravan, USA 1994
Verleih: Buena Vista/dto./Monopole Pathé
Kinostart: 8.9.1994
Länge: 123 Min.
FSK: ab 12, ffr.

Bei den Recherchen über ein Zugunglück geraten sich die Journalisten zweier konkurrierender Chicagoer Zeitungen in die Quere: ein renommierter Starkolumnist und eine ehrgeizige, intelligente und bildhübsche Anfängerin. Sie bekämpfen sich mit allen möglichen Finten und Tricks, spannen jedoch als Team zusammen, als sich das Unglück als Verbrechen erweist und sie auf die Machenschaften der Bosse eines Chemieunternehmens stoßen, die um ihr Milliardengeschäft mit genmanipulierter Milch fürchten. An die »newsroom classics« aus dem Hollywood der dreißiger Jahre erinnernde Komödie, die mit spritzig-witzigen Dialogen und einem Darstellerduo, das offensichtlich mit viel Spaß bei der Sache ist, angenehm unterhält. *Zoom*

Otto Heuer in: Rheinische Post, 16.9.94; W.O.P. Kistner in: AZ, 15.9.94; Milan Pavlovic in: Kölner Stadt-Anzeiger, 17.9.94

Ich gelobe 420

****

Regie: Wolfgang Murnberger
Darsteller: Christoph Dostal (Berger), Andreas Lust (Rumpler), Andreas Simma (Moser), Marcus J. Carney (Kernstock), Leopold Altenburg (Tomschitz), Albert Weilguny, Johannes Kollmann, Robert Taurer
Drehbuch: Wolfgang Murnberger
Kamera: Fabian Eder (Farbe und s/w)
Musik: Robert Siegler, Mischa Krausz
Schnitt: Marie Homolkova
Produktion: Danny Krausz, Milan Dor für DorFilm, Österreich 1994
Uraufführung: 26.10.1994, Viennale, Wien
Verleih: -/filmladen/-
Kinostart: Nov. 1994
Länge: 115 Min.

Wolfgang Murnberger zeichnet in seinem Film das Portrait des Wehrmannes Berger, der sich während des Präsidenzdienstes mit seinen Hoffnungen und Sehnsüchten konfrontiert sieht und sich – seine Umwelt sensibel registrierend – nach seinem Platz in der Welt fragt. Sensibles Bild eines Jugendlichen an der Schwelle zum Erwachsensein, einfühlsam und ernsthaft beobachtet. Die sensible und treffsichere Inszenierung der einzelnen Sequenzen und der beeindruckende, ruhige Rhythmus der Bilder sind sehr beachtenswert. *multimedia*

Ich muß sie töten 421

MURDER: BY REASON OF INSANITY ***
TV

Regie: Anthony Page
Darsteller: Candice Bergen (Ewa Berwid), Jürgen Prochnow (Adam Berwid), Hector Elizondo (Ben Haggarty), Eli Wallach (Dr. Huffman), Alison LaPlaca (Janet), Lee Kessler (Maggie), Norman Parker (Richter Gold), Kent Williams
Drehbuch: Scott Swanton, nach »Always a Victim« von Marilyn Goldstein
Kamera: Alexander Gruszynski (Farbe)
Musik: John Cacavas
Schnitt: John C. Horger
Produktion: Lawrence Schiller für LS Ent., USA 1985
Uraufführung: 1.10.1985, CBS
Sendetermin: 7.5.1994, ZDF, 20.15
Länge: 94 Min.

Wahre Geschichten so zu verfilmen, als seien sie raffiniert erfunden, ist eine alte Hollywood-Spezialität. Dieser US-

Psychopathenkrimi hatte sein klares Symphathiemuster (polnische Macho-Tradition stänkert gegen amerikanische Frauenfreiheit). Und Jürgen Prochnow spielte den polnischen Einwanderer, der sich durch die Arbeit seiner Frau gedemütigt fühlt, im Umkippen in ein gemeingefährliches paranoides Krankheitsbild zum Gruseln kühl und diszipliniert. Versiertes Gänsehautthrillerhandwerk. *Ponkie, AZ, 9.5.94*

Ich und meine Schwester 422

IO E MIA SORELLA □
TV

Regie: Carlo Verdone
Darsteller: Carlo Verdone (Carlo Piergentili), Ornella Muti (Sylvia), Elena Sofia Ricci (Serena Piergentili)
Drehbuch: Leo Benvenuti, Piero de Bernardi, Carlo Verdone
Kamera: Danilo Desideri (Farbe)
Musik: Fabio Liberatori
Schnitt: Antonio Siciliano
Produktion: Mario und Vittorio Cecci Gori für C. P. Silver/RAI TV, Italien 1988
Sendetermin: 23.12.1994, ARD, 23.55
Länge: 105 Min.

Der Musiker Carlo Piergentili sieht seine jüngere Schwester Sylvia nach zehn Jahren zum erstenmal wieder, als sie zum Begräbnis ihrer Mutter nach Spoleto kommt. Im Gegensatz zu ihrem zurückhaltenden Bruder strotzt die hübsche junge Frau vor Temperament, und so gerät Carlos Leben ziemlich durcheinander, als er sich mit Sylvias komplizierter Vergangenheit und neuen Eskapaden konfrontiert sieht.
Pressetext ARD

Ihr glücklichen Augen... 423

IHR GLÜCKLICHEN AUGEN... ***
TV

Regie: Margareta Heinrich
Darsteller: Cornelia Köndgen (Miranda), Peter Sattmann (Josef), Andrea Eckert (Anastasia), Florentin Groll (Ernst), Erwin Steinhauer (Berti), Lisa Haberkorn, Sita Treytl, Herbert Adamec, Eduard Erne
Drehbuch: Margareta Heinrich, Christian Jordan, nach der gleichn. Erzählung von Ingeborg Bachmann
Kamera: Hermann Dunzendorfer (Farbe)
Musik: Peter Sattmann
Produktion: Österreich 1992
Erstaufführung: Filmfestival Max Ophüls Preis 1993
Sendetermin: 13.3.1994, ZDF, 22.40
Länge: 90 Min.

»... Margareta Heinrich setzt in Bilder um, was bei Ingeborg Bachmann zwischen den Zeilen steht. Mirandas Kurz- und Zerrsichtigkeit sind, so die Regisseurin, psychosomatischer Ausdruck ihres Innenlebens: Sie blendet die Wahrheit aus und lebt in ihrer kleinen verhangenen Welt. Sie weigert sich, über ihre Idylle, die sie sich selbst zurechtlegt, hinauszublicken.«
Katalog Filmfestival Max Ophüls Preis 1993

Illicit Dreams – Verbotene Liebe 424

ILLICIT DREAMS *
Video

Regie: Andrew Stevens
Darsteller: Andrew Stevens (Nick Richardson), Shannon Tweed (Moira Davis), Joe Cortese (Daniel Davis), Michelle Johnson (Melinda Ryan), Stella Stevens (Cicily)
Drehbuch: Karen Kelly
Kamera: Christian Sebaldt (Farbe)
Musik: Claude Gaudette
Schnitt: Terry Chiappi
Produktion: Ashok Amritraj für Nu Image, USA 1993
Verleih: -/-/-/VMP Video
Videostart: 2.11.1994
Länge: 92 Min.
FSK: ab 16 J.

Darstellerin Shannon Tweed entwickelt sich zum Garanten für erotische Grabbeltischfilmchen. Nur für Fans von Dessous und lächerlichen Schauspielerleistungen.

Im Bann der Tiefe 425

THE DISAPPEARANCE OF CHRISTINA **
Video

Regie: Karen Arthur
Darsteller: John Stamos (Joe Seldon), Robert Carradine (Michael Kroft), Kim Delaney (Lilly Kroft), CCH Pounder (Detektive Davis), Claire Yarlett (Christina Seldon)
Drehbuch: Camille Thomasson
Kamera: Thomas Neuwirth (Farbe)
Musik: Daniel Michael Frank

Zwei irische Sündenböcke auf der Schlachtbank des Empire: Daniel Day-Lewis und Pete Postlethwaite ›Im Namen des Vaters‹.

Schnitt: Caroline Biggerstoff
Produktion: Barry Berg für MTE/A.C., USA 1993
Verleih: -/-/-/CIC Video
Videostart: Mai 1994
Länge: 90 Min.
FSK: ab 12 J.

Unglaubwürdiger amerikanischer Fernsehkrimi um erfolgreichen Yuppie, dem bei einem Segeltörn die Frau abhanden kommt. Der unter Mordverdacht Stehende macht sich auf die Suche nach der spurlosen Verschwundenen.

Im Namen des Vaters 426

IN THE NAME OF THE FATHER ****

Regie: Jim Sheridan
Darsteller: Daniel Day-Lewis (Gerry Conlon), Emma Thompson (Gareth Peirce), Peter Postlethwaite (Giuseppe Conlon), John Lynch (Paul Hill), Corin Redgrave (Robert Dixon), Beatie Edney (Carole Richardson), John Benfield (P.O. Barker), Paterson Joseph (Benbay), Marie Jones (Sarah Conlon), Gerard McSorley
Drehbuch: Jim Sheridan, Terry George, nach dem autobiografischen Buch »Proved Innocent« von Gerry Conlon
Kamera: Peter Biziou (Technicolor)
Musik: Trevor Jones
Schnitt: Gerry Hambling
Produktion: Jim Sheridan für Hell's Kitchen/ Gabriel Byrne Prod., Irland/GB/USA 1993
Uraufführung: 29.12.1993, New York
Erstaufführung: 16.2.1994, Int. Filmfestspiele Berlin
Verleih: UIP/UIP/UIP/CIC Video
Kinostart: 17.3.1994
Länge: 132 Min.
FSK: ab 12, ffr.
FBW: Besonders wertvoll

15 Jahre verbringen der Ire Gerry Conlon und drei Freunde wegen IRA-Bombenanschlägen unschuldig im Gefängnis, bis sie 1989 endlich freigesprochen werden. Der Fall der »Guildford Four« ging als schwärzeste Fehlleistung in die britische Justizgeschichte ein. Detailreich und auf Spannung angelegt, erzählt Jim Sheridan diese authentische Geschichte, wobei die eigentliche Stärke des Films woanders liegt: Er erinnert daran, daß die Gefahr von willkürlichem Recht in Zeiten des Terrors ständig präsent ist. *Zoom, 3/94*

Rupert Koppold in: Rheinische Post, 18.3.94; H.G. Pflaum in: SZ, 21.3.94; Christiane Peitz in: Die Zeit, 18.3.94; Carla Rhode in: Der Tagesspiegel, 17.2.94; David Simmons in: Kölner Stadt-Anzeiger, 19.3.94

Im Schatten des Raben 427
I SKUGGA HRAFNSINS ***
TV

Regie: Hrafn Gunnlaugsson
Darsteller: Reine Brynolfsson (Trausti), Tinna Gunnlaugsdóttir (Isold), Helgi Skúlason (Grimur), Egill Olafsson (Hjörleif), Sune Mangs (Bischof), Kristbjörg Kjeld (Sigridur), Johann Neumann, Helga Backmann
Drehbuch: Hrafn Gunnlaugsson
Kamera: Esa Vuorinen (Fujicolor)
Musik: Hans-Erik Philip
Schnitt: Edda Kristjansdottir
Produktion: Christer Abrahamsen für Cinema Art mit Island Film Fund/ Swedish Filminstitute/Sandrews, Island/Schweden 1988
Verleih: -/-/-/
Sendetermin: 11.4.1994, ZDF, 22.15
Länge: 102 Min.

Island im Jahr 1077. Der Streit um einen gestrandeten Wal stürzt drei angesehene Familien, die um Macht und Ehre kämpfen, in eine grausame Blutfehde, die alle Beteiligten in den Abgrund zieht. Das Christentum hat vor wenigen Jahrzehnten Einzug gehalten, doch der Einfluß des heidnischen Götterkultes ist allgegenwärtig. Selbst der überzeugte Christ Trausti fühlt sich noch der altisländischen Tradition der Blutrache verpflichtet und ahndet den Tod von Mutter und Ehefrau.

(...) Wäre da nicht noch ein wenig Spannung und manch traumhafter Kameraschwenk zu den Naturschönheiten Islands gewesen – man hätte am besten bereits nach fünf Minuten abgeschaltet.
Augsburger Allgemeine Zeitung, 13.4.94

Im Spiegel der Angst 428
MIRROR IMAGE **
Video

Regie: Eduardo Montes
Darsteller: Margaux Hemingway (Hether), Maryan d'Abo (Claire), Frederic Forrest (Paul Harkness), Scott Valentine (Steve Burke), Beth Fischer (Sherry Roberts)
Drehbuch: R.J. Marx, Jeffrey Delman, Eduardo Montes
Kamera: Stan Lazan (Farbe)
Musik: Tony Roman
Schnitt: John Venzon
Produktion: Eduardo Montes für Mirror Image, USA 1991
Verleih: -/-/-/Columbia Tristar Home Video
Videostart: 8.2.1994
Länge: 84 Min. – *FSK:* ab 18 J.

Junge Frau verfolgt noch Jahre nach der Studienzeit ihre ehemalige Kommilitonin. Einigermaßen prominent besetztes, ansonsten langweiliges Thriller-Drama um unerwiderte Liebe, Haß und Eifersucht.

Jochen Rack in: film-dienst, 5/94

Im Sumpf der Leidenschaft 429
THE HIGH PRICE OF PASSION ***
Video

Regie: Larry Elikann
Darsteller: Richard Crenna (Douglas), Karen Young (Robin), Sean McCann (Benedict), Terry Tweed (Shirley), Jim Dearden (Merrill), Richard Monette (Grant), Samantha Langevin (Ruth), Steven Flynn (Will)
Drehbuch: Mel Frohman, nach dem Roman »The Ruling Passion« von Russell M. Glitman
Kamera: Albert J. Dunk (Farbe)
Musik: Joseph Conlon
Schnitt: Art Seid
Produktion: Lynn Raynor für The Taft Ent., USA 1986
Uraufführung: 30.11.1986, NBC
Verleih: -/-/-/Taurus-Film Video
Länge: 96 Min. – *FSK:* ab 16 J.

Ein angesehener Universitätsprofessor gesteht vor Gericht, eine 21jährige Prostituierte umgebracht zu haben. In Rückblenden werden die Tathergänge geschildert.

Im Tal der Wupper 430
DANS LA VALLEE DE LA WUPPER ***

Regie: Amos Gitai
Interviewpartner: Oberstaatsanwalt Horst Rosenbaum, Rechtsanwalt Frank Sommer, Rechtsanwalt Michael Kaps, Mutter des Kneipenbesitzers
Drehbuch: Amos Gitai
Kamera: Max Rheinländer, Nurith Aviv (Farbe)
Musik: Simon Stockhausen
Schnitt: Dominique Moll, Eric Carlier
Produktion: Agav Films mit La Sept-Arte/ Channel Four/RAI 3 IPS, Frankreich/Italien/GB 1993
Uraufführung: 6.11.1993, London
Erstaufführung: 11.2.1994, Int. Forum des Jungen Films, Berlin
Verleih: Freunde/-/-

Kinostart: 24.5.1994, Eiszeit-Kino, Berlin
Länge: 96 Min.

Es ist interessant zu sehen, daß die Frage um die mögliche jüdische Herkunft des Opfers für Ermittler und Unbeteiligte eine ganz besondere Rolle zu spielen scheint. Warum sonst wird immer wieder betont, das sei ja gar kein Jude gewesen oder eben »nur ein Halbjude«? Als ob nicht gerade dieser Fall zeigen würde, daß »Jude« für die Wirrköpfe ein Synonym für jemanden ist, dessen Leben nichts wert ist. Auch ist die Begegnung mit einigen rechtslastigen Jugendlichen aufschlußreich, die die dummen Ressentiments ihrer Eltern nachplappern und die nicht begreifen, daß »Deutsche raus!« nur eine ironische Reaktion von Ausländern ist. All dies ist aber für anderthalb Stunden ein bißchen sehr mager. Für den in Paris lebenden Israeli Amos Gitai mag seine Feldforschung in der deutschen Provinz aufregend gewesen sein; für einen politisch interessierten Deutschen bietet dieser durch und durch konventionelle und glanzlose Dokumentarfilm jedoch keinerlei neue Erkenntnisse und Informationen.

Jan Gympel, Zitty, 12/94

In den Straßen der Bronx 431
A BRONX TALE ****

Regie: Robert De Niro
Darsteller: Robert De Niro (Lorenzo), Chazz Palminteri (Sonny), Lillo Brancato (Calogero, 17 Jahre), Francis Capra (Calogero, 9 Jahre), Taral Hicks (Jane), Kathrine Narducci (Rosina), Clem Caserta (Jimmy Whispers), Alfred Sauchelli jr. (Bobby Bars)
Drehbuch: Chazz Palminteri, nach seinem gleichn. Theaterstück
Kamera: Reynaldo Villalobos (DuArt/Technicolor)
Musik: Jeffrey Kimball (supervision), Butch Barbella
Schnitt: David Ray, R.Q. Lovett
Produktion: Jane Rosenthal, Jon Kilik, Robert De Niro für Tribeca Prod./Price Ent. mit Penta Ent., USA 1993
Uraufführung: Int. Filmfestspiele Venedig 1993; 10.9.1993, Festival of Festivals, Toronto;
Erstaufführung: 25.6.1994, Filmfest München »Eröffnungsfilm«

Sanftes Regiedebüt des wilden Stiers: ›In den Straßen der Bronx‹ mit Robert De Niro und Chazz Palminteri.

Verleih: Tobis/-/Monopole Pathé
Kinostart: 28.7.1994
Länge: 122 Min. – *FSK:* ab 12, ffr.

Ein heranwachsender Junge wird in New Yorks italienischem Viertel von einem lokalen Gangsterboß unter die Fittiche genommen, ohne freilich zur Kriminalität angehalten zu werden. Die ambivalente Gangsterfigur und das sorgsam rekonstruierte Milieu sind die Pluspunkte dieses Regie-Erstlings von Robert de Niro. Originellen Einzelszenen steht aber eine lahme Dramaturgie gegenüber, deren Nachteile auch von den guten Darstellern kaum aufgewogen werden. *Zoom, 8/94*

(...) De Niro erzählt von einem kleinen Jungen, dessen Leben von einem grundanständigen Busfahrer, seinem Vater, und dem Nachbarn, einem Mafia-Boß, geprägt wird. Von beiden Männern lernt der liebe Kleine nur das Beste, und in liebevoller Verklärung

Amanda Plummer als Furie mit Zeitzünder: ›In einer kleinen Stadt‹.

erscheint die Mafia als der Kegelverein von nebenan, rauh, aber herzlich. (...)
Bodo Fründt, SZ, 13.9.93

Angie Dullinger in: AZ, 28.7.94; Fritz Göttler in: SZ, 29.7.94; Norbert Grob in: Die Zeit, 29.7.94; Uwe Mies in: Kölner Stadt-Anzeiger, 30.7.94; Hans-Joachim Neumann in: Zitty, 15/94; Angela Schmitt-Gläser in: FR, 28.7.94

In einer kleinen Stadt 432

NEEDFUL THINGS ***

Regie: Fraser C. Heston
Darsteller: Max von Sydow (Leland Gaunt), Ed Harris (Sheriff Alan Pangborn), Bonnie Bedelia (Polly Chalmers), Amanda Plummer (Nettie Cobb), J.T. Walsh (Danfort »Buster« Keeton III.), Ray McKinnon (Norris Ridgewick), Duncan Fraser (Hugh Priest), Valri Bromfield (Wilma Jerzyk), Shane Meier (Brian Rusk), W. Morgan Sheppard
Drehbuch: W.D. Richter, nach dem gleichn. Roman von Stephen King
Kamera: Tony Westman (Technicolor)
Musik: Patrick Doyle
Schnitt: Rob Kobrin
Produktion: Jack Cummins für Castle Rock/ New Line Cinema, USA 1993
Verleih: UIP/UIP/Rialto/VMP Video
Kinostart: 10.2.1994
Länge: 120 Min.
FSK: ab 16, ffr.
FBW: Wertvoll

In Gestalt eines Antiquitätenhändlers wiegelt der Teufel die Einwohner eines Dorfes gegeneinander auf. Neid und Mißgunst führen zu Mord und Totschlag, bis ein standhafter Sheriff den Bürgern die Augen öffnet. Eine insgesamt naive und grobe Dramaturgie nimmt dem Film weitgehend Thrill und Doppelbödigkeit. Die Personifizierung des Bösen und rastlose Aktion lenken vom Blick auf Abgründe menschlicher Beziehungen ab. *Zoom*

(...) Überdurchschnittliche Verfilmung eines Stephen King-Romanes, zwar stellenweise durchaus blutig, die aber in ihren inhaltlichen Bezügen (z. B.:

Waren und Objekte als Aggressionsauslöser) von Interesse ist und mit einem hervorragend agierenden Max von Sydow aufwarten kann. *multimedia*

(...) Die Enttäuschung über diese King-Adaption resultiert aus der Einfallslosigkeit, mit der das Drehbuch Effekt an Effekt, Schicksal an Schicksal reiht, die Figuren nicht satirisch karikiert, sondern einfach nur überzeichnet, den Plot nicht mit Komik konterkariert, sondern direkt in die Albernheit entläßt. (...)
W.O.P. Kistner, AZ, 10.2.94

Michael Althen in: SZ, 16.2.94; Heiko R. Blum in: Rheinische Post, 11.2.94; Milan Pavlovic in: Kölner Stadt-Anzeiger, 12.2.94; Patrick Rössler in: Stgt. Zeitung, 10.2.94

... in Liebe Fabia 433
... CON AMORE FABIA ***

Regie: Maria Teresa Camoglio
Produktion: BRD 1993
Verleih: DFFB

Lief bereits 1993 im Fernsehen, und zwar in Arte und ZDF. Deshalb vollständige Angaben und Kritik im Film-Jahrbuch 1994.

Die Indianer von Cleveland 2 434
MAJOR LEAGUE 2 ***
Video

Regie: David S. Ward
Darsteller: Charlie Sheen (Rick Vaughn), Tom Berenger (Jake Taylor), Corbin Bernsen (Roger Dorn), Dennis Haysbert (Pedro Cerrano), James Gammon (Lou Brown), Randy Quaid (Johnny), Omar Epps, Eric Bruskotter, Bob Uecker, David Keith
Drehbuch: R.J. Stewart, nach einer Story von R.J. Stewart, Tom S. Parker, Jim Jennewein, basierend auf den Charakteren von David S. Ward
Kamera: Victor Hammer (Duart)
Musik: Michel Colombier
Schnitt: Paul Seydor, Donn Cambern
Produktion: James G. Robinson, David S. Ward für Morgan Creek Prod., USA 1994
Verleih: -/-/-/Warner Home Video
Videostart: 11.11.1994
Länge: 102 Min.
FSK: ab 6 J.

Kalauergetränkte Albernheiten um die Mitglieder einer mehr oder weniger erfolgreichen Baseballmannschaft. Da die US-amerikanischen Eigenheiten zwangsläufig zum Teil durch die Synchronisation entstellt werden, bleibt wenig außer ein paar Gags – und die sind auch nicht mehr taufrisch.

Infernal Soldiers 435
THE MOSAIC PROJECT **
Video

Regie: John Sjogren
Darsteller: Jon Tabler (Ken), Ben Marley (Jeff), Colleen Coffey (Ash), Joe Estevez (Harry), Robert Z'Dar (Fred), Julie Strain (Tess), Lena Osborn (Jill)
Drehbuch: John Sjogren
Kamera: Steven R. Miles, Kevin McKay (Farbe)
Musik: Nigel Holton
Schnitt: James Post, Paul Anderson
Produktion: John Sjogren, Scott Ziehl für Artist View Ent. mit Caroli Pic., USA 1994
Verleih: -/-/-/VPS Video
Videostart: 26.5.1994
Länge: 80 Min.
FSK: ab 18 J.

Zwei US-Provinzboys fällt militärisch relevanter Mikrochip in die Hände, der ihnen mittels chirurgischem Eingriff ins Hirn implantiert wird und sie zu unbezwingbaren Kämpfern macht. Läppischer Genre-Mischmasch für Allesseher.

Innisfree 436
INNISFREE ***
TV

Regie: Jose Luis Guerin
Darsteller: Padraig O'Feeney, Bartley O'Feeney, Annalivia Ryan, Anne Slattery und die Bewohner von Cunga St Feichin
Drehbuch: Jose Luis Guerin
Kamera: Gerard Gormezano (Eastmancolor)
Musik: Victor M. Young
Schnitt: Jose Luis Guerin
Produktion: Paco Poch/Virginia Films mit Television Espanola/La Sept/PC Guerin und Samson Films, Spanien 1990
Sendetermin: 1.1.1994, Arte, 22.45
Länge: 110 Min.

Dokumentarfilm über das Dorf Innisfree, in dem John Ford 1951 seinen Film »The Quiet Man« drehte. Guerin zeigt, daß Ford heute noch denselben Film drehen könnte, so wenig hat sich der Ort seiner Inspiration verändert.

Insel der Erinnerung 437

KYOSHU □ TV

Regie: Takehiro Nakajima
Darsteller: Sairi Komaki (Yasuko), Hiroshi Nishikawa (Sumio), Masahiko Tugawa (Kyoshun, der Vater), Kazuko Yoshiyuki (Mutsuko, die Mutter), Takaaki Enoki (Mikiya Hirao, der Lehrer), Satoshi Sakuma (Kikuichi), Yosuke Saito (Machida)
Drehbuch: Takehiro Nakajima
Kamera: Junichiro Hayashi (Farbe)
Musik: Toshinoori Kondo
Produktion: Hiroshi Ishikawa, Tetsuo Konda, Shinsuke Achida für Projekt A, Japan 1987
Sendetermin: 29.11.1994, ZDF, 1.00
Länge: 110 Min.

Der 15jährige Sumio lebt mit seiner Mutter und seiner Schwester Yasuko in einem kleinen Fischerdorf auf der Insel Shikoku. Der mit seinen Malereien wenig erfolgreiche Vater hat nach manchen Auseinandersetzungen die Familie verlassen und wohnt in der Stadt. Obschon die Restfamilie an der Armutsgrenze lebt, zumal der Vater ein säumiger Zahler ist, ist die Mutter zu stolz, eine Tätigkeit anzunehmen. (...)
Pressetext ZDF

Die Insel der Riesen-Dinosaurier 438

DINOSAUR ISLAND □ TV

Regie: Jim Wynorski, Fred Olen Ray
Darsteller: Ross Hagen (Captain Jason Briggs), Richard Gabai (Schemer), Peter Spellos (Buzz Branigan), Tom Shell (Wayne Kincaid), Steve Barkett (Sergeant Ben Healey), Griffen Drew (Turbo), Toni Naples (Königin Morganna), Antonia Dorian, Michelle Bauer
Produktion: USA 1994
Sendetermin: 1.11.1994, RTL, 21.30
Länge: 85 Min.

Vorwiegend heiterer Fantasyfilm um fünf Militärs, die nach einem Flugzeugabsturz auf einer von attraktiven Amazonen bewohnten Insel landen und sich schon im Paradies wähnen. Nur leider hat die Idylle einen Haken: Riesige Dinosaurier bedrohen den »Garten Eden«. *Pressetext RTL*

Interview mit einem Vampir 439

INTERVIEW WITH THE VAMPIRE ****

Regie: Neil Nordan
Darsteller: Tom Cruise (Lestat), Brad Pitt (Louis), Antonio Banderas (Armand), Stephen Rea (Santiago), Kirsten Dunst (Claudia), Christian Slater (Malloy), Domiziana Giordano (Madeleine), Thandie Newton (Yvette), Indra Ove, Laure Marsac
Drehbuch: Anne Rice, nach ihrem gleichn. Roman
Kamera: Philippe Rousselot (Technicolor)
Musik: Elliot Goldenthal
Schnitt: Mick Audsley, Joke Van Wijk
Produktion: David Geffen, Stephen Woolley für Geffen Pic., USA 1994
Uraufführung: 11.11.1994, New York
Verleih: Warner Bros./Constantin/-
Kinostart: 1.12.1994
Länge: 122 Min.
FSK: ab 16, ffr.
FBW: Wertvoll

Junger Plantagenbesitzer in New Orleans wird 1791 von einem französischen Vampir gebissen und berichtet 1988 einem amerikanischen Journalisten über seine Probleme mit Schmerz und Einsamkeit. Nur stellenweise optisch eindrucksvolle filmische Umsetzung des Bestsellers von Anne Rice über Vampire, die keine traditionellen Gegenspieler mehr haben. Weniger Spiegelung gegenwärtigen Grauens als Variante im phantastischen Horrorgenre. *multimedia*

Heiko R. Blum in: Rheinische Post, 2.12.94; Brigitte Desalm in: Kölner Stadtanzeiger, 3.12.94; Sabine Horst in: FR, 1.12.94; Rupert Koppold in: Stgt. Zeitung, 1.12.94; Hans Schifferle in: SZ, 1.12.94

Intimate Obsession 440

INTIMATE OBSESSION *
Video

Regie: Lawrence Unger
Darsteller: Jodie Fisher, James Quarter, Richard Abbott Booth
Drehbuch: Phoebe Caulfield
Kamera: John Ulyanov (Farbe)
Musik: Mitch Odom

Feines Outfit, derbe Eßgewohnheiten: Kirsten Dunst, Brad Pitt und Tom Cruise als Nachtkreaturen in ›Interview mit einem Vampir‹.

Produktion: Moving Forward Films, USA 1992
Verleih: -/-/-/Splendid Video
Videostart: 13.1.1994
Länge: 90 Min.
FSK: ab 18 J.

Verwirrspiel um Liebe, Lust und Geld. Erotik und Krimi – beides auf niederstem Niveau.

Intime Feinde 441

ENNEMIS INTIMES □ TV

Regie: Denis Amar
Darsteller: Michel Serrault (Baudin), Wadeck Stanczak (Tayar), Ingrid Held (Mona), Anne Gautier (Billie), Thierry Rey (Schiltz), Roch Leibovici (El Loco), Yannick Soulier (Tendinite), Sylvie Coffin (Feeling)
Drehbuch: Bruno Tardon, Denis Amar
Kamera: Gérard de Battista (Eastmancolor)
Musik: Philippe Sarde
Schnitt: Jacques Witta
Produktion: Films Ariane/FR3 Films/Slav 1, Frankreich 1987
Uraufführung: 9.12.1987
Sendetermin: 17.1.1994, IA Brandenburg, 1.00
Länge: 95 Min.

Invisible 442

INVISIBLE – THE CHRONICLES OF BENJAMIN KNIGHT * Video

Regie: Jack Ersgard
Darsteller: Brian Cousins (Wade), Jennifer Nash (Zanna), Michael Dellafemina (Benjamin), Curt Lowens (Drago), Alan Oppenheimer (Dr. Knox), David Kaufman (Ryder), Aharon Ipale (Petroff), Jake McKinnon (Mandroid)
Drehbuch: Earl Kenton
Kamera: Cristiano Pogany (Farbe)
Musik: David Arkenstone
Schnitt: Mark Manos
Produktion: Vlad Paunescu, Oana Paunescu für Full Moon Ent, USA/Rumänien 1994
Verleih: -/-/-/Empire Video
Videostart: 31.3.1994
Länge: 85 Min. – *FSK:* ab 18 J.

Unsichtbarkeitsserum als Aufhänger für allerlei umtriebigen Dilletantismus.

Klaus Brühne in: film-dienst, 9/94

Iron Monkey 443
IRON MONKEY ***
Video

Regie: Yuen Wo Ping
Darsteller: Yu Ron Guang, Donnie Yen, Jean Wang
Produktion: Tsui Hark für Golden Harvest, Hongkong 1994
Verleih: -/-/-/Splendid Video
Videostart: 24.6.1994
Länge: 85 Min. – *FSK:* ab 16 J.

Die Machu-Dynastie liegt in den letzten Zügen. Die Korruption wuchert. Yong, Iron Monkey genannt, tritt für die Unterdrückten ein. Ein gnadenloser Kampf gegen die Übermacht beginnt.

Iron Will – Der Wille zum Sieg 444
IRON WILL ***

Regie: Charles Haid
Darsteller: Mackenzie Astin (Will Stoneman), Kevin Spacey (Harry Kingsley), David Ogden Stiers (J.P. Harper), August Schellenberg (Ned Dodd), Brian Cox (Angus McTeague), George Gerdes (Borg Guillarson), John Terry (Jack Stoneman), Penelope Windust (Maggie Stoneman), Jeffrey Allen Chandler (De Fontaine), Michael Laskin (Simon Lambert)
Drehbuch: John Michael Hayes, Djordje Milicevic, Jeff Arch
Kamera: William Wages (Technicolor)
Musik: Joel McNeely
Schnitt: Andrew Doerfer
Produktion: Patrick Palmer, Robert Schwartz für Walt Disney Pic., USA 1993
Verleih: Buena Vista/dto./dto./Buena Vista Home Video
Kinostart: 31.3.1994
Länge: 109 Min. – *FSK:* ab 6, ffr.
FBW: Wertvoll

Siebzehnjähriger Amerikaner gewinnt gegen alle Erwartungen ein mörderisches Schlittenhunderennen, das 1917 von Winnipeg nach St. Paul führt. Die geradlinige Story streicht die Bedeutung des Willens bei der Erringung eines Zieles heraus, die Natur- und Tieraufnahmen begeistern, die darstellerischen Leistungen überzeugen.
multimedia

(...) Rührende und leidlich spannende Abenteuerstory, die anhand einer authentischen Geschichte aus dem Jahr 1917 und mit ärgerlich penetrantem Chauvinismus verlorengegangene Werte des amerikanischen Pioniergeistes beschwört. Den oberflächlich gezeichneten Figuren stehlen die Hunde allemal die Show. *Zoom*

Otto Heuer in: Rheinische Post, 2.4.94; Rupert Koppold in: Stgt. Zeitung, 31.3.94

Izkor: Sklaven der Erinnerung 445
IZKOR: SLAVES OF MEMORY □
TV

Regie: Eyal Sivan
Darsteller: Yeshayahn Leibowitz
Drehbuch: Stefan Lavide
Kamera: Rony Katzenelson (Farbe)
Schnitt: Jacques Cometz
Produktion: Reuben Kornfeld, Edgard Tannenbaum für IMA/Rhea Films/ZDF/ Adam Prods., Frankreich 1991
Uraufführung: 11.11.1991, Boston Jewish Film Festival, Brookline
Sendetermin: 26.3.1994, Arte, 20.40
Länge: 104 Min.

Das hebräische Gebet »Izkor« (Erinnere dich) als Sinnbild der israelischen Gesellschaft, die anläßlich vier grundlegender Feiertage im April reflektiert wird. Der Film beschreibt ein extrem an die Vergangenheit fixiertes Denken, das sich allmählich zur Gefahr für die Zukunft entwickelt. Der Philosoph Yeshayahn Leibowitz warnt davor, zu sehr in Erinnerungen zu leben, weil sie den Blick in Gegenwart und Zukunft verstellen können.

Jacques Rivette, Le Veilleur

446

JACQUES RIVETTE, LE VEILLEUR ***

TV

Regie: Claire Denis
Mitwirkende: Jacques Rivette, Serge Daney, Jean-François Stévenin, André S. Labarthe, Alain Plagne
Kamera: Agnès Godard, Béatrice Mizrahi (Farbe)
Schnitt: Dominique Auvray, Jean Dubreuil
Produktion: Janine Bazin für AMIP/La Sept/Arte/INA, Frankreich 1990
Erstaufführung: 1.7.1994, Filmfest München
Sendetermin: 28.2.1994, Arte, 22.40
Länge: 123 Min.

Dokumentation über den französischen Regisseur Jacques Rivette.

Das Jadehaus

447

LA MAISON DE JADE ***

TV

Regie: Nadine Trintignant
Darsteller: Jacqueline Bisset (Jane Lambert), Vincent Perez (Bernard), Véronique Silver (Cermaine), Yves Lambrecht (Ignace)
Drehbuch: Nadine Trintignant, Madeleine Chapsal, nach dem Roman von Madeleine Chapsal
Kamera: William Lubtchansky (Eastmancolor)
Musik: Philippe Sarde
Schnitt: Joelle Van Effenterre
Produktion: Alain Sarde für Sara Films/Saris/Ciné 5, Frankreich 1988
Uraufführung: 2.11.1988, Paris
Sendetermin: 4.1.1994, ORB3, 21.45
Länge: 99 Min.

Die Schriftstellerin Jane Lambert lernt nach einer unglücklichen Ehe den viel jüngeren Geschäftsmann Bernard kennen. Es entwickelt sich eine stürmische Beziehung zwischen ihnen – bis Bernard erfährt, daß Jane keine Kinder bekommen kann.

Jazz

449

TSCHÄSS **

Regie: Daniel Helfer
Darsteller: Pasquale Aleardi (Renato), Kaspar Weiss (Schampi), Marie-Louise Hauser (Rita), Karl Spoerri (Jörg), Imanuel Humm (Edgar), Antoine Monot (Bruno), Christoph Iacono (Alois), Stephan Maria Saguma (Rolf), Salome Staehelin (Denise), Alexandra Surer (Heidi)
Drehbuch: Christine Madsen, Walter Bertscher
Kamera: Michi Riebl (Farbe)
Musik: Cyril Böhler, Steven Reich, Mike Segal
Schnitt: Lilo Gerber
Produktion: Alfi Sinniger für Catpics/Calypsofilm/Dor Film, Schweiz/BRD/Österreich 1994
Verleih: -/-/Filmcooperative
Kinostart: 30.9.1994
Länge: 100 Min.

Ein paar Freunde im Zürich des Jahres 1957 haben genug vom Bünzlitum, versuchen einen Traum zu realisieren, wollen mit der eigenen Jazzband in Paris Karriere machen. Daniel Helfer (»Der Rekord«) hat mit einer unverbrauchten, jungen Besetzung das zürcherischlokale Cachet einer Epoche, die zwischen euphorischer Aufbruchsstimmung (wirtschaftlicher Erfolg, Mode etc.) und Übervorsicht (Kalter Krieg, Intoleranz gegenüber Ausländern oder sozialen Minderheiten) lavierte, erstaunlich gut, aber etwas bieder eingefangen. Der einnehmenden Mundart-Komödie ist anzumerken, daß nicht zuletzt ein knappes Budet stilistisch und formal hemmend wirkte.

Zoom, 10/94

Als Nichtschweizer würde man aber sagen, daß es schon eine Leistung ist, einen Film über Jazz so bieder und langweilig zu drehen. Es lag dabei weniger am Geld, als an der Kreativität. Naja, halt wie in Deutschland.

Jericho Fever

450

JERICHO FEVER **

Video

Regie: Sandor Stern
Darsteller: Stephanie Zimbalist (Bonnie Whitney), Perry King (Michael Whitney), Branscombe Richmond (FBI-Agent), Alan Scarfe (Claus), Ari Barak (Mossad-Agent), Elyssa Davalos
Drehbuch: I.C. Rapoport
Kamera: Ronald M. Lautore (Farbe)
Musik: Cameron Allan
Schnitt: Leon Carrere

Sandrine Bonnaire als ›Johanna, die Jungfrau‹.

Produktion: Kandy Stern für Wilshire Court, USA 1993
Verleih: -/-/-/CIC Video
Videostart: August 1994
Länge: 85 Min. – *FSK:* ab 16 J.

Unbedeutende, wenig ansprechende US-TV-Produktion über ein palästinensisches Terrorkommando, das die Friedensverhandlungen zwischen Israel und Ägypten durch ein Attentat torpedieren will.

Joe & Marie 451
**

Regie: Tanja Stöcklin
Darsteller: Estelle Vincent, Gay Etgar, Aurore Clément, Viktor Lazlo, Mathias Gnädinger
Drehbuch: Tanja Stöcklin, Cyrille Rey-Coquais
Kamera: Ciro Cappellari (Farbe)
Musik: Martin Meissonnier
Schnitt: Tanja Stöcklin
Produktion: Artimage/Interimages/Apollo/TSR/SF DRS, Schweiz/Frankreich/BRD 1994
Verleih: -/-/Filmcooperative
Kinostart: Sept. 1994
Länge: 94 Min.

Zwei in Marseille lebende Teenager aus ganz unterschiedlichem Milieu verlieben sich ineinander. Doch die zarten Gefühlsbande sind von einer feindlichen Umgebung und von verständnislosen Eltern bedroht. Diese reichlich pubertäre und unverbindliche Variante der Romeo-und-Julia-Saga ist vorerst zwar schön erzählt und berührend, doch werden die Klischees je länger je dicker aufgetragen, so daß die Story schlicht daran erstickt. *Zoom*

Johanna die Jungfrau – Der Kampf. Der Verrat 452
****

JEANNE LA PUCELLE – LES BATAILLES. LES PRISONS

Regie: Jacques Rivette
Darsteller: Sandrine Bonnaire (Joan), Andre Marcon (Dauphin/Charles VII.), Jean-Louis Richard (La Tremoille), Marcel Bozonnet (Regnault de Chartres), Didier Sauvegrain (Raoul de Gaucourt), Jean-Pierre Lorit (Jean d'Alencon), Jean-Pierre Lorit (Jean d'Alencon), Patrick Le Mauff (Dunois), Jean-Pierre Becker (Jean d'Aulon), Mathieu Busson (Louis de Coutes)
Drehbuch: Christine Laurent, Pascal Bonitzer
Kamera: William Lubtchansky (Farbe)
Musik: Jordi Savall
Schnitt: Nicole Lubtchansky

Produktion: Martine Marignac für Pierre Grise mit La Sept Cinema/France 3 Cinema/Canal Plus/CNC, Frankreich 1994
Uraufführung: 13.2.1994, Int. Filmfestspiele Berlin »Panorama«
Verleih: Nil Film, OmU/Stöbergasse, OmU/Filmcooperative
Kinostart: 1.9.1994
Länge: 336 Min. – *FSK:* ab 6, ffr., ab 12, ffr.

Der Weg von Jeanne d'Arc (1412–31) entlang den Stationen ihrer Triumphe und ihrer Niederlagen bis zum Prozeß und dem gewaltsamen Tod in Rouen leitet diesen sorgfältig an den historischen Dokumenten orientierten zweiteiligen Film. Mit der Rivette eigenen Methode werden Fiktion und dokumentarischer Blick verbunden, in dessen Brennpunkt die Schauspielerin Sandrine Bonnaire als Jeanne steht. Eindringlich gewinnt die historische Figur Leben und Aktualität, wo sich der Konflikt zwischen Selbstbestimmung und Macht, Frau und Mann, Weltlichkeit und Klerus herausschält. *Zoom, 6/94*

Rainer Gansera in: Kölner Stadtanzeiger, 24.12.94; Fritz Göttler in: SZ, 15.2.94; Norbert Grob in: Die Zeit, 2.9.94; Thomas Klingenmaier in: Stgt. Zeitung, 15.9.94; Karsten Visarius in: FR, 2.9.94; Karim Zendagui in: Rheinische Post, 23.9.94

Joint Venture 453

**

Regie: Dieter Berner
Darsteller: Michaela Kuklowa, Gregor Bloeb, Nina Franoszek, Jiri Menzel, Tad Horino
Drehbuch: Hilde Berger
Kamera: Walter Kindler (Farbe)
Musik: Georg Berner
Schnitt: Irene Tomschik
Produktion: Epo-Film, Österreich 1994
Uraufführung: 20.10.1994, Viennale, Wien
Verleih: -/filmladen/-
Kinostart: Nov. 1994 – *Länge:* 90 Min.

Ein Wiener Pärchen will in Prag durch Schiebereien und einen Hauskauf mittels Strohmann schnell reich werden, wozu er pro forma heiratet, was zu verschiedensten Verwicklungen führt. Versuch einer turbulenten Gaunerkomödie, die jedoch keinen eigenen überzeugenden Stil findet und nicht von originellen Einfällen profitiert, sondern eher ihre Figuren der Lächerlichkeit preisgibt. *multimedia*

Jonas in the Desert 454

****

Regie: Peter Sempel
Darsteller: Jonas Mekas, Kiki, Pedro, Nick Cave, Kenneth Anger, Al Pacino, Martin Scorsese, Allan Ginsberg, P.A. Sitney, Stan Brakhage
Drehbuch: Jonas Mekas, Peter Sempel
Kamera: Jonas Scholz, Frank Blasberg, Peter Sempel, Jonas Mekas (Farbe und s/w)
Musik: Katrin Achinger, u.a.
Schnitt: Peter Sempel
Produktion: Peter Sempel für Black Sun Flower, BRD 1994
Uraufführung: 14.2.1994, Int. Forum des Jungen Films, Berlin
Verleih: Silver Cine/-/-
Kinostart: 10.11.1994
Länge: 120 Min.

Szenen und Momente aus dem Leben des litauischen Regisseurs und Filmkritikers Jonas Mekas, der in den sechziger Jahren ein Wegbereiter der filmischen Avantgarde in den USA wurde.

Dietrich Kuhlbrodt in: FR, 11.11.94

Jonathan – Leben gegen jede Chance 455

JONATHAN – THE BOY NOBODY WANTED ***

TV

Regie: George Kaczender
Darsteller: JoBeth Williams (Ginny), Chris Burke (Jonathan), Jeffrey DeMunn, Tom Mason, Alley Mills, Robert Cicchini, Chris Demetral, Dana Barron, Madge Sinclair, Mason Adams
Drehbuch: Steve Lawson, Dalene Young
Kamera: Eric van Haren Norman (Farbe)
Musik: Misha Segal
Produktion: Peter Nelson, Doris Silverton für Gross-Western mit Cannell Ent., USA 1992
Uraufführung: 19.10.1992, NBC
Sendetermin: 3.5.1994, Premiere, 20.15
Länge: 120 Min.

Eine mutige Frau nimmt sich des behinderten Jungen Jonathan an.

Josh and Sam 456

JOSH AND SAM ***

Video

Regie: Billy Weber
Darsteller: Jacob Tierney (Josh), Noah Fleiss (Sam), Martha Plimpton (Alison), Stephen Tobolowsky (Thom Whitney), Joan Allen (Caroline), Chris Penn (Derek Baxter), Maury Chaykin (Pizza-Mann), Ronald Guttman

Martha Plimpton in ›Josh & Sam‹.

(Jean-Pierre), Udo Kier (Salon-Manager), Sean Baca (Curtis)
Drehbuch: Frank Deese
Kamera: Don Burgess (Technicolor)
Musik: Thomas Newman
Schnitt: Chris Lebenzon
Produktion: Martin Brest für City Lights Films/Castle Rock/New Line, USA 1993
Uraufführung: 14.7.1993, AMC Century, Los Angeles
Erstaufführung: 26.6.1994, Filmfest München
Verleih: -/-/-/VMP Video
Videostart: 4.10.1994
Länge: 98 Min.
FSK: ab 6 J.

Zwei von ihren Eltern vernachlässigte Brüder, acht und zwölf Jahre alt, folgen ihren Träumen und begeben sich auf eine Abenteuerreise. Mäßig origineller Kinderfilm, der sich aber zeitgemäß und frisch präsentiert.

Joshua Tree – Das Gesetz der Rache 457

JOSHUA TREE ☐
TV

Regie: Vic Armstrong
Darsteller: Dolph Lundgen (Wellan Santee), Kristian Alphonso (Rita Marek), George Segal (Lt. Severance), Beau Starr (Rudisill), Geoffrey Lewis (Sheriff Cepeda), Michelle Phillips (Esther Severance), Matt Battaglia (Michael Agnos), Bert Remsen (Woody Engstrom), Michael Paul Chan (Jimmy Shoeshine), Khandi Alexander (Maraleena)
Produktion: USA 1993
Sendetermin: 2.12.1994, RTL, 22.00
Länge: 82 Min.

Der Ex-Rennfahrer Wellan Santee flieht aus dem Gefängnis, stiehlt einen Wagen und nimmt dessen attraktive Besitzerin als Geisel. Bald stellt sich heraus, daß er einen weiblichen Hilfssheriff gekidnappt hat. Binnen kurzem ist ihm eine ganze Armada schwerbewaffneter Cops auf den Fersen, die ihn und seine schöne Begleiterin quer durch Kalifornien jagen.

Joshuas Herz 458

JOSHUA'S HEART **
TV

Regie: Michael Pressman
Darsteller: Melissa Gilbert (Claudia), Tim Matheson (Tom), Matthew Lawrence (Joshua), Lisa Eilbacher, Debra Mooney, Jack Blessing, Lorinne Vozoff
Drehbuch: Susan Cuscuna
Kamera: Shelly Johnson (Farbe)
Musik: Lee Holdridge
Schnitt: Millie Moore
Produktion: Barry Bernardi für Spectacor, USA 1990
Uraufführung: 10.9.1990, NBC
Sendetermin: 6.4.1994, VOX, 20.10
Länge: 120 Min.

Joy Stick Heroes 459

THE WIZARD **
Video

Regie: Todd Holland
Darsteller: Christian Slater (Nick), Luke Edwards (Jimmy), Beau Bridges (Sam), Fred Savage (Corey), Jenny Lewis (Haley), Frank McRae (Spanky), Wendy Phillips (Christine), Vincent Leahr, Dea McAllister, Sam McMurray
Drehbuch: David Chisholm
Kamera: Robert Yeoman (Deluxe)
Musik: J. Peter Robinson
Schnitt: Tom Finan
Produktion: David Chisholm, Ken Topolsky für Finnegan-Pinchuk Prod., USA 1989
Verleih: -/-/-/VCL/Carolco Video
Videostart: 25.4.1994
Länge: 96 Min.
FSK: ab 6 J.

Mühselig um einen sechsjährigen Computerspiel-Experten und PC-Freaks gestrickter Krimi. Für Nintendo Kids ein Muß.

Anselm Jungeblodt in: film-dienst, 9/94

Ju-Ni Hitoe oder Die Entdeckung der Seele 460

***

Regie: Jutta Ohlenberg
Drehbuch: Jutta Ohlenberg
Kamera: Rolf Müller (Farbe)
Musik: Zam Johnson, Martin Karl-Wagner; Armita Nikdin (Gesang)
Schnitt: Rolf Müller
Produktion: Rolf Müller, Rolf Neddermann für Rolf Müller Filmprod./Team-Film, BRD 1994
Uraufführung: 14.2.1994, Int. Filmfestspiele Berlin, Int. Forum
Verleih: Freunde/-/-
Kinostart: Nov. 1994
Länge: 55 Min.

Ein Film vom Butoh-Tanz der Dunkelheit; ohne Dialoge.
(…) Gedreht wurde auf einem Berliner Fabrikgelände, nachts bei Kunstlicht, im Schatten drohender Gemäuer, zwischen denen der Mensch zum kriechenden Amphibium wird. Solch expressive Szenen finden ihren Kontrapunkt in lieblichen Landschaften, einem Park, dem Meer, wogenden Feldern. (…)
Tanya Lieske, Der Tagesspiegel, 17.2.94

Judgement Day 461

LE GRAND PARDON II ***

Video

Regie: Alexandre Arcady
Darsteller: Roger Hanin (Raymond Bettoun), Richard Berry (Maurice), Christopher Walken (Paco Meisner), Gérard Darmon (Rolan), Jill Clayburgh (Sally White), Jennifer Beals (Joyce Ferranti), Jean-François Stevenin, Jean Benguigui, Raul Davila, Philippe Sfez
Drehbuch: Alexandre Arcady, Daniel Saint-Hamont, Marc Angelo
Kamera: Willy Kurant (Farbe)
Musik: Romano Musumarra
Schnitt: Martine Barraqué
Produktion: Alexandre Arcady für Alexandre Films/TF 1, Frankreich 1992
Verleih: -/-/-/Condor Video
Videostart: 15.2.1994
Länge: 119 Min. – *FSK:* ab 16 J.

Fortsetzung des 1981 entstandenen Gangster-Krimi »Der Superboß«: In den USA hat Sohn Maurice Beytton während der 10jährigen, gefängnisbedingten Abwesenheit seine Vaters Raymond ein Drogenimperium errichtet, das aber langsam zu bröckeln beginnt. Überlanges und zuweilen auch zu klischeebeladenes Gangsterepos, das durch pittoreske Schauplätze und eine Riege prominenter Darsteller an Reiz gewinnt.

Joe Hill in: film-dienst, 9/94

Judgement Night 462

JUDGMENT NIGHT ***

Video

Regie: Stephen Hopkins
Darsteller: Emilio Estevez (Frank Wyatt), Cuba Gooding jr. (Mike Peterson), Denis Leary (Fallon), Jeremy Piven (Ray Cochran), Stephen Dorff (John Wyatt), Peter Greene (Sykes), Erik Schrody (Rhodes), Michael Wiseman (Travis)
Drehbuch: Lewis Colick, nach einer Story von Lewis Colick, Jere Cunningham
Kamera: Peter Levy (Deluxe)
Musik: Alan Silvestri
Schnitt: Timothy Wellburn
Produktion: Gene Levy für Largo Ent. mit JVC, USA 1993
Uraufführung: 15.10.1993, New York
Verleih: -/-/-/CIC Video
Videostart: August 1994
Länge: 105 Min.
FSK: ab 18 J. (geänd. Fassung, 98 Min., ab 16 J., 19.7.1994)

Vier Freunde wollen aus dem Alltag ausbrechen und mit einem Wohnmobil der Langeweile entfliehen. Als sie einem Stau ausweichen wollen, geraten sie nicht nur in ein zwielichtiges Viertel, sondern auch einer Killergruppe in die Quere… Recht ansehnliches, von renommierten Schauspielern getragenes Action-Abenteuer.

Die Jugend des Magiers 463

YOUNG HARRY HOUDINI **

TV

Regie: James Orr
Darsteller: Wil Wheaton, José Ferrer, Jeffrey DeMunn, Kerri Green, Roy Dotice, Barry Corbin, J. Reuben Silverbird
Produktion: USA 1987
Sendetermin: 19.6.1994, Premiere, 7.50
Länge: 95 Min.

Der berühmte Entfesselungskünstler Houdini erzählt seinem Freund und Bewunderer Arthur Conan von seinen Lehr- und Wanderjahren. Er berichtet, wie er als 12jähriger von zu Hause weglief, einem fahrenden Quacksalber die ersten Tricks abschaute und wie ein stummer Indianer ihn über die geheimnisvollen Kräfte informierte, mit denen er berühmt wurde.

Juice 464

JUICE ***

Regie: Ernest Dickerson
Darsteller: Omar Epps (Q), Khalil Kain (Raheem), Jermaine Hopkins (Steel), 2 Pac (Bishop), Cindy Herron (Yolanda), Queen Latifah
Drehbuch: Ernest Dickerson, Gerard Brown
Kamera: Larry Banks (Farbe)
Musik: Hank Shocklee, The Bomb Squad
Schnitt: Sam Pollard, Brunilda Torres
Produktion: Neal Moritz, David Heyman für Island World/Moritz Heyman, USA 1992
Erstaufführung: 28.6.1992, Filmfest München
Kinostart: 14.4.1994, Eiszeit-Kino, Berlin
Länge: 90 Min.

(...) Was als Geschichte von vier Freunden begann, die die Schule schwänzen, aber sonst keine größeren Probleme zu haben scheinen, entwickelt sich zu einer düsteren Chronik des Überlebenskampfes schwarzer Jugendlicher im urbanen Dschungel. Am Ende dreht Bishop durch und ballert um sich (ähnliches wird seinem Darsteller, dem Rapper Tupac Shakur, tatsächlich zur Last gelegt. Wie in »Menace II Society« erscheint auch hier eine Frau, die Freundin von Q. souveräner als die gleichaltrigen Männer. Aber da sie nur eine Nebenfigur ist und sich Ernest Dikkerson, langjähriger Kameramann von Spike Lee, in seinem Regiedebüt auf die Männerclique konzentiert, überwiegt am Ende die Hoffnungslosigkeit.
Frank Arnold, Zitty, 8/94

Alice Agneskirchner in: Der Tagesspiegel, 15.4.94

Jung, blond und tödlich 465

THE VENGEANCE OF SHE □ TV

Regie: Cliff Owen
Darsteller: Olinka Berova (Carol), John Richardson (Killikrates), Edward Judd (Philip), Colin Blakely (George), Jill Melford (Sheila), George Sewell (Harry), Noel Willman (Za-Tor), Derek Godfrey (Men-Hari)
Drehbuch: Peter O'Donnell
Kamera: Wolf Suschitzky (Farbe)
Musik: Mario Nascimbene
Schnitt: Raymond Poulton
Produktion: Hammer Film, GB 1967
Sendetermin: 24.11.1994, ZDF, 23.55
Länge: 97 Min.

Mysteriöse Tode, Sehnsüchte nach Macht und Unsterblichkeit, Visionen von einem geheimnisvollen Königreich jenseits der menschlichen Zeit – das ist der Stoff, aus dem dieser Fantasyfilm gemacht ist. Vor dem Panorama wild zerklüfteter Landschaften nimmt ein exotisch-mystisches Verwirrspiel seinen Lauf, rund um eine Frau, die mit ihrem Gedächtnis zugleich auch ihre wahre Identität verloren hat.
Pressetext ZDF

Junior 466

JUNIOR ***

Regie: Ivan Reitman
Darsteller: Arnold Schwarzenegger (Dr. Alexander Hesse), Danny DeVito (Dr. Larry Arbogast), Emma Thompson (Dr. Diana Reddin), Pamela Reed (Angela), Frank Langella (Noah Banes), Judy Collins (Naomie), James Eckhouse (Dr. Ned Sneller), Aida Turturro (Louise)
Drehbuch: Kevin Wade, Chris Conrad
Kamera: Adam Greenberg (Deluxe)
Musik: James Newton Howard
Schnitt: Sheldon Kahn, Wendy Greene Bricmont
Produktion: Ivan Reitman für Northern Lights Prod., USA 1994
Verleih: UIP/UIP/UIP
Kinostart: 15.12.1994
Länge: 109 Min.
FSK: ab 6, ffr.
FBW: Wertvoll

Schwarzenegger schwanger: Als dem Wissenschaftler Dr. Hesse die Fördermittel gestrichen werden, macht er sich selbst zum Versuchskaninchen für ein Medikament, das die Abstoßung des Embryos in den ersten Schwangerschaftswochen verhindern soll. Statt zum genre-üblichen verrückten Wissenschaftler mutiert der Forscher zum sympathischen Opfer seiner Hormone. Regisseur Reitman gebührt der Förderpreis des Dualen Systems. Alt(bekannt)es recycelt er zu einer temporeichen Mischung aus romantischer Komödie und derber Lachbude.

Annette Kilzer, tip, 24/94

Angie Dullinger in: AZ, 15.12.94; Frauke Hartmann in: FR, 17.12.94; Otto Heuer in: Rheinische Post, 16.12.94; Hans Schifferle in: SZ, 15.12.94

Juniors freier Tag 467

BABY'S DAY OUT **

Regie: Patrick Read Johnson
Darsteller: Joe Mantegna (Eddie), Lara Flynn Boyle (Laraine Cottwell), Joe Pantoliano (Norby), Brian Haley (Veeko), Cynthia Nixon (Gilbertine), Fred Dalton Thompson (Agent Grissom), John Neville (Mr. Andrews), Matthew Glave (Bennington Cottwell), Adam Robert Worton, Jacob Joseph Worton (Baby Bink)
Drehbuch: John Hughes
Kamera: Thomas Ackerman (Deluxe)
Musik: Bruce Broughton
Schnitt: David Rawlins
Produktion: John Hughes, Richard Vane für John Hughes Ent., USA 1994
Uraufführung: 1.7.1994, New York
Verleih: 20th Century Fox/dto./dto.
Kinostart: 6.10.1994
Länge: 98 Min. – *FSK:* ab 6, ffr.
FBW: Wertvoll

Die Reihe der »Kevin-allein-zu-Haus«-Plagiate reißt nicht ab. In dieser John Hughes Produktion erwehrt sich nun ein brabbelnder Säugling dreier unterbelichteter Gangster. Zwecks Lösegeldforderung entführt, nimmt Bink Reißaus und entrinnt mit unglaublichem Geschick den haarsträubendsten Gefahren der Großstadt. Leider konnte sich die Produktion nicht entscheiden zwischen einem anarchistisch-handgreiflichen Witz, der bisweilen an Warners Zeichentrickklassiker erinnert, und einer zuckersüßen Rührseligkeit, die den Film weithin unerträglich macht.

Christoph Terhechte, tip, 21/94

Otto Heuer in: Rheinische Post, 7.10.94

Justice under Fire 468

BLACKOUT *

Video

Regie: Gregory H. Brown
Darsteller: Steven Bauer (Det. Bobby Corcoran), Jennifer Rubin, William Katt, Michael Parks, Michelle Greene, J. J. Johnston
Kamera: Wally Pfister (Farbe)
Schnitt: Kent Smith
Produktion: Andrew Garroni für Axis Films Int., USA 1994
Verleih: -/-/-/Splendid Video
Videostart: ab 16 J.
Länge: 91 Min. – *FSK:* ab 16 J.

Ein Serienkiller wütet wieder einmal im Rotlichtmilieu – einfallslose Action-&-Erotik-Konstruktion.

Kairat 469
KAIRAT ***

Regie: Dareschan Omirbaew
Darsteller: Kairat Mahmetow, Indira Jeksembaewa
Drehbuch: Dareschan Omirbaew
Kamera: Aubakir Souleew
Musik: Gulsara Mukataewa
Produktion: Saida Toursunowa für Kasachfilm Studio, Kasachstan 1992
Uraufführung: Filmfestspiele Locarno 1992
Verleih: -/-/Cinélibre
Kinostart: Februar 1994
Länge: 72 Min.

Ein Student kommt in die kasachische Hauptstadt Alma-Ata, um zu studieren, läßt sich dann aber zum Buschauffeur ausbilden. Er verliebt sich glücklos in eine Frau und kehrt schließlich wieder nach Hause zurück. Langspielfilmdebüt des 1958 geborenen Autors, in welchem er auf sozialkritische Töne verzichtet, vielmehr allein durch Bilder und Montage Gefühle heraufbeschwört, wobei er weniger eine Geschichte erzählt, sondern in äußerst lakonischen Schwarz-Weiß-Bildern Situationen aus dem Leben des Studenten zeigt. *Zoom*

Des Kaisers neue Kleider 470
***

Regie: Juraj Herz
Darsteller: Harald Juhnke (Kaiser), Carsten Voigt (Lorenzo), Jan Kalous (Tobias), Andréa Ferréol (Herzogin), Therese Herz (Maria), Annelie Herz (Jenny), Juraj Herz (Plafond), Andrej Hryc (Major), Radek Kuchar, Michala Urbanová
Drehbuch: Bernd Fiedler, nach dem gleichn. Märchen von Christian Andersen
Kamera: Rudolf Blahácek (Farbe)
Musik: Petr Hapka
Schnitt: Gisela Haller
Produktion: Omnia Film für KirchGruppe/ZDF/TVE, BRD 1993
Verleih: Atlas/Einhorn/-
Kinostart: 3.3.1994
Länge: 91 Min.
FSK: o.A., ffr.

Konventionelle aber akzeptable filmische Adaption des Märchens von Christian Andersen, mit einigen aktuellen Bezügen zur Gegenwart.

Der Kampf um Baby Lynn 471
LOVES, LIES AND LULLABIES ***
TV

Regie: Rod Hardy
Darsteller: Susan Dey (Christina Kinsey), Piper Laurie
Drehbuch: Janet Heaney, Matthew Eisen, Joe S. Landon
Kamera: (Farbe)
Musik: Johnny Harris
Produktion: Alexander Les, Don Enright, Harvey Kahn für Alexander Enright and Ass./Susan Dey Prod./Hearst Ent., USA 1992
Sendetermin: 15.6.1994, RTL, 20.15
Länge: 93 Min.

Amerikanische TV-Pädagogik für unreife Koksschnupferinnen, die sich partout mit einem Kind selbstverwirklichen wollen und in der Schwangerschaft munter weiter koksen: Der US-Film aus der RTL-Plunderkiste »Schicksalhafte Begegnungen« erfüllt die Sozialfunktion einer Drogenberatungsstelle (wer süchtig ist, kriegt sein Kind nicht – entweder Kiffertrine oder Babymutter). Plakativ ins Herz gerammt. *Ponkie, AZ, 17.6.94*

Kampf um Emily 472
BROKEN PROMISES □
TV

Regie: Donald Wrye
Darsteller: Cheryl Ladd (Pam Shaney), Polly Draper (Ella), Robert Desiderio (Sean), D. David Morin (Terry), Kathleen Wilhoite (Lily), Ted Levine (Gary), Amanda Braun (Emily), Megan Braun, Samantha Braun, Tim Ransom
Schnitt: Chris Boardman
Produktion: USA 1993
Sendetermin: 21.6.1994, Pro7, 20.15
Länge: 89 Min.

Das obdachlose Ehepaar Lily und Gary Ward gibt seine Kinder gegen Bezahlung zur Adoption frei. Als der Ehemann ein noch ungeborenes Kind zweimal »verkauft«, entstehen Probleme mit den beiden Adoptiveltern, und die unmenschlichen Praktiken werden aufgedeckt.

Karakum 473

***

Regie: Arend Agthe
Darsteller: Max Kullmann (Robert), Murat Orasov (Murad), Pjotr Olev (Pjotr), Neidhardt Riedel (Jansen, Roberts Vater), Alexander Potapov (Boris), Martin Semmelrogge (Brink), Viktor Marosov (Gregor), Murad Annageldyjev (Narbiger), Chodshadurdy Narlijev (Banditenchef)
Drehbuch: Arend Agthe, Usman Saparov
Kamera: Michael Wiesweg (Farbe)
Musik: Matthias Raue, Martin Cyrus
Schnitt: Ursula Höf
Produktion: Ottokar Runze für Ottokar Runze Prod./Ylham-Studios Aschchabat/ CineScreen/ HR/WDR, BRD/ Turkmenistan 1993
Uraufführung: 12.2.1994, Int. Filmfestspiele Berlin, »Kinderfilmfest«
Verleih: Impuls/Einhorn/-
Kinostart: 1.9.1994
Länge: 101 Min.
FSK: ab 6, ffr.
FBW: Besonders wertvoll

Nicht tiefgründig, aber dafür wenigstens spannend ist »Karakum«, eine deutsch-turkmenische Koproduktion. Der 12jährige Robert aus Deutschland strandet auf dem Weg zu seinem Vater mitten in der turkmenischen Wüste Karakum. Gemeinsam mit dem gleichaltrigen Murad, dessen Sprache er noch nicht einmal spricht, stellt er sich dem Überlebenskampf in der Wüste. Und wieder wissen sich die Kinder besser zu helfen als die Erwachsenen: Sie brausen mit einem selbstgebauten Segelauto durch die Wüste, klettern in die tiefsten Brunnen und entfliehen zu guter Letzt auch noch ein paar ausgekochten Rauschgifthändlern. (...) Aber auch das spannendste Abenteuer und die schönsten Wüstenbilder bekommt man satt, wenn die Rettung durch nicht enden wollende Gefahren zu lange hinausgezögert wird. *Zitty, 3/94*

Fritz Göttler in: SZ, 7.9.94; Frauke Hanck in: AZ, 1.9.94; Patrick Rössler in: Stgt. Zeitung, 3.9.94

Harrison Ford vor der Höhle des Löwen in ›Das Kartell‹.

Das Kartell 474

CLEAR AND PRESENT DANGER ***

Regie: Phillip Noyce
Darsteller: Harrison Ford (Jack Ryan), Willem Dafoe (Mr. Clark), Anne Archer (Cathy Ryan), James Earl Jones (Admiral James Greer), Joaquim de Almeida (Felix Cortez), Henry Czerny (Robert Ritter), Harris Yulin (James Cutter), Donald Moffat (Edwar Bennet US-Präsident), Miguel Sandoval (Ernesto Escobedo), Benjamin Bratt (Ramirez)
Drehbuch: Donald Stewart, Steven Zaillian, John Milius, nach dem Roman »Der Schattenkrieg« von Tom Clancy
Kamera: Donald M. McAlpine; Michael A. Benson (2nd unit) (Deluxe)
Musik: James Horner
Schnitt: Neil Travis
Produktion: Mace Neufeld, Robert Rehme für Mace Neufeld/Robert Rehme Prod. für Paramount, USA 1994
Uraufführung: 3.8.1994, New York
Verleih: UIP/UIP/UIP/CIC Video
Kinostart: 29.9.1994
Länge: 141 Min.
FSK: ab 12, ffr.
FBW: Wertvoll

Ein mit dem US-Präsidenten befreundeter Geschäftsmann wird von der kolumbianischen Drogenmafia umgebracht. Das Drogenkartell soll mit dem illegalen Einsatz einer CIA-Spezial-

Einheit und der Verwendung modernster Waffen zerschlagen werden. Harrison Ford als stellvertretender CIA-Direktor hat in diesem Politthriller die schwierige Aufgabe, im korrupten und gefährlichen Spiel um Geld und Macht die Hintermänner aufzudecken. Das wirtschaftspolitisch brisante Thema von Drogenmafia und deren Verfilzung mit dem Staatsapparat wird durch die über weite Teile wenig spannende Inszenierung, die sich im einfallslosen Kampf zwischen Männern in Machtpositionen erschöpft, vergeben.
Zoom, 10/94

(...) Noyce bewältigt die vielschichtige Konstruktion der Romanvorlage handwerklich brillant und liefert neben pefekt choreographierten Actionsequenzen jene kleinen Bosheiten gegen das System, die die genormte Fließbandware auch für Nichtamerikaner zu leicht konsumierbarer Unterhaltung macht. *Bodo Fründt, SZ, 29.9.94*

Sebastian Feldmann in: Rheinische Post, 30.9.94; Angie Dullinger in: AZ, 29.9.94; Sabine Horst in: FR, 5.10.94; Rupert Koppold in: Stgt. Zeitung, 29.9.94; Christoph Terhechte in: tip, 20/94

Karussell der Leidenschaft 475

L' ENFANT DE L'HIVER ***

TV

Regie: Olivier Assayas
Produktion: Frankreich 1989
Sendetermin: 18.10.1994, ZDF, 00.05

Als »Fernsehpremiere« und als »Erstaufführung der deutschen Synchronfassung« wird der Film angekündigt. Bei allen Verdiensten, aber warum muß der Film, der unter dem deutschen Titel »Das Winterkind« 1989 im unseren Kinos lief und ausführlich gewürdigt wurde, im TV einen neuen deutschen »Sende«-Titel bekommen. Dadurch wird seine Qualität nicht unterstrichen, der Zuschauer aber irregeführt.
Deshalb vollständige Angaben und Kritik im Heyne Filmjahrbuch 1990.

Kaspar Hauser – Verbrechen am Seelenleben... 476

****

Regie: Peter Sehr
Darsteller: André Eisermann (Kaspar Hauser), Udo Samel (Prof. Daumer), Jeremy Clyde (Lord Stanhope), Hermann Bayer (Ritter von Feuerbach), Cécile Paoli (Stefanie von Baden), Katharina Thalbach (Gräfin Hochberg), Uwe Ochsenknecht (Ludwig von Baden), Johannes Silberschneider (Lehrer Meyer), Hansa Czypionka (Hennenhofer), Tilo Nest (Carl von Baden)
Drehbuch: Peter Sehr
Kamera: Gernot Roll (Farbe)
Musik: Nikos Mamangakis
Schnitt: Heidi Handorf, nach der Langfassung von Susanne Hartmann
Produktion: Andreas Meyer für Multimedia Wolfgang Esterer im Auftrag des BR mit WDR/ORF/SVT/ARTE, BRD 1993
Uraufführung: Filmfest München 1993
Verleih: Time/Stadtkino/Stamm/ VCL/Carolco Video
Kinostart: 27.1.1994
Länge: 139 Min.
FSK: ab 12, ffr.

Der Findling, der ein verleugneter, verfolgter Prinz war und zwölf Jahre lang in einem Kerker gehalten wurde, ein authentischer Fall und bis heute nicht ganz geklärter Politthriller, ist auch nach Herzogs und Truffauts Filmversionen eine rührende, romantische und spannende Geschichte. Peter Sehr erzählt sie chronologisch, detailliert, mit vielen Aspekten der neuen Hauser-Forschung.
Stärkster Trumpf seines Films ist das prominente Ensemble, angeführt von einem Glücksfall, André Eisermann in der Titelrolle. Mit Sehr ist der arme deutsche Film um eine Hoffnung reicher. *Wolf Donner, tip, 3/94*

(...) Spannender epischer Versuch, ein Einzelschicksal als Opfer eines lebensfeindlichen Umfeldes abzubilden, ohne dessen Wirkungen bis in die Gegenwart aus den Augen zu verlieren. *Zoom*

Heiko R. Blum in: Rheinische Post, 28.1.94; H.G. Pflaum in: SZ, 22.1.94; Ponkie in: AZ, 20.1.94; Christian Seebaum in: Kölner Stadt-Anzeiger, 29.1.94; Willi Winkler in: Die Zeit, 4.2.94

Eine Seele, die fliegen möchte: ›Kaspar Hauser‹.

Stütze seiner Schauspieler: Regisseur Peter Sehr mit André Eisermann am Set von ›Kaspar Hauser‹.

Katrin's Hütte 477
□

Regie: Joachim Tschirner
Darsteller: Mitarbeit: Ulrich Eifler
Drehbuch: Joachim Tschirner
Kamera: Heinz Richter, Rainer Schulz (Farbe)
Musik: Vridolin Enxing
Schnitt: Angela Wendt
Produktion: Defa-Studio für Dokumentarfilme, BRD 1994
Verleih: Filmemacher/-/-/Filmemacher
Kinostart: Nov. 1994
Länge: 91 Min.

Katrin Hensel kam 1978 das erste Mal in die Maxhütte Unterwellenborn. Da war sie sechzehn und begann ihre Lehre als Metallurgin. Heute ist sie Meisterin. Im April 1986 wurde Katrin als jüngste Abgeordnete in die Volkskammer der DDR gewählt. Als Langzeitbeobachtung, begonnen im März 1986, verfolgt der Film Katrins Lebensweg über fünf Jahre, ihre berufliche und private Entwicklung, ihre Sorgen, Ängste, Erfolge und Hoffnungen.
(Verleihprogramm)

Keep the Change 478
KEEP THE CHANGE
**
Video

Regie: Andy Tennant
Darsteller: William Petersen (Joe Starling), Lolita Davidovich (Ellen Kelton), Jack Palance (Overstreet), Rachel Ticotin (Astrid), Buck Henry (Smitty), Jack Palance (Overstreet), Fred Dalton Thompson, Jeff Kober, Lois Smith
Drehbuch: John Migils, nach einer Erzählung von Thomas McGuane
Kamera: Mark Irwin (Farbe)
Musik: John Keane
Schnitt: Michael Brown
Produktion: Cindy Chvatal, William Petersen für High Horse Films mit Steve Tisch Comp., USA 1992
Verleih: -/-/-/VMP Video
Videostart: 18.10.1994
Länge: 92 Min.
FSK: ab 6 J.

Heimkehrer Joe muß die Ranch seiner Eltern vor seinem Erzrivalen verteidigen, verliebt sich jedoch abermals in dessen Tochter und steuert so auf einen gefährlichen Konflikt zu. Gemächlich inszeniertes, halbwegs prominent besetztes US-TV-Familiendrama.

Kevins Cousin allein im Supermarkt 479
CAREER OPPORTUNITIES
**
Video

Regie: Bryan Gordon
Darsteller: Frank Whaley (Jim Dodge), Jennifer Connelly (Josie McClellan), Dermot Mulroney (Nestor Pyle), Kieran Mulroney (Gkil Kinney), John M. Jackson (Bud Dodge), Jenny O'Hara (Dotty Dodge), Noble Willingham (Roger Roy McClellan), Barry Corbin (Officer Don), John Candy
Drehbuch: John Hughes
Kamera: Don McAlpine (DeLuxe)
Musik: Thomas Newman
Schnitt: Glenn Farr, Peck Prior
Produktion: John Hughes, A. Hunt Lowry für Hughes Ent., USA 1991
Verleih: -/-/-/VCL/Carolco Video
Videostart: 20.6.1994
Länge: 81 Min.
FSK: ab 6 J.

Mit unserem, »dem echten Kevin« hat diese Teenie-Komödie, nicht das mindeste zu tun. Der großmäulige Jim muß nachts im Supermarkt putzen, entdeckt dort die attraktive Tochter seines Chefs und vertreibt mit ihrer Hilfe zwei Einbrecher. Nettes, anspruchsloses Entertainment.

Kick & Fury 480
KICK & FURY
*
Video

Regie: Cirio H. Santiago
Darsteller: Jerry Trimble (Jerry Pelt), Melissa Anne Moore (Natalie Pierce), Dennis Hayden (Eddie Taylor), Rick Dean (Pat Boze), Yvonne Michelle (Pilar), Paul Holmes (Sharperson)
Drehbuch: Daryl Haney
Kamera: Richard Remias (Farbe)
Musik: Michael Elliot, Ken Stange
Schnitt: Edgar Viner
Produktion: Cirio H. Santiago für Concorde-New Horizon, USA 1993
Verleih: -/-/-/VCL/Carolco Video
Videostart: 21.2.1994
Länge: 76 Min. – *FSK:* ab 18 J.

Rache für die Ermordung des Großvaters schwört Kickboxer Jerry der Mafia an seinem Heimatort. Und dann ist ihm – und den Filmemachern – jedes Mittel recht, die Bösewichter niederzumähen.

Anselm Jungeblodt in: film-dienst, 3/94

Kickboxer IV 481

KICKBOXER IV – THE AGGRESSOR *

Video

Regie: Albert Pyun
Darsteller: Sasha Mitchell (Sloan), Kamel Krifia (Tong Po), Brad Thornton (Lando), Jill Pierce (Darcy Cove), Michelle »Mouse« Krasnoo (Megan Laurence), Nicholas Guest (Casey Ford), Thom Mathews (Bill), Nicholas Anthony (Brubaker), Burton Richardson (Thomas), Deborah Mansy (Vicky)
Drehbuch: Albert Pyun, David Yoekin
Kamera: George Mooradian (Farbe)
Musik: Tony Riparetti
Schnitt: Kenneth Morrisey
Produktion: Jessica G. Budin für Wetherly Inc., USA 1993
Verleih: -/-/-/VPS Video
Videostart: 3.3.1994
Länge: 86 Min.
FSK: ab 18 J.

Kickbox-Action von der Stange – aber der film-dienst meint: »Dabei gewinnen die halbnackten Körper der Kickboxer eine geradezu erotische Präsenz, die den Kickboxsport in einem neuen Licht erscheinen läßt.«

Oliver Rahayel in: film-dienst, 6/94

Kidnapper 482

FATHER HOOD **

Video

Regie: Darrell James Roodt
Darsteller: Patrick Swayze (Jack Charles), Halle Berry (Kathleen Mercer), Sabrina Lloyd (Kelly Charles), Brian Bonsall (Eddie Charles), Michael Ironside (Jerry), Diane Ladd (Rita), Bob Gunton
Drehbuch: Scott Spencer
Kamera: Mark Vicente (Technicolor)
Musik: Patrick O'Hearn
Schnitt: David Heitner
Produktion: Nicholas Pileggi, Anant Singh, Gillian Gorfil für Hollywood Pic., USA 1993
Verleih: -/-/-/Buena Vista Home Video
Videostart: 25.8.1994
Länge: 94 Min.
FSK: ab 12 J.

Halbkrimineller Vater entführt seine eigenen Kinder und flieht mit ihnen quer durchs Land. Selten spannendes Road-Movie, das mit unglaubwürdigen Charakteren bevölkert und mit Verfolgungsjagden überladen wurde.

Kika 483

KIKA **

Regie: Pedro Almodovar
Darsteller: Verónica Forqué (Kika), Victoria Abril (Andrea), Peter Coyote (Nicolas Pierce), Alex Casanovas (Ramon), Rossy de Palma (Hausmädchen), Santiago Lajusticia (Pablo alias Paul Bazzo), Anabel Alonso (Amparo), Bib Andersson (Die Mexikanerin), Jesús Bonilla (Santiago), Karra Elejalde (Mario) Charo López (Ramons Mutter)
Drehbuch: Pedro Almodóvar
Kamera: Alfredo Mayo (Farbe)
Musik: Enrique Granados Campiña, Dámaso Pérez Prado, Alvaro Carrillo, Bernard Herrmann, Kurt Weill u.a.
Schnitt: José Salcedo
Produktion: El Deseo/Ciby 2000, Spanien 1993
Verleih: Tobis/Constantin/Filmcooperative/ Warner Home Video
Kinostart: 17.3.1994
Länge: 112 Min. – *FSK:* ab 16, ffr.

Kika pendelt zwischen einem herzkranken Muttersohn und dessen mordlustigem Stiefvater, zwischendurch wird sie von einem Pornostar vergewaltigt – das alles stets unter den Augen der sensationsgeilen Andrea, welche die TV-Sendung »Das Schlimmste vom Tage« moderiert. Pedro Almodóvar geht es um eine parodistische Aufarbeitung der neuesten Entwicklungen rund um Reality TV, doch ist er auf dem schmalen Grat zwischen Denunziation des Voyeurismus und dessen Zelebration diesmal bös abgestürzt. *Zoom*

Frauke Hanck in: AZ, 17.3.94; Sabine Horst in: FR, 19.3.94; Rupert Koppold in: Rheinische Post, 19.3.94; Karsten Witte in: Die Zeit. 18.3.94

Killer Angels 484

ULTRA FORCE 1 *

Video

Regie: Channy Lo
Darsteller: Mona Lee, Futimi Nabeki, Rocky Chen, Karl Lau
Produktion: Larry Po, Steve Chang für Jia's Motion Pic., Hongkong 1989
Verleih: -/-/-/MPC Video
Videostart: 7.6.1994
Länge: 84 Min. – *FSK:* ab 18 J.

Schon etwas angeschimmelte Hongkong-Ware für alle, die nie genug bekommen können. Dauerprügelorgie um einen Undercover Agenten und einen verliebten Profikiller.

Killer im Kreissaal 485

DELIVER THEM FROM EVIL: THE TAKING OF ALTA VIEW □ TV

Regie: Peter Levin
Darsteller: Harry Hamlin (Richard), Terry O'Quinn, Teri Garr, Joycelyn O'Brien, Britt Sady, Gary Frank
Produktion: USA 1992
Sendetermin: 1.6.1994, Pro7, 20.15
Länge: 93 Min.

Eines Nachts überfällt der bewaffnete 39jährige Familienvater Richard ein Hospital in Utah. Er verlangt mit einer Krankenschwester als Geisel die Auslieferung des Arztes Dr. Garrick, der seine Ehefrau auf deren ausdrücklichen Wunsch hin nach der Geburt des zehnten Kindes sterilisierte. Manche können eben nie genug kriegen.

Der Killer im System 486

GHOST IN THE MACHINE **

Regie: Rachel Talalay
Darsteller: Karen Allen (Terry Munroe), Chris Mulkey (Bram Walker), Ted Marcoux (Karl Hochman), Wil Horneff (Josh Munroe), Jessica Walter (Elaine Spencer), Brandon Quintin Adams (Frazer), Rick Ducommun (Phil), Nancy Fish (Landlord), Jack Laufer (Elliott), Shevonne Durkin (Carol)
Drehbuch: William Davis, William Osborne
Kamera: Phil Meheux (Deluxe)
Musik: Graeme Revell
Schnitt: Janice Hampton, Erica Huggins
Produktion: Paul Schiff für 20th Century Fox, USA 1993
Verleih: 20th Century Fox/-/-/Fox Video
Kinostart: 19.5.1994
Länge: 95 Min.
FSK: ab 16, ffr.

Ein Serienkiller gerät bei einer Computertomografie seiner Leiche versehentlich ins Datennetz und nähert sich fortan über Kabel und Mikrochips seinen Opfern. Ein sympathischer Computerspezialist und eine alleinerziehende Mutter mit Sohn setzen seinem Unwesen ein Ende. Trotz einiger schöner Trickeffekte kann dieses auf Kinderzimmerniveau inszenierte hanebüchene Hacker-Märchen volljährige Filmfreunde kaum interessieren.

Ralph Umard, tip, 11/94

Otto Heuer in: Rheinische Post, 20.5.94; Rupert Koppold in: Stgt. Zeitung, 21.5.94

Ein Killer in der Familie 487

A KILLER IN THE FAMILY □ TV

Regie: Richard T. Heffron
Darsteller: Robert Mitchum (Gary Tison), James Spader (Donny Tison), Lance Kerwin (Ray Tison), Eric Stoltz (Ricky Tison), Lynn Carlin (Dorothy Tison), Stuart Margolin (Randy Greenawalt), Salome Jens
Produktion: USA 1983
Sendetermin: 23.1.1994, ZDF, 1.00
Länge: 92 Min.

Die beiden Halbwüchsigen Ricky und Ray wollen ihren, zu einer lebenslangen Haftstrafe verurteilten Vater aus dem Staatsgefängnis befreien, da dieser behauptet, ein anderer Häftling wolle ihn umbringen. Donny, der älteste der drei Söhne, erfährt durch Zufall von diesem Plan und versucht, seine jüngeren Brüder von ihrem unbesonnenen Vorhaben abzubringen. Aus Solidarität läßt er sich dann doch zur Teilnahme überreden. Der Ausbruch des Vaters und eines Mitgefangenen gelingt und verläuft ohne Blutvergießen. Als die Fünf auf ihrer Flucht nach Mexiko wegen einer Autopanne liegenbleiben, halten sie ein vorbeikommendes Auto an. Da der Vater und sein Komplize befürchten, daß die Insassen des gestohlenen Autos ihren Fluchtweg verraten könnten, machen sie kurzen Prozeß: Kaltblütig erschießen sie die vierköpfige Familie, unter der sich auch ein Kleinkind befindet. (...)

Killer Target 488

ZONGHENG SIHAI – ONCE A THIEF *** Video

Regie: John Woo
Darsteller: Chow Yon-Fat, Leslie Cheung, Cherie Chung Ken Tsang
Drehbuch: John Woo, Clifton Ko, Janet Chun
Kamera: Poon Hang-Seng (Farbe)
Musik: Violet Lam

Schnitt: David Wu
Produktion: Linda Kuk, Terence Chang für Milestone Pic., Hongkong 1991
Uraufführung: Toronto Film Festival
Verleih: -/-/-/New Vision Video
Videostart: 10.5.1994
Länge: 86 Min. – *FSK:* ab 16 J.

Harmlose, wenngleich brutale Action-Komödie um ein Gaunertrio, das in Europa Kunstschätze raubt – inszeniert von dem hierzulande als Kultregisseur ausgerufenen Woo.

Killing Mom 489

***

Regie: Carl Andersen
Darsteller: Dorothea Moritz (Frau Schulze-Meier), Lothar Lambert (Herr Schulze-Meier), Stephanie Hofmeister (Stefanie Schulze-Meier), Ulrike S. (Frau Dr. Muffeldung), Nilgün Taifun (Pascale), Gerlind Röhr (Gerlind), Baduri, Stefan Menche, Herta Patschke, Manni Weller
Drehbuch: Carl Andersen, nach einer Idee von Stephanie Hofmeister
Kamera: Albert Kittler (Farbe und s/w)
Musik: Dull Schicksal
Schnitt: Alan Smithee
Produktion: Carl Andersen, BRD 1994
Uraufführung: 21.4.1994, Brotfabrik, Berlin
Verleih: Eigenverleih/-/-
Kinostart: 21.4.1994
Länge: 70 Min.

Die 16jährige Stefanie hat Krach zu Hause. Mutter ist ein hysterischer Tabletten-Junkie, Vater ohne Durchsetzungsvermögen, die Lehrerin eine Zimtzicke, und die Freundinnen treiben's alle miteinander. Die frech erzählte Pubertätsstory ist eine Hommage an den Berliner Underground-Filmer Lothar Lambert. Doch wo Lambert frisch von der Leber weg inszeniert, krankt Andersens Film ein wenig an dem Kunstanspruch des Regisseurs.
Annette Kilzer, tip, 9/94

Jan Gympel in: Der Tagesspiegel, 21.4.94; Kirsten Niemann in: TAZ, 23.5.94; Mario Stumpfe in: Neues Deutschland, 21.4.94

Die Kinder der Braut 490

CHILDREN OF THE BRIDE

□ TV

Regie: Jonathan Sanger
Darsteller: Rue McClanahan (Margret Bekker), Patrick Duffy (John Hix), Kristy McNichol (Mary), Jack Coleman (Dennis Becker), Anne Bobby (Anne), Conor O'Farrell (Andrew), Casey Wallace (Amy), Beverly Mitchell (Jersey), Christi Conaway (Lydia), Robert Curtis-Brown (Tony)
Drehbuch: Bart Baker
Kamera: Ronald M. Lautore (Farbe)
Musik: Yanni
Schnitt: Mark W. Rosenbaum
Produktion: Joel Fields für Leonard Hill Films, USA 1990
Uraufführung: 5.10.1990, CBS
Sendetermin: 27.7.1994, ARD, 20.15
Länge: 120 Min.

Als Margret Beckers erwachsene Kinder erfahren, daß ihre Mutter heiraten will, freuen sie sich über ihr neues Glück und reisen zur Trauung an. Erst daheim entdecken sie, daß ihr Schwiegerpapa in spe 14 Jahre jünger ist als die Braut, und nicht nur das schafft Komplikationen. Typischer Fall von Futterneid. *Pressetext ARD*

Kinder der Landstraße 491

***

Regie: Urs Egger
Darsteller: Martina Straessler (Jana, 5 Jahre), Jasmin Tabatabai (Jana Kessel), Matthias Gnädinger (Roger Kessel), Andrea Eckert (Theresa Kessel), Herbert Leiser (Paul Kessel), Hans Peter Korff (Dr. Schönefeld), Michael Fuchs, Nina Petri, Noemi Steuer
Drehbuch: Johannes Bösiger
Kamera: Lukas Strebel (Farbe)
Musik: Detlef Petersen
Schnitt: Barbara Hennings
Produktion: Johannes Bösiger, Peter Spoerri, Helga Bähr, Veit Heiduschka für Panorama Films/Lichtblick/Wega Film mit DRS/ZDF/Teleclub, Schweiz/BRD/Österreich 1992
Uraufführung: 29.10.1992, Int. Hofer Filmtage
Verleih: Nil/Einhorn/Rialto
Kinostart: Mai 1992 (CH), 24.2.1994 BRD
Länge: 116 Min.
FSK: ab 12, ffr.
FBW: Wertvoll

Am Beispiel eines Mädchens aus einer jenischen (Zigeuner-)Familie werden die rassistischen Umerziehungsmethoden eines schweizerischen Hilfswerkes für Vagantenkinder vor Augen geführt, das von 1926 bis 1972 uneingeschränkt sein Unwesen treiben konnte. Nur mäßig gelungener Spielfilm, der höchst plakativ die unmenschliche Situation

darlegt, und es daher kaum zuwege bringt, den Zuschauer zu überzeugen.
multimedia

Kindermorde 492
GYEREKGYILKOSSAGOK ***

Regie: Ildikó Zsabó
Produktion: Ungarn/BRD 1993

Deutscher Verleihtitel für → »Childmurders«

Der Klang der Stille 493
THE SILENT TOUCH ***
TV

Darsteller: Max von Sydow (Henry Kesdi), Lothaire Bluteau (Stefan Bugajski), Sarah Miles (Helena Kesdi), Sofie Grabol (Annette Berg), Aleksander Bardini (Professor Jerzy Kern), Peter Hesse Overgaard (Joseph Kesdi), Lars Lunoe (Dr. Jürgen Hansen), Slawomira Lozinska (Utta Hansen), Trevor Cooper (Muller), Stanislaw Brejdygant (Maier)
Drehbuch: Peter Morgan, Mark Wadlow, nach einer Story von Krzysztof Zanussi, Edward Zebrowski
Kamera: Jaroslaw Zamojda (Farbe)
Musik: Wojciech Kilar
Schnitt: Marek Denys
Produktion: Mark Forstater für Mark Forstater Prod., GB/Polen/Dänemark 1992
Erstaufführung: Filmfest München 1993
Verleih: -/-/-/
Sendetermin: 8.6.1994, ARD, 23.10
Länge: 95 Min.

Zwischen Melodram und Komödie hat Zanussi diese bizarre Geschichte seltsamer Obsessionen angesiedelt. Ein Musikstudent in Krakau hört im Traum eine Melodie und reist nach Kopenhagen zu einem berühmten alten Komponisten, den er nach langem Schweigen zu einer neuen Sinfonie animiert. Per Handauflegen heilt der Junge den Alten auch noch von einem Rückenleiden, so daß er sogar noch ein Kind zeugt. Max von Sydow spielt das knorrig lüstern.
Frauke Hanck, AZ, 1.7.93

Klatschmohn – Aus dem Leben mit Heroin 494
***

Regie: Stephan Laur
Drehbuch: Stephan Laur, Albi Klieber, Marco Hausamann-Gilardi
Kamera: Brian Dean Goff, Marco Hausamann-Gilardi (Farbe)
Musik: Fischhohl
Schnitt: Christof Gächter
Produktion: mahagifilm, Schweiz 1993
Verleih: -/-/mahagifilm
Kinostart: Januar 1994
Länge: 73 Min.

Ein Beitrag zur Drogendiskussion aus der Sicht von Betroffenen. Stephan Laur drehte mit Leuten vom »Junkie Bund Basel«, einer Selbsthilfeorganisation Drogenabhängiger, einen Film über die Basler Drogenszene. Drogenabhängige erzählen darin von ihrem Leben mit der Droge und von den zahlreichen Schwierigkeitem, die damit verbunden sind. Das mit einfachen Mitteln gefertigte und formal etwas unbedarft wirkende Dokument hat vor allem aufklärerischen Wert, da es das Klischee vom medienwirksamen Gassenjunkie korrigiert.
Zoom

Die kleine Apokalypse 495
LA PETIT APOCALYPSE ***

Regie: Costa-Gavras
Darsteller: Jirí Menzel (Stan), André Dussollier (Jacques), Pierre Arditi (Henri), Anna Romantowska (Barbara), Maurice Bénichou (Arnold), Carlo Brandt (Physiotherapeut), Chiara Caselli (Luigis Tochter), Enzo Scotto Lavina (Luigi), Jacques Denis (Arzt), Olga Grumberg (Assistentin)
Drehbuch: Jean-Claude Grumberg, Costa-Gavras, frei nach dem Roman von Tadeusz Konwicki
Kamera: Patrick Blossier (Farbe)
Musik: Philippe Sarde
Schnitt: Joele Van Effenterre
Produktion: Michèle Ray-Gavras für K.G. Prod./Nickelodeon/Heritage, Frankreich/Italien/Polen 1992
Uraufführung: 22.2.1993, Int. Filmfestspiele Berlin
Verleih: Filmverlag/Constantin/-
Kinostart: 6.10.1994
Länge: 112 Min.
FSK: ab 12, ffr.

Ein erfolgloser polnischer Schriftsteller in Paris soll, da man ihn für einen Selbstmordkandidaten hält, von Freunden dazu gebracht werden, sich auf dem Petersplatz in Rom selbst zu verbrennen, da man sich nach diesem spektakulären Akt große Verkaufserfolge seiner Werke verspricht. Eine glänzende gallbittere Komödie von Costa-Gavras, der hier auch den politischen Hintergrund trefflich zeichnet, ohne ihn aber überzustrapazieren. *multimedia*

Hans Schifferle in: SZ, 1.12.94

Die kleine Meise 496

SYKORKA □

TV

Regie: Pavel Gejdos jr.
Darsteller: Anina Arapásová, Martin Kovác, Svatopluk Matyas, Viera Topinkova, Pavel Bartunek
Produktion: CSFR 1989
Sendetermin: 1.4.1994, ZDF, 12.55
Länge: 85 Min.

Der Film beschreibt ein jüdisches Kinderschicksal. Ein kleines Mädchen aus einer tschechoslowakischen Kleinstadt erlebt, wie im Krieg bei der Besetzung ihrer Heimat die deutschen Soldaten ihren jüdischen Spielkameraden mit seiner Familie deportieren.

Die kleinen Superstrolche 497

THE LITTLE RASCALS **

Regie: Penelope Spheeris
Darsteller: Travis Tedford (Spanky), Brittany Ashton Holmes (Darla), Bug Hall (Alfalfa), Kevin Jamal Woods (Stymie), Zachary Mabry (Porky), Ross Elliot Bagley (Buckwheat), Sam Saletta (Butch), Blake Jeremy Collins (Woim), Blake McIver Ewing (Waldo), Jordan Warkol (Froggy)
Drehbuch: Paul Guay, Stephen Mazur, Penelope Spheeris, nach einer Story von Penelope Spheeris, Robert Wolterstorff, Mike Scott, Paul Guay, Stephen Mazur
Kamera: Richard Bowen (Deluxe)
Musik: William Ross
Schnitt: Ross Albert
Produktion: Michael King, Bill Oakes für King World, USA 1994
Verleih: UIP/-/UIP
Kinostart: 8.12.1994
Länge: 82 Min.
FSK: o.A., ffr.
FBW: Wertvoll

Ein Junge verstößt gegen die Regeln seiner Gruppe, weil er Interesse für ein Mädchen zeigt, und ist mitverantwortlich für das Abbrennen der Club-Hütte. Ein gemeinsam gebautes Go-Cart und ein gewonnenes Rennen vereint die Gruppe wieder.

(...) Kein geringerer als Hal Roach hat 1921 »Die kleinen Strolche« erfunden. Zuerst waren sie über zwanzig Jahre im Kino erfolgreich, bevor sie in den fünfziger Jahren auch die Bildschirme eroberten. Autorin und Regisseurin Penelope Spheeris konnte sich bei ihrer gekünstelten und knallig-bunten Reanimation der Komödienserie aber nicht zu einer Modernisierung durchringen: so gibt es statt Action endloses Geschwätz, statt Gefühl schickes Styling und statt Spaß viel Grinsen und Kichern. Einfach unerträglich niedlich und so süß, daß man sich nach den Original-Strolchen sehnt.
Manfred Hobsch, Zitty, 25/94

Lars-Olav Beier in: tip, 25/94; Heiko R. Blum in: Rheinische Post, 9.12.94; Rupert Koppold in: Stgt. Zeitung, 17.10.94; Anke Sterneborg in: SZ, 8.12.94

Ein kleiner Satansbraten 498

LITTLE SWEETHEART ***

TV

Regie: Anthony Simmons
Darsteller: John Hurt (Robert Burger), Karen Young (Dorothea), John McMartin (Onkel David), Cassie Barasch (Thelma), Ellie Raab (Elizabeth), Barbara Bosson (Mrs. Davies), James Waterston (Richard), Guy Boyd (Sheriff), Jack Gilpin
Drehbuch: Anthony Simmons, nach dem Roman »The Naughty Girls« von Arthur Wise
Kamera: John Hooper (Farbe)
Musik: Lalo Schifrin
Schnitt: John Stothart
Produktion: Louis Marks für BBC/West One Film, GB 1988
Sendetermin: 22.12.1994, ZDF, 0.25
Länge: 89 Min.

Ein Ferienort in Florida ist für die 9jährige Thelma kein aufregendes Zuhause. Sie vertreibt sich ihre Zeit damit, den Bruder zu schikanieren oder ständig vor der Glotze zu sitzen. Mit der neugewonnenen, gleichaltrigen Freundin Elizabeth kommt sie bald auf neue Gedanken und Pläne. Es gelingt den beiden, ein ertapptes Liebes- und darüber hinaus flüchtiges Diebespaar zu erpressen. Als die Mädchen auch noch einen Revolver stehlen, spitzt sich das Geschehen zu. (...) *Pressetext ZDF*

Der Klient 499

THE CLIENT ***

Regie: Joel Schumacher
Darsteller: Susan Sarandon (Reggie Love), Tommy Lee Jones (Roy Foltrigg), Mary-Louise Parker (Dianne Sway), Anthony LaPaglia (Barry Muldanno), J.T. Walsh (McThune), Anthony Edwards (Clint Von Hooser), Brad Renfro (Mark Sway), Will Patton (Sgt. Hardy), Bradley Whitford (Thomas Fink), Anthony Heald
Drehbuch: Robert Getchell, Akiva Goldsman, nach dem gleichn. Roman von John Grisham
Kamera: Tony Pierce-Roberts (Technicolor)
Musik: Howard Shore
Schnitt: Robert Brown
Produktion: Arnon Milchan, Steven Reuther für Regency Ent. mit Alcor Films, USA 1994
Uraufführung: 20.7.1994, New York
Verleih: Warner Bros./dto./dto./ Warner Home Video
Kinostart: 22.9.1994
Länge: 121 Min.
FSK: ab 12, ffr.
FBW: Wertvoll

Ein karrieregeiler Staatsanwalt versucht einem elfjährigen Jungen ein Geheimnis zu entlocken, durch das er einen Mafiaboß hinter Gittern bringen könnte. Daß das Kind dadurch zum potentiellen Mafiaopfer wird, interessiert die Staatsmacht nicht, dafür aber die Rechtsanwältin Reggie Love. Sie setzt sich für den Jungen ein und schützt ihn vor Staatsanwalt, FBI und Mafia. Leider haben die Autoren dieser John-Grisham-Verfilmung Susan Sarandons Rolle ein aufwendiges Psychodekor mit einem Touch von süßsaurem Feminismuskitsch verpaßt.
Gunter Göckenjan, tip, 20/94

Frauke Hanck in: AZ, 22.9.94 (Interview Schumacher); Otto Heuer in: Rheinische Post, 23.9.94; Sabine Horst in: FR, 23.9.94; Horst E. Wegener in: Zitty, 19/94; Anke Sterneborg in: SZ, 22.9.94

Verhinderte Mutter, verhinderter Politiker: Susan Sarandon und Tommy Lee Jones in ›Der Klient‹.

Knight Rider 2010 500

KNIGHT RIDER 2010 *
Video

Regie: Sam Pillsbury
Darsteller: Richard Paul Joseph (Jake), Heide Lieck (Hannah), Brion James (Jared), Ramon Chavez (Professor), Michael Beach
Produktion: Alex Beaton für Universal, USA 1994
Verleih: -/-/-/CIC Video
Videostart: 23.11.1994
Länge: 87 Min.
FSK: ab 16 J.

Unsinnige Mischung aus verschiedenen Endzeitfilmen mit etwas Cyberspace. Aber »Knight Rider« liest, weiß, was ihn erwartet.

Kohlenstaub und Glitzerträume 501

FLIGHT OF THE SPRUCE GOOSE ***
TV

Regie: Lech Majewski
Darsteller: Dan O'Shea (Adam), Jennifer Runyon (Terry), Karen Black (Gloria), Jack Kehoe (Freddie Fletcher), Betsy Blair (Helen), George Romero (Gromero), Dennis Christopher (Stan), Mark von Holstein (Moss)
Drehbuch: Lech Majewski, Chris Burdza
Kamera: Jerzy Zielinski (Farbe)
Musik: Herni Seroka

Schnitt: Corky O'Hara
Produktion: Michael Hausman für Filmhaus, USA 1986
Sendetermin: 3.8.1994, ZDF, 19.25
Länge: 97 Min.

Adam und Terry, die Kohlenhalden Pennsylvanias und die palmengesäumten Boulevards von Los Angeles – die Gegensätze könnten nicht größer sein als in Lech Majewkis dramatisch-melancholischer Liebesgeschichte über zwei junge Leute und ihren amerikanischen Traum vom Glück. »Der Flug der Spruce Goose« – so der Originaltitel des Films – wird zur Metapher für ein kurzes, rauschendes Glück, von dem offenbleibt, ob es Zukunft hat.

Pressetext ZDF

Komba, Gott der Pygmäen 502

KOMBA, DIEU DES PYGMEES **

TV

Regie: Raymond Adam
Darsteller: Didier Sauvegrain, Jacques Besnier, Ngubunga, Ngadale, Ekoma, Andre Beriagoto
Produktion: Frankreich 1985
Sendetermin: 15.5.1994, ORB3, 1.00; 17.4.1994, MDR3, 1.00
Länge: 90 Min.

Der vorwiegend mit Laien an Originalschauplätzen gedrehte Film erzählt die Geschichte des jungen Pygmäen Ekoma, dessen Volk durch den Raubbau am afrikanischen Regenwald bedroht ist. Nachdem er einem französischen Ingenieur das Leben gerettet hat, darf Ekoma als Dank in dessen Firma arbeiten. Neben seiner Unabhängigkeit gibt es aber auch Probleme.

Der Kongreß der Pinguine 503

****

Regie: Hans-Ulrich Schlumpf
Darsteller: Erzähler: Peter Schweiger
Drehbuch: Franz Hohler, Hans-Ulrich Schlumpf
Kamera: Pio Corradi, Patrick Lindenmaier, Luc Jacquet (Farbe)
Musik: Sergei Rachmanninow, Camille Saint-Saens, Bruno Spoerri
Schnitt: Fee Liechti
Produktion: Ariane Film, Schweiz 1992
Erstaufführung: 1.7.1994, Filmfest München
Verleih: Sputnik/-/Filmcooperative
Kinostart: 1.12.1994, Dez. 1993 (CH),
Länge: 91 Min.
FSK: ab 6, ffr.
Ausgezeichnet mit dem erstmals verliehenen »Media Net Award«, München 1994

In der von stürmischen Meeren umgebenen Eiswüste der Antarktis beobachten einige Menschen die Veränderung der Welt: Ozonloch, Klimawechsel... Sie finden zerfallene Stützpunkte früherer Plünderer, die aus Geldgier Wale, Pinguine und Robben abschlachteten.
Eine außergewöhnliche semidokumentarische Expedition nicht nur ans Ende der Zivilisation, sondern auch in die Seelen der Menschen. Ein eindrucksvolles Plädoyer für aktiven Umweltschutz.
Auf Fahrten in die Antarktis und in ihre Umgebung hat Hans-Ulrich Schlumpf Material gesammelt, um die akute Gefährdung der Region, stellvertretend für das globale Gesamtsystem, reporthaft und märchenartig darzustellen. Ein Kongreß der Pinguine bringt einen »Träumer« dazu, die oberflächliche Faszination des Exotischen aufzugeben und über Gesamtzusammenhänge vor Ort zu reflektieren. Eine semidokumentarische Expedition in die faszinierende Eiswelt, die mehr erhaltenswertes Leben birgt, als die Schulweisheit und die Legendenbildung vermuten läßt; bestechend fotografiert, fast ohne belehrende Allüren sinnhaltig umgesetzt.

Zoom

Eine wunderschöne Polarkreis-Parabel auf den Spuren der räuberischen Bestie Mensch in den Eislandschaften der Antarktis. Die High-Tech-Expedition findet verfallene Pionier-Stützpunkte, durch die der Sturm pfeift, weckt Erinnerungen an abgeschlachtete Wale und Robben, und die Pinguin-Formationen bewegen sich in einer fast surrealistischen Szenerie der Naturvollkommenheit, in der der Mensch nur stört. Bizarre Pinguin-Philosophie auf einer Meditationsreise. *Ponkie, 1.7.94.*

Thomas Klingenmaier in: Stgt. Zeitung, 1.12.94

Nahm die Welt und die Kinokassen im Sturm: ›Der König der Löwen‹.

Der König der Löwen 504

THE LION KING ****

Regie: Rob Minkoff, Roger Allens
Darsteller: Originalstimmen von: James Earl Jones, Jonathan Taylor Thomas, Matthew Broderick, Jeremy Irons, Whoopi Goldberg, Cheech Martin;
Drehbuch: Irene Mecchi, Jonathan Roberts, Linda Woolverton
Kamera: (Farbe)
Musik: Hans Zimmer; Songs von Elton John, Tom Rice
Schnitt: Tom Finan, John Carnochan
Produktion: Walt Disney, USA 1994
Verleih: Buena Vista/dto./dto.
Kinostart: 17.11.1994
Länge: 88 Min. – *FSK:* o.A., ffr.
FBW: Besonders wertvoll

Der 32. lange Animationsfilm aus dem Hause Walt Disney ist der erste, der nicht einer bestehenden literarischen Vorlage folgt und total auf Menschenfiguren oder -symbole verzichtet. Es geht um die erstaunlich ernsthaft aufbereitete Saga vom jungen Löwenkönig Simba, der sich am Tod seines Vaters schuldig fühlt, ins Exil flüchtet, dann zurückkehrt, um sein Steppenreich vom Terroregime seines Onkels Scar zu befreien. Brillante Mischung aus konventioneller Zeichentrick-Artistik und Computeranimation, mit Verweisen auf New Age-Philosophien und umweltbewußtes Denken. *Zoom, 11/94*

Sebastian Feldmann in: Rheinische Post, 18.11.94; Fritz Göttler in: SZ, 17.11.94; Thomas Klingenmaier in: Stgt. Zeitung, 17.11.94; Daniel Kothenschulte in: Kölner Stadtanzeiger, 19.11.94; Christiane Peitz in: Die Zeit, 25.11.94

König der Murmelspieler 505

KING OF THE HILL ***

Video

Regie: Steven Soderbergh
Darsteller: Jesse Bradford (Aaron Kurlander), Jeroen Krabbé (Mr. Kurlander), Lisa Eichhorn (Mrs. Kurlander), Karen Allen (Miss Mathey), Spalding Gray (Mr. Mungo), Elizabeth McGovern (Lydia), Joseph Chrest (Ben), Adrien Brody (Lester), Cameron Boyd (Sullivan), Chris Samples
Drehbuch: Steven Soderbergh, nach den Memoiren von A.E. Hotchner
Kamera: Elliot Davis (Deluxe)
Musik: Cliff Martinez
Schnitt: Steven Soderbergh
Produktion: Albert Berger, Barbara Maltby,

Ron Yerxa für Wildwood/Bona Fide Prod., USA 1993
Uraufführung: 20.8.1993, New York
Verleih: -/-/-/CIC Video
Videostart: 16.5.1994
Länge: 99 Min.
FSK: ab 6 J.

Eine fesselnde, in traumhaft schönen Bildern erzählte Story aus der Zeit der Weltwirtschaftskrise. Schritt für Schritt zerfällt die Familie des 12jährigen Aaron: Der kleine Bruder kommt zu Verwandten aufs Land, die Mutter muß in die Klinik und der verschuldete Vater nimmt einen auswärtigen Job an. Aaron muß sich in der Kunst des (alleine) Überlebens üben und sein Talent fürs Murmelspielen hilft ihm da sehr wenig.

Das Königsspiel – Ein Meister wird geboren 506

SEARCHING FOR BOBBY FISCHER ****
Video

Regie: Steven Zaillian
Darsteller: Max Pomeranc (Joshua Waitzkin), Ben Kingsley (Bruce Pandolfini), Joe Mantegna (Fred Waitzkin), Laurence Fishburne (Vinnie), Joan Allen (Bonnie Waitzkin), Michael Nirenberg (Jonathan Poe), Robert Stephens (Poe's Teacher), David Paymer (Kalev)
Drehbuch: Steven Zaillian, nach einem Roman von Fred Waitzkin
Kamera: Conrad L. Hall (DeLuxe)
Musik: James Horner
Schnitt: Wayne Wahrman
Produktion: Scott Rudin, William Horberg für Mirage, USA 1993
Verleih: -/-/-/CIC Video
Videostart: Juni 1994
Länge: 105 Min.
FSK: ab 6 J.

Exzentrischer Meister übernimmt die Schulung des 7jährigen Josh, der mit herausragendem Talent zum Schachspielen gesegnet ist. Mit den ersten spektakulären Erfolgen stellen sich auch gravierende Probleme ein. Steven Zaillian, Autor von »Schindlers Liste«, legt ein in jeder Hinsicht stimmiges, packendes und überwältigend bebildertes Regiedebüt vor, das dem Sujet »Schach« Thrillerspannung abgewinnt.

Der Konzern 507

BARBARIANS AT THE GATE ***
Video

Regie: Glenn Jordan
Darsteller: James Garner (Ross Johnson), Jonathan Pryce (Henry Kravis), Peter Riegert (Peter Cohen), Leilani Ferrer (Laurie Johnson), Joanna Cassidy (Linda Robinson), Matt Clark, Fred Dalton Thompson
Drehbuch: Larry Gelbart, nach dem Buch von Bryan Burrough, John Helyar
Kamera: Tom del Ruth, Nic Knowland (Farbe)
Musik: Richard Gibbs
Schnitt: Patrick Kennedy
Produktion: Ray Stark für HBO/Columbia, USA 1993
Uraufführung: 20.3.1993, HBO
Verleih: -/-/-/Warner Home Video
Videostart: Dezember 1993
Länge: 103 Min.
FSK: ab 6 J.

US-Tycoon will mit der Übernahme eines Tabakkonzerns zu einem der reichsten Männer der Welt aufsteigen, doch der Weg dorthin ist mit Fußangeln und Intrigen gepflastert.

Frank Klubertz in: film-dienst, 1/94

Der Krieger des Kaisers 508

THE TERRA-COTTA WARRIOR ***
TV

Regie: Ching Tung Yee
Darsteller: Zhang Yimou (Mong), Gong Li (Twon), Yu Yung Kang (Bai Yun Fei), Gong Li (Lili Chu)
Drehbuch: Lee Bik Wah
Kamera: Peter Pao (Eastmancolor)
Musik: Joseph Koo
Schnitt: Mak Chi Shin
Produktion: Kam Kwok Leung, Zhang Yimou, Ng Tin Ming für Art & Talent Group, Hongkong 1989
Erstaufführung: 18.2.1990, Int. Filmfestspiele Berlin, (außer Konkurrenz)
Sendetermin: 20.5.1994, ZDF, 23.50
Länge: 145 Min.

(...) Hongkong wollte offenbar den internationalen Markt flink mit einem Jäger des verlorenen Schatzes beglükken und langte mit dem Unsterblichkeitsabenteuer voll hinein in den Kostüm- und Kampfgetümmel-Kintopp schwertschwingender altchinesisch-kaiserlicher Grabwachen und moderner Filmgangster im Propellerflugzeug.

Vertrautes Team in ungewöhnlicher Rolle: Regisseur Zhang Yimou als Schauspieler mit Partnerin Gong Li vor der Kamera in ›Der Krieger des Kaisers‹.

Das hatte eine muntere Märchenkomik – als der nach Kaiserbrauch zur Strafe in Terrakotta eingegossene kaiserliche Ritter nach 3000 Jahren von den Filmfritzen aus der Hülle gesprengt wird und seine hehre Minne alsbald in ein schrill quiekendes Doofi-Starlet verschwendet. Ein Archäologen-Jux: Die Tricks können sich sehen lassen!

AZ, 20.2.1990

Krokodile in Amsterdam 509

KROKODILLEN IN AMSTERDAM □ TV

Regie: Annette Apon
Darsteller: Joan Nederlof (Gino), Yolanda Entius (Nina)
Drehbuch: Annette Apon, Yolanda Entius, Henriette Remmers
Kamera: Bernd Wouthuysen (Farbe)
Musik: Wonk van der Moulon
Schnitt: Danniel Daniel
Produktion: Rolf Orthel für Orthel Filmproductie, Niederlande 1989
Uraufführung: 13.2.1990, Int. Filmfestspiele Berlin, »Panorama«
Sendetermin: 1.5.1994, MDR3, 1.00; 23.2.1994, ORB3, 11.00
Länge: 90 Min.

Zwei junge Frauen, die die Welt verändern wollen, begegnen sich in Amsterdam, werden dicke Freundinnen und entdecken viele Gemeinsamkeiten, unter anderem den Wunsch, Krokodile nach Amsterdam zu holen.

Krücke 510

KRÜCKE ****

Regie: Jörg Grünler
Darsteller: Heinz Hoenig (Krücke), Peter Simonischek (Ferdi), Götz Behrend (Tom), Martina Gedeck (Bronka), Florian Martens (Transportleiter), Kirsten Block (Eva), Michael Kind (1. Soldat), Marcus Becker (2. Soldat), Susanne Lüning (Die Schwangere)
Drehbuch: Jörg Grünler, frei nach Motiven eines Romans von Peter Härtling
Kamera: Gernot Roll (Farbe)
Musik: Mick Baumeister
Schnitt: Jörg Baumeister
Produktion: Justus Boehncke, Karla Krause für Eikon-Film mit DEFA/ZDF, BRD 1992

Uraufführung: 23.1.1993, Max Ophüls Preis, Saarbrücken
Verleih: Atlas/-/-
Kinostart: 26.5.1994
Länge: 98 Min.
FSK: ab 12, ffr.
FBW: Besonders wertvoll

Krücke ist ein Schieber, der seinen Namen dem Verlust seines Beines im Zweiten Weltkrieg verdankt. Krücke ist auch der Freund eines mutterlosen Jungen im zerbombten Wien nach diesem Krieg. Krücke ist derjenige, der den Jungen wieder nach Deutschland und zu seiner Mutter zurückbringt. Und schließlich ist Krücke der Schauspieler Heinz Hoenig, der diesem etwas konfektioniert wirkenden, aber von Gernot Roll sensationell fotografierten Drama Wärme, Humor und Glaubwürdigkeit verleiht. *Alfred Holighaus, tip, 11/94*

Steffen Jacobs in: Der Tagesspiegel, 29.5.94; Rupert Koppold in: Stgt. Zeitung, 4.5.94

Kuck' mal, wer da jetzt spricht 511

LOOK WHO'S TALKING NOW **

Regie: Tom Ropelewski
Darsteller: John Travolta (James Ubriacco), Kirstie Alley (Mollie Ubriacco), Olympia Dukakis (Rosie), Lysette Anthony (Samantha D'Bonne), David Gallagher (Mikey Ubriacco), Tabitha Lupien (Julie Ubriacco), Danny DeVito (Rocks'Stimme), Diane Keaton (Daphne's Stimme), George Segal (Albert), Charles Barkley
Drehbuch: Tom Ropelewski, Leslie Dixon
Kamera: Oliver Stapleton (Technicolor)
Musik: William Ross
Schnitt: Michael A. Stevenson, Harry Hitner
Produktion: Jonathan D. Krane für TriStar Pic., USA 1993
Verleih: Columbia TriStar/Columbia/ 20th Century/Columbia TriStar Home Video
Kinostart: 17.3.1994
Länge: 97 Min.
FSK: ab 6, ffr.

Dritter Teil der Familienserie, in dem nach den sprechenden Babys geschwätzige Hunde auftreten. Auch ihnen gelingt es aber nicht, der vorhersehbaren Handlung um die Rettung der durch eine Nebenbuhlerin gefährdeten Harmonie eines krisengeschüttelten Ehepaars etwas Überrraschendes zu verleihen. Ein mißlungener, langweiliger und zudem problematischer Film, weil er jungen Zuschauern Intoleranz vermittelt. *Zoom*

Otto Heuer in: Rheinische Post, 19.3.94

Kwagga schlägt zurück 512

KWAGGA STRIKES BACK ***
TV

Regie: David Lister
Darsteller: Leon Schuster (Kwagga Robbertse), Karl Johnson (Mac), Michele Bestbier (Inge), Bill Flynn (Zapata), Ron Smerczak (Shady), Eric Nobbs (Doon), Kurt Egelhof (Rashid), Casper de Vries
Drehbuch: Paul Slabolepszy, Leon Schuster
Produktion: Südafrika 1990
Sendetermin: 10.7.1994, RTL2, 20.15
Länge: 91 Min.

Ein schlauer Ladenbesitzer in dem fiktiven afrikanischen Kleinstaat Nambabwe verschafft sich mit List und Tükke Achtung.

Das Labyrinth

513
□
TV

Regie: Jaromil Jires
Darsteller: Maximilian Schell, Christopher Chaplin (Franz Kafka), Christian Thuri, Milos Kopecky, Vlastimil Brodsky, Daniel Margolius
Drehbuch: Hans-Jörg Weymüller, Jaromil Jires, Alex Koenigsmark
Kamera: Ivan Vojnar (Farbe)
Musik: Lubos Fiser
Schnitt: Alois Fisarek
Produktion: Karel Dirka, David Braun für Art Oko, BRD 1991
Sendetermin: 25.1.1994, BR3, 22.40
Länge: 86 Min.

Maximilian Schell in Prag: Auf der Suche nach der Persönlichkeit Kafkas in dessen Werk und in Prag setzt er sich mit vielen Wirklichkeiten auseinander – mit der Wirklichkeit der zerrissenen Dichterpersönlichkeit, mit der Historie der Stadt und ihrer Juden seit dem Mittelalter, mit der furchtbaren Wirklichkeit der Nazizeit und nicht zuletzt mit sich selbst inmitten dieser Flut an Sinneseindrücken.

Labyrinth – Liebe ohne Ausweg

514
ENTANGLED
**
Video

Regie: Max Fischer
Darsteller: Judd Nelson (David), Pierce Brosnan (Garavan), Laurence Treil (Annabelle), Roy Dupuis (Max), Lorenzo Caccialanza (Mark Merylle), Lucie Gagnon, Michael McGill, Danielle Bissonette, Alexander Chapman
Drehbuch: Max Fischer, Michel Tureau, nach dem Roman »Les Neufs von Boileau-Narcejac
Kamera: Ennio Guarnieri (Farbe)
Musik: Jean-Francois Fabiano
Schnitt: Marie-Sophie Dubus
Produktion: Max Fischer für Annabelle Films/Parmentier Prod. mit Canal Plus, USA/Kanada 1993
Verleih: -/-/-/Columbia TriStar Home Video
Videostart: 22.11.1994
Länge: 94 Min.
FSK: ab 16 J.

Erfolgloser Autor begegnet dem begehrenswerten Model Annabelle, verfällt ihr und will in rasender Eifersucht ihr Geheimnis lüften. Hübsch konstruierter, zuweilen schwerfälliger und dialoglastiger Krimi mit überraschender Schlußpointe.

Ladoni – Handflächen

515
LADONI
***

Regie: Artur Aristakisjan
Drehbuch: Artur Aristakisjan
Musik: Verdi
Produktion: WGIK, Rußland 1993
Uraufführung: Juli 1993, Moskau
Erstaufführung: 15.2.1994, Int. Forum des Jungen Films, Berlin
Verleih: Freunde/-/-
Kinostart: Mai 1994
Länge: 142 Min.

Über dokumentarische Aufnahmen von Bettlern, Krüppeln und geistig Behinderten in seiner moldawischen Heimatstadt Kischinjow legt Artur Aristakisjan den Monolog eines Vaters an sein nie geborenes »Söhnchen«. Die monotone und angenehme Stimme stilisiert die Armen zu Heiligen und verklärt das Leben in Armut als einzige Möglichkeit, dem »System« zu entkommen. Ohnehin eignet sich das sakrale Werk nicht zur sozialen Analyse, zu bewegend und verstiegen ist die Vision vom Glanz des Elends, auch wenn man ihr nicht immer folgen kann.

Anke Leweke, tip, 8/94

Eberhard von Elterlein in: Berliner Morgenpost, 17.2.94

Lady Hunter

516
BEAUTY INVESTIGATOR
*
Video

Regie: Lee Jua Nan
Darsteller: Cynthia Luster (Grace), Moon Lee (Ellen), Sophia Crawford, Kim J. K.
Kamera: Kwan Zhe Chin (Farbe)
Musik: Michael Fung
Produktion: William Lan, Hongkong 1993
Verleih: -/-/-/Splendid Video
Videostart: 25.5.1994
Länge: 86 Min. – *FSK:* ab 18 J.

Dilettierende Politessen werden als Undercover-Agentinnen in Nachtclub eingeschleust. Non-Stop-Billig-Action fürs Stammpublikum.

Ladybird, Ladybird 517

LADYBIRD, LADYBIRD ****

Regie: Ken Loach
Darsteller: Crissy Rock (Maggie), Vladimir Vega (Jorge), Sandie Lavelle (Mairead), Mauricio Venegas (Adrian), Ray Winstone (Simon), Clare Perkins (Jill), Jason Stracey (Sean), Luke Brown (Mickey), Lily Farrell (Serena), Scottie Moore
Drehbuch: Rona Munro
Kamera: Barry Ackroyd (Farbe)
Musik: George Fenton; Mauricio Venegas
Schnitt: Jonathan Morris
Produktion: Sally Hibbin für Parallax Pic./ Film Four, GB 1993
Uraufführung: 19.2.1994, Int. Filmfestspiele Berlin
Verleih: Nef2/filmladen/Focus
Kinostart: 16.6.1994
Länge: 102 Min. – *FSK:* ab 12, ffr.
FBW: Besonders wertvoll

Maggie Conlan gerät in die Fänge der britischen Fürsorge, die ihr nach und nach die Kinder wegnimmt. Mal nüchtern, mal satirisch zeigt Ken Loach die Eigendynamik einer behördlichen Maschinerie und den Kampf von Maggie und ihrem Freund Jorge um die Kinder. Gegen die verlogenen Familienwerte, die seit Jahren das Kino verseuchen, hat Ken Loach einen Familienfilm gedreht, der buchstäblich der Wirklichkeit abgeguckt ist. Loachs Geschichte aus dem heutigen London ist erfrischend direkt und schnörkellos erzählt.

Volker Gunske, tip, 14/94

Angie Dullinger in: AZ, 23.6.94; Otto Heuer in: Rheinische Post, 18.6.94; Steffen Jacobs in: Der Tagesspiegel, 21.2.94; H.G. Pflaum in: SZ, 23.6.94; Stefan Reinecke in: FR, 30.6.94; Patrick Rössler in: Stgt. Zeitung, 30.6.94; Willi Winkler in: Die Zeit, 17.6.94

Das Land der Pfirsichblüte 518

ANLIAN TAOHUA YUAN ***

Regie: Stan Lai
Produktion: Taiwan 1992

Schweizer Verleihtitel für → »Pfirsichblütenland«. Lief breits 1993 in der BRD an. Deshalb vollständige Angaben und Kritik im Heyne Filmjahrbuch 1994.

Land in Flammen 519

CLASS OF '61 **

Video

Regie: Gregory Hoblit
Darsteller: Christien Anholt (Shelby Peyton), Andre Braugher, Dan Futterman, Joshua Lucas, Clive Owen, Sophie Ward
Drehbuch: Jonas McCord
Kamera: Janusz Kaminski (Farbe)
Musik: John Debney
Schnitt: David Rosenbloom
Produktion: Gregg Fienberg für Amblin Ent., USA 1993
Verleih: -/-/-/CIC Video
Videostart: Juni 1994
Länge: 91 Min.
FSK: ab 12 J.

Bürgerkriegsdrama um drei Freunde, die auf verschiedenen Fronten landen und gegeneinander antreten müssen. Biedere Fernsehkost.

Jochen Rack in: film-dienst, Nov. 94

Landschaft mit Möbeln 520

KRAJINA S NABYTKEM ***

TV

Regie: Karel Smyczek
Darsteller: Vladimir Javorsky (Zdenék), Yvetta Kornová (Eva), Michal Suchánek (Frantisek), Marcela Martinková (Mutter)
Drehbuch: Milan Lezák, nach dem Buch von Zdenék Rozenbaum
Musik: Emil Viklicky
Produktion: Tschechoslowakei 1986
Sendetermin: 12.11.1994, WDR, 11.00
Länge: 92 Min.

Familienfilm um einen jungen Mann, der Musiker werden will und in einige Turbulenzen gerät.

Lara – Meine Jahre mit Boris Pasternak 521

***

Regie: Juraj Herz
Darsteller: Mit Olga Iwinskaja
Drehbuch: Hans-Jörg Weyhmüller
Kamera: Rudolf Blahacek (Farbe)
Musik: Zdenek Merta
Schnitt: Ingrid Wolff

Produktion: Karel Dirka für Art Oko mit BR, BRD 1994
Verleih: Nil Film/-/-
Kinostart: 26.5.1994
Länge: 86 Min.
FBW: Besonders wertvoll

Die heute 84jährige Olga Iwinskaja war die letzte große Liebe von Boris Pasternak. In ihren gemeinsamen Jahren von 1947-60 schrieb Pasternak »Doktor Schiwago« und bekam den Nobelpreis, wurde aber in seiner Heimat als »antisowjetisch« gebranntmarkt. Der Film zeigt in einer Collage aus Interviews mit Iwinskaja, Spielszenen, Dokumentar- und Amateuraufnahmen, wie die Staatsmacht Pasternak auf die Linie des Personenkults zwingen wollte, indem sie seine Geliebte drangsalierte und jahrelang einsperrte. *tip, 20/94*

Bodo Fründt in: SZ, 20.10.94; Ponkie in: AZ, 20.10.94

The Last Border 522
VIIMEISELLÄ RAJALLA **
Video

Regie: Mika Kaurismäki
Darsteller: Jürgen Prochnow (Duke), Fanny Bastien (Doavia), Jolyon Baker (Jake), Kari Väänänen (Borka), Matti Pellonpää (Dimitri)
Drehbuch: Mika Kaurismäki, Pia Tikka
Kamera: Timo Salminen (Farbe)
Schnitt: Mika Kaurismäki
Produktion: Mika Kaurismäki für Last Border Prod. mit Sandrew Film & Theater/Connexion Film, Finnland 1992
Verleih: -/-/-/VMP Video
Videostart: 21. Juni 1994
Länge: 101 Min. – *FSK:* ab 18 J.; gekürzte Fass. 94 Min. ab 16 J.

Jürgen Prochnow und die Mitstreiter blicken finster und tollen durch diesen schnell ermüdenden Endzeit-Actioner, der eher vergeblich versucht, »MadMax«-Ambiente vorzutäuschen.

The Last Klezmer – Leopold Kozlowskil: His Life and Music 523
****

Regie: Yale Strom
Drehbuch: Yale Strom
Kamera: Oren Rudavsky (Farbe)
Musik: Leopold Kozlowski, Yale Strom
Schnitt: David Notowitz
Produktion: Bernard Berkin für Mäelström Films, USA 1993
Uraufführung: 14.2.1994, Int. Forum des Jungen Films, Berlin
Verleih: Freunde/-/-
Kinostart: Juli 1994
Länge: 84 Min.

Lebensstationen des jüdischen Musikers Leopold Kozlowski, der als einer der wenigen Klezmorim die nationalsozialistische Okkupation in Polen überlebte. Erinnerungen einer beeindrukkenden Persönlichkeit in dokumentarische Bilder gefaßt, getragen von einer tiefen Traurigkeit. Die Musik steht zwar im Titel, spielt aber nur die zweite Geige. *tip, 15/94*

Gerald Jung in: Zitty, 15/94

Last Light 524
LAST LIGHT ***
Video

Regie: Kiefer Sutherland
Darsteller: Forest Whitaker (Fred Whitemore), Kiefer Sutherland (Denver), Clarence Brown (Nancy Whitemore), Clancy Brown, Amanda Plummer, Kathleen Quinlan
Drehbuch: Robert Eisele
Kamera: Ric Waite (Farbe)
Musik: Jude Cole
Schnitt: Steven Weisberg
Produktion: Robert Eisele für Stillwater Prod., USA 1993
Verleih: -/-/-/EuroVideo
Videostart: 7.6.1994
Länge: 101 Min.
FSK: ab 16 J.

Die Geschichte eines warmherzigen Gefängniswärters, der Freundschaft mit einem Delinquenten, einem zum Tode verurteilten mehrfachen, jugendlichen Mörder, schließt. Vielversprechendes, sensibles und psychologisch stimmiges Regiedebüt des Schauspielers Kiefer Sutherland.

The Last Outlaw 525
THE LAST OUTLAW **
Video

Regie: Geoff Murphy
Darsteller: Mickey Rourke (Graff), Dermot Mulroney (Eustis), Ted Levine (Potts), John C.

McGinley (Wills), Steve Buscemi (Philo), Keith David (Lovecraft), Daniel Quinn (Loomis)
Drehbuch: Eric Red
Kamera: Jack Conroy (Farbe)
Musik: Mason Daring
Schnitt: C. Timothy O'Meara
Produktion: John Davis für Home Box Office, USA 1993
Verleih: -/-/-/VCL/Carolco Video
Videostart: 24.10.1994
Länge: 89 Min.
FSK: ab 18 J.

Der immer despotischer agierende Bandenführer Graff gerät zwischen die Fronten seiner eigenen Leute und eines Suchtrupps, der ihn zur Strecke bringen soll. Fürs amerikanische Kabelfernsehen produzierter handfester Action-Western.

Lawinen über Tolzbad 526

CAREFUL ****

TV

Regie: Guy Maddin
Darsteller: Gosia Dobrowolska (Zenaida), Kyle McCulloch (Grigorss), Sarah Neville (Klara Trotta), Paul Cox (Graf Knotgers), Brent Neale (Johann), Victor Cowie (Herr Trotta), Jackie Burroughs (Frau Teacher), Michael O'Sullivan (blinder Geist), Vince Rimmer (Franz), Katya Gardner (Sieglinde)
Drehbuch: Guy Maddin, George Toles
Kamera: Guy Maddin (Farbe)
Musik: John McCulloch
Schnitt: Guy Maddin
Produktion: Greg Klymkiw, Tracy Traeger für Greg Klymkiw mit Telefilm Canada & Cido, Kanada 1992
Erstaufführung: Filmfest München 1993
Sendetermin: 10.3.1994, 3sat, 22.30; 26.2.1995, ZDF, 1.05
Länge: 96 Min.

In Tolzbad, einem fiktiven Ort in den deutschen Alpen, leben drei Brüder. Johann und Grigorss besuchen das Butler-Gymnasium, ihr gelähmter und stummer Bruder Franz wird aus mysteriösen Gründen von der Mutter auf dem Dachboden gefangengehalten. Als Johann von einer Lawine getötet wird, wirbt sein Bruder Grigorss um dessen Braut Klara. Ein öffentlicher Skandal und familiäre Gefühlsverwirrungen sorgen daraufhin für Turbulenzen.

Pressetext 3sat

›Leben!‹ und sein Mittelpunkt: Chinas Porzellangesicht Gong Li.

Leben 527

HUOZHE ****

Regie: Zhang Yimou
Darsteller: Ge You (Fugui), Gong Li (Jiazhen), Niu Ben (Stadtoberhaupt), Guo Tao (Chunsheng), Jiang Wu (Er Xi), Ni Da Hong (Long Er), Liu Tian Chi (Fengxia als Erwachsene), Zhang Lu (Fengxia als junges Mädchen), Xiao Cong (Fengxia als Kind), Dong Fei (Youqing)
Drehbuch: Yu Hua, Lu Wei, nach dem Roman von Yu Hua
Kamera: Lu Yue (Farbe)
Musik: Zhao Jiping
Schnitt: Du Yuan
Produktion: Chiu Fusheng für ERA Int. mit Shanghai Film Studios, Hongkong/China 1994

Uraufführung: Int. Filmfestspiele Cannes 1994
Erstaufführung: 28.6.1994, Filmfest München
Verleih: Kinowelt/topfilm/Filmcooperative/ Arthaus Video (KK)
Kinostart: 28.7.1994
Länge: 132 Min.
FSK: ab 12, ffr.

Der episch angelegte Film erzählt von den politischen Umständen, mit denen das Leben einer chinesischen Familie von der kommunistischen Machtergreifung in den vierziger bis zur Kulturrevolution in den siebziger Jahren verknüpft ist. Sehr intelligentes Gefühlskino, das Komödiantisches, Humorvolles, Ironisches, Tragisches, Kritisches und eine nicht zu knappe Portion Hohn auf die Leinwand bringt, von wahren Gefühlen erzählt, seinen leidgeprüften Figuren mit Liebe begegnet. *Zoom, 6/94*

Heiko R. Blum in: Rheinische Post, 29.7.94; Angie Dullinger in: AZ, 28.7.94; Thomas Klingenmaier in: Stgt. Zeitung, 29.7.94; Heike Kühn in: FR, 29.7.94; Christiane Peitz in: Die Zeit, 29.7.94; H.G. Pflaum in: SZ, 28.7.94; Josef Schnelle in: Kölner Stadt-Anzeiger, 30.7.94

Leben am seidenen Faden 528

BY A THREAT □ TV

Regie: Craig Richardson
Darsteller: Michael O'Hare (Quentin Springer), Michael Constantin (Anthony Gallucci), David Eigenberg
Produktion: USA 1990
Sendetermin: 17.3.1994, WEST 3, 22.00
Länge: 90 Min.

Der Fernsehjournalist Quentin Springer will seinem unter Schizophrenie leidenden Neffen Kiri helfen, indem er Videoaufzeichnungen von dessen Leben macht. Außerdem träumt er von der Ausführung eines »perfekten Verbrechens«, dem Mord an dem Mafiaboß Anthony Gallucci.

Ein Leben für Rita 529

DRÖMMEN OM RITA □ TV

Regie: Jon Lindström
Darsteller: Marika Lagercrantz (Rita), Per Oscarsson (Bob), Philip Zandén (Steff), Patrick Esgard (Eric), Yaba Holst (Sandra), Lise Ringheimn, Gertyy Fylking, Tomas Norström, Mikael Segerström
Drehbuch: Rita Holst, Jon Lindström
Kamera: Khell Lagerroos (Farbe)
Produktion: Börje Hansson für FilmLance Prod./Svenska Filminstutet/Sveriges Television/TV-2/Film Teknik/Kinotuotanto/ Film Lance Intl./Street Movies/Nordisk Film und TV Fond, Schweden 1992
Uraufführung: 24.11.1992, Stockholm
Sendetermin: 1.10.1994, RTL2, 18.00
Länge: 104 Min.

Ein älterer schwedischer Herr ist seit vielen Jahren ein begeisterter Fan der amerikanischen Filmschauspielerin Rita Hayworth. Als seine Frau verstirbt, nähert er sich bedenklich der Senilität und kommt auf die spleenigsten Ideen. Seine hübsche Tochter Rita sorgt sich um ihn und macht sich auf seine Spur. Dabei verliebt sie sich in einen Fremden. *Pressetext RTL2*

Leben und Sterben in Sarajevo 530

LES VIVANTS ET LES MORTS DE SARAJEVO ****

Regie: Radovan Tadic
Drehbuch: Radovan Tadic
Kamera: Radovan Tadic (Farbe)
Schnitt: Radovan Tadic
Produktion: Archipel 33, Frankreich 1993
Verleih: -/-/Selecta/Medienwerkstatt Freiburg
Kinostart: Februar 1994
Länge: 75 Min.

Dokumentarfilm über den alltäglichen Wahnsinn des Krieges in Sarajevo. Er greift verschiedene Menschen heraus, interviewt sie bei der Arbeit oder begleitet sie bei ihren täglichen Besorgungen und Verpflichtungen, die ihnen der Kampf ums Überleben abfordert. Daraus entstehen eindringliche Porträts von Menschen in Not. Durch diesen persönlichen Zugang hebt sich der Film von der gewohnten Kriegsberichterstattung in den Medien ab und zeigt auf, daß trotz allem Grauen das Leben stärker ist als der Tod. *Zoom*

Lebendig begraben 531
EVERY BREATH YOU TAKE **
Video

Regie: Steve Bing
Darsteller: Judd Nelson (Jimmy), Joanna Pacula (Lauren), Patrick Bauchau (Richard), Willy Garson (Bob), Rebecca Arthur (Mimi), John Pyper Ferguson (Hal), Cynthia Brimhall (Kris), Kathleen Beaton (Kim), Kristen Hokking, Garcelle Beauvais
Drehbuch: Andrew Fleming, Steve Bing, Judd Nelson
Kamera: Chris Taylor (Foto-Kem)
Musik: Nils Lofgren
Schnitt: Eric Beason
Produktion: Brad Krevoy, Steve Stabler für Motion Pic. Corp of America, USA 1993
Verleih: -/-/-/Columbia TriStar Video
Videostart: 6.9.1994
Länge: 84 Min.
FSK: ab 18 J.

Flachbrüstiger Erotikthriller, der stil- und ziellos seine wirre Story um einen erfolglosen Schauspieler im Dschungel der Großstadt erzählt.

Georg Röwekamp in: film-dienst, 20/94

Die Legende von der Mondprinzessin 532
TAKETORI MONOGATARI □
TV

Regie: Kon Ichikawa
Darsteller: Yasuko Sawaguchi (Mondprinzessin), Ayako Wakao (Tayoshime), Toshiro Mifune (Taketori), Koji Ishizaka (Mikado), Kiichi Nakai, Koasa Shumputei, Takatoshi Takeda
Drehbuch: Ryuzou Kikushina, Mitsutoshi Ishigami, Shinya Hidaka, Kon Ichikawa
Kamera: Setsuo Kobayshi (Farbe)
Musik: Kensaku Tanigawa
Schnitt: Chizuko Osada
Produktion: Masaru Kakutani, Hiroaki Fuji, Junichi Shinsaka für Toho/Fujji TV, Japan 1987
Sendetermin: 4.12.1994, MDR, 2.05
Länge: 116 Min.

Japan im 9. Jahrhundert. In einer kleinen goldenen Kapsel findet ein Bauer ein wunderschönes Mädchen mit blauen Augen, das in Sekundenschnelle heranwächst. Der Bauer und seine Frau sind überglücklich über das vom Himmel gefallene Mädchen. Sie wissen nicht, daß es schon bald wieder dahin zurückkehren wird.

Lehrling des Meisterdiebs 533
STORTJUVENS POJKE ****

Regie: Henry Meyer
Darsteller: Sara Möller (Jossi), Carlo Schmidt (Lasse), Mona Andersson, Lena-Pia Bernhardsson, Bernt Lundqvist, Ecke Olsson
Drehbuch: Henry Meyer, nach dem gleichn. Roman von Cannie Möller
Kamera: Jens Fischer (Farbe)
Musik: Johan Söderqvist
Produktion: Henry Meyer für Schwedisches Filminstitut, Schweden 1992
Erstaufführung: Kinderfilmfestival Frankfurt 1992
Verleih: BJF/-/-
Kinostart: März 1994
Länge: 75 Min. – *FSK:* ab 6, ffr.

Herbe Zartheit durchdringt die Erzählung über ein Mädchen, das 1808 – als Junge getarnt – zum Kompagnon eines Diebs wird. Eine schwelgerische Reise auf der Suche nach der eigenen Identität. *Katja Nele Bode, AZ, 23.9.92*

Der Film wechselt zwischen dunklen Interieurs und betörenden Außenaufnahmen, die Birkenwälder, Wiesen und Seen ins rechte Licht und Gegenlicht rücken. Mit der durchdachten Farbdramaturgie und dem genauen Rhythmus von Bewegung und Ruhepunkten war dies der ästhetisch strengste Film des Wettbewerbs. *Eva-Maria Lenz, FAZ*

Leidenschaft aus Berechnung 534
RUBDOWN **
Video

Regie: Stuart Cooper
Darsteller: Jack Coleman (Marion Pooley), Catherine Oxenberg (»Jordy«), William Devane (Harry Orwitz), Michelle Phillips (Jordonna Orwitz), Kent Williams (Harry), Alan Thicke
Drehbuch: Clyde Allen Hayes
Kamera: Reed Smoot (Farbe)
Musik: Gerald Gouriet
Schnitt: Cari Coughlin
Produktion: Ed Milkovich für Wilshire Court Prod., USA 1991
Verleih: -/-/-/CIC Video
Videostart: Feb. 1994
Länge: 88 Min. – *FSK:* ab 16 J.

Masseur Poolery soll, was er insgeheim ohnehin schon tut, mit der Frau seines

Chefs schlafen, damit dieser die beiden in flagranti ertappen kann und so zu einer billigeren Scheidung kommt. Der Chef wird ermordet. Schaler Erotikkrimi aus US-TV-Produktion.

Daniel Kothenschulte in: film-dienst 9/94

Leni 535

****

Regie: Leo Hiemer
Darsteller: Hannes Thanheiser (Aibele), Christa Berndl (Alwina), Martin Abram (Severin), Johanna Thanheiser (Leni), Franz Buchrieser (Blatzer), Natalie Wörner (Lenis Mutter)
Drehbuch: Leo Hiemer
Kamera: Marian Czura (Farbe)
Musik: Vysniauskas-Quartett
Schnitt: Ulrike Leipold
Produktion: Daniel Zuta für DaZu-Film mit SDR/WDR/Arte/Maran-Film, BRD 1993
Verleih: Eigenverleih/-/-/Katholisches Filmwerk
Kinostart: 28.4.1994
Länge: 83 Min. – *FSK:* ab 12, ffr.
FBW: Besonders wertvoll

Die wahre Geschichte eines kleinen Mädchens, das bei einer Allgäuer Bauernfamilie aufwuchs und trotz verzweifelter Rettungsversuche durch den Pflegevater und den Dorflehrer via München nach Auschwitz deportiert wurde, nachdem die Abstammung seiner Mutter bekannt geworden ist.

Michael Althen, SZ, 9.6.94

Titus Arnu in: SZ, 15.6.94; Fritz Göttler in: SZ, 10.6.94

Leningrad Cowboys meet Moses 536

LENINGRAD COWBOYS MEET MOSES

**

Regie: Aki Kaurismäki
Darsteller: Leningrad Cowboys, Matti Pellonpää (Moses/Vladimir), Kari Väänänen, André Wilms, Nicky Tesco, Nathalie Helies
Drehbuch: Aki Kaurismäki
Kamera: Timo Salminen (Farbe)
Musik: Mauri Sumen
Schnitt: Aki Kaurismäki
Produktion: Aki Kaurismäki für Sputnik Oy/Pandora/La Sept Cinema, Finnland/BRD/Frankreich 1994
Erstaufführung: 15.2.1994, Int. Forum des Jungen Films, Berlin
Verleih: Pandora/-/-
Kinostart: 24.1.1994
Länge: 95 Min.

Einst sind die Schunkelrocker unter der Regie Aki Kaurismäkis durch Amerika bis nach Mexiko gereist. Jetzt folgt die Rückkehr. Und diesmal sieht es fast so aus, als hätte der Regisseur während der Dreharbeiten in Europa und Nordamerika Urlaub gemacht – in Mexiko. Leider scheint da auch das Drehbuch verlorengegangen zu sein und damit die ganze Komödie. Nur die Kostüme, Spitzschuhe und -frisur sind uns geblieben. Lache, wer kann.

Gunter Göckenjan, tip, 5/94

W.O.P. Kistner in: AZ, 24.2.94; Thomas Klingenmaier in: Stgt. Zeitung, 24.2.94; Rupert Koppold in: Rheinische Post, 25.2.94

Leprechaun 537

LEPRECHAUN

**

Video

Regie: Mark Jones
Darsteller: Warwick Davis (Leprechaun), Jennifer Aniston (Tory), Ken Olandt (Nathan), Mark Holton (Ozzie), Robert Gorman (Alex), John Sanderford (J.D.), Shay Duffin (Dan O'Grady), Pamela Mant, John Volstad, William Newman
Drehbuch: Mark Jones
Kamera: Levie Isaacks (CFI)
Musik: Kevin Kiner
Schnitt: Christopher Roth
Produktion: Jeffrey B. Mallian für Trimark Prod., USA 1992
Verleih: -/-/-/UFA Video
Videostart: März 1994
Länge: 86 Min. – *FSK:* ab 16 J.

Story um einen versehentlich aus jahrelanger Gefangenschaft befreiten, gewalttätigen Gnom, zwischen unentschlossener Horror-Action und Teenie-Komödie.

Stefan Lux in: film-dienst, 6/94

Leprechaun 2 538

LEPRECHAUN 2

*

Video

Regie: Rodman Flender
Darsteller: Warwick Davis (Leprechaun), Charlie Heath (Cody), Shevonne Durkin (Bridget), Sandy Baron (Morty), Adam Biesk

(Ian), James Lancaster (William O'Day), Clint Howard (Tourist), Kimmy Robertson
Drehbuch: Turi Meyer, Al Septien, nach Charakteren von Mark Jones
Kamera: Jane Castle (CFI)
Musik: Jonathan Elias
Schnitt: Christopher Roth, Richard Gentner
Produktion: Donald Borchers für Trimark Pic., USA 1994
Verleih: -/-/-/Ufa Video
Videostart: 7.11.1994
Länge: 85 Min.
FSK: ab 16 J.

Nach dem überraschenden Erfolg des ersten Teils wurde natürlich eiligst ein zweiter Teil nachgeschoben, der den mörderischen Kobold aus dem Mittelalter wiederum im Clinch mit Menschen aus der Gegenwart zeigt. Noch weniger der Rede wert als sein Vorläufer.

Let's talk about Sex 539

EROTIQUE **

Regie: Lizzie Borden, Monika Treute, Clara Law
Darsteller: Kamala Lopez-Dawson, Bryan Cranston, Priscilla Barnes, Camilla Soeberg, Tim Lounibos, Hayley Man
Drehbuch: Lizzie Borden, Susi Bright
Kamera: Larry Banks (Farbe)
Schnitt: Richard Fields
Produktion: Christopher Wood, Vicky Herman für The Group 1/Trigon Film/Tedpoly Films, USA/BRD/Hongkong 1994
Uraufführung: Filmfest München 1994
Verleih: Nil/-/-/VCL/Carolco Video
Kinostart: 27.10.1994
Länge: 90 Min.
FSK: ab 18, ffr.
FBW: Wertvoll

Bieder und konventionell gibt sich der interkontinentale Episodenfilm um Lust und Erotik. Für ihr übergreifendes Thema finden die Regisseurinnen nicht die entsprechenden sinnlichen Bilder. Auch bei näherer Betrachtung und gutem Willen läßt sich keine spezifisch weibliche Sichtweise festmachen.

Anke Leweke, tip, 22/94

Angie Dullinger in: AZ, 10.9.94; Jan Gympel in: Zitty, 22/94; Sabine Horst in: 1.11.94; Hans Schifferle in: SZ, 27.10.94; Christian Seebaum in: Kölner Stadtanzeiger, 29.10.94

Lethal Dragon 540

LETHAL DRAGON *

Video

Regie: Newton Wang, Lee Ying Chiu
Darsteller: Cynthia Luster, Sharon Kwok, Charlie Davao
Produktion: Hongkong 1993
Verleih: -/-/-/Madison Video
Videostart: 30.5.1994
Länge: 77 Min. – *FSK:* ab 18 J.; gekürzte Fass. 73 Min. ab 16 J.

Japanische Polizistin und iher Kollege aus Hongkong räumen gemeinsam in der Unterwelt auf. Qualitativ erbärmlicher Hongkong-Actioner.

Lethal Obsession 541

BEYOND OBSESSION *

Video

Regie: David Greene
Darsteller: Henry Thomas (John), Emily Warfield (Tracy), Victoria Principal (Eleonor)
Drehbuch: Richard Hammer
Kamera: (Farbe)
Schnitt: Rob Shodreve
Produktion: ATFL 1991 VI Limited Partnership, USA 1993
Verleih: -/-/-/Warner Home Video
Videostart: 29.7.1994
Länge: 93 Min. – *FSK:* ab 12 J.

Tyrannische Mutter quält ihre Tochter so lange, bis diese mit ihrem Freund beschließt, sie umzubringen. Seifenoper nach Art der RTL-Serie »Schicksalhafte Begegnungen«.

Der letzte Apache 542

GUNSMOKE: THE LAST APACHE □

TV

Regie: Charles Corroll
Darsteller: James Arness (Matt Dillon), Amy Stock-Poynton (Beth), Joe Lara (Wolf), Richard Kiley (Chalk Brighton), Michael Learned (Mike), Geoffrey Lewis (Bodine), Peter Murnik (Davis), Hugh O'Brian (Miles), Joaquin Martinez (Geronimo), Sam Vlahos (Tomas)
Drehbuch: Earl W. Wallace
Kamera: Jerry G. Callaway (Farbe)
Musik: Bruce Rowland
Produktion: Stan Hough für CBS Ent./Galatan, USA 1990
Uraufführung: 18.3.1990, CBS
Sendetermin: 7.5.1994, ARD, 23.10
Länge: 90 Min.

Matt Dillon, der ehemalige Marshall von Dodge City, erfährt unter dramatischen Umständen, daß er Vater einer erwachsenen Tochter ist, die von Apachen entführt worden ist. Er macht sich an die Verfolgung der Indianer und kann die junge Frau nach manchen Abenteuern auf die Ranch ihrer Mutter zurückholen. *Pressetext ARD*

Die letzte Insel 543

THE LAST ISLAND □

TV

Regie: Marleen Gorris
Darsteller: Paul Freeman, Shelagh McLeod, Patricia Hayes, Kenneth Colley, Mark Hembrow, Marc Berman, Ian Tracey
Drehbuch: Marleen Gorris
Kamera: Marc Felperlaan (Farbe)
Schnitt: Hans van Dongen
Produktion: Laurens Geels, Dick Maas für First Floor Features, Niederlande 1990
Sendetermin: 29.3.1994, Pro7, 20.15
Länge: 90 Min.

Eine Passagiermaschine stürzt in den Pazifik. Nur zwei Frauen und fünf Männer überleben die Katastrophe und retten sich auf eine unbewohnte, einsame Insel. Die Überlebenden stellen fest, daß sie nach einer Atomkatastrophe die letzten Menschen auf Erden sind, und es kommt zu dramatischen Spannungen.

Der letzte Kosmonaut 544

****

TV

Regie: Nico Hofmann
Darsteller: Dominique Horwitz (Genadij Shukov), Barbara Auer (Maria Shiminskaja), Günter Lamprecht (General Saltikov), Michael Mendl (Minister Tupulev), Wolf-Dietrich Sprenger (Leskij), Rudolf Kowalski (Romanenkow), Heino Ferch (Popov), Silvan-Pierre Leirich (Strelakov), Martin Umbach, Calvin Burke
Drehbuch: Sascha Arango
Kamera: Tom Fährmann (Farbe)
Produktion: Flamingo-Film, BRD 1993
Sendetermin: 11.3.1994, Arte, 20.40; 3.10.1994, ZDF, 20.40
Länge: 68 Min.

Die witzige Weltraumschurkerei russischer Wendegewinnler war nicht nur ein originelles tricktechnisches Astronauten-Abenteuer, sondern auch ein perfider kleiner Intelligenzkrimi von der Spannung eines Comics: Will doch der Minister-Halunke das sowjetische Antisatellitensystem »Medusa« (vom letzten Sowjet-Kosmonauten in der erdumkreisenden Raumstation »Mir« betreut) ganz privat an die Japaner verhökern und »Mir« samt Kosmonautenmensch hopsgehen lassen.
Amüsanter Mittelpunkt: Der in zweijähriger Erdumkreisung verlotterte einsame Kosmonaut (Schlaumeier-Kobold auf Überlebens-Trip: Dominique Horwitz) im Kommunikations-Clinch mit der Erde. Eine hübsche elektronische Politsatire, mit Stimmungsmusik wohlig begruselt und mit naiver Erpresserphantasie ins behagliche irdische Happy End gesteuert.

Ponkie, AZ, 6.10.94

Letzter Fototermin 545

NUKLEAIS TEL ****

TV

Regie: Pál Erdöss
Darsteller: Erika Ozsda (Julia), Dani Szabo (Peter, ihr Sohn), Attila Rácz (Saba), Ester Szakacs (Mutter), Adam Rajhona (Vater), Ilona Kallai (Großmutter), Gyula Kormos (Großvater), Renata Szatter (Regina)
Drehbuch: István Kardos
Produktion: Budapest Filmstudio/Arte/ZDF, Ungarn 1992
Sendetermin: 19.4.1994, ZDF; 4.10.1993, Arte, 22.45
Länge: 70 Min.

Ein ungarischer Fernsehfilm von sensibler Eigenart, nicht ohne tragische Bitterkeit, doch weit weg von melodramatischen Schablonen: Der TV-Film holt aus den beruflichen und mentalen Veränderungen nach der Wende in Ungarn die atmosphärischen Momente der inneren Unsicherheit.
Die gelernte Fotografin Julia (ein weiches und zugleich starkes, unkonventionelles Gesicht) kommt mit der Umstellung des Zeitungsmarktes auf bunte, knallige Boulevardbedürfnisse nicht zurecht und wird arbeitslos. Die

privaten Brüche (der Sohn will zum Vater nach München, Aufbrechen alter Familienspannungen) führen sie vollends in die Sackgasse.
An globalen Katastrophen gemessen, »nur« individuelle Lebensschmerzen – doch zerstörerisch genug. Ein leiser, fast meditativer Film über Vernunft, Realität und Werte. *Ponkie, AZ, 21.4.94*

Liebe auf Asphalt 546

HARD-CAR – DESIDERIO SERENATO DEL PIACER ☐ TV

Regie: Giovanni Amadei
Darsteller: Valentine Demy, Carmen di Pietro, David d'Ingeo, Alex Berger
Produktion: DI.A. SAL, Italien 1990
Sendetermin: 26.3.1994, RTL, 1.00
Länge: 80 Min.

Vergewaltigung, ein Unfall und ein Jeep, der sie auf dem Highway bedroht, machen Annie das Leben zur Hölle. Dazwischen kommt es immer wieder zu erotischen Begegnungen.
Pressetext RTL

Die Liebe der Florence Vannier 547

L' ETAT DE GRACE ☐ TV

Regie: Jacques Rouffio
Darsteller: Nicole Garcia (Florence Vannier-Buchet), Pierre Arditi (Jean-Marc Buchet), Sami Frey (Antoine Lombard), Philippe Léotard (Pierre Julien), Dominique Labourier
Drehbuch: Jacques Kirsner
Kamera: Dominique Chapuis (Farbe)
Musik: Philippe Sarde
Schnitt: Anna Ruiz
Produktion: Claude Nouchi für Séléna Audiovisuel/MOD Films, Frankreich 1986
Uraufführung: 24.12.1986, Paris
Sendetermin: 15.11.1994, RTL2, 22.05
Länge: 85 Min.

Florence Vannier-Buchet, verheiratet mit dem Bankier Jean-Marc Bouchet, führt ein bedeutendes Unternehmen der Sportartikelbranche. Antoine Lombard ist Professor, der als Staatssekretär im Bildungsministerium arbeitet. Beide begegnen sich während einer turbulenten Versammlung der Arbeitgebervertreter in dem Arbeitervorort Chatres, in dem Antoine sich in seinem Wahlbezirk engagiert. (...) Zwischen ihnen beginnt eine Beziehung voller Leidenschaft. (...) *Pressetext RTL2*

Liebe ist mein Geschäft 548

ADDICTED TO HIS LOVE ☐ TV

Regie: Arthur Allan Seidelman
Darsteller: Barry Bostwick (Larry), Polly Bergen (Vivien), Colleen Camp (Ellie), Erin Gray (Jenny), Linda Purl (Cassie), Dee Wallace Stone (Betty Ann)
Drehbuch: Ronnie Simon
Kamera: Dennis Dalzell (Farbe)
Musik: Richard Bellis
Produktion: USA 1988
Sendetermin: 18.3.1994, ARD, 23.55
Länge: 93 Min.

Larry Hogan ist ein Mann, dem die Frauenherzen zufliegen. Leider verbirgt sich hinter seinem charmanten Äußeren ein raffinierter Heiratsschwindler, der es nur auf das Geld der eroberten Damen abgesehen hat. Als einige seiner Opfer sich durch Zufall kennenlernen, verbünden sie sich, um es dem flotten Ganoven heimzuzahlen.
Pressetext ARD

Liebe nicht inbegriffen 549

PAPER MARRIAGE ☐ TV

Regie: Krzysztof Lang
Darsteller: Gary Kemp (Aiden), Joanna Trepechinska (Alicja), Rita Tushingham (Lou), Richard Hawley (Red), David Horovitch (Frank Hoddow), William Ilkley (Jack), Ann Mitchell (Phyllida), Fred Pearson (Officer Crane), Gary Whelan (Boss), Martin McKellen
Drehbuch: Krzysztof Lang, Marek Kreutz
Kamera: Grzegorz Kediersky (Agfacolor)
Musik: Stanislas Syrewicz
Schnitt: Elzbieta Kurkowski
Produktion: Mark Forstater, Raymond Day für Mark Forstater Prods./Zodiak Film Studio, GB/Polen 1993
Sendetermin: 28.1.1994, Arte, 20.40
Länge: 84 Min.

Die Polin Alicja kommt nach England, um ihre große Liebe, einen reichen Arzt, zu heiraten. Als sie nach kurzer Zeit von ihm sitzengelassen wird, will sie sich einen Ehemann »kaufen«, um eine Aufenthaltsgenehmigung zu bekommen. Alicja bittet den erfolglosen Künstler Aiden, der dringend Geld braucht, sie zu heiraten.

Liebe ohne Worte 550

LOVE IS NEVER SILENT □ TV

Regie: Joseph Sargent
Darsteller: Mare Winningham (Margaret Ryder), Ed Waterstreet (Abel Ryder), Phyllis Frelich (Janice Ryder), Mark Hildreth (Bradley Ryder), Sid Caesar (Mr. Petrakis), Fredric Lehne (William Anglim), Cloris Leachman (Mrs. Anglim)
Drehbuch: Darlene Craviotto, nach dem Roman »In this Sign« von Joanne Greenberg
Kamera: David Gribble (Farbe)
Musik: Billy Goldenberg
Schnitt: Paul LaMastra
Produktion: Dorothea G. Petrie für Maria Rees Ass., USA 1985
Uraufführung: 9.12.1985, NBC
Sendetermin: 19.11.1994, ZDF, 0.55
Länge: 97 Min.

Seit ihrer frühen Kindheit ist Margaret das Bindeglied zwischen ihren taubstummen Eltern Abel und Janice und der Umwelt. Die in Abhängigkeit zu ihrer Tochter stehenden Eltern reagieren heftig, als Margaret ihnen erklärt, sie habe sich verliebt und wolle heiraten. Auch eine Begegnung mit dem zukünftigen Schwiegersohn William kann sie mit dem Vorhaben ihrer Tochter nicht versöhnen, allzu groß ist ihre Angst vor einem selbständigen Leben. Es kostet Margaret viel innere Kraft, sich von ihren Eltern zu lösen und mit ihrem Mann in eine andere Stadt zu ziehen. (...) *Pressetext ZDF*

Liebe und andere Geschäfte 551

A BUSINESS AFFAIR ***

Regie: Charlotte Brandstrom
Darsteller: Carole Bouquet (Kate Bolton), Christopher Walken (Vanni Corso), Jonathan Pryce (Alec Bolton), Sheila Hancock (Judith), Anna Manahan (Bianca), Fernando Guillen, Tom Wilkinson
Drehbuch: William Stadiem, nach dem Roman »Tears Before Bedtime« and »Weep No More« von Barbara Skelton
Kamera: Willy Kurant (Farbe)
Musik: Didier Vasseur
Schnitt: Laurence Mery-Clark
Produktion: Xavier Larere, Clive Parsons, Davina Belling für General Prod./Osby/Connexion mit Canal plus, GB/Frankreich/BRD 1993
Verleih: Impuls/-/-/VMP Video
Kinostart: 5.5.1994
Länge: 101 Min.
FSK: ab 12, ffr.
FBW: Wertvoll

Kate schreibt ihren ersten Roman zwischen der Arbeit als Mannequin und Hausfrau, während ihr eifersüchtiger Ehemann, ein bekannter Autor, unter Schreibhemmungen leidet und sie an einen amerikanischen Verleger, der aber auch nur Unterordnung erwartet, verliert. Kate reagiert mit einem Bestseller und Emanzipation. Das für eine Screwball-Komödie unabdingbare rasante Tempo wird nicht immer durchgehalten. *tip, 10/94*

Frank Arnold in: Zitty, 9/94; Heiko R. Blum in: Rheinische Post, 7.5.94

Liebe und Tod 552

DI CERIA DELL' UNTORE *** TV

Regie: Beppe Cino
Darsteller: Franco Nero (Gesualdo), Lucrezia Lante Della Rovere (Marta), Fernando Rey (Doktor), Remo Girone, Salvatore »Toto« Cascio, Gianluca Favilla, Vanessa Redgrave (Schwester Kruzifix)
Drehbuch: Beppe Cino, Gesualdo Bufalino, nach dem gleichn., Roman von Gesualdo Bufalino
Kamera: Franco Delli Colli (Farbe)
Musik: Carlo Siliotto, Alberto Alessi
Produktion: Massimo Vigliar, Franco Nero für Movie Machine mit Istituto Luce, Italien 1990
Sendetermin: 27.4.1994, Premiere, 21.55
Länge: 96 Min.

Im Sommer/Herbst des Jahres 1946 wird Gesualdo, der im Krieg an Tuberkulose erkrankt ist, in ein sizilianisches Sanatorium eingeliefert. Dort lernt er die schöne Marta kennen, Exballerina und Exgeliebte eines von den Partisanen hingerichteten SS-Offiziers. Zwischen den beiden entsteht eine Liebesbeziehung.

Eher ein Dirigent der leisen Töne: Nanni Moretti in ›Liebes Tagebuch‹.

Liebes Tagebuch 553
CARO DIARIO ****

Regie: Nanni Moretti
Darsteller: Nanni Moretti (Nanni Moretti), Renato Carpentieri (Gerardo), Antonio Neiwiller (Bürgermeister), Giulio Base (Autofahrer), Carlo Mazzacurati (Filmkritiker), Jennifer Beals, Alexandre Rockwell, Italo Spinelli, Gianfranco Mecacci, Giovanna Bozzolo
Drehbuch: Nanni Moretti
Kamera: Giuseppe Lanci (Farbe)
Musik: Nicola Piovani
Schnitt: Mirco Garrone
Produktion: Angelo Barbagallo, Nanni Moretti für Sacher Film/Banfilm/La Sept Cinema mit RAI1/Canal plus, Italien/Frankreich 1993
Erstaufführung: Filmfest München 1994
Verleih: Prokino/Stadtkino/Filmcooperative
Kinostart: 21.7.1994
Länge: 100 Min.
FSK: ab 12, ffr.

In seinem visuellen, in drei Episoden gegliederten Tagebuch macht sich Moretti, oft mit lapidar-sarkastischem Humor, Gedanken über das heutige Italien, seine zunehmend orientierungslosen Intellektuellen und über eigene Irritationen, streift mit der Vespa durch Rom und seine Peripherien, bereist mit einem philosophisch gebildeten Freund die äolischen Inseln.
Morettis so privates Tagebuch ist für alle diejenigen interessant, die sich vom Alltagsdruck nicht absorbieren lassen wollen. Ein cineastisches Experiment, eine Ermuterung.

Angie Dullinger, AZ, 30.5.94

(...) Daß die Welt ein Irrenhaus ist, ist der Ausgangspunkt von Morettis Komik. Sehr egomanisch, sehr komisch und sehr italienisch.

Volker Gunske, tip, 15/94

(...) Das persönliche Dokument einer Krise und gleichzeitig heiter-besinnlicher Diskurs über die Wechselwirkung von Kino und Leben, Wirklichkeit und Wahrnehmung ist bestes europäisches Autorenkino. Witzig, tragisch und hintersinnig. *Zoom*

Michael Althen in: SZ, 14.7.94; Rainer Gansera in: Kölner Stadt-Anzeiger, 16.7.94; Wolfram Schütte in: FR, 16.7.94; Ruprecht Skasa-Weiß in: Stgt. Zeitung, 14.7.94

Liebeslied für zwei 554
FACE THE MUSIC □ TV

Regie: Carol Wiseman
Darsteller: Molly Ringwald (Lisa Hollis), Patrick Dempsey (Charlie Hunter), Lysette Anthony
Produktion: USA 1992
Sendetermin: 16.8.1994, VOX, 20.10; 23.1.1994, VOX, 19.05
Länge: 100 Min.

Lisa Hollis träumt von einer Karriere als Sängerin, doch der ersehnte Erfolg läßt zunächst natürlich auf sich warten. Erst der Liedtexter Charlie Hunter erkennt Lisas großes Talent, mit seiner Hilfe stellt sich der Erfolg auch endlich ein, doch Lisa ist immer noch nicht zufrieden.

Liebesspiel um Millionen 555
ROAD TO RUIN □ TV

Regie: Charlotte Brandström
Darsteller: Peter Weller (Sloan), Carey Lewell, Michel Duchaussoy, Rebecca Pauly
Produktion: Frankreich 1992
Sendetermin: 2.1.1994, VOX, 19.10
Länge: 90 Min.

Der Millionär Sloan ist bei den Damen sehr beliebt. Um herauszufinden, ob sie es nur auf sein Geld abgesehen haben, macht er ein Experiment und gibt sich als armer Schlucker aus. Das hatten wir auch schon mehrfach.

Liebestherapie 556
SLAWEJKO, S KRECHKA NADESHDA □ TV

Regie: Iskra Josifowa
Darsteller: Mintscho Kolew, Wesselina Bostandshiewa, Stefan Woronow
Produktion: Bulgarien 1987
Sendetermin: 6.2.1994, MDR3, 14.30
Länge: 70 Min.

In der Schule einer bulgarischen Kleinstadt 1961 hat Slawjko, der Sohn einer Filmvorführerin, gerade die Fortpflanzung durchgenommen, als er selbst unbekannte Gefühle und wechselnde Empfindungen bekommt. Die beginnende Pubertät verändert ihn und schärft seinen Blick.

Liebling, hältst du mal die Axt 557
SO I MARRIED AN AXE MURDERER **

Regie: Thomas Schlamme
Darsteller: Mike Myers (Charlie und Stuart Mackenzie), Nancy Travis (Harriet Michaels), Anthony LaPaglia (Tony Giardino), Amanda Plummer (Rose Michaels), Brenda Fricker (May Mackenzie), Matt Doherty (Heed), Charles Grodin, Phil Hartman (Alcatraz Führer), Debi Mazar (Susan), Steven Wright
Drehbuch: Robbie Fox
Kamera: Julio Macat (Technicolor)
Musik: Bruce Broughton
Schnitt: Richard Halsey, Colleen Halsey
Produktion: Robert N. Fried, Cary Woods für Fried/Woods Films Prod., USA 1993
Uraufführung: 30.7.1993, New York
Verleih: Columbia TriStar/dto./20th Century Fox/Columbia TriStar Home Video
Kinostart: 10.2.1994
Länge: 93 Min.
FSK: ab 12, ffr.

Charlie, dessen Liebesbeziehungen meist an seinen paranoiden Anwandlungen scheitern, heiratet eine bezaubernde junge Frau, obwohl er den nicht unbegründeten Verdacht hegt, sie habe drei frühere Ehemänner mit einer Axt ermordet. Die sowohl inhaltlich als auch formal nicht sehr homogene Komödie versucht, zwei Filmgenres parodistisch zu verbinden, bietet gutes Spiel und einige witzige Einfälle, ist aber in puncto Humor nicht immer geschmackssicher. *multimedia*

Rupert Koppold in: Rheinische Post, 11.2.94; Tanya Lieske in: Der Tagesspiegel, 19.2.94

Life According to Agfa 558
HA CHAYIM ALPY AGFA ***

Regie: Assi Dayan
Darsteller: Gila Almagor (Dalia), Irit Frank (Leora), Shuli Rand (Benny), Avital Dicker (Riki), Barak Negbi (Sammy), Sharon Alexander (Nimi), Akhram Tallawi (Samir), Danny Litani (Cherniak), Smadar Kilchinski (Daniela), Ezra Kafri (Eli)
Drehbuch: Assi Dayan

Kamera: Yoav Koush (Farbe)
Musik: Naftali Alter
Schnitt: Zohar Sela
Produktion: Yoram Kislev, Rafi Boukaee für Moviez Ent., Israel 1992
Erstaufführung: 15.2.1993, Int. Filmfestspiele Berlin
Verleih: Kinowelt/Kinowelt/Look Now!
Kinostart: 13.1.1994
Länge: 103 Min.
FSK: ab 16, ffr.

Eine bunt zusammengewürfelte Menschenschar versammelt sich in einer kleinen Bar in Tel Aviv und durchlebt eine turbulente Nacht voller Aggressionen, aber auch kleiner Hoffnungsschimmer. Im Morgengrauen bereitet ein Trupp Soldaten dem Treiben ein blutiges Ende. Ein gleichnishaft angelegter Film, der »Moment- und Nachtaufnahmen« einer zerrissenen Gesellschaft zeigt, die an ihrer eigenen Aggressivität zugrunde geht. Die kritische Studie bleibt zwar in Ansätzen stecken, ihre Wirklichkeitsbeschreibung gibt jedoch Anstöße zur Auseinandersetzung. *Zoom, 3/94*

(...) Assi Dayan entlarvt in dieser Tragikomödie um Betrug und Selbstbetrug die Kleinbürgermentalität der israelischen Gesellschaft, die Nationalismus und Rassismus zu verdrängen versucht. Die Schwarzweißfotografie erzeugt ein Gefühl der Klaustrophobie: Israel ist eine Gesellschaft im Belagerungszustand – von innen und außen.
André Simonoviescz, tip, 2/94

Angie Dullinger in: AZ, 10.3.94; Frauke Hanck in: AZ, 10.3.94 (Interview Dayan); Harald Martenstein in: Der Tagesspiegel, 16.2.93; Barbara Möller in: Rheinische Post, 14.1.94; Hans Schifferle in: SZ, 11.3.94; Angela Schmitt-Gläser in: FR, 25.3.94; Richard C. Schneider in: Die Zeit, 14.1.94; Ruprecht Skasa-Weiß in: Stgt. Zeitung, 14.1.94;

A Life in the Theatre 559

A LIFE IN THE THEATRE **
Video

Regie: Gregory Mosher
Darsteller: Jack Lemmon (Robert), Matthew Broderick (John)
Drehbuch: David Mamet, nach seinem Theaterstück
Kamera: Freddie Francis (Farbe)
Musik: David Michael Frank

Ausgelassene Stimmung in einer Kneipe, die zum Kriegsschauplatz wird in ›Life According to Agfa‹.

Schnitt: Barbara Tulliver
Produktion: Patricia Wolfe, Thomas A. Bliss für Beacon Comm./Bay Kinescope mit Jalem Prod., USA 1993
Uraufführung: 14.9.1994, Festival of Festivals, Toronto
Verleih: -/-/-/VMP Video
Videostart: Dez. 1994
Länge: 78 Min.
FSK: ab 6 J.

Erst der Kampf, dann die Freundschaft zwischen einem alten arrivierten und einem jungen Schauspieler am Theater. Enttäuschend, gemessen am vorhandenen Potential: Langweilige Dialoge ohne Esprit und zwei vorzügliche Darsteller auf verlorenem Posten.

Light Sleeper 560
LIGHT SLEEPER ****

Regie: Paul Schrader
Darsteller: Susan Sarandon (Ann), Willem Dafoe (John LeTour), Dana Delany (Marianne), David Clennon (Robert), Mary Beth Hurt (Teresa), Victor Garber (Tis), Jane Adams (Randy), Paul Jabara, Robert Cicchini, Sam Rockwell
Drehbuch: Paul Schrader
Kamera: Ed Lachman (Duart)
Musik: Michael Been
Schnitt: Kristina Boden
Produktion: Linda Reisman für Seven Arts Prod., USA 1991
Uraufführung: 24.1.1992, Sundance Film Festival, Park City, Utah
Erstaufführung: 22.2.1992, Int. Filmfestspiele Berlin
Verleih: Amazonas/Stöbergasse/Elite/VCL/ Carolco Video
Kinostart: 12.5.1994
Länge: 103 Min. – *FSK:* ab 16, ffr.

LeTour, ein Drogenkurier für die Luxuskundschaft in New York, gerät in eine schwere Lebenskrise, rutscht ab in tiefe Depressionen und gerät in einen blutigen Kampf mit Mafiagruppen. Getrieben von einem heillosen Drang nach Seelenreinigung, setzt er das Credo von Paul Schrader, einem der interessantesten Autorenfilmer des US-Kinos, um: »Egal wie alt ich werde, die Begriffe Sünde, Erlösung, Gnade werden in meinen Arbeiten immer eine große Rolle spielen.« *Zoom, 3/93*

Frau und Film von Format: Susan Sarandon in ›Light Sleeper‹.

Michael Althen in: Die Zeit, 13.5.94; Volker Baer in: Der Tagesspiegel, 23.2.92; Frauke Hanck in: AZ, 11.5.94; Thomas Klingenmaier in: Stgt. Zeitung, 19.5.94; Rupert Koppold in: Rheinische Post, 1.7.94; Harald Martenstein in: Der Tagesspiegel, 11.5.94

Lightning Jack 561
LIGHTNING JACK **

Regie: Simon Wincer
Darsteller: Paul Hogan (Lightning Jack Kane), Cuba Gooding jr. (Ben Doyle), Beverly D'Angelo (Lana), Kamala Dawson (Pilar), Pat Hingle (Marshall Kurtz), Richard Riehle (Reporter), Frank McRae (Mr. Doyle), Roger Daltrey (John T. Coles), L.Q. Jones (Sheriff), Max Cullen (Bart)
Drehbuch: Paul Hogan
Kamera: David Eggby (Atlab)
Musik: Bruce Rowland
Schnitt: O. Nicholas Brown
Produktion: Paul Hogan, Greg Coote, Simon Wincer für Lightning Ridge/Village Roadshow Prod., Australien 1994
Uraufführung: 11.3.1994, New York
Verleih: Buena Vista/dto./dto./Buena Vista Home Video
Kinostart: 2.6.1994
Länge: 97 Min. – *FSK:* ab 12, ffr.

Ein alternder Revolverheld tut sich mit einem jungen stummen Schwarzen zusammen und besteht etliche gefährliche Abenteuer, ehe sie sich in eine friedliche Zukunft absetzen. Altmodischer Wildwestern von einigem selbstironischen Reiz, aber etwas lahmer Inszenierung. *multimedia*

Heiko R. Blum in: Rheinische Post, 4.6.94; W.O.P. Kistner in: AZ, 3.6.94; Frank Noack in: Der Tagesspiegel, 31.5.94; Frank Schnelle in: tip, 12/94

Linda

562
***

Regie: Ottokar Runze
Darsteller: Christel Harthaus (Linda), Walter Renneisen (Kurt), Wolfgang Spier (Nebenzahl), Peter Ehrlich (Dr. Strauß), Diether Krebs (Walde), Björn Watt-Boolsen (Svenson), Michael Maertens (Kalle), Kai Maertens (Hanno), Karin Gregorek (Frau Pohl), Helga Göring (Mama)
Drehbuch: Michel Bergmann
Kamera: Michael Epp (Farbe)
Musik: Birger Heymann
Schnitt: Marlies Dux
Produktion: Ottokar Runze Filmprod., BRD 1991
Uraufführung: 2.6.1994 Frankfurt, Olympia; Freiburg Kurbel Kino
Verleih: Runze/-/-
Kinostart: 2.6.1994
Länge: 91 Min.
FSK: ab 6, ffr.
FBW: Besonders wertvoll

Eine attraktive, selbstbewußte Frau nimmt die Herausforderung ihres Lebens auf sich: energisch und trickreich entschuldet sie ihren Mann und verwirklicht ihren Traum, den ersten eigenen Film zu machen.

Lipstick

563
***

Regie: Robert-Adrian Pejo
Darsteller: Sinolicka Trpkova, Peter Andorai, Janos Ban, Katalin Takacs, Eszter Hamori
Drehbuch: Robert-Adrian Pejo, Reinhard Jud
Kamera: Tibor Klöpfler (Farbe)
Musik: Paul Winter
Schnitt: Csilla Derzsi, Anna Tarcza
Produktion: Gabor Sarudi, Sandor Buglya für Sternstunden Filmprod./Quality Pic./ Movi Filmgyar, Österreich 1993
Verleih: -/filmladen/-
Kinostart: März 1994
Länge: 90 Min.

Vor dem Hintergrund des Krieges in Ex-Jugoslawien begegnen einander zu Silvester in Budapest die junge Bosnierin Vesna, ein russischer Soldat ohne Zukunft und ein verschlossener ungarischer Klavierspieler; die Zufallsbekanntschaft für eine Nacht kann an ihrer Entwurzelung, Heimatlosigkeit und an ihren persönlichen Problemen nichts ändern. Ein spröder, melancholischer Streifen mit streckenweise eindringlich-dichter Atmosphäre, der dem Zuschauer die Auseinandersetzung mit seiner zweifellos interessanten Aussage, die man sich aber aus Andeutungen und Streiflichtern zusammenstückeln muß, nicht leicht macht. *multimedia*

Little Buddha

564
LITTLE BUDDHA
***

Regie: Bernardo Bertolucci
Darsteller: Keanu Reeves (Prinz Siddhartha), Chris Isaak (Dean Konrad), Bridget Fonda (Lisa Konrad), Alex Wiesendanger (Jesse Konrad), Ying Ruocheng (Lama Norbu), Jigme Kunsang (Champa), Raju Lal (Raju), Greishma Makar Singh (Gita), T.K. Lama (Sangay), Doma Tshomo (Ani-La)
Drehbuch: Rudy Wurlitzer, Mark Peploe, nach einer Story von Bernardo Bertolucci
Kamera: Vittorio Storaro (Technicolor)
Musik: Ryuichi Sakamoto
Schnitt: Pietro Scalia
Produktion: Jeremy Thomas für Recorded Pic./CIBY 2000, GB/Frankreich 1993
Uraufführung: 10.2.1994, Int. Filmfestspiele Berlin 1994 (Eröffnungsfilm, außer Konkurrenz)
Verleih: Jugendfilm/Constantin/Monopole Pathé/VCL/Carolco Video
Kinostart: 17.2.1994
Länge: 140 Min.
FSK: ab 6, ffr.
FBW: Wertvoll

Der tibetische Mönch Lama Norbu holt einen Achtjährigen von Seattle nach Bhutan, weil Anzeichen bestehen, dieser sei eine Wiedergeburt von Norbus weisem Lehrer. In Indien und Nepal sind inzwischen noch zwei Reinkarnationsanwärter aufgetaucht, ein Mädchen und ein weiterer Knabe, die alle drei schließlich zu Wiedergeburten des Verstorbenen proklamiert werden. Parallel zu diesen Ereignissen wird die Lebensgeschichte Siddhartas bis zu seiner Erleuchtung als Buddha erzählt. Trotz beeindruckenden Passagen gelingt Bernardo Bertolucci der Brückenschlag zwischen westlicher Zivilisation und fernöstlicher Philosophie nur ansatzweise. *Zoom*

(...) Zu undifferenziert ist die Darstellung der Religion, zu unglaubwürdig die Charaktere, zu holprig die Dramaturgie. Schlichtes Gefühlskino statt reflektierender künstlerischer Auseinandersetzung. *multimedia*

Peter Buchka in: SZ, 10.2.94; Angie Dullinger in: AZ, 17.2.94; Alfred Holllighaus in: tip, 4/94; Andreas Kilb in: Die Zeit, 18.2.94; Carla Rhode in: Der Tagesspiegel, 12.2.94

Little Devils 565

LITTLE DEVILS *

Video

Regie: George Pavlou
Darsteller: Marc Price, Stella Stevens, Nancy Valen
Produktion: New World Int., USA 1993
Verleih: -/-/-/Euro Video
Videostart: 15.11.1994
Länge: 93 Min.
FSK: ab 16 J.

Ein Archäologe formt aus seltsamen Schlamm Figuren, die bald darauf zum Leben erwachen und sich ungebührlich benehmen. Ebenso blutiges wie billiges Horrorfilmchen.

Living Buddha 566

***

Regie: Clemens Kuby
Darsteller: Sprecher: Renate Schmidt, Willi Röpke, Michael Habeck, Oliver K. Kaye
Drehbuch: Text: Clemens Kuby
Kamera: Sashi Anand, Alok Upadhhya, Klaus Moderegger, Hartwig Rohrmann (Farbe)
Musik: Ulrich Bassenge, Palden Tawo
Schnitt: Liane Theuerkauf, Clemens Kuby
Produktion: Kuby Film TV mit WDR, BRD 1994
Verleih: Filmwelt/filmladen/-/ VCL/Carolco Video
Kinostart: 14.4.1994
Länge: 137 Min.
FSK: o.A., ffr.
FBW: Wertvoll

Der Film zeigt den Übergang vom 16. zum 17. Karmapa, einem in Tibet als lebender Buddha verehrten Heiligen. In mehr als siebenjährigen Recherchen entstand das spannende Bild der Suche nach einem menschgewordenen Gott. Weit mehr als der rein dokumentarischen Präsentation der Reinkarnationsphilosophie des tibetischen Buddhismus ist »Living Buddha« allerdings einer westlichen Sehnsucht nach klaren Alternativen und konfliktfreier Ganzheit verpflichtet. *multimedia*

(...) Der Auserkorene tauscht problemlos seinen Alltag gegen das luxuriöse Leben als Oberhaupt im Kloster ein. Wie es um die Tibeter steht, ist eher ethnoromantische Nebensächlichkeit. *tip, 8/94*

(...) Was die Buddhisten glauben, illustriert »Living Buddha« devot: Wenn es um Heilige geht, in riefenstahlscher Untersicht; wenn es um den Tod und die Existenz nach dem Tode geht, wird neckische Computeranimation bemüht. Über die Fußspuren von Joggern am Strand möchten wir lieber schweigen. Wer mit der unaggressiven, sympathi-

Ein Kind wird Gott in ›Living Buddha‹.

schen Lebensphilosophie der Tibeter sympathisiert, der Fan also, kommt voll auf seine Kosten. Und wie bei anderen Filmen zum Thema findet der Betrachter im Kino plötzlich ein ganz neues Publikum, das es sonst weniger dorthin zieht. Auf das hatte auch Bernardo Bertolucci mit seinem fehlgeschlagenen Spielfilm »Little Buddha« spekuliert, während Herbert Achternbusch mit seinem »Ab nach Tibet!« nur mit sich selbst umgeht – sicher nicht die schlechtes dieser drei Möglichkeiten. (...) *Bodo Fründt, SZ, 16.4.94*

(...) Und das ist das Erstaunliche an dieser einzigartigen Dokumentation. Wir erleben einen Menschen im Kino in zwei Leben, was so unwahrscheinlich und märchenhaft klingt, daß es vermutlich nur da aufgezeichnet weden konnte, wo die Menschen noch ganzheitlich in einem Kontext von Geist und Materie leben. Selten war Kino so spannend und zugleich so dicht an der Wirklichkeit.
Frank Donau, Rheinische Post, 15.4.94

Angie Dullinger in: AZ, 14.4.94; Tobias Kniebe in: SZ, 14.4.94; Helmut Schmitz in: FR, 15.4.94; Christian Winterfeldt in: Kölner Stadtanzeiger, 16.4.94

Loaded Gun 567

NED BLESSING – THE STORY OF MY LIFE AND TIMES **
Video

Regie: Jack Bender
Darsteller: Brad Johnson (Ned Blessing), Luis Avalos (Crecencio), Tim Scott (Sticks Packwood), Wes Studi (One Horse), Brenda Bakke (Wren), Bill McKinney (Verlon Borgers), Rob Campbell (Roby Borgers), Richard Riehle (Richter Longley), Rusty Schwimmer (Big Emma), Jeremy Roberts (Hugh Bell)
Drehbuch: Bill Witliff
Kamera: Neil Roach (Farbe)
Musik: David Bell
Schnitt: Terry Blythe
Produktion: Bill Scott für Witliff/Pangea Prod./Hearst Ent./Lauren Film/CBS Ent., USA 1993
Uraufführung: CBS
Verleih: -/-/-/Fox Video
Videostart: März 1994
Länge: 91 Min.
FSK: ab 12 J.

Nachwuchsbandit wandelt sich angesichts des Fehlens von Recht und Ordnung in seiner Heimatstadt zum Gesetzeshüter. Fernsehwestern ohne Konturen.

Anselm Jungeblodt in: film-dienst, 8/94

Lockruf des Todes 568

NIGHT OWL □
TV

Regie: Matthew Patrick
Darsteller: Jennifer Beals (Julia), Jackie Burroughs (Dr. Matthews), Karen Hartman-Golden (Simme der »Night Owl«), Real Andrews (Ivan), Asta Abraham (Lynette), Maureen Brown (Raye Dubois), Patrick Chilvers (Patrick), James Wilder, Justin Louis, Allison Hossack
Drehbuch: Ann Powell, Rose Schacht
Kamera: (Farbe)
Produktion: USA 1993
Verleih: -/-/-/
Sendetermin: 24.9.1994, RTL2, 20.15
Länge: 87 Min.

Die attraktive Julia arbeitet erfolgreich als Sprachtherapeutin, hat einen netten Freundeskreis und ist glücklich verheiratet. Doch dann muß sie mitansehen, wie ihre besten Freunde und auch ihr Mann einer geheimnisvollen Radiostimme verfallen, der »Night Owl«. Einer nach dem anderen stirbt eines unnatürlichen Todes. (...)
Pressetext RTL2

Lois & Clark – Supermans Rückkehr 569

LOIS & CLARK ***
Video

Regie: Robert Butler
Darsteller: Dean Cain, Teri Hatcher, John Shea, Lane Smith, Michael Landes, Tracy Scoggins, Elisabeth Barondes
Drehbuch: Deborah Joy Levine
Kamera: Chuck Minsky (Farbe)
Musik: Jay Gruska
Schnitt: John Duffy
Produktion: Mel Efros für Roundelay, USA 1993
Verleih: -/-/-/Warner Home Video
Videostart: 11.2.1994
Länge: 89 Min.
FSK: ab 6 J.

Munterer Pilotfilm zur US-TV-Serie »Superman«.

Oliver Rahayel in: film-dienst, 4/94

London 570

LONDON ***

Regie: Patrick Keiller
Darsteller: Sprecher: Paul Scofield
Drehbuch: Patrick Keiller
Kamera: Patrick Keiller, Julie Norris (Farbe)
Musik: Ludwig van Beethoven, Johannes Brahms, u. a.
Schnitt: Larry Sider
Produktion: Keith Griffith für Konick Int./ British Film Institute mit Channel 4, GB 1994
Uraufführung: 19.1.1994, Int. Forum des Jungen Films, Berlin
Verleih: Freunde/-/-
Kinostart: März 1994
Länge: 84 Min.

Metropolen Europas: London und Prag. Patrick Keillers »London« beginnt mit der Rückkehr eines fiktiven Erzählers in die Themse-Metropole. London selbst, der Ausgangspunkt so vieler Expeditionen im Lauf der Geschichte, wird Ziel einer Erkundungsreise in Keillers faszinierendem Film. Der Erzähler begleitet seinen Freund Robinson bei seinen Touren durch London, in denen er den Spuren englischer, amerikanischer und französischer Romantiker folgt. Realität und Imagination mischen sich dabei. Um die Suche nach der verlorenen Urbanität in Londons Steinwüste geht es in Keillers Film, der noch einmal die Freiheit des Flanierens durch Straßen und Gedanken beschwört. (...)

Hans Schifferle, SZ, 2.5.94

Lonely Lady – Karriere durch alle Betten 571

THE LONELY LADY □
TV

Regie: Peter Sasdy
Darsteller: Pia Zadora (Jerilee), Lloyd Bochner (Walter), Bibi Besch (Veronica), Joseph Cali (Vincent), Jared Martin (George), Carla Romanelli (Carla), Kendal Kaldwell (Joanne), Lou Hirsch (Bernie)
Drehbuch: John Kershaw, Shawn Randall, nach einem Roman von Harold Robbins
Kamera: (Farbe)
Produktion: USA 1983
Sendetermin: 8.11.1994, RTL2, 22.25
Länge: 87 Min.

Eine schriftstellerisch talentierte junge Frau plant eine Karriere als Drehbuchautorin in Hollywood. Sie muß erkennen, daß sämtliche Entscheidungen über einen Film in den Betten der jeweiligen Produzenten fallen. Die Autorin erleidet einen Nervenzusammenbruch und ist unter keinen Umständen bereit, diesen Weg zu gehen. Schließlich gelingt es ihr doch noch, ein Drehbuch unterzubringen, das prompt einen »Oscar« einspielt. *Pressetext RTL2*

Lost Platoon 572

LOST PLATOON *
Video

Regie: David A. Prior
Darsteller: William Knight (Hollander), David Parry (Hancock), Stephen Quadros (Walker), Michael Wayne (Hayden), Roger Bayless (Vladimir)
Drehbuch: Ted Prior, David A. Prior
Kamera: James Neil Rosenthal (Farbe)
Musik: Tim Jones, Steve McClintock
Schnitt: Paul O'Bryan
Produktion: Kimberly Lasey für Action Int., USA 1992
Verleih: -/-/-/Madison Video
Videostart: Dez. 1993
Länge: 78 Min.
FSK: ab 18 J.

Unsäglicher Horrorfilm, der die These aufstellt, daß sich auf den Kriegsschauplätzen dieser Welt gute und böse Abkömmlinge von Graf Dracula betätigen.

Josef Lederle in: film-dienst, 1/94

Lotta aus der Krachmacherstraße 573

LOTTA PA BRAKMAKARGATAN ***

Regie: Johanna Hald
Darsteller: Grete Havnesköld (Lotta), Linn Gloppestad (Mia), Martin Andersson (Jonas), Neatrice Järas (Mama), Claes Malmberg (Papa), Margreth Weivers (Tante Berg), Rune Turesson (Großvater), ElseMarie Sundin Westman (Großmutter), Alice Braun (Majken), Pierre Lindstedt (Kalle Fransson)

Drehbuch: Johanna Hald, Astrid Lindgren, nach der gleichn. Erzählung von Astrid Lindgren
Kamera: Olof Johnson, Torbjörn Andersson, Roland Skogfeldt (Farbe)
Musik: Carl Myrén, Klas Dykhoff
Schnitt: Jan Persson, Kjerstin Eriksdotter
Produktion: Svensk Filmindustri/Astrid Lindgrens Värld/SVT1, Schweden 1992
Verleih: Wild Utopia/-/-/Taurus Video (KK)
Kinostart: 27.1.1994
Länge: 75 Min.
FSK: o.A., ffr.

(...) Die schwedischen Kinderbuchautoren produzieren Harmonisch-Familiäres ohne schrille Farben und Töne. Kaum etwas, was aus dem Rahmen fällt, bis eben auf die fünfjährige Lotta. Man nimmt am Alltag, an einem Wochenendausflug und dem Geburtstag von Lotta teil. Ihr sehnlichster Wunsch, ein Fahrrad, scheint sich nicht zu erfüllen, so daß Lotta die Sache selbst in die Hand nimmt. *tip, 3/94*

Luce, Wanda, Jelena – Es war nicht ihr Krieg 574 **

Regie: Renate Stegmüller, Raimund Koplin
Darsteller: Luce d'Eramo, Wanda Heger, Jelena Rschewskaja
Drehbuch: Renate Stegmüller, Raimund Koplin
Kamera: Thomas Plenert (Farbe)
Musik: Pietro Valente
Schnitt: Regina Forstner
Produktion: Renate Stegmüller für Renate Stegmüller Filmprod., BRD 1994
Erstaufführung: Filmfest München 1994
Verleih: Basis/-/-
Kinostart: Dezember 1994
Länge: 100 Min. – *FBW:* Wertvoll

Drei Frauen (Russin, Norwegerin, Italienerin) erinnern sich an ihre Erlebnisse und Erfahrungen im Nazi-Deutschland während des Krieges und besuchen noch einmal die Orte, an denen sie sich damals freiwillig/unfreiwillig aufhielten.

Mit Pferd in New York: Kiefer Sutherland und Woody Harrelson in ›Machen wir's wie Cowboys‹.

Mac Millionär 575
BLANK CHECK **

Regie: Rupert Wainwright
Darsteller: Brian Bonsall (Preston Waters), Karen Duffy (Shay Stanley), James Rebhorn (Fred Waters), Jayne Atkinson (Sandra Waters), Michael Faustino (Ralph Waters), Chris Demetral (Damian Waters), Miguel Ferrer (Quigley), Michael Lerner (Biderman), Tone Loc (Juice), Rick Ducommun (Henry)
Drehbuch: Blake Snyder, Colby Carr
Kamera: Bill Pope (Eastmancolor)
Musik: Nicholas Pike
Schnitt: Hubert de la Bouillerie, Jill Savitt
Produktion: Craig Baumgarten, Gary Adelson für Check Less Prod., USA 1993
Verleih: Buena Vista/dto./dto.
Kinostart: 23.6.1994
Länge: 93 Min. – *FSK:* ab 6, ffr.

Elfjähriger gerät durch Zufall an eine Million Dollar, gibt sie im Lauf einer Woche für Spielsachen aus und kehrt dann von der Geldsucht geheilt in seine Familie zurück. (...) *multimedia*

(...) Ein handwerklich routinierter, aber gedanklich oberflächlicher Film. *Zoom*

(...) Dieser verlogene Quatsch kann jedoch nicht über die eigentliche Botschaft des Films hinwegtäuschen, nämlich: Geld macht glücklich, viel Geld macht superglücklich und alle, die keinen Zaster haben, sollten sich möglichst unauffällig aus dem Blickfeld verdrücken. *Zitty, 13/94*

Otto Heuer in: Rheinische Post, 24.6.94; Thomas Klingenmaier in: Stgt. Zeitung, 23.6.94

Mach die Musik leiser 576
***
TV

Regie: Thomas Arslan
Darsteller: Andreas Böhmer (Florian), Marco Germund (Frank), Andy Lehmann (Andy), Miguel Buschhauer (Max), Laura Tonke (Anne), Daniela Radovanovic (Claudia), Sandra Chartier (Susanne), Henry Reinke (Mike), Irina Hoppe (Florians Mutter), Gabriele Pataky (Franks Mutter)
Drehbuch: Thomas Arslan
Kamera: Arthur Ahrweiler (Farbe)
Musik: Biohazard, Mutter, Double XX Posse, House of Pain, Pantera, Sepultura, Bolt Thrower, Fudge Tunnel, Grand Puba
Schnitt: Frank Behnke
Produktion: Schramm-Film Koerner & Weber mit Cine-Image/ZDF, BRD 1993
Uraufführung: Int. Filmfestspiele Berlin, 1994
Sendetermin: 1.3.1994, ZDF, 22.45, »Das kleine Fernsehspiel«
Länge: 87 Min.

Für Generationen jenseits des Teenager-Alters ist es immer wieder faszinierend, den Schrecken der Pubertät nachzuspüren. In dem Fernsehfilm nehmen wir teil am Kommunikationssystem von ein paar Sechzehnjährigen in der Schulabschluß-Phase, bedroht von Arbeit, Lehrstelle, Elternkontrolle, Liebe und Leben.
Sie sitzen da herum. Schweigen sich an. Tauchen ab in die Disco-Höhle zu Heavy Metal und Rap. Sitzen wieder herum, starren Löcher in die Luft, ziehen halbe Sätze aus den Zähnen. Morsen Musik-Einverständnis zu Gleichaltrigen. Warten auf »Leben«. Kriegen »Alltag«. Sich zudröhnen, sich langweilen, sich wegträumen: der musikhämmernde einsame Horror pubertärer Weltentdeckung. *Ponkie, AZ, 3.3.94*

Zigarettenrauchend und musikhörend gibt man sich im Ruhrpott einer allgemeinen Endzeitstimmung hin. Während am Horizont Arbeit, Bundeswehr und andere Katastrophen lauern, verbringen die Jugendlichen in Thomas Arslans Film ihre letzten Schultage mit ausgedehntem Herumhängen. Formale Spröde, konsequente Ereignislosigkeit und das minimalistische Spiel der Darsteller verleihen dem Werk eine ungeheure Komik. *KN, tip, 14/94*

Machen wir's wie Cowboys 577
THE COWBOY WAY ***

Regie: Gregg Champion
Darsteller: Woody Harrelson (Pepper), Kiefer Sutherland (Sonny), Dylan McDermott (Stark), Ernie Hudson (Officer Sam Shaw), Cara Buono (Teresa), Marg Helgenberger (Margarette), Tomas Milian (Huerta), Luis Guzman (Chango), Angel Caban (Boca), Matthew Cowles

Reigen der Freude in Akira Kurosawas ›Madadayo‹.

Drehbuch: Bill Wittliff, nach einer Story von Rob Thompson und Bill Wittliff
Kamera: Dean Semler (Deluxe)
Musik: David Newman
Schnitt: Michael Tronick
Produktion: Brian Grazer für Imagine Ent., USA 1994
Uraufführung: 3.6.1994, New York
Verleih: UIP/UIP/UIP/CIC Video
Kinostart: 25.8.1994
Länge: 107 Min.
FSK: ab 12, ffr.
FBW: Wertvoll

Eine romantische Action-Komödie über die Freundschaft zweier grundverschiedener Typen mit gemeinsamen Interessen. Woody Harrelson und Kiefer Sutherland verkörpern lebensecht zwei Rodeo-Cowboys aus New Mexico, die in New York auf der Suche nach einem Freund in einen Kampf auf Leben und Tod mit kubanischen Gangstern geraten. Uramerikanisches Unterhaltungskino, sensationell ist das Finale mit einer Verfolgungsjagd zu Pferde über die Manhattan-Brücke hinter einer S-Bahn her. *Ralph Umard, tip, 14/94*

Angie Dullinger in: AZ, 26.8.94; Fritz Göttler in: SZ, 27.8.94; Oliver Rahayel in: Rheinische Post, 27.8.94

Madadayo 578

MADADAYO ****

Regie: Akira Kurosawa
Darsteller: Tatsuo Matsumura (Prof. Hyakken Uchida), Kyoko Kagawa (Seine Frau), Hisashi Igawa, George Tokoro, Masayuki Yui, Akira Terao (Studenten)
Drehbuch: Akira Kurosawa, nach autobiografischen Werken von Hyakken Uchida
Kamera: Takao Saito, Masaharu Ueda (Farbe)
Musik: Shin'ichiro Ikebe
Produktion: Yasuyoshi Tokuma, Gohei Kogure, Hisao Kurosawa für Daiei/Dentsu/ Kurosawa mit Tokuma Shoten, Japan 1993
Uraufführung: Int. Filmfestspiele Canes 1993
Verleih: Impuls/-/Monopole Pathé/ VIPRO Video (128 Min., ab 6 J., 13.9.94)
Kinostart: 7.4.1994
Länge: 134 Min. – *FSK:* ab 6, ffr.
FBW: Besonders wertvoll

Der Altmeister des blutrünstigen Samurai-Films legt ein fröhliches Alterswerk über das Altern und gegen das Sterben vor. Der Schriftsteller Hyakken Uchida ist Anlaß und Gegenstand eines »Biopic«, dem es weniger auf Genauigkeit als auf die Verehrung eines »unwürdigen« Greises ankommt. Immer wieder gibt es etwas zu feiern für Uchida und seine Schüler, die ihn abgöttisch lieben, und so reiht sich ein Bankett an die nächste Teestunde, eine Anekdote ans nächste Gelächter. Jung wie ein Schüler nähert sich Kurosawa dem großen Vorbild. *Peter W. Jansen, tip, 8/94*

Peter Buchka in: SZ, 19.5.93; Anne Frederiksen in: Die Zeit, 1.4.94; Andreas Kilb in: Die Zeit, 21.5.93; Thomas Klingenmaier in: Stgt. Zeitung, 26.2.94; Daniel Kothenschulte in: Kölner Stadtanzeiger, 9.7.94; H.G. Pflaum in: SZ, 15.12.94; Wolfram Schütte in: FR, 18.6.94

Madita 579

DU ÄR INTE KLOK, MADICKEN ***

Regie: Göran Graffman
Darsteller: Jonna Liljendahl (Madita), Liv Asterlund (Lisabet), Monica Nordquist (Mutter), Björn Granath (Vater), Lis Nilheim (Alva), Sebastian Hansson (Abbe), Brigitta Anderson (Frau Nilsson), Allan Edwall (Herr Nilsson)
Drehbuch: Astrid Lindgren, nach ihrem gleichn. Roman
Kamera: Rune Ericson (Eastmancolor)
Musik: Bengt Hallberg
Schnitt: Jan Perrson
Produktion: Olle Hellbom, Olle Nordemar für Svensk Filmindustri/Artfilm, Schweden 1979
Uraufführung: 14.12.1979, Stockholm
Verleih: Wild Utopia/-/-/Taurus Video
Kinostart: 12.5.1994
Länge: 102 Min.

Die sechsjährige Madita, Tochter eines Zeitungsredakteurs um die Jahrhundertwende, setzt sich in der Schule für ein Mädchen aus armen Verhältnissen ein und wird dessen Freundin. Das ist ebenso ungewöhnlich wie der Entschluß ihrer Eltern, die Magd Alva zum Wohltätigkeitsfest für die Armen mitzunehmen, zu dem eigentlich nur die »bessere« Gesellschaft Zugang hat. Unterhaltsam und eindringlich inszeniertes Sozialmärchen von 1979 nach einem Astrid-Lindgren-Kinderbuch.
Heiko R. Blum, Kölner Stadt-Anzeiger, 14.5.94

Gerald Jung in: Zitty, 10/94; Frank Noack in: Der Tagesspiegel, 13.5.94

Maladie d'Amour 580

MALADIE D'AMOUR ***

Regie: Jacques Deray
Darsteller: Nastassja Kinski, Jean-Hugues Anglade, Michel Piccoli, Jean-Claude Brialy, Souad Amidou, Jean-Paul Rousillon
Drehbuch: Danièle Thompson, Jacques Deray, nach einer Idee von Andrzej Zulawski
Kamera: Jean-François Robin (Farbe)
Musik: Romano Musumarra
Schnitt: Henri Lanoe
Produktion: Marie-Laure Reyre für Oliane Prod., Frankreich 1987
Uraufführung: 30.9.1987, Paris
Verleih: -/-/Challenger Films
Länge: 122 Min.

Eine junge Frau zwischen zwei Männern und Rivalen: auf der einen Seite der reife Medizinprofessor, der ein Leben mit allen Annehmlichkeiten bietet, auf der andern sein junger, leidenschaftlicher Assistent, der für die Geliebte seine Karriere opfert, was diese wiederum zum Verzicht auf ihre wahre Liebe bewegt. Doch ihr Körper reagiert auf die unerfüllte Sehnsucht mit Krebs... Hinter dem interessanten Melodrama, das »liebeskrank« wörtlich nimmt, steckt eine schwache Geschichte mit teilweise gekünstelten Dialogen. Es wird viel gesprochen, vor wechselnden Hintergründen, doch fehlt die Einbettung in eine überzeugende Handlung. *Zoom*

Malice – Eine Intrige 581

MALICE ***

Regie: Harold Becker
Darsteller: Alex Baldwin (Jed), Bill Pullman (Andy), Nicole Kidman (Tracy), Bebe Neuwirth (Dana Harris), Peter Gallagher (Dennis Riley), George C. Scott (Dr. Kessler), Anne Bancroft (Ms. Kennsinger), Josef Sommer (Lester Adams), Tobin Bell (Earl Leemus), William Duff-Griffin (Dr. George Sullivan)
Drehbuch: Aaron Sorkin, Scott Frank, nach einer Story von Aaron Sorkin, Jonas McCord
Kamera: Gordon Willis (Farbe)
Musik: Jerry Goldsmith
Schnitt: David Bretherton
Produktion: Harold Becker, Rachel Pfeffer, Charles Mulvehill für Castle Rock Ent. mit New Line Cinema, USA 1993
Uraufführung: 1.10.1993, New York
Verleih: UIP/UIP/Rialto/VMP Video
Kinostart: 19.5.1994
Länge: 106 Min. – *FSK:* ab 16, ffr.
FBW: Wertvoll

Nichts ist wie es scheint in diesem seltsamen Genre-Bastard. Zunächst steht

Teufel in Engelsgestalt: Nicole Kidman in ›Malice‹.

ein Serienkiller im Mittelpunkt, wird aber schnell links liegengelassen, scheinbar zugunsten eines tragischen Ehedramas. Hinter dieser doppelten Täuschung kommen ein raffiniertes Intrigenspiel, ein clever eingefädelter Betrug und eine fast perfekte Maskerade zum Vorschein. Die Inszenierung, die Fotografie und die souveränen Darsteller lassen zwar nichts zu wünschen übrig, auf den überflüssigen Nebenplot hätte Becker aber besser verzichtet.
Frank Schnelle, tip, 11/94

Heiko R. Blum in: Rheinische Post, 20.5.94; Rupert Koppold in: Stgt. Zeitung, 19.5.94; Milan Pavlovic in: Kölner Stadt-Anzeiger, 21.5.94; Helmut Schmitz in: FR, 25.5.94

Malli – Artist in Residence 582
****

Regie: Peter Zach
Darsteller: Mitwirkende: Walter Malli, Oskar Aichinger, Eugene Chadbourne, Werner Dafeldecker
Drehbuch: Peter Zach
Kamera: Jiri Volbracht (Farbe)
Produktion: Allegro Film, Österreich 1993
Verleih: -/filmladen/-
Kinostart: Mai 1994
Länge: 102 Min.

Der österreichische Dokumentarfilm folgt dem Original Walter Malli durch seinen Alltag und seine Lebensphilosophie. Tagsüber arbeitet er als Hausmeister im Schloß Schönbrunn, abends übt und spielt er auf dem Sopransaxophon. Das filmische Porträt eines improvisierenden Musikers ist selbst so flexibel und nachgiebig, daß sich zwischen Bebop und Wienerlied angesiedelte Musiksequenzen, Interviewepisoden und stilisierende Bilder von Wien zu einem originellen Gesamteindruck zusammenfügen. *multimedia*

Man's Best Friend 583
MAN'S BEST FRIEND **
Video

Regie: John Lafia
Darsteller: Ally Sheedy (Lori Tanner), Lance Henriksen (Dr. Jarret), Robert Constanzo (Det. Kovacs), Fredric Lehne (Perry), John Cassini (Det. Bendetti), J.D. Daniels (Rudy), William Sanderson (Ray), Trula M. Marcus (Annie)
Drehbuch: John Lafia
Kamera: Mark Irwin (Deluxe)
Musik: Joel Goldsmith
Schnitt: Michael N. Knue
Produktion: Bob Engelman für Roven-Cavello Ent., USA 1993
Verleih: -/-/-/VMP Video
Videostart: 9.12.1994
Länge: 84 Min.
FSK: ab 18 J.

TV-Reporterin befreit Bernhardiner aus Tierversuchslabor, der über gefährliche Fähigkeiten verfügt. Horrorfilm mit einigen spannenden Passagen.

Manhattan Murder Mystery 584
MANHATTAN MURDER MYSTERY ****

Regie: Woody Allen
Darsteller: Woody Allen (Larry Lipton), Diane Keaton (Carol Lipton), Alan Alda (Ted), Anjelica Huston (Maria Tox), Jerry Adler (Paul House), Lynn Cohen (Lillian House), Ron Rifkin (Sy), Joy Behar (Marilyn), William Addy (Jack, der Hausmeister)
Drehbuch: Wolldy Allen, Marshall Brickman
Kamera: Carlo Di Palma (DuArt/ Technicolor)
Schnitt: Susan E. Morse
Produktion: Robert Greenhut für Jack Rollins/Charles H. Joffe Prod., USA 1993
Uraufführung: 18.8.1993, New York
Verleih: Columbia TriStar/dto./20th Century

Fox/Columbia TriStar Home Video
Kinostart: 3.2.1994
Länge: 108 Min.
FSK: ab 12, ffr.
FBW: Besonders wertvoll

Ein Paar versucht dem tristen Einerlei des Ehealltags zu entkommen, indem es rund um den Tod einer Nachbarin eine Mordgeschichte ausspinnt. Quer durch Anspielungen und Filmzitate entwicklete Kriminalgroteske, in der Woody Allen das Fabulieren als Mittel gegen die Depression im wattierten Leben präsentiert. Allerdings bleibt er dabei nicht frei von Rückgriffen in die Klamottenkiste der Stadtneurotiker.
Zoom, 2/94

Manhattan: Einmal mehr huldigt Allen der Stadt, die niemals schläft. Murder: Diane Keaton und Woody Allen versuchen sich als Amateurdetektive, als sie hinter dem plötzlichen Tod ihrer Nachbarin einen Mord wittern. Mystery: Na ja, sehr geheimnisvoll oder spannend ist der Film nicht, dafür jedoch ein wunderbar witziges Spiel mit Krimi-Klischees und Film-noir-Zitaten.
Annette Kilzer, tip, 3/94

Zwei Brillen, die sich mögen: Diane Keaton und Woody Allen in ›Manhattan Murder Mystery‹.

Peter Buchka in: SZ, 3.2.94; Robin Detje in: Die Zeit, 4.2.94; Sebastian Feldmann in: Rheinische Post, 3.2.94; Heike Kühn in: FR, 3.2.94; Harald Martenstein in: Der Tagesspiegel, 3.2.94; Helmut Merker in: Kölner Stadt-Anzeiger, 5.2.94; Ponkie in: AZ, 3.2.94

Ein Mann am Meer 585
UN HOMME à LA MER ***
TV

Regie: Jacques Doillon
Darsteller: Nicole Garcia (Fanny), Jacques Higelin (Pierre), Isabella Ferrari (Maria), Marie Gillain (Camille), Géraldine Pailhas (Lena)
Drehbuch: Jacques Doillon
Kamera: Christophe Pollock (Farbe)
Musik: Jean-Pierre Duret
Produktion: Home Made Movies/La Sept-Arte/France 2, Frankreich 1993
Sendetermin: 3.9.1994, Arte, 21.55 (OmU)
Länge: 104 Min.

Ein Hotelzimmer am Meer als Ort der Liebe, Leidenschaft und Melancholie: Pierre steht zwischen vier Frauen, von denen jede ihre Gefühle zu ihm ins Reine bringen will.

Der Mann auf dem Quai 586
L' HOMME SUR LES QUAIS ****

Regie: Raoul Peck
Darsteller: Jennifer Zubar (Sarah), Toto Bissainthe (Großmutter), Jean-Michel Martial (Janvier), Patrick Rameau (Gracieux Sorel), Mireille Metellus (Tante Elide), François Latour (François Jansson), Albert Delpy (Assad), Magaly Berdy (Mirabelle), Michèle Marcelin (Madame Janvier), Ailo Auguste (Gisèle Jansson)
Drehbuch: Raoul Peck, André Grall
Kamera: Armand Marco (Farbe)
Musik: Amos Coulanges, Dominique Dejean
Schnitt: Jacques Comets
Produktion: Frouma Films/Blue Films/VelvetFilm/Les Productions de Regard, Frankreich/Kanada/BRD 1992
Uraufführung: 15.5.1993, Int. Filmfestspiele Cannes
Erstaufführung: Int. Filmfestspiele Berlin 1994
Verleih: Sputnik OmU/filmladen/trigon-film
Kinostart: 9.6.1994
Länge: 105 Min.

Eine Familie erleidet unter der haitianischen Diktatur der frühen 60er Jahre bittere Verfolgung und Unterdrückung. Trotz dramaturgischer Schwächen ein menschlich berührender, formal bemühter Film. *multimedia*

Eine haitianische Kleinstadt in den 60er Jahren. Willkür und Terror des Diktators »Papa Doc« Duvalier prägen den Alltag auch für eine Achtjährige und ihre Großmutter. Durch eine Nichtigkeit entlädt sich die latente Bedrohung. Eine sensible und zugleich intensive Studie über universelle Strukturen von Macht und Repression. In der Filmsprache des in Haiti geborenen Regisseurs gehen ästhetische Elemente verschiedener Herkunft eine reizvolle Synthese ein.
Susanne Wagner, Filmbulletin, 2/94

Frank Noack in: Der Tagesspiegel, 17.6.94; Christiane Peitz in: Die Zeit, 7.10.94; Helmut Schmitz in: FR, 28.10.94

Der Mann aus Asche 587

RIH ESSED / L'HOMME DE CENDRES ***
TV

Regie: Nouri Bouzid
Darsteller: Imed Maalai (Hachemi), Khaled Ksouri (Farfat), Habib Belhadi (Touil), Mohamed Drif (Asaiez), Mouna Noreddine (Neffisa), Mahmoud Belhassen (Mustafa), Mustafa Adouani (Ameur), Yaacoub Behiri (Levy)
Drehbuch: Nouri Bouzid
Kamera: Youssef Ben Youssef (Farbe)
Musik: Salah Mahdi
Schnitt: Mika Ben Miled
Produktion: Satpec/Cinetelefilm, Tunesien 1986
Uraufführung: 12.5.1986, Int. Filmfestspiele Cannes, »Un certain regard«
Verleih: -/-/-/
Sendetermin: 2.9.1994, Arte, 23.20 (OmU)
Länge: 105 Min.

Die Geschichte des Films spielt in Sfax. Hachemi, 24 Jahre alt, soll heiraten. Doch je näher der große Tag rückt, desto merkwürdiger findet die Familie sein Verhalten. Hachemi würde beim Gedanken an die bevorstehende Hochzeit am liebsten die Flucht ergreifen. Die Gründe hierfür scheint die Familie nicht zu sehen, oder nicht sehen zu wollen. Der junge Mann weiß nicht das geringste von Frauen. (...)
Pressetext Arte

Der Mann aus... 588

CZLOWIEK Z... ***
TV

Regie: Konrad Szolajski
Darsteller: Agata Kulesza (Anna), Slawomir Pacek (Marek Mikrut), Ewa Gawryluk (Maria Stasinska), Kazimierz Kaczor (Buras), Cezary Pazura (Bolek Rylski), Marek Kondrat (Jan Walasiak), Artur Barcis (Machala)
Drehbuch: Jaroslaw Lindenberg, Konrad Szolajski, nach Motiven ihres Romans »Ein Mensch aus Blut und Knochen«
Kamera: Wlodzimierz Glodek (Farbe)
Musik: Krzesimir Debski
Schnitt: Barbara Fronc
Produktion: Figaro mit Lodz Feature/PZU/ Studio Beta/PAI, Polen 1993
Sendetermin: 4.8.1994, Arte, 21.15
Länge: 100 Min.

Die Handlung des Films spielt 1989 in Polen und – in Rückblenden – Anfang der 80er Jahre während des Kriegsrechts, mit dem das kommunistische Regime die demokratische Bewegung der »Solidarnosc« unterdrückte. Die junge Journalistin Anna, selbst ein Opfer der kommunistischen Regierung, soll nach dem Ende des Kommunismus einen Dokumentarfilm über Marek Mikrut, einen der Helden des Widerstandes gegen das Kriegsrecht, drehen. (...) *Pressetext Arte*

Der Mann der niemals starb 589

THE MAN WHO WOULDN'T DIE ***
Video

Regie: Bill Condon
Darsteller: Roger Moore (Thomas Grace), Malcolm McDowell (Bernhard Drake), Nancy Allen (Jesse Gallardo), Jackson Davies, Eric McCormack
Drehbuch: David Amann
Kamera: Stephen M. Katz (Farbe)
Musik: David Shire
Schnitt: Virginia Katz
Produktion: Alex Beaton für Universal TV, USA 1993
Verleih: -/-/-/CIC Video
Videostart: Juni 1994
Länge: 88 Min.
FSK: ab 16 J.

Londonder Journalist, mit einem Buch über irren Killer zu Ruhm gelangt, sieht sich pötzlich mit Mordserie konfrontiert, die genau der in seinem Werk gleicht. Hübsche, nicht allzu spannende

Krimikost, deren Hauptattraktion die Besetzung darstellt.

Mantis 590

M.A.N.T.I.S. *

Video

Regie: Eric Laneuville
Darsteller: Carl Lumbly (Dr.Hawkins), Bobby Hosea (Reporter), Gina Torres (Ami), Steve James (Stark), Obba Babatunde (Antoine)
Produktion: Steve Ecclesine für Universal, USA 1994
Verleih: -/-/-/CIC Video
Videostart: 10.10.1994
Länge: 85 Min. – *FSK:* ab 12 J.

Pilotfilm zu einer US-TV-Serie über einen Bonsai-Batman, der mit einem Lähmungsspray für Recht und Ordnung sorgen möchte. Also der Beginn eines sich ständig erneuernden Schwachsinns.

Marias Liebeslabyrinth 591

THE TEASE **

TV

Regie: John Leslie
Darsteller: Lauren Hall (Maria), Selena Steel, Ashlyn Gere, Randy West, Rayne
Kamera: (Farbe)
Produktion: USA 1990
Verleih: -/-/-/
Sendetermin: 26.2.1994, Premiere, 0.45
Länge: 73 Min.

Eine Liebesgöttin sucht sich einen Autor, der ihre intimsten Sehnsüchte aufschreiben soll.

Mario und der Zauberer 592

***

Regie: Klaus Maria Brandauer
Darsteller: Julian Sands (Bernhard Fuhrmann), Anna Galiena (Rachel Fuhrmann), Klaus Maria Brandauer (Cipolla, ein Zauberer), Nina Schweser (Sophie Fuhrmann), Jan Wachtel (Stephan Fuhrmann), Rolf Hoppe (Angiolieri, Polizei-Chef), Elisabeth Trissenaar (Sofronia Angiolieri), Pavel Greco (Mario der Kellner)
Drehbuch: Burt Weinshanker, Klaus Maria Brandauer, nach der gleichn. Novelle von Thomas Mann
Kamera: Lajos Koltai (Farbe)
Musik: Christian Brandauer
Schnitt: Tanja Schmidbauer
Produktion: Jürgen Haase für Provobis/Roxy/Flach/Satel/ZDF/ORF/Canal plus, BRD 1994
Uraufführung: 15.12.1994, Massenstart
Verleih: Senator/Constantin/-
Kinostart: 15.12.1994
Länge: 125 Min.
FSK: ab 12, ffr.
FBW: Wertvoll

Sehr frei nach der gleichnamigen Novelle von Thomas Mann erzählt Brandauer sowohl die Geschichte einer Verführung als auch die Geschichte vom politischen Versagen des Künstlers. In einem Badeort im faschistischen Italien Ende der zwanziger Jahre wird eine deutsche Schriftstellerfamilie mit massivem Ausländerhaß konfrontiert. Was bei Mann zwischen den Zeilen als schleichende Bedrohung spürbar wird, führt Brandauer in manchmal allzu deutlichen Bildern vor Augen. Dabei gerät seine Darstellung des Verführers Cipolla, der bei Mann eher eindimensional das Böse verkörpert, zu einem differenzierenden Porträt zwischen Dämonie und Charisma. Julian Sands allerdings als Künstler unter politischem Zugzwang geht neben Brandauer stärker unter, als es diesem für seine Botschaft recht sein kann.

AH, tip

(...) Kurz und schlecht, der Film nähert sich dem Thema seiner Vorlage auf die verhängnisvollste Weise, indem er praktiziert, was er entlarven möchte: Selbstüberschätzung und Hochstapelei.

Peter Buchka, SZ, 15.12.94

(...) Die Verfilmung einer schwächeren Novelle von Thomas Mann geriet unter der Regie von Klaus Maria Brandauer zu einem szenisch nur teilweise überzeugenden, schauspielerisch überwiegend schwachen Zeitportrait.

multimedia

Heiko R. Blum in: Rheinische Post, 16.12.94; Andreas Kilb in: Die Zeit, 16.12.94; Thomas Klingenmaier in: Stgt. Zeitung, 15.12.94; Hans-Joachim Neumann in: Zitty, 25/94; Ponkie in: AZ, 15.12.94

Martha 593

****

Regie: Rainer Werner Fassbinder
Darsteller: Margit Carstensen (Martha Hyer/Salomon), Karlheinz Böhm (Helmut Salomon), Gisela Fackeldey (Mutter), Adrian

Karlheinz Böhm, Margit Carstensen und der Regisseur von ›Martha‹, Rainer Werner Fassbinder.

Hoven (Vater), Barbara Valentin (Marianne), Ingrid Caven (Ilse), Ortrud Beginnen (Erna), Wolfgang Schenck (Chef), Günter Lamprecht (Dr. Salomon), Peter Chatel
Drehbuch: Rainer Werner Fassbinder, nach Motiven des Romans »For the Rest of Her Life« von Cornell Woolrich
Kamera: Michael Ballhaus (Farbe)
Musik: Manfred Oelschlegel, Beethoven, Palestrina, Donizetti
Schnitt: Liesgret Schmitt-Klink
Produktion: Peter Märtesheimer für Tangofilm für WDR, BRD 1973/1994
Verleih: Filmverlag/Constantin/-
Kinostart: 17.11.1994
Länge: 116 Min. – *FSK:* ab 12, ffr.
FBW: Besonders wertvoll

Auch mehr als zwanzig Jahre danach ist der Film immer noch ein einziger Horror aus Sanftmut und Verwechslung: der Liebe mit Besitz oder – noch schlimmer – mit Unterwerfung. Martha, schon etwas altjüngferlich, verfällt auf Anhieb dem Softie-Charme von Helmut, der sich, das Recht auf seiner Seite, seiner Beute mit brutaler Rohheit bemächtigt. Eine grandiose Fehlbesetzung ist das für den milden Karlheinz Böhm, während Margit Carstensen die Rolle sozusagen eins-zu-eins zu verkörpern scheint. Der Be- und Erziehungsfrust einer ganzen Generation hat sich in diesem Verhältnis niedergeschlagen. *Peter W. Jansen, tip, 25/94*

Joachim Auch in: Stgt. Zeitung, 19.11.94; Peter Buchka in: SZ, 17.11.94; Fritz Göttler in: Kölner Stadtanzeiger, 19.11.94; Andreas Kilb in: Die Zeit, 16.9.94 und 18.11.94; Peter Körte in: FR, 17.11.94; Ponkie in: AZ, 17.11.94

Martial Outlaw 594

MARTIAL OUTLAW **
Video

Regie: Kurt Anderson
Darsteller: Jeff Wincott (Kevin White), Gary Hudson (Jack White), Vladimir Skomarovsky (Nikolai Rowdschenko), Liliana Komorowska (Marina White), Richard Jaeckel (Mr. White), Krista Errickson (Lori White)
Drehbuch: Thomas Ritz
Kamera: Jürgen Baum (Farbe)
Musik: Louis Febre
Schnitt: Michael Thibault
Produktion: Pierre David für Image Organisation, USA 1993
Verleih: -/-/-/Ascot Video
Videostart: 15.12.1993

Länge: 81 Min. – *FSK:* ab 18 J.; gekürzte Fass. 75 Min. ab 16 J.

Bruder eines Drogenfahnders gerät in schlechte Gesellschaft, wird jedoch bei der finalen Konfrontation mit dem Bösen geläutert. Unbedeutendes Schema-F-Karatefilmchen.

Josef Lederle in: film-dienst, 1/94

Die Maske 595

THE MASK ***

Regie: Charles Russell
Darsteller: Jim Carrey (Die Maske/Stanley Ipkiss), Cameron Diaz (Tina Carlyle), Peter Reigert (Lt. Mitch Kellaway), Peter Greene (Dorian Tyrel), Amy Yasbeck (Peggy Brandt), Richard Jeni (Charlie Schumacher), Orestes Matacena (Niko), Timothy Bagley (Irv), Nancy Fish (Mrs. Peeman), Johnny Williams
Drehbuch: Mike Werb, nach einer Story von Michael Fallon, Mark Verheiden
Kamera: John Leonetti (Foto-Kem)
Musik: Randy Edelman
Schnitt: Arthur Coburn
Produktion: Bob Engelmann für Dark Horse Ent., USA 1994
Verleih: CI/Constantin/Monopole Pathé

›Die Maske‹ Jim Carrey und sein bester Spezialeffekt: Cameron Diaz.

Kinostart: 24.11.1994
Länge: 101 Min. – *FSK:* ab 12, ffr.
FBW: Wertvoll

Ein kleiner Bankangestellter findet eine magische Maske, die ihn nachts in eine Art Superman verwandelt der sich gefahrlos mit Gangstern und Polizei anlegen kann und schöne Frauen zu beeindrucken weiß. Turbulente schräge Komödie, die Elemente aus mehreren Genres mixt, keinerlei inhaltliche Ambitionen hat, sondern in erster Linie die neuesten Möglichkeiten computeranimierter Effekte vorführen will.
multimedia

(...) Schrille Komödie mit einem jämmerlichen Plot und einer aufs schrecklichste chargierenden Darsteller-Riege. Nur in Sachen digitaler Tricktechnik ist das einfältige Unterfangen voll auf der Höhe. *Frank Schnelle, tip, 24/94*

Heiko R. Blum in: Rheinische Post, 25.11.94; Rupert Koppold in: Stgt. Zeitung, 24.11.94; Christian Seebaum in: Kölner Stadtanzeiger, 26.11.94; Anke Sterneborg in: SZ, 24.11.94

The Master 596

THE MASTER **

Regie: Tsui Hark
Darsteller: Jet Lee, Casille Carrigan, Wayre Post
Kamera: (Farbe)
Produktion: Golden Harvest, Hongkong 1992
Länge: 87 Min. – *FSK:* ab 18 J., gekürzte Fass. 85 Min., ab 16 J.

Vier Martial-Arts-Schüler retten ihren Meister vor der scheinbar übermächtigen Konkurrenz, die ein Monopol in L.A. etablieren möchte. Hongkong-Kampfsportfilm der besseren Art.

Matinee 597

MATINEE ***

Video

Regie: Joe Dante
Darsteller: John Goodman (Lawrence Woolsey), Simon Fenton (Gene Loomis), Cathy Moriarty (Ruth Corday/Carol), Omri Katz (Stan), Lisa Jakub (Sandra), Jesse Lee (Sherry), John Sayles (Bob), Dick Miller (Herb), Robert Picardo (Howard), Kellie Martin (Sherry)

Drehbuch: Charlie Haas, nach einer Story von Jerico Haas, Charlie Haas
Kamera: John Hora (Farbe und s/w)
Musik: Jerry Goldsmith
Schnitt: Marshall Harvey
Produktion: Michael Finnell für Renfield Prod., USA 1993
Uraufführung: 29.1.1993, New York
Erstaufführung: Filmfest München 1993; Viennale 1993
Verleih: -/-/-/VCL/Carolco Video
Videostart: 26.9.1994
Länge: 98 Min.
FSK: ab 12 J.

60er-Jahre-Teenie-Movie vor dem Hintergrund der Kubakrise: Gene, ein 14jähriger Junge, begegnet geschäftstüchtigem Billigfilm-Regisseur, der in Key West sein neuestes Werk vorstellt. Mit ein paar hübschen Gags und Horrorfilm-Parodien ausgestattet, etwas klischeehaft aber liebevoll erzählt.

Mauern des Schweigens 598

DUMMY □ TV

Regie: Frank Perry
Darsteller: Paul Sorvino (Lowell Myers), LeVar Burton (Donald Lang), Brian Dennehy (Ragoti), Rose Gregorio (Ruth Myers), Gregg Henry (Smith), Steven Williams (Julius Lang), Helen Martin, Paul Butler
Drehbuch: Ernest Tidyman, nach seinem gleichn. Buch
Kamera: Gayne Rescher (Farbe)
Musik: Gil Askey
Schnitt: Donald R. Rode, Benjamin A. Weissman
Produktion: Sam Manners, Ernest Tidyman für The Konigsberg Company/Warner Bros. TV, USA 1979
Uraufführung: 27.5.1979, CBS
Sendetermin: 21.12.1994, ZDF, 1.35
Länge: 94 Min.

Der Film, der auf authentischen Gerichtsakten basiert, erzählt das tragische Einzelschicksal eines jungen schwarzen Taubstummen, der eines Prostituiertenmordes verdächtigt wird und während seines Haftaufenthaltes ein wahres Martyrium erleidet.

Pressetext ZDF

Maverick 599

MAVERICK ***

Regie: Richard Donner
Darsteller: Mel Gibson (Bret Maverick),

Der Gute-Laune-Film des Jahres: ›Maverick‹ mit Mel Gibson, James Garner und Jodie Foster.

Jodie Foster (Annabelle Bransford), James Garner (Marshal Zane Cooper), Graham Greene (Joseph), Alfred Molina (Angel), James Coburn (Commodore), Geoffrey Lewis (Matthew Wicker), Paul Smith (Archduke), Dan Hedaya (Twitchy), Dub Taylor
Drehbuch: William Goldman, nach der TV-Figur »Maverick« von Roy Huggins
Kamera: Vilmos Zsigmond (Technicolor)
Musik: Randy Newman
Schnitt: Stuart Baird
Produktion: Bruce Davey, Richard Donner für Icon Prod. mit Donner/Shuler-Donner Prod., USA 1994
Uraufführung: 20.5.1994, New York
Verleih: Warner Bros./dto./dto./Warner Home Video
Kinostart: 30.6.1994
Länge: 126 Min.
FSK: ab 12, ffr.
FBW: Wertvoll

Der smarte Berufsspieler Bret Maverick muß auf dem Weg zu einem Pokerturnier allerlei Hindernisse überwinden, sich mit der schönen Diebin Annabelle herumschlagen, bösen Buben entkommen und vor allem Geld auftreiben. Routiniert inszenierte Westernkomödie mit vielen Stars nach der gleichnamigen TV-Serie der 50er Jahre. Entspannende Kinounterhaltung ohne Ansprüche. *multimedia*

Fritz Göttler in: SZ, 30.6.94; Steffen Jacobs in: Der Tagesspiegel, 30.6.94; Frank Schnelle in: tip, 14/94; Karim Zendagui in: Rheinische Post, 2.7.94

Mavericks großes Spiel 600

YOUNG MAVERICK **
TV

Regie: Hy Averback
Darsteller: Charles Frank (Ben Maverick), Susan Blanchard (Nell), James Woods (Len Fraker), John McIntire (Vernon Maywood), Harry Dean Stanton (Pokey Tindle), Donna Mills (Lila Gates)
Drehbuch: Robert von Scoyk
Kamera: William Jurgensen (Farbe)
Produktion: Warner Bros TV, USA 1979
Sendetermin: 24.8.1994, ZDF, 19.25
Länge: 93 Min.

Älteres Fernsehspiel um den immer seinem Glück nachjagenden Pokerspieler Maverick, der in diesem Jahr im Spielfilm erneut »Glück« hatte.

Maxe Baumann aus Berlin 601

**
TV

Regie: Günter Stahnke
Darsteller: Gerd E. Schäfer, Helga Göring, Helga Hahnemann, Petra Dobbertin, Klaus Peter Pleßow
Produktion: DDR 1987
Sendetermin: 27.3.1994, ORB3, 11.00
Länge: 80 Min.

Nach langer Feindschaft sollen sich zwei zerstrittene Brüder in Berlin auf den Wunsch ihrer Verwandten wieder versöhnen, wobei die Familienmitglieder Rollen übernehmen, die sie vorher abgesprochen haben.

Maximum Breakout – Die tödliche Waffe ist der Haß 602

MAXIMUM BREAKOUT ***
Video

Regie: Tracy Lynch Britton
Darsteller: Bobby Johnston (Travis), Sydney Coale Phillips (Bobby), Tom Blanton, Steve Rally, Carrie Murray
Drehbuch: Michelle J. Carl
Kamera: Barry Wilson (Farbe)
Musik: Dennis Poore, Moche Daaboul
Schnitt: David Alan
Produktion: Ruta K. Aras für Action Intern. Pic., USA 1991
Verleih: -/-/-/Columbia TriStar Video
Videostart: 8.2.1994
Länge: 93 Min.
FSK: ab 18 J.

»Ein Mann sieht rot« zum hundersten Mal. Dieser Streifen hier stellt gleich eine kleine Privatarmee auf, um seine Frau aus der Gewalt von Kidnappern zu befreien.
Das würden wir natürlich auch tun, wenn's der Sache dient.

Mein fremder Vater 603

INGEN KAN ÄLSKA SOM VI ***
TV

Regie: Staffan Hildebrand
Darsteller: Izabella Scorupco (Annelie), Anki Liden (Mutter), Stig Engström (Vater), Hakon Engström (Jonny), Marten Thomasson, Kim Anderson, Markus Trapp
Drehbuch: Staffan Hildebrand
Kamera: Istvan Borbas (Eastmancolor)
Musik: Grace, Gesang Tina Moe
Schnitt: Anders Oehrn

Produktion: Christer Hagström für Filmen Kompisar mit Sparbakarna/Finanfästet/ Wendros, Schweden 1988
Verleih: -/-/-/
Sendetermin: 21.6.1994, MDR3, 22.45
Länge: 100 Min.

Die 17jährige Studentin Annelie bekommt von ihrem Vater, der ihre Mutter und sie vor 10 Jahren verlassen hat, einen Brief mit der Einladung, ihn in Nordschweden zu besuchen. Gegen den Willen ihrer Mutter fährt Annelie zu ihrem Vater, trifft ihn aber nicht an, da er gerade als Hubschrauberpilot unterwegs ist. Stattdessen aber lernt sie den gleichaltrigen, verständnisvollen Jonny kennen und verliebt sich auf Anhieb in ihn.

Mein Freund, der Lippizzaner 604

***
TV

Regie: Franz Antel
Darsteller: Sascha Wussow (Paul Scheibner), Jenny Jürgens (Regina Kahlandt), Max Griessner (Heinz Kahlandt), Monika Dahlberg (Frau Kahlandt), Alfons Haider (Anton Giesemann), Julia Biedermann (Julia Frühwirth), Karin Dor (Louise), Heinz Pettres (Herr Scheibner), Adi Peichl (Manfred), Georg Marischka (Herr Giesemann)
Drehbuch: Franz Antel
Produktion: Carl Spiehs für Lisa-Film, Österreich/BRD 1993
Verleih: -/-/-/
Sendetermin: 14.5.1994, RTL, 20.15
Länge: 92 Min.

Paul Scheibner, der an der Spanischen Hofreitschule in Wien arbeitet, verbindet seit seiner Jugend eine tiefe Freundschaft mit dem Hengst Maestoso. Um seinem Lebenstraum – auf diesem Pferd die hohe Schule der Reitkunst vorzuführen – treu bleiben zu können, muß er die Trennung von seiner karriereorientierten Freundin Regina in Kauf nehmen. Erst in der Gestütssekretärin Julia findet Paul eine gleichgesinnte Partnerin. Doch plötzlich erkrankt der kostbare Hengst schwer, und kurz darauf gerät Julia unter falschen Verdacht. Plötzlich scheinen Pauls sämtliche Hoffnungen zerstört. *Pressetext RTL*

Mein Traum, meine Liebe, meine Hoffnung 605

***

Regie: Martina Fluck
Produktion: Jucca Film, BRD 1993
Verleih: Eigenverleih/-/-
Kinostart: 11.4.1994
Länge: 95 Min.
FBW: Wertvoll

Porträt, Lebenserinnerungen einer 1911 in Breslau geborenen Jüdin, die nach ihrer Ausbildung als Fotografin und nach Aufenthalten in Schweden und in der Sowjetunion in den 30er Jahren einen chinesischen Schriftsteller geheiratet hat und in Peking lebt.
Aus Gutachten FBW

(...) Der Film mischt historische Aufnahmen mit Bildern aus der Gegenwart und freimütigen Interview-Sequenzen. Leider mißtraute die Filmemacherin Martina Fluck der Kraft und der Poesie dieser starken Frau und drehte überflüssige und kitschige Spielfilmteile über die bittersüße Jugendzeit. (...)
Manfred Hobsch, Zitty, 7/94

Meine Freunde, Deine Freunde 606

WHO GETS THE FRIENDS? **
TV

Regie: Lila Garrett
Darsteller: Jill Clayburgh, James Farentino, Lucie Amaz, Leigh Taylor Young, James Sooyan, Robin Thomas
Drehbuch: Lila Garrett, Sandy Krinski
Produktion: USA 1988
Sendetermin: 1.11.1994, RTL2, 17.25; 12.8.1994, RTL2, 16.45
Länge: 87 Min.

Jill Clayburgh, die im Spielfilm nur noch selten zu sehen ist, spielt eine unverheiratete Frau, die sich in einem Leben zurechtfinden muß, in dem die unglücklichen Momente überwiegen. Dennoch gelingt es ihr, ein völlig überraschendes, aber glückliches Ende herbeizuführen. *Pressetext RTL2*

Meine liebste Jahreszeit 607
MA SAISON PRÉFÉRÉE ***

Regie: André Téchiné
Darsteller: Catherine Deneuve (Emilie), Daniel Auteuil (Antoine), Marthe Villalonga (Berthe), Jean-Pierre Bouvier (Bruno), Chiara Mastroianni (Anne), Carmen Chaplin (Khadija), Anthony Prada (Lucien), Michèle Moretti (Direktorin), Jacques Nolot (Mann auf dem Friedhof), Bruno Todeschini (Mann im Krankenhaus)
Drehbuch: André Téchiné, Pascal Bonitzer
Kamera: Thierry Arbogast (Farbe)
Musik: Philippe Sarde
Schnitt: Martine Giordano
Produktion: Alain Sarde für Les Films Alain Sarde/TF1/D.A. mit Canal Plus, Frankreich 1993
Uraufführung: Int. Filmfestspiele Cannes, Eröffnungsfilm (außer Wettbewerb)
Erstaufführung: Filmfest München 1993
Verleih: Concorde/Constantin/Monopole Pathé/VCL/Carolco Video
Länge: 122 Min.
FSK: ab 12, ffr.
FBW: Besonders wertvoll

Harter Arbeit ihrer bäuerlichen Eltern haben die Notarin Emilie und der Hirnchirug Antoine die Bildung zu verdanken, auf denen ihr beruflicher Erfolg beruht. Aber nach dem Tod ihres Vaters sind beide viel zu beschäftigt, als daß sie ihre Mutter zu sich nehmen könnten: Diese zahlt in der Lieblosigkeit eines Altersheims dafür, daß sie ihre Kinder »etwas Besseres« hat werden lassen… Ein wichtiges Thema schlägt André Téchiné zu einem leider in alle Richtungen ausufernden und mit allerhand kommerziellen Versatzstücken aufgemotzten Familienroman breit. *Zoom, 9/93*

Gediegenes französisches Hochglanz-Kino im biederen Ambiente des gebildeten Großbürgertums der Provinz. Regisseur André Téchiné, dessen kultiviert romanesker Erzählstil gelegentlich, thematisch bedingt, psychologische und gesellschaftskritische Brisanz sichtbar macht, verfällt hier in vornehme Verherrlichung konservativ spießiger Lebens- und Seelenhaltung. (…)

Frauke Hanck, AZ

(…) Téchinés Inszenierung ist so offen, daß der Film das eine oder andere Mal ein wenig aus der Balance gerät, insgesamt aber atmet er den Geist des großen europäischen Autorenkinos.

Ralph Umard, tip, 3/94

Peter Buchka in: SZ, 15.5.93; Fritz Göttler in: SZ, 11.2.94; Rupert Koppold in: Stgt. Zeitung, 17.2.94; Rheinische Post, 29.4.94; Heike Kühn in: FR, 4.2.94; Carla Rhode in: Der Tagesspiegel, 10.2.94

Menace II Society 608
MENACE II SOCIETY ***

Regie: Allen und Albert Hughes
Darsteller: Tyrin Turner (Caine Lawson), Jada Pinkett (Ronnie), Vonte Sweet (Sharif), Larenz Tate (O-Dog), McEiht (A-Wax), Ryan Williams (Stacy), Charles Dutton (Mr. Butler), Glenn Plummer (Pernell), Bill Duke, Samuel L. Jackson
Drehbuch: Tyger Williams
Kamera: Lisa Rinzler (Foto-Kem)
Musik: QD III; Bonnie Greeberg, Jill Meyers (supervisor)
Schnitt: Christopher Koefoed
Produktion: Darin Scott für New Line Cinema, USA 1993
Uraufführung: Int. Filmfestspiele Cannes 1993; 26.5.1993, New York
Verleih: 20th Century Fox/-/-/VMP Video
Kinostart: 20.1.1994
Länge: 97 Min.
FSK: ab 16, ffr.

Beeindruckendes Debüt zweier junger US-Filmemacher, die mit diesem harten, naturalistisch gefärbten Drama aus dem Schwarzen-Ghetto Watts in Los Angeles deutlich machen, daß die horrend hohe Mordquote in den USA direkt zusammenhängt mit der leichten Verfügbarkeit und dem bedenkenlosen Gebrauch von Feuerwaffen. Dargestellt wird der kurze, von Gewalt geprägte Lebensweg eines jungen Drogenhändlers von seiner Kindheit in einem kriminellen Elternhaus bis zu seinem frühen Tod im Kugelhagel von Maschinenpistolen. *Ralph Umard, tip, 2/94*

Michael Althen in: Kölner Stadt-Anzeiger, 22.1.94; SZ, 4.2,94; Angie Dullinger in: AZ, 3.2.94; Ulrich Herrmann in: Die Zeit, 21.1.94; Otto Heuer in: Rheinische Post, 21.1.94; Thomas Klingenmaier in: Stgt. Zeitung, 20.1.94; Angela Schmitt-Gläser in: FR, 20.1.94

Erschütterte nicht die Galaxis: ›Meteor Man‹ von und mit Robert Townsend.

Meteor Man 609
METEOR MAN ***
Video

Regie: Robert Townsend
Darsteller: Robert Townsend (Jefferson Reed), Marla Gibbs (Mrs. Reed), James Earl Jones (Mr. Moses), Eddie Griffin (Michael), Robert Guillaume (Mr. Reed), Roy Fegan (Simon), Cynthia Belgrave (Mrs. Harris), Marilyn Coleman (Mrs. Walker), Don Cheadle, Bobby McGee
Drehbuch: Robert Townsend
Kamera: John A. Alonzo (Deluxe)
Musik: Cliff Eidelman
Schnitt: Adam Bernardi, Richard Candib, Andrew London, Pam Wise
Produktion: Loretha C. Jones für Tinsel Townsend Prod., USA 1993
Verleih: -/-/-/Warner Home Video
Videostart: 22.04.1994
Länge: 96 Min. – *FSK:* ab 16 J.

Er hat nette Eltern, gute Freunde und sein Job macht ihm Spaß. Doch das Leben von Jefferson Reed ändert sich schlagartig, als er von einem Meteoriten getroffen wird. Aus dem schüchternen Lehrer wird ein Superkämpfer mit übermenschlichen Fähigkeiten, der den Kampf gegen jugendliche Straßenbanden aufnimmt. Wenn dem Helden nur beim Fliegen nicht immer übel werden würde... Komödie mit Gastauftritten zahlreicher Stars der Rap- und R&B-Szene sowie einem »obdachlosen« Bill Cosby. *(Pressetext)*

Schüchterner schwarzer Lehrer wird von Meteorit getroffen und mutiert zu einer Art Superman, der die Bürgerwehr unterstützt und in seinem Viertel mit den Gangstern aufräumt. Eine Stunde gemächliche Genreparodie, dann eine halbe Stunde einfallslose Gewalttätigkeit. Gut gemeint, ist nicht genug.

Miami Affairs 610
SCAM ***
Video

Regie: John Flynn
Darsteller: Christopher Walken (Jack Shanks), Lorraine Bracco (Maggie Rohrer), Miguel Ferrer (Barry Landers), Martin Donovan (Gordon Weller)
Drehbuch: Craig Smith, nach seiner Novelle »Ladystinger«
Kamera: Rick Waite (Farbe)
Musik: Stephen Graziano
Schnitt: Michael N. Kune
Produktion: David Lancaster für Viacom Pic., USA 1992
Verleih: -/-/-/VCL/Carolco Video
Videostart: Mai 1994
Länge: 98 Min. – *FSK:* ab 16 J.

Trickdiebin wird von Ex-FBI-Agent zu einem Coup gegen Rauschgift-Dealer genötigt, doch die beiden führen sich ein ums andere Mal gegenseitig hinters Licht. Die Handlung eher läppisch, die Darsteller zeigen Qualitäten, die Inszenierung unentschlossen.

Mind Twister 611
MIND TWISTER *
Video

Regie: Fred Olen Ray
Darsteller: Telly Savalas (Richard Hovland), Suzanne Slater (Heather Black), Gary Hudson (Daniel Strathen), Erika Nann (Lisa), Maria Ford (Melanie Duncan), Nels van Patten, Sam Hiona, Angel Ashley, Laurie Sherman, Richard Roundtree (Frank Webb)
Drehbuch: Marc Thomas McGee
Kamera: Gary Graver (Farbe)
Musik: Peter Rotter

Schnitt: W. Peter Miller
Produktion: Luigi Cingolani für Smart Egg Pic., USA 1993
Verleih: -/-/-/Condor Video
Videostart: August 1994
Länge: 87 Min.
FSK: ab 18 J.; gekürzte Fass. 76 Min. ab 16 J.

Softpornographisches, unsinniges B-Picture-Machwerk, an dem nur der Auftritt des damals schon 70jährigen Telly Savalas erstaunt.

Ming Ghost – Gespenster der Vergangenheit 612

MING GHOST **

TV

Regie: Chiu Kang-Chien
Darsteller: Wang Tsu-Hsien (Ah Ying), Kao Chieh (Huo Sang), Shan Li-Wen, Huang Yao-Ming, Kao Yi-Cheng
Drehbuch: Chiu Kang-Chien, Tsai Kang-Yung
Kamera: Bill Wong, Yang Wei-Han (Farbe)
Produktion: Taiwan 1992
Sendetermin: 11.1.1994, WEST 3, 23.05
Länge: 142 Min.

Ah Ying, gerade mit Huo Sang vermählt, reist mit ihrem Ehemann zum Grab ihrer Mutter. Ihr Vater erwartet sie und ist beunruhigt, als sie nicht eintreffen. Polizisten finden die Leiche Huos in einem Wald, Ah Ying ist verschwunden. Die Spuren führen zu einem Händler, der eingesperrt wird. Ah Ying wird bewußtlos in einem Stall gefunden. Der eine Polizist verliebt sich sofort in die schöne Frau und bringt sie zu ihrem Vater. Sie erzählt, daß ein Räuber ihren Mann getötet habe und sie vergewaltigen wollte. Sie habe ihre Ehre bewahrt und den Räuber verletzt. Als der Täter gefaßt wird, erzählt er eine ganz andere Geschichte: Mit dem Mord habe er nichts zu tun, und die Frau habe sich ihm freiwillig angeboten. Auch er wird ins Gefängnis geworfen; am Morgen nach einer finsteren Nacht findet der Richter drei Tote vor: den Polizisten, den Händler und den Räuber. In Panik sucht er bei einem Priester Hilfe; der beschwört die Seelen der Toten, um so die Wahrheit herauszufinden.
Pressetext WEST 3

Die Ministerien der Kunst 613

LES MINISTERES DE L'ART ***

Regie: Philippe Garrel
Darsteller: Chantal Akerman, Juliet Berto, Leos Carax, Jacques Doillon, Hélène Garidou, Benoit Jacquot, Jean-Pierre Léaud, Werner Schroeter, Brigitte Sy, André Techiné
Kamera: R. Jacques Loiseleux (Farbe)
Schnitt: Sophie Coussein
Produktion: Charles Tesson, Jean-Philippe Jacquement, Lallia Said Tesson für Lasa Production/La Sept, Frankreich 1988
Länge: 52 Min.

Der Filmemacher Philippe Garrel drehte diese Hommage für seinen Kollegen und Freund Jean Eustache, der 1981 43jährig starb. Garrel interviewte Filmemacher wie Jacques Doillon und Chantal Akerman, die sich wie Eustache einem »persönlichen Kino« verschrieben haben. Ein Film über eine »müde« Generation von Filmemachern und Schauspielern, deren Müdigkeit in Wirklichkeit eine Todessehnsucht ist. Bewegend, traurig, aber nie introspektiv. *André Simonoviescz, tip, 6/94*

Mirror Images 614

MIRROR IMAGES *

Video

Regie: Alexander Gregory Hippolyte
Darsteller: Delia Sheppard (Kathleen/Shauna), Jeff Conaway (Jeffrey), Richard Arbolino (Carter Sayles), John O'Hurley (Paul Manetti), Nels van Patten (Joey Zoom), Julie Strain
Drehbuch: George Des Esseintes
Kamera: Paul Destaoff (Farbe)
Musik: Joseph Smith
Schnitt: Kent Smith
Produktion: Andrew Garroni, Walter Gernert, Steven Smith für Axis, USA 1992
Verleih: -/-/-/Splendid Video
Videostart: Okt. 1994
Länge: 89 Min.
FSK: ab 16 J.

Wie schön, wenn man eine Zwillingsschwester hat, dann kann man als gefrustete Politikergattin mal schnell die Identität wechseln. Indiskutable, schlampige und einfallslose Kolportage.

Miss Frontier Mail 615
MISS FRONTIER MAIL ***

Regie: Homi Wadia
Darsteller: Fearless Nadia, Sardar Mansoor, Sayani »Atish«, John Cavas, Jal Khambatta
Drehbuch: Jamshed B.H. Wadia
Kamera: Vasant Jagtap
Musik: Master Mohamad
Produktion: Wadia Movietone, Indien 1936
Erstaufführung: 17.2.1994, Int. Filmfestspiele Berlin, Forum
Verleih: Freunde/-/-
Kinostart: 14.4.1994
Länge: 175 Min.

Fearless Nadia in ihrem fünften großen Film. Auch wenn das Werk nach all den Jahren mit etlichen Ton- und Bildhüpfern sympathisch gealtert daherkommt, hat sich mit gut 140 Minuten Laufzeit noch mehr als genug davon über die Zeit gerettet.
Nach einer kurzen Exposition hechtet die furchtlose Nadia sogleich im Großwildjagd-Dress auf das Fahrrad eines Postbeamten, erreicht im Sausetritt gerade noch den abfahrenden Zug und räumt im Büro des Eisenbahn-Chefs, der ihren Vater fälschlicherweise des Mordes an einem Kollegen bezichtigt, erst mal gründlich auf. Die wahren Übeltäter wird sie eigenhändig fangen, verspricht sie, und wie sie so keck und drall in ihren Breeches davonschreitet, verschreibt sich der Sohn des Zug-Magnaten ihrer Sache sogleich mit Haut und Haar. So nimmt denn dieses hochdramatische Terror-Slapstick-Liebes-Epos seinen Lauf. *Zitty, 7/94*

Mission Open Fire 616
OPEN FIRE *
Video

Regie: Kurt Anderson
Darsteller: Jeff Wincott, Patrick Kilpatrick, Mimi Craven, Lee Debroux, Michael Shaner, Brenda Swanson, Bert Remsen, Howard George
Produktion: Pierre David für Republic Pic., USA 1994
Verleih: -/-/-/Marketing-Film Video
Videostart: 23.11.1994
Länge: 90 Min.
FSK: ab 18 J.

Mit der Drohung, eine Chemiefabrik in die Luft zu jagen, verleihen Terroristen ihren Forderungen Nachdruck. Rüdes Action-Produkt.

Mit Eskorte zum Altar 617
LE MARIAGE DU SIECLE □
TV

Regie: Philippe Galland
Darsteller: Thierry Lhermitte (Paul), Anémone (Prinzessin Charlotte), Jean-Claude Brialy (Kaffenberg), Michel Aumont (König), Dominique Lavanant (Adrienne), Martin Lamotte (Herzog Guillaume), Michèle Moretti (Alexandra)
Drehbuch: Philippe Galland, Jean-Luc Voulfow, Anémone
Kamera: Eduardo Serra (Farbe)
Musik: Jean Morlier
Schnitt: Martin Barraque-Curie
Produktion: Yves Rousset-Rouard, Denis Mermet für Trinacra Films/Films Christian Fechner/Films A2/Machinassou, Frankreich 1985
Sendetermin: 2.7.1994, RTL2, 8.15; 12.2.1994, RTL2, 7.40
Länge: 104 Min.

Die französische Komödiantin Anémone in der Rolle der Prinzessin Charlotte, die in einem fiktiven europäischen Königreich lebt und einen naiven Traum von der Aufhebung und Gleichstellung der Klassen hat. Sie begegnet einem Pariser Playboy, der Fotos von ihr macht und sich bald darauf in sie verliebt. Zu guter Letzt stellt sich heraus, daß er der Nachfahre eines Herzogs aus einem benachbarten Königreich ist, und so steht dem jungen Glück nichts mehr im Weg. *Pressetext RTL2*

Mit mir nicht, Herr Nachbar 618
AROUND THE WORLD IN EIGHTY WAYS ***
TV

Regie: Stephen MacLean
Darsteller: Philip Quast (Wally Davis), Allan Penney (Roly Davis), Gosia Dobrowolska (Nurse Ophelia Cox), Diana Davidson (Mavis Davis), Kelly Dingwall (Eddie Davis), Rob Steele (Alec Moffatt), Judith Fisher (Lotte Boyle), Jane Markey, John Howard, Frank Lloyd
Drehbuch: Stephen MacLean, Paul Leadon
Kamera: Louis Irving (Farbe)
Musik: Chris Neal

Schnitt: Marc von Buuren
Produktion: David Elfick, Steve Knapman für Palm Beach Ent. mit Australian European Finance and Commonwealth Bank of Australia, Australien 1985
Sendetermin: 5.6.1994, MDR3, 1.20; 21.1.1994, ORB3, 11.00
Länge: 91 Min.

Ein fast blinder und an den Rollstuhl gefesselter Vater, der im Altersheim verkümmert, wird von seinen zwei Söhnen zu einer Weltreise eingeladen. Diese wird ihm allerdings nur vorgegaukelt, denn sie findet in Wirklichkeit am heimischen Swimmingpool statt.

The Mommy Market 619

TRADING MOM ***

Video

Regie: Tia Brelis
Darsteller: Sissy Spacek (Mom), Anna Chlumsky (Elizabeth), Aaron Michael Metchik (Jeremy), Asher Metchik (Harry), Maureen Stapleton (Mrs. Cavour), Merritt Yohnka (Mr. Leeby), Andre the Giant (Giant), Sean MacLaughlin (Edward), Jemar Jefferson, Nancy Chlumsky
Drehbuch: Tia Brelis, nach ihrem Roman »The Mommy Market«
Kamera: Buzz Feitshans IV (Farbe)
Musik: David Kitay
Schnitt: Isaac Sehayek
Produktion: Raffaella de Laurentiis für Trimark, USA 1993
Uraufführung: 5.3.1994, Santa Barbara Int. Film Festival
Verleih: -/-/-/Fox Video
Videostart: 15.6.1994
Länge: 80 Min.
FSK: o.A.

Drei Geschwister wünschen sich ihre Mutter zum Teufel und suchen sich auf dem im Titel genannten Markt eine neue aus – doch es paßt natürlich keine zu ihnen. Sissy Spacek in vier Rollen – viel mehr hat dieser Kinderfilm nicht zu bieten.

Money For Nothing 620

MONEY FOR NOTHING ***

Video

Regie: Ramon Menendez
Darsteller: John Cusack (Joey Coyle), Debi Mazar (Monica Russo), Michael Madsen (Det. Laurenzi), Benicio Del Toro (Dino Palladino), Michael Rapaport (Kenny Kozlowski), Maury Chaykin (Vincente Goldoni), James Gandolfini (Billy Coyle), Fionnula Flanagan (Mrs. Coyle), Elizabeth Bracco (Elanor Coyle), Ashleigh Dejon (Katie Coyle)
Drehbuch: Ramon Menendz, Tom Musca, Carol Sobieski
Kamera: Tom Sigel (DuArt)
Musik: Craig Safan
Schnitt: Nancy Richardson
Produktion: Tom Musca für Tom Musca Prod., USA 1993
Verleih: -/-/-/Hollywood Pic. Video
Videostart: Juni 1994
Länge: 100 Min. – *FSK:* ab 12 J.

Ein Arbeitsloser findet auf der Straße mehr als eine Million Dollar und stürzt sich damit in ein halsbrecherisches Abenteuer. Viele Möglichkeiten zu einer witzigen Komödie werden zwar verschenkt, unterhaltsam ist der Film aber doch.

Morbidia 621

VENDETTA *

Video

Regie: Leung Siu Hueng
Darsteller: Ray Lui, Kent Cheung, Tommy Wong, Liu Juel Chi
Drehbuch: Cheung Sin Wah, Vincent Kon, nach einem Roman von Raymond Wong
Kamera: Paul Chan (Farbe)
Musik: Wong Bon
Schnitt: Poon Hueng
Produktion: Raymond Wong für Mandarin Films/Clipton, Hongkong 1992
Verleih: -/-/-/Empire Video
Videostart: 26.5.1994
Länge: 79 Min. – *FSK:* ab 18 J.

Hanebüchener Horrorthriller, der wie ein überdrehter Slapstick daherkommt.

Mord im Visier 622

FADE TO BLACK **

Video

Regie: John McPherson
Darsteller: Timothy Busfield (Dr. Calvin), Heather Locklear (Ruth), Michael Beck (Nick), Louis Giambalvo, David Byron
Drehbuch: Douglas Barr
Musik: Michel Colombiel
Produktion: Robert M. Rolsky für Wilshire Court Prod., USA 1992
Verleih: -/-/-/CIC Video
Videostart: Juli 1994
Länge: 82 Min. – *FSK:* ab 12 J.

Wie bei Hitchcocks »Fenster zum Hof« entdeckt Dr. Calvin im Haus gegenüber einen Mord, doch bald findet er das scheinbare Opfer lebendig vor. Mit wenig Einfallsreichtum gesegneter Fernsehkrimi.

Mord ohne Motiv 623
THE PREPPIE MURDER □ TV

Regie: John Herzfeld
Darsteller: Danny Aiello (Mike Sheehan), William Baldwin (Robert Chambers), Joanna Kerns (Linda Fairstein), Lara Flynn Boyle (Jennifer Levin), Dorothy Fielding (Phillis Chambers), William Devane (Jack Litman), Mike Sheehan (Lt. Doyle), James Handy
Drehbuch: John Herzfeld, Irv Roud
Kamera: Steve Shaw (Farbe)
Musik: Chris Isaak
Produktion: Paul Pompian, Sydell Albert für Jack Grossbart Prods., USA 1989
Uraufführung: 24.9.1989, ABC
Sendetermin: 13.7.1994, Sat1, 20.15
Länge: 93 Min.

Der Film basiert auf einer wahren Geschichte. Der smarte Gigolo Robert Chambers tötet das junge Mädchen Jennifer, das seine Geliebte gewesen ist, weil es ihn in der Öffentlichkeit kritisiert hat. Die nachfolgende Gerichtsverhandlung und das milde Urteil zeigen in aller Deutlichkeit die Gedankenlosigkeit und Unmenschlichkeit der amerikanischen Mittelklasse-Gesellschaft. *Pressetext Sat1*

Ein Mord zuviel 624
HOSTAGE *** TV

Regie: Robert Young
Darsteller: Sam Neill (Rennie), Talisa Soto (Joanna), James Fox (Paynter), Art Malik (Khalim), Cristina Higueras (Gabriella), Michael Kitchen (Fredericks), Elizabeth Garvie (Mary Rennie), Jean Pierre Reguerraz
Drehbuch: Arthur Hopcraft, nach dem Roman »No Place to Hide« von Ted Allbeury
Kamera: Alex Philips (Eastmancolor)
Musik: Richard Harvey
Schnitt: Tariq Anwar
Produktion: Tom Kinninmont für Portman Ent./ Jempsa Medios & Entretenimiento/ Independent Image mit Type Tees TV, GB 1992
Sendetermin: 12.12.1994, ZDF, 22.15
Länge: 97 Min.

Ein britischer Militärexperte wird in Argentinien als Geisel festgehalten. Eine Spur führt den Geheimagenten Rennie in das Haus des vermögenden Geschäftsmannes Khalim. Über Khalims schöne Schwägerin Joanna verschafft er sich Zutritt zum Haus und zur Familie, um im Gegenzug Khalims Kinder zu entführen. Doch mit einem hat er nicht gerechnet: seinen Gefühlen für Joanna. (...) *Pressetext ZDF*

Mörder im Dunkeln 625
MURDER TIMES SEVEN □ TV

Regie: Jud Taylor
Darsteller: Richard Crenna (Frank Janek), Susan Blakely (Gert Kiley), Cliff Gorman (Aaron Greenberg), Moses Gunn (Paxton), Caroline Kava, Ken Welsch, James McDaniel
Drehbuch: Monte Stettin, nach einer Story von William Bayer
Produktion: Thomas DeWolfe für Titus Prod., USA/Kanada 1990
Uraufführung: 14.10.1990, CBS
Sendetermin: 28.8.1994, RTL2, 22.00
Länge: 90 Min.

In einem New Yorker Parkhaus wird ein Blutbad angerichtet. Fünf unschuldige Opfer müssen sterben. Die Polizei steht vor einem Rätsel. Privatdetektiv Frank Janek aber hat schon bald eine Spur, denn eines der Opfer hatte seinen früheren Partner Ray Kiley besucht. Janek bekommt heraus, daß sein alter Freund in dubiose Geschäfte verwikkelt war (...). *Pressetext RTL2*

Der Mörder mit den Silberflügeln 626
A MURDER OF QUALITY □ TV

Regie: Gavin Millar
Darsteller: Denholm Elliot (George Smiley), Joss Ackland (Terence Fielding), Glenda Jackson (Alisa Brimley), Billie Whitelaw, David Threlfall
Produktion: GB 1991
Sendetermin: 21.3.1994, VOX, 20.10
Länge: 90 Min.

In einem Gewächshaus wird Stella Rodes, die Ehefrau eines Lehrers, die seinen Kollegen verhaßt war, brutal ermordet aufgefunden. Vor ihrem Tod hat sie ihrer Freundin Alisa einen Brief geschrieben, in dem sie den Verdacht äußerte, daß ihr Mann sie ermorden wolle. Der Hobby-Detektiv George Smiley kann jedoch noch vor der Polizei den Verdacht gegen den Lehrer ausräumen und den wahren Täter ermitteln.

Mörderische Kindheit 627

CHILD OF RAGE **

TV

Regie: Larry Peerce
Darsteller: Mel Harris (Jill Tyler), Dwight Schultz (Rob Tyler), Ashley Peldon (Catherine), Rosana DeSoto (Doris), Sam Gifaldi (Eric), Mariette Hartley (Dr. Rosemary Myers), Johannah Newmarch (Stephanie), Patricia Gage (Laurel), Terrence Kelly (Mike), George D. Wallace (Henry)
Drehbuch: Phil Penningroth, Suzette Couture, nach einer wahren Begebenheit
Produktion: USA 1992
Sendetermin: 31.8.1994, Sat1, 20.15
Länge: 93 Min.

Mit dem sexuellen Kindesmißbrauch hat sich die Tinnefbranche ein neues Modethema unter den Nagel gerissen: Diese Adoptivelternschnulze delektierte sich an der sadistischen Psychose eines als Kleinkind mißbrauchten Mädchens und ließ ihm durch eine Psychologin tränenreiche Heilung angedeihen. Exorzistendramatik und Edelgesäusel: Da passen die Werbeunterbrechungen besonders gut. *Ponkie, AZ, 31.8.94*

Mörderischer Verdacht 628

IN DEFENSE OF A MARRIED MAN □

TV

Regie: Joel Oliansky
Darsteller: Judith Light (Laura Simmons), Michael Ontkean (Robert Simmons), Jerry Orbach (Alan Michelson), Pat Corley (Detective Brendan Bradley), Cynthia Sikes (Claudia Lloyd), John Colicos (Charles Evers), Johnny Galecki (Eric Simmons), Nicholas Campbell (Ben Gardener), Tony Rosato (Frank Ticelli), Errol Slue (Richter Bruce)
Drehbuch: Norman Morrill, Sasha Ferrer
Kamera: Francois Protat (Farbe)
Musik: Stan Getz, James McVay
Produktion: USA 1990
Sendetermin: 25.3.1994, ARD, 20.15
Länge: 94 Min.

Für die attraktive Anwältin Laura Simmons ist es ein schwerer Schock, als ihr Mann unter dringendem Mordverdacht verhaftet wird. Zwar beteuert er seine Unschuld, kann aber nicht leugnen, daß die erschossene junge Frau seine Geliebte war. Obwohl sie das zutiefst verletzt, übernimmt Laura dennoch seine Verteidigung vor Gericht.
Pressetext ARD

Mr. Bill 629

RENAISSANCE MAN **

Regie: Penny Marshall
Darsteller: Danny DeVito (Bill Rago), Gregory Hines (Sgt. Cass), James Remar (Capt. Murdoch), Cliff Robertson (Col. James), Lillo Brancato jr. (Donnie Benitez), Stacey Dash (Miranda Myers), Kadeem Hardison (Jamaal Montgomery), Richard T. Jones (Jackson Leroy), Khalil Kain (Roosevelt Hobbs), Peter Simmons (Brian Davis)
Drehbuch: Jim Burnstein
Kamera: Adam Greenberg (Technicolor)
Musik: Hans Zimmer
Schnitt: George Bowers, Battle Davis
Produktion: Sara Colleton, Elliot Abbott, Robert Greenhut für Cinergi-Parkway Prod., USA 1994
Uraufführung: 3.6.1994, New York
Verleih: Tobis/Constantin/Elite/Warner Home Video
Kinostart: 8.9.1994
Länge: 123 Min.
FSK: ab 6, ffr.

Ein arbeitsloser Werbetexter sieht sich gezwungen, unbedarfte Rekruten der US-Army zu unterrichten, traktiert sie mit Shakespeare und erzielt erstaunliche Erfolge, nicht nur hinsichtlich ihrer Bildung, sondern auch ihrer menschlichen Entwicklung. Schwungvoll inszenierte Komödie mit teilweise sympathischer Aussage, originell im Ansatz, weniger in der Ausführung, die leider ein ziemlich sentimentales, die Armee glorifizierendes Ende findet.
multimedia

(...) Ziemlich deplaziert ist die durchaus vorhandene Komik in diesem naivoptimistischen, chauvinistischen Film, der die US-Army fälschlicherweise als Bildungs- und Erziehungsstätte der Nation und als Chance schlechthin für sozial Benachteiligte propagiert. *Zoom*

Heiko R. Blum in: Rheinische Post, 9.9.94; Bodo Fründt in: SZ, 8.9.94; Thomas Klingenmaier in: Stgt. Zeitung, 10.9.94

Mr. Jones 630

MR. JONES

***

Regie: Mike Figgis
Darsteller: Richard Gere (Mr. Jones), Lena Olin (Dr. Libbie Bowen), Anne Bancroft (Dr. Catherine Holland), Tom Irwin (Patrick), Delroy Lindo (Howard), Bruce Altman (David), Lauren Tom (Amanda), Lisa Malkiewicz (Susan), Thomas Kopache (Mr. Wilson), Peter Jurasik (Dr. Rosen)
Drehbuch: Eric Roth, Michael Cristofer
Kamera: Juan Ruiz Anchia (Technicolor)
Musik: Maurice Jarre
Schnitt: Tom Rolf
Produktion: Alan Greisman, Debra Greenfield für Rastar Prod., USA 1993
Uraufführung: 8.10.1993, New York
Verleih: Columbia TriStar/dto./20th Century Fox/Columbia TriStar Home Video
Kinostart: 26.5.1994
Länge: 114 Min.
FSK: ab 12, ffr.
FBW: Besonders wertvoll

Porträt eines Manisch-Depressiven, der ohne seine Hochstimmungen nicht leben kann und dessen unwiderstehlicher Euphorie schließlich auch seine Ärztin verfällt. Regie und Darsteller durchbrechen häufig die Konventionalität des Drehbuchs, scheitern letztlich aber an dem aufgezwungenen Kompromiß zwischen Anspruch und Publikumswirksamkeit. *Zoom*

Richard Gere ist hier himmelhoch jauchzend und zu Tode betrübt, weil er an manischen Depressionen leidet. Weil sich aber Lena Olin als Psychiaterin um ihn kümmert, ist Hoffnung in Sicht. *Michael Althen, SZ, 26.5.94*

Albert Baer in: Rheinische Post, 27.5.94; Angie Dullinger in: AZ, 26.5.94; Simone Mahrenholz in: Der Tagesspiegel, 26.5.94; Angela Schmitt-Gläser in: FR, 28.5.94; Frank Schnelle in: tip, 11/94; Ruprecht Skasa-Weiß in: Stgt. Zeitung, 26.5.94

Matt Dillon als ›Mr. Wonderful‹.

Mr. Wonderful 631

MR. WONDERFUL

***

Regie: Anthony Minghella
Darsteller: Matt Dillon (Gus), Annabella Sciorra (Leonora), William Hurt (Tom), Mary-Louise Parker (Rita), Vincent D'Onofrio (Dominic), David Barry Gray (Pope), Bruce Kirby (Dante), Dan Hedaya (Harvey), Luis Guzman (Juice)
Drehbuch: Amy Schor, Vicky Polon
Kamera: Geoffrey Simpson (Technicolor)
Musik: Michael Gore
Schnitt: John Tintori
Produktion: Marianne Moloney für Samuel Goldwyn Co., USA 1993
Verleih: TiMe/-/-/VPS Video
Kinostart: 16.6.1994
Länge: 93 Min.
FSK: ab 6, ffr.

Ein wunderschönes New-York-Melodrama, humorvoll und tragisch zugleich. Ein Elektriker, der in die Restaurierung einer Bowling-Halle investieren möchte, will seine impulsive Frau, von der er getrennt lebt, mit einem anderen Mann verkuppeln, um keinen Unterhalt mehr zahlen zu müssen. Der Witz (und die Tragik) der Geschichte liegt darin, daß der Zuschauer von Anfang an weiß, daß niemand besser zu ihr paßt als der Ehemann selbst. (…) *Milan Pavlovic, Kölner Stadt-Anzeiger, 18.6.94*

Angie Dullinger in: AZ, 16.6.94; Rupert Koppold in: Rheinische Post, 17.6.94; Heike Kühn in: FR, 22.6.94; Anke Sterneborg in: SZ, 18.6.94

Mrs. Doubtfire 632

MRS. DOUBTFIRE ****

Regie: Chris Columbus
Darsteller: Robin Williams (Danile Hillard/ Mrs. Doubtfire), Sally Field (Miranda Hillard), Pierce Brosnan (Stu), Harvey Fierstein (Frank), Polly Holliday (Gloria), Lisa Jakub (Lydia Hillard), Mara Wilson (Natalie Hillard), Matthew Lawrence (Chris Hillard), Robert Prosky (Mr. Lundy), Anne Haney (Mrs. Sellner)
Drehbuch: Randi Mayem Singer, Leslie Dixon, nach »Alias Madame Doubtfire« von Anne Fine
Kamera: Donald McAlpine (Deluxe)
Musik: Howard Shore
Schnitt: Raja Gosnell
Produktion: Marsha Garces Williams, Robin Williams, Mark Radcliffe für Blue Wolf Prod., USA 1993
Uraufführung: 24.11.1993, New York
Verleih: 20th Century Fox/dto./dto.
Kinostart: 27.1.1994
Länge: 125 Min. – *FSK:* ab 6, ffr.
FBW: Wertvoll

Robin Williams ist der größte Clown der Welt – und dies ist seine One-Man-Show. Er spielt einen Stimmenimitator und Synchronsprecher, der am selben Tag den Job und die Familie verliert. Als er das Kind im Manne nicht mehr sein darf, wird er zum Mann in der Frau: er verwandelt sich in das Kindermädchen Mrs. Doubtfire und schafft es so, seinen drei Sprößlingen wieder nahe zu sein. »Mrs. Doubtfire« ist eine wunderbare Komödie mit einem wunderbaren Williams, das Timing stimmt fast immer und die Moral auch.
Frank Schnelle, tip, 3/94

Angie Dullinger in: AZ, 27.1.94; Rupert Koppold in: Rheinische Post, 28.1.94; Hans Schifferle in: SZ, 31.1.94

Konkurrenz für Inge Meysel: Robin Williams als ›Mrs. Doubtfire‹, bewundert von Scott Capurro und Harvey Fierstein (r.).

Mutant City 633

THE WICKED CITY *

Video

Regie: Mak Tai Kit
Darsteller: Leon Lai (Taki), Jacky Cheung (Ken), Tatsuya Nakadai (Daishu), Michele Li (Windy), Roy Cheung (Shudo), Yuen Wo Ping (Sgt. Kayama), Carman Lee (Shira), Lisa Jane Burrett (Cleo)
Drehbuch: Tsui Hark, Roy Szeto
Kamera: Andrew Lau (Farbe)
Musik: Richard Yuen
Schnitt: Mak Chi Sin
Produktion: Tsui Hark für Film Workshop, Hongkong 1993
Verleih: -/-/-/VPS Video
Videostart: 9. Juni 1994
Länge: 86 Min.
FSK: ab 16 J.

Drogendealende Reptilmutanten wollen die Menschheit unterjochen. Fahrige Story in High-Tech-Outfit aus Hongkong.

Mutter geht auf Männerjagd 634

TAKE MY DAUGHTERS, PLEASE □

TV

Regie: Larry Elikann
Darsteller: Stephanie Kramer, Deidre Hall, Susan Ruttan, Rue McClanahan, Kim Delaney, Audra Lindley, Charles Frank, Michel T. Weiss
Produktion: USA 1989
Sendetermin: 20.2.1994, RTL2, 20.15
Länge: 93 Min.

Eine Witwe hat ein Problem, das sie mit vielen Müttern teilt: Sie muß ihre Töchter unter die Haube bringen. (...) So verfällt das resolute Familienoberhaupt eines Tages auf die nicht alltägliche Idee und startet eine Kampagne, mit der sie endlich den gewünschten Erfolg für ihre vier Kinder herbeizwingen will.

Pressetext RTL2

Mutter Krol und ihre Söhne 635

MATKA KROLOW ****

TV

Regie: Janusz Zaorski
Darsteller: Magda Teresa Wojcik (Kucja Krol), Boguslaw Linda (Klemens), Zbigniew Zapasiewicz (Wiktor Lewen), Franciszek Pieczka (Cyga), Adam Ferency (Zenon), Michael Juszczakiewicz (Stas)
Drehbuch: Janusz Zaorski, nach dem gleichn. Roman von Kazimierz Brandy
Kamera: Edward Klosinski
Musik: Przemyslaw Gintrowski
Schnitt: Jozef Bartczak
Produktion: Filmpolski, Gruppe X/Rondo Film, Polen 1987
Uraufführung: 13.9.1987, Gdansk Film Festival
Verleih: -/-/-/
Sendetermin: 28.3.1994, ZDF, 0.45
Länge: 115 Min.

Am Schicksal einer Familie wird das Leiden des polnischen Volkes von der Zeit des 2. Weltkriegs bis zur Überwindung des Stalinismus porträtiert. Als Kucja's Mann ums Leben kommt, bleibt sie mit ihren Söhnen mittellos zurück und verdient sich ihren Lebensunterhalt als Wäscherin und Putzfrau. Nur der Rechtsanwalt Lewen kümmert sich um sie.
Kucja's Sohn Zenon wird nach Kriegsausbruch von den Deutschen zur Zwangsarbeit verschleppt.

Mütter ohne Skrupel 636

STOLEN BABIES ***

TV

Regie: Eric Laneuville
Darsteller: Lea Thompson (Annie Beales), Kathleen Quinlan (Rebecca Stern), Mary Tyler Moore (Georgia Tann), Mary Nell Santacroce (Richter Camille Kelley), Brett Rice (Robert Taylor), Tom Nowicki (Bascom Stern), Jenny Krochmal (Mary Wester), Judson Vaughn (Jasper Bell), Kenny Jones (Jimmie Wester), Clarinda Ross (Clarisse Bell)
Drehbuch: Sharon Elizabeth Doyle, nach einer wahren Geschichte
Kamera: Paul Murphy (Farbe)
Musik: Mason Daring
Produktion: Ann Kindberg für Capital Cities/ABC Video/Sander/Moses Prods., USA 1993
Verleih: -/-/-/
Sendetermin: 22.3.1994, RTL2, 20.15
Länge: 90 Min.

In den 40er Jahren kommt eine Sozialarbeiterin in den USA dahinter, daß durch Mitglieder der High Society Kinder entführt und über einen florierenden Ring verkauft werden. »Wieder eine wahre Geschichte«.

Pressetext RTL2

Muttertag

637
**

Regie: Harald Sicheritz
Darsteller: Eva Billisich, Alfred Dorfer, Roland Düringer, Andrea Händler, Reinhard Nowak, Willy Resetarits, I. Stangl, Barbara Klein, Hanno Pöschl, Herwig Seeböck
Drehbuch: Harald Sicheritz, Roland Düringer, Alfred Dorfer, Peter Berecz
Kamera: Helmut Pirnat (Farbe)
Musik: Peter Janda
Schnitt: Paul M. Sedlacek
Produktion: Dr. Heinz Scheiderbauer GmbH, Österreich 1993
Verleih: -/Stadtkino/-
Kinostart: März 1994
Länge: 99 Min.

Der filmischen Umsetzung eines Stücks der Wiener Kleinkunstbühne »Schlabarett« gelingt es mangels überzeugender formaler Qualitäten nicht, aus der im Ansatz durchaus geeigneten Geschichte einer spießbürgerlichen Familie aus einem Vorstadt-Wohnsilo, die ausgerechnet am Muttertag in existenzbedrohende Turbulenzen gerät, eine wirklich treffende, bissige sozialkritische Satire zu machen. Es reicht trotz einiger witziger Einfälle und des Einsatzes einer Reihe ambitionierter Schauspieler nur zu einer leicht chaotischen und klamaukhaften, manchmal geschmacklosen Komödie. *multimedia*

My Girl 2 – Meine große Liebe

638
MY GIRL 2
***

Regie: Howard Zieff
Darsteller: Anna Chlumsky (Vada Sultenfuss), Jamie Lee Curtis (Shelly Sultenfuss), Dan Aykroyd (Harry Sultenfuss), Richard Masur (Phil Sultenfuss), Austin O'Brien (Nick Zsigmond), Christine Ebersole (Rose Zsigmond), John David Souther (Jeffrey Pommeroy), Angeline Ball (Maggie Muldovan), Aubrey Morris (Alfred Beidermeyer), Gerrit Graham (Dr. Sam Helburn)
Drehbuch: Janet Kovalcik
Kamera: Paul Elliott (Farbe)
Musik: Cliff Eidelman
Schnitt: Wendy Greene Bricmont
Produktion: Brian Grazer für Imagine Films Ent., USA 1994
Verleih: Columbia TriStar/-/20th Century Fox/ Columbia TriStar Home Video
Kinostart: 30.6.1994
Länge: 99 Min. – *FSK:* ab 6, ffr.

Vada ist mittlerweile dreizehn und hat in punkto Altklugheit nochmal gehörig zugelegt. Zur Recherche für einen Schulaufsatz über ihre bei Vadas Geburt gestorbene Mutter fliegt sie in die Großstadt. Vor Vadas geballter Anständigkeit kapituliert sogar Los Angeles: Ganz nebenbei bringt sie das Liebesleben ihres Onkels in Ordnung und einen Jungen ganz aus dem Häuschen, der die Landpomeranze Vada anfangs nicht für voll nahm. Die kleine Vada macht ihre Sache glänzend, über die grob gestrickten Charaktere und angestaubten Kalifornien-Klischees sieht man so leichter hinweg.

Alexander Musik, tip, 15/94

Heiko R. Blum in: Rheinische Post, 1.7.94

My Life

639
MY LIFE
**

Regie: Bruce Joel Rubin
Darsteller: Michael Keaton (Bob Jones), Nicole Kidman (Gail Jones), Bradley Whitford (Paul), Queen Latifah (Theresa), Michael Constantine (Bill Ivanovich), Rebecca Schull (Rose Ivanovich), Mark Lowenthal (Dr. Mills), Lee Garlington (Carol Sandman), Toni Sawyer (Doris), Haing S. Ngor (Mr. Ho)
Drehbuch: Bruce Joel Rubin
Kamera: Peter James (Technicolor)
Musik: John Barry
Schnitt: Richard Chew
Produktion: Jerry Zucker, Bruce Joel Rubin, Hunt Lowry für Zucker Brothers Prod., USA 1993
Verleih: Tobis/-/-
Kinostart: 25.8.1994
Länge: 117 Min. – *FSK:* ab 12, ffr.

Die Geburt seines Kindes wird der erfolgreiche Werbefachmann Bob aller Wahrscheinlichkeit nach nicht mehr erleben. Seine Ärzte diagnostizierten ihm Krebs im unheilbaren Stadium. Nach kurzzeitiger Resignation begehrt der Erkrankte auf und beschließt, mittels einer Videokamera Momente seines Lebens festzuhalten und dem ungeborenen Kind als Vermächtnis zu hinterlassen. Krankheit und Tod werden ebenso wie Sex und Schwangerschaft verschämt in Szene gesetzt und entbehren jeglicher Glaubwürdigkeit. (...) *Claus Löser, tip, 18/94*

Michael Althen in: SZ, 29.8.94; Brigitte Desalm in: Kölner Stadt-Anzeiger, 27.8.94

Mystery Act 640

CAUGHT IN THE ACT **

Video

Regie: Deborah Reinisch
Darsteller: Gregory Harrison (Scott McNally), Leslie Hope (Rachel/Catherine Moore), Patricia Clarkson (Meg Parker), Michael David Lally (Rinehart), Kimberly Scott, Kevin Tighe
Drehbuch: Ken Hixon, nach einer Story von Andy Evanson, Ken Hixon
Kamera: Jeffrey Jur (Farbe)
Musik: Arthur B. Rubinstein
Schnitt: Maryann Brandon
Produktion: Michael Meltzer, Bettina Sofia Viviano für Davis Ent.TV/MTE, USA 1993
Uraufführung: 22.7.1993, USA TV
Verleih: -/-/-/CIC Video
Videostart: Juli 1994
Länge: 89 Min. – *FSK:* ab 12 J.

Auf ironisch getrimmtes Thriller-Leichtgewicht um arbeitslosen Schauspieler, der plötzlich eine Freundin und auf seinem Konto 10 Millionen Dollar findet.

Mystery Ghost 641

FOREVER **

Video

Regie: Thomas Palmer Jr.
Darsteller: Sally Kirkland (Angelica), Sean Young (Mary Miles Minter), Keith Coogan (Ted Dickson), Diane Ladd (Mabel Normand), Terence Knox (Wallace Reid), Nicholas Guest (Billy Baldwin), Renee Taylor (Charlotte), Steve Railsback (William Desmond Taylor), Ashley Hester (Mary Pickford)
Drehbuch: Jackelyn Giroux, Thomas Palmer
Kamera: Gary Graver (Farbe)
Musik: The RH Factor
Schnitt: Jeffrey Fallick; Thomas Palmer
Produktion: Jackelyn Giroux für Triax Ent. Group/DDM Film, USA 1992
Verleih: -/-/-/Highlight Video
Videostart: Juni 1994
Länge: 89 Min. – *FSK:* ab 16 J.

Videoclip-Regisseur verschlägt es nach einer Autopanne in eine mysteriöse Villa, in der vor vielen Jahren ein ungeklärter Mord geschah. Wenig überzeugende Gespensterstory im nostalgischen Film-Ambiente.

Die Nacht mit meinem Traummann 642

THE NIGHT WE NEVER MET ***

Regie: Warren Leight
Darsteller: Matthew Broderick (Sam Lester), Annabella Sciorra (Ellen Holder), Kevin Anderson (Brian McVeigh), Justine Bateman (Janet Beehan), Jeanne Tripplehorn (Pastel), Louise Lasser (Mrs. Winkler), Christine Baranski (Lucy, Ellen's Schwester), Mike Mantell (Aaron), Eric Bogosian (Sams Freund)
Drehbuch: Warren Leight
Kamera: John A. Thomas (Farbe)
Musik: Evan Lurie
Schnitt: Camilla Toniolo
Produktion: Michael Peyser; Rudd Simmons (Co.-Prod.) für Miramax/Sidney Kimmel, USA 1993
Verleih: Neue Constantin/-/Elite Film/VCL/Carolco Video
Kinostart: 3.2.1994
Länge: 98 Min. – *FSK:* ab 12, ffr.
FBW: Wertvoll

Nach vielen Verwicklungen findet ein Paar, das sich mit einem Dritten tageweise eine Wohnung in New York teilt, endlich zueinander. Verhalten und behutsam entwickelte Komödie, die mit Wortwitz liebevoll Alltagskonflikte aufdeckt und der Idee der reinen Liebe und der Poesie des Zufalls huldigt.
Zoom

Sie will einfach keine Fahrt aufnehmen, diese Geschichte vom kreuzbraven Kerl, von der netten Frau und vom rüden Macho, die sich tageweise eine Wohnung teilen, ohne sich zu kennen. Weitgehend pointenlos dümpelt das alles dahin und kann sich nie recht entscheiden, ob's nun mehr Klamotte oder mehr romantische Komödie sein soll. (...) *Rupert Koppold, Stgt. Zeitung, 5.2.94*

Heiko R. Blum in: Rheinische Post, 4.2.94

Nachtaufnahmen 643

HA CHAYIM ALPY AGFA ***

Regie: Assi Dayan
Produktion: Israel 1992

Deutscher Verleihtitel für → »Life According to Agfa«

Nachtgeschichten 644

EL FILANDON ***

TV

Regie: J.M. Martín Sarmiento
Darsteller: Luís Mateo, Pedro Trapiello, Antonio Pereira, José María Merino, Julio Llamazares (Erzähler), Felix Canal (Don Santos), Roberto Merino (Don Fausto), Mercedes Calvelte (Lancara)
Drehbuch: J.M. Martín Sarmiento, Luis Mateo, Pedro Trapiello, Antonio Pereira, José María Merino, Julio Llamazares
Kamera: Nurith Aviv (Farbe)
Musik: Cristobal Halffter, Amancio Prada
Produktion: Albos Film, Spanien/Frankreich 1986
Sendetermin: 28.10.1994, Arte, 22.40
Länge: 107 Min.

In einer kleinen Kapelle, inmitten eines spanischen Tals, finden sich fünf Männer zusammen, vier Schriftsteller und ein Priester, um einer Tradition dieser abgelegenen spanischen Region zu folgen. Eine Nacht lang erzählt man sich phantastische, merkwürdige Geschichten, um eine möglicherweise drohende Gefahr von der Gegend abzuwenden. (...) *Pressetext Arte*

Nackt 645

NAKED (1993) ****

Regie: Mike Leigh
Darsteller: David Thewlis (Johnny), Lesley Sharp (Louise), Katrin Cartlidge (Sophie), Greg Cruttwell (Jeremy), Claire Skinner (Sandra), Peter Wight (Brian), Ewen Bremmer (Archie), Susan Vidler (Maggie), Deborah MacLaren, Gina McKee
Drehbuch: Mike Leigh
Kamera: Dick Pope (Agfacolor/Metrocolor)
Musik: Andrew Dickson
Schnitt: Jon Gregory
Produktion: Simon Channing-Williams für Film Four Int. mit British Screen/Thin Man Prod., GB 1993
Uraufführung: 14.5.1993, Int. Filmfestspiele Cannes
Erstaufführung: Viennale, Wien 1993
Verleih: Impuls/Smile/Monopole Pathé/ Arthaus Video (KK)
Kinostart: 27.1.1994
Länge: 131 Min.
FSK: ab 16, ffr.
FBW: Besonders wertvoll

Die Gosse und ihr Philosoph: David Thewlis gedankenversunken in ›Nackt‹.

Im Stadtdschungel von London begibt sich der Desperado Johnny auf eine Odyssee, verstrickt sich in unheilvolle Beziehungen aus Sex und Gewalt, erweist sich aber auch als ätzend sarkastischer Verkünder von apokalyptischen Visionen. Mike Leighs beunruhigender, zuweilen schockierend direkter Versuch über die moralisch-ethische Verwahrlosung in einem krisengeschüttelten urbanen Umfeld besticht durch seine radikale Form und das hervorragende Spiel des Hauptdarstellers David Thewlis. *Zoom*

(...) David Thewlis spielt den misogynen Rohling, streitsüchtigen Spötter, duldsamen Märtyrer als Christusfigur und Leibhaftiger zugleich. Man müßte ihn hassen, wäre er nicht so ungeheuer verführerisch in seinem Weltekel, in seiner zynischen Eloquenz.

Christoph Terhechte, tip, 2/94

Michael Althen in: SZ, 27.1.94; Heiko R. Blum in: Rheinische Post, 4.3.93; Peter Buchka in: SZ, 19.5.93; Brigitte Desalm in: Kölner Stadt-Anzeiger, 29.1.94; W.O.P. Kistner in: AZ, 27.1.94; Thomas Klingenmaier in: Stgt. Zeitung, 27.1.94; Harald Martenstein in: Der Tagesspiegel, 13.7.94; Christiane Peitz in: Die Zeit, 28.1.94

Die nackte Kanone 33⅓ 646

NAKED GUN 33⅓: THE FINAL INSULT **

Regie: Peter Segal
Darsteller: Leslie Nielsen (Lt. Frank Drebin), Priscilla Presley (Jane Spencer), George Kennedy (Ed Hocken), O.J. Simpson (Nordberg), Fred Ward (Rocco), Kathleen Freeman (Muriel), Anna Nicole Smith (Tanya), Ellen Greene (Louise), Ed Williams (Ted), Raye Birk (Papshmir)
Drehbuch: Pat Proft, David Zucker, Robert LoCash
Kamera: Robert Stevens (Deluxe)
Musik: Ira Newborn
Schnitt: Jim Symons
Produktion: Robert K. Weiss (auch 2nd unit

Regie), David Zucker für Paramount, USA 1993
Uraufführung: 18.3.1994, New York
Verleih: UIP/UIP/UIP/CIC Video
Kinostart: 12.5.1994
Länge: 82 Min.
FSK: ab 12, ffr.
FBW: Wertvoll

Frank Drebin, der gefürchteste Cop von Los Angeles ist pensioniert – und endlich mit seiner Jane verheiratet. Doch weil die mäßig aufregenden Herausforderungen eines Hausmänner-Daseins seinen Hormonspiegel absacken lassen, will sich kein Junior einstellen. So ist er heilfroh, daß ihn seine alten Kumpels Hocken und Nordberg wieder in den Job zurückholen. Arabische Terroristen wollen nämlich die Oscar-Verleihung hochgehen lassen. Wenn sich die Zukker-Truppe beim Aushecken von Gags auch erstaunlich kreativ zeigt, die Masche an sich wirkt langsam schon ausgeleiert. *Zoom*

Rupert Koppold in: Rheinische Post, 14.5.94

Naked in New York 647
NAKED IN NEW YORK ***

Regie: Daniel Algrant
Darsteller: Eric Stoltz (Jake Briggs), Mary Louise Parker (Joanne White), Ralph Macchio (Chris), Jill Clayburgh (Jake's Mutter), Tony Curtis (Carl Fisher), Kathleen Turner (Dana Coles), Timothy Dalton (Elliot Price), Roscoe Lee Browne (Mr. Ried), Lynne Thigpen (Helen), Whoopi Goldberg (Gesicht an der Theaterwand)
Drehbuch: Daniel Algrant, John Warren, nach einer Idee von Daniel Algrant
Kamera: Joey Forsyte (Farbe)
Musik: Angelo Badalamenti
Schnitt: Bill Pankow
Produktion: Frederick Zollo für Fine Line/ Pandora Cinema, USA 1993
Uraufführung: 29.9.1993, Tokyo Int. Film Festival
Erstaufführung: 28.6.1994, Filmfest München
Verleih: Ascot/Constantin/-
Kinostart: 20.10.1994
Länge: 91 Min. – *FSK:* ab 12, ffr.

Kathleen Turner im Nahkampf mit Eric Stoltz in ›Naked In New York‹.

Ihre glückliche Zweisamkeit setzen ein junger Bühnenautor und eine ambitionierte Fotografin für die Karrierechance ihres Lebens aufs Spiel. Den Autor zieht es fort an die Theater New Yorks, die Fotografin ins Bett eines smarten Galeristen. Freud und Leid der jüngeren Generation hat Daniel Algrant in seinem Erstling zu einer ziemlich glatten Komödie verarbeitet, in der die vielen Gastauftritte von New Yorker Starautoren nicht darüber hinwegtäuschen, daß der Story – als Kurzfilm geplant – der Atem für 90 Minuten fehlt.
Alexander Musik, tip, 22/94

(...) Aber trotz solcher stilistischer Unsicherheiten ist es letztlich doch ein eigener und in seiner fast schüchternuneitlen Art sehr sympathischer Film geworden.
Rupert Koppold, Stgt. Zeitung, 22.10.94

Alexander Bickel in: Kölner Stadtanzeiger, 22.10.94; Daniel Blum in: FR, 22.10.94; Heiko R. Blum in: Rheinische Post, 28.10.94; Angie Dullinger in: AZ, 20.10.94; Hans Schifferle in: SZ, 20.10.94

The Naked Truth 648
THE NAKED TRUTH *
Video

Regie: Nico Mastorakis
Darsteller: Robert Caso (Frank I), Kevin Schon (Frank II), Courtney Gibbs (Joanne), Herbert Edelman (Rupert Hess), Brian Thompson (Bruno), M. Emmet Walsh (Garcia), Billy Barty, David Birney, Yvonne de Carlo, Alex Cord
Drehbuch: Nico Mastorakis, Kirk Ellis
Kamera: Andreas Bellis (Farbe)

Musik: Jerry Grant
Produktion: Nico Mastorakis für Omega Ent., USA 1991
Verleih: -/-/-/Ufa Video
Videostart: 6.6.1994
Länge: 99 Min. – *FSK:* ab 12 J.

Zwei Freunde fliegen nach Hollywood, um Karriere zu machen. Sie geraten an einen Rauschgifthändler und kommen als Frauen verkleidet in eine scheinbar ausweglose Situation. Alles nur geklaut: Situationen, Figuren, Gags (soweit vorhanden) stammen aus Kinoknüllern oder Klassikern, nur zur Parodie und zu wirklichem Witz fehlt hier allen Beteiligten das Format.

Natural Born Killers 649

NATURAL BORN KILLERS ****

Regie: Oliver Stone
Darsteller: Woody Harrelson (Mickey), Juliette Lewis (Mallory), Robert Downey jr. (Wane Gale), Tommy Lee Jones (Dwight McClusky), Ed White (Pinball Cowboy), O-Lan Jones (Mabel), Richard Lineback (Sonny), Lanny Flaherty (Earl), Carol-Renee Modrall, Corey Everson (TV Mallory)
Drehbuch: David Veloz, Richard Rutowski, Oliver Stone, nach einer Story von Quentin Tarantino
Kamera: Robert Richardson (Farbe)
Musik: Budd Carr
Schnitt: Hank Corwin, Brian Berdan
Produktion: Jane Hamsher, Don Murphy, Clayton Townsend für Ixtlan/New Regency Prod. mit J D Prod., USA 1994
Uraufführung: 26.8.1994, New York
Erstaufführung: Int. Filmfestspiele Venedig; Hamburger Filmfest
Verleih: Warner Bros./dto./-
Kinostart: 27.10.1994
Länge: 119 Min.
FSK: ab 18, ffr.

Ein einfältiges junges Pärchen mordet sich durch die Wüste New Mexicos und wird damit zum Liebling der gewaltversessenen Medien. »Natural Born Killers« ist ein hemmungsloser stilistischer Mischmasch, modisches, suggestives, farbentrunkenes Kino, das wirkt, als würden »Bonnie und Clyde«, »The Trip« und »Vom Winde verweht« simultan auf eine Leinwand projiziert. Ein typischer Oliver-Stone-Film: laut,

Juliette Lewis und Woody Harrelson als ›Natural Born Killers‹.

amerikanisch und gemein, Kulturkritik mit der Brechstange. Aus seiner nüchternen Feststellung, die Gewalt sei ein integraler Bestandteil der amerikanischen Gesellschaft, lugt jedoch die piefige Botschaft hervor, die Ursache aller Verbrechen seien Kindesmißhandlung und zuviel Fernsehen.

Christoph Terhechte, tip, 22/94

(...) Ein anarchischer, surrealistischer, alptraumhafter Film in rasantem Montage-Tempo und mit einem atemberaubenden Sound-Track: Oliver Stone rechnet cool-furios mit der Vulgär-Kultur der Medien ab. Die klassische Brechtsche Verfremdung und der Collage-Stil auf der technischen Höhe der Zeit: 35mm, 16mm, Video, Farbe, schwarzweiß brennen dem Zuschauer Chaos ins Hirn. Zapping mit Sinn.
Der schwarzen satirischen Spannung setzt Stone ein bedrohlich balladeskes Ende: Liebe siegt über den Dämon –

Mickey und Mallory als ganz normale Familie mit krimineller Vergangenheit.
Frauke Hanck, AZ, 27.10.94

Ein Liebespärchen zieht eine blutige Spur durchs Land, ermordet willkürlich 52 Menschen, wird von den Medien zu großen und bewunderten Stars aufgebaut und kann vor der Hinrichtung aus dem Gefängnis in eine bürgerliche Zukunft fliehen. Oliver Stone will mit seiner grellen Satire die Gewaltbereitschaft und -verherrlichung unserer Gesellschaft und vor allem der Medienwelt anprangern. Diese exzessive Gewaltorgie inszeniert er nicht als erzählendes Identifikationskino, sondern unter Einsatz aller denkmöglichen filmischen Mittel als furiosen Bildersturm, der sich am Experimentalfilm genauso wie am Videoclip orientiert. Diese höchst präzise und innovative Gestaltung provoziert Diskussionen, ist aber jedenfalls künstlerisch beachtenswert. *multimedia*

Michael Althen in: SZ, 27.10.94; Brigitte Desalm in: Kölner Stadtanzeiger, 29.10.94; Otto Heuer in: Rheinische Post, 28.10.94; Andreas Kilb in: Die Zeit, 28.10.94; Thomas Reinhardt in: Saarbrücker Zeitung, 3.11.94; Ruprecht Skasa-Weiß in: Stgt. Zeitung, 27.10.94

Neapolitanisches Tagebuch 650

DIARIO NAPOLETANO ***
TV

Regie: Francesco Rosi
Darsteller: Pietro Bontempo, Simona Caramelli, Nino Vingelli
Drehbuch: Francesco Rosi
Produktion: Italien 1992
Sendetermin: 29.5.1994, Arte, 23.00
Länge: 95 Min.

Dokumentarischer Spielfilm über die Veränderungen von Rosis Heimatstadt Neapel, die von Spekulation, Korruption und Kriminalität schwer gezeichnet ist.

Nero 651

NERO ***
Video

Regie: Giancarlo Soldi
Darsteller: Sergio Castellitto (Federico), Chiara Caselli (Francesca), Carlo Colmaghi (Contadino), Luis Molteni (D'Ambrosi), Hugo Pratt (Kommissar)
Drehbuch: Tiziano Sclavi, Giancarlo Soldi, nach einer Novelle von Giancarlo Soldi
Kamera: Luca Bogazzi (Telecolor)
Musik: Francesco Guccini
Schnitt: Mauro Bonanni
Produktion: Giovanna Romagnoli, Claudio Argento für Titanus/Intersound Prod., Italien 1992
Verleih: -/-/-/Warner Home Video
Videostart: 16.9.1994
Länge: 96 Min. – *FSK:* ab 16 J.

Eine Leiche verschwinden zu lassen, das wissen wir nicht erst seit Hitchcock, kann sich schwierig gestalten: Federicos Abenteuer mit dem toten Ex-Geliebten seiner Freundin nehmen kafkaeske Ausmaße an. Uneinheitliches, aber recht vergnügliches Abramakabra mit einem Kadaver.

Oliver Rahayel in: film-dienst, 19/94

Neues Spiel, neues Glück 652

KOSH BA KOSH ****

Regie: Bakhtiyar Khudojnazarov
Darsteller: Paulina Galvez (Mira), Daler Madjidav (Daler), Alisher Kasimov (Farhad), Bokhodur Djurabajev (Miras Vater), Albardji Bakhirova (Dalers Mutter), Rahmonkul Kurbanov (Dalers Vater), Radjab Khusseinov (Ibrohim)
Drehbuch: Bakhtiyar Khudojnazarov, Leonid Mahkamov
Kamera: Georgy Dzalaiev (Farbe)
Musik: Achmad Bakaev
Produktion: Bakhtiyar Khudojnazarov, Christa Saredi für VYSS Feature Film Prod., Tadschekistan 1993
Erstaufführung: 28.6.1994, Filmfest München
Verleih: Panorama/-/trigon
Kinostart: 18.8.1994
Länge: 91 Min.

In seinem zweiten Film erzählt der Regisseur vom Beginn einer Liebe in der von einem Bürgerkrieg gebeutelten tadschikischen Stadt Duschanbe. Obwohl die Figuren im Film kaum direkt mit dem Kriegsgeschehen konfrontiert werden, schlägt dieses sich auf ihre Lebenshaltung und Befindlichkeit nieder und hat auch die Dreharbeiten erheblich erschwert. Ein kleiner, doch eindrücklicher Film, in dessen Dramaturgie sich die Unabsehbarkeiten und

Unsicherheiten des Lebens in Duschanbe spiegeln und dem intensive poetische Momente nicht fehlen. *Zoom, 3/94*

Albert Baer in: Rheinische Post, 16.9.94; Frauke Hanck in: AZ, 8.9.94; Patrick Rössler in: Stgt. Zeitung, 8.9.94

Neun Monate 653

NEUF MOIS **

Regie: Patrick Braoudé
Darsteller: Patrick Braoudé (Samuel), Philippine Leroy-Beaulieu (Mathilde), Catherine Jacob (Dominique), Daniel Russo (Georges), Patrick Bouchitey (Marc), Pascal Legitimus (Der Gynäkologe), Armand Vinitzki (Samuels Vater), Louise Vincent (Samuels Mutter), Anna Gaylor (Mathildes Mutter), Jean-Jose Richer (Mathildes Vater)
Drehbuch: Patrick Braoudé
Kamera: Jean-Yves Le Mener (Farbe)
Musik: Jacques Davidovici
Schnitt: Georges Klotz, Catherine Despratx
Produktion: AFCL/UGC Images/France 2 Cinéma mit Canal plus/Soficas Sofinergie Prod.: Anne François, Frankreich 1994
Erstaufführung: 30.6.1994, Filmfest München
Verleih: Concorde/-/-
Kinostart: 7.7.1994
Länge: 104 Min.
FSK: ab 12, ffr.
FBW: Wertvoll

Von den erstaunlichen Leiden der Männer während der Schwangerschaft ihrer Frauen erzählt Patrick Braoudé: Unfähige Frauenärzte, Angst vor Krankenhäusern, Sexentzug, ganz zu schweigen davon, daß ihre Frauen sich launisch verhalten, fetter werden und den Männern insgesamt wenig Sympathie entgegenbringen. Georges, dessen Frau Dominique ihr erstes Kind erwartet, vergißt einen Arzttermin, worauf ihn seine Frau verläßt und er sich mit einer Kellnerin amüsiert, bevor er reumütig zurückkehrt. Die traurige Farce endet im Entbindungssaal, wo Georges sich mit seinem Freund Samuel auf dem Boden um eine Videokamera balgt, während ihre Ehefrauen entbinden.
FP, tip, 14/94

(...) »Neun Monate« ist ein Film, in dem man angesichts bodenloser törichter Dialoge den Figuren auf der Leinwand am liebsten den Mund verböte. (...) *Otto Heuer, Rheinische Post, 8.7.94*

Oliver Rahayel in: Kölner Stadt-Anzeiger, 9.7.94

New Crime City 654

NEW CRIME CITY – LOS ANGELES 2020 *

Video

Regie: Jonathan Winfrey
Darsteller: Rick Rossovich (Tony Ricks), Sherrie Rose, Rick Dean, Peris Forest, Ric Stoneback, Ramsey Ross, Elvira de la Puente, Stacey Keach (Wynorsky)
Kamera: Juan Duran (Farbe)
Musik: Michael Elliott
Schnitt: Gwyneth Gibby
Produktion: Luis Llosa, USA 1994
Verleih: -/-/-/New Vision Video
Videostart: 16.12.1994
Länge: 84 Min. – *FSK:* ab 16 J.

Preiswerte Science-Fiction-Action in Los Angeles im Jahre 2020 aus der Roger-Corman-Factory.

New Eden – Wüste des Todes 655

NEW EDEN **

Video

Regie: Alan Metzger
Darsteller: Stephen Baldwin (Adams), Lisa Bonet (Lily), Tobin Bell (Ares), Michael Bowen (Kyne), Janet herbert-Whitten (Ashtarte)
Produktion: Harvey Frand für Paramount Pic., USA 1994
Verleih: -/-/-/CIC Video
Videostart: 23.11.1994
Länge: 87 Min.
FSK: ab 16 J.

Zwei sehr gegensätzliche Menschen werden in der »Mad Max Zeit« in ein Gefangenenlager eingeliefert. Durch die Verhältnisse halten sie gezwungenermaßen zusammen, bis es zur großen Auseinandersetzung kommt.

New York Cop 656

NEW YORK COP **

Video

Regie: Toru Murakawa
Darsteller: Chad McQueen (Hawk), Mira Sorvino (Maria), Toru Nakamura (Toshi), Andreas Katsulas (Ferrara), Conan Lee (Konan Li)
Drehbuch: Hiroshi Kashiwabara

Kamera: Peter Fernberger (Farbe)
Musik: Bob Mithoff
Schnitt: Barbara Boguski, Larry Marinelli
Produktion: Simon Tse für Toei & Sunstripe/ S.T.P., USA 1993
Verleih: -/-/-/Summit Video
Videostart: 30.3.1994
Länge: 84 Min. – *FSK:* ab 18 J.

Aus Japan stammender Polizist schleicht sich im New Yorker Stadtteil Bronx in Jugendbande ein, um Waffenschmuggler auszuheben. Außer ein wenig City-Atmosphäre genauso gewalttätig und nichtssagend wie die meisten Filme dieser Preislage.

Night Eyes 3 657

THE OTHER MAN *

Video

Regie: Jag Mundhra
Darsteller: Edward Albert, Chad McQueen, John Laughlin
Produktion: Gernert/Garroni/Hippolyte, USA 1993
Verleih: -/-/-/Splendid Video
Videostart: 24.6.1994
Länge: 95 Min. – *FSK:* ab 18 J.

Millionärsgattin vergnügt sich mit Stripper und schlittert in Mordfall. Retorte-Produktion mit dem vermeintlichen Erfolgsrezept Sex & Crime.

Night Trap 658

NIGHT TRAP/MARDI GRAS FOR THE DEVIL *

Video

Regie: David A. Prior
Darsteller: Robert Davi (Mike Turner), Michael Ironside (Bishop), Lesley-Anne Down (Christine Turner), Margaret Avery (Miss Sadie), John Amos (Captain Hodges), Lydia Denier (Valerie), Mike Starr (Detective Williams)
Drehbuch: David A. Prior
Kamera: Don E. Faunt LeRoy (Kodakcolor)
Musik: Christopher Farrell
Schnitt: Tony Malanowski
Produktion: Jill Silverthorne für West Side Studios Prod., USA 1992
Uraufführung: 25.4.1993, World Fest/Houston Film Festival
Verleih: -/-/-/Deutscher Video Ring
Videostart: Mai 1993
Länge: 91 Min. – *FSK:* ab 18 J.

Jagd auf einen irren Frauenmörder, der – wie malerisch – seine Opfer auf dem Karneval in New Orleans findet. Schlampiges Actionfilmchen ohne Qualität.

Nightfire 659

NIGHTFIRE *

Video

Regie: Mike Sedan
Darsteller: Shannon Tweed (Lydia Evans), Martin Hewitt (Barry), John Laughlin, Rochelle Swanson
Kamera: Zoran Hochstatter (Farbe)
Produktion: Mike Sedan, USA 1994
Verleih: -/-/-/Splendid Video
Videostart: 25.11.1994
Länge: 93 Min.
FSK: ab 18 J.

Noch einmal Sex & Crime mit einem kräftigen Schuß Sado-Maso. Shannon Tweed kommt – nomen ist nicht Omen – weitgehend ohne Textilien aus.

The Nightmare before Christmas 660

THE NIGHTMARE BEFORE CHRISTMAS ****

Regie: Henry Selick
Darsteller: Mit den Originalstimmen von: Danny Elfman (Jack Skellington -Gesang- /Barrel), Chris Sarandon (Jack), Catherine O'Hara (Sally/Shock), William Hickey (Evil Scientist), Glenn Shadix (Mayor), Paul Reubens (Lock), Ken Page, Ed Ivory
Drehbuch: Caroline Thompson, Adaption von Michael McDowell, nach einer Story und den Charakteren von Tim Burton
Kamera: Pete Kozachik (Technicolor)
Musik: Danny Elfman (auch Ass.-Prod.)
Schnitt: Stan Webb
Produktion: Tim Burton, Denise Di Novi für Touchstone Pic., USA 1993
Verleih: Buena Vista/dto./dto.
Kinostart: 8.12.1994
Länge: 76 Min.
FSK: ab 6, ffr.
FBW: Wertvoll

Jack, der König des Halloweenfestes, entführt den Weihnachtsmann und beschert mit seinen Geisterfreunden der Welt ein schauriges Weihnachtsfest, bis der Nikolaus schließlich alles wieder in Ordnung bringt. Ein Meisterwerk des Animationsfilms, optisch und musikalisch ein Genuß, dessen ironische

Schrecken und Anspielungen hierzulande vielfach aber nur teilweise verständlich sein dürften. *multimedia*

Albert Baer in: Rheinische Post, 9.12.94; Brigitte Desalm in: Kölner Stadtanzeiger, 10.12.94; W.O.P. Kistner in: AZ, 10.12.94; Carola Rönneburg in: tip, 25/94

Nimm die Hände von unserer Tochter 661

SHATTERED SILENCE □ TV

Regie: Linda Otto
Darsteller: Bonnie Bedelia (Dr. Elizabeth Morgan), Terence Knox (Eric Foretich), Rip Torn (Bill Morgan)
Drehbuch: Auf der Basis von Gerichtsprotokollen, Interviews und Presseveröffentlichungen, nach einer wahren Begebenheit
Musik: James McVay
Produktion: Alan Landsburg, Linda Otto, Kay Hoffman, Lucretia Baxter für Linda Otto Ass./The Landsburg Comp., USA 1992
Sendetermin: 11.5.1994, RTL, 20.15
Länge: 120 Min.

Elizabeth verdächtigt ihren Ex-Mann Eric, die gemeinsame Tochter Hilary sexuell zu mißbrauchen. Als sie mit ihren Versuchen, Eric das Besuchsrecht absprechen zu lassen, scheitert, beginnt für die Mutter ein dramatischer Kampf um den Schutz der Tochter. *Pressetext RTL*

No Exit 662

NO ESCAPE, NO RETURN *** Video

Regie: Charles T. Kanganis
Darsteller: Maxwell Caulfield (Billy Sloan), Dustin Ngujin (Tommy Cuff), Denise Loveday (Ali Weston), John Saxon (James Mitchell), Michael Nouri (Dante)
Drehbuch: Charles T. Kanganis
Kamera: Mark Morris (Farbe)
Musik: Jim Halfpenny
Schnitt: Ron Cabreros, Chris Worland
Produktion: Joseph Merhi, Richard Pepin für PM Ent., USA 1993
Verleih: -/-/-/Starlight Video
Videostart: März 1994
Länge: 94 Min.
FSK: ab 18 J.

Besonders gewalttätige Spezialeinheit wird von einem Mann aus ihren Reihen in eine Falle gelockt. Der Titel heißt übersetzt »Kein Ausgang«, doch wir haben die »Aus-Taste«.

No Panic – Gute Geiseln sind selten 663

THE REF / HOSTILE HOSTAGES ***

Regie: Ted Demme
Darsteller: Denis Leary (Gus), Judy Davis (Caroline), Kevin Spacey (Lloyd), Robert J. Steinmiller jr. (Jesse), Glynis Johns (Rose), Raymond J. Barry (Huff), Richard Bright (Murray)
Drehbuch: Richard LaGravenese, Marie Weiss, nach einer Story von Marie Weiss
Kamera: Adam Kimmel (Film House/ Technicolor)
Musik: David A. Stewart
Schnitt: Jeffrey Wolf
Produktion: Ron Bozman, Richard LaGravenese, Jeff Weiss für Touchstone Prod., USA 1994
Uraufführung: 9.3.1994, New York
Erstaufführung: Filmfest München 1994
Verleih: Buena Vista/dto./dto.
Kinostart: 7.7.1994
Länge: 97 Min. – *FSK:* ab 6, ffr.
FBW: Wertvoll

Ein flüchtiger Einbrecher kidnappt am Weihnachtsabend ein Ehepaar, das seine Ehekrise austrägt. Als dann noch die Mutter des Ehemanns dazukommt, eskaliert die Situation. Der Ganove sorgt als Deus ex machina unfreiwillig für ein reinigendes Gewitter. Eine Komödie, die auf Tempo und teils gelungene Situationskomik setzt. Ihr gelingt aber kein rechter Spannungsbogen, und den rüden Dialogen fehlt der geschliffene Witz. Zudem werden die Figuren durch Überzeichnung zu bloßen Karikaturen degradiert. *Zoom*

Albert Baer in: Rheinische Post, 8.7.94; Frauke Hanck in: AZ, 7.7.94; Hans Schifferle in: SZ, 12.7.94

North of Vortex 664

NORTH OF VORTEX ***

Regie: Constantine Giannaris
Darsteller: Stavros Zalmas, Valda Drabla, Howard Napper
Drehbuch: Constantine Giannaris
Kamera: James Welland (Farbe)
Musik: Howard Napper

Produktion: Dobbs/Arts Council/Channel Four, GB 1992
Verleih: Salzgeber/-/-
Kinostart: 19.5.1994
Länge: 62 Min.

Zwei Männer und eine Frau auf einer Reise ohne Ziel. Das Trio schliddert durch sämtliche Stationen unerfüllter Leidenschaften. Mit etwas so Unbekanntem wie Gefühlen konfrontiert, bleibt nur die Gewalt als Ausweg. Autor und Regisseur Constantine Giannaris gibt in seinem streng komponierten Roadmovie ein treffendes Porträt einer verlorenen Generation fern von jeglichem formalen Firlefanz.
Peter Claus, tip, 9/94

Frank Noack in: Der Tagesspiegel, 21.4.93

Nostradamus 665
NOSTRADAMUS **

Regie: Roger Christian
Darsteller: Tcheky Karyo (Nostradamus), F. Murray Abraham (Scalinger), Julia Ormond (Marie), Amanda Plummer (Katharina von Medici), Assumpta Serna (Anne), Rutger Hauer (geheimnisvoller Mönch), Diana Quick (Diane de Portier), Anthony Higgins (Heinrich II.), Maja Morgenstern (Helene), Michael Gough (Jean de Remy)
Drehbuch: Knut Boeser, nach einer Story von Knut Boeser, Roger Christian und Piers Ashworth
Kamera: Denis Crossan (Deluxe)
Musik: Barrington Pheloung
Schnitt: Alan Strachan
Produktion: Edward Simons, Harold Reichebner für Allied Ent./Vereinigte Film Partner, BRD/GB 1994
Verleih: Ascot/Top/Elite/Warner Home Video
Kinostart: 18.8.1994
Länge: 123 Min. – *FSK:* ab 12, ffr.

Die Lebensgeschichte des im 16. Jahrhundert lebenden Mediziners, Astrologen und Visionärs Nostradamus, entwickelt im episodischen Stil eines Fernsehfilms. Unentschlossen schwankend zwischen historischer Wahrheit und Kolportage, zwischen Künstlichkeit und Naturkulisse verschenkt der Film das Thema, für das auch die schlecht geführten Darsteller keine Anteilnahme erwecken. *Zoom*

(...) Die Biografie des berüchtigten Wahrsagers aus dem 16. Jahrhundert, der vom schlichten Medicus zum Hofastrologen der Katharina von Medici aufstieg, verkommt zu einer eintönigen Abfolge aus Folter-, Trance- und Beischlafszenen. Ein völlig indiskutables Machwerk, das mit Katastrophenszenarios und naiver Fortschrittsgläubigkeit schamlos auf die Erlösungsphantasien seines Publikums spekuliert. *tip, 17/84*

Frauke Hanck in: AZ, 18.8.94; Otto Heuer in: Rheinische Post, 19.8.94

Nothing to Lose 666
NOTHING TO LOSE *
Video

Regie: Isidore K. Musallam
Darsteller: Alexandra Paul (Natasha), Joussef Abed Alnour (Abe), Paul Gleason (Elliot), Michael V. Gazzo (Joe), Juliano Mer (Ramón)
Drehbuch: Isidore K. Musallam
Kamera: Ira Cohen (Farbe)
Musik: George Brasovan
Schnitt: John Harding
Produktion: Isidore K. Musallam für Solid Ent., USA 1993
Verleih: -/-/-/Ascot Video
Videostart: 26.1.1994
Länge: 92 Min. – *FSK:* ab 18 J.; gekürzte Fassung 88 Min. ab 16 J.

Auf billigstem Niveau von allesamt talentlosen Beteiligten heruntergekurbelter, unerträglich einfältiger Mafiathriller.

00 Schneider – Jagd auf Nihil Baxter 667
**

Regie: Helge Schneider
Darsteller: Helge Schneider (00 Schneider/Nihil Baxter/Prof. Hasenbein), Helmut Körschgen (Körschgen), Andreas Kunze (Frau Schneider), Werner Abrolat (Polizeipräsident), Bratislav Metulskie (Metulskie), Otto van den Berg (Metulskies Vater), Günther Kordas (Zirkusdirektor), Hotte Reichlich (Shorty Robinson), Charlie Weiss (Pilot), Tim Janssen
Drehbuch: Brötchen
Kamera: Christoph Schlingensief (Farbe)
Musik: Helge Schneider
Schnitt: Andrea Schumacher
Produktion: Hanno Huth für Senator Film, BRD 1994
Verleih: Senator/-/Frenetic/VCL/Carolco Video

Kinostart: 22.12.1994
Länge: 92 Min.
FSK: o.A., ffr.

(...) »00 Schneider« ist kein Film, sondern die Verweigerung eines solchen, eine Abfolge zündfauler Gags, von einer halbgaren Parodie auf »Nick Knatterton« und Edgar-Wallace-Filme zusammengeklammert. (...)

Thomas Klingenmaier, Stgt. Zeitung, 24.12.94

(...) Diesmal watscheln also nicht wie in »Texas« Cowboys mit vollgeschissenen Stiefeln über die Leinwand, diesmal klärt Meisterdetektiv 00 Schneider (Schneider) den Mord an einem skrupellosen Clown, der an Nihil Baxter (Schneider) einen defekten Jaguar verkaufte und deshalb von ihm ermordet wurde. Der Fall Helge Schneider als Humor-Phänomen aber bleibt ungelöst.

W.O.P. Kistner, AZ, 24.12.94

Marianne Kolarik in: Kölner Stadtanzeiger, 24.12.94; Angela Schmitt-Gläser in: FR, 27.12.94; Ulli Tückmantel in: Rheinische Post, 23.12.94;

Nur ein Film 668

CSAK EGY MOZI ****

TV

Regie: Pál Sándor
Darsteller: Jean-Pierre Leaud (Peter), Deborah Jávor (Judith), Tamás Major (alter Schauspieler), Gisela May (Mutter), Denisa Kucerova
Drehbuch: Péter Molnár Gál, Pál Sándor
Kamera: Elemér Ragályi (Eastmancolor)
Musik: Tschaikowsky
Schnitt: György Kovács, Pál Sándor
Produktion: Mafilm Studio/Hunnia, Ungarn 1984
Uraufführung: 12.2.1985, Ungarische Filmwoche Budapest
Sendetermin: 9.1.1994, MDR3, 2.30
Länge: 90 Min.

Bei den Dreharbeiten zu der Ballettverfilmung »Schwanensee« arbeiten alle Mitarbeiter einen Monat lang eng zusammen. Als während einer Drehpause der Regisseur die Hauptrolle neu besetzen will und sich weitere Personen der Gruppe anschließen, werden die Dreharbeiten zu einer emotionalen Falle.

Der Ochse 669
OXEN ***

Regie: Sven Nykvist
Darsteller: Stellan Skarsgard, Ewa Froling, Max von Sydow, Liv Ullmann, Erland Josephson
Drehbuch: Sven Nykvist, Lasse Summanen
Kamera: Dan Myhrhan (Farbe)
Schnitt: Lasse Summanen
Produktion: Jean Doumanian für Sweetland Films/Sandrews/Swedish Film Institute/ Nordish Film Prod., Schweden/Norwegen 1992
Verleih: Prokino/-/Columbus
Kinostart: Dez. 1993
Länge: 90 Min.

Damit Frau und Kind nicht verhungern müssen, schlachtet der Kleinbauer Helge im Winter 1868 einen Ochsen seines Brotherrn. Als er den Frevel gesteht, wird er zu einer unverhältnismäßig langen Zuchthausstrafe verurteilt. Endlich heimgekehrt, will er seine Frau verlassen, weil sie von einem andern ein Kind hat, verzeiht ihr dann aber, als ihm der Pfarrer zu verstehen gibt, daß auch sie aus übergroßer Not und Verzweiflung gefehlt hat. Vom langjährigen Kameramann Ingmar Bergmans inszeniertes Drama, stimmungsvoll fotografiert und hervorragend gespielt. *Zoom*

October 32nd 670
OCTOBER 32ND *
Video

Regie: Paul Hunt
Darsteller: Peter Phelps (John Pope), Richard Lynch (Pendragon), James Hong (Lung Tao), Nadja Cameron (Christy), Desmond Llewelyn (Dr. Mycroft), Ted Markland, Rodney Wood
Drehbuch: Paul Hunt, Nick McCarty
Kamera: Gary Graver (Farbe)
Musik: William Campbell jr., Michael O'Donnell
Schnitt: Phil Sanderson
Produktion: Paul Hunt, Peter Collins für 32nd Prod./Shining Armour Comm./United Film Makers/Slovakoturist, USA 1992
Verleih: -/-/-/Condor Video
Videostart: Februar 1994
Länge: 100 Min. – *FSK:* ab 12 J.

Der Kampf ein paar guter Individuen gegen die Übermacht des Bösen. Ach ja, so naiv, so spekulativ und so verworren ginge der Kampf in der Realität schnell verloren.

Georg Röwekamp in: film-dienst, 5/94

Der olympische Sommer 671
***

Regie: Gordian Maugg
Darsteller: Jost Gerstein (Geselle), Verena Plangger (Witwe), Otto Ruck (Fleischermeister), Johanna Maugg, Gordian Maugg sen. (Bauernehepaar), Daniela Kirsch, Susanne Binninger (Bauernmägde), Helga Kröger, Joachim John, Werner Schmetzer
Drehbuch: Gordian Maugg, nach Motiven der Novelle »Der Geselle« von Günther Rücker
Kamera: Andreas Giesecke
Musik: Heidi Aydt, Frank Will
Schnitt: Monika Schindler, Behzad Beheshtipour
Produktion: Gordian Maugg Film- und Fernsehprod., BRD 1992
Uraufführung: 23.1.1993 Max Ophüls Preis, Saarbrücken
Verleih: Arsenal
Kinostart: 21.4.1994
Länge: 84 Min.
FSK: ab 12, ffr.
FBW: Besonders wertvoll

Ein 16jähriger Schlachtergeselle aus Pommern trifft im Berlin des Jahres 1936 auf eine frisch verwitwete Mittdreißigerin mit Villa am See, die sich ihn einen Sommer lang ins Bett holt. Zeitgenössische Aufnahmen aus der Reichshauptstadt und dem Olympiastadion beschwören ein heiteres NS-Zeitkolorit, das in Gordian Mauggs Spielfilmszenen seine ungebrochene Fortsetzung findet. Gravitätisch bis zur Lächerlichkeit, bedient der Film eine diffuse Sehnsucht nach heiler Vergangenheit und Unschuld.
Volker Gunske, tip, 8/94

Peter Buchka in: SZ, 13.10.94; Heike Kühn in: FR, 6.6.94; Ponkie in: AZ, 17.10.94; Patrick Rösler in: Stgt. Zeitung, 2.7.94

On the Road Again 672
HONEYSUCKLE ROSE ***
TV

Regie: Jerry Schatzberg
Darsteller: Willie Nelson (Buck Bonham),

Gesellen in der Provinz: ›Der olympische Sommer‹ von Gordian Maugg.

Dyan Cannon (Viv Bonham), Amy Irving (Lily), Slim Pickens (Garland), Joey Floyd (Jamie), Charles Levin (Sid), Mickey Rooney, jr. (Cotton), Pepe Serna (Rooster)
Drehbuch: Carol Sobieski, William D. Wittliff, John Binder
Kamera: Robby Müller (Technicolor)
Musik: Willie Nelson
Schnitt: Aram Avakian, Norman Gay
Produktion: Gene Taft für Columbia-EMI-Warner, USA 1980
Sendetermin: 28.10.1994, ZDF, 0.10
Länge: 113 Min.

Buck, ein erfolgreicher Countrymusiker, liebt das Leben »on the road«. Mit seiner Band tourt er durch Texas und genießt das ungebundene Männerleben mit seinen exzessiven Parties. Sehr zum Leidwesen seiner attraktiven Frau Viv, mit der er früher gemeinsam auf der Bühne stand. Viv hat genug vom Herumtouren ihres Mannes und drängt auf eine Entscheidung – Musik oder Ehe. *Pressetext ZDF*

Only the Strong 673

ONLY THE STRONG **

Video

Regie: Sheldon Lettich
Darsteller: Marc Dacascos (Louis Stevens), Stacey Travis (Dianna), Geoffrey Lewis (Kerrigan), Todd Susman (Cochran), Paco Christian Prieto (Silverio), Richard Coca (Orlando), Jeffrey Anderson Gunter, Roman Cardwell, Ryan Bollman
Drehbuch: Sheldon Lettich, Luis Esteban
Kamera: Edward Pei (Eastmancolor)
Musik: Harvey W. Mason
Schnitt: Stephen Semel
Produktion: Samuel Hadida, Stuart S. Shapiro, Steven G. Menkin für Freestone Pic./ Davis Films, USA 1993
Verleih: -/-/-/VMP Video
Videostart: 23.8.1994
Länge: 95 Min. – *FSK:* ab 16 J.

Champion in einer brasilianischen Kampfsportart soll ein Dutzend besonders renitente Schüler wieder auf Vordermann und Leistungskurs bringen. Dürftiger Sozio-Actioner mit viel Discount-Moral und noch mehr Kampfgetümmel.

Die Opfer von St. Vincent 674

THE BOYS OF ST. VINCENT ***

TV

Regie: Johbn N. Smith
Darsteller: Henry Czerny (Peter Lavin), Johnny Morina (Kevin Reevey, 10 J.), Sebastian Spence (Kevin Reevey, 25 J.), Brian Dodd (Steven Lunny, 10 J.), David Hewlett (Steven Lunny, 25 J.),

Drehbuch: Des Walsh, John N. Smith, Sam Grana
Kamera: Pierre Letarte (Farbe)
Musik: Neil Smolar
Schnitt: Werner Nold (Teil 1), Andre Corriveau (Teil 2)
Produktion: Sam Grana, Claudio Luca für Les Prod. Tele-Action mit National Film Board of Canada/Canadian Broadcasting/Telefilm Canada, Kanada 1993
Uraufführung: 3./5.9.1993, Telluride Film Festival
Sendetermin: 10.10.1994, ZDF
Länge: 92 Min.

(...) Der kanadische Regisseur John N. Smith spielte wirkungsvoll auf der Klaviatur der gehobenen Gemütserregungskunst, um den körperlich-seelischen Mißbrauch an den Waisenjungen im St. Vincent-Heim optisch sinnfällig zu machen.
Nacktes, geschundenes Fleisch und dergleichen Futter für Voyeure bot er gleichwohl kaum. Statt dessen gab er in simplen, aber eindringlichen Szenen dem Zuschauer Gelegenheit, sich in die beängstigende Internatswelt mit ihrem Gemisch aus Züchtigung, Kameradschaft und Katechismus hineinzuleben – Gründe für den international guten Ruf, der diesem Zweiteiler vorausgeeilt ist. (...) *Kölner Stadtanzeiger, 12.10.94*

Das Osterkind 675

MIRACLE CHILD ***

TV

Regie: Michael Pressman
Darsteller: Crystal Bernard (Lisa Porter), Cloris Leachman, John Terry, Graham Sack, Grace Zabriskie, George D. Wallace, Lexi Randall, Gary Grubbs, Barnard Hughes, Becca Allen
Drehbuch: Gerald DiPego, nach dem Buch von Patricia Pendergraft
Kamera: Mark Irwin (Farbe)
Musik: Craig Safan
Schnitt: Millie Moore
Produktion: Barry Bernardi für Steve White Prod., USA 1993
Uraufführung: 6.4.1993, NBC
Sendetermin: 9.6.1994, Premiere, 20.15
Länge: 120 Min.

Die verzweifelte junge Witwe Lisa Porter setzt heimlich aus Angst vor der Zukunft ihr Baby aus. Das Mädchen, genannt Mira, wächst bei der ältlichen Lehrerin Adeleine auf. Seitdem Mira in dem Dorf wohnt, geschehen unglaubliche Dinge, und es gibt Gerüchte über eine Wundertätigkeit des Kindes. Als die Medien darauf aufmerksam werden, gibt sich die wirkliche Mutter zu erkennen.

Pa 676
DA
☐
TV

Regie: Matt Clark
Darsteller: Barnard Hughes (Pa), Martin Sheen (Charlie), William Hickey (Drumm), Karl Hayden (Charlie als Junge), Doreen Hepburn (Mutter), Hugh O'Connor, Ingrid Craigie
Drehbuch: Hugh Leonard, nach seinem Theaterstück »Da« und dem Buch »Home Before Night«
Kamera: Alar Kivilo (Farbe)
Musik: Elmer Bernstein
Schnitt: Nancy Nuttal Beyda
Produktion: Julie Corman für Corman-Sheen/Greenblatt/Auerbach Prod., USA 1988
Sendetermin: 27.6.1994, Premiere, 20.15
Länge: 102 Min.

Der Erfolgsautor Charlie kommt zur Beerdigung seines Stiefvaters »Pa« in seinen Heimatort zurück. Während er sich an die früheren Jahre erinnert, tritt ihm der Verstorbene gegenüber. Sie kommen sich näher und haben Zeit, ihre versäumten Gespräche nachzuholen.

Paid in Blood 677
CHINA HEAT
*
Video

Regie: William Chang
Darsteller: Sebella Hu, Michael Despasqual jr., Alan Lan, Sherry Han, Cindy Mong
Kamera: Raymond Chang (Farbe)
Schnitt: Peter Chang
Produktion: Wong Kwai Pee, Chow Swei Yean für Golden Sun Film, Hongkong 1991
Verleih: -/-/-/Condor Video
Videostart: 18.10.1994
Länge: 85 Min.
FSK: ab 18 J.

Reichlich schauerliches Kampfsportgetümmel, ungelenkt in Szene gesetzt.

Panama Sugar 678
PANAMA SUGAR
☐
TV

Regie: Marcello Avallone
Darsteller: Scott Plank (Panama), Oliver Reed (General), Lucretia Lante Della Rovere (Liza), Memé Perlini (Lt. Garcia), Duilio Del Prete (Blue Ball), Tomas Arana, Vittorio Amandola, Pedro Sarubbi Ruzzi, Francesco Scimemi, Nico Davenia
Drehbuch: Marcello Avallone, Vincenzo Mannino, Roberto Parpaglioni, Andrea Purgatori
Kamera: Roberto Benvenuti (Telecolor)
Musik: Gabriele Ducros
Schnitt: Adriano Tagliavia
Produktion: Italo Zingarelli für Trinidad Film, Italien 1990
Sendetermin: 20.3.1994, RTL2, 22.35
Länge: 110 Min.

Als aus einem Nest in Panama ein Spielparadies werden soll, fühlen sich die Bewohner in ihrer Ruhe gestört und widersetzen sich. Weder durch die korrupte Staatsgewalt noch durch die Verführungskünste einer schönen Frau, die sich an die verheirateten Männer heranmacht, sind sie umzustimmen, sie hauen die Investoren in die Pfanne.

Pressetext RTL2

Paper Hearts 679
PAPER HEARTS
***
Video

Regie: Rod McCall
Darsteller: James Brolin (Henry), Sally Kirkland (Jenny), Kris Kristofferson (Tom), Pamela Gidley (Sam), Renee Estevez (Kat), Laura Johnson (Patsy), Michael Moore (Bill)
Drehbuch: Rod McCall
Kamera: Barry Markowitz (Farbe)
Musik: George S. Clinton
Schnitt: Curtis Edge
Produktion: Rod McCall, Catherine Wanek für King/Moostone Pic., USA 1992
Uraufführung: 22.1.1993, Sundance Film Festival, Park City, Utah
Verleih: -/-/-/VMP Video
Videostart: 26.4.1994
Länge: 84 Min.
FSK: ab 6 J.

Familienstory aus der amerikanischen Provinz: Zur Hochzeit der Tochter kehrt der untreue Ex-Ehemann zurück zu Frau und Haus: mit Freundin und Cadillac. Gute Darsteller, ansatzweise gelungene Story, aber die einfallslose Aufbereitung langweilt dann doch sehr.

Josef Lederle in: film-dienst, 11/94

The Paperboy 680
THE PAPERBOY **
Video

Regie: Douglas Jackson
Darsteller: Alexandra Paul (Melissa), Marc Marul (Johnny), William Katt (Brian), Krista Errickson (Diana), Frances Bay
Drehbuch: David Peckinpah
Kamera: Rodney Gibbons (Farbe)
Musik: Milan Kymlicka
Schnitt: Yves Langlois
Produktion: Pierre David, Tom Berry, Franco Battista für Image Films/Allegro Films, USA 1994
Verleih: -/-/-/Starlight Video
Videostart: 14.9.1994
Länge: 90 Min.
FSK: ab 18 J.; gekürzte Fass. 87 Min. ab 16 J.

Psychopathischer Zeitungsjunge versteigt sich in pubertäre Phantasien und beginnt, Menschen zu schlachten. Dürftiger Horror-Thriller.

Paradschanow 681
PARAJANOV ****

Regie: Ron Holloway
Darsteller: Künstlerische Arbeit: Gordian Maugg
Drehbuch: Ron Holloway
Kamera: Thomas Schwan (Farbe und s/w)
Musik: Urmuli-Folklore
Schnitt: Monika Schindler, Walter Vögele
Produktion: Dorothea Holloway, Frank Löprich, Katrin Schlösser für Kino Productions, BRD/USA 1994
Erstaufführung: 26.6.1994, Filmfest München
Verleih: Eigenverleih/-/-
Kinostart: 24.8.1994, Arsenal, Berlin
Länge: 57 Min.

Filmisches Porträt über den georgischen Regisseur Sergej Paradschanow.

Das Parfüm von Yvonne 682
LE PARFUM D'YVONNE ***

Regie: Patrice Leconte
Darsteller: Jean-Pierre Marielle (René Meinthe), Hippolyte Girardot (Victor), Sandra Majani (Yvonne), Richard Bohringer (Yvonne's Onkel), Paul Guers (Daniel Hendrickx), Corinne Marchand (Die Besitzerin des Tilleuls), Philippe Magnan (Pulli), Claude Dereppe (Roger Fossorié), Claude Aufaure, Isabelle Tinard

Duftig, leicht, anmutig: ›Das Parfüm von Yvonne‹ mit Jean-Pierre Marielle und Sandra Majani.

Drehbuch: Patrice Leconte, nach dem Roman »Villa Triste« von Patrick Modiano
Kamera: Edouardo Serra (Farbe)
Musik: Pascal Esteve
Schnitt: Joelle Hache
Produktion: Thierry de Ganay für Lambart/Zoulou Films/Centre Européen Cinématographique Rhone-Alpes/M6 Films mit Soficas Cofimage 5/Investimage 4/Sofiarp 2/Canal plus/Centre National de la Cinématographie, Frankreich 1994
Erstaufführung: 27.6.1994, Filmfest München
Verleih: Prokino/Stadtkino/-
Kinostart: 18.8.1994
Länge: 89 Min.
FSK: ab 12, ffr.

Die Romanverfilmung, gekennzeichnet durch eine schwebende Atmosphäre und geheimnisvoll bleibende Charaktere, befaßt sich mit einem hoffnungslosen »Dreieck« – ein homosexueller, vom Leben frustrierter, alternder Arzt protegiert eine blutjunge Schauspielerin, die schließlich vor ihm und einem leidenschaftlichen Urlaubsflirt mit einem nachdenklichen jungen Nichtstuer zu einem weiteren älteren Mann flüchtet. Je nach Einstellung des Zuschauers ein spröder Streifen, der zum Reflektieren über existentielle Krisen anregt oder mit der romantisch-pikanten Liebesgeschichte unterhält, wegen seiner Melancholie aber zwiespältige Gefühle hinterläßt. *multimedia*

Michael Althen in: Die Zeit, 19.8.94; Albert Baer in: Rheinische Post, 19.8.94; Angie Dullinger in: AZ, 18.8.94; Peter W. Jansen in: tip, 17/94; Hans-Joachim Neumann in: Zitty, 17/94; Hans Schifferle in: SZ, 19.8.94

Paris erwacht 683

PARIS S'EVEILLE ***

TV

Regie: Olivier Assayas
Produktion: Frankreich 1991
Sendetermin: 10.10.1994, ZDF, 22.15

Lief bereits 1992 in der Schweiz im Kino. Deshalb vollständige Angaben und Kritik im Heyne Filmjahrbuch 1994.

Pelerinage 684

***

Regie: Jean-Blaise Junod
Drehbuch: Jean-Blaise Junod
Kamera: Pio Corradi, Jean-Blaise Junod, Philippe Cordey (Farbe)
Schnitt: Jean-Blaise Junod
Produktion: Strada Films/TSR, Schweiz 1992
Verleih: -/-/Cinédia, Freiburg
Kinostart: Januar 1994
Länge: 67 Min.

›A Perfect World‹ – a perfect match: Kevin Costner und Clint Eastwood.

In ständigem Schauplatzwechsel werden eine Marienwallfahrt in Andalusien und der liturgische Tagesablauf in einem Schweizer Zisterzienserinnenkloster als zwei Wege der Suche nach dem Spirituellen kommentarlos einander gegenübergestellt. (...) *Zoom*

Perfect World 685

A PERFECT WORLD ***

Regie: Clint Eastwood
Darsteller: Kevin Costner (Butch Haynes), Clint Eastwood (Red Garnett), Laura Dern (Sally Gerber), T.J. Lowther (Phillip Perry), Keith Szarabajka (Terry Pugh), Leo Burmester (Tom Adler), Paul Hewitt (Dick Suttle), Bradley Whitford (Bobby Lee), Ray McKinnon (Bradley), Jennifer Griffin (Gladys Perry)
Drehbuch: John Lee Hancock
Kamera: Jack N. Green (Technicolor)
Musik: Lennie Niehaus
Schnitt: Joel Cox, Ron Spang
Produktion: Mark Johnson, David Valdes für Malpaso Prod., USA 1993
Uraufführung: 24.11.1993, New York
Verleih: Warner Bros./dto./dto./ Warner Home Video
Kinostart: 6.1.1994
Länge: 137 Min.
FSK: ab 16, ffr.

Der Verbrecher Butch Haynes bricht 1963 aus einem Gefängnis in Texas aus. Auf seiner Flucht nimmt er den achtjährigen Phillip als Geisel. Zwischen den beiden entwickelt sich langsam eine Beziehung. In entfernter Anlehnung an »Bonnie und Clyde« fliehen die beiden, von Polizisten gejagt, durch Texas und begehen kleine Diebstähle und Überfälle. Doch als Butch durchdreht und den Vater einer afro-amerikanischen Familie umbringen will, kommt es zwischen den beiden zum Bruch. Der Film setzt dem bösen Verbrecher mit gutem Kern das unschuldige Kind entgegen und endet in rührseligem Pathos. *Zoom*

Entflohener Sträfling nimmt einen Achtjährigen als Geisel, für den er Vaterersatz wird. Er lehrt ihn erfolgreich mit der Pistole umzugehen und stirbt melodramatisch durch die Kugel eines scharfschützen. Weitgehend über-

›Der Pfad der Erleuchtung‹ und zwei, die ihn suchen.

durchschnittlich gefertigte Mischung aus Western, Gangsterfilm und Vater-Sohn-Geschichte. *multimedia*

Robin Detje in: Die Zeit. 14.1.94; Fritz Göttler in: SZ, 10.1.94; Frauke Hanck in: AZ, 5.1.94; Otto Heuer in: Rheinische Post, 7.1.94; Rupert Koppold in: Stgt. Zeitung, 5.1.94; Peter Körte in: FR, 7.1.94; Milan Pavlovic in: Kölner Stadt-Anzeiger, 8.1.94

Der Pfad der Erleuchtung 686

AJE AJE BARA AJE ***

TV

Regie: Im Kwon-Taek
Darsteller: Soo-Yeon Kang (Soon Nyo), Jin Young-Mi (Jinsung), Yoon In-Ja (Eunsun), Ji-Il Han (Hyun Woo)
Drehbuch: Han Seung-Won
Kamera: Koo Chung-Mo (Farbe)
Musik: Kim Chung-Kil
Produktion: Tae Hung Prod., Südkorea 1989
Sendetermin: 20.2.1994, ZDF, 23.30
Länge: 118 Min.

Buddhismus ist nicht erst seit Bertoluccis Reinkarnations-Disneyland in Mode: Was der Westen an spirituellen Leihgaben brauchen kann, das findet seinen Weg in den Erlösungskonsum. Da paßt auch dieser Film gut hinein: Die Sinnsuche einer 16jährigen buddhistischen Nonne, der statt Meditation das Leiden an Ehe und Familie auferlegt wird. *Ponkie, AZ, 22.2.94*

Das Pferd seiner Träume 687

IL RITORNO DI RIBOT □

TV

Regie: Pino Passalacqua
Darsteller: Charles Aznavour, Pamela Villoresi, Lorenzo de Pasqua (Saverio), Nicolas Lansky, Delia Boccardo
Produktion: Italien 1991
Sendetermin: 20.3.1994, ZDF, 15.25
Länge: 105 Min.

Als der junge Kriminelle Saverio in einem Gestüt untertaucht uns sich in einem Pferdestall versteckt, entdeckt er seine Liebe zu Pferden und steigt bald zu einem angesehenen Jockey auf.

Philadelphia 688

PHILADELPHIA ****

Regie: Jonathan Demme
Darsteller: Tom Hanks (Andrew Beckett), Denzel Washington (Joe Miller), Jason Robards (Charles Wheeler), Mary Steenburgen (Belinda Cenine), Antonio Banderas (Miguel Alvarez), Ron Vawter (Bob Seidman), Robert Ridgely (Walter Kenton), Charles Napier (Richter Garnett), Lisa Summerour (Lisa Miller), Roberta Maxwell (Richterin Tate)
Drehbuch: Ron Nyswaner
Kamera: Tak Fujimoto (DuArt/Technicolor)
Musik: Howard Shore
Schnitt: Craig McKay
Produktion: Edward Saxon, Jonathan Demme für Clinica Estetico Prod., USA 1993
Uraufführung: 22.12.1993, New York
Erstaufführung: 15.2.1994, Int. Filmfestspiele Berlin
Verleih: Columbia TriStar/dto./20th Century/ Columbia TriStar Video
Kinostart: 24.2.1994
Länge: 125 Min.
FSK: ab 12, ffr.
FBW: Besonders wertvoll

Ein junger Anwalt wird von seiner Kanzlei gefeuert – angeblich wegen mangelhafter Leistung, tatsächlich aber, weil er an Aids erkrankt ist. In der Folge ficht er diese Diskriminierung vor Gericht an. Regisseur Jonathan Demme behandelt dieses heikle, von Hollywoods großen Produktionsfirmen bisher gemiedene Thema bewußt im Rahmen eines Unterhaltungsfilms, um ein breites Publikum aufzurütteln. Entstanden ist dabei ein insgesamt sicher sympathisches Werk, das aber auf die

Nicht jammern, aber klagen: Tom Hanks und Denzel Washington in ›Philadelphia‹.

Berührungsängste des Publikums zuviel Rücksicht nimmt und daher nicht ganz ohne Verkürzungen und Klischees auskommt. *Zoom, 3/94*

Was die PR den ersten Hollywoodfilm über Aids nennt, ist eine halbherzige Abhandlung über Vorurteile und Abwehrhaltungen (durch Aids wieder manifest geworden), gegenüber Homosexuellen. (…) Der Gerichtsfilm macht so viele Konzessionen ans breite Publikum, daß von dem hehren Ansatz nicht viel übrigbleibt, trotz schöner Details und großartiger Schauspielerei.
Wolf Donner, tip, 4/94

Fritz Göttler in: SZ, 26.2.94; Sebastian Feldmann in: Rheinische Post, 25.2.94; Angie Dullinger in: AZ, 24.2.94; Peter W. Jansen in: Der Tagesspiegel, 16.2.94; Thomas Klingenmaier in: Stgt. Zeitung, 24.2.94; Klaus Müller in: FR, 24.2.94

Das Philadelphia Experiment 2 689

THE PHILADELPHIA EXPERIMENT II ***
Video

Regie: Stephen Cornwell
Darsteller: Brad Johnson (David Herdeg), Marjean Holden (Jess), Gerrit Graham (Dr. William Maier/Friederich Mahler), James Greene (Prof. Longstreet), Geoffrey Blake (Logan), Cyril O'Reilly (Decker), John Christian Grass (Benjamin Herdeg)
Drehbuch: Kevin Rock, Nick Paine
Kamera: Ronn Schmidt (Farbe)
Musik: Gerald Couriet
Schnitt: Nina Gilberti
Produktion: Mark Levinson, Doug Curtis für Trimark/Mark Levinson Prod., USA 1993
Verleih: -/-/-/VCL/Carolco Video
Videostart: 21.3.1994
Länge: 94 Min.
FSK: ab 16 J.

Etwas irritierende, aber ungewöhnliche und passagenweise gelungene Zeitreisestory um einen Marineoffizier, der in eine Zeit versetzt wird, in der die Nazis den Krieg gewonnen haben.

Oliver Rahayel in: film-dienst, 11/94

Phoolan Devi – Rebellion einer Banditin 690

****

Regie: Mirjam Quinte, Pepe Danquart
Drehbuch: Mirjam Quinte
Kamera: Satheesh Narayan, Mirjam Quinte, Roger Heereman (Farbe)
Musik: Michel Seigner

Schnitt: Mirjam Krakenberger
Produktion: Mirjam Quinte für Bertram Rotermund/Quinte Filmprod./Medienwerkstatt Freiburg/ZDF/Arte, BRD 1994
Uraufführung: 11.2.1994, Int. Filmfestspiele Berlin
Verleih: Unidoc/-/-
Kinostart: 16.6.1994
Länge: 80 Min.
FBW: Wertvoll

Der Fall ging durch die Weltpresse, löste in Indien die größte Polizeifahndung seit der Unabhängigkeit aus: Ein Bauernmädchen hatte sich zur Anführerin einer Banditenbande gemacht, um die Männer eines Dorfes, die sie verschleppt hatten, zu töten. Mirjam Quinte deckt die Hintergründe des Falles auf und wird zum Portrait einer ungewöhnlichen Frau sowie zu einem Bericht über ein unbekanntes Indien.
Ulrich Maas

(...) Wie all die Mythisierungen sich auflösen beim Blick in dieses fröhliche, freundliche Gesicht mit den hohen Bakkenknochen, in Phoolan Devis mal listig, mal schüchtern funkelnde Augen, das gehört zum Besten, was Dokumentarfilme leisten. So manchen erklärenden Kommentar hätte sich die Regisseurin sparen können. Phoolan Devi spricht für sich. *Stgt. Zeitung, 25.6.94*

Picknick am Strand 691
BHAJI ON THE BEACH ****

Regie: Gurinder Chadha
Darsteller: Kim Vithana (Ginder), Jimmi Harkishin (Ranjit), Sarita Khajuria (Hashida), Mo Sesay (Oliver), Lalita Ahmed (Ahsa), Shaheen Khan (Simi), Zohra Segal (Pushpa), Amer Chadha-Patel (Amrik), Nisha Nayar (Ladhu), Renu Kochar (Madhu)
Drehbuch: Meera Syal, nach einer Story von Gurinder Chadha & Meera Syal
Kamera: John Kenway (Farbe)
Musik: John Altman, Craig Pruess; Kuljit Bhamra
Schnitt: Oral Ottley
Produktion: Nadine Marsh-Edwards für Umbi Films für Film Four, GB 1993
Uraufführung: Int. Filmfestival Locarno 1993
Verleih: Kinowelt/topfilm/Monopole Pathé
Kinostart: 5.5.1994
Länge: 101 Min. – *FSK:* ab 12, ffr.

Auf einem Tagesausflug ins nordenglische Seebad Blackpool brechen Konflikte und Widersprüche asiatischer Frauen aus drei Generationen auf. Die Regisseurin idealisiert nicht das Leben der asiatischen Familien in Großbritannien, sondern stellt es dem alltäglichen Rassismus der weißen Mehrheit kontrapunktiv gegenüber. Trotz einiger ästhetischer Unausgeglichenheiten ist dieser Film eine Rarität: Parteiisch, aber weder rührselig noch lehrhaft.
tip, 10/94

Frauke Hanck in: AZ, 15.7.94; Steffen Jacobs in: Der Tagesspiegel, 5.5.94; Rupert Koppold in: Stgt. Zeitung, 6.5.94; Heike Kühn in: FR, 16.5.94; H.G. Pflaum in: SZ, 19.7.94

Picture of Light 692
PICTURE OF LIGHT ***

Regie: Peter Mettler
Drehbuch: Peter Mettler
Kamera: Peter Mettler (Farbe)
Musik: Jim O'Rourke
Schnitt: Peter Mettler, Mike Munn
Produktion: Peter Mettler, Andreas Züst, Alexandra Gill für Grimthorpe, Kanada/Schweiz 1994
Verleih: -/-/Look Now!
Kinostart: Dez. 1994
Länge: 93 Min.

Die Reise des Kanada-Schweizers Peter Mettler ins nördlichste Manitoba, um dort die »aurora borealis, vulgo« das Nordlicht, zu filmen, hat eines der originellsten Filmessays seit langem ergeben, mit Bildern von rarer Pracht, doch auch mit ausführlichen Kommentaren über den Norden und seine Bewohner. So wird nicht nur der spektakuläre Anblick vermittelt, sondern auch Sinn und Geister der berühmten Erscheinung. *Zoom, 12/94*

Platoon – Die zur Hölle fahren 693
ASSAULT PLATOON ***
TV

Regie: Antonio Reyes
Darsteller: Robert Marius (Lieutenant Steve Walker), George Soethe (Major Mulligan), Jeff Griffith (Billy Graham), Victoria Bierschbach

(Caroline Smith), Bernard Higgins (Brian Adams), Jim Dixon (John Webb)
Produktion: Philippinen 1989
Sendetermin: 18.8.1994, Sat1, 23.05
Länge: 83 Min.

Der US-Leutnant Walker hat den Auftrag, mit einem sorgfältig zusammengestellten Platoon zwei Piloten aus einem Gefangenenlager der Vietcong zu befreien. Nachdem seine Truppe fast aufgerieben worden ist, begreift Walker erst, daß hinter der Rettungsaktion eine Intrige der amerikanischen Militärführung steckt. *Pressedienst Sat1*

Play Nice 694
PLAY NICE **
Video

Regie: Terri Treas
Darsteller: Ed O'Ross, Robey, Michael Zand, Bruce McGill, Ron Canada, Mark Carlton, Scott Burkholder, Amy Steel, Ann Dusenberry, Mimi Maynard
Drehbuch: Michael Zand, Chuck McCollum, nach einer Story von Michael Zand, Chuck McCollum, Terri Trears
Kamera: James Mathers (Farbe)
Musik: Gary Scott
Schnitt: W. Peter Miller
Produktion: Luigi Cingolani, Don Daniel für Smart Egg Pic., USA 1993
Verleih: -/-/-/Highlight Video
Videostart: 7.6.1994
Länge: 87 Min.
FSK: ab 16 J.

Blonde Frau, die Männer beim Sex ermordet: Die Rapunzel-Mordserie, frei nach »Basic Instinct«, soll von einem, von privaten Krisen geschüttelten Polizisten gelöst werden. Wenig durchdachter Psychothriller für Massenkonsumenten.

Playing Dangerous 695
PLAYING DANGEROUS *
Video

Regie: Lawrence Lanoff
Darsteller: Mikey Lebeau (Stuart Wolfe), George Shannon (Vater Wolfe), David Keith Miller ((Rickman), Ali Patrick (Kelly Wolfe), Linda LoPorto (Mutter Wolfe)
Drehbuch: Sam Gottlieb, Rosalind Robinson
Kamera: Tony Nakonechnyi (Farbe)
Musik: Keith Arens
Schnitt: Tony Miller
Produktion: Sam Gottlieb, Rosalind Robinson für Mosaik Films, USA 1994
Verleih: -/-/-/Marketing-Film Video
Videostart: 21.9.1994
Länge: 90 Min.
FSK: ab 18 J.

Die B- und C-Film-Industrie entdeckt das Kind als Killer: Stuart, der brutale Bruder von »Kevin« und »Dennis« lehrt Ganoven das Fürchten. Geschmacklose Action-Komödie.

Playmate des Monats 696
KATIE: PORTRAIT OF A CENTERFOLD ***
TV

Regie: Robert Greenwald
Darsteller: Kim Basinger (Katie McEvers), Vivian Blaine (Marietta Cutler), Melanie Mayron (Madeleine), Don Johnson (Gunther), Terri Nunn (Cindy), Tab Hunter (Elliot Bender), Virginia Kiser (Deborah Pintoff), Nan Martin, Don Stroud
Drehbuch: Nancy K. Audley
Kamera: Donald M. Morgan (Farbe)
Musik: Charles Bernstein
Schnitt: Gary Griffin
Produktion: Frank Von Zerneck für Moonlight für Warner Bros. TV, USA 1978
Uraufführung: 23.10.1978, NBC
Sendetermin: 31.8.1994, ZDF, 19.25
Länge: 94 Min.

Ein Körperfrühwerk der späteren Star-Sinnessirene Kim Basinger: Die Nichtkarrierestory einer texanischen Unschuldsgans und Schönheits-Miß kündete von der grenzenlosen Naivität draller Landpomeranzen, die, um Filmstar zu werden, den Nacktfotomarkt der Herrenmagazine bedienen. Das Amateur-Model, Kim Basinger als knackiges Texas-Girl, plumpst arglos in die Playboy-Betten und ahnt dunkel, daß man als Ungelernte im Model-Beruf hinten herunterfällt. So lernt man fürs Leben und meistert trotz Dummheit die Schönheit. *Ponkie, AZ, 31.8.94*

Poetic Justice 697
POETIC JUSTICE **
Video

Regie: John Singleton
Darsteller: Janet Jackson (Justice), Tupac Shakur (Lucky), Tyra Ferrell (Jessie), Regina

King (Jesha), Joe Torry (Chicago), Roger Guenveur Smith (Heywood), Maya Angelou (Tante June), Q-Tip, Tone Loc, Miki Howard
Drehbuch: John Singleton
Kamera: Peter Lyons Collister (Technicolor)
Musik: Stanley Clarke
Schnitt: Bruce Cannon
Produktion: Steve Nicolaides, John Singleton für Columbia Pic., USA 1993
Verleih: -/-/-/Columbia TriStar Home Video
Videostart: 8.11.1994
Länge: 110 Min.
FSK: ab 12 J.

Janet Jackson – eine Frau geht ihren Weg. Jetzt spielt sie – und das nicht schlecht – auch in Filmen mit, nur die Story um Drogen, Verrat und Eifersucht mutet eher wie ein Recycling-Produkt ähnlich gelagerter Filme an. Schade.

Poison Ivy – Die tödliche Umarmung 698

POISON IVY ***

Regie: Katt Shea Ruben
Produktion: USA 1991

Verleihtitel in Österreich: → »Poison Ivy – Ein Engel aus der Hölle«

Poison Ivy – Ein Engel aus der Hölle 699

POISON IVY **

Regie: Katt Shea Ruben
Darsteller: Drew Barrymore (Ivy), Sara Gilbert (Sylvie Cooper), Thomas R. Skerritt (Darryl Cooper), Cheryl Ladd (Georgie Cooper), Alan Stock (Bob), Jeanne Sakata (Isabelle), Michael Goldner (Mann im Auto), Leonardo Dicaprio (Junger Mann), Time Winters (Alter Mann), Billy Charles Kane (James)
Drehbuch: Andy Ruben, Katt Shea Ruben
Kamera: Phedon Papamichael (Farbe)
Musik: Aaron Davies
Schnitt: Gina Mittleman
Produktion: Andy Ruben für New Line Cinema, USA 1991
Uraufführung: 21.1.1992, Sundance Film Festival, Park City, Utah
Verleih: 20th Century Fox/Einhorn/-/VMP Video
Kinostart: 24.4.1994
Länge: 93 Min.
FSK: ab 16, ffr.

Ivy, der neuen Freundin der unansehnlichen Cooper, gelingt es beinahe, sich in deren reichem Elternhaus für dauernd einzunisten und dort die führende Position einzunehmen. Minderes Melodram, voll von Klischees, ärgerlich in der Gestaltung, das weder Mitgefühl noch Spannung aufkommen läßt.

multimedia

Frank Arnold in: Zitty, 4/94; Christian Winterfeld in: Kölner Stadt-Anzeiger, 26.2.94

Police Academy 7 – Mission Moskau 700

POLICE ACADEMY 7 – MISSION TO MOSCOW **

Regie: Alan Metter
Darsteller: George Gaynes (Lassard), G. W. Bailey (Harris), Leslie Easterbrook (Callahan), David Graf (Tackleberry), Michael Winslow (Jones), Claire Forlani (Katrina Sergetowa), Charlie Schlatter (Connors), Ron Perlman (Konstantine Konali), Christopher Lee (Moskauer Polizeichef), Gregg Berger (Yuri Talinsky)
Drehbuch: Randolph Davis, Michele S. Chodos
Kamera: Ian Jones (Farbe)
Musik: Robert Folk
Schnitt: Dennis Hill
Produktion: Paul Maslansky für Warner Bros., USA 1994
Verleih: Warner Bros./-/-/Warner Home Video
Kinostart: 16.6.1994
Länge: 82 Min.
FSK: ab 6, ffr.

Da die Moskauer Polizei mit der russischen Mafia nicht zu Rande kommt, holt man sich die amerikanischen Kollegen von der Police Academy zu Hilfe, die nach unzähligen Turbulenzen und Fehlschlägen den bösen Verbrecher schließlich dingfest machen. Siebenter Teil der bekannten Blödelorgie aus der tiefsten amerikanischen Humor-Schublade.

(…) Wie schlecht der Film wirklich ist, läßt sich daran ermessen, daß Teil 6 – der bisherige Tiefpunkt – im Vergleich richtig lustig war.

Kölner Stadt-Anzeiger, 18.6.94

Power Cop 701

IRRESITABLE FORCE **

Video

Regie: Kevin Hooks
Darsteller: Stacy Keach (Harris Stone), Cynthia Rothrock (Charlotte »Charlie« Heller), Paul Winfield (Cmdr. Tooley), Christopher Neame, Kathleen Garrett
Drehbuch: Carleton Eastlake
Kamera: Kevan »Loosey« Lind (Farbe)
Musik: David Michael Frank
Schnitt: Andy Blumenthal
Produktion: Michael Lake für CBS Ent., USA 1993
Verleih: -/-/-/Fox Video
Videostart: März 1994
Länge: 74 Min. – *FSK:* ab 16 J.

Alternder Cop und scheinbar tollpatschige Kollegin treten gegen Terroristentruppe an, die ein städtisches Einkaufszentrum gekapert haben. Unbefriedigendes Genrestück mit einem Besetzungs-Highlight.

Joe Hill in: film-dienst, 8/94

Pretty Contessa 702

THE COUNTERFEIT CONTESSA **

Video

Regie: Ron Lagomarsino
Darsteller: Tea Leoni (Gina Nardino), D.W. Moffett (Dawson Gresham), David Beecroft (Sinclair Gresham), Billy Keane (Vinnie Nardino), Karla Tamburrelli (Contessa), Lynn Cohen (Angie Nardino), Louis Guss (Antony Nardino), Sam Coppola (Mel Nardino), Susan Walters (Palmer Hewitt), Molly Price
Drehbuch: Christine Burrill, Randi Johnson
Kamera: Brian Hebb (Farbe)
Musik: David McHugh
Produktion: Iain Paterson für Fox West, USA 1994
Verleih: -/-/-/Fox Video
Videostart: 17.11.1994
Länge: 87 Min. – *FSK:* ab 6 J.

Harmloser amerikanischer Fernsehfilm um eine verträumte Hochstaplerin.

Der Prinz von Homburg 703

****

Regie: Eckhart Schmidt; Nikolaus Lehnhoff (Opern-Inszenierung)
Darsteller: Francois Le Roux (Prinz Friedrich von Homburg), Alexander Malta (Oberst Kottwitz), Claes H. Ahnsjö (Graf Hohenzollern), Peter Umstadt (1. Offizier), Haukur Pall Haraldsson (2. Offizier), Klaus Ronck (3. Offizier), Markus Hollop (4. Offizier), Anita Bader (1. Hofdame), Silvia Fichtl (2. Hofdame), Anne Pellekoorne (3. Hofdame)
Drehbuch: Oper nach dem Schauspiel von Heinrich von Kleist, für Musik eingerichtet von Ingeborg Bachmann
Kamera: Joseph Vilsmaier; Rolf Greim, Johannes Kirchlechner (Eastman Kodak)
Musik: Hans Werner Henze, gespielt vom Bayer. Staatsorchester unter der Leitung von Wolfgang Sawallisch
Schnitt: Raoul Sternberg
Produktion: Raphaela Film mit BR/Arte/ Perathon-Film/Vision/Tangram, BRD 1994
Verleih: Raphaela/-/-
Kinostart: 9.6.1994
Länge: 106 Min.

(...) Phantasiereich haben Opernregisseur Lehnhoff und Filmregisseur Eckart Schmidt den »Homburg« ins neue Medium übersetzt, machen manches, auch bei Henze noch Kompliziertе zwischen Homburgs Träumen und Kriegs-Schlachten verständlicher. Nicht nur, weil sie für die Umbaupausen (im Opernhaus) Details aus dem Gesamtgeschehen in markanten Bildern zu eigenständigen Szenen werden lassen.
Der »Prinz von Homburg« ist zu einem Film geworden; man ist gefesselt, registriert kaum noch, daß da gesungen und nicht gesprochen wird. Und selbst der (einzige) Schwenk auf den Dirigenten ist Film-Dramaturgie: Wenn der Kurfürst das Todesurteil für Homburg zerreißt, wird Sawallisch zum »deus ex machina« für das opernhaft unglaubwürdige Happy-End.

Marianne Reißinger, AZ, 10.6.94

Prinzen für einen Sommer 704

PRINCES IN EXILE □

TV

Regie: Giles Walker
Darsteller: Zachary Ansley (Ryan Rafferty), Nicholas Shields (Robert), Stacie Mistysyn (Holly), Alexander Chapman (Gabriel), Chuck Shamata (Dr. Merritt), Andrea Roth (Marlene Lancaster)
Drehbuch: Joe Wiesenfeld, nach einer Novelle von Mark Schreiber
Kamera: Savas Kalogeras (Farbe)
Musik: Normand Corbeil
Schnitt: Richard Todd
Produktion: John Dunning, Marrin Canell

(NFB) für Cinepix-National Film Board of Canada, Kanada 1990
Sendetermin: 15.3.1994, RTL2, 20.15
Länge: 104 Min.

Der 17jährige, an einem Gehirntumor leidende Ryan wird in ein Sommercamp geschickt und ist hier zum ersten Mal in seinem Leben in der Lage, seinen Zynismus abzulegen.
Pressetext RTL2

Prinzenbad 705
***

Regie: Richard Blank
Darsteller: Bernhard Wicki (Dany), Ulrich Wildgruber (Gomorra), Robert Alföldy (Mathias), Ekaterina Strishenowa (Lisa), Michael Mrakitsch (Hans Ossenberg), Sandor Szabo (Schlee), Gabor Reviczky (Werner), Martin Abram (Harald), Nicolas Lansky (Albano), Dietmar Mössmer (Laxi)
Drehbuch: Richard Blank
Kamera: Horst Schier (Farbe)
Musik: Loek Dikker
Schnitt: Zsuzsa Csakany
Produktion: Granit Film, BRD/Ungarn 1993
Uraufführung: 20.7.1994, Neues Rottmann, München
Verleih: Zorro/-/-
Kinostart: 21.7.1994
Länge: 83 Min.
FSK: ab 16, ffr.

Das Gellert-Bad in Budapest als Mikrokosmos männerbündischer Lebensweise. Auch die blanken Popos vermögen die konventionelle Machart nicht zu verdecken. Durch eine gewollte Anstößigkeit erhält der Film seinen altherrenhaften Charakter. Unter großem Gejohle wird am Ende ein Frauenslip als Fetisch herumgereicht.
Anke Lewerke, tip, 15/94

(...) Mit »Prinzenbad« hat Richard Blank die kleine Form seiner literarischen Filmerzählung endgültig verlassen. Er hat bewiesen, daß er große Filme machen kann. Erst jetzt erkennt man, daß Blanks konsequente Arbeit schon immer mehr war als bloß eine Fußnote zur deutschen Filmgeschichte der Nach-Ufa-Zeit.
Helmut Schödel, Die Zeit, 22.7.94

Peter Körte in: FR, 30.12.94; Marion Rigling in: Stgt. Zeitung, 21.7.94; Hans Schifferle in: SZ, 26.7.94

Zuviel Ozon: Hugo Weaving und Terence Stamp in Australiens ›Priscilla – Königin der Wüste‹.

Priscilla, Königin der Wüste 706
THE ADVENTURES OF PRISCILLA, QUEEN OF THE DESERT ***

Regie: Stephan Elliott
Darsteller: Terence Stamp (Bernadette), Hugo Weaving (Tick/Mitzi), Guy Pearce (Adam/Felicia), Bill Hunter (Bob), Sarah Chadwick (Marion), Mark Holmes (Benji), Julia Cortez (Cynthia), Ken Radley (Frank), Alan Dargin (Eingeborener), June Marie Bennett (Shirley)
Drehbuch: Stephan Elliott
Kamera: Brian J. Breheny (Farbe)
Musik: Guy Gross
Schnitt: Sue Blainey
Produktion: Al Clark, Michael Hamlyn, für Latent Image-Specific Films Prod., Australien 1994
Uraufführung: Int. Filmfestspiele Cannes 1994 »Un certain regard«
Verleih: Warner Bros./dto./Elite
Kinostart: 17.11.1994
Länge: 102 Min. – *FSK:* ab 16, ffr.

Zwei Transvestiten und ein älterer Transsexueller machen sich in einem klapprigen Bus namens Priscilla auf den Weg durch die australische Wüste, um in einer Show aufzutreten. Stephan Elliott, Spezialist für Schräges aller Art, liefert mit diesem originellen Road-Movie in schönen Bildern und pointierten Dialogen eine amüsante und zugleich berührende Millieustudie, die auch ein Plädoyer für Toleranz gegenüber denjenigen, die anders als die Mehrheit leben, ist. *multimedia*

(…) Das schrille Lachen deckt den Ernst einer sensiblen Auseinandersetzung mit dem Transen-Dasein nicht zu. Eine Komödie im besten Sinne.

Peter Claus, tip, 24/94

W.O.P. Kistner in: AZ, 17.11.94; Rupert Koppold in: Rheinische Post, 25.11.94; Heike Kühn in: FR, 21.11.94; Hans Schifferle in: SZ, 17.11.94

Protect And Kill 707

L. A. WARS *

Video

Regie: Martin Morris, Tony Kandah
Darsteller: Jake Quinn (Vince Murdocco), Mary Zilba (Carla), A. J. Stephans (Carlo Giovani), Johnny Venokur (Vinny), Rodrigo Obregon (Raul Guzman)
Drehbuch: Addison Randall, Tony Kandah
Kamera: Mark Morris (Farbe)
Musik: Louis Febre
Schnitt: Michael Hight
Produktion: Tony Kandah für American Cinema Group, USA 1993
Verleih: -/-/-/Starlight Video
Videostart: 26.1.1994
Länge: 87 Min.
FSK: ab 18 J.; gekürzte Fassung 71 Min. ab 16 J.

Ein beinharter Actionfilm, aus dem Banden und Drogendschungel Los Angeles, der Fans von Gewalt entzükken dürfte.

Psychoterror im Büro 708

SEXUAL ADVANCES □

TV

Regie: Donna Deitch
Darsteller: Stephanie Zimbalist (Paula Pratt), William Russ (Jack French), Terry O'Quinn (Cliff Ripley), Patrick James Clarke (Marshall Pratt), Ken Pogue (Treadway), Deborah May (Rita)
Drehbuch: Michelle Gallery
Musik: Shirley Walker
Produktion: Carol Polakoff für Carol Polakoff Prod./Spelling Televison, USA 1992
Sendetermin: 17.3.1994, RTL, 21.15
Länge: 115 Min.

Paula ist zusammen mit ihrem Kollegen Jack bei einer Sportbekleidungsfirma für Promotion und Marketing zuständig. Als ihr Chef anordnet, daß ein wichtiger Kunde künftig nicht mehr von Jack, sondern von Paula betreut werden soll, rächt sich Jack auf heimtückische Weise an Paula, indem er sie sexuell belästigt und an den Rand der Verzweiflung bringt. *Pressetext RTL*

Pulp Fiction 709

PULP FICTION ****

Regie: Quentin Tarantino
Darsteller: John Travolta (Vincent Vega), Bruce Willis (Butch), Samuel L. Jackson (Jules), Uma Thurman (Mia), Harvey Keitel (Wolf), Tim Roth (Pumpkin), Amanda Plummer (Honey Bunny), Maria de Medeiros (Fabienne), Ving Rhames (Marsellus Wallace), Eric Stoltz (Lance)
Drehbuch: Quentin Tarantino, Roger Avary
Kamera: Andrzej Sekula (Farbe)
Schnitt: Sally Menke
Produktion: Lawrence Bender für Band Apart/Jersey Films/Brown 25/Miramax, USA 1994
Uraufführung: Int. Filmfestspiele Cannes 1994
Erstaufführung: 27.6.1994, Filmfest München
Verleih: Scotia/Constantin/Focus
Kinostart: 3.11.1994
Länge: 149 Min.

»Pulp« heißt im Amerikanischen das billige Papier, auf dem früher Groschen-Gaunergeschichten gedruckt wurden. Der amerikanische Regisseur Quentin Tarantino verwebt drei solcher Geschichten zu einem mit vielen Versatzstücken aus dem Gauner- und Horrorfilmgenre gespickten B-Movie-Verschnitt. Die überbordende Gewaltdarstellung einzelner Szenen wird formal etwas aufgewogen durch eine kecke Erzähltechnik, mit der Tarantino dem blutigen Gemetzel unter Gaunern einen absurden Unterton abgewinnt.

Zoom, 6/94

(…) Eine blutige Episodenfahrt durch zwei Tage, virtuos inszeniert und montiert, voll bös-bissiger Ironie in den Dialogen und hemmungslos in der Brutalität. Oberflächlich betrachtet ein furioses Stück Schund (=»pulp«), treibt Tarantino die Elemente des Genres auf die Spitze und montiert sie voll kalter Ironie. *multimedia*

(…) Tarantions große Stärke aber sind seine irrwitzigen Nonsense-Dialoge; je schlimmer die Situationen, in die er seine Figuren bringt, umso leidenschaft-

Stunden vor der Katastrophe: Disco-Tiger John Travolta und Gangsterbraut Uma Thurman in ›Pulp Fiction‹.

Hut wie ein Ufo und ein außerirdischer Humor: Autor-Regisseur und Shooting-Star des Jahres Quentin Tarantino am Set von ›Pulp Fiction‹.

licher diskutieren diese das Für und Wider von Mayonnaise auf Pommes frites. *Christian Terhechte, tip, 23/94*

»Pulp Fiction« ist ein Actionfilm, in dem fortwährend geredet wird, und ein Dialogfilm, in dem dauernd gemordet wird. *Michael Althen, SZ, 3.11.94*

(...) dann springt ganz beiläufig auch der kapitale Unterschied zwischen einem Tarantino-Film und einer Stone-Adaption ins Auge: Wo bei Stone der Killer allen Ernstes die Macht der Liebe predigt, da wird in »Pulp Fiction« Hesekiel mit der 9mm in der Hand rezitiert. *Peter Körte, FR, 3.11.94*

»Pulp Fiction« ist ein Film mit enormer Vorpropaganda – wie Oliver Stones »Natural Born Killers«, zu dem der 30jährige Tarantino die Story entworfen hatte, von deren Ausarbeitung er sich dann distanzierte. Logisch, daß diese beiden Wilden des amerikanischen Kinos nicht zusammenfanden: Stone mit seiner 68er-Fixierung auf die gesellschaftliche Relevanz und Tarantino mit der Verantwortungslosigkeit des Nachgeborenen. (...) *Brigitte Desalm, Kölner Stadtanzeiger, 5.11.94*

(...) Daß da ausgerechnet Quentin Tarantino laxer und gefährlicher Umgang mit Gewalt vorgeworfen wird, ist absurd: von Oliver Stones dumpf gespreizter, schockgeiler und schmierig koketter Verhunzung des Tarantino-Drehbuchs »Natural Born Killers« trennen »Pulp Fiction« Welten. *Thomas Klingenmaier, Stgt. Zeitung, 5.11.94*

Angie Dullinger in: AZ, 3.11.94; Otto Heuer in: Rheinische Post, 4.11.94; Peter W. Jansen in: Der Tagesspiegel, 9.11.94; Andreas Kilb in: Die Zeit, 28.10.94

Pumuckl und der blaue Klabauter 710

***

Regie: Alfred Deutsch, Horst Schier
Darsteller: Gustl Bayrhammer (Meister Eder), Hans Clarin (Stimme Pumuckl), Towje Kleiner (Odesser), Enzi Fuchs (Frau Riedinger), Heinz Eckner (Herr Bradtke), Walo Lüönd (Kapitän), Wolfgang Völz (Steuermann und Stimme Klabauter), Silvan-Pierre Leirich (Steward Martin), Carin C. Tietze (Carolin), Toni Berger (Opa Schmitt)
Drehbuch: Horst Pillau, nach einer Idee von Ellis Kaut
Kamera: Horst Schier (Farbe)
Musik: Fritz Muschler; Titellied gesungen von Hans Clarin und dem Kinderchor der Willi-Brandt-Gesamtschule, München, unter der Leitung von Renate Lettenbauer
Schnitt: Nina Ott
Produktion: Infafilm Manfred Korytowski mit Videvox Studio Budapest/BR, BRD 1993
Uraufführung: 24.3.1994, Massenstart
Verleih: Buena Vista/dto./dto.
Kinostart: 24.3.1994
Länge: 87 Min. – *FSK:* o.A., ffr.

Den Kobold Pumuckl zieht es aus der heimischen Schreinerwerkstatt auf einen Donaudampfer. Der blaue Klabauter will ihm angeblich das Zaubern beibringen, hat aber tatsächlich im Sinn, Pumuckl zu versklaven. Nur die Liebe des zurückgebliebenen Eder rettet den Kobold am Ende. Der deutsche Kinderfilm, so scheint's, hat in den letzten 20 Jahren keinen Fortschritt gemacht. Die Geschichte und die Gags sind so konventionell wie ehedem, und die Protagonisten sind auch dieselben geblieben. *tip, 8/94*

Punch 711

***

Regie: Alan Birkinshaw
Darsteller: Ernst Sigrist, Vanessa Lhoste, Gunilla Karlzen, Ueli Jäggi, Donald Sutherland
Drehbuch: Johannes Flütsch (auch Co.-Regie)
Kamera: Michael Mandero, Andreas Schneuwly, Yves Zellweger (Farbe)
Musik: Lilli Greco
Schnitt: Jason Krasucki, Katharina Belam
Produktion: Walter Saxer für For Roses/Sera/Journal Film/Speedster/DRS, Schweiz/BRD/Frankreich 1994
Verleih: -/-/Bernhard Lang
Kinostart: Mai 1994
Länge: 100 Min.

In seinem zweiten (langen) Spielfilm zeichnet Johannes Flütsch die Lebensgeschichte des aus dem Berner Oberland stammenden Boxers Walter Blaser nach. Die Geschichte, zwar fiktiv überarbeitet, aber in ihren realen Grundzü-

gen erhalten, endet mit dem Mord des einstigen Verdingbuben an seiner Frau und mit seinem Selbstmord; eine entsetzliche Tat, die sich als eine zwanghafte Konsequenz eines sowohl sportlich wie menschlich begründeten Scheitern darstellen sollte, hier indessen im Melodrama untergeht.
Zoom, 5/94

The Punk 712
THE PUNK ***

Regie: Mike Sarne
Darsteller: Charlie Creed-Miles (David), Vanessa Hadaway (Rachel), David Shawyer (David's Vater), Jess Conrad (Rachel's Vater)
Drehbuch: Mike Sarne, nach einem Roman von Gideon Sam
Kamera: Alan M. Trow (Farbe)
Schnitt: Gwyn Jones
Produktion: Mike Sarne für Videodrome Prod., GB 1993
Länge: 96 Min.

Daß der pubertierende »Punk« Daniel und seine Freunde ihre Erfahrungen mit Drogen machen und hin und wieder mit Billard-Kös in Fechtkämpfe gegen beanzugte Snobs geraten, gehört dazu, zum Erwachsenwerden in den Arbeitervierteln Londons, ihren Pubs und drittklassigen Theatern. Dort trifft Daniel Rachel, und eine nicht ganz problemlose Liebesgeschichte beginnt, denn der Ex-Freund und »Rocker« Stray Cat läßt sich nicht einfach abservieren. Dem Film von Mike Sarne liegt Gideon Sams Roman über Punks im London von 1976 zugrunde. Mögen deshalb manche Szenen auch etwa antik anmuten, so zeigt der Film, daß sich auch für die Generation der Postpunks nicht viel geändert hat. *Carola Stoiber, tip, 6/94*

Horst E. Wegener in: Zitty, 5/94

Der Puppenspieler 713
HSIMENG RENSHENG ***

Regie: Hou Hsiao-hsien
Darsteller: Lin Chung (Li Tien Lu als Erwachsener), Cheng Kuei-chung (Li Tien Lu als Jugendlicher), Cho Ju-wei (Lie Tien Lu als Kind), Hung Liu (Li Hei), Bai Ming-hwa (Ong Hsiu), Tsai Chen-nan (Ko Meng Dang), Kao Tung-hsiu (Li Nee), Yang Li-yin (Lai Hwat), Hwang Ching-ru (Tan Dei), Wu La-yun (Tan Shing)
Drehbuch: Wu Nien-jen, Chu Tien-wen, nach den Erinnerungen von Li Tien-lu
Kamera: Lee Pin-bing (Farbe)
Musik: Chen Ming-chang
Schnitt: Liao Ching-sung
Produktion: Chiu Fu-Sheng für City Films, Taiwan 1993
Uraufführung: 22.5.1993, Int. Filmfestspiele Cannes
Erstaufführung: Filmfest München 1993
Verleih: -/-/trigon-film
Kinostart: April 1994 – *Länge:* 142 Min.

Anhand der Lebenserinnerungen des alten Li Tien-lu, dem Meister asiatischer Puppenspielkunst, arbeitet der Film jüngere taiwanische Geschichte von 1909–1945 auf. Hou Hsiao-hsien filmte mit ruhigen und distanzierten Einstellungen, was seiner außergewöhnlichen Verknüpfung von persönlicher Biografie und Geschichte eine unvergleichliche Prägung gibt. Eine behutsame Annäherung, die Begriffen wie Tradition, Kultur, Identität und Gefühlen wie Verlust, Schmerz, Liebe und Trauer unverbrauchte Bilder zu geben vermag. Kino wie eine ausgedehnte, befreiende Meditation, voll tiefer Humanität. *Zoom, 5/94*

Puppet Master 4 714
PUPPET MASTER 4 **
Video

Regie: Jeff Burr
Darsteller: Gordon Currie (Rick Myers), Chandra West (Susie), Jason Adams (Cameron), Teresa Hill (Laurien), Guy Rolfe (Toulon)
Drehbuch: Todd Henschell, Steven E. Carr, Jo Duffy, Doug Aarniokoski, Keith Payson
Kamera: Adolfo Bartoli (Farbe)
Musik: Richard Band
Schnitt: Mark Manos, Margret-Anne Smith
Produktion: Keith Payson für Full Moon, USA 1993
Verleih: -/-/-/CIC Video
Videostart: April 1994
Länge: 76 Min. – *FSK:* ab 16 J.

Killerpuppen greifen an! Gen-Spezialisten, Roboter, Zombies, Voddo-Puppen und Aliens tummeln sich in einem Verworrenden Horror-Movie der einfachen Art.

Die Qual der Ungewißheit 715
INTO THIN AIR □
TV

Regie: Roger Young
Darsteller: Ellen Burstyn (Joan Walker), Sam Robards (Stephen Walker), Robert Prosky (Jim Conway), John Dennis Johnston (Pike), Tate Donovan (Brian Walker), Nicholas Pryor (Larry Walker), Bill Calvert (Rob Walker)
Drehbuch: George Rubino
Kamera: Charles Correll (Farbe)
Musik: Brad Fiedel
Produktion: USA 1985
Sendetermin: 9.12.1994, ZDF, 0.00
Länge: 92 Min.

Der 19jährige Brian Walker will mit seinem VW-Bus von Kanada zu einem Sommer-Kurs nach Colorado fahren. Unterwegs verschwindet er spurlos – das letzte Lebenszeichen ist ein Anruf aus Nebraska. Seine Mutter bittet die Polizei um Hilfe, doch diese verhält sich wenig kooperativ. Eine Suchaktion des geschiedenen Vaters und des Bruders Stephen entlang der Reiseroute verläuft ergebnislos. (...)

Pressetext ZDF

Quilombo 716
QUILOMBO ****
TV

Regie: Carlos Diegues
Darsteller: Antonio Pompéu (Zumbi), Zeze Motta (Dandara), Toni Tornado (Ganga Zumba), Antonio Pitanga (Acaiuba), Vera Fischer
Kamera: Lauro Escorel Filho (Farbe)
Musik: Gilberto Gil
Schnitt: Maire Tavares
Produktion: Augusto Arraes für CDK/ Embrafilme/Gaumont, Brasilien 1984
Sendetermin: 3.3.1994, Arte, 21.55, OmU
Länge: 110 Min.

Im 17. Jahrhundert wird in Brasilien eine anarchische Gruppe »freier Neger« namens »Quilombo« gegründet. Ehemalige schwarzafrikanische Sklaven flüchten nach einer geglückten Revolte aus den Zuckerrohrplantagen zu ihren Verbündeten in die Berge im Nordosten Brasiliens. Ihr Anführer Ganga Zumba wird zum König des Quilombos von Palmares (Palmenstaat) ernannt und gründet einen demokratischen Staat ehemaliger Sklaven. Dem wirtschaftlich florierendem Staat wird 1694 von den Portugiesen ein Ende bereitet.

Der Racheschwur 717
SWORN TO VENGEANCE □
TV

Regie: Peter H. Hunt
Darsteller: Robert Conrad (Jack Stewart), William McNamara (Michael »Spike« Burke), Sharon Farrell (Sylvia Haskell), La Velda Fann (Wanda Monroe), Katherine Armstrong (Stephanie), Cristan Crocker (Lindsay Thomas), Ramon Franco (Hector Martinez), Clifton Gonzalez (Jesus Martinez), Paul Scherrer (Paul Anderson), Barry Lynch (Ernie Anderson)
Drehbuch: David Epstein, John Carlen, nach einer wahren Begebenheit
Produktion: USA 1993
Uraufführung: CBS »Tuesday Night Movie«
Verleih: -/-/-/
Sendetermin: 18.9.1994, Sat1, 20.15
Länge: 90 Min.

Drei junge Leute werden brutal ermordet. Als man die Leichen im Park entdeckt, ist der erfahrene Sergeant Jack Stewart als einer der ersten am Fundort. Als ihm der Fall entzogen und später die Suche nach den Schuldigen sogar abgebrochen wird, gibt er nicht auf. Er ermittelt verbissen weiter, glaubt als einziger den Visionen eines Mediums und findet mit dessen Hilfe schließlich die Täter. *Pressetext Sat1*

Raffinierte Rache 718
PATTES DE VELOURS □
TV

Regie: Nelly Kaplan
Darsteller: Pierre Arditi (Monsieur Poltergeist), Michel Bouquet (Quid), Bernadette Lafont (Jacinthe), Caroline Sihol (Iris)
Produktion: Frankreich 1987
Verleih: -/-/-/
Sendetermin: 25.1.1994, MDR3, 22.45
Länge: 90 Min.

Zwei Frauen, Iris und Jacithe, finden durch einen Zufall nach zehn Jahren heraus, daß sie mit demselben Mann zusammengelebt haben.
Gemeinsam lassen sie nun den Bigamisten Monsieur Poltergeist büßen und nehmen blutige Rache für seine Vergehen.

Rage 719
RAGE *
Video

Regie: Anthony Maharaj
Darsteller: Richard Norton (Jack Dameron), Karen Moncrieff (Sarah Dameron), Chuck Jeffreys (Iron), Ron Vreeken (Manson), Tetchie Agbayani (Noi)
Drehbuch: Tom Huckabee
Kamera: John Araujo (Farbe)
Musik: Odette Quesada, Bodjie Dasig
Schnitt: Rudy O. Montecajdy
Produktion: Michael Seller, Anthony Maharaj, Sridhar Sreeka Kula für 21st Century Film/Gore Park Int./Pasewood Films, USA 1992
Verleih: -/-/-/Highlight/Cannon Video
Videostart: Januar 1994
Länge: 85 Min. – *FSK:* ab 18 J.; gekürzte Fassung 81 Min. ab 16 J.

Billiger und brutaler Schundfilm aus der Gewaltszene Bangkoks.

Klaus Brühne in: film-dienst, 1/94

Rage & Honor II 720
RAGE & HONOR II – HOSTILE TAKOVER *
Video

Regie: Guy Norris
Darsteller: Cynthia Rothrock (Kris Fairchild), Richard Norton (Preston), Patrick Muldoon (Tommy), Frans Tumbuan (Buntao), Ron Vreeken (Thor)
Drehbuch: Louis Sun, Steven Reich
Kamera: Tom Callaway (Farbe)
Musik: Darryl Way
Schnitt: Karen D. Joseph
Produktion: Donald Paul Pemrick, Kevin Reid für IRS Media, USA 1993
Verleih: -/-/-/New Vision Video
Videostart: Jan. 1994
Länge: 91 Min. – *FSK:* ab 18 J.; gekürzte Fassung 84 Min. ab 16 J.

Kurzweil für Kampfsportfans. Karate kämpfende Undercoveragentin im Bandenkrieg Djakartas, will den Geldwäschern ein Ende bereiten.

Oliver Rahayel in: film-dienst, 2/94

Rage and Fire 721
RAGE OF VENGEANCE **
Video

Regie: Serge Rodnunsky
Darsteller: Peter Shane (Frank), Daming

Chen (Tony Woo), Tess Colonello (Sandy), Lawrence Hill (Rodney), Susan Raines (Estelle), Woon (Ming), Rosan Phillips (Mrs. Choo)
Drehbuch: Serge Rodnunsky
Kamera: Pierre Chemaly (Farbe)
Musik: Jimmy Lifton
Schnitt: Sam Arcure
Produktion: Serge Rodnunsky für Showcase Ent., USA 1993
Verleih: -/-/-/VPS Video
Videostart: 14.7.1994
Länge: 86 Min. – *FSK:* ab 18 J.

Martial-Arts-Movie, dessen zahllose Kampfszenen (wie der schäbige Rest auch) von einem Ex-Broadway-Tänzer inszeniert wurden. Aber auch das verhilft dem Film zu keiner nennenswerten Qualität.

Nicht schmerz-, aber auch nicht scherzfrei: ›Raining Stones‹.

Raining Stones 722

RAINING STONES ****

Regie: Ken Loach
Darsteller: Bruce Jones (Bob Williams), Julie Brown (Anne), Ricky Tomlinson (Tommy), Tom Hickey (Pastor Barry), Christine Abbott (Jimmy), Geraldine Ward (Tracey), Gemma Phoenix (Coleen), Jimmy Coleman (Dixie), George Moss (Dean), Jonathan James (Tansey)
Drehbuch: Jim Allen
Kamera: Barry Ackroyd
Musik: Stewart Copeland
Schnitt: Jonathan Morris
Produktion: Sally Hibbin für Parallax Pic. für Channel Four, GB 1993
Uraufführung: 23.5.1993, Int. Filmfestspiele Cannes
Erstaufführung: Filmfest München 1993
Verleih: Impuls/Smile/Rialto
Kinostart: 24.3.1994
Länge: 91 Min. – *FSK:* ab 12, ffr.
FBW: Besonders wertvoll

Um seiner Tochter ein Kleid für die Erstkommunion kaufen zu können, versucht der im Norden Englands lebende arbeitslose Bob erfolglos zu Geld zu kommen. Er gerät zwischen die Zähne eines Kredithais, welcher seine Familie brutal bedroht, so daß sie beinahe zerbricht. Ken Loachs fulminanter Film bettet Alltagszenen in politische Umstände ein, ohne den Zeigefinger zu bemühen. Diesen braucht auch der (sich in der Tradition der Arbeiterpriester bewegende) Priester nicht, zu dem Bob in seiner Not eilt und der ihm unorthodoxe Ratschläge erteilt. Das liebenswerte Filmbijoux vereint Tragödie und Komödie, schildert schwierige wirtschaftliche Umstände aus respekt- und humorvollem Blickwinkel, ist voller Menschlichkeit und Hoffnung.

Zoom, 4/94

Brigitte Desalm in: Kölner Stadt-Anzeiger, 26.3.94; Angie Dullinger in: AZ, 26.5.94; Otto Heuer in: Rheinische Post, 25.3.94; Josef Schnelle in: FR, 26.3.94; Karsten Witte in: Die Zeit, 25.3.94

Randy räumt auf 723

REMOTE **

Video

Regie: Ted Nicholaou
Darsteller: Chris Carrara (Randy), Jessica Bowman (Judy), John Diehl (Delbert (Del)), Jordan Belfi (Ben), Kenneth A. Brown (Jamaal), Tony Longo (Louis), Stuart Franklin (Richie)
Drehbuch: Mike Farrow
Kamera: Adolfo Bartoli (Farbe)
Musik: Richard Band
Schnitt: Bert Glatstein, Gregory Sanders
Produktion: Albert Band für Moonbeam, USA 1993
Verleih: -/-/-/CIC Video
Videostart: Jan. 1994
Länge: 77 Min. – *FSK:* ab 6 J.

12jähriger Technikfreak und Fernbedienungsexperte lehrt drei Räubern das Fürchten. »Kevin« auf Sparflamme, aber mitunter unterhaltsam.

Frank Klubertz in: film-dienst, 1/94

Rapa Nui 724

RAPA NUI ***

Regie: Kevin Reynolds
Darsteller: Jason Scott Lee (Noro), Esai Morales (Make), Sandrine Holt (Ramana), Eru Potaka-Dewes (Ariki-mau), George Henare (Tupa), Zac Wallace (Haoa)
Drehbuch: Kevin Reynolds, Tim Rose Price, nach einer Story von Kevin Reynolds
Kamera: Stephen Windom (Technicolor)
Musik: Stewart Copeland
Schnitt: Peter Boyle
Produktion: Kevin Costner, Jim Wilson für Tig Prods./Majestic Films, USA 1994
Verleih: Tobis/Constantin/Monopole Pathé
Kinostart: 14.7.1994
Länge: 107 Min.
FSK: ab 12, ffr.

Um 1730 brechen auf dem uns heute als Osterinsel bekannten Eiland Stammesfehden aus, die auch in Zusammenhang mit der Errichtung der auf unsere Zeit überkommenen riesigen Steinskulpturen stehen und in einem grausigen Wettkampf gipfeln. Eine Liebesgeschichte und heidnischer Götterglaube spielen nur am Rande eine Rolle. Ein Film von großem Aufwand und photographischen Vorzügen, aber nur geringem kulturgeschichtlichem Wert, der eine Entwicklungsstufe vor der Zivilisation durch moderne Dialoge verfälscht. *multimedia*

(...) Ein leiser Ethno-Öko-Hauch durchzieht den simplen, aber nie prätentiös aufdringlichen Film. Sein großer Reiz liegt in der faszinierend wilden und tatsächlich nie zuvor gesehenen authentischen Landschaft.
Frauke Hanck, AZ, 14.7.94

Fritz Göttler in: SZ, 18.7.94; Sabine Horst in: FR, 16.7.94; Rupert Koppold in: Stgt. Zeitung, 16.7.94; Christian Winterfeld in: Kölner Stadt-Anzeiger, 16.7.94

The Rape of Aphrodite 725

O VIASMOS TIS APHRODITES ***
TV

Regie: Andreas Pantzis
Darsteller: Costas Timvios (Evagoras), Thalia Argiriou (Aphrodite), Ilias Aletras (Taxifahrer)
Drehbuch: Andreas Pantzis
Kamera: Andreas Bellis (Farbe)
Musik: Michaelis Christodoulidis
Schnitt: Panos Papakyriakopoulos
Produktion: Curus Film/Greek Film Center/ERT-1, Zypern/Griechenland 1985
Uraufführung: 4.10.1985, Thessaloniki Film Festival
Sendetermin: 26.5.1994, Arte, 22.45
Länge: 110 Min.

Die Geschichte Zyperns aufgezeigt an der Tragödie eines ehemaligen Widerstandkämpfers, der in seine Heimat zurückkommt um seine Familie zu suchen. Ein privates Schicksal stellvertretend für das Leiden eines Volkes.

Rätselhafte Lea 726

LE CRIME D'ANTOINE □
TV

Regie: Marc Rivière
Darsteller: Tom Novembre (Antoine), Catherine Wilkening, Jacques Weber, Patrick Timsit, Yves Robert, Stéphane Jobert
Drehbuch: Dominique Roulet, Marc Rivière, nach einem Roman von Dominique Roulet
Kamera: Claude Agostini (Farbe)
Musik: Charlélie Couture
Schnitt: Jacques Witta
Produktion: Cathala, Frankreich 1989
Uraufführung: 14.6.1989, Paris
Sendetermin: 30.4.1994, ORB3, 0.00; 21.3.1994, MDR3, 22.45
Länge: 95 Min.

Antoines Frau Léa wurde am Tag ihrer Hochzeit vom Blitz erschlagen. Nach einigen Trauerjahren verliebt sich Antoine aufgrund einer Kontaktanzeige in die schöne Léa. Er will das Geheimnis ergründen, das sie umgibt. Dabei gerät er in eine Falle und wird seelisch und finanziell ruiniert.

Die Rebellion 727

****
TV

Regie: Michael Haneke
Darsteller: Branko Samarovski (Andreas Pum), Judith Pogany, Thierry van Werveke, Deborah Wisniewski, Katharina Grabher, August Schmölzer, Marinus Brand, Götz Kauffmann, Georg Trenkwitz, Johannes Silberschneider
Drehbuch: Michael Haneke, nach dem Roman von Joseph Roth
Kamera: Christian Berger (Farbe)
Schnitt: Marie Homolkova
Produktion: Veit Heiduschka für Wega Film für ORF mit EPG, Österreich 1992

Sendetermin: 11.1.1994, ZDF
Länge: 90 Min.

(...) Ein früher Joseph Roth-Roman von 1924, vom Kriegsinvaliden mit dem Holzbein, der aus den Abschlachtungsorgien des Ersten Weltkriegs nach Wien heimkommt, dankbar eine Leierkastenlizenz entgegenimmt, dankbar eine Witwe heiratet, nur ein einziges Mal undankbar aufbegehrt gegen Ehrabschneidung durch die Obrigkeit, dafür ins Gefängnis kommt und als Toilettenmann endet. Im Tode endlich rebelliert er – gegen Gott.
Ein innig böses Sozialmelodram der geduckten Untertanenseele im Klassenstaat. (..,) *Ponkie, AZ, 13.1.94*

Recht, nicht Rache 728

THE SIMON WIESENTHAL STORY ***
Video

Regie: Brian Gibson
Darsteller: Ben Kingsley (Simon Wiesenthal), Renée Soutendijk (Cyla), Louisa Haigh (Paulina), Jack Shepherd (Brodi), Craig T. Nelson (Harcourt), David Threlfall (Alex), Anton Lesser (Karl), Henry Goodman (Josek), Eva Zilcher (Rose), Amma Cropper
Drehbuch: Abby Mann, Lane Slate; deutsche Bearbeitung Horst Geisler
Kamera: Elemer Ragalyi (Farbe)
Musik: Bill Conti, Jack Eskew
Schnitt: Chris Wimble, Eva Gardos
Produktion: John Kemeny, Robert Cooper, Graham Benson, David R. Ginsburg für ZDF/ORF/HBO/TVS-Films/Citadel Ent./MTV/Tele, BRD/Österreich/USA/ Ungarn 1989
Verleih: -/-/-/Concorde Video
Videostart: 4.6.1994
Länge: 169 Min.
FSK: ab 12 J.

Eindrucksvolle Studie des Lebens von Simon Wiesenthal nach dessen Buch »Erinnerungen«, sehr geeignet als flankierende Maßnahme zu »Schindlers Liste«, aber leider auch genauso lang wie Spielbergs Werk.
»Schindlers Liste« machte diese Videoveröffentlichung einige Jahre nach der TV-Ausstrahlung möglich. Die Geschichte des »Nazijägers« Wiesenthal ist es aber auf jeden Fall wert, auch jetzt noch veröffentlicht zu werden.

Red Hot 729

RED HOT ***
Video

Regie: Paul Haggis
Darsteller: Balthazar Getty (Alexi), Carla Gugino (Valentina), Hugh O'Conor (Yuri), Jan Niklas (Yorgi), Rick Schroeder (Joseph), Jason Kristofer (Sasha), Donald Sutherland (Kirov), Armin Mueller-Stahl (Dmitri), Colin Buchanan (Vladimir), Tusse Silberg (Klara)
Drehbuch: Paul Haggis, Michael Maurer
Kamera: Vernon Layton (Farbe)
Musik: Peter Breiner
Schnitt: Nick Rotundo
Produktion: Nicolas Stiliadis, Sandy Stern für SC Entert., Kanada 1993
Erstaufführung: Filmfest München 1993
Verleih: -/-/-/Concorde Video
Videostart: 17.1.1994
Länge: 91 Min.
FSK: ab 12 J.

Ende der 50er Jahre verliebt sich in Riga ein Musikstudent in die Tochter eines Parteifunktionärs – und in Rock'n-Roll-Musik: zwei verhängnisvolle Affären. Ansehnliche, an Originalschauplätzen entstandene Polit-Romanze, die sich der Unterhaltung und nicht der historischen Aufbereitung verpflichtet fühlt, was ja nicht unbedingt ein Fehler sein muß.

Red Scorpion 730

RED SCORPION II – THE SPEAR OF DESTONY *
Video

Regie: Michael Kennedy
Darsteller: Matt McColm (Nick Stone), John Savage (Kendrick), Jennifer Rubin (Sam), Michael Ironside (West), Michael Covert (Billy Ryan), Real Andrews (Winston »Mad Dogs« Powell), George Touliatos (Gregori)
Drehbuch: Troy Bolotnick, Barry Victor
Kamera: Curtis Petersen (Farbe)
Musik: George Blondheim
Schnitt: Gary Zubeck
Produktion: Robert Malcolm für Northwood Pic., USA 1994
Verleih: -/-/-/Starlight Video
Videostart: 23.11.1994
Länge: 90 Min.
FSK: ab 18 J.

US-Elite-Cops kloppen sich mit Neo-Nazi-Terroristen. Schamlose Ausbeutung eines aktuellen Themas zum Action-Reißer.

Reiseführer durch 23 Tage im Mai 731

**

TV

Regie: Klaus Wildenhahn
Kamera: (Farbe)
Produktion: BRD 1993
Sendetermin: 19.3.1994, Hessen 3, 22.20
Länge: 120 Min.

Dokumentarfilm über den ersten Arbeitskampf in Ostdeutschland seit 60 Jahren, einen 23tägigen Streik in einem brandenburgischen Elektrostahlwerk. Wildenhahn hat, begleitet von einem Gewerkschaftsfunktionär und einem Rentner, Episoden im Streiklokal und am Eingangstor gefilmt.

Das Reisfeld 732

NEAK SRE ***

Regie: Rithy Panh
Darsteller: Peng Phan (Yim Om, Mutter), Mom Soth (Vong Poeuw, Vater), Chhim Naline (Sokha, ältere Tochter), Va Simorn (Sokhoeun), Sophy Sodany (Sokhon), Muong Danyda (Sophon), Pen Sopheary (Sophoeun)
Drehbuch: Rithy Panh, Eve Deboise
Kamera: Jacques Bouquin (Farbe)
Musik: Marc Marder
Schnitt: Andrée Davanture
Produktion: Jacques Bidou, Pierre-Alain Meier für JBA Prod./Thelma Film mit La Sept Cinéma/ZDF/TSR, Frankreich/Schweiz/BRD 1994
Uraufführung: Int. Filmfestspiele Cannes 1994
Verleih: Pandora/-/trigon-film
Kinostart: 3.11.1994
Länge: 130 Min. – *FSK:* ab 6, ffr.

Nicht nur Wetter, Schlangen, Spatzen und Krabben bedrohen die Reisbauern Kambodschas. Nachdem Vong Poeuv in einen giftigen Dorn getreten ist, siecht er langsam und qualvoll dahin. Seine Frau reagiert mit Panik, sie bezichtigt die Töchter der Faulheit und unterstellt den Dorfnachbarn, daß sie den Reis der Familie stehlen. Der Erstling des kambodschanischen Regisseurs ist eine lyrische Ballade, die das Leben der Reisbauern nie idealisiert, sondern in langen Einstellungen, mit knappen Dialogen und sanften Pastellfarben von den Tributen erzählt, die das Leben fordert.

André Simonoviescz, tip, 23/94

Angie Dullinger in: AZ, 8.12.94; Fritz Göttler in: SZ, 8.11.94; Ulrich Herrmann in: Die Zeit, 25.11.94; Thomas Klingenmaier in: Stgt. Zeitung, 17.11.94; Heike Kühn in: FR, 18.11.94; Christian Seebaum in: Kölner Stadtanzeiger, 24.12.94

Rejs – Der Ausflug 733

REJS ****

Regie: Marek Piwowski
Darsteller: Stanislaw Tym, Jolanta Lothe, Wanda Stanislawska-Lothe, Andrzej Dobosz, Feridun Erol, Jan Himilsbach, Zdzislaw Maklakiewicz, Jerzy Karaszkiewicz, Ryszard Pietruski
Drehbuch: Janusz Glowacki, Marek Piwowski, Mitarbeit Andrzej Barszczynski, Jerzy Karaszkiewicz
Kamera: Marek Nowicki
Musik: Wojciech Kilar
Produktion: PRF Zespoly Filmowe-TOR, Polen 1968/1970
Uraufführung: 19.10.1970, Warschau
Erstaufführung: Int. Forum des Jungen Films, Berlin 1994
Verleih: Freunde (OmU)/-/-
Kinostart: März 1994
Länge: 68 Min.

Politische Realität hat der Pole Marek Piwowski in frühen Dokumentarfilmen ähnlich wie sein Kollege Kieslowski messersscharf kritisch dargestellt. In seinem ersten Spielfilm stilisiert er 1968 das Alltagsleben und dessen Täter und Opfer in Polen zu einer subversiven Grotesk-Satire: Witz, Ironie, Slapstick auf dem Weichseldampfer, der von Krakau nach Gdansk tuckert und hintersinnig mitsamt seinen Passagieren die polnische Volksrepublik symbolisiert – Spiegelbild einer ziemlich verrotteten, verblödeten und egozentrischen Gesellschaft. Der Film, einst verboten und von der Zensur beschnitten, ist jetzt, 25 Jahre später, in Polen ein Kultfilm. (...)

Frauke Hanck, AZ, 19.2.94

Alexander Musik in: tip, 18/94

Rendezvous zu viert 734

DREAM DATE **

TV

Regie: Anson Williams
Darsteller: Tempestt Bledsoe, Clifton Davis (Bill), Kadeem Hardison, Anne-Marie

Johnson, Dani Fairview, Bill Fairview, Donna Thompson
Produktion: USA 1989
Sendetermin: 29.5.1994, VOX, 20.10
Länge: 90 Min.

Dani hat ihre erste Verabredung mit einem Jungen und schwebt über allen Wolken. Ihr Vater Bill dagegen ist äußerst beunruhigt.

Replikator 735

REPLIKATOR *

Video

Regie: G. Philip Jackson
Darsteller: Michael St. Gerard, Brigitte Bako, Lisa Howard, Peter Outerbridge, Ron Lea, David Hemblen, La Cicciolina, Ned Beatty (Insp. Valiant)
Drehbuch: Tony Johnston, John Dawson, Michelle Bellerose
Kamera: Jonathan Freeman (Farbe)
Musik: Donald Quan
Schnitt: Bill Towgood, John Whitcher
Produktion: David McGuire, Daniel D'Or für PNA Prod. Network Ass., Kanada 1994
Verleih: -/-/-/New Vision Video
Videostart: 28.11.1994
Länge: 96 Min. – *FSK:* ab 16 J.

Endzeitvisionen über Menschen, die nach der Vernichtung der Erdoberfläche nur noch in Cyberspacewelten leben. Aber wie jede neue Technologie, die perfekte Anwendung löst einen Konkurrenzkampf zwischen Konzernen aus. Handwerklich erbärmlicher Science-Fiction-Film.

Resort To Kill 736

RESORT TO KILL *

Video

Regie: Daniel A. Neira
Darsteller: Roddy Piper (John Keller), Sonny »J.J.« Chiba, Meg Forster, Deron McBee, Tiny Lister, Woon Greene, Kim Morgan Greene
Drehbuch: Daniel A. Neira, Robert Crabtree
Kamera: Henner Hoffmann (Farbe)
Musik: Ron Schwartz
Schnitt: Sherril Schlesinger, Joel Bender; Dan Lowenthal
Produktion: Daniel A. Neira für Powerhouse Prod. mit Blue Ridge Prod./RTK., USA 1993
Verleih: -/-/-/MPC/New Vision Video
Videostart: 18.10.1994
Länge: 89 Min. – *FSK:* ab 18 J.

Japanischer und amerikanischer Polizist ermitteln nach dem Tod einer Kollegin gegen eine irre Wissenschaftlerin, die an einem Unverwundbarkeitsserum arbeitet und bei der alle Fäden zusammenzulaufen scheinen. Einen roten Faden hingegen besitzt dieses Action-Knäuel nicht.

Return of the Living Dead 3 737

RETURN OF THE LIVING DEAD 3 *

Video

Regie: Brian Yuzna
Darsteller: Mindy Clarke (Julie), J. Trevor Edmond (Curt), Kent McCord (Col.Reynolds), Basil Wallace (Riverman), Sarah Douglas
Drehbuch: John Penney
Kamera: Gerry Lively (Foto-Kem)
Musik: Barry Goldberg
Schnitt: Christopher Roth
Produktion: Gary Schmoeller für Trimark, USA 1993
Verleih: -/-/-/New Vision Video
Videostart: 15.2.1994
Länge: 90 Min.
FSK: ab 18 J.

Wer glaubt, man könne dem Thema der reanimierten Toten noch einen Funken Originalität abgewinnen, sieht sich bei dieser Metzel-Orgie enttäuscht.

Die Revanche 738

IO, CHIARA E LO SCURO ***

TV

Regie: Maurizio Ponzi
Darsteller: Francesco Nuti (Francesco), Giuliana De Sio (Chiara), Marcello Lotti (Scuro), Renato Cecchetto, Antonio Petrocelli, Novellantonio Novelli, Pietro Angelo Pozzato
Drehbuch: Francesco Nuti, Maurizio Ponzi, Franco Ferrini, Enrico Oldoini
Kamera: Carlo Cerchio (Farbe)
Musik: R. Barluna
Schnitt: Sergio Montanari
Produktion: Gianfranco Piccioli, Marco Valsania für Titanus/Hera Prod., Italien 1983
Sendetermin: 13.4.1994, BR3, 21.45
Länge: 103 Min.

Francesco, ein fanatischer Billardspieler, verliert ein Revanchespiel gegen den berühmten Spieler »Scuro« dem »Finsteren«, bei dem es um viel Geld geht. Als seine Schulden immer größer werden, lernt er Chiara kennen, die als

Saxophonistin ihr Geld in einem Nachtclub verdient, um ihr Musikstudium bezahlen zu können. Chiara schlägt ihm vor, an der internationalen Billardmeisterschaft teilzunehmen, denn der Sieger bekommt 15 Millionen Lire. Sympathische Spielerschrulle.

Revolver 739

REVOLVER □ TV

Regie: Gary Nelson
Darsteller: Robert Ulrich (Nick Saraste), Dakin Matthews, Steven Williams, David Ryall (Aldo Testi)
Produktion: USA 1992
Sendetermin: 27.5.1994, Premiere, 20.15
Länge: 87 Min.

Bei einem Einsatz verwundet und an den Rollstuhl gefesselt, versucht FBI Frührentner seinen Auftrag auf eigene Faust zu erledigen.

Rich in Love 740

RICH IN LOVE *** Video

Regie: Bruce Beresford
Darsteller: Kathryn Erbe (Lucille), Jill Clayburgh (Mutter Helen), Albert Finney (Vater), Kyle MacLachlan (Schwager Billie), Alfre Woodard (Rae)
Drehbuch: Alfred Uhry, nach einem Roman von Josephine Humphreys
Kamera: Peter James (Farbe)
Musik: Georges Delerue
Schnitt: Marlk Werner
Produktion: Richard D. Zanuck, Lili Fini Zanuck für The Zanuck Company, USA 1992
Verleih: -/-/-/Warner Home Video
Videostart: 21.1.1994
Länge: 101 Min.
FSK: ab 12 J.

Bei einer scheinbar heilen Südstaatenfamilie zeigen sich Risse im Putz: Mutter verschwunden, Vater depressiv, Tochter 1 ungewollt schwanger und verheiratet, Tochter 2 verzweifelt. Hübsch und stimmungsvoll, die Geschichte holpert aber, obwohl (oder weil?) sie gegen einige Klischees gebürstet wurde. Exzellente Darsteller-Crew.

Richter ohne Skrupel 741

THE GUILTY □ TV

Regie: Colin Gregg
Darsteller: Michael Kitchen (Stephen Vey), Caroline Catz, Sean Gallagher
Produktion: GB 1993
Sendetermin: 22.4.1994, VOX, 22.00
Länge: 120 Min.

Der erfolgreiche, verheiratete Staatsanwalt Stephen Vey, der sich um ein Richteramt beworben hat, vergewaltigt seine Sekretärin Nicky. Als sie ihm droht und ihn erpreßt, will er sie umbringen lassen und wendet sich mit seinem Mordauftrag unwissentlich an seinen unehelichen Sohn.

Rikyu, der Teemeister 742

RIKYU **** TV

Regie: Hiroshi Teshigahara
Darsteller: Rentaro Mikuni (Sen-no Rikyu), Yoshiko Mita (Riki, seine Frau), Tsutomu Yamazaki (Hideyoshi Toyotomi), Ryo Tamura (Lord Hidenaga Toyotomi, sein Bruder), Koshiro Matsumoto (Lord Nobunaga Oda), Kichiemon Nakamura
Drehbuch: Genpei Akasegawa, Hiroshi Teshigahara, nach einem Roman von Yaeko Nogami

›Rikyu, der Teemeister‹.

Kamera: Fujio Morita (Farbe)
Musik: Toru Takemitsu
Schnitt: Toshio Taniguchu
Produktion: Yoshisuke Mae, Hiroshi Morie für Teshigahara Prod./Shochiku Eizo/Itoh/ Hakuhodo Inc., Japan 1989
Uraufführung: 2.9.1989, Montreal World Film Festival
Sendetermin: 9.2.1994, ARD, 23.05
Länge: 134 Min.

Fürst Hideyoshi Toyotomi ist im Japan des 16. Jahrhunderts aus einfachen Verhältnissen zum mächtigen Kriegsherrn und obersten Minister des Kaisers aufgestiegen und hat Rikyu zu seinem Teemeister gemacht. Rikyu beherrscht die Teezeremonie wie kein zweiter und soll dem Glanz seines Hofes dienen. Als er sich jeoch nicht für politische Komplotte des Fürsten mißbrauchen läßt, kommt es zum dramatischen Konflikt zwischen ihm und Hideyoshi.
Pressetext ARD

Der Ring mit dem gekrönten Adler 743

PIERSCIONEK Z ORLEM W KORONIE ***
TV

Regie: Andrzej Wajda
Darsteller: Rafal Krolikowski (Marcin), Agnieszka Wagner (Wiska), Adrianna Biedrzynska (Janina), Cezary Pazura (Kosior), Tomaz Koniczyky (Zbigniew Cybulski), Miroslaw Baka (Tatar), Piotr Bajor (Steinert), Maria Chwalibog, Jadwiga Jankowska-Clesak
Drehbuch: Andrzej Wajda, Maciej Karpinski, Andrzej Kotkowski, nach dem Buch von Aleksander Scibor-Rylski
Kamera: Dariusz Kuc (Eastmancolor)
Musik: Zbigniew Gorny
Schnitt: Ewa Smal
Produktion: Perspektywa/Heritage/Regina Ziegler Filmprod./Erata Films, Polen/GB/BRD/Frankreich 1993
Uraufführung: 18.5.1993, Int. Filmfestspiele Cannes
Sendetermin: 12.6.1994, Arte, 21.45
Länge: 105 Min.

Warschau 1944. Nach hunderttägigem Aufstand kapituliert die polnische »Heimatarmee« vor der Übermacht der deutschen Besatzungstruppen. Die meisten werden von der deutschen Wehrmacht gefangen genommen. Einigen gelingt die Flucht aus dem brennenden Warschau. Unter ihnen ist der verwundete junge Leutnant Marcin. Die junge Krankenschwester Janina versteckt Marcin in einer Wohnung und versorgt ihn. Während Marcin sich langsam erholt, drängt die Rote Armee die Wehrmacht zurück und erobert Polen. Kommunistische Funktionäre übernehmen die Verwaltung und versuchen mit Terror und Intrigen, in Polen ein neues politisches System zu installieren. Als Fahrer für die neuen Machthaber gerät Marcin nun zwischen die Fronten der verschiedenen Interessengruppen.
Pressedienst Arte

Rio Diablo 744

RIO DIABLO □
TV

Regie: Rod Hardy
Darsteller: Kenny Rogers (Quinton Leeck), Travis Tritt (Ben Tabor), Naomi Judd, Brion James, Bruce Greenwood
Produktion: USA 1992
Sendetermin: 14.5.1994, ARD, 22.40
Länge: 89 Min.

Der Kopfgeldjäger Quinton Leeck wird Zeuge eines Banküberfalls, bei dem auch die Braut des jungen Ben Tabor entführt wird. Leeck verfolgt zusammen mit Tabor die Gangster auf abenteuerliche Weise.

Rivalinnen 745

PLEURE PAS, MA BELLE **
TV

Regie: Michel Andrieu
Darsteller: Shelley Winters, Daniel J. Travanti, Kristin Scott-Thomas, Francesca Annis (Leila), Cecile Paoli
Drehbuch: Nach der Erzählung »Weep no more my Lady« von Mary Higgins Clark
Produktion: Frankreich 1992
Sendetermin: 29.5.1994, ARD, 23.45
Länge: 90 Min.

Der Filmstar Leila kann ihren neuen Film nicht mehr vollenden, weil sie ermordet aufgefunden wird. Ihre jüngere Schwester Elizabeth schlüpft in ihre Rolle und will den Mörder überführen.

Riverboat Bill und die Flußpiraten 746

STEAM DRIVEN ADVENTURES OF RIVERBOAT BILL ***

TV

Regie: Paul Williams
Drehbuch: Cliff Green, nach seinen Büchern »Riverboat Bill«
Musik: Kevin Hocking
Produktion: Paul Williams für Phantascope, Australien 1987
Sendetermin: 23.5.1994, RTL, 9.15
Länge: 70 Min.

Australischer Zeichentrickfilm über die Abenteuer des Skippers Bill, seines Dampfers »Mystery« und seiner Freunde Dave und Bunyip. Gemeinsam kämpfen sie gegen die Flußpiraten.
Pressetext RTL

Roadflower 747

ROADFLOWER **

Regie: Deran Serafian
Darsteller: Christopher Lambert (Jack Lerolland), Craig Sheffer (Cliff), Christopher McDonald (Glen Donner), John Piper-Ferguson (Hauser), Joseph Gordon Levitt (Rich Donner), Michelle Forbes (Helen), Alexondra Lee (Ashley), David Arquette (Bobby), Adrienne Shelley (Red), Josh Brolin
Drehbuch: Tedi Serafian
Kamera: James L. Carter (Farbe)
Musik: Les Hooper
Schnitt: Peck Prior
Produktion: Lance Hool, John Block für Lance Hool/John Flock Prod. mit Silver Lion, USA 1993
Verleih: Highlight/-/-/Highlight Video
Kinostart: 2.6.1994
Länge: 89 Min. – *FSK:* ab 18, ffr.
(gek. Fassung, 81 Min., ab 16 J, ffr., 10.11.94)

Ein schmieriges Hitchhiker-Remake. Glückliche Kleinfamilie, angeführt von Obertarzan Christopher Lambert als fürsorglicher Daddy, wird von entflohenem Häftling (Markenzeichen: fettige Haare) auf dem Highway tyrannisiert. Zahllose Seitenstränge verwirren die ohnehin flaue Handlung. Am Ende gibt es eine breit ausgewalzte spekulative Selbstjustiz in Slow motion. *tip, 12/94*

Michael Althen in. SZ, 13.6.94; Albert Baer in: Rheinische Post, 4.6.94; Patrick Rösler in: Stgt. Zeitung, 4.6.94

Robocop 3 748

ROBOCOP 3 **

Regie: Fred Dekker
Darsteller: Robert John Burke (RoboCop), Nancy Allen (Anne Lewis), Rip Torn (The CEO), John Castle (McDaggett), Jill Hennessy (Dr. Marie Lazarus), CCH Pounder (Bertha), Mako (Kanemitsu), Robert DoQui (Sergeant Reed), Remy Ryan (Nikko)
Drehbuch: Frank Miller, Fred Dekker, nach einer Story von Frank Miller und den Charakteren von Edward Neumeier, Michael Miner
Kamera: Gary B. Kibbe (DuArt/Deluxe)
Musik: Basil Poledouris
Schnitt: Bert Lovitt
Produktion: Patrick Crowley für Orion Pic., USA 1993
Verleih: Columbia TriStar/dto./20th Century Fox/Columbia TriStar Home Video
Kinostart: 5.5.1994
Länge: 104 Min. – *FSK:* ab 16, ffr.

Als die Einwohner eines ärmlichen Stadtviertels im Auftrag eines Großkonzerns aus ihren Wohnungen vertrieben werden, erinnert sich der künstliche Superpolizist der Firma seines menschlichen Ursprungs und wechselt die Seiten. Zusammen mit anderen Überläufern hilft er der Widerstandsgruppe des Quartiers. Dritte Folge der Science-Fiction-Reihe um den Roboter-Polizisten, nicht so perfekt inszeniert, wie der selbstironisch gefärbte erste, aber weit weniger brutal als der zweite Teil. Im Kern der Action-Geschichte steckt die nachdenkenswerte Botschaft über die Notwendigkeit zwischenmenschlicher Solidarität in einer materialistischen Welt. *Zoom*

(...) Der dritte Aufguß einer Science-Fiction-Serie ist vollends auf die Stufe eines primitiven Reißers abgesunken.
multimedia

Thomas Klingenmaier in: Stgt. Zeitung, 7.5.94

Romeo is bleeding 749

ROMEO IS BLEEDING ***

Regie: Peter Medak
Darsteller: Gary Oldman (Jack Grimaldi), Lena Olin (Mona Demarkov), Annabella Sciorra (Natalie Grimaldi), Juliette Lewis (Sheri), Roy Scheider (Don Falcone), David

Proval (Scully), Will Patton (Martie), Larry Joshua (Joey), Paul Butler (Skouras)
Drehbuch: Hilary Henkin
Kamera: Dariusz Wolski (Farbe)
Musik: Mark Isham
Schnitt: Walter Murch
Produktion: Hilary Henkin, Paul Webster für Working Title/Hilary Henkin Prod., USA 1993
Verleih: Amazonas/Stöbergasse/Elite
Kinostart: 6.10.1994
Länge: 108 Min.

Ein korrupter Cop gerät zwischen die Fronten der Mafia und einer Killerin, in die er sich aber verliebt. In einem Strudel blutiger Gewalt, den er selbst mit ausgelöst hat, zerbricht sein bisheriges Leben. Hervorragend inszenierter schwarzer Film voll Blut und Zynismus, der mit den Bildern eines Thrillers zeigt, daß ein Leben ohne Charakter, Werte und Selbstkontrolle zur Hölle werden kann.

Bodo Fründt in: SZ, 13.10.94; Frauke Hanck in: AZ, 13.10.94; Milan Pavlovic in: Kölner Stadt-Anzeiger, 8.10.94

Rosen aus Jericho 750

****

Regie: Hans Peter Heinzl
Darsteller: Peter Uray, Franz Buchrieser, Erika Pluhar, Dietmar Schönherr
Drehbuch: Hans Peter Heinzl
Kamera: (Farbe)
Musik: Schubert, Chopin, Satie
Produktion: Hans Peter Heinzl, Österreich 1994
Verleih: -/Topfilm/-
Kinostart: Okt. 1994
Länge: 87 Min.

Realitätenmakler gerät durch die Erkenntnis, an Krebs zu leiden in eine berufliche und seelische Krise, aus der er sich aber durch Information und entsprechende Änderung seiner Einstellung zu Krankheit und Tod sowie durch eine erfolgreiche Chemotherapie lösen kann. Vom namhaften Kabarettisten Hans Peter Heinzl auf Grund eigener Erfahrungen geschrieben und inszeniert und von namhaften Schauspielern hervorragend gespielt, bietet der Film überaus wichtige Informationen über krebsbegleitende Maßnahmen, lenkt aber den Blick auch auf den besonders wichtigen Bereich der seelischen Betreuung sowie des Wandels der Einstellung zu dieser noch immer tabuisierten Krankheit. *multimedia*

Das rote Eichhörnchen 751

LA ARDILLA ROJA ***

Regie: Julio Medem
Darsteller: Emma Suarez, Nancho Novo, Maria Barranco, Karra Elejalde, Camelo Gomez, Helena Irureta
Drehbuch: Julio Medem
Kamera: Gonzalo Berridi (Farbe)
Musik: Alberto Iglesias
Schnitt: M. Elena Sainz de Rozas
Produktion: Ricardo Garcia Arrojo, Fernando de Garcillian für Sogetel, Spanien 1993
Uraufführung: Int. Filmfestspiele Cannes, 1993
Verleih: Kinowelt (geplant 1995)/ Stöbergasse/-
Kinostart: Nov. 1994 (Österreich)
Länge: 116 Min.

Eine eigenwillige Liebesgeschichte um einen Musiker, privat und beruflich in einer Pechsträhne, der einem hübschen jungen Unfallopfer ohne Erinnerung vortäuscht, sie hätten schon jahrelang ein Verhältnis miteinander. Die Frau geht darauf ein, obwohl ihre Amnesie nicht so lange anhält, wie er glaubt. Der poetische, aber auch dramatische, mit Träumen und Symbolen durchsetzte, ansprechend inszenierte und gespielte Film behandelt ein bekanntes Thema in origineller Form: Beziehungsschwierigkeiten und Machtkämpfe zwischen Frauen und Männern. *multimedia*

Rote Perlen 752

XUAN LIAN / RED BEADS ****

Regie: He Yi (He Jianjun)
Darsteller: Shi Ke (Jiyun), Liu Jiang (Jingsheng), Tian Guobin (Dr. Sha), Hu Zhi, Wang Yongsheng, Li Huo, Meng Yan, Han Jingru, Liu Zhiyi
Drehbuch: Liu Xiaojing, You Ni
Kamera: Nie Tiejun
Musik: Guo Xiaohong
Schnitt: Liu Xiaojing
Produktion: Xiao Ming für Zhongguo Dongfang/Wenhua Fazhan Zhongxin, China 1993

Uraufführung: Oktober 1993, Vancouver
Erstaufführung: 18.2.1994, Int. Forum des Jungen Films, Berlin
Verleih: Freunde/-/-
Kinostart: August 1994
Länge: 88 Min.

Dieses düster-visionäre Spielfilmdebüt mit subversiver Botschaft – nämlich, daß der Traum von einer vernünftigeren, vitaleren Gesellschaftsordnung nicht gewaltsam aus der Welt geschaffen werden kann – zeigt beklemmende Bilder aus einer psychiatrischen Klinik, in der eine schöne, deprimierte Patientin immer wieder von roten Perlen träumt. Ein Pfleger verliebt sich in sie und träumt schließlich auch von roten Perlen. Der Chefarzt entschließt sich zu einer Gehirnoperation.
Ralph Umard, tip, 17/94

Verena Kern in: Zitty, 16/94

Rotwang muß weg! 753

***

Regie: Hans-Christoph Blumenberg
Darsteller: Udo Kier (Arthur Eigenrauch), Sybill Norvak (Clarissa Rotwang), Heikko Deutschmann (Basil Schatter), Beate Finckh (Roswitha Meier-Krull), Klaus Bueb (Mirko Budnikowski), Stephie Kindermann (Liliane Krull 1), Patricia Thielemann (Liliane Krull 2), Horst Tomayer (Bruno Ringeltaub)
Drehbuch: Hans-Christoph Blumenberg
Kamera: Klaus Peter Weber (Farbe)
Musik: Gast Waltzing
Schnitt: Florentine Bruck
Produktion: Hans-Christoph Blumenberg, Patrick Brandt für Rotwang Filmprod., BRD 1994
Uraufführung: 28.10.1994, Int. Hofer Filmtage
Verleih: Wild Okapi/-/-
Kinostart: 1.12.1994
Länge: 82 Min.

Der Wirtschaftsboss und Politiker Rotwang wird in seiner Hamburger Villa erschossen. Die Trauer von Frau und Freunden hält sich in Grenzen. Bei der Vorgeschichte des Attentats kommen sich die unterschiedlichsten Möchtegern-Mörder permanent in die Quere. Eine »no budget«-Produktion als eigenwillige und bösartige Reflektion über Terrorismus, Mode und Finanzkrise des deutschen Films. Eine schwarze Nonsens-Komödie mit sehr speziellem Humor. *Margret Köhler*

Zugegeben: Terroristen, Modezaren, Plastikdinos und ein Frittenstand kommen vor – aber eine Komödie ist das von Inside-Jokes durchweste Gewurstel um die Liquidierung eines deutschen Wirtschaftsbosses beim besten Willen nicht. Und das stimmt eher traurig, denn auch 82 Minuten können sich im Kino elend lange hinziehen. Man ahnt zwar, wo es lustig sein soll, indes die Wirkung zeitigt qualvolle Peinlichkeit. (...) *Gerald Jung, Zitty, 25/94*

Alfred Holighaus in: tip, 25/94; Thomas Klingenmaier in: Stgt. Zeitung, 15.12.94; Christiane Peitz in: Die Zeit, 2.12.94

Royce 754

ROYCE

**

Video

Regie: Rod Holcomb
Darsteller: James Belushi (Shane Royce), Chelsea Field (Marnie Paymer), Miguel Ferrer (Ken Gribbon), Peter Boyle (Huggins), Daniel Kash
Drehbuch: Paul Bernbaum
Produktion: J. Boyce Harman jr. für ITC Ent., USA 1993
Verleih: -/-/-/Ufa Video
Videostart: 1.12.1994
Länge: 94 Min.
FSK: ab 16 J.

Der unkonventionell agierende Geheimagent Royce muß die Welt vor einem Bösewicht befreien, der russische Atomraketen verscherbeln will. Von den Darstellern leidlich getragener Actionfilm ohne erkennbare sonstige Qualitäten.

Ruby und Rata 755

RUBY AND RATA

***

TV

Darsteller: Yvonne Lawley (Ruby), Vanessa Rare (Rata), Lee Mete-Kingi (Willie), Simon Barnett (Buckle), Debes Bhattacharyya (Ramesh), Russell Gowers (Sike), Russell Smith (Sozialarbeiter), Ngaire Horton (Oma Stickle), Alma Woods (Oma Shearer), Vicky Burnett (Oma Spindle)
Drehbuch: Graeme Tetley
Kamera: Leon Narbey (Farbe)
Musik: Jonathan Crayford

Schnitt: Paul Sutorius
Produktion: Robin Laing für Preston-Laing Prod. mit New Zealand Film Comm., Neuseeland 1990
Uraufführung: 14.7.1990, Film Festival Wellington
Erstaufführung: 22.6.1991, Filmfest München
Sendetermin: 26.2.1994, 3sat, 17.20
Länge: 105 Min.

Eine »junge Wilde« und eine »alte Schachtel« wohnen unter einem Dach: beste Voraussetzungen für eine herzliche Feindschaft.

Ruhe und Ordnung 756

***

Regie: Andreas Berger
Darsteller: Mitwirkende: Werner Däpp, Ottilia Hänni, Susanne Marti, Sandra Ryf, Kerim Volkoviski, als Gast Kurt Marti
Kamera: Christian Iseli, Hansueli Schenkel, Andreas Berger (Farbe)
Musik: Andi Hug, Jürg Schmidhauser
Schnitt: Christof Schertenleib
Produktion: Andreas Berger, Schweiz 1994
Verleih: -/-/Fama Film
Kinostart: Okt. 1994
Länge: 85 Min.

Der Dokumentarfilm, ausschließlich in Bern und Umgebung Anfang der neunziger Jahre gedreht, porträtiert fünf Frauen und Männer im Alter zwischen 27 und 73 Jahren. Mit dem Einblick in ihren Lebensalltag werden unterschiedliche Formen politischen und sozialen Engagements für eine lebenswertere Welt gezeigt. *Zoom, 10/94*

Rules of the Road 757

***

Regie: Oliver Herbrich
Darsteller: Sam Power, Nelly McInerney, Mr. & Mrs. McDonagh, Johnny Collins, Frank Toohey, Kitty Delaney, Molly Collins, Geraldine, Nancy, Winifred Hartey
Drehbuch: Oliver Herbrich
Kamera: Jan Betke (Farbe)
Musik: Mary Donovan, Larry & John Donovan, Johnny Collins, Mikeen McCarty (Songs)
Schnitt: Uwe Klimmeck
Produktion: Oliver Herbrich für Filmproduction Munich, BRD/Irland/GB 1993
Erstaufführung: 16.1.1994, Arri, München
Verleih: Eigenverleih/-/-
Länge: 80 Min.

Der Münchner Dokumentarist Oliver Herbrich beschreibt das Leben der irish traveller, der tinker, der irischen Landfahrer. Sie haben eine eigene Sprache und eine eigene Kultur. Sie sind die letzten Nomaden des Industriezeitalters aber die Zerstörung ihrer Identität scheint unabweichbar zu sein. Abgedrängt auf die Schrottplätze der Gesellschaft der Seßhaften geht ihre Reise endgültig zu Ende. Ein irisches Roadmovie, eine traurige Ballade.

Running Cool 758

RUNNING COOL *

Video

Regie: Ferd Sebastian
Darsteller: Andrew Divoff (Bone), Bubba Baker (Bear), Tracy Sebastian (Blue Hogg), Arlen Dean Snyder (Sheriff), B.J. Davis (Bubba), James Gammon (Ironbutt Gattol), Dedee Pfeiffer (Michele), Paul Gleason (Calvin Hogg)
Drehbuch: Ferd Sebastian, Beverly Sebastian
Kamera: Ferd Sebastian (Farbe)
Musik: Robert Etoll
Schnitt: Ralph Clemente
Produktion: Beverly Sebastian für Sebastian Int., USA 1993
Verleih: -/-/-/CIC Video
Videostart: Febr. 1994
Länge: 102 Min. – *FSK:* ab 16 J.

Peinlicher Rockerfilm um eine Motorradgang, die einen Kumpel vor skrupellosen Immobilienhaien beschützen will. Inhaltlich wie formal indiskutabel.

Sababu – Die Ursache 759

SABABU ***

Regie: Nissi Joanny Traoré
Darsteller: Rasmane Ouedraogo Kalilou, Outtara Boubacar
Drehbuch: Nissi Joanny Traoré
Kamera: Nara Keokosal (Farbe)
Musik: Ray Lema
Schnitt: Marie Jeanne Kanyala
Produktion: Nissi Joanny Traoré für Miyougou Films, Burkina Faso 1992
Uraufführung: 25.9.1992, Namur
Erstaufführung: 14.2.1993, Int. Forum des Jungen Films, Berlin
Verleih: Freunde (OmU)/-/-
Kinostart: Januar 1994
Länge: 90 Min.

Sababu erzählt die Geschichte eines florierenden Dorfes, dessen geruhsame Leben auf einmal durch allerlei Ränke und Zwiste empfindlich gestört wird. Ausgelöst wird dies durch einen Mord. Dabei gerät die Verwaltung mit den ihr eigenen Gesetzen und Praktiken in Konflikt zur traditionellen Gesellschaft, die sich eher an den Sitten und Gebräuchen der Vorfahren orientiert. Zwischen beiden Lagern operiert der Dorfdolmetscher, ein ebenso geschickter wie ambitionierter »Krisenmanager«, der mit großer Fertigkeit die zu übermittelnden Botschaften in seinem Sinn manipuliert...

Filmhaus Saarbrücken

Die Sache mit dem Feuer 760

WILDER NAPALM ***

Video

Regie: Glenn Gordon Caron
Darsteller: Debra Winger (Vida Foudroyant), Dennis Quaid (Wallace Foudroyant), Arliss Howard (Wilder Foudroyant), Jim Varney (Rex), M. Emmet Walsh, Mimi Lieber, Marvin J. McIntyre, The Mighty Echoes
Drehbuch: Vince Gilligan
Kamera: Jerry Hartleben (Technicolor)
Musik: Michael Kamen
Schnitt: Artie Mandelberg
Produktion: Mark Johnson, Stuart Cornfeld für Baltimore Pic., USA 1992
Uraufführung: 20.8.1993, New York
Verleih: -/-/-/Columbia Tristar Home Video
Videostart: 1.11.1994
Länge: 105 Min.
FSK: ab 12 J.

Wallace Foudroyant, ein Zirkusclown mit Feuernummer, besucht seinen Bruder Wilder, mit dem er früher via Telepathie so manche Flamme entfachte. Wallace verliebt sich in des Bruders Gattin Vida, eine Pyromanin. Einer Zündelorgie steht also nichts mehr im Wege.
Exzentrische Filme bekommen immer mehr Seltenheitswert – umso mehr freut man sich über ein so gelungenes, unterhaltsames Exemplar wie dieses mit skurrilen Figuren und abstrusen Gags.

Das Sakrament 761

HET SACRAMENT ***

TV

Regie: Hugo Claus
Darsteller: Frank Aendenboom (Deedee), Ann Petersen (Nathalie), Carl Ridders (Claude), Jan Decleir (Albert), Chris Lomme (Lotte), Hugo van den Berghe (Antoine), An de Donder (Jeanne), Marc Didden (Gigi), Brit Alen, Linda Schagen
Drehbuch: Hugo Claus, nach seinem Roman »Omtrent Deedee«
Kamera: Gilberto Azevedo (Farbe)
Musik: Frédéric de Vreese
Schnitt: Menno Boerema
Produktion: Paul Breuls, Patrick Conrad für Silent Sunset Prod., Belgien 1990
Uraufführung: Int. Filmfestspiele Cannes 1990
Sendetermin: 15.4.1994, Arte, 23.10, OmU
Länge: 105 Min.

Bei einem der alljährlichen Familientreffen im Haus des Pfarrers »Deedee« kommen die hinter einer Maske bürgerlicher Ordnung versteckten Gefühle und Aversionen offen zum Vorschein. Als der labile Claude, der sich zu Deedee hingezogen fühlt, spät in der Nacht einen Annäherungsversuch wagt und brüsk abgewiesen wird, kommt es zur Katastrophe.
Eine »menschliche Komödie« über die verzweifelte Suche nach Liebe und Anerkennung, die an selbstauferlegten Zwängen und gesellschaftlichen Konventionen scheitert.

Sammelsurium 762

***

Regie: Volker Koepp
Drehbuch: Volker Koepp
Kamera: Thomas Plenert, Michael Löwenberg (Farbe und s/w)
Schnitt: Angelika Arnold
Produktion: Frank Löprich, Katrin Schlösser für Ö-Film/WDR, BRD 1992
Uraufführung: 13.2.1993, Int. Forum des Jungen Films, Berlin
Verleih: Verleih der Filmemacher/-/-
Kinostart: Okt. 1994
Länge: 108 Min. – *FSK:* o.A., ffr.
FBW: Wertvoll

Der Film ist ein feuilletonistischer Streifzug durch die offiziell zwar schon untergegangene, in vielem jedoch noch deutlich erkennbare DDR. Jede dieser scheinbar zufälligen Begegnungen hat mit Macht und Machtausübung zu tun und ist auf ihre Weise ein Schlüsselerlebnis, das viel aussagt über den Zustand dieses Teiles von Deutschland.

Samstags, wenn Krieg ist 763

***
TV

Regie: Roland Suso Richter
Darsteller: Heino Ferch (Wolf), Markus Knüfken (Siggi), Felix Eitner (Yogi), Angelica Domröse (Kommissarin Vera Bilewski), Martin Armknecht (Heinz), Martin Halm (Gino), Patricia Rapp (Renate), Brigitte Schauder, Michael Hanemann, Isolde Barth
Drehbuch: Klaus-Peter Wolf
Kamera: Hans Grimmelmann (Farbe)
Musik: Jens Langbein, Robert Schulte Hemming
Schnitt: Ursula Fritsche
Produktion: Süddeutscher Rundfunk, BRD 1994
Erstaufführung: 26.6.1994, Filmfest München
Sendetermin: 18.9.1994, ARD
Länge: 94 Min.

Solider Fernsehkrimi, der sich um psychologische Differenzierungen im Skinhead-Milieu bemüht: Mitläufer und Profilneurotiker als nützliche Idioten für rechtsradikale Drahtzieher – der geistig behinderte Bruder eines Skin und ein Italiener als Sündenbock-Zielscheiben. Ratlose Kommissarin in einem tragisch-bösen Mordmelodram kleinbürgerlicher Macho-Jugend. *Ponkie, 28.6.94*

Ponkie in: AZ, 20.9.94

Der Satan 764

SATANA

****
TV

Regie: Viktor Aristow
Darsteller: Svetlana Bragarnik (Aljona), Sergei Kuprijanow (Vitalij), Veniamin Malotschewski (Aljona's Ehemann), Armen Nasikjan (Armen), Maria Awerbach (Vera), Anatoli Aristow, Zhanna Schipkowa, Margarita Aleksewa, Anna Sagalowitch, Mikhail Staroduboz
Drehbuch: Viktor Aristow
Kamera: Juri Voronzow (Farbe)
Musik: Arkady Gagulaschwili
Schnitt: J. Vigdorshik
Produktion: Sergei Awrutin, Valentina Goroschnikowa für Lenfilm/Studio Uliss/ Studio Tak-T., UdSSR 1990
Erstaufführung: 20.2.1991, Int. Filmfestspiele Berlin
Sendetermin: 3.5.1994, West3, 23.00
Länge: 90 Min.

Die Sowjetunion überraschte in »Satana« von Viktor Aristow zwar mit einem typisch »westlichen« Verbrechen (Kidnapping mit Lösegelderpressung), doch das Psychoporträt des eiskalten Kindermörders von sanftem Angesicht (Sergei Kuprijanow als Alain Delon von Leningrad), der seiner Schwarzhändler-Geliebten aus Rache das Kind umbringt und mit Lust alle Frauen wie Dreck behandelt, ist als Zerfalls-Metapher für ein korruptes System nur begrenzt strapazierfähig.
AZ, 22.2.91

(...) Ein schrilles, böses, satirisch verziertes Schreckensgebilde, aus dem sich der negative Held namens Sergei Kuprijanow ebenso heraushebt wie Swetlana Bragernik, die das schreiende und das stumme Elend und Entsetzen der Mutter überzeugend (und preiswürdig) herausquält. (...) *Dieter Strunz, Berliner Morpenpost, 21.2.91*

Sátántangó 765

SATANTANGO

***

Regie: Béla Tarr
Darsteller: Mihály Vig (Irimiás), István »Putyi« Horváth (Petrina), Erika Bók (Estike), Peter Berling (Doktor), Miklós B. Székely (Futaki), László Fe Lugossy (Herr Schmidt), Eva Almási Albert (Frau Schmidt), Alfréd Járay

(Herr Halics), Erzsébet Gaál (Frau Halics), János Derzsi (Herr Kráner)
Drehbuch: Béla Tarr, László Krasnahorkai, nach der gleichn. Vorlage von László Krasnahorkai
Kamera: Gábor Medvigy
Musik: Mihály Vig
Schnitt: Agnes Hranitzky
Produktion: György Fehér für Mozgokép Társulás és Alapitvány/Von Vietinghoff Filmprod./Vega Film, Ungarn 1991 – 1993
Uraufführung: 18.2.1994, Int. Forum des Jungen Films, Berlin
Verleih: Freunde/-/-
Kinostart: 18.6.1994
Länge: 450 Min.

Im Programm des »Forums« der Berlinale stach in diesem Jahr ein Film schon durch seine Länge hervor: der 450 Minuten lange »Sátántangó«. Bela Tarrs magnum opus ist eine Untergangsvision, deren Figuren auf einer verlassenen Maschinenstation leben. Für die Menschen in diesem Film sind alle Werte, an die sie ihren Lebensinhalt knüpfen könnten, längst aufgehoben, sie schmieden kleinkarierte Pläne und versuchen, sich gegenseitig zu betrügen. An Tarrs grandioser Reise in die Finsternis beeindrucken vor allem die regenverhangenen Schwarzweißbilder, festgehalten von einer Kamera, die in minutenlangen Einstellungen an Menschen und Behausungen vorbeigleitet, einige Augenblicke bei ihnen verweilt, um dann ruhelos weiterzuziehen.
Ein Realist würde sagen: »Lähmend langweilig«
Ein gewisser Masochismus gehört zweifellos dazu, sich siebeneinhalb Stunden ungarischer Tristesse in Schwarzgrau auszusetzen, doch wie im richtigen Leben wird auch diese Aberration mit ungeahnten Wonnen belohnt. Zwei, drei Stunden ringt man mit dem Kinomonster »Sátántangò«, und wen dann nicht der Schlag übermannt oder die Trägheit der Handlung ins womöglich sonnige Freie verschlagen hat, der steckt mittendrin im Film pur, einem cineastischen Raum-Zeit-Kontinuum, aus desen lähmender Gegenwart man am Ende nach traumschwerer Betäubung erst langsam wieder auftaucht.
Gnadenlos setzt uns Béla Tarr den Lebensmorast einer verschlagenen, versoffenen, desillusionierten und letztlich ohne Hoffnung hoffenden Dorfgemeinschaft vor. Eine Handvoll Figuren, wie die ausgesucht heruntergekommenen Bauten der landwirtschaftlichen Maschinenstation, Überreste des letzten Regimes, überrollt und übergangen von der Geschichte. Was bleibt ist die Angst und die Ungewißheit – und das Warten auf den Erlöser. Der kommt dann auch mit seinem Faktotum Petrina über die regengepeitschte, morastige Ebene, rechtzeitig zur Totenwache für die kleine Estike, die sich mit Rattengift davongemacht hat, und nimmt den Leuten das Geld und die Zukunft. (…) *Gerald Jung, Zitty, 10/94*

Fritz Göttler in: SZ, 2.7.94

Scanner Cop 766
SCANNER COP **
Video

Regie: Pierre David
Darsteller: Daniel Quinn (Samuel Staziak), Darlanne Fluegel (Dr. John Aiden), Richard Grove (Comm. Peter Harrigan), Mark Rolston (Lt. Brown), Richard Lynch (Clock), Hilary Shepard (Zenà)
Drehbuch: George Saunders, John Brayant
Kamera: Jaques Haitkin (Farbe)
Musik: Louis Febre
Schnitt: Julian Semilian
Produktion: Pierre David für Image, USA 1993
Verleih: -/-/-/Starlight Video
Videostart: Juni 1994
Länge: 90 Min. – *FSK:* ab 18 J., gekürzte Fass. 86 Min. ab 16 J.

Durch eine Reihe von Morden werden die seit langem ruhenden telepathischen Fähigkeiten eines jungen Mannes wieder reaktiviert. Bessere Mischung aus Science fiction und Horror als üblich.

Die Schamlosen 767
***
TV

Regie: Horst Johann Sczerba
Darsteller: Jürgen Vogel (Freddi), Meret Bekker (Rita), Adolph Spalinger (King), Leonard Lansink (Benny), Inga Busch (Ladendiebin), Armin Rohde (Müller)

Bosheit aus Bayern: Sigi Zimmerschied als Herr ›Schartl‹.

Drehbuch: Horst Johann Sczerba
Kamera: Klaus Eichhammer (Farbe)
Musik: Ulla Oster
Schnitt: Ueli Christen
Produktion: Olga Film/ZDF/Arte, BRD 1994
Erstaufführung: 27.6.1994, Filmfest München
Sendetermin: 8.7.1994, Arte, 20.40; 21.11.1994, ZDF, 19.25
Länge: 87 Min.

Geschwisterpaar im Außenseiterwinkel: Die Altenpflegerin in der Psychiatrie mit dem Kitschtraum von der Sängerinnenkarriere, und der Kaufhausdetektiv mit dem Video-Spannerblick in heiter-melancholischer Fürsorge für einen aus dem Heim ausgerissenen Greis. Die Jungen als liebevolle Erinnerungsgehilfen des sterbenden Alten – das hat, bis hin zur makabren Irrfahrt mit der Leiche, den sanft elegischen Ton aufrichtiger Naiv-Gefühle in der kalten Vermarktungswelt.
Ponkie, AZ, 30.6.94

Ponkie in: AZ, 23.11.94

Schartl

768
****

Regie: Sigi Zimmerschied
Darsteller: Sigi Zimmerschied (Herr Schartl/Ordnungsbeamter/Fonse/Johnson/Fresser), Barbara Dorsch, Miki Malör, Therese Affolter, Dorothea Gädecke
Drehbuch: Sigi Zimmerschied
Kamera: Josef Rödl (Farbe)
Musik: Sigi Zimmerschied
Schnitt: Fritz Baumann
Produktion: Sigi Zimmerschied für Hirtenbrief Prod., BRD 1994
Uraufführung: 30.6.1994, Filmfest München
Verleih: Hirtenbrief/dto./-
Kinostart: 15.9.1994
Länge: 88 Min.

Zimmerschieds Universal-Erstling ist ein gewaltiger, bösartiger niederbayerischer Dreschflegel, den er rundum schwingt gegen Klerus und Fernsehen, gegen Volksmusik-Heimatgedudel und Dummdeutsch-Biersuffgesudel. In knalligen Provokationsnummern haut er den Reihenhausspießern aufs Hirn, daß es kracht, und hackt sein surreales Zerrbild schmerzhaft in die katholische Altnazi-Volksseele. Das erinnert an den frühen Achternbusch. In einem Land, in dem der schwarze Traditionsmüll folgenlos zum Himmel stinkt, ist diese Niederbayern-Schandtat geradezu lebensnotwendig. *AZ, 30.6.94*

(...) All diese Typen wirbelt der Regisseur in einer Art Nummernkabarett, nur lose zusammengehalten durch eine

Rahmenhandlung, wild durcheinander. Allenfalls für Monty-Python-geeichte Kabarettfreunde und Zimmerschied-Fans, die Spaß haben am Humor (wenn es hier noch einer ist) der schwärzesten und bösesten Sorte. *multimedia*
Ponkie in: AZ, 16.9.94

Der Schatten des Mörders 769

SHE WOKE UP ***
TV

Regie: Waris Hussein
Darsteller: Lindsay Wagner (Claudia Parr), David Dukes (Sloane), Frances Sternhagen (Noelle), Maureen Mueller (Alix), Ron Frazier (Dr. Bigelow), Ben Savage (Andy), Bruce A. Young (Burke Harris), Patricia Barry (Marcie Belcamp), Erika Flores (Elizabeth), Sir James Randolph (Burleigh)
Drehbuch: Claire Labine
Kamera: Robert Steadman (Farbe)
Musik: Christopher Franke
Produktion: USA 1992
Sendetermin: 4.3.1994, ARD, 20.15
Länge: 89 Min.

Der obligate amerikanische Erbschleicherkrimi in der Millionärsvilla: Die dreiviertel gemeuchelte Gattin im Koma – erkennt sie den Mörder, wenn sie aufwacht? Die Psychothriller-Elemente dieses Films werden mit den Sentimental-Seufzern des Melodrams abgefedert: Ein passabler Herzensmord-Familienheuler für den Fernseh-Hausgebrauch. *Ponkie, AZ, 7.3.94*

Der Schatten des Zweifels 770

L' OMBRE DU DOUTE ***

Regie: Aline Issermann
Darsteller: Mireille Perrier (Marie), Alain Bashung (Jean), Sandrine Blancke (Alexandrine), Emmanuelle Riva (Großmutter), Michel Aumont (Großvater), Luis Issermann (Pierre), Dominique Lavanant (Gabrielle), Thierry Lhermitte (Baptiste), Roland Bertin, Jean-Pierre Sentier
Drehbuch: Aline Issermann; Martine Fadier-Nisse, Frédérique Gruyer
Kamera: Darius Khondji (Farbe)
Musik: Reno Isaac
Schnitt: Hervé Schneid
Produktion: Patrick Lancelot für Ciby 2000/TF1 Films mit Cofimage 4/ Investimage 4, Frankreich 1992
Uraufführung: Int. Filmfestspiele Venedig, 1993
Verleih: MFA/-/Filmcooperative
Kinostart: März 1994
Länge: 107 Min.

Als die elfjährige Alexandrine endlich den Mut hat, ihren Vater des sexuellen Mißbrauchs zu bezichtigen, setzt sie sich zuerst dem Psychoterror ihrer Umgebung aus. Obwohl ihr Schritt in die Öffentlichkeit zwiespältig ist, erweist er sich als einzig möglicher Weg aus dem familiären Vakuum heraus. Ein langwieriger Prozeß für alle Beteiligten setzt durch die Einschaltung der zuständigen Behörden ein. Ein gleichermaßen aufklärerischer wie sensibler Film über sexuellen Mißbrauch von Kindern in der Familie. Aline Issermanns großes Verdienst ist es, eine eindeutige Position zugunsten der mißbrauchten Opfer zu beziehen, ohne auf voyeuristische, melodramatische Akzente oder eine Verteufelung der Täter zu setzen. *Zoom*

(...) Was die ehemalige Comic-Zeichnerin und Regisseurin von Video-Clips Issermann vielversprechend beginnt, eine differenzierte Geschichte um Kindsmißbrauch, bei der zwei Psychologen am Drehbuch mitgearbeitet haben, endet wie viele Beiträge des Wettbewerbs bisher eher enttäuschend: mit klinischer Gründlichkeit wird im letzten Drittel der Vater Alexandrines seziert und jeder Schatten eines Zweifels beseitigt. Auch wenn die Regisseurin in vorbeugender Verteidigung äußerte, nur »Perverse und Pädophile« könnten sich über diese Form banaler Psychologisierung enttäuscht zeigen, verliert sie am Ende doch jene Komplexität, die dem Film zunächst Qualität verleiht. Das soziale Engagement gewinnt gegen die Form.
Bodo Fründt, SZ, 6.9.94

Der Schatz der Roxana 771

MARTORI DISPARUTI ☐
TV

Regie: Dan Mironescu
Darsteller: Marga Barbu, Serban Ionescu, Soby Ceh, Constantin Codrescu
Kamera: (Farbe)
Produktion: Rumänien 1989

Sendetermin: 21.3.1994, ORB3, 11.00
Länge: 100 Min.

Historischer Abenteuerfilm über eine Familienintrige im Rumänien des 19. Jahrhunderts. Roxana ist die Alleinerbin ihres Vaters, eines reichen Bukarester Bankiers. Ihre mißgünstigen Verwandten aber wollen den alten Mann umbringen und Roxana um das Geld betrügen.

Scheidung per Mord 772

TILL DEATH US DO PART ***

TV

Regie: Yves Simoneau
Darsteller: Treat Williams (Alan Palliko), Arliss Howard (Vincent Bugliosi), Rebecca Jenkins (Sandra Stockton), Embeth Davidtz, J.E. Freeman, Pruitt Taylor Vince, John Schuck, Valerie Mahaffey, Louis Giambalvo, Jennifer Runyon
Drehbuch: Philip Rosenberg, nach einem Roman von Vincent Bugliosi, Ken Hurwitz
Kamera: Paul Onorato (Farbe)
Musik: George S. Clinton
Schnitt: Michael Ornstein
Produktion: Nick Gillott für Saban/Scherick Prods., USA 1991
Uraufführung: 17.2.1992, NBC
Sendetermin: 14.3.1994, ZDF, 22.15
Länge: 93 Min.

Los Angeles, 1967. Der ehrgeizige junge Staatsanwalt Bugliosi Lunte überführt mit Hilfe von Indizienbeweisen einen ehemaligen Polizisten Alan, der zuerst den Ehemann seiner Geliebten und später seine Ehefrau ermordet hat. In beiden Fällen wird eine hohe Lebensversicherung ausgezahlt. Amerikanischer TV-Krimi mit gepflegter Spannung.

(...) Der Film variiert letztendlich nur Hollywood-Filme, die mit ähnlicher Thematik und auf höherem professionellem Niveau Kassenerfolge erzielen konnten. (...) *Stuttgarter Zeitung, 16.3.94*

Scheidungskriege 773

DIVORCE WARS ***

TV

Regie: Donald Wrye
Darsteller: Tom Selleck (Jack Sturgess), Jane Curtin (Victoria), Candy Azzara (Sylvia Benous), Joan Bennett (Adele Bugess), Lara Swimmer (Amanda), Philip Sterling (Max Bernheimer), Charles Haid (Freddy), Maggie Cooper (Leslie), Mimi Rogers (Belinda), Viveca Lindfors (Barbara Hansen)
Drehbuch: Donald Wrye, Linda Elstad
Kamera: Tak Fujimoto (Farbe)
Musik: Paul Chihara
Schnitt: Donald R. Rode
Produktion: Sam Manners für Warner Bros. TV, USA 1981
Uraufführung: 1.3.1982, ABC
Sendetermin: 6.4.1994, ZDF, 19.25
Länge: 93 Min.

Victoria, die Frau des stadtbekannten Scheidungsanwaltes Jack Sturgess, fühlt sich von ihm vernachlässigt und reicht die Scheidung ein. Jack kämpft um seine Familie und will seine Ehe nicht aufgeben, obwohl er seine Frau manchmal mit der jungen Studentin Belinda betrügt.

(...) Hier wurden zwar auch die Standard-Wehwehchen unverstandener und vernachlässigter Frauen an den Beginn der emotionalen Talfahrt gesetzt, aber dann entwickelten sich Dialoge von erstaunlicher Qualität, in deren Verlauf so manche Säule patriarchalischer Moral ins Wanken geriet, auf der anderen Seite aber auch deutlich wurde, daß weibliche Egozentrik einer Beziehung ebenso schädlich ist. (...)

Thomas Helling, Wiesbadener Kurier, 8.4.94

Scherben des Lebens 774

SHATTERED SPIRITS ***

TV

Regie: Robert Greenwald
Darsteller: Martin Sheen (Lyle), Melinda Dillon (Joyce), Matthew Laborteaux (Kenny), Roxanna Zal (Lesley), Lukas Haas (Brian), Jill Schoelen
Drehbuch: Gregory Goodell
Kamera: John Jensen (Farbe)
Musik: Michael Hoenig
Schnitt: Robert Florio
Produktion: Sheen/Greenblatt Prod., USA 1985
Sendetermin: 1.12.1994, ZDF, 1.20
Länge: 89 Min.

Lyle, Vater von drei Kindern und Geschäftsmann, ist ein hoffnungsloser Trinker. Seine Familie ist den durch den Alkoholgenuß verursachten Stimmungsschwankungen Lyles hilflos ausgesetzt; außerdem ist keinerlei Verlaß auf ihn. (...) Es kommt soweit, daß die Polizei Lyle das Betreten seines eigenen Hauses verwehrt. Auch das Sorgerecht für seine Kinder, die vorübergehend in ein Heim kommen, wird ihm aberkannt. Erst jetzt erkennt Lyle, wie tief er gesunken ist. (...) *Pressetext ZDF*

Das Schicksal 775
SWAHAM ***

Regie: Shaji N. Karun
Darsteller: Aswani (Annapoorna), Sarath (ihr Sohn), Venmani Vishnu (Stationsvorsteher), Hari Dass (Ramayyar), Gopi (Hausbesitzer), Mullenezhi (Schwager), Praseetha, Rudraprathapan, Gopalakrishnan
Drehbuch: S. Jayachandran Nair, R. Reghunath Paleri, Shaji N. Karun
Kamera: Hari Nair (Farbe und s/w)
Musik: K. Raghavan, Isaac Thomas Kottukapally
Schnitt: Raman Nair
Produktion: Shaji N. Karun für Filmfolk, Indien (Kerala) 1994
Uraufführung: 21.5.1994, Int. Filmfestspiele Cannes
Erstaufführung: 29.6.1994, Filmfest München
Verleih: -/-/trigon
Kinostart: Sept. 1994
Länge: 153 Min.

In einem abgelegenen Dorf in den Bergen, das nur durch eine einsame Bahnlinie mit der Außenwelt verbunden ist, verdient sich eine vierköpfige Familie den Lebensunterhalt mit den Einnahmen aus einem Kaffeeladen. Doch der gleichmäßige Rhythmus ihres Lebens wird jäh gestört, als der Vater, der Alleinernährer der Familie, durch einen Unfall ums Leben kommt.

Schindlers Liste 776
SCHINDLER'S LIST *****

Regie: Steven Spielberg
Darsteller: Liam Neeson (Oskar Schindler), Ben Kingsley (Itzhak Stern), Ralph Fiennes (Amon Goeth), Caroline Goodall (Emilie Schindler), Jonathan Sagalle (Poldek Pfefferberg), Embeth Davidtz (Helen Hirsch), Malgoscha Gebel (Victoria Klonowska), Friedrich von Thun (Rolf Czurda), Hans Jörg Assmann, Geno Lechner
Drehbuch: Steven Zaillian, nach dem gleichn. Roman von Thomas Keneally
Kamera: Janusz Kaminski (Deluxe)
Musik: John Williams; Itzhak Perlman (Violine)
Schnitt: Michael Kahn
Produktion: Steven Spielberg, Gerald R. Molen, Branko Lustig für Amblin Ent., USA 1993
Uraufführung: 15.12.1993, New York
Erstaufführung: 1.1.1994, Schauspielhaus Frankfurt
Verleih: UIP/UIP/UIP/CIC Video
Kinostart: 3.3.1994
Länge: 195 Min. – *FSK:* ab 12, ffr.
FBW: Besonders wertvoll

Die Dramatisierung eines dokumentarischen Romans über den nationalsozialistischen Industriellen und Lebemann Oskar Schindler, der in Polen mehr als 1100 Juden das Leben gerettet hat. In zurückhaltendem Schwarzweiß und vorwiegend an Originalschauplätzen gedreht, überzeugt der über dreistündige Film vor allem in der Darstellung von Personen und Details, die sich zu einem bewegenden Zeugnis aktiver Menschlichkeit in einer unmenschlichen Umgebung verdichtet. Nicht ohne stilistische Mängel und Anleihen an den Hollywood-Stil, doch insgesamt auf hohem Niveau und von großer Eindringlichkeit. Angesichts von wieder aufflackerndem Rechtsradikalismus und Antisemitismus geradezu ein Pflichtprogramm. *Zoom*

(...) Spielberg scheut am Ende (kurz vor der Befreiung, Parteigenosse Schindler auf der Flucht) nicht die weihevolle Ergriffenheit: Schindler, der Abenteurer, der ein Mensch war, wird zum Denkmal, und den geretteten »Schindler-Juden« wird keiner die Verklärung verdenken wollen. Und weil man schließlich tief aufgewühlt aus diesem weitgehend authentischen Schwarzweißfilm davonschleicht, kann man sich Detail-Einwände sparen: für neue Generationen, die kaum vertraut

Finger, die über den Tod entscheiden: Ben Kingsley und Liam Neeson erstellen ›Schindlers Liste‹.

Liam Neeson bekämpft, Steven Spielberg inszeniert das Grauen in ›Schindlers Liste‹.

Glenn Close und Michael Keaton liefern sich vor Randy Quaid ein Duell der Egos in ›Schlagzeilen‹.

sind mit den Altlasten der Geschichte, ist es der richtige (und damit ein guter) Film. *Ponkie, AZ, 3.3.94*

(...) Bedenkt man, daß jeder vierte, fünfte Amerikaner die »Endlösung« für erfunden hält, für Politammenmärchen, und ferner, daß mehr als die Hälfte aller Bundesbürger sich wieder der rabiaten Parole »Deutschland den Deutschen« anschließt – dann wird aus Steven Spielbergs Kinotat ein sozialhygienisches Verdienst. (...)
Ruprecht Skasa-Weiß, Stgt. Zeitung, 3.3.94

Elisabeth Bauschmid, Peter Buchka in: SZ, 3.3.94; Sebastian Feldmann in: Rheinische Post, 3.3.94; Fritz Göttler in. SZ, 5.3.94; Edith Heller in: Der Tagesspiegel, 28.1.93; Markus Hertneck in: SZ, 8.3.94; Marta Kijowska in: SZ, 5.6.93; Andreas Kilb in: Die Zeit, 4.3./25.3.94; Peter Körte in: FR, 1.3.94; Verena Lueken in: FAZ, 3.3.94; Frank Noack in: Der Tagesspiegel, 27.3.94; Janusz Tycner in: Die Zeit, 11.3.94

Schlagzeilen 777
THE PAPER ***

Regie: Ron Howard
Darsteller: Glenn Close (Alicia Clark), Michael Keaton (Henry Hackett), Robert Duvall (Bernie White), Marisa Tomei (Martha Hackett), Randy Quaid (McDougal), Jason Robards (Graham Keighley), Jason Alexander (Marion Sandusky), Spalding Gray (Paul Bladden), Catherine O'Hara (Susan), Lynne Thigpen (Janet)
Drehbuch: David Koepp, Stephen Koepp
Kamera: John Seale (Deluxe)
Musik: Randy Newman
Schnitt: Daniel Hanley, Michael Hill
Produktion: Brian Grazer, Frederick Zollo für Imagine Ent., USA 1994
Uraufführung: 18.3.1994, New York
Verleih: UIP/UP/UIP/CIC Video
Kinostart: 2.6.1994
Länge: 112 Min.
FSK: ab 12, ffr.
FBW: Besonders wertvoll

In der Redaktion einer New Yorker Tageszeitung entbrennen anläßlich eines spektakulären Mordfalles Auseinandersetzungen um die Schlagzeilen der nächsten Ausgaben, in die auch private Probleme der Betroffenen hineinreichen. Unentschlossen zwischen dramatischen und komischen Elementen schwankende Neubearbeitung eines alten Filmthemas. Dem oberflächlichen Drehbuch hat die einfallslose Regie nichts entgegenzusetzen, so daß lediglich im überzeugenden Spiel Michael

Keatons die beiden Ebenen des Films zum Tragen kommen. *Zoom*

Fritz Göttler in: SZ, 6.6.94; Peter Körte in: FR, 3.6.94; Rupert Koppold in: Stgt. Zeitung, 1.6.94; Carla Rhode in: Der Tagesspiegel, 2.6.94,; Karim Zendagui in: Rheinische Post, 4.6.94

Schlimmer als der Tod 778

THE EXECUTION PROTOCOL **

TV

Regie: Stephen Trombley
Kamera: Paul Gibson (Farbe)
Musik: Robert Lockhart
Schnitt: Peter Miller
Produktion: Mitch Wood, Stephen Trombley für Worldview Pic./West End Films mit Discovery Networks, GB 1992
Uraufführung: 11.11.1992, London Film Festival
Sendetermin: 23.3.1994, NORD 3, 23.45
Länge: 87 Min.

Exekutionsprotokoll über Leben und Sterben der zum Tode verurteilten Todeskandidaten im sichersten Gefängnis der USA.

Die Schokoladenprinzessin 779

HOT CHOCOLATE **

TV

Regie: Josée Dayan
Darsteller: Robert Hays (Eric), Bo Derek (B. J. Cassidy), Francois Marthouret, Patricia Millardet, David Martin, Vincent Cassel
Produktion: Frankreich 1992
Sendetermin: 26.7.1994, VOX, 20.10; 16.1.1994, VOX, 19.05
Länge: 90 Min.

Die erfolgreiche französische Geschäftsfrau B. J. Cassidy reist in die Provinz, um dort eine alte Schokoladenfabrik zu kaufen. Sie verliebt sich in Eric, den Chauffeur ihres Geschäftspartners, mißtraut aber seinen Beteuerungen aufrichtiger Liebe.

Die Schöne und das Ungeheuer 780

HOTEL ST. PAULI ***

TV

Regie: Svend Wam
Darsteller: John Ege (Jor), Amanda Ooms (Gerda), Gyvin Berven (Morgan), Sossen Krogh, Jorunn Kjellsby, Ingrid van Bergen, Jöns Andersson, Lasse Lindtner
Drehbuch: Svend Wam, Petter Venneröd, nach dem Roman von Erland Kiösterud
Kamera: Philip Ogaard (Eastmancolor)
Musik: Svein Gundersen
Schnitt: Inge-Lise Langfeldt
Produktion: Svend Wam, Petter Venneröd für Mefisto Film, Norwegen 1988
Sendetermin: 19.4.1994, Premiere, 22.45
Länge: 104 Min.

Die heroinabhängige Gerda und Jor verbindet eine Haßliebe, die zu einer Eskalation führt, als Gerda im Drogenrausch den jungen Morgan verführt.

Die schöne Warwara 781

WARWARA-KRASA – DLINNAJA KOSA ***

Video

Regie: Alexander Rou
Darsteller: Michail Pugowkin (Zar Jeremej), Sergej Nikolajew (Zarensohn), Alexei Katyschew (Fischersohn), Anatoli Kubazki (Afonja, der Schreiber), Georgi Milljar (Zar Tschudo-Judo)
Drehbuch: Michail Tschuprin, Alexander Rou
Kamera: Dmitri Surenski (Farbe)
Musik: Arkadi Filippenko
Produktion: Zentrales Studio für Kinder- und Jugendfilme Maxim Gorki, UdSSR 1969
Verleih: -/-/-/EuroVideo
Videostart: Dez. 1994
Länge: 83 Min.
FSK: ab 6 J.

Russischer Märchenfilm.

Lutz Gräfe in: film-dienst, 20/94

Schramm 782

**

Regie: Jörg Buttgereit
Darsteller: Florian Koerner von Gustorf, Monika M., Michael Brendel, Carolina Harnisch, Xaver Schwarzenberger, Gerd Horvath
Drehbuch: Jörg Buttgereit, nach einer Story von Jörg Buttgereit und Franz Rodenkirchen
Kamera: Manfred O. Jelinski (Farbe)
Musik: Max Müller, Gundula Schmitz
Schnitt: Manfred O. Jelinski, Jörg Buttgereit
Produktion: Jörg Buttgereit, Manfred O. Jelinski für Jörg Buttgereit/Manfred O. Jelinski Prod., BRD 1993
Uraufführung: 28.10.1993, Hofer Filmtage
Länge: 75 Min.

Film über den Frauenmörder Lothar Schramm, der schließlich neben zwei verwesenden Frauenleichen tot in seiner Wohnung aufgefunden wurde.

(...) Ängste und Visionen fließen in der Wahrnehmung des Mörders Schramm mit der Wirklichkeit zusammen. In seinen Wunschphantasien sieht sich der Einsame beim Walzer mit der schönen Nachbarin, im tristen Leben bumst er einen armseligen Gummitorso. Mit irritierenden Schnitten und chronologischen Verschiebungen führt Jörg Buttgereit den Zuschauer in Schramms beklemmende Innenwelt, wo schmatzende Vaginas und blutige Beinstümpfe ihr Unwesen treiben.
Katja Nicodemus, tip, 1/94

Frank Noack in: Der Tagesspiegel, 1.1.94

Der Schrecken lauert nebenan 783
COMPLEX OF FEAR □ TV

Regie: Brian Grant
Darsteller: Hart Bochner (Ray Dolan), Joe Don Baker (Frank Farrel), Chelsea Field (Michelle Dolan), Brett Cullen (Ed Wylie), Farrah Forke (Vicki), Ashley Gardner (Doreen Wylie), Rus Blackwell (Stan Evans), Jordan Williams (Lee Harrison), Lisa Darr (Penny Evans), Ann Bronston (Sandra)
Drehbuch: Dyanne Asimow, Matt Dorff
Kamera: Nic Knowland (Farbe)
Musik: Nan Mishkin
Produktion: USA 1993
Sendetermin: 30.9.1994, ARD, 20.15
Länge: 87 Min.

In einem komfortablen Wohnkomplex verbreitet ein unbekannter Triebtäter Furcht und Schrecken. Er überfällt junge Frauen in ihren Wohnungen und vergewaltigt sie. Als sich Hinweise dafür mehren, daß der Unbekannte ein Bewohner der Anlage sein muß, breitet sich gegenseitiges Mißtrauen aus, bis es der Polizei schließlich gelingt, den Täter zu fassen. *Pressetext ARD*

Der Schrei der Taube 784
BETRAYAL OF THE DOVE ** Video

Regie: Strathford Hamilton
Darsteller: Helen Slater (Ellie), Kelly LeBrock (Una), Billy Zane (Jesse), Alan Thicke (Jack), Harvey Korman (Sid), David L. Lander (Norman), Heather Lind (Autumn)
Drehbuch: Robby Benson
Kamera: David Lewis (Farbe)
Musik: Sasha Matson
Schnitt: Marcy Hamilton
Produktion: Ashok Amritraj für Prism Pic./ Private Prod., USA 1992
Verleih: -/-/-/VCL/Carolco Video
Videostart: 21.2.1994
Länge: 91 Min.
FSK: ab 16 J.

Symbolüberfrachteter Mystery-Thriller um eine Frau, die Opfer einer komplizierten Intrige zu werden droht. Höchst uneinheitlich konzipiert und inszeniert.

Schrei in der Nacht 785
A CRY IN THE NIGHT □ TV

Regie: Robin Spry
Darsteller: Perry King (Erich Krueger), Carol Higgins Clark (Jenny), Annie Girardot (Reine), Chris Wiggins (Clyde), Brigid Tierney (Tina), Amy Fulco (Beth), Matt Cooke (Mark), James Rae (Chris), Frayne McCarthy (Joe), Linda Smith (Emily)
Drehbuch: Robin Spry, nach einem Roman von Mary Higgins Clark
Kamera: Rodney Gibbons (Farbe)
Musik: Marty Simon
Produktion: Kanada 1992
Sendetermin: 22.4.1994, ARD, 23.55
Länge: 96 Min.

Jenny, eine geschiedene junge Mutter, lernt auf einer Ausstellung in New York den international renommierten Maler Erich Krueger kennen. Als er sie bittet, seine Frau zu werden, glaubt sie, in ihm einen liebevollen neuen Vater für ihre beiden kleinen Töchter gefunden zu haben. Erst auf seinem Besitz in Kanada merkt sie allmählich, daß sie einen Psychopathen geheiratet hat und gerät mit ihren Kindern in tödliche Gefahr.
Pressetext ARD

Schrei nach Hilfe 786
MICHELE ALLA GUERRA □ TV

Regie: Franco Rossi
Darsteller: Silvio Orlando (Michele Abate), Désirée Nosbusch Becker (Nini), Antonio Petrocelli (Padre Danilo), Pierre Cosso (Bleriot), Silvio Vannucci (Raniero), Brigitte

Karner (Hanna), Miljenca Androvic (Clara Ebregvic), Sreden Mokrovic (Hanna Ebregvic), Boris Mirkovic (Soldat), Ester Vrancich (Ester)
Drehbuch: Sandro Petraglia, nach einer wahren Begebenheit
Produktion: Italien/BRD 1994
Sendetermin: 27.7.1994, SAT.1, 20.15
Länge: 102 Min.

Der Hilferuf kommt mitten aus dem Bürgerkrieg in Bosnien: Padre Danilo, ein italienischer Priester auf Friedensmission in Bosnien, braucht seine Freunde. Nini, Jugendrichterin in Rom, und Kommissar Michele Abate sollen helfen, die fünf Kinder einer Italienerin aus der belagerten Stadt im Kampfgebiet zu retten. Die Militärs dort und die Behörden in Italien schalten auf stur, befürchten »internationale Komplikationen«. So zieht Kommissar Michele, ein ganz »normaler« Mann mit manchmal allerdings höchst unkonventionellen Methoden, für die Sache der Kinder in den Krieg. Doch bevor er mit seiner hundertköpfigen Karawane zurückkehren kann, muß Michele noch seinen ganz persönlichen Kampf führen: gegen die Brutalität des Krieges, gegen das Abstumpfen, gegen das Wegsehen. Mit Mut zum Mitleid, zum Weiterkämpfen und – zur Hoffnung.

Pressetext SAT.1

Die Schwächen der starken Frauen 787

TEL AVIV STORIES ***

Regie: Ayelet Menahemi (1, 3), Nirit Yaron (2)
Darsteller: 1: Yael Abecassis (Sharona), Sharon Alexander (Yonatan), Giuliano Mer (Gino); 2: Ruthi Goldberg (Zofit), Rozina Kambus (Frau Bonner), Dror Keren (Fotograf); 3: Anat Waxman (Tikva), Sasson Gabay (Prosper), Michal Matitiahou (Pazit)
Drehbuch: Shemi Zarhin/Ayelet Menahemi (1), Nirit Yaron (2, 3)
Kamera: Amnon Zlayet (1, 3), Jorge Gurevitch (2) (Farbe)
Musik: Ari Frankel (1, 3), Shlomo Gronich
Produktion: Yitzhak Ginsberg, Ehud Bleiberg für Udi Prod./Dream Prod., Israel 1992
Erstaufführung: 30.6.1994, Filmfest München
Verleih: Filverlag/-/-
Kinostart: 7.7.1994
Länge: 109 Min.

Sharona, die umschwärmte Traumfrau; Zofit, die sich um jeden Preis für die Rettung einer kleinen Katze einsetzt; und Tikva, die zur Geiselnehmerin wird, um ihren Mann zur Scheidung zu zwingen – in drei Episoden zeigen die Regisseurinnen junge Frauen in Israel. Über weite Strecken verwechselt die Regie Unterhaltung mit Überdrehtheit und Rhythmus mit einem Durcheinander. Einzig in der letzten Episode, die geschickt die Klischees des Actionsfilms parodiert, wird dem Zuschauer ein ehrlicher Blick auf die Figuren gegönnt.

Kölner Stadt-Anzeiger, 9.7.94

H.G. Pflaum in: SZ, 11.7.94; Ponkie in: AZ, 14.7.94

Schwarze Hochzeit 788

FOR BETTER ... AND FOR WORSE □ TV

Regie: Clive Donner
Darsteller: Kate Nelligan (Kay Steiner), Jennifer Beals (Virginia Holland), Madeleine Robinson (Madame Delbande), Werner Stocker (Franz Hecker), Geraint Wyn Davies (Tony Ortona), Manfred Lehmann (Michael Steiner), Gertrud Prey (Else Weisskirch), Hans Irle (Hermann Weisskirch), Wolfgang Bathke (Kleinert), Edward Brigadier (Pearson)
Drehbuch: Marc Princi, nach dem Roman »Terror stalks the classreunion« von Mary Higgins Clark
Kamera: Gernot Roll (Farbe)
Musik: Carlo Siliotto
Produktion: Gemini/Camera Continentales, BRD/USA 1992
Sendetermin: 12.3.1994, ARD, 23.23
Länge: 95 Min.

Ein deutscher Kommissar wird zur Sicherheitsunterstützung an einer amerikanischen Garnisonsschule eingesetzt. Dort trifft er auf seine alte Liebe, die mittlerweile als Musiklehrerin an der Schule arbeitet. Im Lauf der Feier wird die Musiklehrerin von einem GI entführt, der mit ihr in einem abgelegenen Haus eine schwarze Hochzeit zelebrieren will.

Die schwarze Republik 789

GOUDOULDO OURICHEROM / VEDULDO URICHURUM □ TV

Regie: Kwang-Soo Park
Darsteller: Sung-Keun Moon (Kim), Joong-Hoon Park (Lee), Hye-Jin Shim (Song)
Drehbuch: Dae-Sung Yoon, Sung-Soo Kim, Kwang-Soo Park, nach der Story »Birds of Feathers« von In-Suk Choi
Kamera: Young-Gil Yoo (Farbe)
Musik: Soo-Chul Kim
Produktion: Lee Kwon-suk für Korea Motion Pic., Südkorea 1990
Sendetermin: 4.1.1994, WEST3, 23.05 OmU
Länge: 101 Min.

Der wegen illegaler Aktivitäten landesweit von der Polizei gesuchte Student Kim taucht in einem abgelegenen Bergarbeiterdorf unter, wo die Einfuhr ausländischer Kohle zu Minenstillegungen, Arbeitslosigkeit, Unruhen und Frustrationen geführt hat. Viele Kumpels haben bereits die Provinz verlassen und sind, um zu überleben, in größere Städte abgewandert. (...)
Pressetext WEST3

Das Schweigen der Hammel 790

THE SILENCE OF THE HAMS **

Regie: Ezio Greggio
Darsteller: Ezio Greggio (Antonio Motel), Dom DeLuise (Dr. Animal), Billy Zane (Joe Dee Fostar), Joanna Pacula (Lily), Charlene Tilton (Jane), Martin Balsam (Det. Balsam), Stuart Pankin (Pete Putrid), Shelley Winters (Mutter), John Astin (Ranger), Bubba Smith (Olaf)
Drehbuch: Ezio Greggio
Kamera: Jacques Haitkin (Farbe)
Musik: Parmer Fuller
Schnitt: Robert Barrere, Andy Horvitch
Produktion: Julie Corman, Ezio Greggio für 30th Century Wolf/Silvio Berlusconi Comm., USA 1994
Verleih: Highlight/Constantin/-/Highlight Video
Kinostart: 1.9.1994
Länge: 82 Min.
FSK: ab 12, ffr.

Der FBI-Mann Joe Dee Fostar ist einem Serienkiller auf der Spur und muß deswegen einige sehr seltsame Gespräche über schweigende Schinken mit dem Psychopathen Dr. Animal führen, der Junk-Ausgaben von Hanibal Lecter. Mal grobschlächtig, mal mit viel Fingerspitzengefühl und großer Liebe zum Detail kopiert, plagiiert und parodiert Ezio Greggio einschlägige Horror- und Suspense-Szenarios aus berühmten Thrillern – selbst der schon oft verwursteten Duschszene aus Hitchcocks »Psycho« gewinnt Greggio noch komische neue Seiten ab.
Volker Gunke, tip, 14/94

Albert Baer in: Rheinische Post, 2.9.94

Schweigende Zunge 791

SILENT TONGUE ***

Regie: Sam Shepard
Darsteller: Alan Bates (Eamon McCree), Richard Harris (Prescott Roe), Dermot Mulroney (Reeves McCree), River Phoenix (Talbot Roe), Sheila Tousey (Awbonnie/Geist), Jeri Arredondo (Velada McCree), Bill Irwin (Comic), David Shiner, Tim Scott, Tantoo Cardinal (Schweigende Zunge)
Drehbuch: Sam Shepard
Kamera: Jack Conroy (Deluxe)
Musik: Patrick O'Hearn
Schnitt: Bill Yahraus (auch 2nd unit Regie)
Produktion: Carolyn Pfeiffer, Ludi Boeken für Belbo Films/Alive Films/Le Studio Canal Plus, USA/Frankreich 1993
Uraufführung: 28.1.1993, Sundance Film Festival, Park City, Utah; 25.2.1994, New York
Verleih: Filmwelt/-/-
Kinostart: 1.12.1994
Länge: 111 Min. – *FSK:* ab 12, ffr.

Eine melancholische Western-Ballade mit surrealen Qualitäten, wenn auch streckenweise theatralischer Schwere: Regisseur und Autor Sam Shepard liefert einen intensiv verhaltenen Beitrag zum Thema American Indian.
Man muß sich einlassen auf diesen Film, in Ruhe schauen und den verschlungenen Pfaden der Erzählung vertrauensvoll folgen. Dann schält sich eine intime und dramatische, böse und verzweifelte Geschichte heraus. (...)
Frauke Hanck, AZ, 1.12.94

(...) Phoenix verkörpert einen jungen Mann im New Mexico des Jahres 1873, der den Leichnam seiner Frau bewacht, um ihr freies Geleit in die Welt der Geister zu verschaffen. Das hoffen wir auch für Phoenix, dem wir einen anderen Abgang als diesen mythenschwangeren und sehr theatralischen Film gewünscht hätten. *Lars-Olav Beier, tip*

Rupert Koppold in: Stgt. Zeitung, 9.12.94; Christian Seebaum in: Kölner Stadtanzeiger, 3.12.94; Anke Sterneborg in: SZ, 1.12.94

Schwur der Rache 792

INDEPENDENCE □

TV

Regie: John D. Patterson
Darsteller: John Bennett Perry (Sam Hatch), Isabella Hofmann, Anthony Zerbe, Stephanie Dunnam, Sandy McPeak, Macon McCalman, Joshua Julian, Amanda Wyss
Drehbuch: Gordon Dawson
Musik: J.A.C. Redford
Produktion: Joseph B. Wallenstein, USA 1987
Sendetermin: 6.5.1994, RTL2, 20.15
Länge: 91 Min.

Ein Sheriff, dessen Familie umgebracht wurde, schwört Rache, bekommt aber erst nach Jahren Gelegenheit, sie auszuführen.

Sea Fighter 793

SEA WOLVES *

Video

Regie: Cheng Siu-Keung
Darsteller: Cynthia Khan (Inspektor Khan), Simon Yam, Gary Chau, Tsui Siu-Keung
Drehbuch: Leung Hung Wah
Musik: Jonathan Wong
Produktion: Stephen Shin für D & B Prod., USA 1992
Verleih: -/-/-/Condor Video
Videostart: 7.6.1994
Länge: 84 Min.
FSK: ab 18 J.

Nun müssen auch noch die vietnamesischen Boat-People als Hintergrund für einen Hongkong-Kampfsport-Actioner herhalten – spekulativer Action-Schrott.

Secret Force 794

CRAZY JOE □

Video

Regie: Steve Carver
Darsteller: Justin Lazard (Joe), Rachel York (Mary), Eb Littimer (Saunders), Krista Shook (Carol), David Carradine (Chavez), R.G. Armstrong, Frank McCarthy
Drehbuch: Stephen Peters, nach einer Story von Joseph Goldman
Kamera: Bernard Salzmann (Deluxe)
Musik: Sasha Matson
Schnitt: Irit Raz
Produktion: Menahem Golan, Ami Artzi für 21st Century Film, USA 1992
Verleih: -/-/-/Euro Video
Länge: 87 Min. – *FSK:* ab 18 J.

Actionfilm der einfachen Art.

Sehnsucht ohne Grenzen 795

THE LONG ROAD HOME **

Video

Regie: William Johnston
Darsteller: Denis Forest (Michael Posen), Kelly Rowan (Cynthia), Gareth Bennett (Ronald Schubert)
Drehbuch: Dan Datree
Kamera: Vic Sarin (Farbe)
Schnitt: Judy Krupanszky
Produktion: Ronald Lillie, William Johnston für Lauren Pic., Kanada 1989
Uraufführung: 31.8.1989, Montreal World Film Festival »Panorama«
Verleih: -/-/-/Screen Ent. Video
Videostart: Mai 1994
Länge: 95 Min.
FSK: ab 12 J.

Billiger Tränendrücker um einen Fahnenflüchtigen, der 1969 in einem Kindersommercamp Unterschlupf findet.

Seide und Schwert 796

GOH-HIME □

TV

Regie: Hiroshi Teshigahara
Darsteller: Tatsuya Nakadai (Oribe Furuta), Rie Miyazawa (Prinzessin Goh), Toshiya Nagasawa (Usu), Katsuhiro Oida (Fürst Hideyoshi Toyotomi), Hisashi Igawa (Ieyasu Tokugawa), Kei Suma (Ugisato Gamou), Tetsuya Bessho (Toshitsune Maeda), Kyoko Maya (Ogin), Kei Yamamoto (Tadaoki Hosokawa), Koshiro Matsumoto (Ukon Takayama)
Drehbuch: Genpei Akasegawa, Hiroshi Teshigahara, nach einer Novelle von Masaharu Fuji
Kamera: Fujio Morita (Farbe)
Musik: Toru Takemitsu
Schnitt: Toshio Taniguchi
Produktion: Shigeyoshi Sugisaki, Yoshinobu Nishioka, Noriko Nomura für Shochiku/ Teshigahara Prod., Japan 1992
Uraufführung: 6.9.1992, Montreal World Film Festival

Sendetermin: 16.2.1994, ARD, 23.05
Länge: 147 Min.

Japan, im 16. Jahrhundert. Der skrupellose Fürst Hideyoshi ernennt Oribe Furuta zu seinem neuen Teemeister, nachdem er dessen Lehrer Rikyu gezwungen hatte, sich selber zu töten. Oribe strebt nach künstlerischer Unabhängigkeit und bringt sich damit in der streng reglementierten Gesellschaft in Gefahr. Die schöne Prinzessin Goh teilt sein Freiheitsbedürfnis und wagt zusammen mit Oribe einen Akt der Rebellion, den dieser mit seinem Leben bezahlen muß. *Pressetext ARD*

Serial Mom – Warum läßt Mama das Morden nicht? 797
****

SERIAL MOM

Regie: John Waters
Darsteller: Kathleen Turner (Beverly Sutphin), Ricki Lake (Misty Sutphin), Sam Waterston (Eugene Sutphin), Matthew Lillard (Chip Sutphin), Scott Wesley Morgan (Det. Pike), Walt MacPherson (Det. Gracey), Mary Jo Catlett (Rosemary Ackerman), Justin Whalin (Scott), Patricia Dunnock (Birdie), Mink Stole (Dottie Hinkle)
Drehbuch: John Waters
Kamera: Robert M. Stevens (Technicolor)
Musik: Basil Poledouris
Schnitt: Janice Hampton, Erica Huggins
Produktion: John Fiedler, Mark Tarlov für Polar Ent., USA 1994
Uraufführung: Int. Filmfestspiele Cannes 1994
Verleih: Scotia/Constantin/Focus/Ufa-Universum Video
Kinostart: 26.5.1994
Länge: 93 Min. – *FSK:* ab 16, ffr.

Läßt sich nichts bieten: Kathleen Turner als Mutter Courage in ›Serial Mom‹.

Aus Verärgerung über nörgelnde Nachbarinnen und andere unliebsame Zeitgenossen wird eine unscheinbare, pflichtbewußte Hausfrau und Mutter zur Serienmörderin, die jedes Problem, das sich ihrer geliebten Familie in den Weg stellt, mit Gewalt aus dem Weg räumt. In der Gerichtsverhandlung kann sie die Sympathien der Öffentlichkeit für sich gewinnen. Doppelbödige »schwarze« Komödie von ausgesuchter, aber nicht selbstzweckhafter Geschmacklosigkeit, die die Kehrseiten des bürgerlichen Familien- und Vorstadtidylls ebenso aufs Korn nimmt wie den modischen Medienwahn um pathologische Mörder. Kathleen Turner überspielt mit einer komödiantischen Glanzleistung die Längen der Geschichte. *Zoom*

(...) Kathleen Turner ist als saccharinsüße Vorortsmama und metzelnde Übermutter eine Freude für all die, die weder die Serienmördermode noch den lieben Familienfilm ernst nehmen wollen. *Gunter Göckenjan, tip, 11/94*

Heiko R. Blum in: Rheinische Post, 28.5.94; Angie Dullinger in: AZ, 26.5.94; Sabine Horst in: FR, 26.5.94; Thomas Klingenmaier in: Stgt. Zeitung, 28.5.94

Seven Up South Africa 798
**
TV

7 UP SOUTH AFRICA

Regie: Angus Gibson
Produktion: Südafrika/GB 1992
Sendetermin: 23.4.1994, Arte, 20.40
Länge: 80 Min.

Siebenjährige Kinder beschreiben ihre Heimat Südafrika als ein Land zwischen Glück, Chaos und Trauer. Entscheidend für die Einschätzung der Kinder ist ihre Hautfarbe.

Seventh Floor 799

SEVENTH FLOOR **
Video

Regie: Ian Barry
Darsteller: Brooke Shields (Kate), Masaya Kato (Mitsuru), Craig Pearce (Ed), Linda Crooper (Vivian), Malcolm Kennard (Greg), Russell Newman (Det. Riley)
Drehbuch: Tony Morphett
Kamera: Martin McGrath (Farbe)
Musik: Roger Mason
Schnitt: Timothy Wellburn
Produktion: Chris Brown, John Sexton, Hiroyuki Ikeda für Australian Film/Portman Rutherford Films/Sogovision, Australien 1994
Verleih: -/-/-/VPS Video
Videostart: 28.7.1994
Länge: 99 Min.
FSK: ab 16 J.

Junge Witwe fühlt sich von ihrem mysteriösen Mieter, einem irren Computerfreak, bedroht. Die einzige Attraktion dieses meschuggenen Thrillers bleibt Brooke Shields – und auch das ist Geschmackssache.

Sex and Zen 800

SEX AND ZEN **
Video

Regie: Michael Mak
Darsteller: Amy Yip, Isabella Chow, Lawrence Ng, Kent Chang, Carrie Ng, Lo Lieh
Drehbuch: Lee Ying Kit, nach der Story »Prayer Mat of the Flesh« von Li Yü
Kamera: Peter Ngor (Farbe)
Musik: Chang Wing Leung
Schnitt: Poon Hung
Produktion: Stephen Siu für Rim Film, Hongkong 1991
Verleih: -/-/-/Ufa Video
Videostart: 27.6.1994
Länge: 82 Min.
FSK: ab 18 J.

Ein buddhistischer Mönch probiert studienhalber die Spielarten des Sex aus, während seine Gattin dasselbe gegen Bares tut. Rissiges Sexfilmchen mit philosophischem Anstrich.

Sexual Intent 801

SEXUAL INTENT *
Video

Regie: Kurt Mac Carley
Darsteller: Gary Hudson (John), Sarah Hill (June), May Baldwin (Kathi), Erica Howard (Julie), Stan Hermann (Duty Officer), Michelle Brin
Drehbuch: Kurt Mac Carley, John McGafferty
Kamera: Vojislav Mikulic (Farbe)
Musik: Peter Leinheiser
Schnitt: Ken Shretzman
Produktion: Kai Ephron, Kurt Mac Carley für Ulysse Ent. mit Suenos De Los Angeles, USA 1992
Verleih: -/-/-/New Vision Video
Videostart: 12.04.1994
Länge: 87 Min. – *FSK:* ab 18 J.

Schier ungenießbare Mischung aus Softerotik, Krimi und Semidokumentation rund um einen sexsüchtigen Verbrecher.

Shadow of Murder 802

ALL-AMERICAN MURDER ***
Video

Regie: Anson Williams
Darsteller: Christopher Walken (R.J.Decker), Charlie Schlatter (Artie Logan), Josie Bissett (Tally Fuller), Richard Kind (Lou Alonzo), Mitchell Anderson (Doug Sawyer), Joanna Cassidy (Erica Darby), Amy Davis (Wendy), J.C. Quinn, Craig Stout, Woody Watson
Drehbuch: Barry Sandler (auch Co.-Prod.)
Kamera: Geoff Schaaf
Musik: Rod Sheane
Schnitt: Jonas Thaler
Produktion: Bill Novodor für Enchantment Pic. mit Greenwich Films, USA 1991
Verleih: -/-/-/UFA Video – *Videostart:* Juni 1994
Länge: 90 Min. – *FSK:* ab 18 J.

Rebellischer Highschool-Boy mit pyromanischer Ader gerät nach einem Brand, bei dem seine neueste Flamme in Flammen aufgeht, unter Mordverdacht. Ein Thriller, der sich erfolgreich um die Vermeidung allzu gängiger Klischees bemüht.

Oliver Rahayel in: film-dienst, 11/94

Shadow und der Fluch des Khan 803

THE SHADOW ***

Regie: Russell Mulcahy
Darsteller: Alec Baldwin (Lamont Crans-

ton/The Shadow), John Lone (Shiwan Khan), Penelope Ann Miller (Margo Lane), Peter Boyle (Moe Shrevnitz), Ian McKellen (Reinhardt Lane), Tim Curry (Farley Claymore), Jonathan Winters (Barth), Sab Shimono (Dr. Tam), Andre Gregory (Burbank)
Drehbuch: David Koepp
Kamera: Stephen H. Burum (Deluxe)
Musik: Jerry Goldsmith
Schnitt: Peter Honess
Produktion: Martin Bregman, Willy Baer, Michael S. Bregman für Bregman/Baer Prod., USA 1994
Uraufführung: 1.7.1994, New York
Verleih: UIP/UIP/UIP
Kinostart: 27.10.1994
Länge: 107 Min.
FBW: Besonders wertvoll

Ein nur an seinem Schatten auszumachender Kämpfer für Recht und Ordnung liefert sich in New York ein Gefecht mit dem letzten Nachfahren des Dschingis Khan, der die Welt unterjochen möchte. Weitere Verfilmung eines amerikanischen Trivialmythos, der es trotz großem technischem Aufwand an Tempo und Regiewitz mangelt. Die renommierten Darsteller(innen) verkaufen sich in diese Spektakel weit unter Wert. *Zoom*

Ein »Held« der Dreißiger-Jahre kämpft letzten Endes erfolgreich gegen einen späten Nachfahren des Dschingis Khan. Eine mit modernen Versatzstükken versehene, insgesamt lächerliche Filmfassung alter Radio- und Comic-Abenteuer. *multimedia*

Heiko R. Blum in: Rheinische Post, 28.10.94; Peter W. Jansen in: tip, 22/94; Thomas Klingenmaier in: Stgt. Zeitung, 27.10.94

Shadowchaser II 804

PROJECT SHADOWCHASER II *

Video

Regie: John Eyres
Darsteller: Frank Zagarino (Romulus, der Android), Bryan Genesse (Frank Meade), Beth Toussaint (Laurie Webber), Danny Hill (Ricky), Todd Jensen (Joe Hutton), Danny Keogh (John O'Hara), Jeff Fannell (Carl Reitman), Hal Orlandini (General McOwell), Gavin Hood (Tieg)
Drehbuch: Nick Davis; John Cianetti
Kamera: Alan M. Trow (Foto-Kem)
Musik: Steve Edwards

Sanfter Mann vor sanften Hügeln: Regisseur Richard Attenborough am Set von ›Shadowlands‹.

Schnitt: Amanda I. Kirpaul
Produktion: Gregory Vanger, John Eyres, Geoff Griffiths für EGM Film, USA 1993
Verleih: -/-/-/VPS Video
Videostart: 10.11.1994
Länge: 88 Min.
FSK: ab 18 J.

Unter der Leitung eines Androiden wird ein Atomwaffenstützpunkt erstürmt und danach von den Bösen kontrolliert. Bis die Guten, mit Hilfe von Technik-Freaks, zurückschlagen. Der Albino-Athlet Zagarino darf zum zweiten Mal in einem nahezu handlungsfreien Raum prügeln und schießen.

Shadowlands 805

SHADOWLANDS ****

Regie: Richard Attenborough
Darsteller: Anthony Hopkins (Jack Lewis), Debra Winger (Joy Gresham), Joseph Mazzello (Douglas Gresham), Edward Hardwicke (Warnie Lewis), John Wood (Christopher Riley), Michael Denison (Harry Harrington), Peter Firth (Dr. Craig), Robert Flemyng (Claude Bird), James Frain (Peter Whistler), Andrew Hawkins
Drehbuch: William Nicholson, nach seinem gleichn. Theaterstück
Kamera: Roger Pratt (Farbe)

Musik: George Fenton
Schnitt: Lesley Walker
Produktion: Richard Attenborough, Brian Eastman für Shadowlands Prod./Twickenham Film/The Barons mit Price Ent./Savoy Pic., GB/USA 1993
Uraufführung: 29.12.1993, New York
Erstaufführung: 17.2.1994, Int. Filmfestspiele Berlin
Verleih: Warner Bros./dto./Monopole Pathé/Warner Home Video
Kinostart: 7.4.1994
Länge: 132 Min.
FSK: ab 12, ffr.
FBW: Besonders wertvoll

Der englische Literaturprofessor und Romanautor C.S. Lewis (1898–1963), ein ebenso glänzender Denker und Vortragskünstler wie eingefleischter Junggeselle, erlebt mit der Amerikanerin Joy Gresham eine späte Liebe und gerät in eine Glaubenskrise, als sie an Knochenkrebs erkrankt und stirbt. Ein gefühlvolles Drama, das die Liebesgeschichte durch die existentielle Grundfrage nach dem Sinn des Leidens thematisch vertieft. Die brillante Leistung von Anthony Hopkins als C.S. Lewis läßt die Schwachstellen einer allzu durchschaubar lehrhaften Dramaturgie vergessen. *Zoom, 4/94*

Angie Dullinger in: AZ, 7.4.94; Carolin Fetscher in: Der Tagesspiegel, 7.4.94; Thomas Klingenmaier in: Stgt. Zeitung, 7.4.94; Milan Pavlovic in: Kölner Stadt-Anzeiger, 9.4.94; Hans Schifferle in: SZ, 12.4.94

Shaolin – Kinder der Rache 806

SHAOLIN XIAO ZI □
TV

Regie: Zhang Xinyan
Darsteller: Li Lianjie (3. Sohn der Fam. Lung), Ding Lan (2. Tochter der Fam. Feng), Huang Qiuyan (Bao Shenfeng), Hu Jianqiang (2. Sohn der Fam. Lung), Yu Chenghui (3. Tochter der Fam. Feng), Yu Hai (Vater Lung), Sun Jiankui, Ji Chunhua
Drehbuch: Liang Zhihong, He Shuhua
Kamera: Zhou Bailing (Farbe)
Produktion: Hongkong 1983
Sendetermin: 2.7.1994, ZDF, 14.35
Länge: 101 Min.

(…) Der Film erzählt eine romantische Geschichte, die so alt ist wie die Menschheit selbst: Die Liebe überwindet einen abgrundtiefen Zwist zweier Familien. Vor einer faszinierenden Naturkulisse entstand ein farbenfrohes, spannendes, witziges und actionreiches Abenteuerspektakel, das zugleich mit Lebensweisen und Ritualen des Fernen Ostens bekannt macht. (…)
Pressetext ZDF

Sherlock Holmes kehrt zurück 807

THE RETURN OF SHERLOCK HOLMES ***
TV

Regie: Kevin Connor
Produktion: USA 1987
Sendetermin: 22.6.1994, ZDF, 19.25

Sherlock Holmes lebt im Film ewig, aber dieser Film erschien bereits 1987 auf Video erschienen unter dem Titel »Eine Pfeife in Amerika«. Deshalb vollständige Angaben und Kritik im Heyne Filmjahrbuch 1988.

Sherlock Holmes muß sterben 808

HANDS OF A MURDERER □
TV

Regie: Stuart Orme
Darsteller: Edward Woodward (Sherlock Holmes), John Hillerman (Dr. Watson), Anthony Andrews (Prof. Moriarty), Kim Thomson, Peter Jeffrey (Mycroft), Terence Lodge, Warren Clark, Christopher Fairbank, Henry Audley, David Sibley
Drehbuch: Charles Edward Pogue, nach Personen und Motiven der Romane von Arthur Conan Doyle
Kamera: Ken Westbury (Farbe)
Musik: Colin Towns
Produktion: Norman Foster für Storke/Fuisz Prod. mit Yorkshire TV, GB 1990
Uraufführung: 16.5.1990, CBS-TV
Sendetermin: 2.4.1994, ARD, 23.00
Länge: 120 Min.

Professor Moriarty entkommt kurz vor seiner Hinrichtung. Nun will er sich an Sherlock Holmes rächen, der ihn seinerzeit hinter Gitter brachte. Der Meisterdetektiv nimmt die Herausforderung an und entdeckt, daß der Kriminelle mit Feinden Englands unter einer Decke steckt.

Shiba 18 809
SHIBA ***

Regie: P'ing Ho
Darsteller: Hsing-Kuo Wu (Der Verrückte), Ch'i-Lou Lin (seine Frau), Chia-Chen Lin (seine Tochter), Monica Lu (Pearl/Ah-Chiao), Cheng-Chie Yan (Crab), Tzong-Hua T'o (Ah-Hai), Lang-Ts'ung Yang (O-Gau), Yi-Fan Chen (Das Kind), Te-Cheng Chen (Ah-ts'ai), Crooked Chin (O-Liang)
Drehbuch: Cheng Kuo, P'ing Ho
Kamera: Tom Ryan (Farbe)
Musik: Jim Shum, Steven Hall, Yung Wong, Yuan Liu; Steven Hall, Yung Wong, Yuan Liu, Tomo Moto (Musiker); Emily Chang, Jia Wah Lao, Yung Waong (Sänger)
Schnitt: Po-Wen Chen, Hsu-Wei Chou
Produktion: Shu-Ping Li, Mu-Ts'un Lu, Pao-Min Wang, An-Chin Hsu, Chih-Tzu Lu für Taiwan Film Culture/The Heat Prod., Taiwan 1993
Uraufführung: 14.9.1993, Toronto
Erstaufführung: 15.2.1994, Int. Forum des Jungen Films, Berlin
Verleih: Freunde/-/-
Kinostart: 12.10.1994, Arri Kino
Länge: 105 Min.

(...) Der Yuppie gerät in Abhängigkeit von dem Spiel »18«, einem chinesischen Würfelspiel. Frau und Tochter verlassen ihn, und die Bewohner des Dorfes, in dem er abgestiegen ist, mißtrauen ihm als Fremdling und schlagen ihn zusammen. Ping Ho hat das eher trockene Thema der psychischen Desintegration als einen effektvollen, knallbunten Thriller inszeniert.
Frank Noack, Der Tagesspiegel

(...) Mit verblüffenden visuellen Ideen, surrealen Visionen, überraschenden Effekten, skurrilen Dialogen, mit komischen, erotischen oder verstörenden Stimuli bringt der Filmemacher den Zuschauer zum Grübeln über diese und viele andere Fragen – auch noch, nachdem die Filmvorstellung vorüber ist.
Ralph Umard, tip

Shocking Fear 810
LURKING FEAR *
Video

Regie: C. Courtney Joyner
Darsteller: Jon Finch (Bennett), Blake Bailey (John Martense), Ashley Rae Lauren (Cathryn Farrell), Jeffrey Combs (Dr. Haggis), Paul Mantee, Allison Mackie, Vincent Schiavelli, Joe Leavengood, Christina Stoica, Luana Stoica
Drehbuch: C. Courtney Joyner, nach der Kurzgeschichte von H.P. Lovecraft
Kamera: Adolfo Bartoli (Farbe)
Musik: Jim Manzie
Schnitt: Charlie Simmons
Produktion: Vlad Paunescu, Oana Paunescu für Full Moon/Charles Band, USA 1994
Verleih: -/-/-/VPS Video
Videostart: 28.7.1994
Länge: 76 Min. – *FSK:* ab 18 J.

Horror-Krimi um zwei verfeindete Lager, die unterschiedliche Interessen auf den Dorffriedhof treiben. Dem Zuschauer graust es ob der Lächerlichkeit des gesamten Unternehmens.

Frank Klubertz in: film-dienst, 19/94

Shogun Mayeda 811
SHOGUN MAYEDA **
Video

Regie: Gordon Hessler
Darsteller: Sho Kosugi (Mayeda), David Essex, Kane Kosugi (Yorimune), Polly Walker (Cecilia), Norman Loyd (Pater Vasco), Christopher Lee (King Phillip), Toshiro Mifune, John Rhys-Davies
Drehbuch: Sho Kosugi, Nelson Gidding
Kamera: John Connor (Farbe)
Musik: John Scott
Schnitt: Bill Butler
Produktion: Sho Kosugi für Mayeda Prod., USA 1990
Verleih: -/-/-/UFA Video
Videostart: 5.4.1994
Länge: 102 Min. – *FSK:* ab 12 J.

Solide inszenierter, aber künstlerisch unambitionierter Abenteuerfilm um einen Samurai, der von Japan aus gen Spanien aufbricht und dort diverse Abenteuer erlebt.

Josef Lederle in: film-dienst, 9/94

Shopping 812
SHOPPING
**

Regie: Paul Anderson
Darsteller: Sadie Frost (Jo), Jude Law (Billy), Sean Pertwee (Tommy), Fraser James (Be Bop), Marianne Faithfull (Bev), Sean Bean (Venning), Jonathan Pryce (Conway), Danny Newman (Monkey), Lee Whitlock (Pony)

Drehbuch: Paul Anderson
Kamera: Tony Imi (Farbe)
Musik: Barrington Pheloung
Schnitt: David Stiven
Produktion: Jeremy Bolt für Impact Pictures/ Channel Four/PolyGram/Kuzui Enterprises/ WMG, GB 1994
Uraufführung: 21.1.1994, Sundance Film Festival, Park City, Utah
Erstaufführung: 26.6.1994, Filmfest München
Verleih: Nef2/-/-
Kinostart: 14.7.1994
Länge: 107 Min.
FSK: ab 16, ffr.

Billy, Jo und Tommy sind die Zielgruppe der Werbung schlechthin: jung, konsumfreudig, markenorientiert – wäre da nicht der kleine Schönheitsfehler, daß sie gestohlene Luxuskarossen in Schaufenster jagen, um dann die Auslage zu plündern. Rasant und bis ins Detail präzise inszenierte britische Filmversion der Generation X, die am Ende jedoch ins moralinsaure Soziodrama abdriftet.

Annette Kilzer, tip, 15/94

(...) Schockierend daran ist die pure Lust an der sinnlosen Zerstörung in einer erschreckend hohlen Vision einer dumpfen Welt, bestehend aus sich aufspielenden Halbstarken und faschistoiden Polizisten. Ein brutales, wütendes, unrealistisches Punk-Movie.

Schorsch Müller, AZ, 15.7.94

Ulrich Lössl in: Zitty, 14/94; Hans Schifferle in: SZ, 15.7.94; Christian Seebaum in: Kölner Stadt-Anzeiger, 16.7.94

Short Cuts 813

SHORT CUTS *****

Regie: Robert Altman
Darsteller: Andie MacDowell (Ann Finnigan), Bruce Davison (Howard Finnigan), Julianne Moore (Marian Wyman), Matthew Modine (Dr. Ralph Wyman), Anne Archer (Claire Kane), Fred Ward (Stuart Kane), Jennifer Jason Leigh (Lois Kaiser), Chris Penn (Jerry Kaiser), Lili Taylor (Honey Bush), Robert Downey jr. (Bill Bush)
Drehbuch: Robert Altman, Frank Barhydt, nach den Aufzeichnungen von Raymond Carver
Kamera: Walt Lloyd (Deluxe)
Musik: Mark Isham; Hal Wilmer (producer)
Schnitt: Geraldine Peroni
Produktion: Cary Brokaw für Fine Line mit Spelling Films/Avenue Pic., USA 1993
Uraufführung: Int. Filmfestspiele Venedig 1993; 3.10.1993, New York
Verleih: Senator/Constantin/Monopole Pathé/ Ufa Universum Video
Kinostart: 6.1.1994
Länge: 188 Min. – *FSK:* ab 16, ffr.
FBW: Besonders wertvoll

Frei, aber wesenstreu nach Raymond Carver's Geschichten schildert Robert Altman neun kunstvoll verschränkte Geschichten um einen untreuen Polizisten, einen verklemmten Arzt, einen eifersüchtigen Piloten, rücksichtslose Angler, eine alternde Kellnerin, einen egozentrischen Bäcker, trauernde Eltern, unzuverlässige Nachbarn, eine mütterliche Sex-Telefonistin, eine rauhbeinige Jazz-Sängerin und eine hypersensible Cellistin. Ein würdiger, hervorragend gespielter Nachfolger von Altmans Sittengemälde »Nashville«.

Zoom, 1/94

Peter Buchka in: SZ, 7.1.94; Brigitte Desalm in: Kölner Stadt-Anzeiger, 8.1.94; Angie Dullinger in: AZ, 5.1.94; Sebastian Feldmann in: Rheinische Post, 6.9.93; Andreas Kilb in: Die Zeit, 7.1.94; Peter Körte in: FR, 6.1.94; Rupert Koppold in: Stgt. Zeitung, 5.1.94; Verena Lueken in: FAZ, 6.9.93; Harald Martenstien in: Der Tagesspiegel, 8.1.94; Ruprecht Skasa-Weiß in: Stgt. Zeitung, 6.9.93 (Festivalbericht)

Shrunken Heads 814

SHRUNKEN HEADS *

Video

Regie: Richard Elfman
Darsteller: Julius Harris (Mr. Sumatra), Meg Foster (Big Moe), Aeryk Egan (Tommy Larson), Becky Herbst (Sally), A.J.Damato (Vinnie), Bo Sharon (Bill Turner), Darris Love (Freddie Thompson), Bodhi Elfman (Booger Martin)
Drehbuch: Matthew Bright
Kamera: Stephen McNutt (Farbe)
Musik: Richard Band
Produktion: Charles Band für Full Moon Ent., USA 1994
Verleih: -/-/-/VPS Video
Videostart: 27.10.1994
Länge: 82 Min.
FSK: ab 18 J.

Absurdes Horrospektakel um drei Jungs, die mittels Voodoo-Zauber Rache an ihren Mördern nehmen.

Ordnung ist nicht das halbe Leben. Tom Waits und Lily Tomlin in ›Short Cuts‹.

Ein Guru und seine Jünger: Bruce Davison, Andie MacDowell und Lyle Lovett lauschen den Anweisungen Robert Altmans.

Zu Unrecht mißachtetes Genre-Kino aus Deutschland: Dominik Grafs ›Die Sieger‹.

Die Sieger

815
***

Regie: Dominik Graf
Darsteller: Herbert Knaup (Simon), Hansa Czypionka (Grigull), Katja Flint (Melba), Heinz Hoenig (Helmer), Hannes Jaenicke (Schaefer), Werner Karle jr. (Kaul), Heinrich Schafmeister (Falk), Michael Breitsprecher (Mannheimer), Paul Fassnacht (Heiden), Bernd Stegemann (Erlsberg)
Drehbuch: Günter Schütter
Kamera: Diethard Prengel (Farbe)
Musik: Loy Wesselburg, Dominik Graf, Helmut Spanner
Schnitt: Christel Suckow
Produktion: Günter Rohrbach für Bavaria/ Sentana Film/ZDF, BRD 1994
Verleih: Senator/Constantin/-
Kinostart: 22.9.1994
Länge: 137 Min.
FSK: ab 16, ffr.
FBW: Besonders wertvoll

Karl Simon, der einem Sondereinsatzkommando der Düsseldorfer Polizei angehört, glaubt bei einem Einsatz einen verstorbenen Kollegen wiederzuerkennen und gerät bei seinen Nachforschungen in ein politisches Komplott hinein. Ein Drehbuch, das sich orientierungslos zwischen Action-Thriller, Polit-Kolportage und Beziehungsdrama bewegt, und eine Regie, die manchmal angestrengt unkonventionell und dann wieder überaus einfallslos wirkt, machen den Film dieses überaus geschätzten Regisseurs zu einer gelinden Enttäuschung. *Lars-Olav Beier, tip, 20/94*

(...) In der Beschreibung seiner »Männerwelt« durchaus glaubhaft, kommt ein Teil der Dialoge über Papierform jedoch nie hinaus und sorgt für Stolpersteine in der atmosphärisch dichten Handlung. *Zoom*

(...) Man merkt die Angespanntheit, mit der hier großes Kino gemacht werden sollte. Während er zwischen den einzelnen Szenen dichte Anschlüsse herzustellen verstand, ist Graf der Rhythmus der Erzählung insgesamt entgleist. Er will nicht Hollywood kopieren, das ist eine Qualität des Films, dafür begeht er die drei Todsünden des amerikanischen Kinos: er ist zu lang, ambitioniert und unverständlich – das blutige Schlußduell in den nächtlichen Bergen besteht aus Schwarzbildern mit Feuerwerk. Und warum nur dieses gräßliche angeklebte Schlußidyll mit Bienengesumm und glücklichen Kindern, wo man nur noch auf die eingeblendete Kaffeereklame wartet? *Brigitte Desalm, Kölner Stadt-Anzeiger, 24.9.94*

Michael Althen in: SZ, 22.9.94; Sebastian Feldmann in: Rheinische Post, 24.9.94; Hans-Joachim Neumann in: Zitty, 19/94; Ponkie in: AZ, 22.9.94; Ruprecht Skasa-Weiß in: Stgt. Zeitung, 22.9.94

Sister Act 2 – In göttlicher Mission 816

SISTER ACT II **

Regie: Bill Duke
Darsteller: Whoopi Goldberg (Deloris), Kathy Najimy (Schwester Mary Patrick), Barnard Hughes (Pater Maurice), Mary Wickes (Schwester Mary Lazarus), James Coburn (Mr. Crisp), Michael Jeter (Pater Ignatius), Wendy Makkena (Schwester Mary Robert), Sheryl Lee Ralph (Florence Watson), Robert Pastorelli, Thomas Gottschalk
Drehbuch: James Orr, Jim Cruickshank, Judi Ann Mason, nach den Charakteren von Joseph Howard
Kamera: Oliver Wood (Technicolor)
Musik: Miles Goodman; Marc Shaiman (supervisor)
Schnitt: John Carter, Pem Herring, Stuart Pappé
Produktion: Scott Rudin, Dawn Steel für Touchstone, USA 1993
Uraufführung: 10.12.1993, New York
Verleih: Buena Vista/dto./dto./Buena Vista Home Video
Kinostart: 3.3.1994
Länge: 107 Min. – *FSK:* o.A., ffr.
FBW: Wertvoll

Eine schwarze Nachtklubsängerin schlüpft in Nonnentracht, um als Musiklehrerin eine aufmüpfige Schulklassse zu bändigen und sie zum Sieg in einem Schulchor-Wettbewerb zu führen, der gleichzeitig auch die in Geldnot geratene Schule vor der Schließung bewahrt. Fader Aufguß eines »Blockbusters«, der ein Nichts an Handlung ohne Humor und Verve mühsam in die Länge zieht und penetrant pädagogische »Lebensweisheiten« verbreitet. *Zoom*

Rupert Koppold in: Rheinische Post, 5.3.94

Siyabend und Xece 817

SIYABEND UND XECE □
TV

Regie: Sahin Gök, Hüseyin Erdem
Darsteller: Tarik Akan (Siyabend), Mine Cayiroglou (Xece), Menderes Samancilar (Siyabends Onkel), Mesut Cakarli (Siyabend), Yaman Okay (Qeda), Kazim Kartal (Axa, Grundbesitzer), Bülent Oran (Merike Kal, Erzähler), Hikmet Karagöz (Sivan
Drehbuch: Hüseyin Erdem
Kamera: Kamal Saydo, Georg Berg (Farbe)
Musik: Ken B. Wood
Schnitt: Margot Löhlein
Produktion: Kurdistan 1992
Sendetermin: 3.8.1994, WDR, 23.15, OmU
Länge: 105 Min.

Kurdisches Märchen um einen pfiffigen Waisenjungen der, aus dem Dorf verjagt, mit Schwert und Schild auszieht die Welt zu erobern.

Skandal in Cold Sassy 818

COLD SASSY TREE □
TV

Regie: Joan Tewkesbury
Darsteller: Faye Dunaway (Love Simpson), Richard Widmark (Rucker Blakeslee), Samantha Mathis, Neil Patrick Harris, Lee Garlington, Frances Fisher, John Jackson
Drehbuch: Joan Tewkesbury
Kamera: Michael Watkins (Farbe)
Musik: Brad Fiedel
Produktion: Ohlmeyer Comm., USA 1989
Sendetermin: 28.5.1994, Kabelkanal, 20.15
Länge: 94 Min.

Der verwitwete Warenhausbesitzer Rucker Blakeslee heiratet um die Jahrhundertwende, nur drei Wochen nach dem Tod seiner Frau, die schöne Love Simpson, die aus dem Norden kommt. Dies mißfällt der Dorfgemeinschaft des kleinen amerikanischen Ortes und führt zu einem Skandal. Das hohe Lied der Intoleranz und wie man sie überwindet.

Skeeter – Invasion des Grauens 819

SKEETER *
Video

Regie: Clark Brandon
Darsteller: Tracy Griffith, Charles Napier, Michael J. Pollard

Produktion: August Ent./Team Players, USA 1994
Verleih: -/-/-/Splendid Video
Videostart: 25.10.1994
Länge: 91 Min. – *FSK:* ab 18 J.

Nachdem die Tierwelt als mörderische Mutanten schon reichlich abgegrast wurde, blasen jetzt riesige Stechmükken zum tödlichen Kampf gegen die Menschheit. Oh je!

Sleeping Dogs 820

WHERE SLEEPING DOGS LIE ***

Video

Regie: Charles Finch
Darsteller: Sharon Stone (Serena Black), Dylan McDermott (Bruce Simmons), Tom Sizemore (Eddie Hale), Mary Woronov, David Combs, Shawne Rowe, Jillian McWhirter, Brett Cullen, Richard Zavaglia, Ron Karabatsos
Drehbuch: Yolande Turner, Charles Finch
Kamera: Monty Rowan (CFI)
Musik: Hans Zimmer, Mark Mancina
Schnitt: B.J. Sears, Gene M. Gemaine
Produktion: Mario Sotela für Sotela Pic., USA 1991
Verleih: -/-/-/Warner Home Video
Videostart: Sept. 1994
Länge: 91 Min. – *FSK:* ab 16 J.

Glückloser Schriftsteller versucht sich im Housesitting, entdeckt die grausige, aber storyträchtige Historie der Villa und lädt sich zu allem Überfluß auch noch einen schrägen Untermieter auf. Mehr Atmosphäre als Spannung. Passable Unterhaltung bleibt es allemal.

Smoking / No Smoking 821

SMOKING/NO SMOKING ***

Regie: Alain Resnais
Darsteller: Sabine Azéma (Celia Teasdale/Rowena Coombes/Sylvie Bell/Irene Pridworthy/Josephine Hamilton), Pierre Arditi (Toby Teasdale/Miles Coombes/Lionel/Hepplewick/Joe Hepplewick), Peter Hudson (Stimme des Erzählers)
Drehbuch: Jean-Pierre Bacri, Agnès Jaoui, nach den Theaterstücken »Intimate Exchanges« von Alan Ayckbourn
Kamera: Renato Berta (Farbe)
Musik: John Pattison
Schnitt: Albert Jurgenson
Produktion: Bruno Pesery, Michel Seydoux für Arena/Caméra One/France 2 Cinéma mit Canal plus/CNC/Alia/Vega, Frankreich 1993
Erstaufführung: 14.2.1994, Int. Filmfestspiele Berlin
Verleih: MFA/Stadtkino/Filmcooperative

Pierre Arditi und Sabine Azema variieren das Leben in ›Smoking‹.

Erniedrigen, um erhöhen zu können: Harvey Keitel als skrupelloser Regisseur Madonnas in ›Snake Eyes‹.

Kinostart: 27.10.1994
Länge: 145 Min. – *FSK:* ab 12. ffr.

Ein cineastisches Unikum: In zwei Parallel-Filmen spielen die großartigen Sabine Azéma und Pierre Arditi in Bühnenkulissen neun verschiedene Rollen. Winzige Details entscheiden darüber, wie sich Leben und Beziehungen eines alkoholsüchtigen Schuldirektors, seiner makellosen Ehefrau, einiger Freunde und Bekannter entwickeln und miteinander verbinden. Die beiden nach einem fast mathematischen Prinzip der Mehrfachkonstruktion strukturierten Filme bieten nicht weniger als zwölf Schlüsse an – alle auf dem Friedhof. Ein spielerisch, lustvolles Werk über die Einsicht, daß das Leben zumindest teilweise das Ergebnis einer Kette von Zufällen ist. Von Altmeister Alain Resnais mit gelassener Heiterkeit inszeniert, mit einer wunderbaren Licht- und Bildgestaltung von Renato Berta.

Zoom, 5/94

(...) Etwas monoton erscheint trotz hervorragender Darstellerleistungen mit der Zeit allerdings das an sich originelle, konsequent reduktionistische formale Konzept dieses Filmpaars.

multimedia

(...) Ein grotesk-amüsantes Stück Boulevardtheater und eine schauspielerische Herausforderung für die beiden Darsteller, die sämtliche Rollen bewältigen. *Christoph Terhechte, tip, 23/94*

Rainer Gansera in: Kölner Stadt-Anzeiger, 5.11.94; Fritz Göttler in: SZ, 25.10.1994 (Interview Resnais); Hans-Klaus Jungheinrich in: FR, 29.12.93; Thomas Klingenmeier in: Stgt. Zeitung, 9.11.94; Harald Martenstein in: Der Tagesspiegel, 14.2.94; H.G. Pflaum in: SZ, 27.10.94

Snake Eyes

822
SNAKE EYES
****

Regie: Abel Ferrara
Darsteller: Harvey Keitel (Eddie Israel), Madonna (Sarah Jennings), James Russo (Francis Burns), Nancy Ferrara (Madlyn

Verschwörung der Frauen: Tina Kellegher mit Freundinnen bei der Pub-Visite in ›The Snapper‹.

Israel), Reilly Murphy (Tommy), Victor Argo, Leonhard Thomas, Christina Fulton, Heather Brakken
Drehbuch: Abel Ferrara, Nicholas St. John
Kamera: Ken Kelsch (Farbe)
Musik: Joe Delia
Schnitt: Anthony Redman
Produktion: Mary Kane, Abel Ferrara für Maverick Prod., USA 1993
Erstaufführung: 28.6.1994, Filmfest München
Verleih: Amazonas/Polyfilm/-
Kinostart: 11.8.1994
Länge: 107 Min.

(...) Was »Snake Eyes« vor anderen Filmen seiner Art auszeichnet, ist die Art und Weise, wie Ferrara die Extreme denkt und wie bei ihm alles immer die schlimmstmögliche Wendung nimmt. Jeder Weg führt an sein bitteres Ende, und bei all der Kraft und Faszination, die Ferraras Helden mit ihrer Fallsucht ausüben, findet er jedesmal Bilder, die ihren Autismus und ihre Selbstüberschätzung gnadenlos bloßstellen. (...)

Michael Althen, Die Zeit, 12.8.94

»Bad Lieutenant«-Regisseur Abel Ferrara überführt in seinem neuen Film das Medium Kino in den reinen Selbstbezug und damit in totale Offenheit. In seiner perfekt konstruierten Film-im-Film-Geschichte verschmelzen Dreharbeiten und Gedrehtes in einem kontinuierlichen Wechselspiel, das die Unterscheidung zwischen Realität und Fiktion aufhebt. In großartiger Abgefucktheit zwingen sich ein Regisseur und seine Hauptdarstellerin zu gegenseitiger Selbstentblößung. Bereitwillig überläßt man sich den unendlichen Spiegelungen, die auch den Herrgott nicht verschonen.

Anke Lewerke, tip, 17/94

Peter Buchka in: SZ, 11.8.94; Brigitte Desalm in: Kölner Stadt-Anzeiger, 13.8.94; Thomas Klingenmaier in: Stgt. Zeitung, 1.9.94; Hans-Joachim Neumann in: Zitty, 16/94

Snapdragon – Mörderische Tätowierung 823

SNAPDRAGON **

Video

Regie: Worth Keeter
Darsteller: Steven Bauer (David), Chelsea Field (Peckham), Pamela Anderson (Felicity) Matt McCoy (Bernie), Kenneth Tigar (Captain)

Drehbuch: Gene Church
Kamera: James Mathers (Farbe)
Musik: Michael Linn
Schnitt: Gina Mittelman
Produktion: Ashok Amritraj für Prism Pic., USA 1993
Verleih: -/-/-/Columbia TriStar Home Video
Videostart: Juli 1994
Länge: 95 Min. – *FSK:* ab 16 J.

Eine Mordserie, eine Polizistin, ein Kollege und eine hellsichtige Zeugin – fertig ist der kalt angerührte Instant-Thriller für besonders verregnete Feierabende.

The Snapper 824
THE SNAPPER ***

Regie: Stephen Frears
Darsteller: Colm Meaney (Dessie Curley), Tina Kellegher (Sharon Curley), Ruth McCabe (Kay Curley), Fionnuala Murphy (Jackie), Pat Laffan (Georg Burgess), Deirdre O'Brien (Mary), Colm O'Byrne (Darren), Eanna MacLiam (Craig), Ciara Duffy (Kimberley), Joanne Gerrard (Lisa)
Drehbuch: Roddy Doyle, nach seinem Roman »Sharons Baby«
Kamera: Oliver Stapleton (Farbe)
Schnitt: Mick Audsley
Produktion: Lynda Myles für BBC TV, GB 1993
Uraufführung: 4.4.1993, BBC; Viennale 1993
Verleih: Concorde/Constantin/Filmcooperative/Concorde Video
Kinostart: 6.1.1994
Länge: 94 Min. – *FSK:* ab 12, ffr.
FBW: Besonders wertvoll

Sharon, mit 19 die älteste Tochter der turbulenten irischen Familie Curley, wird schwanger. Sie will das Kind, weigert sich aber, den Namen des Vaters zu nennen. So bleiben böse Worte aus der Nachbarschaft nicht aus, und Sharons gutherziger, doch wenig engagierter Vater sieht sich mit Sorgen und Fragen konfrontiert, die ihn aus dem gewohnten Trott werfen und eine innere Wandlung durchmachen lassen. Stephen Frears' der Tradition des realistischen Kinos Großbritanniens verpflichteter Film plädiert ohne Zeigefinger für Respekt und Solidarität, ist vergnüglich, sympathisch, voller Witz und Doppelbödigkeit. *Zoom, 1/94*

Frauke Hanck in: AZ, 5.1.94 (Interview St. Frears); Christiane Peitz in: Die Zeit, 7.1.94; H.G. Pflaum in: SZ, 8.1.94; Carla Rhode in: Der Tagesspiegel, 30.12.93; Helmut Schmitz in: FR, 6.1.94; David Simmons in: Kölner Stadt-Anzeiger, 8.1.94; Rupert Skasa-Weiß in: Stgt. Zeitung, 7.1.94

Snooze 825
***

Regie: Armin Izzat Agha
Darsteller: Armin Izzat Agha, Uta Prelle, Achmed Osman, Dirdäna Izzat Agha, Frederik Agthe
Drehbuch: Armin Izzat Agha
Kamera: Andreas Erben, Zwonko Grill (Farbe)
Musik: Armin Izzat Agha
Produktion: DFFB, BRD
Verleih: Basis/-/-
Kinostart: 6.10.1994
Länge: 77 Min.

Ein Tag im Leben des Langschläfers Snooze, der seinen Namen von der Schlummer- oder Snooze-Taste des Radioweckers bezieht. Der Film handelt davon, wie sich ein Tagesanbruch so weit in die Länge zieht, daß es Abend wird. Er spielt das Zeitgefühl seines Protagonisten gegen den Tagesablauf der Stadt Berlin aus, die kein Ort für Bedacht und Müßiggang zu sein scheint. Nachdem er endlich aufgewacht ist, halten die Widrigkeiten des Großstadtlebens Snooze systematisch von der Arbeit ab, und jede Ablenkung zieht eine weitere nach sich. Leider fehlt dem sympthischen Debütfilm ein gewisser Rhythmus, und auch das Timing der zahlreichen komischen Situationen stimmt nur selten.
Christoph Terhechte, tip, 21/94

So was kann nur mir passieren 826
CA N'ARRIVE QU'A MOI □
TV

Regie: Francis Perrin
Darsteller: Francis Perrin (Francois Pépin), Véronique Genest (Prudence), Bernard Blier (Mr. Guilledou), Christiane Minazzoli (Mme. Guilledou), François Perrot (Batala)
Drehbuch: Gilles Jacob, Didier Jacob, Francis Perrin
Kamera: Didier Tarot (Farbe)
Musik: Philippe Sarde

Schnitt: Ghislaine Desjonquères
Produktion: Alain Sarde für Sara/Films A2, Frankreich 1984
Sendetermin: 28.6.1994, TV München, 21.00
Länge: 91 Min.

Die Liebe des Pechvogels Francois zu Prudence steht unter einem schlechten Stern. Als Prudence aber erpreßt wird, steht ihr Francois zur Seite und bringt mit ihr zusammen eine bestimmte Summe zum verabredeten Ort, der Koffer enthält jedoch eine Bombe.

Der Sohn des Haifischs 827

LE FILS DU REQUIN ***

Regie: Agnès Merlet
Darsteller: Ludovic Vandendaele (Martin), Erick Da Silva (Simon), Sandrine Blancke (Marie), Maxime Leroux (Vater)
Drehbuch: Agnès Merlet, Santiago Amigorena
Kamera: Gérard Simon (Farbe)
Musik: Bruno Coulais
Schnitt: Guy Lecorne, Pierre Choukroun
Produktion: François Fries für Gaumont/ Compagnie des Images/France 3 Cinema/Premiere Heure/Saga/In Visible Films, Frankreich/Belgien/Luxemburg 1993
Uraufführung: 6.9.1993, Int. Filmfestival Venedig
Erstaufführung: Filmfest München 1993
Verleih: -/-/Filmcooperative
Kinostart: April 1994
Länge: 88 Min.

Die Geschichte zweier Brüder, 12- und 14jährig, die – von der Mutter im Stich gelassen – den trunksüchtigen Vater verlassen und ihr Leben auf der Straße fristen. Dort finden sie die Freiheit, all das zu tun, wozu sie Lust haben, insbesondere was verboten ist. Zusammengeschweißt durch ihre große Liebe zueinander, die sie stark macht, stellen sie sich gegen die ganze Welt. Das »Skandalöse« dieser Geschichte ist, daß es Kinder sind, die sich einer Gesellschaft verweigern, in der sie keine Menschlichkeit finden. Ein wegen seiner Nüchternheit beklemmender Film, aber nicht ohne Wärme und Zärtlichkeit. *Zoom, 4/94*

Der Sohn des rosaroten Panthers 828

**

SON OF THE PINK PANTHER

Regie: Blake Edwards
Darsteller: Roberto Benigni (Jacques), Herbert Lom (Dreyfus), Claudia Cardinale (Maria Gabrelli), Shabana Azmi (Königin), Debrah Farentino (Prinzessin Yasmin), Jennifer Edwards (Yussa), Robert Davi (Hans), Mark Schneider (Arnon), Mike Starr (Hanif), Kenneth Spalding (Garth)
Drehbuch: Blake Edwards, Madeleine und Steve Sunshine, nach einer Story von Blake Edwards und den Charakteren von B. Edwards und Maurice Richlin
Kamera: Dick Bush (Deluxe)
Musik: Henry Mancini; Pink Panther Thema arrangiert und gesungen von Bobby McFerrin
Schnitt: Robert Pergament
Produktion: Tony Adams für United Artist/ Filmauro, USA 1993
Verleih: UIP/UIP/UIP/ MGM/UA Home Video
Kinostart: 17.2.1994
Länge: 93 Min.
FSK: ab 12, ffr.

Der uneheliche, ganz nach dem trotteligen Vater geratene Sohn des verstorbenen Inspektors Clouseau befreit nach einigen Anschlägen auf sein Leben eine orientalische Prinzessin aus den Händen von Kidnappern und rettet ihrem Vater den Thron. Fortsetzung der erfolgreichen »Pink Panther« – Komödienserie, in der man vielen Bekannten wiederbegegnet, die aber nur in einigen Slapstick-Einlagen die Qualität der ersten Filme erreicht und vor allem in der Hautprolle falsch besetzt ist. *Zoom*

(...) Edwards versucht in der dämlichen Geschichte um die entführte Tochter eines Staatsoberhauptes alle Register zu ziehen, doch der Film krankt schon an seiner Wurzel: Sellers war ein sympathischer Chaot, und seine Destruktionsorgien hatten etwas Kreatives; Benigni hingegen ist schlicht blöd, und die Slapstick-Szenen sind abgestanden. *Milan Pavlovic, Kölner Stadt-Anzeiger, 19.2.94*

W.O.P. Kistner in: AZ, 19.2.94

Sommer auf Grand Isle 829
GRAND ISLE □
TV

Regie: Mary Lambert
Darsteller: Kelly McGillis (Edna Pontellier), Adrian Pasdar (Robert LeBrun), Glenne Headly (Adele Ratignolle), Jon De Vries (Leonce Pontellier), Ellen Burstyn (Mademoiselle Reisz), Julian Sands (Alcee Arobin)
Drehbuch: Hesper Anderson, nach der Novelle »The Awakening« von Kate Chopin
Kamera: Toyomichi Kurita (Farbe)
Musik: Elliot Goldenthal
Schnitt: Tom Finan
Produktion: Kelly McGillis, Carolyn Pfeiffer für Kelly McGillis-Turner Pic., USA 1991
Uraufführung: 8.9.1991, Toronto Film Festival
Sendetermin: 30.3.1994, Kabelkanal, 19.15
Länge: 112 Min.

Louisiana um 1900: Die verheiratete Edna verliebt sich in den Kreolen Robert, der jedoch nicht an eine gemeinsame Zukunft glaubt. Er verläßt Edna und geht nach Mexiko, während Edna beschließt, ihr Leben radikal zu ändern, ihre Freiheit zu suchen und unabhängig zu sein.

Ein Sommer im Elsaß 830
UN ETE ALSACIEN □
TV

Regie: Maurice Frydland
Darsteller: Madeleine Robinson (Mathilde), Nathalie Nell, Jean-Michel Dupuis, Patrick Fierry, Mathieu Sissler (Zeppi)
Produktion: Frankreich 1991
Sendetermin: 7.4.1994, VOX, 0.05
Länge: 90 Min.

Der neunjährige Zeppi wächst 1944 in einer kleinen Stadt im Elsaß auf. Er kann seine charakterlich völlig unterschiedlichen Eltern nur schwer begreifen, die ihrerseits nichts unternehmen, um den Jungen zu verstehen. Nur zu seiner Großmutter Mathilde hat er Vertrauen, bei ihr findet er Zuwendung und Verständnis.

Souls of Sin 831
SOULS OF SIN ***
TV

Regie: Powell Lindsay
Darsteller: William Greaves (Alabama), Jimmy Wright (Dollar Bill), Emery Richardson (Roberts), Billie Allen (Etta), Savannah Churchill (Regina), Powell Lindsay (Bad Boy George)
Drehbuch: Powell Lindsay
Kamera: Louis Andres
Musik: William Greaves
Produktion: USA 1949
Erstaufführung: Filmfest München 1993
Sendetermin: 1.3.1994, BR3, 22.55
Länge: 65 Min.

In dem ausschließlich von Schwarzen realisierten Film wird dreierlei versucht: Er zeichnet ein realistisches Bild des schwarzen New Yorker Stadtteils Harlem voller Elend und Existenzangst; er macht einen Mann zum Helden, der es schafft; und er zeigt den Weg eines Absteigers – ein Appell an die Kraft und Möglichkeiten des einzelnen und eine Warnung an die, die den leichteren Weg gehen wollen und verloren sind. Die Botschaft des Films ist aus heutiger Sicht naiv und rührend moralisch, die Schilderung der damaligen Wirklichkeit ein aufregendes Zeitdokument, die Machart zeugt von der Fähigkeit, auch die Komik einer tristen Realität (selbst-)ironisch zu sehen.
Pressetext BR3

Souvenirs, Souvenirs 832
SOUVENIRS, SOUVENIRS □
TV

Regie: Ariel Zeitoun
Darsteller: Christophe Malavoy (Rego), Jean-Loup Rajot (Antoine), Gabrielle Lazure (Hélène), Philippe Noiret (Schuldirektor), Marlène Jobert (Nadia), Claude Brasseur (Fimani), Annie Girardot (Emma Boccara), Jean Benguigui (Samuel), Michel Creton (Christian), Jean-Claude Dauphin (Jean-Michel)
Drehbuch: Ariel Zeitoun, Daniel Saint-Hamont
Kamera: Bruno de Keyzer (Farbe)
Musik: Cyril Assous, Jean-Paul Dréau
Schnitt: Geneviève Winding
Produktion: Ariel Zeitoun für Partner's Prod./Gaumont/Canal Plus/TF 1 Films, Frankreich 1984
Uraufführung: 26.9.1984, Paris
Sendetermin: 22.2.1994, RTL2, 22.15
Länge: 124 Min.

Die Geschichte spielt im Paris der sechziger Jahre, als Algerien die Freiheit gewonnen und die Abhängigkeit von Frankreich verloren hat. Die Rockmusik war in dieser Zeit auf einem Höhepunkt. Der Film folgt zwei Brüdern, die sich völlig unterschiedlich entwickelt haben und jeder auf seine Weise das Glück suchen. *Pressetext RTL2*

Space Rangers 833

BLACK FOREST **

Video

Regie: David Hue
Darsteller: Richard Norton (Thomas Stanton), Don Stroud (Ryan Dreszak), Lynn-Holly Johnson (Arias Christensen), James van Patten (Raymond Scully), Ron O'Neal (Samuel »Tubbs« Tubsarian)
Drehbuch: Richard Dominguez
Kamera: Roger Olkowski (Farbe)
Musik: Dino Alden
Schnitt: Dennis Phung
Produktion: Jerald Chan für Silver Star/Group Film, USA 1990
Verleih: -/-/-/Highlight Video
Länge: 87 Min.
FSK: ab 16 J.

Technische Probleme machen der Besatzung eines Raumschiffs das Leben zur Hölle: Nur einer von ihnen kann auf die Erde zurückkehren. Science-Fiction-Fast-Food.

Joe Hill in: film-dienst, 1/94

Space Visitors 834

OFFICIAL DENIAL *

Video

Regie: Brian Trenchard-Smith
Darsteller: Parker Stevenson (Paul Colliss), Dirk Benedict (Col. Dan Learner), Erin Gray (Annie), Chad Everett (General Spalding)
Drehbuch: Bruce Zabel
Musik: Garry McDonald
Produktion: Darryl Sheen für Wishire Court Prod., USA 1993
Verleih: -/-/-/CIC Video
Videostart: 12.10.1994
Länge: 85 Min.
FSK: ab 12 J.

Psychologe verbündet sich mit Außerirdischen, um lupenreine Langeweile zu erzeugen.

Der Spaßvogel 835

ERNIE KOVACS: BETWEEN THE LAUGHTER □

TV

Regie: Lamont Johnson
Darsteller: Jeff Goldblum (Ernie Kovacs), Cloris Leachman (Mary Kovacs), Melody Anderson (Edie Adams), Madolyn Smith (Dorothy Kovacs), John Glover (Pierre Lafitte), Joseph Mascolo (Richards), Jordan Charney
Drehbuch: April Smith, nach Unterlagen von Edie Adams
Kamera: Rexford Metz (Farbe)
Musik: Ralph Burns
Schnitt: Scott Conrad
Produktion: David Levinson für ABC Circle Films, USA 1984
Uraufführung: 14.5.1984, ABC
Sendetermin: 16.1.1994, RTL2, 10.50; 1.5.1994, RTL2, 11.05;
Länge: 95 Min.

Für den Komiker Ernie Kovacs läuft alles wie geschmiert. Er hat erstmals in seinem Leben Erfolge und bastelt an einer großartigen Karriere. Doch ausgerechnet jetzt verläßt ihn seine Frau mit seinen beiden Töchtern. Für ihn beginnt eine Zeit mit alptraumhaften Erlebnissen, die ihn ganz nach unten zu ziehen drohen. *Pressetext RTL2*

Spaziergang nach Syrakus 836

***

Regie: Lutz Leonhardt, Constantin Wulff
Darsteller: Sprecher: Constantin Wulff, Herrmann Schlösser
Drehbuch: Lutz Leonhardt, Constantin Wulff
Kamera: Lutz Leonhardt
Musik: Roberto Russo
Schnitt: Goran Rebic, Robert Polak
Produktion: Lutz Leonhardt, Constantin Wulff für Navigator Film, Österreich/Schweiz/BRD 1993
Verleih: -/Stadtkino/-
Kinostart: März 1994
Länge: 65 Min.

Zwei Filmemacher gehen zu Fuß vom Tessin nach Syrakus in Sizilien. Bilder von ihrer Wanderung bilden diesen Film, in dem sie sich nicht selbst oder ihre Erfahrungen inszenieren, sondern Stationen ihres Weges, ganz abseits von den bekannten Motiven, zeigen. Der ruhige Rhythmus, den sie dabei finden, lädt ein zum Mitgehen und Verweilen und bezieht den Zuschauer in eine Erfahrung des Sich-Einlassens ein, was im Kino sehr selten ist. Ein entspannendes und Sehnsüchte weckendes Erlebnis. *multimedia*

The Specialist 837
THE SPECIALIST **

Regie: Luis Llosa
Darsteller: Sylvester Stallone (Ray Quick), Sharon Stone (May Munro), James Woods (Ned Trent), Rod Steiger (Joe Leon), Eric Roberts (Tomas Leon)
Drehbuch: Alexandra Seros, angeregt durch den gleichn. Roman von John Shirley
Kamera: Jeffrey L. Kimball (Technicolor)
Musik: John Barry
Schnitt: Jack Hofstra
Produktion: Jerry Weintraub für Jerry Weintraub Prod., USA 1994
Verleih: Warner Bros./dto./dto.
Kinostart: 10.11.1994
Länge: 109 Min.
FSK: ab 16, ffr.

Der Sprengstoff-Experte Ray Quick übernimmt von der auf Rache sinnenden May Munro einen gefährlichen Auftrag: Er soll die Mörder ihrer Eltern töten. Ray ahnt nicht, daß seine verführerische Arbeitgeberin ein doppeltes Spiel spielt. Oberflächlicher Action-Film mit schwachem Drehbuch, der jeglicher Spannung entbehrt und nicht einmal als Starvehikel funktioniert. *multimedia*

(…) Die gut besetzten Nebenrollen gleichen eine gewisse Monotonie bei den beiden Hauptdarstellern aus. (…) *Frauke Hanck, AZ, 10.11.94*

Heiko R. Blum in: Rheinische Post, 11.11.94

Speed 838
SPEED *****

Regie: Jan de Bont
Darsteller: Keanu Reeves (Jack Traven), Dennis Hopper (Howard Payne), Sandra Bullock (Annie), Jeff Daniels (Harry Temple), Joe Morton (Capt. Herb McMahon), Alan Ruck (Stephens), Glenn Plummer, Richard Lineback, Beth Grant, Hawthorne James
Drehbuch: Graham Yost
Kamera: Andrzej Bartkowiak (Deluxe)
Musik: Mark Mancina

Mit ›Speed‹ explodierte seine Karriere: Keanu Reeves.

Schnitt: John Wright
Produktion: Mark Gordon für 20th Century Fox, USA 1994
Uraufführung: 10.6.1994, New York
Erstaufführung: 1.7.1994, Filmfest München
Verleih: 20th Century Fox/dto./dto.
Kinostart: 20.10.1994
Länge: 116 Min. – *FSK:* ab 16, ffr.
FBW: Wertvoll

Jack Traven ist Beamter einer Spezialeinheit des Los Angeles Police Department. Ein mit Sprengladungen gespickter Liftschacht und ein Bus, der in die Luft fliegt, sobald seine Geschwindigkeit unter 50 Meilen sinkt, konfrontieren den trickreichen Polizisten mit einem irren Bombenleger. Im Rahmen der Genrekonventionen ist dem ehemaligen Kameramann Paul Verhoevens ein handwerklich überdurchschnittliches Stück Actionkino gelungen, das allerdings auf der Ebene der Bildsymbolik aufgrund überdeutlicher Plattheiten nicht restlos begeistern kann. *multimedia*

(...) Meisterhafter Montagefilm, ein Höhepunkt des Actionskinos. Nicht nur ein spannender Genrefilm, sondern ein Essay über die Essenz des Kinos – die Bewegung. *Zoom, 10/94*

Michael Althen in: SZ, 20.10.94; Frauke Hanck in: AZ, 20.10.94; Rupert Koppold in: Stgt. Zeitung, 20.10.94; Milan Pavlovic in: Kölner Stadt-Anzeiger, 22.10.94; Josef Schnelle in: FR, 21.10.94; Ralph Umard in: tip, 22/94

Spiele für mäßig Fortgeschrittene 839

HRY PRO MíRNé POKROCILé □
TV

Regie: Ota Koval
Darsteller: Lucie Tomková (Klára), David Novotny (Stépán), Magdalena Hamoová (Kameradin), Evelyna Steimarová (Mutter), Petr Cepek (Kláras Vater), Jirína Steimarová (Großmutter), Ivan Vyskecil (Professor), Jan Faltynek (Stépáns Vater)
Drehbuch: Ota Koval, nach einer Idee von Daniela Fischerová
Kamera: Vladimír Smutny (Farbe)
Musik: Stépán Lucky
Produktion: Tschechoslowakei 1986
Sendetermin: 28.5.1994, WEST 3, 11.00
Länge: 82 Min.

Klara ist 14 Jahre alt, als ihre Mutter beschließt, daß die Familie in die Großstadt Prag umziehen soll. Das Mädchen spielt sehr gut Klavier und soll in der Stadt das Konservatorium besuchen. Doch es kommt anders. Klara hat einen Unfall und muß für lange Zeit auf das Klavierspielen verzichten. Sie lernt Stefan kennen, der ihr sehr viel über ein Leben erzählen kann, von dem sie bisher nie etwas gehört hatte. *Pressetext WEST 3*

Der Spion meiner Träume 840

TAIS' TOI QUAND TU PARLES! □
TV

Regie: Philippe Clair
Darsteller: Aldo Maccione (Giacomo), Edwige Fenech (Beatrice), Jacques Francois (Diafoirus), Philippe Nicaud (Jeff), Philippe Clair (Ahmed)
Drehbuch: Enrico Oldoini, Philippe Clair
Kamera: Mario Vulpiani (Farbe)
Musik: Armando Trovaioli
Schnitt: Alberto Galliti
Produktion: Carthago Films/Italian Int. Film, Frankreich/Italien/Tunesien 1981
Uraufführung: 2.9.1981, Paris
Sendetermin: 14.6.1994, TV München, 21.00
Länge: 89 Min.

Der arbeitslose Giacomo leidet unter einem Bond-Komplex, denn er wäre gern ein gefährlich lebender Spion. Er gerät tatsächlich in einen Spionagefall und kommt nach Afrika, weil er zufällig einem berühmten Agenten ähnlich sieht. Giacomo muß gegen Killer kämpfen, gewinnt ein Vermögen und verliebt sich in die schöne Beatrice.

Sprachlos 841

SANS UN CRI ***
TV

Regie: Jeanne Labrune
Darsteller: Lio (Anne), Rémi Martin (Pierre), Nicolas Prive (Nicolas), Victoria Scognamiglio (Lola)
Drehbuch: Jeanne Labrune
Kamera: André Neau (Farbe)
Musik: Anne Marie Fijal
Schnitt: Guy Lecorne
Produktion: Emmanuel Schlumberger für French Prod./Art Light/Jean Vigolux/Zenab, Frankreich 1991
Sendetermin: 9.3.1994, West3, 23.00 OmU
Länge: 82 Min.

(...) Geschichte eines jungen Ehepaars, Pierre und Anne, die eine stille und heftige Liebe miteinander verbindet. Sie sind ständig unterwegs in einem Lastwagen zwischen Italien und Frankreich, der Marmorblöcke transportiert. Bis Anne diese endlose Reise nicht mehr ertragen kann und sich in einem abgelegenen Haus ihre eigene Welt einrichtet. Sie ist schwanger, und als ihr Kind zur Welt kommt, wird die Entfremdung zwischen den Ehepartnern nur noch größer. (...) *Pressetext West3*

The Spy Returns 842

THE SPY RETURNS **
Video

Regie: Jerry London
Darsteller: Robert Culp (Kelly), Bill Cosby (Scott), George Newburn, Salli Richardson, Nikolaus Paryla, Lynsey Baxter
Drehbuch: Michael Norell
Kamera: Martin Stingl (Farbe)

Musik: Johnny Harris
Schnitt: Sidney Wolinsky
Produktion: Michael O. Gallant, USA 1992
Verleih: -/-/-/Ascot Video
Videostart: 5.9.1994
Länge: 93 Min.
FSK: ab 12 J.

Es war zu befürchten, daß auch die Serie »Tennisschläger und Kanonen« aus den 70er Jahren in den 90ern recycelt wird. Vorhersehbar leider auch die Überflüssigkeit dieses Vorhabens und ihr Mangel an Qualität: ein Agentenkrimi, so behäbig wie seine gealterten Stars.

Stage Fright – Eine Gurke erobert Hollywood 843

THE PICKLE ***

Video

Regie: Paul Mazursky
Darsteller: Danny Aiello (Harry Stone), Dyan Cannon (Ellen Stone), Clotilde Courau (Francoise), Shelley Winters (Yetta), Barry Miller (Ronnie Liebowitz), Jerry Stiller (Phil Hirsch), Chris Penn (Gregory Stone), Little Richard (President), Jodi Long (Yakimoto Yakimura), Rebecca Miller (Carrie)
Drehbuch: Paul Mazursky
Kamera: Fred Murphy (Technicolor)
Musik: Michel Legrand
Schnitt: Stuart Pappé
Produktion: Paul Mazursky für Columbia, USA 1992
Verleih: -/-/-/Columbia TriStar Home Video
Videostart: 12.4.1994
Länge: 103 Min.
FSK: ab 12 J.

Die Sinn- und Lebenskrise des einst renommierten Hollywood-Regisseurs Harry Stone gipfelt in der Inszenierung eines aberwitzigen Science-Fiction-Teenie-Streifens um eine Gurke im Weltraum. Mazursky läßt sein Werk in der Schwebe zwischen Komödie, Sozialkritik und Satire – man könnte auch sagen, er kann sich zwischen all dem nicht entscheiden.

Starting Place 844

STARTING PLACE/POINT DE DEPART ***

Regie: Robert Kramer
Drehbuch: Robert Kramer
Kamera: Robert Kramer (Farbe)
Schnitt: Christine Benoit
Produktion: Ruben Korenfeld, Richard Copans für Film d'Ici, Frankreich 1993
Uraufführung: 18.6.1993, Marseille; 12.8.1993, Locarno Film Festival
Erstaufführung: 19.2.1994, Int. Forum des Jungen Films, Berlin
Verleih: Freunde/-/-
Kinostart: Nov. 1994
Länge: 90 Min.

1969 reiste Robert Kramer mit einer Delegation von pazifistisch eingestellten Amerikanern nach Hanoi und drehte dort den 40minütigen Schwarzweißfilm »People's War«. Dreiundzwanzig Jahre später begab er sich erneut dorthin, um das Vietnam der 90er Jahre zu verstehen. Er filmte Hanoi, die Stadt, in der sich die Erinnerung an die Umwälzungen der letzten fünfzig Jahre konzentriert. (...) *Katalog Forum*

Hans Schifferle in: SZ, 2.5.94 (Dokumentarfestival München)

Station 845

STATION □

TV

Regie: Yasou Furuhata
Darsteller: Ken Takakura (Privatdetektiv Eiji Mikami), Chieko Baisho (Kiriko), Ayumi Ishida (Nacko Mikami), Yuko Kotegawa (Mikami Fuyuko), Setsuko Karasume (Suzuko Yoshimatsu)
Kamera: Daisaku Kimura (Farbe)
Musik: Ryudo Uzaki
Produktion: Toho Prod., Japan 1981
Sendetermin: 6.3.1994, West3, 20.15
Länge: 126 Min.

Takakura spielt einen Polizeidetektiv, der als Scharfschütze bei den Olympischen Spielen in Mexico teilgenommen hat und dessen berufliche und sportliche Aktivitäten ihn immer mehr von seiner Familie getrennt haben. Er ist ein einsamer und resignierter Mann geworden. Und er hat nur eine Obsession: einen Polizistenmörder dingfest zu machen, der in den Akten unter der Bezeichnung »Criminal 22« geführt wird. Bei seinen Recherchen lernt er auch Kiriko kennen und verliebt sich in sie. (...) *Pressetext West3*

Stealthhunters 846

STEALTHHUNTERS *

Video

Regie: Matthew Trotter
Darsteller: Bruce Walker, Rocky Paterson, Mary-Catherine Quintana, Vince Phillip
Drehbuch: Tom Anthony, Matthew Trotter
Kamera: Paul Williams (Farbe)
Musik: Anthony C. Canella
Schnitt: Ron Schmidt
Produktion: Talaat Captan, Mark Trotter für Red Sky, USA 1991
Verleih: -/-/-/Highlight Video
Videostart: Juni 1994
Länge: 90 Min.
FSK: ab 18 J.

Unansehnlicher Action-Ausschuß mit zahllosen Gewaltsequenzen, der zum x-ten Mal die Story von den gehirnmanipulierten Soldaten variiert, die zu Kampfmaschinen operiert werden.

Steel Will 847

RISE & WALK: THE DENNIS BYRD STORY **

Video

Regie: Michael Dinner
Darsteller: Peter Berg (Dennis Burd), Kathy Morris (Angela), Johann Carlo (Joanne), Wolfgang Bodison, Carrie Snodgress, R. Lee Ermey, Zakes Mokae
Drehbuch: Sally Nemeth, John Miglis, Mark Levin
Kamera: Tim Suhrstedt (Farbe)
Produktion: Paul Kurta für Fox West, USA 1994
Verleih: -/-/-/Fox Video
Videostart: 15.12.1994
Länge: 87 Min. – *FSK:* ab 6 J.

Ein Unfall wirft den bis dahin vom Schicksal verwöhnten Footballstar Byrd aus der Bahn, doch mit zäher Willenskraft kämpft er, seinen gelähmten Fuß wieder herzustellen. Schrecklich biedere, authentische Story aus dem Sportmilieu.

Stepping Razor – Die Peter Tosh Story 848

STEPPING RAZOR – RED X **

Regie: Nicholas Campbell
Drehbuch: Nicholas Campbell
Kamera: Edgar Egger, u.a. (Farbe)
Musik: Peter Tosh, The Wailers
Schnitt: Trevor Ambrose
Produktion: Edgck, Kanada 1992
Uraufführung: 18.8.1993, New York
Verleih: Arsenal/-/-
Kinostart: 24.2.1994
Länge: 103 Min.

Als ob er eine der bekanntesten Peter-Tosh-Textzeilen – »legalize it, don't criticize it« – absichtlich mißverstehen wollte, montiert der Kanadier Nicholas Campbell in »Stepping Razor« seinem Porträt des 1987 ermordeten Reggae-Musikers, ein paar Armutsszenen aus Jamaica, Theorien und Visionsfetzen von Freunden, Kollegen und Rastafaris, Konzertmitschnitte, Toshs »Red X«-Bänder und ein wenig Nachrichtenmaterial durcheinander – »laß es zu, kritiers es nicht«. Campbells hoffnungslos unpräzise, verschwommene Bildchenfolge preist mal den Rastafari als hippiefreundlichen Friedensmann, transportiert dann wieder die Posen des Guerillas mit der Gitarre in Gewehrform und drückt sich wohlweislich vor einer kritischen Durchleuchtung der wirren und verzweifelten Rasta-Mischung aus Esoterik und sozialem Unmut. Er durchdringt den Dunst aus Illusionen, Visionen, Lügen, der sich um Tosh, Marley und Rastafari legt, durch keine Recherche.

Thomas Klingenmaier, Stgt. Zeitung, 16.4.94

(...) Nicholas Campbells Film klaubt sämtliche Interviews, rare Aufnahmen von Tosh mit den Ur-Wailers sowie viel Musik zusammen und durchsetzt das ganze mit »Red X«-Originalton und Aussagen von so ziemlich allen Menschen, denen Tosh jemals die Hand geschüttelt hat. Unterm Strich bleibt eine Fleißarbeit, die keinen abgebrühten, rotäugigen Reggae-Fan enttäuschen wird. *Zitty, 6/94*

Stets bereit 849

MORBOSAMENTE VOSTRA □

TV

Regie: Andrew White
Darsteller: Karin Schubert (Cora), Bruno Romagnoli, Giancarlo Busmani

Produktion: Italien 1985
Sendetermin: 26.2.1994, SAT.1, 23.00
Länge: 77 Min.

Die hübsche, schüchterne Cora findet kein Vergnügen beim Sex mit ihrem Mann, was ihn fast verzweifeln läßt. Er schickt sie zu seinem Freund Jules, einem Hypnosetherapeuten, der einen erstaunlichen »Heilungserfolg« erzielt.

Stimme der Dunkelheit 850

WHEN A STRANGER CALLS BACK ***

Video

Regie: Fred Walton
Darsteller: Jill Schoelen (Julia), Carol Kane (Jill), Charles Durning (John), Gene Lythgow (Mr. Landis)
Drehbuch: Steve Feke, Fred Walton
Kamera: David Geddes (Farbe)
Musik: Dana Kaproff
Schnitt: David Byron
Produktion: Tom Rowe für Universal Pic., USA 1993
Verleih: -/-/-/CIC Video
Videostart: April 1994
Länge: 91 Min.
FSK: ab 16 J.

Die der elfjährigen Julia als Babysitter anvertrauten Kinder werden ermordet. Fünf Jahre später meldet sich der Mörder wieder bei ihr. Anfangs erstaunlich spannendes Remake des Thrillers »When a Stranger Calls«, das leider zunehmend billige Spannungseffekte einer logischen Handlung vorzieht und schließlich nur einen ziemlich unbefriedigenden Schluß zu bieten hat.

Hans Messias in: film-dienst, 11/94

Die Stimme des Igels 851

****

Regie: Jochen Kuhn
Drehbuch: Jochen Kuhn
Kamera: Jochen Kuhn (Farbe)
Musik: Jochen Kuhn
Schnitt: Olaf Meltzer
Produktion: Werner Grassmann für Studio 1, BRD 1994
Uraufführung: Int. Filmfestspiele Venedig 1994
Erstaufführung: 4.12.1994, Arri
Verleih: Abaton/-/-
Kinostart: Dez. 1994
Länge: 61 Min.

»Die Stimme des Igels« ist eine Sammlung der schönsten Kurzfilme von Jochen Kuhn, der eine Sonderstellung unter den Filmemachern einnimmt: Seine Filme sind gemalt und die in Bewegung gesetzten Bilder erzählen seltsam makabre, abgründige, unheimliche Geschichten, lakonisch, mit hintersinnigem Witz und voller Melancholie. *Ulrich Maas*

Anne Frederiksen in: Die Zeit, 2.12.94; Thomas Klingenmaier in: Stgt. Zeitung, 19.12.94

Straps und Stripes – Ferien in Amerika 852

VACANCE IN AMERICA **

Video

Regie: Carlo Vanzina
Darsteller: Jerry Cala (Peo), Christian DeSica (Don Burro), Claudio Amendola (Alessio), Antonella Interlenghi (Antonella), Edwige Fenech (Frau De Romanis)
Drehbuch: Enrico und Carlo Vanzina
Kamera: Claudio Cirillo (Farbe)
Musik: Manuel DeSica
Schnitt: Raimondo Crociani
Produktion: Mario und Vittorio Cecci Gori für C. G. Silver Films,, USA/Italien 1984
Verleih: -/-/-/Embassy Video
Länge: 86 Min.
FSK: ab 12, ffr.

Römische Schüler machen sich auf eine Ferienreise nach Amerika. Die Jugendlichen werden von einer Mutter und einem Priester begleitet. Alles wird versucht, um die Aufsicht abzuschütteln und eigene Wege zu gehen. Das gelingt nicht immer, denn Mutter und Priester kennen einige Tricks, die den aufmüpfigen Trupp immer wieder verblüffen.

Straße des Donners 853

THUNDER ALLEY **

Video

Regie: J.S. Cardone
Darsteller: Roger Wilson (Richie), Jill Schoelen (Beth), Leif Garrett (Skip), Scott McGinnis (Donnie), Cynthia Eilbacher (Lorraine), Clancy Brown (Weasel), Phil Brock (Butch), Brian Cole (Wolf)
Drehbuch: J.S. Cardone
Kamera: Karen Grossman (Farbe)
Musik: Ken Topolsky
Schnitt: Daniel Wetherbee

Das Leben – ein Alptraum: ›Straßenkinder‹ mit James Le Gros, Dermot Mulroney und Lara Flynn Boyle.

Produktion: William R. Ewing für Cannon Group, USA 1985
Verleih: -/-/-/G.L. Video
Länge: 96 Min. – *FSK:* ab 16 J.

Richie, der Sohn eines Farmers, träumt von Ruhm und Erfolg eines Rockstars. Als es soweit ist, muß er ständig die Versuchung bekämpfen, die dieses Leben mit Sex und Drogen mit sich bringt.

Straßenkinder 854
WHERE THE DAY TAKES YOU **

Regie: Marc Rocco
Darsteller: Dermot Mulroney (King), Robert Knepper (Rocksänger), Lara Flynn Boyle (Heather), Sean Astin (Greg), Balthazar Getty (Little J), Will Smith (Manny), James LeGros (Crasher), Ricki Lake (Brenda), Peter Dobson (Tommy Ray), Adam Baldwin (Polizist Black)
Drehbuch: Michael Hitchcock, Kurt Voss, Marc Rocco
Kamera: King Baggot (Farbe)
Musik: Mark Morgan
Schnitt: Russell Livingston
Produktion: Paul Hertzberg für Night and Day Prod., USA 1992
Erstaufführung: Filmfest München 1993
Verleih: Columbia TriStar/-/-/Columbia TriStar Video
Kinostart: 10.2.1994
Länge: 105 Min.

(...) Den Alltag der Ausreißer, ihre Betteltouren und Rivalitäten, ihre Liebes- und Solidaritätsversuche präsentiert Rocco mit einer Mischung aus Voyeurismus, Seifenopernsentimentalität und Videoclip-Kaltschnäuzigkeit, als wolle er Albert und Allen Hughes' Film »Menace II Society« über schwazre Jugendliche in Watts oder Taylor Hackfords »Blood In, Bloot Out« über junge Chicanos weiß- und weichspülen. (...)
Thomas Klingenmaier, Stgt. Zeitung, 10.2.94

Otto Heuer in: Rheinische Post, 11.2.94; Tanya Lieske in: Der Tagesspiegel, 10.2.94; H.G. Pflaum in: SZ, 15.2.94

Streng persönlich 855
STRICTEMENT PERSONEL □ TV

Regie: Pierre Jolivet
Darsteller: Pierre Arditi (Jean), Jacques Penot (Benoit), Caroline Chaniolleau (Hélène), Jean Reno (Villechaize), Robert Rimbaud (Vater), Christiane Krüger (Julia), Simona Benzakein (Judith), Maurice Baquet (Concièrge), Stimme von Berangere Bonvoisin (Isabelle)
Drehbuch: Pierre Jolivet, Luc Beraud, Bernard Balavoine, Christiane Krüger
Kamera: Christian Lamarque (Farbe)
Musik: Serge Perathoner
Schnitt: Gerard Lamps
Produktion: Simona Benzakein, Pierre Jolivet für Michelle de Broca, Yvan Valensi für YF, Frankreich 1984
Uraufführung: 14.9.1985, Festival of Festivals, Toronto
Sendetermin: 27.3.1994, RTL2, 10.50; 10.7.1994, RTL2, 11.20
Länge: 90 Min.

Nach vielen Jahren kommt der in seinem Beruf wenig erfolgreiche Polizeibeamte Cottard wieder nach Hause zu seiner Familie, und er findet sich in einem rabenschwarzen Melodram: Verzweiflung, Drogen, Kunstfälscherei. Erstmals begegnet er in Paris auch seiner attraktiven Stiefmutter sowie den

Familien seiner Geschwister. Als er von den rätselhaften Unstimmigkeiten in der Familie erfährt und auf einen Selbstmord stößt, erwacht sein kriminalistischer Instinkt. *Pressetext RTL2*

Stringer 856
STRINGER **
Video

Regie: Michael DeLuise
Darsteller: Anthony Finetti (Frankn Simmonetti), Tim Thomerson (Jack Mitchell), Sally Kirkland (Joan), Laura Reed (Sheila), Matt Corey (Officer Mike Dorsett), Michael Vartan (Chris)
Drehbuch: Gary Skeen Hall
Kamera: Glenn Kershaw (Farbe)
Musik: Lawrence Shragge
Schnitt: David Strohmaier
Produktion: Gary Skeen Hall für Lone Pony Pic., USA 1993
Verleih: -/-/-/VMP Video
Videostart: 6.12.1993
Länge: 90 Min.
FSK: ab 16 J.

Reality-TV-Reporter will Mordserie an Obdachlosen aufklären. Blutiger, uninteressanter Thriller für Vielseher.

Oliver Rahayel in: film-dienst, 4/94

Suche nach den Platanen 857
ACCROCHE-COEUR ***
TV

Regie: Chantal Picault
Darsteller: Patrick Bauchau (Leo), Sandrine Dumas (Sara), Laszlo Szabo, Elisabeth Kaza
Drehbuch: Chantal Picault, nach der Novelle »Les Platanes« von Monique Lange
Kamera: Gilberto Azevedo (Fujicolor)
Musik: Luc Le Masne
Schnitt: Frédéric de Chateaubriant
Produktion: Lionel Bellina für Extension Films/Europimages, Frankreich 1987
Uraufführung: 25.11.1987, Paris
Sendetermin: 8.7.1994, ORB3, 23.15
Länge: 90 Min.

Die 20jährige Sara verliebt sich in den Architekten Léo, der doppelt so alt wie sie ist, während sie für ihn nur eine unwichtige Affäre ist. Sara erreicht nach und nach, daß sie Léo auf eine Fahrt nach Südfrankreich begleiten darf.

Sugar Hill 858
SUGAR HILL ***
Video

Regie: Leon Ichaso
Darsteller: Wesley Snipes (Roemello Skuggs), Michael Wright (Raynathan Skuggs), Theresa Randle (Melissa), Clarence Williams III (A. R. Skuggs), Abe Vigoda (Gus Molino), Larry Joshua (Harry Molino), Ernie Hudson (Lolly Jonas), Leslie Uggams (Doris Holly), Khandi Alexander (Ella Skuggs), Raymond Serra (Sal Marconi)
Drehbuch: Barry Michael Cooper
Kamera: Bojan Bazelli (Deluxe)
Musik: Terence Blanchard
Schnitt: Gary Karr
Produktion: Rudy Langlais, Gregory Brown für South Street Ent. Group, USA 1993
Uraufführung: 25.2.1994, New York
Verleih: -/-/-/VCL/Carolco Video
Videostart: 26.9.1994
Länge: 123 Min. – *FSK:* ab 16 J.

Roemello kontrolliert zusammen mit seinem Bruder den Markt für harte Drogen in Harlem. Aber ihn plagt sein Gewissen, macht er doch Geschäfte mit Leuten, die seine Junkie-Eltern auf dem Gewissen haben. Eine konventionell erzählte Geschichte mit schmalzigen Tönen. Bemerkenswert vor allem in Sachen Herrenmode und weil – es gibt eine einzige Nebenrolle für einen Weißen – jetzt auch das US-Mainstream-Kino versucht, ein schwarzes Publikum zu bedienen. *tip, 25/94*

Super 8½ 859
SUPER 8½ **

Regie: Bruce LaBruce
Darsteller: Bruce LaBruce (Bruce), Liza Lamonica (Googie), Mikey Mike (Johnny Eczema), Klaus von Brucker (Pierce), Chris Teen (Wednesday Friday), Dirty Pillows (Jane Friday), Buddy Cole, Ben Weasel, Amy Nitrate, Vaginal Creme Davis
Drehbuch: Bruce LaBruce
Kamera: Donna Mobbs
Schnitt: Manse James, Robert Kennedy
Produktion: Jurgen Brüning Prod. mit Gaytown Prods./Strand Releasing, Kanada 1994
Uraufführung: 11.6.1994, Int. Lesbian & Gay Film Festival, San Francisco
Verleih: Salzgeber/-/-
Kinostart: Mai 1994
Länge: 106 Min.

Schon der Titel sagt, daß der Kanadier Bruce LaBruce (»No Skin Off My Ass«) nicht bloß eine simple Sexkomödie im Sinn hatte, sondern einen künstlerischen Anspruch hegt. Dummerweise nur ist der selbsterklärte Kultregisseur und Hauptdarsteller nicht halb so interessant, wie er von sich glaubt. Das ganz auf seine Person zurecht gedrechselte, glanzlose Vexierspiel wirkt weder unterhaltsam noch witzig, zumal dem schmalen Burschen offenkundig die nötige Distanz fehlte, um seinen von dem Berliner Jürgen Brüning produzierten Streifen angemessen zusammen zu schneiden. (...)

Jan Gympel, Zitty, 20.5.94

(...) Aber leider sind auch die Sexszenen langwelig. Die Gymnastik läßt zu wünschen übrig, in jeder Erektion lauert unfreiwillige Komik – was wäre lusttötender als dies. Der Rest ist ohnehin nur verwackeltes Schwarzweißgefuchtel und dient vorrangig der penetranten Selbstdarstellung des Regisseurs.
Wie sagt Bruce, der Pornostar einmal: »How to become a Pornostar? You have to blow!« Damit aus Bruce LaBruce ein richtiger Regisseur wird, muß er noch etwas mehr als nur das eine lernen.

Steffen Jacobs, Der Tagesspiegel, 19.5.94

Surviving the Game 860

SURVIVING THE GAME ***

Video

Regie: Ernest Dickerson
Darsteller: Ice-T (Mason), Rutger Hauer (Burns), Charles S. Dutton (Cole), Gary Busey (Hawkins), F. Murray Abraham (Wolfe Sr.), John C. McGinley (Griffin), William McNamara (Wolfe Jr.), Jeff Corey (Hank)
Drehbuch: Eric Bernt
Kamera: Bojan Bazelli (Deluxe)
Musik: Stewart Copeland
Schnitt: Sam Pollard
Produktion: David Permut für New Line Prod. mit David Permut Prods., USA 1994
Erstaufführung: Fantasy Filmfest 1994
Verleih: -/-/-/VMP Video
Videostart: 16.12.1994
Länge: 96 Min. – *FSK:* ab 18 J.

Eine Gruppe pervertierter Großstadt-Manager pflegt in der Wildnis ein besonders ausgefallenes Hobby: Sie jagen Menschen. Zynischer, auf Action angelegter, pseudo-sozialkritischer Film mit wenig erfreulichen Momenten.

Frank Arnold, Zitty, 16/94

Suspicious 861

TREACHEROUS **

Video

Regie: Steven Strick, Kevin Brodie
Darsteller: C. Thomas Howell (Micky Stewart), Adam Baldwin (Tommy Wright), Tia Carrere (Dr. Jessica Jamison), Randi Ingerman (Lisa Rivera), Kevin Bernhardt (Damon Vasquez)
Drehbuch: Kevin Brodie
Kamera: Leo Napolitano (Farbe)
Musik: Adam Gorgoni
Schnitt: Duncan Burns
Produktion: Steven Strick für Ulysee Ent., USA 1993
Verleih: -/-/-/Highlight Video
Videostart: 8.3.1994
Länge: 90 Min. – *FSK:* ab 16 J.

Der nach einem Rennunfall gelähmte Tommy eröffnet mit seinem Freund in Mexiko ein Hotel. Die Schulden der beiden treiben sie in ein gefährliches Intriegenspiel. Nicht immer stimmige Krimi-Unterhaltung.

Joe Hill in: film-dienst, 8/94

Süße Emma, liebe Böbe 862

EDES EMMA, DRAGA BÖBE ****

TV

Regie: Istvan Szabó
Darsteller: Johanna ter Steege (Emma), Enikó Börcsök (Böbe), Péter Andorai (Stefanics), Eva Kerekes (Sleepy), Erzsi Pásztor (Frau Hórvath), Hédi Temessy (Maria), Irén Bódis (Emmas Mutter), Erzébet Gaál (Hausmeisterin), Zoltán Mucsi, Jolanta Mielech
Drehbuch: István Szabó
Kamera: Lajos Koltai (Eastmancolor)
Musik: Tibor Bornai, Mihály Móricz, Ferenc Nagy, Beatrice
Schnitt: Eszter Kovács
Produktion: Objektiv Filmstudio, Ungarn 1991
Erstaufführung: 20.2.1992, Int. Filmfestspiele Berlin
Sendetermin: 23.1.1994, ZDF, 22.30
Länge: 90 Min.

Ungarischer Low-Budget-Film über die Umstellung zweier Budapester

Russisch-Lehrerinnen auf den neuen Westkurs (man lernt jetzt Englisch).
Da die beiden, die als schlecht bezahlte Schullehrerinnen miserabel leben, trotz Bildung Naive vom Land geblieben sind, soll man allerdings glauben, daß sie sich in diesem Ungarn der offenbar ungebrochenen Pascha-Macht wie dumme Trinen verhalten: Emma als liebeskrankes Hascherl, Böbe als nuttige Aufreißerin, der, als sie erwischt wird, nur der Selbstmord bleibt.
Verarmung und Unsicherheit (keiner will mehr Kommunist gewesen sein, doch jeder weiß vom anderen mehr als genug), Tragödie und trotziger Mut: Szabos Film ist eine sozialpsychologische Momentaufnahme von den Bitterkeiten des Überlebens im heutigen Ungarn. *Ponkie, AZ, 22.2.92*

Clara Scura in: Der Tagesspiegel, 22.2.92

Sweet Justice 863
SWEET JUSTICE *
Video

Regie: Allen Plone
Darsteller: Finn Carter (Sunny Justice), Marc Singer (Steve Colton), Frank Gorshin (Bill Joe Rivas), Catherine Hickland (Chris Barnes), Mickey Rooney (Zeke), Kathleen Kinmont, Patricia Tallman, Marjean Holden, Michelle McCormick, Cheryl Paris
Drehbuch: Allen Plone, Jim Tabilio
Kamera: Stuart Kiehl (Farbe)
Musik: Robby Robinson, Shelley Cameron, Teddy Phillips
Schnitt: Rob Kobrin
Produktion: James Alex, Carol Marcus Plone für Double Helix, USA 1993
Verleih: -/-/-/Condor Video
Videostart: 27.9.1994
Länge: 91 Min.
FSK: ab 18 J.

Streitbare Amazonen laden die Gewehre, um den Tod ihrer Geschlechtsgenossin zu rächen, die einer lokalen Korruptionsaffäre auf der Spur war. Einfältiges Action-Produkt mit allenfalls »modischen« Reizen.

Sword of Honor 864
SWORD OF HONOR *
Video

Regie: Robert Tiffe
Darsteller: Steven Vincent Leigh, Sophia Crawford, Angelo Tiffe, Jeff Pruitt, Jerry Tiffe
Produktion: Tri-T Prod., USA 1994
Verleih: -/-/-/Allround Video
Videostart: 31.10.1994
Länge: 92 Min.
FSK: ab 18 J.

Wieder einmal: Polizist rächt den Tod seines Partners. Kampfszenen, Kampfszenen und kein Ende.

Tafelspitz

865
****

Regie: Xaver Schwarzenberger
Darsteller: Christiane Hörbiger (Karoline Gschwantner), Otto Schenk (William), Jan Niklas (Thomas Jefferson), Anika Pages (Lilli Gschwantner), Michelle Becker (Mrs. Hitchcock), Edward Brigadier (Mr. Hitchcock), Fritz Eckhardt (Hofrat), Lotte Ledl (Lehrerin), Gerhard Tötschinger (Priester), Andreas Lachnit (Freddy)
Drehbuch: Uli Schwarzenberger
Kamera: Xaver Schwarzenberger (Farbe)
Musik: Cristian Kolonovits
Schnitt: Uli Schwarzenberger
Produktion: Bernd Burgemeister für TV-60/ Iduna/Wega-Film/ZDF, BRD 1993
Uraufführung: 18.9.1993, San Sebastian Film Festival
Verleih: Scotia/-/-/VPS Video
Kinostart: 28.4.1994
Länge: 99 Min. – *FSK:* o.A., ffr.
FBW: Wertvoll

(...) Von einem Mädchen mit Eigensinn erzählen uns auch Uli und Xaver Schwarzenberger in »Tafelspitz«, so unkompliziert und fröhlich, wie man es aus manchen Lust-Spielen der Fünfziger kennt und liebt, amerikanisch oder bundesdeutsch. (...) Weil sie sich auf die Komödie konzentrieren, ist den Schwarzenbergers eine schöne Studie zur Psychopathologie des Alltags gelungen. *Fritz Göttler, SZ, 29.4.94*

(...) Schon freuen sich Kritiker über ein deutsches Komödienwunder, als hätte es dergleichen hierzulande nie gegeben. Was hätte Reinhold Schünzel aus dem Stoff gemacht oder wenigstens Kurt Hoffmann? Schwarzenberger aber zerkocht ihn bieder und überraschend unprofessionell. *Daniel Kothenschulte, Kölner Stadt-Anzeiger, 30.4.94*

Alfred Holighaus in: tip, 9/94; Harald Martenstein in: Der Tagesspiegel, 29.4.94; Angela Schmitt-Gläser in: FR, 28.4.94

Ein Tag im April

866
APRIL MORNING
**
TV

Regie: Delbert Mann
Darsteller: Tommy Lee Jones, Robert Ulrich, Chad Lowe, Susan Blakely, Rip Torn
Produktion: USA 1988
Sendetermin: 23.6.1994, Premiere, 20.15
Länge: 95 Min.

Während des amerikanischen Unabhängigkeitskrieges 1775 kommt es zum Kleinkrieg in einer Siedlerfamilie. Der konservative Vater erlebt die Rebellion und das Erwachsenwerden seines 15jährigen Sohnes und will dies nicht akzeptieren. Als die britischen Truppen auf Lexington vorrücken, lassen sich beide gemeinsam rekrutieren. Nachdem sein Vater in einer Schlacht fällt, ist der Sohn auf sich allein gestellt.

Taking the Heat

867
TAKING THE HEAT
***
Video

Regie: Tom Mankiewicz
Darsteller: George Segal, Peter Boyle, Alan Arkin, Lynn Whitefield (Carolyn Hunter), Will Patton, Tony Goldwyn (Michael Norell)
Drehbuch: Dan Gordon
Kamera: Robert Stevens (Farbe)
Musik: Patrick Williams
Schnitt: Edward M. Abroms
Produktion: Gary Hoffman, Neal Israel für Viacrom Pic., USA 1993
Verleih: -/-/-/VCL/Carolco Video
Videostart: 15.8.1994
Länge: 87 Min.
FSK: ab 18 J.

Schwarze Polizistin und weißer Yuppie, der als Mafia-Mordzeuge aussagen soll, werden von einem Paten quer durch New York gehetzt. Von ausgezeichneter Besetzung getragener und mit schwarzem Humor durchsetzter, solider Action-Thriller.

Tanz der blauen Vögel

868
****

Regie: Lisa Faessler
Mitwirkende: Hans Studer (Gemeindepräsident und Bauer), Frantisek Strasky (Bürgermeister), Dr. Franz Blankart (Staatssekretär), Michael Kocáb (Musiker), Vaclav Pruka (Bauer)
Drehbuch: Lisa Faessler
Kamera: Pio Corradi, Thomas Krempke (Video) (Farbe)
Musik: Michael Kocáb

Schnitt: Jürg Hassler
Produktion: Catpics mit Teleclub, Schweiz 1993
Verleih: -/-/Look Now!
Kinostart: Januar 1994
Länge: 80 Min.

Zwei Partnergemeinden – Vechigen im Kanton Bern und Trhové Sviny in Südböhmen – nimmt der Film als Ausgangspunkt für eine Erkundung und Hinterfragung von Lebensbefindlichkeit und -formen im Europa von 1992. Aufgrund vergleichbarer Funktionen ausgewählt, werden Menschen hier und dort porträtiert. Der Gemeindepräsident und der Bürgermeister, der Unterhändler für den EWR-Vertrag und derjenige für den Abzug der Sowjettruppen. Eine virtuose Montage setzt Bild- und Tonmaterial in einen witzig frechen, bald tiefsinnigen, bald polemischen Dialog. Ein Dokumentarfilm, so erhellend und unterhaltsam wie selten einer. *Zoom*

Das Taschenmesser 869

HET ZAKMES ****

Regie: Ben Sombogaart
Darsteller: Olivier Tuinier (Mees), Genio de Groot (Vater), Adelheid Roosen (Mutter), Verno Romney (Tim), Beppie Melissen (Lehrer), Jaap Hoogstral, Sarah Sijlbing, Sebastian Spaan
Drehbuch: Sjoerd Kuiper
Kamera: Reinier van Brummelen (Farbe)
Musik: Karel von Kleist
Schnitt: Herman P. Koerts
Produktion: Bos Bros. Film & TV Prod., Holland 1991
Erstaufführung: Int. Filmfestspiele Berlin 1992, »Kinderfilmfest«
Verleih: BJF/-/-
Kinostart: Mai 1994
Länge: 86 Min.
FSK: ab 6, ffr.

Im Eröffnungsfilm (der Berlinale) überbrückt die Freundschaft von Mees und Tim eine große Distanz. Denn Tim ist weit weggezogen – und hat sein Taschenmesser bei seinem Freund vergessen. Deshalb versucht Mees verzweifelt, Kontakt zu Tim zu bekommen. Endlich hat er Erfolg, als er sich einen Fernsehauftritt verschafft. ... Das Mini-Drama vom »verschollenen« Freund hüpft leicht von ernsten zu komischen Szenen, bei denen Mees' Eltern – ausgebuchte Opernsängerin und gewiefter Hausmann – lustvoll mitmischen. *AZ, 21.2.92*

Tatjana 870

PIDA HUIVISTA KLINNI, TATJANA **

Regie: Aki Kaurismäki
Darsteller: Kati Outinen (Tatjana), Matti Pellonpää (Reino), Kirsi Tykkyläinen (Klavdia), Mato Valtonen (Valto)
Drehbuch: Aki Kaurismäki, Sakke Järvenpää
Kamera: Timo Salminen
Schnitt: Aki Kaurismäki
Produktion: Aki Kaurismäki für Sputnik, Finnland 1994
Erstaufführung: 2.7.1994, Filmfest München
Verleih: Pandora/Stadtkino/Filmcooperative
Kinostart: 7.7.1994
Länge: 62 Min.
FSK: ab 12, ffr.

Ein neues Kapitel im end- und ziellosen Panorama, mit dem Aki Kaursimäki seine über alles geliebte Heimat Finnland beschwört – sofern er vor lauter Melancholie und Suff überhaupt die Augen aufkriegt. Nordischer Katzenjammer, nach der großen Wende: Zwei tumbe Jungen ziehen los und fahren übers Land, dann kommen zwei russische Girls dazu, und dann ist es schon fast wieder vorbei in dem Film. *Fritz Göttler, SZ, 7.7.94*

Edda Bauer in: Kölner Stadt-Anzeiger, 8.7.94; Heiko R. Blum in: Rheinische Post, 8.7.94; Frauke Hanck in: AZ, 7.7.94; Andreas Kilb in: Die Zeit, 8.7.94; Peter Körte in: FR, 7.7.94; Verena Lueken in: FAZ, 7.7.94; Ruprecht Skasa-Weiß in: Stgt. Zeitung, 9.7.94

Taxi Girl 871

TAXI GIRL □ TV

Regie: Jean de La Rochefoucauld
Darsteller: Louis Velle, Sophie de La Rochefoucauld, Samuel Labarthe, Michel Modo
Produktion: Frankreich 1992
Sendetermin: 23.5.1994, MDR3, 16.30
Länge: 90 Min.

TC 2000 872
TC 2000 *
Video

Regie: T.J.Scott
Darsteller: Billy Blanks (Jason Storm), Bobbie Philips (Zoey Kinsella/TC 2000x), Jalal Merhi (Niki Picasso), Mathias Hues (Bigelow), Bolo Yeung (Sumai), Harry Mok, Kelly Gallant
Drehbuch: T.J. Scott
Kamera: Curtis Peterson (Farbe)
Musik: Varouje
Schnitt: Reid Dennison
Produktion: Jalal Merhi für Film One Prod., USA 1993
Verleih: -/-/-/New Vision Video
Videostart: Jan. 1994
Länge: 84 Min. – *FSK:* ab 18 J.

Krude und verwirrende Mischung aus Kickbox-Action und Science-Fiction.

Frank Klubertz in: film-dienst, 1/94

Temptation – Exzesse der Gewalt 873
TEMPTATION **
Video

Regie: Strathford Hamilton
Darsteller: Jeff Fahey (Eddie Lanarsky), David Keith, Alison Doody, Phillip Casnoff, Patricia Durham, W. Paul Bodie
Produktion: Tricoast Film Partners, USA 1994
Verleih: -/-/-/Starlight Video
Videostart: 12.10.1994
Länge: 88 Min.
FSK: ab 16 J.

Mit einem raffinierten Racheplan will sich Eddie nach fünf Jahren im Gefängnis an einem Verräter rächen und läßt sich von dessen Frau als Skipper anheuern. Passagenweise stimmungsvoll und spannungsgeladener Action-Triller.

Terror in the Night 874
TERROR IN THE NIGHT **
Video

Regie: Colin Bucksey
Darsteller: Joe Penny (Lonnie Carter), Justine Bateman (Robin Andrews), Matt Mulhern (Tom Cross), Valerie Landsburg (Tina)
Drehbuch: Denise de Carmo, Randy Ritchie, Alan Landsburg
Kamera: Davide Walsh (Farbe)
Musik: Dana Kaproff
Schnitt: Drake Silliman
Produktion: Kay Hoffman für CBS Ent., USA 1993
Verleih: -/-/-/Fox Video
Videostart: Febr. 1994
Länge: 95 Min.
FSK: ab 18 J.

Beim Campen wird ein Pärchen von einem irren Killer überrascht, der Mann mißhandelt, die Frau mißbraucht. Angeblich authentischer TV-Film mit leidlicher Spannung.

Hans Jörg Marsilius in: film-dienst, 4/94

Terror und Kebab 875
AL-IRHAB WAL KABAB ****
TV

Regie: Sherif Arafa
Darsteller: Adel Imam (Ahmed), Youssra Kamal el Shenawy
Drehbuch: Wahid Hamad
Kamera: Mohsen Nasr (Farbe)
Musik: Moudy Elemam
Schnitt: Adel Mounir
Produktion: Essam Emam, Ägypten 1992
Uraufführung: 16.5.1993, Human Rights Watch Film Festival, New York
Sendetermin: 13.3.1994, Arte, 22.10
Länge: 105 Min.

Bitterböse Satire über die korrupte Bürokratie und den aufgeblähten Staatsapparat in Ägypten. Ein Vater möchte sein Kind an einer anderen Schule anmelden, findet aber bei den Behörden niemanden, der sich für zuständig hält. Auf dem Weg durch das Bürokratielabyrinth kommt es zur Eskalation.

Teufelskinder 876
LES ENFANTS DU DIABLE ****
TV

Regie: Claude Timon Gaignaire
Darsteller: François Negret (Lehrer), Jean-Pierre Aumont (Pfarrer), Gérard Pradilles (Marcel Roques), Moni Grégo (Eliane Lacroux), Hermann Bonnin (Schulinspektor), Joan Crosas (Der Spanier), Brigitte Gouesse (Mme. Roques), Lolette Minana-Gregogna (Angeline Cros), Gilberte Rivet (Gabrièle Cros), René Redondo
Drehbuch: Claude Timon Gaignaire
Kamera: Gerald Dumour (Farbe)
Musik: Jean Marie Senia
Produktion: France 3/CYRK/ZDF, Frankreich/Spanien/BRD 1993
Sendetermin: 7.6.1994, ZDF, 22.50,

»Das kleine Fernsehspiel«
Länge: 118 Min.

Ein Dorflehrerfilm aus der französischen Provinz von 1942 (zwischen NS-hörigem Vichy-Regime und Résistance) mit einer ganz eigenen, subtilen Atmosphäre unterschiedlicher Erfahrungen:
Der Film vermittelt die Weltferne eines Bergdorfs, in dem nicht nur der Zweite Weltkrieg Gesinnungsfronten bestimmt, sondern auch Kinder von Hugenotten-Nachfahren in einer Grenzzone von Unbildung und Ablehnung leben.
In diesen fast bizarren Beziehungen störrischer Dorfgruppen gewinnt der Film Charme und Wärme durch die Figur des Junglehrers als Pädagoge von Talent und Leidenschaft.

Ponkie, AZ, 9.6.94

Texas Ranger 2 877

WALKER, TEXAS RANGER 2 *

Video

Regie: Tony Mordente, Michael Preece
Darsteller: Chuck Norris (Walker), Tony Mordente, Michael Preece, Clarence Gilyard jr. (Priwett), Noble Willingham, Sheree J. Wilson, Floyd »Red Crow« Westerman (Uncle Ray)
Drehbuch: Gordon Dawson, Harold Apter
Kamera: Frank E. Johnson (Farbe)
Musik: Ray Bunch
Schnitt: Harold Apter, Troy Takaki, Anthony Adler
Produktion: CBS Ent., USA 1993
Verleih: -/-/-/Highlight Video
Videostart: 8.3.1994
Länge: 85 Min. – *FSK:* ab 16 J.

Zwei Folgen aus der TV-Serie mit Chuck Norris als Spielfilm-Surrogat. Nur für Fans.

Joe Hill in: film-dienst, 9/94

Texas Ranger 3 878

WALKER – TEXAS RANGER – THE REUNION *

Video

Regie: Michael Preece
Darsteller: Chuck Norris (Walker), Clarence Gilyard jr. (Trivette), Noble Willingham (Axel), Sheree J. Wilson, Floyd »Red Crow« Westerman (Onkel Ray), Lou Hancock, Stuart Whitman (Laredo), Jonathan Banks, Ben Masters, R.G. Armstrong
Drehbuch: Donald G. Thompson
Kamera: Frank E. Johnson (Farbe)
Musik: Ray Bunch
Schnitt: Troy Akaki
Produktion: Gregory S. Dinallo, Rick Husky für CBS Ent., USA 1993
Verleih: -/-/-/Highlight Video
Videostart: 12.7.1994
Länge: 87 Min.
FSK: ab 16 J.

Episode aus der US-TV-Serie »Walker, Texas Ranger« mit dem bewährten Prügel-Knaben Chuck Norris.

Rainer Heinz in: film-dienst, 19/94

T-Force 879

T-FORCE *

Video

Regie: Richard Pepin
Darsteller: Jack Scalia, Evan Lurie, Jennifer MacDonald
Produktion: Pepin-Merhi Prod., USA 1994
Verleih: -/-/-/Ascot Video
Videostart: 8.12.1994
Länge: 90 Min.
FSK: ab 18 J.

Roboter sollen Terroristen killen, die ein Bürogebäude in Schach halten. Laut, bunt, hohl.

That's Entertainment! III 880

THAT'S ENTERTAINMENT! III ***

Regie: Bud Friedgen, Michael J. Sheridan
Darsteller: June Allyson, Cyd Charisse, Lena Horne, Howard Keel, Gene Kelly, Ann Miller, Debbie Reynolds, Mickey Rooney, Esther Williams
Drehbuch: Bud Friedgen, Michael J. Sheridan
Kamera: Howard A. Anderson III, neue Sequenzen; (Farbe)
Musik: Marc Shaiman (zusätzliche Arrangements)
Schnitt: Bud Friedgen, Michael J. Sheridan
Produktion: Bud Fredgen, Michael J. Sheridan für Turner Entertainment/MGM, USA 1994
Uraufführung: 6.5.1994, New York
Verleih: UIP/UIP/UIP
Kinostart: 16.6.1994
Länge: 113 Min. – *FSK:* o.A., ffr.

Dritte Kompilation von Ausschnitten aus klassischen MGM-Musicals, die sich vor allem dadurch von ihren Vorgängern unterscheidet, daß sie eine Menge bisher unveröffentlichtes Material (sog. Outtakes) zeigt, und die sich zumindest gelegentlich auch einen vorsichtig kritischen Ton leistet. Für Freunde des Genres und für solche, die es kennenlernen wollen, ein einmaliges Vergnügen. *Zoom*

Heiko R. Blum in: Rheinische Post, 1.7.94; Thomas Klingenmaier in: Stgt. Zeitung, 18.6.94

Theater des 8. Tages 881

TEATER ATTONDE DAGEN □ TV

Regie: Joanna Helander, Bo Persson
Kamera: Jacek Petryeki, Jacek Blawut, Thomas Albrecht, Fulvio Grubissich, Zdzislaw Kaczmarek, u.a. (Farbe)
Schnitt: Krzysztof Suchodolski, Bogustawa Klopotowska
Produktion: Joanna Helander, Bo Persson für Kino Koszyk Prod. mit SVT Kanal 1/Svenska Filminstitutets B2/ABF/Kulturradet/TCO, Schweden 1992
Sendetermin: 5.3.1994, Arte, 20.40
Länge: 77 Min.

Dokumentation über das polnische Bühnenensemble »Teatr Osmego Dnia« in der Zeit vor, während und nach dem Umbruch in Osteuropa. Die Theatergruppe hatte sich schon vor der politischen Wende einen bedeutenden Namen gemacht.

The Thing Called Love 882

THE THING CALLED LOVE ***

Regie: Peter Bogdanovich
Darsteller: River Phoenix (James Wright), Samantha Mathis (Miranda Presley), Dermot Mulroney (Kyle Davidson), Sandra Bullock (Linda Lue Linden), K.T. Oslin (Lucy), Anthony Clark (Billy), Webb Wilder (Ned), Earl Poole Ball (Floyd), Tricia Yearwood (R.C.), Micole Mercurio (Mary)
Drehbuch: Carol Heikkiken, George Folsey jr.
Kamera: Peter James (Deluxe)
Musik: G. Marq Roswell, J. Steven Soles
Schnitt: Terry Stokes
Produktion: George Folsey jr. für John Davis Prod., USA 1993
Uraufführung: Viennale 1993, Wien
Erstaufführung: Filmfest München 1994
Verleih: Amazonas/Stöbergasse/Stamm/CIC Video
Kinostart: 3.11.1994
Länge: 116 Min. – *FSK:* ab 6, ffr.

Im Bluebird Café, einer der vielen Musikkneipen des Country-Mekkas Nashville, treffen vier junge Leute aufeinander. Alle träumen sie von der großen Liedermacher-Karriere, und zugleich entwickeln sie sich zu einem Quartett der erwiderten und unerwiderten Leidenschaften. Der Plot aber ist gar nicht so wichtig in diesem liebevollen Porträt einer (musik-)verrückten Stadt, wo der amerikanische Traum so heftig geträumt wird wie sonst nur in Hollywood. Bogdanovich inszeniert im besten Sinne altmodisch und mit viel Sinn für die ganz besondere Atmosphäre des Schauplatzes. In einer der Hauptrollen: River Phoenix, dem man die innere Unruhe anzusehen glaubt, weil er hier fahriger und nervöser agiert als je zuvor. *Frank Schnelle, tip, 23/94*

Michael Althen in: Die Zeit, 11.11.94; Fritz Göttler in: SZ, 3.11.94; W.O.P. Kistner in: AZ, 3.11.94; Rupert Koppold in: Stgt. Zeitung, 3.11.94; Peter Körte in: FR, 5.11.94; Christian Seebaum in: Kölner Stadtanzeiger, 5.11.94

Thunderclap 883

TERMINATOR WOMAN * Video

Regie: Michel Qissi
Darsteller: Michel Qissi (Alex Gatelee), Jerry Trimble (Jay), Karen Sheperd (Julie), Ashley Hayden (Myra), Ted Leplat (Fetz)
Drehbuch: Jeanette Francesca Qissi, John S. Soet, nach einer Story von Jeanette Francesca Qissi
Kamera: Vincent Cox (Farbe)
Musik: Bruce Cassidy
Schnitt: Bruce Cassidy
Produktion: Jeanette Francesca Qissi für Nu Image, USA 1992
Verleih: -/-/-/Condor Video
Videostart: 12.4.1994
Länge: 86 Min. – *FSK:* ab 18 J.

Zwei Cops aus L.A. mit einem mörderischen Spezialauftrag. Als einer von ihnen gekidnappt wird, beginnt für den zweiten ein tödlicher Kampf gegen eine Übermacht von Profi-Killern. *Pressetext*

Der tiefe Sumpf des Südens 884
***
BLUE BAYOU TV

Regie: Karen Arthur
Darsteller: Alfre Woodard (Jessica Filley), Mario van Peebles, Roy Thinnes, Ashley Crow, Joseph Culp, Pamela Gidley, Tai Kimbrough, Carmen de Lavallade, Keith Williams, Maxwell Caulfield
Drehbuch: Terry Louise Fisher
Produktion: Chris Morgan für Fisher Ent./ Touchstone TV, USA 1990
Uraufführung: 15.1.1990, NBC-TV
Verleih: -/-/-/
Sendetermin: 26.6.1994, Premiere, 21.45
Länge: 120 Min.

Nachdem der Sohn der unerfahrenen Anwältin Jessica Filley straffällig geworden ist, ziehen beide in seiner Bewährungszeit zum Vater, einem Polizisten in New Orleans. Er unterstützt Jessica bei ihrem ersten Fall, einem angeblichen Selbstmord.

Tiger Rage 885
PUGNI DI RABBIA ***
Video

Regie: Claudio Risi
Darsteller: Ricky Memphis (Danilo), Johara (Tresir), Alessandra Fassio (Anna), Romita Losco (Lia), Mario Aulietti (Mario), Giuseppe (Moreno), Lorenzo Cilurzo (Ippo)
Drehbuch: Piero Tavaglini, Claudio Risi, Marco Bresciani, nach einer Idee von Giuliano Prasca
Kamera: Giancarlo Martella (Farbe)
Musik: Simon Luca
Schnitt: Tatiana Cabini-Morigi
Produktion: Marco Morigi, Mauro Morigi, Antonella Filosa für Movie Development/ Doppiaggio Villini, Italien 1993
Verleih: -/-/-/VPS Video
Videostart: 11.8.1994
Länge: 97 Min.
FSK: ab 16 J.

In Rom verliebt sich der junge Boxer in eine Frau aus Mali, die aber schon bald gewaltsam drogenabhängig gemacht wird. Danilo versucht mit allen Mitteln, die Liebe seines Lebens zu retten... Ambitionierter Boxerfilm, der zwar nie zu einem einheitlichen Stil findet, seine Story aber anrührend und glaubhaft erzählt.

Tigrero – A Film That Was Never Made 886
****
TV
TIGRERO – A FILM THAT WAS NEVER MADE

Regie: Mika Kaurismäki
Darsteller: Samuel Fuller, Jim Jarmusch, The Karajá
Drehbuch: Mika Kaurismäki
Kamera: Jacques Cheuiche (Farbe)
Musik: Nana Vasconcelos, Chuck Jonkey, The Karajá
Schnitt: Mika Kaurismäki
Produktion: Mika Kaurismäki für Marianna Films mit Premiere/YLE/TV 1/Sky Light Cinema/Mira Set/Lichtblick, Finnland 1994
Uraufführung: Internationale Filmfestspiele Berlin 1994
Sendetermin: 7.7.1994, Premiere, 21.50
Länge: 75 Min.

»Tigrero« wurde als Hollywood-Abenteuerfilm mit Ava Gardner, John Wayne und Tyrone Power im brasilianischen Regenwald nie fertiggedreht. Dabei hatte Regisseur Sam Fuller damals, 1955, schon alles vorbereitet, monatelang mit den Indianern gelebt, ihr Leben und ihre Rituale gefilmt.
»Tigrero« heute: Mika Kaurismäki und Jim Jarmusch, Kollegen und Freunde des 82jährigen Fuller, sind mit ihm wieder zu den Karaja-Indianern gefahren. Im Reisegepäck: das 1955 gedrehte Material und eine 35mm-Kamera. Einige alte Karajas erkannten Fuller – und staunend sich selbst wieder in dem 40 Jahre alten Filmdokument.
Regisseur Mika Kaurismäki drehte die neuen Begegnungen. Jim Jarmusch war diesmal vor der Kamera Fullers Interviewer. Aus dem »Film, der nie gemacht wurde«, wurde ein neues, anderes, spannendes Kino-Abenteuer.
Frauke Hanck, AZ, 7.7.94

(...) Eine Fußnote der Filmgeschichte wird hier zu einem netten Filmchen unter Kumpels aufgeblasen, indem man mit den Überbleibseln eines gescheiterten Filmprojekts von Sam aus dem Jahr 1954 an den damaligen Drehort im brasilianischen Urwald zurückkehrt! (...)
Verene Kern, Zitty, 15/94

André Simonoviescz in: tip, 15/94

A Time of Destiny 887
A TIME OF DESTINY **
TV

Regie: Gregory Nava
Darsteller: William Hurt (Martin), Timothy Hutton (Jack), Melissa Leo (Josie), Stockard Channing (Margaret), Megan Follows (Irene), Francisco Rabal (Jorge), Concha Hidalgo, Frederick Coffin
Drehbuch: Anna Thomas
Kamera: James Glennon (Deluxe)
Musik: Ennio Morricone
Schnitt: Betsy Blankett
Produktion: Anna Thomas für Anna Thomas mit Lantana Prod., USA 1987
Uraufführung: 23.3.1988, Cleveland Film Festival
Sendetermin: 2.2.1994, Vox, 16.15
Länge: 118 Min.

Ein schwerfälliges Melodrama, das über ein steifes, mit ermüdend tränenreichen Handlungsentwicklungen aufwartendes Drehbuch stolpert. Zwei Männer werden im 2. Weltkrieg zu Freunden, doch nur einer meint es ernst. Der andere verfolgt seit langem den vermeintlich Schuldigen am Tod seines Vaters und findet ihn schließlich ganz nah an seiner Seite, an der italienischen Front. Die packenden, realistischen Schlachtszenen lassen den Schluß zu, daß dieser Film als reiner Kriegsfilm wohl funktioniert hätte. Aber die lahme, überraschungsarme Story kann auch durch Postkartenbilder und stimmiges Dekor nicht gerettet werden.

Timecop 888
TIMECOP ***

Regie: Peter Hyams
Darsteller: Jean-Claude van Damme (Max Walker), Mia Sara (Melissa Walker), Ron Silver (Senator Aaron McComb), Gloria Reuben (Fielding), Bruce McGill (Matuzak), Scott Bellis (Ricky), Jason Schombing (Lyle Atwood), Scott Lawrence (Spots)
Drehbuch: Mark Verheiden, nach einer Story von Mike Richardson, Mark Verheiden, basierend auf ihrer Comic-Serie
Kamera: Peter Hyams (Deluxe)
Musik: Mark Isham
Schnitt: Steven Kemper
Produktion: Moshe Diamant, Sam Raimi, Robert Tapert für Signature/Renaissance/Dark Horse Prod., USA 1994
Verleih: UIP/UIP/-/CIC Video
Kinostart: 24.11.1994
Länge: 98 Min.
FSK: ab 16, ffr.

Timecop Max Walker ist kein Polizist auf Zeit, sondern durch die Zeit. Im Jahre 2004 sind Zeitreisen zwar möglich geworden, aber bei Todesstrafe verboten. Ein verbrecherischer Senator reist auf der Suche nach Wahlkampfgeldern trotzdem zehn Jahre zurück und legt sich mit Walker an. Van Dammes (»Muscles from Brussels«) durchgehend hölzerner Gesichtsausdruck läßt sich notfalls damit erklären, daß der Senator Walkers Frau auf dem Gewissen hat. Die halbgaren Morphing-Effekte zum Thema Zeitreise wird aber nur der eingefleischte Van-Damme-Fan mit Fassung tragen.
Alexander Musik, tip, 20/94

(...) Peter Hyams liefert einen soliden B-Film mit Klischee-Schurken, banaler Love Story und den nötigen Zweikämpfen, die wie üblich weitestgehend der Logik entbehren. Van-Damme-Fans werden dabei intellektuell und ästhetisch nicht überstrapaziert. Science-Fiction-Begeisterte haben das alles im Kino schon kunstvoller, durchdachter und witziger gesehen.
Bodo Fründt, SZ, 24.11.94

Frank Arnold in: Zitty, 24/94; Otto Heuer in: Rheinische Post, 25.11.94; Milan Pavlovic in: Kölner Stadtanzeiger, 26.11.94

Töchter des Himmels 889
THE JOY LUCK CLUB ****

Regie: Wayne Wang
Darsteller: Tsai Chin (Lindo), Kieu Chinh (Suyuan), Lisa Lu (An Mei), France Nuyen (Ying Ying), Rosland Chao (Rose), Lauren Tom (Lena), Tamlyn Tomita (Waverly), Ming-Na Wen (June), Michael Paul Chan (Harold), Andrew McCarthy (Ted)
Drehbuch: Amy Tan, Ronald Bass, nach dem Roman von Amy Tan
Kamera: Amir Mokri (Technicolor)
Musik: Rachel Portman
Schnitt: Maysie Hoy
Produktion: Wayne Wang, Amy Tan, Ronald Bass, Patrick Markey für Hollywood Pic., USA 1993

Greises Ritual, weises Kultur- und Familienporträt: ›Töchter des Himmels‹.

Uraufführung: 2.9.1993, Toronto Film Festival
Verleih: Buena Vista/dto./dto./
Buena Vista Home Video
Kinostart: 19.5.1994
Länge: 138 Min.
FSK: ab 12, ffr.
FBW: Besonders wertvoll

Vier in die USA eingewanderte Chinesinnen und ihre erwachsenen Töchter durchleben in acht Episoden Kultur- und Generationen-Konflikte um Gehorsam und Selbstverwirklichung, Tradition und Wandel, Ehre, Treue, Liebe und Neid. Das harte Schicksal der Mütter hat am Ende positiven Einfluß auf das labile Glück der Töchter. Handwerklich und schauspielerisch solide, teilweise auch bilderstark, aber durch die enorme Verknappung wirkt der Film im Vergleich zum Roman weitgehend trivial und unübersichtlich.

Zoom, 5/94

Der Film entfaltet ein buntes, melodramatisches Mosaik der Schicksale von vier chinesischen Frauen, die aus dem alten China auswanderten, und deren Töchtern, die in den USA geboren und aufgewachsen sind. Die in ihrer alten Heimat Geschundenen haben ihre Verletzungen in die neue Heimat mitgenommen, einige haben sie ihren Töchtern weitergegeben. Wayne Wang inszeniert einen Strudel aus Bildern und Szenen, mit dem es ihm gelingt, die strenge Struktur seiner Geschichte zu beleben. *Gunter Göckenjan, tip, 11/94*

Rupert Koppold in: Rheinische Post, 20.5.94; Heike Kühn in: FR, 24.5.94; Ponkie in: AZ, 19.5.94

Tod der Mannequins 890

THE COVER GIRL MURDERS *

Video

Regie: James A. Contner
Darsteller: Lee Majors, Jennifer O'Neill, Adrian Paul, Beverly Johnson, Vanessa Angel
Drehbuch: Douglas Barr, Bernard Maybeck
Kamera: Guillermo Navarro (Farbe)
Musik: Rick Marotta
Schnitt: Benjamin Chulay
Produktion: Lance Hool für Wilshire Court, USA 1993
Verleih: -/-/-/CIC Video
Videostart: 21.3.1994
Länge: 84 Min.
FSK: ab 12 J.

Mordserie bei Modeaufnahmen. Spannungsloses US-Fernsehspiel.

Oliver Rahayel in: film-dienst, 8/94

Der Tod eines Teemeisters 891

SEN NO RIKYU ****

Regie: Kei Kumai
Darsteller: Eiji Okuda (Honkakubo), Toshiro Mifune (Rikyu), Kinnosuke Yorozuya (Uraku), Go Kato (Oribe), Shinsuke Ashida (Hideyoshi), Tsunehiko Kamijyo (Soji), Eijiro Tono, Taketoshi Naito
Drehbuch: Yoshikata Yoda, nach dem Roman »Das Testament des Honkakubo« von Yasushi Inoue
Kamera: Masao Tochizawa (Farbe)
Musik: Teizo Matsumura
Produktion: Kazonabu Yamaguchi für Seiyu Prod., Japan 1989
Uraufführung: 8.9.1989, Int. Filmfestspiele Venedig
Sendetermin: 22.2.1994, ZDF; 29.9.1994, Arte
Länge: 108 Min.

Honkakubo, dem Schüler des verstorbenen Teemeisters Rikyu, erscheint der alte Mann Jahre nach dessen Tod im Traum. Am Rand eines in Nebel getauchten Weges verwehrt er es dem Schüler, ihm zu folgen...
Kurze Zeit darauf ist der junge Mann bei einem anderen Schüler Rikyus zu Gast. Er beschließt, mit der Hilfe seines Gastgebers aufzuklären, was den verehrten Lehrer zum Selbstmord getrieben hat.
Der Film, der durch seine ästhetische Qualität besticht, führt in die Riten der Teezeremonie ein, die in Japan mehr als nur Lebenskunst ist: Sie symbolisiert Schöpfungskraft und Gestaltung.
Pressetext Arte

(...) In komplexer Erzählweise mit verschachtelten Rückblenden entfaltete Kumai das Panorama einer Zeit, die aus den Fugen geriet. So entstand ein etwas anderes Bild des großen Rikyu: Hier war er kein bescheidener Dulder, sondern ein Mann, der genau wußte, daß er mit seiner Opposition seinen Tod riskierte. Getragen von überzeugenden Darstellern – allen voran Toshiro Mifune – entstand eine faszinierende Reflexion über Geist und Form, Geschichte und Politik: engagiertes, japanisches Kino vom Feinsten. *Lutz Gräfe, Berliner Morgenpost, 24.2.94*

Tod im Spielzeugland 892

DOLLMAN VS DEMONIC TOYS **
Video

Regie: Charles Band
Darsteller: Tim Thomerson (»Dollman« Brick Brado), Tracy Scoggins (Judith Grey), Melissa Behr (»Dollchick«Ginger), Phil Brock, Phil Fondacaro, Willi Carpenter
Drehbuch: Charles Band, Craig Haman
Kamera: Adolfo Bartoli (Farbe)
Musik: Richard Band, Anthony Riparetti
Schnitt: Mark Manos
Produktion: Charles Band für Paramount, USA 1993
Verleih: -/-/-/CIC Video
Videostart: März 1994
Länge: 60 Min. – *FSK:* ab 18 J.

Killerpuppen kämpfen gegen Außerirdische. Lächerlicher Stuß mit einem Vorzug: Er dauert nur eine Stunde.

Wolfgang Brudny in: film-dienst, 6/94

Der Tod und die Lady 893

DYING TO LOVE YOU □
TV

Regie: Robert Iscove
Darsteller: Tim Matheson (Roger Paulson), Tracy Pollan (Lisa Ann Rohn/Elaine Miller), Christine Ebersole (Cheryl New), Lee Garlington (Rita), Frances Lee McCain (Sue), Michael Cutt (Detective Moca), Alan Blumenfeld (Max), Steve Eastin (Brucker), Ronald William Lawrence (Public Defender)
Drehbuch: John Miglis
Kamera: Francis Kenny (Farbe)
Musik: Joseph Luduca
Produktion: USA 1993
Sendetermin: 18.3.1994, ARD, 20.15
Länge: 89 Min.

Roger Paulson glaubt, die Frau seiner Träume gefunden zu haben, als er über eine Anzeige Elaine Miller kennenlernt. Sie sieht hinreißend aus, äußert vernünftige Ansichten, und im Bett verbindet die beiden leidenschaftlicher Sex. Als der junge Mann entdeckt, daß Elaine auch andere Seiten hat, ist er ihr schon verfallen, und das hat schlimme Folgen für ihn. *Pressetext ARD*

Den Tod vor Augen 894

LADYKILLER **

Video

Regie: Michael Scott
Darsteller: Mimi Rogers (Michael Madison), John Shea (Jack Packard), Tom Irwin (Vinnie), Alice Krige (May Packard), Bob Gunton (Wolkowski)
Drehbuch: Shelley Evans
Kamera: Isidore Mankovsky (Farbe)
Musik: Philip Griffin
Schnitt: Charles Bornstein
Produktion: Gordon Wolf für Universal, USA 1992
Verleih: -/-/-/CIC Video
Videostart: Januar 1994
Länge: 88 Min.
FSK: ab 16 J.

Polizistin gerät per Partnervermittlung an mysteriösen Mann, der ein Mädchenmörder zu sein scheint. Halbswegs spannender Thriller.

René Claßen in: film-dienst, 9/94

Tödliche Absichten 895

MOTHER'S BOY ***

Regie: Yves Simoneau
Darsteller: Jamie Lee Curtis (Jude), Peter Gallagher (Robert), Joanne Whalley-Kilmer (Callie), Vanessa Redgrave (Lydia), Luke Edwards (Kes), Colin Ward (Michael), Joey Zimmerman (Ben), Joss Ackland
Drehbuch: Barry Schneider, Richard Hawley, nach dem Roman von Bernard Taylor
Kamera: Elliot Davis (Farbe)
Musik: George S. Clinton
Schnitt: Michael Ornstein
Produktion: Jack E. Freedman, Wayne S. Williams, Patricia Herskovic für CBS Prod., USA 1994
Verleih: Senator/Constantin/Elite
Kinostart: 17.11.1994
Länge: 95 Min.
FSK: ab 16, ffr.

Eine ungewöhnliche Thriller-Variante: Drei Jahre, nachdem sie ihren Mann und ihre Söhne verlassen hat, taucht eine Mutter wie aus dem Nichts wieder auf. Mit allen erlaubten und unerlaubten Mitteln versucht sie, die neue Beziehung ihres Mannes zu zerstören und die Familie zurückzugewinnen. Jamie Lee Curtis spielt dieses eiskalte Biest voller diabolischer Lust, aber das genügt nicht, einer Story, in der vieles an den Haaren herbeigezogen wirkt, die nötige Plausibilität zu verleihen. Immerhin demonstriert der Kanadier Simoneau in dieser US-Produktion seinen Sinn für kühne visuelle Arrangements und wirkungsvollen Spannungsaufbau. *Frank Schnelle, tip, 24/94*

Frank Arnold in: Zitty, 24/94; Christian Seebaum in: Kölner Stadtanzeiger, 19.11.94

Tödliche Fluten – Rettet unsere Kinder 896

THE FLOOD – WHO WILL SAVE OUR CHILDREN □

TV

Regie: Chris Thomson
Darsteller: Joe Spano (Richard Koons), Lisa Rieffel (Leanne Pond), Blayne Weaver (Jeff Bowman), David Lascher (Brad Jamison), Amy van Norstrand (Linda Smith), Norman Skaggs (Jerry Smith), David Franklin (David Villreal), Kim Krejus (Brenda Gossett), Mark Fairall (William Gossett), Jerome Ehlers (Ray Masterman)
Drehbuch: Donna Kanter, David J. Kinghorn, nach einer wahren Begebenheit
Produktion: USA 1993
Uraufführung: 10.10.1993, NBC
Sendetermin: 7.9.1994, Sat1, 20.15
Länge: 93 Min.

Für mehrere Schulklassen verschiedener Altersstufen geht das Sommerlager im Bergland von West-Texas zu Ende. In der Nacht vor der Heimfahrt versetzt ein Unwetter Schüler und Lehrer in Angst und Schrecken. Der sonst so ruhige Guadelupe River schwillt bedrohlich an. Bei der überstürzten Abreise über eine Ausweichroute bleiben zwei Busse in einer vorher harmlosen Furt stecken und werden überspült. Einige Kinder gelangen an das rettende Ufer, andere werden fortgerissen oder kämpfen über Stunden mit dem nassen Tod. Aus der Luft beginnt eine dramatische Rettungsaktion. *Pressetext Sat1*

Tödliche Gelüste 897

A KISS GOODNIGHT ****

Video

Regie: Daniel Raskov
Darsteller: Al Corley (Kurt Pierson), Paula Trickey (Natalie Collins), Mark Moses

(Michael Turner), Brett Cullen (Carl Jasper), Lawrence Tierney (Sgt.Harwood), Sydney Walsh (Marcia Aronson), Lisa Engelman (Missy Crawford), James Karen (Sam), Lori Miller, Robert Wuhl
Drehbuch: Daniel Raskov
Kamera: Glenn Kershaw (Farbe)
Musik: Chris Caswell
Schnitt: Amy Tompkins
Produktion: Lori Miller, Daniel Raskov für Exposition Park Pic., USA 1993
Verleih: -/-/-/VPS Video
Videostart: 11.8.1994
Länge: 84 Min. – *FSK:* ab 18 J.

»Eine verhängnisvolle Affäre« mit umgekehrten Vorzeichen: Diesmal rückt ein verschmähter Lover einer »eigentlich« glücklich verheirateten Frau auf die Pelle. Viel Neues ist den Machern dabei nicht eingefallen.

Tödliche Gottesanbeterin 898

PRAYING MANTIS **

Video

Regie: James Keach
Darsteller: Jane Seymour (Linda Crandle), Barry Bostwick (Don McEndrew), Chad Allen (Bobby), Frances Fisher (Betty), Colby Chester (Agent Johnson), Michael MacRae (Agent Broderick), Anne Schnedeen, John Martin, John Knotts, Sherri Jensen
Drehbuch: William Delligan, Duane Poole
Kamera: Ross Maehl (Farbe)
Musik: John Debney
Schnitt: Stanford C. Allen
Produktion: Robert M. Rolsky für Fast Track/ Wilshire Court Prod., USA 1992
Uraufführung: 11.8.1993, Showtime TV
Verleih: -/-/-/CIC Video
Videostart: März 1994
Länge: 86 Min. – *FSK:* ab 16 J.

Verwitweter Buchhändler gerät an attraktive, aber geheimnisvolle Frau, die, wie sich herausstellt, schon fünf Männer auf dem Gewissen hat. Anspruchslose Krimiunterhaltung.

Die tödliche Maria 899

***

Regie: Tom Tykwer
Darsteller: Nina Petri (Maria), Katja Studt (Maria mit 16), Juliane Heinemann (Maria mit 10), Josef Bierbichler (Vater), Peter Franke (Heinz), Jean Maesér (Heinz mit 26), Joachim Król (Dieter), Rolf Peter Kahl (Jürgen), Renate Usko (Frau Dahlbach), Georg Winterfeld
Drehbuch: Tom Tykwer
Kamera: Frank Griebe (Farbe)
Musik: Tom Tykwer
Schnitt: Katja Dringenberg
Produktion: Stefan Arndt, Tom Tykwer für Liebesfilm im Auftrag des ZDF, BRD 1993
Uraufführung: Int. Hofer Filmtage 1993
Verleih: Sputnik/-/-
Kinostart: 3.2.1994
Länge: 106 Min. – *FSK:* ab 16, ffr.
FBW: Wertvoll

Dem Berliner Filmemacher gelingt ein fulminantes Debüt auf der Langstrecke. Mit psychologischer Genauigkeit und großem visuellen Einfallsreichtum erzählt Tykwer die Geschichte der Hausfrau Maria, die ihr Leben, das bisher von ihrem Mann und ihrem kranken Vater vollständig fremdbestimmt wurde, eines Tages selbst in die Hand nimmt. Unterstützt von einem hervorragenden Darstellerensemble und einem eingespielten Team, läßt Tykwer inszenatorisch die Muskeln spielen und schießt dabei manchmal über das Ziel hinaus, doch in einem Erstlingswerk ist das ja völlig legitim.

Lars-Olav Beier, tip, 2/94

(...) Tykwers Arbeit ist indes ein ziemlich freudloser quälender Film. (...)

H.G. Pflaum, SZ, 13.4.93

Die Regeln funktionierender Filmdramaturgie verletzt unbekümmert Tom Tykwer mit seinem Erstling »Tödliche Maria«. In unzähligen Rückblenden wird das gar trostlose Leben einer fast gänzlich isolierten Hausfrau geschildert: Mutter bei Geburt gestorben, Vater tyrannisch und querschnittsgelähmt, Ehemann tyrannisch und der Spielsucht verfallen. Als Konzession an den Unterhaltungstrieb der Zuschauer gibt es Voodoo-Einlagen, aufgesetzte Kameramätzchen und reichlich Wiedersehensfreude über Motive aus Filmen von Lynch, Polanski und anderen berühmten Kollegen. (...)

W.O.P. Kistner, AZ, 2.11.93

Otto Heuer in: Rheinische Post, 4.3.94; Harald Martenstein in: Der Tagesspiegel, 15.1.94; Ponkie in: AZ, 7.4.94; Oliver Rahayel in: Kölner Stadt-Anzeiger, 19.3.94; Helmut Schmitz in: FR, 31.3.94

Bruce Willis und ein Thriller mit Ladehemmung: ›Tödliche Nähe‹.

Tödliche Nähe 900

STRIKING DISTANCE ***

Regie: Rowdy Herrington
Darsteller: Bruce Willis (Tom Hardy), Sarah Jessica Parker (Jo Christman), Dennis Farina (Nick Detillo), Tom Sizemore (Danny Detillo), Brion James (Det. Eddie Eiler), Robert Pastorelli (Jimmy Detillo), Timothy Busfield (Tony Sacco), John Mahoney (Vince Hardy), Andre Braugher (Frank Morris), Tom Atkins (Fred Hardy)
Drehbuch: Rowdy Herrington, Martin Kaplan
Kamera: Mac Ahlberg (Farbe)
Musik: Brad Fiedel
Schnitt: Pasquale Buba, Mark Helfrich
Produktion: Arnon Milchan, Tony Thomopoulos, Hunt Lowry für Arnon Milchan Prod., USA 1993
Verleih: Columbia TriStar/-/20th Century Fox/Colmbia TriStar Home Video
Kinostart: 27.1.1994
Länge: 102 Min.
FSK: ab 16 J., ffr.

Ein Serienmörder, der offensichtlich in Polizeikreisen zu suchen ist, hält jahrelang Pittsburgh in Atem, bis ihm ein von seinen Kollen wegen »Nestbeschmutzung« geschnittener Polizeioffizier das Handwerk legt. Technisch aufwendig, aber dramaturgisch wenig glaubwürdig inszenierter Thriller, der allzu offensichtlich falsche Fährten legt und dessen Auflösung als an den Haaren herangezogen wirkt. *Zoom*

Albert Baer in: Rheinische Post, 21.1.94; Jürgen Müller in: FR, 21.1.94; Hans Schifferle in. SZ, 25.1.94

Tödliche Stille 901

A DEADLY SILENCE ***

Video

Regie: John Patterson
Darsteller: Bruce Weitz (Detective McCready), Heather Fairfield (Cheryl Pierson), Charles Haid (James Pierson), Sally Struthers (Marilyn Adams), Mike Farrell (Paul Gianelli), Richard Portnow (Ed Jablonski), Wally Ward (Jimmy Pierson), Juliet Sorcey (Joann Pierson), Philip Linton (Sean Pica)
Drehbuch: Jennifer Miller, nach dem Roman von Dena Kleiman
Kamera: Steven Shaw (Farbe)
Musik: Richard Gibbs
Schnitt: Robert Florio
Produktion: Philip K. Kleinbart, Paul Lussier für Robert Greenwald Prod., USA 1989
Uraufführung: 16.4.1989, ABC
Verleih: -/-/-/VCL Video
Videostart: 25.6.1990
Länge: 91 Min.
FSK: ab 12 J.

Ein amerikanisches Zeigefinger-Lehrstück über sexuelle Gewalt in der Familie: Der Film versuchte, in der Form des Gerichtssaal-Thrillers (Tochter stiftete den Freund an, ihren Vater umzubringen) die Mechanismen des sexuellen Mißbrauchs und des Schweigens im Umfeld der Familie sichtbar zu machen. Psychologisch und moralisch allzu plakativ, aber als Melodram zielbewußt effektvoll. *Ponkie, AZ, 14.3.94*

Tödliche Therapie 902

INDECENT BEHAVIOR **

Video

Regie: Lawrence Lanoff
Darsteller: Shannon Tweed (Rebecca Mathis), Jan-Michael Vincent (David Mathis), Gary Hudson (Nick Sharkey), Michelle Moffitt (Carol Leiter), Lawrence Hilton-Jacobs (Lou Parsons), Brandy Sanders (Elaine Croft), George Shannon (Frederic Lang), Penny Peyser (Samantha Morrow), Brenda Swanson (Judith Miller), Joy Davidson (Rechtsanwalt)
Drehbuch: Rosalind Robinson
Kamera: Anthony G.Nakonechnyi (Farbe)

Musik: Randy Miller
Schnitt: Tony Miller
Produktion: Michael Cain für Magic Hour Prod., USA 1993
Verleih: -/-/-/Columbia TriStar Home Video
Videostart: 5.7.1994
Länge: 95 Min.
FSK: ab 18 J.

Sex-Therapeutin verabreicht ihrem Patienten eine Sex-Droge – und der stirbt beim Sex. Mit Sex-Star Shannon Tweed besetztes Sex-Filmchen, das so tut als ginge es auch noch um etwas anderes als Sex.

Tödlicher Duft 903

BASED ON AN UNTRUE STORY ***

Regie: Jim Drake
Produktion: USA 1993

Ein weiterer Verleihtitel für → »Flanell Nr. 5«

Tödliches Verlangen 904

SVART LUCIA □ TV

Regie: Rumle Hammerich
Darsteller: Tova Magnusson-Norling (Mikaela), Figge Norling (Joakim), Björn Kjellman (Max), Liv Alsterlund (Sandra), Malin Berghagen (Justine), Niklas Hjulström (Johan), Lars Green (Göran), Agneta Ekmanner (Gunvor Holm), Marie Göranzon (Brigitta), Reine Brynolfsson
Drehbuch: Carina Rydberg
Kamera: Jens Fischer (Farbe)
Musik: Jacob Groth
Schnitt: Camilla Skousen
Produktion: Waldemar Bergendahl für SF/SVT Kanal 1 Drama/Nordisk Film & TV/Svenska Filminstitutet/Det Danske Filminstitut/Nordisk Film & TV Fund Prod., Schweden 1992
Sendetermin: 5.3.1994, RTL2, 22.05
Länge: 115 Min.

Die hübsche Schülerin Mikaela hat sich in ihren Literaturlehrer verliebt. Eines Tages schreibt sie ihm in ihrer Not einen erotischen Aufsatz, dessen Phantasien er aber mit einer anderen Frau auslebt. Zunehmend geschehen merkwürdige Dinge in ihrer Schule, die nach und nach außer Kontrolle geraten.
Pressetext RTL2

Todsünden 905

MORTAL SINS □ TV

Regie: Bradford May
Darsteller: Christopher Reeve (Pater Thomas Cusack), Roxanne Biggs, Francis Guinan, Weston McMillan, Phillip R. Allen, Lisa Vultaggio, George Tuliatos, Mavor Moore
Drehbuch: Greg Martinelli, Dennis Paoli
Kamera: Peter F. Woeste (Farbe)
Produktion: Tom Rowe für Blake Edwards TV/ Barry Weitz Films, USA 1992
Uraufführung: 4.11.1992, USA TV
Sendetermin: 10.7.1994, ARD, 20.15; 3.4.1994, Hessen 3, 22.00
Länge: 88 Min.

Ein ritueller Serienmörder beichtet Pater Thomas Cusack seine Frauenmorde. Als die Polizei den Pater verhört, weigert er sich natürlich, das Beichtgeheimnis zu verletzen und gerät selbst in Verdacht. Nach massivem Druck der Kirchenleitung verläßt er das Untersuchungsgefängnis und macht sich selbst auf die Suche nach dem Täter.

Tom & Viv 906

TOM & VIV ***

Regie: Brian Gilbert
Darsteller: Willem Dafoe (Tom Eliot), Miranda Richardson (Vivienne Haigh-Wood), Rosemary Harris (Rose Haigh-Wood), Tim Dutton (Maurice Haigh-Wood), Nickolas Grace (Bertrand Russel), Geoffrey Bayldon (Harwent), Clare Holman (Louise Purdon), Philip Locke (Charles Haigh-Wood), Joanna McCalhun (Virgina Woolf), Joseph O'Connor
Drehbuch: Michael Hastings, Adrian Hodges, nach einem Theaterstück von Michael Hastings
Kamera: Martin Fuhrer (Technicolor)
Musik: Debbie Wiseman
Schnitt: Tony Lawson
Produktion: Marc Samuelson, Harvey Kass, Peter Samuelson für New Era Ent./IRS Media mit British Screen, GB/USA 1993
Verleih: Concorde/Constantin/-
Kinostart: 24.11.1994
Länge: 125 Min.
FSK: ab 12, ffr.
FBW: Besonders wertvoll

Brian Gilbert erzählt die wahre Geschichte der unglücklichen Leidenschaft zwischen der Britin Vivienne Haigh-Wood und dem amerikanischen

Dichter T.S. Eliot, die sich 1914 in Oxford kennenlernen und heiraten. Vivienne leidet an einer Hormonstörung, die die Ärzte als »unmoralischen Wahn« bezeichnen, weil sie ihre Schmerzen in der Öffentlichkeit nicht verbirgt. Peinlich berührt, läßt Eliot, der sich in elitären literarischen Kreisen bewegt, seine Frau mit Hilfe ihrer Familie in die Psychiatrie einweisen, wo sie zwölf Jahre später stirbt. Leider läßt Brian Gilbert klein Klischee aus, und der Film treibt unstrukturiert dahin.

Françoise Pyszora, tip, 24/94

(...) Der ruhig, einfühlsam und behutsam inszenierte und gut gespielte Streifen kann die etwas spröde Materie zwar nicht durchgehend vertiefen, versucht, die heiklen Wechselwirkungen zwischen persönlichem Schicksal und literarischem Werk herauszuarbeiten, überzeugt aber am ehesten mit dem psychologisch interessanten Frauenportrait und seinen oft markanten gesellschaftskritischen Akzenten.

multimedia

Fritz Göttler in: SZ, 26.11.94; Frauke Hanck in: AZ, 24.11.94; Angela Schmitt-Gläser in: FR, 24.11.94

Tombstone 907

TOMBSTONE ***

Regie: George P. Cosmatos
Darsteller: Kurt Russell (Wyatt Earp), Val Kilmer (Doc Holliday), Michael Biehn (Johnny Ringo), Powers Boothe (Curly Bill), Robert Burke (Frank McLaury), Dana Delany (Josephine), Sam Elliott (Virgil Earp), Stephen Lang (Ike Clanton), Terry O'Quinn (Mayor Clum), Joanna Pakula (Kate)
Drehbuch: Kevin Jarre
Kamera: William A. Fraker (Technicolor)
Musik: Bruce Broughton
Schnitt: Frank J. Urioste, Roberto Silvi, Harvey Rosenstock
Produktion: James Jacks, Sean Daniel, Bob Misiorowski für Hollywood Pic./Cinergi Prod., USA 1993
Uraufführung: 25.12.1993, New York
Verleih: Scotia/Constantin/Buena Vista/ Ufa Video
Kinostart: 17.2.1994
Länge: 130 Min.
FSK: ab 16, ffr.

Im (Wilden) Westen nichts Neues: Bereits etwa zwei dutzendmal wurde sie verfilmt, die Geschichte von der Schießerei am 28. Oktober 1881 im O.K. Corral zu Tombstone zwischen den drei Earp-Brüdern mit Doc Holliday und den Stanton- und McLaury-Brüdern, gefolgt von der mörderischen Abrechnug zwischen den Überlebenden. Formal (Großaufnahmen!) abgekupfert beim Italo-Western (insbesondere bei Sergio Leones »C'era una volta il West«, 1968), besteht der Film zu einem großen Teil aus spektakulär inszenierten blutigen Schießereien, zwischen denen die eindimensional angelegten Figuren existenzialistischen Pseudo-Tiefsinn absondern.

Zoom

Der ehemalige Bundesmarshall Wyatt Earp möchte sich in Tombstone mit seinen Brüdern zur Ruhe setzen und aufs Geldverdienen konzentrieren. Der unausweichliche Konflikt mit einer brutalen Mörderbande explodiert im Gunfight am O.K. Corral und mündet in einem bluten Rachefeldzug Earps gegen deren Mitglieder. Sowohl dramaturgisch als auch stilistisch uneinheitlicher und unentschlossener Film ohne klare Idee, der nur oberflächliche Elemente jüngerer Western mühsam klittert und so in jeder Hinsicht uninteressant ist. *multimedia*

(...) Den Filmemachern gelingt es, dem abgekämpften Genre noch ein paar sehenswerte Spielereien abzugewinnen, etwa bei den Duellen zwischen Doc und dem Revolverhelden Johnny Ringo. *Ralph Umard, tip, 5/94*

(...) Der Regisseur ist allerdings auf halbem Weg zur Entmystifizierung seiner Helden stehengeblieben, um schließlich den üblichen Westernklischees zu erliegen.

Ulrich Lössl, Zitty, 4/94

Frauke Hanck in: AZ, 17.2.94; Otto Heuer in: Rheinische Post, 19.2.94; Holger Kreitling in: Der Tagesspiegel, 9.3.94; Milan Pavlovic in: Kölner Stadt-Anzeiger, 19.2.94

Total Balalaika Show 908
TOTAL BALALAIKA SHOW **

Regie: Aki Kaurismäki
Mitwirkende: Leningrad Cowboys und das Alexandrow Chor- und Tanzensemble der Roten Armee unter der Leitung von Igar Agafasnikow
Kamera: Heikki Ortamo (Farbe)
Musik: Heikki Savolainen
Schnitt: Timo Linnasalo
Produktion: Aki Kaurismäki für Sputnik Oy, Finnland 1993
Erstaufführung: 14.2.1994, Int. Filmfestspiele Berlin, Panorama
Verleih: Pandora/-/-
Kinostart: 26.5.1994
Länge: 55 Min.

Noch auf der diesjährigen Berlinale präsentierten sie sich nicht ohne Stolz als die »schlechteste Rock'n Roll-Band der Welt«. Dabei gaben die Leningrad Cowboys schon im Sommer '93 in Helsinki ein Konzert zusammen mit einer Combo, die diese Auszeichnung wohl eher verdient hat: dem Chor- und Tanzensemble der ehemals Roten Armee. Die Cowboys zappeln zu »Schwarze Augen«, der Chor intoniert »Sweet Home Alabama«. Die Aufzeichnung dieses schrillen Ereignisses vor 70.000 Zuschauern zeigt, daß Kaurismäki und die Band eben doch einiges gelernt haben. Wenn schon nicht über Musik, dann wenigstens über das Geschäft.
tip, 11/94

Thomas Klingenmaier in: Stgt. Zeitung, 26.5.94

Totschweigen 909
***

Regie: Margareta Heinrich, Eduard Erne
Kamera: Hermann Dunzendorfer (Farbe)
Schnitt: Paul M. Sedlacek, Regina Turkuu-Schubert
Produktion: Extrafilm/Strandfilm/Netherlands Film Institute, Österreich/BRD/NL 1994
Verleih: -/filmladen/-
Kinostart: Mai 1994
Länge: 95 Min.

Im März 1945 wurden 180 jüdische Zwangsarbeiter nahe dem burgenländischen Grenzort Rechnitz erschossen. Die Suche nach dem Massengrab blieb bis heute aber ergebnislos, da sich vor den engagierten Filmemachern eine Mauer des Schweigens auftat. Ein eindrucksvolles Filmdokument. *multimedia*

Touchdown – Sein Ziel ist der Sieg 910
RUDY ***
Video

Regie: David Anspaugh
Darsteller: Sean Astin (Rudy), Jon Favreau (D-Bob), Ned Beatty (Daniel), Robert Prosky (Vater Cavanaugh), Greta Lind (Mary), Scott Benjaminson (Frank), Mary Ann Thebus (Betty), Charles S. Dutton (Fortune), Christopher Reed (Pete), Lili Taylor (Sherry)
Drehbuch: Angelo Pizzo
Kamera: Oliver Wood (Technicolor)
Musik: Jerry Goldsmith
Schnitt: David Rosenbloom
Produktion: Robert N. Fried, Cary Woods für TriStar Pic., USA 1993
Verleih: -/-/-/Columbia TriStar Home Video
Videostart: 9.8.1994
Länge: 109 Min.
FSK: ab 6 J.

Er ist zu schmächtig und zu klein, er stammt aus einer Arbeiterfamilie – und dennoch will Rudy in das berühmte Football-Team eines Colleges. Anspaugh verwandelt mittels inspirierter Regie, sorgfältiger Kameraarbeit, überzeugenden Darstellern und mitreißendem Soundtrack diese Hollywood-Routine-Story in gepflegte Filmunterhaltung – auch fürs unsportliche Publikum.

Die Tragödie von Waco 911
IN THE LINE OF DUTY: AMBUSH IN WACO ***
TV

Regie: Dick Lowry
Darsteller: Tim Daly (Vernon), Neal McDonough (Jason), Marlee Shelton (Laura), Gordon Clapp (Glen), Debra Jo Rupp (Dorrie), Alana Austin (Betsy), Susanna Thompson (Meg), Juan Riojas (Hector), Adrienne Stieffel (Libby), Mirian Byrd-Netherly (Harriet)
Drehbuch: Phil Penningroth, nach einer wahren Begebenheit
Kamera: Frank Beascoechea (Farbe)
Musik: Mark Snow
Produktion: USA 1993
Sendetermin: 22.4.1994, ARD, 20.15
Länge: 89 Min.

(...) Der US-Spielfilm, begonnen noch vor dem Massenselbstmord der Apokalypse-Gemeinschaft des Sekten-Gurus David Koresh auf der Festungs-Farm Waco, ist eine jener routinierten amerikanischen Psychopathen-Reißer, die den realen Schock präzis in die Details der Massensuggestion und der Horrorspannung umsetzen.
Tim Daly spielt den rabiaten Messias-Paranoiker mit der finster asketischen, schlauen Tücke machtbesessener Erlösungsfanatiker: Die Eskalation der Gewalt ist die logische Folge seines Barrikaden-Weltbilds. Mechanismen der Massenpsychose als Gänsehautkino.

Ponkie, AZ, 25.4.94

Trancers 4 912

TRANCERS 4 *

Video

Regie: David Nutter
Darsteller: Tim Thomerson (Jack Deth), Stacie Randall (Lyra), Ty Miller (Prospero), Terri Ivens (Shaleen), Calbe Hartley (Schloßherr), Mark Arnold (Lucius)
Drehbuch: Peter Daura
Kamera: Adolfo Bartoli (Farbe)
Musik: Gary Fry
Schnitt: Lisa Bromwell
Produktion: Vlad Paunescu, Oana Paunescu für Full Moon Ent., USA 1993
Verleih: -/-/CIC Video
Videostart: 14.9.1994
Länge: 72 Min. – *FSK:* ab 18 J.

Zeitreisender Polizist macht in einem von Vampiren beherrschten Land Station... Sinnigerweise in Rumänien inszenierter Billigstfilm.

Transit Uri 913

***

Regie: Dieter Gränicher
Sprecher: Margrit Winter, Hanspeter Müller
Drehbuch: Dieter Gränicher
Kamera: Peter Liechti, Thomas Krempke; Jonas Bühler (historische s/w-Aufnahmen) (Farbe und s/w)
Musik: Ruth Bieri
Schnitt: Dieter Gränicher
Produktion: Dieter Gränicher, Schweiz 1993
Verleih: -/-/Filmcooperative
Kinostart: Januar 1994
Länge: 77 Min.

Der lyrische Filmessay beschreibt einfühlsam die Auswirkungen, welche der zunehmende Transitverkehr und das geplante NEAT-Projekt auf den Lebensraum Uri und seine Bewohnerinnen und Bewohner hat. In Interviews äußern die betroffenen Anwohner offen ihre Sorgen und Zukunftsängste. Seine eigenen Widersprüche einbeziehend, häuft Dieter Gränicher keine Fakten und Zahlen, sondern zeichnet mit Hilfe einer geschickten Kontrastmontage von stillen Landschaftsbildern und Bildern der Verkehrshektik das Zustandsbild einer auf schrankenlose Mobilität ausgerichteten Gesellschaft. *Zoom*

Ein Traummann auf der Titelseite 914

MAKING OF A MALE MODEL **

TV

Regie: Irving J. Moore
Darsteller: Joan Collins (Kay Dillon), Jon-Erik Hexum (Tyler Burnett), Kevin McCarthy (Ward Hawley), Roxie Roker (Madge Davis), Arte Johnson (Marty Simpson), Ted McGinley (Gary Angelo), Jeff Conaway (Chuck Lanyard), Tonja Walker (Alma Rockwell)
Drehbuch: A. J. Carothers
Kamera: Richard Rawlings sen. (Farbe)
Produktion: Aaron Spelling, USA 1983
Sendetermin: 7.9.1994, ZDF, 19.25
Länge: 91 Min.

Glanz und Elend im Modelberuf und Werbe-Milieu: Der Film ist die passende Rampe für Joan Collins als Model-Agentin, die ihren jungen Arizona-Rübezahl durch die melodramatischen Gefahren einer großstädtischen Party-Karriere jagt. Ein parfümierter Modefummel aus der Konfektions-Boutique.

Ponkie, AZ, 9.9.1994

Brigitte Ehrich in: Hamburger Abendblatt, 8.9.94; kro in: Stgt. Zeitung, 9.9.94

Trennung mit Hindernissen 915

SHOOTING ELIZABETH **

TV

Regie: Baz Taylor
Darsteller: Jeff Goldblum (Howard), Mimi Rogers (Elizabeth), Juan Echanove, Simon Andreu, Cristina Higueras

Produktion: Frankreich 1992
Sendetermin: 9.1.1994, VOX, 19.05
Länge: 92 Min.

Der amerikanische Ehemann Howard will seine nervtötende und peinliche Gattin Elizabeth loswerden und beschließt, sie zu ermorden. Während eines Spanien-Urlaubes verschwindet sie jedoch plötzlich und spurlos. Wieder zu Hause angekommen, wird Howard jedoch des Mordes an seiner Frau verdächtigt.

Triumph des Geistes 916

TRIUMPH OF THE SPIRIT ***

TV

Regie: Robert M. Young
Darsteller: Willem Dafoe (Salamo Arouch), Robert Loggia (Poppa), Costas Mandylor (Abraam, sein Bruder), Wendy Gazelle (Allegra), Edward James Olmos (Zigeuner), Kelly Wolf (Elena), Kario Salem, Edward Zentara, Hartmut Becker
Drehbuch: Andrzej Krakowski, Laurence Heath, nach einer Geschichte von Shimon Arama, Zion Haen
Kamera: Curtis Clark (Rank)
Musik: Cliff Eidelman
Schnitt: Arthur Coburn
Produktion: Arnold Kopelson, Shimon Arama für Nova Int., USA 1989
Sendetermin: 6.3.1994, ZDF, 22.20
Länge: 115 Min.

Das amerikanische Melodram vom griechisch-jüdischen Balkan-Mittelgewichtsmeister Salamo Arouch, der mit seiner Familie nach Auschwitz-Birkenau verschleppt und dort vom Lagerkommandanten als KZ-Preisboxer fürs SS-Vergnügen benutzt wurde – dieser Film nach der teilweise authentischen Geschichte von Shimon Arama und Zion Haen ist nach allen Regeln des Hollywood-Handwerks gebaut, bedient sich auch unziemlich sentimentaler Musik, bleibt aber dank der guten Darsteller (Willem Dafoe eindrucksvoll als Boxer) und der Diskretion gegenüber dem Nicht-Darstellbaren in einem akzeptablen Qualitätsrahmen. Ein Film, der das Gemüt durchrüttelt, aber nie zur KZ-Schnulze aufgeweicht wird: Es zeigt das bittere Überleben, das in der brutalen Lagerhierarchie immer auf Kosten eines anderen geht.

Ponkie, AZ, 8.3.94

Trouble in Yonkers 917

LOST IN YONKERS ****

Video

Regie: Martha Coolidge
Darsteller: Richard Dreyfuss (Onkel Louie), Mercedes Ruehl (Tante Bella), Irene Worth (Großmutter Kurnitz), Brad Stoll (Jay), Mike Damus (Arty), David Strathairn (Johnny), Robert Guy Miranda (Hollywood Harry), Jack Laufer (Eddie), Susan Merson (Tante Gert), Illya Haase (Harrys Freundin)
Drehbuch: Neil Simon, nach seinem gleichn. Schauspiel
Kamera: Johnny E. Jensen (Technicolor)
Musik: Elmer Bernstein
Schnitt: Steven Cohen
Produktion: Ray Stark für Rastar Prod., USA 1993
Uraufführung: 14.5.1993, New York
Erstaufführung: 25.6.1994, Filmfest München
Verleih: -/-/-/Columbia TriStar Home Video
Videostart: 22.11.1994
Länge: 112 Min.
FSK: ab 6 J.

Bestbesetzt auch »Lost in Yonkers«, eine 50er-Jahre-Story von zwei Jungs, die einen Sommer bei ihrer herrsch-

›Trouble in Yonkers‹ für Richard Dreyfuss und Mercedes Ruehl.

Tia Carrere und Arnold Schwarzenegger beim Tango mortale in ›True Lies‹.

süchtigen Großmutter, ihrer exzentrischen Tante und ihrem kriminellen Onkel verbringen. Sensibles Gefühlskino vom Feinsten.

W.O.P. Kistner, AZ, 29.6.94

Trouble Shooters Trapped 918

TROUBLE SHOOTERS/TRAPPED BENEATH THE EARTH **

Video

Regie: Bradford May
Darsteller: Kris Kristofferson (Stan Mather), David Newsom (Cody Mather), Leigh J. McCloskey, Frank McRae, Gary Graham, Caitlin Dulany
Drehbuch: Michael Pavone, Dave Alan Johnson
Kamera: Eric van Haren Norman (Farbe)
Musik: Peter Bernstein
Schnitt: Ralph E. Winters, Eric S. Strand
Produktion: Fred Kurdyla für Universal, USA 1993
Verleih: -/-/-/CIC Video
Videostart: Februar 1994
Länge: 89 Min. – *FSK:* ab 16 J.

Wenig beeindruckender amerikanischer Fernsehfilm, der in Reality-TV-Manier die Rettung der Bewohner eines bei einem Erdbeben verschütteten Hauses erzählt.

True Lies 919

TRUE LIES ***

Regie: James Cameron
Darsteller: Arnold Schwarzenegger (Harry), Tom Arnold (Gib), Jamie Lee Curtis (Helen), Bill Paxton (Simon), Tia Carrere (Juno), Art Malik (Aziz), Eliza Dushku (Dana), Grant Heslov (Faisil), Charlton Heston (Spencer Trilby)
Drehbuch: James Cameron, nach einem Drehbuch von Claude Zidi, Simon Michael,

Didier Kaminka
Kamera: Russell Carpenter (CFI)
Musik: Brad Fiedel
Schnitt: Mark Goldblatt, Conrad Buff, Richard A. Harris
Produktion: James Cameron, Stephanie Austin für Lightstorm Ent., USA 1994
Verleih: Jugendfilm/Constantin/20th Century Fox/VCL/Carolco Video
Kinostart: 18.8.1994
Länge: 141 Min.
FSK: ab 16, ffr.

Die Geschichte eines Spions, der seine Tätigkeit für den amerikanischen Geheimdienst seiner Familie verheimlicht, indem er sich als langweiliger Vertreter ausgibt. Als sich seine Ehefrau in ein Liebesabenteuer stürzt, mobilisiert er den gesamten Geheimdienstapparat, um sie zurückzugewinnen. In einem Aufwasch kann der eifersüchtige Spion seine Ehe vor dem Ruin und die Vereinigten Staaten vor fundamentalistischen Fanatikern retten. »True Lies« bewegt sich auf dem fast völlig unbekannten Grat zwischen Ehedrama, Spionage-Thriller, buddy-Film und Action pur. (…)
Alfred Holighaus, tip, 17/94

(…) Der dekadent gigantische Aufwand mag anfangs noch einige Längen kaschieren, während derer man wohl nach Luft schnappen soll; die Story jedoch zerfällt zusehens zur Attrappe, zur Projektionsfläche schlicht größenwahnsinniger Gewalt- und Actionplakatierungen, die den ohnehin kleinen Raum für Dramatik, Humor und Psychologie gnadenlos zermalmen. Endzeitkino eben. *W.O.P. Kistner, AZ, 18.8.94*

(…) Aber der ins Absurde gesteigerte Material- und Menschenverschleiß, die rassistische Darstellung von Arabern als pathologische, dumme Terroristen, die Bezeichnung einer Atombombenexplosion als »Show« und viel überflüssige Brutalität ergeben insgesamt eine widerliche Mischung. *Zoom*

Albert Baer in: Rheinische Post, 19.8.94; Thomas Klingenmaier in: Stgt. Zeitung, 18.8.94; Josef Schnelle in: FR, 18.8.94

True Romance 920
TRUE ROMANCE ****

Regie: Tony Scott
Darsteller: Christian Slater (Clarence Worley), Patricia Arquette (Alabama Whitman), Gary Oldman (Drexl Spivey), Dennis Hopper (Clifford Worley), Brad Pitt (Floyd), Christopher Walken (Vincenzo Coccotti), Val Kilmer

Wahre Liebe geht über Leichen: Patricia Arquette und Christian Slater am blutigen Ende ihrer ›True Romance‹.

(Mentor), Bronson Pinchot (Elliot Blitzer), Michael Rapaport (Dick Ritchie), Saul Rubinek (Lee Donowitz)
Drehbuch: Quentin Tarantino
Kamera: Jeffrey Kimball (Technicolor)
Musik: Hans Zimmer
Schnitt: Michael Tronick, Christian Wagner
Produktion: Samuel Hadida, Bill Unger, Steve Perry für Morgan Creek Prod. mit Davis Film, USA 1993
Uraufführung: 10.9.1993, New York
Verleih: UIP/UIP/UIP/VMP Video
Kinostart: 27.1.1994
Länge: 120 Min. – *FSK:* ab 18, nffr., gek. Fassung 100 Min. ab 16 J.

Der Elvis-Fan Clarence und das Callgirl Alabama kommen unerwartet an einen Koffer voll Kokain. Vor der Drogenmafia fliehen sie nach Hollywood, wo sie den Stoff versetzen wollen. Ein Comic- und Pop-art-Märchen mit einem umwerfenden Showdown und einem hemmungslos überzogenen Happy-End. Der nie erlahmende Motor von »True Romance« sind die Träume, Bilder und Klischees der Filmfabriken in Hollywood. *Volker Gunske, tip, 3/94*

Kein Wunder, wenn selbst die zu Beginn noch faszinierend frische Patricia Arquette in der Hauptrolle nicht verhindern kann, daß einem die – übrigens erstaunlich unspannende – Mixtur aus Werbefilm-Chic, coolen Hitparaden-Nummern und übersteigerter Brutalität irgendwann unangenehm aufstößt. Spätestens nämlich, wenn Alabama einem Widersacher nacheinander mit einem Korkenzieher und dem Deckel der WC-Spülung, Scherben der Duschabtrennung und mehreren Revolverschüssen den Garaus macht, ist man von den Qualitäten dieses Films nicht mehr überzeugt.
Otto Heuer, Rheinische Post, 29.1.94

(...) Trash-Zitate und In-jokes, Gastauftritte populärer Jungstars und grelle Accessoires – darunter der unvermeidliche Kunstpelz der kindlichen Heldin – weisen Scotts Film als Verlängerung jenes marktgängigen Killer-Schicks aus, der die ehemalige Hardcore-Szene aufgesogen hat. David Lynchs »Wild At Heart« war die Haute-Couture-Version des Trends, Dominic Senas »Kalifornia« das Designer-Modell, dies ist die Version von der Stange.
Sabine Horst, FR, 28.1.94

Michael Althen in: SZ, 1.2.94; Rupert Koppold in: Stgt. Zeitung, 27.1.94

Twenty Bucks – Geld stinkt nicht oder doch? 921

TWENTY BUCKS ***

Video

Regie: Keva Rosenfeld
Darsteller: Linda Hunt (Angeline), Brendan Fraser (Sam), Steve Buscemi (Frank), Christopher Lloyd (Jimmy), Matt Frewer (Bingo-Sieger), Spalding Gray (Priester), David Rasche (Baker), Concetta Tomei (Sam's Mutter), Gladys Knight (Mrs.McCormac), Diane Baker (Ruth Adams)
Drehbuch: Leslie Bohem, Endre Bohem
Kamera: Emmanuel Lubezki (Deluxe)
Musik: David Robbins
Schnitt: Michael Ruscio
Produktion: Karen Murphy für Triton/ Big Tomorrow Prod., USA 1993
Verleih: -/-/-/Columbia TriStar Video
Videostart: 6.9.1994
Länge: 88 Min. – *FSK:* ab 12 J.

Die wechselvolle Geschichte eines 20-Dollar-Scheins, der mehrfach seine Besitzer wechselt, um schließlich liebesstiftend zu wirken. Eine heitere, aber im Grunde belanglose Episodenfolge, in der – trotz insgesamt namhafter Besetzung – nur die mit Christopher Lloyd als Gangster und Steve Buscemi als seinem tumben Lehrling herausragt.

Gerog Röwekamp in: film-dienst,19/94

Töchter der Rache 922

ACCIDENTAL MEETING **

Video

Regie: Michael Zinberg
Darsteller: Linda Gray (Jennifer), Linda Purl (Maryanne), Leigh J. McCloskey (Richard), Ernie Lively, David Hayward
Drehbuch: Peter Best, Christopher Horner
Kamera: Michael W. Watkins (Farbe)
Musik: Patrick Williams
Schnitt: Robert L. Sinise
Produktion: Walter Klenhard für Wilshire Court., USA 1993
Verleih: -/-/-/CIC Video
Videostart: 17.11.1994
Länge: 87 Min. – *FSK:* ab 16 J.

Mord über Kreuz aus Hitchcocks »Der Fremde im Zug« diesmal mit weiblicher Besetzung und in Seifenoperlauge weichgespült.

Tödliche Gier 923

DEADLY INTENT □ TV

Regie: Nigel Dick
Darsteller: Lisa Eilbacher (Laura Keaton), Steve Railsback (Jeff Kirkwood), Maud Adams (Elise Marlowe), Lance Henriksen (Raymond Keaton), Fred Williamson (Curt Slate), Persis Khambatta (Francesca), David Dukes (Myron Weston), Pamela Seamone
Drehbuch: John Goff
Kamera: Daniel Yarussi; Gary Graver (2nd unit) (Farbe)
Produktion: Fries Ent., USA 1988
Verleih: -/-/-/
Sendetermin: 17.11.1994, RTL2, 20.15
Länge: 83 Min.

Während einer Expedition in den Dschungel zu den Maya-Indianern läßt der Abenteurer Raymond Keaton ein Juwel eines Maya-Gottes mitgehen. Zurück in den Staaten glaubt ihm seine Arbeitgeberin Elise Marlowe nicht, daß er mit leeren Händen zurückgekommen ist. Doch bevor sie Einzelheiten erfahren kann, wird Keaton bei einem Autounfall getötet. (...) *Pressetext RTL2*

Überleben in Terror 924

ÜBERLEBEN IM TERROR – ERNST FEDERNS GESCHICHTE ***

Regie: Wilhelm Rösing
Kamera: Peter Röhsler, Wilhelm Rösing (Farbe)
Musik: Frank Wolff
Schnitt: Wilhelm Rösing
Produktion: Wilhelm Rösing für Wilhelm Rösing Film Prod., BRD 1992
Uraufführung: Dokumentarfilm-Festival München, Mai 1993
Verleih: Freunde/-/-
Kinostart: März 1994
Länge: 95 Min.
FBW: Wertvoll

Drei Tage nach dem Anschluß Österreichs im Mai 1938 wurde Ernst Federn in Wien von den Nazis verhaftet und zunächst ins Konzentrationslager Dachau, dann ins KZ Buchenwald gebracht. Sieben Jahre lang war er dort eingesperrt – und hat überlebt. Der Film erzählt die Erfahrungen von Ernst Federn als Häftling im Konzentrationslager Buchenwald. Neben den erzählerischen Qualitäten von Ernst Federn – zutiefst einer jüdischen Erzähltradition verpflichtet – ist es das völlige Fehlen eines vorwurfsvollen Untertons in seinem Bericht, der ein Einlassen auf das Thema des Filmes ermöglicht.

Patrick Rössler in: Stgt. Zeitung, 29.4.94; Hans Schifferle in: SZ, 5.5.93; Georg Seeßlen in: Der Tagesspiegel, 9.5.93

Un, deux, trois Soleil 925

UN, DEUX, TROIS SOLEIL ***

Regie: Bertrand Blier
Darsteller: Anouk Grinberg (Victorine), Marcello Mastroianni (Constantin), Olivier Martinez (Petit Paul), Myriam Boyer (Mutter), Jean-Michel Noirey (Maurice), Claude Brasseur, Jean-Pierre Marielle, Patrick Bouchitey, Denise Chalem, Irene Tassembedo
Drehbuch: Bertrand Blier
Kamera: Gérard de Battista (Farbe)
Musik: Cheb Khaled
Schnitt: Claudine Merlin
Produktion: Patrice Ledoux für Ciné Valse/ Gaumont/France 3 Cinéma mit Canal Plus, Frankreich 1993
Uraufführung: Int. Filmfestspiele Venedig, 1993
Verleih: -/-/Sadfi
Kinostart: März 1994
Länge: 103 Min.

Im Mittelpunkt dieses »optimistischen Films über das Unglück« steht Victorine, die mit ihrer verrückten Mutter und dem stets alkoholisierten Vater in einem Vorort von Marseille lebt. Inmitten von Menschen der verschiedensten Nationalitäten träumt die junge Frau von der großen Liebe und einer eigenen Familie. Ein sehr unterschiedlich gelungenes, extravagantes Werk, das sein Plädoyer gegen den Rassismus und für das Zusammenleben von Menschen verschiedenster Herkunft durch ermüdende Wiederholungen und nicht ganz einsichtige Provokationen beeinträchtigt. *Zoom*

Bodo Fründt in: SZ, 6.9.93

Ein unabhängiges Leben 926

SAMOSTOJATELNAJA SHIZN ***

Regie: Vitali Kanevski
Darsteller: Pavel Viktorovich Nazarov (Valerka), Dinara Droukarova, Toshihiro Watanabe, Elena Popova, Liana Jvania
Drehbuch: Vitali Kanevski
Kamera: Vladimir Bryliakov (Eastmancolor)
Musik: Boris Rytchkov
Schnitt: Helène Gagarine
Produktion: Philippe Godeau, Patrick Godeau, Vitali Kanevski für PXP Prod. mit PCC/ La Sept Cinéma/DAR, Frankreich/Rußland 1992
Verleih: -/Stadtkino/-
Kinostart: April 1994
Länge: 90 Min.

Anknüpfend an »Halte still, stirb, erwache« erzählt Kanevski die Geschichte seines alter ego Valerka weiter. In der sibirischen Provinz versucht der Jugendliche zur Zeit des Zweiten Weltkriegs seine Kindheit hinter sich zu lassen und selbständig zu werden. In drastischen Bildern wird der brutale Kampf in der Welt der Erwachsenen geschildert. Der Regisseur bricht die Handlung aber immer wieder auf, und

bietet so dem Zuschauer, der sich der ungewöhnlichen Darstellungsweise nicht verschließt, Möglichkeiten zur Reflexion und Auseinandersetzung.
multimedia

Die amüsierte Erregungskurve sank beim ersten von 22 Beiträgen im Wettbewerb um die Goldene Palme in stille Ratlosigkeit ab: Vitali Kanevski, 1967 als Student an der Moskauer Filmakademie dem Regime nicht genehm und mit acht Jahren Gefängnis bestraft, in Cannes 1990 für sein Debüt »Rühr dich nicht, stirb und auferstehe« mit der Goldenen Kamera ausgezeichnet, porträtiert in »Ein unabhängiges Leben« das Erwachsenwerden eines Jungen in Sibirien. Geprägt von Armut, Gewalt, Hoffnungslosigkeit und fatalen sexuellen Erlebnissen (ein Kontrast der Tristesse), sucht Valerka seinen Weg. Ein metaphernreicher Film der Bitterkeit.
AZ, 9.5.92

Zum ersten Mal seit 13 Jahren ist jetzt ein für den Berlinale-Wettbewerb angekündigter Film während des laufenden Festivals zurückgezogen worden. Wie die Pressestelle der Internationalen Filmfestspiele mitteilte, wird der Film »Ein unabhängiges Leben« von Vitali Kanevski, dessen Weltpremiere für morgen vorgesehen war, nicht gezeigt werden. Der Erstlingsfilm des russischen Regisseurs »Halte still, stirb, erwache«, war 1989 beim Festival von Cannes mit der Camera d'or ausgezeichnet worden.

Hintergrund ist offenbar ein Rechtsstreit zwischen dem Regisseur und dem französischen Produzenten des Films. Die Information, der Produzent wolle den Film für das im Frühling stattfindende Festival von Cannes zurückhalten, konnte gestern zunächst nicht bestätigt werden. Der Pariser Produzent, PXP-Productions, nannte gestern als Ursache rein technische Probleme. Die Kopie sei noch nicht fertig, sagte ein Sprecher auf Anfrage. Kanevski, der zur Zeit in Paris lebt, war nicht erreichbar. *Der Tagesspiegel, 21.2.92*

Der unbekannte Großvater 927

□

Regie: Gunter Friedrich TV
Darsteller: Kurt Böwe, Elsa Grube-Deister, Volkmar Kleinert, Karin Düwel
Produktion: DDR 1986
Sendetermin: 13.2.1994, MDR3, 14.30
Länge: 75 Min.

Unbemerkte Wirklichkeit 928

***

Regie: Maximiliane Mainka
Darsteller: Dieter Mainka (Jakob von Uexküll)
Drehbuch: Maximiliane Mainka
Kamera: Kurt Lorenz, Anna Crotti (Assistenz), Karl Heinz Baumann, mikroskopische Aufnahmen; (Farbe)
Schnitt: Maximiliane Mainka
Produktion: Maximiliane Mainka Filmprod. mit WDR, BRD 1994
Uraufführung: 27.1.1994, Maxim, München
Verleih: Neugart/-/-
Kinostart: 28.1.1994
Länge: 112 Min.

(...) Als eifrig quirlige Forscherin begibt sich Maximiliane Mainka, Autorin und Regisseurin des Films mit dem Untertitel »Begegnungen mit dem Umweltforscher Jakob von Uexküll und meiner Umwelt«, auf die Spuren, die dieser Wissenschaftler hinterließ. Mit etwas naivem, also völlig ungebrochenem Aufklärungswillen spielt sie die wissensbegierige Adeptin, die dem Meister sein Geheimnis entreißen will, das der wiederum nicht bloß seinem tiefen Verständnis einer »Kompositionslehre der Natur« verdankt, sondern fast mehr noch seinem bescheidenen, aber unverbrüchlichen Anstand, welcher geradezu naturgemäß bis ins Politische hineinreicht. (...)
Peter Buchka, SZ, 28.1.94

Und das Leben geht weiter 929

AND THE BAND PLAYED ON ***

Regie: Roger Spottiswoode
Darsteller: Matthew Modine (Dr. Don Francis), Alan Alda (Dr. Robert Gallo), Patrick Bauchau (Dr. Luc Montagnier), Nathalie Baye (Dr. Francoise Barre), Phil Collins (Eddie Papasano), Richard Gere (Choreograph), Ronald Guttmann (Dr. Jean Claude Chermann),

Glenne Headly (Dr. Mary Guinan), Anjelica Huston (Dr. Betsy Reisz), Richard Jenkins (Dr. Marc Conant)
Drehbuch: Arnold Schulman (auch Co.-Prod.), nach dem gleichn. Roman von Randy Shilts
Kamera: Paul Elliott (35mm 1:1)
Musik: Carter Burwell
Schnitt: Lois Freeman-Fox
Produktion: Midge Sanford, Sarah Pillsbury für HBO, USA 1993
Uraufführung: 11.9.1993, HBO, USA
Verleih: Impuls/Stöbergasse/Monopole Pathé/VMP Video
Kinostart: 3.2.1994
Länge: 141 Min.
FSK: ab 12, ffr.
FBW: Wertvoll

Die Geschichte der Immunschwäche AIDS bis zum Jahr 1987. Eine über weite Strecken fesselnde Zwischenbilanz, die in ihren Handlungssträngen sowohl medizinische als politische und soziale Aspekte der Problematik aufgreift und dabei ebenso mit Fakten wie mit Dokumentarmaterialien informiert wie mit Einzelschicksalen erschüttert. Nur die mitunter klischeehafte Zeichnung einiger Figuren mindert den Wert dieses dokumentarischen Spielfilms.
Zoom

(...) Der Film vermittelt dagegen keine neuen Einsichten oder Erkenntnisse, ist weder spannend noch komisch oder besonders anrührend, sondern spult nur platt und seiner beachtlichen Länge zum Trotz recht kurzatmig ab, was die meisten Zuschauer noch gut in Erinnerung haben dürften. Und dies auf dem mittelmäßigen Niveau eines jener Problemfilme, wie sie fürs US-Fernsehen am laufenden Band entstehen.
Jan Gympel, Zitty, 3/94

Thomas Klingenmaier in: Stgt. Zeitung, 3.2.94; Tilman Krause in: Der Tagesspiegel, 3.2.94; Christian Seebaum in: Kölner Stadt-Anzeiger, 5.2.94

Undercover – Geiseln des Terrors 930

HOSTAGE **

Video

Regie: Robert Young
Darsteller: Sam Neill (John Rennie), Talisa Soto (Joanna), James Fox (Hugo Paynter), Art Malik (Kalim Said), Cristina Higueras (Gabriella), Michael Kitchen (Fredericks), Jean-Pierre Reguerraz
Drehbuch: Arthur Hopcraft, nach der Novelle »No Place to Hide« von Ted Allbeury
Kamera: Alex Phillips (Eastmancolor)
Musik: Richard Harvey
Schnitt: Tariq Anwar
Produktion: Tom Kinninmont für Portman Ent./Jempsa Medios & Entretenimiento/ Independent Image mit Tyne Tees TV, GB/Spanien 1991
Verleih: -/-/-/Columbia TriStar Home Video
Videostart: Mai 1992
Länge: 96 Min. – *FSK:* ab 16 J.

Britischer Geheimagent will den Dienst quittieren, seine Vorgesetzten aber versuchen ihn mit wenig zimperlichen Mitteln zu halten. Schwerfälliger Politkrimi mit altmodischem Flair.

Undercover Blues – Ein absolut cooles Trio 931

UNDERCOVER BLUES **

Regie: Herbert Ross
Darsteller: Kathleen Turner (Jane Blue), Dennis Quaid (Jeff Blue), Fiona Shaw (Novacek), Stanley Tucci (Muerte), Larry Miller (Halsey), Obba Babatunde (Sawyer), Tom Arnold (Vern Newman), Park Overall, Ralph Brown, Jan Triska
Drehbuch: Ian Abrams
Kamera: Donald E. Thorin (Farbe)
Musik: David Newman
Schnitt: Priscilla Nedd-Friendly
Produktion: Mike Lobell für Lobell/Bergmann/ Hera Prod., USA 1993
Uraufführung: 10.9.1993, New York
Verleih: UIP/-/UIP/MGM/UA Video
Kinostart: 20.1.1994
Länge: 90 Min. – *FSK:* ab 12, ffr.
FBW: Besonders wertvoll

Als das Ehepaar Blue nach der Geburt seines Töchterchens in New Orleans Ferien macht, wird es von seiner Geheimagenten-Vergangenheit eingeholt: Es muß einer bösartigen ehemaligen tschechischen Agentin, die irgendwelchen hochexplosiven Sprengstoff aus dem Land zu schmuggeln sucht, erneut das Handwerk legen und sich zugleich eines mordsüchtigen Trottels erwehren, der sich an Mr. Blue rächen will, weil er bei einer Prügelei den Kürzeren gezogen hat. Das einzige Originelle an dieser dünnen, völlig überraschungslosen Komödie voller Klischees besteht darin, daß die Blues bei allen (un)möglichen Gelegenheiten ihr Baby dabei haben. Einigermaßen erstaunlich ist, daß so renommierte Darsteller wie Kathleen Turner und Dennis Quaid sich nicht zu schade sind for solchen Quark. *Zoom*

(...) Nach 20 Minuten hat der Spannungsbogen seinen Höhepunkt überschritten (Drehbuch: Ian Abrams), Hollywood-Regisseur Herbert Ross gilt als Routinier – doch hier hat er Ideen und Stoff wahl- und lieblos zusammengefügt und ausgeführt. (...)
Silvia Hallensleben, Der Tagesspiegel, 20.1.94

(...) Tolpatschige Gauner, verwirrte Polizisten, viel Gehaue und zwei ewig grinsende Hauptdarsteller – eine billige, lieblos abgedrehte Klamotte, ein Fehltritt von Herbert Ross.
Kölner Stadt-Anzeiger, 22.1.94

Heiko R. Blum in: Rheinische Post, 21.1.94; Frauke Hanck in. AZ, 20.1.94; Helmut Schmitz in: FR, 21.1.94; Frank Schnelle in: tip, 2/94

Die unendliche Geschichte III

932
***

Regie: Peter Macdonald
Darsteller: Jason James Richter (Bastian Balthazar Bux), Melody Kay (Nicole), Jack Black (Slip), Freddie Jones (Herr Koreander), Julie Cox (Kindliche Kaiserin), Carole Finn (Mookie), Ryan Bollmann (Dog), Nicole Parker (Coil), P. Adrian Dorval (Rage), Moya Brady (Urgl)
Drehbuch: Jeff Lieberman, nach einer Story von Karin Howard, basierend auf Charakteren des Buches »Die unendliche Geschichte« von Michael Ende
Kamera: Robin Vidgeon (Farbe)
Musik: Peter Wolf
Schnitt: Michael Bradsell
Produktion: Dieter Geissler für CineVox Filmprod./Studio Babelsberg/Dieter Geissler Filmprod., BRD 1994
Verleih: Warner Bros./dto./Rialto/ Warner Home Video (KK)
Kinostart: 27.10.1994
Länge: 95 Min.
FSK: ab 6, ffr.

Dritter Fantasy-Film nach Michael Endes Roman »Die unendliche Geschichte«, in der eine Gruppe gewalttätiger Jugendlicher das Reich der Phantasie und die Erdenwelt durch Verbreitung des Bösen erschüttert, vom kleinen Bastian aber zum Guten bekehrt wird. Mit viel Action und wenig Tiefgang abgehandelte Teeniegeschichte aus dem Schulmillieu, die durch einige Figuren aus Jim Hensons's Creature Shop angereichert ist. *multimedia*

(...) Der abenteuerliche Film bedient sich lediglich einiger Figuren aus Michael Endes Erfolgsroman und stellt sie in den Mittelpunkt lärmiger Unterhaltung voller Trickeffekte. Sympathisch machen den Film einige liebevoll gezeichnete Randfiguren und Episoden. *Zoom*

(...) natürlich zeigt Bastian den bösen Buben und Mädchen, was ein tapferer phantasiebegabter Junge vermag. Und das war's dann. Wer den Film sieht, ahnt die Mühen der Tricktechniker, Special-Effects-Sepzialisten und Creature-Techniker, die diesmal aus »Jim Henson's Creature Shop« kommen – und fragt sich dann verzweifelt, wieso sowenig von dieser Arbeit von der Leinwand in den Kinosaal überstrahlt.
Bodo Fründt, SZ, 27.10.94

Otto Heuer in: Rheinische Post, 29.10.94; Thomas Klingenmaier in: Stgt. Zeitung, 29.10.94; Milan Pavlovic in: Kölner Stadt-Anzeiger, 29.10.94; Ponkie in: AZ, 27.10.94

Der Unglücksritter

933
OPPORTUNITY KNOCKS
**
Video

Regie: Donald Petrie
Darsteller: Dana Carvey (Eddie), Robert Loggia (Milt), Todd Graff (Lou), Julia Campbell (Annie), Milo O'Shea (Max), James Tolkan (Sal), Doris Belack (Mona), Sally Gracie (Connie), Mike Bacarella (Pinkie), John M. Watson Sr. (Harold Monroe)
Drehbuch: Mitchel Katlin, Nat Bernstein
Kamera: Steven Poster (Deluxe color)
Musik: Miles Goodman
Schnitt: Marion Rothman
Produktion: Mark R. Gordon, Christopher Meledandri für Imagine Ent., USA 1990

Verleih: -/-/-/VCL/Carolco Video
Videostart: 22.8.1994
Länge: 97 Min.
FSK: ab 12 J.

Durch eine Verwechslung steigt der kleine Gelegenheitsverbrecher in die High Society auf und bewährt sich dort als unkonventioneller Jungunternehmer. Aber die Liebe läßt den Schwindel auffliegen...
Konventionelle, brave Komödie, zugeschnitten auf die allenfalls passablen Schauspielerleistungen von »Wayne's World«-Star Dana Carvey.

Georg Röwekamp in: film-dienst, 19/94

Unser Coach ist der beste 934

THE MAN FROM LEFT FIELD **
TV

Regie: Burt Reynolds
Darsteller: Burt Reynolds (Jack), Kauwela Acocella (Bo), Adam Cronan (Bama), Reba McEntire (Nancy), Adam Ohren (Hooksy), Billy Gardner III, Derek Baxter, Sean Dunne, Tino Taylor, Brian Iannitti
Drehbuch: Wayne A. Rice
Kamera: Nick McLean (Farbe)
Musik: Bobby Goldsboro
Produktion: USA 1993
Sendetermin: 22.5.1994, Pro7, 14.20
Länge: 93 Min.

Wieder einmal die wundersame Geschichte von dem Retter in höchster Not für eine jugendliche Baseballmannschaft. Und wir haben uns schon gefragt wovon der Burt Reynolds so lebt.

Unter fremden Sternen 935

GOODBYE, MISS 4TH OF JULY **
TV

Regie: George Miller
Darsteller: Lou Gossett jr., Chris Sarandon (George Janus), Roxana Zal (Niki), Chantal Contouri (Olympia)
Produktion: USA 1988
Sendetermin: 14.6.1994, Premiere, 21.50
Länge: 106 Min.

Am Vorabend des 1. Weltkrieges lernt eine griechische Einwandererfamilie in Virginia auch die Schattenseiten der USA kennen. Sie nehmen trotz des Ku-Klux-Klans einen farbigen Ex-Boxer bei sich auf. Bald grassiert eine Grippe-Epidemie in der Stadt, der auch Mutter und Tochter zum Opfer fallen.

Der Untergang des Jahrhunderts – Testament L. Z. 936

ZALAZAK STOLJECA – TESTAMENT L. Z. ****

Regie: Lordan Zafranovic
Drehbuch: Lordan Zafranovic, Vojdrag Bercic
Kamera: Andrija Pivcevic, Branko Jaklin (Farbe)
Schnitt: Ivica Drnic, Ljuba Djurkoviceva, Jan Daniel
Produktion: Kino Dokument, Kroatien/Österreich/CZ/Frankreich 1988/93
Uraufführung: 17.10.1993, Viennale, Wien
Erstaufführung: 13.2.1994, Int. Forum des Jungen Films, Berlin
Verleih: Freunde/-/-
Kinostart: Okt. 1994
Länge: 201 Min.

(...) Ein Gemälde aus Bildern auf der Suche nach Wahrheit hat Zafranovic geschaffen, ein gewaltiges »work in progress« zum Lauf der Geschichte, zu Kamera und Gewehr. Der Epilog seines Films ist ein einziger Aufschrei, ein Videoclip des Grauens, montiert aus Bildern vom Krieg im ehemaligen Jugoslawien. *Hans Schifferle, SZ, 2.5.94*

Klaus Dermutz in: SZ, 19.2.94

Ur-Musig 937

***

Regie: Cyrill Schläpfer
Mitwirkende: Rees Gwerder, Jakob Alder, Jakob Düsel
Drehbuch: Cyrill Schläpfer
Kamera: Thomas Krempke, Pio Corradi, Jürg Hassler, Helena Vagnières, Cyrill Schläpfer, Otmar Schmid (Farbe)
Schnitt: Jürg Hassler
Produktion: Cyrill Schläpfer für CSR Film, Schweiz 1993
Verleih: -/-/CSR
Kinostart: Dezember 1993
Länge: 110 Min.

Cyrill Schläpfers in mehrjähriger Arbeit entstandener, kommentarloser Dokumentarfilm bietet eine trotz einigen Längen abwechslungsreiche Reise durch die archaischen (Klang-)Landschaften des Appenzells und der Innerschweiz. In Verbindung mit Landschaftsbildern von seltener Schönheit wird die authentische, ungeschönte Volksmusik, die mit ihren Interpreten in Tradition, Brauchtum und Arbeitswelt der alpenländischen Hirten wurzelt, zum visuellen und akustischen Erlebnis. *Zoom, 9/93*

Uranus 938

URANUS ***

Regie: Claude Berri
Darsteller: Philippe Noiret (Watrin), Gérard Depardieu (Leopold), Michel Blanc (Gaigneux), Gérard Desarthe (Maxime Loin), Fabrice Luchini (Jourdan), Jean-Pierre Marielle (Archambaud), Michel Galabru (Monglat), Daniel Prevost, Florence Darel, Danièle Lebrun
Drehbuch: Claude Berri, Arlette Langmann, nach dem gleichn. Roman von Marcel Aymé
Kamera: Renato Berta (Farbe)
Musik: Jean-Claude Petit
Schnitt: Hervé de Luze
Produktion: Pierre Grunstein für Renn/ Films A2/D.D.P., Frankreich 1990
Uraufführung: 12.12.1990, Paris
Verleih: -/-/Monopole Pathé
Sendetermin: 24.4.1994, Premiere, 20.15
Länge: 100 Min.

Nach dem 1947 erschienenen gleichnamigen Roman von Marcel Aymé hat Claude Berri einen Film gedreht, mit welchem er, was Zeitgeschichte und Politik betrifft, zu seinem Anfang (»Le vieil homme et l'enfant«, 1967) zurückkehrt. Eine vom Krieg zerstörte kleine französische Stadt ist der Schauplatz einer Geschichte, die einen satirischen Blick auf eine Gemeinde von Scheinheiligen und Eiferern, von Böswilligen und Saubermachern wirft. Claude Berri ist angetan von den anekdotisch prall gezeichneten Figuren, und er setzt für die Darstellung dieser Figuren so exzellente Schauspieler ein, wie man sie in solcher allzumenschlicher Menschlichkeit nur in Frankreich finden kann. *Zoom, 7/91*

Gérard Depardieu mit Regisseur Claude Berri bei den Dreharbeiten zu ›Uranus‹.

Vacas – Kühe
940

VACAS
***

Regie: Julio Medem
Darsteller: Emma Suárez (Cristina), Carmelo Gomez (Peru), Ana Torrent (Catalina), Manuel Blasco (Manuel), Clara Badiola (Clara), Candido Uranga (Juan), Karra Elejalde (Ilegorri/Lucas), Ane Sanchez (Cristina als Kind), Xavier Aldamondo (Soldat), Carlos Zabala
Drehbuch: Julio Medem, Michel Gaztambide, nach einer Vorlage von Julio Medem
Kamera: Carles Gusi (Eastmancolor)
Musik: Alberto Iglesias
Schnitt: Maria Elena Sainz de Rozas
Produktion: Sogetel mit Institute of Cinematography & Audiovisual Arts des spanischen Kultusministeriums, Spanien 1991
Uraufführung: 18.2.1992, Int. Filmfestspiele Berlin, »Panorama«
Verleih: Kinowelt/polyfilm/-(omU)
Kinostart: 16.6.1994
Länge: 96 Min.

Eine durch drei Generationen verfolgte Familientragödie nimmt ihren Anfang während des zweiten Carlistischen Kriegs und endet während des Bürgerkriegs 1936. Zwei baskische Familien stehen einander unversöhnlich gegenüber, ihre Rivalität, ihr Haß, aber auch ihre Liebe und Leidenschaft werden von Julio Medem in seinem Debutfilm in ein geschlossenes Bild gefügt. *multimedia*

Vater, lieber Vater
941

**

Regie: Leopold Huber
Darsteller: Dagny Gioulami, Laszlo Kish, Astrid Keller, Michel Adatte, Hilde Ziegler, Marie-Thérèse Maeder
Drehbuch: Leopold Huber, Hansjörg Schneider, Milan Dor, nach dem Roman »Zug nach Süden« von Leopold Huber
Kamera: Christian Reitz (Farbe)
Musik: Peter von Siebenthal, Christian Brantschen
Schnitt: Rainer Trinkler
Produktion: Theres Scherer-Kollbrunner für CARAC, Schweiz 1994
Verleih: -/-/Fama
Kinostart: Okt. 1994
Länge: 90 Min.

Im idyllischen Eigenheim am Bodensee mißbraucht ein unbescholtener Bürger fortgesetzt seine Tochter. Die Frau, schwach und übertrieben harmoniebedürftig, sieht auch die offensichtlichsten Zeichen nicht und unterläßt es, ihrem Kind zu helfen. Als die Tochter ausbricht und ihren italienischen Freund heiraten will, kommt es zur Explosion. Das blutige Finale stellt aber nicht die einzige Schwäche dieses Films dar: Weil die Figuren nirgends über Rollenstereotypen hinaus gediehen sind, werden die Abgründe unter einer solchen Familienkonstellation nie wirklich sichtbar. *Zoom, 10/94*

Vegas in Space
942

VEGAS IN SPACE
**

Regie: Phillip R. Ford
Darsteller: Doris Fish (Dan Tracy/Tracy Daniels), Miss X. (Vel Croford/Queen Veneer), Ginger Quest (Empress Nueva Gabor), Ramona Fisher (Mike/Sheila), Lori Naslund (Steve/Rebbie), Timmy Spence
Drehbuch: Doris Fish, Miss X., Phillip R. Ford
Kamera: Robin Clark (Farbe)
Musik: Bob Davis
Schnitt: Ed Jones, Phillip R. Ford
Produktion: Phillip R. Ford für Fish/Ford Films, USA 1991
Verleih: -/DV 8-Film/-
Kinostart: Sept. 1994
Länge: 85 Min.

Die Besatzung eines Raumschiffs bekommt den Auftrag, den geheimnisvollen Frauenplanet Clitoris zu erforschen. Nach vollzogenem »emergency sex change« tauchen die Männer/Frauen in ein mondänes und intrigantes Ambiente, das deutlich an das irdische Las Vegas erinnert. Eine verquere Mischung aus Science Fiction, Musical und Nonsense-comedy löst die bislang hauptsächlich akademisch geführte Geschlechtsrollendiskussion aus ihrem intellektuellen Ghetto, spricht jedoch anderseits vermutlich ebenfalls nur eine cineastische Minderheit an. *multimedia*

Venedig/Venice 943
VENICE/VENICE ***
TV

Regie: Henry Jaglom
Darsteller: Nelly Alard (Jeanne), Henry Jaglom (Dean), Melissa Leo (Peggy), Suzanne Bertish (Carlotta), Daphna Kastner (Eve), David Duchovny (Dylan)
Drehbuch: Henry Jaglom
Kamera: Hanania Baer (Deluxe)
Musik: Marshall Barer, David Colin Ross
Schnitt: Henry Jaglom
Produktion: Judith Wolinsky für The Rainbow Film Company, USA 1992
Uraufführung: AFI Filmfest, L.A. 1992
Erstaufführung: Filmfest München 1993
Sendetermin: 16.9.1994,
Arte, 23.50
Länge: 92 Min.

Man möchte dem polyglotten Autorenfilmer, der mit Hilfe von Orson Welles, Jack Nicholson und Dennis Hopper seine nicht spektakuläre aber konstante Karriere begann, Eitelkeit vorwerfen – und verfällt auch hier wieder seinem Charme, dem Witz der Dialoge in den philosophischen Etüden über Ruhm, Liebe, Kino. Selbstdarsteller Jaglom stürzt eine französische Journalistin, die ihn beim Filmfestival von Venedig interviewt, in Verwirrung. Als die Dame ihn in Venice, Kalifornien besucht, scheint die Faszination von Venice, Italien vergessen. Fazit: Frauen, hütet euch vor selbstverliebten Kreativen. *Angie Dullinger, AZ, 1.7.93*

Die verbotene Frau 944
THE PAMELA PRINCIPLE □
TV

Regie: Toby Phillips
Darsteller: J. K. Dumont, Veronica Cash, Shelby Lane, Frank Pesce, Eugene Stevenson
Produktion: USA 1992
Sendetermin: 12.2.1994, Premiere, 0.45
Länge: 101 Min.

Karrierefrau vernachlässigt ihren Mann, der tröstet sich anderweitig, und so geht alles seinen Lauf.

Verführerische Verwandlung 945
CHAMELEONS ***
TV

Regie: John Leslie
Darsteller: Deidre Holland (Casey), Ashlyn Gere, Rocco Siffredi, Jon Dough, P. J. Sparxx
Produktion: USA 1992
Sendetermin: 18.6.1994,
Premiere, 1.00
Länge: 88 Min.

Eine junge Frau, die immer flüchtige Begegnungen sucht, lernt ein außerirdisches Paar kennen, das Menschengestalt angenommen hat. Mit dieser Verwandlung lernen die Außerirdischen auch die Gefühle der Menschen kennen, beispielsweise die Eifersucht.

Verführt 946
GROSS MISCONDUCT ***
Video

Regie: George Miller
Darsteller: Jimmy Smits (Justin Thorne), Naomi Watts (Jennifer Carter), Sarah Chadwick (Laura Thorne), Adrian Wright (Kenneth Carter), Alan Fletcher (Henry Landers), Leverne McDonnell (Miriam McMahon), Tara Judah (Nancy)
Drehbuch: Lance Peters, Gerard Maguire, nach dem Schauspiel »Assault with a Deadly Weapon« von Lance Peters
Kamera: David Connell (Farbe)
Musik: Bruce Rowland
Schnitt: Henry Dangar
Produktion: Richard Sheffield-MacClure, David Hannay für ProFilm/David Hannay Prod./Underworld Prod./Australian Film Finance,
Australien 1993
Verleih: -/-/-/Warner Home Video
Videostart: 16.9.1994
Länge: 96 Min.
FSK: ab 16 J.

Von ihrem Vater mißbrauchtes Mädchen verliebt sich in dessen besten Freund, einen Universitätsprofessor, den sie nach der ersten Liebesnacht anzeigt. Etwas spannungsarmes, solide umgesetztes Soziodrama um sexuellen Mißbrauch und geheime Affären.

Verführung der Sirenen 947
SIRENS ***

Regie: John Duigan
Darsteller: Sam Neill (Norman Lindsay), Elle MacPherson (Sheela), Hugh Grant (Rev. Anthony Campion), Tara Fitzgerald (Estella

Portia de Rossi, Elle Mac Pherson und Kate Fischer hecken sie aus, die ›Verführung der Sirenen‹.

Campion), Portia de Rossi (Giddy), Kate Fischer (Pru)
Drehbuch: John Duigan
Kamera: Geoff Burton (Farbe)
Musik: Rachel Portman
Schnitt: Humphrey Dixon
Produktion: Sue Milliken für Samson Prods. II/British Screen mit New South Wales Film + TV, Australien/GB 1994
Uraufführung: 13.1.1994, Sydney
Verleih: Buena Vista/dto./dto.
Kinostart: 15.9.1994
Länge: 94 Min.
FSK: ab 12, ffr.
FBW: Wertvoll

In den dreißiger Jahren werden der junge Geistliche Anthony und seine Frau Estella von England nach Australien geschickt, um den Maler Norman Lindsay zu veranlassen, seine provokativen Bilder mit nackten Frauen aus einer Ausstellung zurückzuziehen. Die Reise löst bei den Ehepartnern einen Reifeprozess aus, in dessen Verlauf sie ihre eigene Sexualität und die damit verbundenen Wünsche und Sehnsüchte akzeptieren. *Zoom, 9/94*

(...) Der australische Regisseur John Duigan hat bewährte Zutaten konventionell zusammengerührt: prachtvolle Bilder voll wilder Natur und herrlich rotbraune Interieurs, schöne Körper, ein paar Skurrilitäten, etwas Romantik und Psychologie. Das Ergebnis ist sehr nett, sehr gepflegt und recht langweilig. *Jan Gympel, Zitty, 19/94*

Albert Baer in: Rheinische Post, 23.9.94; Ponkie in: AZ, 16.9.94

Verhängnis 948

***

Regie: Fred Kelemen
Darsteller: Sanja Spengler, Valerij Fedorenko
Drehbuch: Fred Kelemen
Kamera: Fred Kelemen (Farbe)
Schnitt: Fred Kelemen
Produktion: DFFB, BRD 1994
Uraufführung: 28.6.1994, Filmfest München; Toronto Film Festival 1994
Verleih: DFFB/-/-
Kinostart: Dez. 1994
Länge: 80 Min.

Manieristischer Symbolismus in den Nachtritualen einsamer Begegnungen: Eine artifizielle Choreographie vom Unglück verzweifelter Glückssucher. Die Attraktitviät dieses Formalismus der Fremdheits-Zuckungen und Sprachverwirrungen ist allerdings begrenzt. Ein drepressiver Schattenwelt-Tiefenbohrer. *Ponkie, AZ, 28.6.94*

Verhängnisvolle Leidenschaft 949

VICTIM OF LOVE □ TV

Regie: Jerry London
Darsteller: Pierce Brosnan (Paul Tomlinson), Virginia Madsen (Carla Simmons), JoBeth Williams (Tess Palmer), Georgia Brown, Murphy Cross, Ruben Pla, Yuri Ogawa, Orlando Bonner, James Kennedy, Gary Bolen
Drehbuch: James J. Desmarais, Alison Rosenfeld Desmarais, Tim Kring
Kamera: Billy Dickson (Farbe)
Musik: Richard Stone
Schnitt: Michael Brown
Produktion: Bernie Goldman, Gary Goldstein für Nevermore Prod., USA 1991
Uraufführung: 5.5.1991, CBS
Sendetermin: 3.2.1994, RTL, 21.15
Länge: 120 Min.

Die Psychologin Tess Palmer gerät in eine unheilvolle Dreiecksaffäre, denn ihr neuer Liebhaber Paul Tomlinson ist anscheinend der Grund der psychischen Probleme ihrer Patientin Carla Simmons. Carla äußert Tess gegenüber ihren Verdacht, daß Paul seine Frau getötet hat.

Die verlängerte Zeit 950

PRODLOUZENY CAS □ TV

Regie: Jaromil Jires
Darsteller: Milos Kopecky (Karel Svozil), Tatana Fischerova (Alena), Petr Cepek (Antos), Ota Sklencka (Fort), Jana Ditetova (Mrs. Fort), Vladimir Hlavaty (Stavny), Milan Klasek (Prof. Kalous), Vladimir Tesar (Oldrich), Vera Kubankova (Oldrichs Frau)
Drehbuch: Marte Kadlecikova, Jaromil Jires
Kamera: Jaroslav Kucera (Farbe)
Produktion: Tschechoslowakei 1984
Sendetermin: 26.1.1994, ARD, 0.50
Länge: 85 Min.

Ein alternder Kunsthistoriker in Prag erfährt, daß er Krebs habe. Nach dem ersten Schock findet er die Kraft, die ihm vermeintlich noch verbleibende Zeit so zielstrebig und entschlossen zu nutzen wie es ihm vorher nie gelungen war. Als sich herausstellt, daß seine Behandlung entgegen seinen Befürchtungen erfolgreich war und das Ende seines Lebens damit wieder in weite Ferne gerückt ist, fällt er in seine frühere Zaghaftigkeit zurück. *Pressetext ARD*

Verlassen Sie bitte Ihren Mann 951

***

Regie: Reinhard Schwabenitzky
Darsteller: Elfi Eschke (Henriette), Helmut Griem (Pertussini), Michael Scheidl (Thomas), Rudolf Buczolich (Golzmann), Uschi Wolff (Theresa), Jan Fedder (Rudkin), Erich Padalewski (Dr. Kogler), Ingrid Burkhard (Schwiegermutter), Jaromir Borek (Schwiegervater), Götz Kauffmann (Kramsky)
Drehbuch: Knut Boeser, Reinhard Schwabenitzky
Kamera: Gerhard Vandenberg (Farbe)
Musik: Arthur Lauber, Andy Radovan
Schnitt: Ingrid Koller
Produktion: Kurt Mrkwicka für MR Film/Star, Österreich/BRD 1993
Uraufführung: 27.9.1993, Salzburg
Verleih: Scotia/Constantin/-
Kinostart: 17.3.1994/31.9.1993/-
Länge: 100 Min. – *FSK:* ab 12, ffr.

Eine nicht mehr ganz junge Frau soll mit ihrem Mann, dem Spitzenkandidaten einer Partei, als perfektes Ehepaar vermarktet werden, verläßt ihn aber nach fünf Jahren unerfüllten Zusammenlebens und geht ihrem alten Job als Fotografin nach. Ein nur mäßig lustiger, künstlerisch nicht sehr entwikkelter Film heimischer Provenienz, der auch seine thematischen Möglichkeiten verfehlt. *multimedia*

Schnell würde man diese Komödie aus seinem Gedächtnis streichen, wäre da nicht Elfi Eschke. Zu Beginn trennt sich die Darstellerin der Henriette von ihrem karrieresüchtigen Politikermann, fegt mit forschem Charme über die Leinwand und wirft gängige Schönheitsideale über Bord. Leider weist der Regisseur die ungestüme Dame allzu schnell in die Schranken, und das Lustspiel verkommt zur seichten Unterhaltungskost über die ersten emanzipatorischen Gehversuche einer Politikergattin. *Anke Leweke, tip, 7/94*

Generell haben die Kritikerinnen den Film besser beurteilt als ihre männlichen Kollegen.

Bodo Fründt in: SZ, 19.3.94; Ponkie in: AZ, 17.3.94

Das verlorene Loch 952

LA RUSNA PEARSA **

Regie: Dino Simonett, Stina Werenfels
Darsteller: Gian-Battista von Tscharner, Tonia Zindel, Claudia Carigiet, Nina Nicca
Drehbuch: Dino Simonett, Stina Werenfels
Kamera: Felix von Muralt (Farbe)
Musik: Alex Kirschner
Schnitt: Barbara Koller
Produktion: Dino Simonett für O Limaia mit DFFB/WDR/DRS, Schweiz/BRD 1993
Verleih: -/-/Gregory Turkawka
Kinostart: April 1994
Länge: 78 Min.

Ein junger Mann kommt in sein Bündner Heimatdorf zurück, übernimmt nach dem Tod seines Vaters dessen Amt als Pfarrer und beginnt, Predigt und Gottesdienst mit heidnisch-mythischen Elementen zu mischen, was den Zorn und die Rachsucht des auf der Seite des materialistischen »Fortschritts« stehenden Dorfgewaltigen weckt. Der skurrilkuriose Film über den Konflikt zwischen alten Traditionen und modernem Zeitgeist vermag mit seinem holprigpolternden, stellenweise wirren Volkstheaterstil und den krachenden Chargen nicht zu überzeugen. *Zoom*

Der verlorene Soldat 953

VOOR EEN VERLOREN SOLDAT **

Regie: Roeland Kerbosch
Darsteller: Maarten Smit, Andrew Kelley, Jeroen Krabbe
Drehbuch: Roeland Kerbosch
Kamera: Nils Post (Farbe)
Produktion: Sigma Film/Avro-TV, Holland 1993
Verleih: Magnus/-/-
Kinostart: 20.10.1994
Länge: 92 Min.

Jeroen weiß nicht, wie ihm geschieht. Von seinen Eltern wird das zarte Bürschlein im sogenannten Hungerwinter des Jahres 1944 aufs Land geschickt. Bei Wind und Wetter erwachen die Sinne, Jeroen verliebt sich in einen kanadischen Alliierten. Mit lustvoller Selbstverständlichkeit setzt Kerbosch die Romanze zwischen Mann und Knabe in Szene, doch die Liebenden vermögen den biederen Erzählstil des Films nicht zu sprengen. *Anke Leweke, tip, 22/94*

Verräterisches Schweigen 954

BETRAYAL OF SILENCE □ TV

Regie: Jeff Woolnough
Darsteller: Meg Foster (Julie Butler), Joanne Vannicola, Alex Carter, Marc Strange, Michael J. Reynolds, Laura Press, James Purcell
Produktion: USA 1989
Sendetermin: 11.4.1994, VOX, 20.10
Länge: 90 Min.

In einem Vorstadtmotel wird ein 16jähriges Mädchen fast zu Tode geprügelt aufgefunden. Julie Butler, die junge Assistentin des Bezirksstaatsanwaltes ermittelt in diesem Fall und verfolgt die Spur des Mädchens ins »Holden House«, einem Heim für schwer erziehbare Jugendliche. Mitarbeiter und Insassen dieses Heims verweigern aber verängstigt jede Auskunft.

Ein verrücktes Paar 955

GRUMPY OLD MEN ***

Regie: Donald Petrie
Darsteller: Jack Lemmon (John), Walter Matthau (Max), Ann-Margret (Ariel), Daryl Hannah (Melanie), Kevin Pollak (Jacob), Ossie Davis (Chuck), Burgess Meredith
Drehbuch: Mark Steven Johnson
Kamera: Johnny E. Jensen (Technicolor)
Musik: Alan Silvestri
Schnitt: Bonnie Koehler

Produktion: John Davis, Richard C. Berman für John Davis/Lancaster Gate Prod., USA 1993
Uraufführung: 25.12.1993, New York
Verleih: Warner Bros./dto./dto./ Warner Home Video
Kinostart: 14.4.1994
Länge: 104 Min.

Zwei streitsüchtige alte Männer aktivieren ihr bereits zur Routine gewordenes Repertoire kleiner und großer Bösartigkeiten, als ins Nachbarhaus eine kokette Fünfzigerin einzieht. Jack Lemmon und Walter Matthaus frischen den bärbeißigen Humor ihres Films »The Odd Couple« (1967) nochmals auf. Doch der im Dialog nicht gerade zimperliche Film zieht sich zu sehr in die Länge, und seine Komik nutzt sich zu früh ab, als daß die teils prächtigen Darstellerleistungen die etwas enttäuschende Story ausgleichen könnten.

Zoom, 5/94

Volker Gunske in: tip, 10/94; Otto Heuer in: Rheinische Post, 6.5.94; Ponkie in: AZ, 5.5.94; Josef Schnelle in: FR, 6.5.94

Verzweifelte Wut 956

A FAMILY TORN APART/SUDDEN FURY □

TV

Regie: Craig R. Baxley
Darsteller: Neil Patrick Harris (Brian Hannigan), John M. Jackson (Joe Hannigan), Linda Kelsey (Maureen Hannigan), Johnny Galecki (Daniel Hannigan), Gregory Harrison (Tom Kelley), Lisa Banes (Barbara), Tim Kelleher (Cahill), Chris Blackwelder
Drehbuch: Matthew Bombeck, nach dem Buch »Sudden Fury« von Leslie Walker und einer wahren Begebenheit
Produktion: USA 1993
Uraufführung: 21.11.1993, NBC
Sendetermin: 6.7.1994, SAT.1, 20.15
Länge: 88 Min.

Das Ehepaar Joe und Maureen Hannigan ist in seinem Haus brutal ermordet worden. Zunächst weist alles auf den schwer erziehbaren Adoptivsohn Daniel hin, doch der hat ein Alibi.

Pressetext SAT.1

Vier Dinos in New York 957

WE'RE BACK ***

Regie: Dick Zondag, Ralph Zondag, Phil Nibbelink, Simon Wells
Darsteller: Die Charaktere und ihre Stimmen: John Goodman, Klaus Sonnenschein (Rex), Joey Shea, Jan Rohrbach (Louie), Rhea Perlman, Marie Louise Schramm (Cecilia Vogel), Kenneth Marsh, Gerd Wolff (Professor Krummauge), Martin Short, Friedrich G. Beckhaus (Stubbs der Clown)
Drehbuch: John Patrick Shanley, nach dem Buch »Roll Back The Rock« von Hudson Talbott
Musik: James Horner; Songs von: James Horner, Thomas Dolby
Schnitt: Sim Evan-Jones, Nick Fletcher
Produktion: Stephen Hickner für Amblin Ent., USA 1994
Verleih: UIP/UIP/UIP/CIC Video
Kinostart: 23.6.1994
Länge: 71 Min.
FSK: ab 6, ffr.

Mit Vernunft-Knusperflocken werden vier Dinosaurier zu knuffigen Schmunzelmonstern. Das Gegenmittelchen ist in den Händen von Gruselzirkusdirektor Krummauge, der Kampf um die Seelen der Dinos versetzt New York City ins Dino-Fieber. Eine ansehnliche Spielberg-Produktion, doch nach halbstündiger Gewöhnung an Dinos zwischen Wolkenkratzern läßt die Spannung zu wünschen übrig. *tip, 14/94*

Albert Baer in: Rheinische Post, 28.6.94; Thomas Klingenmaier in: Stgt. Zeitung, 27.6.94; Daniel Kothenschulte in: Kölner Stadt-Anzeiger, 25.6.94

Vier Frauen 958

FEMMES DE PERSONNE ***

TV

Regie: Christopher Frank
Darsteller: Marthe Keller (Cecile Nodier), Caroline Cellier (Isabelle Lamant), Fanny Cottençon (Adeline), Jean-Louis Trintignant (Michel Gilquin), Philippe Léotard (Antoine), Patrick Chesnais (Marc Lamant), Elisabeth Etienne (Julie), Pierre Arditi (Patrick),
Karol Zuber, Marcel Bozonnet
Drehbuch: Christopher Frank
Kamera: Jean Tournier (Eastmancolor)
Musik: Georges Delerue
Schnitt: Nathalie Lafaurie
Produktion: Alain Terzian für T. Films/FR 3, Frankreich 1984

Verleih: -/-/-/Starlight Video, Titel: Nobody's Woman
Sendetermin: 19.2.1994, ARD
Länge: 100 Min.
FSK: ab 16 J.

Cecile, Isabelle, Adeline und Julie arbeiten in einer Pariser Klinik. Cecile ist geschieden, hat einen jungen Sohn und sucht sich manchmal einen Mann für die Nacht. Isabelle langweilt sich in ihrer Ehe und arrangiert eine Liebesaffäre zwischen ihrem Mann und Julie; Adeline ist verzweifelt, als ihr Freund sie verläßt, aber Cecile und Isabelle verhindern das Schlimmste. Einfühlsames Porträt moderner Frauen, die ihre Vorstellungen von Freiheit zu verwirklichen suchen.

Vier himmlische Freunde 959

HEART AND SOULS ***

Video

Regie: Ron Underwood
Darsteller: Robert Downey jr. (Thomas Reilly), Charles Grodin (Harrison Winslow), Kyra Sedgwick (Julia), Elisabeth Shue (Anne), Alfre Woodard (Penny Washington), Tom Sizemore (Milo Peck), David Paymer (Hal), Eric Lloyd (Thomas jung), Bill Calvert (Mr. Reilly), Lisa Lucas (Mrs. Reilly)
Drehbuch: Gregory Hansen, Erik Hansen, Brent Maddodk, S.S. Wilson
Kamera: Michael Watkins (Deluxe)
Musik: Marc Shaiman
Schnitt: O. Nicholas Brown
Produktion: Sean Daniel, Nancy Roberts für Alphaville/Stampede Ent. Prod., USA 1993
Verleih: -/-/-/CIC Video
Videostart: Juni 1994
Länge: 104 Min.
FSK: ab 6 J.

Vier bei einem Busunglück tödlich Verunglückte erhalten die Chance, die auf Erden begangenen Fehler zu korrigieren.
Doch bei der Einweisung der vier Geister läuft etwas schief... Nach einem vielversprechenden Beginn rutscht diese romantische Komödie immer tiefer in die Sentimentalität, so daß schießlich nur noch die hervorragenden Darsteller überzeugen.

Vier Hochzeiten und ein Todesfall 960

****

FOUR WEDDINGS AND A FUNERAL

Regie: Mike Newell
Darsteller: Hochzeit 1: Hugh Grant (Charles), James Fleet (Tom), Simon Callow (Gareth), John Hannah (Matthew), Kristin Scott Thomas (Fiona), David Bower (David), Charlotte Coleman (Scarlett), Andie MacDowell (Carrie), Timothy Walker (Angus, der Bräutigam)
Drehbuch: Richard Curtis
Kamera: Philip Sindall (Farbe)
Schnitt: Ian MacBeth
Produktion: Duncan Kenworthy für Working Title/Polygram/Channel Four, GB 1993
Erstaufführung: 1.7.1994, Filmfest München
Verleih: Impuls/Constantin/Elite/VMP Video
Kinostart: 11.8.1994
Länge: 117 Min. – *FSK:* ab 6, ffr.
FBW: Besonders wertvoll

Regisseur Mike Newell und sein Drehbuchautor Richard Curtis bringen das Kunststück fertig, ihren Film tatsächlich (fast) ausschließlich an den fünf titelgebenden Anlässen spielen zu lassen und dabei ein komplexes, überaus vergnügliches Porträt eines Freundeskreises zu zeichnen und eine originelle Liebesgeschichte zu erzählen. Im Mittelpunkt stehen, als Teil eines wunderbaren Ensembles, die bestens aufgelegten Hugh Grant und Andie MacDowell, die einander finden, verlieren und wieder finden. Der Film strotzt nur so vor intelligenten Dialogen, urkomischen Gags und absurder Situationskomik und ist der schlagende Beweis, daß die besten Komödien immer noch aus England kommen. *Frank Schnelle, tip, 17/94*

Die ernsthafte Komödie um einen jungen Engländer aus der Gesellschaft, der die Amerikanerin Carrie nicht heiraten will – oder sich das wenigstens lange einredet – bringt Werte intelligenter Unterhaltung ins Kino zurück, die man verloren glaubt. (…) *Zoom*

Und jetzt das Kontrastprogramm:

(…) bekannt als »Mr. Bean«, kann eine kurze Szene lang als nervöser Anfänger im Priesteramt das echte, das grausame

Romanze unter merkwürdigen Umständen: Hugh Grant und Andie Mac Dowell in ›Vier Hochzeiten und ein Todesfall‹.

Partylöwen: Simon Callow, John Hannah und Charlotte Coleman in ›Vier Hochzeiten und ein Todesfall‹.

Komödiengelächter provozieren. Alles andere ist keine Komödie, sondern bestenfalls ein lustiger, gefälliger Film. (...) *Robin Detje, Die Zeit, 12.8.94*

Hans-Joachim Neumann in: Zitty, 16/94; Hans Schifferle in: SZ, 12.8.94; Helmut Schmitz in: FR, 13.8.94; Christian Seebaum in: Kölner Stadt-Anzeiger, 13.8.94

The Violators 961

MAD DOG COLL ***

Regie: Greydon Clark, Ken Stein
Produktion: USA/Rußland 1992

Erschien 1993 auf Video unter dem Titel »The Coll-Brothers – Born to kill«. Deshalb vollständige Angaben und Kritik im Heyne Filmjahrbuch 1994.

Viva la vie – Es lebe das Leben 962

VIVA LA VIE ***

TV

Regie: Claude Lelouch
Darsteller: Charlotte Rampling (Caterine), Michel Piccoli (Michel Perrin), Evelyne Bouix (Sarah), Jean-Louis Trintignant (Gaucher), Charles Aznavour (Takvorian), Anouk Aimée, Laurent Malet, Raymond Pellegrin, Charles Gerard, Tanya Lopert
Drehbuch: Claude Lelouch
Kamera: Bernard Lutic (Farbe)
Musik: Didier Barbelivien
Schnitt: Hughes Darmois, Pauline Leroi
Produktion: Claude Lelouch für Films 13/ UGC/Top 1, Frankreich 1984
Sendetermin: 13.5.1994, ARD, 0.20
Länge: 110 Min.

Der Industrielle Michel und die Schauspielerin Sarah verschwinden in Paris für einige Tage spurlos. Später fehlt ihnen jedoch jede Erinnerung daran. Nachdem sich dieser Vorgang wiederholt, tragen sie Spuren einer mysteriösen Operation, und es gibt Spekulationen, daß Aliens sie entführt haben.

Vivre avec 963

***

Regie: Daniel Schweizer
Drehbuch: Daniel Schweizer
Kamera: Andrzej J. Jaroszewicz (Farbe)
Musik: Arié Dzierlatka
Schnitt: Kathrin Plüss
Produktion: Gérard Crittin, Pierre-André Thiébaud für Critten & Thiebaud, Schweiz 1993
Verleih: Salzgeber/-/Les Productions Crittin & Thiébaud
Kinostart: Dezember 1993 / 2.6.1994
Länge: 56 Min.

Philippe, Iris, Alexandre und Sylvie haben zwei Dinge gemeinsam: Sie sind jung und HIV-positiv. Was tun? Im episodisch aufgebauten Dokumentarfilm des Genfers Daniel Schweizer berichten Betroffene sehr offen und direkt vom Umgang mit Aids, von persönlichen Problemen, Ängsten, Hoffnungen und Chancen. Ein wichtiger filmischer Beitrag für weiterführende, intensive und notwendige Diskussionen über eines der drängendsten und facettenreichsten Probleme der Zeit. *Zoom*

Die Vögel II – Die Rückkehr 964

THE BIRDS II – LANDS END ***

Video

Regie: Alan Smithee
Darsteller: Brad Johnson (Ted), Chelsea Field (May), James Naughton (Frank), Tippi Hedren (Helen), Jan Rubes (Karl), Richard K. Olsen (Doc Rayburn)
Drehbuch: Ken Wheat, Jim Wheat, Robert Eisele
Kamera: Bruce Surtees (Farbe)
Musik: Ron Ramin
Schnitt: Maryann Brandon
Produktion: Ted Kurdyla für M.T.E. Inc., USA 1993
Verleih: -/-/-/CIC Video
Videostart: August 1994
Länge: 83 Min.
FSK: ab 16 J.

Ei, was hat Alan Smithee (ein bei völlig mißratenen Produktionen von diversen Regisseuren, u.a. Dennis Hopper, gern verwendetes Pseudonym) sich denn da als Fortsetzung des Hitchcock-Thrillers ausgedacht? Möge der Mantel gnädigen Vergessens über dieses schauerliche Machwerk gebreitet werden, in das sich Tippi Hedren (»Die Vögel«) wohl nur aus Versehen verirrt hat.

›Voll das Leben‹ – leer der Magen: Ethan Hawke, Winona Ryder, Janeane Garofalo und Steve Zahn.

Voll das Leben
965
REALITY BITES
***

Regie: Ben Stiller
Darsteller: Winona Ryder (Lelaine Pierce), Ethan Hawke (Troy Dyer), Janeane Garofalo (Vickie Miner), Steve Zahn (Sammy Gray), Ben Stiller (Michael Grates), Swoosie Kurtz (Charlane McGregor), Harry O'Reilly (Wes McGregor), Susan Norfleet, Joe Don Baker (Tom Pierce), Renee Zellweger
Drehbuch: Helen Childress
Kamera: Emmanuel Lubezki (CFI)
Musik: Karl Wallinger; Karyn Rachtman (supervision)
Schnitt: Lisa Churgin
Produktion: Michael Shamberg, Danny De Vito für Jersey Films Prod. für Universal, USA 1994
Erstaufführung: 28.6.1994, Filmfest München
Verleih: UIP/UIP/UIP/CIC Video
Kinostart: 18.8.1994
Länge: 98 Min. – *FSK:* ab 12, ffr.
FBW: Wertvoll

Vier junge College-Absolventen versuchen, sich mit dem Ernst des Lebens zu arrangieren. Sie suchen nach Arbeit, nach Liebe und nach dem Sinn des Lebens – und tun sich schwer damit in einer Zeit, in der den Wohlstandskindern die Garantie auf Wohlstand entzogen wurde. Der Film beginnt als schwungvolles Generationenporträt, entwickelt sich aber zu einer klassischen Dreiecksgeschichte, in der die gewohnt stark aufspielende Winona Ryder zwischen einen Yuppie und einen Grungie gerät. Typischer Erstlingsfilm mit hübschen Ideen, aber auch mit einigen Durchhängern.

Frank Schnelle, tip, 17/94

Daniel Blum in: FR, 18.8.94,; Heiko R. Blum in: Rheinische Post, 19.8.94; Robin Detje in: Die Zeit, 26.8.94; Fritz Göttler in: SZ, 23.8.94; Frauke Hanck in: AZ, 18.8.94; Ulrich Lössl in: Zitty, 17/94 (Interview Stiller); Thomas Reinhardt in: Saarbrücker Zeitung, 25.8.94

Voll normaaal
966
**

Regie: Ralf Huettner
Darsteller: Tom Gerhardt (Tommie/Dieter/Heinz), Hilmi Sözer (Mario), Veronica Ferres (Carmen), Gruschenka Stevens (Gabi), Renate Dissel (Lisbeth), Uwe Fellensiek (Nobbi), Dolly Buster (Gianna S.), Katja Flint (Frau von Scherer), Eddie Steinblock (Jupp), Rolf Zacher (Zocker)
Drehbuch: Tom Gerhardt
Kamera: Diethard Prengel (Farbe)
Musik: Jörg Evers
Schnitt: Gisela Haller
Produktion: Bernd Eichinger, Peter Zenk für Neue Constantin mit Bavaria, BRD 1994
Uraufführung: 10.11.1994, Massenstart
Verleih: Neue Constantin/-/-/VCL/

Carolco Video
Kinostart: 10.11.1994
Länge: 95 Min.
FSK: ab 12, ffr.

Der müde Klamauk um den debilen Automechaniker Tom (geschrieben und verkörpert von Tom Gerhardt), dessen Leidenschaft für Auspuffrohre ihm eine Kölner Zuhälter-Clique auf den Hals hetzt, läßt dem Zappelphilipp Tom Gerhardt mit seinen nervtötenden Grimassen und Einwortsätzen (von »Boaah« bis »hypergierig«) peinlich viel Spielraum. Die schludrig zusammengeschusterte Komödie kreist ansonsten um große Oberweiten und Sportfelgen.
Alexander Musik, tip, 24/94

Michael Althen in: SZ, 15.11.94; Albert Baer in: Rheinische Post, 11.11.94

Der Vollstrecker 967

FONG SAI YUK
**
Video

Regie: Corey Yuen
Darsteller: Jet Lee (Fong Sai Yuk), Michelle Reis, Josephine Siao, Adam Cheng
Produktion: Chui Po Chu für Golden Harvest Prod., Hongkong 1993
Verleih: -/-/-/Splendid Video
Videostart: 25.7.1994
Länge: 100 Min.
FSK: ab 18 J.

Ein tapferer Kämpfer stellt sich gegen die Eindringlinge, die sein Land beherrschen und das Volk unterdrükken. Kostüm-Action, etwas über dem Durchschnitt.

Vom Haß besessen 968

CROSS OF FIRE
□
TV

Regie: Paul Wendkos
Darsteller: John Heard, Mel Harris, David Morse, George Dzundza, Donald Moffat, Kim Hunter, Lloyd Bridges, David Morse, Caroline Kava, Donald Moffat
Drehbuch: Robert Crais
Kamera: Ronald M. Lautore (Farbe)
Musik: Bill Goldstein
Produktion: Ron Gilbert für Leonar Hill Films, USA 1989
Uraufführung: 5./6.11.1989, NBC
Sendetermin: 13.1.1994, RTL2, 22.10
Länge: 90 Min.

Der halbdokumentarische Fernsehfilm beschreibt den Aufstieg des Ku Klux Klan in den zwanziger Jahren. Im Mittelpunkt steht D. C. Stephenson, der den rassistischen Geheimbund im US-Bundesstaat Indiana führte. Stephenson gelang es, durch wohltätige Aktionen die Aufmerksamkeit auf sich zu lenken und dem Bund einiges Ansehen in der Bevölkerung zu verschaffen. Die kriminellen Machenschaften der Ku Klux Klan-Mitglieder, besonders ihre rigorose, vom Haß getragene Verfolgung der Schwarzen, fand bei den Menschen allerdings immer weniger Verständnis und Unterstützung. *Pressetext RTL2*

Von Liebe und Schatten 969

DE AMOR Y DE SOMBRA /
OF LOVE AND SHADOWS
**

Regie: Betty Kaplan
Darsteller: Jennifer Connelly (Irene Beltran), Antonio Banderas (Francisco), Stefania Sandrelli (Beatriz), Diego Wallraff (José), Camilo Gallardo (Gustavo Morante), Patricio Contreras (Mario), Jorge Rivera Lopez (Professor Leal), Angela Ragno (Hilda Leal), Alejandro Toccalino (Wachmann), Alfredo Martini
Drehbuch: Donald Freed, nach dem Roman von Isabel Allende
Kamera: Felix Monti (Farbe)
Musik: Jose Nieto
Schnitt: Kathryn Himoff, Bill Butler
Produktion: Richard Goodwin, Paul Mayersohn, Betty Kaplan für Aleph/Tesauro, Argentinien/Spanien 1994
Verleih: Impuls/-/-/VMP Video
Kinostart: 6.10.1994
Länge: 110 Min. – *FSK:* ab 12, ffr.

Betty Kaplan traut den eigenen Bildern der Isabel Allende Verfilmung nicht: Die allwissende Off-Stimme der Hauptprotagonistin Irene begleitet den gesamten Film salbungsvoll. Irene wächst zu Beginn der 70er Jahre behütet in Santiago auf, verliebt sich aber motivlos in einen Revolutionär. Klischees, lächerliche Dialoge und plakative Simplifizierungen tragen dazu bei, daß jede Ähnlichkeit mit der Wirklichkeit verloren geht. Kaplans Erstling wimmelt von edlen Gegnern der Mili-

tärdiktatur, die wie alle Figuren zu Karikaturen degenerieren, weil ihnen jegliche Widersprüche fehlen.
Andre Simonoviescz, tip, 21/94

Angie Dullinger in: AZ, 6.10.94; Bodo Fründt in: SZ, 6.10.94

Von Osten 970
D'EST ***

Regie: Chantal Akerman
Drehbuch: Chantal Akerman
Kamera: Raimond Froment, Bernard Delville (Farbe)
Schnitt: Claire Atherton
Produktion: Francois Le Bayon, Frankreich/Belgien 1994
Uraufführung: 14.9.1993, Festival of Festivals, Toronto
Verleih: Freunde/-/-
Kinostart: Nov. 1994
Länge: 110 Min.

Dieser Film, den die neue künstlerische Leiterin der documenta, Catherine David, für »einen der größten Filme der jüngsten Zeit« hält, ist der meditative Bericht über eine Reise von Ostdeutschland nach Rußland, die im Spätsommer beginnt und im winterlichen Moskau endet. Sie habe »alles gefilmt, was mich berührt hat«, sagt Chantal Akerman, und so wird ihr Film zu einer Erfahrung der Tragik, der Trauer und der Melancholie des Ostens, die tiefer geht, als eine erklärende Beschreibung es zu bewirken vermöchte. *Ulrich Maas*

Voyage 971
VOYAGE ***
Video

Regie: John Mackenzie
Darsteller: Rutger Hauer (Morgan Norwell), Eric Roberts (Gil Freeland), Karen Allen (Catherine »Kit« Norwell), Connie Nielsen (Ronnie Freeland)
Drehbuch: Mark Montgomery
Kamera: Clive Tickner (Farbe)
Musik: Carl Davis
Schnitt: Graham Walker
Produktion: Tarak Ben Ammar, Peby Guisez, John Davis, Merrill Karpf für Davis Ent./USA Pic./Quinta Comm., USA 1993
Verleih: -/-/-/New Vision Video
Videostart: Jan. 1994
Länge: 86 Min. – *FSK:* ab 12 J.

Ein Ehepaar in der Krise plant einen einsamen Segeltörn auf dem Mittelmeer, doch zwei ungebetene Gäste auf ihrem Schiff machen die Reise zum Höllentrip. Recht spannende, wenngleich wenig plausible Billigversion von »Todesstille« mit hochkarätiger Besetzung.

Daniel Kothenschulte in: film-dienst, 1/94

Die Wache 972
LA SENTINELLE ***

TV

Regie: Arnaud Desplechin
Darsteller: Emmanuel Salinger (Mathias), Thibault de Montalembert (Jean-Jacques), Jean-Louis Richard (Bleicher), Valérie Dreville (Nathalie), Marianne Denicourt (Marie), Jean-Luc Boutté (Varins), Bruno Todeschini (William), Philippe Duclos (Macaigne), Fabrice Desplechin (Simon), Emmanuelle Devos (Claude)
Drehbuch: Arnaud Desplechin
Kamera: Caroline Champetier, Arthur Le Calsne (Farbe)
Musik: Marc Sommer
Schnitt: Francois Gedigier
Produktion: Arnaud Desplechin, F. de Bartillat, A. Napp für Why Not Prod./2001 Audiovisuel/ La Sept Cinéma/Films A2, Frankreich 1992
Uraufführung: 13.5.1992, Int. Filmfestival Cannes
Sendetermin: 30.5.1994, Arte, 20.40, OmU
Länge: 145 Min.

Vor dem realen geschichtlichen Hintergrund des langsam auseinanderfallenden Ostblocks erzählt der Film eine außergewöhnliche Geschichte, die der junge Regisseur selbst als Spionagechronik bezeichnet.

Wachtmeister Zumbühl 973
***

Regie: Urs Odermatt
Darsteller: Michael Gwisdek, Anica Dobra, Jürgen Vogel, Rudolf Hoppe, Norbert Schwientek
Drehbuch: Urs Odermatt
Kamera: Rainer Klausmann (Farbe)
Musik: Norbert J. Schneider
Schnitt: Ingrid Broszat
Produktion: Nordwest/Triluna/Sera mit ZDF/SF/DRS/Teleclub, Schweiz/BRD 1994
Verleih: -/Einhorn/Bernard Lang
Kinostart: Sept. 1994
Länge: 105 Min.

Ein Nidwaldner Dorfpolizist, dessen Rechtschaffenheit und penible Korrektheit ihn hat vereinsamen lassen, findet in einem Bahnhofschuppen ein brutal vergewaltigtes Mädchen. Bald erlangt er Gewißheit, daß als Täter nur sein von ihm unterdrückter, selbstunsicherer und stotternder Sohn in Frage kommt. Er stellt ihn vor die Alternative, entweder das Mädchen zu heiraten oder sich der Polizei zu stellen. Gelungener Versuch, die in einem engen, wortkargen Provinzmilieu der sechziger Jahre spielende Geschichte vor allem in Bildern und mit gezielt eingesetzten Stilmitteln zu erzählen. Neben der differenziert gezeichneten Hauptfigur vermögen die zu eindimensionalen Nebenfiguren und einige psychologische Unstimmigkeiten weniger zu überzeugen. *Zoom, 9/94*

Wagen 54 bitte melden! 974
CAR 54, WHERE ARE YOU? **

Video

Regie: Bill Fishman
Darsteller: David Johansen (Gunther Toody), John C. McGinley (Francis Muldoon), Fran Drescher (Velma Velour), Nipsey Russell (Capt. Dave Anderson), Rosie O'Donnell (Lucille Toody), Daniel Baldwin (Don Motti), Jeremy Piven (Herbert Hortz), Bobby Collins (Carlo), Louis Di Bianco (Nicco), Al Lewis (Leo Schnauzer)
Drehbuch: Erik Tarloff, Ebbe Roe Smith, Peter McCarthy, Peter Crabbe, nach einer Story von Erik Tarloff und einer TV-Serie von Nat Hiken
Kamera: Rodney Charters (Deluxe)
Musik: Bernie Worrell, Pray For Rain
Schnitt: Alan Balsam, Earl Watson
Produktion: Robert H. Solo für Orion Pic., USA 1991
Verleih: -/-/-/Columbia TriStar Home Video
Videostart: 7.6.1994
Länge: 85 Min. – *FSK:* ab 12 J.

Und noch eine Wiederaufbereitung eines uralten TV-Stoffes, diesmal einer Polizeiserie aus den frühen 60er Jahren. Weder witzig, noch spannend, nur dümmlich.

Wahre Liebe 975
TRUE LOVE ***

TV

Regie: Nancy Savoca
Darsteller: Annabella Sciorra (Donna), Ron Eldard (Michael), Aida Turturro (Grace), Roger Rignack (Dom), Kelly Cinnante (Yvonne), Star Jasper (J. C.), Michael J. Wolfe (Brian), Rick Shapiro (Kevin), Ann Tucker (Barbara), Suzanne Costallos

Drehbuch: Nancy Savoca, Richard Guay
Kamera: Lisa Rinzler (Duart)
Schnitt: John Tintori
Produktion: Richard Guay, Shelley Houis für Forward Prod., USA 1989
Uraufführung: Park City, Utah 1988
Sendetermin: 23.1.1994, ZDF, 15.50
Länge: 95 Min.

Michael und Donna, zwei junge Leute aus dem italoamerikanischen Arbeitermilieu in der Bronx, kennen sich seit ihrer Kindheit. Jetzt wollen sie heiraten. Doch die Planung der Heirat verläuft nicht so, wie es sich die beiden vorgestellt haben. Nur wenige Arrangements zur Gestaltung des Hochzeitsfestes sind getroffen, und die beiden Verliebten sind über viele Dinge unterschiedlicher Auffassung. (...)

Ein wahrer Jünger seines Herrn 976

SAVING GRACE ***

TV

Regie: Robert M. Young
Darsteller: Tom Conti (Pope Leo XIV), Fernando Rey (Cardinal Biondi), Erland Josephson (Msgr. Ghezzi), Giancarlo Giannini (Abalardi), Donald Hewlett (Msgr. McGee), Edward James Olmos (Ciolino), Patricia Mauceri (Lucia), Angelo Evans
Drehbuch: David S. Ward, nach einem Roman von Celia Gittelson
Kamera: Reynaldo Villalobos (Technicolor)
Schnitt: Peter Sutton
Produktion: Herbert F. Solow für Columbia/Embassy Film, USA 1986
Uraufführung: 13.5.1986, Int. Filmfestspiele Cannes
Sendetermin: 26.3.1994, RTL2, 16.55
Länge: 112 Min.

Leo XIV, ein noch ziemlich junger Papst, fühlt sich im Vatikan wie ein Gefangener. Eines Tages macht er sich unerkannt auf den Weg zu einem süditalienischen Bergdorf, das von einem Erdbeben fast zerstört wurde, und in dem seither kein Priester mehr wirkt. Der Papst hilft den verarmten Bewohnern beim Wiederaufbau ihres Gemeinwesens. Unterstützt wird er dabei vor allem von dem 14jährigen Giuliano und seiner Bande. Humanistisch geprägte Edelschnulze.

Wallace & Gromit – The Aardman Collection 977

THE AARDMAN COLLECTION ***

Regie: Richard Goleszowski, Stephen Johnson, Peter Lord, Nick Park
Drehbuch: Nick Park, Bob Baker
Kamera: Tristan Oliver (Farbe)
Musik: Julian Scott
Schnitt: Helen Garrard
Produktion: Aardman Animations/BBC/Danube Ent., GB 1994
Verleih: MFA/Stöbergasse/Look Now!
Kinostart: 29.9.1994
Länge: 76 Min. – *FSK:* o.A., ffr.

Britischer Humor »pur« prägt diesen bunten Strauß von sieben außerordentlich originellen, komischen und international vielfach ausgezeichneten Trickfilmen. Herausragend die Kurzfilme von Nick Park: In »Creature Comforts« (1989) werden Tricktiere im Zoo interviewt, die gezwungenerweise antworten, wie wohl sie sich dort fühlen. »The Wrong Trousers« (1993) schildert den Geburtstag von Gromit. Wallace möchte ihn mit »Techno-Trousers« beglücken, mit Hosen, die ihn automatisch an jeden Bestimmungsort bringen können. Wallace wird allerdings schließlich selber in diesen Hosen zu einem ihm unbekannten Ziel gesteuert... Auch »A Grand Day Out« (1986–89), das erste Abenteuer von Wallace und Gromit, besticht durch einen intelligenten Humor und einer Liebe zum Detail. In »Adam« (1991) bringt Peter Lord die Schöpfungsgeschichte auf den Punkt. *Zoom, 10/94*

Michael Althen in: SZ, 29.9.94; Frank Arnold in: Zitty, 19/94; Frauke Hanck in: AZ, 29.9.94; Rupert Koppold in: Stgt. Zeitung, 29.9.94; Stefan Reinecke in: FR, 30.9.94; Carola Rönneburg in: tip, 21/94

Walter & Frank – Ein schräges Paar 978

WRESTLING ERNEST HEMINGWAY ***

Video

Regie: Randa Haines
Darsteller: Robert Duvall (Walter), Richard Harris (Frank), Shirley MacLaine (Helen), Piper Laurie (Georgia), Sandra Bullock (Elaine), Nicole Mercurio (Bernice), Marty Belafsky (Ned Ryan)

›The War Room‹ mit George Stephanopoulos und James Carville.

Drehbuch: Steve Conrad
Kamera: Lajos Koltai (Technicolor)
Musik: Michael Convertino
Schnitt: Paul Hirsch
Produktion: Joe Wizan, Todd Black für Joe Wizan/Todd Black Prod., USA 1993
Verleih: -/-/-/Warner Home Video
Videostart: 9.12.1994
Länge: 122 Min. – *FSK:* ab 6 J.

Geschichte einer Freundschaft zweier alter Männer. Sie sind grundverschieden und raufen sich trotzdem immer wieder zusammen und werden so ein unschlagbares Team. Ein einfühlsames Porträt zweier Pensionäre, die noch eine Menge drauf haben.

Franz Everschar in: film-dienst, 1/95

The War Room 979
THE WAR ROOM ****

Regie: Chris Hegedus, Don Alan Pennebaker
Kamera: Nick Doob, D.A. Pennebaker, Kevin Rafferty (Farbe)
Schnitt: Chris Hegedus, Erez Laufer, D. A. Pennebaker
Produktion: Wendy Ettinger, Frazer Pennebaker, R.J. Cutler für Pennebaker Ass./ Cyclone Films, USA 1993
Uraufführung: 11.9.1993, Toronto
Erstaufführung: Int. Forum des Jungen Films, Berlin 1994; Filmfest München 1994
Verleih: Freunde/filmladen/-
Kinostart: Sept. 1994
Länge: 92 Min.

In vergnüglichster Weise dokumentiert »The War Room« wie man eine moderne, unterhaltsame und erfolgreiche Wahlkampagne führt. Die Verkaufsgenies James Carville, der mit allen Wassern gewaschene Kampagnenleiter, und George Stephanopoulos, der ehrgeizige Chef für Öffentlichkeitsarbeit, sind die Stars dieses Films, der den Wahlkampf Bill Clintons von Anfang an begleitet. »The War Room« ist die schwungvoll erzählte Erfolgsstory eines neuen Politiktypus. *Volker Gunske, tip, 11/94*

Frank Noack in: Der Tagesspiegel, 29.5.94

Warforce 3000 980
WARLORDS 3000 *
Video

Regie: Faruque Ahmed
Darsteller: Jay Roberts (Nova), Denise Marie Duff (Anani), John Croshaw (Yeager), Archie Gibson (Old Man), Wayne Duvall (Veros), Jeff

Sable (Red Ears), Ty Randolph (Bull Woman), Steve Blanchard (General Tadder), Phil Sky, Paul Coulj
Drehbuch: Ron Herbst, Faruque Ahmed
Kamera: Stephen N. Timberlake (Farbe)
Musik: Christopher Farrell
Schnitt: Dan Selakovich
Produktion: Faruque Ahmed für Fahmed Ent., USA 1993
Verleih: -/-/-/VPS Video
Videostart: 14.4.1994
Länge: 80 Min.
FSK: ab 18 J.

Gewalttätiges Endzeitspektakel in stümperhafter Inszenierung.

Warum muß Wesley sterben? 981

PROMISED A MIRACLE ***

TV

Regie: Steven Gyllenhaal
Darsteller: Rosanna Arquette (Alice »Lucky« Parker), Judge Reinhold (Larry Parker), Vonni Ribisi (Wesley Parker), Shawn Elliott (Reverend Romero), America Martin (Pamela Parker), Jennifer Puscas (Patricia Parker), Tom Bower (Elliot), Gary Bayer (Donald Clark), Nike Doukas (Reporter)
Drehbuch: David Hill, nach der Vorlage von Larry Parker und einer wahren Begebenheit
Produktion: USA 1988
Uraufführung: 19.5.1988, CBS
Sendetermin: 14.8.1994, Sat1, 20.15
Länge: 94 Min.

In einer amerikanischen Kleinstadt verhindern die Eltern Lucky und Larry Parker die medizinische Behandlung ihres Sohnes Wesley. In ihrem unerschütterlichen Glauben an Gott erwarten sie, daß das zuckerkranke elfjährige Kind durch ein Wunder geheilt wird und lassen das Kind sterben.

Pressetext Sat1

Warum starb Nirmala Ataie 982

***

Regie: Inge Buck, Barbara Debus, Konstanze Radziwill
Kamera: Karsten Müller (Farbe)
Schnitt: Brigitte Kirsche, Jutta Reinke
Produktion: Bremer Institut Film/Fernsehen mit Radio Bremen, BRD 1993
Verleih: Filmemacher/-/-
Kinostart: 19.4.1994
Länge: 61 Min.
FSK: ab 12, ffr.
FBW: Wertvoll

Zwei Menschen aus unterschiedlichen Kulturkreisen (Nepal/Agfhanistan) begegnen sich in Deutschland und gehen eine Verbindung ein, die mit dem gewaltsamen Tod der Frau endet.

Aus dem Gutachten der FBW

Was vom Tage übrigblieb 983

THE REMAINS OF THE DAY ****

Regie: James Ivory
Darsteller: Anthony Hopkins (Stevens), Emma Thompson (Miss Kenton), James Fox (Lord Darlington), John Haycraft (Auktionator), Christopher Reeve (Lewis), Caroline Hunt (Wirtin), Peter Vaughan (Stevens' Vater), Paula Jacobs (Mrs. Mortimer, die Köchin), Ben Chaplin (Charlie)
Drehbuch: Ruth Prawer Jhabvala, nach dem Roman von Kazuo Ishiguro
Kamera: Tony Pierce-Roberts (Farbe)
Musik: Richard Robbins
Schnitt: Andrew Marcus
Produktion: Mike Nichols, John Calley, Ismail Merchant für Nichols/Calley/Merchant Ivory Prod., GB/USA 1993
Erstaufführung: 21.2.1994, Int. Filmfestspiele Berlin
Verleih: Columbia TriStar/-/20th Century/Columbia TriStar Home Video
Kinostart: 10.3.1994
Länge: 134 Min. – *FSK:* ab 6, ffr.
FBW: Besonders wertvoll

Ein gestandener Butler wird in den dreißiger Jahren Zeuge fataler politischer Fehleinschätzungen: Sein Dienstherr kollaboriert, aus ehrenwerten Motiven, mit den Nazis. Wichtiger als diese Ebene ist in James Ivorys Romanverfilmung jedoch die verhinderte Liebe des treuen Dieners zu einer Gouvernante, die das moderne Denken repräsentiert. Das faszinierende Beziehungsdrama handelt zwar von der schieren Unmöglichkeit, das starre Korsett verkalkter Traditionen aufzubrechen, aber es kündet auch von leiser Hoffnung auf eine Wende in kleinen Schritten. *Zoom, 3/94*

(...) Grandios verdichtete Butler- und Schloßgeschichte, die die schwimmenden Grenzen zwischen Gehorsam, Hörigkeit und Mitschuld an Fehlern durch den Dienst für Personen und Systeme,

Tödliche Nähe: Anthony Hopkins weicht zurück vor Emma Thompson.

sowie die Fallstricke von Konventionen thematisiert. Darstellerisch überragend, ästhetisch ein Genuß. *multimedia*

Angie Dullinger in: AZ, 10.3.94; Sebastian Feldmann in: Rheinische Post, 11.3.94; Frauke Hanck in: AZ, 10.3.94 (Interview Ivory); Sabine Horst in: FR, 12.3.94; Gerhard Midding in: Kölner Stadt-Anzeiger, 12.3.94; Rupert Koppold in: Stgt. Zeitung, 10.3.94; Anke Sterneborg in: SZ, 15.3.94

The Water engine 984
THE WATER ENGINE □
TV

Regie: Steven Schachter
Darsteller: Charles Durning, Patti Lupone (Rita), William H. Macy (Charles Lang), John Mahoney (Gross), Treat Williams, Joe Mantegna (Oberman)
Drehbuch: David Mamet
Produktion: USA 1992
Sendetermin: 31.5.1994, Premiere, 20.15
Länge: 85 Min.

Ein eigenbrötlerischer Erfinder hat im Amerika der 30er Jahre einen mit Wasser betriebenen Motor konstruiert. Die Autoindustrie ist an seiner Erfindung jedoch nicht interessiert, sondern versucht mit allen Mitteln, seine Konstruktion zu hintertreiben. Der Journalist, der für Öffentlichkeit sorgen soll, muß auch erkennen, daß Autoindustrie und Benzinlobby die größere Macht haben und sie auch ausüben.

Waynes World 2 985
WAYNE'S WORLD 2 **

Regie: Stephen Surjik
Darsteller: Mike Myers (Wayne Campbell), Dana Carvey (Garth Algar), Christopher Walken (Bobby Cahn), Tia Carrere (Cassandra), Ralph Brown (Del Preston), Kim Basinger (Honey Hornée), Chris Farley (Milton), James Hong (Mr. Wong), Michael Nickles (Jim Morrison), Lee Tergesen (Terry)
Drehbuch: Mike Myers, Bonnie Turner, Terry Turner
Kamera: Francis Kenny; Laszlo Kovacs (additional) (Deluxe)
Musik: Carter Burwell
Schnitt: Malcolm Campbell
Produktion: Lorne Michaels für Paramount, USA 1993
Uraufführung: 10.12.1993, New York
Verleih: UIP/UIP/UIP/CIC Video
Kinostart: 24.3.1994
Länge: 95 Min. – *FSK:* ab 6, ffr.

Die beiden Lebenskünstler Wayne Campbell und Garth Algar wollen aufgrund überirdischer Inspiration in ihrer heimatlichen Kleinstadt ein Rockkonzert veranstalten. Natürlich begegnen ihnen dabei allerhand Schwierigkeiten. Strekenweise amüsante, im großen und ganzen jedoch eher durchschnittliche Fortsetzung der Teenie-Nonsense-Komödie. *multimedia*

Eine mit verklemmt-sexistischen Zoten, viel Musik und Zitaten aus Hollywood-Filmen angereicherte Nummern-Revue, die mehr vom schlechten Geschmack und schauspielerischen Unvermögen ihrer Hauptdarsteller zeugt als unterhält. *Zoom*

Albert Baer in: Rheinische Post, 26.3.94

Der Weg der Schlange auf dem Felsen 986
ORMEN'S VÄG PA HÄLLEBERGET □
TV

Regie: Bo Widerberg
Darsteller: Stina Ekblad (Tea), Stellan Skarsgard (Karl Orsa), Reine Brynolfsson

(Jani), Pernilla Östergren (Eva), Ernst Günther (Ol Karlsa), Tomas von Brömssen (Jakob), Brigitta Ulfsson, Nils Brandt
Drehbuch: Bo Widerberg, nach dem Roman von Torgny Lindgren
Kamera: Jörgen Persson, Rolf Lindström (Eastmancolor)
Musik: Stefan Nilsson
Produktion: Göran Lindström für Crecendo/ Swedish Film Institute/SR/TV1, Schweden 1986
Uraufführung: 24.1.1987, Nordic Film Festival Helsinki
Sendetermin: 6.2.1994, MDR3, 2.40; 20.3.1994, ORB3, 21.50
Länge: 110 Min.

Sittenbild aus dem schwedischen Norden um die Mitte des 19. Jahrhunderts, angelegt als düsteres Melodram mit etlichen Wiederholungen, das die Geschehnisse um eine junge Frau aus einer Arbeiterfamilie beschreibt.

Weite Reise 987

US **
TV

Regie: Michael Landon
Darsteller: Michael Landon (Jeff Hayes), Barney Martin, Casey Peterson (Cary), Meg Wittner (Ellen), David Spielberg (Paul), Luke Reilly, Deborah Benson
Drehbuch: Michael Landon
Musik: Steve Dorff
Produktion: USA 1991
Sendetermin: 22.3.1994, Pro7, 20.15
Länge: 94 Min.

Jeff Hayes, der 18 Jahre lang als angeblicher Mörder unschuldig im Gefängnis saß, wird völlig rehabilitiert entlassen. Er nimmt Kontakt zu seiner Ex-Frau Ellen auf und begegnet zum ersten Mal seinem 18jährigen Sohn Cary, der glaubt, daß sein Vater tot ist. Als Cary erfährt, wer Jeff wirklich ist, bleibt er nach einigen Komplikationen bei seinem Vater und hilft ihm bei der Rückkehr in ein normales Leben. Edelschmonzette für Lore-Roman-Leser.

Welcome to Fear 988

STALKED **
Video

Regie: Douglas Jackson
Darsteller: Maryam D'Abo, Jay Underwood, Lisa Blount, Tod Fennell, Karen Robinson, Alex Karzis, Vivian Reis
Drehbuch: Craig Haman, Mark Evan Schwartz
Kamera: Rodney Gibbons (Farbe)
Musik: Milan Kymlicka
Schnitt: Yves Langlois, Ion Webster
Produktion: Tom Berry, Pierre David für Allegro Films/Image Org., USA 1994
Verleih: -/-/-/Marketing Video
Videostart: Dez. 1994
Länge: 90 Min.
FSK: ab 18 J.

Erst rettet er das Leben des Kindes, dann entwickelt er ein Verhältnis zur Mutter, die auch vor Mord nicht zurückschreckt.

Well Done 989

***

Regie: Thomas Imbach
Drehbuch: Thomas Imbach, Monika Gsell
Kamera: Jürg Hassler (Farbe)
Schnitt: Thomas Imbach, Jürg Hassler
Produktion: Bachim Film, Schweiz 1994
Verleih: -/-/Bernhard Lang
Kinostart: Okt. 1994
Länge: 75 Min.

Formal fulminante und mit spielerischem Elan gestaltete Darstellung des Büroalltags in einer weltweit tätigen, computerisierten Zürcher Kreditkartenfirma. Das Rechenzentrum bestimmt den Rhythmus der Zeit- und Raumwahrnehmung, definiert das kommunikative Verhalten bis ins Private und beeinflußt die Sprache. Die subtile Gewalt der elektronischen Technologie kristallisiert sich in der raffinierten, nach seriellen Prinzipien gestalteten Montage. Eindrücklicher, entlarvender und unterhaltender ist die durchorganisierte und -strukturierte High-Tech-Welt einer solchen Konkurrenz- und Effizienzmaschinerie wohl noch nie geschildert worden. *Zoom, 2/94*

Weltmeister 990

***

Regie: Zoran Solomun
Darsteller: Alexander Meier (Aleksej), Grit Hornig (Sabine), Valerij Ogorodnikow (Aleksejs Vater), Tatjana Kuprijanowa (Aleksejs Mutter), Mathis Schrader (Sabines

›Weltmeister‹.

Vater), Ruth Reinicke (Sabines Mutter), Aleksei Nesterow, Roman Hengge, Evely Meyka, Anna Teigler
Drehbuch: Zoran Solomun
Kamera: Slawomir Idziak (Eastmancolor)
Musik: Milimir Draskovic; Gerhard Scherer (Akkordeon)
Schnitt: Petar Markovic
Produktion: Hartmut Jahn für Jahn Filmprod. mit ZDF, BRD 1993
Uraufführung: 2.11.1993, Int. Hofer Filmtage; 11.2.1994, Int. Forum des Jungen Films, Berlin
Verleih: Basis/-/-
Kinostart: 3.9.1994
Länge: 71 Min.

Alexejs Familie, sie lebt in einer russischen Kaserne in Brandenburg, muß zurück in eine Heimat, die keine Perspektive bietet. Sabines Eltern trennen sich, und der Vater verlangt von Sabine beim Akkordeonspiel Höchstleistungen. Aus der Sicht der beiden Jugendlichen schildert Zoran Solomun die vertrackten Verhältnisse, aus denen die beiden auszubrechen versuchen.

tip, 18/94

Wenn Schweine fliegen 991

WHEN PIGS FLY **

Regie: Sara Driver
Darsteller: Marianne Faithfull (Lilly), Alfred Molina (Marty), Rachel Bella (Ruthie), Maggie O'Neill (Sheila), Seymour Cassel (Frank), Freddie Brooks (Stretch), Matyelok Gibbs (Mrs. Cleary), Carl Dennie (Tony), Ruth Sheen (Marge), George Lannan (Polizeichef)
Drehbuch: Ray Dobbins, nach einer Story von Ray Dobbins und Sara Driver
Kamera: Robby Müller (Farbe)
Musik: Joe Strummer
Schnitt: Jay Rabinowitz
Produktion: Kees Kasander für Allarts/Sultan Driver Films mit Pandora Film, BRD/USA 1993
Verleih: Pandora/-/-
Kinostart: 12.5.1994
Länge: 97 Min.

Zwei Tote geben keine Ruhe und mischen das Reich der Lebenden auf. Die befremdliche Geschichte, angesiedelt in verkommener Industrielandschaft und an der Grenze zwischen Diesseits und Jenseits, kokettiert allerdings zu sehr mit dem Morbiden und Seltsamen, um wirklich Magisches auf die Leinwand zu zaubern. Ein paar durchsichtige Gespenster machen noch keine Geisterstunde.

Christiane Petz, tip, 10/94

Angela Schmitt-Gläser in: FR, 23.6.94; Ruprecht Skasa-Weiß in: Stgt. Zeitung, 9.6.94

Wenn Vater der Direktor ist 992

A FATHER'S HOMECOMING **
TV

Regie: Rick Wallace
Darsteller: Michael McKean, Nana Visitor, Jonathan Ward, Marcianne Warman, Brandon Douglas, Byron Thames, Peter Michael Goetz, Cady McClain, Reginald Vel Johnson, Susan Krebs
Drehbuch: Gloria Katz, Willard Huyck
Kamera: Frank Beascoechea (Farbe)
Musik: Tom Scott
Produktion: R.W. Goodwin für NBC Prods., USA 1988
Uraufführung: 19.1.1988, NBC-TV
Sendetermin: 9.4.1994, Pro7, 15.45
Länge: 96 Min.

Die Geschwister David und Rebecca sind nicht gerade sehr begeistert, als ihr geschiedener Vater Direktor an ihrer Schule wird.

Wer erben will, muß zahlen 993

NICKEL AND DIME □
TV

Regie: Ben Moses
Darsteller: C. Thomas Howell (Jack Stone), Wallace Shawn, Lise Cutter (Cathleen), Lynn Danielson, Allan Rich

Produktion: USA 1991
Sendetermin: 16.6.1994, VOX, 20.10
Länge: 86 Min.

Jack Stone hat sich darauf spezialisiert, gegen eine Provision von schwachen 30% der Erbschaft unauffindbare Erben aufzuspüren. Da seine Methoden nicht immer legal sind, hat seine verärgerte Ex-Freundin Cathleen als Bezirksstaatsanwältin einen guten Ansatzpunkt für ihre Rache.

Wer hat mein Baby gestohlen? 994

TO SAVE A CHILD □ TV

Regie: Robert Lieberman
Darsteller: Marita Geraghty (Isabella Larson), Pete Kowanko (Garth Larson), Shirley Knight, Anthony Zerbe, Joseph Running
Drehbuch: Joyce Eliason
Musik: William Olvis
Produktion: Königsberg/Sanitsky/ABC Prod./ Crystal Beach Ent., USA 1992
Sendetermin: 29.6.1994, RTL, 20.15
Länge: 110 Min.

Isabella Larson und ihr gutverdienender Mann freuen sich auf ihr erstes Baby. Sie ziehen aufs Land in die Nähe seiner Eltern, der Heimatstadt ihres Mannes. Nach der Geburt des Babys sagt man der verzweifelten Isabella, ihr Kind sei tot. Dann erfährt sie, daß ihr Baby lebt und von einer Hexenvereinigung, der ihr Mann und seine Eltern angehören, entführt wurde.

Pressetext RTL

Wer hat meine Familie geklaut? 995

BEING HUMAN * Video

Regie: Bill Forsyth
Darsteller: Robin Williams (Hector), John Turturro (Lucinnius), Vincent D'Onofrio (Priester), Anna Galiena (Beatrice), Hector Elizondo (Dom Paulo), Lorraine Bracco (Anna), Lindsay Crouse (Janet), Kelly Hunter (Deirdre), Helen Miller (Betsy), Charles Miller (Tom)
Drehbuch: Bill Forsyth
Kamera: Michael Coulter (Technicolor)
Musik: Michael Gibbs
Schnitt: Michael Ellis
Produktion: David Puttnam, Robert F. Colesberry für Enigma Prod. mit Fujisankei Comm. Group/British Sky Broadcasting/ Natwest Ventures, USA 1994
Uraufführung: 6.5.1994, New York
Verleih: -/-/-/Warner Home Video
Videostart: 25.11.1994
Länge: 125 Min.
FSK: ab 12 J.

Man sollte dem Filmtitel mit einer Gegenfrage antworten: Wie konnte ein Film mit einer solchen Ansammlung von Talenten in den Sand gesetzt werden? Der Hauptgrund dürfte in der untauglichen Storykonstruktion liegen: Fünf Episoden aus fünf verschiedenen Epochen – und immer Robin Williams als Familienvater. Weder witzig, noch kritisch, noch irgendwie unterhaltsam – einfach ein Totalflop.

Stefan Lux in: film-dienst

Wer ist jetzt der Boß 996

SUP DE FRIC □ TV

Regie: Christian Gion
Darsteller: Jean Poiret (Cyril Dujardin), Anthony Delon (Francois Cardeau), Cris Campion (Victor Dargelas), Roland Giraud (Jimmy Leroy), Valérie Mairesse (Isabelle), Laurence Ashley (Ursula), Renée Saint-Cyr (La Baronne de Vlamy)
Drehbuch: Christian Gion
Kamera: Bernard Joliot, Michel Thiriet (Farbe)
Musik: Graham de Wilde, Richard Harvey
Schnitt: Hélène Plemiannikov
Produktion: Christian Gion für Lapaca/TF-1 Films/M6 Films/Provede, Frankreich 1992
Sendetermin: 29.5.1994, RTL2, 20.15
Länge: 90 Min.

Unterschiedlicher können Francois, ein snobistischer Junge aus reichem Haus, und Victor, ein Vollwaise, der schon wegen Computerbetrugs verurteilt worden ist, nicht sein. Da beide jedoch unter den Intrigen ihres Wirtschaftsschuldirektors zu leiden haben, hecken sie einen kühnen Plan aus: Um den Direktor feuern zu können, wollen sie die Schule kaufen. Mit Hilfe aller erlaubten und unerlaubten Tricks und mit viel Glück gelingt ihr Unternehmen schließlich sogar. *Pressetext RTL2*

Wer zweimal lügt ... 997

***

Regie: Bertram von Boxberg
Darsteller: Walter Buschhoff (Franz Hübner), Ursula Karusseit (Frau Mertens), Reiner Heise (Krause), Jenny Gröllmann (Brigitte), Florian Martens (Saur), Gerd Wameling (Sven Hübner), Albert Hetterle (Philipp Binger), Jürgen Holtz (Krakowsky), Götz Schubert (Böllmann), Horst Schulze (Justizminister)
Drehbuch: Bertram von Boxberg, nach einem Motiv von Hartmut Hülsbeck
Kamera: Andreas Höfer (Farbe)
Musik: Klaus Doldinger
Schnitt: Eva Schlensag, Barbara Leuschner
Produktion: Ottokar Runze für aurora television im Auftrag des BR/ORF, BRD 1994
Verleih: wild okapi/-/-
Kinostart: 8.9.1994
Länge: 81 Min.

Die Geschichte eines alten Hobby-Juristen, der sich unter falschem Namen als rechtssprechender Aufbauhelfer in die neuen Bundesländer versetzen läßt und dabei sowohl mit der jüngsten als auch mit der jüngeren Vergangenheit konfrontiert wird, klingt nach einer flotten Verwechslungssatire. Boxberg aber macht daraus konsequent eine melancholische Tragödie lächerlicher Menschen. Dabei hilft ihm vor allem sein hervorragendes Schauspieler-Ensemble, angeführt von Walter Buschhoff.
Alfred Holighaus, tip, 18794

Verena Kern in: Zitty, 19/94

Das Wesen der Erde 998

THE BEING FROM EARTH ***

Regie: David Vostell
Darsteller: Teresa Hill (Melissa), Bill Conroy, Harvey Friedman, Frances Newman, Paul Coulj, Troy Fromin, Ric Monroe, Kimberley Hyde, Jay Ehler
Drehbuch: David Vostell
Kamera: Fernando Arguelles (Farbe)
Musik: Anton Nissl
Schnitt: Karin Nowarra
Produktion: David Vostell für David Vostell Filmprod. mit Fuzzi Film/Lab CFI-Hollywood, USA 1990
Uraufführung: 8.12.1991, Berlin
Verleih: Eigenverleih/Vostell (KK) ab Juli 1994
Kinostart: Dezember 1991
Länge: 88 Min.

Der Film beschreibt 15 Stunden, an dem »The Being From Earth« – »Das Wesen der Erde« geboren wird, eine Mischung aus Mensch, Tier und Pflanze.
Melissa arbeitet in einem gentechnologischen Institut. Teddy und Goofy planen einen Banküberfall und haben eine Bombe gebaut.
In der Wüste Kaliforniens bricht unter Melissas Füßen die Erde auf und »The Being From Earth« ist geboren. Melissa und Teddy beschließen das Wesen mit nach Hause zu nehmen. Eine dreiköpfige Sekte entführt Melissa und das Wesen in eine leerstehende Fabrikhalle und wir werden Zeuge ihres wahnsinnigen Plans. *Produktionsmitteilung*

When a Man loves a Woman 999

WHEN A MAN LOVES A WOMAN ***

Regie: Luis Mandoki
Darsteller: Meg Ryan (Alice Green), Andy Garcia (Michael Green), Lauren Tom (Amy), Philip Seymour Hoffman (Gary), Tina Majorino (Jess Green), Mae Whitman (Casey Green), Ellen Burstyn (Emily), Eugene Roche (Walter), Latanya Richardson
Drehbuch: Ronald Bass, Al Franken
Kamera: Lajos Koltai; Frank Holgate; 2nd unit (Technicolor)
Musik: Zbigniew Preisner
Schnitt: Garth Craven
Produktion: Jordan Kerner, Jon Avent für Touchstone Pic., USA 1994
Uraufführung: 29.4.1994, New York
Verleih: Buena Vista/-/dto.
Kinostart: 14.7.1994
Länge: 124 Min. – *FSK:* ab 12, ffr.
FBW: Wertvoll

Eine Bilderbuchehe gerät in die Krise, als die Frau dem Alkohol verfällt. Nach einer geglückten Entziehungskur fangen die wahren Probleme aber erst an. Sie beginnt, ihre Ehe in Frage zu stellen und nach den Ursachen für das Scheitern des Glücks zu forschen. Wortlastige filmische Therapiesitzung, in der Glaubwürdiges neben Banalem und

Das Glück an der Oberfläche: Andy Garcia und Meg Ryan mit Nachwuchs in ›When a Man loves a Woman‹.

Sensibles neben Überdeutlichem steht. Bei aller Ausgewogen- und Korrektheit schimmert stets das knallharte Hollywood-Kalkül durch. Sehenswert in den Hauptrollen: Andy Garcia und Meg Ryan. *Frank Schnelle, tip, 15/94*

Angie Dullinger in: AZ, 14.7.94; Rupert Koppold in: Stgt. Zeitung, 14.7.94; Angela Schmidt-Gläser in: FR, 14.7.94

White Angel 1000

WHITE ANGEL *

Video

Regie: Chris Jones
Darsteller: Peter Firth (Leslie Steckler), Harriet Robinson (Ellen Carter), Don Henderson (Inspektor Taylor), Anne-Catherine Arton (Mik), Harry Miller (Allen)
Drehbuch: Chris Jones, Geneviève Jolliffe
Kamera: Jon Walker (Farbe)
Musik: Harry Gregson-Williams
Schnitt: John Holland
Produktion: Geneviève Joliffe für Living Spirit, GB 1993
Verleih: -/-/-/VPS Video
Videostart: März 1994
Länge: 93 Min.
FSK: ab 18 J.

Zu der Gattenmörderin gesellt sich als Untermieter ein Frauenkiller und zwingt seine Vermieterin, seine Memoiren zu verfassen. Etwas umständlich konstruierter, mit wenig Budget realisierter Thriller, der unter dem Strich unbefriedigend bleibt, mitunter aber Spannung bietet.

Rainer Hinz in: film-dienst, 11/94

White Magic 1001

**

Regie: Willy Bogner
Darsteller: John Eaves (John), Alke Reiter (Vikki), Reto Lamm (Reto), Markus Wasmeier (Markus), Conny Kissling (Conny), Sharon Stone (American Beauty), Tiziana Stella, Fredy Wirth, Markus Brachs, Paula Lamm
Drehbuch: Willy Bogner
Kamera: Willy Bogner; Wayne McConnell (Farbe)
Musik: Harold Faltermeyer
Schnitt: Barbara Gies
Produktion: Willy Bogner für Willy Bogner Prod., BRD 1994
Verleih: Buena Vista/dto./-
Kinostart: 10.11.1994
Länge: 91 Min.
FSK: ab 6, ffr.

Auf einer Bahnfahrt in die Schweiz träumen Mann und Frau von ihren idealen Ski-Partnern: seine Traumfrau läuft Ski-Ballett, ihr Traummann ist ein Akrobat auf dem Snowboard. Die eindrucksvollen Landschaftsaufnahmen – Schweiz, Island und Kanada – sowie die Skikünste der Stuntmänner kompensieren nicht den Mangel an Handlung und Schauspieltalent. Bogners Film ist wie eine Endlosschleife von Werbespots für Waschpulver, Joghurt und Mineralwasser, eben alles, was weiß und/oder gesund ist. *tip 24/95*

Albert Baer in: Rheinische Post, 11.11.94; H.G. Pflaum in: SZ, 10.11.94

White Wolves 1002

WHITE WOLVES ***

Video

Regie: Catherine Cyran
Darsteller: Matt McCoy, David Moscow, Mark Paul Gosselar, Ami Dolenz, Ami O'Neill, Marc Riffon
Produktion: Julie Corman für Concorde, USA 1993
Verleih: -/-/-/Starlight Video
Videostart: Juli 1994
Länge: 78 Min.
FSK: ab 12 J.

Fünf Jugendliche aus der Stadt suchen Bestätigung in rauher Naturlandschaft, werden von einem weißen Wolf verfolgt und kämpfen ums Überleben.

Wie Du mir, so ich Dir 1003

A TU PER TU □

TV

Regie: Sergio Corbucci
Darsteller: Paolo Villaggio (Sciaccaluga), Johnny Dorelli (Sansoni), Marisa Laurito (Frau Sciaccaluga), Adriano Pappalardo (Polizist)
Drehbuch: Luciano Vincenzoni, Sergio Donati
Kamera: Danilo Desideri (Farbe)
Musik: Carmelo La Bionda, Michelangelo La Bionda
Produktion: Adige Film, Italien 1984
Sendetermin: 9.2.1994, BR3, 21.45
Länge: 104 Min.

Der Finanzier Sansoni hat es jahrelang prächtig verstanden, mit der Prominenz von Politik und Kirche lukrative Geschäfte zu machen, doch nun soll er des betrügerischen Bankrotts angeklagt werden. Für ihn steht fest: er wird sich ins Ausland absetzen. Daß er sich ausgerechnet das Taxi eines ewigen Pechvogels als Fluchtauto aussucht, hat ungeahnte Folgen. *Pressetext BR3*

Wild Cactus 1004

WILD CACTUS *

Video

Regie: Jag Mundhra
Darsteller: David Naughton (Philip), India Allen (Alex), Gary Hudson (Randall), Robert Zdar (Grady), Faith Jones (Prison Clerk), Anna Karin (Inga), Jay Polan (Dean), Wendy MacDonald (Abby), Carrie Chambers, Michelle Moffett (Maggie)
Drehbuch: Carl Austin, nach einer Story von Jag Mundhra
Kamera: James Mathers (Farbe)
Musik: Larry Wolff
Schnitt: Ron Resnick
Produktion: Alan B. Bursteen für Lincolnwood Motion/Bursteen/Metropolis, USA 1992
Verleih: -/-/-/VCL/Carolco Video
Videostart: 3.6.1993
Länge: 95 Min. – *FSK:* ab 18 J.

Passioniertes Killerpärchen terrorisiert unbescholtenes Bürgerpaar nach »Kalifornia«-Art. Textilarmer Billig-Thriller.

Frank Klubertz in: film-dienst, 2/92

Wild West 1005

WILD WEST ***

Regie: David Attwood
Darsteller: Naveen Andrews (Zaf), Sarita Choudhury (Rifat), Ravi Kapoor (Ali), Ronny Jhutti (Kay), Ameet Chana (Gurdeep), Bhasker (Jagdeep), Lalita Ahmed (Mrs. Ayub), Shaun Scott (Tony)
Drehbuch: Harwant Bains
Kamera: Nic Knowland (Farbe)
Musik: Nick Glennie-Smith
Schnitt: Martin Walsh
Produktion: Eric Fellner für Initial Films, GB 1992
Erstaufführung: Filmfest München 1993
Verleih: Arsenal/-/-
Kinostart: 22.9.1994
Länge: 85 Min.

Wenn eine Gruppe junger Pakistanis in London Country-Musik macht, ist das auf jeden Fall der Stoff für eine gute Komödie. Wenn sie sich dabei nicht nur gegen ignorante Plattenproduzenten, sondern auch gegen rassistische Twens durchsetzen müssen, kriegt die Komödie auch noch eine, Gott sei Dank dezente und spielerische, politische Komponente. Wenn schließlich die Musik, die die Gruppe junger Pakistanis in London macht, auch noch von Nanci Griffith und Steve Erale stammt, ist die Komödie obendrein noch hörenswert. *Alfred Holighaus, tip, 20/94*

Jan Gympel in: Zitty, 19/94; Patrick Rössler in: Stgt. Zeitung, 10.11.94; Hans Schifferle in: SZ, 22.9.94

Willkommen in Wellville 1006

THE ROAD TO WELLVILLE ****

Regie: Alan Parker
Darsteller: Anthony Hopkins (Dr. John Harvey Kellogg), Bridget Fonda (Eleanor Lightbody), Matthew Broderick (Will Lightbody), John Cusack (Charles Ossining), Dana Carvey (George Kellogg), Michael Lerner (Goodloe Bender), Colm Meaney (Dr. Lionel Badger), John Neville (Endymion Hart-Jones), Lara Flynn Boyle (Ida Muntz), Traci Lind (Irene Graves)
Drehbuch: Alan Parker, nach dem Roman von T. Coraghessan Boyle
Kamera: Peter Biziou (Duart/Technicolor)
Musik: Rachel Portman
Schnitt: Gerry Hambling
Produktion: Alan Parker, Armyan Bernstein, Robert F. Colesberry für Dirty Hands Prod., USA 1994
Uraufführung: 27.9.1994, Tokyo Film Festival; 28.10.1994, New York
Verleih: Pandora/-/-/VCL/Carolco Video
Kinostart: 1.12.1994
Länge: 120 Min. – *FSK:* ab 12, ffr.

Der britische Filmemacher hat seinen monumentalen Stil erfolgreich mit einer Gesellschaftssatire verbunden, in dessen Mittelpunkt Dr. John Kellog (brillant Anthony Hopkins als bärbeißiger Eiferer mit Hasenzähnen), steht, der in seinem Kurhaus in der amerikanischen Kleinstadt Battle Creek um die Jahrhundertwende alle Patienten mit seinem Haß auf Sex und Fleischgenuß traktierte, während sich sein anarchistischer Stiefsohn George mit anderen unternehmerischen Windhunden an der Herstellung von Cornflakes beteiligte, um seinem verhaßten Adoptivvater eins auszuwischen. Parker beweist auf witzige Weise, daß sich »hinter jedem schimmernden Vermögen der Schatten einer Lüge verbirgt«.

Andre Simonoviescz, tip, 25/94

Angie Dullinger in: AZ, 1.12.94; Ulrich Herrmann in: Die Zeit, 9.12.94; Otto Heuer in: Rheinische Post, 2.12.94; Rupert Koppold in: Stgt. Zeitung, 1.12.94; Heike Kühn in: FR, 3.12.94; Hans-Joachim Neumann in: Zitty, 24/94; H.G. Pflaum in: SZ, 3.12.94

Wintertage, Frühlingstage 1007

DONGCHUN DI RIZI ***

Regie: Wang Xiaoshuai
Darsteller: Liu Xiaodong (Xiaodong), Yu Hong (Xiaochun)
Drehbuch: Wang Xiaoshuai
Kamera: Wu Di, Liu Jie
Musik: Liang Hepin
Schnitt: Qingqing
Produktion: Liu Jie, Zhang Hongtao für Image Studio, China 1993
Uraufführung: 16.10.1993, Vancouver Filmfestival
Erstaufführung: 19.2.1994, Int. Forum des Jungen Films, Berlin
Verleih: Freunde/-/-
Kinostart: August 1994
Länge: 75 Min.

In seinem Regiedebüt erzählt der chinesische Regisseur die Geschichte von einem erfolglosen Malerpärchen. Gemeinsam teilt man sich ein kleines Zimmer. In der Monotonie und Langeweile des Lebens versandet auch die Liebe. Die melancholische Grundbefindlichkeit der Protagonisten verschmilzt mit dem verwaschenen Grau der Bilder. In unaufdringlichen Details verankert Wang Xiaoshuai die Koordinaten seiner Figuren in der chinesischen Realität. Am Ende ergreifen beide auf ihre Art die Flucht.

Anke Leweke, tip, 15/94

Jan Gympel in: Zitty, 15/94

Wir Kinder des 20. Jahrhunderts 1008

NOUS, LES ENFANTS DU XXEME SIECLE ***

Regie: Vitali Kanjewski
Darsteller: Pawel Nasarow, Dinara

Drukarowa, Schura Tschernow
Drehbuch: Vitali Kanjewski, Warwara Krassilnikowa
Kamera: Valentin Sidorin (Farbe)
Schnitt: Olivier Ducastel
Produktion: Esther Hoffenberg für Lapsus/ La Sept/Arte, D.A.R. St. Petersburg mit RAI 3/Danmarks Radio, Frankreich/Rußland 1993
Uraufführung: 16.2.1994, Int. Forum des Jungen Films Berlin
Verleih: Freunde/-/-
Kinostart: April 1994
Länge: 84 Min.

An Rußlands Zukunft hat auch Vitali Kanjewski gedacht, als er sich nach zwei Spielfilmen für einen Dokumentarfilm entschied. Erschüttert hat den 62jährigen Regisseur, der freimütig von seiner Jugendhaft und der Armseligkeit seiner Kindheit erzählt, daß der Kinderstar seines Films »Halte still – Stirb – Erwache« mittlerweile im Gefängnis sitzt.
Bis auf das Gespräch mit diesem Jungen offenbaren die zugleich einfühlsamen wie provokanten Interviews mit juvenilen Mördern und Drogensüchtigen, mit Heimkindern aller Altersstufen und Vorstrafenregister, eine sich selbst abgezwungene Indifferenz. *FR, 18.2.94*

Wir singen im Chor 1009

CANTONS EN CHOEUR ☐
TV

Regie: Maurice Dugowson
Darsteller: Pascale Rocard (Valérie), Hippolyte Girardot (Chris), Jean-Pierre Bisson, Marie Wiart, Michel Aumont
Produktion: Frankreich 1987
Sendetermin: 29.4.1994, VOX, 22.00
Länge: 90 Min.

Chris, ein junger Mann, zieht mit seiner Ehefrau Valérie, einer Tochter aus reichem Hause, aufs Land, um sich von den Folgen eines Motorradunfalls zu erholen.
Bei einem heftigen Streit mit seiner Frau gerät er in einen Mordfall, und das Ehepaar wird ein Opfer von Intrigen und Erpressung.

Die Wismut 1010

****

Regie: Volker Koepp
Drehbuch: Volker Koepp
Kamera: Thomas Plenert
Schnitt: Angelika Arnold
Produktion: Frank Löprich, Katrin Schlösser für ö-Film mit WDR/SWF/MDR, BRD 1993
Uraufführung: Duisburger Filmwoche 1993
Erstaufführung: Int. Filmfestspiele Berlin, 1994
Verleih: Filmemacher/-/-
Kinostart: 12.5.1994
Länge: 114 Min.
FSK: o.A., ffr.
FBW: Besonders wertvoll

Von der Sowjetunion veranlaßter und erzwungener Uranabbau in Sachsen und Thüringen. Zeitzeugen berichten von ihrer Arbeit, ihren Erfahrungen, von Würde, Stolz und Trauer.

Alice Agneskirchner in: Der Tagesspiegel, 28.11.93; H.G. Pflaum in: SZ, 24.11.94

Witchcraft V – Die Macht des Bösen 1011

WITCHCRAFT V *
Video

Regie: Talun Hsu
Darsteller: Marklen Kennedy, Carolyn Taye-Loren, Nicole Sassaman
Produktion: Vista Street, USA 1993
Verleih: -/-/-/Columbia TriStar Video
Videostart: 22.11.1994
Länge: 93 Min.
FSK: ab 18 J.

Auch das Böse stagniert. Der gleiche Schmarrn wie »Witchcraft I–IV«.

Wittgenstein 1012

WITTGENSTEIN ****

Regie: Derek Jarman
Darsteller: Karl Johnson (Wittgenstein), Michael Gough (Bertrand Russell), Tilda Swinton (Lady Ottoline Morrell), John Quentin (Maynard Keynes), Sally Dexter (Hermine Wittgenstein), Keith Collins (Johnny), Lynn Seymour (Lydia Lopokova), Clancy Chassay (Wittgenstein als Kind), Nabil Shaban (Martian)
Drehbuch: Terry Eagleton, Derek Jarman, Ken Butler
Kamera: James Welland (Farbe)
Musik: Jan Lathan-Koenig

Schnitt: Budge Tremlett
Produktion: Tariq Ali für Bandung mit BFI Prod./Channel Four/Uplink, GB 1993
Erstaufführung: Int. Filmfestspiele Berlin, 1993 »Panorama«
Verleih: Nef2, Impuls/filmladen/-/ Arthaus Video (KK)
Kinostart: 10.2.1994
Länge: 72 Min.
FSK: ab 12, ffr.
FBW: Besonders wertvoll

Der Philosoph, dessen Traktate am Rande der Sprache die Linguistik begründeten und die Grenzen der Erkenntnisfähigkeit bezeichneten, wird zum Gegenstand einer lustvollen Beschäftigung mit der Ausdrucksfähigkeit eines nahezu abstrakten Kinos der Farben. Artistisch stilisiert, mehr auf Bilder als auf »Handlung« bedacht, schön bunt und verspielt, macht der Film – wie Wittgenstein im Original – aus dem Denken einen Jokus.

Peter W. Jansen, tip, 4/94

Michael Althen in: Die Zeit, 18.2.94; Peter Buchka in: SZ, 9.4.94; Thomas Klingenmaier in: Stgt. Zeitung, 10.3.94; Ponkie in: AZ, 7.4.94; Karsten Witte in: FR, 24.2.94; Karim Zendagui in: Rheinische Post, 25.2.94

Anziehend und verstörend: ›Wittgenstein‹.

Eine Woche Heiratsfrist 1013

THE ILLEGAL IMMIGRANT □ TV

Regie: Chang Wan-Ting
Darsteller: Ching Yung-Cho (Chang Chun-Chiu), Wu Fu-Sheng (Li Hsueh-Hung), Liao Chun-Yu (Hsiao Hua), Li Chun-Yuan (Yuan), Tsen Pao-Tsai (Chiang)
Drehbuch: Alex Law
Kamera: Bob Bukowski (Farbe)
Musik: Kenny Bee, Alan Tsui, Stephen Shing
Produktion: Run Run Shaw, Wong Wa Hee für Shaw Bros., Hongkong 1985
Sendetermin: 10.12.1994, ZDF, 1.40
Länge: 94 Min.

Der Film erzählt die aufregende Geschichte eines illegalen Einwanderers von der britischen Kronkolonie vor der imposanten Handlungskulisse New Yorks. Eine gelungene Mischung aus Herz, Schmerz, Liebe, Ironie und Milieuschilderung. (...) *Pressetext ZDF*

Wolf 1014

WOLF ***

Regie: Mike Nichols
Darsteller: Jack Nicholson (Will Randall), Michelle Pfeiffer (Laura Alden), James Spader (Stewart Swinton), Kate Nelligan (Charlotte Randall), Richard Jenkins (Det. Bridger), Christopher Plummer (Raymond Alden), Eileen Atkins (Mary), David Hyde Pierce (Roy), Om Puri (Dr. Vijav Alezias), Ron Rifkin
Drehbuch: Jim Harrison, Wesley Strick
Kamera: Giuseppe Rotunno (Technicolor)
Musik: Ennio Morricone
Schnitt: Sam O'Steen
Produktion: Douglas Wick für Columbia Pic., USA 1994
Verleih: Columbia TriStar/dto./20th Century Fox/Columbia TriStar Home Video
Kinostart: 15.9.1994
Länge: 125 Min. – *FSK:* ab 16, ffr.
FBW: Wertvoll

Durch einen Wolfsbiß erwachsen dem alternden Verlagslektor Will Randall animalische Kräfte, mit denen er seine Midlife-crisis bewältigt. Mike Nichols erzählt in seiner Kinoparabel augenzwinkernd über die Verwilderung unserer Umgangsformen, von den Freuden der Tierwerdung und den Leiden an der Gesellschaft. Unterhaltsame Werwolfgeschichte mit Jack Nicholson, dem

›Wolf‹ mit perfekten Manieren: Jack Nicholson wirbt um Michelle Pfeiffer.

Prototyp des Hollywoodwolfes, und Catwoman Michelle Pfeiffer.
Gunter Göckenjan, tip, 18/94

(...) Ein Thriller von abenteuerlichem und romantischem Flair, zum Mond-Anheulen schön.
Angie Dullinger, AZ, 15.9.94

(...) Unausgeglichene Mischung von Kultur-Satire und Menschlichkeits-Parabel mit brillanten Dialogszenen und groben Horror-Versatzstücken, aber weitgehend unterhaltsam und überzeugend in den Schauspielerleistungen.
Zoom, 9/94

Michael Althen in: Die Zeit, 23.9.94; Brigitte Desalm in: Kölner Stadt-Anzeiger, 17.9.94; Thomas Klingenmaier in: Stgt. Zeitung, 15.9.94

Wolfsblut 2 – Das Geheimnis des weißen Wolfes 1015

WHITE FANG 2: MYTH OF THE WHITE WOLF ***

Regie: Ken Olin
Darsteller: Scott Bairstow (Henry Casey), Charmaine Craig (Lily Joseph), Al Harrington (Moses Joseph), Anthony Michael Ruivivar (Peter), Victoria Racimo (Katrin), Alfred Molina (Rev. Leland Drury), Paul Coeur (Adam John Hale), Geoffrey Lewis (Heath), Matthew Cowles (Halverson), Woodrow W. Morrison (Bad Dog)
Drehbuch: David Fallon
Kamera: Hiro Narita (Technicolor)
Musik: John Debney
Schnitt: Elba Sanchez-Short
Produktion: Preston Fischer für Walt Disney Pic., USA 1994
Verleih: Buena Vista/dto./dto.
Kinostart: 13.10.1994
Länge: 106 Min.
FSK: ab 6, ffr.

Im Alaska des Jahres 1906 bewahrt ein junger Goldsucher, unterstützt durch einen zahmen Wolf, einen Indianerstamm vor den Intrigen eines zwielichtigen Paters und führt ihn zu neuen Jagdgründen. Abenteuerfilm mit märchenhaften Zügen, zwar vorhersehbar in der Handlung und mit klischeehafter Romantisierung der indianischen Kultur, jedoch mit reizvollen Tieraufnahmen kindgerecht erzählt. *Zoom, 10/94*

(...) So richtig den Bach runter geht alles dann gegen Ende zu, wenn weder Story noch Schnitt noch sonstwas mehr stimmen. Und bei diesem Desaster verliert auch der in diesem Film ja eh ziemlich talentlose Wolfsblut die Über-

sicht, hetzt sehr verwirrt hin und her und knurrt dumm rum.
Rupert Koppold, Stgt. Zeitung, 13.10.94

Otto Heuer in: Rheinische Post, 14.10.94

Woman of Desire 1016

WOMAN OF DESIRE **

Video

Regie: Robert Ginty
Darsteller: Jeff Fahey (Jack Lynch), Bo Derek (Christina Ford), Steven Bauer (Edward/Jonathan), Robert Mitchum (Walter Hill), Thomas Hall (Norman Landis), John Matshikiza (Detektiv)
Drehbuch: Robert Ginty
Kamera: Hanro Mohr (Farbe)
Musik: Rene Veldsman
Schnitt: Christopher Holmes
Produktion: Danny Lerner für Nu Image, USA 1993
Verleih: -/-/-/VMP Video
Videostart: 24.1.1994
Länge: 95 Min. – *FSK:* ab 16 J.

Wieder einmal mysteriöse Ereignisse auf einer Segelyacht: Der junge Jack soll dort den High-Society-Playboy Edward ermordet haben. Überkonstruierter Thriller mit Höhen (Mitchum) und Tiefen (Derek) in der Besetzung, der zunehmend konfuser wird.

Anselm Jungeblodt in: film-dienst, 3/94

Wunderbrand 1017

****

Regie: Didi Danquart, Johann Feindt
Darsteller: Mitarbeit: Tamara Trampe, Helga Reidemeister, Arpad Bondy
Drehbuch: Didi Danquart, Johann Feindt
Kamera: Johann Feindt
Musik: Cornelius Schwehr
Schnitt: Didi Danquart
Produktion: Factory 2 für Arte, BRD 1994
Uraufführung: 12.2.1994, Int. Forum des Jungen Films, Berlin
Verleih: Factory/-/-
Kinostart: 28.4.1994
Länge: 79 Min.

Der im Sommer 1993 gedrehte Dokumentarfilm berichtet vom Alltag des Krieges in der bosnischen Hauptstadt und von der seelischen Verwüstung, die er bei den Menschen hinterläßt. Fernab von der täglichen Sensationsberichterstattung im Fernsehen, die den Eindruck eines permanenten Bombardements erweckt, wird kommentarlos die Anstrengung des reinen Überlebens gezeigt, der mühsame Versuch, ein Leben im Krieg zu führen. *tip, 9/94*

Heinz Kersten in: Der Tagesspiegel, 22.4.94

Das Wunder von Manhattan 1018

MIRACLE ON 34TH STREET ***

Regie: Les Mayfield
Darsteller: Richard Attenborough (Kriss Kringle), Elizabeth Perkins (Dorey Walker), Dylan McDermott (Bryan Bedford), Mara Wilson (Susan Walker), Robert Prosky (Judge Harper), J.T. Walsh (Ed Collins), James Remar (Jack Duff), Jane Leeves (Alberta Leonard), Simon Jones (Shellhammer), William Windom (C.F. Cole)
Drehbuch: George Seaton, John Hughes, nach einer Story von Valentine Davis und einem Drehbuch von George Seaton (1947)
Kamera: Julio Macat (Deluxe)
Musik: Bruce Broughton
Schnitt: Raja Gosnell
Produktion: John Hughes für Hughes Ent., USA 1994
Uraufführung: 18.11.1994, New York
Verleih: 20th Century Fox/dto./dto.
Kinostart: 8.12.1994
Länge: 114 Min.
FSK: o.A., ffr.
FBW: Besonders wertvoll

Die Werbechefin eines Kaufhauses in Existenznöten heuert einen Santa Claus an, der die Umsätze in die Höhe treibt und die Kinder durch sein liebevolles Verständnis begeistert. Da schmiedet die Konkurrenz eine Intrige – doch: Wunder gibt es immer wieder. Das weihnachtliche Rührstück setzt auf Sentimentalität und bietet Kitsch in Reinkultur. *Margret Köhler*

Albert Baer in: Rheinische Post, 9.12.94; Volker Gunske in: tip, 25/94; Christian Seebaum in: Kölner Stadtanzeiger, 10.12.94

Wyatt Earp – Das Leben einer Legende 1019

WYATT EARP ***

Regie: Lawrence Kasdan
Darsteller: Kevin Costner (Wyatt Earp),

Ein Weg, der Geschichte schrieb: Dennis Quaid, Kevin Costner, Linden Ashby und Michael Madsen besuchen die Clantons.

Dennis Quaid (Doc Holliday), Gene Hackman (Nicholas Earp), Mark Harmon (Johnny Behan), Jeff Fahey (Ike Clanton), Michael Madsen (Virgil Earp), Bill Pullman (Ed Masterson), Catherine O'Hara (Allie Earp), Isabella Rossellini (Big Nose Kate), Tom Sizemore (Bat Masterson)
Drehbuch: Lawrence Kasdan, Dan Gordon
Kamera: Owen Roizman; Richard Bowen (2nd unit) (Technicolor)
Musik: James Newton Howard
Schnitt: Carol Littleton
Produktion: Jim Wilson, Kevin Costner, Lawrence Kasdan für Tig Prods./Kasdan Pic., USA 1994
Verleih: Warner Bros./dto./dto./ Warner Home Video
Kinostart: l.9.1994
Länge: 191 Min.
FSK: ab 12, ffr.
FBW: Wertvoll

Die Lebensgeschichte des Marshals Wyatt Earp und seine »Karriere« zwischen Wichita und Tombstone als Vorlage eines mehr als dreistündigen Films, der nicht die Legende, sondern die Wirklichkeit dieses ebenso bewunderten wie umstrittenen Western-Daseins spiegeln will. Geringe Dramatik und zu viel schwergewichtige Schicksalhaftigkeit strapazieren die Geduld, ohne daß der Held des Films so viel beharrliche Tiefenschürferei immer rechtfertigen würde. *Zoom, 9/94*

Heiko R. Blum in: Rheinische Post, 1.9.94; Peter Buchka in: SZ, 1.9.94; Frauke Hanck in: AZ, 1.9.94; Sabine Horst in: FR, 3.9.94, Andreas Kilb in: Die Zeit, 2.9.94; Milan Pavlovic in: Kölner Stadt-Anzeiger, 3.9.94

The Young Americans

1020

THE YOUNG AMERICANS ***

Regie: Danny Cannon
Darsteller: Harvey Keitel (John Harris), Iain Glen (Edward Foster), John Wood (Richard Donnelly), Terence Rigby (Sidney Callow), Keith Allen (Jack Doyle), Craig Kelly (Christian O'Neill), Thandie Newton (Rachael Stevens), Viggo Mortensen (Frazer), Dave Duffy (Carnegie), Geoffrey McGivern (Carver)
Drehbuch: Danny Cannon, David Hilton
Kamera: Vernon Layton (Rank)
Musik: David Arnold
Schnitt: Alex Mackie
Produktion: Paul Trijbits, Alison Owen für Working Title Films/Troijbis Worrel Ass. mit Live Ent./British Screen/Le Studio Canal plus, GB 1993
Erstaufführung: 30.6.1994, Filmfest München
Verleih: Amazonas/-/-/VMP Video
Kinostart: 1.9.1994
Länge: 104 Min.

In London herrscht Krieg. Ein charismatischer Amerikaner rekrutiert Jugendliche für seinen Drogenhandel und organisiert sie in Gangs nach US-Vorbild. Sein Gegenspieler ist ein Polizist aus Los Angeles, der so besessen vom Gedanken ist, den Drogendealer zu stellen, daß auch er die Kids für seine Zwecke ausnutzt. Vor allem die beiden Hauptdarsteller Harvey Keitel und Viggo Mortensen sorgen dafür, daß ihr Duell keine Variation der tumben »Mann jagt Mann, Mann erschießt Mann«-Masche ist, sondern ein eiskalt kalkuliertes Machtspiel.

Annette Kilzer, tip, 18/94

Michael Althen in: SZ, 5.9.94; Thomas Klingenmeier in: Stgt. Zeitung, 13.10.94; Angela Schmitt-Gläser in: FR, 12.11.94; Christian Seebaum in: Kölner Stadt-Anzeiger, 24.9.94

Craig Kelly in den Klauen der ›Young Americans‹.

Zeit der Glückseligkeit 1021

COINS IN THE FOUNTAIN □ TV

Regie: Tony Wharmby
Darsteller: Loni Anderson (Leah Crawford), Stephanie Kramer (Nicki Thomas), Shanna Reed (Bonnie Mahaffey), John Sanderford (Mac Chambers), Anthony Newley (Alfred Bancroft), Carl Weintraub, Stuart Wilson, David Wilson
Drehbuch: Lindsay Harrison
Kamera: Tony Imi (Farbe)
Musik: Nan Schwartz
Produktion: Joseph B. Wallerstein für Michael Filerman/JE Ent./RTL/The Konigsberg Prods., USA 1990
Sendetermin: 24.5.1994, RTL2, 20.15
Länge: 120 Min.

Drei attraktive Frauen fahren nach Rom in die gemeinsamen Ferien. Sie haben alle drei unterschiedliche Wünsche, von denen sie hoffen, daß sie erfüllt werden. Jede von ihnen erlebt ein Abenteuer, das ihr jeweiliges Leben verändert. TV-Remake von »Drei Münzen im Brunnen«. *Pressetext RTL2*

Zeit des Zorns 1022

IL LUNGO SILENZIO ***

Regie: Margarethe von Trotta
Darsteller: Carla Gravina (Dr. Carla Aldrovandi), Jacques Perrin (Richter Marco Canova), Alida Valli (Carlas Mutter), Paolo Graziosi (Francesco Mancini), Ottavia Piccolo (Rosa), Agnese Nano (Maria Mancini), Giuliano Montaldo (Tommaso Pesce), Ivano Marescotti
Drehbuch: Felice Laudadio
Kamera: Marco Sperduti (Telecolor)
Musik: Ennio Morricone
Schnitt: Ugo De Rossi, Nino Baragli
Produktion: Felice Laudadio; Giorgio Leopardi (Ass.-Prod.) für Evento Spettacolo/Union/ K.G. Prods. mit Bioskop, Italien 1993
Erstaufführung: Filmfest München 1993
Verleih: Nil/-/-
Kinostart: 27.1.1994
Länge: 92 Min. – *FSK:* ab 12, ffr.
FBW: Besonders wertvoll

Ein tolles Thema: die Witwen jener politisch Mächtigen, die von Mafia, Camorra, Cosa Nostra umgebracht werden. Margarethe von Trotta inszeniert nach einem stark auf Emotionen

Leben mit tausend Ängsten: Carla Gravina in ›Die Zeit des Zorns‹.

setzenden Buch die Passion einer römischen Ärztin, die ihr Leid um die Ermordung ihres Mannes, eines prominenten Richters, überwindet und in entschlossene Aktivität umsetzt. Gemeinsam mit anderen Frauen gleichen Schicksals geht sie gegen den Filz von Verbrechen, Angst und Schweigen vor. Charismatische Hauptdarstellerin: Carla Gravina *Frauke Hanck, AZ, 29.6.93*

Heiko R. Blum in: Rheinische Post, 28.1.94; Margit Bornmann in: AZ, 17.6.93; Fritz Göttler in: SZ, 27.1.94 (Interview Trotta), 5.2.94; Ponkie in: AZ, 4.2.94; Angela Schmitt-Gläser in: FR, 26.2.94; Karsten Witte in: Die Zeit, 28.1.94

Zero Tolerance 1023
ZERO TOLERANCE *
Video

Regie: Joseph Merhi
Darsteller: Robert Patrick, Barbara Patrick, Titus Welliver, Michael Gregory, Mick Fleetwood, Kristen Meadows, Ashlee Lauren, Miles O'Keefe, Gustav Vintas
Drehbuch: Jacobsen Hart
Kamera: Ken Blakey (Farbe)
Produktion: Pepin Merhi Ent., USA 1993
Verleih: -/-/-/Allround Video
Videostart: Sept. 1994
Länge: 91 Min.
FSK: ab 18 J.

FBI-Agent vernichtet im Alleingang ganzes Drogenkartell, nach dem seine Familie ermordet wurde. Schauen Sie mal in's Register was Pepin und Merhi so alles absondern.

Das Ziel im Dunkel 1024
L' HOMME DANS LA NUIT **
TV

Regie: Claude Boissol
Darsteller: Patrick Catalifo (Paul Morane), Laure Killing (Hélène), Véronique Prune (Sophie), Didier Bénureau (Vilain), Farid Chopel
Produktion: Frankreich 1993
Sendetermin: 28.2.1994, ZDF, 19.45
Länge: 95 Min.

Der 30jährige Polizist Paul Morane arbeitet bei der Pariser Kriminalpolizei, Abteilung »Organisierte Kriminalität«. Bei der Verhafung des Rauschgiftdealers Nico wird er so schwer verletzt, daß er erblindet. Morane lernt, sich als Blinder in der Welt zurechtzufinden und will mit Hife der mysteriösen Hélène Nico finden.

Zum Abschied Mord 1025
SHADOW OF THE STRANGER □
TV

Regie: Richard Friedman
Darsteller: Emma Samms (Sarah Klein), Parker Stevenson (Ted Klein), Joan Chen (Vanessa), Michael Easton (Shawn)
Drehbuch: Richard Friedman
Kamera: Rodney Charters (Farbe)
Musik: Gary Chang
Produktion: USA 1992
Sendetermin: 11.2.1994, ARD, 20.15
Länge: 87 Min.

Sarah Klein, ein erfolgreiches Fotomodell, freut sich auf ein erholsames Wochenende am Meer mit ihrem Mann Ted. Die junge Frau ahnt nicht, was auf sie zukommt, als sie nach einem Bootsunfall die Dozentin Vanessa mit ihrem Freund Shawn bei sich aufnehmen. Shawn stellt ihr nach; nachdem Sarah ihn in Notwehr erschossen hat, gerät sie immer tiefer in ein alptraumartiges Geschehen. *Pressetext ARD*

Zwei Freundinnen 1026
TWO FRIENDS ***
TV

Regie: Jane Campion
Darsteller: Kris Bidenko (Kelly), Emma Coles (Louise), Kris McQuade (Janet), Peter Hehir (Malcolm), Kerry Dwyer (Alison), Stephen Leeder (Jim), Debra May (Chris), Sean Travers (Matthew), Emily Stocker (Soula), Giovanni Marangoni (Renato)
Drehbuch: Helen Garner
Kamera: Julian Penney (Eastmancolor)
Schnitt: Bill Russo
Produktion: Jan Chapman für ABC Int., Australien 1986
Sendetermin: 14.5.1994, Arte, 22.20
Länge: 76 Min.

Kelly war die beste Freundin von Louise, doch etwas hat sich zwischen ihnen verändert: Kelly trägt plötzlich eine Punkfrisur, ist von zuhause ausgerissen, raucht, nimmt Drogen, und die Schule ist ihr egal, was die ehrgeizige Louise,

die das Gymnasium besucht und klassische Musik mag, nicht versteht.
Pressetext Arte

K.W. in: Frankfurter Rundschau, 14.5.94

Zwei Männer 1027
ZWEI MÄNNER ***

Regie: Dagmar Benke
Darsteller: Karl-Heinz Benke, Manfred Benke
Drehbuch: Dagmar Benke
Kamera: Lars Barthel (Farbe)
Musik: Michael Rodach
Schnitt: Gudrun Steinbrück
Produktion: Dagmar Benke, Jürgen Seidler für Aufbruch Filmprod., BRD 1993
Erstaufführung: Filmfest München 1993
Verleih: Eigenverleih/-/-
Kinostart: 13.10.1994
Länge: 86 Min. – *FBW:* Wertvoll

Ein Brüder-Aufwasch der Lebensläufe aus BRD und DDR: Karl-Heinz/West (Lehrer und Kommunalpolitiker) und Manfred/Ost (Major der Volksarmee) 1989 beim Wiedersehen am See der gemeinsamen Kindheit, gefilmt von der Tochter/West. Etwas zu umständlich im Privaten festhängend, aber exemplarisch genug, um Interesse zu finden: eine deutsche Familienmediation im Wendebruch. *Ponkie, AZ, 26.6.93*

Reiner Brückner-Heinz in: FR, 2.11.94; Gerald Jung in: Zitty, 16/94

Zwei Millionen Dollar Trinkgeld 1028
IT COULD HAPPEN TO YOU ***

Regie: Andrew Bergman
Darsteller: Nicolas Cage (Charlie Lang), Bridget Fonda (Yvonne Biasi), Rosie Perez (Muriel Lang), Wendell Pierce (Bo Williams), Isaac Hayes (Angel), Victor Rojas (Jesu), Seymour Cassel (Jack Gross), Stanley Tucci (Eddie Biasi), J.E Freeman (Sal Bontempo), Red Buttons (Walter Zakuto)
Drehbuch: Jane Anderson
Kamera: Caleb Deschanel (Technicolor)
Musik: Carter Burwell
Schnitt: Barry Malkin
Produktion: Mike Lobell für Adelson-Baumgarten/Lobell-Bergman Prod., USA 1994
Uraufführung: 29.7.1994, New York
Verleih: Columbia TriStar/dto./20th Century Fox/Columbia TriStar Home Video

Märchen über Menschlichkeit mit Bridget Fonda und Nicolas Cage.

Kinostart: 22.9.1994
Länge: 101 Min. – *FSK:* ab 6, ffr.

Ein Polizist verspricht einer Kellnerin die Hälfte seines eventuellen Lottogewinns, weil er ihr gerade kein Trinkgeld geben kann. Aus diesem leichtfertigen Versprechen wird ein schwerwiegendes Problem, als der Cop tatsächlich den Jackpot abräumt und der Dame nun zwei Millionen Dollar »schuldet«. Anfangs noch schwungvolle Komödie, die die Möglichkeiten ihres Themas jedoch nicht ausschöpft und sich schließlich von einer hanebüchenen Wendung zur nächsten schleppt.
Frank Schnelle, tip, 20/94

(...) Die romantische Komödie, der ein authentischer Fall zugrunde liegt, feiert, ganz im Sinn der Filme Frank Capras, die Tugenden der Ehrlichkeit, Einfachheit und Güte, allerdings allzu penetrant und etwas verlogen. *Zoom*

Frauke Hanck in: AZ, 22.9.94; Rupert Koppold in: Rheinische Post, 23.9.94; H.G. Pflaum in: SZ, 22.9.94

Das zweite Gesicht 1029
DOUBLE VISION □
TV

Regie: Robert Knights
Darsteller: Christopher Lee (Mr. Perfect), Macha Meril (Mrs. Pefect), Kim Cattrall

(Caroline/Lisa), Gale Hansen (Michael), Shane Rimmer (Vater)
Drehbuch: Nach der Erzählung »Double Vision« von Mary Higgins Clark
Produktion: Frankreich/Kanada/BRD 1991
Sendetermin: 30.3.1994, ARD, 23.05
Länge: 85 Min.

Caroline macht sich mit dunklen Vorahnungen Sorgen um ihre Schwester Lisa. Sie verschiebt ihre Hochzeit mit Michael, reist nach London und erfährt, daß Lisa in der Nähe von Mr. Perfects Landhaus ertrunken ist. Als sich dieser Unfall als Mord herausstellt, schlüpft Caroline in die Rolle ihrer Schwester. Sie hatte offensichtlich das zweite Gesicht.

Das zweite Gesicht 1030

THE GOOD SON **

Regie: Joseph Ruben
Darsteller: Macaulay Culkin (Henry), Elijah Wood (Mark), Wendy Crewson (Susan), David Morse (Jack), Daniel Hugh Kelly (Wallace), Jacqueline Brookers (Alice), Quinn Culkin (Connie), Ashley Crow (Janice), Guy Strauss (Arizona Doktor), Keith Brava
Drehbuch: Ian McEwan
Kamera: John Lindley (Farbe)
Musik: Elmer Bernstein
Schnitt: George Bowers
Produktion: Joseph Ruben, Mary Anne Page für Joseph Ruben Prod., USA 1993
Verleih: 20th Century Fox/dto./dto./Fox Video
Kinostart: 28.4.1994
Länge: 86 Min.
FSK: ab 16, ffr.

Ein zwölfjähriger Junge verbringt nach dem Tod seiner Mutter einige Wochen in der Familie seines Onkels und wird in die mörderischen Spiele seines gleichaltrigen Cousins verstrickt, der auch vor Mordanschlägen auf seine Schwester und Mutter nicht zurückschreckt. Psychologisch unglaubwürdige, aufdringlich und oberflächlich inszenierte moderne (Horror-)Version des »Kain und Abel«-Themas, die auf problematische Art Kinder-Stars (insbesondere »Kevin«-Darsteller Macaulay Culkin als bad guy) instrumentalisiert, um eine unreflektierte Botschaft vom absolut Bösen in Menschengestalt, das vernichtet werden muß, zu verkünden. *Zoom*

Zwölfjähriger gerät nach dem Tod seiner Mutter in die mörderischen Spiele seines Vetters, die erst durch dessen Tod ein Ende finden. Horrorthriller mit bekannten Kinderdarstellern, der wegen seiner menschenverachtenden Grundtendenz bedenklich stimmt.
multimedia

(...) Der Film fährt mit den Zuschauern emotional Achterbahn, aber die Tiefpunkte sind nicht ganz beabsichtigt: anfangs erschreckt man sich über Macaulay, dann beginnt seine böse Fratze zu langweilen, doch erst das Finale ist mehr als ein konventioneller Paukenschlag – die Entscheidung einer Mutter, die weit über das Ende dieses kleinen Thrillers hinaus verstört.
Milan Pavlovic, Kölner Stadt-Anzeiger, 30.4.94

Albert Baer in: Rheinische Post, 29.4.94; Alfred Holighaus in: tip, 9/94; Frank Noack in: Der Tagesspiegel, 28.4.94

32 Variationen über Glenn Gould 1031

THIRTY-TWO SHORT FILMS ABOUT GLENN GOULD ****

Regie: François Girard
Darsteller: Colm Feore (Glenn Gould)
Drehbuch: François Girard, Don McKellar
Kamera: Alain Dostie (Farbe)
Musik: J.S. Bach
Schnitt: Gaétan Huot
Produktion: Niv Fichman für Rhombus Media mit Telefilm Canada/Ontario Film sowie National Film Board of Canada/Canadian Broadcasting Corp./Societé Radio-Canada/ Nos Television/RTP-Portugal/Oy Yleisdario/ Glenn Gould Limited, Kanada 1993
Uraufführung: Int. Filmfestspiele Venedig 1993
Erstaufführung: Int. Forum des Jungen Films, Berlin 1994
Verleih: TiMe/Stöbergasse/Focus
Kinostart: 24.3.1994
Länge: 93 Min. – *FSK:* ab 6, ffr.

Eine Annäherung an den großen Pianisten Glenn Gould in einer gelungenen Mischform aus Dokumentar-, Spiel- und Experimentalfilm. Nie besteht die Gefahr, die rätselhafte Aura Goulds zu zerstören, vielmehr gibt es zahlreiche

Genie auf der Flucht vor Öffentlichkeit: Colm Feore als Glenn Gould in ›32 Variationen über Glenn Gould‹.

erhellende Anmerkungen zu seinem Werk. Für Anfänger wie Kenner gleichermaßen anregend. *Zoom, 5/94*

Zweiunddreißig kurze Filme wollen in Anlehnung an die formale Struktur der Bachschen Goldbergvariationen ein differenziertes Bild der Künstlerpersönlichkeit Glenn Gould darstellen. Den dadurch selbstgesteckten Rahmen von Biographie und kunsttheoretischen Positionen Goulds kann der dokumentarisch intendierte Film nicht immer ausfüllen, die an sich originelle Idee, zugunsten eines Schauspielers auf das reichlich vorhandene Original-Filmmaterial von Glenn Gould zu verzichten, erweist sich in diesem Fall als eher kontraproduktiv. *multimedia*

(...) als lustmachende Einführung taugen sie also unbedingt, diese filmischen Variationen, und den Gouldianern treten sie nicht zu nahe. Es ist zwar ein geschöntes Bild, das hier entworfen wird, Schwächen, Abgründe und Dunkelzonen sind weggeblendet, aber zugleich eines, das in seiner Neutralität genügend Platz läßt für die Musik, die Imagination und die Erinnerung an Glenn Gould. *Brigitte Desalm, Kölner Stadt-Anzeiger, 2.4.94*

Angie Dullinger in: AZ, 31.3.94; Sebastian Feldmann in: Rheinische Post, 15.4.94; Fritz Göttler in: SZ, 5.4.94; Frauke Hartmann in: FR, 18.4.94; Vera Lumpe in: FR, 31.3.94; Mirko Weber in: Stgt. Zeitung, 8.4.94

Zwischen Himmel und Hölle 1032

HEAVEN AND EARTH ***

Regie: Oliver Stone
Darsteller: Tommy Lee Jones (Sgt. Steve Butler), Haing S. Ngor (Vater), Hiep Thi Le (Le Ly), Joan Chen (Mutter von Le Ly), Debbie Reynolds (Eugenia), Dustin Nguyen (Sau), Conchata Ferrell (Bernice), Vivian Wu (Madame Lieu), Dale Dye (Larry), Liem Whatley
Drehbuch: Oliver Stone, nach den Romanen »When Heaven and Earth Changed Places« von Le Ly Hayslip, Jay Wurts und »Child of

War, Woman of Peace« von Le Ly Hayslip und James Hayslip
Kamera: Robert Richardson (Technicolor)
Musik: Kitaro
Schnitt: David Brenner, Sally Menke
Produktion: Oliver Stone, Alex Kitman Ho, Arnon Milchan, Robert Kline für Ixtlan/New Regency/Todd-AO/TAE Prod. mit Regency Enterprises/Le Studio Canal plus/Alcor Films, USA 1993
Uraufführung: 25.12.1993, New York
Verleih: Warner Bros./dto./dto./ Warner Home Video
Kinostart: 27.1.1994
Länge: 141 Min.
FSK: ab 16, ffr.

Nach »Platoon« (1986) und »Born on the Fourth of July« (1989) beschäftigt sich Oliver Stone erneut mit dem »Vietnam-Trauma« der USA. Diesmal schildert er in epischer Breite und virtuos, aber ohne parteiliches Pathos und falsche Sentimentalitäten nicht die Befindlichkeit der US-Seite, sondern erzählt die dramatisch-tragische Lebensgeschichte einer heute in den USA lebenden Vietnamesin. Der Film basiert auf zwei Büchern von Le Lay Hayslip und schlägt, respektvoll und glaubhaft, eine Brücke von den fünfziger Jahren über den Vietnamkrieg bis in die Phase des US-Exils der Autorin hinein. *Zoom*

(...) Stone sieht, nach 15 Monaten Einsatz in Vietnam, immer noch die Polarität von Tätern und Opfern, zelebriert Versöhnungsrituale, übertreibt bisweilen den Einsatz optisch-aktustischer Technik. Seinen Annäherungs-Willen an ein gequältes Volk als sentimentale Spekulation abzutun, wäre dennoch mehr als ungerecht.

Angie Dullinger, AZ, 27.1.94

Sebastian Feldmann in: Rheinische Post, 18.6.94; Fritz Göttler in: SZ, 17.1.94; Peter Körte in: FR, 27.1.94; Ruprecht Skasa-Weiß in: Stgt. Zeitung, 27.1.94

Regisseur Oliver Stone am Set von ›Zwischen Himmel und Hölle‹.

Internationale Filmpreise

The Academy Awards (Oscars) 1994

An Steven Spielberg kam bei der Verleihung der Academy Awards 1994 keiner vorbei. Der Regisseur, der es wie kein anderer versteht, Träume Wirklichkeit werden zu lassen, wurde bis dato von der Academy, die zur Hälfte aus Schaupielern besteht, immer übergangen.
Sicher: Nomimiert für den Oscar war er bereits dreimal, aber jedesmal ging »Hollywoods Wunderkind« leer aus. Erst jetzt wurde sein Traum erfüllt. Daß sich die Academy bislang einer Würdigung Spielbergs widersetzte, hatte nach Ansicht der »Süddeutschen Zeitung« zweierlei Gründe: »Zum einen wollten sie kein Kino auszeichnen, das den Spezialeffekten mehr Aufmerksamkeit schenkt als den Schauspielern«.
Zum anderen hätte sie vermieden, Preise für allzu erfolgreiche Filme zu vergeben, weil sie nicht in den Verdacht geraten wollte, sie würde die Kunst dem Kommerz opfern. Spielberg habe der Jury aber in diesem Jahr die Skrupel abgenommen, indem er mit *Jurassic Park* den beim Publikum und mit *Schindlers Liste* den bei der Kritik erfolgreichsten Film innerhalb eines Jahres gemacht habe. Spielberg wäre also der letzte, den zu übergehen sich die Academy hätte leisten können.
Aus deutscher Sicht erfreulich war der Oscar für Pepe Danquarts *Schwarzfahrer* als bestem Kurzfilm (Live Action). Daß dem Regisseur schon wenige Stunden nach der Verleihung vorgeworfen wurde, er habe die Story des Films geklaut, sorgte dabei nur kurz für Aufregung.

Bester Film: *Auf der Flucht*, *Im Namen des Vaters*, *Das Piano*, *Schindlers Liste*, *Was vom Tage übrigblieb*.
Ausgezeichnet wurde ***Schindlers Liste***.

Bester Darsteller: Daniel Day-Lewis für *Im Namen des Vaters*, Laurence Fishburne für *Tina – What's Love Got to Do With It*, Tom Hanks für *Philadelphia*, Anthony Hopkins für *Was vom Tage übrigblieb*, Liam Neeson für *Schindlers Liste*.
Ausgezeichnet wurde ***Tom Hanks***.

Beste Darstellerin: Angela Bassett für *Tina – What's Love Got to Do With It*, Stockard Channing für *Six Degrees of Separation*, Holly Hunter für *Das Piano*, Emma Thompson für *Was vom Tage übrigblieb*, Debra Winger für *Shadowlands*.
Ausgezeichnet wurde ***Holly Hunter***.

Bester Regisseur: Robert Altman für *Short Cuts*, Jane Campion für *Das Piano*, James Ivory für *Was vom Tage übrigblieb*, Jim Sheridan für *Im Namen des Vaters*, Steven Spielberg für *Schindlers Liste*.
Ausgezeichnet wurde ***Steven Spielberg***.

Bester Nebendarsteller: Leonardo DiCaprio für *Gilbert Grape – Irgendwo in Iowa*, Ralph Fiennes für *Schindlers Liste*, Tommy Lee Jones für *Auf der Flucht*, John Malkovich für *In the Line of Fire – Die zweite Chance*, Pete Postlethwaite für *Im Namen des Vaters*.
Ausgezeichnet wurde ***Tommy Lee Jones***.

Beste Nebendarstellerin: Holly Hunter für *Die Firma*, Anna Paquin für *Das Piano*, Rosie Perez für *Fear-*

less – Jenseits der Angst, Winona Ryder für *Zeit der Unschuld*, Emma Thompson für *Im Namen des Vaters*.
Ausgezeichnet wurde ***Anna Paquin***.

Bestes Originaldrehbuch: Gary Ross für *Dave*, Jeff Maguire für *In the Line of Fire – Die zweite Chance*, Ron Nyswaner für *Philadelphia*, Jane Campion für *Das Piano*, Nora Ephron, David S. Ward, Jeff Arch für *Schlaflos in Seattle*.
Ausgezeichnet wurde ***Jane Campion***.

Bestes adaptiertes Drehbuch: Jay Cocks, Martin Scorsese für *Zeit der Unschuld*, Terry George, Jim Sheridan für *Im Namen des Vaters*, Ruth Prawer Jhabvala für *Was vom Tage übrigblieb*, Steven Zaillian für *Schindlers Liste*, William Nicholson für *Shadowlands*.
Ausgezeichnet wurde ***Steven Zaillian***.

Bester ausländischer Film: *Belle Epoque* (Spanien), *Lebewohl meine Konkubine* (Hongkong), *Hedd Wyn* (Großbritannien), *Der Duft der grünen Papaya* (Vietnam), *Das Hochzeitsbankett* (Taiwan).
Ausgezeichnet wurde ***Belle Epoque***.

Beste Kamera: Gu Changwei für *Lebewohl meine Konkubine*, Michael Chapman für *Auf der Flucht*, Stuart Dryburgh für *Das Piano*, Janusz Kaminski für *Schindlers Liste*, Conrad L. Hall für *Searching für Bobby Fisher*.
Ausgezeichnet wurde ***Janusz Kaminski***.

Beste Ausstattung: Ken Adam, Marvin March für *Die Addams Family in verrückter Tradition*, Dante Ferretti, Robert J. Franco für *Zeit der Unschuld*, Ben van Os, Jan Roelfs für *Orlando*, Luciana Arrighi, Ian Whittaker für *Was vom Tage übrigblieb*, Allan Starski, Ewa Braun für *Schindlers Liste*.
Ausgezeichnet wurden ***Allan Starski, Ewa Braun***.

Bester Schnitt: Dennis Virkler, David Finfer, Dean Goodhill, Don Brochu, Richard Nord, Dov Hoenig für *Auf der Flucht*, Anne V. Coates für *In the Line of Fire – Die zweite Chance*, Gerry Hambling für *Im Namen des Vaters*, Veronika Jenet für *Das Piano*, Michael Kahn für *Schindlers Liste*.
Ausgezeichnet wurde ***Michael Kahn***.

Beste Musik: Elmer Bernstein für *Zeit der Unschuld*, Dave Grusin für *Die Firma*, James Newton Howard für *Auf der Flucht*, Richard Robbins für *Was vom Tage übrigblieb*, John Williams für *Schindlers Liste*.
Ausgezeichnet wurde ***John Williams***.

Bester Song: *Again* aus *Poetic Justice*, *The Day I Fall in Love* aus *Eine Familie namens Beethoven*, *Philadelphia* aus *Philadelphia*, *Streets of Philadelphia* aus *Philadelphia*, *A Wink and a Smile* aus *Schlaflos in Seattle*.
Ausgezeichnet wurde ***Streets of Philadelphia***.

Beste Maske: *Mrs. Doubtfire*, *Philadelphia*, *Schindlers Liste*.
Ausgezeichnet wurde ***Mrs. Doubtfire***.

Beste Kostüme: Gabriella Pescucci für *Zeit der Unschuld*, Sandy Powell für *Orlando*, Janet Patterson für *Das Piano*, Jenny Beaven, John Bright für *Was vom Tage übrigblieb*, Anna Biedrzycka-Sheppard für *Schindlers Liste*.
Ausgezeichnet wurde ***Gabriella Pescucci***.

Beste visuelle Effekte: *Cliffhanger*, *Jurassic Park*, *The Nightmare Before Christmas*.
Ausgezeichnet wurde ***Jurassic Park***.

Bester Ton: *Auf der Flucht, Cliffhanger, Geronimo: An American Legend, Jurassic Park, Schindlers Liste.*
Ausgezeichnet wurde ***Jurassic Park***.

Beste Schnitt Toneffekte: *Auf der Flucht, Cliffhanger, Jurassic Park.*
Ausgezeichnet wurde ***Jurassic Park***.

Beste Dokumentation: ***I am a Promise: The Children of Stanton Elementary School***.
Beste Dokumentation (Kurzfilm): ***Defending Our Lives***.
Bester Kurzfilm (Animation): ***The Wrong Trousers***.
Bester Kurzfilm (Live Action): ***Schwarzfahrer***.
Jean Hersholt Humanitarian Award: ***Paul Newman***.
Ehren-Oscar: ***Deborah Kerr***.

Golden Globes 1994

Steven Spielberg war bei der 51. Verleihung der *Golden Globes*, die von der Vereinigung der Auslandspresse Hollywoods in Beverly Hills vergeben wurden, der große Gewinner. Sein Film *Schindlers Liste* wurde bester dramaturgischer Film und Spielberg selbst erhielt auch noch den Regiepreis.
Und die Vermutung, daß damit ein Zeichen in Richtung Oscar-Verleihung gesetzt wurde, erwies sich im nachhinein als richtig.

Bester Film (Drama): *Zeit der Unschuld, Schindlers Liste, Im Namen des Vaters, Das Piano, Was vom Tage übrigblieb.*
Ausgezeichnet wurde ***Schindlers Liste***.

Beste Hauptdarstellerin (Drama): Juliette Binoche für *Drei Farben: Blau*, Holly Hunter für *Das Piano*, Michelle Pfeiffer für *Zeit der Unschuld*, Emma Thompson für *Was vom Tage übrigblieb*, Debra Winger für *A Dangerous Woman.*
Ausgezeichnet wurde ***Holly Hunter***.

Bester Hauptdarsteller (Drama): Harrison Ford für *Auf der Flucht*, Tom Hanks für *Philadelphia*, Anthony Hopkins für *Was vom Tage übrigblieb*, Daniel Day-Lewis für *Im Namen des Vaters*, Liam Neeson für *Schindlers Liste.*
Ausgezeichnet wurde ***Tom Hanks***.

Bester Film (Musical oder Komödie): *Dave, Mrs. Doubtfire, Viel Lärm um Nichts, Schlaflos in Seattle, Strictly Ballroom.*
Ausgezeichnet wurde ***Mrs.Doubtfire***.

Beste Hauptdarstellerin (Musical oder Komödie): Angela Bassett für *Tina – What's Love Got To Do With It*, Stockard Channing für *Six Degrees of Seperation*, Anjelica Huston für *Addams Family 2*, Diane Keaton für *Manhattan Murder Mystery*, Meg Ryan für *Schlaflos in Seattle.*
Ausgezeichnet wurde ***Angela Bassett***.

Bester Hauptdarsteller (Musical oder Komödie): Johnny Depp für *Benny & Joon*, Tom Hanks für *Schlaflos in Seattle*, Kevin Kline für *Dave*, Colm Meany für *The Snapper*, Robin Williams für *Mrs. Doubtfire.*
Ausgezeichnet wurde ***Robin Williams***.

Bester fremdsprachiger Film: *Lebe wohl meine Konkubine, Drei Farben: Blau, Flight of the Innocent, Justiz, Das Hochzeitsbankett.*
Ausgezeichnet wurde ***Lebe wohl meine Konkubine***.

Beste Regie: Jane Campion für *Das Piano*, Steven Spielberg für *Schindlers Liste*, Andrew Davis für *Auf der Flucht*, James Ivory für *Was vom Tage*

übrigblieb, Martin Scorsese für *Zeit der Unschuld*.
Ausgezeichnet wurde ***Steven Spielberg***.

Bestes Drehbuch: Jane Campion für *Das Piano*, Robert Altman, Frank Barhydt für *Short Cuts*, Ruth Prawer Jhabvala für *Was vom Tage übrigblieb*, Ron Nyswaner für *Philadelphia*, Steven Zaillian für *Schindlers Liste*.
Ausgezeichnet wurde ***Steven Zaillian***.

Beste Nebendarstellerin: Anna Paquin für *Das Piano*, Rosie Perez für *Fearless*, Penelope Ann Miller für *Carlitos Way*, Winona Ryder für *Zeit der Unschuld*, Emma Thompson für *Im Namen des Vaters*.
Ausgezeichnet wurde ***Winona Ryder***.

Bester Nebendarsteller: Tommy Lee Jones für *Auf der Flucht*, Leonardo Dicaprio für *What's Eating Gilbert Grape*, Ralph Fiennes für *Schindlers Liste*, John Malkovich für *In the Line of Fire – Die zweite Chance*, Sean Penn für *Carlitos Way*.
Ausgezeichnet wurde ***Tommy Lee Jones***.

Beste Musik: Zbigniew Preisner für *Drei Farben: Blau*, Danny Elfman für *The Nightmare before Christmas*, Kitaro für *Zwischen Himmel und Hölle*, Michael Nyman für *Das Piano*, John Williams für *Schindlers Liste*.
Ausgezeichnet wurde ***Kitaro***.

Bestes Lied: *Again* aus *Poetic Justice*, *The Day I Fall in Love* aus *Ein Hund namens Beethoven 2*, *Stay* aus *In weiter Ferne so nah*, *Streets of Philadelphia* aus *Philadelphia*, *Thief of your Heart* aus *In the Name of the Father*.
Ausgezeichnet wurde ***Streets of Philadelphia***.

BAFTA
British Academy Awards

Schindlers Liste war auch beim britischen Academy Award prominent vertreten, und auch Holly Hunter bekam zwei Nominierungen. Dagegen wurde Emma Thompson nur einmal bedacht. Beim ausländischen Film wichen die Nominierungen von der asiatischen Oscar-Liste ab: Neben der *Konkubine* sind zwei französische Achtungserfolge sowie der mexikanische Welterfolg *Bittersüße Schokolade* vertreten.

Bester Film: *Das Piano*, *Was vom Tage übrigblieb*, *Schindlers Liste*, *Shadowlands*.
Ausgezeichnet wurde ***Schindlers Liste***

Bester nichtenglischer Film: *Lebe wohl, meine Konkubine*, *Ein Herz im Winter*, *Bittersüße Schokolade*, *Indochine*.
Ausgezeichnet wurde ***Lebe wohl, meine Konkubine***

Beste Regie: Jane Campion für *Das Piano*, James Ivory für *Was vom Tage übrigblieb*, Steven Spielberg für *Schindlers Liste*, Richard Attenborough für *Shadowlands*.
Ausgezeichnet wurde ***Steven Spielberg***

Bestes Drehbuch: Danny Rubin, Harold Ramis für *Und täglich grüßt das Murmeltier*, Jeff Maquire für *In the Line of Fire*, Jane Campion für *Das Piano*, Nora Ephron, David S. Ward, Jeff Arch für *Schlaflos in Seattle*.
Ausgezeichnet wurden ***Danny Rubin, Harold Ramis***

Beste Adaption: Terry George, Jim Sheridan für *Im Namen des Vaters*, Ruth Prawer Jhabvala für *Was vom Tage übrigblieb*, Bo Goldman für *Der Duft der Frauen*, Steven Zaillian für

Schindlers Liste, William Nicholson für *Shadowlands*.
Ausgezeichnet wurde ***Steven Zaillian***

Beste Hauptdarstellerin: Holly Hunter für *Das Piano*, Miranda Richardson für *Tom & Viv*, Emma Thompson für *Was vom Tage übrigblieb*, Debra Winger für *Shadowlands*.
Ausgezeichnet wurde ***Holly Hunter***

Bester Hauptdarsteller: Daniel Day-Lewis für *Im Namen des Vaters*, Anthony Hopkins für *Was vom Tage übrigblieb* und für *Shadowlands*, Liam Neeson für *Schindlers Liste*.
Ausgezeichnet wurde ***Anthony Hopkins***

Beste Nebendarstellerin: Holly Hunter für *Die Firma*, Miriam Margolyes für *Zeit der Unschuld*, Winona Ryder für *Zeit der Unschuld*, Maggie Smith für *Der geheime Garten*.
Ausgezeichnet wurde ***Miriam Margolyes***

Bester Nebendarsteller: Ralph Fiennes für *Schindlers Liste*, Ben Kingsley für *Schindlers Liste*, Tommy Lee Jones für *Auf der Flucht*, John Malkovich für *In the Line of Fire*.
Ausgezeichnet wurde ***Ralph Fiennes***

Beste Kamera: Michael Ballhaus für *Zeit der Unschuld*, Stuart Dryburgh für *Das Piano*, Tony Pierce-Roberts für *Was vom Tage übrigblieb*, Janus Kaminski für *Schindlers Liste*.
Ausgezeichnet wurde ***Janus Kaminski***

Beste Ausstattung: Dante Ferretti für *Zeit der Unschuld*, Thomas Sanders für *Bram Stoker's Dracula*, Andrew McAlpin für *Das Piano*, Allan Starski für *Schindlers Liste*.
Ausgezeichnet wurde ***Andrew McAlpin***

Bester Ton: John Leveque, Bruce Stanbler, Becky Sullivan, Scott D. Smith, Donald O. Mitchell, Michael Herbick, Frank O. Montano für *Auf der Flucht*, Richard Hymns, Rod Judkins, Gary Summers, Gary Rydstrom, Shawn Murphy für *Jurassic Park*, Lee Smith, Gary O'Grady, Jeanine Chiavolo, Tony Johnson, Gethin Creagh für *Das Piano*, Charles L. Champbell, Louis L. Edemann, Andrea Lakin, Samuel F. Kaufmann, Andy Nelson, Steve Pederson, Scott Millan für *Schindlers Liste*.
Ausgezeichnet wurde ***Das Team für ›Auf der Flucht‹***

Bester Schnitt: Dennis Vikler, David Finfer, Dean Godhill, Don Brochu, Richard Nord, Dov Hoenig für *Auf der Flucht*, Anne C. Coates für *In the Line of Fire*, Veronika Jenet für *Das Piano*, Michael Kahn für *Schindlers Liste*.
Ausgezeichnet wurde ***Michael Kahn***

Beste Spezialeffekte: *Aladdin*, *Bram Stoker's Dracula*, *Auf der Flucht*, *Jurassic Park*.
Ausgezeichnet wurde ***Jurassic Park***

Beste Maske: Kevin C. Haney für *Die Addams Family in verrückter Tradition*, Michele Burke für *Bram Stoker's Dracula*, Morag Ross für *Orlando*, Christina Smith für *Schindlers Liste*.
Ausgezeichnet wurde ***Morag Ross***

Beste Kostüme: Eiko Ishioka für *Bram Stoker's Dracula*, Phillys Dalton für *Viel Lärm um nichts*, Sandy Powell für *Orlando*, Janet Patterson für *Das Piano*, Anna Biedrzycka-Sheppard für *Schindlers Liste*.
Ausgezeichnet wurde ***Janet Patterson***

Beste Musik: Alan Menken für *Aladdin*, Michael Nyman für *Das Piano*, John Williams für *Schindlers Liste*, Marc Shaiman für *Schlaflos in Seattle*.
Ausgezeichnet wurde ***John Williams***

Europäischer Filmpreis »Felix« 1994

Bereits seinen dritten *Felix* bekam der italienische Regisseur **Gianni Amelio**. Er hatte den seit 1988 verliehenen Preis 1990 für *Porte aperte (Offene Türen)* und 1992 für *Il ladro di bambini (Gestohlene Kinder)* bekommen. Diesmal erhielt er den Preis für seinen Film *Lamerica*, ein eindringliches Roadmovie durch Albanien. Daß Amelio auch in Berlin erfolgreich war, kam nicht überraschend. Denn *Lamerica* wurde beim Filmfestival in Venedig bereits mit dem Silbernen Leoparden ausgezeichnet. Überreicht wurde der Preis von **Michel Piccoli** im Spiegelzelt der *Bar jeder Vernunft*, neben der früheren Freien Volksbühne.
Der Preis für den besten *Jungen Europäischen Film* ging zu gleichen Teilen an den französischen Film ***Le Fils du Requim*** von **Agnes Merlet** und an ***Woyzeck***, eine Adaption des Georg-Büchner-Stückes des ungarischen Regisseurs **Janos Szasz**.
Der internationale Verband der Filmjournalisten FIPRESCI vergab seinen »Felix der Kritik« an ***Liebes Tagebuch*** von **Nanni Moretti** (Italien). Der 93jährige französische Regisseur ***Robert Bresson***, der aus Gesundheitsgründen nicht nach Berlin gekommen war, wurde für sein Lebenswerk geehrt.
Der »Europäische Dokumentarfilmpreis« ging an die SAGA-Gruppe, einer Vereinigung von Filmemachern aus Sarajevo. Nach Meinung der Filmakademie hatte die Gruppe »mit außergewöhnlichem Geist der Zusammengehörigkeit die Welt seit zwei Jahren über das Leben einer belagerten Stadt informiert.«
Mit dieser Auszeichnung beendete die Akademie die diesjährigen Ehrungen. Denn Preise für die besten Darsteller und den besten Regisseur wurden diesmal aus Kostengründen nicht verliehen. Schon allein deshalb kann man gespannt ins kommende Jahr blicken. Denn ob »Felix« 1995 besser bei Kasse ist, darf bezweifelt werden. Man stelle sich vor: Die nächste Verleihung des Europäischen Filmpreises geht über die Bühne, und mangels monetärer Masse kriegt niemand einen Preis.

19. Französischer Filmpreis »César«

Claude Berris Zola-Verfilmung *Germinal* war als großer Favorit in die diesjährige César-Verleihung gegangen. Zwölf Nominierungen sprachen hier eine deutliche Sprache. Aber meistens kommt es anders, und zweitens als man denkt: Alain Resnais mit seinem Doppelfilm *Smoking/No Smoking* bekam alle großen Preise ab, und Claude Berri blieben nur die Césars für Kamera und Kostüme.

Die Preise im einzelnen:

Bester Film: ***Smoking/No Smoking*** von Alain Resnais.
Bester Regisseur: ***Alain Resnais***.
Bester Schauspieler: ***Pierre Arditi*** für *Smoking/No Smoking*.
Beste Schauspielerin: ***Juliette Binoche*** für *Drei Farben: Blau*.
Bester Schauspieler in einer Nebenrolle: ***Fabrice Luechini*** für *Tout ca pour ca*.
Beste Schauspielerin in einer Nebenrolle: ***Valérie Lemercier*** in *Les Visiteurs*.
Bestes männliches Nachwuchstalent: ***Olivier Martinez*** für *Un, deux, trois, soleil* von Bertrand Blier.
Bestes weibliches Nachwuchstalent: ***Valéria Bruni-Tedeschi*** für *Les gens normaux n'ont rien d'exeptionel* von Laurence Ferreira Barbosa.

Bestes Erstlingswerk: *Der Duft der grünen Papaya* von Tran Anh Hung.
Bester ausländischer Film: *Das Piano* von Jane Campion.
Beste Kamera: ***Yves Angelo*** für *Germinal.*
Bestes Szenario oder Adaption: ***Jean-Pierre Bacri***, Agnès Jaoui für *Smoking/No Smoking.*
Beste Musik: ***Kahled*** für *Un, deux, trois, soleil* von Bertrand Blier.
Bester Ton: ***Jean-Claude Lareux, William Flageolet*** für *Drei Farben: Blau.*
Beste Dekoration: ***Jacques Saulnier*** für *Smoking/No Smoking.*
Bester Schnitt: ***Jacques Witta*** für *Drei Farben: Blau.*
Beste Kostüme: ***Sylvie Gautrelet, Caroline de Vivaise, Bernadette Villard*** für *Germinal.*
Bester Kurzfilm: *Gueule d'atmosphère* von Olivier Peray.
Ehren-César: ***Jean Carmet.***

8. Spanischer Filmpreis »Goya«

Nicht Pedro Almodovar, Spaniens Filmgenie, sondern der 78jährige Kinoveteran **Luis Garcia Berlanga** war der Sieger der diesjährigen Goya-Verleihung.
Dies ist um so erstaunlicher, weil Almodovars *Kika* mit acht Nominierungen als großer Favorit ins Rennen gegangen war.
Dennoch wurde Luis Garcia Berlanga, der in den 50er Jahren mit Filmen wie *Willkommen, Mr. Marshall* und *Calabuig* populär geworden war, der große Sieger. Sein Film *Todos al al Carcel* wurde mit dem Preis für den besten Film ausgezeichnet. Berlanga erhielt darüber hinaus den Regiepreis.
Als bester Schauspieler wurde **Juan Echano** für *Madre Gilda* von Francisco Regueiro geehrt. Den Preis für die beste Schauspielerin bekam **Veronica Forque** für *Kika.*
Die Goyas für die besten Nebendarsteller gingen an **Rosa Maria Sarda** für *Por Que l Llaman Amor Cuando Quieren Decir Sexo* und **Fernando Valverde** für *Sombras en una Batalla.*
Kieslowskis ***Drei Farben: Blau*** bekam den Preis für den besten ausländischen Film.

Rossy de Palme und Verónica Forqué in ›Kika‹ von Pedro Almodovar.

Internationale Filmfestivals und Filmtage

44. Internationale Filmfestspiele Berlin

Im Vergleich zu anderen Festivals mußte die Berlinale nur eine relativ geringe Etatkürzung verkraften: Das Budget des international bedeutendsten Kulturereignises in Berlin wurde um sechs Prozent gekürzt. Dennoch ließen die Auswahl der Filme und das Rahmenprogramm kaum Wünsche offen. Und bei Filmproduzenten sei das Ereignis in seinem Stellenwert »fast identisch« mit dem Glamour- und Palmen-Festival in Cannes, wie Festivalleiter Moritz de Hadeln stolz verkündete.

Im Wettbewerb liefen 22 Filme, 14 aus Europa, zwei aus den USA. Und »seit Jahren konnte die Berlinale keinen derart befriedigenden Wettbewerb mehr präsentieren«, wie Stefan Lux im »film-dienst« notierte. Die Europäer jedenfalls zeigten gegenüber den auf dem Kinomarkt herrschenden Amerikanern starke Präsenz. Zu den Favoriten um den »Goldenen Bären« zählte Jim Sheridans *Im Namen des Vaters* genauso wie Krzystof Kieslowskis *Drei Farben: Weiß*, dem zweiten Teil seiner Film-Trilogie über die Ideale der französischen Revolution.

Starke Konkurrenz hatten diese Filme in Jonathan Demmes *Philadelphia*, *Fearless* von Peter Weir oder *Smoking/No Smoking* von Alain Resnais – der 71jährige Regisseur hatte in diesem Jahr seinen ersten Auftritt bei den Filmfestspielen.

Im »Panorama-Programm« liefen in den Sparten »Art & Essai«, »Dokumente« und »Special« 53 Lang- und Kurzfilme, darunter zwölf Premieren. Schwerpunkte im »24. Forum des Jungen Films« waren Asien und das südliche Afrika. Die **Retrospektive** war diesmal dem Autor, Regisseur und Schauspieler **Erich von Stroheim** gewidmet, und beim »17. Kinderfilmfest« boten zwei Kurzfilmregisseure Workshops für die Jüngsten an.

Soviel Programm braucht zahlreiche Gäste: Allein 8000 Akkreditierte, darunter 3000 Journalisten, hatten sich angesagt, um beispielsweise einen Blick von dem Berlinale-Ehrengast **Sophia Loren** zu erhaschen, die für ihr Gesamtwerk mit einem Goldenen Bären ausgezeichnet wurde. Trotz der überwiegend positiven Kritik mußte Festivaldirektor Mortiz de Hadeln und seine Mannschaft ein paar Kröten schlucken: So war es ihnen trotz aller Anstrengungen nicht gelungen, Steven Spielbergs Oscar-Abräumer *Schindlers Liste* als europäische Erstaufführung nach Berlin zu holen.

Die Auszeichnungen:

Goldener Bär: ***Im Namen des Vaters*** von Jim Sheridan.
Silberner Bär, Spezialpreis der Jury: ***Erdbeer und Schokolade*** von Tomás Gutiérrez Alea und Juan Carlos Tabío.
Silberner Bär: ***Das Jahr des Hundes*** von Semjon Aranowitsch.
Silberner Bär für die beste Regie: ***Krzysztof Kieslowski*** für *Drei Farben: Weiß*.
Der blaue Engel: ***Der jugendliche Richter*** von Alessandro di Robilant.
Silberner Bär für die beste Darstellerin: ***Crissy Rock*** für *Ladybird, Ladybird* von Ken Loach.

Silberner Bär für den besten Darsteller: ***Tom Hanks*** für *Philadelphia* von Jonathan Demme.
Silberner Bär für eine hervorragende Einzelleistung: ***Alain Resnais*** für *Smoking/No Smoking*.

Alfred-Bauer-Preis: ***Hwaomkyung*** von Chang Sun-Woo.
Lobende Erwähnung: ***Huo Hu*** von Wu Zi-niu; ***Cari Fottutissimi Amici*** von Mario Monicelli; Rosie Perez für ***Fearless*** von Peter Weir.
Goldener Bär (Kurzfilm): ***Asche*** von Ferenc Cakó.
Silberner Bär (Kurzfilm): ***Balthazar*** von Christophe Fraipont.

Preis der Kirchen der Ökumenischen Jury: ***Ladybird, Ladybird*** von Ken Loach.
Lobende Erwähnung: ***Erdbeer und Schokolade*** von Tomás Gutiérrez Alea und Juan Carlos Tabío.
Preis für den Film aus dem Internationalen Forum: ***Die Strategie der Schnecke*** von Sergio Cabrera.
Lobende Erwähnung: ***Sátántangó*** von Béla Tarr; ***The Last Klezmer – Leopold Koslowski*** von Yale Strom.

Preis der FIPRESCI: ***Ladybird, Ladybird*** von Ken Loach.

Preis der Internationalen Filmkritik: ***Tigrero*** von Mika Kaurismäki.

Preis der Gilde Deutscher Filmkunsttheater: Jim Sheridan für ***Im Namen des Vaters***.
Preis der Leserjury der »Berliner Morgenpost«: ***Im Namen des Vaters*** von Jim Sheridan.

UNICEF-Preis: ***Karakum*** von Arend Agthe.
Spezialpreis für besten Kurzfilm: ***Binke kann nicht fliegen*** von Lennart Gustafsson.
Lobende Erwähnung: ***Brot und Poesie*** von Kiumars Pourahmad.

Preis der Berliner Kinderjury: ***No Worries*** von David Elfick.
Lobende Erwähnung: ***Die letzten kalten Tage*** von Bulat Krlymbetov und Bulat Iskakov.
Preis für den besten Kurzfilm: ***Binke kann nicht fliegen*** von Lennart Gustafsson.

Preis der C.I.C.A.E.: ***Manfred Salzgeber, Margaret von Schiller*** und ***Wieland Speck***.
Panoramapreis der New York Film Academy: Daryl Hannah für ***The last Supper*** und Camera Obscura für ***New Freedom***.
Förderpreis: Colette Bothof für ***One Way to Oblivion***.

Schwul-Lesbischer Filmpreis: Teddy Bear für besten Kurzfilm an ***Carmelita Tropicana Your Kunst is your Waffen*** von Fla Troyano. Teddy Bear für besten Dokumentarfilm an ***Coming Out under Fire*** von Arthur Dong.
Teddy Bear für **besten Spielfilm** an ***Go Fish*** von Rose Troche.
Spezialpreis der Jury an ***Remember of Things Fast*** von John Maybury.

Friedensfilmpreis (Dokumentarfilm): Andreas Veiel für ***Balagan***.
Friedensfilmpreis (Spielfilm): Semjon Aranowitsch für ***God Sobaki***.
Preis der Junge Welt-Leserjury: ***Onko V Pariz*** von Jurij Mamin.
Wolfgang-Staudte-Preis: Artur Aristakisjan für ***Ladoni***.
Galigari Filmpreis: Belá Tarr für ***Sátántangó***.
C.I.C.A.E.: ***Isä Meidän*** von Veikko Aaltonen.

Preis der Leserjury der »Berliner Zeitung«: ***Surat untuk bidadari*** von Garin Nugroho.
Netpac Award: ***Tsuki wa Docchi ni Deteiru*** von Sai Yoichi.
Netpac Special Jury Mention: ***Argamshaa*** von Nansalmaagin Uranchimeg.

47. Filmfestival in Cannes

»Cannes mutitert zum Medienereignis«, notierte Peter Buchka in der »Süddeutschen Zeitung«. Natürlich sei dies in den vergangenen Jahren auch schon so gewesen. Allerdings hätte die lärmende Bautätigkeit in dieser Touristenmetropole darüber hinweggetäuscht, »daß das Festival drauf und dran war, in eine neue Dimension vorzustoßen. Nun, da alle Baustellen beseitigt sind, ist plötzlich offenkundig, daß ein qualitativer Sprung geschehen ist, ein Umschlag in eine andere, nicht unbedingt bessere Qualität.«
Das Festival habe sich als Medienergeinis längst verselbstständigt, »und die Filme sind die bedauerlicherweise unverzichtbaren Vehikel für die eigentliche Hauptsache: den folgenlosen Fast-food-Rummel um Stars und Sternchen.«
Buchkas Behauptung, die wohl kaum zu widerlegen ist, verheißt nichts Gutes: Das alterwürdige Kino »wird häppchenweise verhökert«, und »die neuen Medienvertreter verschieben ihre Schmuggelware über die Sateliten.« Kurzum: »Die Profiteure des nutzlosen Schwachsinns übernehmen die Macht.« Ganz so drastisch sieht es Verena Luecken nicht. Die Cannes-Kennerin der FAZ registrierte allerdings eine gewisse »Gemächlichkeit« und »interessierten Gleichmut beim Publikum«: »Keine Begeisterung, kein Ärgernis, kein Streit, kein Massenexodus aus den Kinosälen und keine standing ovation«.
Und dann gab es doch einen Grund zum Staunen. Denn auf diesen Gewinner hatte in Cannes kaum einer getippt: Quentin Tarantinos *Pulp Fiction* machte an der Croisette das Rennen. Die Jury, u. a. mit Catherine Deneuve und Clint Eastwood besetzt, schickte mit der Goldenen Palme auch Liebesgrüße an das aggressive und selbstbewußte junge Kino Amerikas, notierten die erstaunten Medienvertreter. Manch einer dürfte die Wahl schon bei der Preisverleihung bereut haben: Nahm doch Tarantino – »Wie heißt der?« – seine Auszeichnung kaugummikauend und ohne devote Verbeugung entgegen. Daß er einem Teil des Publikums auch noch den Mittelfinger in Effenbergmanier zum Gruß entbot, empfanden viele der illustren Gäste als »très shocking« – Grund genug, sich vom Sieger abzuwenden und nach Verlierern Ausschau zu halten. Und einer wurde schnell gefunden. Schließlich galt Krzysztof Kieslowski mit seiner phantasmagorischen Collage *Drei Farben: Rot*, dem Abschlußfilm seiner Farben-Trilogie, als Favorit. Der große polnische Regisseur wird die Niederlage verschmerzt haben. Sie jedenfalls war nicht der Grund, warum der Regisseur »nie wieder einen Film drehen will«. Denn diese Entscheidung hat er schon vor Cannes bekanntgegeben.

Goldene Palme: ***Pulp Fiction*** von Quentin Tarantino.
Großer Preis der Jury: ***Leben!*** von Zhang Yimou und ***Trügerische Sonne*** von Nikita Michalkov.
Beste Regie: ***Nanni Moretti*** für *Liebes Tagebuch.*
Bestes Drehbuch: ***Michel Blanc*** für *Grosse Fatique.*

Preis der Jury: ***La Reine Margot*** von Patrice Chéreau.
Bester Darsteller: ***Ge You*** in *Leben.*
Beste Darstellerin: ***Virna Lisi*** in *La Reine Margot.*
Caméra d'Or: ***Petits Arrangements avec les Morts*** von Pascale Ferran.
Prix de la Commission supérieure technique: *Grosse Fatique*.
Preis der Ökumenischen Jury: ***Leben!*** von Zhang Yimou und ***Trügerische Sonne*** von Nikita Michalkov.
Lobende Erwähnung: ***Die Menschen vom Reisfeld*** von Rithy Panh.

29. Filmfestival Karlovy Vari/Karlsbad

»Das auch angesichts kurzer Vorbereitungszeit reichlich profillose Programm versammelt an neun Tagen 200 Filme«, bemängelte Roland Rust in der Zeitschrift »Multimedia«. Neben einem »Rückfall in überholte Rituale« bescherte die 29. Ausgabe dieses Festivals »lediglich organisatorisch ein Novum: Ohne staatliche oder öffentliche Zuwendungen wird das Festival fortan von einer eigenen Foundation verwaltet. Dabei dürfte das mit über zwei Millionen Mark für lokale Verhältnisse auffällig üppige Budget zumindest teilweise aus den trüben Quellen der sogenannten Coupon-Finanzierung fließen.« Aus deutscher Sicht betrüblich, daß der »deplazierte Beitrag *Der Sandmann*, eine E.T.A. Hoffmann-Verfilmung des Regisseurs Eckhart Schmidt, floppte.« Ganz anders sah dies das US-Branchenblatt »Variety«. Das verglich den Film mit Ridley Scotts *Blade Runner* oder Alain Resnais' *Letztes Jahr in Marienbad* und empfahl ihn der internationalen Branche als gutes Kabel- und Videogeschäft. Für die Karlsbader Zukunft gab es dann doch einen Lichtblick: Sowohl Premier Vaclav Klaus als auch Präsident Vaclav Havel hätten persönlich ihr Wort für eine künftig jährliche Ausrichtung des Festivals gegeben – »als A-Festival an seinem angestammten Ort.« Die Jury favorisierte das Debüt von Mariano Barroso ***Mi hermano del alma***. Der **Spezialpreis** ging an Jan Svankmajer für ***Lece Faus***.

47. Internationales Filmfestival Locarno

Locarno, das sei die »Sommerfrische unter den europäischen Filmfesten«, notierte Fritz Göttler in der »Süddeutschen Zeitung«. Schlicht ein Filmfest »in aller Ungebundenheit und doch mit Lust am Zeremoniell«.
Im Mittelpunkt des Geschehens standen Filmemacher wie **Quentin Tarantino**, dessen Abräumer *Pulp Fiction* ebenso in Locarno zu sehen war wie eine **Retrospektive** zu Ehren von **Frank Tashlin**. Von der Jury prämiert wurden zwei iranische Filme: ***Abadani-Ha/Die Abadanis*** von Kijanusch Ajjari, der den Silbernen Leoparden bekam und ***Komreh*** von Ebrahim Foruzesh, der den Goldenen Leoparden erhielt. Locarno, das sei auch ein Festival der Nischen, wie Fritz Göttler feststellte. »Die größten Events sind allemal die Projektionen auf der Piazza Grande, die Freilichtaufführungen mit Riesenpublikum, vom grandiosen Spektakel bis zum Film am Rande, von Tarantino und Taschlin bis zu den Straubs und *Speed*«.
Das Programm, das beträchtlich angewachsen ist, hatte Festivaldirektor Marco Müller überschrieben mit »Sehen ist besser als nicht sehen«, und mit der Qualität der Filme setzte das Festival »zum Sprung an die Spitze

der Filmfestivals an«, wie Günter H. Jekubzik im »film-dienst« anerkennend notierte.
Daß es viele Ausfälle im täglich geänderten Programm gegeben habe, oder daß die deutschen Übersetzungen im Programmheft »unglaublich schlampig« sind, kreidete Jekubzik den Festivalmachern allerdings an. Dagegen sei das Niveau des Wettbewerbs im Vergleich zu den vergangenen Jahren und auch in Anbetracht der speziellen Ausrichtungen auf neue Regisseure oder Strömungen sehr hoch gewesen. »Mehr als die Hälfte der Werke wären erwähnenswert«. Ähnlich äußerte sich auch Heiko R. Blum in der »Stuttgarter Zeitung«: Schon zu Beginn des Festivals »zeigten sich die Wettbewerbsbeiträge erfreulich vielseitig und vielversprechend«.
Am Schluß waren es diese Filmemacher, die mit dem begehrten Leopard im Gepäck vom Lago Maggiore abreisten:

Goldener Leopard: *Khomreh* von Ebrahim Foruzesh.
Silberner Leopard: *Abadani-Ha* von Kiyanush Ayyari.
Bronzener Leopard: *Rosine* von Christine Carrière.
Ehrenleopard: *Kira Muratowa*.
Spezialpreis der Jury: *Ermo* von Zhou Xiaowen.
Preis der Ökumenischen Jury: *Ermo* von Zhou Xiaowen.
Besondere Erwähnung: *Rosine* von Christine Carrière und ***Come du Coccodrilli*** von Giacomo Campiotti.
Preis der Swissair/Crossair: *Ermo* von Zhou Xiaowen.

Filmfest Puerto Rico

Das Filmfest in Puerto Rico gehöre zu den Festivals, die sich weniger durch das Wiedererkennungskino des Hollywood Glamour als vielmehr durch Originalität, Intelligenz und Sensibilität auszeichnen, wie Fraucke Hanck in der Münchner »AZ« notierte. Die Auswahl, darunter unter anderem 19 Produkionen aus Argentinien, Brasilien, Kolumbien, Kuba, Mexiko, Venezuela und Puerto Rico und 15 Filme aus Spanien, sei wieder einmal sehr sorgfältig zusammengestellt worden. Hervorragend ins Programm gepaßt hätten auch die deutschen Beiträge, Geißendörfers *Justiz* und Leo Hiemers *Leni*. Mit dem Preis der lateinamerikanischen Kritiker wurde der Venedig-Sieger ***Before the Rain*** von Milco Mancevski ausgezeichnet. Den Preis des internationalen Kritikerverbandes FIPRESCI erhielt der brasilianische Film ***See this Song*** von Carlos Diegues.

23. Internationales Filmfestival Rotterdam

Das 23. Internationale Filmfestival in Rotterdam habe diesmal alle Erwartungen übertroffen, gratulierte das »Filmecho/Filmwoche«: 155 000 Eintrittskarten für die mehr als 200 Spiel- und 170 Dokumentar- und Kurzfilme seien verkauft worden. Deutsche Beiträge waren unter anderem Tom Tykers *Die tödliche Maria* und Ray Müllers *Leni Riefenstahl: Die Macht der Bilder*.
Zu den Grundsätzen der Rotterdamer gehört, daß kein offizieller Wettbewerb ausgerichtet wird. »Wir wollen nicht, daß die Filme miteinander konkurrieren. Wir wollen, daß sie gezeigt werden und daß die Filmemacher untereinander und mit dem Publikum zusammenkommen«, zitiert Conny E. Voester Festivalleiter Emilie Fallaux.
Der Erfolg hat allerdings auch seine Schattenseiten. So dächten die Ver-

anstalter bereits laut darüber nach, wie ihr Festival »klein und effektiv« bleiben könne. Stark vertreten gewesen seien die amerikanischen Independents, die neben Produktionen aus Afrika, Lateinamerika und Asien zu sehen waren. Mit dem Preis der FIPRESCI wurde der chinesische Beitrag ***Xuan Lian (Rote Perlen)*** von He Yi ausgezeichnet. Der Film bekam die Auszeichnung für »seine überzeugende und kinematographisch reiche Art, die komplexe Welt individueller Psychologie als Metapher für die Gesellschaft zu zeigen«. Der Preis der holländischen Filmkritik ging an die russische Produktion ***Zhizn s idiotom (Leben mit einem Idioten)*** von Alexandr Rogozhkin.

42. Filmfest San Sebastián

Neben Cannes, Berlin und Venedig zählt San Sebastián zu den vier großen europäischen Filmfestivals, das seinen eigenen Charakter behalten hat. Und San Sebastián habe sich auch in diesem Jahr wieder seinen freien Blick auf Fremdes bewahrt, wie Frauke Hanck in der Münchner »AZ« feststellte. Festivaldirektor Manuel Perez Estremera und sein Partner Diego Galán setzten ganz bewußt auf Risiko, Vielfalt und Überraschungen.
Aber nicht nur neue Gesichter präsentierten die Festivalmacher in der baskischen Provinzhauptstadt: **Lana Turner**, Hollywood-Diva der 40er und 50er Jahre, nahm für ihr Lebenswerk den »Premio Donostia« entgegen, ehe junge, talentierte Filmemacher wieder ins Scheinwerferlicht rückten. Daß es auch Erstlingsfilme unbekannter Regisseure in San Sebastian zu sehen gab, führt Harald Zander vom »Filmecho/Filmwoche« darauf zurück, daß auch San Sebastian in Konkurrenz zu anderen Festivals stehe, und somit Schwierigkeiten habe, attraktive Wettbewerbsfilme aufzutreiben. Dennoch: »Im zweiten Jahr unter der Leitung von Manuel Perez Estremera und Diego Galán hat das Festival wieder zu seiner alten Form zurückgefunden.«
Der Ire Paddy Breathnach wurde für seinen Film ***Ailsa*** mit dem mit 370 000 Dollar dotierten baskischen »Euskal Media« ausgezeichnet. Den Grand Prix, die »Goldene Muschel«, ging an den baskischen Film ***Dias contados*** von Imanol Uribe. Der Preis für den besten Schauspieler ging an Juan Echano für ***Madre Gilda***. Auf dem Programm standen neben einer **Werkschau** mit Filmen von **John Sayles** auch eine **Retrospektive** des Hollywood-Klassikers deutscher (schwäbischer) Herkunft, **William Dieterle**, und eine ganze Zahl spanischer und lateinamerikanische Filme.

Goldene Muschel (Bester Film): ***Dias Contados*** von Imanol Uribe (Spanien).
Silberne Muschel (Beste Regie): ***Shallow Grave*** von Danny Boyle (Großbritannien).
Spezialpreis der Jury (ex aequo): ***Vor lauter Feigheit gibt es kein Erbarmen*** von Andreas Gruber (Österreich) und ***Second Best*** von Chris Menges (Großbritannien).
Beste Schauspielerin: ***Ning Jing*** (Volksrepublik China) für *Paoda Shuangdeng (Rote Feuerwerkskörper, grüne Feuerwerkskörper).*
Bester Schauspieler: ***Javier Bardem*** (Spanien) für *Dias Contados* und *El detective y la muerte.*
Euskal Media Preis an ***Ailsa*** von Paddy Breathnach (Irland).
FIPRESCI-Preis an ***Hollywood Kid eu sengae (Die Geschichte des Holly-***

wood Kids) von Chung Ji-Young (Korea).
Preis der OCIC an ***Second the Best*** von Chris Menges.

51. Filmfestspiele Venedig

Einen Schuß vor den Bug der 51. Filmfestspiele am Lido feuerte Italien Regiemeister Franco Zefferelli: Geht es nach ihm, dann gehöre die Biennale »dem Erdboden gleichgemacht«, wetterte Zefferelli, und schloß Festivalmacher Gillo Pontecorvo in seine Verwünschungen gleich mit ein – er hatte Pontecorvo als »Kopf einer bolschewistischen Clique« ausgemacht. Den Chef am Lido ficht derlei Nonsens nicht an. Der 75jährige Regisseur konterte, man habe »in einem Moment des Aufflammens von Nationalismus und Rassismus insbesondere nach Filmen gesucht, die mit fremden Kulturen bekannt machen«.
Da wunderte es nicht, das unter den 18 Wettbewerbsbeiträgen auch Filme aus China, Taiwan, Mazedonien, Ungarn, Burkina Faso und Neuseeland zur Löwenjagd angetreten waren. Das Fazit, das Ruprecht Skasa-Weiß dann allerdings in der »Stuttgarter Zeitung« zog, ließ kaum ein gutes Haar an der Preisvergabe der diesjährigen Filmfestspiele: »Mit einer Preisvergabe, halbherzig, anfechtbar, mit Konzessionen und Geschachere, endend in einem Zuerkennungsritual, welches im kleinsten gemeinsamen Nenner zugleich das größtmögliche Nichtgemeinsame aufscheinen ließ. Daß die Jury (unter Jurypräsident David Lynch, d. Redaktion) diesmal zwei Teten hatte, das hat sie ums Haar zum Zerreißen gebracht. Jetzt sieht sie sich allseits verrissen.«
Im Mittelpunkt der Kritik stand die Gewalt, die »im Zentrum fast aller präsentierten Beiträge stand«, – allem voran Oliver Stones *Natural Born Killers*, jenem Film, der unverholen das vermarktet, was er vorgibt zu bekämpfen: Eben die Gewalt im Kino und im Fernsehen. Aber Skasa-Weiß hat es ja kommen sehen: Denn wenn das Auswahlgremium auf Exklusivität nicht länger Wert lege, dann gerate ein großer Ruf in Gefahr – Venedig auf dem Weg vom »A«- zum »B«-Festival? Es waren vor allem junge Kinoautoren, die am Lido zur Löwenjagd bliesen. Mit Oliver Stone und dessen heftig diskutiertem Film *Natural Born Killers* war nur ein großer Star des internationalen Kinos vertreten. »Angesichts des Marktangebotes haben wir vor allem auf die Suche nach neuen Talenten gesetzt«, so Festivalchef Gillo Pontecorvo.
Stars gab es dafür in den Nebenreihen zu bewundern. Lawrence Kasdans *Wyatt Earp*, Woody Allens *Bullets over Broadway* und Harrison Ford in *Clear and Present Danger* als Matadoren des amerikanischen Films versprühten in der Lagunenstadt internationalen Glanz.

Goldener Löwe: Zu gleichen Teilen an ***Before the Rain*** von Milco Mancevski (Mazedonien) und ***Vive l'amour*** von Tsai Ming-Liang (Taiwan).
Spezialpreis der Jury: Oliver Stone (USA) für ***Natural Born Killers***.
Goldene Löwen für das künstlerische Schaffen: Regisseur ***Ken Loach*** (Großbritannien); Schauspieler ***Al Pacino*** (USA); Drehbuchautorin ***Suso Cecchi D'Amato*** (Italien).
Silberne Löwen für die Filme: ***Heavenly Creatures*** von Peter Jackson (Neuseeland); ***Il toro*** von Carlo Mazzacurati (Italien); ***Little Odessa*** von James Gray (USA).

Beste Regie: ***Gianni Amelio für*** *Lamerica* (Italien).
Bestes Drehbuch: ***Bigas Luna*** und ***Cuca Canals*** für *La teta y la luna.*
Beste Hauptdarstellerin: ***Maria de Medeiros*** (Portugal) in *Tres irmaos* von Teresa Villaverde.
Bester Hauptdarsteller: ***Xiau Yu*** (China) in *In the Heat of the Sun* von Jiang Wen.
Beste Kamera: ***Wong Kar-Wai*** und ***Christopher Doyle*** für *Ashes of Time* von Wong Kar-Wai (Hongkong).
Medaglia d'oro della Presidenza del Senato: ***Jiri Menzel*** (Tschechische Republik).

Ausgezeichnet in Venedig: ›Heavently Creature‹ von Peter Jackson.

Filmfestivals und Filmtage Deutschland/Österreich/Schweiz

10. Tage des unabhängigen Films Augsburg

»Augsburg Medienstadt?« fragte Franz Fischer vom Filmbüro-Team zur Ouvertüre der 10. Augsburger Filmtage und gab dann gleich die Antwort: »Ein bißchen«. Es sei jedenfalls ein Festival mit Folgen – »kein einmaliger Event, sondern schlicht Höhepunkt einer ganzen Reihe von Veranstaltungen übers Jahr.« Die Stärke läge in der »Augsburger Atmosphäre«, der »Neugierde des Publikums« und dem »Charme der Provinz«. Daß sich das Festival trotz heftigster Diskussionen, die vor allem am Anfang zu hören waren, durchgesetzt habe, verdanke es seiner Qualität und dem großen Publikumszuspruch. Aber deshalb gleich vom »Augsburger Filmwunder« sprechen?
Diesmal standen im Mittelpunkt des Interesses Filme und die unabhängige Filmarbeit in China, Dokumentarfilm und Fernsehen, trefflich überschrieben mit »Bitte etwas schärfer!«, eine **Hommage** an **Lindsay Anderson**, eine **Werkschau** mit Filmen des Letten **Ivars Seletskis** und eine Reihe »Unabhängige Filmarbeit international – Perspektiven« – kurzum eine Woche Kino satt.

4. Bamberger Kurzfilmtage

Matl Findel hat mit seinem Beitrag ***Im Regen*** den Publikumspreis der »4. Bamberger Kurzfilmtage« gewonnen. In dem 28-Minuten-Film, zu dem Matl Findel auch das Buch geschrieben hat, geht es »ums Überleben – vor allem in Berlin«. Auf den zweiten Platz kam ***How I Got Rhythm*** von Michael Gutmann. Etwa 60 Produktionen waren in Bamberg zu sehen, und damit zählt dieses Kurzfilmfestival zu den größten Deutschlands. Dennoch sei es ein Festival für das breite Publikum, weniger für die Fachwelt, wie die Organisatoren betonen. »Diese Tatsache und die intime Atmosphäre machen das Treffen für Regisseure und Regisseurinnen besonders reizvoll.«

7. Internationales Frauenfilmfestival »Feminale« Dortmund

Haarscharf ist die »Feminale« am »Aus« vorbeigeschlittert: Geplant für Juni, waren die rund 260 Filme aus 26 Ländern fast vier Monate später zu sehen, nachdem zahlreiche Geldgeber, darunter die Stadt Dortmund, den Etat von 450 000 Mark zusammenbrachten. Noch im März hatten die Organisatorinnen in einer Pressemitteilung angekündigt, das Festival werde nicht stattfinden. 180 000 Mark fehlten, und »nach der Sichtung von mehr als 500 eingereichten Filmen, kurz vor der endgültigen Programmierung und der Fertigstellung des Katalogs brach die Finanzierung zusammen.« Erst als neue Finanziers und Sponsoren gefunden wurden, konnte die »Feminale« im zehnten Jahr ihres Bestehens dann doch über die Bühne gehen.
Der Dank der Kinobesucherinnen (nur wenige Männer seien gesichtet worden, wie Rolf-Ruediger Hamacher und Anke Teuber im »film-

dienst« süffisant notierten) war dann aber auch gewaltig: 10 000 Besucherinnen machten die »Feminale« zu einem »Rekordfestival«. Zu sehen gab es unter anderem **Retrospektiven** zu **Helke Sanders** und der Amerikanerin **Joan Micklin Silver** und Filme von Frauen aus dem Maghreb, dem mohamedanisch-arabischen »Westen« – »ohne Zweifel eine Entdeckung«, wie Hamacher/Teuber feststellten. Der Kampf der algerischen, marokkanischen oder tunesischen Frauen gegen Traditionen und den islamischen Fundamentalismus werde mutig geführt – gerade dann, wenn die filmische Umsetzung dieses Kampfes wie im Falle von *Le demon au feminin* von Hafsa Zinai Koudill mit Morddrohungen gegen das Team boykottiert werden sollte. Ansonsten seien die Programmschwerpunkte traditionsgemäß das »Europäische Programm« und der »Lesbenfilm« gewesen.

5. Dresdner Filmfest

Im Mittelpunkt des Dresdner Filmfestes standen die Wettbewerbe, für die insgesamt 400 Filme jüngerer Produktionen eingereicht wurden. Dennoch sei das Angebot ein »Spagat zwischen Wettbewerb und Rahmenprogramm«, so die Filminitiative Dresden als Veranstalter. Zu diesem Rahmenprogramm gehörten Filme des DEFA-Regisseurs Hermann Zschoche, Werke unter dem Motto »Erotik im Film« und eine **Werkschau** zum 70. Geburtstag des Schauspielers **Marcello Mastroianni**. Daneben wurden Filmstudios in Rußland und London vorgestellt.
Die Preise im Animationswettbewerb gingen an den deutschen Regisseur Heinrich Sabl für ***Wolf bleibt Wolf***. Auszeichnungen gingen auch an ***Der Neffe des Kuckucks*** der Russin Oxana Tschekassowa und an den britischen Regisseur Boris Kossmehl für ***Not without my Handbag***.

18. Duisburger Dokumentarfilmwoche

Selten sei es in Duisburg so ruhig zugegangen wie diesmal, wunderte sich Eva Hohenberger im »filmdienst«. »Keiner der 29 gezeigten Filme vermochte das Publikum zu polarisieren, keiner forderte Polemik oder gar Streit heraus.« Selbst die wiederholte Beschlagnahme von Winfrid Bonengels *Beruf Neonazi* »rief eher müde Entrüstung hervor.«
Rosalie Schweizer bekam für ihren Film ***La musica e quattro*** den **Förderpreis der Jury** der AG der Filmjournalisten, die in Duisburg auch den Preis der deutschen Filmkritik vergeben. Und der ging an Stephan Sachs für ***... und sahen was zu machen war ...*** Für Eva Hohenberger war dabei interessant, daß beide Preisträger aus der Bildenden Kunst kommen. Schweizer sei Bildhauerin und Sachs habe Malerei studiert: »Vielleicht braucht der Dokumentarfilm solche Impulse von außen. Man wird sehen, das nächste Jahr in Duisburg.«

5. FilmFest Emden

Im Vergleich zum Vorjahr konnten die Organisatoren des 5. FilmFest Emden gleich 25 Prozent mehr Zuschauer verbuchen – ein schöner Erfolg für das kleine Festival im Norden. Neben dem neuen deutschen Film, der auch dieses Jahr im Mittelpunkt stand, konzentrierte sich das Interesse ebenso auf eine stark erweiterte britische Reihe, die Reihe »Junges französisches Kino« und die »Internationale Reihe«. Zu den Gästen zählten unter anderem Thomas Heinze, Peter Sehr,

Tom Tykwer und Marianne Sägebrecht.

20. Kinderfilmfestival Frankfurt/Main

Auch das Kinderfilmfestival in Frankfurt stand vor dem »Aus«. Erst ein Zuschuß des Privatsenders RTL sicherte den Veranstaltern die Durchführung des Festivals zum runden Geburtstag. Bemerkenswert war auch die Vergabe des Hauptpreises: ***Die Brüder von Luo He*** wurden von der sechsköpfigen Jury – fünf Kinder und ein Erwachsener – als wichtigster Film ausgezeichnet, und damit gewann erstmals ein chinesischer Beitrag den »Lukas«. Der Film des chinesischen Regisseurs Su Zhou, der mit *Die Brüder von Luo He* seinen Debütfilm präsentierte, wurde von der Jury für die Perfektion von Kamera, Ton, Musik und Ausstattung gewürdigt. Insgesamt waren 15 Filme aus 14 Ländern im Wettbewerb, wobei die deutsch-amerikanisch-französische Koproduktion *Der Prinz und der Prügelknabe* nicht zu den Gewinnern zählte.
Ob das Kinderfilmfestival auch im 21. Jahr seines Bestehens über die Bühne gehen wird, bleibt abzuwarten. Wenn der Bundesverband Jugend und Film als dritter Veranstalter wie angekündigt mitzieht, dann dürften die Kinder und Jugendlichen auch 1995 in Frankfurt auf ihre Kosten kommen.

Filmfest Hamburg

Wieder einmal versuchte die Stadt Hamburg ein Filmfestival zu etablieren, diesmal unter der Leitung eines Profis aus der Produktionsbranche, Gerhard von Halem. Unter dem Motto »Ein Fest für den Film«, das ebenso wie der Festivalname verdächtig nach »Filmfest München« klang, fand vom 28. 9. bis zum 3. 10. 1995 in mehreren Kinos der Stadt ein Filmfestival statt, das vom Publikum angenommen wurde. Die Verleiher nutzten das Forum für die Präsentation ihrer demnächst startenden Filme, in der Reihe »Focus Hamburg« wurde Nabelschau betrieben und der Werbefilm kam auch zu Ehren. Aber die Probleme scheinen dem Festival erhalten zu bleiben; für 1995 wurde schon ein neuer Festivalleiter engagiert.

10. Internationales Hamburger Kurzfilmfestival

Ein Programm aus 23 Ländern, die aus 1 500 Einreichungen ausgewählt wurden, gab es an Pfingsten in Hamburg zu sehen, drei Wettbewerbssektionen hatten die Organisatoren auf die Beine gestellt: Einen »Internationalen Kurzfilmwettbewerb«, einen »No budget«-Wettbewerb und einen »Flotten Dreier« mit Beiträgen, die nicht länger als drei Minuten sein durften.
Die Jury des Internationalen Wettbewerbs vergab den Preis für den **besten Animationsfilm** an ***Gogs*** von den drei Debütanten aus Wales Jones/ Moris/Mort. Der **Spezialpreis** ging an den australischen Film ***Loop*** von Macjete Wszelaki. Den **Großen Preis** kassierte die norwegische Arbeit ***Eating Out*** von Pal Sletaune. Im No-Budget-Wettbewerb entschied sich die Jury unter anderem für eine Arbeit von Anne Charlotte Robertson. Beim Publikum kamen der bereits Oscardekorierte Animationsfilm *Wrong Trousers* und Cecilia M. Marums *Dessin d'Enfant* am besten an.

28. Internationale Hofer Filmtage

»Hof ist und bleibt ein Phänomen«, schrieb Kay Hoffmann im »film-dienst«, und lieferte dazu folgende Begründungen: Zum einen liege dies am engagierten Team und dem »unnachahmlichen Stil von Heinz Badewitz, denen es jedes Jahr gelingt, Lust aufs Kino zu machen«. Weitere Kriterien seien das vorzügliche Programm und die Überschaubarkeit, die trotz der internationalen Anerkennung erhalten geblieben sei. Und nicht zuletzt fasziniere das Publikum, das für ausverkaufte Vorstellungen sorge »und sich sogar mit Not- und Stehplätzen begnügt und eine beachtliche Geduld aufbringt.« Allerdings lägen jedoch Welten zwischen der erzählerischen Kraft und dramaturgischen Finesse deutscher Filme und der der internationalen Konkurrenz. Meisterwerke, so Hoffmann, seien beispielsweise Milcho Manchewskis *Before the Rain* und *Exotica* des Kanadiers Atom Egoyan. Herausragend waren auch die Filme, die es in der **Peter-Jackson-Retrospektive** zu sehen gab. Allen Filmen voran *Heavenly Creatures*, ein Werk mit atemberaubenden Bildern. »Mit solchen Filmen wird deutlich: Hof ist und bleibt ein Höhepunkt im Festival-Marathon des Herbstes.« Für Christiane Peitz von der »Stuttgarter Zeitung« war unübersehbar, daß in Deutschland die Komödie boomt: »Selten wurden auf einem Filmfestival so viele Dinners for two liebevoll zubereitet, so viele Brautkleider anprobiert und Kontaktanzeigen aufgegeben.« Allerdings sei keine der Komödien »gelungen«, die in Hof gezeigt wurden.

37. Leipziger Festival für Dokumentations- und Animationsfilme

Die Ökumenische Jury vergab ihren Preis an den Film ***Kronika Ponstania w Getgie Warszawskim Wedlug Marka Edelman*** *(Chronik des Aufstandes im Warschauer Ghetto, berichtet von Marka Edelman)* von Jolanta Dylewska. **Lobende Erwähnungen** erhielten der Film ***In the Gutter and other good Places*** *(Im Rinnstein und anderen feinen Ecken)* von der Kanadierin Cristine Richwy und das Video ***Rachida, Lettres d'Algérie*** *(Rachida, Briefe aus Algerien)* von Florence Dauchez aus Frankreich. Den **Hauptpreis** des Festivals, die »Goldene Taube«, erhielt ***Metal y Melancolia*** *(Metall und Melancholie)* von der Niederländerin Heddy Honigmann. Mit jeweils einer Silbernen Taube prämiert wurden ***Last Farewell, USSR*** von Alexander Rodnyanski (Ukraine/Deutschland), ***Les Porteurs d'Ombres Electriques*** von Herbé und Renais Cohen (Frankreich) und ***Sreski Ocherodnoy Wojni*** von Vitalij Manski (Rußland).

36. Nordische Filmtage Lübeck

Neben den traditionellen Teilnehmern Dänemark, Finnland, Schweden, Norwegen und Island hatte in diesem Jahr auch ein grönländischer Dokumentarfilm in Lübeck gemeldet. Darüber hinaus gab es baltische Filme, für die die Suche nach nationaler Idendität und die Auseinandersetzung mit der brüchigen Gegenwart kennzeichnend sei, so Andrea Kunsemüller, Künstlerische Leiterin in Lübeck, und eine Ausstellung zum Thema »100 Jahre Film und Kino« zu sehen. Im Rahmen der Filmtage hielten die Nordischen Filminstitute ihre Jahrestagung ab, in deren Mittelpunkt die Erweiterung der Europäischen Union und damit die Chance der skandinavischen Länder für eine größere Beteiligung an europäischen Filmförderprojekten stand.

Der Preis der Nordischen Filminstitute bei den Nordischen Filmtagen Lübeck ging an ***Die Tochter des Pumas*** von Ulf Hultberg und Asa Faringer. Den Förderpreis des NDR erhielt ***Der heilige Engel*** von Hrafn Gunnlaugsson aus Island.

1. Filmfest Ludwigsburg

Das Schaffen von Nachwuchsfilmern aus europäischen Filmhochschulen stand beim 1. Filmfest in Ludwigsburg im Mittelpunkt. An vier Tagen präsentierte die Filmakademie Baden-Württemberg Kurz- und Langfilmproduktionen aus Belgien, Deutschland, Frankreich, Großbritannien, Holland, Österreich und der Schweiz – summa summarum 80 Filme. Das Festival sei ein Experiment, so der Leiter der Ludwigsburger Filmakademie, Albrecht Ade. Es solle als Erfahrungsaustausch zwischen den Filmschaffenden als auch der breiten Öffentlichkeit Einblicke in die Welt des Films geben, bevor dieser auf »Zuschauerfrequenzen, Verleihgarantien und Einspielergebnisse« ausgerichtet sei. Und dieses Experiment scheint gelungen zu sein: 10 000 Besucher an vier Tagen können sich sehen lassen. Für Ruprecht Skasa-Weiß von der »Stuttgarter Zeitung« war dies ein Fest, das dem Publikum Lust, Gelächter und vielerlei Diskutierstoff verschaffte. »Und dem Branchenbeobachter tut sich ein ungeheurer Talente-Basar auf, mit Filmgebinden aus baden-württembergischen Landen und Arrangements frisch vom Hamburger, Berliner, Münchner Hochschul-Schnei- detisch.«
Für eine Fortsetzung des Festivals, ob in ein- oder zweijährigem Rhythmus bleibt abzuwarten, sprachen sich Ade und Ludwigsburgs Oberbürgermeister Jochen Henke jedenfalls aus. Den **dritten Preis**, vom Publikum vergeben, erhielt der knapp siebenminütige Film ***Gegenschuß*** von Patrick Bennat. Der **zweite Preis** wurde zu gleichen Teilen an Spiro Kyriacous ***Dropping the Baby*** und an Klaus Knoesles und Holger Neuhäusers ***Das Gemächt des Holsteiners*** vergeben. Den **ersten Preis** aus 70 Wettbewerbsfilmen erkannte die dreiköpfige Jury dem Dokumentarfilm ***Gruppenbild mit Maske*** von Rolf Sakulowski zu.
Allerdings sei diese Entscheidung der Jury nicht ganz unumstritten gewesen, so Rupert Koppold in der »Stuttgarter Zeitung«. Aber geschadet habe dies nicht. »Denn die Preise waren ja eher die Zugabe und nicht das Zentrum dieses Festes.«

5. Kinofest Lünen

Zum 5. Mal drehte sich vier Tage lang in Lünen alles um den deutschen Film. Neben bemerkenswerten neuen Werken, darunter Peter Welz' *Burning Life* oder Leo Hiemers *Leni* gab es auch bereits Prämiertes zu sehen. So Jan Schüttes *Auf Wiedersehen, Amerika* und Hans-Erich Viets *Frankie, Jonny und die anderen*. Fester Bestandteil dieses Kinofestes sind auch die Kinder- und Jugendfilme. Jeweils um 15 Uhr flimmerten Filme wie *Kurts Reise* von Sebastian Edschmid, *Paul Vier* von Cornelia Schwarz-Grünberg oder *Karakum* von Arend Agthe über die Leinwand.

Filmfestival Mannheim/ Heidelberg

Konnte sich Festivaldirektor Dr. Michael Kötz in den vergangenen Jahren nie so recht sicher sein, ob das Mannheimer Filmfestival ob der angespannten Finanzlage auch weiterhin eine Zukunft haben wird, so konnte er diesmal weit ruhiger dem filmischen Großereignis entgegensehen. Durch die Kooperation der Städte Mannheim und Heidelberg verfügt das Festival nicht nur über mehr Aufführungsorte, sondern auch über mehr Geld. Dabei drohte dem nach Berlin ältesten deutschen Filmfestival noch im März 1993 die Abschaffung. Der Gemeinderat der Stadt Mannheim sah sich wegen finanzieller Engpässe gezwungen, den jährlichen Zuschuß von etwa 400 000 Mark um rund ein Viertel zu kürzen, dem Festival drohte das Aus. Zusammen mit den beiden Oberbürgermeistern der Stadt entwickelte Michael Kötz dann ein neues Finanzierungskonzept: Im Zuge einer »Regionalisierung der Kultur« wurde Heidelberg, Mannheimer Nachbarstadt, Mitveranstalter des Festivals. Die Finanzierung durch die beiden Städte, die Kulturstiftung der Länder und vor allem die in diesem Jahr erstmals wirksame 1:1-Komplementärfinanzierung des Landes Baden-Württemberg sicherten dem Mannheimer/Heidelberger-Festival einen Etat von 1,4 Millionen Mark. Im Zug dieser Erweiterung wurde der Wettbewerb paritätisch in beiden Städten durchgeführt, wobei jeder der beiden Veranstaltungsorte ein eigenes Profil erhalten sollte. So wurde Heidelberg Veranstaltungsort des »Schau-Platz« mit seiner Reise in die Welt der Independents. Durch einen »beispielhaften organisatorischen Kraftakt«, so Josef Lederle im »film-dienst«, sei es den Veranstaltern gelungen, in Mannheim 102 Filme aus 41 Ländern zu zeigen. Dabei pflege auch Mannheim-Heidelberg auch weiterhin den filmischen Nachwuchs. Allerdings sei es bei der großen Anzahl von Filmen – allein im Wettbewerb waren 28 Spiel- und Dokumentarfilme und 14 Kurzfilme angetreten – nicht verwunderlich, daß die Qualität der Beiträge recht unterschiedlich ausfiel. »Neben interessanten, vielversprechenden Produktionen standen unbeholfene Versuche, langatmige Erzählungen wechselten ab mit spannenden Beiträgen und einigen witzigen Entdeckungen.« Es sei Festivaldirektor Michael Kötz und seinem Team zu wünschen, daß sie den Titel, »ein internationales Festival zu veranstalten, auch in Zukunft ernst nehmen und verstärkt nach Beiträgen aus Asien, Afrika und Lateinamerika Ausschau halten«.

Preise in Mannheim:

Großer Preis der internationalen Jury an ***Belle van Zuylen*** von Digna Sinke.
Fassbinderpreis an ***Floundering*** von Peter McCarthy.
Preis der Katholischen Jury und eine **lobende Erwähnung der Festivaljury** für ***Hub Cap World*** von Laurie K. Nöller.
Dokumentarfilmpreis an ***Suenos de Hiela*** von Ignacio Aguero.

12. Münchner Filmfest

Das Motto suggeriere etwas, »was nicht oder nicht mehr existiert«, bilanzierte Günter Jurczyk in der »Süddeutschen Zeitung« in seinem Rückblick auf das 12. Münchner Filmfest. Denn der Leitspruch, »Wer das Leben liebt, liebt das Kino« verrate das zweifelhafte Niveau dieses Filmfestes – gerade dann, »wenn Organisator Eberhard Hauff seine Veranstaltung in den Dienst des – vor allem privaten – Fernsehens stellt«. Der Cinéast fühle sich angesichts der »televisionären Schwerpunkte, eine Top-Television-Reihe, einem Fernsehtrailer-Wettbewerb und einem Kreativ-Treff mit Marschrichtung positive Programmplanung als aussterbende Spezies«. Jurczyks Urteil: »Angekündigt wird

ein heiteres, argloses Fest für's bayrische Filmvölkchen, ohne Branchen- und Preisgerangel; praktiziert wird hinter den Kulissen ein Insidertreff mit verstohlen eingeschleustem Wettbewerb.« Allerdings stellten die Macher des Münchner Filmfestes diese Tendenz gar nicht in Abrede. Denn neben 130 neuen Filmen, 1500 Gästen und 600 Journalisten »zeigte die starke Beteiligung deutscher Fernsehsender und der Video-Industrie, welchen herausragenden Stellenwert das Filmfest für die Medienindustrie hat«. Für »Ponkie« war dies allerdings Grund genug, in der Münchner »AZ« zu spotten, der Cinéast sei angesichts der gewaltigen Networks ein »Auslaufmodell«, der zwar nicht als »Kino-Penner« obdachlos unter Brücken verschimmle, der aber schon im Spinnennetz des Top-Television-Stils als Futter für die neuen Medien zapple. »Wer weiß, als welche TV-Beutefliegen wir uns beim 13. Münchner Filmfest wiederfinden werden: Angst essen Seele auf und Fernsehen frißt Kino.« Die kritische Bemerkung, wonach das Filmfest einer Tendenz nachgebe, die den engagierten und unabhängigen Filmschaffenden immer weniger Spielraum lasse, konterte Festivalchef Eberhard Hauff damit, daß es in München eben den ganzen Bereich des Filmschaffens zu sehen gebe.
Und das internationale Filmschaffen wurde durchaus umfassend vorgestellt. Wagemutig die **Werkschau** für zwei europäische Independents, dem Italiener **Nanni Moretti** und dem Deutschen, vorwiegend in Wien arbeitenden **Michael Haneke**. Für einen glanzvollen Auftakt sorgte Amerikas Superstar Robert de Niro, der sein Regiedebüt *In den Straßen der Bronx* präsentierte. In München begann auch der erfolgreiche Weg von *Kaspar Hauser* von Peter Sehr und *Woyzeck* von Janos Szasz (»Felix« 1994), *Speed* von Jan De Bont, *Pulp Fiction* von Quentin Tarantino und *Snake Eyes* von Abel Ferrara standen u. a. für die andere Seite des internationalen Filmschaffens.
Das Kinderfilmfest widmete dem turkmenischen Regisseur **Usman Saparow** eine kleine Werkschau und **Oja Kodar** präsentierte filmische Raritäten von Orson Welles, den sie in den letzten 20 Jahren seines Lebens als Gefährtin, Mitarbeiterin, Geliebte und Muse begleitet hat.

Regie-Förderpreis der Hypo-Bank für den deutschen Film:
Peter Welz für ***Burning Life***
SAT.1 Autorenpreis: Martin Compart für Exposé für ***Deep Cover***
Marlboro Network Publikumspreis: Don Alan Pennebaker für ***The War Room***
One-Future-Preis: Laiendarsteller des nie veröffentlichten Orson Welles-Films ***Four Men On A Raft***
Deutscher Jugend-Video-Preis (Videos für Kinder): Atlas Film für ***Alan und Naomi***
Deutscher Jugend-Video-Preis (Videos für Jugendliche): Fernando Solanas für ***Die Reise***.

14. Internationales Festival der Filmhochschulen München

Überschrieben war das 14. Internationale Festival der Filmhochschulen München diesmal mit »In der Schule der Welt gibt es keine Ferien«, und wieder einmal präsentierten junge Talente ihre Arbeiten. Studenten der Filmschulen aus Europa und Übersee trafen sich, um ihre besten Werke den Kollegen und der Öffentlichkeit zu präsentieren. Filmschaffende von insgesamt 35 Filmakademien waren in diesem Jahr nach München gekommen, darunter als »Special Guests« die beiden brasilianischen Filmhochschulen aus Sao Paulo und Rio de Janeiro. Neben der Teilnahme am Wettbewerb wurden in einem Sonderprogramm »Brasilien« herausragende Arbeiten von beiden Schulen gezeigt, die einen Einblick in die Sicht der jungen brasilianischen Filmemacher gaben. Die Jury-Präsidentschaft hatte diesmal der amerikanische Schriftsteller und Drehbuchautor **Budd Schulberg** übernommen, der unter anderem das Drehbuch für den Kazan/Brando-Klassiker *Die Faust im Nacken* lieferte. Für die Studenten zählt seit Jahren die Arbeit in der *Masterclass* zu den herausragendsten Ereignissen während des Festivals. War 1993 die Hollywood-Legende Sam Fuller der prominente Ehrengast, so kam diesmal der in Kanada geborene Hollywood-Regisseur und Komödien-Spezialist **Arthur Hiller**. Ohne Zweifel hat sich das Internationale Festival der Filmhochschulen München in den vergangenen Jahren zu einem markanten Ereignis von internationalem Rang gemausert. Oder wie es Eberhard Hauff, Geschäftsführer der Internationalen Münchner Filmwochen und Veranstalter des Festivals sagte: »Es ist eine der bedeutensten Plattformen für den Regie-, Autoren- und Produzentennachwuchs. Für die Filmemacher von morgen ist es der Treffpunkt von heute.« Ob unter den diesjährigen Teilnehmern allerdings ein zweiter Sönke Wortmann, Bernd Eichinger oder Nikolai Karo, der mittlerweile zu Europas erfolgreichsten Werbefilmern zählt, dabei war, wird die Zukunft weisen müssen.

Hier die Filme, die die internationale Studentenjury mit Preisen auszeichnete:

Parlez-Moi d'amour von Filippos Tsitos; ***Scarborough Ahoy*** von Tania Diez; ***Smrod*** von Artur Urbanski; ***The Hackney Downs*** von Jamie Thraves; ***Beyadaim Tovot*** von Oded Davidoff.

Die VFF-Verwertungsgesellschaft der Film- und Fernsehproduzenten verlieh den **Young Talent Award** mit Geldpreisen an Attila Mispal für seinen Film ***Hajszal es csengettyü*** (20 000 Mark); Stephan Puchner für ***Flut*** (10 000 Mark) und Malene Vilstrup für ***Cardboard Dog*** (5000 Mark).

9. Dokumentarfilm-Festival München

Überschrieben war das »9. Dokumentarfilm-Festival München« mit »Die Wüste lebt«, wobei drei Themen im Mittelpunkt standen: Die Entwicklung in Osteuropa, der Krieg im früheren Jugoslawien und Filme von Frauen. Darüber hinaus war dem russischen Filmemacher **Aleksandr Sokurow** eine Hommage gewidmet. Margret Köhler registrierte verwundert im »film-dienst« »das Fehlen ökologischer Themen«, die vor einigen Jahren noch dominiert hätten. »Befremdlich« sei auch »der Mangel an Filmen, die sich mit der Situation in Westdeutschland beschäftigen«. 58 Filme aus 25 Ländern waren im internationalen Programm zu sehen, darunter auch mehrere Uraufführungen. Für Günter Jurczyck von der »Süddeutschen Zeitung« war das Angebot, abgesehen von »vereinzelt braven, handwerklichen Arbeiten des mehr beliebigen Sammelns von Bildern und Tönen, die aber die Ausnahme blieben«, durchaus erfreulich: Zu sehen gab es nach seiner Ansicht »formal wie inhaltlich eigenwillig und konsequent gestaltete

Filme von den Krisenherden und multikulturellen Brennpunkten der Erde«.
Der mit 5000 Mark dotierte »Preis für den besonderen Dokumentarfilm« ging an den Essay-Film ***London*** von Patrick Keiller.
Einen Sachpreis erhielt Artur Aristakisjan für sein Erstlingswerk ***Ladoni***.
Und wenn es nach Margret Köhler ging, hätte noch ein Preis vergeben werden können – der des »ärgerlichsten Films des Festivals«. Nach ihrer Ansicht hatte diese Auszeichnung *My Indian Boy* von Karl Schedereit verdient gehabt. Vollgepackt mit Klischees sei dieser »sogenannte Dokumentarfilm eine Farce«. Auf dem Festival jedenfalls hätte er nichts zu suchen gehabt.

40. Internationale Kurzfilmtage Oberhausen

Zum runden Geburtstag hatte Festivalleiterin Angela Haardt ein beeindruckendes Programm auf die Beine gestellt: 57 Filme im Wettbewerb – mit 1500 Filmbeiträgen gingen hier mehr Einreichungen als je zuvor ein – wurden von einer umfassenden Retrospektive des japanischen Kurzfilms der vergangenen 40 Jahre begleitet. Im »Deutschen Wettbewerb« liefen 32 Filme, im Kinderkino waren 35 zu sehen. Summa summarum konnten die Einkäufer, Fernsehredakteure oder Journalisten aus einem auf über 2500 Titel angewachsenen Angebot auswählen. Überschrieben war das Festival mit »Weg zum Nachbarn«, ein »altehrwürdiges Motto«, so Angela Haardt.
Für ihre Jubiläumsausgabe erhielten die Kurzfilmtage als einziges deutsches Festival im vergangenen Jahr die maximale Fördersumme der Europäischen Union in Höhe von 40 000 Mark.
Zu den großen Gewinnern zählte Ellen Bruno, die für ihr Portrait tibetanischer Nonnen ***Satya: A Prayer for the Enemy*** gleich vier Preise bekam. Unter anderem bekam sie den »Preis der katholischen Filmarbeit«.
Geteilter Meinung war die Jury bei der Vergabe des »Großen Preises der Stadt Oberhausen«. Eine Hälfte ging an den georgischen Kurzspielfilm ***Ara, Megobaro*** von Georgi Mgeladze. Den zweiten Teil bekam die polnische Satire ***Mieso*** von Piotr Szulkine. Am meisten beklatscht wurde der Beitrag *Skademeldingen* des Norwegers Guttorm Petterson. Dennoch wurde der begehrte »Eulenspiegel-Preis« dem Animationsfilm ***The Sound of Music*** des Briten Phil Mulloy zugesprochen. Den »Experimentalfilmpreis« erhielt David Larchers ***Videovoid***.
Trotz der 40jährigen Erfolgsstory, die bei den Oberhausener Kurzfilmtagen geschrieben wurden, plagen die Festivalmacher Sorgen: Zum einen, weil Kurzfilme, und daran habe auch das Oberhausener Festival nichts ändern können, wie Rainer Nolden feststellte, weitgehend unter Ausschluß der breiten Öffentlichkeit stattfänden. »In dem auf Gewinnmaximierung angelegten Abspielschema der Kinos haben sie seit dem Verschwinden des ›Kulturfilms‹ aus den Vorprogrammen keine Chance mehr.« Erst seitdem auch die Kunstform des (Musik)-Videos in Oberhausen zugelassen sei, habe mit der Zahl der Wettbewerbs-Anmeldungen auch das Publikumsinteresse wieder deutlich zugenommen. »Die ›Wege zum Nachbarn‹ sind eben weniger mühsam, wenn sie mit Hip-Hop und Pop gepflastert sind.« Zum anderen müssen die Veranstalter für das kommende Jahr mit 100 000

Mark weniger auskommen, weil Zuweisungen gekürzt werden. »Land, Bund und Europäische Union dürfen sich hier nicht aus der Verantwortung für die einzigartige Sammlung internationalen Kulturgutes stehlen«, fordert Anselm Jungblodt im »filmdienst«.
Denn: »Hoffentlich heißt es in Oberhausen künftig nicht: Dies gab es einmal.«

5. Filmfestival Potsdam

Jeweils zwölf Spiel-, Dokumentar- und Studentenfilme gab es in Potsdam allein im Wettbewerb zu sehen. Dazu kam ein Paket mit 24 Kurzfilmen und diverse Sonderprogramme – genügend Gründe also für die Cinéasten, wieder im »Europäischen Salon für Liebhaber des jungen Films« auf den Biedermeierkanapes Platz zu nehmen.
Weit über die Hälfte des Programms bestand aus Erstaufführungen, wobei die Auswahl der Filme unter die Mottos »Freundschaften und Liebschaften« und »Reichtum Europas: Oper« gestellt wurde. Man merke dem Festival an, daß es jung, noch voller Energie, ausgestattet mit einem rauhen preußischen Charme sei, wie Jürgen Becker von der Berliner »Neue Zeit« feststellte. Hier werde den Studenten und jüngeren Filmschaffenden der ideale Rahmen geboten, ihre Arbeiten den Filmfreunden vorzustellen: »In einer ruhigeren, intimeren Atmosphäre, die nicht ganz so hektisch ist wie beim Filmfest im benachbarten Berlin.«
Hauptpreise erhielten der kirgisische Spielfilm ***Die Schaukel*** von Aktanbek Abdykalykov, der französische Kurzfilm ***Die Boxerin*** von Karim Dridi, sowie der Niederländer Ian Kernhof für ***Zehn Monologe aus dem Leben von Serienmördern*** und der Franzose Nicolas Philibert für ***Das Land der Gehörlosen***.

Preisträger in der Kategorie Studentenfilme wurde ***Morgenröte*** des Ungarn Pados Gyula.

Das Schlußwort aus Potsdam bleibt **Volker Schlöndorff** vorbehalten, der den mit 50 000 Mark dotierten Hauptpreis im Alten Rathaus der Stadt überreichte: »Setzen Sie bitte auch in Zukunft nicht auf irgendwelche abgenutzte Prominenz, sondern betreiben Sie diesen europäischen Filmsalon so weiter, wie Sie ihn begonnen haben, damit Film auch morgen noch nicht nur seine kommerzielle Auswertung, sondern auch einen Zuspruch wie hier findet.«

Die Preise (auszugsweise):

Große Preis der Stadt Oberhausen: ***Ara, Megobaro (Nein, mein Freund*** von Georgi Mgeladze und ***Mieso (Fleisch)*** von Piotr Szulkin.
Hauptpreise an ***After 68*** von Stephen Burke, ***Gbanga Tita*** von Theirry Knauff, ***Sorrow of the black Gold*** von Sinisa Dragin und ***Satya: A Prayer for the Enemy*** von Ellen Bruno.
Preis für besten Experimentalfilm an ***Videovoid*** von David Larcher **Eulenspiegel-Preis** für humorvollsten Film an ***The Sound of Music*** von Phil Mulloy
Preis der Jury des Deutschen Gewerkschaftbundes an ***Hajnal*** von Pados Gyula
Don-Quichote-Preis der FICC an ***Tales from Planet Kolkata*** von Ruchir Joshi
Preis für besten deutsche Kurzfilm an ***Alles Schrott: Der Maler Werner Keller*** von Thomas Koerner.
Preis der Jury der Internationalen Filmkritik FIPRESCI an ***Mieso*** von Piotr Szulkin.

15. Max-Ophüls-Preis Saarbrücken 1994

Waren es früher 32 Filme, die in Saarbrücken im Wettbewerb gelaufen seien, so waren es diesmal 15 – ein »Minusrekord«, wie Harald Martenstein vom »Tagesspiegel« bedauernd zur Kenntnis nahm. Einen Vorteil habe diese Schrumpfung dennoch durchaus gehabt: »Das Festival des deutschsprachigen Nachwuchsfilms wurde dadurch angenehm übersichtlich.« Es würden Räume frei, zum Beispiel für eine Wolfgang-Staudte-Retrospektive und für eine Reihe mit Debütfilmen aus Frankreich. Allerdings seien auch einige der Filme, die es in Saarbrücken zu sehen gab, bereits längst in den Kinos gelaufen. So »Schramm« oder »Die tödliche Maria«.

Und wenn es neue, gute Filme zu sehen gab, dann kamen sie nicht aus Deutschland, sondern aus der Schweiz oder Österreich. Und prompt gewann ein Regisseur aus der französischen Schweiz den Hauptpreis. Härter als Martenstein ging Alexander Musik von »tip« mit den Saarbrükkern ins Gericht. »Viel Magerkost« hätte es zu sehen gegeben, und der so oft betonte Anspruch, ein deutschsprachiges Festival zu sein, geriete in Gefahr, wenn ein französischsprachiger Film den Hauptpreis gewinne. Zu denken gebe auch die (unserer Meinung nach unsinnige) Drohung von Max Ophüls' Sohn Marcel, das Festival dürfe nicht mehr den Namen seines berühmten Vaters tragen, wenn Winfried Bonengels *Beruf Neonazi* zu sehen sei.

In einem offenen Brief an Festivalleiterin Christel Drawer schrieb der Sohn unter anderem: »Hiermit verbiete ich Ihnen also, im Namen und an Stelle meines Vaters, jede Aufführung des obengenannten Films im Rahmen einer Veranstaltung, die mit dem Namen Max Ophüls verbunden ist.« Saarbrückens Stadtoberhaupt Hajo Hoffmann reagierte prompt: Eine Anordnung des Oberbürgermeisters untersagte dem Publikum diesen Film.

Die Auszeichnungen:

Max Ophüls Preis an Denis Rabaglia für ***Scheinschwangerschaft***
Max Ophüls Preis für Nachwuchsdarsteller: Katja Studt für ihre Rolle in *Die tödliche Maria* von Tom Tykwer, ***Johannes Brandrup*** für seine Rolle in *Wilde Jahre* von Burkhard Steger
Förderpreis der Jury an Jens Becker für ***Adamski***
Kurzfilmpreis an Barbara Albert für ***Nachtschwalben***
Interfilmpreis an Zoran Solomun für ***Weltmeister***
Preis der SZ-Leserjury an Tom Tykwer für ***Die tödliche Maria***
Publikumspreis: ***Indien*** von Paul Harather
Filmpreis des Saarländischen Ministerpräsidenten an Paul Harather für ***Indien***

Diagonale Salzburg

Daß Österreich mit der »Diagonale« einen neuen Anlauf in Sachen Filmfestival gehe, sei angesichts der in das Kreuzfeuer der Kritik geratenen Österreichischen Film Tage Wels notwendig geworden, so Roland Rust im »film-dienst«. Mit einem Gesamtbudget von sechs Millionen Schilling jedenfalls habe man zum »Prestigeschlag gegen Wels« ausgeholt. Allerdings habe die »Diagonale« beim lokalen Publikum kaum landen können. Die Vorgabe, in den Sparten Spiel,- Dokumentar-, Kurz- und Avantgardefilm sowie Video- und

Medienkunst ausschließlich auf Qualität zu achten, sei nicht immer erfüllt worden. Manchmal landete ein Beitrag, so Rust, »gänzlich unter der Gürtellinie«.
Entdeckungen hätte es beim Dokumentarfilm gegeben, darunter zwei Arbeiten von Astrid Ofner. »Der naheliegenden Gefahr einseitiger nationaler Nabelschau entging der erstaunlich professionell organisierte Premierenjahrgang mit einem reizvollen Ländervergleich mit der neueren niederländischen Produktion, deren Ausgangsbasis durchaus der Österreichs ähnelt.« Interessant seien auch die Nebenreihen gewesen, etwa die Hommage an die Fernsehreporterin Elisabeth T. Spira. Rusts Fazit: »Beim nächste Mal wird mehr erwartet als alpenländischer Adventszauber im Schatten von Briefbombenattentaten.«

2. Internationale Trickfilmtage Schorndorf

Sechs Tage lang konnten sich die Trickfilmliebhaber darüber informieren, welche Themen und Trends der Animationsfilm zukünftig bietet. Und reichlich Anschauungsmaterial hatten die Besucher in Schorndorf: Über 40 Filme aus dreizehn Ländern gab es zu sehen, darunter Filme aus Japan, Tschechien und Großbritannien. Und die Briten waren »bei den Lachmuskelstimulierern unter den Tricksern dem Rest der Welt nach wie vor immer mindestens eine irre Pointe voraus«, wie Joachim Auch in der Stuttgarter Zeitung notierte. Dennoch brauche das Schorndorfer Programm den Vergleich mit dem Stuttgarter Festival nicht zu scheuen. »Dabei ist die Verbindung zum Leipziger Dokumentar- und Animationsfilmfestival nicht der schlechteste Trick.«

4. FilmKunstFest Schwerin

Das Schweriner Festival scheint sich zu einem Publikumsfestival entwikkelt zu haben: Über 10 000 Besucher strömten in fünf Tagen in die Kinos. Und sie bekamen eine ganze Menge zu sehen. 70 Filme in sieben Programmsparten flimmerten über die Leinwände, wenngleich die »Idylle des kleinen, überschaubaren Festivals durch technische Pannen gestört wurde«, wie Margret Köhler im »film-dienst« bemerkte. Auch bei der Preisvergabe waren Mißtöne zu hören. Aufgrund von »Nachlässigkeit bei der Figurengestaltung und Dialogschwächen, erzählerischer Ungenauigkeit, mangelndem Bewußtsein für kinogerechte Formen und kaum zu entdekkendem gestalterischem Eigensinn«, so die Jury, wurde kein erster, sondern nur zwei zweite Preise verliehen. Michael Gwisdeks ***Abschied von Agnes*** und Florian Flickers ***Halbe Welt*** mußten sich mit diesen Plätzen begnügen. Die Publikumsjury vergab den **Fliegenden Mecklenburger Ochsen** an ***Wer einmal lügt*** von Bertram von Boxberg. ***Leni*** von Leo Hiemer erhielt vom Verband der Filmkommunikation Mecklenburg-Vorpommern den mit 5000 Mark dotierten »Findling«.

17. Internationale Grenzland-Filmtage Selb

Die 17. Internationalen Grenzland-Filmtage in Selb präsentierten sich in diesem Jahr so vielfältig wie nie zuvor. Auch im vierten Jahr nach der politischen Umwälzung lag der Schwerpunkt bei Filmen aus Osteuropa. Regisseure aus Polen, Rußland, Kasachstan, Ungarn und der Tschechischen Republik dokumentierten, wie sich das Leben für die einfachen

Menschen in den vergangenen Jahren verändert hat. Erstmals stellten auch Bulgarien und Rumänien, bisher nur sporadisch in Selb vertreten, ihre besten Produktionen vor. Ohne Zweifel – Selb bleibt für osteuropäsische Filme ein unverzichtbares Schaufenster. Denn die osteuropäischen Kinos würden, so die russische Filmexpertin Galina Antoshevskaia, von zweit- und drittklassigen US-Filmen dominiert und damit blockiert. Es gebe nach wie vor interessante einheimische Produktionen, für die das Publikumsinteresse allerdings gering sei. In Selb zu sehen gab es eine **Werkschau** des polinischen Regisseurs **Wojciech Marczewski**, Filme aus einer belagerten Stadt von der »Sarajevo Group of Authors«, aktuelle Spielfilme, zahlreiche Erstaufführungen und »Von der Werbung zur Avantgarde – Die Anfänge des tschechischen Animationsfilms 1928 bis 1938«.

Zu den absoluten Publikumsrennern zählte dann das ***Fenster nach Paris*** des Petersburger Regisseurs Jurij Mamin.

29. Solothurner Filmtage

Das nach Locarno wichtigste schweizer Filmfestival konnte diesmal einen leichten Zuschauerzuwachs verzeichnen, wie Beat Glur im »Filmecho/Filmwoche« hochrechnete. In den vier Festivalkinos habe es 86 neue Schweizer Filme und rund 40 Werke in Sonderprogammen zu sehen gegeben. Gleichwohl sei die Bilanz des Schweizer Filmjahres 1993 jedoch ernüchternd gewesen. Der Grund: »Es fällt die Konventionalität der Machart und eine gewisse Ratlosigkeit im künstlerischen Ausdruck sowohl bei den langen Spielfilmen wie auch Dokumentarfilmen auf. Innovationen und kreative Leichtigkeit zeichnen hingegen das Filmschaffen der jungen Autoren und Autorinnen ab, die sich in Solothurn mit meist kurzen Werken vorstellten«, so Glur.

In Zahlen ausgedrückt ist die Bilanz jedenfalls alles andere als rosig: Gerademal 1,8 Prozent Marktanteil hat der Schweizer Film im Inland. Da bleibt nichts anderes übrig, als sich solvente Partner im Ausland zu suchen – Frankreich und Deutschland vorneweg. Zu den Höhepunkten des Festivals hätten Denis Rabaglias *Scheinschwangerschaft* (der später in Saarbrücken mit dem Max-Ophüls-Preis ausgezeichnet werden sollte) und die italiensch-schweizerische Koproduktion *Un'anima divisa in due* von Silvio Soldini, die im Jahr zuvor in Venedig mit einem silbernen Löwen ausgezeichnet wurde, gezählt.

Erfreulich, so Glur, daß sich in Solothurn diesmal junge und vielversprechende Autoren und Autorinnen vorgestellt hätten. Erwähnenswert hier die kurzen Spielfilme *Und Tschüss* von Walter Feistle, *Zap* von Lorenzo Gabriele, *Game Over* von Peter Indergand oder *Gänsehaut* von Laszlo Kish. Und wie in Rotterdam, wo auch keine Preise (bis auf ein, zwei Ausnahmen) vergeben werden, hielt sich auch Solothurn mit Auszeichnungen zurück – um dann einige Filmschaffende mit Spezialpreisen zu dekorieren: **Hedi Bäbler** und **Rudolph Jula** sowie **François Rossier** sind Träger des »Stanley-Thomas-Johnson-Preis«. Beim Trickfilm-Publikumswettbewerb wurden die Arbeiten ***Robert Creep*** von Claude Luyet und Thomas Ott sowie ***Pictures of an Exhibition*** der Zeichenklasse des ***Liceo artistico*** in Zürich prämiert.

Einen neu geschaffenen Preis bekamen die beiden Dokumentarfilmer

Reni Mertens und Walter Marti für ihren Kurzspielfilm ***Fait divers***. Alles in allem war die 29. Ausgabe des Solothurner Filmfestivals ein Erfolg. Wenngleich »von einem Schweizer Filmwunder wie Ende der 60er/Anfang der 70er Jahre keine Rede mehr sein kann«, wie Heinz Kersten im »Tagesspiegel« feststellte.

7. Internationales Trickfilm-Festival Stuttgart

In seinem Vorwort des Kataloges schrieb Festivalleiter Professor Albrecht Ade: »Das Tempo, mit dem die Computer-Animation, die digitale Bildgestaltung und die neuen Techniken das Medium verändern, ist atemberaubend« – um dann auf dem Festival zu vermeiden, »auf dieses spannende Thema einzugehen«, wie Kay Hoffmann im »film-dienst« süffisant bemerkte. Dennoch seien »verblüffende Umsetzungen keineswegs immer origineller Ideen geliefert worden«. Und den Besuchern, immerhin rund 20 000, wurde »Trickfilm satt« geboten: Im internationalen Wettbewerbsprogramm liefen 54 Filme, im Programm »Young Animation« gar 100 – insgesamt waren etwa 500 Trickfilme zu sehen.
Auf der dreitägigen »Film- & Medienbörse« wurde der Weg in die Zukunft gewiesen, einen Überblick über die aktuellen Entwicklungen wurde in »einem überzeugenden Vortragsprogramm geboten«. Trotzdem wecke das Festival »zwiespältige Gefühle«, wie die »Deutsche Presseagentur« vermeldete. Zwar sei das Festival den Kinderschuhen entwachsen, »aus einem Insider-Tip und Szene-Treff ist das nach Annecy wichtigste Animationsfilm-Festival der Welt geworden.« Allerdings hätte man sich bei den Filmen eine härtere Auswahl gewünscht. »Zu viele Belanglosigkeiten störten bisher den Gesamteindruck.«
Das 8. Trickfilm-Festival scheint dennoch gesichert zu sein, zumal das Land seinen Zuschuß dann erhöhen will. Alexander Petrovs Film ***Der Traum eines lächerlichen Menschen*** wurde mit dem mit 15 000 Mark dotierten Preis von Baden-Württemberg ausgezeichnet. Ansonsten waren die Briten vorn: Die Preise der Stadt Stuttgart und des SDR (je 10 000 Mark) gingen an Mark Baker für ***Das Dorf*** und Barry Purves für ***Screen Play***.
Den internationalen Förderpreis (35 000 Mark) erhielt An Vrombout für ***Kleiner Wolf***. Der Preis der Landesgirokasse Stuttgart für den besten Studentenfilm ging an Barbara Dlouha für ***Die Wintererinnerung***. Den Preis der Hellthaler International für den witzigsten Film kassierte Nick Parks für ***The wrong trousers***. Der Preis der Jury ging an Jochen Kuhn für ***Silvester***.

11. Französische Filmtage Tübingen

Rund 140 Spiel- und Kurzfilme standen auf dem Programm der 11. Französischen Filmtage in Tübingen, darunter *Montparnasse* von Yves Robert und Alain Resnais' *Smoking/No Smoking*. Hatten die Festivalchefs Dieter Betz und Michael Frederici noch 1993 die finanzielle Situation in düsteren Farben ausgemalt, so konnte Tübingen sein Budget ein Jahr später dank zahlreicher Sponsoren und einem satten Stadt- und Landeszuschuß sogar verdoppeln. Und der (finanzielle) Einsatz hat sich bezahlt gemacht: »Wir haben gegen zwei starke Gegner gespielt und wir haben gewonnen«, so Frederici. Denn selbst die Fußballweltmeisterschaft und der Jahrhundert-Sommer hätten die Kinofreunde nicht bremsen können. Gut 12 000 Besucher schauten sich an, was die Französischen Filmtage zu bieten hatten. Besonders zufrieden seien die jungen Regisseure heimgereist, so Joachim Kreibich, langjähriger und stets gut informierter Festivalbegleiter, im »Reutlinger General-Anzeiger«.

»Zwar hat das Treffen mit Produzenten und Verleihern nicht gleich die Verhältnisse auf dem Markt umgekrempelt, doch die Ausbeute war allem Anschein nach größer als bei Treffen in Cannes und auf der Berlinale.« Den Grund dafür lieferte Frederici: »In Tübingen haben die Leute halt wirklich Zeit für Gespräche.«

Für Denis Rabaglia hat sich das Kommen an den Neckar besonders gelohnt. Sein Film ***Scheinschwangerschaft (Grossesse nerveuse)***, der bereits in Saarbrücken den Max Ophüls-Preis gewonnen hatte, erhielt in Tübingen den mit 10 000 Mark dotierten Publikumspreis und die »Fliegende Kamera«. So ganz einverstanden mit dieser Wahl war Susanne Veil von der »Stuttgarter Zeitung« allerdings nicht. Ginge es nach ihr, dann hätte der Preis an *Le Sexe des Etoiles* von Paule Baillargeon oder an *Faut-il aimer Mathilde* von Edwin Baily gehen sollen. Der große Wurf hätte in Tübingen zwar gefehlt, »aber der Anspruch, einen repräsentativen Querschnitt des aktuellen Filmschaffens in französischer Sprache zu zeigen, wurde allein durch die Auswahl der Filme mehr als eingelöst«, so Veil. Gründlich daneben ging allerdings der (erste) Versuch, in Reutlingen, Tübingens direktem Nachbarn, eine »Zweigstelle« der Französischen Filmtage zu etablieren. Das Publikumsinteresse dort war jedenfalls mehr als mager. Wen wundert's: Die Werbetrommeln wurden weder in Reutlingen noch in Tübingen mit Verve gerührt, ganz abgesehen davon, daß sich die Reutlinger nicht gern in der Rolle des »kleinen Bruders« gefielen. An eine Städtepartnerschaft à la Mannheim-Heidelberg ist derzeit nicht zu denken.

14. Internationales Festival der Filmkomödie in Vevey

Aus acht Filmen mußte die internationale Jury des Internationalen Festival der Filmkomödie ihre Preisträger ermitteln – ein Unterfangen, das ob der Masse zu bewältigen war. Aki Kaurismäkis *Tatjana* war ebenso zu sehen wie Martin Clunes *Staggered.* Diese britische Komödie war dann auch der große Sieger von Vevey: Regisseur und Hauptdarsteller ***Martin Clunes*** erhielt die »Canne d'Or« (Goldener Spazierstock) für den besten Film und den »Charlot d'Or« als bester Schauspieler. Als beste Schauspielerin wurde ***Inna Tschourikova*** für ihre Rolle in dem russischen Film *Kourotchka Riaba (Riaba, mein Hühnchen)* ausgezeichnet.

Österreichische Filmtage Wels

Mit einer neuen Programmlinie, die eine partnerschaftliche Präsentation von österreichischen und europäischen Filmen vorsehe, wollten sich die Welser Filmtage neu positionieren, so das Blatt »Filmecho/Filmwoche«. Zwar stünden die heimischen Filmschaffenden nach wie vor im Mittelpunkt. Allerdings soll sich zukünftig das Thema »Europa« wie ein roter Faden durch das Festivalprogramm ziehen. Zu sehen gab es diesmal österreichische Spiel-, Dokumentar- und Avantgardefilme, Kurzfilme

und Nachwuchsarbeiten. Darüber hinaus stellten Studenten der Wiener Filmakademie eine europäische Filmhochschule ihrer Wahl vor und das Österreichische Filmarchiv zeigte historische Produktionen, die in europäischer Zusammenarbeit restauriert wurden.
Aber trotz aller Bemühungen: Das Filmfest in Wels kämpft ums Überleben. Zum einen, weil in Salzburg mit der »Diagonale« eine neues, fast identisches Festival auf den Markt drängt. Zum anderen, weil das zuständige Ministerium Festivalmacher Reinhard Pyrker die Subventionen gestrichen hat – um jetzt Salzburg zu fördern. Die Idee, Regisseure einzuladen, zusammen mit ihren neuesten Arbeiten einen europäischen Film ihrer Wahr vorzustellen, ist so schlecht nicht. In Wels jedenfalls fand dieses Konzept durchaus Zustimmung.
Den Preis der Österreichischen Filmtage erhielt ***Malli – Artist in Residence*** von Peter Zach. Die **Retrospektive** widmete sich dem Werk der österreichischen Regisseurin **Margarete Heinrich**, die sich im Februar des vergangenen Jahres das Leben nahm.

32. Viennale Internationale Filmfestwochen Wien

»Viennale gespalten« titelte das Branchenblatt »Filmecho/Filmwoche« anläßlich der Unstimmigkeiten zwischen den beiden Festivaldirektoren Wolfgang Ainberger und Alexander Horwarth. Reformbemühungen hätten zwar eine finanzielle Sanierung gebracht, eine Spaltung des Direktorenduos allerdings sei nicht zu verhindern gewesen. Des dauernden Hickhacks leid, beschloß Kulturstadträtin und Viennale-Präsidentin Ursula Pasterk, die Kompetenzen aufzuteilen: Ainberger kümmerte sich um die »Hauptviennale« mit ihrem 20-Millionen-Schilling-Etat, Horwarth fielen die übers Jahr verteilten »Specials« zu. Dieser Posten schlägt mit sieben Millionen Schilling zu Buche. Die amerikanische Performance-Künstlerin und Filmmacherin **Yvonne Rainer** wurde im Rahmen eines »Viennale-Specials« durch eine umfassende **Werkschau** geehrt. Aber auch sonst lohnte der Weg nach Wien.
Wer zuvor beim Filmfest München keine Gelegenheit hatte die Werkschau **Nanni Moretti** zu sehen, konte das in Wien nachholen. Ihm und dem Japaner **Mitsuo Yanaginachi** galten die Tributen, »zwei Autonomen des Kinos, der eine ein bestechender Satiriker und Komiker, der das Feld der italienischen Gesellschaft und Politik beackert, der andere ein Mythen- und Tragödienschreiber, der die japanische Gesellschaft zwischen Natur (Tradition) und Kapitalismus (Moderne) untersucht« (Alexander Horvath). Die große Viennale-**Retrospektive** im österreichischen Filmmuseum trug den Titel »Cool-Pop. Politik. Hollywood 1960–68« und bestand aus einer originellen Mischung von Klassikern und Raritäten. Im umfangreichen Hauptprogramm Meister-Werke wie *Exotica* von Atom Egoyan und *Lamerika* von Gianni Amelio und Enttäuschungen wie *Boxing Helena* von Jennifer Chambers Lynch. Kurzum: ein realistischer Überblick über das internationale Filmschaffen.

20. Internationales Filmwochenende Würzburg

Ein Programm von 40 Filmen aus vier Kontinenten hatten die Organisatoren des Internationalen Filmwochenendes zusammengetragen – eine respektable Zahl zum runden Geburtstag. Waren das französische, italienische, britische, aber auch das ungarische Kino und der deutsche Autorenfilm in den vergangenen Jahren stets präsent, so dokumentierten die erstmals vertretenen Filmländer Syrien und Guinea-Bissau, sowie die verstärkte Akzentuierung der Kurzfilmsparte, daß man sich in Würzburg nicht nur auf das Fortführen liebgewonnener Traditionen versteht. Als historische Rarität wurde der 1934 entstandene Film *Mauvaise graine (Unkraut)* gezeigt, den einzigen in Frankreich gedrehten Film von Billy Wilder. **István Szabó** wurde eine kleine **Werkschau** gewidmet. Gezeigt wurden seine Filme *Zeit der Träumereien* (1964), *Vater* (1966), *Mephisto* (1980) und *Zauber der Venus* (1990). Den Publikumspreis erhielt Flora Gomes (Guinea-Bissau) für ***Die blauen Augen von Yonta***.

Filmpreise und Auszeichnungen

OCIC-Preis in Amiens

Beim 14. Festival in Amiens zeichnete die Jury der Internationalen Katholischen Organisation für Film- und AV-Medien (OCIC) ***Vor lauter Feigheit gibt es kein Erbarmen*** des Österreichers Andreas Gruber aus. Eine lobende Erwähnung bekam der rumänische Film ***Ein Blick voller Zorn auf die Nachwelt*** von Nicolae Margineanu.

Preis der Arthur Brauner Stiftung

Für seinen Film ***Auf Wiedersehen Amerika*** ist der Regisseur Jan Schütte mit dem Preis der »Arthur Brauner Stiftung« ausgezeichnet worden. Preiswürdig sind Filme, die der Verbrüderung der Menschen dient und die Verständigung zwischen verschiednen Religionen, Kulturkreisen und Rassen fördert. Der Preis ist mit 50 000 Mark dotiert.

15. Bayrischer Filmpreis

Die 15. Verleihung der bayrischen Filmpreise habe sich in diesem Jahr als eine »unterhaltsame, schwungvolle Festveranstaltung erwiesen, daß man sie ohne überschwenglich zu sein durchaus als Bayerns Antwort auf die legendäre Oscar-Verleihung in L.A. einstufen konnte«, gratulierte beispielsweise das Branchenblatt »Filmecho/Filmwoche«. Die Verleihung sei im Gegensatz zu den vorangegangenen Jahren eine Veranstaltung gewesen, »die Lust auf Kino machte«.

Produzentenpreis: Bernd Eichinger und Neue Constantin Film für ***Das Geisterhaus***.

Regiepreis: Wim Wenders für ***In weiter Ferne, so nah!*** **Regienachwuchs:** Katja von Garnier für ***Abgeschminkt***

Drehbuchpreis: Uli Schwarzenberger für ***Tafelspitz***

Darstellerpreis: ***Katja Riemann*** für *Abgeschminkt* und *Ein Mann für jede Tonart*

Darstellernachwuchspreis: ***André Eisermann*** für *Kaspar Hauser*

Kostümdesign: ***Barbara Baum*** für ihr gesamtes filmisches Schaffen, insbesondere für *Das Geisterhaus* und *Der Kinoerzähler*

Dokumentarfilmpreis: Juraj Herz für ***Lara – Meine Jahre mit Pasternak***

Dokumentarfilmpreis (Nachwuchs): Dagmar Wagner für ***Das Ei ist eine geschissene Gottesgabe***

Ehrenpreis: ***Vicco von Bülow***

Bosten Society of Film Critics

Bester Film: ***Schindler's Liste***

Bester fremdsprachiger Film: ***Lebe wohl, meine Konkubine***

Beste Regie: ***Steven Spielberg*** für *Schindler's Liste*

Bester Drehbuch: ***Robert Altman, Frank Barhydt*** für *Short Cuts*

Beste Kamera: ***Janusz Kaminski*** für *Schindler's Liste*

Beste Hauptdarstellerin: ***Holly Hunter*** für *Das Piano*

Bester Hauptdarsteller: ***Daniel Day-Lewis*** für *Im Namen des Vaters*

Beste Nebendarstellerin: ***Rosie Ferez*** für *Short Cuts*

Bester Nebendarsteller: ***Ralph Flennes*** für *Schindler's Liste*

Dokumentarfilm: ***Visions of Light***

Silberner Hugo Chicago und der Emmy International New York

für Ray Müllers ***Die Macht der Bilder***.

Deutscher Filmpreis 1994

Die Verleihung dieses Preises hätte das Debakel des deutschen Films wiedergespiegelt, wie »Cinema« grantelte. Das erfolgreiche *Geisterhaus* von Bille August sei wegen seiner Internationalität nicht nominiert worden. Dafür aber Margarethe von Trottas überwiegend italienische Produktion *Zeit des Zorns*. Kurzum: »Verleihverband und Kinobesitzer protestierten, daß das Zuschauerinteresse beim Filmpreis keine Rolle spielt.« Und die Schelte ging noch weiter: »Der Ton im Saal versagte, die Regie würgte die Danksagungen der Preisträger zugunsten unsäglicher Showeinlagen ab, und zwei Stunden bemühte sich ein sichtlich überforderter Ilja Richter, die Zuschauer durch das holprige Provinzprogramm zu geleiten.« Der Unterhaltungswert der Verleihung lag »insgesamt knapp über dem des Testbilds«.
Filmband in Gold: *Kaspar Hauser* von Peter Sehr
Filmband in Silber: *Auf Wiedersehen, Amerika* von Jan Schütte, ***Balagan*** von Andres Veiel
Filmband in Gold für hervorragende künstlerische Einzelleistungen: *Roland Dressel*, Kamera in *Abschied von Agnes*; ***Bernd Eichinger***, Gesamtkonzeption *Das Geisterhaus*; ***André Eisermann***, Darsteller in *Kaspar Hauser*; ***Katja von Garnier***, Nachwuchsregie in *Abgeschminkt*; ***Christiane Hörbiger***, Darstellerin in *Alles auf Anfang* und *Tafelspitz*; ***Jürgen Jürges***, Kamera in *In weiter Ferne, so nah!*; ***Uli Schwarzenberger***, Montage in *Tafelspitz*; ***Peter Sehr***, Regie in *Kaspar Hauser*.
Ehrenpreis für herausragende Verdieste um den deutschen Film: *Dr. Günther Rohrbach*, Filmproduzent; ***Fee Vaillant***, langjährige Leiterin des Mannheimer Filmfestivals.
Preis der deutschen Filmkritik der AG der Filmjournalisten in der Sparte Spielfilm an Tom Tykers ***Die tödliche Maria***.

Deutscher Kurzfilmpreis 1994

Filmband in Gold für Heinrich Sabl für ***Wolf bleibt Wolf***
Filmbänder in Silber für Marcus Schmidt für ***Kurze Unterbrechung***, an ***Strandfilm Produktion*** und den Regisseur Dieter Reifarth für ***Die Düne***.

Deutscher Kritikerpreis

an Volker Koepp für den Dokumentarfilm ***Die Wismut***

Deutscher Kamerapreis 1994

Der Deutsche Kamerapreis 1994 wurde in der Kategorie Spielfilm an ***Frank Griebe*** für seine Kameraarbeit in *Die tödliche Maria* vergeben. Den Förderpreis erhielt ***Hans Rombach*** für *Balagan*. In der Kategorie »Fernsehfilm« wurde ***Klaus Eichhammer*** für den Film *Schicksalsspiele* ausgezeichnet.

Drehbuchpreis des Bundesinnenminister

an ***Regine Kühn*** für *Zarah L.*

Edinburgh Film Festival

Hier gewann Antonia Bird mit der BBC-Produktion ***Priest*** den »British

Screen Michael Powell Award«. Der Publikumspreis, der Granada First Feature Film Award, ging an den Film ***Muriels Wedding***.

Vereinigung der französischen Filmkritik

Alain Resnais' Doppelfilm ***Smoking/No Smoking*** hat die Vereinigung der französischen Filmkritik den »Prix Meliès« als bestem französischen Film zuerkannt. ***Raining Stones*** des britischen Regisseurs Ken Loach erhielt den »Prix Léon Moussinac« für den besten ausländischen Film.

Frauenfilmfestival Montreal

Die Regisseurin Penelope Buitenhuis erhielt für ihren Film ***Trouble***, der im Auftrag des ZDF entstanden ist, den Preis für den besten Spielfilm

Gilde-Filmpreis

Kategorie deutscher Film

Goldener-Gilde-Preis für Bille Augusts ***Das Geisterhaus***
Silberner-Gilde-Preis für ***Kaspar Hauser*** von Peter Sehr

Kategorie ausländischer Film

Goldener-Gilde-Preis für ***Drei Farben: Blau*** von Krzysztof Kieslowski
Silberner-Gilde-Preis für ***Viel Lärm um Nichts*** von Kenneth Branagh

Golden-Gate-Preis San Francisco

Golden-Gate-Preis an Edgar Reitz für seine Fernsehserie ***Die zweite Heimat*** und an Ray Müller für sein Leni-Riefenstahl-Portrait ***Die Macht der Bilder***.

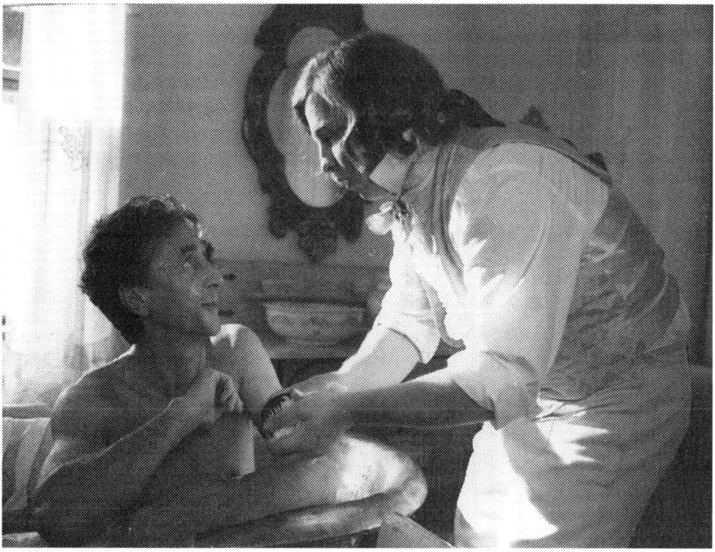

International ausgezeichnet: ›Kaspar Hauser‹ von Peter Sehr mit Jeremy Clyde, André Eisermann.

Hessischer Filmpreis

Der Hessische Filmpreis 1994 in der Sparte Spielfilm (150 000 Mark) ging an ***Now What*** von Norbert Schliewe, in der Sparte Dokumentarfilm (100 000 Mark) an ***Die Wismut*** von Volker Koepp und im Fach Kurzfilm (50 000 Mark) an ***1993 Karl Kels*** von Karl Kels.

Preis der katholischen Filmarbeit

Die Jury vergab ihren Preis an den amerikanischen Film ***Satya: A Prayer for the Enemy*** von Ellen Bruno. Eine lobende Erwähnung erhielt der finnische Film ***Karavaani*** von Pertuu Leppä.

Konrad-Wolf-Preis

der Akademie der Künste an ***Margarethe von Trotta***

L. A. Film Critics Association

Bester Film: ***Schindlers Liste***
Bester fremdsprachiger Film: ***Lebe wohl, meine Konkubine***
Beste Regie: ***Jane Campion*** für *Das Piano*
Bestes Drehbuch: ***Jane Campion*** für *Das Piano*
Beste Kamera: ***Stuart Dryberg*** für *Das Piano* und ***Janusz Kaminski*** für *Schindlers Liste*
Beste Hauptdarstellerin: ***Holly Hunter*** für *Das Piano*
Bester Hauptdarsteller: ***Anthony Hopkins*** für *Was vom Tage übrigblieb*
Beste Nebendarstellerin: ***Anna Paquin*** für *Das Piano* und ***Rosie Perez*** für *Fearless*
Bester Nebendarsteller: ***Tommy Lee Jones*** für *Auf der Flucht*
Beste Musik: ***Zbigniew Preisner*** für *Drei Farben: Blau, Der geheime Garten*
Production Design: ***Allan Starski*** für *Schindlers Liste*
Animation: ***Frederick Back*** für *The Mighty River*
New Generation Award: ***Leonardo Di Caprio*** für *This Boy's Life*
Lebensleistung: ***John Alton***, Kameramann
Dokumentarfilm: ***Orson Welles, Richard Wilson, Bill Krohn, Myron Meisel***

Film Society of Lincoln Center

Ehrenpreis der Mitglieder an ***Robert Altman***

Filmpreis der Stadt München

mit 15 000 Mark dotiert, ging an den Regisseur ***Oliver Herbrich***

National Board of Reviews (Griffith Awards)

Bester Film: ***Schindlers Liste***
Bester fremdsprachiger Film: ***Lebe wohl, meine Konkubine***
Beste Regie: ***Martin Scorsese*** für *Zeit der Unschuld*
Beste Hauptdarstellerin: ***Holly Hunter*** für *Das Piano*
Bester Hauptdarsteller: ***Anthony Hopkins*** für *Was vom Tage übrig blieb*
Beste Nebendarstellerin: ***Winona Ryder*** für *Zeit der Unschuld*
Bester Nebendarsteller: ***Leonardo Di Caprio***
Ehrenpreise für Drehbuchautorin

Ruth Prawer Jhabvala, Regisseur *Robert Rodriguez*
Preis für Lebensleistung an ***Sean Connery***
Dokumentarfilm: ***The War Room***

National Film Board Canada Montreal

für Ray Müllers Leni Riefenstahl: ***Die Macht der Bilder***.

New York Film Critics Circle Award

Bester Film: ***Schindlers Liste***
Bester fremdsprachiger Film: ***Lebe wohl, meine Konkubine***
Beste Regie: ***Jane Campion*** für *Das Piano*
Bestes Drehbuch: ***Jane Campion*** für *Das Piano*
Beste Kamera: ***Janusz Kaminski*** für *Schindlers Liste*
Beste Hauptdarstellerin: ***Holly Hunter*** für *Das Piano*
Bester Hauptdarsteller: ***David Thewlis*** für *Nackt*
Beste Nebendarstellerin: ***Gong Li*** für *Lebe wohl, meine Konkubine*
Bester Nebendarsteller: ***Ralph Flennes*** für *Schindlers Liste*
Dokumentarfilm: ***Visions of Light***

Förderpreis der Filmstiftung Nordrhein-Westfalen

an Benedikt Neuenfels für ***Les images d'ailleurs – Bilder von anderswo***. Den Spezialpreis erhielt Kameramann Andreas Giesecke für ***Der olympische Sommer***.

Preis der Stiftung Bibel und Kultur

Der polnische Regisseur ***Krzysztof Kieslowski*** erhielt diesen mit 10 000 Mark dotierten Preis vor allem für seinen Zyklus *Dekalog*.

Studenten-Oscar

für ***Abgeschminkt*** von Katja von Garnier.

5. Festival du Film d'Action et d'Aventure Valenciennes

Grand Prix Lino Ventura an ***Kaspar Hauser*** von Peter Sehr
Spezialpreis der Jury an ***Diki Vostok*** von Raschid Nugmanov
Preis für die beste Regie an Wladyslaw Pasikowski für ***Psy – The Pigs***

Filmliteratur

Neuerscheinungen deutschsprachiger Filmliteratur

»Lesen Sie Kino!« – Besser kann man es eigentlich gar nicht sagen. Mit diesem Slogan wirbt der Wagenbach Verlag und hat 1994 gleich zwei lesenswerte Neuerscheinungen im Programm. Mit der Veröffentlichung von Pier Paolo Pasolinis umstrittenem Roman »Petrolio« setzt der Verlag seine denkwürdige Pasolini-Reihe fort. Daneben – Neues von Luis Buñuel: »Wenn es einen Gott gibt, soll mich auf der Stelle der Blitz treffen«, provoziert der unverwüstliche Surrealist, erzählt in dem gleichnamigen Buch vom Reiz der Gotteslästerung und gibt Auskunft über seine Filme und über sich selbst.
Die Bücher von Pasolini und Buñuel – zwei Highlights unter den über 120 Film-Büchern, die wir wieder aufgelistet haben. Wie in den vorausgegangenen Filmjahrbüchern muß der Leser auch diesmal selbst die Spreu vom Weizen trennen, muß sich zwischen literarischer Ausschußware und allzu spezieller Fachliteratur orientieren.
Was ist eigentlich ein gutes Filmbuch? Ganz einfach: Es ist »gelehrt, ohne fachidiotisch« zu sein, es fordert zum »eigenen Weiterdenken« heraus, und es ist »schön«. So jedenfalls liest es sich, wenn der Filmbuchautor Georg Seeßlen begeistert die »Texte zum Melodramatischen im Film – Und immer wieder geht die Sonne auf« rezensiert.
Und wenn ein Filmbuch alle anderen in den Schatten stellt, dann hat es 1994 z. B. die Qualitäten, die Peter W. Jansen in Gero Ganderts monumentalem 1. Band der Handbuchreihe »Der Film der Weimarer Republik – 1929« entdeckt: Der »Dicke Gandert« enthält für jeden Leser »nicht nur das Versprechen eines unerschöpflichen Genusses, sondern: fröhliche Wissenschaft.«
Es gab auch noch andere »schöne« Bücher. Als Filmbuchverlag hat sich 1994 wohl endgültig der Henschel Verlag in Berlin neu etabliert. Vielseitig im Programm mit neuen Autoren und opulenten Bildbänden wie die Film-Fotobände »Milton's Marilyn« und »Magnum Cinema – Ein halbes Jahrhundert in Magnum-Photographien«. Andere Publikationen dagegen überdecken nicht vorhandene Qualitäten mit ihrem schönen äußeren Schein: »Mein Kino. Die 100 schönsten Filme« – in eitler Fotopose preist »Spiegel«-Mann und Fernsehtalker Hellmuth Karasek seine Filmbetrachtungen an. Ein Lesebändchen hätte ich mir gewünscht bei der Lektüre von Orson Welles und Peter Bogdanovichs fesselndem und voluminösem Interviewbuch »Hier spricht Orson Welles«. Anekdotenreich und erhellend erzählt die geniale Künstlerpersönlichkeit Welles über sein Leben, seine Filme und vom Moloch Hollywood. Ein faszinierender Blick hinter die Kulissen der Filmindustrie.
Spannende Geschichten, allerneuestes Geflüster, Wissenswertes und Überflüssiges aus dem Mekka des Films findet sich natürlich auch in den zahlreich erschienenen Biographie-Bänden.

Viel Spaß beim Lesen.

Rolf Selas

1. Film-Geschichte und -Theorie, Genre

Jean Améry: Cinéma – Arbeiten zum Film. Verlag Klett-Cotta.

Martin Arnold, Peter Tscherkassky (Red.): Austrian Avant-Garde Cinema 1955–1993. (Katalog zu einer Filmtour durch zehn Städte der USA). Sixpack Film, Wien.

Cecil Beaton: Photographien 1920–1970. Schirmer/Mosel Verlag, München.

Manfred Behn (Red.): Schwarzer Traum und weiße Sklavin. Deutsch-dänische Filmbeziehungen 1910–1930. edition text kritik, München.

Herbert Birett: Lichtspiele. Das Kino in Deutschland bis 1914. Q-Verlag, München.

Hans-Michael Bock (Hrsg.): Cine-Graph. Lexikon zum deutschsprachigen Film. 23.Nachlieferung. edition text + kritik, München.

Hans Michael Bock, Wolfgang Jacobsen (Hrsg.): Paul Dessau. Dokumentation zum Filmkomponisten, mit Filmographie. Stiftung Deutsche Kinemathek, Berlin.

Christian Cargnelli, Michael Palm (Hrsg.): Und immer wieder geht die Sonne auf. Texte zum Melodramatischen Film. PVS Verleger, Wien.

Zeno Cavigelli, Johan G. Hahn, Thomas Henke, Michael Kuhn: Aus Leidenschaft zum Leben. Film und Spiritualität. Benziger Verlag, Zürich.

Die Chronik des Films (Chronik von 1895–1993.) Chronik Verlag im Bertelsmann Lexikon Verlag, München.

Steffen Damm: 60 Jahre Jugendfilm (Geschichte des Jugendfilm-Verleihs.) Nicolaische Verlagsbuchhandlung, Berlin.

Margit Dorn: Vampirfilme und ihre sozialen Funktionen. Ein Beitrag zur Genregeschichte. Verlag Peter Lang, Frankfurt.

Thomas Elsaesser: Der Neue Deutsche Film. Heyne Verlag, München.

Peter W. Engelmeier: Die Kunst der Filmphotographie. Augustus Verlag, Augsburg.

Peter W. Engelmeier: 100 Jahre Kino – die großen Filme. Augustus Verlag, Augsburg.

Michael Esser (Red.): Gleißende Schatten. Kamerapioniere der zwanziger Jahre. Henschel Verlag, Berlin.

Robert Fischer, Peter Sloterdijk, Klaus Theweleit: Bilder der Gewalt. Verlag der Autoren, Frankfurt.

Gero Gandert: Der Film der Weimarer Republik. 1929. Ein Handbuch der zeitgenössischen Kritik. Walter de Gruyter Verlag, Berlin 1993.

Axel Geiss (Hrsg.): Filmstadt Babelsberg. Zur Geschichte des Studios und seiner Filme. Verlag Nicolai, Berlin.

Rolf Giesen: Cinefantastic. Babelsberg Studiotour. Kurzer Abriß der Geschichte der Special Effects. Argon Verlag, Berlin.

Olaf Grüneis: Schauspielerische Darstellung in Filmen Alexander Kluges. Zur Ideologiekritik des Schauspielens im Film. Verlag Die Blaue Eule, Essen.

Thomas Heimann: DEFA; Künstler und SED-Kulturpolitik und Filmproduktion in der SBZ/DDR 1945–1959. Vistas Verlag, Berlin.

Hilmar Hoffmann: 100 Jahre Film – Von Lumière bis Spielberg. Econ Verlag, Düsseldorf.

Klaus Kanzog: »Staaatspolitisch besonders wertvoll«. Ein Handbuch zu 30 deutschen Spielfilmen der Jahre 1934 bis 1945. Verlag Schaudig & Ledig, München.

Ulrich J. Klaus: Das Filmjahr 1934 – Deutsche Tonfilme, Band 5. U. J. Klaus Verlag, Berlin.

Helmut Korte/Werner Faulstich (Hrsg.): Fischer Filmgeschichte Band 1: 1895–1924. Fischer Verlag, Frankfurt.

Thomas Kramer/Martin Prucha: Film im Lauf der Zeit. 100 Jahre Kino in Deutschland, Österreich und der Schweiz. Ueberreuter Verlag, Wien.

Klaus Kreimeier (Hrsg.): Die Metaphysik des Dekors. Raum Architektur und Licht im klassischen deutschen Stummfilm. Schüren Verlag, Marburg.

Kurt Luger, Siegfried Zielinski (Hrsg.): Europäische Audiovisionen. Film und Fernsehen im Umbruch. Österreichischer Kunst- und Kulturverlag, Wien.

Magnum Cinema – Ein halbes Jahrhundert Kino in Magnum-Photographien. Schirmer/Mosel Verlag, München.

Mecki, Märchen & Schnurren: Die Puppenfilme der Gebrüder Diehl. (Ausstellungskatalog). Hrsg. Deutsches Filmmuseum, Frankfurt.

Corinna Müller: Frühe deutsche Kinematographie. Formale, wirtschaftliche und kulturelle Entwicklungen 1907–1912. Verlag J. B. Metzler, Stuttgart.

Almut Oetjen: Hammer Horror – Galerie des Grauens. Corian Verlag, Meitingen.

Joachim Paech (Hrsg.): Film, Fernsehen, Video und die Künste. Strategien der Intermedialität. Verlag J. B. Metzler, Stuttgart.

Horst Schäfer, Dieter Baacke: Leben wie im Kino. Jugendkulturen und Film. Fischer Verlag, Frankfurt.

Ralf Schenk (Red.): Das zweite Leben der Filmstadt Babelsberg 1946–1992. Henschel Verlag, Berlin.

Alexander Schwarz: Der geschriebene Film. Drehbücher des deutschen und russischen Stummfilms. Verlag Schaudig & Ledig, München.

Georg Seeßlen: Tanz den Adolf Hitler. Faschismus in der populären Kultur. Edition Tiamat, Berlin.

Stiftung Deutsche Kinemathek (Hrsg.): Filmexil, Bd. 4. Edition Hentrich, Berlin.

Stephan Stompor: Künstler im Exil in Oper, Konzert, Tanztheater, Schauspiel, Kabarett, Rundfunk, Film, Musik- und Theaterwissenschaften sowie Ausbildung in 62 Ländern. Verlag Peter Lang, Frankfurt.

2. Handbücher, Nachschlagewerke, Kataloge

Die 100 Filmregisseure des Jahrhunderts. Rowohlt Verlag, Reinbeck.

Fischer Film Almanach 1994. Filme. Festivals. Tendenzen. Mit TV- und Videoerstaufführungen. Fischer Verlag, Frankfurt.

Eva Hohenberger, Karin Jurschick (Hrsg.): Blaue Wunder. Neue Filme und Videos von Frauen 1984–1994. Argument Verlag Hamburg.

Lothar R. Just: Filmjahrbuch 1994. Alle Erstaufführungen im Kino, Fernsehen, Video Deutschland, Österreich, Schweiz. Heyne Verlag, München.

Hellmuth Karasek: Mein Kino. Die 100 schönsten Filme. Hoffmann und Campe Verlag, Hamburg.

Jean Lüdeke: 1000 Kultfilme auf Video. Heyne Verlag, München.

Medienkursbuch Ökologie. Verzeichnis von Filmen und Videos zum Thema Ökologie. Ökomedia Institut e.V., Freiburg.

Egon Netenjakob: TV-Filmlexikon. Regisseure, Autoren, Dramaturgen 1952–1992. Fischer Verlag, Frankfurt.
Ralph Sander: Das Star Trek-Universum. Handbuch in zwei Bänden. Heyne Verlag, München.
Hans Schifferle: Die 100 Besten Horror-Filme. Heyne Verlag, München.
Norbert Stresau: Der Oscar. Heyne Verlag, München.
tip – Filmjahrbuch Nr. 10 – Daten, Berichte, Kritiken. Verlag Klaus Stemmler, Berlin.

3. Filmpraxis und Filmindustrie

Austrian Film Commission (Hrsg.): Austrian Films 1993/94. PVS Verleger, Wien.
Jan Berg, Knut Hickethier (Hrsg.): Filmproduktion, Filmförderung, Filmfinanzierung. Edition Sigma, Berlin.
Carsten Pfaff (Red.): Filmstatistisches Taschenbuch 1994. Spitzenorganisation der Filmwirtschaft, Wiesbaden.
Verband Deutscher Drehbuchautoren (Hrsg.): Drehbuchautoren-Scriptguide 94/95. Vistas Verlag, Berlin.

4. Autobiographien, Biographien, Monographien

a) Regisseure

Charlotte Chandler: Ich, Fellini. Mit einem Vorwort von Billy Wilder. Herbig Verlag, München.
Buñuel: Auge des Jahrhunderts. (Ausstellungskatalog). Verlag Schirmer/Mosel, München.
Luis Buñuel: »Wenn es einen Gott gibt, dann soll mich jetzt der Blitz treffen.« Verlag Klaus Wagenbach, Berlin.
Marc Eliot: Walt Disney – Genie im Zwielicht. Heyne Verlag, München.
Milos Forman, Jan Novak: Rückblende. Erinnerungen. Hoffmann und Campe, Hamburg.
Heiner Gassen, Claudine Pachnicke (Red.): Lotte Reiniger, Carl Koch, Jean Renoir. Szenen einer Freundschaft. Revue CICIM 39/40, München.
Wolfgang Jacobsen, Helga Belach, Norbert Grob (Hrsg.): Erich von Stroheim. Argon Verlag, Berlin.
Chen Kaige: Kinder des Drachen. Eine Jugend in der Kulturrevolution. Kiepenheuer Verlag, Leipzig.
Debra Miller: Billy Name – Stills from the Warhol Films (Standfotos von den Warhol-Filmen.) Prestel Verlag, München.
Pier Paolo Pasolini: »Mit den Waffen der Poesie« (Texte zur Ausstellung). Hrsg. Akademie der Künste Berlin.
Georg Seeßlen: David Lynch und seine Filme. Schüren Presseverlag, Marburg.
Ute Seiderer: Film als Psychogramm. Bewußtseinsträume und Vorstellungsbilder in Werner Schroeters MALINA. Verlag Schaudig & Ledig, München.
Enzo Siciliano: Pasolini. Leben und Werk. Beltz/Quadriga, Weinheim.
Karl Sierek: Ophüls: Bachtin. Versuch mit Film zu reden. Verlage Stroemfeld/Nexus, Basel/Frankfurt.
Linda Sunshine (Hrsg.): Woody Allen. Das BilderLeseBuch. Kindler Verlag, München.
Josef von Sternberg: Das Blau des Engels. Eine Autobiographie. Verlag Schirmer/Mosel, München.
Orson Welles, Peter Bogdanovich: Hier spricht Orson Welles. Beltz Quadriga, Weinheim.

Wim Wenders: Einmal. Bilder und Geschichten. Verlag der Autoren, Frankfurt.

b) Schauspieler

Lars-Olav Beier (Red.): Sophia Loren. Henschel Verlag, Berlin.

Marlon Brando: Autobiographie. Bertelsmann Verlag, Gütersloh.

Paul Chutkow: Gérard Depardieu. Vom Straßenkind zum Superstar. Kindler Verlag, München.

Jonathan Coe: James Stewart. Eine Bildbiographie. Heyne Verlag, München.

Gerald Cole/Peter Williams: Clint Eastwood. Heyne Verlag, München.

Robert Fischer: Isabella Rossellini. Heyne Verlag, München.

Robert Fischer: Bernhard Wicki. Heyne Verlag, München.

Gundolf S. Freyermuth: Spion unter Sternen. Lauschangriffe auf Hauptdarsteller. Ch. Links Verlag, Berlin.

Milton Green: Milton's Marilyn. (Photoband). Schirmer/Mosel Verlag, München.

Paul Hubschmid: Schöner Mann, was nun? Knaus Verlag, München.

Thomas Jeier: Robert Redford. Heyne Verlag, München.

Aileen Joyce: Julia Roberts. Heyne Verlag, München.

Harald Juhnke: Was ich Ihnen noch sagen wollte... Heyne Verlag, München.

Albert Klein, Raya Kruk: Alexander Granach. Fast verwehte Spuren (Biographie des Schaupielers, der seit 1921 auch Filmrollen übernahm). Edition Hentrich, Berlin.

Patrick McGilligan: Jacks Life. Jack Nicholson – Eine Biographie. Henschel Verlag, Berlin.

T. D.Maguffee: Sigourney Weaver. Heyne Verlag, München.

Maria Matray: Die jüngste von vier Schwestern. Mein Tanz durch das Jahrhundert. Verlag Langen Müller, München.

Karsten Prüßmann: Whoopi Goldberg. Heyne Verlag, München.

Arild Rafalzik, Fritz Tauber: Lex Barker – »Mr. Old Shatterhand«. Eine Bildbiographie. filmland presse, München.

Randall Riese: Barbara Streisand. Eine intime Biographie. Verlag Langen Müller, München.

Willy Rizzo: Starsociety (Fotoband). Verlag Schirmer/Mosel, München.

Marianne Saegebrecht: Ich trau der Zukunft. Herbig Verlag, München.

Robert Sellers: Harrison Ford. vgs, Köln.

Terence Spencer: Die Beatles vor 30 Jahren (mit vielen bisher nie veröffentlichen Fotos.) Heyne Verlag, München.

Norbert Stresau: Michael Douglas. Heyne Verlag, München.

Peter Zander: Bernhard Wicki. Dieter Bertz Verlag, Berlin.

Meinolf Zurhorst: Robin Williams. Heyne Verlag, München.

5. Film und Literatur

Mario Adorf: Der Dieb von Trastevere. Geschichten aus Italien. Kiepenheuer & Witsch.

Rymond Carvers: Short Cuts. Heyne Verlag, München.

Luciano De Crescenzo: Meine Traviata. Knaus Verlag, Gütersloh.

Michael Crichton: Enthüllung. Verlag Droemer Knaur.

Doris Dörrie: Bin ich schön? Diogenes Verlag, Zürich.

Dewey Gram: Perfect World. Heyne Verlag, München.

Winston Groom: Forrest Gump. Heyne Verlag München.

Le Ly Hayslip: Geboren in Vietnam

und Geboren in Vietnam – Leben in den USA. Heyne Verlag, München.

Peter Hedges: Gilbert Grape – Irgendwo in Iowa. Heyne Verlag München.

Nobert Jacques: Dr. Mabuse, der Spieler; Mabuses Kolonie; Das Testament des Dr. Mabuse (Neuausgabe der Mabuse-Romane mit Informationen zu den Filmen von Fritz Lang.) Rogner & Bernhard bei Zweitausendeins, Hamburg.

David Kirschner, Ernie Contreras, Jerry Tritilli: Der Herr der Worte. Der Pagemaster. Heyne Verlag, München.

Armistead Maupin: Die Kleine. (Hollywood-Roman). Rogner & Bernhard bei Zweitausendeins, Hamburg.

Alexander Mollin: Laras Tochter (Das Schiksal der großen Liebe von Dr. Schiwago.) Bertelsmann Verlag, Gütersloh.

Pier Paolo Pasolini: Petrolio. Verlag Klaus Wagenbach, Berlin.

Gerald Petievich: Boiling Point. Heyne Verlag, München.

A. M. Wellman: So Fucking What. (Mediensatire) vgs, Köln.

Avra Wing: Angie. Heyne Verlag, München.

15 filmreife Geschichten für Kinofans. (Autoren: Graham Greene, Kurt Tucholsky, Ray Bradbury u.a.): Lübbe Verlag, Bergisch Gladbach.

6. Das Buch zum Film

(Drehbücher, Produktionsnotizen, Gespräche, Kommentare)

Helga Belach, Hans-Michael Bock (Hrsg.): Das Wachsfigurenkabinett. Drehbuch von Henrik Galeen zu Paul Lenis Film von 1923. edition text + kritik, München.

Jane Campion: Das Piano. Das Drehbuch zum Film. Heyne Verlag, München.

Jürgen Haase (Hrsg.): Mario und der Zauberer. (Das Buch zum Film von Klaus Maria Brandauer.) Henschel Verlag, Berlin.

Derek Jarman: Blue. Das Buch zum Film. Verlag Martin Schmitz, Kassel.

Johannes Mayer (Hrsg.): Kaspar Hauser. Der Mensch – der Mythos – das Verbrechen. Verlag Urachhaus, Stuttgart.

Mischka Popp / Thomas Bergmann: HERZFEUER – Berichte von Sex und Liebe in Deutschland (Buch zum gleichnamigen Dokumentarfilm.) Eichborn Verlag, Frankfurt.

7. Varia

Peter V. Brinemper, Bernard von Dadelsen, Thomas Seng (Hrsg.): World Media Park. Globale Kulturvermarktung heute. Aufbau Verlag, Berlin.

Ennio Flaiano: Blätter von der Via Veneto und andere Texte über Leben, Film und Bücherschreiben, über Rom und über die Italiener, Gott und die Welt. Verlag Beck & Glückler, Freiburg.

Das LA DOLCE VITA Kochbuch – Kunstverlag Weingarten.

Jean Mulatier: Schöne Grüße aus Hollywood (Karikaturen von Hollywoodstars). Ehapa Verlag, Stuttgart.

Arnold Schwarzenegger (Mit Charles Gaines): Fitness für Kids. Heyne Verlag, München.

Hit-Box: Die 100 erfolgreichsten Filme

Erhebungszeitraum vom 30.12.1993 bis 1.1.1995

Titel	Verleih	Besucher	FE	Start
Der König der Löwen	Buena Vista	7 534 716	2 473 544	17.11.94
The Flintstones	UIP	6 261 729	2 159 880	21.07.94
Schindlers Liste	UIP	6 023 582	2 065 563	03.03.94
Mrs. Doubtfire	Fox	5 531 899	2 020 630	27.01.94
Forrest Gump	UIP	5 260 758	2 072 183	13.10.94
Vier Hochzeiten und ein Todesfall	Impuls	4 284 361	1 713 212	11.08.94
Der bewegte Mann	Neue Constantin	4 008 163	1 567 925	06.10.94
Free Willy	Warner	3 409 390	1 116 848	10.02.94
Die nackte Kanone 33 1/3	UIP	3 264 002	1 314 197	12.05.94
Philadelphia	Columbia	3 236 768	1 381 998	24.02.94
Cool Runnings	Buena Vista	2 998 443	1 192 474	10.02.94
Speed	Fox	2 853 244	1 120 022	20.10.94
True Lies	Jugendfilm	2 756 110	1 237 782	18.08.94
Die Akte	Warner	2 572 236	1 066 859	10.03.94
Aladdin	Buena Vista	2 030 659	646 852	18.11.93
When a Man loves a Woman	Buena Vista	1 943 002	770 597	14.07.94
Eine Familie namens Beethoven	UIP	1 644 111	514 120	16.12.93
Asterix in Amerika	Jugendfilm	1 605 505	548 086	29.09.94
Sister Act 2	Buena Vista	1 603 121	642 554	03.03.94
Die Drei Musketiere	Buena Vista	1 532 855	620 720	27.01.94
I love Trouble	Buena Vista	1 310 486	525 784	15.09.94
The Crow	Buena Vista	1 248 858	454 378	28.07.94
Maverick	Warner	1 201 943	527 591	30.06.94
Beverly Hills Cop III	UIP	1 170 754	427 174	04.08.94
Jim Carrey ist Die Maske	Connexion	1 168 217	470 657	24.11.94
Interview mit einem Vampir	Warner	1 158 384	458 399	01.12.94
The Specialist	Warner	1 147 434	476 376	10.11.94
Robin Hood – Helden in …	Columbia	1 134 277	416 807	09.12.93
Die unendliche Geschichte III	Warner	998 661	346 203	27.10.94
Wolf	Columbia	985 391	432 182	15.09.94
Das Kartell	UIP	935 311	436 550	29.09.94
Einsam, Zweisam, Dreisam	Columbia	891 531	430 859	28.07.94
Mr. Jones	Columbia	883 026	384 692	26.05.94
Time Cop	UIP	878 117	361 415	24.11.94
Daddy Cool	Buena Vista	845 106	350 437	21.04.94
Tödliche Nähe	Columbia	785 389	367 591	20.01.94
Das Geisterhaus	Neue Constantin	771 900	298 189	10.11.93
Aristocats (WA)	Buena Vista	751 080	248 804	12.05.94
Gilbert Grape	Buena Vista	740 955	342 769	28.04.94
Voll normaaal	Neue Constantin	714 857	321 051	10.11.94
Wayne's World 2	UIP	685 947	263 365	24.03.94
Juniors freier Tag	Fox	662 321	210 429	06.10.94
Natural Born Killers	Warner	659 016	311 565	27.10.94
Charlie & Louise	Bavaria	649 998	237 135	17.02.94
Little Buddha	Jugendfilm	617 900	269 710	17.02.94
Der Klient	Warner	582 983	230 208	22.09.94
Hocus Pocus	Buena Vista	564 940	225 841	06.01.94
Pinocchio (WA)	Buena Vista	557 226	180 837	01.09.94
Addams Family 2	UIP	554 677	245 747	13.01.94

Titel	Verleih	Besucher	FE	Start
Pumuckl und der Blaue	Buena Vista	537 265	110 896	24.03.94
Demolition Man	Warner	526 915	182 726	02.12.93
Flucht aus Absolom	Columbia	516 097	201 349	14.07.94
Voll das Leben	UIP	501 735	217 853	18.08.94
Harte Ziele	UIP	493 883	185 490	23.12.93
Short Cuts	Senator	491 696	231 657	06.01.94
Was vom Tage übrig blieb	Columbia	490 724	280 491	10.03.94
Im Namen des Vaters	UIP	483 415	214 168	17.03.94
Ace Ventura	Warner	477 655	189 619	26.05.94
Police Academy VII	Warner	474 059	160 156	16.06.94
Auf brennendem Eis	Warner	461 626	187 358	31.03.94
Lightning Jack	Buena Vista	455 694	161 588	02.06.94
The Snapper	Concorde	420 786	173 145	30.12.93
Begegnungen	UIP	417 494	192 570	14.04.94
Däumeline	Warner	404 885	127 636	07.07.94
Kaspar Hauser	TiMe	389 014	127 610	27.01.94
Ein verrücktes Paar	Warner	383 483	180 478	05.05.94
Kuck' mal, wer da jetzt spricht	Columbia	376 698	128 065	17.03.94
Mac Millionär	Buena Vista	372 199	125 638	23.06.94
Malice	UIP	356 276	170 834	19.05.94
00 Schneider Jagd auf Nihil…	Senator	348 528	94 838	22.12.94
Manhattan Murder Mystery	Columbia	340 663	141 474	03.02.94
The Getaway	Tobis	333 644	146 100	14.04.94
Pulp Fiction	Scotia/Buena Vista	324 363	132 567	23.06.94
Nostradamus	Ascot	306 229	107 956	18.08.94
Wyatt Earp	Warner	298 644	115 189	01.09.94
2 Millionen $ Trinkgeld	Columbia	293 949	135 527	22.09.94
Die kleinen Superstrolche	UIP	269 037	76 175	08.12.94
Die Bartholomäusnacht	Tobis	259 860	123 438	29.09.94
Texas – Doc Snyder…	Senator	254 694	93 019	11.11.93
Die Beverly Hillbillies sind los!	Fox	254 631	81 185	07.07.94
Drei Farben: Rot	Concorde	248 686	98 878	08.09.94
Das Piano	Pandora	245 911	–	12.08.93
Töchter des Himmels	Buena Vista	240 749	110 809	19.05.94
Jurassic Park	UIP	236 738	25 956	02.09.93
Shadowlands	Warner	235 341	102 478	07.04.94
4 Dinos in New York	UIP	234 655	48 585	23.06.94
Frauen sind was Wunderbares	Nil	234 256	123 339	14.04.94
Felidae	Senator	229 120	149 188	03.11.94
Erdbeer und Schokolade	Kinowelt	226 482	70 426	06.10.94
Corrina, Corrina	Tobis	223 889	124 213	27.10.94
Machen wir's wie Cowboys	UIP	217 629	76 710	25.08.94
Germinal	Tobis	216 115	97 043	13.01.94
Das Schweigen der Hammel	Highlight	206 600	75 957	01.09.94
Nightmare before Christmas	Buena Vista	206 022	94 977	08.12.94
My Girl 2	Columbia	202 882	62 643	30.06.94
Allein mit Dad & Co.	UIP	182 637	18 309	07.07.94
Rapa Nui	Tobis	177 520	98 396	14.07.94
Willkommen in Wellville	Pandora	174 620	65 456	01.12.94
Das Wunder von Manhattan	Fox	173 885	54 623	08.12.94
Die Muppets-Weihnachts…	Buena Vista	171 957	57 375	09.12.93

Mit freundlicher Genehmigung des Film-Fachblattes FILMECHO / FILMWOCHE

Verstorbene Filmschaffende 1994

A

Abuladse, Tengis (70) gest. 6.3.1994
Georgischer Filmregisseur, den eine poetische, einfallsreiche Bildsprache auszeichnete. Sein zeitraubender Arbeitsstil beschränkte sein Oeuvre auf nur wenige, jedoch wichtige Filme, die ihre deutsche Uraufführung ausnahmslos im Fernsehen erlebten. Seine romantische Komödie *Samkauli Tschemi Satrfostwis/Eine Halskette für meine Liebste*, 1971 wußte ebenso zu überzeugen wie seine märchenhafte Rückschau auf georgische dörfliche Vergangenheit in *Drewo Shelanija/Der Baum der Wünsche*, 1977. Sein letztes Projekt *Monanieba/Die Reue*, 1984, eine kaum verschlüsselte bitter-groteske Abrechnung mit dem Stalinismus, erregte 1987 während der Filmfestspiele von Cannes internationales Aufsehen.

Akins, Claude (76)
25.5.1918 bis 27.1.1994
Bulliger amerikanischer Charakterdarsteller, der als Sergeant in *From Here To Eternity/Verdammt in alle Ewigkeit*, 1953 debütierte und sich bei einem Großteil seiner über 50 Filme in Schurkenrollen wiederfand. Viele Western finden sich in seinem Œuvre, darunter (spielte wieder den Sergeant) in *Yellowstone Kelly/ Man nannte ihn Kelly*, 1959 oder als Mörder in *Rio Bravo*, 1959, dessen Inhaftierung für John Waynes Team einen Belagerungszustand zur Folge hat. In späteren Filmrollen, etwa als bester Freund des ständig betrunkenen Anthony Quinn in Carol Reeds schwer geflopter Satire *Flap/Der Indianer*, 1970, durfte Akins auch den weichen Kern hinter seiner harten Schale erkennen lassen.

Andersen, Elga (55) gest. 7.12.1994
In Dortmund geborene Schauspielerin, die schon früh nach Paris ging, um dort als Dolmetscherin und später als Model zu arbeiten. In Frankreich kam sie auch erstmals mit dem Filmgeschäft in Berührung, stand dort in 15 Produktionen vor der Kamera. In Deutschland aber kennt man sie vor allem als Partnerin Steve McQueens in dessen Rennfahrer-Drama *Le Mans*, 1971. Ihr schon früh erfolgter Ausflug nach Hollywood in Bob Hopes Komödie *A Global Affair/Staatsaffären*, 1963, in der Liselotte Pulver ihre Partnerin war, blieb dagegen nahezu unbemerkt. Sie starb nach langer Krankheit in New York.

Anderson, Lindsay (71)
17.4.1923 bis 30.8.1994
Im indischen Bangalore geborener Film- und Theaterregisseur, der mit Karel Reisz und Tony Richardson zu den Frontfiguren des Free Cinema zählte. Sein künstlerischer Hintergrund als Regisseur zahlreicher kritischer Dokumentationen u. a. über eine Schule taubstummer Kinder in *Thursday's Children* (Kurzfilm-Oscar 1954) ist auch in seinen wenigen Spielfilmen unübersehbar. Auf sein Kinodebüt *Sporting Life/ Lockender Lorbeer*, 1962, das Hauptdarsteller Richard Harris schlagartig international bekannt machte, folgte erst sechs Jahre später der Film, mit dem man Anderson auch heute noch vor allem verbindet. *If...*, 1968, seine zornige,

anarchische Anklage gegen Repression in englischen Internaten, läutetete nicht nur Malcolm McDowells große Karriere ein, sondern gewann auch 1969 in Cannes die Goldene Palme. Es war der Startschuß zu einer Trilogie über Gesellschaftsstrukturen in England, aber weder *O Lucky Man/Der Erfolgreiche*, 1972 noch *Britannia Hospital*, 1982 konnten trotz beträchtlicher Qualitäten an den Erfolg von *If...* anschließen. Anderson war eine unberechenbare Größe. Seinen Film über die ungewöhnliche Beziehung zweier alter Schwestern *Whales Of August/Wale im August*, 1987 hätte man ebensowenig von ihm erwartet wie seine Dokumentation über die China-Tour der englischen Popper Wham *Wish You Were There*, 1985. Seine Vielseitigkeit war beachtlich. Der ehemalige Filmkritiker und Mitgründer des englischen Filmmagazins *Sequence* schrieb auch eine bemerkenswerte Studie über sein Idol John Ford, drehte Werbespots und arbeitete zuletzt an der autobiographischen Dokumentation *Is That All There Is*, die 1993 auf dem London Film Festival uraufgeführt wurde.

B

Barrault, Jean-Louis (83)
8.9.1910 bis 22.1.1994
Ein Titan des Theaters war dieser französische Schauspieler und Regisseur, dessen große Liebe der Bühne gehörte. Dort debütierte er 1931 und entwickelte seine großen pantomimischen Fähigkeiten, seine ausdrucksvolle Körpersprache, mit der er seit 1935 auch im Film begeisterte. Mit den prominentesten Regisseuren Frankreichs hat Barrault zusammengearbeitet, mit Marc Allégret, Sacha Guitry *Les Perles De La Couronne/Perlen der Krone*, 1937, Christian Jaque *Symphonie Fantastique/Phantastische Symphonie*, 1942. Auch mit Max Ophüls *La Ronde/Der Reigen*, 1950 und Jean Renoir *Le Testament Du Docteur Cordelier/Das Testament des Dr. Cordelier*, 1959. Aber es blieb Marcel Carné vorbehalten, in dessen Filmen er mehrfach zu sehen war, den Theaterstar auch im Kino zur unvergessenen Größe zu machen. Seine stumme, berührende Darstellung des träumerischen Pantomimen Baptiste in *Les Enfants Du Paradis/Die Kinder des Olymp*, 1943/44 ist wie Carnés Meisterwerk ein Geschenk für die Ewigkeit, überschattet das gesamte Oeuvre Barraults. Selbst Hollywood-Mogule wie Darryl F.Zanuck erwiesen, wenn auch kaum beachtet, Reverenz. Zanuck besetzte in *The Longest Day/Der längste Tag*, 1962 sowohl Barrault als auch Arletty, seine unerfüllte Liebe aus *Les Enfants ...*, Arletty sogar in der Figur einer Madame Barrault! Im wirklichen Leben war der große Mime seit 1940 mit seiner Kollegin Madeleine Renaud verheiratet, mit der er seit 1946 verschiedene Theater in Paris leitete. Nach Ettore Scolas *La Nuit De Varennes/ Flucht nach Varennes*, 1982 kehrte Barrault dem Film den Rücken. Seine Nichte Marie-Christine aber hält den berühmten Namen auch im aktuellen Kino mit Erfolg lebendig.

Beery Jr., Noah (81)
10.8.1913 bis 1.11.1994
Amerikanischer Charakterdarsteller, der in eine Schauspielerfamilie hineingeboren wurde. Vater Noah war einer der gehaßtesten Stummfilm-Schurken, Onkel Wallace bis zu seinem Tode 1949 eine feste Hollywood-Größe und Oscarpreis-

träger. An der Seite seines Vaters feierte Beery Jr. auch in *The Mark Of Zorro*, 1920 sein Filmdebüt. Bis in die 80er Jahre hinein blieb der vielbeschäftigte Nebendarsteller aktiv, hinterließ durch seine lockere, witzige Art bleibenden Eindruck – häufig als kauziger Freund des Hauptdarstellers. Mit Howard Hawks drehte er mehrfach, darunter *Only Angels Have Wings/SOS Feuer an Bord*, 1939; *Sergeant York*, 1941 oder auch *Red River/Panik am roten Fluß*, 1948 – dem wohl besten seiner zahllosen Western. In den 70er Jahren erschloß er sich ein neues Publikum als Vater von James Garner in der TV-Serie *The Rockford Files/Rockford*, 1974–80, die ihm zu ungeahnter Popularität verhalf.

Bloch, Robert (77)
5.4.1917 bis 28.9.1994
Amerikanischer Schriftsteller und Drehbuchautor, der mit seiner Novelle *Psycho* Weltruhm erlangte, nachdem sie 1960 von Alfred Hitchcock verfilmt worden war. Der vielseitige Verfasser von 20 Romanen und gut 400 weiteren literarischen Veröffentlichungen galt als sanfter friedlicher Mann und wurde durch seinen Welthit zumindest vom Film in ein Genre gedrängt, das nicht im geringsten seiner Persönlichkeit oder seinen Vorlieben entsprach. Als Drehbuchautor bediente er ausschließlich Horrorfilme, meist mit psychologischen Untertönen. Für William Castle schrieb er *Strait Jacket/Zwangsjacke*, 1963 und Barbara Stanwycks schönen Grusler *Nightwalker/Er kam nur nachts*, 1964. Die Bücher zu den Episodenfilmen *Torture Garden/Der Foltergarten des Dr. Diabolo*, 1966 und *Asylum*, 1972 gehören noch zu den besseren Filmarbeiten Blochs, der sich in den letzten 20 Jahren verstärkt auf Fernsehen und sein literarisches Werk konzentrierte.

Bondartschuk, Sergej (74)
25.9.1920 bis 20.10.1994
Russischer Filmschauspieler und Regisseur, der auf eine äußerst erfolgreiche Darstellerkarriere zurückblicken konnte, bevor er auch als Regisseur monumentaler Epen international bekannt wurde. Von seinen vielen Hauptrollen der 50er Jahre war sein russischer *Othello/Der Mohr von Venedig*, 1955 eine der wenigen, die auch in deutschen Kinos begutachtet werden konnten. International aufmerksam wurde man auf ihn, seit er 1959 auch als Regisseur zu arbeiten begann. Während er weiter als Darsteller zur Verfügung stand, u. a. in Roberto Rossellinis *Era Notte A Roma/Es war Nacht in Rom*, 1960, bereitete er akribisch seine definitive Version von Tolstois *Wojna I Mir/Krieg und Frieden* vor, die mit einer Originallaufzeit von 507 Minuten 1967 abgeschlossen wurde und bis heute als teuerster Film aller Zeiten gilt. Der Oscar 1968 als bester fremdsprachiger Film war die ver-

Sergei Bondartschuk

diente Belohnung für dieses gewaltige Epos, in dem er auch noch die Hauptrolle des Pierre übernommen hatte und das vor allem durch seine Detailtreue und Massenszenen staunen ließ. Aufwendig waren auch Bondartschuks Folgeprojekte wie *Waterloo*, 1970, mit Rod Steiger als der große kleine Korse, oder die Puschkin-Verfilmung *Boris Godunow*, 1986, in der er sich abermals auch die Hauptrolle nicht nehmen ließ. Der internationale Erfolg dieser Filme blieb aber aus – am deutlichsten vorgeführt an seinem zweiteiligen teuren Revolutionsprojekt *Krasnyje Kolokola – Meksika W Ogne/Zehn Tage, die die Welt erschütterten – Mexiko in Flammen*, 1982, in dem er sich ein Jahr nach Warren Beattys *Reds* auf das Wagnis einließ, den Amerikaner John Reed erneut mit einer Monumentalbiografie zu ehren.

Booke, Sorrell (64)
4.1.1930 bis 11.2.1994
Pausbäckiger, rundlicher amerikanischer Schauspieler, der seit 1963 im Film kleinere Charakterrollen ergattern konnte. Obwohl er in einigen interessanten Filmen zu sehen war, unter anderem in *Fail Safe/Angriffsziel Moskau*, 1963; *Slaughterhouse Five/Schlachthof 5*, 1971 oder auch John Frankenheimers werkgetreuer Interpretation von Eugene O'Neills *The Iceman Cometh*, 1973, hat er einen kommerziellen Hit nie erlebt. Einzige Ausnahme: Peter Bogdanovichs *What's Up, Doc?/Is' was, Doc?*, 1972.

Booth, Jim (48) gest. 4.1.1994
Neuseeländischer Filmproduzent, der an der Gründung der New Zealand Film Commission mitbeteiligt war, deren Geschicke er von 1983 bis 1986 leitete. 27 Spielfilme entstanden unter seiner Ägide. Booth war es auch, der die Karriere von Neuseelands interessantesten Regisseur seit Geoff Murphy vehement förderte. Nachdem er die Finanzierung von Peter Jacksons Debütfilm *Bad Taste* organisiert hatte, übernahm er bei dessen Folgeprojekten *Meet The Feebles*, 1990 und *Brain Dead*, 1993 auch die Produktion. Den Siegeszug des ebenfalls von ihm produzierten meisterlichen Durchbruchsfilm Jacksons *Heavenly Creatures*, 1994 hat Booth nicht mehr erlebt.

Borgelt, Peter (66)
20.9.1927 bis 18.3.1994
Deutscher Schauspieler, der neben ausgeprägter Theaterarbeit an den Bühnen von Magdeburg, Leipzig und Ostberlin auch in der Film-und TV-Szene der ehemaligen DDR Spuren hinterließ. Am populärsten wurde er durch seine Mitarbeit an der Fernsehserie *Polizeiruf 110*, aber auch im Spielfilmbereich war er vor allem in den 60er Jahren eine feste Größe, auf die die DEFA gerne zurückgriff. Mehrmals drehte er für Joachim Kunert u. a. *Die Abenteuer des Werner Holt*, 1964 oder die respektierte Anna Seghers-Verfilmung *Die Toten bleiben jung*, 1968.

Brazzi, Rossano (78)
18.9.1916 bis 24.12.1994
Italienischer Filmschauspieler, der Aussehen, Charme und aristokratische Aura nach beinahe 20jähriger Filmkarriere in der Heimat, u. a. *Aquila Nera/Schwarzer Adler*, 1946, auch über dem großen Teich im Kino einzubringen verstand. Ein spröder Professor in *Little Women/Kleine tapfere Jo*, 1949 war der Beginn einer recht erfolgreichen Hollywood-Karriere, die den sanften, romantischen Gegenentwurf seines ebenfalls in Amerika arbeitenden Kollegen Raf Vallone zu einem der gefragtesten Herzensbrecher machte. Ava Gardner verfiel

ihm in *The Barefoot Comtessa/Die barfüßige Gräfin*, 1954, um am Ende von ihm erschossen zu werden. Im selben Jahr fand er unter drei amerikanischen Sekretärinnen auf Europareise in *Three Coins In The Fountain/Drei Münzen im Brunnen* ein weiteres Opfer, und auch Katherine Hepburn verlor sich 1955 in *Summer Madness/Traum meines Lebens* in seinen schmachtenden Augen. Mitte der 60er Jahre versuchte sich Brazzi auch mehrfach erfolglos als Regisseur u. a. *The Christmas That Almost Wasn't*, 1966. Ende des Jahrzehnts ließ er sich wieder in Rom nieder, hatte aber auch weiterhin Auftritte in internationalen Produktionen, unter denen *The Final Conflict/Omen III – Barbaras Baby*, 1981 noch die meiste Aufmerksamkeit verdiente. Danach ereilte ihn sein Schicksal als bekannter Name, den man in billigen Video-Produktionen gut verheizen konnte.

Bronston, Sam (85)
1908 bis 12.1.1994
In Rumänien geborener, 1937 in die USA ausgewanderter Filmproduzent, der sich schon 1943 selbständig machte, aber sich erst Ende der 50er Jahre wirklich einen Namen machen konnte. Nachdem er einige Jahre als Hofphotograf des Vatikans gearbeitet hatte, entwickelte er sich seit *King Of Kings/König der Könige*, 1960 zum Spezialisten in der Produktion aufwendiger Monumentalfilme. Sechs Jahre war er erfolgreich, u. a. mit *El Cid*, 1961 und *The Fall Of The Roman Empire/Der Untergang des römischen Reiches*, 1962 – beide inszeniert von Anthony Mann und mit Sophia Loren in der weiblichen Hauptrolle. Mitte der 60er Jahre ging seiner in Madrid beheimateten Firma dank massiver finanzieller Probleme zeitweilig die Luft aus. 1980 zog er sich aus dem Filmgeschäft zurück, ohne nur einmal an die Erfolge seiner Glanzjahre angeknüpft zu haben.

Bukowski, Charles (73)
gest. 9.3.1994
Amerikanischer Schriftsteller, dessen Kurzgeschichten, Romane und Erzählungen von alkoholischen und sexuellen Exzessen strotzten und nicht zuletzt deshalb interessante Stoffe für Verfilmungen abgaben. Doch nur wenige Filmemacher trauten sich diese zu. Marco Ferreri inszenierte 1981 Abschnitte aus Bukowskis Leben mit Ben Gazzara als Charles Serking in *Storia Ordinaria Follia/Ganz normal verrückt*. Barbet Schroeder konnte in *Barfly*, 1987 sogar auf ein Originaldrehbuch Bukowskis zurückgreifen, der hier von Mickey Rourke als Henry Chinaski kongenial verkörpert wurde. Gerade unter europäischen Regisseuren fand der Autor also risikofreudige Bewunderer, und Paul Verhoevens Interesse, nach *Basic Instinct* Bukowkis Roman *Women* zu verfilmen, bestätigt dies nur.

Butler, Chris (42) gest. 30.4.1994
Amerikanischer Ausstatter, der als Schaufensterdekorateur arbeitete, bis er mit *The Betsy/Der Clan*, 1977 ins Filmgeschäft einstieg. Zu seinen markantesten Arbeiten in den folgenden Jahren gehörte Herbert Ross' meisterliches, aber unterschätztes Musical *Pennies From Heaven/Tanz in den Wolken*, 1981, Barry Levinsons *The Natural/Der Unbeugsame*, 1983 und zuletzt Richard Attenboroughs *Chaplin*, 1992. Dafür erhielt Butler auch seine einzige Oscar-Nominierung, unterlag aber gegen das Team von *Howards End/Wiedersehen in Howards End*. Er starb an Aids.

C

Calef, Henri (84)
20.7.1910 bis 18.8.1994
In Bulgarien geborener, schon früh aber nach Frankreich umgesiedelter Filmregisseur, der sich als Journalist betätigte, bevor er in den 40er Jahren als Regieassistent Kontakt mit dem Filmgeschäft aufnahm. Nach seinem Regiedebüt 1945 wirkte Calef 15 Jahre mit wechselndem Erfolg im französischen Unterhaltungskino – ein heutiger Namenloser, dessen Filme u. a. *Bagarres/Eifersucht*, 1948; *Les Amours Finissent A L'Aube* oder *Les Violents/Der Sarg kam per Post*, 1957 ihn aber zumindest als verläßlichen Handwerker ausweisen. Sein letzter Spielfilm *Féminin-Féminin*, 1973, die Studie einer lesbischen Liebe, lief bisher noch nicht in Deutschland.

Calloway, Cab (86)
25.12.1907 bis 18.11.1994
Amerikanischer Musiker, Tänzer, Sänger und Komponist, der mit seiner Band zu den ganz großen Acts der Big-Band-Ära und des Cotton Clubs gehörte. Wie viele seiner Kollegen gab er auch gelegentliche Kino-Gastspiele, u. a. in *Stormy Weather/Der Tänzer auf den Stufen*, 1943 oder *St. Louis Blues*, 1958, der Filmbiographie W.C. Handys mit Ella Fitzgerald und Mahalia Jackson. John Landis Chaoten-Komödie *The Blues Brothers*, 1980, in der er erneut seinen größten Evergreen *Minnie The Moocher* zum besten gab, machte ihn auch einem jüngeren Publikum bekannt. Da war es nur sinnvoll, daß auch Janet Jackson die Jazzlegende in ihrem aufwendigen Video *Alright*, in dem auch Cyd Charisse noch einmal das Tanzbein schwang, letztmals groß herausstellte.

Candy, John (43) 1951 bis 3.3.1994
Schwergewichtiger, multitalentierter kanadischer Schauspieler, der in den 70er Jahren mit seinen Kollegen Rick Moranis, Eugene Levy und Dan Aykroyd als Mitglied der Comedy-Truppe Second City zur Fernsehberühmtheit wurde. Seit 1975 blödelte er auch im Kino, schaffte dort aber erst 1984 mit *Splash/Splash – Jungfrau am Haken* als quirliger chaotischer Bruder von Tom Hanks den Durchbruch. Einer seiner engsten Freunde war Autor, Produzent und Regisseur John Hughes, der ihn in vielen Filmen besetzte, unter anderen als liebenswerte Nervensäge in *Planes, Trains And Automobiles/Ein Tikket für zwei*, 1987 oder als tolpatschigen Schnüffler in *Who's Harry Crumb?/Wer ist Harry Crumb*, 1989. Einen seiner raren ernsten Auftritte ermöglichte ihm zuletzt Oliver Stone in *JFK/JFK – Tatort Dallas*, 1991, bevor ihn die Komödie wieder mit offenen Armen aufnahm. Als Bobtrainer in *Cool Runnings* hatte er 1994 noch einen Welthit. Knapp zwei Wochen vor Beendigung der Dreharbeiten zu seinem letzten Film, der Westernkomödie *Wagons East,* verstarb der sympathische Komiker völlig überraschend an Herzversagen.

Carey, Macdonald (81)
15.3.1913 bis 21.3.1994
Amerikanischer Schauspieler, der über Radio- und Theaterauftritte Anfang der 40er Jahre auch Beschäftigung im Film fand. Alfred Hitchcock besetzte ihn 1943 in *Shadow Of A Doubt/Im Schatten des Zweifels* als Privatdetektiv, der sich an die Fährte des zwielichtigen Joseph Cotten heftete. Es blieb sein bester Film trotz späterer größerer

Rollen, etwa in Elliott Nugents *The Great Gatsby*, 1949 oder als blutleerer Jesse James in *The Great Missouri Raid/In Rache vereint*, 1950. Joseph Loseys Science-fiction-Film *The Damned/Sie sind verdammt*, 1962, in dem er als amerikanischer Tourist strahlenverseuchte Kinder aus ihrem Laborgefängnis zu befreien versuchte, war der letzte bemerkenswerte Film des auf sympathische Figuren festgelegten Darstellers. 1965 schloß er sich der erfolgreichen US-Seifenoper *Days Of Our Lives* an, der er Jahrzehnte als Onkel Doktor erhalten blieb. Seine 1991 veröffentlichte Autobiographie war im Titel mit dieser amerikanischen TV-Serie identisch.

Carey, Timothy (65) gest. 11.5.1994
Amerikanischer Charakterdarsteller, den seine Gesichtszüge in gut 50 Filmen zumeist für finstere Figuren prädestinierten. Stanley Kubrick besetzte ihn in *Paths Of Glory/Wege zum Ruhm*, 1957 als einen der drei Soldaten, die Kirk Douglas vor dem Kriegsgericht verteidigen mußte. Auch in Marlon Brandos ödipalen Breitwand-Western *One-Eyed Jacks/Der Besessene*, 1961 und in Bob Rafelsons *Head*, 1968 – beides Regiedebüts – war Carey zu sehen. Mehrmals arbeitete er auch für John Cassavetes u. a. *Minnie And Moskowitz/Minnie und Moskowitz*, 1971, inszenierte sich ein einziges Mal auch selbst in *The World's Greatest Sinner*, 1962. Mit Robert Dornhelms *Echo Park*, 1985 gab er sein letztes Gastspiel in deutschen Kinos.

Carmet, Jean (73)
25.4.1921 bis 20.4.1994
Französischer Schauspieler, der in den letzten Jahren nicht nur in Statur und Knollennase an den älteren Jean Gabin erinnerte.
Sein Kurzauftritt in Carnés *Les Enfants Du Paradis/Kinder des Olymp*, 1943–45 läutete eine Karriere ein, in der er sich lange Jahre mit häufig humoristischen Nebenrollen begnügen mußte, u. a. in Gérard Philipes einziger Eigeninszenierung *Les Aventures De Till Espiegle/Till Eulenspiegel der lachende Rebell*, 1956. Die 70er Jahre ermöglichten dem vielseitigen Schauspieler, der es auf gut 200 Filme brachte, eine Hinwendung zu ernsteren Charakterrollen. Mit diesen bleibt er stärker in Erinnerung als mit vergnüglichen Albernheiten wie *Le Grand Blond Avec Une Chaussure Noire/Der große Blonde mit dem schwarzen Schuh*, 1972. Claude Chabrols *Violette Nozière*, 1978; Robert Hosseins *Les Misérables/Die Legion der Verdammten*, 1982 (Cesar 1983) oder die Titelfigur in Mehdi Charefs *Miss Mona*, 1986 – Filme und Rollen, die Carmet endgültig zu einem Felsen des französischen Films machten. Seine letzte große Rolle als von der Arbeit geschundener Bergmann Bonnemort in Claude Berris Minen-Epos *Germinal*, 1994 hatte für den 73jährigen, der 1993 noch einen César für sein Lebenswerk erhalten hatte, nicht nur im Rollennamen etwas Prophetisches.

Christian-Jaque (89)
4.9.1904 bis 8.7.1994
Als Christian Maudet geborener französischer Filmregisseur, der über gut 35 Jahre einen imposanten Beitrag zum heimischen Unterhaltungskino leistete. Als Architekturstudent schaffte er problemlos den Wechsel zum Filmausstatter u. a. für Julien Duvivier. Seine Liebe zum Dekor sollte später auch viele seiner eigenen Filme auszeichnen, die er nach seinem Erstling *Bidon D'Or*, 1932 inszenierte. Eine statt-

liche Anzahl darunter waren großangelegte, oft historische Stoffe, die sich mit den schönsten Frauen Europas schmückten. Viveca Lindfors in *Singoalla/Singoalla – die Zigeunerin*, 1950; Ehefrau Martine Carol, Europas damals größtes Sex-Idol, in *Lucrèce Borgia/Lucrezia Borgia*, 1952 und mehreren folgenden Kostümfilmen; Brigitte Bardot, Carols Nachfolgerin, in *Babette S'En Va-T-En Guerre/Babette zieht in den Krieg*, 1959 und vor allem Gina Lollobrigida in seinem Klassiker Fanfan *La Tulipe/Fanfan, der Husar*, 1951, der auch kritischsten Ansprüchen genügen konnte. Den Regisseuren der Nouvelle Vague war der kommerziell dominierende Regisseur Frankreichs natürlich ein Dorn im Auge – mit ein Grund dafür, daß mit dem Aufstieg der Rebellen Christian-Jaques Stern Mitte der 60er Jahre zu sinken begann. Vergessen war da schon, daß der vielseitige Regisseur in den verschiedensten Genres auch Anspruchsvolles geschaffen hatte, etwa die gut dreistündige Stendhal-Verfilmung *La Chartreuse De Parme/Die Kartause von Parma*, 1947 oder der humane Thriller *Si Tous Les Gars Du Monde/TKX antwortet nicht*, 1955, an dem auch Henri-Georges Clouzot mitarbeitete. Seit Mitte der 60er Jahre aber war die Luft raus aus dieser großen Karriere, die 1980 mit einer Hommage an Marcel Carné, *Carné – L'Homme à La Caméra*, ihren Abschluß fand.

Clavell, James (69)
1924 bis 7.9.1994
Australischer Drehbuchautor, Produzent, Filmregisseur und Schriftsteller, der 1953 nach Hollywood kam und sich eine Zeitlang als Schreiner sein Geld verdienen mußte. Sein erstes verkauftes Drehbuch zum Klassiker *The Fly/Die Fliege*, 1958 ermunterte ihn, einen Schritt weiter zu gehen. 1959 kam sein Regiedebüt *Five Gates To Hell/Fünf Tore zur Hölle*, ein Abenteuerfilm über von chinesischen Söldnern im Dschungel gefangengehaltenen Kranken- und Ordensschwestern, zur Aufführung. Nach Abenteuern war ihm auch weiterhin zumute, ob nun mit seinem ungewöhnlichen Western *Walk Like A Dragon/Ich kaufte ein Chinesenmädchen*, 1960, seinem Drehbuch zu John Sturges' Welthit *The Great Escape/Gesprengte Ketten*, 1962 oder *The Last Valley/Das vergessene Tal*, 1970. Diese Geschichte eines vom 30jährigen Krieg verschont gebliebenen Alpentales bleibt der ungewöhnlichste Film dieses Regisseurs, der seinen größten kommerziellen Hit wohl mit *To Sir With Love/Junge Dornen*, 1966 landete, dessen Titelsong dank Popdrossel Lulu um die Welt ging. Und als Clavell im Filmgeschäft ein bereits arrivierter Name war, begann er auch Romane zu schreiben – mit riesigem Erfolg. Von seinen fünf Bestsellern wurde *Rattenkönig* 1965 von Bryan Forbes verfilmt, während die Adaption von *Shogun* 1980 weltweit das Fernsehpublikum eroberte, nachdem er in einigen europäischen Ländern auch in den Kinos ausgewertet worden war. Clavells Karriere hat deutlich sichtbare Parallelen vor allem zu Sidney Sheldons oder Michael Crichtons Entwicklung – beides Drehbuch- und Bestsellerautoren, die sich auch in der Filmregie versucht haben.

Conrad, William (73)
27.9.1920 bis 11.2.1994
Bulliger amerikanischer Film- und TV-Darsteller, der dank seiner sonoren Stimme auch im Rundfunk Kar-

riere machte. Seine größte Popularität verdankt er unzweifelhaft seinem TV-Cop Cannon und seinem detektivischen Anwalt J.L. Fatman McCabe – Figuren, die er jeweils fünf Jahre mit großem Gewicht ausfüllte. Seine Filmkarriere, häufig als Bösewicht, darunter *The Killers/Die Killer*, 1946 (er erschoß Burt Lancaster!) oder *Sorry, Wrong Number/Du lebst noch 105 Minuten*, 1948, blieb verglichen damit weitgehend unbeachtet. Gleiches Schicksal ereilte seine vier Regiearbeiten, von denen nur die Horrorklamotte *Two On A Guillotine/Das Testament des Magiers*, 1964 und der spannende Kriminalfilm *Brainstorm/Das teuflische Spiel*, 1965 in deutschen Kinos zu sehen waren.

Cotten, Joseph (88)
15.5.1905 bis 6.2.1994
Amerikanischer Schauspieler, der in den 30er Jahren an den Broadway kam und 1937 zu Orson Welles berühmter Mercury Truppe stieß. Das hyperaktive Wunderkind wurde ein enger Freund, der ihm als zynischen, aber charakterfesten Kritiker Jedediah Leland im Meisterwerk *Citizen Kane*, 1941 einen spektakulären Filmeinstieg ermöglichte. Charakterstärke konnte er auch in *The Magnificent Ambersons/Der Glanz des Hauses Ambersons*, 1942 beweisen, Welles' zweiter, nur noch verstümmelt erhaltener Geniestreich in Folge. Die Wege der beiden Freunde kreuzten sich noch mehrfach, u. a. in *Journey Into Fear/Von Agenten gejagt*, 1943 und vor allem *The Third Man/Der dritte Mann*, 1949 – beide mit Cotten als moralischem Gewissen und Welles als diabolischem Widersacher. Eine gewisse Aristokratie und aufrichtiger Charme zeichneten viele Figuren Cottens aus, und nur Ausnahmekönner

Joseph Cotten

wie Alfred Hitchcock mit *Shadow Of A Doubt/Im Schatten des Zweifels*, 1942 trauten ihm Ausflüge ins Teuflische zu. Seine Integrität war aber gerade in romantischen Rollen mit einer frustrierenden Erfolgsbilanz gekoppelt. Jennifer Jones verlor er mehrfach, in *Duel in The Sun/Duell in der Sonne*, 1946 an Gregory Peck, in *Portrait Of Jennie/Jenny*, 1948 an die Vergangenheit. Mitte der 60er Jahre dünnten die guten Rollen aus und es verschlug ihn häufiger an die Gestade italienischer Billigfilme. Da hatte es schon tragische Züge, daß seine wenigen wirklich teuren Produktionen am Ende seiner Karriere, *Caravans*, 1978 und *Heaven's Gate*, 1980, zu den größten Flops der letzten 25 Jahre gerechnet werden. Die letzten 14 Lebensjahre des mit seiner Kollegin Patricia Medina verheirateten Darstellers waren von schweren Krankheiten gezeichnet, die dem sympathischen Mimen zunächst die Stimme und nun das Leben nahmen.

Cravat, Nick (82) 1911 bis 29.1.1994
Kleingewachsener, drahtiger amerikanischer Filmschauspieler, der zu Burt Lancasters Jugendfreunden zählte und mit ihm einige Jahre als Trapez-Duo in Varietes auftrat. Nachdem Lancaster von Hollywood entdeckt wurde und zum Star aufstieg, hievte er Cravat ebenfalls ins Filmgeschäft. Unvergeßlich der übermütige, akrobatische Auftritt des Duos in Robert Siodmaks Piratenklassiker *The Crimson Pirate/Der rote Korsar*, 1952. Bis zu seinem Leinwandabschied in *The Island Of Dr. Moreau/Die Insel des Dr. Moreau*, 1977 tauchte Cravat immer wieder in Filmen Lancasters auf, unter anderem in *Run Silent Run Deep/U 23*, 1958 oder *The Scalphunters/Mit eisernen Fäusten*, 1968. Daß Hollywood den sprachlichen Fähigkeiten Cravats mißtraute und ihn deshalb oft für dialogarme oder gar stumme Figuren besetzte, bleibt ein filmgeschichtliches Kuriosum.

Cuny, Alain (85)
12.7.1908 bis 17.5.1994
Französischer Film- und Theaterschauspieler, der Malerei studierte und als Ausstatter und Kostümbildner für Jacques Feyder oder Jean Renoir Kontakt mit dem Film bekam. Als Schauspieler erlebte er an der Seite Arlettys in Marcel Carnés Klassiker *Les Visiteurs Du Soir/Die Nacht mit dem Teufel*, 1942 seinen Durchbruch. Filmauftritte blieben allerdings rar, und beinahe ausschließlich waren es ernste, tragische Rollen, die der Mann mit dem Charaktergesicht übernahm, u. a. für Michelangelo Antonioni *La Signora Senza Camelie/Die Dame ohne Kamelien*, 1953 oder Federico Fellini *La Dolce Vita/Das süße Leben*, 1959. Italienische Regisseure blieben auch Jahrzehnte später für seine Karriere mitbestimmend. Francesco Rosis *Christo Si E Fermato A Eboli/Christus kam nur bis Eboli*, 1978, an der Seite des dieses Jahr ebenfalls verstorbenen Gian Maria Volonté, gehörte zu den schönsten Filmen Cunys, der 1992, 83jährig, auf der Berlinale sein Regiedebüt *L'Annonce Faite A Marie* vorstellte. Da hatten ihm selbst nachhaltig verdutzte Kritiker seinen Auftritt als philosophierender Sex-Guru Sam-Lo in Just Jaeckins *Emmanuelle/Emanuela*, 1973 verziehen.

Cushing, Peter (81)
26.5.1913 bis 11.8.1994
Hagerer, Arroganz und intellektuelle Überlegenheit ausstrahlender

Peter Cushing

englischer Film-, Theater- und TV-Darsteller, der zusammen mit Christopher Lee britischen Horror in die Welt exportierte. Es war vielleicht kein Zufall, daß ein Meister des Schreckens, James Whale, für sein Filmdebüt *The Man In The Iron Mask*, 1939 verantwortlich zeichnete, doch sollten 18 Jahre vergehen, bis Cushing endgültig, nach kleinen Auftritten u. a. in Oliviers *Hamlet*, 1948 oder Hustons *Moulin Rouge*, 1952 seine wahre Bestimmung fand. Terence Fishers *The Curse Of Frankenstein/Frankensteins Fluch*, 1957 läutete eine Renaissance des Horrorfilms ein, die Cushing und Christopher Lee zu Aushängeschildern der produzierenden Hammer-Studios werden ließ. Zahllose Male standen sich die beiden in Schreckensszenarien gegenüber, meist mit Lee als Kreatur und Cushing als kühlem Wissenschaftler u. a. *The Horror Of Dracula/Dracula*, 1958, in dem Cushing als Dr. Van Helsing Lees Blutgraf mit dem Holzklotz malträtierte. Eine weitere klassische literarische Figur, Sherlock Holmes, gab Cushing nur einmal im Kino, in *The Hound Of The Baskervilles/Der Hund von Baskerville*, 1959 zum besten. Lange muß man suchen, um im umfangreichen Œuvre des Mimen, den sein *typecasting* nicht im geringsten störte, einen Film jenseits des Gruselns zu finden. Robert Days H.Rider-Haggard-Remake *She/Herrscherin der Wüste*, 1964; *Top Secret!*, 1986 und vor allem *Star Wars/Krieg der Sterne*, 1977 gehören zu den seltenen Abstechern in andere Genres. George Lucas' Welthit war es auch, der Cushing mit der Rolle des üblen Kommandanten Grand Moff Tarkin ein ganz neues Publikum erschloß.

D

Dale, Virginia 1919? bis 3.10.1994
Amerikanische Film- und TV-Schauspielerin, die als Tänzerin von Daryl F.Zanuck entdeckt und unter Vertrag genommen wurde. Nachdem sie bei 20th Century Fox nicht Fuß fassen konnte, schnupperte sie bei fast allen großen Studios hinein, hatte kleinere Rollen für MGM u. a. Clark Gables *Idiot's Delight*, 1939, wechselte dann kurz zur Columbia, um dann bei der Paramount die fünf besten Jahre ihrer Filmkarriere zu erleben. Unbestrittener Höhepunkt dabei ihr großer Tanz- und Gesangsauftritt in *Holiday Inn/Musik, Musik*, 1942, in dem Fred Astaire und Bing Crosby ihre Partner waren und der Evergreen *White Christmas* seine Welturaufführung erlebte. Nachdem trotz dieses Welterfolgs im Film gleichwertige Angebote ausblieben, wanderte Dale Anfang der 50er zum Fernsehen ab, dem sie bis zum Ende ihrer Laufbahn 1984 treu blieb.

Damita, Lili (92)
19.7.1901 bis 21.3.1994
Als Liliane Marie Madeleine Carre geborene französische Schauspielerin, um die nicht nur hinsichtlich ihres Geburtsjahres die Gerüchteküche brodelte. Lebenslustig, mondän, kapriziös – all diese Eigenschaften verband man mit der ehemaligen Ballerina, die im deutschen Stummfilm erste Schauspielerfahrungen machte, darunter in *Das Spielzeug von Paris*, 1926 und weiteren Filmen des späteren Hollywood-Profis Michael Curtiz. Ende der 20er Jahre kam sie über England nach Hollywood, wo man die Diva zu einem Prototyp der Lasterhaftigkeit zu modellieren versuchte. Ihre Hauptrolle in MGM's Thornton-

Wilder-Verfilmung *The Bridge Of San Luis Rey*, 1929 war ein hoffnungsvoller Start, dem sie nichts Gleichwertiges mehr folgen ließ. Aus dem Rampenlicht verschwand sie aber die nächsten Jahre nicht. Ihre stürmische Ehe mit Schluckspecht und Frauenheld Errol Flynn füllte die Klatschblätter und endete 1942, als Flynn der Vergewaltigung einer Minderjährigen angeklagt wurde. Ihren Beruf gab sie danach auf, kümmerte sich nur noch um Sohn Sean, der in den 60er Jahren kurz in die Fußstapfen seines Vaters trat, bevor er im Vietnam-Krieg verschollen blieb.

Dano, Royal (71)
16.11.1922 bis 15.5.1994
Glatte schwarze Haare, helle Augen und ein Gesicht, das selten Gutes verhieß – das Erscheinungsbild dieses manchmal an John Carradine erinnernden amerikanischen Schauspielers, der vier Jahrzehnte US-Filmgeschichte in meist kleinen Rollen miterlebte, prägte sich ein. *Undercover Girl,* 1950 war der Startschuß einer Karriere, die ihm vor allem Western und Kriminalfilme, aber kaum Komödien anbot. John Huston gab ihm die zentrale Rolle eines tödlich verwundeten Soldaten in *The Red Badge Of Courage/Die rote Tapferkeitsmedaille*, 1951, die mit ihrem Realismus mitentscheidend zur späteren Zerstümmelung des Films durch die Produzenten beitrug. Bis 1993 mit *The Dark Half/Stephen Kings Stark* war Dano ein vielbeschäftigter Nebendarsteller, dessen Auftritte in *Moby Dick*, 1956; *The Trouble With Harry/Immer Ärger mit Harry*, 1956 (als Sheriff) in Erinnerung bleiben. Bereits am 25. Februar war im Alter von 47 Jahren Danos Sohn, Royal Dano Jr., an einem Leberschaden verstorben.

Dasté, Jean (90)
18.9.1904 bis 15.10.1994
Französischer Schauspieler, der dem Theater mehr gewogen war als dem Film, aber sich auch dort nachdrücklich einbringen konnte. In erster Linie ist diesbezüglich an seine Hauptrollen in zwei Meisterwerken Jean Vigos zu erinnern: Sein in mancher Hinsicht kindlicher Schulaufseher in *Zero De Conduite/Betragen ungenügend*, 1933 und sein schwer verliebter Matrose in *L'Atalante/Atalante*, 1934. Mit diesen Figuren hat er sich in die Filmgeschichte eingeschrieben. Gleichwertig große Rollen fehlen in seiner Filmographie – trotz Auftritten in Jean Renoirs *La Grande Illusion/Die große Illusion*, 1937 oder Jahrzehnte später in Francois Truffauts vielleicht schönstem Film *L'Enfant Sauvage/Der Wolfsjunge*, 1969. Hier war er die Stimme der Skepsis, ein renommierter Pariser Wissenschaftler, der seinem Kollegen Dr.Itard keine Hoffnung ließ, daß der gefundene Wolfsjunge je über das Stadium der Idiotie hinauswachsen könne.

Davies, Jack (80) 1913 bis 22.6.1994
Englischer Drehbuchautor, der wie viele aus seiner Zunft als Journalist begann, sich seit Anfang der 50er Jahre aber als Verfasser leichter Komödienstoffe u. a. *Laughter in Paradise*, 1951 (mit einem Kurzauftritt Audrey Hepburns als Zigarettenmädchen) oder *Doctor at Sea/Doktor Ahoi!*, 1955 etablieren konnte. Sein größter Erfolg wurde Ken Annakins amüsante Klamotte *Those Magnificent Men In Their Flying Machines/Die tollkühnen Männer in ihren fliegenden Kisten*, 1964, für die Davies Romanvorlage und Drehbuch lieferte. Mit Annakin arbeitete er noch mehrfach zusammen, zuletzt beim aufwendi-

gen Flop *Papertiger/Papiertiger*, 1974. Danach siedelte der Autor nach Kalifornien um, der 1948 einen seiner Söhne, John Howard, David Lean anvertraut hatte. Und der große britische Regisseur ließ den Jungen mit der Titelrolle in *Oliver Twist* in die Filmgeschichte eingehen.

Donner, Wolf (55)
29.4.1939 bis 6.9.1994
In Wien geborener Filmjournalist, der mit großem Engagement über den qualitativen Verfall des Films zu streiten wußte und dabei ganz bewußt auch zu provozieren verstand. Nach Jahren als Filmredakteur der »Zeit« wurde er 1976 zum neuen Leiter der Internationalen Filmfestspiele Berlin bestellt. In seiner dreijährigen Amtsperiode wurde das renommierte Festival nicht nur auf den aktuellen Winter-Termin verschoben, sonden auch einer inhaltlichen Verjüngungskur unterzogen. Nach seinem Rücktritt blieb Donner als freier Journalist eine nicht immer bequeme, aber sehr eloquente Frontfigur der deutschen Medienlandschaft.

E

Ewart, John (66) gest. 8.3.1994
Australischer Charakterdarsteller, der seine Schwerpunkte in der TV-Arbeit setzte, aber auch in gut 20 Filmen zu sehen war. Sein Filmdebüt gab er bereits 1949, aber erst die Renaissance des australischen Kinos in den 70er Jahren bescherte ihm seine besten Filme, darunter Donald Crombies stimmungsvolles Frauenporträt *Caddie/Eine Frau geht ihren Weg*, 1975; Ken Hannams Schafschererepos *Sunday Too Far Away/Männer ohne Sonntag*, 1974 und Phillip Noyces Medien- und Zeitdokument *Newsfront/Nachrichtenkrieg*, 1978.

Ewell, Tom (85)
29.4.1909 bis 12.9.1994
Als Yewell Tompkins geborener amerikanischer Schauspieler, der sich auf der Bühne und auch im Film als begnadeter Komödiant einen Namen machte. Der Broadway war seine eigentliche Heimat, aber seit seinem Auftritt als Judy Hollidays Mann in *Adam's Rib/Ehekrieg*, 1949 interessierte sich auch Hollywood zunehmend für ihn. Bis Mitte der 70er Jahre blieb er dem Kino treu, aber seine beste Zeit fiel in die 50er Jahre, als er als Partner zweier Sex-Bomben so manchen männlichen Zuschauer an Rollentausch denken ließ. Frank Tashlins Klassiker *The Girl Can't Help It*, 1956 führte ihn an die Seite Jayne Mansfields, dem dralleren Klon Marilyn Monroes, mit der Ewell seinen bekanntesten Film drehte. Nachdem er die Rolle am Broadway schon 730 mal gespielt hatte, besetzte ihn Billy Wilder auch für die Verfilmung von George Axelrods Bühnenhit *The Seven Year's Itch/Das verflixte 7.Jahr*, 1955. Sein lüsterner, in seinen Fantasien um Monroe und Rachmaninow ergebener Ehemann auf Balzkurs bleibt unvergessen.

F

Fabri, Zoltan (77)
1917 bis 23.8.1994
Ungarischer Filmregisseur, der als Schauspieler und Ausstatter begann und in der Nachkriegsfilmszene seines Heimatlandes zu den dominantesten, künstlerisch bestechendsten Persönlichkeiten zählte. 20 Spielfilme umfaßt sein Werk, das Gros politisch engagierte Ar-

Zoltan Fabri

beiten mit deutlichen Stellungnahmen gegen totalitäre Systeme, darunter der von den Behörden aus dem Verkehr gezogene *Hannibal Tanar Ur/Professor Hannibal*, 1956 oder auch *Az Ötödik Pecset/Das fünfte Siegel*, 1976. In deutsche Kinos kam kaum einer davon, das Fernsehen erst machte den Regisseur, dem mit seiner poetischen Liebesgeschichte *Körhinta/Karusell*, 1955 der Durchbruch gelungen war, zumindest Cineasten auch hierzulande bekannt. Mitte der 80er Jahre zog sich Fabri verbittert aus dem Filmgeschäft zurück. Ungarns Filmszene schien ihn vergessen zu haben.

Feld, Rudi (97)
22.12.1896 bis 25.3.1994
In Berlin geborenes künstlerisches Multitalent, das als Zeichner und Ausstatter schon früh im deutschen Stummfilm u.a. *Der Turm des Schweigens*, 1924 auffiel. 1933 kündigte ihm sein Arbeitgeber, die Ufa, und Feld mußte Deutschland verlassen. 1937 kam er auf Einladung seines Bruders Fritz, der schon seit über 10Jahren in Hollywood arbeitete, in die kalifornische Filmmetropole. Obwohl er seit 1942 amerikanischer Staatsbürger war, fand er zunächst keine Möglichkeit, seinen in Deutschland ausgeübten Beruf auch im Exil weiterzuführen. Arthur Ripleys Anti-Nazi-Streifen *Voice in The Wind*, 1944 brach das Eis. Douglas Sirks Melodram *Summer Storm/Sommerstürme* folgte noch im gleichen Jahr. Zwei Jahre später wurde Feld endlich in die zuständige Gewerkschaft aufgenommen und konnte fortan bis zu seinem beruflichen Rückzug 1969 in mehr als 40 Filmen als Ausstatter und Produktionsdesigner wirken.

Fink, Agnes (74)
1919 bis 28.10.1994
Deutsche Theaterschauspielerin, die zu den großen Persönlichkeiten der Bühne zählte, auch im Fernsehen Erfolge feiern konnte, im Kino dagegen mit ihren Auftritten geizte. In die 50er Jahre fallen Filme wie *Gefangene der Liebe*, 1954 oder *Majestät auf Abwegen*, 1958, in die 70er und 80er Jahre kleine, aber prägnante Charakterrollen in *Der Sternsteinhof*, 1975 oder *Der gläserne Himmel*, 1987. Mit Bernhard Wicki war Agnes Fink seit 1945 verheiratet. Er inszenierte sie auch in *Das Spinnennetz*, 1989 sowie in der später auch ins Kino gelangten TV-Produktion *Das falsche Gewicht*, 1971, in der sie als kaltgestellte Ehefrau wohl eine ihrer besten Leistungen vor der Kamera bot.

Frederick, Lynn (39) gest. 27.4.1994
Englische Filmschauspielerin, die gerade mal 16 Jahre alt war, als

Blutsauger ihr in *Vampire Circus/Zirkus der Vampire*, 1971 an die Kehle wollten. Auch in *Schizo/Amok*, 1976 ging es ihr als bevorzugtes Angriffsziel eines Wahnsinnigen kaum besser, aber da hatte sie sich immerhin schon zur Hauptrolle vorgekämpft. Peter Sellers blieb ihr textilfreier Duschauftritt nicht verborgen und schon ein Jahr später waren die beiden verheiratet. Gemeinsam spielte das Pärchen im Flop *The Prisoner Of Zenda/Der Gefangene von Zenda*, 1978. Zwei Jahre später starb Sellers, und Frederick verschwand fast völlig aus dem Filmgeschäft. Nur als Verteidigerin des Erbes ihres verstorbenen Mannes tauchte sie Mitte der 80er Jahre nochmals in den Schlagzeilen auf – wie auch 1993, als sich die Presse ihrer als Bekannte von Hollywoods Callgirl Heidi Fleiss erinnerte.

G

Gifford, Frances (72) 1922 (auch 7.12.1920) bis 22.1.1994
Amerikanische Schauspielerin, die quasi von der Schulbank weg für den Film entdeckt wurde. Ihre berühmteste Figur, die furchtlose Titelheldin im Serial *Jungle Girl* spielte sie 1941, eine perfekte Einstimmung auf ihre Rolle einer von den Nazis angegriffenen Herrscherin eines Urwaldreiches in *Tarzan Triumphs/Tarzan und die Nazis,* den der Deutsche William Thiele 1942 realisierte. Nach einer Nebenrolle in *Luxury Liner/Liebe an Bord*, 1948 brachte ein schwerer Verkehrsunfall ihre Laufbahn zu einem jähen Ende. Nur noch zwei Filme drehte die kurze Zeit mit Schauspieler James Dunn verheiratete Darstellerin, bevor sie 1953 ihre Karriere endgültig beenden mußte.

Gilliat, Sidney (86)
15.2.1908 bis 31.5.1994
Englischer Drehbuchautor, Produzent und Filmregisseur, dessen berufliche Partnerschaft mit Kollege Frank Launder nicht die künstlerische, fast aber die kommerzielle Bedeutung des Teams Powell/Pressburger erreichte. Seit Mitte der 30er Jahre schrieben die beiden zusammen Drehbücher, inszenierten gemeinsam oder alternierend Filme, häufig für ihre eigene Produktionsgesellschaft Individual Pictures. Für Alfred Hitchcock adaptierten sie die Romanvorlage zu *The Lady Vanishes/Eine Dame verschwindet*, 1938, bevor Gilliat 1942 mit *Millions Like Us* auch erstmals Regie führte. Komödien blieben seine Spezialität u. a. *The Rake's Progress/Der letzte Sündenfall*, 1944 oder *The Constant Husband/So etwas lieben die Frauen*, 1955 – beide mit Rex Harrison in der Hauptrolle. Aber auch der eine oder andere Kriminalstoff, etwa *She Played With Fire/Am seidenen Faden*, 1956 oder *Endless Night/Mord nach Maß*, 1971 verirrte sich in Gilliats Filmographie. Das erfolgreichste Produkt der Partnerschaft Gilliat/Launder, die in mehreren Fortsetzungen resultierende schrullige Internatskomödie *The Belles Of Saint Trinian's/Die Schönen von St.Trinians*, 1954 erlebte erst 1969 im TV seine deutsche Erstaufführung.

Graves, Peter (82) 1911 bis 6.6.1994
Englischer Theater- und Filmdarsteller, der nahezu ausschließlich in Komödien und Musicals zu sehen war. Carol Reeds H.G.Wells-Verfilmung *Kipps*, 1941, zu dem der dieses Jahr ebenfalls verstorbene Sidney Gilliat das Skript schrieb, war

Graves' erster Filmauftritt, dem gut 50 weitere folgen sollten. Darunter *Spring In Park Lane/Tanz in den Frühling*, 1948 und *Lilacs In The Spring*, 1954 – beide mit Englands Star Anna Neagle. Mit Peter Graves, Hauptdarsteller der Hit-Serie *Mission Impossible/Kobra, übernehmen sie!*, bestehen lediglich namentliche Gemeinsamkeiten.

Gray, Nadia (70)
23.11.1923 bis 15.6.1994
Als Nadia Kujnir Herescu geborene rumänische Filmschauspielerin, die es in den 50er und 60er Jahren auf gut 40 internationale Produktionen brachte. Als cineastische Nomadin drehte sie mit Schwerpunkt England, u. a. *The Spider And The Fly/Der Meisterdieb von Paris*, 1949; *The Captain's Table/Der Luxus-Käpt'n*, 1958, auch häufig in Frankreich, u. a. *Folies Bergère/Paradies der Liebe*, 1956; *Une Parisienne/Die Pariserin*, 1957, und mit *Rosen der Liebe*, 1949 auch in Österreich. Ihren einprägsamsten Auftritt aber verschaffte ihr Italien mit *La Dolce Vita/Das süße Leben*, 1959, in dem sie sich ausgelassen strippend über das Ende ihrer Ehe freute. Auch Hollywood engagierte die Exil-Rumänin mehrfach, doch in der Regel nur in Produktionen mit europäischem Hintergrund, wie etwa Stanley Donens *Two For The Road/Zwei auf gleichem Weg*, 1967.

Grimault, Paul (89)
23.3.1905 bis 31.3.1994
Französischer Trickfilmer, der 1936 das erste professionelle Trickfilmstudio Frankreichs gründete. Haupteinnahmequellen waren Werbefilme, von denen es einer sogar zur Aufführung bei der Pariser Weltausstellung brachte, und eine Reihe von Kurztrickfilmen, die einen ganz eigenen, surreal-poetischen Stil verrieten. Die Adaption eines Andersen-Märchens sollte sein einziger, dafür aber herausragender abendfüllender Zeichentrickfilm werden. Jacques Prévert, Marcel Carnés Wegbegleiter im poetischen Realismus, schrieb das Drehbuch zur lyrischen, aber auch politischen Märchenverfilmung *Le Roi Et L'Oiseau/Der König und der Vogel*, die schon Ende der 40er Jahre begonnen wurde, aber erst 1979, nach Kontroversen und Rechtsstreitigkeiten, Grimaults Namen über Frankreichs Grenzen hinaus in die Welt trug.

Gyöngyössy, Imre (64) gest. 1.5.1994
Ungarischer, in der Nähe Münchens lebender Filmregisseur und Dokumentarist, dessen Werk sich durch große Humanität auszeichnete. Als eines der unzähligen Opfer des Stalinismus verlor Gyöngyössy nie seine menschliche Empathie, die er mit seinem häufigen Co-Regisseur Barna Kabay vor allem in seinen Dokumentationen, darunter *Ein ganz gewöhnliches Leben*, 1977 einzubringen verstand. Viele seiner Arbeiten entstanden in deutsch-ungarischer Co-Produktion, so auch sein international bekanntester Kinofilm *Job Lazadasa/Hiobs Revolte*, 1982, der 1983 für den Oscar nominiert wurde, dann aber gegen Ingmar Bergmans *Fanny & Alexander* unterlag. Sein letzter Spielfilm, der es auch in deutsche Kinos schaffte, war *Yerma*, 1984 – mit Gudrun Landgrebe in der Titelrolle einer jungen, unterdrückten andalusischen Frau.

H

Haas, Dolly (84)
9.4.1910 bis 16.9.1994
Deutsche Filmschauspielerin, de-

ren komödiantische Ader und großes Temperament sie im Film seit Beginn der 30er Jahre Erfolg an Erfolg reihen ließ, darunter *Dolly macht Karriere*, 1930 und *Der brave Sünder*, 1931, letzterer an der Seite Heinz Rühmanns. 1936 verließ sie Deutschland, drehte in England *Broken Blossom*, ein Remake des D.W. Griffith-Melodrams, in dem sie unter der Regie ihres späteren Mannes, Hans (später John) Brahm, die Rolle von Lillian Gish übernahm. Obwohl sie kurz darauf in Hollywood von der Columbia unter Vertrag genommen wurde, wurde sie vom Studio nie eingesetzt. Erst 1953, als Frau O.E. Hasses in Hitchcocks *I Confess/ Ich beichte*, tauchte das ehemalige Temperamentsbündel in einer ungewohnt ernsten Rolle noch einmal auf. 1983 erinnerten die Berliner Filmfestspiele an die Hamburgerin, als sie ihr gemeinsam mit fünf weiteren deutschen Exilanten eine kleine Retrospektive widmeten.

Hadjidakis, Manos (68)
1925 bis Juni 1994
Neben Mikis Theodorakis und Vangelis wohl bekanntester griechischer Filmkomponist, dessen folkloristisch getönte Musik nach Michael Cacoyannis *Stella*, 1955 auch über Griechenlands Grenzen hinaus bekannt wurde. Für die ebenfalls dieses Jahr verstorbene Hauptdarstellerin Melina Mercouri komponierte er vier Jahre später seinen wohl größten Hit, den Titelsong zu Jules Dassins *Never On Sunday/Sonntags ... nie!*, der sich beim Rennen um den Oscar mühelos gegen Konkurrenz wie Dimitri Tiomkins *The Green Leaves Of Summer* (aus *The Alamo*) durchsetzen konnte. Mit *Topkapi*, 1963, einer weiteren Arbeit für das Duo Dassin/Mercouri, war er jedoch weniger erfolgreich. Für den in diesem Klassiker mit dem Oscar ausgezeichneten Peter Ustinov schrieb Hadjidakis Jahre später die Musik zu dessen Inszenierung *Memed My Hawk*, 1984, aber seine wohl beste Leistung erbrachte er für Elia Kazans autobiographisches Meisterwerk *America, America/Die Unbezwingbaren*, 1963.

Hall, Ken G. (92) 1901 bis 8.2.1994
Australischer Filmpionier, der zusammen mit Frank Thring Sr. die Fundamente der australischen Filmindustrie legte und diese mit einer Reihe von Unterhaltungserfolgen stützte, als es ihr wirklich schlecht ging. Seit 1931 war er leitender Manager des kurz zuvor gegründeten berühmtesten australischen Studios Cinesound Productions. Bis 1956 übte er diese Funktion aus, inszenierte und produzierte unzählige Kurz- und Dokumentarfilme, gewann 1942 einen Oscar für *Kokoda Front Line,* der einzige Wochenschaufilm, der je mit diesem Preis ausgezeichnet wurde. Daneben fand er noch Zeit, insgesamt 18 ungemein erfolgreiche Spielfilme selbst zu inszenieren, darunter mit *Tall Timbers* einen echten australischen Klassiker. Nach 1956 wandte sich der erklärte Förderer des Unterhaltungskinos dem Fernsehen zu, blieb aber für viele Filmemacher der in den 70er Jahren erfolgten Renaissance des australischen Kinos eine Mentor-Figur.

Harrison Joan (83)
1911 bis 14.8.1994
Britische Drehbuchautorin und Filmproduzentin, die lange Jahre als Assistentin, später dann auch als Autorin Alfred Hitchcocks arbeitete. Noch in England adaptierte sie eine Novelle Daphne Du Mauriers für sein *Jamaica Inn/Riff-Piraten*,

1939, bevor sie der *master of suspense* mit nach Hollywood nahm. Dort profilierte sie sich sofort mit einem weiteren Du-Maurier-Stoff, *Rebecca*, 1939 sowie mit *Foreign Correspondent/Mord*, 1940; *Suspicion/Verdacht*, 1941 und *Saboteur/Saboteure*, 1942 – jeweils in Zusammenarbeit mit anderen Autoren. Eine Vertrag mit Universal machte sie dann zu einer der ersten weiblichen Produzenten Hollywoods. Ihren Faible für Kriminalstoffe gab sie auch in dieser Funktion nicht auf, wie Robert Siodmaks *Phantom Lady/Zeuge gesucht*, 1943 oder auch Robert Montgomerys *Ride The Pink Horse/Reite auf dem rosa Pferd*, 1947 eindrucksvoll belegen. Und schließlich führte sie ihre neue Aufgabe wieder an die Seite ihres früheren Mentors zurück. Für ihn produzierte die mit Bestsellerautor Eric Ambler verheiratete Britin von 1955 bis 1962 die TV-Serie *Alfred Hitchcock Presents*.

Hill, James (75) 1919 bis 7.10.1994
Englischer Filmregisseur, der sich nach dem Ende des 2.Weltkriegs als Dokumentarfilmer einen Namen machte. *Guiseppina*, einer seiner dokumentarischen Kurzfilme, brachte ihm 1960 sogar einen Oscar ein. Sein Spielfilmdebüt *The Kitchen/Die Küche*, 1961 rückte ihn zunächst in die Nähe der Realismuswelle des *Free Cinema*, aber Hill blieb unberechenbar. Tragikomödien wie *Dock Brief/Der große Knüller*, 1962; gepflegte Thriller wie *A Study In Terror/Sherlock Holmes größter Fall*, 1965 oder Fantasy wie *Captain Nemo And The Underwater City/Kapitän Nemo*, 1969 erschweren eine Einordnung des Briten erheblich, wenn ihm nicht ein Film ein neues Genre eröffnet und ihn weltberühmt gemacht hätte. *Born Free/Frei geboren*, 1965, die Geschichte der Löwin Elsa, war in den 60er Jahren ein Welthit, der John Barrys Musik sogar in die Pop-Hitparaden klettern ließ. Im dramatischen Tierfilm hatte Hill damit eine Nische gefunden, die Disney allein nicht ausfüllen konnte. Eine Wiederholung dieses Sensationserfolges gelang ihm mit seinen folgenden tierorientierten Filmen u. a. *Black Beauty*, 1970 (mit Uschi Glas!) nicht, obwohl etwa *The Belstone Fox/Keine Gnade mit dem Fuchs*, 1973 qualitativ mit Hills bekanntestem Film durchaus mithalten konnte. An seine beste Zeit in den 60er Jahren vermochte er nicht mehr anzuschließen.

Hold, Marianne (61)
15.5.1933 bis 11.9.1994
In Johannisburg geborene, in Ostpreußen aufgewachsene Schauspielerin, die 1950 von Luis Trenker in *Duell in den Bergen* für den deutschen Heimatfilm entdeckt wurde. Ein knappes Jahrzehnt war sie in vielsagenden Titeln wie *Heimatland*, 1955; *Die Fischerin vom Bodensee*, 1956 oder auch *Von der Liebe besiegt*, 1956 (als eine Luis Trenker anhimmelnde Arzttochter) die Inkarnation des bodenständigen, gutgelaunten, feschen Mädels – unbeugbar, so wuchtig auch der Donner hallte und sich die mächtigen Tannen im Sturme wiegten. Auch in Julien Duviviers biederkitschiger Aufbereitung einer Schülerliebe, *Marianne De Ma Jeunesse/Marianne, 1954*, war sie nicht nur des Titels wegen ideal besetzt. Als das ihr so angestammte Genre in den 60er Jahren in die Krise geriet, wurden die Angebote spärlicher. In Robert Siodmaks Karl-May-Abenteuer *Der Schut*, 1964 feierte die Heimatverbundene ihr Balkandebüt, bevor sie sich end-

gültig ins Privatleben an die Seite ihres Mannes Frederick Stafford, Hitchcocks späteren Hauptdarsteller von *Topaz, Topas*, 1968, zurückzog.

Horner, Harry (84)
24.7.1910 bis 5.12.1994
In der Tschechoslowakei geborener, von Max Reinhardt in den späten 30er Jahren in die USA geholter Filmausstatter und Regisseur, der bis in die 70er Jahre hinein aktiv blieb. *The Little Foxes/Die kleinen Füchse*, 1941 war eines seiner ersten großen Projekte, dem mit *The Heiress/Die Erbin*, 1949 eine weitere ausstattungsbetonte Zusammenarbeit mit William Wyler folgen sollte, die Horner auch seinen ersten Oscar einbrachte. Ein atmosphärisch und zeitlich total gegensätzlich angelegter Film war Robert Rossens Billard-Drama *The Hustler/Haie der Großstadt*, 1961, für den er seinen zweiten Oscar in Empfang nehmen konnte. Wie sein brillanter Design-Kollege William Cameron Menzies war Horner als Regisseur weit weniger erfolgreich. Seit 1952 inszenierte er selbst, darunter Melodramen wie *The Wild Party/Wilde Nacht*, 1956 oder Western wie *Man From Del Rio/Der Mann von Del Rio*, 1956 – beide mit Hauptdarsteller Anthony Quinn. Auch die antikommunistische Science-fiction Kuriosität *Red Planet Mars*, 1952 verantwortete der renommierte Ausstatter, dessen Sohn James seit 1980 Hollywood als hochtalentierter Filmkomponist im Sturm eroberte.

Hrusinsky, Rudolf (73)
17.10.1920 bis 13.4.1994
Tschechischer Charakterdarsteller, der zu den populärsten Schauspielern seines Landes zählte. Obwohl er schon Ende der 30er Jahre in Kinofilmen zu sehen war, fällt sein erster wirklich großer Erfolg ins Jahr 1956, als er in Karel Steklys zweiteiliger Jaroslav Hasek-Adaption *Dobry VojaK Svejk – Polusne Hlasim/Der brave Soldat Schwejk-Melde gehorsamst* den pfiffigen böhmischen Literatur-Helden interpretierte – vier Jahre vor Heinz Rühmann. Hrusinskys Namen war untrennbar mit Jiri Menzel verbunden, für den er mehrfach Hauptrollen übernahm, darunter in der 20 Jahre verbotenen, erst 1990 uraufgeführten Politsatire *Skrivanci Na Nitich/Lerchen am Faden*, 1969. Der beliebte Schauspieler, der sich 1944 und 1946 auch erfolglos als Filmregisseur versucht hatte, engagierte sich auch politisch mit der Stimme der Vernunft, gehörte nach 1989 drei Jahre dem tschechischen Parlament an.

Hutton, Robert (73)
11.6.1920 bis 7.8.1994
Als Robert Bruce Winne geborener amerikanischer Film- und TV-Darsteller, der vor allem in B-Pictures der 40er und 50er Jahre Hauptrollen hatte, aber nie den Durchbruch zum großen Star schaffte. Seine Filmkarriere begann 1943 mit Delmer Daves' Kriegsfilm *Destination Tokyo*, in dem auch *Denver-Clan*-Chef John Forsythe debütierte. Schon im nächsten Jahr vermittelte ihm Daves seine bekannteste Rolle, die eines in Hollywood-Star Joan Leslie verliebten GIs in *Hollywood Canteen/Hollywood Kantine*, 1944. Seine Versuche, in romantischen Komödien oder Melodramen Fuß zu fassen, scheiterten, aber in Kriegsdramen u. a. Sam Fullers *Steel Helmet/Hölle von Korea*, 1951 oder Western blieb er bis Ende der 50er Jahre gefragt. Auch in den 60er Jahren fand man ihn in der einen oder anderen-

Hauptrolle, etwa in Freddy Francis Science-fiction-Humbug *They Came From Beyond Space / Sie kamen von jenseits des Weltraums*, 1967. Aber eigentlich hatte er da schon im US-Fernsehen seinen neuen Arbeitgeber gefunden.

I

Ichac, Marcel (87) gest. 9.4.1994
Französischer Dokumentarfilmer, der die ersten französischen Himalaya-Expeditionen in zwei beeindruckenden Filmen, *Karakorum*, 1936 und *Sieg über den Annapurna*, 1950, festhielt. Zwei Jahre nach diesem Erfolg erhielt er für seine Dokumentation *Grönland – 20.000 Meilen über dem Eis* einen Spezialpreis bei den Filmfestspielen von Cannes. Sein dramatischer Bergfilm *Les Etoiles De Midi / Sterne über dem Montblanc*, 1959 war die einzige seiner Arbeiten, die auch den Weg in die deutschen Kinos fand.

J

Jarman, Derek (52)
1942 bis 19.2.1994
Englischer Autor und Filmregisseur, der Malerei studierte und seine zahlreichen Interessen auch im Film einzusetzen verstand. Eine Zeitlang arbeitete er als Kostümbildner und Ausstatter, in letzterer Funktion etwa bei Ken Russells Skandalfilm *The Devils / Die Teufel*, 1970. In seiner Heimat war Jarman bei einer eingeschworenen Fan-Gemeinde ein geliebtes Kind, beim britischen Establishment aber häufig eine persona non grata. Seine explizite Kampfansage gegen die Thatcher-Regierung, sein Eintreten für die Rechte der Homosexuellen, seine avantgardistische Kunst, sind in vielen seiner Filme repräsentiert, führten häufig zu Kontroversen. Nach seinem Regiedebüt mit *Sebastiane*, 1975 versetzte er mit seiner Punkvision *Jubilee*, 1978 die Monarchie in Angst und Schrecken, legte 1987 mit *The Last Of England / The Last Of England – Verlorene Utopien* noch eine erschütternde Bestandsaufnahme Englands nach. Sein experimenteller Stilwillen, sein Gespür für Bilder zeigt sich in Klassikerinterpretationen u. a. *The Tempest / The Tempest – Der Sturm*, 1979 wie auch in ungewöhnlichen Biografien u. a. *Caravaggio*, 1986. Seine künstlerische Muse war in zwei Filmen Toyah Willcox, danach fast ausschließlich Tilda Swinton. Leiden prägte die letzten Jahre Jarmans, dokumentiert in seinem Vermächtnis *Blue*, 1994 – das Bild einer blauen Leinwand, unterlegt mit einem Kommentar des mittlerweile fast völlig erblindeten Künstlers. Er starb an Aids.

Jobim, Antonio Carlos (67)
gest. 8.12.1994
Brasilianischer Sänger und Komponist, dessen Evergreen *The Girl From Ipanema* Astrud Gilberto in die Welt hinaustrug. Von Marcel Camus' Klassiker *Orfeu Negro*, 1959 abgesehen, erregten seine Filmmusiken weit weniger Aufsehen. Darunter fallen Kompositionen für Lewis Gilberts Harold-Robbins-Verfilmung *The Adventurers / Playboys und Abenteurer*, 1969 und Bruno Barretos Erotik-Melodram *Gabriela*, 1983.

Julia, Raul (54)
9.3.1940 bis 24.10.1994
In Puerto Rico geborener Darsteller, der 1964 in die USA emigrierte, um in New York Schauspielunterricht zu nehmen. Jahrelang kämpfte er auf

Raul Julia

der Bühne um seinen Durchbruch, gehörte wie Al Pacino oder Meryl Streep zu den festen Größen von Joseph Papps New York Shakespeare Festival. Vier Nominierungen für den Tony sind deutlicher Beweis seiner Theaterkarriere, die seit Mitte der 70er Jahre unaufhaltsam voranschritt. Auch im Film dauerte es lange, bis sich der fast ausschließlich auf Latino- Rollen festgelegte Darsteller endlich durchsetzen konnte. Schon 1971 hatte er in *The Organization/Die Organisation* im Kino debütiert, aber erst Francis Coppolas Film *One From The Heart/Einer mit Herz*, 1981 machte ihn in der Rolle von Teri Garrs latin lover einem größeren Publikum bekannt. Unvergeßlich dann sein vitaler, witziger moderner Caliban in Paul Mazurskys Shakespeare-Interpretation *The Tempest/Der Sturm*, 1982 und sein politischer Gefangener in Hector Babencos *Kiss Of The Spider Woman/Der Kuss der Spinnenfrau*, 1985. Zu diesem Zeitpunkt war Julia in Hollywood etabliert, aber seine größte Popularität erreichte er erst mit der Rolle des neurotisch romantischen Gomez Addams in *Addams Family*, 1991, die er auch in der Fortsetzung bravourös gestaltete. Julia, der se- riöse Charaktermime, kannte keine Berührungsängste mit Genres, die ihm eigentlich fremd waren. So führte ihn sein letzter Leinwandauftritt in Steven De Souzas aufgeblasenes Videospiel *Streetfighter*, 1994, wo er Jean-Claude Van Damme in einer grellen Diktator-Rolle an die Gurgel ging.

K

Keats, Steven (49) 1945 bis 8.5.1994
Amerikanischer Schauspieler, der sich in Film, Theater und Fernsehen meist mit Nebenrollen begnügen mußte. Ausnahme dabei Joan Micklin Silvers Durchbruchsfilm *Hester Street*, 1974, in dem er als Carol Kanes Ehemann überzeugte. Nicht genug allerdings, um in seinen folgenden Filmen über funktionale Rollen hinauszukommen, etwa als Schwiegersohn Charles Bronsons in *Death Wish/Ein Mann sieht rot*, 1974 oder Robert Shaws Freund in *Black Sunday/Schwarzer Sonntag*, 1976. Seinen Abschied vom Kino gab er mit einer kleinen Rolle in Woody Allens kafkaesker Komödie *Shadows And Fog/Schatten und Nebel*, 1991. Seinen Abschied vom Leben nahm er selbst in die Hand.

Koscina, Sylva (61)
22.8.1933 bis 26.12.1994
Jugoslawische Filmschauspielerin, die mehr durch ihr Temperament, ihr feuerrotes Haar und ihre Anatomie denn durch ausgewiesene darstellerische Qualitäten auffiel. Zunächst beehrte sie den italienischen

Film seit Mitte der 50er Jahre mit ihren Vorzügen u. a. in *Guendalina/Gwendalina*, 1957, später auch in zwei Filmen Federico Fellinis, *Otto E Mezzo/8½*, 1962 und *Giulietta Degli Spiriti/Julia und die Geister*, 1965. Der Sprung zu den in dieser Zeit beliebten italienisch-französischen Co-Produktionen war da nicht mehr weit, und es folgten Mantel-und-Degen-Filme wie *Le Mercenaire/Degenduell*, 1961 oder Dramen wie *Les Distractions/Riskanter Zeitvertreib*, 1960. Schließlich lockte mit Hollywood und Filmen wie *The Secret War Of Harry Frigg/Der Etappenheld* und *A Lovely Way To Die/Der schnellste Weg ins Jenseits*, beide 1968, auch eine US-Karriere. Aber weder Paul Newman noch Kirk Douglas konnten den Reinfall dieser Streifen verhindern, und Koscina bemühte sich, wieder in Italien an ihre Glanzzeiten zu erinnern. Je mehr Jahre aber am Tiber vergingen, desto anspruchsloser wurden ihre Filme und textilfreier ihre Auftritte. Ihr letzter halbwegs geglückter Leinwandausflug fällt ins Jahr 1980 mit Adriano Celentanos Klamotte *Asso*.

Kosleck, Martin (87)
24.3.1907 bis 16.1.1994
Deutscher Schauspieler, der 1933 in die USA floh und in Hollywood dank seines durchdringenden kalten Blicks auf finstere Rollen festgelegt wurde. Er spielte Doppelagenten, Spione und viele Nazis – für einen jüdischen Künstler eine wirklich zynische Karriereentwicklung. Allein fünfmal porträtierte er Joseph Goebbels, u. a. in *Confessions Of A Nazi Spy/Ich war ein Spion der Nazis*, 1939 und *Hitler*, 1961. Mit Filmen wie Bernhard Wickis Thriller *Morituri*, 1965 oder Jerry Lewis' Klamotte *Which Way To The Front/Wo, bitte, geht's zur Front?*, 1970 blieb er bis in die 70er Jahre hinein aktiv.

Kostal, Irwin (83)
1911 bis 30.11.1994
Amerikanischer Komponist und Dirigent, der sich im Filmgeschäft damit profilierte, die Kreationen anderer Komponisten kunstvoll zu orchestrieren. Fünfmal wurde er in diesem Bereich für einen Oscar nominiert, zweimal gewann er ihn schließlich: 1961 für die Bearbeitung von Leonard Bernsteins Musik zur *Westside Story* sowie 1965 für Richard Rodgers *The Sound Of Music/Meine Lieder – Meine Träume* – beide Filme inszeniert von Robert Wise.

Krim, Arthur (84)
4.4.1910 bis 21.9.1994
Amerikanischer Filmfunktionär, der zwei große Hollywood-Studios zur Blüte brachte und bekannt dafür war, Regisseuren seines Vertrauens großen künstlerischen Spielraum einzuräumen. Als Krim und sein Geschäftspartner 1951 ans Steuer der United Artists kamen, manövrierten sie das marode Unternehmen binnen kurzer Zeit zurück in die Gewinnzone, konnten schließlich sogar Mary Pickford und Charles Chaplin als Teilhaber auszahlen. Bis 1978 führte Krim das Studio, um es dann aus Verärgerung über die zunehmende Einflußnahme anderer Gesellschafter zu verlassen. Den Niedergang des Branchenriesen durch Michael Ciminos *Heaven's Gate*, 1980 erlebte er nur noch aus der Distanz. Mit anderen Rebellen hatte er 1979 Orion Pictures gegründet, die beliebteste Oase für künstlerische Freiheiten unter Hollywoods Regisseuren wie Woody Allen, Oliver Stone oder Jonathan Demme. Als 1991 auch dieses Schiff trotz gro-

ßer Erfolge ins Schlingern geriet, mußte Krim nicht ganz freiwillig den Hut nehmen. Ein trauriger Abschied für einen Mann, der im Filmbusiness trotz harter Verhandlungspolitik noch als einer der letzten Gentlemen gegolten hatte.

L

Lancaster, Burt (80)
2.11.1913 bis 20.10.1994
Ein menschlicher Vulkan war dieser amerikanische Schauspieler, der in den 30er Jahren mit seinem, dieses Jahr ebenfalls verstorbenen Freund Nick Cravat als Akrobat durch die Lande tingelte, bis ihn eine Verletzung zur Umorientierung zwang. Nach dem Krieg wurde er nach seinem Broadway-Debüt sogleich auch von Hollywood entdeckt. *The Killers/Rächer der Unterwelt*, 1946 verschaffte ihm einen glänzenden Start, machte den athletischen, stark auf seine physische Präsenz, große Gesten und sein Colgate-Lächeln vertrauenden Schauspieler sofort zu einem Begriff. Lancaster beherrschte immer die Leinwand, ob als übermütiger Pirat in *The Crimson Pirate/Der rote Korsar*, 1952 oder trunksüchtiger Arzt in *Come Back Little Sheba/Kehr zurück, kleine Sheba*, 1953. Selten ließ er sich die Schau stehlen wie in *From Here To Eternity/Verdammt in alle Ewigkeit*, 1953, als Frank Sinatra und Montgomery Clift den Film dominierten, er aber immerhin zum ersten Mal für einen Oscar nominiert wurde, dann aber gegen William Holden unterlag. Drei weitere Nominierungen sollten folgen, für *The Birdman Of Alcatraz/Der Gefangene von Alcatraz*, 1962; *Atlantic City/Atlantic City*, USA, 1980 und *Elmer Gantry*, 1961 mit dem er den begehrten Preis für seine Rolle als scheinheiliger Prediger auch gewann. Als Produzent war ihm dies schon mit *Marty*, 1955 gelungen – einem der interessantesten Filme seiner Produktionsgesellschaft Hecht-Hill-Lancaster, die sich 1959 auflöste. Lancaster gehörte mit Charlton Heston zu den größten Zähnefletschern der Branche, aber als Darsteller mußte man ihn schon früh erheblich ernster nehmen als den auch im anderen politischen Lager zu suchenden Moses-Interpreten. Spätestens seit seiner getragenen Leistung in Luchino Viscontis Gemälde *Il Gattopardo/Der Leopard*, 1963 war er auch für den europäischen Kunstfilm geadelt. In den letzten aktiven Jahren seiner Karriere fand sich Lancaster, der auch zweimal relativ erfolglos selbst inszeniert hatte, häufig in Rollen als älterer Patriarch wieder. Eine solche in *Rocket Gibraltar*, 1988, als Großvater von Macaulay Culkin, bedeu-

Burt Lancaster

tete auch seinen Abschied vom Filmgeschäft.

Lansing, Robert (65)
5.6.1929 bis 23.10.1994
Als Robert Broom geborener Film-, Theater- und TV-Darsteller, der seit Mitte der 50er Jahre am Broadway spielte und dort bis in die 70er Jahre hinein einen sehr guten Ruf genoß. Seine Filmkarriere begann er als Mann, der durch die Wand ging, in der Science-fiction Kuriosität *The 4-D-Man/Der 4-D-Mann*, 1959. Nach diesem Privileg folgten Nebenrollen im Fliegerfilm *A Gathering Of Eagles/Der Kommodore*,1962 und der Komödie *Under The Yum Yum Tree/Ehebett zur Probe*, 1963. Als Naturforscher in Laszlo Benedeks *Free-Willy*-Vorläufer *Namu, The Killer Whale/Namu, der Raubwal*, 1966 bestach Lansing mit ruhiger Präsenz, aber auch dieser Film ist heute vergessen – wie wohl auch sein bester, Robert Aldrichs erstaunlicher Gangsterfilm *The Grissom Gang/Die Grissom Bande*, 1970. Danach folgte vor allem TV-Arbeit und der eine oder andere Kinoausflug mit zum Teil traurigen Resultaten u. a. *Empire Of The Ants/In der Gewalt der Riesenameisen*, 1976.

Lantz, Walter (93)
27.4.1900 bis 22.3.1994
Amerikanischer Animationsfilmer, der mit seinen Konkurrenten Tex Avery und Chuck Jones zu den einzig ernstzunehmenden Rivalen Walt Disneys gehörte. Seit 1928 leitete er zunächst die Animationsabteilung von Universal, machte sich dann selbständig, ließ aber seine Filme weiterhin unter dem Banner des Großstudios verleihen. Von einem lästigen Specht gestörte Flitterwochen ließen ihn seine mit Abstand populärste Figur kreieren, deren schepperndes Lachen um den Globus ging. In *Knock, Knock*, 1940 tauchte der freche, völlig durchgedrehte Specht Woody Woodpecker, dem zunächst Lantz' Frau Gracie die Stimme lieh, erstmals auf und brachte es dann zu rund 250 weiteren Auftritten. Sein Schöpfer erhielt 1978 für sein Gesamtwerk einen verdienten Ehren-Oscar.

M

Mancini, Henry (70)
16.4.1924 bis 14.6.1994
Amerikanischer Filmkomponist mit legendärem Gespür für Melodien, der sich mit dem Orchester Glenn Millers in den 40er Jahren als Pianist und Arrangeur erste musikalische Meriten verdiente. Der Einfluß der swingenden Big-Band-Musik zeigt sich auch in seinen vielen Filmmusiken, die ihm insgesamt 18 Nomierungen für den Oscar einbrachten. Nur vier darunter entfielen auf Soundtracks, das Gros jedoch auf seine Songs, die vor allem in den 60er Jahren auch die Hitparaden eroberten. Mancinis erste auffallende originale Filmmusik ist in Orson Welles *Touch Of Evil/Im Zeichen des Bösen*, 1957 zu hören, die Regisseur Blake Edwards so gut gefiel, daß er ihn seine TV-Serie *Peter Gunn*, 1958 untermalen ließ. Die Titelmusik ging um die Welt, und Mancini bildete mit Edwards in 26 Filmen ein unschlagbares Duo. Seine vier Oscars gewann er alle mit diesem Regisseur, darunter zwei für *Breakfast At Tiffanys/Frühstück bei Tiffany*, 1961, mit dem Evergreen *Moonriver*, einen für den Titelsong zu *Days Of Wine And Roses/Die Tage des Weines und der Rosen*, 1962 sowie

seinen letzten für die Musik zu *Victor, Victoria*, 1982. Sein berühmtes Thema zu *The Pink Panther/Der rosarote Panther*, 1963 ging dagegen leer aus. Seine entspannte Musik war auch die ideale Untermalung für mehrere Filme Stanley Donens, darunter *Charade*, 1963 und *Two For The Road/Zwei auf gleichem Weg*, 1966 – beide mit Audrey Hepburn. Unvergessen auch seine melodiösen Streicherarrangements für Vittorio De Sicas *I Girasoli/Sonnenblumen*, 1969 und sein stellenweise überraschend percussiver Soundtrack zu Howard Hawks' Afrika-Klassiker *Hatari*, 1961. Daß ihm auch Spannungserzeugung nicht fremd war, bewies er etwa in *Experiment In Terror/Der letzte Zug*, 1961. Um so bedauerlicher, daß die jüngere Regie-Generation Hollywoods dem auch mit 20 Grammys und 7 goldenen Schallplatten ausgezeichneten Komponisten mißtraute.

Masina, Giulietta (74)
22.2.1920 bis 23.4.1994
Italienische Filmschauspielerin, die als Ehefrau und Muse Federico Fellinis weltweit bekannt wurde. Die beiden trafen sich erstmals 1942, als sie in einem von Fellini geschriebenen Hörspiel Aufsehen erregte. 1943 heirateten die Unzertrennlichen und lebten eine symbiotische Beziehung, die erst durch Fellinis Tod 1993 jäh gestoppt wurde. Ihr Filmdebüt feierte die kleine, knopfäugige, selbst im Lachen noch traurig wirkende Darstellerin 1946 in Rossellinis *Paisa*. Mit *Luci Del Varieta/Lichter des Varietes*, 1951 begann die Zusammenarbeit mit ihrem Mann, die ihr 1954 ihre schönste und berühmteste Rolle einbrachte. Als schüchterne Kindfrau Gelsomina in *La Strada* rührte sie die Welt, die diesem Märchen-

Giulietta Masina

wesen verfiel und auch die kindliche Prostituierte in *Le Notti Di Cabiria/Die Nächte der Cabiria*, 1957 ins Herz schloß. In *Nella Citta L'Inferno/Hölle in der Stadt*, 1958 bildete sie den sanften Gegenpol zur wilden Anna Magnani. Es blieb ihr letzte wirklich bemerkenswerte Rolle abseits der Filme ihres Mannes, dem sie ihre eigene Karriere weitgehend opferte. Nach ihrem gemeinsamen Triumph mit *Giulietta Degli Spiriti/Julia und die Geister*, 1965 dauerte es zwanzig Jahre bis zur letzten Zusammenarbeit des Paares mit *Ginger E Fred/Ginger und Fred*. Die Trennung der beiden dauerte nur ein halbes Jahr, dann ging auch Giulietta zu den Geistern.

Massaini, Oswaldo (75)
gest. 25.5.1994
Brasilianischer Filmproduzent und -verleiher, dessen 1949 gegründete Gesellschaft Cinedistri bis in die Gegenwart hinein das brasiliani-

sche Unterhaltungskino mit Nachschub versorgte. Über 100 Filme hat Massaini produziert, viele Komödien, einige Epen und vor allem die kirchenkritische Theaterverfilmung *O Pagador Di Promessas/Fünfzig Stufen zur Gerechtigkeit*, 1962, mit der er als bisher einziger brasilianischer Produzent 1962 die Goldene Palme in Cannes gewann.

McNally, Stephen (81)
29.7.1913 bis 4.6.1994
Amerikanischer Schauspieler, der wie Fred Dalton Thompson in den 90er Jahren, als Anwalt arbeitete, bevor ihn Film und Fernsehen lockten. Vor allem in den ersten zehn Jahren nach seinem Debüt 1943 finden sich seine besten Filme, in denen er zumeist auf finstere Figuren festgelegt war. Grund war seine überzeugende Leistung als Vergewaltiger von Jane Wyman in *Johnny Belinda/Schweigende Lippen*, 1947, die ihn bekannt machte, aber auch für immer brandmarkte. Robert Siodmaks *Criss Cross*, 1949; Joseph L. Mankiewicz' *No Way Out/Der Haß ist blind*, 1950 und insbesondere Anthony Manns zorniger Klassiker *Winchester 73*, 1950, in dem er James Stewarts Bruder und Todfeind spielte, gehören zu den Höhepunkten einer Laufbahn, die im Film bis in die 70er Jahre hineinreichte. Ähnlich produktiv war er auch im Privatleben – als Vater von acht Kindern.

Meisel, Kurt (81)
18.8.1912 bis 5.4.1994
In Wien geborener Schauspieler und Theater-Intendant, der sich auf der Bühne am wohlsten fühlte und dort nach Lehrjahren bei Gustaf Gründgens oder auch Detlef Sierk jahrzehntelang eine dominante Figur abgab. Auch der Film erkannte sein großes Talent, aber seine Auftritte nach seinem Debüt in *Der Ehestreit*, 1935 blieben sporadisch. Seine Mitwirkung in zwei schwer tendenziösen Filmen Veit Harlans u.a. *Kolberg*, 1945 überstand er relativ unbeschadet, war in G.W. Pabsts Widerstands-Drama *Es geschah am 20.Juli*, 1955 zu sehen wie auch in der Nachkriegsversion von Kästners *Emil und die Detektive*, 1954. Seit 1949 versuchte er sich mit wechselndem Erfolg auch als Regisseur im deutschen Unterhaltungskino, darunter mehrfach mit Hauptdarsteller Heinz Rühmann u. a. *Vater sein dagegen sehr*, 1957. Nach insgesamt 12 Filmen war damit 1960 Schluß, und Meisel, der seit 1953 mit Theo Lingens Tochter Ursula verheiratet war, wandte sich verstärkt seiner TV- und Theaterarbeit zu.

Meisner, Günter (68)
18.4.1926 bis 5.12.1994
In Berlin geborener Schauspieler, der in den 50er Jahren zum Film kam und eine Zeitlang sogar eine internationale Karriere machte, als Produzenten in ihm die Ideal-Verkörperung des Nazi-Schurken erkannten. Nachdem er sich in *Paris Brule-T-Il?/Brennt Paris?*, 1965 oder *The Bridge At Remagen/Die Brücke von Remagen*, 1968 in deutschen Soldaten-Uniformen hochgedient hatte, erreichte er in *L'As Des As/As der Asse*, 1982 den Höhepunkt dieses Rollenfaches: Er spielte Adolf Hitler!

Mercouri, Melina (70)
18.10.1923 bis 6.3.1994
Neben Irene Papas Vorzeigefigur des Griechischen Films, leidenschaftliche Politikerin, Autorin und Diseuse – all das war diese als Maria Amalia Mercouri geborene Schauspielerin. Nach einer bis nach Paris ausufernden Bühnenkarriere feierte sie in Michael Cacoyannis'

Melina Mercouri

zweitem Film *Stella*, 1955 ihr Filmdebüt. Wenig später lernte sie Jules Dassin, den von McCarthy vertriebenen amerikanischen Regisseur, kennen, den sie 1966 auch heiratete und in dessen Filmen sie ab 1960 bis auf wenige Ausnahmen die weiblichen Hauptrollen übernahm. Eine fröhliche Prostituierte, die nur mit Männern ihrer Wahl unters Laken kroch, bescherte ihr in Dassins *Never On Sunday/Sonntags nie*, 1960 nicht nur Weltruhm als Chanteuse, sondern auch als Darstellerin. Sie wurde für den Oscar nominiert, unterlag aber Elizabeth Taylor. Dassins *Topkapi*, 1964 sorgte für einen weiteren Welthit, während ihre anderen, ernsteren Rollen u. a. *Promise At Dawn/Versprechen in der Dämmerung*, 1970 an ausgeprägtrer Melodramatik litten und weniger Beachtung fanden. Spätestens seit 1967, seit ihrer Ausbürgerung durch die griechische Militärjunta, zeichnete sich ihre zweite Karriere deutlich ab, die nach ihrer Rückkehr 1974 konkrete Formen annahm. Nach ihrem Parlamentseintritt 1977 war der Posten der Ministerin für Kultur und Wissenschaft fast logische Konsequenz. Die grünäugige, blonde Griechin füllte ihn von 1981 bis 1989 und seit 1993 erneut mit einer Mischung aus Charme und Streitlust aus. 1971 veröffentlichte sie ihre Autobiographie *Ich bin als Griechin geboren*, und niemand konnte da schon ahnen, daß das Kino sie endgültig an die Politik verlieren würde.

Mezzogiorno, Vittorio (52)
16.12.1941 bis 7.1.1994
Ein kantiges, profiliertes Gesicht zeichnete diesen italienischen Film-, TV- und Theaterdarsteller aus, der erst spät große Popularität erlangte, als er Michele Placido als Frontfigur der TV-Serie *Allein gegen die Mafia* ablöste. Seit Ende der 70er Jahre war der Charakterkopf auch im Kino zu sehen, spielte den Junior in Francesco Rosis *Tre Fratelli/Drei Brüder*, 1980 oder auch neben Gérard Depardieu in Jean-Jacques Beneix' melodramatischem Flop *La Lune Dans Le Caniveau/Der Mond in der Gosse*, 1982. Aufsehen erregte er zuletzt in Marco Bellochios *La Condanna/Die Verurteilung*, 1990, als wegen Vergewaltigung verurteilter Architekt. Einen ambitionierten Extrem-Alpinisten spielte er dagegen in seinem letzten Kinofilm, Werner Herzogs *Schrei aus Stein*, 1991.

Mitchell, Cameron (75)
18.11.1918 bis 6.7.1994
Amerikanischer Film- und TV-Darsteller, der in John Fords Kriegsfilm *They Were Expendable/Schnellboote vor Bataan*, 1945 im Film debütierte und dort ein kompetenter Nebendarsteller wurde, dem nie

ganz der Durchbruch gelang. Mitchell kam von der Bühne, spielte dort u. a. den Happy in *Death Of A Salesman/Tod eines Handlungsreisenden* – eine Rolle, die er auch in Laslo Benedeks Verfilmung 1951 bravourös meisterte. Zusammen mit *How To Marry A Millionaire/Wie angelt man sich einen Millionär*, 1953, in dem er sich in Lauren Bacall verlieben durfte, war das einer von seinen seltenen Ausflügen ins ruhigere Rollenfach. Den romantischen Liebhaber traute man ihm weniger zu als aggressive Figuren. Seit Anfang der 60er Jahre drehte er wie viele Kollegen auch in Italien u. a. *L'Ultimo Dei Vichinghi/Der Letzte der Wikinger*, 1960. Monte Hellman besetzte ihn und Jack Nicholson für die Hauptrollen seines existentialistischen Westerns *Ride In The Whirlwind/Ritt im Wirbelwind*, 1966, doch im Kino wollte einfach nicht klappen, was ihm kurz darauf im Fernsehen problemlos gelang. In der TV-Serie *High Chaparral*, 1967–71 spielte er den lockeren, gutgelaunten Bruder des muffigen Ranchbesitzers Leif Erickson und wurde so mit 50 Jahren erstmals richtig populär. Ein Ruhm auf Zeit, vergänglich vielleicht, aber in Spurenelementen auch über 20 Jahre später noch vorhanden.

N

Natwick, Mildred (86)
19.6.1908 bis 25.10.1994
Seit 1932 hatte diese temperamentvolle amerikanische Schauspielerin mit dem Theater die Welt gefunden, die ihr ein Leben lang die wichtigste sein sollte. Allein am Broadway wirkte sie in gut 40 Produktionen mit. Da konnte es natürlich nicht ausbleiben, daß auch der Film, ihre zweite Liebe, auf sie aufmerksam wurde. John Ford gab ihr die erste große Chance in *The Long Voyage Home/Der lange Weg nach Cardiff*, 1940, wo sie sich mit dunkler Struwel-Frisur und in den Mundwinkeln hängender Zigarette gegen Fords harte Männer wie Ward Bond oder John Wayne zu behaupten verstand. Mehrfach hat sie danach für den großen amerikanischen Regisseur vor der Kamera gestanden, u.a. in *Three Godfathers/Spuren im Sand*, 1948; *The Quiet Man/Der Sieger*, 1952, als reiche Witwe, auf die Rauhbein Victor McLaglen ein Auge geworfen hatte, und in *She Whore A Yellow Ribbon/Der Teufelshauptmann*, 1949, als Mutter Joanne Drus. Die robuste Schauspielerin hatte auch eine starke komödiantische Ader, wie sie in *The Trouble With Harry/Immer Ärger mit Harry*, 1955 und vor allem in *Barefoot in The Park/Barfuß im Park*, 1967 unter Beweis stellen konnte. Dort glänzte sie als Jane Fondas kauzige Mutter – eine Rolle, die sie schon bei der Uraufführung am Broadway gespielt hatte und die ihr nun in der Verfilmung von Neil Simons Komödie ihre erste und einzige Oscar-Nominierung einbrachte. Sie unterlag Estelle Parsons, die für *Bonnie & Clyde* gewann. Natwicks letzte größere Filmrolle ermöglichte ihr Stephen Frears, der sie in *Dangerous Liaisons/Gefährliche Liebschaften*, 1988 besetzte.

Niehaus, Ruth (59)
11.7.1925 bis 24.9.1994
Deutsche Schauspielerin, die sich zunächst dem Theater verschrieben hatte, in den 50er Jahren aber auch im heimischen Film auftauchte. Ihren ersten und wohl besten Auftritt

ermöglichte ihr Curt Goetz in seiner witzigen Theaterverfilmung *Das Haus in Montevideo*, 1951, in der sie seinen Anweisungen nicht nur als Regisseur, sondern auch als Filmtochter zu folgen hatte. Verhängnis über die Männer brachte sie in *Rosen blühen auf dem Heidegrab*, 1952, als sie ihren Liebhaber ins Moor lockte, um mit ihm gemeinsam den Tod zu finden. Nach Rolf Hansens sentimentaler Tolstoi-Verfilmumg *Auferstehung*, 1958 dünnten die Filmangebote für die Schauspielerin aus, die sich daraufhin verstärkt dem Fernsehen und später dem Regiefach zuwandte.

Nischwitz, Theo (81)
27.4.1913 bis 15.7.1994
In Berlin geborener Spezialeffekte-Spezialist, der als Trickkameramann 1933 bei der Ufa begann, dessen Name aber untrennbar mit der Münchner Bavaria verbunden war, deren Trickabteilung er seit 1949 leitete. 1984 wurde ihm für sein Gesamtwerk der Deutsche Filmpreis verliehen, und wer die Jury-Entscheidung nachvollziehen möchte, dem seien stellvertretend *Nacht über Gotenhafen*, 1959/60; *Das Spukschloß im Spessart*, 1960 oder einige Sequenzen in Wolfgang Petersens *Das Boot*, 1980 zur Ansicht empfohlen. Weniger spektakulär, aber um so kultischer verehrt waren auch die Ergebnisse seiner Arbeit an der Trash-Legende *Raumpatrouille Orion*, 1966.

O

O'Donoghue, Michael (54)
gest. 8.11.1994
Amerikanischer Journalist und Drehbuchautor, der seinen makaberen, satirischen Stil zuerst als Redakteur bei National Lampoon zur Geltung bringen konnte, bevor er als einer der Chef-Autoren der legendären TV-Show Saturday Night Live Komikern wie Bill Murray, John Belushi oder Chevy Chase Gags auf den Leib schrieb und dafür mit zwei Emmys ausgezeichnet wurde. Nach mehreren Jahren verließ er 1981 die Hit-Sendung, um unter anderen Filmskripts verfassen zu können. Erstaunlicherweise tat er sich schwer im neuen Medium. Einzig sein Drehbuch zu Bill Murrays Komödie *Scrooged/Die Geister, die ich rief ...*, 1988 bleibt in Erinnerung.

O'Neal, Patrick (66)
26.9.1927 bis 9.9.1994
Amerikanischer Film- und TV-Schauspieler, der nie ganz die Spitze erreichte, aber in den 60er Jahren mit seinem rauhen Boxerface gut beschäftigt war. Zwei Filmen unter Otto Preminger *The Cardinal/Der Kardinal*, 1963 und *In Harm's Way/Erster Sieg*, 1965 folgten Rollen in Thrillern, Western oder Kriegsfilmen u. a. als kunstinteressierter Soldat in Sidney Pollacks *Castle Keep/Das Schloß in den Ardennen*, 1966 oder als einer der Teufel in *The Stepford Wives/Die Frauen von Stepford*, 1975, die ihre Frauen zu seelenlosen Robotern mutieren ließen. Dieser Finsterling war seine letzte bemerkenswerte Filmrolle, bevor ihn das Fernsehen vollends in Beschlag nahm.

Osborne, John (65)
12.12.1929 bis 24.12.1994
Großer englischer Dramatiker, der als Leitfigur der *Angry Young Men* das britische Theater Mitte der 50er Jahre revolutionierte. Schonungslose Ehrlichkeit in den Charakteren, Realismus in deren Lebensumständen – Markenzeichen der

beiden bekanntesten Dramen Osbornes, die beide von Tony Richardson verfilmt wurden: *Look Back In Anger/Blick zurück im Zorn*, 1959 sowie *The Entertainer/Der Komödiant*, 1960. Als Richardson nach diesen modernen Klassikern sich an die Verfilmung eines alten wagte, Henry Fieldings Roman *Tom Jones*, beauftragte er Osborne mit der Adaption. Eine überraschende Wahl, die dem zornigen, gewiß nicht pflegeleichten Schriftsteller für *Tom Jones/Tom Jones – Zwischen Bett und Galgen*, 1962 den ersten und einzigen Oscar einbrachte. Ein weiteres Stück Osbornes, *Inadmissable Evidence*, wurde 1968 kompetent, aber leblos mit Nicol Williamson verfilmt. Mit dabei auch die britische Schauspielerin Jill Bennett, die Osbornes vierte Frau wurde und sich später das Leben nahm. In seiner 1992 erschienenen Autobiographie *Almost A Gentleman*, machte er sich im Titel zunächst über sich, zwischen den Buchdeckeln dann über Bennett und viele andere lustig.

P

Peppard, George (65)
1.10.1928 bis 8.5.1994
Jungenhaften Charme besaß dieser amerikanische Film- und TV-Schauspieler, der an der besten Adresse, dem Actors Studio, lernte und 1957 vom Broadway weg für den Film entdeckt wurde. Dort begann es für ihn vielversprechend, mit einer guten Rolle in Lewis Milestones Kriegsfilm *Pork Chop Hill/Mit Blut geschrieben*, 1959 und als Audrey Hepburns verliebter menschlicher Kater in *Breakfast At Tiffany's/Frühstück bei Tiffany*, 1961. Doch danach verheizte

George Peppard

ihn Hollywood in Thrillern und Kriegsdramen, darunter *The Blue Max/Der blaue Max*, 1966, in dem er einen deutschen Fliegerleutnant spielte. Es blieb sein letzter großer Kassenerfolg. In der Figur des Privatdetektivs Banacek, die er von 1972 bis 1974 im amerikanischen Fernsehen spielte, fand Peppard Kompensation für qualitätsarme Kinofilme. Sein letzter ernstzunehmender Anlauf, auch im Kino Starqualität zu bewahren, das Science-fiction-Opus *Damnation Alley/Straße der Verdammnis*, 1978, endete mit einem kommerziellen Desaster. Seine weitere Zukunft im Film stand danach unter einem schlechten Stern, zumal sein Regiedebüt *Five Days From Home/Fünf Tage bis nach Hause*, 1978 ihn auch nicht unbedingt als Regisseur empfahl. Von wenigen Ausnahmen abgesehen, fand Peppard in den 80er Jahren im TV ein neues Zuhause. Mit der Hitserie *The A-Team* schwamm er 1982 bis 1987 auf einer neuen Popularitätswelle, die auch nach Deutschland überschwappte, wo ihn Carl Schenkel als Vater der krebskranken Jami Gertz in *Zwei Frauen*, 1989 besetzte. Trotz großer Erfolge bleibt der Eindruck eines nicht zur Gänze genutzten Talentes. Mit der hochtalentierten Schauspielerin Elizabeth Ashley durchlebte er zwei Ehen und ebensoviele Scheidungen.

Perilli, Ivo (92) gest. 24.1.1994
Italienischer Drehbuchautor, der für viele inszenierende Landsleute, darunter Mario Camerini, Mario Monicelli oder Luigi Comencini, schrieb, aber am bekanntesten durch seine Arbeiten für zwei Neorealisten wurde. Für Roberto Rossellini entwickelte er *Europa 51*, 1952 – für Giuseppe De Santis *Riso Amaro/Bitterer Reis*, 1949 – beide im Team mit anderen Autoren. Ähnlich kooperierte er auch in King Vidors *War And Peace/Krieg und Frieden*, 1956, während er für Martin Ritts italienisch finanzierten Kriegsfilm *Jovanka E Le Altre/Jovanka und die anderen*, 1959 eigenverantwortlich Ugo Pirros Novelle adaptierte.

Peterkoch, Lydia (29)
gest. 30.10.1994
Amerikanische Film- und Theaterschauspielerin, die nach Kurzauftritten in John Hughes' *She's Having A Baby*, 1988 und Robert Zemeckis' *Death Becomes Her/Der Tod steht ihr gut*, 1992 mit *The Glass Ceiling*, dem Regiedebüt des Drehbuchautors von *Drugstore Cowboy*, endlich die langersehnte Hauptrolle angeboten bekam. Ein Verkehrsunfall in Los Angeles beendete tragisch dieses junge Leben.

Petrovic, Aleksandar (65)
1929 bis 20.8.1994
Jugoslawischer und französischer Staatsbürger war dieser Filmregisseur, der 1967 mit dem Jury-Preis in Cannes erstmals auf sich aufmerksam machte. Ausgezeichnet wurde er für seinen semidokumentarischen Film *Skulpjaci Perja/Ich traf sogar glückliche Zigeuner*, in dem Bekim Fehmiu, der später auch in Deutschland bekanntgewordene TV-Odysseus, die Hauptrolle übernahm. Sozialkritische, politische Themen bestimmten auch die weiteren Arbeiten des Serben, die sich oft prominenter Besetzungen schmücken konnten. So etwa Annie Girardot in *Bice Scoro Propast Sveta/Es regnet auf mein Dorf*, 1968 oder Romy Schneider in der verunglückten Böll-Adaption Portrait *De Groupe Avec Dame/Gruppenbild mit Dame*, 1976. In Erinnerung wird Petrovic, der in seinen Aktivitäten zuletzt fast gänzlich vom Krieg in Jugoslawien beansprucht wurde, aber vor allem eines Filmes wegen bleiben: Seine überzeugende, zwischen Realität und Traum schwankende Michail-Bulgakow-Adaption *Majstor I Margareta/Der Meister und Margarita*, 1972 hat starken Eindruck hinterlassen. Eine Reihe internationaler Regisseure wurden dadurch zu einem Remake angeregt – nicht zuletzt auch Roman Polanski.

Potter, Dennis (59) gest. 7.6.1994
Englischer Dramatiker und Drehbuchautor, dessen Stoffe sich durch atmosphärische Unberechenbarkeit, Wechsel von Traum und Wirklichkeit sowie sozialkritisches Engagement auszeichneten. Formvollendet vorgeführt in Herbert Ross' zu Unrecht schwer abgestürzten Millionen-Flop *Pennies From Heaven/Tanz in den Wolken*, 1981 – einer Kinoversion von Potters gleichnamigen Musical. Originalität und Verstörung kennzeichneten viele seiner Drehbücher, ob *Brimstone And Treacle*, 1982, mit Sting als unheimlichen Familien-

eindringling, oder *Track 29/Track 29 – Ein gefährliches Spiel*, 1987 mit Gary Oldman in einer nicht unähnlichen Rolle. Selten beschäftigte er sich mit Vorlagen anderer Autoren – seine Adaption von Martin Cruz Smiths' *Gorky Park*, 1983 für Regisseur Michael Apted blieb eine der wenigen Ausnahmen. Nicht das Kino aber, sondern das Fernsehen wurde zum Forum für Potters autobiographisch angehauchtes, gewohnt musikgetränktes Meisterstück *The Singing Detective/Der singende Detektiv*, das auch auf deutschen Sendern ausgestrahlt wurde. Seine einzige Kino-Inszenierung *Secret Friends*, 1992 floppte dagegen kläglich. Potter starb an Krebs – wie auch acht Tage vor ihm seine Frau.

Pozzi, Moana (33) gest. 15.9.1994
Italienische Porno-Aktrice, die wie ihre Kolleginnen Marilyn Chambers oder zuletzt Tabatha Cash auch Abstecher ins bekleidete Rollenfach unternahm. Dort aber reichte es allenfalls zu Sprechblasen-Auftritten u. a. in Carlo Verdones *Borotalco*; Dino Risis *Le Bon Roi Dagobert/Der dicke König Dagobert*, 1984 oder als TV-Model in Fellinis *Ginger E Fred/Ginger und Fred*, 1985. Ihr tragisch früher Tod folgte einem schweren Krebsleiden.

R

Rajzman, Julij (90)
15.12.1903 bis 13.12.1994
Russischer Filmregisseur, der bereits Ende der 20er Jahre seine ersten beiden Filme inszenierte und bis in die jüngere Vergangenheit hinein zu den dominierenden Persönlichkeiten der russischen Filmszene gehörte. Im Westen jedoch blieb der Name dieses auch als Dokumentarfilmer erfolgreichen politisch engagierten Regisseurs nur Insidern bekannt. Von seinen vielen Inszenierungen kamen überhaupt nur zwei auch nach Deutschland. Während *A Jessli Eto Ljubow/Sie wollen nicht, daß wir uns lieben*, 1961 immerhin den Weg ins Kino fand, blieb die deutsche Uraufführung von *Tschastnaja Shisn/Ein Privatleben*, 1982 dem ZDF vorbehalten.

Ralston, Esther (91)
17.9.1902 bis 14.1.1994
Blauäugige, blondgelockte, oft schwärmerisch als *American Venus* titulierte amerikanische Filmschauspielerin, die 1914 im Stummfilm debütierte, eine kleine Rolle in Chaplins *The Kid*, 1921 hatte, aber erst mit *Peter Pan*, 1924 zum Star wurde. Wie dessen Regisseur Herbert Brenon war Ralston in den 20er Jahren eine große, später vergessene Attraktion, spielte die Hauptrolle eines verliebten Bauernmädchens in Josef von Sternbergs verschollenen *The Case Of Lena Smith*, 1929. Im Tonfilm war sie bis 1941 sporadisch zu sehen, so auch in Betty Grables Musical *Tin Pin Alley*, 1940. Ein merkwürdiger Zufall, daß die Filmkarriere ihrer Namensvetterin, der ehemaligen Eisläuferin Vera Hruba Ralston, exakt in dem Jahr begann, in dem Esther Ralston sich aus dem Filmgeschäft verabschiedete.

Raye, Martha (86)
27.8.1908 bis 19.10.1994
Als Margaret Teresa Yvonne Red geborene Vollblutkomikerin und Sängerin, deren Markenzeichen, ein großer Mund, auch mit einer donnernd-lauten Stimme korrespondierte. An der Seite Bing Crosbys feierte sie 1936 in *Rhythm On The Range* ihr Filmdebüt, dem einige weitere Auftritte in Komödien

u. a. *Artists And Models / Künstlerball*, 1937 oder Musicals u. a. *Double Or Nothing*, 1937 folgen sollten. Ihre zwei größten Erfolge feierte das Temperamentsbündel in zwei völlig unterschiedlich angelegten Komödien: dem durchgedrehten Klamauk-Klassiker *Hellzapoppin / In der Hölle ist der Teufel los*, 1941 und Charles Chaplins schwarzhumorigen Streich *Monsieur Verdoux*, 1947, in dem sie die einzige Ehefrau des Blaubarts war, die dieser nicht dem Jenseits überantworten konnte. Ihre Rollen danach sind an den Fingern einer Hand abzuzählen. Sie verabschiedete sich mit einer filmischen Katastrophe, die im Unterschied zum lange ebenso eingeschätzten Chaplin-Klassiker auch wirklich eine war: *Airport '80 – The Concorde*, 1979.

Regent, Benoit (41)
gest. Herbst 1994
Französischer Darsteller, der seit 1979 auch für den Film arbeitete. Luc Besson besetzte ihn für seinen Durchbruchsfilm *Subway*, 1985; Bertrand Tavernier für sein atmosphärisches Musikerporträt *Round Midnight / Um Mitternacht*, 1986. Auch in Claude Chabrols Flop *Dr. M*, 1989 war Regent zu sehen, wie zuletzt auch in Krzysztofs Kieslowskis meisterlichen *Trois Couleurs: Bleu / Drei Farben: Blau*, 1994. Hier spielte er den Assistenten des zu Beginn des Films verunglückten Komponisten.

Reinhardt, Gottfried (83)
1911 bis 18.7.94
Deutscher Filmproduzent, -regisseur und Drehbuchautor, der an den Berliner Bühnen seines Vaters Max schon als 18jähriger inszenierte, bevor er 1932 in die USA emigrierte. Dort war er einige Zeit Assistent Ernst Lubitschs und des Produzenten Walter Wanger, schrieb dann das Drehbuch zu Julien Duviviers Hollywood-Debüt *The Great Waltz*, 1938, eine Filmbiographie von Johann Strauss – für einen Exilösterreicher damit ein Heimspiel. Als Produzent für MGM betreute er später u. a. zwei bemerkenswerte, bedauerlicherweise gefloppte Filme: Greta Garbos Schwanengesang *Two Faced Woman / Die Frau mit den zwei Gesichtern*, 1941 und John Hustons *The Red Badge Of Courage / Die rote Tapferkeitsmedaille*, 1951, den er gegen den Willen des Regisseurs im Auftrag des Studios verstümmelte. Seine amerikanischen Eigeninszenierungen u. a. *Betrayed / Verrraten*, 1954 mit Clark Gable als US-Colonel, der sich in die holländische Widerstandskämpferin Lana Turner (!) verliebt, waren ebenfalls nicht von Erfolg gekrönt. Etwas besser meinte es das Publikum mit ihm, als er von Artur Brauner Mitte der 50er Jahre nach Deutschland zurückgeholt wurde und er sich dort mit *Vor Sonnenuntergang*, 1956; *Menschen im Hotel*, 1959 oder *Liebling der Götter*, 1960 nahtlos im deutschen Unterhaltungskino akklimatisieren konnte. Ende der 60er Jahre wurde es still um ihn, bevor er nach dem Fall der Mauer wieder als Erbvertreter seines Vaters in Erscheinung trat. In dessen Schatten war er zumindest aus europäischer Sicht stets geblieben, obwohl er sich in den USA besser behauptet hatte als sein älterer Bruder Wolfgang oder als der 1943 verstorbene Theater-Gigant Max Reinhardt.

Renaud, Madeleine (91)
21.2.1903 bis 23.9.1994
Französische Theater- und Filmschauspielerin, die außerhalb ihrer

Heimat vor allem durch ihre seit 1940 bestehende Ehe mit Jean-Louis Barrault bekannt war. Wie ihr Mann, den sie nur um acht Monate überlebte, konzentrierte sie sich auf die Theaterarbeit – ob auf oder hinter der Bühne. Im Film wirkte sie u. a. in *Remarques/Schleppkähne*, 1939/40 und *Lumière D'Été*, 1942 mit, an deren Büchern auch Jacques Prévert mitgeschrieben hatte, der Autor von *Die Kinder des Olymp*, des größten Erfolges ihres Mannes. An der Seite Jeanne Moreaus sah man sie auch im strengen *Le Dialogue Des Carmelites/Opfergang einer Nonne*, 1959, und sie überzeugte hier ebenso wie 17 Jahre später in *Des Journees Entieres Dans Les Arbres/Ganze Tage in den Bäumen*, als sie dem Filmtod nahe und doch humorvoll Jean-Pierre Aumonts besorgte Mutter spielte.

Rey, Fernando (76)
20.9.1917 bis 9.3.1994
Als Fernando Casado Arambillet geborene graue Eminenz des spanischen Kinos, eine Frontfigur des europäischen Films, die auch amerikanische Produktionen schmückte. 1939 drehte er den ersten von gut 150 Filmen, empfahl sich mit seiner aristokratischen Erscheinung für entsprechende Rollen, etwa als Philipp der Schöne in *Locurea De Amor/Johanna von Kastilien*, 1951. Doch neben großen Auftritten in Kostümschinken wie diesen gab er sich in riskanteren Projekten auch mit Gastauftritten zufrieden, etwa in Luis G. Berlangas ironischer Komödie *Bienvenido, Mr.Marshall/Willkommen, Mr. Marshall*, 1952. Sieben Jahre später fand er die Figur und auch den Regisseur, die seine Karriere von nun an maßgeblich beeinflussen würden. In Luis Buñuels preisgekröntem *Viridiana*, 1959 brillierte er als alternder Bourgeois, der hinter seriöser Fassade verdrängte Lüsternheit erkennen ließ. Ähnliche Charaktere interpretierte er für Buñuel auch in *Tristana*, 1969/70 oder *Cet Obscur Objet Du Desir/Dieses obskure Objekt der Begierde*, 1977. Im letzteren Spätwerk des spanischen Regisseurs durfte Rey gar Angela Molina und Carole Bouquet begehren, die sich dank eines witzigen Einfalls Buñuels in der weiblichen Hauptrolle abwechselten. Diabolischer Charme zeichnete Reys Bösewichte aus, die er immer wieder zu spielen hatte, seitdem er als Drogenboß und Widersacher Gene Hackmans in *French Connection/Brennpunkt Brooklyn*, 1971 internationales Aufsehen erregte. Solche Erfolge blieben in den 80er Jahren aus, aber Rey blieb aktiv und war auf der Berlinale 1994 mit seinem letzten Film *Al Otro Lado Del Tunel/Am*

Fernando Rey

anderen Ende des Tunnels, 1993 im Wettbewerb vertreten.

Reynoso, David (68) gest. 9.6.1994
Mexikanischer Charakterdarsteller, der zu den beliebtesten Akteuren seines Landes zählte. In annähernd 200 Filmen hat er mitgewirkt, von denen die wenigsten den Weg nach Deutschland – zumeist ins Fernsehen – fanden. So etwa der harte Abenteuerfilm *Viento Negro/Schwarzer Sturm*, 1965 oder der sozialkritische Streifen *La Casa Del Sur/Das Haus im Süden*, 1975, in denen er jeweils die Hauptrollen spielte.

Roland, Gilbert (88)
11.12.1905 bis 15.5.1994
Als Luis Antonio Damaso de Alonso geborener mexikanischer Schauspieler, der seinen ursprünglichen Berufswunsch, Stierkämpfer, aufgab, als er mit seiner Familie nach Amerika auswanderte. Mit seinem guten südländischen Aussehen war Roland prädestiniert für den latin lover, den er auch in vielen Hollywood-Filmen mit einer maskulineren Ausstrahlung als etwa Cesar Romero zum besten gab. Sein Stummfilmdebüt 1925 ist überschattet von großen Rollen in Mae Wests *She Done Him Wrong/Sie tat ihm unrecht*, 1933 oder in John Hustons *We Were Strangers*, 1949, wo er als kubanischer Revolutionär John Garfield an die Wand spielte. Deutschen Zuschauern ist der athletische Draufgänger und Frauenheld vor allem als Robert Wagners Vater im Schwammfischer-Epos *Beneath The Twelve Mile Reef/Das Höllenriff*, 1953 oder als stolzer Cheyennne Dull Knife in John Fords *Cheyenne Autumn/Cheyenne*, 1964 durch deren TV-Ausstrahlung in Endlosschleife ein Begriff. Erst 1982 verabschiedete sich der ehemalige Liebhaber Clara Bows und Ex-Ehemann Constance Bennetts von der großen Leinwand – in Fred Schepisis Neo-Western *Barbarosa/Die Ballade vom Banditen Barbarosa*.

Romero, Cesar (86)
15.2.1907 bis 1.1.1994
Amerikanischer Schauspieler, der als gutaussehender Sohn kubanischer Einwanderer in Hollywood auf den latin lover vom Dienst abonniert war. Erfolgreiche Bühnenauftritte brachten ihm 1934 seine erste Filmrolle in *The Thin Man/Mordsache Dünner Mann* ein. Mehr als 100 Filme folgten, darunter zwei mit Shirley Temple, *Wee Willie Winkie/Rekrut Willie Winkie*, 1937 und *The Little Princess/Die kleine Prinzessin*, 1939. In den unterschiedlichsten Nationalitäten, ob als Marquis in *Vera Cruz*, 1954 oder als spanischer Eroberer Hernando Cortez in *Captain From Castille/Der Kapitän von Kastillien*, 1947, machte Romero eine stattliche Figur. Obwohl er noch bis in die 90er Jahre im Film aktiv war, verdankte er seine andauernde Popularität der Figur des Joker, die er in der selbstironischen TV-Serie *Batman* in den 60er Jahren mit Bravour ausfüllte. Nachdem seine Filmrollen ihn seltenst in die Arme seiner *leading ladies* führten, blieb der charmante New Yorker auch privat zeitlebens ein überzeugter Single.

Rühmann, Heinz (92)
7.3.1902 bis 4.10.1994
Nicht an der Qualität, sondern vor allem der Popularität muß dieser deutsche Schauspieler und Regisseur gemessen werden, mit dessen Beliebtheit wohl in Deutschland kein Zunft-Kollege konkurrieren konnte. Am Theater begann die unglaubliche Karriere des sympathischen Komikers, der wie viele

Heinz Rühmann

seiner großen internationalen Kollegen erst im fortgeschrittenen Alter zum großen Charakterdarsteller reifte. Noch stumm roch er 1926 in den Film hinein, wurde dann mit Ton im deutschen Lustspiel der 30er und 40er Jahre gefeiert, u.a. *Die Drei von der Tankstelle*, 1930; *Quax, der Bruchpilot*, 1943 und insbesondere *Die Feuerzangenbowle*, 1944 als Neo-Schüler Pfeiffer. Nach dem Krieg fiel Rühmann in ein tiefes Karriereloch, bevor er mit *Keine Angst vor großen Tieren*, 1953 als schüchterner Kleinbürger seinen traditionellen Rollentyp wiederfand und damit sein altes Publikum zurückerobern konnte. Erfolg reihte sich an Erfolg u.a. *Der Hauptmann von Köpenick*, 1956; *Ein Mann geht durch die Wand*, 1959 oder *Der brave Soldat Schwejk*, 1960 – alles Filme, die durch seine sanfte Komik geadelt wurden. Spätestens seit seinem Kommissar in der packenden Dürrenmatt-Verfilmung *Es geschah am hellichten Tag*, 1958 lockte Rühmann auch verstärkt das ernste Charakterfach, in dem er sich, von wenigen Ausnahmen abgesehen u.a. *Ship Of Fools/Das Narrenschiff*, 1964, sein einziger US-Film, vornehmlich im Fernsehen beweisen konnte. Wim Wenders gelang es, den Mimen nach langer Abstinenz mit *In weiter Ferne, so nah!*, 1993 noch einmal vor die Filmkamera zu locken. Es blieb der letzte Kinoauftritt des Schauspielers, der zwischen 1938 und 1953 auch selbst inszenierte – Filme, die mit Ausnahme von *Der Engel mit dem Saitenspiel*, 1944 keine übermäßige Bewunderung wert sind. Aber zwei Bundesfilmpreise, ein Bundesverdienstkreuz und 12 Bambis sind ein starker Trost für den Schauspieler, der sich auf Druck der Nazis 1933 von seiner ersten Frau scheiden ließ und 1939 in seiner Kollegin Herta Feiler die Liebe seines Lebens fand, die bis zu ihrem Tod 1970 sein stärkster Motor blieb.

S

Salter, Hans (98)
14.1.1896 bis 23.7.1994
In Wien wurde er geboren, dieser Veteran Hollywoods und Komponist von gut 300 Filmmusiken. Bei prominenten Lehrern wie Alban Berg ging er in die Schule, bevor er Dirigent wurde, für die Ufa Filme vertonte und schließlich 1937 auf der Flucht vor den Nazis Hollywood erreichte. Dort fand er sofort Unterschlupf bei Universal, zu deren wichtigsten Komponisten er fortan gehörte. Das brachte fast

zwangsläufig mit sich, daß der Operettenliebhaber Dutzende von Horrorstreifen à la *The Mummy's Tomb*, 1941 oder *Son Of Dracula*, 1943 vertonen mußte, die ihm aber ans Herz wuchsen. Es gibt kein Genre, daß Salter nicht mehrfach zu bedienen hatte. Darunter fallen Krimis wie Fritz Langs *Scarlet Street*, 1945; Science-fiction wie der Trash-Klassiker *The Mole People*, 1956; große Western wie *Bend Of The River/Meuterei am Schlangenfluß*, 1951 und *The Far Horizons/Am fernen Horizont*, 1955; Piratenfilme wie *Against All Flags/ Gegen alle Flaggen*, 1952 oder Komödien wie *Come September/ Happy End im September*, 1961. Viermal war der Wiener für den Oscar nominiert – wenig, verglichen mit anderen deutschsprachigen Emigranten wie Max Steiner oder Franz Waxman. Spuren hat er aber dennoch hinterlassen.

Saltzman, Albert (78)
27.10.1915 bis 28.9.1994
Kanadischer Filmproduzent, der in Englands Filmszene zu den Leitfiguren zählte und Anfang der 60er Jahre eine erstaunliche Kurskorrektur in der Ausrichtung seiner Filmprojekte vollzog. Hatte er noch zusammen mit Tony Richardson und John Osborne in der gemeinsamen Gesellschaft Woodfall sozialkritische Klassiker des Free Cinema u. a. *Look Back In Anger/Blick zurück im Zorn*, 1959 oder *Saturday Night And Sunday Morning/Samstagnacht bis Sonntagmorgen*, 1960 produziert, schwenkte er 1962 auf einen Unterhaltungskurs ein. Zusammen mit seinem neuen Geschäftspartner Albert Broccoli produzierte er die ersten neun Folgen der Bond-Reihe, von *Dr. No/James Bond – 007 jagt Dr. No*, 1962 bis *The Man With The Golden Gun/James Bond – Der Mann mit dem goldenen Colt*, 1974. Dann paßten Saltzman und Broccoli nicht mehr zusammen, und das Pärchen ging getrennte Wege. Saltzman, der abseits des Bond-Trubels auch drei Len Deighton-Romane mit Michael Caine verfilmen ließ, u. a. den Klassiker *The Ipcress File/Ipcress – streng geheim*, 1964, zog sich nach 1975 fast völlig aus der Filmproduktion zurück.

Salzgeber, Manfred (51)
1943 bis 12.8.1994
In Lodz geborener Filmbesessener, der 1963 nach Berlin kam und dort als Kinobetreiber, Programmorganisator und auch als Verleiher zu einer Säule der dortigen Filmszene wurde. Seit 1971 gehörte er zum Team der Berlinale, bis 1978 als Mitglied des Auswahlgremiums des Internationalen Forums des Jungen Films, seit 1980 dann als Leiter der Panorama-Sektion. Sein von ihm gegründeter Verleih Edition Salzgeber konnte europaweit das größte Angebot an zeitbezogenen, kritischen Filmen mit Themenschwerpunkt gleichgeschlechtliche Liebe und Aids vorweisen. Mehr als tragisch, daß er nun an den Folgen dieser Krankheit verstarb.

Savalas, Telly (70)
21.1.1924 bis 22.1.1994
Als Kind griechischer Einwanderer unter dem Namen Aristoteles geborener amerikanischer Schauspieler, dessen Filmkarriere maßgeblich dem ebenfalls 1994 verstorbenen Burt Lancaster zu verdanken war. Nach einer kleinen Rolle als Cop an der Seite Lancasters in John Frankenheimers Debütfilm *The Young Savages/Die jungen Wilden*, 1960 kam das Trio in *Birdman Of Alcatraz/Der Ge-*

Telly Savalas

fangene von Alcatraz, 1962 abermals erfolgreich zusammen. Für seine Rolle als Freund Robert Strouds wurde Savalas wie auch Hauptdarsteller Lancaster für den Oscar nominiert. Es blieb die einzige Nominierung des talentierten Darstellers, der in den folgenden Jahren zunehmend auf finstere Rollen festgelegt wurde. In *The Greatest Story Ever Told/Die größte Geschichte aller Zeiten*, 1965 führte er als Pontius Pilatus die Glatze, sein neues Markenzeichen ein. Weitere Bösewichte folgten, u. a. Blofeld in *On Her Majesty's Secret Service/James Bond – Im Geheimdienst ihrer Majestät*, 1969. 1973 dann der Imagewechsel, als sein Vorname zum Programm wurde. Seine TV-Figur des Theo Kojak, die er zunächst fünf Jahre verkörperte und später immer wieder aufnahm, verschaffte Savalas weltweite Popularität und sogar erfolgreiche Ausflüge ins Plattengeschäft.

Savannah (23)
9.10.1970 bis 11.7.1994
Blasser Teint, platinblonde Lorelei-Haare und gewisse anatomische Attribute waren die Markenzeichen dieser Pornodarstellerin, die als Shannon Wilsey geboren wurde. Ende der 80er Jahre war das Ex-Groupie wie ein Komet im Pornobusiness aufgestiegen, drehte über 80 Hardcore-Filme und wurde schnell das, was man auch in diesem Metier einen Star zu nennen pflegt. Die nicht ungewöhnlichen Begleiterscheinungen ihres Berufs, Drogen- und Alkoholsucht, setzten der psychisch labilen Darstellerin schwer zu, die wie zuvor Marilyn Chambers, Ginger-Lynn Allen oder Traci Lords vom Absprung ins seriösere Filmgeschäft träumte. Steuerschulden und ein Autounfall, der mit erheblichen Gesichtsverletzungen verbunden war, machten diesen Träumen ein jähes Ende, trieben Savannah noch in der gleichen Nacht in den Selbstmord.

Scarfiotti, Fernando (53)
gest. 30.4.1994
Hochgeschätzter italienischer Filmausstatter, der in Rom Architektur studierte und von Luchino Visconti, einem Familienfreund, überredet wurde, sein Talent in Theater und Film einzusetzen. Bevor Scarfiotti auch Viscontis morbid-melancholisches Meisterwerk *Morte A Venezia/Tod in Venedig*, 1970 ausstattete, hatte er sich schon mit Bernardo Bertoluccis *Il Conformista/Der große Irrtum*, 1969 einen Namen gemacht. Wie Vittorio Storaro gehörte Scarfiotti danach zu Bertoluccis engsten Mitarbeitern. Sein Oscar für das prachtvolle Design zu *The Last Emperor/Der letzte Kaiser*, 1986 bedeutete die Krönung in der Karriere des Ausstatters und Produktionsdesigners, der längst

auch schon im Hollywood-Kino Fuß gefaßt hatte. Herausragend dabei seine Arbeit für Peter Bogdanovichs Henry-James-Verfilmung *Daisy Miller*, 1974; Paul Schraders Horror-Remake *Cat People/Katzenmenschen*, 1981 und Barry Levinsons Polit-Märchen *Toys*, 1992, das ihm eine weitere Oscar-Nominierung einbrachte. Er starb nach kurzer Krankheit, nachdem er zuletzt an Warren Beattys und Annette Benings Romanze *Love Affair*, 1994 mitgewirkt hatte.

Schneider, Harold (55)
gest. 4.2.1994
Amerikanischer Filmproduzent, der seit Ende der 60er Jahre in eine Reihe bemerkenswerter Filme involviert war, darunter Bob Rafelsons *King Of Marvin Gardens/Der König von Marvin Gardens*, 1972. Mit dessen Star, Jack Nicholson, verband ihn eine enge Freundschaft, die auch zu weiterem beruflichen Teamwork führte. Bei allen Regiearbeiten Nicholsons, darunter *Goin' South/Der Galgenstrick*, 1978 und *The Two Jakes/Die Spur führt zurück*, 1989, fungierte Schneider als Co-Produzent, wie auch bei Terrence Malicks Meisterwerk *Days Of Heaven/In der Glut des Südens*, 1978. In Alleinverantwortung produzierte er unter anderem Barbara Hersheys unterschätzten Horrorthriller *The Entity/Entity*, 1981.

Schröder, Ernst (79)
27.1.1915 bis 19.7.1994
Deutscher Theaterdarsteller und -regisseur, dessen Bühnenkarriere 1934 begann und Mitte der 70er im Zorn mit seinem freiwilligen Ausstieg endete. Ähnlichen Eindruck wie auf der Bühne konnte der Charaktermime im Film nicht hinterlassen, aber er war zumindest von den ausgehenden 40er Jahren bis Ende der 50er Jahre gut beschäftigt. *Der Ruf*, 1949; *Der 20. Juli*, 1955 und *Strafbataillon 999* gehörten zu den besten seiner Filme in einem Unterhaltungsklima, das auch die Mitarbeit an Belangloserem wie *Hotel Adlon*, 1955 mit sich brachte. Seine 1978 erschienenen Memoiren *Das Leben – verspielt* hatten für ihn und seine Tochter schon im Titel eine tragisch-prophetische Bedeutung. Christiane Schröder stürzte sich 1980 von der Golden Gate Bridge, ihr Vater wählte den vierten Stock eines Berliner Krankenhauses, um sich von dort das Leben zu nehmen.

Shilts, Randy (42) gest. 17.2.1994
Amerikanischer Journalist, dessen definitive Aids-Chronik *And The Band Played On* nach turbulenten Produktionsbedingungen 1992 von Roger Spottiswoode verfilmt wurde. Für die Rechte der Homosexuellen hatte sich Shilts stets vehement eingesetzt, schrieb auch mit *The Mayor Of Castro Street: The Life And Times Of Harvey Milk* eine packende Biografie über den ermordeten kalifornischen Politiker, deren Kino-Version Oliver Stone als Produzent seit 1990 in Planung hat. Shilts letztes Buch *Conduct Unbecoming: Gays And Lesbians In The U.S. Military* erregte erneut großes Aufsehen. Er starb an Aids.

Shore, Dinah (76)
1.3.1917 bis 24.2.1994
Als Frances Rose Shore geborene amerikanische Sängerin, deren weiche melodische Stimme in den 40er und 50er Jahren für zahlreiche Plattenhits sorgte. Obwohl sie sich in ihren Auftritten vor Kameras auf das Fernsehen konzentrierte, machte sie zuvor auch kleinere Abstecher zum Film. Ausschließlich in Musicals tauchte sie in den 40er

Jahren auf, sang die Titelnummer in *Thank Your Lucky Stars*, 1943, spielte Danny Kayes Freundin in dessen Kinodebüt *Up In Arms*, 1944 und eine verliebte Sängerin in William Seiters *Belle Of The Yukon*, 1944. Ihre einzige Hauptrolle, ein Farmermädchen im Musical *Aaron Slick From Punkin Crick*, 1952 brachte ihr kein Glück. Ähnlich erging es ihr mit ihrer langjährigen 70er-Jahre-Romanze mit Burt Reynolds und ihrer Ehe mit Western-Star George Montgomery.

Skala, Lilia (?) gest. 18.12.1994
In Wien geborene, 1939 in die USA emigrierte Schauspielerin, der relativ problemlos der Sprung auf amerikanische Bühnen glückte. Ihre wenigen Filmrollen verteilen sich auf drei Jahrzehnte und auf diverseste Genres und Sujets. Aufwendige Dramen wie *Ship Of Fools/Das Narrenschiff*, 1964; sensible Studien wie *Roseland/Der Tanzpalast*, 1977 sowie ein glitzerndes Disco-Märchen wie Flashdance, 1983 finden sich in Skalas Filmographie. Aber es war die Rolle einer Ordensschwester, mit der man die vielseitige Darstellerin heute noch verbindet. In Ralph Nelsons *Lilies Of The Field/Lilien auf dem Felde*, 1962 sprühten zwischen ihrer Mutter Oberin und Sidney Poitiers Baptisten die Funken. Beide wurden für ihre Leistungen für den Oscar nominiert. Poitier gewann, doch Skala mußte Margaret Rutherford den Vortritt lassen.

Smith, Oliver (75) gest. 23.1.1994
Amerikanischer Ausstatter, der am Broadway zu den innovativsten seiner Zunft gehörte, dort unter anderem die großartigen Sets zu *West Side Story* und *Camelot* entwarf. In seiner vierzig Jahre umspannenden Karriere machte er nur sporadische Abstecher ins Filmgeschäft, die häufig seine Theaterliebe reflektierten, u. a. *Guys And Dolls/Schwere Jungen, leichte Mädchen*, 1955; *Porgy And Bess/Porgy und Bess*, 1959 und *The Sound Of Music/Meine Lieder meine Träume*, 1964.

Splet, Alan (54) gest. 2.12.1994
Amerikanischer Sound-Designer, der vor allem durch seine innovative Arbeit für David Lynch Aufsehen erregte. Die beiden kannten sich seit 1970 und ergänzten sich perfekt. *Eraserhead*, 1977, Lynchs Kinodebüt, bleibt ihre spektakulärste Zusammenarbeit, in der Splets Ton-Collagen in erheblichem Maß zur verstörenden Wirkung des modernen Horror-Klassikers beitrugen. Obwohl Splet auch mehrfach für Peter Weir u. a. *Mosquito Coast*, 1986 oder Philip Kaufman u. a. *Henry & June*, 1990 Töne entwarf, gehörte seine eigentliche Liebe dem unabhängigen amerikanischen Film. Man mag es durchaus kurios nennen, daß Splet seinen einzigen Oscar nicht für die tonal unvergeßlichen *The Elephant Man/Der Elefantenmensch*, 1980 oder *Blue Velvet*, 1985, sondern für das Tier- und Jugenddrama *The Black Stallion/Der Schwarze Hengst*, 1980 gewann.

Stander, Lionel (86)
11.1.1908 bis 1.12.1994
Eine dunkle, rauchige Stimme und ein markantes Grinsen waren die Markenzeichen dieses amerikanischen Charakterdarstellers, der in Ben Hechts und Charles MacArthurs Regiedebüt *The Scoundrel/Ein charmanter Schurke*, 1934 seinen Film-Einstand feierte. Es folgten Klassiker wie *Mr. Deeds Goes To Town/Mr.Deeds geht in die Stadt*, 1936; *A Star Is Born/Ein Stern geht auf*, 1937 oder auch *Un-*

Lionel Stander

faithfully Yours/Die Ungetreue, 1948, bis er eines der Opfer von Mc Carthys Hexenjagd wurde und sich bis in die 60er Jahre seinen Lebensunterhalt als Börsenmakler verdienen mußte. Seine Rückkehr mit seiner größten Rolle in Roman Polanskis *Cul de Sac/Wenn Katelbach kommt,* 1966 war triumphal. Er zog eine Zeitlang nach Rom und wurde von Sergio Leone mit einem Auftritt in dessen Meisterwerk *C'era Una Volta Il West/Spiel mir das Lied vom Tod*, 1968 bedacht. Er spielte den Barmann, in dessen Domizil sich Jason Robards und Charles Bronson erstmals begegneten. Zehn Jahre später erreichte er als gutmütiger Chauffeur in der TV-Serie *Hart To Hart/Hart aber herzlich*, 1979–84 seine wohl größte Popularität. Der beruflich Vielbeschäftigte, dessen letzter Film *The Last Good Time* erst 1995 in die US-Kinos kommen wird, war auch privat nicht untätig. Sechsmal war er verheiratet ... und mit ebensovielen Töchtern gesegnet.

Styne, Jule (88)
31.12.1905 bis 20.9.1994
Englischer Komponist, Pianist und Dirigent, der nach seiner Ankunft in den USA zu den führenden Melodie-Zauberern am Broadway wurde. Untrennbar verbunden war sein Name mit Texter Sammy Cahn, mit dem er häufig zusammenarbeitete, am erfolgreichsten bei Frank Sinatras Titelsong zu *Three Coins In The Fountain/Drei Münzen im Brunnen*, 1954, der beiden einen Oscar einbrachte. Der einzige für Styne, dessen bekannteste Songs aus Broadway-Musicals stammten, die dann aber durch ihre Verfilmung um die Welt gingen. Für weibliche Stars schrieb er bevorzugt: Marilyn Monroe sang *Diamonds Are A Girl's Best Friend* in *Gentlemen Prefer Blondes/Blondinen bevorzugt*, 1953; Judy Holliday beklagte sehr melancholisch *The Party's Over* in *The Bells Are Ringing/Anruf genügt, komme ins Haus*, 1959 und Barbra Streisand intonierte zärtlich *People*, um dann *Don't Rain On My Parade* – beides in *Funny Girl*, 1967 – hinauszuschmettern. Auch der Weihnachtsklassiker *Let It Snow, Let It Snow, Let It Snow* stammt aus seiner Feder.

Sullivan, Barry (81)
29.8.1912 bis 6.6.1994
Als Patrick Barry geborener amerikanischer Film- und Fernsehschauspieler, der 1936 am Broadway und sechs Jahre später in Hollywood debütierte. Dort kroch ihm beruflich selten ein Lächeln über die Lippen, denn seine Spezialität waren wenig redselige, und häufig auch steife

Figuren ohne größeres Charisma. Western u. a. als Widersacher Barbara Stanwycks in *Forty Guns/Vierzig Gewehre,* 1957 und Kriminalfilme u. a. *Jeopardy/Sekunden der Angst*, 1952, abermals mit Stanwyck, jedoch auch Melodramen *The Bad And The Beautiful/Stadt der Illusionen*, 1952 und Literaturverfilmungen wie *The Great Gatsby*, 1949, als Daisy Buchanans Ehemann und damit Vorgänger Bruce Derns in Jack Claytons 70er-Jahre-Remake, bilden das Gerüst für Sullivans Filmkarriere. Ende der 70er Jahre blieben größere Kino-Rollen zunehmend aus, woraufhin er fast gänzlich zum Fernsehen abwanderte.

Swackhammer, E.W. (67)
gest. 5.12.1994
Amerikanischer Fernsehregisseur, der wie Marvin Chomsky zu den Königen des amerikanischen TV-Films zählte. Allein 27 Pilotfilme, die neue Serien vorstellten, gingen auf das Konto dieses Mannes, dessen Ausflüge ins Kino an den Fingern einer Hand abzuzählen sind. Es begann mit dem Spätwestern *Man And Boy*, 1972, der erstmals auch Bill Cosby dem Kinopublikum vorstellte. Nach diesem durchaus gelungenen Debüt aber folgte allenfalls Belangloses. Sein Fantasy-Film *Spider Man/Spider Man – Der Spinnenmensch*, 1977 war ein verkappter TV-Film, der nur in Europa in die Kinos kam, während sein Pseudo-Jugenddrama *Longshot/Longshot – Ihre Chance ist 1 zu 1000*, 1983 nur durch einen Umstand Beachtung findet: Linda Manz, Entdeckung aus Terrence Malicks Klassiker *Days Of Heaven/In der Glut des Südens*, 1978, war hier in einer ihrer wenigen Rollen nach ihrem frühen Triumph zu sehen.

T

Tandy, Jessica (85)
7.6.1909 bis 11.9.1994
Englische Schauspielerin, deren große Leidenschaft dem Theater gehörte, dem sie sich seit ihrem Debüt 1929 eng verbunden fühlte. Auf den Bühnen Englands spielte sie mit Laurence Olivier und John Gielgud, aber als sie nach achtjähriger Ehe, von Schauspieler Jack Hawkins geschieden, 1940 in die USA zog, blieben gleichwertige Angebote aus. Hume Cronyn, den sie 1942 heiratete und mit dem sie bis zu ihrem Tod beruflich und privat unzertrennlich blieb, führte sie an amerikanischen Bühnen ein. Ein Star wurde sie schließlich auch dort, als sie in der Uraufführung von *Endstation Sehnsucht* Blanche spielte und dafür den ersten von

Jessica Tandy

insgesamt vier Tonys gewann. Für Elia Kazans Verfilmung jedoch wurde sie als einzige aus dem Star-Quartett nicht übernommen und von Vivien Leigh ersetzt. Für Tandys Filmkarriere, die 1932 in England begonnen hatte, symptomatisch. Ihr US-Debüt *The Seventh Cross/Das siebte Kreuz*, 1944 erschien vielversprechend. In der Folge reichte es aber nur zu Nebenrollen in Kostümdramen wie *Forever Amber/Amber, die große Kurtisane*, 1947 oder weiblichen Hauptrollen in Filmen wie *The Desert Fox/Rommel, der Wüstenfuchs*, 1951, die eigentlich keine waren. In *The Birds/Die Vögel*, 1963 belustigte sie noch als Mutter Rod Taylors, machte sich danach aber im Kino rar. Die 80er Jahre schließlich wurden ihr Jahrzehnt, vor allem nach *Cocoon*, 1985, in dem sie wie so häufig an der Seite ihres Mannes zu sehen war. Sie war bereits 80, als sie erstmals für *Driving Miss Daisy/Miss und ihr Chauffeur*, 1989 für einen Oscar nominiert wurde und ihn schließlich auch gewann. Die große alte, selbstbewußte und rüstige Dame war ein echter Star geworden. In ihrem letzten Film *Camilla*, 1994 war sie wie immer ein lebhafter Geist, stieg in ihrer Rolle ohne Hemmungen mit Kollegin Bridget Fonda splitternackt in die Fluten. Nicht anmerken ließ sie sich ihr schweres Krebsleiden, dem sie jetzt erlag.

Taylor, Dub (87) 1908 bis 3.10.1994
Untersetzter, kleingewachsener amerikanischer Filmschauspieler mit lichtem Haar, der es seit seinem Filmdebüt in *You Can't Take It With You*, 1937 zu einer Unzahl kleiner Charakterrollen brachte. In B-Western fühlte er sich bevorzugt heimisch – als brummeliger, kauziger Typ fand er dort seine Rollennische. Abseits davon war er u.a. auch zu sehen in *A Star Is Born/Ein neuer Stern am Himmel*, 1954; *Sweet Bird Of Youth/Süßer Vogel Jugend*, 1962 oder auch *Bonnie And Clyde/Bonnie und Clyde*, 1967. Wie vielen anderen Westernveteranen ermöglichte Richard Donner auch ihm einen Gastauftritt in *Maverick*, 1994. The Last Picture Show für den vielbeschäftigen Darsteller.

Tessari, Duccio (67) gest. 6.9.1994
Italienischer Filmregisseur, der als Dokumentarist begann, dann aber zum Spielfilm wechselte. Abenteuer-, Kriminalfilme und Spaghetti-Western wurden zu seiner Domäne. Ein ganz Großer wurde er dabei nie, aber Streifen wie *Arrivano I Titani/Kadmos – Tyrann von Theben*, 1961; *Una Pistola Per Ringo/Eine Pistole für Ringo*, 1965; *I Bastardi/Der Bastard*, 1968 – mit Rita Hayworth als Verbrechermutter – konnte man einen gewissen Unterhaltungswert nicht absprechen. Leider ließ sich solches von seinem klamottigen Klassiker-Remake *Zorro*, 1974 oder seiner Simmel-Verfilmung *Bitte laßt die Blumen leben*, 1986 nicht sagen. 1978 realisierte er als deutsche Produktion *Das fünfte Gebot* nach dem Drehbuch von Michael Lentz. In den letzten Jahren drehte er häufig kolportagehafte Abenteuerserien für den internationalen TV-Markt. Deutsche Kinos beehrte er zuletzt mit Peter Ustinovs hundelastigem Familien-Film *C'Era Un Castello Con 40 Cani/Spatzi, Fratzi & Co*, 1990.

Thiele, Rolf (76)
7.3.1918 bis 9.10.1994
Deutscher Filmproduzent, Drehbuchautor und Filmregisseur, der mit *Primanerinnen*, 1951 auch zu seiner eigenen Überraschung erstmals Regie führen durfte und in den

nächsten 15 Jahren zu den bedeutenderen Regisseuren des deutschen Unterhaltungskinos zählte. Seine erfolgreichsten Filme glänzten mit großen Stars u. a. *Die Barrings*, 1955 (mit Dieter Borsche und Nadja Tiller); *El Hakim*, 1957 (mit O.W. Fischer und Nadja Tiller), doch seine vielleicht besten Arbeiten, *Der Tag vor der Hochzeit*, 1952 (Hauptrolle: Rolf Thiele) und *Mamitschka*, 1955, kamen weitgehend ohne sie aus ... und waren vielleicht gerade deshalb keine großen Erfolge. Bei *Das Mädchen Rosemarie*, 1958, seinem wohl frechsten und bekanntesten Film, kam es zum Schulterschluß zwischen Qualität, Stars und Erfolg. Obwohl Thiele auch in den 60er Jahren nach zwei Thomas-Mann-Verfilmungen und zwei Komödien mit Heinz Rühmann u. a. *Grieche sucht Griechin*, 1966 ein gefragter Regisseur blieb, zog es ihn magnetisch zu einem damals provokanten, aufkeimenden Genre: dem Erotikfilm, der sich um ironische Untertöne bemühte. Titel wie *Komm nur, mein liebstes Vögelein*, 1968 oder *Gelobt sei, was hart macht*, 1972 drängten Thiele in eine Genre-Schublade, aus der er sich nicht mehr zu befreien wußte. Eine Rückkehr zu alten Erfolgstagen war danach nicht mehr möglich. Seine letzten Filme u.a. *Rosemaries Tochter*, 1976 belegten dies deutlich.

Travers, Bill (72)
3.1.1922 bis 29.3.1994
Englischer Theater- und Filmschauspieler, der sich in den 50er Jahren im britischen Film einen Namen machte, Hauptrollen spielte in Komödien wie *The Smallest Show On Earth/Die kleinste Schau der Welt*, 1957; Science-fiction-Possen wie *Gorgo*, 1961, aber auch Abstecher nach Hollywood unternahm, u. a. *Bhowani Junction/Knotenpunkt Bhowani*, 1956. Obwohl er in George Cukors Melodrama tief in Ava Gardners Augen blicken durfte, galt sein ganzes Interesse ausschließlich seiner Kollegin Virginia McKenna, die er 1957 heiratete. An ihrer Seite spielte er auch in seinem wohl größten kommerziellen Erfolg *Born Free/Frei geboren*, 1966 sowie in *Ring Of Bright Water/Mein Freund, der Otter*, 1969. Die berufliche Tierliebe des Ehepaars schlug sich danach auch privat nieder. Zum besseren Schutz von gefangenen und wild lebenden Tieren gründeten die beiden The Born Free Foundation.

Troisi, Massimo (41)
19.2.1953 bis 4.5.1994
Sich leiser Komik bedient habender italienischer Schauspieler, der Anfang der 80er Jahre im nationalen Film auf sich aufmerksam machte. Seine ersten Hauptrollen verschaffte er sich selbst – als Regisseur von vier Spielfilmen u. a. *Ricomincio Da Tre*, 1981, von denen keiner bislang nach Deutschland kam. Seinen Aufstieg als Komödiant hat er aber erst Ettore Scola zu verdanken, mit dem er drei Filme *Splendor*, 1988; *Che Ora E?/Wie spät ist es?*, 1989 – beide Male an der Seite Marcello Mastroiannis – und *Il Viaggio Di Capitan Fracassa/Die Reise des Capitan Fracassa*, 1990 in einer äußerst befriedigenden Zusammenarbeit drehte. Noch viel konnte man erwarten von diesem charmanten sensiblen Darsteller, der gerade die Dreharbeiten zu Michael Radfords *Il Postino* beendet hatte. Ein chronisches Herzleiden führte nun zu seinem frühen Tod.

Trooger, Margot (70)
2.6.1923 bis 24.4.1994
Als Margot Elfriede Schulze geborene deutsche Theater- und TV-

Darstellerin, die ihre kühle, damenhafte Aura nur selten fordernd im Film einsetzen konnte. Ihre Rollen im Unterhaltungskino der 50er und 60er Jahre, u. a. im kleinbürgerlich-biederen Eisenbahner-Drama *Lokkende Sterne*, 1952 oder den Edgar-Wallace-Verfilmungen *Der Hexer*, 1964 und *Das Verrätertor*, 1964, wurden ihrem Talent nie völlig gerecht. Da mußte schon ein Theatermann wie Peter Zadek kommen, um der Schauspielerin in seinem zeitkritischen Kinodebüt *Ich bin ein Elefant*, Madame, 1968 ein angemessenes Forum zu bieten. Schon neun Jahre später zog sich Margot Trooger krankheitsbedingt von Theater und Film zurück.

V

Vawter, Ron (45) gest. 16.4.1994
Amerikanischer Theaterdarsteller, der 20 Jahre lang Ensemblemitglied der experimentellen Wooster Group war, bevor ihm Steven Soderbergh 1989 in *Sex, Lies And Videotape/Sex, Lügen und Video* auch eine erste Filmchance gab. Jonathan Demme ermöglichte ihm nach einem Gastauftritt in *Silence Of The Lambs/Das Schweigen der Lämmer*, 1991 seine größte Rolle. In *Philadelphia*, 1993 spielte er den einzigen von Tom Hanks' Kanzleikollegen, der Mitgefühl mit dem Aids-Kranken erkennen ließ. Das war zu einem Zeitpunkt, als Vawter selbst schon über Jahre mit dieser unerbittlichen Krankheit einen aussichtslosen Kampf ausgefochten hatte.

Vitold, Michel (79)
15.9.1915 bis 14.6.1994
In Rußland geborener, 1925 nach Frankreich emigrierter Theaterschauspieler, der sich im Film mit Nebenrollen begnügen mußte. Dort hatte er ab Mitte der 50er Jahre seine beste Zeit mit Parts in Jean Renoirs Jekyll-und-Hyde-Adaption *Le Testament Du Docteur Cordelier/Das Testament des Dr.Cordelier*, 1959; Georges Franjus *Judex*, 1963 oder auch Costa-Gavras Politthriller *L'Aveu/Das Geständnis*, 1969. Mit Beginn der 70er Jahre wandte er sich wieder verstärkt der Bühne zu, kehrte nur noch vereinzelt u. a. in Fabio Carpis Musikerdrama *Quartetto Basileus/Ende in Moll*, 1983 – an der Seite des 1994 ebenfalls verstorbenen Alain Cuny – zum Film zurück.

Volontè, Gian Maria (61)
9.4.1933 bis 6.12.1994
Italienischer Schauspieler, der seinen Beruf Mitte der 50er Jahre erst am Theater ausübte und 1960 im Kriegsdrama *Sotto Dieci Bandiere/Unter zehn Flaggen* im Film debütierte. Dort kannte der große Schauspieler, der in den 70er Jahren als Aushängeschild des politisch engagierten italienischen Ki-

Gian Maria Volontè

nos gelten sollte, anfangs keinerlei Berührungsängste. Nach seiner Hauptrolle im Debütfilm der Taviani-Brüder *Un Uomo Da Bruciare/Gebrandmarkt*, 1961 spielte er in Sandalenfilmen und vor allem vielen Italo-Western, zu Beginn unter seinem Pseudonym John Wells, u. a. als Gegenspieler Clint Eastwoods in Sergio Leones *Per Un Pugno Di Dollari/Für eine Handvoll Dollar*, 1964 und *Per Qualche Dollari In Più/Für ein paar Dollar mehr*, 1965. Mit Elio Petri und Franceso Rosi, zwei der sozialkritischsten Künstlerköpfe Italiens, fand er schließlich die Regisseure, die ihm mit ihren Filmen auch die Chance boten, sich politisch zu äußern. Fünfmal arbeitete er mit Petri zusammen u. a. *Indagine Su Un Cittadino Al Di Sopra Di Ogni Sospetto/Ermittlungen gegen einen über jeden Verdacht erhabenen Bürger*, 1969. Ebenso oft beschäftigte ihn Franceso Rosi, zuletzt in *Cronaca Di Una Morte Annunciata/Chronik eines angekündigten Todes*, 1987. Giuliano Montaldos Politthriller *Sacco E Vanzetti/ Sacco und Vanzetti*, 1970 und Gianni Amelios Felix-Preisträger *Porte Aperte/Offene Türen,* 1990 stehen weiter für das bestechende Oeuvre des mit Kollegin Carla Gravina lange Zeit liierten Darstellers, dessen letzter vollendeter, von Michele Placido inszenierter Film *Un Eroe Borghese* erst 1995 uraufgeführt werden wird.

W

Walker, Sydney (73)
1921 bis 30.9.1994
Amerikanischer Theaterschauspieler, dessen Bühnenkarriere 50 Jahre umspannte, der aber erst 1970, im Schmalzklassiker Love Story, seine Filmtaufe erhielt. Seine Auftritte im ungewohnten Medium blieben auf kleine Rollen beschränkt, zuletzt u. a. in den Komödien *Mrs. Doubtfire*, 1993 und *Getting Even With Dad/Allein mit Dad & Co*, 1994. Seinen in mancherlei Hinsicht größten Part bescherte ihm die Komödie *Prelude To A Kiss/ Bodyswitch*, 1992, in der er seine auf der Bühne kreierte Figur eines alten Mannes, der nach einem Kuß mit einer frischverheirateten schönen Frau den Körper tauscht, erneut Leben einhauchen durfte. Ein großes Glück für ihn, daß es Meg Ryan war, die ihm hier zu nahe kam.

Wells, Frank (62)
4.3.1932 bis 3.4.1994
Amerikanischer Filmfunktionär, der zusammen mit Michael Eisner und Jeffrey Katzenberg den Disney-Konzern in den 80er Jahren zu ungekannten Höhen aufsteigen ließ. Bevor er Präsident der Gesellschaft wurde und als solcher für Hits wie *Pretty Woman*, 1989 oder zuletzt *Aladdin*, 1992 mitverantwortlich war, hatte er jahrelang beim großen Konkurrenten Warner Bros. den Kurs bestimmt.

Y

Young, Terence (79)
20.6.1915 bis 7.9.1994
In Shanghai geborener, in Cambridge gebildeter Filmregisseur, der seit 1939 in England als Drehbuchautor arbeitete und 1948 als Regisseur debütierte. Seine Spezialität wurden spannende Abenteuerfilme oder Thriller u. a. zusammen mit Zoltan Korda *Storm Over The Nile/Sturm über dem Nil*, 1955, ein

gelungenes Remake von Kordas Klassiker *The Four Feathers/Die vier Federn*, 1939. Mit *Dr. No/James Bond – 007 jagt Dr.No*, 1962 lancierte er den ersten Auftritt des Agenten, dem mit *From Russia With Love/Liebesgrüße aus Moskau*, 1963 und *Thunderball/James Bond – 007 Feuerball* noch zwei weitere, nicht minder unterhaltsame Abenteuer folgen sollten. Außerhalb dieser, seiner populärsten Filme glänzte Young vor allem mit Audrey Hepburns Blindenthriller *Wait Until Dark/Warte bis es dunkel ist*, 1967, während seine Trilogie mit Charles Bronson u. a. *Cosa Nostra/Die Valachi Papiere*, 1972 nur noch routiniertes Kino bot. Erstaunliches Pech hatte der lange so erfolgreiche Regisseur mit seinen beiden letzten Filmen. Das sündhaft teure, vom Gründer der Moon-Sekte finanzierte Kriegsspektakel *Inchon*, 1980 entwickelte sich trotz Star-Besetzung zu einem der größten Flops der Filmgeschichte. Der Spionagethriller *The Jigsaw Man/Agenten sterben zweimal*, 1983 hingegen wurde Young noch vor Ende der Dreharbeiten aus den Händen genommen und kam nur verstümmelt ins Kino. Der Regieveteran starb in Cannes, während der Dreharbeiten zu einem Dokumentarfilm über Drogen.

Z

Zetterling, Mai (68)
24.5.1925 bis 17.3.1994
Blaue Augen, blonde Haare – typisch schwedische Erkennungsmerkmale dieser Schauspielerin, Autorin und Regisseurin, deren Karriere so untypisch verlief. Mit 16 Jahren feierte sie ihr Theater- und Filmdebüt, wurde durch ihre

Mai Zetterling

Darstellung einer von ihrem Professor gequälten Schülerin in *Hets/Die Hörige*, 1944 (Drehbuch Ingmar Bergman) auch international bekannt und mit einem exklusiven Vertrag auch nach England gelockt. Dort spielte sie zunächst die Titelrolle einer deutschen Kriegsbraut in Basil Deardens *Frieda*, 1947 und blieb bis in die ausgehenden 50er Jahre gut beschäftigt, u. a. mit einem Abstecher nach Hollywood *Knock On Wood/Die Lachbombe,* 1953. Unzufrieden über permanente Unterforderung, begann sie Anfang der 60er Jahre, auch Regie zu führen. Ihr Kurzfilm *The War Game* gewann 1963 in Venedig einen Golden Löwen, ihr bergmaneskes Regiedebüt *Älskande Par/Liebende Paare*, 1964 bewies ihren sensiblen, sexuell offenen Umgang mit Frauenthemen, den sie auch in ihren folgenden Arbeiten unter Beweis stellte. Zetterling schrieb auch Drehbücher und einige Romane, die zum Teil Basis ihrer Filme wurden *Nattlek/Verschwiegene Spiele*, 1966. Auch die Gewichtheber-Episode im Olympia-Film München 1972 geht auf ihr Konto. Als Schauspielerin ruhte ihre Karriere 24 Jahre, bevor sie als warmherzige Hexengegnerin 1989 in Nicolas Roegs *The Witches/Hexen hexen* ein beeindruckendes Comeback feiern konnte.

Zuberano, Maurice

gest. 2.7.1994

Amerikanischer Film-Illustrator, dessen Hollywood-Karriere mit Fred Astaires und Ginger Rogers' *Follow The Fleet/Marine gegen Liebeskummer*, 1936 begann und mit Geena Davis' *Angie*, 1994 endete. Zuberano war zu einer Zeit aktiv, als Künstler wie er, Albert Whitlock oder Peter Ellenshaw im Unterschied zu heute nur absoluten Insidern vertraut waren. Seine Name hätte somit trotz der Mitarbeit an Klassikern wie George Stevens *Gunga Din/Aufstand in Sidi Hakim*, 1944 oder Robert Wises *West Side Story*, 1960 die Studiohallen Hollywoods wohl kaum verlassen, wenn nicht Zuberano an zwei der weltbesten Filme, Orson Welles' *Citizen Kane*, 1940 und *The Magnificent Ambersons/Der Glanz des Hauses Amberson*, 1941 als Illustrator mitgearbeitet hätte. So fanden seine Skizzen in Büchern und Ausstellungen endlich die verdiente öffentliche Anerkennung.

Regisseur Terence Young (links) mit Jack Hawkins, Nadja Tiller, Yul Brunner bei den Dreharbeiten zu ›Mohn ist auch eine Blume‹.

Fremdsprachige Originaltitel

A

A TU PER TU Wie Du mir, so ich Dir
THE AARDMAN COLLECTION Wallace & Gromit – The Aardman Collection
ABRACADABRA Abracadabra
ACCIDENTAL MEETING Töchter der Rache
ACCION MUTANTE Aktion Mutante
ACCROCHE-COEUR Suche nach den Platanen
ACE VENTURA: PET DETECTIVE Ace Ventura – Ein tierischer Detektiv
ADAM BEDE Adam Bede – Schicksal und Leidenschaft
ADAM: HIS SONG CONTINUES Adam – Sein Schicksal weist den Weg
ADDAMS FAMILY VALUES Die Addams Family in verrückter Tradition
ADDICTED TO HIS LOVE Liebe ist mein Geschäft
THE ADVENTURES OF BRISCO COUNTY JR. Die Abenteuer des Brisco County jr.
THE ADVENTURES OF PRISCILLA, QUEEN OF THE DESERT Priscilla, Königin der Wüste
AGAINST THE WALL Against the Wall
AILEEN WUORNOS: THE SELLING OF A SERIAL KILLER Aileen Wuornos: The Selling of a Serial Killer
AIRBORNE Airborne
AIRHEADS Airheads
AJE AJE BARA AJE Der Pfad der Erleuchtung
AL-IRHAB WAL KABAB Terror und Kebab
ALICIA EN EL PUEBLO DE MARAVILLAS Alicia im Ort der Wunder
ALL-AMERICAN MURDER Shadow of Murder
AMATEUR Amateur
AMERICAN YAKUZA American Yakuza
AMOS & ANDREW Amos & Andrew
AND THE BAND PLAYED ON Und das Leben geht weiter
ANGEL OF DESTRUCTION Angel of Destruction
ANGEL OF FURY Angel of Fury
THE ANGELIC CONVERSATION The Angelic Conversation
ANGIE Angie, I says
ÄNGLAGARD Haus der Engel / Fannys Farm
ANIMAL CRIMES Animal Crimes
ANLIAN TAOHUA YUAN Das Land der Pfirsichblüte
ANOTHER STAKEOUT Die Abservierer
ANYTHING TO SURVIVE Auf Leben und Tod
APEX Apex
APPEARANCES Familie in Nöten
APRIL MORNING Ein Tag im April
APRIL ONE Es geschah am 1. April
L' ARBRE, LE MAIRE ET LA MEDIATHEQUE Der Baum, der Bürgermeister und die Mediathek
LA ARDILLA ROJA Das rote Eichhörnchen
ARMED FOR ACTION Armed for Action – Kronzeuge im Kreuzfeuer
AROUND THE WORLD IN EIGHTY WAYS Mit mir nicht, Herr Nachbar
ARRIVING TUESDAY Ankunft Dienstag
ASPEN EXTREME Aspen
ASSAULT PLATOON Platoon – Die zur Hölle fahren
ASWANG Aswang
AUHER EL REGAL EL MONTARA MEEN Entführung in Kairo
AUJOURD'HUI PEUT-ETRE... Benjamin
AUTUMN MOON Herbstmond
THE AVENGING QUARTET Avenging Angels

B

BAB EL OUED CITY Bab El Oued City
BABY GIRL SCOTT Geschäft mit dem Leben
BABY'S DAY OUT Juniors freier Tag
BACK IN ACTION Back in Action – Die Vergeltung
BACKBEAT Backbeat
BACKSLIDING Das Feuer der Sühne

BACKSTREET JUSTICE Backstreet Justice
BAD BOY BUBBY Bad Boy Bubby
BAD GIRLS Bad Girls (1994)
LE BALLON D'OR Bando und der goldene Fußball
LA BAMBOLA Begierde der Unschuld
BANK ROBBER Bank Robber
BARBARIANS AT THE GATE Der Konzern
BARRIOS ALTOS Gefährliche Instinkte
BASED ON AN UNTRUE STORY Flanell Nr. 5
BASED ON AN UNTRUE STORY Tödlicher Duft
BATMAN: THE MASK OF PHANTASM Batman: The Mask of Phantasm
BEAU FIXE Blauer Himmel
BEAUTY INVESTIGATOR Lady Hunter
THE BEING FROM EARTH Das Wesen der Erde
BEING HUMAN Wer hat meine Familie geklaut?
BELINDA Belinda
BERMUDA GRACE Bermuda Cops
BETRAYAL OF SILENCE Verräterisches Schweigen
BETRAYAL OF THE DOVE Der Schrei der Taube
THE BEVERLY HILLBILLIES Die Beverly Hillbillies sind los!
BEYOND BEDLAM Bedlam – Jenseits des Wahnsinns
BEYOND JUSTICE Beyond Justice
BEYOND OBSESSION Lethal Obsession
BHAJI ON THE BEACH Picknick am Strand
BIOHAZARD II Bio Creature
THE BIRDS II – LANDS END Die Vögel II – Die Rückkehr
BITTER HARVEST Blutige Ernte
BLACK FOREST Space Rangers
BLACK SPOT Black Spot
BLACKOUT Justice under Fire
BLANK CHECK Mac Millionär
BLINDFOLD Blindfold
BLINDSIDED Blindness
BLINK Blink
BLOOD RUN Blood Run
BLOOD WARRIORS Blood Warriors
BLOODFIST V – HUMAN TARGET Human Target
BLOODY MORNING Bloody Morning
BLOWN AWAY Explosiv – Blown Away
BLUE Blue
BLUE BAYOU Der tiefe Sumpf des Südens
BLUE CHILL Engel aus Eis
BLUE CHIPS Blue Chips
BLUE TIGER Blue Tiger
BLUEBERRY HILL – A LOVE STORY FROM THE FIFTIES Blueberry Hill
BOATMAN Ein Boot auf dem Ganges
BODIES, REST & MOTION Bodies, Rest and Motion
BODY OF INFLUENCE Body of Influence
BODY SHOT Body Shot
BOILING POINT Boiling Point
BON APPETIT, MAMA Hol' die Mama aus dem Sarg
BOPHA! Bopha! – Der Kampf um Freiheit
BORN TO RUN Born To Run
BOXING HELENA Boxing Helena
THE BOYS OF ST. VINCENT Die Opfer von St. Vincent
BRAIN SMASHER Brain Smasher – Der Rausschmeißer
THE BROKEN CHAIN Broken Chain
BROKEN PROMISES Kampf um Emily
A BRONX TALE In den Straßen der Bronx
BUCK AT THE EDGE OF HEAVEN Bucks größtes Abenteuer
BULLET DOWN UNDER Bullet Down Under
BUSH PILOTS Bush Pilots
A BUSINESS AFFAIR Liebe und andere Geschäfte
BY A THREAT Leben am seidenen Faden

C

CA N'ARRIVE QU'A MOI So was kann nur mir passieren
CAGE II Cage II – The Arena of Death
CALENDAR GIRL Calendar Girl
CANTONS EN CHOEUR Wir singen im Chor
CAR 54, WHERE ARE YOU? Wagen 54 bitte melden!
CAREER OPPORTUNITIES Kevins Cousin allein im Supermarkt
CAREFUL Lawinen über Tolzbad
CARLITO'S WAY Carlito's Weg
CARO DIARIO Liebes Tagebuch
CASABLANCA, CASABLANCA Casablanca, Casablanca

A CASE FOR MURDER Ein Fall für den Mörder
CAT & MOUSE Cat & Mouse
CATTIVA Hoffnungslose Liebe
CAUGHT IN THE ACT Mystery Act
CENTER OF THE WEB Center of the Web
CHAIN OF COMMAND Chain of Command
CHAMELEONS Verführerische Verwandlung
CHANGING OUR MINDS: THE STORY OF DR. EVELYN HOOKER Changing our Minds
CHARLIE DINGO Charlie Dingo – Der Gestrandete
THE CHASE Highway Heat
CHASERS Chasers
CHILD OF RAGE Mörderische Kindheit
CHILD MURDERS Kindermorde
CHILDREN OF THE BRIDE Die Kinder der Braut
CHINA HAND Ein chinesisches Schlitzohr
CHINA HEAT Paid in Blood
CITY HUNTER City Hunter
CITY SLICKERS II: THE LEGEND OF CURLY'S GOLD City Slickers 2: Die goldenen Jungs
CLASS OF '61 Land in Flammen
CLASS OF 1999 II – THE SUBSTITUTE Class of 1999, Part II
CLEAN SLATE Blackout – Ein Detektiv sucht sich selbst
CLEAR AND PRESENT DANGER Das Kartell
THE CLIENT Der Klient
THE CLUB The Club
COGNACQ-JAY Cognacq-Jay
COINS IN THE FOUNTAIN Zeit der Glückseligkeit
COLD SASSY TREE Skandal in Cold Sassy
COMPLEX OF FEAR Der Schrecken lauert nebenan
… CON AMORE FABIA … in Liebe Fabia
CONEHEADS Coneheads
CONFESION A LAURA Bekenntnis an Laura
CONFESSIONS OF A MARRIED MAN Bekenntnisse eines Ehemannes
CONTES ET COMPTES DE LA COUR Geschichten und Geschäfte auf dem Hof
CONTRA EL VIENTO Blutwind
COOL RUNNINGS Cool Runnings
A CORPS PERDU A Corps Perdu
CORPS PERDUS Corps Perdus – Verlorene Körper
CORRINA, CORRINA Corrina, Corrina
LA CORSA DELL' INNOCENTE Das Ende der Unschuld
CORSA DI PRIMAVERA Ein Häuschen aus Kristall
THE COUNTERFEIT CONTESSA Pretty Contessa
THE COVER GIRL MURDERS Tod der Mannequins
THE COWBOY WAY Machen wir's wie Cowboys
CRAZY HONG KONG Hilfe – Buschmann entlaufen
CRAZY JOE Secret Force
UN CRIME Der Anwalt
LE CRIME D'ANTOINE Rätselhafte Lea
CRIME STORY Hard To Die
CRIMINAL Criminal
CROSS OF FIRE Vom Haß besessen
CROSSING THE BRIDGE Crossing the Bridge
THE CROW The Crow – Die Krähe
THE CRUSH Das Biest
A CRY IN THE NIGHT Schrei in der Nacht
CSAK EGY MOZI Nur ein Film
CURACAO Curacao – Tödliches Paradies
CURSE OF THE VIKING GRAVE Allein in der Wildnis
CYBER-TRACKER Cyber Tracker
CYBORG COP Cyborg Cop
CYBORG COP II Cyborg Cop 2
CZLOWIEK Z… Der Mann aus…

D

D'EST Von Osten
DA Pa
DA VINCI'S WAR Da Vinci's War – In den Fängen der CIA
DAENS Daens
THE DALLAS CONNECTION Deadworks
DALLAS DOLL Dallas Doll
DANCING WITH DANGER Dancing with Danger
DANGEROUS HEART Dangerous Heart – Eine Affäre mit dem Tod
A DANGEROUS SUMMER Ein explosiver Sommer

DANGEROUS TOUCH Danger Touch
DANS LA VALLEE DE LA WUPPER Im Tal der Wupper
THE DARK The Dark
DARK UNIVERSE Dark Universe
DAZED AND CONFUSED Confusion
DE AMOR Y DE SOMBRA Von Liebe und Schatten
DEADEND OF BESIEGERS Belagerung der Shaolin
DEADFALL Deadfall
DEADLY HEROES Deadly Heroes
DEADLY INTENT Tödliche Gier
A DEADLY SILENCE Tödliche Stille
DEADMEN'S REVENGE Blutige Vergeltung
DEAR FRIEND Flecki, mein Freund
DEATH DREAMS Death Dreams
DEATH TRIANGLE Dragon Force
DEATH WISH V – THE EACE OF DEATH Death Wish V
DEEP RED Deep Red
DELIVER THEM FROM EVIL: THE TAKING OF ALTA VIEW Killer im Kreissaal
DEMASIADO CORAZON Bis daß der Tod euch scheidet
DI CERIA DELL' UNTORE Liebe und Tod
DIAMOND QUEEN Diamond Queen
DIARIO NAPOLETANO Neapolitanisches Tagebuch
DICK VAN DYKE: TWIST OF THE KNIFE Dick van Dyke: Der Tod kam weich wie Watte
DINOSAUR ISLAND Die Insel der Riesen-Dinosaurier
DIRECT HIT Direct Hit
THE DISAPPEARANCE OF CHRISTINA Im Bann der Tiefe
DISPARA! Dispara!
DISTANT JUSTICE Distant Justice – Das Recht des Stärkeren
DIVORCE WARS Scheidungskriege
DOLLMAN VS DEMONIC TOYS Tod im Spielzeugland
DON'T DO IT Don't Do It
DONGCHUN DI RIZI Wintertage, Frühlingstage
UNA DONNA SENZA NOME Allein und ausgeliefert
EL DORADO El Dorado – Gier nach Gold
LES DOSSIERS DE L'INSPECTEUR LAVARDIN: L'ESCARGOT NOIR Das Geheimnis der schwarzen Schnecke
DOUBLE DOUBLE TOIL AND TROUBLE Halloween Twins – Jetzt hexen sie doppelt
DOUBLE EDGE Drei Wochen in Jerusalem
DOUBLE SUSPICION Double Suspicion
DOUBLE THREAT Double Threat – Tödliches Verlangen
DOUBLE VISION Das zweite Gesicht
DOUX AMER Bitter und süß
DRAGON ANGEL Dragon Angel
DRAGON FIRE Dragon Fire
DRAGONWORLD Dragonworld
DREAM DATE Rendezvous zu viert
DREAM GIRLS Dream Girls
DREAMERS Geschichten aus dem Knast
DREAMRIDER Dream Rider – Ohne fremde Hilfe
DE DRIE BESTE DINGEN IN HET LEVEN Die drei besten Dinge im Leben
DRÖMMEN OM RITA Ein Leben für Rita
DU ÄR INTE KLOK, MADICKEN Madita
DUKE ELLINGTON: REMINISCING IN TEMPO Duke Ellington: Reminiscing in Tempo
DUMMY Mauern des Schweigens
DYING TO LOVE YOU Der Tod und die Lady
DYING TO REMEMBER Flucht aus der Vergangenheit

E

EAT DRINK MAN WOMAN Eat Drink Man Woman
EDES EMMA, DRAGA BÖBE Süße Emma, liebe Böbe
EFFRACTION Flucht in den Abgrund
EIGHT SECONDS Eight Seconds
EN COMPAGNIE D'ANTONIN ARTAUD An der Seite von Antonin Artaud
L' ENFANT DE L'HIVER Karussell der Leidenschaft
LES ENFANTS DU DIABLE Teufelskinder
L' ENFER (1994) Die Hölle
ENNEMIS INTIMES Intime Feinde
ENTANGLED Labyrinth – Liebe ohne Ausweg
ERNESTO »CHE« GUEVARA, LE JOURNAL DE BOLIVIE Ernesto »Che« Guevara, das bolivianische Tagebuch

ERNIE KOVACS: BETWEEN THE LAUGHTER Der Spaßvogel
THE EROTIC ADVENTURES OF THE THREE MUSKETEERS Die erotischen Abenteuer der drei Musketiere
EROTIQUE Let's talk about Sex
ESCAPE FROM ABSALOM Flucht aus Absalom
L' ETAT DE GRACE Die Liebe der Florence Vannier
UN ETE ALSACIEN Ein Sommer im Elsaß
EVEN COWGIRLS GET THE BLUES Even Cowgirls get the Blues
EVERY BREATH YOU TAKE Lebendig begraben
THE EXECUTION PROTOCOL Schlimmer als der Tod
EXOTICA Exotica
EYES OF THE BEHOLDER Eyes of the Beholder

F

FACE THE MUSIC Liebeslied für zwei
FADE TO BLACK Mord im Visier
FAMILY PRAYERS Family Affairs – Mein Vater der Spieler
A FAMILY TORN APART Verzweifelte Wut
FAST GETAWAY II The Getaway Coup
FATAL INHERITANCE Fatal Inheritance
FATAL INSTINCT – A BASIC ATTRACTION Crazy Instinct
FATHER HOOD Kidnapper
A FATHER'S HOMECOMING Wenn Vater der Direktor ist
FAUSTO Fausto
FAUSTO Der Geschmack der Frauen
FEARLESS Fearless – Jenseits der Angst
FEARLESS NADIA – THE HUNTERWALI STORY Fearless Nadia – The Hunterwali Story
FEMMES DE PERSONNE Vier Frauen
FEVER Fieber des Bösen
LE FIL DE L'HORIZON Fluchtpunkt
EL FILANDON Nachtgeschichten
LE FILS DU REQUIN Der Sohn des Haifischs
THE FINAL MISSION Codename 7700 – Das finale Experiment
FINAL VERDICT Final Verdict – Berufung ausgeschlossen
FINE GOLD Feingold – Winzer, Weine und Intrigen
FINIST – JASNI SOKOL Finist – Heller Falke
FIRE IN THE SKY Feuer am Himmel
FIRESTORM: 72 HOURS IN OAKLAND Feuersturm über Kalifornien
FLAMBEREDE HJERTER Flambierte Herzen
FLASHFIRE Flashfire
FLESH AND BONE Flesh and Bone
FLIGHT OF THE SPRUCE GOOSE Kohlenstaub und Glitzerträume
THE FLINTSTONES Flintstones – Die Familie Feuerstein
THE FLOOD – WHO WILL SAVE OUR CHILDREN Tödliche Fluten – Rettet unsere Kinder
FONG SAI YUK Der Vollstrecker
FOR BETTER ... AND FOR WORSE Schwarze Hochzeit
THE FORCE The Force
FORCED TO KILL Forced to Kill
FOREIGN AFFAIRS Foreign Affairs
FOREVER Mystery Ghost
FORREST GUMP Forrest Gump
FORTUNES OF WAR Fortunes of War
FOUR WEDDINGS AND A FUNERAL Vier Hochzeiten und ein Todesfall
FREE FALL Freefall
FREE WILLY Free Willy
FRESA Y CHOCOLATE Erdbeer und Schokolade
FROM THE FILES OF JOSEPH WAMBAUGH: A JURY OF ONE Cop am Abgrund
FROZEN ASSETS Ein Baby von der Bank
FULL ECLIPSE Full Eclipse

G

GAWIN Felix und der Außerirdische
LES GENS NORMAUX N'ONT RIEN D'EXCEPTIONNEL Les Gens normaux n'ont rien d'exceptionnel
GEORGE ROMERO'S BOOK OF DEATH George Romero's Book of Death
GERMINAL Germinal
GERONIMO: AN AMERICAN LEGEND Geronimo

GETAWAY Getaway
GETTING EVEN WITH DAD Allein mit Dad & Co.
GHOST IN THE MACHINE Der Killer im System
GHOSTS … OF THE CIVIL DEAD Hölle ohne Helden
GIOCO DI SEDUZIONE Game of Seduction
GOD ON THE ROCKS Gestrandet
GOH-HIME Seide und Schwert
GOOD COP BAD COP Good Cop Bad Cop
A GOOD MAN IN AFRICA A Good Man in Africa
THE GOOD SON Das zweite Gesicht
GOODBYE, MISS 4TH OF JULY Unter fremden Sternen
GOUDOULDO OURICHEROM Die schwarze Republik
GRAND ISLE Sommer auf Grand Isle
LE GRAND PARDON II Judgement Day
GROSS MISCONDUCT Verführt
GRUMPY OLD MEN Ein verrücktes Paar
THE GUILTY Richter ohne Skrupel
GUNMEN Gunmen
GUNS OF DRAGON Guns of Dragon
GUNSMOKE IV – THE LONG RIDE Gunsmoke – The long Ride
GUNSMOKE V – ONEMAN'S JUSTICE Gunsmoke V – Er ist das Gesetz
GUNSMOKE: THE LAST APACHE Der letzte Apache
GUYVER Guyver – Dark Hero

H

HA CHAYIM ALPY AGFA Life According to Agfa
HA CHAYIM ALPY AGFA Nachtaufnahmen
HADLEY'S REBELLION Hadley's letzter Kampf
HANDS OF A MURDERER Sherlock Holmes muß sterben
HARD DRIVE Hard Drive
THE HARD TRUTH The Hard Truth
HARD-CAR – DESIDERIO SERENATO DEL PIACER Liebe auf Asphalt
THE HARVEST Blutige Ernte
HEART AND SOULS Vier himmlische Freunde
HEAVEN AND EARTH Zwischen Himmel und Hölle
HELLBOUND Hellbound
HELLO HEMINGWAY Hello Hemingway
HEROES SHED NO TEARS Blast Heroes
HET SACRAMENT Das Sakrament
HET ZAKMES Das Taschenmesser
HEYA Heya – Das Zimmer
THE HIDDEN II – THE SPAWNING The Hidden II – The Spawning
HIGH BOOT BENNY High Boot Benny
THE HIGH PRICE OF PASSION Im Sumpf der Leidenschaft
HIGHER EDUCATION Higher Education – Erziehung Nebensache
HOCHZÄITSNUECHT Hochzeitsnacht
HOCUS POCUS Hocus Pocus
A HOME OF OUR OWN A Home of our own
L' HOMME DANS LA NUIT Das Ziel im Dunkel
L' HOMME DE CENDRES Der Mann aus Asche
L' HOMME SUR LES QUAIS Der Mann auf dem Quai
UN HOMME à LA MER Ein Mann am Meer
HONEYSUCKLE ROSE On the Road Again
HOSTAGE Ein Mord zuviel
HOSTAGE Undercover – Geiseln des Terrors
HOSTILE HOSTAGES No Panic – Gute Geiseln sind selten
HOT CHOCOLATE Die Schokoladen-prinzessin
HOTEL ST. PAULI Die Schöne und das Ungeheuer
HOUSE OF ANGELS Haus der Engel / Fannys Farm
HRY PRO MERNE POKROCILE Spiele für mäßig Fortgeschrittene
HSIMENG RENSHENG Der Puppenspieler
THE HUDSUCKER PROXY Hudsucker – Der große Sprung
HUOZHE Leben

I

I LIVE WITH ME DAD Dem Vater entrissen
I LOVE TROUBLE I Love Trouble – Nichts als Ärger
I SKUGGA HRAFNSINS Im Schatten des Raben

ICE The Diamond Killing
THE ILLEGAL IMMIGRANT Eine Woche Heiratsfrist
ILLICIT DREAMS Verbotene Liebe
IN DEFENSE OF A MARRIED MAN Mörderischer Verdacht
IN THE LINE OF DUTY – THE BEGINNING The Beginning
IN THE LINE OF DUTY: AMBUSH IN WACO Die Tragödie von Waco
IN THE NAME OF THE FATHER Im Namen des Vaters
INDECENT BEHAVIOR Tödliche Therapie
INDEPENDENCE Schwur der Rache
INGEN KAN ÄLSKA SOM VI Mein fremder Vater
INNISFREE Innisfree
INTERPOL CONNECTION The Fighting Connection
INTERSECTION Begegnungen
INTERVIEW WITH THE VAMPIRE Interview mit einem Vampir
INTIMATE OBSESSION Intimate Obsession
INTO THIN AIR Die Qual der Ungewißheit
INVISIBLE – THE CHRONICLES OF BENJAMIN KNIGHT Invisible
IO E MIA SORELLA Ich und meine Schwester
IO, CHIARA E LO SCURO Die Revanche
IRON MONKEY Iron Monkey
IRON WILL Iron Will – Der Wille zum Sieg
IRRESITABLE FORCE Power Cop
ISKINDIRIAH KAMAN OUE KAMAN Für immer Alexandria
ISLAND CITY Future City – Stadt der Überlebenden
IT COULD HAPPEN TO YOU Zwei Millionen Dollar Trinkgeld
IZKOR: SLAVES OF MEMORY Izkor: Sklaven der Erinnerung

J

JACQUES RIVETTE, LE VEILLEUR Jacques Rivette, Le Veilleur
JEANNE LA PUCELLE – LES BATAILLES. LES PRISONS Johanna die Jungfrau – Der Kampf. Der Verrat
JERICHO FEVER Jericho Fever
JOHN CARPENTER PRESENTS – BODY BAGS Body Bags
JONATHAN – THE BOY NOBODY WANTED Jonathan – Leben gegen jede Chance
JOSH AND SAM Josh and Sam
JOSHUA TREE Joshua Tree – Das Gesetz der Rache
JOSHUA'S HEART Joshuas Herz
THE JOY LUCK CLUB Töchter des Himmels
JUDGMENT NIGHT Judgement Night
JUICE Juice
JUNGLEDYRET Hugo, das Dschungeltier
JUNIOR Junior

K

KAIRAT Kairat
KAMARAD DO DESTE II – PRIBEH Z BROOKLYNU Brooklyn Story
KATIE: PORTRAIT OF A CENTERFOLD Playmate des Monats
KEEP THE CHANGE Keep the Change
KICK & FURY Kick & Fury
KICKBOXER IV – THE AGGRESSOR Kickboxer IV
KIKA Kika
A KILLER IN THE FAMILY Ein Killer in der Familie
KING OF THE HILL König der Murmelspieler
A KISS GOODNIGHT Tödliche Gelüste
KNIGHT RIDER 2010 Knight Rider 2010
KNIGHTS Cyborg Warriors
KOMBA, DIEU DES PYGMEES Komba, Gott der Pygmäen
KOROSHI NO RAKUIN Beruf Mörder
KOSH BA KOSH Neues Spiel, neues Glück
KRAJINA S NABYTKEM Landschaft mit Möbeln
KROKODILLEN IN AMSTERDAM Krokodile in Amsterdam
KWAGGA STRIKES BACK Kwagga schlägt zurück
KYôSHû Insel der Erinnerung

L

L.A. WARS Protect And Kill
EL LADO OSCURO DEL CORAZON Die dunkle Seite des Herzens

LADONI Ladoni – Handflächen
LADYBIRD, LADYBIRD Ladybird, Ladybird
LADYKILLER Den Tod vor Augen
LAN FENGZHENG Der blaue Drachen
LANDSLIDE Fluch der Erinnerung
THE LAST ISLAND Die letzte Insel
LAST LIGHT Last Light
THE LAST OUTLAW The Last Outlaw
LENINGRAD COWBOYS MEET MOSES Leningrad Cowboys meet Moses
LEPRECHAUN Leprechaun
LEPRECHAUN 2 Leprechaun 2
LETHAL DRAGON Lethal Dragon
LETHAL EXPOSURE Deadly Exposure
LIAR LIAR Du lügst!
A LIFE IN THE THEATRE A Life in the Theatre
LIFE WITH MIKEY Hilfe, jeder ist der Größte
LIGHT SLEEPER Light Sleeper
LIGHTNING JACK Lightning Jack
LIGHTS OUT Final Combination
LINDA (1993) Das Geheimnis um Linda
THE LION KING Der König der Löwen
LITTLE BUDDHA Little Buddha
LITTLE DEVILS Little Devils
THE LITTLE RASCALS Die kleinen Superstrolche
LITTLE SWEETHEART Ein kleiner Satansbraten
LIVE BY THE FIST American Samurai 2
LOCH POBEDRITEL WODY Herr des Wassers
LOIS & CLARK Lois & Clark – Supermans Rückkehr
LONDON London
THE LONELY LADY Lonely Lady – Karriere durch alle Betten
THE LONG ROAD HOME Sehnsucht ohne Grenzen
LOOK WHO'S TALKING NOW Kuck' mal, wer da jetzt spricht
LOST IN YONKERS Trouble in Yonkers
LOST PLATOON Lost Platoon
LOTTA PA BRAKMAKARGATAN Lotta aus der Krachmacherstraße
LOVE CAN BE MURDER Ein Geist zum Küssen
LOVE CHEAT & STEAL Böse Schatten
LOVE IS NEVER SILENT Liebe ohne Worte
LOVES, LIES AND LULLABIES Der Kampf um Baby Lynn
LUNA CALIENTE Heißer Mond
IL LUNGO SILENZIO Zeit des Zorns
LURKING FEAR Shocking Fear
LW BRASIER Höllenglut

M

M.A.N.T.I.S. MANTIS
MA SAISON PRÉFÉRÉE Meine liebste Jahreszeit
MAD DOG COLL The Violators
LA MAISON DE JADE Das Jadehaus
MAJOR LEAGUE 2 Die Indianer von Cleveland 2
MAKING OF A MALE MODEL Ein Traummann auf der Titelseite
MALADIE D'AMOUR Maladie d'Amour
MALICE Malice – Eine Intrige
THE MAN FROM LEFT FIELD Unser Coach ist der beste
THE MAN WHO WOULDN'T DIE Der Mann der niemals starb
MAN'S BEST FRIEND Man's Best Friend
MANHATTAN MURDER MYSTERY Manhattan Murder Mystery
MARDI GRAS FOR THE DEVIL Night Trap
LE MARIAGE DU SIECLE Mit Eskorte zum Altar
MARRIED TO IT Dinner für Sechs
MARTIAL OUTLAW Martial Outlaw
MARTORI DISPARUTI Der Schatz der Roxana
THE MASK Die Maske
MATINEE Matinee
MATKA KROLOW Mutter Krol und ihre Söhne
MAVERICK Maverick
MAXIMUM BREAKOUT Maximum Breakout – Die tödliche Waffe ist der Haß
MEATBALLS 4 American Eiskrem $3^1/_2$
MEN DON'T TELL Der geschlagene Mann
MENACE II SOCIETY Menace II Society
MENTIRAS PIADOSAS Fromme Lügen
METEOR MAN Meteor Man
MICHELE ALLA GUERRA Schrei nach Hilfe
MIGNON E PARTITA Die französische Cousine
MIND TWISTER Mind Twister
MING GHOST Ming Ghost – Gespenster der Vergangenheit

LES MINISTERES DE L'ART Die Ministerien der Kunst
MIRACLE CHILD Das Osterkind
MIRACLE ON 34TH STREET Das Wunder von Manhattan
MIRROR IMAGE Im Spiegel der Angst
MIRROR IMAGES Mirror Images
MISS FRONTIER MAIL Miss Frontier Mail
MONA MUST DIE Ein fast perfektes Verhältnis
MONEY FOR NOTHING Money For Nothing
MORBOSAMENTE VOSTRA Stets bereit
MORTAL SINS Todsünden
THE MOSAIC PROJECT Infernal Soldiers
MOTHER'S BOY Tödliche Absichten
MR. JONES Mr. Jones
MR. LOVE Die Frauen des Mr. Love
MR. WONDERFUL Mr. Wonderful
MRS. DOUBTFIRE Mrs. Doubtfire
MURDER IN THE HEARTLAND Heart to Kill
A MURDER OF QUALITY Der Mörder mit den Silberflügeln
MURDER ON THE RIO GRANDE Atemlose Flucht
MURDER SO SWEET Heißes Eis
MURDER TIMES SEVEN Mörder im Dunkeln
MURDER: BY REASON OF INSANITY Ich muß sie töten
MY FATHER THE HERO Daddy Cool
MY GIRL 2 My Girl 2 – Meine große Liebe
MY LIFE My Life
LA NAISSANCE DE L'AMOUR Die Geburt der Liebe

N

NAKED Nackt
NAKED GUN $33^1/_3$: THE FINAL INSULT Die nackte Kanone $33^1/_3$
NAKED IN NEW YORK Naked in New York
THE NAKED TRUTH The Naked Truth
NATURAL BORN KILLERS Natural Born Killers
NEAK SRE Das Reisfeld
NED BLESSING – THE STORY OF MY LIFE AND TIMES Loaded Gun
NEEDFUL THINGS In einer kleinen Stadt
NERO Nero
NEUF MOIS Neun Monate
NEW CRIME CITY – LOS ANGELES 2020 New Crime City
NEW EDEN New Eden – Wüste des Todes
NEW YORK COP New York Cop
NICKEL AND DIME Wer erben will, muß zahlen
NIGHT EYES III – ON GUARD Bodyguard für heiße Nächte
NIGHT OWL Lockruf des Todes
NIGHT TRAP Night Trap
THE NIGHT WE NEVER MET Die Nacht mit meinem Traummann
NIGHTFIRE Nightfire
THE NIGHTMARE BEFORE CHRISTMAS The Nightmare before Christmas
NIGHTMARE IN THE DAYLIGHT Alptraum ohne Erwachen
NINJA KIDS Drei Ninjas Kids
NO ESCAPE, NO RETURN No Exit
NORTH OF VORTEX North of Vortex
NOSTRADAMUS Nostradamus
NOTHING TO LOSE Nothing to Lose
NOUS, LES ENFANTS DU XXEME SIECLE Wir Kinder des 20. Jahrhunderts
THE NOVEMBER MEN Fireline – Die große Chance
NUKLEAIS TEL Letzter Fototermin

O

OCTOBER 32ND October 32nd
L'OEIL DE VICHY Das Auge von Vichy
OFFICIAL DENIAL Space Visitors
OF LOVE AND SHADOWS Von Liebe und Schatten
OLD ENOUGH Girls Wanna Have Fun
L'OMBRE DU DOUTE Der Schatten des Zweifels
ON DEADLY GROUND Auf brennendem Eis
ONLY THE STRONG Only the Strong
OPEN FIRE Mission Open Fire
OPPORTUNITY KNOCKS Der Unglücksritter
ORMEN'S VÄG PA HÄLLEBERGET Der Weg der Schlange auf dem Felsen
THE OTHER MAN Night Eyes 3
OXEN Der Ochse

P

THE PAMELA PRINCIPLE Die verbotene Frau
PANAMA SUGAR Panama Sugar
THE PAPER Schlagzeilen
PAPER HEARTS Paper Hearts
PAPER MARRIAGE Liebe nicht inbegriffen
THE PAPERBOY The Paperboy
PARAJANOV Paradschanow
LE PARFUM D'YVONNE Das Parfüm von Yvonne
PARIS S'EVEILLE Paris erwacht
PART TIME GOD Ein Gott für gewisse Gelegenheiten
PATTES DE VELOURS Raffinierte Rache
THE PELICAN BRIEF Die Akte
A PERFECT WORLD Perfect World
PERVII ETAGE Erdgeschoß
LA PETIT APOCALYPSE Die kleine Apokalypse
LA PETITE AMIE D'ANTONIO Antonios Freundin
PHANTASM III Das Böse III
PHILADELPHIA Philadelphia
THE PHILADELPHIA EXPERIMENT II Das Philadelphia Experiment 2
THE PICKLE Stage Fright – Eine Gurke erobert Hollywood
PICTURE OF LIGHT Picture of Light
PIDA HUIVISTA KLINNI, TATJANA Tatjana
PIERSCIONEK Z ORLEM W KORONIE Der Ring mit dem gekrönten Adler
PLAY NICE Play Nice
PLAYING DANGEROUS Playing Dangerous
PLEURE PAS, MA BELLE Rivalinnen
PLUGHEAD REWIRED: CIRCUITRY MAN II Circuitry Man II
POETIC JUSTICE Poetic Justice
POINT DE DEPART Starting Place
POISON IVY Poison Ivy – Die tödliche Umarmung – Ein Engel aus der Hölle
POLICE ACADEMY 7 – MISSION TO MOSCOW Police Academy 7 – Mission Moskau
PRAYING MANTIS Tödliche Gottesanbeterin
PREHYSTERIA! 2 Dino Kids 2
THE PREPPIE MURDER Mord ohne Motiv
PRINCES IN EXILE Prinzen für einen Sommer
PRISONERS OF HONOR Der Gefangene der Teufelsinsel
PRODLOUZENY CAS Die verlängerte Zeit
PROJECT SHADOWCHASER II Shadowchaser II
PROMISED A MIRACLE Warum muß Wesley sterben?
PUGNI DI RABBIA Tiger Rage
PULP FICTION Pulp Fiction
THE PUNK The Punk
PUPPET MASTER 4 Puppet Master 4
LA PURITANA Act of Revenge

Q

QIUYUE Autumn Moon
QUILOMBO Quilombo

R

RAGE Rage
RAGE & HONOR II – HOSTILE TAKOVER Rage & Honor II
RAGE OF VENGEANCE Rage and Fire
RAINING STONES Raining Stones
RAPA NUI Rapa Nui
THE RAPE OF DOCTOR WILLIS Ärztin unter Verdacht
RAVEN DANCE Devil Dance
REALITY BITES Voll das Leben
REBRO ADAMA Adams Rippe
RED BEADS Rote Perlen
RED HOT Red Hot
RED SCORPION II – THE SPEAR OF DESTONY Red Scorpion
THE REF No Panic – Gute Geiseln sind selten
LA REINE MARGOT Die Bartholomäusnacht
REJS Rejs – Der Ausflug
THE REMAINS OF THE DAY Was vom Tage übrigblieb
REMOTE Randy räumt auf
RENAISSANCE MAN Mr. Bill
REPLIKATOR Replikator
REQUIEM PRO PANENKU Geraubtes Leben
RESORT TO KILL Resort To Kill
RETURN OF IRONSIDE Der Chef kehrt zurück
THE RETURN OF SHERLOCK HOLMES Sherlock Holmes kehrt zurück

RETURN OF THE LIVING DEAD 3 Return of the Living Dead 3
THE RETURN OF THE SWAMP THING Das grüne Ding aus dem Sumpf
REVENGE OF THE NERDS IV – NERDS IN LOVE Chaos Kings
REVOLVER Revolver
RICH IN LOVE Rich in Love
RIH ESSED Der Mann aus Asche
RIKYU Rikyu, der Teemeister
RIO DIABLO Rio Diablo
RISE & WALK: THE DENNIS BYRD STORY Steel Will
IL RITORNO DI RIBOT Das Pferd seiner Träume
ROAD TO RUIN Liebesspiel um Millionen
THE ROAD TO WELLVILLE Willkommen in Wellville
ROADFLOWER Roadflower
ROBOCOP 3 Robocop 3
ROMEO IS BLEEDING Romeo is bleeding
ROUND TRIP TO HEAVEN Chaos in Palm Springs
ROYCE Royce
RUBDOWN Leidenschaft aus Berechnung
RUBY AND RATA Ruby und Rata
RUDY Touchdown – Sein Ziel ist der Sieg
RUNNING COOL Running Cool
RUNNING DELILAH Cyborg Agent
LA RUSNA PEARSA Das verlorene Loch

S

SABABU Sababu – Die Ursache
SAMOSTOJATELNAJA SHIZN Ein unabhängiges Leben
THE SANDLOT Herkules und die Sandlot-Kids
SANS UN CRI Sprachlos
SATANA Der Satan
SATANTANGO Sátántangó
SAVING GRACE Ein wahrer Jünger seines Herrn
SCAM Miami Affairs
SCANNER COP Scanner Cop
SCHINDLER'S LIST Schindlers Liste
LA SCORTA Bodyguards im Visier der Angst
LA SCORTA Die Eskorte
SEA WOLVES Sea Fighter
SEARCH FOR GRACE Dreams of Death
SEARCHING FOR BOBBY FISCHER Das Königsspiel – Ein Meister wird geboren
THE SECRET GARDEN Der geheime Garten
SEN NO RIKYU Der Tod eines Teemeisters
LA SENTINELLE Die Wache
SERIAL MOM Serial Mom – Warum läßt Mama das Morden nicht?
SEVENTH FLOOR Seventh Floor
SEX AND ZEN Sex and Zen
SEXUAL ADVANCES Psychoterror im Büro
SEXUAL INTENT Sexual Intent
THE SHADOW Shadow und der Fluch des Khan
SHADOW OF THE STRANGER Zum Abschied Mord
SHADOWLANDS Shadowlands
SHADOWS OF THE PAST Ein gefährliches Paar
SHAOLIN XIAO ZI Shaolin – Kinder der Rache
SHATTERED SILENCE Nimm die Hände von unserer Tochter
SHATTERED SPIRITS Scherben des Lebens
SHE WOKE UP Der Schatten des Mörders
SHIBA Shiba 18
SHOGUN MAYEDA Shogun Mayeda
SHOOTING ELIZABETH Trennung mit Hindernissen
SHOPPING Shopping
SHORT CUTS Short Cuts
SHOWDOWN American Karate Tiger
SHRUNKEN HEADS Shrunken Heads
THE SILENCE OF THE HAMS Das Schweigen der Hammel
SILENT TONGUE Schweigende Zunge
THE SILENT TOUCH Der Klang der Stille
SILENT VICTIM Anklage: Abgetrieben
THE SIMON WIESENTHAL STORY Recht, nicht Rache
SIRENS Verführung der Sirenen
SISHI BUHUO Familienporträt
SISTER ACT II Sister Act 2 – In göttlicher Mission
SIYABEND UND XECE Siyabend und Xece
SKEETER Skeeter – Invasion des Grauens
SLAWEJKO, S KRECHKA NADESHDA Liebestherapie
SMOKING/NO SMOKING Smoking/No Smoking
SNAKE EYES Snake Eyes

SNAPDRAGON Snapdragon – Mörderische Tätowierung
THE SNAPPER The Snapper
SO I MARRIED AN AXE MURDERER Liebling, hältst du mal die Axt
SON OF THE PINK PANTHER Der Sohn des rosaroten Panthers
SOULS OF SIN Souls of Sin
UP SOUTH AFRICA Seven Up South Africa
SOUVENIRS, SOUVENIRS Souvenirs, Souvenirs
THE SPECIALIST The Specialist
SPEED Speed
SPENSER: CEREMONY Combat Zone
SPOONER Ein Held mit kleinen Fehlern
THE SPY RETURNS THE Spy Returns
STALKED Welcome to Fear
STARTING PLACE Starting Place
STATION Station
STEALTHHUNTERS Stealthhunters
STEAM DRIVEN ADVENTURES OF RIVERBOAT BILL Riverboat Bill und die Flußpiraten
STEPPING RAZOR – RED X Stepping Razor – Die Peter Tosh Story
STOLEN BABIES Mutter ohne Skrupel
A STONING IN FULHAM COUNTY Gebot des Schweigens
STORTJUVENS POJKE Lehrling des Meisterdiebs
A STRANGER IN THE MIRROR Ein Fremder im Spiegel
STREGATI Hexerei
STRICTEMENT PERSONEL Streng persönlich
STRIKE A POSE Dark Secret
STRIKING DISTANCE Tödliche Nähe
STRINGER Stringer
STRUL Ausgetrickst
THE SUBSTITUTE Exitus
SUDDEN FURY Verzweifelte Wut
SUGAR HILL Sugar Hill
SUP DE FRIC Wer ist jetzt der Boß
SUPER 8 1/2 Super 8 1/2
SURAT UNTUK BIDADARI Brief an einen Engel
SURVIVING THE GAME Surviving the Game
SVART LUCIA Tödliches Verlangen
SWAHAM Das Schicksal
SWEET JUSTICE Sweet Justice
SWORD OF HONOR Sword of Honor
SWORN TO VENGEANCE Der Racheschwur
SYKORKA Die kleine Meise

T

T-FORCE TForce
TAIS' TOI QUAND TU PARLES! Der Spion meiner Träume
TAKE MY DAUGHTERS, PLEASE Mutter geht auf Männerjagd
TAKETORI MONOGATARI Die Legende von der Mondprinzessin
TAKING THE HEAT Taking the Heat
TALES FROM HOLLYWOOD Geschichten aus Hollywood
TALES FROM THE DARKSIDE Book of Death
TAXI GIRL Taxi Girl
TC 2000 TC 2000
THE TEASE Marias Liebeslabyrinth
TEATER ATTONDE DAGEN Theater des 8. Tages
TEL AVIV STORIES Die Schwächen der starken Frauen
TEMPTATION Temptation – Exzesse der Gewalt
A TERCEIRA MARGEM DO RIO Das dritte Ufer des Flusses
TERMINATOR WOMAN Thunderclap
THE TERRA-COTTA WARRIOR Der Krieg des Kaisers
TERROR IN THE NIGHT Terror in the Night
THAT MAGIC MOMENT Die Entscheidung
THAT'S ENTERTAINMENT! III That's Entertainment! III
THE THING CALLED LOVE The Thing Called Love
THIRTY-TWO SHORT FILMS ABOUT GLENN GOULD 32 Variationen über Glenn Gould
THE THREE MUSKETEERS Die drei Musketiere
THREESOME Einsam, Zweisam, Dreisam
THROUGH THE VEIL OF EXILE Drei Frauen in Palästina
THUMBELINA / HANS CHRISTIAN ANDERSEN'S THUMBELINA Däumeline
THUNDER ALLEY Straße des Donners

TIGRERO – A FILM THAT WAS NEVER MADE Tigrero – A Film That Was Never Made
TILL DEATH US DO PART Scheidung per Mord
A TIME OF DESTINY A Time of Destiny
TIMECOP Timecop
TO MY DAUGHTER Das Buch der Liebe
TO SAVE A CHILD Wer hat mein Baby gestohlen?
TOM & VIV Tom & Viv
TOMBSTONE Tombstone
TOTAL BALALAIKA SHOW Total Balalaika Show
TRADING MOM The Mommy Market
TRANCERS 4 Trancers 4
TRAPPED IN SILENCE Fesseln des Schweigens
TRAPPED BENEATH THE EARTH Trouble Shooters Trapped
TRAUMA Aura
TREACHEROUS Suspicious
TRIUMPH OF THE SPIRIT Triumph des Geistes
TROIS COULEURS: BLANC Drei Farben: Weiß
TROIS COULEURS: ROUGE Drei Farben: Rot
TROUBLE SHOOTERS Trouble Shooters Trapped
TRUE LIES True Lies
TRUE LOVE Wahre Liebe
TRUE ROMANCE True Romance
TRZY KOLORY: BIALY Drei Farben: Weiß
TSCHÄSS Jazz
TWENTY BUCKS Twenty Bucks – Geld stinkt nicht oder doch?
TWO FRIENDS Zwei Freundinnen

U

ULTRA FORCE 1 Killer Angels
UN, DEUX, TROIS SOLEIL Un, deux, trois Soleil
UNBORN II – BORN AGAIN Baby Blood II
UNDERCOVER BLUES Undercover Blues – Ein absolut cooles Trio
UNSPEAKABLE ACTS Abgründe des Lebens
URANUS Uranus
US Weite Reise

V

VACANCE IN AMERICA Ferien in Amerika
VACAS Vacas – Kühe
VALE ABRAAO Am Ufer des Flußes
VEDULDO URICHURUM Die schwarze Republik
VEGAS IN SPACE Vegas in Space
VENDETTA Morbidia
THE VENGEANCE OF SHE Jung, blond und tödlich
VENICE/VENICE Venedig/Venice
VERHÄNGNIS Verhängnis
VI PA SALTKRAKAN Ferien auf Saltkrokan
VIA PARADISO Der Abschiedsbrief
O VIASMOS TIS APHRODITES The Rape of Aphrodite
VICTIM OF LOVE Verhängnisvolle Leidenschaft
VIIMEISELLÄ RAJALLA The Last Border
VISAGES DES FEMMES Die Gesichter der Frauen
VISIONS OF MURDER Augen des Todes
VIVA LA VIE Viva la vie – Es lebe das Leben
LES VIVANTS ET LES MORTS DE SARAJEVO Leben und Sterben in Sarajevo
VOOR EEN VERLOREN SOLDAT Der verlorene Soldat
VOYAGE Voyage

W

WALKER – TEXAS RANGER – THE REUNION Texas Ranger 3
WALKER, TEXAS RANGER 2 Texas Ranger 2
THE WAR ROOM The War Room
WARLORDS 3000 Warforce 3000
WARWARA-KRASA – DLINNAJA KOSA Die schöne Warwara
THE WATER ENGINE The Water engine
WAYNE'S WORLD 2 Waynes World 2
WE'RE BACK Vier Dinos in New York
WEDDING DAY BLUES Hochzeitsfieber
WHAT'S EATING GILBERT GRAPE Gilbert Grape – Irgendwo in Texas

WHEN A MAN LOVES A WOMAN When a man loves a Woman
WHEN A STRANGER CALLS BACK Stimme der Dunkelheit
WHEN PIGS FLY Wenn Schweine fliegen
WHEN THE BOUGH BREAKS Ermordet am 16. Juli
WHERE THE DAY TAKES YOU Straßenkinder
WHITE ANGEL (1993) White Angel
WHITE FANG 2: MYTH OF THE WHITE WOLF Wolfsblut 2 – Das Geheimnis des weißen Wolfes
WHITE WOLVES White Wolves
WHO GETS THE FRIENDS? Meine Freunde, Deine Freunde
THE WICKED CITY Mutant City
WILD CACTUS Wild Cactus
WILD WEST Wild West
WILDER NAPALM Die Sache mit dem Feuer
WINGS OF FAME Hotel zur Unsterblichkeit
WITCHCRAFT V Witchcraft V – Die Macht des Bösen
WITH HONORS Ein genialer Freak
WITTGENSTEIN Wittgenstein
THE WIZARD Joy Stick Heroes
WOLF Wolf – Das Tier im Manne
WOMAN OF DESIRE Woman of Desire
WRESTLING ERNEST HEMINGWAY Walter & Frank – Ein schräges Paar
THE WRONG MAN Dark Passion
WSJE MY NJEMNOSHKO LOSCHADI Ein Herz für Pferde
WYATT EARP Wyatt Earp – Das Leben einer Legende

X

XUAN LIAN Rote Perlen
XUE LEI QUIN CHOU Blutige Tränen und Liebesrache
XUESE QING CHEN Ein blutroter Morgen
THE YOUNG AMERICANS The Young Americans

Y

YOUNG HARRY HOUDINI Die Jugend des Magiers
YOUNG MAVERICK Mavericks großes Spiel

Z

ZALAZAK STOLJECA – TESTAMENT L.Z. Der Untergang des Jahrhunderts – Testament L.Z.
ZERO TOLERANCE Zero Tolerance
ZHANZHI LUO BIE PAXIA Geh aufrecht!
ZONGHENG SIHAI – ONCE A THIEF Killer Target
ZWEI MÄNNER Zwei Männer

Personenregister

Regie, Darsteller, Drehbuch, Musik, Schnitt, Produzenten

A

Aaron, Victor 349
Abbott, Christine 722
Abbott, Elliot 629
Abdelsalam, Rachida 330
Abdou, Hassan 69
Abecassis, Yael 787
Abello, Jorge 23, 388
Abiyoga, Budiati 143
Aboebakar, Benny V. 143
Aboutboul, Alon 208
Abraham, Asta 568
Abraham, F. Murray 665, 860
Abrahamsen, Christer 427
Abram, Martin 535, 705
Abrams, Peter 329
Abril, Victoria 104, 336, 483
Abrolat, Werner 667
Abroms, Edward M. 867
Achida, Shinsuke 437
Achinger, Katrin 454
Achternbusch, Herbert 1
Ackerman, Betty 90
Ackerman, Bettye 221
Ackerman, Thomas 467
Ackland, Joss 626, 895
Ackroyd, Barry 18, 517, 722
Ackroyd, David 140
Acocella, Kauwela 934
Acovone, Jay 138
Adair, Sandra 205
Adair, T. 159
Adam, Raymond 502
Adamec, Herbert 423
Adams, Brandon 390
Adams, Brandon Quintin 486
Adams, Evan 24
Adams, Evan Tiesla 24
Adams, Jane 560
Adams, Jason 714
Adams, Joey Lauren 205
Adams, Mason 455
Adams, Maud 923
Adams, Tony 828
Adatte, Michel 941
Addala, Michèle 361
Addy, William 584
Adelson, Gary 575
Adjani, Isabelle 81
Adler, Anthony 877
Adler, Jerry 584
Adnil, Nelly 45
Adolph, Barbara 417
Adonis, Frank 8
Adorf, Maria 288
Adouani, Mustafa 587
Aendenboom, Frank 120, 761
Aerosmith 205
Afonso, Yves 289
Agafasnikow, Igar 908
Aga-Mirsajew, Muchtar 392
Agbayani, Tetchie 719
Agee, Timothy Dale 173
Agha, Armin Izzat 825
Agha, Dirdäna Izzat 825
Agostini, Claude 726
Agthe, Arend 473
Agthe, Frederik 825
Aguirresarobe, Javier 223, 313
Ahern, Lloyd 349
Ahlberg, Mac 99, 900
Ahmed, Faruque 980
Ahmed, Lalita 691, 1005
Ahnsjö, Claes H. 703
Ahrweiler, Arthur 576
Aichholzer, Peter 402
Aichholzer, Wolfgang 397
Aichinger, Oskar 582
Aiello, Danny 362, 623, 843
Aimée, Anouk 962
Ajaye, Franklyn 34
A.J.Damato 814
Akabali, Volkan 95
Akaki, Troy 878
Akan, Tarik 817
Akasegawa, Genpei 742, 796
Akerman, Chantal 613, 970
Alain, Carolle 208
Alan, David 602
Alard, Nelly 943
Alaskey, Joe 80
Alba, Dean 267
Alba, Jaime 217
Albert, Edward 657
Albert, Eva Almási 765
Albert, Ross 98, 497
Albert, Sydell 623
Albert Jr., Edward 378
Albrecht, Thomas 881
Alda, Alan 584, 929
Aldamondo, Xavier 940
Alden, Dino 833
Alder, Jakob 937
Alea, Tomas Gutiérrez 263
Aleardi, Pasquale 449
Alejandro, Edesio 388
Aleksewa, Margarita 764
Alen, Brit 761
Alessi, Alberto 552

Aletras, Ilias 725
Alex, James 863
Alexander, Jace 261
Alexander, Jason 176, 777
Alexander, Jesse 147
Alexander, John 103
Alexander, Khandi 156, 457, 858
Alexander, Sharon 558, 787
Alexander, Terry 30
Alexandre, Brandy 155
Alföldy, Robert 705
Alfonso, Kristian 111
Algora, Francisco 228
Algrant, Daniel 647
Ali, Khaled Abu 78
Ali, Tariq 1012
Allahyari, Houchang 407
Allahyari, Petra 407
Allan, Cameron 450
Allen, Becca 675
Allen, Billie 831
Allen, Chad 898
Allen, Dave 122
Allen, Debbie 282
Allen, India 1004
Allen, Joan 456, 506
Allen, Karen 486, 505, 971
Allen, Keith 84, 1020
Allen, Nancy 589, 748
Allen, Phillip R. 905
Allen, Stanford C. 898
Allen, Woody 584
Allens, Roger 504
Alley, Kirstie 511
Allouache, Merzak 69
Allyson, June 880
Almagor, Gila 558
Almodóvar, Agustin 22
Almodovar, Pedro 22, 483
Alnour, Joussef Abed 666
Alonso, Anabel 483
Alonzo, John A. 609
Alphonso, Kristian 457
Al-Sharif, Ali 260
Al-Sharif, Noor 260
Alsobrook, Russ 282
Alsterlund, Liv 904
Altenburg, Leopold 420
Alter, Naftali 558
Altman, Bruce 630
Altman, John 691
Altman, Robert 813
Alvarez, Lucia 327
Amadei, Giovanni 546
Amandola, Vittorio 678
Amanowa, Schoira 392
Amar, Denis 441
Amara, Mabrouk Ait 69
Amaz, Lucie 606
Ambrose, Trevor 848
Ambuehl, Cindy 139
Amendola, Claudio 269, 852
Amick, Mädchen 140
Amidou, Souad 580
Amin, Anandi Lal 237
Amis, Suzy 273
Ammar, Tarak Ben 971
Amos, John 658
Amouroux, Clémentine 83
Amritraj, Ashok 131, 424, 784, 823
Amundson, Peter 329
Anand, Sashi 566
Anchia, Juan Ruiz 630
Andersen, Carl 489
Anderson, Barbara 165
Anderson, Brigitta 579
Anderson, Erika 337
Anderson, Hesper 829
Anderson, Howard A. III 880
Anderson, Jamie Jacobs 54
Anderson, Kevin 201, 642
Anderson, Kim 603
Anderson, Kurt 594, 616
Anderson, Lindsay 338
Anderson, Loni 1021
Anderson, Melody 309, 835
Anderson, Mitchell 802
Anderson, Pamela 823
Anderson, Pamela Denise 365
Anderson, Paul 435, 812
Anderson, Peter 164
Anderson, Stephanie 152
Anderson, William 170, 285
Andersson, Bib 483
Andersson, Jöns 780
Andersson, Martin 573
Andersson, Mona 533
Andersson, Torbjörn 573
Andorai, Péter 166, 563, 862
Andres, Louis 831
Andreu, Simon 915
Andrews, Anthony 808
Andrews, Naveen 1005
Andrews, Real 568, 730
Andrews, Shawn 205
Andrieu, Michel 745
Andronica, James 301
Androvic, Miljenca 786
Anémone 617
Angel, Vanessa 890
Angelino, Jorge 263
Angelo, Yves 348
Angelou, Maya 697
Anger, Kenneth 454
Anglade, Jean-Hugues 81, 289, 580
Anglin, Jennifer 114
Angulo, Alex 22
Anholt, Christien 519
Aniston, Jennifer 537
Ann, Chrissy 155
Anna, Ney Sant' 247
Annageldyjev, Murad 473
Annaud, Monique 79
Annis, Francesca 745
Ann-Margret 955
Ansley, Zachary 704
Anspaugh, David 910
Antel, Franz 604
Anthony, Lysette 380, 511, 554

Anthony, Nicholas 481
Antonelli, Francesca 320
Antonio, Jim 28
Antonio, Lou 28, 51
Antoniou, Angeliki 227
Antonutti, Omero 228
Anuszek, Chet 267
Anwar, Gabrielle 243
Anwar, Tariq 624, 930
Anzell, Hy 185
Apesanahkwat 373
Apon, Annette 509
Appleby, George 377
Appleby, Shiri 280
Apprederis, Franck 105
Aprea, John 222
Apstein, Norman 267
Apted, Michael 113
Apter, Harold 877
Arafa, Sherif 875
Arama, Shimon 916
Arana, Tomas 678
Arapásová, Anina 496
Aras, Ruta K. 157, 602
Araujo, John 719
Arbogast, Thierry 411, 607
Arbolino, Richard 614
Arcady, Alexandre 461
Arcand, Michel 180
Archer, Anne 280, 474, 813
Archibugi, Francesca 320, 406
Arcure, Sam 721
Arditi, Pierre 495, 547, 718, 821, 855, 958
Arens, Keith 695
Arestrup, Niels 105, 163
Argento, Asia 63, 81
Argento, Claudio 651
Argento, Dario 63
Argenziano, Carmen 17
Argiriou, Thalia 725
Argo, Victor 822
Arguelles, Fernando 998
Arias, César 327
Aristakisjan, Artur 515
Aristow, Anatoli 764
Aristow, Viktor 764
Arkenstone, David 442
Arkin, Alan 867
Arlin, Justin 276
Armknecht, Martin 35, 763
Armstrong, Curtis 161
Armstrong, Katherine 717
Armstrong, R.G. 794, 878
Armstrong, Vic 457
Arnal, Laurent 47
Arndt, Stefan 899
Arness, James 372, 373, 542
Arnold, Angelika 762, 1010
Arnold, Chuck 403
Arnold, David 1020
Arnold, Henry 65
Arnold, Mark 255, 912
Arnold, Tom 128, 919, 931
Aron, Donn 349
Arquette, Alexis 226, 255
Arquette, David 747
Arquette, Lewis 119
Arquette, Patricia 920
Arquette, Rosanna 201, 981
Arraes, Augusto 716
Arredondo, Jeri 791
Arrojo, Ricardo Garcia 751
Arslan, Thomas 576
Arthur, Karen 425, 884
Arthur, Rebecca 531
Arton, Anne-Catherine 1000
Artur, Sophie 409
Artzi, Ami 794
Asai, Takashi 117
Ashbrook, Daphne 385
Ashby, Linden 252
Ashida, Shinsuke 891
Ashley, Angel 611
Ashley, Laurence 996
Askey, Gil 598
Askin, Leon 407
Assante, Armand 183, 296
Assayas, Olivier 475, 683
Assmann, Hans Jörg 776
Assous, Cyril 832
Asterlund, Liv 579
Astin, John 351, 790
Astin, Mackenzie 444
Astin, Sean 854, 910
Aswani 775
Atherton, Claire 970
Atherton, William 21
Atkine, Feodor 228
Atkine, Teodore 22
Atkins, Christopher 148
Atkins, Eileen 1014
Atkins, Pat 210
Atkins, Tom 900
Atkinson, Jayne 323, 575
Attenborough, Richard 805, 1018
Attwood, David 1005
Atzmon, Anat 245
Au, Michael von 402
Audley, Henry 808
Audran, Stéphane 341
Audsley, Mick 439, 824
Auer, Barbara 322, 544
Aufaure, Claude 682
Auger, Pierre 337
Augusta, Karel 145
Auguste, Ailo 586
Augustinski, Peer 53
Aulietti, Mario 885
Aumont, Jean-Pierre 876
Aumont, Michel 617, 770, 1009
Aurelius, Marcus 49
Austin, Alana 911
Austin, Carl 1004
Austin, Stephanie 919
Auteuil, Daniel 81, 607
Auvray, Dominique 446
Avakian, Aram 672
Avallone, Marcello 678
Avalon, Phillip 148
Avalos, Luis 567
Avent, Jon 999

Averback, Hy 600
Avery, Margaret 658
Avila, Richardo 388
Avildsen, John G. 252
Aviv, Nurith 430, 644
Avsar, Hülya 95
Awerbach, Maria 764
Awrutin, Sergei 764
Aydan, Nilüfer 95
Aydt, Heidi 671
Aykroyd, Dan 176, 638
Ayyar, Suresh 76
Azéma, Sabine 821
Azevedo, Gilberto 247, 761, 857
Azmi, Shabana 828
Aznavour, Charles 687, 962
Azzara, Candy 773

B

Babatunde, Obba 590, 931
Baca, Sean 456
Bacarella, Mike 933
Bach, J. S. 215, 256, 1031
Bacino, Mark 377
Backer, Christiane 53
Backmann, Helga 427
Bacri, Jean-Pierre 821
Badalamenti, Angelo 647
Badenhorst, Gesa 319
Bader, Anita 703
Bader, Diedrich 98
Badham, John 6
Badin, Rossieo 106
Badiola, Clara 940
Badler, Jane 287
Baduri 374, 489
Baer, Hanania 943
Baer, Thomas 220
Baer, Willy 803
Baggot, King 134, 854
Bagby, Larry 405
Bagley, Ross Elliot 497
Bagley, Timothy 595
Bähr, Helga 491
Bahri, Rachid 69
Bai, Ming-hwa, 713
Bailey, Blake 810
Bailey, G.W. 700
Bailey, Robin 352
Bailey-Smith, Michael 217
Bailing, Zhou 806
Bailly, Cecile 108
Baird, Stuart 599
Bairstow, Scott 1015
Baisho, Chieko 845
Bajor, Piotr 743
Baka, Miroslaw 743
Bakaba, Sidiki 356
Bakaev, Achmad 652
Baker, Bubba 758
Baker, Diane 921
Baker, Joe Don 783, 965
Baker, John 184
Baker, Jolyon 522
Baker, Michael Conway 58
Baker, Ray 380
Baker, Raymond 55
Bakewell, Gary 74
Bakhirova, Albardji 652
Bakke, Brenda 370, 567
Bako, Brigitte 735
Bakri, Mohammad 245
Balaban, Bob 36
Balance, John 41
Baldwin, A. Michael 139
Baldwin, Adam 121, 376, 854, 861
Baldwin, Alec 358, 803
Baldwin, Alex 581
Baldwin, Daniel 974
Baldwin, May 801
Baldwin, Stephen 121, 185, 252, 255, 655
Baldwin, William 623
Balfour, Noelle 384
Balk, Fairuza 383
Ball, Alfie 148
Ball, Angeline 638
Ball, Earl Poole 882
Ball, Seamus 396
Ballesteros, Sandra 250
Ballhaus, Michael 362, 593
Balogh, Maria 166
Balsam, Alan 974
Balsam, Martin 790
Bamba, Désiré 356
Ban, Janos 563
Bancroft, Anne 581, 630
Band, Albert 221, 234, 723
Band, Charles 814, 892
Band, Richard 221, 234, 714, 723, 814, 892
Bandera, Manuel 104
Banderas, Antonio 126, 223, 439, 688, 969
Banes, Lisa 956
Banier, Francois-Marie 83
Banks, Brian 386
Banks, Jonathan 130, 134, 878
Banks, Larry 464, 539
Bannister, Reggie 139
Bantzer, Claus 59
Baochang, Guo 109
Baquet, Maurice 855
Bar, Jacques 194
Bär, Willi 153
Barachin, Nicolas 93
Baraghini, Giulio 332
Baragli, Nino 1022
Barak, Ari 450
Baranski, Christine 642
Barasch, Cassie 498
Baratier, Diane 83
Barba, Noberto 119
Barbagallo, Angelo 553
Barbé, Marc 37
Barbelivien, Didier 962
Barbella, Butch 431
Barbier, Christian 448
Barbier, Denis 284
Barbier, Eric 411

Barbosa, Laurence Ferreira 345
Barbouth, Galaxie 83
Barbu, Marga 771
Barcis, Artur 588
Bar-David, Sini 242
Bardini, Aleksander 59, 241, 493
Barer, Marshall 943
Bargadi, Josep-Maria 7
Barhydt, Frank 813
Barjau, Eustaquio 7
Barkett, Steve 203, 438
Barkley, Charles 511
Barktkowiak, Andrzej 366
Barletta, Sandro 258
Barluna, R. 738
Barnes, John 156
Barnes, Priscilla 539
Barnett, Joan 3
Barnett, Simon 755
Baron, Sandy 538
Barondes, Elizabeth 226, 569
Barr, Jean-Marc 411
Barranco, Maria 751
Barraqué, Martine 461
Barraque-Curie, Martin 617
Barrau, Daniel 404
Barrere, Robert 790
Barres, Michael des 397
Barreto, Luis Lima 29
Barrett, Ray 274
Barriere, Mark 209
Barron, Dana 455
Barron, Steve 176
Barroso, Mario 29
Barry, Ian 799
Barry, John 639, 837
Barry, Neil 362
Barry, Patricia 769
Barry, Raymond J. 178, 663
Barry, Toni 414
Barrymore, Drew 77, 699
Bartczak, Jozef 635
Barth, Isolde 763
Barthel, Lars 214, 1027
Barth-Wehrenalp, Bettina 85
Bartkowiak, Andrzej 838
Bartok, Zdenek 145
Bartoli, Adolfo 714, 723, 810, 892, 912
Bärtschi, Regina 60, 328
Bartunek, Pavel 496
Barty, Billy 648
Base, Giulio 553
Bashung, Alain 770
Basinger, Kim 358, 696, 985
Baskin, Sonny 34
Basler, Klaus 288
Bass, Ronald 889
Bassenge, Ulrich 566
Bastien, Fanny 522
Bateman, Justine 642, 874
Bates, Alan 791
Bates, Kathy 412
Bathke, Wolfgang 788
Batraoui, Menha 330
Battaglia, Matt 457
Battaglia, Rik 147
Battersby, Roy 321
Battista, Franco 680
Battista, Lloyd 160
Battle, Murray 268
Bauchau, Patrick 531, 857, 929
Bauer, Belinda 277
Bauer, Michael 417
Bauer, Michelle 438
Bauer, Steven 468, 823, 1016
Baum, Jürgen 594
Baumann, Fritz 768
Baumann, Karl Heinz 928
Baumeister, Jörg 510
Baumeister, Mick 510
Baumgarten, Craig 575
Baumgartner, Franz 1
Baur, Elizabeth 165
Baur, Elke 326
Baxley, Craig R. 212, 956
Baxter, Derek 934
Baxter, Lucretia 661
Baxter, Lynsey 842
Bay, Frances 680
Baye, Nathalie 929
Bayer, Gary 981
Bayer, Hermann 476
Bayldon, Geoffrey 906
Bayless, Roger 572
Bayrhammer, Gustl 710
Bazelli, Bojan 296, 858, 860
Bazin, Janine 446
Beethoven, Ludwig van 570
Beach, Michael 500
Beacham, Stephanie 316
Beals, Jennifer 461, 553, 568, 788
Bean, Sean 812
Bearde, Roger 295
Béart, Emmanuelle 409
Beascoechea, Frank 911, 992
Beason, Eric 531
Beato, Affonso 201
Beaton, Alex 500, 589
Beaton, Kathleen 531
Beattie, Alan 201
Beatty, David 383
Beatty, Ned 408, 735, 910
Beaulieu, Marcel 180
Beaumont, Gabrielle 283
Beauvais, Garcelle 531
Beauvallet, Céline 320
Beaver, Jim 77
Beck, Jeff 118
Beck, Maxwell J. 103, 203
Beck, Michael 622
Beck, Rufus 100
Becker, Désirée Nosbusch 786
Becker, Dittmar 16
Becker, Harold 581
Becker, Hartmut 916
Becker, Jean-Pierre 452
Becker, Jens 14

Becker, Marcus 510
Becker, Maria 413
Becker, Meret 767
Becker, Michelle 865
Becker, Tahareh 397
Beckhaus, Friedrich G. 957
Bedelia, Bonnie 432, 661
Bee, Kenny 1013
Beecher, Robert 139
Beecroft, David 55, 702
Been, Michael 560
Beener, Carlton 216
Beghe, Jason 329
Beginnen, Ortrud 593
Behar, Joy 584
Béhat, Gilles 163
Beheshtipour, Behzad 671
Behiri, Yaacoub 587
Behnke, Frank 576
Behr, Melissa 892
Behrend, Götz 510
Behrens, Sam 3
Beiersdorf, Dagmar 374
Belack, Doris 933
Belafsky, Marty 978
Belam, Katharina 711
Beldin, Dale 99
Belfi, Jordan 723
Belgrave, Cynthia 609
Belhadi, Habib 587
Belhassen, Mahmoud 587
Belin, Ann 245
Bell, David 567
Bell, Eric 28
Bell, Marshall 399
Bell, Stacy 236
Bell, Tobin 124, 212, 581, 655
Bella, Rachel 991
Bellina, Lionel 857
Belling, Davina 551
Bellis, Andreas 648, 725
Bellis, Richard 377, 548
Bellis, Scott 86, 888
Belliveau, Cynthia 200
Bellon, Joelle 448
Belushi, James 754
Bemis, Cliff 207
Ben, Niu 527
Benchetrit, David 242
Bender, Jack 343, 567
Bender, Lawrence 709
Benedetto, Tony Di 395
Benedict, Dirk 834
Benedict, Julian 174
Benfield, John 426
Benguigui, Jean 93, 461, 832
Bénichou, Maurice 284, 495
Benigni, Roberto 828
Benito, Claire 76
Benjaminson, Scott 910
Benke, Dagmar 1027
Benke, Karl-Heinz 1027
Benke, Manfred 1027
Bennato, Serena 87
Bennent, Anne 256
Bennett, Gareth 795
Bennett, Joan 773
Bennett, June Marie 706
Bennett, Nigel 73
Bennos, Brian 209
Benny, Norman 115
Benoit, Christine 844
Benson, Amber 102
Benson, Deborah 987
Benson, Graham 728
Benson, Jodi 204
Benson, Michael A. 474
Benson, Robby 207
Bénureau, Didier 1024
Benvenuti, Roberto 678
Benzakein, Simona 855
Berdan, Brian 649
Berdy, Magaly 586
Berenger, Tom 164, 434
Beresford, Bruce 366, 740
Berg, Barry 425
Berg, Georg 817
Berg, Peter 52, 277, 293, 847
Berge, Francine 48
Bergeaud, David 18
Bergen, Candice 421
Bergen, Polly 548
Bergendahl, Waldemar 66, 904
Berger, Albert 505
Berger, Alex 546
Berger, Andreas 756
Berger, Christian 256, 727
Berger, Gregg 700
Berger, Helmut 10
Berger, Peter E. 405
Berger, Toni 710
Berger, William 147
Berghagen, Malin 904
Bergholm, Kalle 290
Bergman, Andrew 1028
Bergman, Robert 200
Bergström, Helena 281
Beriagoto, Andre 502
Beristain, Gabriel 183
Berkin, Bernard 523
Berling, Peter 765
Berman, Marc 543
Berman, Richard C. 955
Bernard, Crystal 675
Bernardi, Adam 419, 609
Bernardi, Barry 458, 675
Berndl, Christa 59, 535
Berner, Dieter 453
Berner, Georg 453
Bernhard, Sandra 196
Bernhardsson, Lena-Pia 533
Bernhardt, Kevin 861
Bernsen, Corbin 71, 173, 283, 343, 434
Bernstein, Armyan 1006
Bernstein, Charles 696
Bernstein, Elmer 676, 917, 1030
Bernstein, Jack 8
Bernstein, Peter 918
Berova, Olinka 465

Berri, Claude 81, 348, 938, 938
Berridi, Gonzalo 751
Berry, Halle 308, 482
Berry, Richard 337, 461
Berry, Tom 680, 988
Berryman, Ross 380
Berta, Renato 821, 938
Berthelin, Sören 302
Bertin, Roland 770
Bertish, Suzanne 943
Bertlwieser, Johann 133
Berto, Juliet 613
Bertolucci, Bernardo 564
Bertrand, Jacqueline 180
Bertuccelli, Jean-Louis 93
Berven, Gyvin 780
Besch, Bibi 571
Besnier, Jacques 502
Bessho, Tetsuya 796
Besson, Benno 94
Best, Dorothy 103
Bestbier, Michele 512
Betke, Jan 757
Bevis, Leslie 301
Beyda, Kent 308
Beyda, Nancy Nuttal 676
Beytelman, Gustavo 181
Bhasker 1005
Bhatia, Amin 325
Bhattacharyya, Debes 755
Biagini, Patrizia 87
Bianchi, Andrea 332
Bianco, Louis Di 974
Biddle, Adrian 170
Bidenko, Kris 1026
Bidou, Jacques 732
Biedermann, Julia 604
Biedrzynska, Adrianna 743
Biehn, Michael 206, 212, 907
Bierbichler, Annamirl 1
Bierbichler, Josef 899
Bieri, Ruth 913
Biermann, Wolf 94
Bierschbach, Victoria 693
Biesk, Adam 538
Bigelow, Lynn 6
Biggers, Dan 45
Biggerstoff, Caroline 425
Biggs, Casey 278
Biggs, Roxanne 905
Bill, Tony 412
Billisich, Eva 637
Billy, Jean-Marie 276
Bilstad, Elaine 144
Binder, Mike 185
Bing, Steve 531
Binkow, Bruce 138
Binkow, Gary 121
Binninger, Susanne 671
Biohazard 576
Bionda, Carmelo La 1003
Bionda, Michelangelo La 1003
Birch, Thora 405
Bird, Brian 137
Birdsall, Jesse 84
Birk, Raye 646
Birkinshaw, Alan 711
Birman, Matt 73
Birnbaum, Roger 243
Birney, David 648
Bisquert, Patxi 228
Bissainthe, Toto 586
Bisset, Jacqueline 447
Bissett, Josie 802
Bisson, Jean-Pierre 1009
Bissonette, Danielle 514
Bista, Henryk 59
Biziou, Peter 426, 1006
Björlin, Ulf 290
Black, Jack 932
Black, Karen 501
Black, Stephen 398
Black, Todd 293, 978
Blackwelder, Chris 956
Blackwell, Rus 783
Blackwood, Leam 229
Blahácek, Rudolf 470, 521
Blaine, Vivian 696
Blainey, Sue 706
Blair, Betsy 501
Blake, Geoffrey 689
Blakely, Colin 465
Blakely, Susan 625, 866
Blakey, Ken 222, 1023
Blanc, Dominique 81
Blanc, Manuel 48
Blanc, Michel 938
Blanchard, Steve 980
Blanchard, Susan 600
Blanchard, Terence 858
Blanche, Roland 174
Blancke, Sandrine 770, 827
Blanco, Pablo 22
Blank, Richard 705
Blankart, Dr. Franz 868
Blankett, Betsy 887
Blanks, Billy 32, 73, 872
Blanks, Michael 232
Blanton, Tom 602
Blasberg, Frank 454
Blasco, Manuel 940
Blawut, Jacek 881
Bledsoe, Tempestt 734
Bleiberg, Ehud 787
Bleibtreu, Moritz 254
Blessed, Brian 338
Blessing, Jack 458
Blier, Bernard 826
Blier, Bertrand 925
Bliss, Thomas A. 559
Block, Armin 95
Block, Axel 27
Block, John 747
Block, Kirsten 510
Blocker, David 113
Blocker, Dirk 55
Bloeb, Gregor 453
Blondheim, George 730
Blonzen, Elisabeth 1
Blood, David 50
Blossier, Patrick 495
Blount, Lisa 988

Bluhm, Ines 14
Blum, Barbara 60
Blumenberg, Hans-Christoph 753
Blumenfeld, Alan 893
Blumenthal, Andy 701
Blundell, Jake 196
Bluteau, Lothaire 493
Bluth, Don 204
Blythe, Terry 567
Boam, Jeffrey 2
Boardman, Chris 472
Bobby, Anne 490
Boccardo, Delia 687
Bochner, Hart 783
Bochner, Lloyd 287, 309, 571
Bock, Larry 71
Bode, Ralf 77
Boden, Kristina 135, 153, 560
Bodie, W. Paul 873
Bódis, Irén 862
Bodison, Wolfgang 847
Bodo, Jakov 59
Boehncke, Justus 510
Boeken, Ludi 791
Boerema, Menno 761
Boeser, Knut 665
Bogazzi, Luca 651
Bogdanovich, Peter 882
Bogdánowa, Jeléna 13
Bogner, Willy 1001
Bogosian, Eric 642
Boguski, Barbara 656
Böhler, Cyril 449
Böhm, Karlheinz 593
Böhm, Rainer 14
Böhmer, Andreas 576
Bohrer, Corinne 161
Bohringer, Richard 682
Boissol, Christine 266
Boissol, Claude 1024
Bók, Erika 765
Bokma, Pierre 239
Bolbrinker, Niels Chr. 326
Bolen, Gary 949
Boles, Eric 376
Bolin, Martin D. 315
Bolius, Uwe 85
Boll, Uwe 35
Bollen, Jacqueline 276
Bollman, Ryan 673
Bollmann, Ryan 932
Bologna, Joseph 161
Bolt, Jeremy 812
Bolton, Heather 46
Bombeck, Matthew 956
Bon, Wong 621
Bonanni, Mauro 651
Bonci, Luciano 332
Bond, Julian 249
Bondet, Lisa 298
Bondy, Árpád 1017
Bonet, Lisa 80, 655
Bonet, Osvaldo 181
Boni, Gabrielle 303
Bonilla, Jesús 483
Bonivento, Claudio 269
Bonnaire, Sandrine 452
Bonner, Orlando 949
Bonnin, Hermann 876
Bonsall, Brian 482, 575
Bontempo, Pietro 650
Boone Junior, Mark 296
Booth, Richard Abbott 440
Boothe, Powers 907
Borbas, Istvan 603
Borchers, Donald 538
Borchers, Donald P. 31
Börcsök, Enikó 862
Borden, Bill 412
Borden, Lizzie 539
Borek, Jaromir 951
Borelli, Alessandro 382
Borgese, Sal 258
Borgnine, Ernest 278
Bornai, Tibor 862
Bornstein, Charles 894
Borodina, Larissa 391
Borsche, Helga 225, 254
Bosco, Philip 17, 42
Bosé, Miguel 81
Bösiger, Johannes 491
Bosson, Barbara 498
Bostandshiewa, Wesselina 556
Boston, Rick 122
Bostwick, Barry 548, 898
Botham, Arthur R. 315
Botton, Frederic 48
Boubacar, Outtara 759
Bouchitey, Patrick 653, 925
Bouix, Evelyne 962
Boukaee, Rafi 558
Boukriss, Jean-Claude 61
Bouquet, Carole 551
Bouquet, Michel 61, 718
Bouquin, Jacques 732
Bourcy, Thierry 174
Boutté, Jean-Luc 972
Bouvier, Jean-Pierre 607
Bouvillain, Michael 265
Bouzid, Nouri 587
Bovell, Susan 316
Böwe, Kurt 927
Bowen, Michael 655
Bowen, Richard 497
Bowens, Malick 137
Bower, David 960
Bower, Tom 17, 343, 383, 981
Bowers, George 629, 1030
Bowman, Jessica 723
Bowman, Rob 19
Boxberg, Bertram von 997
Boxleitner, Bruce 373
Boyd, Cameron 505
Boyd, Guy 498
Boyd, Jan Gan 167
Boyd, Joshua 303
Boyd, Sarah 362
Boyd, William 366
Boyer, Myriam 925
Boyett, William 114

Boyle, Lara Flynn 255, 467, 623, 854, 1006
Boyle, Peter 724, 754, 803, 867
Bozman, Ron 663
Bozonnet, Marcel 452, 958
Bozzolo, Giovanna 553
Bracco, Elizabeth 620
Bracco, Lorraine 270, 610, 995
Brachs, Markus 1001
Bracken, Heather 822
Bradford, Jesse 505
Bradford, Richard 173
Bradley, Christopher 372, 373
Bradley, David 114, 115, 190, 191
Bradsell, Michael 932
Bradshaw, Nigel 213
Brady, Jerry 134
Brady, Moya 932
Bragarnik, Svetlana 764
Bragia, Mattias 10
Brahmann, Simone 416
Brahms, Johannes 570
Brahmstedt, Ken 54
Brakhage, Stan 454
Brams, Richard 165
Bramson, Steven 343
Brancato, Lillo 431
Brancato jr., Lillo 629
Branco, Paulo 7, 29, 345
Brand, Gudrun 237
Brand, Marinus 727
Brandauer, Christian 592
Brandauer, Klaus Maria 288, 592, 592
Brandon, Clark 819
Brandon, Maryann 640, 964
Brandstrom, Charlotte 551, 555
Brandt, Axel 94
Brandt, Barbara 247
Brandt, Carlo 495
Brandt, Nils 986
Brandt, Patrick 753
Brandt, Russ 207
Brandt-Burgoyne, Anita 199
Brantschen, Christian 941
Braoudé, Patrick 653
Brasovan, George 666
Brass, Lorne 337
Brasseur, Claude 313, 832, 925
Bratt, Benjamin 474
Bräuer, Mona 57
Braugher, Andre 519, 900
Braun, Alice 573
Braun, Amanda 472
Braun, David 513
Braun, Megan 472
Braun, Samantha 472
Bräutigam), der 960
Brava, Keith 1030
Bregman, Martin 153, 803
Bregman, Michael S. 153, 803
Bregovic, Goran 81
Breheny, Brian J. 706
Breiner, Peter 729
Breitsprecher, Michael 815
Brejdygant, Stanislaw 493
Brelis, Tia 619
Bremer, Annemarie 65
Bremmer, Ewen 645
Brendel, Michael 782
Brennan, Eileen 385, 403
Brenner, David 1032
Brenner, Dori 45
Breschard, Jack 255
Bresciani, Marco 885
Brest, Martin 456
Bretherton, David 581
Breuer, Jacques 16
Breuer, Torsten 100
Breuls, Paul 761
Brewer, Rowanne 160
Breyner, Nicolaus 313
Brezner, Larry 42
Brialy, Jean-Claude 81, 580, 617
Brice, Lauren 150
Brickman, Marshall 86
Bricmont, Wendy Greene 152, 466, 638
Bridges, Beau 220, 459
Bridges, David 298
Bridges, Jeff 273, 285
Bridges, Lloyd 273, 968
Brigadier, Edward 788, 865
Bright, Richard 663
Brill, Fran 362
Brill, Steven 226
Brimhall, Cynthia 531
Brin, Michelle 801
Brine, Adrian 239
Brink, Chief Irvin 56
Brinkmann, Robert 98
Britton, Tracy Lynch 602
Brochu, Don 56
Brock, Phil 853, 892
Brocksmith, Roy 415
Broderick, Matthew 504, 559, 642, 1006
Brodie, Kevin 861
Brodsky, Vlastimil 513
Brody, Adrien 505
Brokaw, Cary 813
Brolin, James 62, 372, 679
Brolin, Josh 747
Brolly, Clark 373
Bromfield, Valri 432
Brömssen, Tomas von 986
Bromwell, Lisa 912
Bronson, Charles 211
Bronston, Ann 783
Brook, Jayne 107
Brookers, Jacqueline 1030
Brooks, Avery 175
Brooks, Chip 301
Brooks, Freddie 991
Brooks, Paul 84
Broome, Jimmy 39
Broomfield, Nick 18

Brosnan, Pierce 144, 514, 632, 949
Brosse, Dirk 195
Broszat, Ingrid 973
Brou, Kouadio 356
Broughton, Bruce 467, 557, 907, 1018
Broustal, Sophie 48
Browdy, Susan B. 144, 316
Brown, Bill 236
Brown, Chris 799
Brown, Clancy 524, 853
Brown, Clarence 524
Brown, Georgia 949
Brown, Gregory 858
Brown, Gregory H. 468
Brown, Julie 722
Brown, Kenneth A. 723
Brown, Luke 517
Brown, Maureen 568
Brown, Michael 478, 949
Brown, O. Nicholas 323, 561, 959
Brown, Ralph 931, 985
Brown, Reb 151
Brown, Robert 499
Brown, Robert G. 397
Brown, Susan 343
Brown, Wren T. 28
Browne, Roscoe Lee 647
Brozhowskaja, Inna 13
Bruck, Florentine 753
Brucker, Klaus von 859
Bruel, Dirk 302
Brugge, Pieter Jan 21
Bruni-Tedeschi, Valeria 345
Bruno 289
Bruskotter, Eric 434
Bryant, Chris 316
Bryce, Ian 98
Bryliakov, Vladimir 926
Brymer, Patrick 397
Brynolfsson, Reine 281, 427, 904, 986
Brzeski, Eva Ilona 184
Buba, Pasquale 900
Buchanan, Colin 729
Buchanan, James David 187
Buchner, Hart 82
Buchrieser, Franz 535, 750
Buck, Detlev 27
Buck, Inge 982
Buckley, Norman 139
Bucksey, Colin 874
Buczolich, Rudolf 951
Budin, Jessica G. 481
Bueb, Klaus 753
Bühler, Jonas 913
Bufalino, Gesualdo 552
Buff, Conrad 358, 919
Buglya, Sandor 563
Bujak, Wally 359
Bukowski, Bob 1013
Bullock, Sandra 838, 882, 978
Bunch, Ray 877, 878
Buono, Cara 577
Burberry, Vance 31
Burg, Mark 20
Burgemeister, Bernd 865
Burgess, Don 317, 456
Burke, Calvin 544
Burke, Chris 455
Burke, Michelle 176, 205
Burke, Robert 907
Burke, Robert John 748
Burkhard, Gedeon 16
Burkhard, Ingrid 951
Burkholder, Scott 694
Burlison, Tom 309
Burmester, Leo 685
Burnett, Alan 82
Burnett, Vicky 755
Burnette, Olivia 299, 334
Burns, Duncan 861
Burns, Mark 362
Burns, Ralph 835
Burnus, Vera 16
Burowa, Keta 322
Burr, Jeff 714
Burr, Raymond 165
Burrett, Lisa Jane 633
Burroughs, Jackie 526, 568
Bursteen, Alan B. 1004
Burstyn, Ellen 715, 829, 999
Burton, Donald 259
Burton, Geoff 947
Burton, LeVar 295, 598
Burton, Tim 660
Burum, Stephen H. 153, 803
Burwell, Carter 20, 415, 929, 985, 1028
Buscemi, Steve 20, 408, 525, 921
Busch, Inga 767
Buschhauer, Miguel 576
Buschhoff, Walter 997
Busey, Gary 164, 229, 860
Busfield, Timothy 622, 900
Bush, Dick 828
Bush, Grand L. 164
Bush, Owen 221
Busmani, Giancarlo 849
Busse, Jochen 53
Büsser, Regula 328
Busson, Mathieu 452
Buster, Dolly 966
Butler, Bill 811, 969
Butler, Dan 51
Butler, King Baggot; David 134
Butler, Paul 598, 749
Butler, Robert 569
Butler, Stephen 265
Buttgereit, Jörg 782
Buttons, Red 1028
Buuren, Marc von 618
Buxton, Sarah G. 359
Byers, Frank 141, 303
Byfield, Trevor 96
Byrd-Netherly, Mirian 911
Byrne, Michael P. 113
Byrne, Rose 196
Byron, David 303, 622, 850

C

Caan, James 306
Caban, Angel 577
Cabini-Morigi, Tatiana 885
Cabreros, Ron 662
Cacavas, John 165, 421
Caccialanza, Lorenzo 514
Caesar, Sid 550
Caffrey, Stephen 219
Cage, Nicolas 36, 206, 1028
Cain, Dean 569
Cain, Michael 902
Caine, Michael 56
Cakarli, Mesut 817
Cala, Jerry 852
Caland, Philippe 141
Cale, John 335
Calhoun, Scott 46
Cali, Deborah 87
Cali, Joseph 571
Callaway, Jerry G. 542
Callaway, Thomas L. 111
Callaway, Tom 720
Calley, John 983
Callow, Simon 960
Callum-Jones, Desmond 316
Calo, Massimilliano 87
Calsne, Arthur Le 972
Calvelte, Mercedes 644
Calvert, Bill 715, 959
Calvert, Micheline 388
Calvin, John 234
Cambern, Donn 434
Cameron, James 919
Cameron, Nadja 670
Cameron, Shelley 863
Cammin, Petra-Maria 14
Camoglio, Maria Teresa 433
Camp, Colleen 548
Campbell, Bruce 2
Campbell, Jennifer 115
Campbell, John 270
Campbell, Julia 933
Campbell, Lee J. 24
Campbell, Malcolm 985
Campbell, Martin 310
Campbell, Neve 200
Campbell, Nicholas 337, 628, 848
Campbell, Rob 567
Campbell jr., William 670
Campiña, Enrique Granados 483
Campion, Cris 996
Campion, Jane 1026
Campiotti, Chiara 382
Campiotti, Federico 382
Campiotti, Giacomo 382
Campisi, Tony 412
Campoy, Eduardo 104
Camuirano, Carlos Alberto 247
Canada, Ron 694
Canal, Felix 644
Candib, Richard 609
Candy, John 178, 479
Canell, Marrin 704
Canella, Anthony C. 846
Cannata, Anthony 113
Cannon, Bruce 697
Cannon, Danny 1020
Cannon, Dyan 303, 672, 843
Canton, Neil 349
Capello, Lucrecia 181
Caplain, Robert 282
Capozzoli, Gaetano 87
Cappellari, Ciro 451
Cappello, Frank 34
Capra, Francis 431
Caprioli, Stefano 382
Captan, Talaat 49, 846
Caramelli, Simona 650
Carax, Leos 613
Carbone, Tony 135
Cardinal, Tantoo 791
Cardinale, Claudia 828
Cardone, J.S. 853
Cardone, Nathalie 409
Cardwell, Roman 673
Carhart, Timothy 99
Carigiet, Claudia 952
Carioca, Tahia 330
Carlei, Carlo 258
Carlen, John 717
Carley, Kurt Mac 801
Carlier, Eric 430
Carlin, Lynn 487
Carlo, Johann 847
Carlo, Piero Di 87
Carlson, Linda 98
Carlsson, Ing-Marie 281
Carlton, Mark 694
Carmen, Julie 187
Carmet, Jean 348
Carney, Marcus J. 420
Carnochan, John 504
Caron, Glenn Gordon 760
Carpenter, John 128
Carpenter, Russell 919
Carpenter, Willi 892
Carpentieri, Renato 553
Carr, Budd 649
Carr, Natalie 76
Carradine, David 44, 224, 794
Carradine, Robert 161, 425
Carrara, Chris 723
Carrere, Leon 450
Carrere, Tia 861, 919, 985
Carrey, Jim 8, 595
Carrière, Mathieu 174
Carrigan, Casille 596
Carrillo, Alvaro 483
Carrington, Debbie Lee 397
Carroll, Rocky 399
Carruth, Willian C. 255
Carry, Julius 2
Carstensen, Margit 593
Carter, Alex 954
Carter, Alice 199
Carter, Finn 863
Carter, James L. 747
Carter, John 343, 816

Carter, Richard 148
Cartlidge, Katrin 645
Cartwright, Veronica 216
Carver, Steve 794
Carvey, Dana 107, 933, 985, 1006
Casalini, Dario 10
Casanova, Delia 327
Casanovas, Alex 483
Cascio, Salvatore "Toto" 552
Caselli, Chiara 448, 495, 651
Caserta, Clem 431
Casey, Kimberley 230
Cash, Veronica 944
Casnoff, Phillip 873
Caso, Robert 648
Cassavetes, Nick 129, 171
Cassel, Jean-Pierre 409
Cassel, Seymour 134, 164, 991, 1028
Cassel, Vincent 779
Cassell, Alan 92
Cassidy, Bruce 883
Cassidy, Jay 127
Cassidy, Joanna 309, 507, 802
Cassini, John 583
Castel, Lou 335
Castellitto, Sergio 651
Castle, Jane 538
Castle, John 748
Castro, Emmanuelle 289, 345
Caswell, Chris 897
Cataldo, Giusi 258, 382
Catalifo, Patrick 1024
Cates, Darlene 360
Cates, Phoebe 127
Catillon, Brigitte 174
Catlett, Mary Jo 797
Catonne, Francois 37, 448
Cattrall, Kim 189, 229, 1029
Catz, Caroline 741
Caulfield, Maxwell 44, 662, 884
Cavanaugh, Tony 213
Cavas, John 218, 615
Cave, Nick 454
Caven, Ingrid 593
Cayiroglou, Mine 817
Cazès, Lila 80
Ceccacci, Roby 10
Cecchetto, Renato 738
Cecchi, Carlo 269
Ceh, Soby 771
Celano, Guido 5
Célarié, Clémentine 4
Celio, Teco 240
Cellier, Caroline 163, 958
Cenet, Michel 312
Cepek, Petr 839, 950
Cerchio, Carlo 738
Cerda, Sophie 61
Cerny, Daniel 285
Cervera jr., Jorge 201
Çetin, Cemalettin 95
Çetin, Sinan 95
Chabrol, Claude 61, 341, 409, 409
Chabrol, Matthieu 409
Chadbourne, Eugene 582
Chadha, Gurinder 691
Chadha-Patel, Amer 691
Chadwick, Sarah 706, 946
Chahine, Youssef 330
Chalem, Denise 925
Chalke, James 370
Chambers, Brian 418
Chambers, Carrie 1004
Champa, Jo 222
Champetier, Caroline 972
Champion, Gregg 577
Chan, Alan 371
Chan, Jackie 169, 379
Chan, Jerald 833
Chan, Michael Paul 457, 889
Chan, Paul 621
Chana, Ameet 1005
Chanda 39
Chandler, Jeffrey Allen 444
Chandler, John 139
Chandler, Sandra 151
Chang, Gary 17, 212, 329, 1025
Chang, Kent 800
Chang, Martha 244
Chang, Peter 677
Chang, Raymond 677
Chang, Steve 484
Chang, Sylvia 251
Chang, Terence 488
Chang, Wan-Ting 1013
Chang, William 677
Chaniolleau, Caroline 855
Channing, Stockard 220, 887
Channing-Williams, Simon 645
Chao, Rosland 889
Chao, Winston 251
Chaplin, Ben 983
Chaplin, Carmen 607
Chaplin, Christopher 513
Chapman, Alexander 514, 704
Chapman, Jan 1026
Chapman, Lonny 51
Chappell, Jan 352
Chapsal, Madeleine 447
Chapuis, Dominique 547
Charisse, Cyd 880
Charles, Josh 185, 255
Charmettant, Christian 174
Charney, Jordan 835
Charters, Rodney 974, 1025
Chartier, Sandra 576
Chass, Marie 242
Chassay, Clancy 1012
Chatel, Peter 593
Chau, Gary 793
Chavez, Ramon 500
Chaykin, Maury 398, 456, 620
Che, Paul 400
Cheadle, Don 609
Chemaly, Pierre 721

Chen, Chao-Jung 251
Chen, Daming 721
Chen, Joan 56, 1025, 1032
Chen, Lester 251
Chen, Ming-chang, 713
Chen, Po-Wen 809
Chen, Rocky 484
Chen, Te-Cheng 809
Chen, Yi-Fan 809
Cheng, Adam 967
Cheng, Kent 379
Cheng, Mark 371
Cheng, Siu-Keung, 793
Chenghui, Yu 806
Chen-nan, Tsai 713
Cheong, Yeung Ki 68
Chéreau, Patrice 81
Cherrington, Te Paki 46
Chesnais, Patrick 958
Chesser, Chris 201
Chester, Colby 898
Cheuiche, Jacques 886
Cheung, Chow Kam 68
Cheung, Jacky 633
Cheung, Kent 621
Cheung, Leslie 488
Cheung, Roy 633
Chevalier, Christian 163
Chevallier, François 195
Chew, Richard 639
Chi, Liu Juel 621
Chi, Liu Tian 527
Chiappe, Terry J. 131
Chiappi, Terry 424
Chiba, Sonny "J.J." 736
Chieh, Kao 612
Chihara, Paul 773
Chilvers, Patrick 568
Chin, Crooked 809
Chin, Kwan Zhe 516
Chin, Tsai 889
Chin, Wellson 400
Ching, Fong Ling 67
Ching, Yung-Cho 1013
Ching-ru, Hwang 713
Ching-sung, Liao 713
Chinh, Kieu 889
Chinlund, Nick 77
Chinyamurindi, Michael 137
Chisholm, David 459
Chiu, Lee Ying 231, 540
Chlumsky, Anna 619, 638
Chlumsky, Nancy 619
Choi, Anna B. 49
Choi, David 371
Chomyn, Chris 139
Chopel, Farid 1024
Chopin, F. 750
Choquart, Alain 79
Chou, Hsu-Wei 809
Choudhury, Sarita 1005
Choukroun, Pierre 827
Chow, Isabella 800
Chow, Michael 400
Chow, Raymond 108
Chow, Yon-Fat 488
Chressanthis, James 210
Chrest, Joseph 505
Christaldi, Franco 258
Christaldi, Massimo 258
Christen, Ueli 100, 397, 767
Christian, Roger 665
Christmas, Eric 386
Christodoulidis, Michaelis 725
Christoffersen, Peter 41
Christopher, Bojesse 31
Christopher, Dennis 168, 501
Christopherson, Kathy 375
Chu, Chui Po 967
Chu, Li 231
Chu, Tien-wen 713
Chuen, Lau Hung 88
Chulay, Benjamin 890
Chung, Cheung Yiu 108
Chung, Lin 713
Chung-Kil, Kim 686
Chung-Mo, Koo 686
Chunhua, Ji 806
Chun-Yu, Liao 1013
Chun-Yuan, Li 1013
Churchill, Joan 159
Churchill, Savannah 831
Churgin, Lisa 201, 965
Chvatal, Cindy 478
Chwalibog, Maria 743
Cibelli, Christoper 395
Ciccarese, Luigi 10, 87
Cicchini, Robert 455, 560
Cicciolina, La 735
Cilurzo, Lorenzo 885
Cingolani, Luigi 611, 694
Cinnante, Kelly 975
Cino, Beppe 552
Cintra, Luis Miguel 29
Cirillo, Claudio 852
Cirillo, Patrick 199
Cirino, Chuck 369
Citran, Roberto 382
Citti, Marc 345
Civit, Josep 414
Clabaugh, Richard 34
Claes, Jappe 195
Clair, Philippe 840
Claisse, Georges 181
Clapp, Gordon 268, 911
Clarin, Hans 710
Clark, Al 706
Clark, Anthony 882
Clark, Betsy 141
Clark, Carol Higgins 785
Clark, Curtis 916
Clark, Duane 121
Clark, Eugene 179
Clark, Greydon 961
Clark, Jason 122
Clark, Jim 366
Clark, Matt 71, 122, 507, 676
Clark, Robin 942
Clark, Warren 808
Clarke, Caitlin 273
Clarke, Mindy 737
Clarke, Patrick James 708

Clarke, Stanley 697
Clarkson, Patricia 640
Claus, Hugo 761
Claussen, Jakob 253, 397
Claver, Queta 126
Clay, Andrew Dice 142
Clayburgh, Jill 3, 295, 461, 606, 647, 740
Clayton, Curtiss 270
Claypool, Les 375
Clemenson, Christian 2
Clément, Aurore 451
Clemente, Giovanni di 382
Clemente, Ralph 758
Clementi, Annamaria 10
Clennon, David 560
Cleven, Harry 4
Clezio, Odile le 294
Clifford, Patricia 316
Cline, Nels 378
Clinton, George S. 387, 679, 772, 895
Close, Glenn 777
Cluzet, François 409
Clyde, Jeremy 476
Coates, Kim 172
Cobos, Germán 126
Coburn, Arthur 595, 916
Coburn, James 206, 599, 816
Coca, Richard 673
Cochofel, Filipe 29
Cochrane, Rory 205
Cocktails, Johnny 31
Codrescu, Constantin 771
Codron, David 138
Coen, Ethan 415
Coen, Joel 415
Coeur, Paul 178, 1015
Coffey, Colleen 435
Coffin, Frederick 887
Coffin, Sylvie 441
Cohen, Bruce 308
Cohen, Ira 666
Cohen, Lynn 584, 702
Cohen, Paul 367
Cohen, Steven 42, 917
Cohn, Michael 265
Coker, Flora 54
Cokes, Ray 397
Colace, Hugo 250
Colao, Manuel 258
Colchat, Nicole 276
Cole, Brian 853
Cole, Buddy 859
Cole, Jude 524
Coleman, Charlotte 960
Coleman, Dabney 36, 98
Coleman, Jack 490, 534
Coleman, Jimmy 722
Coleman, Marilyn 609
Coles, Emma 1026
Colesberry, Robert F. 995, 1006
Colgate, William 309
Colick, Lewis 462
Colicos, John 628
Colin, Grégore 448
Colin, Margaret 36
Colleton, Sara 629
Colley, Kenneth 338, 543
Colli, Franco Delli 552
Collier, Christina 321
Collins, Blake Jeremy 497
Collins, Bobby 974
Collins, Joan 914
Collins, Johnny 757
Collins, Judy 466
Collins, Keith 1012
Collins, Lisa 212
Collins, Molly 757
Collins, Peter 670
Collins, Phil 929
Collister, Peter Lyons 697
Colmaghi, Carlo 651
Colman, Graeme 229
Colman, Henry 28
Colombiel, Michel 622
Colombier, Michel 296, 434
Colonello, Tess 721
Colson, Jean-Christophe 47
Columbus, Chris 632
Comas, Jaime 223
Comben, Gloria 71
Combs, David 820
Combs, Jeffrey 810
Comerford, Joe 396
Comesa, Carmen 336
Comets, Jacques 586
Cometz, Jacques 445
Compere, Jean-Henri 4
Conaway, Christi 490
Conaway, Jeff 614, 914
Concari, Gino 259
Condon, Bill 589
Conforti, Gino 204
Cong, Xiao 527
Coninx, Stijn 195
Conlon, Joseph 429
Connal, Kevin 151
Connell, David 946
Connelly, Jennifer 479, 969
Connery, Sean 366
Connor, John 811
Connor, Kevin 807
Connors, Kevin 139
Connors, Kevin R. 221
Conolly, John P. 265
Conrad, Chris 19
Conrad, Jess 712
Conrad, Patrick 761
Conrad, Robert 58, 90, 717
Conrad, Scott 835
Conroy, Bill 998
Conroy, Jack 525, 791
Conroy, Kevin 331
Conroy, Kevin 82
Constantine, Michael 528, 639
Constanzo, Robert 583
Conte, Gianfilippo 87
Conti, Bill 252, 728
Conti, Tom 976
Conti, Ugo 269
Continiello, Ubaldo 332
Contner, James A. 890

Contouri, Chantal 935
Contreras, Patricio 969
Convertino, Michael 52, 127, 412, 978
Cooder, Ry 349
Coogan, Keith 386, 641
Cook, Barbara 204
Cook, Dale 91
Cook, Tracey 96
Cook, Troy 216
Cooke, Malcolm 187
Cooke, Matt 785
Coolidge, Martha 42, 917
Cooper, Alice 205
Cooper, Jeanne 71
Cooper, Maggie 773
Cooper, Robert 728
Cooper, Stuart 197, 534
Cooper, Trevor 493
Coote, Greg 561
Copans, Richard 844
Copeland, Stewart 19, 80, 722, 724, 860
Coppola, Christopher 206
Coppola, Sam 702
Corbeil, Gilles 73
Corbeil, Normand 704
Corbiau, André 448
Corbiau, Gérard 448
Corbin, Barry 386, 463, 479
Corbucci, Sergio 1003
Cord, Alex 648
Cordey, Philippe 684
Corey, Jeff 860
Corey, Matt 856
Corley, Al 897
Corley, Pat 628
Corman, Bernd 160
Corman, Julie 676, 790, 1002
Cornfeld, Stuart 760
Cornwell, Stephen 689
Corradi, Pio 227, 266, 503, 684, 868, 937
Correa, Luelane 247
Correll, Charles 542, 715
Corriveau, Andre 674
Cortese, Joe 138, 424
Cortez, Julia 706
Corti, Axel 416
Corwin, Hank 649
Cosby, Bill 842
Coscarelli, Don 139
Cosmatos, George P. 907
Cosso, Pierre 786
Costa-Gavras 495
Costallos, Suzanne 975
Costner, Kevin 685, 724, 1019
Costo, Oscar L. 112
Cottençon, Fanny 958
Cotterill, Helen 321
Cotterill, Ralph 76
Coughlin, Cari 534
Coulais, Bruno 827
Coulanges, Amos 586
Coulj, Paul 980, 998
Coulois, Bruno 174
Coulouris, Keith 295
Coulter, Michael 316, 995
Courau, Clotilde 843
Couriet, Gerald 689
Cousins, Brian 442
Coussein, Sophie 335, 613
Cousy, Bob 118
Cousyn, Viktor 85
Coutard, Raoul 335
Coutteure, Ronny 120
Couture, Charlélie 47, 726
Couture, Suzette 627
Covert, Michael 730
Cowan, Tom 294
Cowie, Victor 526
Cowles, Matthew 577, 1015
Cox, Brian 444
Cox, Courteney 8
Cox, Joel 685
Cox, Julie 932
Cox, Mitchell 49
Cox, Paul 526
Cox, Rick 182
Cox, Ronny 261, 350
Cox, Vincent 883
Coyote, Peter 483
Crabbe, Peter 974
Crafford, Ian 102
Crahay, Christian 276
Craig, Charmaine 1015
Craig, Michael 150, 155
Craigie, Ingrid 676
Cramer, Ross 357
Cranston, Bryan 539
Craven, Garth 999
Craven, Mimi 616
Craviotto, Darlene 550
Crawford, Sophia 516, 864
Crayford, Jonathan 755
Creed-Miles, Charlie 712
Cremer, Bruno 276, 312
Crenna, Richard 429, 625
Creton, Michel 832
Crewson, Wendy 182, 1030
Cristaldi, Franco 258
Crittin, Gérard 963
Crociani, Raimondo 852
Crocker, Cristan 717
Croge, Anthony Santa 135
Cromwell, James 749
Cronan, Adam 934
Crooper, Linda 799
Cropper, Amma 728
Crosas, Joan 876
Crosby, Mary 90
Croshaw, John 980
Cross, Murphy 949
Crossan, Denis 665
Crossley, Laura 340
Crotti, Anna 928
Crouch, Thomas 184
Crouse, Lindsay 995
Crow, Ashley 299, 884, 1030
Crowley, Patrick 748
Cruchten, Pol 404
Cruickshank, Jim 816
Cruise, Tom 439

Crutcher, Susan R. 280
Cruttwell, Greg 645
Cruz, Carlos 23
Cruz, Vladimir 263
Crystal, Billy 170
Crystal, Lindsay 170
Csakany, Zsuzsa 705
Csakanyi, Eszter 166
Cuello, Juan Carlos 22
Culkin, Macaulay 25, 1030
Culkin, Quinn 1030
Cullen, Brett 783, 820, 897
Cullen, Max 561
Culliver, Katheryn 103
Culp, Joseph 884
Culp, Robert 21, 842
Cummer-Price, Alan J. 321
Cummins, Jack 432
Cummins, Martin 138
Cundey, Dean 308
Cupák, Eduar 347
Curran, William 140
Currie, Gordon 714
Curry, Tim 243, 803
Curtelin, Jean 48
Curtin, Jane 176, 773
Curtis, Doug 689
Curtis, Jamie Lee 638, 895, 919
Curtis, Robin 70
Curtis, Simon 352
Curtis, Todd 131, 158
Curtis, Tony 157, 647
Curtis-Brown, Robert 490
Curzi, Pierre 268
Cusack, Joan 15, 182
Cusack, John 620, 1006
Cusack, Sinead 352, 357
Cuse, Carlton 2
Cuthbert, Neil 405
Cutler, R.J. 979
Cutt, Michael 893
Cutter, Lise 993
Cyran, Catherine 1002
Cyrus, Martin 473
Czerny, Henry 474, 674
Czura, Marian 535
Czypionka, Hansa 476, 815

D

Da, Shi-Chang 339
Daaboul, Moche 602
D'Abo, Maryam 428, 988
D'Abo, Olivia 80, 107
Dacascos, Marc 673
Dacoda, Chayse 212
Dacqmine, Jacques 348
Dafeldecker, Werner 582
Dafoe, Willem 474, 560, 906, 916
Dahlberg, Monika 604
Dalen, Zale 58
D'Aloja, Francesca 269
Dalong, Zhang 339
Dalton, Timothy 647
Daltrey, Roger 561
Daly, Tim 199, 911
Dalzell, Dennis 548
Damian, Jane 378
Damian, Leo 378
Damon, Matt 349
Damus, Mike 917
Dandan, Song 279
D'Andrea, John 134
Daney, Serge 446
Dangar, Henry 946
D'Angelo, Beverly 561
Daniel, Danniel 509
Daniel, Don 694
Daniel, Gary 169
Daniel, Jan 936
Daniel, Lee 205
Daniel, Sean 205, 907, 959
Daniels, J.D. 583
Daniels, Jeff 838
Danielson, Lynn 993
Danna, Mychael 272
Danquart, Didi 1017
Danquart, Pepe 690
Danson, Ted 25
Dante, Joe 597
Danyda, Muong 732
Däpp, Werner 756
Dapporto, Massimo 320
Darame, Robert 312
Darday, Istvan 166
Dardenne, Jean-Pierre 276
Dardenne, Luc 276
Darel, Florence 284, 938
Dargin, Alan 706
Daring, Mason 408, 525, 636
Darlan, Eva 93
Darman, Corine 47
Darmois, Hughes 962
Darmon, Gérard 461
Darr, Lisa 783
Darrow, Steven 371
Dartonne, Monique 353
Dash, Stacey 629
Dasig, Bodjie 719
Dass, Hari 775
Daujon, Daniel 284
Dauphin, Jean-Claude 163, 832
Dautun, Bérangère 276
Davalos, Elyssa 414, 450
Davanture, Andrée 732
Davao, Charlie 540
Davenia, Nico 678
Davey, Bruce 19, 599
Davi, Robert 157, 301, 658, 828
Daviau, Allen 285
David, Angel 186
David, Ingolf 302
David, Keith 525
David, Mario 341, 409
David, Pierre 314, 594, 616, 680, 766, 988
Davidova, Ludmila 264
Davidovich, Lolita 86, 134, 478

Davidovici, Jacques 653
Davidson, Boaz 114
Davidson, Bruria 114
Davidson, Diana 618
Davidson, Joy 902
Davidtz, Embeth 772, 776
Davies, Aaron 699
Davies, Alun 200
Davies, Carmel 349
Davies, Freeman 349
Davies, Geraint Wyn 788
Davies, Jackson 589
Davies, John 383
Davies, Katryn 87
Davies, Stephen 161
Davila, Raul 461
Davis, Amy 802
Davis, Angela 378
Davis, Battle 629
Davis, B.J. 758
Davis, Bob 942
Davis, Brad 3
Davis, Carl 971
Davis, Clifton 734
Davis, Elliot 505, 895
Davis, Geena 42
Davis, John 370, 525, 955, 971
Davis, Judy 663
Davis, Kevin 283
Davis, Michael 283
Davis, Michael Paul 221
Davis, Ossie 955
Davis, Rochelle 186
Davis, Tamra 156
Davis, Warwick 537, 538
Davis, William B. 58
Davison, Bruce 813
Davy, Markus 416
Davy, Walter 416
Dawson, Kamala 561
Dawson, Sidney 127
Day, Lisa 408
Day, Raymond 549
Dayan, Assi 558, 643
Dayan, Josée 779
Day-Lewis, Daniel 426
De Alba, Cecile Sanz 29
De Almeida, Joaquim 474
De Bartillat, F. 972
De Battista, Gerard 126, 441, 925
De Benito, Mario 104
De Boeck, Antje 195
De Bont, Jan 838
De Broca, Michelle 855
De Carlo, Yvonne 648
De Carvalho, Rui 29
De Chateaubriant, Frédéric 857
De Donder, An 761
De Ganay, Thierry 682
De Garcillian, Fernando 751
De Gregorio, Eduardo 181
De Groot, Genio 869
De Heer, Rolf 76
De Hert, Robbe 120
De Jésus Villers, Mario 327
De Keyzer, Bruno 832
De Koy, Barbara 1
De la Bouillerie, Hubert 122, 575
De la Fuente, Leonardo 134
De la Iglesia, Alex 22
De la Loma, José Antonio 287
De la Puente, Elvira 654
De La Rochefoucauld, Jean 871
De La Rochefoucauld, Sophie 871
De la Torre, Dale 390
De la Uz, Laura 388
De Lancie, John 212, 285
De Latour, Eliane 353
De Laurentiis, Raffaella 619
De Lavallade, Carmen 884
De Luze, Hervé 348, 938
De Maio, Roberto 10
De Mao, Jin 91
De Medeiros, Maria 709
De Montalembert, Thibault 972
De Mornay, Rebecca 243
De Niro, Robert 431
De Oliveira, Manoel 29
De Oni, Chris 273
De Palma, Brian 153
De Palma, Rossy 483
De Pasqua, Lorenzo 320, 687
De Rossi, Portia 947
De Rossi, Ugo 1022
De Rozas, M. Elena Sainz 751
De Rozas, Maria Elena Sainz 940
De Sio, Giuliana 154, 406, 738
De Souza, Steven E. 99, 308
De Vito, Danny 466, 511, 629, 965
De Wolfe, Thomas 625
De Vreese, Frédéric 761
De Vries, Casper 512
De Vries, Gerhard 319
De Vries, Jon 829
De Wilde, Graham 996
De Young, Cliff 343
Deacon, Kim 274
Deakins, Roger 340, 415
Dean, Rick 480, 654
Dearden, Jim 429
Debney, John 370, 405, 519, 898, 1015
Debroux, Lee 616
Debski, Krzesimir 588
Debus, Barbara 982
Decleir, Jan 195, 761
Dedet, Yann 335
Dedrick, Lea 351
Deitch, Donna 708
Dejean, Dominique 586
Dejon, Ashleigh 620
Dekker, Fred 748

Delaney, Kim 314, 425, 634
Delaney, Kitty 757
Delany, Dana 82, 560, 907
Delerue, Georges 740, 958
Delgado, Frank 23
Delia, Joe 822
Dellafemina, Michael 442
Delon, Alain 48
Delon, Anthony 996
Delorenzo, Victor 54
Delpy, Albert 586
Delpy, Julie 241, 243
DeLuise, Dom 790
DeLuise, Michael 856
Delville, Bernard 970
DeMarco, Daniel 54
Demenga, Monika 328
Demenga, Monika 328
Demetral, Chris 455, 575
Demme, Jonathan 688
Demme, Ted 663
Dempsey, Patrick 80, 344, 554
DeMunn, Jeffrey 455, 463
Demy, Valentine 546
Deneuve, Catherine 607
Denham, Maurice 321
Denicourt, Marianne 972
Denier, Lydia 101, 658
Denis, Claire 446
Denis, Jacques 495
Denis, Roberto 384
Denison, Anthony John 122, 329
Denison, Michael 805
Dennehy, Brian 316, 383, 598
Dennie, Carl 991
Dennison, Reid 872
Denove, Russell 2
Densham, Pen 273
Denys, Marek 493
Depardieu, Gérard 194, 348, 938
DePew, Gary 380
Depp, Johnny 360
d'Eramo, Luce 574
Deray, Jacques 48, 580
Derek, Bo 779, 1016
Dereppe, Claude 682
Dergachev, Anatoli 264
Dern, Bruce 124
Dern, Laura 685
Derry, Greggan 396
Derzsi, Csilla 563
Derzsi, János 765
Desarthe, Gérard 195
Desatoff, Paul 44
Descas, Alex 7
Deschanel, Caleb 1028
DeSica, Christian 852
DeSica, Manuel 852
Desideri, Danilo 422, 1003
Desiderio, Robert 472
Desjonquères, Ghislaine 826
DeSoto, Rosana 627
Despasqual jr., Michael 677
Desplechin, Arnaud 972
Desplechin, Fabrice 972
Despratx, Catherine 653
Destaoff, Paul 614
Detmers, Maruschka 411
Detraz, Monique 230
Deutch, Howard 25
Deutsch, Alfred 710
Deutsch, Sonja 204
Deutschmann, Heikko 753
Devane, William 376, 534, 623
Devereaux, Jan 210
Devlen, Matt 151
Devlin, Alan 396
Devos, Emmanuelle 972
Dexter, Sally 1012
Dey, Susan 471
Di, Wu 1007
Diamant, Moshe 888
Diaz, Cameron 595
Diaz, Chico 247
Diaz, Rafael 126
DiCaprio, Leonardo 360, 699
Dick, Nigel 298, 923
Dicker, Avital 558
Dickerson, Ernest 464, 860
Dickerson, George 210
Dickinson, Angie 270
Dickson, Andrew 645
Dickson, Billy 949
Didden, Marc 761
Diegues, Carlos 716
Diehl, John 723
DiGiacomo, Franco 154
Dijulio, Ron 50
Dikker, Loek 705
Dillon, Kevin 310
Dillon, Matt 631
Dillon, Melinda 774
Dillon, Paul 113
Dimarco, Steve 73
DiMattia, Victor 390
Dimbort, Danny 114
Dinallo, Gregory S. 878
Dindo, Richard 266
Dindo, Richrd 266
Dingenen, Frank 120
d'Ingeo, David 546
Dingwall, Kelly 618
Dini, Paul 82
Dinner, Michael 847
DiPego, Gerald 675
Dirka, Karel 513, 521
Disney, Walt 386, 504
Dissel, Renate 966
Ditetova, Jana 950
Divoff, Andrew 758
Dixon, Humphrey 947
Dixon, Jim 693
Dixon, Leslie 632
Djurabajev, Bokhodur 652
Djurkoviceva, Ljuba 936
Dobbertin, Petra 601
Dobbins, Ray 991
Dobosz, Andrzej 733
Dobovolskaja, Eugenia 264

Dobra, Anica 322, 368, 973
Dobrowolska, Gosia 526, 618
Dobson, Anita 84
Dobson, Peter 854
Dodd, Brian 674
Doerfer, Andrew 444
Doguchi, Yoriko 394
Doherty, Matt 557
Doherty, Shannen 111
Doillon, Jacques 585, 613
Dolby, Thomas 957
Doldinger, Klaus 997
Doleman, Guy 274
Dolenz, Ami 1002
D'Oliveira, Damon 73
Doll, Dora 409
Doll, Sandy 160
Dollaghan, Patrick 372
Dombasle, Arielle 83
Domröse, Angelica 763
Dona, Linda 32
Donaggio, Pino 63
Donaldson, Roger 358
Donatién, Osvaldo 263
Dondacavo, Phil 135
Donizetti 593
Donnelly, Tom 112
Donner, Clive 788
Donner, Richard 599
D'Onofrio, Vincent 631, 995
Donohoe, Amanda 271
Donovan, Larry und John 757
Donovan, Martin 30, 210, 271, 610
Donovan, Mary 757
Donovan, Tate 715
Doob, Nick 979
Doody, Alison 873
DoQui, Robert 748
D'Or, Daniel 735
Dor, Karin 604
Dor, Milan 420, 941
Dorelli, Johnny 1003
Dorfer, Alfred 637
Dorff, Stephen 74, 462
Dorff, Steve 987
Doria, Diogo 29
Dorian, Antonia 438
Dorval, P. Adrian 932
Dostal, Christoph 420
Dostie, Alain 1031
Dotice, Roy 463
Douet, Robin 321
Doug, Doug E. 178
Dougal, Miles 399
Dough, Jon 945
Douglas, Brandon 992
Douglas, Sarah 31, 216, 369, 737
Doukas, Nike 981
Doukouré, Cheik 79
Doumanian, Jean 669
Dourif, Brad 36, 63
Down, Lesley-Anne 211, 658
Downey jr., Robert 649, 813, 959
Doyle, Clare 103
Doyle, Patrick 153, 432
Doyle, Roddy 824
Doyle, Sharon Elizabeth 636
Drabla, Valda 664
Drago, Billy 2, 40, 208
Drake, Jim 303, 903
Drake, Steve 267
Draper, Polly 472
Draskovic, Giorgio 76
Draskovic, Milimir 990
Dravel, Jean-Pierre 312
Dréau, Jean-Paul 832
Drescher, Fran 974
Dreville, Valérie 972
Drew, Griffen 438
Dreyfuss, Richard 6, 338, 917
Drif, Mohamed 587
Dringenberg, Katja 899
Driver, Minnie 357
Driver, Sara 991
Drnic, Ivica 936
Droukarova, Dinara 926
Drouot, Pierre 4
Drove, Mereia Buna 237
Drukarowa, Dinara 1008
Druker, Mikael 66
Duarte, Fernando 247
Dubreuil, Jean 446
Dubus, Marie-Sophie 514
Ducastel, Olivier 1008
Duchaussoy, Michel 555
Duchemin, Rémy 284, 355
Duchovny, David 943
Duckett, Graham 76
Duclos, Philippe 972
Ducommun, Rick 486, 575
Ducros, Gabriele 678
Ducsay, Bob 45
Dudikoff, Michael 158
Dudley, Anne 288
Duff, Denice 418
Duff, Denise Marie 980
Duff-Griffin, William 581
Duffin, Shay 537
Duffy, Ciara 824
Duffy, Dave 1020
Duffy, John 569
Duffy, Karen 575
Duffy, Patrick 490
Duggan, Bryan 32
Dugowson, Maurice 1009
Duigan, John 947
Dukakis, Olympia 419, 511
Duke, Bill 608, 816
Duke, Daryl 261
Dukes, David 769, 923
Dulany, Caitlin 171, 918
Dumas, Roger 341
Dumas, Sandrine 857
Dumont, J. K. 944
Dumour, Gerald 876
Dunaway, Faye 245, 818
Duneton, Claude 448

Dunk, Albert J. 429
Dunn, Andrew 107
Dunnam, Stephanie 792
Dunne, Sean 934
Dunning, John 704
Dunnock, Patricia 797
Dunsmore, Rosemary 248
Dunst, Kirsten 439
Dunzendorfer, Hermann 423, 909
Duperery, Anny 348
Dupuis, Jean-Michel 830
Dupuis, Roy 514
Dural, Daniel 312
Duran, Juan 654
Duret, Jean-Pierre 585
Durham, Patricia 873
Duriez, Jean-Pierre 320
Düringer, Roland 637
Durkin, Shevonne 486, 538
Durning, Charles 351, 352, 376, 415, 850, 984
Durock, Dick 369
Düsel, Jakob 937
Dusenberry, Ann 90, 694
Dushku, Eliza 919
Dussollier, André 495
Duthie, Michael J. 387
Dutton, Charles 608
Dutton, Charles S. 860, 910
Dutton, Tim 906
Duval, Daniel 312
Duval, Francois 105
Duvall, Robert 349, 777, 978
Duvall, Wayne 980
Düwel, Karin 927
Dux, Marlies 562
Dvorák 133
Dwyer, David 342
Dwyer, Finola 74
Dwyer, Kerry 1026
Dye, Dale 1032
Dykhoff, Klas 573
Dylan, Bob 205
Dzalaiev, Georgy 652
Dzierlatka, Arié 963
Dzundza, George 968

E

East, Jeff 207
Easterbrook, Leslie 700
Eastin, Steve 893
Eastman, Brian 805
Easton, Michael 1025
Eastwick, Robert 202
Eastwood, Clint 685
Eaves, John 1001
Ebersole, Christine 638, 893
Ecaré, Désiré 356
Ecclesine, Steve 590
Echanove, Alonso 327
Echanove, Juan 915
Echoes, The Mighty 760
Eckert, Andrea 423, 491
Eckes, Richard 35
Eckhardt, Fritz 865
Eckhouse, James 466
Eckner, Heinz 710
Edelman, Herbert 648
Edelman, Randy 2, 595
Eden, Barbara 62
Eder, Fabian 420
Edge, Curtis 679
Edgell, Thor 151
Edlind, Louise 290
Edmond, J. Trevor 31, 737
Edney, Beatie 426
Edson, Richard 140, 185
Edwall, Allan 579
Edwards, Anthony 309, 499
Edwards, Blake 828
Edwards, Eric Alan 270
Edwards, Jennifer 828
Edwards, Luke 459, 895
Edwards, Rebecca 357
Edwards, Ronnie Claire 252
Edwards, Steve 32, 804
Efros, Mel 189, 569
Egan, Aeryk 814
Ege, John 780
Egelhof, Kurt 512
Eggar, Samantha 277
Eggby, David 561
Egger, Edgar 848
Egger, Jürgen 397
Egger, Urs 491
Egoyan, Atom 272
Ehle, Jennifer 74
Ehler, Jay 998
Ehlers, Jerome 896
Ehrlich, Peter 562
Eichhammer, Klaus 43, 253, 767
Eichhorn, Floriane 162
Eichhorn, Fritzi 162
Eichhorn, Lisa 505
Eichinger, Bernd 100, 966
Eidelman, Cliff 609, 638, 916
Eifler, Ulrich 477
Eigenberg, David 528
Eikenberry, Jill 334
Eilbacher, Cynthia 853
Eilbacher, Lisa 458, 923
Einheit, FM 43, 214
Einhorn, Richard 414
Eisele, Robert 524
Eisermann, André 476
Eitner, Felix 763
Ekblad, Stina 986
Eklund, Bengt 290
Ekmanner, Agneta 904
Eldard, Ron 975
Elejalde, Karra 22, 483, 751, 940
Elemam, Moudy 875
Eleniak, Erika 98, 164
Elfick, David 618
Elfman, Bodhi 814
Elfman, Danny 660
Elfman, Danny 660
Elfman, Richard 814

Elias, Jonathan 538
Elikann, Larry 296, 334, 429, 634
Elise, Christine 134
Elizondo, Hector 25, 75, 99, 421, 995
Ellington, Duke 249
Ellington, Mercedes 249
Ellington, Mercer 249
Elliot, Denholm 626
Elliot, Michael 480
Elliot, Mike 418
Elliott, Chris 156
Elliott, Lang 151
Elliott, Michael 654
Elliott, Miguel 39
Elliott, Mike 70, 232
Elliott, Paul 638, 929
Elliott, Sam 907
Elliott, Shawn 981
Elliott, Stephan 706
Ellis, Michael 995
Ellis, Rod 301
Ellis, Rodney Bryon 301
Elton, John 504
Eluto, Ken 249
Elwes, Cary 102
Elwes, Cassian 399
Emanuel, Edward 244
Emelin, Georgia 293
Emerson, Susan 301
Emmerich, Ute 397
Ende, Walther Vanden 195
Engel, Nadja 14
Engelman, Bob 583
Engelman, Lisa 897
Engelmann, Bob 595
England, Bryan 342, 395
Engström, Hakon 603
Engström, Ingemo 361
Engström, Stig 603
Enoki, Takaaki 437
Enright, Don 471
Entius, Yolanda 509
Enxing, Vridolin 477
Ephron, Kai 801
Epp, Michael 562
Epps, Omar 434, 464
Epstein, David 717
Erb, Geoffrey 179
Erbe, Kathryn 740
Erben, Andreas 825
Erdem, Hüseyin 817
Erdöss, Pál 166, 545
Eremen, Vladimir 391
Ergin, Zafer 95
Ericson, Rune 579
Eriksdotter, Kjerstin 573
Erle, Hannelore 257
Erlich, Loy 79
Ermey, R.Lee 56, 158, 847
Erms, Sébastian 83
Erne, Eduard 423, 909
Erol, Feridun 733
Errickson, Krista 594, 680
Ersgard, Jack 442
Escalon, Bernard 240
Escamilla, Teo 228
Eschke, Elfi 951
Escorel, Lauro 199
Esgard, Patrick 529
Eskew, Jack 728
Espercance, Bella 40
Esposito, Giancarlo 36
Essex, David 811
Esteve, Pascal 682
Estevez, Emilio 6, 462
Estevez, Joe 50, 203, 435
Estevez, Renee 679
Etchegaray, Françoise 83
Etgar, Gay 451
Etienne, Elisabeth 958
Etoll, Robert 758
Ettinger, Wendy 979
Eubanks, Corey Michael 315
Euscher, Bernd 78
Evan-Jones, Sim 957
Evans, Angelo 976
Evans, Arthur 156
Evans, David Mickey 390
Evans, Troy 8
Eve, Trevor 52
Everett, Chad 834
Evers, Jörg 966
Evers, Rüdiger 215
Everson, Corey 649
Evora, Cesaria 345
Ewing, Blake McIver 497
Ewing, William R. 853
Eyres, John 804
Eziashi, Maynard 137

F

Fabiano, Jean-Francois 514
Fabre, Pierre 174
Fackeldey, Gisela 593
Factor, The RH 641
Faessler, Lisa 868
Fahey, Jeff 112, 324, 873, 1016, 1019
Fahey, Murray 213
Fahmi, Dr. A. Alatas 143
Fahmy, Hussein 330
Fährmann, Tom 544
Fai, Ng 400
Fairall, Mark 896
Fairbank, Christopher 808
Fairbrass, Craig 84
Fairchild, Morgan 303
Fairfex, Kaarin 92
Fairfield, Heather 901
Fairview, Bill 734
Fairview, Dani 734
Faithfull, Marianne 812, 991
Falke, Thorsten 53
Fallik, Jeffrey 641
Faloona, Chris 244
Faltermeyer, Harold 53, 1001
Faltynek, Jan 839
Familee, Fresh 254
Fan, Fung Sue 231
Fanfara, Stephan 398

Fann, La Velda 717
Fannell, Jeff 804
Faracy, Stephanie 405
Fardoulis, Monique 409
Farentino, Debrah 828
Farentino, James 606
Farina, Dennis 6, 900
Farley, Chris 20, 176, 985
Farnsworth, Richard 358
Farr, Annie 396
Farr, Glenn 479
Farrell, Christopher 230, 658, 980
Farrell, Lily 517
Farrell, Mike 901
Farrell, Sharon 717
Fassbinder, Rainer Werner 593
Fassio, Alessandra 885
Fassnacht, Paul 815
Faustino, Michael 575
Favilla, Gianluca 552
Favreau, Jon 910
Febre, Louis 594, 707, 766
Fedder, Jan 951
Feder, Fréderique 22, 240
Fedorenko, Valerij 948
Fegan, Roy 609
Fehér, György 765
Fei, Dong 527
Feindt, Johann 1017
Feitshans IV, Buzz 619
Feke, Steve 376
Feldman, Corey 31, 160
Feldman, Jack 204
Feldman, Jacobo 327
Felicielleo, Ralph 184
Fellensiek, Uwe 966
Fellner, Eric 1005
Felperlaan, Marc 543
Felsberg, Ulrich 7
Fenech, Edwige 840, 852
Fenjves, Pablo F. 277
Fenn, Sherilyn 141, 183
Fennell, Tod 988
Fennesz, Christian 85
Fenton, George 517, 805
Fenton, Sarah Jane 366
Fenton, Simon 597
Feore, Colm 1031
Ferch, Heino 544, 763
Ferency, Adam 635
Ferguson, J. Don 342
Ferguson, John Pyper 531
Ferguson, Matthew 172
Ferguson, Tom 103, 203
Fernandes, Jaoa 387
Fernandes, Joao 212
Fernberger, Peter 656
Ferran, Ramón 126
Ferrandini, Dean 387
Ferrara, Abel 822
Ferrara, Nancy 822
Ferrari, Isabella 585
Ferrell, Conchata 280, 1032
Ferrell, Tyra 697
Ferreòl, Andrèa 225, 313, 413, 470
Ferrer, José 463
Ferrer, Leilani 507
Ferrer, Leilani Sarelle 122
Ferrer, Miguel 6, 122, 575, 610, 754
Ferres, Veronica 966
Ferretti, Robert 56
Ferrigno, Lou 151
Ferry, David 73
Fessler, Michel 448
Fessl-Junek, Ulli 416
Feulner, Miles 412
Fichman, Niv 1031
Fichtl, Silvia 703
Fiedel, Brad 113, 715, 818, 900, 919
Fiedler, Bernd 470
Fiedler, John 366, 797
Field, Chelsea 754, 783, 823, 964
Field, Sally 317, 632
Fielding, Dorothy 623
Fields, Joel 490
Fields, Richard 539
Fienberg, Gregg 298, 519
Fiennes, Ralph 776
Fierberg, Steven 52
Fierry, Patrick 830
Fierstein, Harvey 122, 632
Figgis, Mike 630
Fijal, Anne Marie 841
Fileds, Anthony Dean 173
Filho, Lauro Escorel 716
Filimberti, Massimo 382
Filippenko, Arkadi 781
Filosa, Antonella 885
Finan, Tom 459, 504, 829
Finch, Charles 77, 820
Finch, Jon 810
Finch, Yolande 77
Finck, Wolfgang 319
Finckh, Beate 753
Fine, Jeanna 155
Finerman, Wendy 317
Finetti, Anthony 856
Finfer, David 141
Finlay, Anita 62
Finley, Cameron 252
Finley-McLennan, Stewart 52
Finn, Carole 932
Finn, John 273
Finnell, Michael 597
Finney, Albert 740
Finney, Gavin 84
Fiore, Battista 332
Firstenberg, Sam 115, 190, 191
Firth, Colin 413
Firth, Peter 338, 805, 1000
Fisarek, Alois 513
Fischer, Beth 428
Fischer, Jens 281, 533, 904
Fischer, Kate 947
Fischer, Max 514
Fischer, Ottfried 53
Fischer, Preston 1015

Fischer, Torsten 307
Fischer, Vera 716
Fischerova, Tatana 950
Fiser, Lubos 513
Fish, Doris 942
Fish, Nancy 486, 595
Fishburne, Laurence 506
Fisher, Frances 818, 898
Fisher, Jaim 98
Fisher, Jodie 440
Fisher, Judith 618
Fisher, Ramona 942
Fishman, Bill 974
Fisk, Jack 299
Fiske, Alison 352
Fitzgerald, Tara 947
Fitzpatrick, Richard 96
Fjeldmark, Stefan 417
Flaherty, Lanny 649
Flak, George 73
Flamholc, Leon 66
Flanagan, Fionnula 210, 620
Fleet, James 960
Fleetwood, Mick 1023
Fleiss, Noah 456
Fleming, Andrew 246, 255
Flemyng, Robert 805
Flender, Rodman 538
Fletcher, Alan 946
Fletcher, Nick 957
Fleur, Art La 390
Flieger, Jean 217
Flint, Katja 815, 966
Flock, John 370
Florek, Dann 25, 308
Flores, Erika 62, 769
Flores, Rosario 126
Florio, Robert 774, 901
Floyd, Joey 672
Fluck, Martina 605
Fluegel, Darlanne 229, 766
Flynn, Bill 512
Flynn, John 610
Flynn, Steven 429
Folk, Robert 700
Follows, Megan 887
Folsey jr., George 882
Fonda, Bridget 127, 564, 1006, 1028
Fonda, Peter 206
Fondacaro, Phil 377, 892
Fong, Alex 371
Fong, Henry 371
Fong, Leo 151
Fong, Leslie 324
Fontana, Carolo 258
Foote, Hallie 373
Forbes, Michelle 747
Ford, Faith 385
Ford, Glenn 299
Ford, Harrison 474
Ford, Maria 39, 611
Ford, Phillip R. 942
Forest, Denis 795
Forest, Peris 654
Forke, Farrah 783
Forlani, Claire 700
Foronjy, Richard 153
Forqué, Verónica 483
Forrest, Frederic 17, 63, 428
Forstater, Mark 493, 549
Forster, Meg 736
Forstner, Regina 574
Forsyte, Joey 647
Forsyth, Bill 995
Forsythe, William 222
Fortineau, Thierry 105, 411
Fosberg, Michael 160
Foster, David 358
Foster, Giles 12
Foster, Jodie 599
Foster, Meg 814, 954
Foster, Norman 808
Foster, Stacie 188
Foubert, Hélène 47
Foulkrod, Patricia 414
Foulon, Joel 284
Fox, Charles 144
Fox, Ian 226
Fox, James 624, 930, 983
Fox, Michael J. 401
Frain, James 805
Fraisse, Robert 48
Fraker, William A. 907
Franciosa, Anthony 230
Francis, Anne 343
Francis, Freddie 559
Francisco, Enrique San 22
Franco, Margarita 244
Franco, Ramon 717
Francois, Jacques 840
Frand, Harvey 199, 655
Franglen, Simon 138
Frank, Charles 600, 634
Frank, Christopher 313, 958
Frank, David Michael 112, 179, 342, 425, 559, 701
Frank, Gary 3, 485
Frank, Ilona 172
Frank, Irit 558
Frank, Martin 64
Frank, Scott 581
Franke, Christopher 769
Franke, Peter 899
Frankel, Ari 787
Frankenheimer, John 17
Franklin, Cherie 387
Franklin, David 896
Franklin, Richard 189
Franklin, Stuart 723
Franoszek, Nina 453
Franssen, Jan 276
Fraser, Brendan 20, 344, 921
Fraser, Duncan 432
Fraticelli, Franco 406
Frazier, Ron 769
Frazier, Tom 267
Frears, Stephen 824
Fred, Gunnel 66
Fredgen, Bud 880
Freed, Donald 969
Freedman, Jack E. 895
Freeman, Criss 236
Freeman, J.E. 772, 1028
Freeman, Jeff 212

Freeman, Jonathan 735
Freeman, Kathleen 646
Freeman, Morgan 137
Freeman, Paul 543
Freeman-Fox, Lois 929
Freixa, Ricardo 181
Frelich, Phyllis 550
Frémont, Thierry 4
French, Paige 31
Fresson, Bernard 348
Frewer, Matt 921
Frey, Karin 215
Frey, Sami 37, 547
Freyd, Denys 37
Frias, Carmen 126
Frick, Jonas 66
Fricke, Aicke 14
Fricker, Brenda 557
Fridjohn, Anthony 324
Frieberg, Camelia 272
Fried, Robert N. 557, 910
Friedgen, Bud 880
Friedkin, William 118
Friedman, Brent 221
Friedman, Harvey 998
Friedman, Ken 77
Friedman, Peter 113
Friedman, Richard 1025
Friedrich, Georg 256
Friedrich, Gunter 927
Friels, Colin 366
Fries, François 827
Frings, Ender 404
Fritsche, Ursula 763
Frohman, Mel 429
Froling, Ewa 669
Fromager, Alain 174
Froment, Raimond 970
Fromin, Troy 998
Fromont, Remon 4
Fronc, Barbara 588
Fronsoe, Susan 103
Frost, Lindsay 261
Frost, Sadie 812
Fry, Gary 912
Fry, Taylor 210
Frydland, Maurice 830
Frydman, Marc 134
Frye, E. Max 36
Fuchs, Enzi 710
Fuchs, Fred 340
Fuchs, Matthias 214
Fuchs, Michael 491
Fugunt, Charly 237
Fuhrer, Martin 906
Fuji, Hiroaki 532
Fujimoto, Tak 688, 773
Fulco, Amy 785
Fuller, Kurt 152
Fuller, Parmer 790
Fuller, Penny 98, 278
Fuller, Samuel 886
Fulton, Christina 378, 822
Fung, Chung Yiu 108
Fung, Michael 516
Furlong, Edward 412
Fürmann, Benno 254
Furuhata, Yasou 845
Fusheng, Chiu 527, 713
Fu-Sheng, Wu 1013
Futterman, Dan 519
Fylking, Gertyy 529

G

Gaál, Erzsébet 765, 862
Gabai, Richard 438
Gabay, Sasson 787
Gabella, Jon 22
Gabrielidis, Catherine 174
Gabrielle, Monique 369
Gaburro, Bruno 259
Gächter, Christof 494
Gaekwar, S.R. 218
Gagarine, Helène 926
Gage, Patricia 627
Gagnier, Hugh K. 325
Gagnon, Lucie 514
Gagnon, Steven M. 114
Gagulaschwili, Arkady 764
Gahlerová, Marie 133
Gaignaire, Claude Timon 876
Gail, Max 198
Gajos, Janusz 241
Galabru, Michel 938
Galecki, Johnny 628, 956
Galey, Jean-Marie 174
Galiena, Anna 592, 995
Gallacher, Frank 196
Gallagher, David 511
Gallagher, Mike 70, 232
Gallagher, Peter 581, 895
Gallagher, Sean 741
Galland, Philippe 617
Gallant, Kelly 872
Gallardo, Camilo 969
Galligan, Zach 217
Galliti, Alberto 840
Galloway, Don 165
Gálvez, Maria Cristina 89
Galvez, Paulina 652
Gambon, Michael 107
Gammon, James 354, 434, 758
Gandolfini, James 42, 620
Ganz, Bruno 7
Ganz, Lowell 170
Garbas, Jutta 363
Garber, Victor 272, 401, 560
Garbers, Gerhard 288
Garcia, Andy 999
Garcia, Nicole 547, 585
Garcia, Ron 383
Garcia, Saturnino 22
Garcia-Berlanga, JoséLuis 336
Gardin, Eyal 295
Gardner, Ashley 783
Gardner, Billy 934
Gardner, Brooks 139
Gardner, Katya 526
Gardner, Pierce 25, 183
Gardos, Éva 728

Garekis, John 54
Garfield, Allen 280
Garfunkel, Art 141
Garidou, Hélène 613
Garland, Glenn 359
Garlington, Lee 55, 639, 818, 893
Garner, James 293, 507, 599
Garofalo, Janeane 965
Garr, Teri 485
Garrard, Helen 977
Garrel, Philippe 335, 613
Garrett, Kathleen 701
Garrett, Leif 853
Garrett, Lila 606
Garrin, Michele 202
Garris, Mick 405
Garrone, Mirco 553
Garroni, Andrew 44, 129, 468, 614
Garson, Willy 531
Garvie, Elizabeth 624
Gas, Mario 336
Gat, Asher 158
Gatto, Roberto 320
Gattorno, Francisco 263
Gaudette, Claude 424
Gautier, Anne 441
Gawryluk, Ewa 588
Gay, Norman 672
Gaylin, Michael 310
Gaylor, Anna 653
Gaynes, George 700
Gazelle, Wendy 916
Gaztambide, Michel 940
Gazzara, Ben 112
Gazzo, Michael V. 666
Geary, Cynthia 252
Gebauer, Ulrich 368
Gebel, Malgoscha 776
Geddes, David 850
Gedeck, Martina 100, 510
Gédigier, François 81, 972
Gedrick, Jason 185, 314
Geels, Laurens 543
Geels, Laurents 413
Geffen, David 439
Gehman, Martha 255
Gehrke, Alexander 149
Geigamah, Hanay 144
Geislerová, Anna 347
Geissler, Dieter 932
Gejdos jr., Pavel 496
Gelbart, Larry 507
Gelsini, Alessio 269
Gelt, Grant 390
Gemaine, Gene M. 820
Genesse, Bryan 804
Genest, Véronique 826
Genovese, Mike 32
Gentner, Richard 538
George, Howard 616
George, Nelson 156
George, Terry 426
Geraghty, Marita 994
Gerard, Charles 962
Gerard, Michael St. 303, 735
Gerber, Lilo 449
Gerdes, George 444
Gere, Ashlyn 150, 591, 945
Gere, Richard 86, 630, 929
Gerhardt, Tom 966
Geriak, Mathew 236
Germund, Marco 576
Gerndt, Joachim J. 253
Gernert, Walter 614
Gerrard, Joanne 824
Gerrity, Dan 2
Gerstein, Jost 671
Gesang- 204
Getchell, Robert 499
Gethers, Steven 90
Getty, Balthazar 226, 729, 854
Getz, Stan 628
Geys, Dany 4
Gholson, Eva 295
Giahi, Kambiz 319
Giambalvo, Louis 622, 772
Giannaris, Constantine 664
Giannini, Giancarlo 976
Gianotta, Bruno 375
Giant, Andre the 619
Gibb, Cynthia 219, 261
Gibbes, Robyn 213
Gibbins, Duncan 277
Gibbons, Pamela 92
Gibbons, Rodney 680, 785, 988
Gibbs, Courtney 648
Gibbs, Marla 609
Gibbs, Matyelok 991
Gibbs, Michael 995
Gibbs, Richard 36, 183, 399, 507, 901
Gibby, Gwyneth 654
Gibney, Rebecca 213
Gibson, Angus 798
Gibson, Archie 980
Gibson, Brian 728
Gibson, Mel 599
Gibson, Paul 778
Gidley, Pamela 324, 679, 884
Gies, Barbara 1001
Giesecke, Andreas 671
Gifaldi, Sam 627
Giffin, Philip 199
Gil, Gilberto 716
Gil, Manuel 104
Gilbert, Brian 906
Gilbert, John 70, 232
Gilbert, Melissa 311, 458
Gilbert, Ron 968
Gilbert, Sara 699
Gilberti, Nina 689
Gill, Alexandra 692
Gillain, Marie 585
Gilligan, Donal 396
Gilligan, Zach 160
Gillott, Nick 58, 296, 772
Gilman, Larry 178
Gilmore, William S. 390
Gilmour, Ian 274
Gilpin, Jack 498

Gilyard jr., Clarence 877, 878
Gimbel, Tom 267
Gimpel, Erica 30
Gines, Coralissa 301
Ginsberg, Allan 454
Ginsberg, Yitzhak 787
Ginsburg, David R. 728
Gintrowski, Przemyslaw 635
Ginty, Robert 1016
Gion, Christian 996
Giordano, Domiziana 439
Giordano, Martine 607
Giorgetti, Ernesto 382
Giorgetti, Florence 47
Gioulami, Dagny 941
Girard, François 1031
Girardot, Annie 785, 832
Girardot, Hippolyte 682, 1009
Giraud, Marc 404
Giraud, Maurice 181
Giraud, Roland 996
Girone, Remo 552
Giroux, Jackelyn 641
Gitai, Amos 430
Giuseppe 885
Glass, Robert 210
Glatstein, Bert 311, 723
Glave, Matthew 164, 467
Glazes, Eugene 271
Gleason, Paul 386, 666, 758
Glen, Iain 12, 1020
Glennie-Smith, Nick 1005
Glennon, James 887
Glittenberg, Axel 225
Glodek, Wlodzimierz 588
Gloppestad, Linn 573
Glöss, Ruth 27
Glover, Crispin 164, 270, 360
Glover, Danny 137
Glover, John 408, 835
Gnädinger, Mathias 451, 491
Godard, Agnès 7, 446
Godeau, Patrick 926
Godeau, Philippe 926
Goded, Angel 327
Godfrey, Derek 465
Goetz, Peter Michael 992
Goetzman, Gary 36
Goff, Brian Dean 494
Gök, Sahin 817
Golan, Menahem 45, 208, 794
Goldberg, Adam 205
Goldberg, Barry 737
Goldberg, Ruthi 787
Goldberg, Marc 267
Goldberg, Michael 178
Goldberg, Whoopi 182, 504, 647, 816
Goldblatt, Mark 919
Goldblatt, Stephen 21
Goldblum, Jeff 835, 915
Golden, Harvest 169, 379, 596
Goldenberg, Bill 90
Goldenberg, Billy 550
Goldenthal, Elliot 439, 829
Goldman, Bernie 949
Goldman, Gary 204
Goldman, Mia 306
Goldman, William 599
Goldner, Michael 699
Goldsboro, Bobby 934
Goldsman, Akiva 499
Goldsmith, Jerry 42, 77, 581, 597, 803, 910
Goldsmith, Joel 583
Goldstein, Allan A. 211
Goldstein, Bill 968
Goldstein, David M. 267
Goldstein, Eric 173
Goldstein, Gary 949
Goldwyn, Tony 21, 867
Goleszowski, Richard 977
Golia, David 376
Golin, Larry 298
Golin, Steve 298
Golino, Valeria 107
Golúbkina, Máscha 13
Gomes, José 313
Gómez, Andrés Vicente 228
Gomez, Camelo 751
Gomez, Carmelo 940
Gómez, Jaime Osorio 89
Gong, Feng 339
Gonzalez, Borja 104
Gonzalez, Clifton 717
Gonzalez, Conrad 63
Goodall, Caroline 776
Goodhill, Dean 192
Gooding jr., Cuba 462, 561
Goodman, Dody 71
Goodman, Henry 728
Goodman, John 308, 597, 957
Goodman, Miles 25, 816, 933
Goodwin, Jim 49
Goodwin, Richard 969
Goodwin, R.W. 992
Gopalakrishnan 775
Göranzon, Marie 904
Gordon, Bryan 479
Gordon, Don 90
Gordon, Elizabeth 106
Gordon, Mark 838
Gordon, Mark R. 933
Gore, Michael 631
Gorfil, Gillian 482
Gorg, Galyn 295
Gorgoni, Adam 861
Gori, Mario und Vittorio Cecci 422, 852
Göring, Helga 601, 562
Gorman, Cliff 165, 625
Gorman, Robert 537
Gormezano, Gerard 436
Gorny, Zbigniew 743
Gorog, WM. Christopher 408
Goroschnikowa, Valentina 764

Gorris, Marleen 543
Gorshin, Frank 863
Gosnell, Raja 632, 1018
Gosselar, Mark Paul 1002
Gossett jr., Lou 935
Gossett jr., Louis 118, 304, 366
Gotell, Walter 413
Gotscheff, Dimiter 94
Gottlieb, Sam 695
Gottschalk, Thomas 816
Gouesse, Brigitte 876
Gough, Michael 665, 1012
Gouriet, Gerald 271, 534
Gouvet, Gerold 210
Gowers, Russell 755
Grabher, Katharina 727
Grabol, Sofie 493
Grace, Nickolas 906
Grace, Wayne 399
Gracen, Elizabeth Ward 173
Gracie, Sally 933
Graf, David 700
Graf, Dominik 322, 815
Graff, Todd 42, 933
Graffman, Göran 579
Graham, Gary 918
Graham, Gerrit 71, 638, 689
Graham, Heather 226
Graham, John 70, 232
Grana, Sam 674
Granados, Ernesto 89
Granath, Björn 579
Grandinetti, Dario 250
Granger, Stewart 287
Gränicher, Dieter 913
Grant, Beth 838
Grant, Brian 783
Grant, Hugh 947, 960
Grant, Jerry 648
Grant, Lee 46
Grant, Rodney A. 349
Grass, John Christian 689
Grass, Vincent 448
Grassia, Nini 10, 87
Grassmann, Werner 851
Graupner, Christian 215
Grauwiller, Regula 254
Graver, Gary 611, 641, 670, 923
Gravina, Carla 1022
Gray, David Barry 631
Gray, Erin 548, 834
Gray, Jennifer 277
Gray, Linda 922
Gray, Mark W. 49
Gray, Spalding 505, 777, 921
Grazer, Brian 577, 638, 777
Graziano, Stephen 610
Graziosi, Paolo 1022
Greaves, William 831
Greco, Lilli 711
Greco, Pavel 592
Greeberg, Bonnie 608
Green, Al 99
Green, Bruce 178
Green, Calvin 272
Green, Cliff 746
Green, Jack N. 2, 685
Green, Kerri 463
Green, Lars 904
Green, Seth 19
Greenberg, Adam 466, 629
Greenberg, Robbie 323
Greenblatt, Allan 158
Greene, David 541
Greene, Ellen 646
Greene, Graham 144, 599
Greene, James 689
Greene, Kim Morgan 736
Greene, Michele 45, 70, 146, 403
Greene, Michelle 468
Greene, Peter 462, 595
Greene, Vanessa 238
Greene, Woon 736
Greenfield, Debra 630
Greenhut, Robert 584, 629
Greenwald, Robert 696, 774
Greenwood, Bruce 272, 744
Gregg, Bradley 293
Gregg, Colin 741
Greggio, Ezio 790
Greggory, Pascal 81, 83
Grégo, Moni 876
Gregorek, Karin 562
Gregorio, Rose 598
Gregory, Andre 803
Gregory, Jon 645
Gregory, Michael 1023
Gregson-Williams, Harry 1000
Greim, Rolf 703
Greisman, Alan 630
Grevil, Laurent 448
Gribble, David 550
Griebe, Frank 899
Grieco, Richard 138
Griem, Helmut 951
Grier, Warrick 324
Gries, Jonathan 296
Griessner, Max 604
Grifasi, Joe 415
Griffin, Christopher 197
Griffin, Eddie 609
Griffin, Gary 51, 696
Griffin, Gary Thomas 207
Griffin, Jennifer 383, 685
Griffin, Philip 894
Griffith, Jeff 693
Griffith, Keith 570
Griffith, Tracy 819
Griffiths, Geoff 804
Griggs, Jeff 229
Grill, Zwonko 825
Grimes, Tommy 75
Grimmelmann, Hans 763
Grinberg, Anouk 925
Grodin, Charles 557, 959
Groll, Florentin 423
Gröllmann, Jenny 997
Gronich, Shlomo 787
Gross, Guy 706
Gross, Joel 310

Gross, Larry 349
Gross, Marcy 295
Gross, Michael 295
Gross, Paul 52
Grossman, Karen 853
Grossman, Marc 226
Groth, Jacob 904
Grove, Richard 766
Groves, Marianne 284
Grubbs, Gary 55, 675
Grube-Deister, Elsa 927
Grubissich, Fulvio 881
Grumberg, Jean-Claude 495
Grumberg, Olga 495
Grunert, Frank 215
Grünler, Jörg 510
Grünmandl, Otto 256
Grunstein, Pierre 938
Gruska, Jay 311, 569
Gruszynski, Alexander 255, 421
Gua, Ah-Leh 251
Guang, Yu Ron 443
Guang, Yu Rong 91
Guarnieri, Ennio 514
Guay, Paul 497
Guay, Richard 975
Guccini, Francesco 651
Guelil, Amr Abdel 330
Guérin, Jacques 174
Guerin, Jose Luis 436
Guers, Paul 682
Guest, Lance 90
Guest, Nicholas 142, 481, 641
Guétary, Francois 189
Guevara, Nacha 250
Gugino, Carla 729
Gugliotti, Livia 87
Guidato, Francesca 10
Guijar, Francisco 126
Guilherme, Miguel 313
Guillaume, Robert 609
Guillén, Fernando 22, 551
Guinan, Francis 905
Guinness, Alec 352
Guiry, Tom 390
Guisez, Peby 971
Gullotta, Leo 269
Gundersen, Svein 780
Gunn, Moses 625
Gunnlaugsdóttir, Tinna 427
Gunnlaugsson, Hrafn 427
Gunter, Jeffrey Anderson 673
Günther, Ernst 281, 986
Gunton, Bob 482, 894
Guobin, Tian 752
Gurevitch, Jorge 787
Gusi, Carles 940
Gusi, Carlos 22
Guss, Louis 702
Gustorf, Florian Koerner von 782
Gutman, Nathaniel 342
Guttman, Ronald 456
Guttmann, Ronald 929
Guy, J. Scott 50
Guzman, Luis 153, 577, 631
Gwisdek, Michael 973
Gyllenhaal, Steven 981

H

Ha, James 68
Haag, Gerd 166
Haas, Charlie 597
Haas, Clemens-Maria 95
Haas, Lukas 774
Haas, Rebekka 95
Haase, Heather D. 236
Haase, Illya 917
Haase, Jürgen 592
Habeck, Michael 53, 288, 566
Haberkorn, Lisa 423
Habich, Matthias 180
Hache, Joelle 682
Hacke, Alexander 214
Hackman, Gene 349, 1019
Hadar, Ronnie 111
Hadaway, Vanessa 712
Hadida, Samuel 673, 920
Hadji-Lazaro, Francois 411
Haft, Steven 405
Hagemann, Martin 59
Hagen, Ross 438
Hager, Kirsten 322
Haggege, Melanie 417
Haggis, Paul 729
Hagiwara, Michael 221
Hagström, Christer 603
Hahn, Gerhard 53
Hahn, Rob 401
Hahnemann, Helga 601
Hai, Yu 91, 806
Haid, Charles 444, 773, 901
Haider, Alfons 604
Haigh, Louisa 728
Hailer, April 162
Haim, Corey 359
Haines, Randa 978
Haitkin, Jacques 766, 790
Hak, Wang 106
Hald, Johanna 573
Hale, Georgina 84
Haley, Brian 467
Halffter, Cristobal 644
Halfpenny, Jim 662
Hall, Bug 497
Hall, Christopher John 137
Hall, Conrad L. 506
Hall, Deidre 634
Hall, Gary Skeen 856
Hall, Hanna R. 317
Hall, Lauren 591
Hall, Steven 809
Hall, Thomas 1016
Hall, Steven 809
Hallberg, Bengt 579
Haller, Gisela 470, 966
Hallier, Lori 398
Hallo, Dean 119
Hallström, Lasse 360

Halm, Martin 763
Halsey, Colleen 557
Halsey, Richard 25, 557
Hambling, Gerry 426, 1006
Hamel, Lambert 254
Hamill, Mark 82
Hamilton, Dean 202
Hamilton, Josh 344
Hamilton, Marcy 131, 784
Hamilton, Richard 56
Hamilton, Steven 30
Hamilton, Strathford 784, 873
Hamilton, Wendy 209
Hamlin, Harry 385, 485
Hamlyn, Michael 706
Hammer, Victor 252, 434
Hammerich, Rumle 904
Hammon, Michael 57
Hammoud, Habib 79
Hamoová, Magdalena 839
Hamori, Eszter 563
Hampson, Chris 46
Hampton, Christopher 352
Hampton, Janice 486, 797
Hampton, Paul 207
Hamsher, Jane 649
Han, Ji-Il 686
Han, Sherry 677
Hancock, Lou 878
Hancock, Sheila 551
Handke, Peter 7
Händler, Andrea 637
Handorf, Heidi 476
Hands, Robert 316
Handy, James 3, 623
Haneke, Michael 256, 727
Hanemann, Michael 763
Haney, Anne 632
Hang-Seng, Poon 488
Hanin, Roger 461
Hanisch, Otto 9
Hankin, Larry 221
Hanks, Tom 317, 688
Hanley, Daniel 777
Hannah, Daryl 955
Hannah, John 960
Hannan, Peter 274
Hannay, David 946
Hänni, Ottilia 756
Hansen, Gale 1029
Hansen, Lisa M. 198
Hansson, Börje 529
Hansson, Sebastian 579
Hanusová, Jaroslava 347
Hapka, Petr 470
Haraldsson, Haukur Pall 703
Harasimowicz, Cezary 241
Harden, Marcia Gay 296
Harding, Jan Leslie 30
Harding, John 666
Hardison, Kadeem 370, 629, 734
Hardwicke, Edward 805
Hardy, Rod 471, 744
Harelik, Mark 3
Harewood, David 96
Harfouch, Corinna 162
Hargitay, Mariska 80
Hark, Tsui 443, 596, 633
Harker, Susannah 12
Harkishin, Jimmi 691
Harlan, Iwan 225
Harman jr., J. Boyce 754
Harmon, Mark 1019
Harnisch, Carolina 782
Harper, Robert 201, 370
Harras, Patricia 86
Harrelson, Woody 577, 649
Harrington, Al 1015
Harrington, Laura 342, 360
Harris, Ed 432
Harris, George 96
Harris, James B. 134
Harris, Johnny 471, 842
Harris, Julius 814
Harris, Mel 167, 627, 968
Harris, Neil Patrick 818, 956
Harris, Richard 791, 978
Harris, Richard A. 919
Harris, Rosemary 906
Harrison, Gregory 640, 956
Harrod, David 50
Hart, Ian 74
Hart, Roxanne 362
Harte, Jennifer 221
Hartey, Winifred 757
Harthaus, Christel 562
Hartleben, Jerry 760
Hartley, Calbe 912
Hartley, Hal 30
Hartley, Mariette 627
Hartley, Nina 267
Hartman, Phil 156, 176, 557
Hartman-Golden, Karen 568
Hartmann, Susanne 476
Hartmann-Black, Lisa 238
Harvest, Rainbow 362
Harvey, Marshall 194, 597
Harvey, Richard 624, 930, 996
Hasburgh, Patrick 52
Hassler, Jürg 868, 937, 989
Hassmann, Eva 254
Hastings, Michael 906
Hatcher, Teri 142, 569
Hattou, Messaoud 69
Hauer, Rutger 665, 860, 971
Haug, Felix 72
Hauge, Dennis 376
Haugland, Aage 302
Haun, Lindsey 212
Hausamann-Gilardi, Marco 494
Hauser, Marie-Louise 449
Hauser, Sigrid 407
Hausman, Michael 501
Hausmeister), der 584
Hautesserre, François 284
Havnesköld, Grete 573
Hawke, Ethan 965
Hawkins, Andrew 805
Hawkins, Tony 213
Hawley, Richard 549, 895

Hay, Jim Bin 68
Hayashi, Junichiro 437
Haycraft, John 983
Hayden, Ashley 883
Hayden, Dennis 480
Hayden, Karl 676
Hayden, Peter 46
Hayes, Isaac 207, 1028
Hayes, Patricia 543
Hayman, Barton 299
Hays, Robert 365, 779
Haysbert, Dennis 434
Hayter, David 375
Hayward, David 276, 922
Hazeldine, Harold 232
Headly, Glenne 25, 829, 929
Heald, Anthony 499
Heard, John 21, 968
Hearn, Ann 194
Heath, Charlie 538
Heath, Laurence 916
Heaton, Tom 58
Hebb, Brian 702
Heberle, Antoine 345
Heche, Anne 17
Hedaya, Dan 134, 303, 599, 631
Hedden, Roger 127
Hedge, Douglas 196
Hedges, Peter 360
Hedren, Tippi 964
Hee, Jang Soo 108
Hee, Wong Wa 1013
Heereman, Roger 690
Heesters, Nicole 65
Heffron, Richard T. 487
Hegedus, Chris 979
Heger, Wanda 574
Hehir, Peter 213, 1026
Heiduschka, Veit 256, 491, 727
Heigl, Katherine 194
Heimberg, Liliane 38
Heinemann, Juliane 899
Heinl, Bernd 127
Heinrich, Margareta 423, 909
Heins, Doreen 374
Heinze, Thomas 322
Heinzl, Hans Peter 750
Heise, Reiner 997
Heitner, David 482
Heitor, Fernando 313
Helander, Joanna 881
Held, Ingrid 441
Held, Wolfgang 184
Helene, Martine 267
Helfer, Daniel 449
Helfrich, Mark 900
Helgenberger, Marg 210, 577
Helies, Nathalie 536
Hellbom, Olle 290, 579
Heller, Paul 283
Hellman, Monte 140
Hellman, Ocean 58
Helpern, David 395
Hemblen, David 735
Hembrow, Mark 543
Hemingway, Margaux 428
Hemming, Robert Schulte 763
Hemmings, David 167
Henare, George 724
Henderson, Don 310, 1000
Hengge, Roman 990
Henkin, Hilary 749
Hennessy, Jill 748
Hennicke, André 227
Hennings, Barbara 491
Henriksen, Lance 192, 310, 583, 923
Henriques, Darryl 70
Henry, Buck 478
Henry, Gloria Lynne 139
Henry, Gregg 296, 598
Henry, Judith 348
Henze, Hans Werner 703
Hepburn, Doreen 676
Hepin, Liang 1007
Herbert-Whitten, Janet 655
Herbrich, Oliver 757
Herbst, Becky 814
Heredita, Delores 201
Herek, Stephen 243
Herlin, Jacques 337
Herman, Vicky 539
Hermann, Irm 307
Hermann, Stan 801
Hermo, José Maria 181
Hernandez, Humberto 23
Hernández, Vicky 89
Herold, Wolfgang 214
Herring, Pem 816
Herrington, Rowdy 900
Herrmann, Bernard 483
Herron, Cindy 464
Herskovic, Patricia 895
Hertwig, Ralf 253
Hertzberg, Paul 854
Herwig, Paul 319
Herz, Annelie 470
Herz, Juraj 470, 521
Herz, Therese 470
Herzfeld, John 623
Herzner, Norbert 322
Heslov, Grant 919
Hess, David A. 147
Hess, Eugene 226
Hess, Oliver G. 173
Hess, Wolfgang 288
Hessler, Gordon 811
Hester, Ashley 641
Heston, Charlton 919
Heston, Fraser C. 432
Hetterle, Albert 997
Hewitt, Martin 659
Hewitt, Paul 685
Hewlett, David 674
Hewlett, Donald 976
Hexum, Jon-Erik 914
Hey, Virginia 148
Heyer, Georg 214
Heyman, David 464

Heymann, Birger 562
Heymann, Petra 319
Heynemann, Laurent 174
Heynen, Hilde 120
Hiatt, Vicki 245
Hibbin, Sally 517, 722
Hickey, Tom 722
Hickey, William 660, 676
Hickland, Catherine 863
Hickner, Stephen 957
Hickox, Anthony 329
Hickox, Bryan 383
Hickox, James D.R. 207
Hicks, Kevin 398
Hicks, Taral 431
Hidalgo, Concha 887
Hiemer, Leo 535
Higelin, Jacques 585
Higelin, Ken 284
Higgins, Anthony 665
Higgins, Bernard 693
Hight, Michael 707
Hightower, Patricia 64
Higueras, Cristina 624, 915, 930
Hildebrand, Staffan 603
Hildreth, Mark 550
Hill, Dana 299
Hill, Danny 804
Hill, David 981
Hill, Dennis 700
Hill, Fanny 106
Hill, Lawrence 721
Hill, Michael 777
Hill, Richard 144
Hill, Rick 171
Hill, Sarah 801
Hill, Teresa 714, 998
Hill, Walter 349, 358
Hillcoat, John 410
Hiller, Arthur 220
Hillerman, John 808
Hilton-Jacobs, Lawrence 902
Himilsbach, Jan 733
Himmelmann, Peter 185
Himoff, Kathryn 969
Hindle, Art 248
Hines, Gregory 629
Hingle, Pat 561
Hinze, Wolfgang 253, 402
Hiona, Sam 611
Hippolyte, Alexander Gregory 44, 129, 614
Hirsch, Lou 571
Hirsch, Paul 419, 978
Hirschfelder, David 196
Hisaishi, Jyo 305
Hitner, Harry 511
Hixon, Ken 640
Hjulström, Niklas 904
Hlavaty, Vladimir 950
Ho, Alex Kitman 56, 1032
Ho, Leonard 108
Ho, P'ing 809
Hoblit, Gregory 519
Hobson, I.M. 36, 415
Hochholdinger, Wilfried 16
Hochstatter, Zoran 161, 369, 659
Hochuli, Felix 60, 328
Hocking, Kevin 746
Hocking, Kristen 531
Hodge, Kate 395
Hodges, Adrian 906
Hoenig, Dov 186
Hoenig, Heinz 510, 815
Hoenig, Michael 774
Höf, Ursula 473
Höfer, Andreas 997
Hoffenberg, Esther 1008
Hoffman, Gary 867
Hoffman, Kay 661, 874
Hoffman, Philip Seymour 999
Hoffmann, Henner 736
Hofman, Hans Peter 407
Hofmann, Isabella 792
Hofmann, Nico 544
Hofmann, Philip 358
Hofmeister, Stephanie 374, 489
Hofstra, Jack 837
Hogan, Paul 561
Hoger, Hannelore 402
Holcomb, Rod 754
Holden, Marjean 689, 863
Holdridge, Lee 189, 324, 458
Holgate, Frank 999
Holland, Agnieszka 340
Holland, Deidre 945
Holland, John 1000
Holland, Todd 459
Holliday, Polly 632
Hollop, Markus 703
Holloway, Dorothea 681
Holloway, Ron 681
Holly, Lauren 199
Hollyn, Korman 303
Holman, Clare 906
Holmes, Brittany Ashton 497
Holmes, Christopher 1016
Holmes, Mark 706
Holmes, Nicholas 294
Holmes, Paul 480
Holst, Per 302, 417
Holst, Yaba 529
Holstein, Mark von 501
Holt, Jim 294
Holt, Sandrine 724
Holton, Mark 537
Holton, Nigel 435
Holtz, Jürgen 997
Holubová, Eva 347
Holzman, Ethan 378
Homolkova, Marie 256, 420, 727
Honess, Peter 803
Honey, Michael 196
Hong, James 167, 670, 985
Hong, Ni Da 527
Hong, Yu 1007
Hongtao, Zhang 1007

Hood, Gavin 804
Hoogstral, Jaap 869
Hooks, Kevin 701
Hool, Lance 747, 890
Hooper, John 498
Hooper, Kaitlyn und Kristen 15
Hooper, Les 747
Hooper, Tobe 128
Hopcraft, Arthur 624, 930
Hope, Leslie 640
Hope, Nicholas 76
Hope, Ted 30, 59
Hopkins, Anthony 805, 983, 1006
Hopkins, Bo 157
Hopkins, Jermaine 464
Hopkins, Stephen 273, 462
Hoppe, Andreas 149
Hoppe, Irina 576
Hoppe, Rolf 592
Hoppe, Rudolf 973
Hopper, Dennis 134, 164, 838, 920
Hopper, Heather 278
Hopper, Jessica 378
Hora, John 597
Horberg, William 506
Hörbiger, Christiane 27, 865
Horger, John C. 421
Horino, Tad 453
Hormann, Sherry 322
Horne, Lena 880
Horneff, Wil 486
Horner, James 21, 137, 474, 506, 957
Horner, Mike 155
Hornig, Grit 990
Horovitch, David 549
Horst, Jochen 510
Horton, Ngaire 755
Horunzky, Vladimir 287
Horvath, Gerd 782
Horváth, István 765
Horvitch, Andy 790
Horwitz, Dominique 544
Hosea, Bobby 590
Hossack, Allison 568
Hou, Hsiao-hsien 713
Hough, Stan 542
Houis, Shelley 975
House, Pain 576
Hove, Anders 302
Hoven, Adrian 593
Howard, Arliss 760, 772
Howard, Clint 315, 538
Howard, Erica 801
Howard, James Newton 86, 466, 1019
Howard, John 618
Howard, Lisa 735
Howard, Miki 697
Howard, Rance 315
Howard, Ron 777
Howell, C. Thomas 861, 993
Hoy, Maysie 80, 889
Hranitzky, Agnes 765
Hryc, Andrej 145, 470
Hryzáková, Bozena 133
Hrzánová, Barbora 347
Hsu, An-Chin 809
Hsu, Li-Kong 251
Hsu, Talun 1011
Hu, Sebella 677
Hua, Chen Xin 91
Hua, Ji Chun 91
Hua, Yu 527
Hua, Zeng Guang 106
Hübchen, Theresa 27
Huber, Leopold 941
Hubert, Axel 412
Hubley, Season 3
Huddleston, David 401
Huddy, Rachel 76
Hudson, Ernie 20, 186, 577, 858
Hudson, Gary 314, 594, 611, 801, 902, 1004
Hudson, Peter 821
Hue, David 833
Huen, Kwen Park 400
Hueng, Leung Siu 621
Hueng, Poon 621
Huertas, Luisa 327
Hues, Mathias 872
Huettner, Ralf 966
Huffman, Rosanna 167
Hug, Andi 756
Huggett, David 92
Huggins, Erica 486, 797
Hughes, Allen und Albert 608
Hughes, Barnard 675, 676, 816
Hughes, David 84
Hughes, Finola 52
Hughes, John 467, 479, 1018
Hughes, Wendy 274
Hui, Gu Zhi 91
Hui, Lim Kim 106
Hulce, Tom 285
Humm, Imanuel 449
Hummel, Lisbeth 26
Humphreys, Michael Conner 317
Hung, Ko 231
Hung, Poon 800
Hung, Sun Ching 67
Hunley, Leann 45
Hunley, Sarah 51
Hunt, Brad 112
Hunt, Caroline 983
Hunt, Linda 921
Hunt, Paul 670
Hunt, Peter H. 717
Hunter, Bill 706
Hunter, Kelly 995
Hunter, Kim 968
Hunter, Morgan 191
Hunter, Steve 31
Hunter, Tab 696
Huo, Li 752
Huot, Gaétan 1031

Huppert, Isabelle 30
Hurd, Gale Ann 310
Hurley, Elizabeth 84
Hurt, John 270, 498
Hurt, Mary Beth 350, 560
Hurt, William 631, 887
Husky, Rick 878
Hussein, Waris 769
Huston, Anjelica 15, 584, 929
Huth, Hanno 288, 667
Hüttner, Michel 72
Hutton, Lauren 194
Hutton, Timothy 887
Hyams, Peter 888
Hyatt, Charles 178
Hyde, Kimberley 998
Hyde-White, Alex 45

I

Iacono, Christoph 449
Iannitti, Brian 934
Ibarra, Mirta 263
Ibold, Dough 112
Ice-T 860
Ichaso, Leon 858
Ichikawa, Kon 532
Idziak, Slawomir 990
Igawa, Hisashi 578, 742, 796
Iglesias, Alberto 223, 751, 940
Igraschow, Schuchrat 392
Ike, Karol 337
Ikebe, Shin'ichiro 578
Ikeda, Hiroyuki 799
Ilkley, William 549
Illig, Rolf 368
Im, Kwon-Taek 686
Imam, Adel 875
Imbach, Thomas 989
Imboden, Markus 65
Imi, Tony 812, 1021
Impens, Dirk 195
Inch, Jennifer 398
Indergand, Peter 333
Indovina, Lorenza 269
Infanti, Angelo 269
Ingerman, Randi 861
Ingle, John 28
In-Ja, Yoon 686
Innes, Luise 271
Interlenghi, Antonella 852
Ionescu, Serban 771
Ipale, Aharon 442
Irish, Scott 155
Irle, Hans 788
Irons, Jeremy 352, 504
Ironside, Michael 315, 318, 482, 658, 730
Irureta, Helena 751
Irvin, John 324
Irving, Amy 672
Irving, Louis 618
Irwin, Bill 791
Irwin, Jay 49
Irwin, Mark 478, 583, 675
Irwin, Tom 630, 894
Isaac, Ismael 79
Isaac, Reno 770
Isaacks, Levie 537
Isaak, Chris 564, 623
Iscove, Robert 55, 893
Iseli, Christian 756
Isfält, Björn 281, 360
Isham, Mark 293, 358, 749, 813, 888
Ishibashi, Ryo 34, 119
Ishida, Ayumi 845
Ishikawa, Hiroshi 437
Ishizaka, Koji 532
Israel, Neal 867
Issermann, Aline 770
Issermann, Luis 770
Ivens, Terri 912
Ivory, Ed 660
Ivory, James 983
Iwinskaja, Olga 521

J

Jabara, Paul 560
Jacks, James 205, 907
Jackson, Andrew 96
Jackson, Barry 321
Jackson, Douglas 680, 988
Jackson, G. Philip 735
Jackson, Glenda 626
Jackson, Janet 697
Jackson, John 818
Jackson, John M. 479, 956
Jackson, Mark 148
Jackson, Mick 107
Jackson, Samuel L. 17, 36, 608, 709
Jackson, Viktoria 303
Jacob, Catherine 653
Jacob, Irène 240, 340
Jacobowitz, Manny 59
Jacobs, Katie 25, 183
Jacobs, Manny 194
Jacobs, Paula 983
Jacobson, David 184
Jacobson, Rick 70, 232
Jacquement, Jean-Philippe 613
Jacquet, Luc 503
Jacquot, Benoit 613
Jaeckel, Richard 594
Jaegers, Eva 253
Jaenicke, Hannes 815
Jäggi, Ueli 711
Jaglom, Henry 943
Jagtap, Vasant 615
Jahn, Hartmut 990
Jaklin, Branko 936
Jakub, Lisa 51, 597, 632
Jakubowicz, Alain 158
James, Brian 4
James, Brion 142, 200, 500, 744, 900
James, Dalton 194, 271
James, Fraser 812

James, Hawthorne 838
James, Jonathan 722
James, Judith Rutherford 338
James, Ken 309
James, Manse 859
James, Peter 639, 740, 882
James, Steve 418, 590
Jameson, Jerry 372, 373
Janda, Peter 637
Janett, Georg 266, 333
Janis, Conrad 400
Jankowska-Clesak, Jadwiga 743
Janssen, Tim 667
Jaouen, Michel 83
Jaoui, Agnès 821
Järas, Neatrice 573
Járay, Alfréd 765
Jarman, Derek 41, 117, 1012
Jarmusch, Jim 886
Jaroszewicz, Andrzej J. 963
Jarratt, John 92
Jarre, Maurice 285, 630
Jarrett, Jim 210
Jarrott, Charles 325
Jascheroff, Maro von 204
Jasinska, Elzbieta 240
Javor, Deborah 668
Javorsky, Vladimir 520
Jean, Vadim 84
Jeannet, Valerie 37
Jeannot, Véronique 105
Jefferson, Jemar 619
Jeffrey, Peter 808
Jeffreys, Chuck 719
Jeffries, Herb 249
Jeffs, Deanne 92
Jeksembaewa, Indira 469
Jelinek, Tobias 405
Jelinski, Manfred O. 782
Jeni, Richard 595
Jenkins, Rebecca 772
Jenkins, Richard 929, 1014
Jenkins, Sam 408
Jennewein, Tom S. Parker und Jim 308
Jens, Salome 487
Jensch, Gerd 214
Jensen, John 774
Jensen, Johnny E. 42, 917, 955
Jensen, Sherri 898
Jensen, Todd 190, 804
Jensen, Torben 302
Jenson, Sasha 205
Jepang, Kakek 143
Jeter, Michael 80, 816
Jézéquel, Julie 37
Jhabvala, Ruth Prawer 983
Jhutti, Ronny 1005
Jiang, Liu 752
Jiankui, Sun 806
Jianqiang, Hu 806
Jianxin, Huang 339
Jie, Liu 1007
Jing, Ye 279
Jingru, Han 752
Jiping, Zhao 527
Jires, Jaromil 513, 950
Joanni, Micki 1
Jobert, Marlène 312, 832
Jobert, Stéphane 726
Johansen, David 974
Johara 885
John, Gottfried 413
John, Elton 504
John, Joachim 671
John, Michelle St. 24
Johns, Glynis 663
Johnson, Anne-Marie 734
Johnson, Arte 914
Johnson, Ashley 354
Johnson, Beverly 890
Johnson, Brad 567, 689, 964
Johnson, Carmel 76
Johnson, Don 696
Johnson, Frank E. 75, 877, 878
Johnson, Geordie 325
Johnson, Karl 512, 1012
Johnson, Lamont 144, 835
Johnson, Laura 63, 207, 679
Johnson, Lynn-Holly 833
Johnson, Mark 685, 760
Johnson, Michelle 130, 424
Johnson, Olof 573
Johnson, Patrick Read 467
Johnson, Reginald Vel 992
Johnson, Scott 127
Johnson, Shelly 458
Johnson, Stephen 977
Johnson, Stephen L. 193
Johnson, Zam 460
Johnston, Bobby 602
Johnston, J.J. 468
Johnston, John Dennis 715
Johnston, William 795
Joliffe, Geneviève 1000
Joliot, Bernard 996
Jolivet, Pierre 855
Jones, Alan 399
Jones, Amy 358
Jones, Bruce 722
Jones, Brynmor Llewelyn 27
Jones, Chris 1000
Jones, Ed 942
Jones, Faith 1004
Jones, Freddie 932
Jones, Gwyn 712
Jones, Ian 76, 700
Jones, James Earl 107, 236, 474, 504, 609
Jones, Kenny 636
Jones, Loretha C. 609
Jones, L.Q. 561
Jones, Marie 426
Jones, Mark 537
Jones, Mickey 315
Jones, O-Lan 649
Jones, Richard T. 629

Jones, Robert C. 220
Jones, Sam 40
Jones, Sam J. 193
Jones, Simon 1018
Jones, Tim 572
Jones, Tommy Lee 273, 499, 649, 866, 1032
Jones, Trevor 426
Jonkey, Chuck 886
Jönsson, Lars 281
Jordan, Christian 423
Jordan, Glenn 507
Jordan, Louis 369
Joseph, Karen D. 720
Joseph, Paterson 426
Joseph, Richard Paul 500
Josephson, Erland 406, 669, 976
Joshua, Larry 749, 858
Josifowa, Iskra 556
Jovovich, Milla 205
Joy, Robert 211
Joya, Mario Garcia 263
Joyner, C. Courtney 810
Juarbe, Israel 376
Juárez, Ulises 327
Judah, Tara 946
Judd, Edward 465
Judd, Naomi 744
Juhnke, Harald 27, 470
Julia, Raul 15
Julian, Joshua 792
Jun, Zhao 125
Jung, André 65
Junod, Jean-Blaise 684
Jur, Jeff 280
Jur, Jeffrey 640
Jurasik, Peter 630
Jürgens, Jenny 604
Jurgensen, William 600
Jurgenson, Albert 821
Juso, Galliano 223
Juszczakiewicz, Michael 635
Jvania, Liana 926

K

Kaba, Mariam 79
Kabriel, Bedrich 92
Kaci, Nadia 69
Kaczender, George 455
Kaczmarek, Jane 386
Kaczmarek, Zdzislaw 881
Kaczor, Kazimierz 588
Kafri, Ezra 558
Kagan, Elaine 343
Kagawa, Kyoko 578
Kahl, Rolf Peter 899
Kahn, Harvey 471
Kahn, Michael 776
Kahn, Sheldon 466
Kahrmann, Christian 35
Kaiming, Chen 123
Kain, Khalil 464, 629
Kakutani, Masaru 532
Kaldwell, Kendal 571
Kaligerou, Eleni 227
Kalilou, Rasmane Ouedraogo 759
Kallai, Ilona 166, 545
Kallberg, Kevin M. 173
Kalogeras, Savas 704
Kalous, Jan 470
Kamar, Dalal Abu 242
Kambus, Rozina 787
Kamen, Michael 243, 760
Kamijyo, Tsunehiko 891
Kaminski, Janusz 519, 776
Kanakusen, Frank 397
Kanazawa, Midori 305
Kandah, Tony 707
Kane, Adam 121
Kane, Artie 372, 373
Kane, Billy Charles 699
Kane, Carol 15, 850
Kane, Mary 822
Kanevski, Vitali 926
Kang, Soo-Yeon 686
Kang, Yu Yung 508
Kanganis, Charles T. 662
Kang-Chien, Chiu 612
Kanjewski, Vitali 1008
Kanter, Donna 896
Kanyala, Marie Jeanne 759
Kao, Tung-hsiu 713
Kao, Yi-Cheng 612
Kaplan, Betty 969
Kaplan, Jonathan 77
Kaplan, Nelly 718
Kapoor, Ravi 1005
Kaproff, Dana 850, 874
Kaps, Michael 430
Karabatsos, Ron 820
Karagöz, Hikmet 817
Karajá, The 886
Karajan, Isabel 174
Karasume, Setsuko 845
Karaszkiewicz, Jerzy 733
Kardos, Istvan 166
Karen, James 897
Karin, Anna 1004
Karl, Fritz 407
Karl-Wagner, Martin 460
Karle jr., Werner 815
Karl-Lory, Johanna 149
Karlzen, Gunilla 711
Karmitz, Marin 240, 241, 409
Karner, Brigitte 786
Karnowski, Tom 142, 192
Karpf, Merrill 971
Karpick, Avi 114
Karpinski, Maciej 743
Karpman, Laura 303
Karr, Gary 858
Kartal, Kazim 817
Karun, Shaji N. 775
Karusseit, Ursula 94, 997
Karyo, Tchéky 181, 665
Karzis, Alex 988
Kasander, Kees 991
Kasdan, Lawrence 1019
Kash, Daniel 754
Kasimov, Alisher 652

Kass, Harvey 906
Kastenbaum, Michael 378
Kastner, Daphna 943
Katamsi, Amoro 143
Kato, Go 891
Kato, Masaya 799
Katsulas, Andreas 656
Katt, William 468, 680
Katyschew, Alexei 781
Katz, Clark 202
Katz, Omri 405, 597
Katz, Stephen M. 589
Katz, Virginia 589
Katzenelson, Rony 445
Kauffmann, Götz 727, 951
Kaufman, David 442
Kaufmann, Deborah 14
Kaufmann, Karl 253
Kaufmann, Rainer 253
Kaurismäki, Aki 536, 870, 870, 908
Kaurismäki, Mika 522, 886
Kava, Caroline 625, 968
Kavadia, Tasso 227
Kavanagh, Tony 148
Kawatani, Takuzo 305
Kay, Melody 932
Kaye, Lila 234
Kaye, Norman 76
Kaye, Oliver K. 566
Kaza, Elisabeth 857
Ke, Shi 752
Keach, James 898
Keach, Stacey 654
Keach, Stacy 365, 701
Keach jr., Stacy 82
Keane, Billy 702
Keane, John 478
Keaton, Diane 511, 584
Keaton, Michael 639, 777
Keats, Richard 49
Kediersky, Grzegorz 549
Keel, Howard 880
Keeter, Worth 823
Kehler, Jack 112
Kehoe, Jack 501
Kei, Rod 232
Keifer, Dennis 232
Keiller, Patrick 570
Keir, Andrew 234
Keita, Alama 79
Keita, Salif 79
Keitel, Harvey 709, 822, 1020
Keith, David 365, 434, 873
Kelemen, Fred 948
Kellegher, Tina 824
Kelleher, Tim 956
Keller, Astrid 941
Keller, Marthe 958
Kellerman, Sally 216
Kellermann, Max 225
Kelley, Andrew 953
Kelley, Sheila 282
Kelling, Petra 14
Kelly, Craig 84, 1020
Kelly, Daniel Hugh 1030
Kelly, David 396
Kelly, David Patrick 186
Kelly, Gene 880
Kelly, Moira 344
Kelly, Terrence 627
Kelman, Robbie 4
Kelsch, Ken 822
Kelsey, Linda 350, 956
Kemeny, John 728
Kemp, Gary 549
Kemp, Jeremy 338
Kemp, Martin 52
Kemper, Steven 52, 888
Kemper, Victor 220
Kenichi, Naragawa 108
Kennard, Malcolm 799
Kennedy, George 224, 646
Kennedy, James 949
Kennedy, Marklen 1011
Kennedy, Michael 730
Kennedy, Mimi 350
Kennedy, Patrick 507
Kennedy, Robert 859
Kenny, Francis 176, 408, 893, 985
Kenny, Tom 168
Kensit, Patsy 12, 121, 329
Kent, Faith 84
Kent, Rolfe 298
Kenway, John 691
Kenworthy, Duncan 960
Keogh, Danny 804
Keokosal, Nara 759
Kerbosch, Roeland 953
Kerekes, Eva 862
Keren, Dror 787
Keresztes, Andrew 171
Kern, David 171
Kern, Peter 149, 225
Kerner, Jordan 999
Kerns, Joanna 623
Kershaw, Glenn 856, 897
Kershaw, John 571
Kerwin, Lance 299, 487
Kerzinger, Ken 138
Keshishian, Alek 344
Kessel, Sophie von 16
Kessler, Lee 421
Keung, Cheng 106
Keung, Cheng Wing 68
Keung, Sze Kai 400
Keyes, Irwin 308
Khajuria, Sarita 691
Khaled, Cheb 925
Khambatta, Jal 615
Khambatta, Persis 923
Khan, Cynthia 68, 88, 91, 233, 793
Khan, Shaheen 691
Khanjian, Arsinee 272
Khen, Mourad 69
Khondji, Darius 770
Khouri, Makhram 245
Khrzapatchew, Vadim 13
Khudojnazarov, Bakhtiyar 652
Khusseinov, Radjab 652
Kibbe, Gary 128

Kibbe, Gary B. 748
Kidman, Nicole 581, 639
Kiefel, Rusell 310
Kiehl, Stuart 863
Kier, Udo 8, 270, 456, 753
Kieslowski, Krzysztof 240, 241
Kilar, Wojciech 493, 733
Kilbourne, Wendy 403
Kilchinski, Smadar 558
Kiley, Richard 542
Kilik, Jon 431
Killing, Laure 1024
Kilmer, Val 907, 920
Kilpatrick, Patrick 32, 616
Kim, Soo-Chul 789
Kim, Sung-Soo 789
Kimball, Jeffrey 431, 920
Kimball, Jeffrey L. 837
Kimbrough, Tai 884
Kimmel, Adam 663
Kimura, Daisaku 845
Kind, Michael 510
Kind, Richard 802
Kindberg, Ann 636
Kindermann, Stephie 753
Kindler, Walter 416, 453
Kiner, Kevin 537
King, Greg 158
King, Michael 497
King, Perry 325, 450, 785
King, Regina 697
King, Sandy 128
King, Vanessa 248
Kinghorn, David J. 896
Kingsley, Ben 506, 728, 776
Kingsley, Randy 244
Kingsley, Susan 362
Kingston, Russ 375
Kinmont, Kathleen 863
Kinninmont, Tom 624, 930
Kinski, Nastassja 580
Kinting, Kai 319
Kipourgos, Nikos 227
Kirby, Bruce 631
Kirchlechner, Johannes 262, 703
Kirk, Neil 75
Kirkland, Sally 230, 370, 641, 679, 856
Kirpaul, Amanda I. 804
Kirsch, Barry 338
Kirsch, Daniela 671
Kirsche, Brigitte 982
Kirschner, Alex 952
Kirschner, Anat 78
Kirschner, David 405
Kirschner, Mia 272
Kiser, Virginia 696
Kish, Laszlo 941
Kishida, Kyoko 742
Kishline, John 54
Kisilev, Maxim 264
Kislev, Yoram 558
Kissimov, Georgi 9, 257
Kissling, Conny 1001
Kit, Lee Ying 800
Kit, Mak Tai 633
Kitaro 1032
Kitay, David 619
Kitchen, Michael 624, 741, 930
Kittler, Albert 374, 489
Kitzl, Albert 43, 65, 162
Kiuchi, Maki 67
Kivilo, Alar 676
Kjeld, Kristbjörg 427
Kjellman, Björn 904
Kjellsby, Jorunn 780
Klasek, Milan 950
Klausmann, Rainer 65, 973
Klein, Barbara 637
Klein, Don 71
Klein, T.E.D. 63
Kleinbart, Philip K. 901
Kleiner, Towje 416, 710
Kleinert, Volkmar 927
Kleist, Karel von 869
Klenhard, Walter 922
Klimmeck, Uwe 214, 757
Kline, Robert 1032
Klobe, Michael 149
Klöpfler, Tibor 563
Klopotowska, Bogustawa 881
Klosinski, Edward 241, 635
Klotz, Georges 653
Kloves, Steve 306
Kluger, Martin 288
Klymkiw, Greg 526
Knapman, Steve 618
Knaup, Herbert 815
Knepper, Robert 265, 854
Knight, Gladys 921
Knight, Jack 171
Knight, Shirley 994
Knight, William 572
Knights, Robert 1029
Knoesel, Klaus 397
Knott, Andrew 340
Knotts, John 898
Knowland, Nic 507, 783, 1005
Knox, Terence 3, 385, 641, 661
Knue, Michael N. 583
Knüfken, Markus 763
Ko, Eddy 108
Ko, Philip 297
Kobayshi, Setsuo 532
Köbe, Frank-Michael 215
Kober, Jeff 478
Kobrin, Rob 432, 863
Kocáb, Michael 868
Koch, Christian 361
Kochar, Renu 691
Koefoed, Christopher 608
Koehler, Bonnie 370, 955
Koepp, David 153
Koepp, Volker 762, 1010
Koerts, Herman P. 869
Kogure, Gohei 578
Koh, David 231
Kohlmann, Ossy 416
Koita, Aboubacar 79

Kolçak, Esref 95
Kolew, Mintscho 556
Kollek, Amos 245
Koller, Barbara 952
Koller, Ingrid 951
Kollmann, Johannes 420
Kolonovits, Cristian 865
Koltai, Lajos 592, 862, 978, 999
Komaki, Sairi 437
Komine, Aki 34, 119
Komorowska, Liliana 594
Kon, Kum Ho 108
Kon, Vincent 621
Konda, Tetsuo 437
Köndgen, Cornelia 423
Kondo, Toshinoori 437
Kondrat, Marek 588
Kong, King 297
Kong, Tsang 88
Koniczyky, Tomaz 743
König, Barbara 133
Königsberg, Frank 343
Konner, Lawrence 98
Kononow, Michail 300
Koo, Joseph 508
Koob, Andre 106
Kopache, Thomas 630
Kopecky, Milos 513, 950
Kopelson, Arnold 916
Koplin, Raimund 574
Koppel, Anders 417
Kordas, Günther 667
Koren, Juliane 257
Korenfeld, Ruben 844
Korff, Hans Peter 491
Korman, Harvey 303, 784
Kormos, Gyula 545
Kornfeld, Reuben 445
Kornis, Anna 166
Kornová, Yvetta 520
Körschgen, Helmut 667
Korty, John 350
Kosal, Nara Keo 47
Kosugi, Kane 811
Kosugi, Sho 811
Kotamanidou, Eva 227
Koteas, Elias 272
Kotegawa, Yuko 845
Kotkowski, Andrzej 743
Kotsos, Taso 207
Kottukapally, Isaac Thomas 775
Kouf, Jim 6
Kounine, Vladimir 13
Koush, Yoav 558
Kovác, Martin 496
Kovács, Eszter 862
Kovacs, Gyorgy 668
Kovacs, Laszlo 985
Koval, Ota 839
Koven, Avi 158
Köves, Dóra 166
Kowalski, Rudolf 544
Kowanko, Pete 994
Kozachik, Pete 660
Kozlowski, Leopold 523
Kozlowski, Linda 75
Krabbé, Jeroen 505, 953
Krainová, Simona 145
Krakenberger, Mirjam 690
Krakowski, Andrzej 916
Krakowski, Jane 261
Kramer, Robert 312, 844
Kramer, Stephanie 634, 1021
Kramer, Sytse 367
Krane, Jonathan D. 511
Krasa, Erika 416
Krasnahorkai, László 765
Krasnoo, Michelle 481
Krasucki, Jason 711
Krause, Karla 510
Krausz, Danny 420
Krausz, Mischa 420
Kravis, David R. 267
Krebitz, Nicolette 65, 225
Krebs, Diether 562
Krebs, Susan 992
Krejus, Kim 896
Krempke, Thomas 868, 937
Kretschmann, Thomas 16
Krevoy, Brad 140, 255, 531
Kriener, Ulrike 43
Krifia, Kamel 481
Krige, Alice 894
Krischtófowitsch, Wjatschesláw 13
Kristjansdottir, Edda 427
Kristofer, Jason 729
Kristofferson, Kris 192, 679, 918
Krochmal, Jenny 636
Kröger, Helga 671
Krogh, Sossen 780
Król, Joachim 100, 899
Krolikowski, Rafal 743
Kroschwald, Udo 14
Krößner, Renate 43
Kruchkova, Svetlana 264
Krüger, Christiane 855
Krumbiegel, Stephan 85
Krumholtz, David 15, 401
Krupanszky, Judy 795
Ksouri, Khaled 587
Kubankova, Vera 950
Kubazki, Anatoli 781
Kuby, Clemens 566
Kuc, Dariusz 743
Kucera, Jaroslav 950
Kucerova, Denisa 668
Kuchar, Radek 470
Kuei-chung, Cheng 713
Kuen, Wang Sai 88
Kuhn, Jochen 851
Kuhn, Tom 75
Kuiper, Holger Möhlenkamp 319
Kuk, Linda 488
Kuklowa, Michaela 453
Kukulla, Martin 64
Kula, Sridhar Sreeka 719
Kulesza, Agata 588
Kullänger, Stefan 66
Kullmann, Max 473

Kumai, Kei 891
Kune, Michael N. 610
Kunsang, Jigme 564
Kunstmann, Doris 322
Kunze, Andreas 667
Kuper, Detlef 319
Kuprijanow, Sergei 764
Kuprijanowa, Tatjana 990
Kurant, Willy 461, 551
Kurbanov, Rahmonkul 652
Kurdyla, Fred 918
Kurdyla, Ted 964
Kurechin, Sergej 391
Kurita, Toyomichi 829
Kurkowski, Elzbieta 549
Kurosawa, Akira 578
Kurosawa, Hisao 578
Kurson, Jane 36, 77
Kurta, Paul 847
Kurtz, Swoosie 965
Kwok, Sharon 540
Kymlicka, Milan 680, 988

L

Labanca, Dominic 232
Labarthe, André S. 446
Labarthe, Samuel 871
Laborteaux, Matthew 774
Labourier, Dominique 547
LaBruce, Bruce 859
Labrune, Jeanne 841
Lacey, Ronald 309
Lachman, Ed 560
Lachnit, Andreas 865
Lackner, Erich 368
Ladd, Cheryl 197, 472, 699
Ladd, Diane 482, 641
Lafarge, François 312
Lafaurie, Nathalie 958
Lafaye, Yves 284
Laffan, Pat 824
Lafferty, Sandra 127
Lafia, John 583
Lafont, Bernadette 718
Lagercrantz, Marika 529
Lagerroos, Khell 529
Lagomarsino, Ron 702
LaGravenese, Richard 663
Laguardia, Ernesto 201
Lahti, Ed 124
Lai, Albert 233
Lai, Jenny 297
Lai, Leon 633
Lai, Stan 518
Laifu, Bao 123
Laing, Robin 755
Lajusticia, Santiago 483
Lake, Michael 701
Lake, Ricki 797, 854
Lake, Ricky 303
Lal, Raju 564
Lally, Michael David 640
Lam, Hang Su 68
Lam, John 231
Lam, Violet 488
Lama, T.K. 564
Lamarque, Christian 855
LaMastra, Paul 90, 550
Lambert, Christopher 370, 747
Lambert, Lothar 374, 489
Lambert, Mary 829
Lambert, Robert K. 118
Lambrecht, Yves 447
Lamm, Paula 1001
Lamm, Reto 1001
Lamonica, Liza 859
Lamothe, Michelle 202
Lamotte, Martin 448, 617
Lamprecht, Günter 43, 544, 593
Lamps, Gerard 855
Lan, Alan 677
Lan, Ding 806
Lan, Law 400
Lancaster, David 610
Lancaster, James 538
Lancelot, Patrick 770
Lanci, Giuseppe 553
Landau, Juliet 222
Landau, Martin 86
Lander, David L. 784
Landes, Michael 569
Landis, John 99
Landon, Michael 987
Landry, Clarence 298
Landsberg, Cleve 144
Landsburg, Alan 3, 661
Landsburg, Valerie 3, 874
Lane, Nathan 401
Lane, Shelby 944
Laneuville, Eric 590, 636
Lang, Antonia 100
Lang, Ben 59
Lang, Jim 128
Lang, K. D. 270
Lang, Krzysztof 549
Lang, Stephen 907
Langbein, Jens 763
Langella, Frank 466
Langevin, Samantha 429
Langfeldt, Inge-Lise 780
Langlais, Rudy 858
Langlois, Yves 680, 988
Langmann, Arlette 348, 938
Lannan, George 991
Lanoe, Henri 48, 580
Lanoff, Lawrence 695, 902
Lansink, Leonard 767
Lansky, Nicolas 687, 705
Lanutti, Angelo 332
Lao, Jia Wah 809
LaPaglia, Anthony 499, 557
Lapine, James 401
LaPlaca, Alison 421
Lara, Joe 542
Larere, Xavier 551
Laroche, Claire 345
Larpin, Micheline 29
Larrieu, Jean-Claude 289
Lasardo, Robert 114
Lascher, David 896
Lasey, Kimberly 572

Laskin, Michael 444
Laskus, Jacek 112
Lass, Jeff 193
Lasser, Louise 642
Lassig, Clarissa 412
Last, Bob 74
Later, Adria 377
Lathan-Koenig, Jan 1012
Lathouris, Nicos 92
Latifah, Queen 464, 639
Latour, François 586
Latoure, Ron 71
Latshaw, Steve 103, 203
Lau, Andrew 633
Lau, Carina 400
Lau, Karl 484
Laub, Marc 165
Lauber, Arthur 951
Laufer, Erez 979
Laufer, Jack 486, 917
Laughlin, John 657, 659
Laughlin, Lori 325
Lauper, Cyndi 401
Laur, Stephan 494
Lauren, Ashlee 1023
Lauren, Ashley Rae 810
Laurence, Ashley 114
Laurenson, James 414
Lauria, Dan 179
Laurie, Piper 63, 471, 978
Laurito, Marisa 1003
Lauterbach, Heiner 162
Lautore, Ronald M. 450, 490, 968
Laval, Marie-Paul 335
Lavanant, Dominique 617, 770
Lavelle, Sandie 517
Lavina, Enzo Scotto 495
Lavoine, Marc 409
Law, Clara 67, 389, 539
Law, Jude 812
Lawler, Jennifer 255
Lawley, Yvonne 755
Lawrence, Daniel 49
Lawrence, Marvin 73
Lawrence, Matthew 458, 632
Lawrence, Ronald William 179, 893
Lawrence, Scott 265, 888
Lawrence, Stephen 325
Lawson, Adam 49
Lawson, Tony 906
Layton, Vernon 729, 1020
Lazan, Stan 428
Lazard, Justin 794
Lazarkiewicz, Piotr 59
Lazenby, George 275
Lazlo, Viktor 451
Lazure, Gabrielle 832
Lazzaro, Dalila di 259
Le, Bruce 106
Le, Hiep Thi 1032
Le Roux, François 703
Lea, Ron 735
Leachman, Cloris 98, 377, 403, 550, 675, 835
Leahr, Vincent 459
Leahy, Jonathon 196
Leahy, Michael 34, 119
Learned, Michael 542
Leary, Denis 370, 462, 663
Léaud, Jean-Pierre 335, 613, 668
Leavengood, Joe 810
Lebeau, Mikey 373, 695
Lebedev, Pavel 13
Lebenzon, Chris 456
Lebihan, Samuel 240
LeBlanc, Matthew 58
Leblanc, Pierre 337
LeBrock, Kelly 784
Lebrun, Danièle 938
Lechner, Geno 776
Leconte, Patrice 682
Lecorne, Guy 827, 841
Ledl, Lotte 865
Ledniczky, Marton 166
Ledoux, Patrice 925
Lee, Alexondra 747
Lee, Ang 251
Lee, Billy 375
Lee, Brandon 186
Lee, Carman 633
Lee, Chris 88
Lee, Christopher 700, 811, 1029
Lee, Conan 656
Lee, Damian 208, 211
Lee, Elaine 196
Lee, Hyung 232
Lee, Jason Scott 724
Lee, Jesse 597
Lee, Jet 596, 967
Lee, Johnny 297
Lee, Kwon-suk 789
Lee, Mona 484
Lee, Moon 68, 233, 516
Lee, Pin-bing 713
Lee, Richard 88
Lee, Ronreaco 369
Lee, Shannon 151
Lee, Sheryl 74, 226
Lee, Waise 68
Leeder, Stephen 1026
Leeves, Jane 1018
Legitimus, Pascal 653
Legler, Daniele 368
Legrand, Michel 843
LeGros, James 77, 226, 854
Leguizamo, John 153
Lehfeldt, Kirsten 302
Lehmann, Andy 576
Lehmann, Manfred 788
Lehmann, Michael 20
Lehne, Fredric 550, 583
Lehnhoff, Nikolaus 703
Leiber, Jed 118
Leibovici, Roch 441
Leibowitz, Yeshayahn 445
Leidloff, Gabriele 64
Leigh, Jennifer Jason 415, 813
Leigh, Mike 645

Leigh, Steven Vincent 864
Leight, Warren 642
Leighton, Robert 401
Leinheiser, Peter 801
Leipold, Ulrike 535
Leirich, Silvan-Pierre 544, 710
Leiser, Herbert 491
Leitao, Joaquim 313
Leiterman, Richard 377
Lelouch, Claude 962
Lema, Ray 759
Lemmo, James 198
Lemmon, Jack 559, 955
Lena, Battista 320
Lengleng, Qian 109
Lengyel, Rita 225
Leningrad, Cowboys 536, 870, 908
Lent, Dean 171
Lenz, Rick 386
Leo, Melissa 887, 943
Lèon, Jean Francois 337
Leonard, Hugh 676
Leonard, Patrick 344
Leonard, Robert Sean 220
Leonetti, John 17, 595
Leong, Po-Chih 400
Leonhardt, Lutz 836
Leoni, Tea 702
Leopardi, Chauncey 390
Leopardi, Felice Laudadio; Giorgio 1022
Léotard, Philippe 547, 958
Lepetit, Jean-Francois 411
Lepine, Jean 412
Leplat, Ted 883
Lerch, Christian 1
Lerios, Cory 134
Lerner, Avi 114
Lerner, Danny 190, 191, 1016
Lerner, Ken 359
Lerner, Michael 36, 310, 575, 1006
Leroi, Pauline 962
Leroux, Maxime 48, 93, 827
LeRoy, Don E. Faunt 658
Leroy-Beaulieu, Philippine 653
Les, Alexander 471
Lesiak, Urszula 241
Leslie, John 591, 945
Lesser, Anton 728
Letarte, Pierre 674
Lether, Shelli 138
Lettenbauer, Renate 710
Lettich, Sheldon 673
Leung, Chang Wing 800
Leung, Iwanbeo 297
Leung, Kam Kwok 508
Leung, Tony 67, 371
Leung, Vincent 297
Leung, Wai Kai 400
Leurquin, Sabrina 4
Leuschner, Barbara 997
Leutenegger, Susanne 35
Levant, Brian 308
Levels, Calvin 387
Levi, Alan J. 124
Levi, Robert S. 249
Levin, Charles 672
Levin, Peter 485
Levine, Floyd 217
Levine, Ted 472, 525
Levinson, Art 187
Levinson, David 835
Levinson, Mark 280, 689
Levis, Ken 249
Levitt, Joseph Gordon 747
Levry, Carmen 356
Levy, Dani 149, 253
Levy, Eugene 419
Levy, Gene 462
Levy, Peter 273, 462
Levy, Robert L. 329
Levy, Shuki 111
Lew, James 151
Lewell, Carey 555
Lewis, Al 974
Lewis, David 784
Lewis, Elen Pierce 396
Lewis, Geoffrey 457, 542, 599, 673, 1015
Lewis, Greg 221
Lewis, Jenifer 182
Lewis, Jenny 459
Lewis, Jonathan 674
Lewis, Juliette 360, 649, 749
Lewis, Rawle D. 178
Lewis, Richard 273
Lewis, Richard M. 18
Leyers, Jan 120
Leyh, Blake 114
Leysen, Johan 195
Lezák, Milan 520
Lhermitte, Thierry 617, 770
Lhomme, Pierre 163
Lhoste, Vanessa 711
Li, Gong 508, 527
Li, Michele 633
Li, Shu-Ping 809
Lianjie, Li 806
Liapis, Pete 359
Liar, Kuda 143
Liberatori, Fabio 422
Licari, Rodolfo 332
Licht, Daniel 380
Lichtenwallner, Martin 407
Lick, Lo 106
Liden, Anki 603
Lieb, Robert P. 199
Lieber, Mimi 760
Lieberman, Jeff 932
Lieberman, Robert 293, 994
Liechti, Fee 503
Liechti, Peter 913
Lieck, Heide 500
Lieh, Lo 800
Lienert, Frank 14
Lifford, Tina 51
Lifton, Jimmy 216, 721
Light, Judith 354, 628
Lili, Fu 339
Liljendahl, Jonna 579

Lillard, Matthew 797
Lillie, Ronald 795
Lilliecrona, Torsten 290
Lim, Ben 231
Lin, Chia-Chen 809
Lin, Ch'i-Lou 809
Lin, Jong 251
Lin, Kon 125
Lind, Greta 910
Lind, Heather 784
Lind, Kevan 701
Lind, Traci 1006
Linda, Boguslaw 635
Lindenberg, Jaroslaw 588
Lindenlaub, Karl Walter 156
Lindenmaier, Patrick 503
Lindes, Hal 226
Lindfors, Viveca 773
Lindgren, Astrid 290, 573, 579
Lindholm, Stephen 290
Lindley, Audra 634
Lindley, John 419, 1030
Lindo, Delroy 630
Lindsay, Powell 831
Lindstedt, Pierre 573
Lindström, Göran 986
Lindström, Jon 529
Lindström, Rolf 986
Lindtner, Lasse 780
Lineback, Richard 649, 838
Lineburgh, Stephi 273
Ling, Bai 186
Ling, Zhou Bai 91
Link, John F. 243
Linklater, Richard 177, 205
Linn, Michael 823
Linnasalo, Timo 908
Linn-Baker, Mark 403
Linton, Philip 901
Liotta, Ray 182, 310
Liping, Lu 109
Lippert, Randy 226
Lippstock, Carsten 214
Lipscomb, Dennis 314
Lisi, Virna 81
Lister, David 512
Lister, Tiny 736
L'Italien, Jean 337
Litani, Danny 558
Lithgow, John 21, 140, 201, 350, 366
Littimer, Eb 794
Littleton, Carol 1019
Liu, Hung 713
Liu, Yuan 809
Lively, Ernie 922
Lively, Gerry 737
Livi, Jean-Louis 194
Livingston, Russell 854
Lizzani, Carlo 406
Lizzani, Flaminia 406
Llamazares, Julio 644
Llausás, Leonor 327
Llewelyn, Desmond 670
Llosa, Luis 654, 837
Lloyd, Christopher 15, 921
Lloyd, Eric 959
Lloyd, Frank 618
Lloyd, Michael 283
Lloyd, Sabrina 482
Lloyd, Walt 36, 813
Lo, Channy 484
Loach, Ken 517, 722
Lobell, Mike 931, 1028
LoBianco, Tony 134
Lobos, Los 201
Locane, Amy 20
Lochthove, Klaus 417
Locke, Bruce 748
Locke, Philip 906
Lockhart, Robert 778
Locklear, Heather 369, 622
Lodge, Terence 808
Lodolo, Massimo 258
LoDuca, Joseph 55
Loebinger, Lotte 14
Löffler, Horst 133
Loffredo, Phillip 108
Lofgren, Nils 531
Logan, Bob 31
Logan, Marian 249
Loggia, Robert 77, 419, 916, 933
Logothetis, Dimitri 130
Löhlein, Margot 817
Lohmann, Paul 90
Lohmeyer, Peter 253
Loiseleux, R. Jacques 613
Loiseleux, Valérie 29
Lok, Chin Ka 68
Lom, Herbert 828
Lomme, Chris 761
London, Andrew 189, 609
London, Jason 205
London, Jerry 167, 219, 842, 949
Londono, Gustavo 89
Lone, John 803
Long, Jodi 295, 843
Long, Kathy 192
Long, Nathan 375
Long, Shelley 71
Longinotto, Kim 235
Longley, Victoria 196
Longo, Tony 723
Lopert, Tanya 105, 962
Lopes, Fernando 313
Lopez, Jorge Rivera 969
López, Charo 483
Lopez, Sal 55, 119, 179
Lopez, Sergi 47
Lopez-Dawson, Kamala 539
LoPorto, Linda 695
Löprich, Frank 681, 762, 1010
Lord, Elizabeth 92
Lord, Jean-Claude 309
Lord, Peter 977
Lords, Traci 168, 217
Lorente, Isabelle 340
Lorenz, Kurt 928
Lorit, Jean-Pierre 240, 452
Losco, Romita 885
Loss, Werner 288

Lossignol, Frédéric 61
Lotar, Marina 332
Lothe, Jolanta 733
Lotti, Marcello 154, 738
Loughery, David 243
Louis, Justin 568
Lounibos, Tim 539
Louwrier, Wim 239
Love, Darris 814
Loveday, Denise 662
Lovett, R.Q. 431
Lovitt, Bert 748
Lovitz, Jon 170
Lovy, Robert 168
Lovy, Steven 168
Löw, Victor 239
Lowe, Chad 866
Löwenberg, Michael 762
Lowens, Curt 442
Lowensohn, Elina 30
Lowenthal, Dan 736
Lowenthal, Mark 639
Lowry, A. Hunt 479
Lowry, Dick 911
Lowry, Hunt 639, 900
Lowther, T.J. 412, 685
Loyd, Norman 811
Lozinska, Slawomira 493
Lu, Chih-Tzu 809
Lu, Chin-Cheng 251
Lu, Lisa 167, 889
Lu, Monica 809
Lu, Mu-Ts'un 809
Lu, Zhang 339, 527
Lubezki, Emmanuel 122, 921, 965
Lubowski, Bernd 374
Lubtchansky, Nicole 181, 452
Lubtchansky, William 447, 452
Luca, Claudio 674
Luca, Simon 885
Lucas, Joshua 519
Lucas, Lisa 376, 959
Lucas, Phill 144
Luchini, Fabrice 83, 938
Lucky, Stépán 839
Luddy, Tom 340
Luduca, Joseph 893
Lugossy, László 765
Lui, Ray 371, 621
Lumbly, Carl 590
Lundgen, Dolph 457
Lundqvist, Bernt 533
Lung, Le Shiao 106
Lung, Patrick 371
Lung, Sihung 251
Lüning, Susanne 510
Lunkewitz, Daniela 16
Lunoe, Lars 493
Lüönd, Walo 710
Lupi, Federico 384
Lupien, Tabitha 511
LuPone, Patti 280, 984
Lurie, Evan 642, 879
Lussier, Paul 901
Lust, Andreas 420
Luster, Cynthia 68, 231, 233, 297, 516, 540
Lustig, Branko 776
Lutic, Bernard 93, 962
Lynch, Barry 717
Lynch, Jennifer Chambers 141
Lynch, John 340, 426
Lynch, Paul 403
Lynch, Richard 230, 670, 766
Lyons, Robert F. 351
Lyster, Russell J. 51
Lythgow, Gene 850

M

Maalai, Imed 587
Maas, Dick 413, 543
Maayan, David 78
Maayan, Madi 78
Maberly, Kate 340
Mabry, Zachary 497
Macasdar, Philippe 94
Macat, Julio 8, 557, 1018
MacBeth, Ian 960
Macchio, Ralph 647
Maccione, Aldo 840
MacDonald, Jennifer 879
Macdonald, Peter 932
MacDonald, Wendy 1004
MacDowell, Andie 77, 813, 960
MacKay, James 41, 117
Mackenzie, John 971
Mackenzie, Sam 234
Mackie, Alex 1020
Mackie, Allison 810
Macku, Marie 133
MacLachlan, Kyle 17, 308, 740
MacLaine, Shirley 978
MacLaren, Deborah 645
MacLaughlin, Sean 619
MacLean, Stephen 618
MacLiam, Eanna 824
MacPherson, Elle 947
MacPherson, Glen 271, 311
MacPherson, Walt 797
MacRae, Michael 898
Macy, William H. 984
Maddin, Guy 526
Madjidav, Daler 652
Madonna 822
Madsen, Michael 298, 323, 358, 414, 620, 1019
Madsen, Virginia 119, 342, 949
Mae, Yoshisuke 742
Maeder, Marie-Thérèse 941
Maehl, Ross 898
Maehl, Ross A. 372, 373
Maertens, Kai 562
Maertens, Michael 562
Maesér, Jean 899
Maggiani, Serge 361

Magnan, Philippe 682
Magnoli, Albert 138
Magnusson-Norling, Tova 904
Maguire, Gerard 946
Mahaffey, Valerie 772
Maharaj, Anthony 719
Mahdi, Salah 587
Mahlaba, Grace 137
Mahlie, Véronique 356
Mahmetow, Kairat 469
Mahoney, John 292, 415, 900, 984
Maillet, Christian 276
Mainka, Dieter 928
Mainka, Maximiliane 928
Maintigneux, Sophie 319
Mairesse, Valérie 996
Majani, Sandra 682
Majewski, Lech 501
Major, Tamás 668
Majorino, Tina 182, 999
Majors, Lee 890
Mak, Michael 800
Makkena, Wendy 816
Maklakiewicz, Zdzislaw 733
Mako 748
Malanowski, Tony 157, 230, 658
Malavoy, Christophe 832
Malcolm, Robert 730
Malet, Laurent 163, 962
Malik, Art 624, 919, 930
Malinowski, Juri 300
Malkiewicz, Lisa 630
Malkin, Barry 1028
Malli, Walter 582
Mallian, Jeffrey B. 537
Malmberg, Claes 573
Malotschewski, Veniamin 764
Malta, Alexander 703
Maltby, Barbara 505
Maltese, Isabelle 174
Mamangakis, Nikos 476
Mamber, Naama 78
Mamet, David 559
Man, Chan 231
Man, Cheng Yu 106
Man, Hayley 539
Man, Lau King 68
Manahan, Anna 551
Mancina, Mark 820, 838
Mancini, Henry 220, 828
Mandel, Babaloo 170
Mandelberg, Artie 760
Mandero, Michael 711
Mandoki, Luis 999
Mandylor, Costas 916
Mangs, Sune 427
Manilow, Barry 204
Mankiewicz, Tom 867
Mankovsky, Isidore 894
Mankuma, Blu 229
Mann, Delbert 866
Mann, Dieter 257
Mann, Michelle 359
Manners, Sam 598, 773
Mannkopf, Andreas 53
Manos, Mark 442, 714, 892
Mansoor, Sardar 218, 615
Mansy, Deborah 481
Mant, Pamela 537
Mantee, Paul 810
Mantegna, Joe 20, 280, 467, 506, 984
Mantell, Mike 642
Manton, Marcus 191
Mantzorov, Dora 174
Manzetti, Gerard 259
Manzie, Jim 810
Mao, Xiao 125
Marangoni, Giovanni 1026
Marboe, Martha 416
Marcelin, Michèle 586
Marchand, Corinne 682
Marchand, Guy 163
Marco, Armand 586
Marcon, Andre 452
Marconi, David 122
Marcoux, Ted 486
Marcus, Andrew 983
Marcus, Trula M. 583
Marder, Marc 732
Marescotti, Ivano 1022
Margolin, Stuart 377, 487
Margolius, Daniel 513
Margoluis, Gene 130
Margolyes, Miriam 408
Mari, Annu 97
Maridjan-Koop, Emannuelle 239
Marie Senia, Jean 876
Marielle, Jean-Pierre 682, 925, 938
Marignac, Martine 452
Marinaro, Ed 197
Marine, Jeanne 174
Marinelli, Anthony 386
Marinelli, Larry 656
Marino, Dan 8
Marischka, Georg 604
Marius, Robert 693
Mark, Emmanuel 398
Mark, Jessica 39
Mark, Laurence 370
Mark, Marky 271
Markey, Jane 618
Markey, Patrick 889
Markland, Ted 33, 670
Markovic, Petar 990
Markowitz, Barry 679
Markowitz, Robert 11, 383
Markowitz, Russell 171
Markowitz, Russell D. 359
Marks, Louis 498
Marley, Ben 435
Marlowe, Linda 321
Marnell, Jan 66
Maro, Akaji 394
Marosov, Viktor 473
Marotta, Rick 890
Marsac, Laure 439
Marsch, Bärbel 214
Marsh, Gary 152

Marsh, Kenneth 957
Marshall, James 226
marshall, Julian 362
Marshall, Paula 329
Marshall, Penny 629
Martella, Giancarlo 885
Martens, Florian 27, 510, 997
Märtesheimer, Peter 593
Marthouret, Francois 779
Marti, Kurt 756
Marti, Susanne 756
Martial, Jean-Michel 586
Martin, America 981
Martin, Barney 987
Martin, Cheech 504
Martin, David 779
Martin, F. Smith 193
Martin, Helen 598
Martin, Jared 571
Martin, John 898
Martin, Kellie 597
Martin, Nan 696
Martin, Red 332
Martin, Rémi 841
Martin, Wrye 54
Martinelli, John 210
Martinez, Cliff 505
Martinez, Joaquin 542
Martinez, Jorge 23
Martinez, Olivier 925
Martini, Alfredo 969
Martini, Claudia 256
Martinková, Marcela 520
Martino, Raymond 193
Martling, Göran 281
Marul, Marc 680
Marvin, Rick 173, 244
Marx, Timothy 212
Marzouk, Ramses 330
Mascolo, Joseph 835
Masik, Janos 166
Masina, Giuletta 93
Mask, Ace 369
Maslansky, Paul 700
Masne, Luc Le 857
Mason, Harvey W. 673
Mason, James 274
Mason, Judi Ann 816
Mason, Lawrence 186
Mason, Morgan 122
Mason, Marsha 292, 419
Mason, Roger 799
Mason, Tom 28, 304, 455
Massee, Michael 186
Masso, Alejandro 228
Master, Madhulal D. 218
Master, R.P. 218
Masters, Ben 219, 878
Masters, Quentin 274
Masterson, Mary Stuart 77, 220
Mastorakis, Nico 648
Mastroianni, Chiara 607
Mastroianni, Marcello 925
Masur, Richard 11, 238, 638
Matacena, Orestes 595
Matalon, David 360
Mateo, Juan Ignacio San 223
Mateo, Luís 644
Mathers, James 131, 694, 823, 1004
Matheson, Michele 255
Matheson, Tim 458, 893
Mathews, Thom 481
Mathis, Samantha 146, 818, 882
Mathur, Shiv 286
Matitiahou, Michal 787
Matshikiza, John 1016
Matson, Sasha 784, 794
Matsuda, Masao 394
Matsumoto, Koshiro 742, 796
Matsumura, Tatsuo 578
Matsumura, Teizo 891
Matsuoka, Ryo 394
Matthau, Walter 955
Matthews, Dakin 739
Matthews, Ross 196
Matyas, Svatopluk 496
Mauceri, Patricia 976
Mauch, Thomas 59
Mauff, Patrick Le 452
Maugg, Gordian 671
Maugg, Johanna 671
Maugg, Gordian 681
Maugg sen., Gordian 671
Maughan, Sharon 6
Mauro, Claudio Di 258
Mautner, Gisela 368
Mautner, Michael 368
Maxwell, Roberta 688
May, Bradford 905, 918
May, Deborah 708
May, Debra 1026
May, Gisela 668
Maya, Kyoko 796
Mayer, Maria Joao 313
Mayersohn, Paul 969
Mayfield, Dustin 252
Mayfield, Les 1018
Maynard, John 103, 203
Maynard, Mimi 694
Mayo, Alfredo 104, 483
Mayron, Melanie 696
Mazar, Debi 557, 620
Mazur, Paul 182
Mazur, Stephen 497
Mazursky, Paul 843
Mazzacurati, Carlo 553
Mazzello, Joseph 805
Mazzocone, Carl 141
McAlevey, Peter 138
McAllister, Dea 459
McAlpine, Donald 474, 479, 632
McBee, Deron 736
McBlain, David 396
McBride, Jim 201
McCabe, Ruth 824
McCain, Frances Lee 893
McCalhun, Joanna 906
McCall, Rod 679
McCallum, David 283

McCalman, Macon 792
McCann, Donald 321
McCann, Sean 429
McCarthy, Andrew 889
McCarthy, Frank 794
McCarthy, Frayne 785
McCarthy, Kevin 914
McCarthy, Peter 974
McCarty, Mikeen 757
McClain, Cady 992
McClanahan, Rue 146, 490, 634
McClintock, Steve 572
McCloskey, Leigh J. 922, 918
McClure, Doug 124
McClurg, Edie 19
McCollum, Chuck 694
McColm, Matt 730
McConnell, Wayne 1001
McCord, Kent 737
McCormack, Eric 331, 589
McCormick, Bret 50
McCormick, Michelle 863
McCormick, Patrick 42
McCoy, Matt 275, 378, 1002
McCoy, Mat 823
McCulloch, John 526
McCulloch, Kyle 526
McCullogh, Malcolm 92
McCullough, Julie 160
McDaniel, James 625
McDermott, Dylan 577, 820, 1018
McDermott, Shane 19
McDonald, Christopher 183, 747
McDonald, Garry 834
McDonald, Michael 70
McDonell, Mary 118
McDonnell, Leverne 946
McDonough, Neal 911
McDowall, Roddy 216
McDowell, Michael 660
McDowell, Malcolm 137, 589
McElroy, James 274
McEntire, Reba 934
McEveety, Stephen 19
McFarland, Bob 39
McFerrin, Bobby 828
McGann, Paul 243
McGee, Bobby 609
McGill, Bruce 694, 888
McGill, Michael 514
McGillis, Kelly 829
McGinley, John C. 56, 525, 860, 974
McGinley, Ted 342, 914
McGinnis, Scott 853
McGivern, Geoffrey 1020
McGlothen, Steven 17
McGovern, Elizabeth 352, 505
McGrath, Martin 148, 799
McGrath, Matt 278
McGraw, Ali 372
McGreevey, John 295
McGregor, Ross 294
McGuire, Bruce 126
McGuire, David 735
McHattie, Stephen 99, 200
McHugh, David 395, 702
McInerney, Nelly 757
McIntire, John 600
McIntosh, Judy 46
McIntyre, Chris 75
McIntyre, Gaye 396
McIntyre, Marvin J. 760
McKay, Craig 688
McKay, Kevin 435
McKean, Michael 20, 176, 992
McKee, Gina 645
McKellar, Don 272
McKellen, Ian 803
McKellen, Martin 549
McKinney, Bill 170, 567
McKinnon, Jake 442
McKinnon, Ray 432, 685
McLean, Nick 934
McLeod, Ken 32
McLeod, Shelagh 543
McMahon, Michael 172
McManus, Don 372
McMartin, John 498
McMillan, Weston 905
McMurray, Sam 25, 459
McNamara, William 52, 164, 717, 860
McNeely, Joel 444
McNeice, Ian 310
McNichol, Kristy 490
McNutt, Stephen 814
McPeak, Sandy 792
McPherson, John 622
McQuade, Kris 1026
McQueen, Chad 656, 657
McQueen, Chas 376
McRae, Alan 244
McRae, Frank 459, 561, 918
McShane, Mike 352
McSorley, Gerard 426
McVay, James 628, 661
McVicar, Daniel 101, 131
McWhirter, Jillian 820
McWilliams, John 46
Mead, Nick 80
Meadows, Kristen 1023
Meaney, Colm 824, 1006
Mecacci, Gianfranco 553
Medak, Peter 749
Medem, Julio 751, 940
Medina, Jimmy 265
Medvigy, Gábor 765
Megalos, B. 159
Meheux, Phil 310, 486
Mehta, Anil 286
Meier, Alexander 990
Meier, Pierre-Alain 732
Meier, Shane 432
Meissonnier, Martin 451
Mejias, Isabelle 398
Mekas, Jonas 454

Melalatao, Winaldha E. 143
Melancon, André 250
Meledandri, Christopher 933
Melford, Jill 465
Melissen, Beppie 869
Melniker, Benjamin 82, 369
Meltzer, Michael 395, 640
Meltzer, Olaf 851
Memphis, Ricky 269, 885
Menahemi, Ayelet 787
Menche, Stefan 374, 489
Mendl, Michael 544
Mendoza, John 31
Menendez, Ramon 620
Mener, Jean-Yves Le 653
Meng, Weidong 125
Menke, Sally 709, 1032
Menken, Alan 401
Menkin, Steven G. 673
Mennel, Pierre 72
Menzel, Jiri 453, 495
Menzies jr., Peter 358
Mer, Juliano 666, 787
Merah, Berlian 143
Merchant, Ismail 983
Merck, Renate 59
Mercurio, Gus 213
Mercurio, Micole 882
Mercurio, Nicole 978
Meredith, Burgess 955
Merendino, James 378
Mergenthaler, André 404
Merhi, Jalal 872
Merhi, Joseph 101, 188, 217, 222, 662, 1023
Meril, Macha 1029
Merino, José María 644
Merino, Roberto 644
Merkel, Klaus 16
Merle, Zofia 59
Merlet, Agnès 827
Merlin, Claudine 925
Merlin, Serge 411
Mermet, Denis 617
Merson, Susan 917
Merta, Zdenek 521
Mertes, Raffaele 63, 258
Mery-Clark, Laurence 551
Meszières, Myriam 120
Metcalf, Laurie 113
Metchik, Aaron Michael 619
Metchik, Asher 619
Mete-Kingi, Lee 755
Metellus, Mireille 586
Metter, Alan 700
Mettler, Peter 692
Metulskie, Bratislav 667
Metz, Rexford 134, 835
Metzger, Alan 179, 655
Metzler, Jim 168
Metzner, Aline 402
Meulenkamp, Marco 319
Meuwissen, Wim 195
Meyer, Andreas 476
Meyer, Claudia 319
Meyer, Hans Werner 162
Meyer, Henry 533
Meyer, Turi 538
Meyers, Ari 55
Meyers, Jill 608
Meyers, Nancy 419
Meyka, Evely 990
Michael, Christopher 375
Michaels, Elliott 267
Michaels, Lorne 176, 985
Michailovic, Val 232
Michalak, Richard 244
Michelle, Yvonne 480
Michiko, Nishiwaki 68
Michniewski, Wojciech 240
Midler, Bette 405
Mielech, Jolanta 862
Mifune, Toshiro 532, 811, 891
Migeat, Francois 356
Migils, John 478
Mignot, Pierre 180
Mike, Mikey 859
Miki, Shigenori 394
Miko, Lukas 256
Mikulic, Vojislav 801
Mikuni, Rentaro 742
Milchan, Arnon 499, 900, 1032
Miled, Mika Ben 587
Miles, Sarah 493
Miles, Steven R. 435
Milian, Tomas 577
Milius, John 349, 474
Milkovich, Ed 534
Millar, Cynthia 316
Millar, Gavin 626
Millardet, Patricia 779
Miller, Ann 880
Miller, Barry 843
Miller, Betty 42
Miller, Charles 995
Miller, David 448
Miller, David Keith 695
Miller, Dennis 213
Miller, Dick 82, 282, 597
Miller, Frank 748
Miller, George 71, 386, 935, 946
Miller, Harry B. 19
Miller, Harry 1000
Miller, Helen 995
Miller, Jennifer 901
Miller, Jim 15
Miller, Larry 71, 182, 931
Miller, Lori 897
Miller, Michael R. 344
Miller, Penelope Ann 153, 803
Miller, Peter 778
Miller, Randy 277, 902
Miller, Rebecca 843
Miller, Tim 184
Miller, Tony 695, 902
Miller, Ty 146, 912
Miller, W. Peter 611, 694
Milliken, Sue 947
Milljar, Georgi 781
Mills, Alley 455
Mills, Donna 600

Mills, Juliet 325
Milne, Murray 46
Milo, Jean-Roger 348
Milster, Angelika 204
Minaiev, Igor 264
Minami, Hiroshi 97
Minana-Gregogna, Lolette 876
Minazzoli, Christiane 409, 826
Mindel, Allan 127
Miner, Steve 194
Mineur, Guy Pierre 47
Ming, Li 91
Ming, Ng Tin 508
Ming, Xiao 752
Minghella, Anthony 631
Mink, Ben 270
Mink, Claudette 208
Minkoff, Rob 504
Minsky, Chuck 569
Miou, Miou 348
Miranda, Robert Guy 917
Miravalles, Reinaldo 23
Mirkovic, Boris 786
Mirkovich, Steve 293
Mironescu, Dan 771
Mishkin, Nan 783
Misiorowski, Bob 907
Missiroli, Roberto 382
Mister, John 235
Mistysyn, Stacie 704
Mita, Yoshiko 742
Mitchell, Ann 549
Mitchell, Beverly 490
Mitchell, Don 165
Mitchell, Red 252
Mitchell, Sasha 171, 481
Mitchum, Bentley 31, 207
Mitchum, Christopher 103
Mitchum, Robert 487, 1016
Mithoff, Bob 191, 656
Mitic, Gojko 149
Mittelman, Gina 823
Mittleman, Gina 699
Miura, Tomokazu 305
Miyazaki, Yoshiko 305
Miyazawa, Rie 796
Mizrahi, Béatrice 446
Mobbs, Donna 859
Moderegger, Klaus 566
Modine, Matthew 813, 929
Modo, Michel 871
Modrall, Carol-Renee 649
Moe, Gesang Tina 603
Moffat, Donald 140, 474, 968
Moffett, D.W. 702
Moffett, Michelle 1004
Moffitt, Michelle 902
Mohamad, Master 615
Mohammed, Umm 242
Mohr, Hanro 1016
Moine, Mikki Le 184
Mok, Harry 872
Mokae, Zakes 847
Mokri, Amir 889
Mokrovic, Sreden 786
Molen, Gerald R. 776
Molik, Sandra 225
Molin, Bud 183
Molina, Alfred 599, 991, 1015
Molina, Angela 5
Molina, Enrique 23
Molina, Monica 104
Moll, Dominique 430
Moll, Richard 308
Möller, Flemming Quist 417
Möller, Sara 533
Möller-Jensen, Birger 302
Moloney, Marianne 631
Moloney, Paul 213
Molteni, Luis 651
Momochan 394
Moncrieff, Karen 719
Mondshein, Andrew 360
Monette, Richard 398, 429
Mong, Cindy 677
Monni, Carlo 154
Monot, Antoine 449
Monroe, Ric 998
Montaldo, Giuliano 1022
Montana, Marcello 87
Montanari, Sergio 393, 738
Montanaro, Jovin 395
Montecajdy, Rudy O. 719
Monteleone, Enzo 223
Montes, Eduardo 428
Montes, Osvaldo 180
Montesi, Jorge 248, 331
Montez, Osvaldo 250
Montgomery, Chuck 30
Montgomery, Julia 161
Monthieux, Maryline 284
Monti, Felix 969
Moon, Sung-Keun 789
Mooney, Debra 458
Mooradian, George 142, 192, 481
Moore, Charles Philip 39, 232
Moore, Irving J. 914
Moore, Julianne 813
Moore, Mary Tyler 636
Moore, Mavor 905
Moore, Melissa Anne 480
Moore, Michael 679
Moore, Millie 458, 675
Moore, Roger 589
Moore, Scottie 517
Morales, Esai 226, 724
Moran, Laurie 148
Moran, Patrick 103, 203
Moran, Tim 173
Moranis, Rick 308
Morante, Laura 181
Morayta, Paco 201
Mordente, Tony 877
Mordillat, Gérard 37
Moreau, Jeanne 7
Moreno, Adriano 89
Moretti, Michèle 607, 617

Moretti, Nanni 553
Morgan, Andre E. 77
Morgan, Chris 884
Morgan, Donald M. 696
Morgan, Kelly 373
Morgan, Mark 854
Morgan, Peter 493
Morgan, Scott Wesley 797
Morgenroth, Daniel 14
Morgenstern, Maja 665
Morgiève, Richard 284
Moriarty, Cathy 6, 597
Móricz, Mihály 862
Morie, Hiroshi 742
Morigi, Marco 885
Morigi, Mauro 885
Morin, D. David 472
Morina, Johnny 674
Morita, Fujio 742, 796
Morita, Noriyuki 270
Moritz, Dorothea 215, 374, 489
Moritz, Neal 464
Morlier, Jean 617
Morricone, Ennio 269, 887, 1014, 1022
Morris, Aubrey 638
Morris, Frank 6
Morris, Grant 369
Morris, Jonathan 517, 722
Morris, Kathy 847
Morris, Mark 662, 707
Morris, Martin 707
Morrisey, Kenneth 481
Morrison, Gloria 295
Morrison, Jenny 86
Morrison, Woodrow W. 1015
Morse, David 358, 968, 1030
Morse, Susan E. 584
Mortensen, Henry 119
Mortensen, Viggo 34, 134, 153, 1020
Morton, Joe 838
Moscow, David 1002
Moses, Ben 993
Moses, Mark 897
Moses, Norman 54
Mosher, Gregory 559
Moss, Eric 322
Moss, George 722
Moss, Thomas V. 204
Mössmer, Dietmar 705
Most, Jeff 186
Mostel, Josh 59, 399
Moto, Tomo 809
Motroff, Lawrence 207
Motta, Zeze 716
Mounir, Adel 875
Moura, Gilson 247
Mrakitsch, Michael 705
Mréjen, Jean-Jacques 69
Mrkwicka, Kurt 951
Mucari, Carlo 10
Mucsi, Zoltán 862
Muel, Jean-Paul 93
Mueller, Maureen 3, 51, 334, 769
Mueller-Stahl, Armin 729
Muhtarevic, Sead 378
Mukataewa, Gulsara 469
Mukherjee, Arunabha 286
Mulcahy, Russell 803
Muldoon, Patrick 720
Muldowney, Dominic 352
Mulhern, Matt 874
Mulkey, Chris 486
Mulkin, Sam 73
Müller, Cornelie 38
Müller, Hanspeter 913
Müller, Heiner 94
Müller, Julia 38
Müller, Karsten 982
Müller, Max 782
Muller, Myriam 404
Müller, Richy 253
Müller, Robby 672, 991
Müller, Rolf 460
Müller-Stöfebn, Nele 253
Müllner, Charlotte 407
Mulroney, Dermot 77, 479, 525, 791, 854, 882
Mulroney, Kieran 479
Mulvehill, Charles 581
Munchkin, Richard W. 101
Mundhra, Jag 657, 1004
Munn, Mike 692
Muphy, Barri 50
Murakawa, Toru 224, 656
Muralt, Felix von 952
Murch, Walter 419, 749
Murdock, George 168
Muren, Hou 279
Murnberger, Wolfgang 420
Murnik, Peter 17, 542
Murphy, Charlie 156
Murphy, Christopher 395
Murphy, Don 649
Murphy, Eddie 99
Murphy, Fionnuala 824
Murphy, Fred 843
Murphy, Geoff 525, 939
Murphy, John 84
Murphy, Karen 921
Murphy, Michael 107
Murphy, Michael S. 277
Murphy, Paul 196, 636
Murphy, Reilly 822
Murray, Carrie 602
Murray, Sean 55, 405
Musallam, Isidore K. 666
Musca, Tom 620
Muschietti, Alfredo 320
Muschler, Fritz 710
Music, Absolute 159
Musumarra, Romano 461, 580
Muti, Ornella 393, 422
Mybrand, Jan 281
Myers, Bruce 284
Myers, Jim 184
Myers, Mike 557, 985
Myers, Stephen 183
Myhrhan, Dan 669

Myles, Lynda 824
Myrén, Carl 573
Myrow, Frederic 139

N

Nabeki, Futimi 484
Nachbaur, Jean 313
Nadia, Fearless 218, 615
Nagasawa, Toshiya 796
Nagase, Masatoshi 67
Nagatsuka, Kazue 97
Nagel, Margot 417
Nagy, Ferenc 862
Nahyr, Maité 284
Nainchrik, Jean 163
Nair, Hari 775
Nair, Raman 775
Naito, Taketoshi 891
Najimy, Kathy 405, 816
Nakadai, Tatsuya 633, 796
Nakai, Kiichi 532
Nakajima, Takehiro 437
Nakamura, Kichiemon 742
Nakamura, Toru 119, 656
Nakano, Takayuki 394
Nakonechnyi, Tony 695
Naline, Chhim 732
Nan, Lee Jua 516
Nanbara, Koji 97
Nance, Jack 31
Nancy 757
Nann, Erika 611
Nannuzzi, Daniele 406
Nano, Agnese 1022
Napier, Charles 157, 275, 365, 688, 819
Naples, Toni 438
Napolitano, Leo 861
Napp, A. 972
Napper, Howard 664
Narayan, Satheesh 690
Narbey, Leon 755
Narducci, Kathrine 431
Narita, Hiro 370, 405, 1015
Narlijev, Chodshadurdy 473
Nasarow, Pawel 1008
Nascimbene, Mario 465
Nascimento, Milton 247
Nash, Jennifer 442
Nasikjan, Armen 764
Naslund, Lori 942
Nasr, Mohsen 875
Nasso, Julius R. 56
Naughton, David 1004
Naughton, James 964
Naujoks, Ingo 319
Nava, Gregory 887
Navarro, Guillermo 890
Nayar, Nisha 691
Nazarov, Pavel Viktorovich 926
Neal, Chris 618
Neale, Brent 526
Neame, Christopher 701
Neau, André 841
Neckelbrouck, Jean-Claude 120
Neddermann, Rolf 460
Nedd-Friendly, Priscilla 107, 931
Nederlof, Joan 509
Neeman, Yelhiel Hilik 208
Neeson, Liam 776
Negbi, Barak 558
Negret, François 876
Neill, Sam 296, 624, 930, 947
Neira, Daniel A. 736
Neiwiller, Antonio 553
Nell, Nathalie 830
Nelligan, Kate 183, 248, 788, 1014
Nelson, Craig T. 728
Nelson, Gary 165, 739
Nelson, Jessie 182
Nelson, Judd 20, 111, 514, 531
Nelson, Peter 455
Nelson, Willie 672
Neri, Francesca 223, 258
Nero, Franco 552
Nest, Tilo 476
Nesterow, Aleksei 990
Nettleton, Lois 216
Neuenfels, Benedict 307, 322
Neuenfels, Hans 307
Neufeld, Mace 99, 474
Neuhäuser, Holger 397
Neumann, Johann 427
Neuwirth, Bebe 581
Neuwirth, Thomas 425
Nevens, Gert 120
Neville, John 467, 1006
Neville, Sarah 526
Newborn, Ira 8, 646
Newburn, George 842
Newcott, Rosemary 45
Newell, Mike 960
Newley, Anthony 1021
Newman, Danny 812
Newman, David 176, 194, 308, 390, 419, 577, 931
Newman, Frances 998
Newman, Paul 415
Newman, Randy 599, 777
Newman, Russell 799
Newman, Thomas 255, 306, 456, 479
Newman, William 537
Newmarch, Johannah 627
Newmyer, Robert 185
Newsom, David 918
Newton, Barry 53
Newton, Margie 10
Newton, Thandie 439, 1020
Ng, Carrie 800
Ng, Christine 379
Ng, Lawrence 800
Ngor, Haing S. 639, 1032
Ngor, Peter 800
Ngor, S. Haing 318
Ngujin, Dustin 662

Nguyen, Dustin 1032
Nianping, Zeng 125
Niavarani, Michael 407
Nibbelink, Phil 957
Nicaud, Philippe 840
Nicca, Nina 952
Nicholaou, Ted 723
Nicholas, Fiona 396
Nichols, Mike 983, 1014
Nicholson, Gerda 92
Nicholson, Jack 1014
Nicholson, William 805
Nickel, Jochen 253
Nickles, Michael 985
Nickles, Michael A. 395
Nickson, Julia 167
Nicolaides, Steve 697
Nicolaou, Ted 234
Niehaus, Lennie 685
Niehoff, Domenica 225
Nielsen, Connie 971
Nielsen, Leslie 646
Nien-jen, Wu 713
Nieping, Zeng 279
Nierras, Mildred 54
Nieto, Jose 969
Nijborg, Arian 406
Nikdin, Armita 460
Nikel, Hannes 162
Niklas, Jan 729, 865
Nikolajew, Sergej 781
Nilheim, Lis 579
Nilsson, Magnus 66
Nilsson, Stefan 986
Ninnig, Dennenesch 254
Nirenberg, Michael 506
Nishikawa, Hiroshi 437
Nishioka, Yoshinobu 796
Nissl, Anton 998
Nitrate, Amy 859
Nixon, Cynthia 467
Nixon, Norman 282
Nobbs, Eric 512
Noble, Thom 415
Noiret, Philippe 832, 938
Noirey, Jean-Michel 925
Nold, Werner 674
Nolot, Jacques 607
Nolte, Alexander 214
Nolte, Nick 118, 419
Nomura, Noriko 796
Nordan, Neil 439
Nordemar, Olle 579
Nordling, Jeffrey 199
Nordmar, Olle 290
Nordquist, Monica 579
Noreddine, Mouna 587
Norfleet, Susan 965
Norling, Figge 904
Norris, Aaron 387
Norris, Chuck 387, 877, 878
Norris, Guy 720
Norris, Julie 570
Norström, Tomas 529
Norton, Kristin 49
Norton, Richard 169, 188, 222, 719, 720, 833
Norton, Terri 324
Norvak, Sybill 753
Notowitz, David 523
Notz, Thierry 318
Nouchi, Claude 547
Nouh, Mohamed 330
Nouri, Michael 34, 193, 318, 662
Novelli, Novellantonio 738
Novelli, Novello 154, 393
Novembre, Tom 726
Nover, Matt 118
Novi, Denise Di 660
Novo, Nancho 751
Novodor, Bill 802
Novotny, David 839
Nowak, Jerzy 241
Nowak, Reinhard 637
Nowarra, Karin 998
Nowicki, Marek 733
Nowicki, Tom 636
Noyce, Phillip 474
Nugroho, Garin 143
Nunn, Bill 199
Nunn, Terri 696
Nuti, Francesco 154, 393, 393, 738
Nuti, Giovanni 393
Nutley, Colin 281, 381
Nutter, David 912
Nuyen, France 889
Nydegger, Roger 72
Nykvist, Sven 344, 360, 669

O

Oakes, Bill 497
Oates, Robert 316
Obedzinski, Shane 390
Obregon, Rodrigo 209, 707
O'Brian, Hugh 542
O'Brian, Tanjy 64
O'Brien, Austin 638
O'Brien, Deirdre 824
O'Brien, Jim 316
O'Brien, Joycelyn 485
O'Brien, Patrick 19
O'Bryan, Paul 572
O'Byrne, Colm 824
Ochsenknecht, Uwe 254, 282, 288, 476
O'Connell, Deirdre 285
O'Connell, Jerry 152
O'Connor, Dennis 200, 337
O'Connor, Glynnis 28
O'Connor, Greg 282
O'Connor, Hugh 676
O'Connor, Joseph 906
O'Connor, Kevin J. 310
O'Connor, Matthew 271
O'Conor, Hugh 729
Odell, David 135
Odermatt, Urs 973
Odom, Mitch 440
O'Donnell, Chris 243
O'Donnell, Michael 670

O'Donnell, Rosie 6, 308, 974
Odorisio, Luciano 5
Oehrn, Anders 603
Oelschlegel, Manfred 593
O'Farrell, Conor 210, 490
O'Feeney, Bartley 436
O'Feeney, Padraig 436
Ogaard, Philip 780
Ogawa, Mariko 97
Ogawa, Yuri 949
Ogorodnikow, Valerij 990
Oh, Soon-Teck 412
O'Hara, Catherine 660, 777, 1019
O'Hara, Corky 501
O'Hara, Jenny 42, 479
O'Hare, Michael 528
O'Hearn, Patrick 482, 791
O'Herlihy, Dan 140
Ohlenberg, Jutta 460
Ohlsson, Bertil 360
Ohren, Adam 934
O'Hurley, John 614
Oida, Katsuhiro 796
Okada, Daryn 19, 194
Okamura, Gerald 151, 209
Okano, Hiroki 394
Okay, Yaman 817
O'Keefe, Miles 1023
Okuda, Eiji 891
Okumoto, Yuji 34, 119, 142, 418
Okunew, Wladimir 300
Olafsson, Egill 427
Olandt, Ken 537
Olbrychski, Daniel 154
Oldman, Gary 749, 920
Olds, Gabriel 152
O'Leary, Celine 76
Olech, Adam 1
Olev, Pjotr 473
Oliansky, Joel 628
Olin, Ken 334, 1015
Olin, Lena 630, 749
Oliver, Tristan 977
Olkowski, Roger 833
Olmos, Edward James 916, 976
Olsen, Ashley 377
Olsen, Mary-Kate 377
Olsen, Richard K. 964
Olson, Richard K. 342
Olsson, Ecke 533
Olvis, William 994
O'Meara, C. Timothy 525
Omirbaew, Dareschan 469
O'Neal, Griffin 376
O'Neal, Ron 833
O'Neal, Shaquille 118
O'Neill, Ami 1002
O'Neill, Chris 74
O'Neill, Ed 118
O'Neill, Jennifer 890
O'Neill, Maggie 991
Onishi, Ayako 305
Onofre, Waldir 247
Onorati, Peter 55
Onorato, Paul 772
Ontkean, Michael 628
Ooms, Amanda 361, 780
Oppenheimer, Alan 442
O'Quinn, Terry 62, 485, 708, 907
Oran, Bülent 817
Orasov, Murat 473
Orbach, Jerry 628
O'Reilly, Cyril 689
O'Reilly, Harry 965
Orieux, Ron 58
Orlandini, Hal 804
Orlando, Silvio 786
Orlowa, Swetlana 300
Orme, Stuart 808
Ormond, Julia 665
Ornstein, Michael 772, 895
O'Ross, Ed 694
O'Rourke, Jim 692
Orr, James 463, 816
Orso, Giulia 26
Ortamo, Heikki 908
Ortega, Kenny 405
Orthel, Rolf 367, 509
Osada, Chizuko 532
Osborn, Lena 435
Oscarsson, Per 281, 529
O'Shannessy, Maureen 148
O'Shea, Dan 501
O'Shea, Marc 396
O'Shea, Michael D. 349
O'Shea, Milo 383, 933
Oslin, K.T. 882
Osman, Achmed 825
Ostberg, Wolfgang 204
O'Steen, Sam 1014
Oster, Ulla 767
Östergaard, Sören 302
Östergren, Pernilla 986
O'Sullivan, Michael 526
O'Toole, Peter 413
Otsuka, Yuichiro 394
Ott, Nina 710
Otten, Ted 274
Ottley, Oral 691
Otto, Linda 3, 661
Ourdache, Mohamed 69
Outerbridge, Peter 178, 735
Outinen, Kati 870
Ove, Indra 439
Overall, Park 931
Overgaard, Peter Hesse 302, 493
Overton, Rick 397
Owen, Alison 1020
Owen, Cliff 465
Owen, Clive 519
Oxenberg, Catherine 534
Özer, Cem 95
Ozsda, Erika 545

P

Pace, Ralph 369
Pacek, Slawomir 588
Pacifici, Federico 258

Pacino, Al 153, 454
Paciotti, Larry 267
Pacula, Joanna 212, 275, 531, 790
Padalewski, Daniele 368
Padalewski, Erich 951
Padrao, Ana 313
Page, Anthony 421
Page, Cortney 152
Page, Ken 660
Page, Mary Anne 1030
Pages, Anika 865
Pailhas, Géraldine 585
Pakárková, Lenka 347
Pakula, Alan J. 21
Pakula, Joanna 907
Palacios, Patricia 126
Palance, Jack 170, 478, 478
Palavicini, Fernando 327
Palestrina 593
Palitzsch, Peter 94
Palleske, Heidi von 337
Palma, Carlo Di 584
Palme, Beatrice 26
Palmer, Thomas 641
Palmer, Patrick 444
Palminteri, Chazz 431
Palomino, Carlos 349
Paltrow, Gwyneth 306
Panh, Rithy 732
Pankin, Stuart 790
Pankov, Vladimir 264
Pankow, Bill 153, 647
Pantoliano, Joe 152, 199, 467
Pantzis, Andreas 725
Pao, Peter 508
Paoli, Cécile 476, 745
Papakyriakopoulos, Panos 725
Papamichael, Phedon 178, 699
Papamichou, Christina 227
Pappalardo, Adriano 1003
Pappé, Stuart 816, 843
Paratene, Rawiri 46
Paré, Michael 208
Paris, Britannia C. 267
Paris, Cheryl 179, 863
Parisi, Cliff 96
Park, Joong-Hoon 789
Park, Kwang-Soo 789
Park, Nick 977
Parke, Andrew 157
Parker, Alan 360, 1006
Parker, Daniel 175
Parker, Laurie 270
Parker, Mary-Louise 499, 631, 647
Parker, Nicole 932
Parker, Norman 421
Parker, Sarah Jessica 405, 900
Parks, Michael 211, 468
Parry, David 572
Parry, Mark 359
Parsons, Clive 551
Partexano, Alessandro 393
Parvulesco, Jean 83
Paryla, Nikolaus 842
Pas, Michael 120, 195
Pasdar, Adrian 829
Paso, Martin 82
Pass, Cyndi 314
Passalacqua, Pino 687
Pastorelli, Robert 816, 900
Pásztor, Erzsi 862
Pataky, Gabriele 576
Paterson, Bill 357
Paterson, Iain 702
Paterson, Rocky 846
Patillo, Alan 190
Patric, Jason 349
Patrick, Ali 695
Patrick, Barbara 1023
Patrick, Matthew 568
Patrick, Robert 130, 293, 1023
Patrie, Don 203
Patschke, Herta 489
Patterson, John 901
Patterson, John D. 792
Patterson, Rocky 50
Pattison, John 821
Patton, Will 499, 749, 867
Paukstelis, Tina Ona 54
Paul, Adrian 890
Paul, Alexandra 666, 680
Paul, Christiane 215
Paul, Steven 121
Paulin, Scott 278
Paulo, Ilya Sao 247
Pauly, Rebecca 555
Paunescu, Oana 442, 810, 912
Paunescu, Vlad 442, 810, 912
Pavlou, George 565
Pax, James 400
Paxton, Bill 141, 919
Paymer, David 170, 506, 959
Payne, Allen 156
Payne, Bruce 329
Payson, Keith 714
Paz, Raul 388
Pazura, Cezary 241, 588, 743
Peach, Patrick 265
Peaker, E.J. 236
Pearce, Craig 799
Pearce, Guy 706
Pearlman, Stephen 292
Pearson, Fred 549
Peck, Brian Richard 49
Peck, Raoul 586
Pederzani, Hans-Albert 257
Pedraza, Mario 104
Pee, Wong Kwai 677
Peerce, Larry 385, 627
Pei, Edward 673
Peichl, Adi 604
Peirse, Sarah 46
Pejo, Robert-Adrian 563
Peldon, Ashley 627
Pellegrin, Raymond 962

Pellekoorne, Anne 703
Pelletier, Gabriel 337
Pellonpää, Matti 522, 536, 870
Pemrick, Donald Paul 720
Penhall, Bruce 209
Penn, Chris 456, 813, 843
Penn, Sean 153
Pennebaker, Don Alan 979
Pennebaker, Frazer 979
Penney, Allan 618
Penney, Julian 1026
Penningroth, Phil 627, 911
Penny, Joe 874
Penot, Jacques 855
Pepe, Mirta 393
Pepin, Richard 101, 188, 217, 222, 662, 879
Peploe, Mark 564
Perathoner, Serge 855
Percy, Lee 17, 182
Pereira, Antonio 644
Pérez, Fernando 388
Perez, Rosie 285, 1028
Perez, Vincent 81, 447
Perfili, Virginia 216
Pergament, Robert 828
Perinán, Paco 126
Perkins, Clare 517
Perkins, Elizabeth 308, 1018
Perkins, Emily 58
Perlini, Memé 678
Perlman, Itzhak 776
Perlman, Rhea 957
Perlman, Ron 265, 334, 700
Permut, David 860
Peroni, Geraldine 813
Perrier, Mireille 770
Perrin, Francis 826
Perrin, Jacques 258, 1022
Perrine, Valerie 134
Perrot, François 332, 826
Perrson, Jan 579
Perry, Frank 598
Perry, John Bennett 792
Perry, Luke 252
Perry, Steve 920
Persky, Lisa Jane 176
Persson, Bo 881
Persson, Christjan 66
Persson, Jan 573
Persson, Jörgen 986
Pertwee, Sean 812
Perugorria, Jorge 263
Pesce, Frank 944
Pesci, Joe 344
Pesery, Bruno 821
Peterman, Donald 15
Peters, Charlie 194
Peters, Lance 946
Peters, Stephen 794
Petersen, Ann 761
Petersen, Curtis 172, 730
Petersen, Detlef 65, 254, 491
Petersen, William 187, 478, 478
Peterson, Casey 987
Peterson, Curtis 211, 872
Peterson, Kristine 380
Peterson, Margie 202
Peterson, Robyn 194
Petit, Jean-Claude 37, 938
Petraglia, Sandro 786
Petri, Nina 491, 899
Petrie, Donald 933, 955
Petrie, Dorothea G. 550
Petrocelli, Antonio 738, 786
Petryeki, Jacek 881
Petschek, Paul 221
Petschek, Paul M. 121
Petterson, Tord 281
Pettres, Heinz 604
Petty, Lori 323
Peuliche, Kirsten 302
Peyser, Penny 902
Pfeffer, Rachel 581
Pfeiffer, Carolyn 791, 829
Pfeiffer, Dedee 758
Pfeiffer, Michelle 1014
Pfister, Wally 468
Phan, Peng 732
Phelan, Anne 213
Pheloung, Barrington 665, 812
Phelps, Peter 670
Phelps, Win 278
Philip, Hans-Erik 427
Philips, Alex 624
Philips, Bobbie 872
Philips, Leslie 96
Phillip, Vince 846
Phillips, Alex 930
Phillips, Art 148
Phillips, Bobbie 73
Phillips, Hazel 92
Phillips, John 208
Phillips, Lou Diamond 198
Phillips, Michelle 457, 534
Phillips, Rosan 721
Phillips, Samantha 209
Phillips, Sydney Coale 602
Phillips, Teddy 863
Phillips, Toby 944
Phillips, Wendy 278, 459
Phoenix, Gemma 722
Phoenix, Rain 270
Phoenix, River 791, 882
Phung, Dennis 833
Picardo, Robert 597
Picault, Chantal 857
Piccioli, Gianfranco 154, 393, 738
Piccoli, Michel 580, 962
Piccolo, Ottavia 1022
Pichette, Jean François 180
Pickens, Slim 672
Picketok, Blake 203
Pickles, Christina 28, 161
Pieczka, Franciszek 635
Pierce, David Hyde 1014
Pierce, Jill 191, 481
Pierce, Wendell 1028
Pierce-Roberts, Tony 499, 983
Pietro, Carmen di 546

Pietruski, Ryszard 733
Pike, Nicholas 575
Pileggi, Mitch 198
Pileggi, Nicholas 482
Pillau, Horst 710
Pillows, Dirty 859
Pillsbury, Sam 238, 500
Pillsbury, Sarah 929
Pinchot, Bronson 99, 920
Pineau, Jacques 237
Pinette, John 161
Ping, Yuen Wo 443, 633
Ping, Zhong 109
Pinkett, Jada 608
Pinsker, Seth 395
Pinto, José 29
Piovani, Nicola 553
Piper, Roddy 73, 736
Piper, Tommy 53
Piper-Ferguson, John 747
Piras, Franco 184
Pirinçci, Akif 288
Pirnat, Helmut 407, 637
Pitanga, Antonio 716
Pitt, Brad 334, 439, 920
Pivcevic, Andrija 936
Piven, Jeremy 462, 974
Piwowski, Marek 733
Pla, Ruben 949
Placido, Michele 5
Plagne, Alain 446
Planchon, Roger 448
Plangger, Verena 671
Plank, Scott 311, 678
Platnick, Jonathan 45
Platt, Oliver 243
Plemiannikov, Hélène 996
Plenert, Thomas 574, 762, 1010
Pleshette, Suzanne 219
Pleßow, Klaus Peter 601
Plimpton, Martha 456
Plone, Allen 863
Plone, Carol Marcus 863
Pluhar, Erika 750
Plumeri, Terry 131, 198, 211
Plummer, Amanda 432, 524, 557, 665, 709
Plummer, Christopher 325, 1014
Plummer, Glenn 608, 838
Plüss, Kathrin 963
Po, Larry 484
Podstatzky-Lichtenstein, Jiri Krystof 133
Pogany, Cristiano 442
Pogany, Judith 727
Pogue, Charles Edward 808
Pogue, Ken 708
Poiret, Jean 341, 996
Poirier, Manuel 47
Poitevin, Catherine 266
Polak, Robert 836
Polakoff, Carol 708
Polan, Jay 1004
Poledouris, Basil 56, 323, 748, 797
Polizos, Vic 296
Pollak, Cheryl 185
Pollak, Kevin 107, 955
Pollan, Tracy 893
Pollard, Michael J. 819
Pollard, Sam 464, 860
Polley, Sarah 272
Pollock, Christophe 585
Pollock, Dale 412
Polo, Teri 52
Poltermann, Barry 54
Pomares, Raul 23
Pomeranc, Max 506
Pomeroy, John 204
Pompéu, Antonio 716
Pompian, Paul 623
Poncela, Eusebio 228
Ponzi, Maurizio 738
Pool, Léa 180
Poon, Hung 371
Poore, Dennis 602
Pope, Bill 293, 575
Pope, Dick 645
Popova, Elena 926
Poppelaars, Ger 239
Porath, Gideon 115
Porteous, Shane 274
Portman, Rachel 889, 947, 1006
Portnow, Richard 901
Pos, Pak 143
Pöschl, Hanno 407, 637
Posey, Stephen L. 55
Posse, Double XX 576
Post, James 435
Post, Mike 3, 376
Post, Nils 953
Post, Wayre 596
Poster, Steven 933
Postlethwaite, Peter 426
Potaka-Dewes, Eru 724
Potapov, Alexander 473
Potjomkin, Lew 300
Potts, Michael W. 131
Pouget, Ely 45
Poulikakos, Dimitris 227
Poulton, Raymond 465
Pounder, CCH 425, 748
Poupaud, Melvil 345
Powell, Brittney 19, 70, 234
Powell, Norman 372, 373
Power, Chad 244
Power, Sam 757
Pozzato, Pierangelo 26
Pozzato, Pietro Angelo 738
Pozzi, Moana 332
Prabowo, Tony 143
Prada, Amancio 644
Prada, Anthony 607
Pradilles, Gérard 876
Pradjawisastra, Arturo G. 143
Prado, Dámaso Pérez 483
Pratt, Charles A. 90
Pratt, Hugo 651
Pratt, Roger 805
Preece, Michael 877, 878
Preen, Zacharias 361

Preisner, Zbigniew 240, 241, 313, 340, 999
Prelle, Uta 825
Prengel, Diethard 815, 966
Presle, Mecheline 320
Presley, Priscilla 646
Press, Laura 954
Pressman, Edward R. 186
Pressman, Michael 458, 675
Preston, Mike 167
Prete, Duilio Del 678
Prevost, Daniel 938
Prey, Gertrud 788
Prez, John du 366
Price, John L. 315
Price, Marc 565
Price, Molly 702
Price, Tim Rose 724
Priestley, Jason 152
Priestley, Tom 152
Priestley jr., Tom 118
Prieto, Paco Christian 673
Prieur, Jerome 37
Primes, Robert 52
Prince, Faith 194
Princi, Marc 788
Principal, Victoria 55, 541
Prine, Andrew 207
Prior, David A. 157, 230, 365, 572, 658
Prior, Peck 479, 747
Prior, Ted 157, 230
Prive, Nicolas 841
Procacci, Domenico 76, 258
Prochnow, Jürgen 421, 522
Prosky, Robert 632, 715, 910, 1018
Protat, Francois 628
Proudstar, Jon 127
Proval, David 749
Prowse, Heydon 340
Proyas, Alex 186
Prückner, Tilo 215
Pruitt, Jeff 864
Pruka, Vaclav 868
Prune, Véronique 1024
Prusa, Alexandra 72
Pryce, Craig 200
Pryce, Jonathan 507, 551, 812
Pryor, Nicholas 343, 715
Przygodda, Peter 7
Pschill, Alexander 256
Pszoniak, Wojtek 289
Puba, Grand 576
Puente, Carlos 122, 327
Pugh, Williard E. 156
Pugowkin, Michail 300, 781
Puigcorbe, Juamjo 336
Pujois, Alberto 23
Pullman, Bill 581, 1019
Punch, Catherine 397
Purcell, James 954
Puri, Om 1014
Purl, Linda 548, 922
Puscas, Jennifer 981
Puttnam, David 995
Pyun, Albert 142, 192, 481

Q

Qing, Yang Li 91
Qissi, Jeanette Francesca 883
Qissi, Michel 883
Qiuyan, Huang 806
Quadros, Stephen 572
Quaid, Dennis 306, 760, 931, 1019
Quaid, Randy 383, 434, 777
Quan, Donald 735
Quanxin, Pu 109
Quanzhong, Chu 109
Quarter, James 440
Quast, Philip 618
Quentin, John 1012
Quentin, John 117
Quesada, Odette 719
Quest, Ginger 942
Qui, Robert Do 276
Quick, Diana 665
Quinlan, Kathleen 524, 636
Quinn, Aidan 113
Quinn, Daniel 525, 766
Quinn, Jake 707
Quinn, J.C. 51, 802
Quintana, Mary-Catherine 846
Quinte, Mirjam 690

R

Raab, Ellie 498
Rabal, Francisco 887
Raben, Peer 302
Rabinowitz, Jay 991
Rachmanninow, Sergei 503
Rachtman, Karyn 965
Racimo, Victoria 1015
Rácz, Attila 545
Radanowicz, Georg 72
Radcliffe, Mark 632
Radler, Robert 32
Radley, Ken 706
Radovan, Andy 951
Radovanovic, Daniela 576
Radziwill, Konstanze 982
Rae, James 785
Rafferty, Kevin 979
Ragalyi, Elemer 668, 728
Raghavan, K. 775
Ragno, Angela 969
Rahn, Wess 209
Raikuna, Inoke 237
Railsback, Steve 152, 173, 641, 923
Raimi, Sam 888
Rain, Pray For 974
Raines, Susan 721
Rajhona, Adam 545
Rajot, Jean-Loup 832
Rally, Steve 602
Ralph, Sheryl Lee 816

Rameau, Patrick 586
Rametta, Daniela 225
Ramin, Ron 964
Ramon, Eulalia 223
Ramos, Rudy 112
Rampling, Charlotte 962
Rand, Michael 354
Rand, Patrick 211
Rand, Shuli 558
Randall, Lexi 675
Randall, Shawn 571
Randall, Stacie 912
Randall, Tony 183
Randle, Theresa 99, 156, 858
Randolph, Sir James 769
Randolph, Ty 980
Ransom, Tim 296, 472
Rao, R.M. 286
Rapaport, Michael 620, 920
Rapp, Anthony 205
Rapp, Patricia 763
Rappaport, Michele 118
Rare, Vanessa 755
Rasche, David 921
Rasigatele, Ratu Manoa 237
Raskov, Daniel 897
Rasmussen, Michael 35
Rateb, Ahmed 260
Rathjens, Timo 322
Ratner-Stauber, Tzvi 280
Raue, Matthias 473
Raven, Max 50
Ravieri, Raffaele 10
Rawlings, Terry 310
Rawlings sen., Richard 914
Rawlins, David 467
Ray, David 431
Ray, Fred Olen 438, 611
Rayfiel, David 86
Ray-Gavras, Michèle 495
Raymond, Bill 186
Rayne 150, 591
Raynor, Lynn 429
Raz, Irit 794
Razatos, Spiro 171
Rea, Stephen 42, 439
Reaves, Michael 82
Rebhorn, James 153, 252, 419, 575
Rebic, Goran 836
Recasner, Ron 265
Redford, J.A.C. 792
Redgrave, Corin 426
Redgrave, Vanessa 552, 895
Redl, Caroline 65
Redl, Christian 43
Redlich, Klaus 374
Redlin, Richard 207
Redman, Anthony 822
Redmond, Lee 173
Redondo, René 876
Reed, Christopher 910
Reed, Laura 856
Reed, Oliver 338, 678
Reed, Pamela 466
Reed, Rondi 383
Reed, Shanna 1021
Reeve, Christopher 28, 210, 905, 983
Reeves, Keanu 270, 564, 838
Reevis, Steve 349
Reffert, Hansi 326
Regan, Mary 92
Regina, Paul 11
Regnier, Carola 64
Reguerraz, Jean-Pierre 250, 624, 930
Rehme, Robert 99, 474
Reich, Steven 449
Reichebner, Harold 665
Reichlich, Hotte 667
Reichline, Neil 249
Reichwein, Michael 239
Reid, Eric 184
Reid, Kate 383
Reid, Kevin 720
Reidemeister, Helga 1017
Reidy, Kevin 303
Reigert, Peter 595
Reiker, Donald 282
Reilly, John C. 360
Reilly, Luke 987
Reinartz, Judith 100
Reiner, Carl 183
Reiner, Thomas 53
Reinhart, Stephan 162
Reinhold, Judge 80, 99, 981
Reinicke, Ruth 990
Reinisch, Deborah 640
Reinke, Henry 576
Reinke, Jutta 982
Reis, Michelle 967
Reis, Vivian 988
Reiser, Paul 280
Reisman, Linda 560
Reiter, Alke 1001
Reitman, Ivan 466
Reitz, Christian 941
Reize, Silvia 416
Remar, James 113, 183, 629, 1018
Remias, Richard 480
Remsen, Bert 457, 616
Renc, Filip 347
Renfro, Brad 499
Renna, Patrick 390
Renneisen, Walter 562
Rennie, David 244
Reno, Jean 855
Renzulli, Frank 194
Rescher, Gayne 28, 598
Resetarits, Willy 637
Resines, Antonio 22
Resnais, Alain 821
Resnick, Ron 1004
Retz, Forent 32
Reuben, Gloria 888
Reubens, Paul 660
Reuther, Steven 499
Revell, Graeme 102, 141, 186, 310, 486
Reviczky, Gabor 705
Revue, Takarazuka 235

Rey, Fernando 552, 976
Rey, Pedro del 228
Rey, Thierry 441
Reyes, Antonio 693
Reyes, Julian 179
Reymond, Dominique 335
Reynolds, Burt 934
Reynolds, Debbie 880, 1032
Reynolds, Don 46
Reynolds, Kevin 724
Reynolds, Michael J. 954
Reynolds, Paul 41
Reyre, Marie-Laure 580
Rhames, Ving 709
Rheinländer, Max 430
Rhodes, Michael 62
Rhys-Davies, John 190, 397, 811
Ribeiro, Maria 247
Ribisi, Vonni 981
Ricci, Christina 15
Ricci, Elena Sofia 422
Rice, Anne 439
Rice, Brett 636
Rice, Tom 504
Rich, Allan 993
Richard, Jean-Louis 452, 972
Richard, Little 843
Richards, Michael 20
Richards, Susan 321
Richardson, Burton 481
Richardson, Craig 528
Richardson, Emery 831
Richardson, Henry 298
Richardson, Ian 316
Richardson, Jay 236
Richardson, John 465
Richardson, Latanya 999
Richardson, Miranda 906
Richardson, Nancy 620
Richardson, Robert 649, 1032
Richardson, Salli 842
Richer, Jean-Jose 653
Richmond, Anthony 147
Richmond, Anthony B. 277, 390
Richmond, Branscombe 450
Richter, Heinz 477
Richter, Jason James 323, 932
Richter, Kathrin 253
Richter, Klaus 162
Richter, Roland Suso 763
Richter, Sebastian 363
Richter, W.D. 432
Richthofen, Christian von 215
Ridders, Carl 761
Riddiford, Richard 46
Ridgely, Robert 688
Ridiod, Anthony 387
Riebl, Michi 449
Riedel, Neidhardt 473
Riedel, Lutz 417
Rieffel, Lisa 896
Riegert, Peter 507
Riehle, Richard 561, 567
Riemann, Katja 100, 402
Riffon, Marc 1002
Rifkin, Adam 399
Rifkin, Ron 584, 1014
Rifle, Ned 30
Rigby, Terence 1020
Rigg, Diana 189, 366
Rignack, Roger 975
Rimbach, Alena 254
Rimbaud, Robert 855
Rimmer, Shane 1029
Rimmer, Vince 526
Ringheimn, Lise 529
Ringwald, Molly 554
Rintels, Jonathan 58
Rinzler, Lisa 608, 975
Rio, Marta del 388
Riojas, Juan 911
Riparetti, Anthony 892
Riparetti, Tony 142, 192, 481
Ripstein, Arturo 327
Risi, Claudio 885
Rispoli, Michael 42
Ritschel, Franz 257
Riva, Emmanuelle 770
Rivero, Jorge 217
Rivet, Gilberte 876
Rivette, Jacques 446, 452
Rivière, Marc 726
Rivkin, Stephen E. 293
Rjábowa, Swetlána 13
Roach, Neil 165, 567
Rob, David 387
Robards, Jason 688, 777
Robards, Sam 715
Robbins, David 359, 921
Robbins, Richard 983
Robbins, Tim 415
Robert, Denise 180
Robert, Yves 726
Robert-Lauliae, Michèle 79
Roberts, Alan 160
Roberts, Eric 140, 324, 380, 837, 971
Roberts, Jay 980
Roberts, Jeremy 567
Roberts, Julia 21, 419
Roberts, Michael D. 351
Roberts, Nancy 959
Robertson, Cliff 629
Robertson, Kimmy 538
Robin, Jean-François 580
Robins, Debbie 152
Robinson, Amy 344
Robinson, Harriet 1000
Robinson, J. Peter 459
Robinson, James G. 8, 102, 164, 434
Robinson, Jay 311
Robinson, Karen 988
Robinson, Madeleine 788, 830
Robinson, Robby 863
Robinson, Rosalind 695
Rocard, Pascale 1009

Rocco, Marc 854
Roche, Eugene 277, 999
Rock, Chris 156
Rock, Crissy 517
Rocket, Charles 142
Rockmael, Stephen 193
Rockwell, Alexandre 553
Rockwell, Sam 560
Rodach, Michael 1027
Rode, Donald R. 598, 773
Rodgers, Nile 99, 118
Rödl, Josef 768
Rodnunsky, Serge 721
Rodomski, Eric 82
Rodriguez, Alina 23
Rodriguez, José Antonio 388
Rodriguez, Nelson 89
Roel, Gabriela 228
Roesgen, Marie-Paule von 404
Rogers, Ingrid 153
Rogers, Kenny 744
Rogers, Mimi 773, 894, 915
Rogers, Tristan 131
Roggisch, Peter 254
Rohde, Armin 100, 767
Rohmer, Eric 83
Röhr, Gerlind 489
Rohrbach, Günter 162, 815
Rohrbach, Jan 957
Rohrmann, Hartwig 566
Röhsler, Peter 924
Roizman 1019
Rojas, Victor 1028
Roker, Roxie 914
Roland, Eugénia Cissé 356
Rolf, Tom 21, 630
Rolfe, Guy 714
Roll, Gernot 100, 476, 510, 788
Rollins, Henry 399
Rolsky, Robert M. 622, 898
Rolston, Mark 766
Romagnoli, Bruno 849
Romagnoli, Giovanna 651
Roman, Tony 428
Romanelli, Carla 571
Romano, Gerardo 181
Romano, Rino 172
Romantowska, Anna 495
Romero, George 501
Romney, Verno 869
Rona, Aliye 95
Ronck, Klaus 703
Rong, Wang 88
Rongguang, Yu 123
Roodt, Darrell James 482
Rooker, Michael 380
Rooney, Mickey 672, 863, 880
Roos, Fred 340
Roosen, Adelheid 869
Ropelewski, Tom 511
Röpke, Willi 566
Roques, Jean-Louis 348
Rosato, Tony 628
Rose, Alan 398
Rose, Murray 236
Rose, Sherrie 230, 654
Rosenbaum, Horst 430
Rosenbaum, Mark W. 490
Rosenberg, Barbara 27
Rosenberg, Mark 285, 306
Rosenberg, Philip 772
Rosenbloom, David 118, 519, 910
Rosenfeld, Keva 921
Rosenfelt, Scott 280
Rosenstock, Harvey 907
Rosenthal, James Neil 572
Rosenthal, Jane 431
Rosenthal, Leslie 369
Rosenthal, Mark 98
Rosi, Francesco 650
Rosi, Gianfranco 136
Rösing, Wilhelm 924
Rosman, Mark 314
Ross, Caroline 119
Ross, Chelcie 36
Ross, Clarinda 636
Ross, David Colin 943
Ross, Herbert 931
Ross, Ramsey 654
Ross, Steve 135
Ross, William 204, 497, 511
Rossberg, Susanna 4
Rossellini, Isabella 285, 1019
Rossi, Franco 786
Rossi, Leo 359, 365
Rossovich, Rick 654
Roswell, G. Marq 882
Roth, Andrea 172, 704
Roth, Christopher 537, 538, 737
Roth, Eric 317
Roth, Joe 243
Roth, Matt 113
Roth, Phillip J. 49
Roth, Tim 127, 294, 383, 709
Rothman, Marion 933
Rothrock, Cynthia 40, 101, 359, 701, 720
Rotter, Peter 611
Rotundo, Nick 172, 729
Rotunno, Giuseppe 1014
Rou, Alexander 781
Rouan, Brigitte 163
Roudikh, Polina 264
Rouffio, Jacques 547
Rouffio, Sophie 37
Rougeul, Johan 448
Roulet, Dominique 726
Roundtree, Richard 611
Rourke, Mickey 525
Rouse, Christopher 198
Rousillon, Jean-Paul 580
Rousselot, Philippe 81, 306, 439
Rousset-Rouard, Yves 617
Roussillon, Jean-Paul 411
Rouvel, Catherine 341
Roux, Francois Le 703
Rovere, Lucretia Lante Della 552, 678

Rovira, Henrique 247
Rowan, Kelly 795
Rowan, Monty 820
Rowe, Shawne 820
Rowe, Tom 311, 850, 905
Rowell, Victoria 329
Rowland, Bruce 542, 561, 946
Roy, Tula 38
Rschewskaja, Jelena 574
Rubalcaba, Gonzalito 89
Ruben, Andy 699
Ruben, Joseph 1030
Ruben, Katt Shea 698, 699
Rubes, Jan 964
Rubin, Bruce Joel 639
Rubin, Jennifer 102, 121, 468, 730
Rubinek, Saul 25, 211, 419, 920
Rubinstein, Arthur B. 6, 640
Rubinstein, John 6
Ruck, Alan 838
Ruck, Otto 671
Rücker, Günther 133
Rudavsky, Oren 523
Ruddy, Albert S. 77
Rudin, Scott 15, 401, 506, 816
Rudnick, Paul 15
Rudy, George 40
Ruehl, Mercedes 917
Ruffalo, Mark 216
Ruginis, Vyto 107
Ruivivar, Anthony Michael 1015
Ruiz, Anna 547
Running, Joseph 994
Runo, Pamela 232
Runyon, Jennifer 501, 772
Runze, Ottokar 473, 562, 997
Ruocheng, Ying 564
Rupp, Debra Jo 911
Ruscio, Anne 47
Ruscio, Michael 921
Russ, William 52, 708
Russell, Charles 595
Russell, Ken 338
Russell, Kurt 907
Russell, Lisa Ann 49
Russell, Nipsey 974
Russell, T.E. 342
Russell, Willy 321
Russo, Bill 1026
Russo, Daniel 653
Russo, James 63, 77, 193, 822
Russo, Luigi 26
Russo, Roberto 836
Ruta, Leonardo 320
Ruth, Tom del 507
Rutherford, Kelly 419
Rutowski, Richard 649
Ruttan, Susan 634
Ruzicka, Jiri 328
Ruzzi, Pedro Sarubbi 678
Ruzzolini, Giuseppe 393
Ryall, David 739
Ryan, Annalivia 436
Ryan, Ellery 187, 189
Ryan, John P. 82
Ryan, Meg 306, 999
Ryan, Remy 748
Ryan, Tom 809
Ryck, Francis 312
Rydell, Christopher 63, 306
Rydell, Mark 86
Ryder, Winona 965
Ryf, Sandra 756
Ryslinge, Helle 302
Rytchkov, Boris 926

S

S., Ulrike 489
Sable, Jeff 980
Sacalzi, Cinzia 10
Sachse, Dagmar 1
Sack, Graham 675
Sadler, William 96
Sady, Britt 485
Saénz, Marcela 250
Safan, Craig 620, 675
Sagal, Joey 369
Sagalle, Jonathan 776
Sagalowitch, Anna 764
Sagar, Nutan 237
Sägebrecht, Marianne 282
Saguma, Stephan Maria 449
Saint-Cyr, Renée 996
Saint-Marie, Buffy 144
Saint-Saens, Camille 503
Saito, Takao 578
Saito, Yosuke 437
Sakamoto, Ryuichi 564
Sakasitz, Amy 412
Sakata, Jeanne 699
Sakiukai, Masahura 151
Sakuma, Satoshi 437
Salane, Marcos 327
Salcedo, José 483
Salem, Kario 916
Saletta, Sam 497
Salinger, Emmanuel 972
Salle, Eric La 261
Salminen, Timo 522, 536, 870
Salomon, Amnon 245
Salzmann, Bernard 794
Samancilar, Menderes 817
Samarovski, Branko 256, 727
Samel, Udo 27, 256, 476
Samie, Catherine 289
Samil, Gino 66
Samir 72
Samms, Emma 283, 1025
Samples, Chris 505
Samtani, Gope T. 40, 115
Samuels, Haydon 213
Samuelson, Marc 906
Samuelson, Peter 906
Sanchez, Ane 940
Sanchez, Herminia 388

Sanchez, Marco 372
Sanchez-Short, Elba 1015
Sancho, José 228
Sand, Paul 71
Sanderford, John 537, 1021
Sanders, Brandy 902
Sanders, Gregory 234, 723
Sanders, Paul Austin 203
Sanderson, Phil 670
Sanderson, William 216, 583
Sandler, Adam 20
Sándor, Pál 668
Sandoval, Miguel 197, 474
Sandrelli, Stefania 320, 969
Sands, Julian 141, 406, 592, 829
Sanford, Midge 929
Sang, Chen Yue 108
Sang, Lau Chau 108
Sanger, Jonathan 490
Sanitsky, Larry 343
Sano, Shiro 394
Santacroce, Mary Nell 636
Santamaria, Lorenzo 336
Santiago, Cirio H. 33, 39, 480
Santiago, Neftali 222
Santos, Luis 313
Santos, Nelson Pereira dos 247
Saouchi, Sonia 361
Sara, Mia 112, 888
Sarafian, Deran 370
Sarafian, Richard 370
Sarandon, Chris 660, 935
Sarandon, Susan 499, 560
Sarde, Alain 48, 447, 607, 826
Sarde, Philippe 441, 447, 495, 547, 607, 826
Saredi, Christa 652
Sargeant, Kate 244
Sargent, Joseph 550
Sarin, Vic 795
Sarmiento, J.M. Martín 644
Sarne, Mike 712
Sarossy, Paul 272
Sartain, Gailard 25
Sarudi, Gabor 563
Sas, Tamas 166
Sasdy, Peter 571
Sassaman, Nicole 1011
Sasse, Karl-Ernst 9
Sassone, Oley 359
Sastre, Inés 228
Satie 750
Sattmann, Peter 423
Sauchelli jr., Alfred 431
Sauk, Stefan 66
Saura, Carlos 223, 228
Saurin, Sonjia 247
Sauvegrain, Didier 452, 502
Savage, Ben 769
Savage, Fred 459
Savage, John 147, 730
Savalas, Telly 611
Savall, Jordi 452
Savidge, Jennifer 403
Savitt, Jill 575
Savoca, Nancy 975
Savolainen, Heikki 908
Sawada, Yukihiro 305
Sawaguchi, Yasuko 532
Sawallisch, Wolfgang 703
Sawyer, Toni 639
Saxer, Walter 711
Saxon, Edward 688
Saxon, John 44, 99, 662
Saydo, Kamal 817
Sayle, Alexei 187
Sayles, John 597
Sbarge, Raphael 299, 395
Scalia, Jack 879
Scalia, Pietro 564
Scarfe, Alan 373, 450
Scarpelli, Furio 406
Schaack, Michael 288
Schaaf, Geoff 802
Schachter, Steven 984
Schade, Birge 16
Schadewald, Bernd 43
Schäfer, Gerd E. 601
Schaffer, Lauren 142
Schaffer, Perry 281
Schafmeister, Heinrich 815
Schagen, Linda 761
Schainski, Wladimir 300
Schalla, Björn 417
Schatzberg, Jerry 672
Schaub, Sarah 412
Schauder, Brigitte 763
Schaufert, Michael 149
Schechter, Alan 32
Scheer, Manfred 225
Scheider, Roy 749
Scheidl, Michael 951
Scheine, Raynor 8
Schell, Maximilian 513
Schellenberg, August 323, 444
Scheller, Jürgen 53
Schellhardt, Mary Kate 360
Schenck, Wolfgang 593
Schenk, Otto 865
Schenkel, Hansueli 756
Scherer, Gerhard 990
Scherer-Kollbrunner, Theres 941
Scherrer, Paul 717
Schertenleib, Christof 756
Scheuer, Paul 404
Schiavelli, Vincent 810
Schicha, Ralph 16
Schicksal, Dull 489
Schier, Horst 237, 705, 710
Schiff, Paul 486
Schifrin, Lalo 98, 498
Schiller, Lawrence 421
Schilling, Niklaus 215
Schindler, Monika 671, 681
Schink, Peter 399
Schipkowa, Zhanna 764
Schlamme, Thomas 557
Schläpfer, Cyrill 937
Schlatter, Charlie 700, 802

Schleger, Jean 240
Schlensag, Eva 997
Schlesinger, Sherril 736
Schliessler, Tobias 138
Schlingensief, Christoph 667
Schlösser, Herrmann 836
Schlösser, Katrin 681, 762, 1010
Schlumberger, Emmanuel 841
Schlumpf, Hans-Ulrich 503
Schmetzer, Werner 671
Schmid, Erich 333
Schmid, Jan 347
Schmid, Niki 416
Schmid, Otmar 937
Schmidbauer, Tanja 27, 592
Schmidhauser, Jürg 756
Schmidinger, Dolores 407
Schmidt, Arthur 15, 317
Schmidt, Carlo 533
Schmidt, Eckhart 262, 703
Schmidt, Hans-Christian 402
Schmidt, Ron 846
Schmidt, Ronald 49
Schmidt, Ronn 689
Schmidt, Renate 566
Schmiechen, Richard Kurt 159
Schmiecher, R.K. 159
Schmied, Christiane 326
Schmitt-Klink, Liesgret 593
Schmitz, Gundula 782
Schmoeller, Gary 236, 737
Schmölzer, August 727
Schnabel, Pavel 133
Schnedeen, Anne 898
Schneid, Hervé 47, 770
Schneider, Barry 895
Schneider, Hansjörg 941
Schneider, Helge 288,667
Schneider, Mark 828
Schneider, Michael 245
Schneider, Norbert J. 162, 402, 973
Schneider, Rob 98
Schneller, Christian 288
Schneuwly, Andreas 711
Schoelen, Jill 774, 850, 853
Schoelink, Roland 448
Schoenarts, Julien 195
Schoenwald, Else und Wolfgang 214
Scholdström, Bengt 290
Scholten, Gijs 239
Scholten, René 239
Scholz, Jonas 454
Schombing, Jason 888
Schon, Kevin 648
Schönherr, Dietmar 750
Schöps, Richard 65
Schott, Uwe 16
Schow, David J. 186
Schrade, Willi 257
Schrader, Maria 149, 253
Schrader, Mathis 990
Schrader, Paul 560
Schragge, Lawrence 208
Schram, Bitty 164
Schramm, Marie Louise 957
Schreiner, N.D. 342
Schrody, Erik 462
Schroeder, Rick 729
Schroeter, Werner 613
Schroetter, Heike 215
Schubert 750
Schubert, Götz 997
Schubert, Karin 849
Schuck, John 772
Schull, Rebecca 639
Schulman, Arnold 929
Schult, Steffen 14
Schultz, Carl 187
Schultz, Dwight 627
Schulz, Rainer 477
Schulze, Horst 997
Schumacher, Andrea 667
Schumacher, Iwan 333
Schumacher, Joel 499
Schuster, Leon 512
Schütte, Jan 59
Schwabenitzky, Reinhard 951
Schwan, Thomas 681
Schwartz, Nan 1021
Schwartz, Robert 444
Schwartz, Ron 736
Schwartz, Teri 401
Schwartzman, John 20
Schwarz, Jaecki 9, 149
Schwarzenberger, Uli 865
Schwarzenberger, Xaver 782, 865
Schwarzenegger, Arnold 466, 919
Schwehr, Cornelius 1017
Schweig, Eric 144
Schweiger, Peter 503
Schweiger, Til 100
Schweizer, Daniel 963
Schweser, Nina 592
Schwienteck, Siegfried 65
Schwientek, Norbert 973
Schwimmer, Rusty 567
Schwing, Jessica 83
Schyman, Garry 161
Scimemi, Francesco 678
Sciorra, Annabella 631, 642, 749, 975
Sclavi, Tiziano 651
Scofield, Dean 221
Scofield, Paul 570
Scoggins, Tracy 569, 892
Scognamiglio, Victoria 841
Scorsese, Martin 454
Scorsese, Nicolette 52, 141
Scorupco, Izabella 603
Scott, Anneliza 70
Scott, Bill 567
Scott, Cherie 203
Scott, Darin 608
Scott, Gary 694
Scott, George C. 187, 581
Scott, John 811
Scott, Julian 977

Scott, Kenn 32
Scott, Kimberly 640
Scott, Martha 11
Scott, Michael 24, 199, 894
Scott, Shaun 1005
Scott-Thomas, Kristin 960
Scott, Tim 567, 791
Scott, Tom 992
Scott, Tony 920
Scott-Thomas, Kristin 745
Scrimm, Angus 139
Sczerba, Horst Johann 767
Seagal, Steven 56
Seale, John 777
Seamone, Pamela 923
Sears, B.J. 820
Sears, Djanet 268
Sears, Eric 296
Seaton, George 1018
Sebaldt, Christian 424
Sebastian, Beverly 758
Sebastian, Ferd 758
Sebastian, Tracy 758
Sebe, Tshamano 1
Secor, Kyle 45
Seda, Jaroslava und Jan 133
Sedan, Mike 659
Sedgwick, Kyra 959
Sedlacek, Paul M. 637, 909
Seeböck, Herwig 637
Seef, Samir 260
Seelig, J. Douglas 252
Seemann, Fritz 254
Segal, George 222, 457, 511, 867
Segal, Mike 449
Segal, Misha 295, 455
Segal, Peter 646
Segal, Zohra 691
Segerström, Mikael 529
Sehayek, Isaac 619
Sehr, Peter 476
Seid, Art 429
Seidelman, Arthur Allan 311, 548
Seidler, Jürgen 1027
Seigner, Michel 690
Seitz, John 415
Sekula, Andrzej 80, 709
Sela, Zohar 558
Selakovich, Dan 980
Selby, David 86
Seldahl, Viveka 281
Selick, Henry 660
Selignac, Arnaud 289
Selleck, Tom 773
Seller, Michael 719
Semel, Stephen 20, 673
Semendap, Robert S. 143
Semilian, Julian 766
Semin, Sophie 7
Semler, Dean 243, 577
Semmelrogge, Martin 473
Sempel, Peter 454
Sentier, Jean-Pierre 770
Septien, Al 538
Serafian, Deran 747
Serna, Assumpta 665
Serna, Pepe 672
Seroka, Herni 501
Serra, Edouardo 682
Serra, Eduardo 617
Serra, Raymond 858
Serrault, Michel 441
Sesay, Mo 691
Sevi, Mark 359
Sevinç, Ömer 95
Sewell, George 465
Sexton, John 799
Seydor, Paul 434
Seydoux, Michel 821
Seymour, Jane 898
Seymour, Lynn 1012
Sferra, Mino 147
Sfez, Philippe 461
Shaban, Nabil 1012
Shabangu, Lucky 324
Shadix, Glenn 660
Shadyad, Tom 8
Shah, Ash R. 32
Shaiman, Marc 15, 170, 880, 959
Shaiman, Miles Goodman; Marc 816
Shaine, Rick 113
Shakelford, Ted 311
Shakur, Tupac 697
Shamata, Chuck 211, 704
Shamberg, Michael 252, 965
Shan, Li-Wen 612
Shan, John 371
Shane, Peter 721
Shaner, John 282
Shaner, Michael 616
Shanley, John Patrick 957
Shannon, George 695, 902
Shanxu, Han 123
Shaohong, Li 116, 125, 125, 279
Shapiro, Alan 102
Shapiro, Rick 975
Shapiro, Stuart S. 673
Sharkey, Ray 160
Sharon, Bo 814
Sharp, Lesley 645
Shattuck, Shari 56
Shaver, Helen 385
Shaw, Alonna 190
Shaw, Denise 127
Shaw, Fiona 931
Shaw, Jonathan 298
Shaw, Larry 146
Shaw, Paula 325
Shaw, Run Run 1013
Shaw, Steve 623
Shaw, Steven 3, 901
Shaw, Vinessa 405
Shawn, Wallace 993
Shawyer, David 712
Shea, Joey 957
Shea, John 75, 569, 894
Sheane, Rod 802
Sheedy, Ally 583
Sheehan, Mike 623

Sheen, Charlie 206, 243, 399, 434
Sheen, Darryl 834
Sheen, Martin 265, 318, 676, 774
Sheen, Ruth 991
Sheffer, Craig 293, 747
Sheffield-MacClure, Richard 946
Shell, Tom 438
Shellen, Stephen 268
Shelley, Adrienne 747
Shelton, Deborah 168
Shelton, Marlee 911
Shenawy, Youssra Kamal el 875
Shepard, Hilary 766
Shepard, Sam 21, 791
Sheperd, Karen 883
Shepherd, Cybill 220
Shepherd, Jack 310, 352, 728
Shepherd, John 90
Shepherd, Peter 400
Sheppard, Delia 44, 614
Sheppard, John 398
Sheppard, W. Morgan 432
Sheridan, Jim 426
Sheridan, Michael J. 880
Sherman, Laurie 611
Sherman, Liz 184
Shields, Brooke 799
Shields, Nicholas 24, 704
Shigeta, James 151
Shiizuka, Akira 305
Shiloh, Shmuel 245
Shim, Hye-Jin 789
Shimono, Sab 803
Shin, Mak Chi 508
Shin, Stephen 793
Shine, Lexie 301
Shiner, David 791
Shing, Stephen 1013
Shinsaka, Junichi 532
Ship, Trudy 21
Shipton, Susan 272
Shire, David 28, 589
Shire, Talia 206
Shirley, John 186
Shirt, J.C. White 144
Shishido, Jo 97
Shocklee, Hank 464
Shook, Krista 794
Shore, Howard 499, 632, 688
Short, Martin 957
Shou, Robin 297
Show, Grant 261
Shragge, Lawrence 856
Shretzman, Ken 801
Shuangang, Ma 339
Shue, Elisabeth 959
Shuler-Donner, Lauren 323
Shum, Jim 809
Shumputei, Koasa 532
Shyer, Charles 419
Siao, Josephine 967
Sibley, David 808
Sicheritz, Harald 637
Siciliano, Antonio 422
Sidaris, Drew 209
Sider, Larry 570
Sidorin, Valentin 1008
Siebenthal, Peter von 941
Siefert, Lynn 178
Siegler, Robert 420
Siepetz, Robert 416
Siffredi, Rocco 945
Sigel, Tom 185, 620
Sigrist, Ernst 711
Sigurdson, Kare 66
Sihol, Caroline 718
Sijlbing, Sarah 869
Sikes, Cynthia 628
Sikking, James B. 21
Silberg, Tusse 729
Silberschneider, Johannes 476, 727
Siliotto, Carlo 258, 552, 788
Sill, Joel 317
Sill, Patricia 173
Silliman, Drake 874
Silliphant, Stirling 325
Silva, Erick Da 827
Silva, Henry 122
Silveira, Leonor 29
Silver, Dina 362
Silver, Jeffrey 185
Silver, Marisa 362
Silver, Ron 220, 292, 888
Silver, Véronique 93, 447
Silverbird, J. Reuben 463
Silverstein, Elliot 304
Silverstone, Alicia 102
Silverthorne, Jill 658
Silverton, Doris 455
Silvestri, Alan 107, 273, 317, 462, 955
Silvi, Roberto 907
Simeone, Lawrence 111, 275
Simma, Andreas 420
Simmons, Anthony 498
Simmons, Charlie 810
Simmons, Rudd 642
Simmons, Peter 629
Simon, Benjamin 312
Simon, Gérard 827
Simon, John Alan 358
Simon, Marty 785
Simon, Neil 917
Simoncelli, Carla 269
Simonds, David 30
Simonds, Robert 20
Simoneau, Yves 772, 895
Simonett, Dino 952
Simonischek, Peter 510
Simons, Edward 665
Simorn, Va 732
Simpson, Geoffrey 631
Simpson, O.J. 646
Simpson, Peter 398
Sin, Mak Chi 88, 633
Sinclair, Madge 455
Sindall, Philip 960
Singer, Marc 863

Singer, Randi Mayem 632
Singh, Anant 482
Singh, Ashwini 237
Singh, Greishma Makar 564
Singleton, John 697
Sinise, Gary 317
Sinise, Robert L. 922
Sinkovies, Geza 71
Sinniger, Alfi 449
Siravo, Joseph 153
Sissel, Sandi 329
Sissler, Mathieu 830
Sitney, P. A. 454
Siu, Stephen 800
Sivan, Eyal 445
Sizemore, Tom 820, 900, 959, 1019
Sjogren, John 435
Skaggs, Norman 896
Skarsgard, Stellan 669, 986
Skerritt, Thomas R. 699
Skerritt, Tom 274
Skiadaressis, Gerassimos 227
Skifs, Björn 66
Skinner, Claire 645
Sklencka, Ota 950
Skogfeldt, Roland 573
Skomarovsky, Vladimir 594
Skousen, Camilla 904
Skúlason, Helgi 427
Sky, Phil 980
Slade, Max Elliott 244
Slater, Christian 439, 459, 920
Slater, Helen 414, 784
Slater, Suzanne 611
Slue, Errol 628
Smal, Ewa 743
Smerzcak, Ron 324, 512
Smetana 133
Smidt, Nathaniel Burr 282
Smit, Maarten 953
Smith, Anna Nicole 646
Smith, April 835
Smith, Bubba 790
Smith, Cedric 24
Smith, Charles Martin 419
Smith, Craig 610
Smith, Ebbe Roe 974
Smith, Jaclyn 28, 51, 343
Smith, Johbn N. 674
Smith, Joseph 44, 614
Smith, Julie 209
Smith, Kent 468, 614
Smith, Kurtwood 102, 141
Smith, Lane 569
Smith, Linda 785
Smith, Lois 478
Smith, Madolyn 835
Smith, Maggie 340
Smith, Margret-Anne 714
Smith, Paul 599
Smith, Robin 137
Smith, Roger Guenveur 697
Smith, Russell 755
Smith, Scott 186
Smith, Scott Thomas 301
Smith, Steven 614
Smith, Will 854
Smithee, Alan 489, 964
Smithers, Joy 92
Smits, Jimmy 946
Smolar, Neil 674
Smolarczyk, Arkadiusz 411
Smoot, Reed 534
Smutny, Vladimir 145, 839
Smyczek, Karel 520
Snipes, Wesley 134, 858
Snodgress, Carrie 252, 847
Snow, Mark 51, 911
Snyder, Arlen Dean 758
Snyder, Drew 111
Snyder, Kim 144
Soares, Jofre 247
Sobel, Mark 96
Sobocinski, Piotr 240
Sodany, Sophy 732
Söderbäck, Björn 290
Soderbergh, Steven 505
Söderqvist, Johan 533
Soeberg, Camilla 539
Soet, John S. 883
Soethe, George 693
Softley, Iain 74
Soisson, Joel 119
Solaya, Marilyn 263
Solberg, Russell 315
Soldi, Giancarlo 651
Soles, J. Steven 882
Soleymany, Renate 374
Soligny, Jerome 289
Solli, Sergio 393
Solo, Robert H. 974
Solomun, Zoran 990
Solow, Herbert F. 976
Sombogaart, Ben 869
Sommer, Inken 417
Sommer, Josef 581
Sommer, Marc 972
Sommer, Frank 430
Sonnenfeld, Barry 15
Sonnenschein, Klaus 957
Sono, Sion 394
Sooyan, James 606
Sopheary, Pen 732
Soqosoqo, Alexander 237
Soqosoqo, Marave 237
Soral, Agnès 79
Sorcey, Juliet 901
Soremekun, Kai 73
Sorkin, Aaron 581
Sorvino, Mira 656
Sorvino, Paul 75, 598
Sotela, Mario 820
Soth, Mom 732
Soto, Talisa 624, 930
Soukup, Jaroslav 145
Soul, David 167
Souleew, Aubakir 469
Soulier, Yannick 441
Soumah, Aboubacar Sidiki 79
Soutendijk, Renée 728
Souther, John David 638

Southon, Mike 338
Southwick, Brad 380
Sözer, Hilmi 966
Spaan, Sebastian 869
Spacek, Sissy 619
Spacey, Kevin 444, 663
Spade, David 176
Spader, James 487, 1014
Spalding, Kenneth 828
Spalinger, Adolph 767
Spang, Ron 685
Spanner, Helmut 322, 815
Spano, Joe 296, 896
Sparrow, Walter 340
Sparxx, P. J. 945
Spears, Michael 144
Spektor, Mira J. 245
Spellos, Peter 438
Spence, Sebastian 674
Spence, Timmy 942
Spencer, Brenton 172, 398
Spencer, Derek 369
Spencer, James Lawrence 221
Spencer, John 179
Spengler, Sanja 948
Sperandeo, Tony 269
Sperduti, Marco 1022
Spheeris, Penelope 98, 497
Spicer, Bryan 2
Spiehs, Carl 604
Spielberg, David 987
Spielberg, Steven 776
Spier, Wolfgang 562
Spies, Uwe 35
Spiller, Michael 30
Spinelli, Italo 553
Spinotti, Dante 113
Spiro, Samantha 84
Spitzer, Jan 417
Spoerri, Bruno 503
Spoerri, Karl 449
Spoerri, Peter 491
Spottiswoode, Roger 929
Spradling, Charlie 39
Sprenger, Wolf-Dietrich 544
Spry, Robin 180, 785, 785
Squyres, Tim 251
Staahl, Jim 98
Stabler, Steve 140, 255, 531
Stadiem, William 551
Staehelin, Salome 449
Stahnke, Günter 601
Stait, Brent 138
Stalens, Marion 240
Stallone, Sylvester 837
Stamos, John 425
Stamp, Terence 706
Stanczak, Wadeck 441
Stange, Ken 480
Stangl, I. 637
Stanislawska-Lothe, Wanda 733
Stanton, Harry Dean 17, 119, 600
Stapleton, Maureen 619
Stapleton, Oliver 511, 824
Stark, Don 418
Stark, Ray 507, 917
Starkey, Steve 317
Staroduboz, Mikhail 764
Starr, Beau 301, 457
Starr, Mike 658, 828
Steadman, Robert 769
Steege, Johanna Ter 335, 862
Steel, Amy 694
Steel, Dawn 178, 816
Steel, Selena 591
Steele, Rob 618
Steenburgen, Mary 360, 688
Steffaniuk, Robert 73
Stegemann, Bernd 815
Stegmüller, Renate 574
Steiger, Rod 837
Steiger, Ueli 164
Steimarová, Evelyna 839
Steimarová, Jirína 839
Stein, Birgit 35
Stein, Chris 135
Stein, Ken 961
Steinberg, David Max 45
Steinberg, Michael 127
Steinblock, Eddie 966
Steinbrück, Gudrun 1027
Steinhauer, Erwin 423
Steinmiller jr., Robert J. 663
Stella, Tiziana 1001
Stéphane, Idwig 195
Stephans, A. J. 707
Stephen, Mary 83
Stephens, James 358
Stephens, Robert 506
Sterling, Philip 773
Stern, Daniel 170
Stern, Kandy 450
Stern, Karen 342
Stern, Sandor 450
Stern, Sandy 729
Sternberg, Nicholas von 130
Sternberg, Raoul 262, 703
Sternhagen, Frances 769
Stettin, Monte 625
Steuer, Noemi 491
Stévenin, Jean-François 446, 461
Stevens, Andrew 131, 230, 287, 424
Stevens, Gruschenka 966
Stevens, Jon 191
Stevens, Robert 646, 867
Stevens, Robert M. 797
Stevens, Stella 378, 424, 565
Stevenson, Eugene 944
Stevenson, Michael A. 390, 511
Stevenson, Parker 834, 1025
Stewart, David A. 663
Stewart, Donald 474
Stewart, John 160
Stewart, Pamela 30
Stewart, Patrick 370
Stewart, R.J. 434
Stewart, Rob 148
Stiberg, Eva 290

Stieffel, Adrienne 911
Stiers, David Ogden 444
Stiliadis, Nicolas 729
Stiller, Ben 965
Stiller, Jerry 843
Stingl, Martin 842
Stiven, David 812
Stock, Alan 699
Stocker, Emily 1026
Stocker, Werner 788
Stockhausen, Simon 430
Stöcklin, Tanja 451
Stock-Poynton, Amy 372, 373, 542
Stockwell, Dean 164
Stoica, Christina 810
Stoica, Luana 810
Stokes, Terry 882
Stole, Mink 797
Stoll, Brad 917
Stoltz, Eric 127, 316, 487, 647, 709
Stone, Christopher L. 139
Stone, Cristopher 311
Stone, Dee Wallace 548
Stone, Oliver 649, 1032
Stone, Richard 949
Stone, Sharon 86, 820, 837, 1001
Stoneback, Ric 654
Storaro, Vittorio 564
Storey, Michael 200
Stothart, John 498
Stout, Craig 802
Stowe, Madeleine 6, 77, 113
Stracey, Jason 517
Strachan, Alan 665
Stradlin, Adam 282
Straessler, Martina 491
Strain, Julie 209, 435, 614
Strand, Eric S. 918
Strand, Urban 290
Strange, Marc 954
Strasky, Frantisek 868
Strassman, Marcia 6
Strathairn, David 268, 917
Strauss, Guy 1030
Strauss, Peter 354
Strebel, Lukas 491
Stretch, Gary 298
Strick, Steven 861
Strishenowa, Ekaterina 705
Strittmatter, Erwin 94
Strohmaier, David 856
Strom, Yale 523
Stromberg, William T. 45
Strong, Brenda 331
Stroud, Don 696, 833
Strub, Werner 94
Strummer, Joe 991
Struthers, Sally 901
Struycken, Carel 15
Stuart, Greg 40
Studer, Hans 868
Studi, Wes 144, 349, 567
Studt, Katja 899
Stuhr, Jerzy 241
Suarez, Emma 126, 751, 940
Subiela, Eliseo 250
Subkoff, Tara 265
Such, Michel 69
Suchánek, Michal 520
Suchodolski, Krzysztof 881
Suckow, Christel 815
Sugar, Bonnie 280
Sugawara, Bunta 224
Sugisaki, Shigeyoshi 796
Suhrstedt, Tim 25, 386, 847
Suk, Lee Hoi 108
Sullivan, Walter 196
Suma, Kei 796
Sumen, Mauri 536
Summanen, Lasse 669
Summerour, Lisa 688
Summers, Cathleen 6
Sunshine, Madeleine und Steve 828
Surenski, Dmitri 781
Surer, Alexandra 449
Surjik, Stephen 985
Surtees, Bruce 102, 182, 964
Suschitzky, Wolf 465
Susman, Todd 673
Sussman, Bruce 204
Sutherland, Donald 711, 729
Sutherland, Kiefer 243, 292, 524, 577
Sutorius, Paul 755
Sutton, Peter 976
Suzuki, Seijun 97
Sverner, Dora 247
Swanson, Brenda 616, 902
Swanson, Garry 230
Swanson, Kristy 399
Swanson, Rochelle 659
Swanson, Ted 201
Swanton, Scott 421
Swart, Rufus 190
Swayze, Don 129, 315
Swayze, Patrick 482
Sweeney, D.B. 293
Sweet, Vonte 608
Swerdlow, Tommy 178
Swimmer, Lara 773
Swinton, Tilda 117, 1012
Sy, Brigitte 613
Syal, Meera 691
Sydow, Max von 432, 493, 669
Sylvester, Harold 182
Symons, Jim 646
Syrewicz, Stanislas 549
Szabó, Dani 545
Szabó, Ildikó 166
Szabó, Istvan 862
Szabó, László 857
Szabó, Sándor 705
Szakács, Ester 545
Szarabajka, Keith 685
Szatter, Renata 545
Székely, Miklós B. 765
Szolajski, Konrad 588

T

Tabatabai, Jasmin 491
Tabio, Juan Carlos 263
Tabler, Jon 435
Tabori, George 59
Tadashi, Yamashita 151
Tadic, Radovan 530
Tafani, Carlo 382
Taft, Gene 672
Taggart, Rita 185
Tagliavia, Adriano 678
Taifun, Nilgün 489
Tak, Lau Yee 400
Takacs, Katalin 563
Takahashi, Sayoko 394
Takaki, Troy 877
Takakura, Ken 845
Takeda, Takatoshi 532
Takei, George 33
Takemitsu, Toru 742, 796
Talalay, Rachel 486
Talamonti, Rinaldo 397
Talavera, Mirium 263
Talgorn, Frederic 411
Tallawi, Akhram 558
Tallman, Patricia 863
Tamagawa, Isao 97
Tambor, Jeffrey 185, 414
Tamburrelli, Karla 702
Tamura, Ryo 742
Tan, Amy 889
Tanaka, Torn 244
Tanigawa, Kensaku 532
Taniguchi, Toshio 796
Taniguchu, Toshio 742
Tannenbaum, Edgard 445
Tao, Guo 527
Tao, Kong 106
Tapert, Robert 888
Tarantino, Quentin 709
Tarcza, Anna 563
Tardif, Graham 76
Target, Simon 294
Tarloff, Erik 974
Tarlov, Mark 366, 797
Tarnowska-Bronner, Violetta Gräfin 27
Tarot, Didier 826
Tarr, Béla 765
Tassembedo, Irene 925
Tassoni, Coralina C. 5
Tat, Lau Yee 67
Tate, Larenz 608
Taubman, Lawrence 137
Taurer, Robert 420
Tausig, Otto 59
Tavaglini, Piero 885
Tavares, Maire 716
Tavera, Michael 71, 121
Tawo, Palden 566
Tayback, Tom 395
Taye-Loren, Carolyn 1011
Taylor, Baz 915
Taylor, Chris 531
Taylor, Christine 32
Taylor, Daniel 369
Taylor, Dub 599
Taylor, Elizabeth 308
Taylor, Holland 51
Taylor, Jeff 30
Taylor, Jud 625
Taylor, Kelly 172
Taylor, Lili 813, 910
Taylor, Merhach 377
Taylor, Renee 641
Taylor, Robert 396
Taylor, Tino 934
Taylor-Young, Leigh 236
Téchiné, André 607, 613
Tedford, Travis 497
Teen, Chris 859
Tegay, Arkadij 391
Teigler, Anna 990
Temessy, Hédi 166, 862
Tennant, Andy 478
Tenney, Dennis Michael 75
Teper, Meir 360
Terao, Akira 578
Terashima, Yuko 394
Tergesen, Lee 985
Terry, John 444, 675
Terry, Nigel 117
Terzian, Alain 958
Terzieff, Laurent 348
Tesar, Vladimir 950
Teschner, Peter 414
Tesco, Nicky 536
Teshigahara, Hiroshi 742, 796
Tesson, Charles 613
Tesson, Lallia Said 613
Tewkesbury, Joan 818
Thalbach, Anna 149
Thalbach, Katharina 27, 94, 476
Thaler, Jonas 802
Thames, Byron 992
Thanheiser, Hannes 535
Thanheiser, Johanna 535
Thebus, Mary Ann 910
Theuerkauf, Liane 566
Theuring, Gerhard 361
Theuring, Muriel 361
Thewlis, David 645
Thibault, Michael 594
Thicke, Alan 534, 784
Thiébaud, Pierre-André 963
Thielemann, Patricia 753
Thigpen, Lynne 647, 777
Thinnes, Roy 884
Thiriet, Michel 996
Thom, Christy 31
Thoma, Michael 201
Thomas, Alfred 154
Thomas, Anna 887
Thomas, Dave 176
Thomas, David Jean 49
Thomas, Henry 293, 541
Thomas, Jeremy 564
Thomas, John A. 642
Thomas, Jonathan Taylor 504
Thomas, Leonhard 822

Thomas, Melissa 196
Thomas, Richard 342
Thomas, Robin 51, 606
Thomas, Serena Scott 96
Thomasson, Marten 603
Thomerson, Tim 122, 142, 856, 892, 912
Thomopoulos, Tony 900
Thompson, Blue 50
Thompson, Brian 648
Thompson, Caroline 340, 660
Thompson, Danièle 81, 580
Thompson, Donna 734
Thompson, Emma 426, 466, 983
Thompson, Fred Dalton 467, 478, 507
Thompson, Lea 98, 636
Thompson, Susanna 911
Thomson, Alex 413
Thomson, Anna 114
Thomson, Chris 896
Thomson, Kim 808
Thoolen, Gerard 239
Thorin, Donald E. 931
Thormé, Tracy 293
Thornbury, Bill 139
Thornton, Billy Bob 56
Thornton, Brad 481
Threlfall, David 626, 728
Thrower, Bolt 576
Thun, Friedrich von 776
Thuri, Christian 513
Thurman, Uma 270, 709
Tian, Yi 109
Tickner, Clive 321, 971
Ticotin, Rachel 179, 478
Tidof, Max 149
Tidyman, Ernest 598
Tie, Chen Yong 91
Tiejun, Nie 752
Tierney, Brigid 785
Tierney, Jacob 456
Tierney, Lawrence 897
Tietze, Carin C. 710
Tiffe, Angelo 864
Tiffe, Jerry 864
Tiffe, Robert 864
Tigar, Kenneth 823
Tighe, Kevin 349, 360, 640
Tillegren, Lillian 302
Tilly, Jennifer 358
Tilton, Charlene 157, 790
Timberlake, Stephen 168
Timberlake, Stephen N. 980
Timm, Bruce W. 82
Timm, Peter 254
Timsit, Patrick 726
Timvios, Costas 725
Tin, Che Ng Min 231
Tin, Cheung Min 231
Tinard, Isabelle 682
Tinti, Gabriele 10
Tintori, John 631, 975
Tisch, Steve 182, 317
Tishman, Keven 158
Tittle, Bently 203
Tobolowsky, Stephen 152, 194, 456
Tobschall, Judith 1
Toccalino, Alejandro 969
Tochi, Brian 161
Tochizawa, Masao 891
Todd, Michael 200
Todd, Richard 704
Todeschini, Bruno 607, 972
Tofi, Sagvan 145
Tognazzi, Ricky 132, 269
Tokar, Nicolai 264
Tokoro, George 578
Tokuma, Yasuyoshi 578
Tolbert, Belinda 198
Tolkan, James 933
Tom, Lauren 630, 889, 999
Tomasoni, Nichola 307
Tomayer, Horst 753
Tomei, Concetta 921
Tomei, Marisa 777
Tomelty, Frances 396
Tomita, Tamlyn 889
Tomková, Lucie 839
Tomlin, Lily 98
Tomlinson, Ricky 722
Tomney, Ed 265
Tompkins, Amy 897
Tomschik, Irene 453
Tondut, Eliane 361
Tone, Loc 8, 575, 697
Tong, Zhang Shao 91
Toniolo, Camilla 642
Tonke, Laura 576
Tono, Eijiro 891
Toohey, Frank 757
Top, ZZ 205
Topinkova, Viera 496
Topolsky, Ken 459, 853
Torn, Rip 661, 748, 866
Tornado, Toni 716
Toro, Benicio del 285, 620
Torrent, Ana 940
Torres, Brunilda 464
Torres, Daniel Diaz 23
Torres, Gina 590
Torry, Joe 697
Tosh, Peter 848
Tóth, Barnabas 166
Tötschinger, Gerhard 865
Touliatos, George 730
Tour, David 245
Tournier, Jean 958
Toursunowa, Saida 469
Tousey, Sheila 791
Toussaint, Beth 804
Towgood, Bill 735
Towns, Colin 187, 808
Townsend, Clayton 649
Townsend, Robert 609
Tracey, Ian 543
Traeger, Tracy 526
Trampe, Tamara 1017
Traoré, Nissi Joanny 759
Trapiello, Pedro 644
Trapp, Markus 603
Travanti, Daniel J. 11, 745

Travers, Sean 1026
Travis, Nancy 557
Travis, Neil 137, 474
Travis, Sheila 70
Travis, Stacey 673
Travolta, Joey 193
Travolta, John 511, 709
Treanor, Michael 244
Treas, Terri 694
Treil, Laurence 514
Trejo, Paul 176
Trela, Jerzy 241
Tremblay, Johanne-Marie 180
Tremlett, Budge 1012
Trenchard-Smith, Brian 834
Trenkwitz, Georg 727
Trepechinska, Joanna 549
Treute, Monika 539
Trevis, David 158
Treytl, Sita 423
Trickey, Paula 897
Trigger, Sarah 206, 226
Trijbits, Paul 1020
Trimble, Jerry 33, 480, 883
Trinkler, Rainer 941
Trintignant, Jean-Louis 240, 266, 958, 962
Trintignant, Marie 413
Trintignant, Nadine 447
Tripplehorn, Jeanne 642
Triska, Jan 931
Trissenaar, Elisabeth 592
Trissenahr, Veronika 64
Tritt, Travis 744
Troch, Ludo 120, 195
Troegner, Franziska 9
Trombley, Stephen 778
Tronick, Michael 577, 920
Trotta, Margarethe von 1022
Trotter, Mark 846
Trotter, Matthew 846
Trovaioli, Armando 406, 840
Trow, Alan 234
Trow, Alan M. 712, 804
Troy, Phillip 217
Trpkova, Sinolicka 563
True, Jim 415
Tsagas, Christos 227
Tsang, Cherie Chung Ken 488
Tsang, Stephen 297
Tschaikowsky 668
Tscharner, Gian-Battista von 952
Tschernow, Schura 1008
Tschirner, Joachim 477
Tschúrikowa, Inna 13
Tse, Ling 371
Tse, Simon 656
Tsen, Pao-Tsai 1013
Tshomo, Doma 564
Tsitsopoulos, Yannis 227
Tsui, Siu-Keung 793
Tsui, Alan 1013
Tua, Malaria 143
Tucci, Stanley 21, 931, 1028
Tuchner, Michael 292, 295
Tuck, Jessica 161
Tucker, Ann 975
Tugawa, Masahiko 437
Tugend, Jennie Lew 323
Tuinier, Olivier 869
Tuivaga, Ledua 237
Tuivonovono, Ratu Kini 237
Tukur, Ulrich 288
Tuliatos, George 905
Tulliver, Barbara 559
Tumbuan, Frans 115, 720
Tunnel, Fudge 576
Tureau, Michel 514
Türel, Cüneyet 95
Turesson, Rune 573
Turkuu-Schubert, Regina 909
Turman, Lawrence 358
Turner, Ann 196
Turner, Greg 157
Turner, Kathleen 647, 797, 931
Turner, Leonard O. 70
Turner, Simon Fisher 117
Turner, Tyrin 608
Turteltaub, Jon 178, 244
Turturro, Aida 42, 466, 975
Turturro, John 285, 995
Tushingham, Rita 549
Tweed, Shannon 131, 424, 659, 902
Tweed, Terry 429
Tweed, Tracy 131
Tykkyläinen, Kirsi 870
Tykwer, Tom 899
Tym, Stanislaw 733
Tyrell, Steve 280
Tyzack, Margaret 321
Tzup, Nurit 78

U

Uchida, Eiichi 394
Uecker, Bob 434
Ueda, Masaharu 578
Uggams, Leslie 858
Ugowski, Karin 9
Uhry, Alfred 740
Ukai, Kunihiko 394
Ulfsson, Brigitta 986
Ullca, Alejandro 287
Ullmann, Liv 669
Ulrich, Robert 386, 739, 866
Ulveson, Johan 66
Ulyanov, John 440
Umbach, Martin 544
Umlauf, Ellen 237
Umstadt, Peter 703
Underwood, Jay 988
Underwood, Ron 959
Unger, Bill 920
Unger, Lawrence 440
Upadhhya, Alok 566
Uranga, Candido 940
Uray, Peter 750
Urbanová, Michala 470

Urdes, Gabriel Cosmin 256
Ureta, Raul Pérez 23
Urich, Robert 175
Urioste, Frank J. 907
Urmuli-Folklore 681
Usko, Renate 899
Uslan, Michael 82
Uslan, Michael E. 369
Uzaki, Ryudo 845

V

Väänänen, Kari 522, 536
Vaculik, Lukás 145
Vagnières, Helena 937
Valdes, David 685
Valdés, Julio 388
Valdéz, Thais 23
Valen, Nancy 565
Valensi, Yvan 855
Valente, Pietro 574
Valentin, Barbara 593
Valentin, Chris 85
Valentine, Scott 70, 403, 428
Valentová, Sona 347
Valero, Antonio 313
Valkenburgh, Deborah von 142
Valli, Alida 1022
Valoy, Cuco 345
Valsania, Marco 738
Valtonen, Mato 870
Van Bergen, Ingrid 254, 780
Van Brugge, Paul M. 413
Van Brummelen, Reinier 869
Van Damme, Jean-Claude 888
Van den Berg, Otto 667
Van den Berghe, Hugo 761
Van den Ende, Walther 276
Van der Donk, Eric 239
Van der Knaap, Nico 100
Van der Meulen, Kert 380
Van der Moulon, Wonk 509
Van Devere, Trish 187
Van Dijck, Linda 195
Van Dongen, Hans 413, 543
Van Dousselaere, Michel 239
Van Dülmen, Rosalie 64
Van Dyke, Barry 219
Van Dyke, Dick 219
Van Effenterre, Joelle 447, 495
Van Haren Norman, Eric 455, 918
Van Norstrand, Amy 896
Van Patten, Dick 403
Van Patten, James 833
Van Patten, Nels 611, 614
Van Peebles, Mario 329, 370, 884
Van Sant, Gus 270
Van Veen, Babette 120
Van Werveke, Thierry 4, 404, 727
Van Wijk, Joke 439
Vandenberg, Gérard 361
Vandenberg, Gerhard 951
Vandendaele, Ludovic 827
Vander, Maurice 312
Vane, Richard 467
Vaner, Maria 181
Vanger, Gregory 804
Vanity 193
Vannicola, Joanne 954
Vannucci, Silvio 786
Vanzina, Carlo 291, 852
Varney, Jim 98, 760
Varouje 73, 872
Vartan, Michael 856
Vasconcelos, Nana 886
Vasseur, Didier 551
Vasut, Marek 145
Vaughan, Peter 338, 983
Vaughn, Judson 636
Vaury, Geneviève 163
Vávra, Milos 145
Vawter, Ron 688
Veber, Francis 194
Vega, Pastora 104
Vega, Vladimir 517
Veiel, Andres 78
Veldsman, Rene 1016
Velez, Eddie 179
Velle, Louis 871
Veloz, David 649
Venegas, Mauricio 517
Venegas, Mauricio 517
Vennera, Chick 230
Venneröd, Petter 780
Venokur, Johnny 707
Ventura, Francesca 406
Venus, Ana 327
Venus, Frider 215
Venzon, John 428
Verbiest, Chris 120
Verdi 515
Verdone, Carlo 422
Verea, John 329
Verga, Luigi 320
Verheiden, Mark 888
Verity, Peter H. 31
Vernengo, Inés 250
Vernon, Kate 198
Verrell, Cec 210
Verso, Enrico Lo 269
Vester, Saskia 322
Viadas, Juan 22
Viard, Hélène 81
Vicente, Mark 482
Vicentini, Mariane 247
Vick, Rick 18
Vickrey, Scott 383
Vidal, Christina 401
Vidal, Gore 344
Vidarte, Walter 223
Vidgeon, Robin 932
Vidler, Susan 645
Viertbauer, Eva-Maria 1
Viet, Hans-Erich 319
Vietinghoff, Joachim von 27, 227

Vig, Mihály 765
Vigdorshik, J. 764
Vigliar, Massimo 552
Vignote, Simone 69
Vigoda, Abe 82, 858
Viklicky, Emil 520
Villaggio, Paolo 1003
Villalobos, Reynaldo 431, 976
Villalonga, Marthe 607
Villeret, Jacques 312
Villoresi, Pamela 687
Vilsmaier, Joseph 162, 703
Vince, Pruitt Taylor 170, 772
Vince, Robert 229
Vincent, Christian 110
Vincent, Estelle 451
Vincent, Jan-Michael 44, 208, 902
Vincent, Louise 653
Vindevogel, Denise 276, 448
Viner, Edgar 480
Vingelli, Nino 650
Vinitzki, Armand 653
Vintas, Gustav 1023
Vishnu, Venmani 775
Visitor, Nana 992
Vitale, Sam 376
Vitar, Mike 390
Vithana, Kim 691
Vitier, José Maria 263
Vitón, Abel 228
Vitulano, Francesco 332
Viviano, Bettina Sofia 640
Vivino, Donna 220
Vlahos, Sam 542
Vogel, Jürgen 43, 253, 767, 973
Vögele, Walter 681
Voigt, Andreas 363
Voigt, Carsten 470
Voita, Michel 180
Vojnar, Ivan 513
Volbracht, Jiri 582
Volk, Paul G. 217, 222
Volk, Shirli 402
Volkenborn, Klaus 78
Volkoviski, Kerim 756
Vollier, Barry 265
Volstad, John 537
Volter, Philippe 4
Völz, Wolfgang 710
Voosen, Eva 133
Voronzow, Juri 764
Vostell, David 998
Votocek, Otakar 413
Voyagis, Yorgo 189
Vozoff, Lorinne 458
Vrancich, Ester 786
Vreeken, Ron 719, 720
Vrienten, Henny 239, 367
Vrooman, Spencer 285
Vukotic, Milena 406
Vulpiani, Mario 840
Vultaggio, Lisa 905
Vuorinen, Esa 427
Vyskecil, Ivan 839
Vysniauskas-Quartett 535

W

Wachtel, Jan 592
Wacks, Jonathan 408
Wadia, Homi 218, 615
Wadia, Riyad Vinci 286
Wadlow, Mark 493
Waelchli, Elizabeth 94
Wages, William 144, 444
Wagner, Agnieszka 743
Wagner, Christian 920
Wagner, Christian A. 164
Wagner, Lindsay 769
Wagner, Natasha Gregson 271
Wagner, Susanne Marie 266
Wagner, Roy H. 6
Wah, Cheung Sin 621
Wahab, Zaki Abdel 330
Wahl, Ken 238
Wahli, Ronnie 72
Wahrman, Wayne 506
Wai, Ho Hak 106
Wai, Li Pui 67
Wai, Shum 88
Wai, Zhang Siu 91
Wailers, The 848
Wainwright, Rupert 575
Waite, Ric 56, 524, 610
Wajda, Andrzej 743
Wakamura, Mayumi 305
Wakao, Ayako 532
Wakeford, Kent 140
Walken, Christopher 461, 551, 610, 802, 920, 985
Walker, Ally 265
Walker, Bruce 846
Walker, Giles 704
Walker, Graham 324, 971
Walker, Jon 1000
Walker, Lesley 805
Walker, Matthew 86, 102
Walker, Polly 811
Walker, Rob 84
Walker, Shirley 82, 708
Walker, Sydney 25
Walker, Timothy 960
Walker, Tonja 914
Wallace, Basil 737
Wallace, Casey 490
Wallace, George D. 627, 675
Wallace, Rick 992
Wallace, Zac 724
Wallach, Eli 421
Wallerstein, Joseph B. 1021
Walling, Christopher 119
Wallinger, Karl 965
Wallraff, Diego 361, 969
Walsh, Catherine 103
Walsh, Charles Hunter 261
Walsh, Davide 874
Walsh, Diane 295
Walsh, Gwynyth 102
Walsh, J.T. 118, 432, 499, 1018

Walsh, M. Emmet 121, 648, 760
Walsh, Martin 74, 1005
Walsh, Sydney 897
Walston, Ray 287
Walter, Jessica 486
Walters, Bridget 76
Walters, Susan 702
Walters, Tracey 282
Walton, Fred 376, 850
Walton, Jeffrey 103, 203
Waltzing, Gast 753
Wam, Svend 780
Wambaugh, Joseph 179
Wameling, Gerd 997
Wan, Choi Siu 67
Wan, Lau Ching 400
Wanek, Catherine 679
Wang, Jean 443
Wang, Newton 231, 540
Wang, Pao-Min 809
Wang, Steve 375
Wang, Tsu-Hsien 612
Wang, Wayne 889
Wang, Yongsheng 752
Wang, Yu-Wen 251
Waong, Yung 809
Warchol, Grzegorz 241
Ward, Colin 895
Ward, David S. 434, 976
Ward, Fred 646, 813
Ward, Geraldine 722
Ward, Jonathan 992
Ward, Lyman 314
Ward, Sophie 519
Ward, Wally 901
Ward, Zack 172
Wardeck, Helga 149
Warfield, Emily 152, 541
Warkol, Jordan 497
Warman, Marcianne 992
Warner, Mark 86
Warren, Jennifer 90
Warren, John 647
Warren, Marcia 321
Warschilka, Edward A. 128
Was, Don 74
Washington, Denzel 21, 688
Wasmeier, Markus 1001
Wass, Ted 287
Wassiljew, Gennadi 300
Watanabe, Toshihiro 926
Waters, John 797
Waterston, James 498
Waterston, Sam 797
Waterstreet, Ed 550
Watkin, David 137
Watkins, Michael 818, 959
Watkins, Michael W. 922
Watson, Earl 156, 974
Watson, John 273
Watson, Woody 802
Watson Sr., John M. 933
Watt-Boolsen, Björn 562
Watts, Naomi 946
Watts, Roy 283
Waxman, Anat 787
Way, Darryl 720
Waymouth, Belinda 378
Wayne, Michael 572
Weasel, Ben 859
Weaver, Blayne 896
Weaving, Hugo 706
Webb, Stan 660
Webber, Liz 84
Weber, Billy 456
Weber, Jacques 726
Weber, Klaus Peter 753
Weber, Stephan 94
Weber, Steven 261
Webster, Ion 988
Webster, Paul 749
Wei, Lu 527
Weidner, Kezbah 127
Weiland, Paul 170, 364
Weilguny, Albert 420
Weill, Kurt 483
Wein, Joseph 190
Wein, Yossi 191, 324
Weinshanker, Burt 592
Weinstein, Paula 285, 306, 344
Weintraub, Carl 1021
Weintraub, Fred 75
Weintraub, Jerry 837
Weir, Peter 285
Weisberg, Roni 210
Weisberg, Steven 524
Weishacker, Dick 265
Weiss, Adam 185
Weiss, Bettina 417
Weiss, Charlie 667
Weiss, Jeff 663
Weiss, Kaspar 449
Weiss, Marie 663
Weiss, Michel T. 634
Weiss, Robert K. 646
Weiss, Stuart 375
Weissman, Benjamin A. 598
Weitz, Bruce 901
Weivers, Margreth 573
Weixelbraun, Heinz 307
Wekwerth, Manfred 94
Weldon, Les 324
Weldon, Michael 395
Welland, James 664, 1012
Wellburn, Timothy 273, 462, 799
Weller, Manni 489
Weller, Peter 555
Welliver, Titus 1023
Wells, Maggie 316
Wells, Simon 957
Wells, Tracy 216
Wells, Vernon 168
Welsch, Ken 625
Welsh, Ken 211
Welz, Peter 149
Wen, Ming-Na 889
Wenders, Wim 7
Wendkos, Paul 968
Wendt, Angela 363, 477
Wenhua, Li 123
Wenyao, Zhang 109
Werb, Mike 595

Werenfels, Stina 952
Werner, Axel 14
Werner, Jana 204
Werner, Marlk 740
Werner, Ralph 368
Wertwijn, Lex 239
Wesley, John 386
Wesselburg, Loy 815
West, Chandra 714
West, Gregory 171
West, Jim 40, 115
West, Randy 591
West, Red 179
Westbury, Ken 808
Westerman, Floyd Red Crow 144, 877, 878
Westermann, Antje 43
Westlake, Nigel 294
Westman, ElseMarie Sundin 573
Westman, Tony 432
Weston, Ann 295
Westover, Richard E. 80
Wetherbee, Daniel 853
Wettig, Patricia 170
Weyers, Marius 137
Whaley, Frank 479
Whalin, Justin 797
Whalley-Kilmer, Joanne 366, 895
Wharmby, Tony 1021
Whatley, Liem 1032
Wheaton, Wil 463
Whelan, Gary 549
Wherry, Shannon 129
Whitaker, Forest 80, 273, 524
Whitcher, John 735
White, Andrew 849
White, Carole Ita 70
White, Ed 649
White, Ron 86
White, Steve 282
Whitefield, Lynn 867
Whitelaw, Billie 626
Whitesell, John 152
Whitford, Bradley 499, 639, 685
Whitlock, Lee 812
Whitman, Kari 315
Whitman, Mae 999
Whitman, Stuart 878
Whyle, James 324
Wiart, Marie 1009
Wick, Douglas 1014
Wickes, Mary 816
Wicki, Bernhard 705
Widerberg, Bo 986
Widmark, Richard 818
Wiebalck, Matthias 215
Wiederhorn, Ken 414
Wiedmer, Carla 328
Wiedmer, Norbert 60, 328, 328
Wiehle-Timm, Heike 254
Wierick, John 137
Wiesendanger, Alex 564
Wiesenfeld, Joe 704
Wiesinger, Kai 74, 100, 322
Wiesweg, Michael 473
Wiggins, Chris 785
Wiggins, Wiley 205
Wight, Peter 645
Wilby, James 12
Wilcox, Ralph 45
Wild, Andrew 175
Wild, Sue 294
Wilde, Eddie 217
Wildenhahn, Klaus 731
Wilder, James 568
Wilder, Webb 882
Wildgruber, Ulrich 288, 705
Wilhoite, Kathleen 25, 293, 472
Wilke, Martina 9
Wilkening, Catherine 726
Wilkinson, Tom 551
Will, Frank 671
Williams, Anson 734, 802
Williams, Barbara 175
Williams, Clarence 17, 858
Williams, David C. 34, 119
Williams, Ed 646
Williams, Esther 880
Williams, Jano 235
Williams, JoBeth 11, 455, 949
Williams, John 776
Williams, Johnny 595
Williams, Jordan 783
Williams, Keith 884
Williams, Kent 421, 534
Williams, Marsha Garces 632
Williams, Patrick 383, 867, 922
Williams, Paul 301, 746, 746, 846
Williams, Robin 632, 995
Williams, Ryan 608
Williams, Scot 74
Williams, Steven 182, 598, 739
Williams, Treat 299, 772, 984
Williams, Wayne S. 895
Williamson, Fred 923
Williamson, Mykelti 317
Williamson, Philip 41
Willingham, Noble 8, 170, 293, 479, 877, 878
Willis, Bruce 709, 900
Willis, Gordon 581
Willman, Noel 465
Wilmer, Hal 813
Wilms, Andre 409, 536
Wilson, Barry 602
Wilson, David 1021
Wilson, Don 188, 418
Wilson, Ian 74
Wilson, Jim 724, 1019
Wilson, Lambert 228
Wilson, Mara 632, 1018
Wilson, Paul 168
Wilson, Roger 853

Wilson, Scott 306
Wilson, Sheree J. 387, 877, 878
Wilson, Stuart 310, 1021
Wimble, Chris 728
Wincer, Simon 323, 561, 561
Wincott, Jeff 594, 616
Wincott, Michael 186, 243
Winding, Geneviève 832
Windom, Stephen 724
Windom, William 1018
Windross, Oliver 120
Windust, Penelope 444
Winer, Harry 354
Winfield, Paul 701
Winfrey, Jonathan 654
Wing, Siu 68
Winger, Debra 760, 805
Wink, Steffen 254
Winningham, Mare 550
Winslow, Michael 700
Winstone, Ray 517
Winter, Paul 563
Winter, Margrit 913
Winterfeld, Georg 899
Winters, Jonathan 803
Winters, Ralph E. 918
Winters, Sadie 50
Winters, Shelley 745, 790, 843
Winters, Time 699
Wirsing, Christoph 38
Wirth, Billy 173
Wirth, Fredy 1001
Wirth, Hans 328
Wise, Pam 609
Wise, Ray 130, 399
Wiseman, Carol 554
Wiseman, Debbie 906
Wiseman, Michael 462
Wisniewski, Deborah 727
Witt, Alicia 127
Witta, Jacques 240, 313, 441, 726
Wittliff, Bill 577
Wittner, Meg 987
Wittwer, Stephan 333
Wizan, Joe 293, 978
Wöbke, Thomas 253, 397
Woerner, Natalia 322
Woeste, Peter F. 905
Wohlrabe, Jürgen 53
Wojciechowski, Michael 375
Wojciechowski, Michael G. 418
Wojcik, Magda Teresa 635
Wolf, Gordon 894
Wolf, Jeffrey 663
Wolf, Kelly 916
Wolf, Peter 932
Wolfe, Gerald B. 230
Wolfe, Michael J. 975
Wolfe, Patricia 559
Wolff, Frank 924
Wolff, Gerd 957
Wolff, Ingrid 521
Wolff, Larry 1004
Wolff, Rikard 281
Wolff, Uschi 951
Wolinsky, Judith 943
Wolinsky, Sidney 842
Wollter, Sven 281
Wolski, Dariusz 186, 749
Wolter, Ralf 53
Wong, Bill 612
Wong, John 371
Wong, Jonathan 793
Wong, Kirk 379
Wong, Raymond 621
Wong, Tommy 621
Wong, Victor 244
Wong, Yung 809
Woo, John 108, 488
Wood, Christopher 539
Wood, Elijah 1030
Wood, John 805, 1020
Wood, Ken B. 817
Wood, Mitch 778
Wood, Oliver 816, 910
Wood, Rodney 670
Woodard, Alfre 118, 137, 740, 884, 959
Woods, Alma 755
Woods, Cary 557, 910
Woods, James 358, 600, 837
Woods, Kevin Jamal 497
Woods, Michael 111
Woods-Morris, Jamie 325
Woodward, Edward 808
Woodward, Joanne 316
Woodwine, John 234
Woolley, Stephen 74, 439
Woolnough, Jeff 954
Woolvett, Jaimz 200
Woressenski, Wjatscheslaw 300
Workman, Jimmy 15
Worland, Chris 222, 662
Wörner, Natalie 535
Woronov, Mary 820
Woronow, Stefan 556
Worrell, Bernie 974
Worth, David 40, 158
Worth, Irene 917
Worth, Nicholas 168
Wortmann, Sönke 100
Worton, Adam Robert 467
Worton, Jacob Joseph 467
Wouterse, Jack 239
Wouterson, Loes 239
Wouthuysen, Bernd 509
Wright, Adrian 946
Wright, Jimmy 831
Wright, John 838
Wright, Max 403
Wright, Michael 858
Wright, Robin 317
Wright, Steven 557
Wrye, Donald 472, 773
Wu, Chien-Lien 251
Wu, David 488
Wu, Hsing-Kuo 809
Wu, Jiang 527
Wu, La-yun 713

Wu, Vivian 1032
Wuhl, Robert 897
Wulff, Constantin 836
Wünscher, Marianne 9
Wunstorf, Peter 229
Wurlitzer, Rudy 564
Wurst, David 418
Wurst, Eric 418
Wussow, Sascha 604
Wyborny, Klaus 64
Wyman, Brad 399
Wyner, Joel 172
Wynorski, Jim 369, 438
Wyss, Amanda 792

X

Xiaodong, Liu 1007
Xiaodong, Zhang 339
Xiaoguang, Zhang 339
Xiaohong, Guo 752
Xiaohui, Liu 339
Xiaojing, Liu 752
Xiaoman, Chen 109
Xiaoshuai, Wang 1007
Xiaoyi, Chen 123
Xiaoying, Song 109
Xin, Huang 339
Xinxia, Zhou 279
Xinyan, Zhang 806
Xuejian, Li 109, 279

Y

Yahraus, Bill 791
Yajie, Hu 125
Yam, Simon 88, 793
Yama, Michael 418
Yamada, Teppei 305
Yamaguchi, Kazonabu 891
Yamamoto, Kei 796
Yamamoto, Kosei 394
Yamamoto, Naozumi 97
Yamazaki, Tsutomu 742
Yan, Cheng-Chie 809
Yan, Meng 752
Yan, Xie 125
Yang, Li-yin 713
Yang, Wei-Han 612
Yanez, Ernesto 327
Yang, Kuei-Mei 251
Yang, Lang-Ts'ung 809
Yanne, Jean 284
Yao-Ming, Huang 612
Yarlett, Claire 425
Yaron, Nirit 787
Yaroshevskaya, Kim 180
Yarussi, Daniel 923
Yarussi, Daniel 923
Yasbeck, Amy 595
Yasunaga, Gail 159
Yasuoka, Takaharu 394
Yean, Chow Swei 677
Yearwood, Tricia 882
Yeaton, Brook 217
Yee, Ching Tung 508
Yen, Donnie 443
Yeoman, Robert 459
Yerxa, Ron 505
Yesso, Don 380
Yeung, Bolo 872
Yglesias, Rafael 285
Yi, He 752
Yim, Simon 297
Yimou, Zhang 508, 527
Ying, Lam Ching 108
Yip, Amy 800
Yip, Cecilia 400
Yniguez, Richard 295
Yoakam, Dwight 164
Yoba, Malik 178
Yoda, Yoshikata 891
Yohn, Erica 182
Yohnka, Merritt 619
Yong, Hou 109
Yonis, Jeff 418
Yoo, Young-Gil 789
Yoon, Dae-Sung 789
York, Marty 390
York, Rachel 794
York, Sheila 184
Yorkin, Bud 86
Yorozuya, Kinnosuke 891
Yosef, Moni 78
Yoshihide, Otomo 109
Yoshiyuki, Kazuko 437
You, Ge 527
Young, Alan 99
Young, Bruce A. 113, 769
Young, Damian 30
Young, Karen 429, 498
Young, Keone 295
Young, Leigh Taylor 606
Young, Robert 624, 930
Young, Robert M. 916, 976
Young, Roger 715
Young, Sean 8, 183, 270, 641
Young, Victor M. 436
Young-Mi, Jin 686
Youngs, Jennifer 147
Youssef, Youssef Ben 587
Yuan, Du 527
Yue, Lu 527
Yuen, Corey 967
Yuen, Richard 633
Yui, Masayuki 578
Yulin, Harris 474
Yung, Yvonne 371

Yuzna, Brian 737

Z

Zabala, Carlos 940
Zabilla, Jim 54
Zabriskie, Grace 675
Zach, Peter 582
Zacharias, Steve 161
Zacher, Rolf 966
Zadora, Pia 571
Zafranovic, Lordan 936

Zagaria, Anita 258
Zagaria, Lucio 258
Zagarino, Frank 115, 173, 804
Zahn, Steve 965
Zaillian, Steven 474, 506, 506, 776
Zal, Roxana 935
Zal, Roxanna 774
Zalmas, Stavros 664
Zamachowski, Zbigniew 241
Zamojda, Jaroslaw 493
Zand, Michael 694
Zandén, Philip 529
Zane, Billy 189, 304, 784, 790
Zanuck, Lili Fini 107, 740
Zanuck, Richard D. 107, 740
Zaorski, Janusz 635
Zapasiewicz, Zbigniew 635
Zarillo, Carmine 332
Zarindast, Schiwa 322
Zavaglia, Richard 820
Zaza, Paul 172, 398
Z'Dar, Robert 435
Zeitoun, Ariel 832
Zellweger, Renee 965
Zellweger, Yves 711
Zemach, Miri 78
Zemeckis, Robert 317
Zenk, Peter 966
Zentara, Edward 916
Zerafa, Guy 200
Zerbe, Anthony 792, 994
Zerneck, Frank von 696
Zetlin, Barry 173
Zglinicki, Simone von 9
Zhenhua, Niu 339
Zhi, Hu 752
Zhiyi, Liu 752
Zhuangzhuang, Tian 109
Zieff, Howard 638
Ziegler, Hilde 941
Ziehl, Scott 435
Zielinski, Jerzy 501
Zilba, Mary 707
Zilcher, Eva 728
Ziller, Paul 229
Zimbalist, Stephanie 450, 708
Zimbalist jr., Efrem 82
Zimmer, Hans 152, 178, 504, 629, 820, 920
Zimmerman, Don 8
Zimmerman, Joey 895
Zimmerschied, Sigi 768
Zinberg, Michael 922
Zindel, Tonia 952
Zing, Wong 169
Zingarelli, Italo 678
Zinn, Barbara 257
Zipp, William 157
Zischler, Hanns 162
Zito, David 324
Zitzermann, Bernard 409
Zkeuttin, C. 159
Zlayet, Amnon 787
Zollo, Frederick 647, 777
Zondag, Dick 957
Zondag, Ralph 957
Zora, Eva 312
Zsabó, Ildikó 492
Zsigmond, Vilmos 86, 599
Zubar, Jennifer 586
Zubarra, Olga 384
Zubeck, Gary 730
Zuber, Karol 958
Zucker, David 646
Zucker, Jerry 639
Züfle, Manfred 333
Zulkarnaen, Dicky 115
Zurita, Humberto 384
Zurk, Steve 103
Züst, Andreas 692
Zuta, Daniel 535